법정증언의 이해

UNDERSTANDING TESTIMONY

공저 박병종 · 박영순 · 지영환 外

법문북스

"묻노니 여러분이시어, 오늘 대한사회에 주인 되는 이가 얼마나 됩니까(…)자기 민족사회가 어떠한 위난과 비운에 처하였든지 자기의 동족이 어떻게 못나고 잘못하든지 자기 민족을 위하여 하던 일을 몇 번 실패하든지(…)자기의 지성으로 자기 민족사회의 처지와 경우를 의지하여 그 민족을 건지어 낼 구체적 방법과 계획을 세우고 그 방침과 계획대로 자기의 몸이 죽는 데까지 노력하는 자가 그 민족사회의 책임을 중히 알고 일하는 주인이외다." -<동아일보>에 실린 선생의 글 [주인(主人)인가 여인(旅人)인가](1925.1.25.)-
- 도산(島山) 안창호(安昌浩) · 대한민국 초대 임시정부 내무총장 겸 국무총리 대리 · 흥사단 창립

"자유라는 것은 여러 가지로 종별할 수 있지만 가장 자연스럽게 있어야 할 것은 언론의 자유와 집회의 자유인 것이다." "세상에 권력과 금력, 인연 등이 우리들을 둘러싸고 유혹하며 바른 궤도에서 일탈하도록 얼마나 많은 노력들을 하고 있는가. 만약 내 마음이 약하고 힘이 모자라서 이런 유혹들에 넘어가게 된다면 인생으로서 파멸을 의미할 뿐이다." "세상 사람이 다 부정의에 빠져간다 할지라도 우리 법관만큼은 정의를 최후까지 사수하여야 할 것이다."
- 가인(街人) 김병로(金炳魯) · 대한민국 초대 대법원장 · 제2대 대법원장 · 교수 · 판사 · 변호사

머리말

39℃ 오르내리는 여름 날 조선 중기의 문신 겸 도학자 하서(河西) 김인후(金麟厚) 선생의 15대손인 가인(街人) 김병로(金炳魯) 선생의 순창 생가를 찾았습니다. 가인 선생의 생가터는 생룡이 힘차게 굴곡위위 한 후 낙맥한 지신처에 위치하였고, 그 앞을 흐르는 물은 산하금대로 만환하여 당내의 기운(氣運)을 갈무리하였습니다. 한말의 풍운 속에서 태어난 가인 선생은 혼란과 역경의 시대적 흐름에 맞서 민족과 나라의 미래를 위한 의지를 굽히지 않으셨습니다. 1952년 부산정치파동 직후 대법관들에게 "폭군적인 집권자가 마치 정당한 법에 의거한 행동인 것처럼 형식을 취해 입법기관을 강요하거나 국민의 의사에 따르는 것처럼 조작하는 수법은 민주법치국가에서는 있을 수 없는 일이며, 이를 억제할 수 있는 길은 오직 사법부의 독립뿐이다."라는 강직한 성품과 역사의식 때문이었습니다. 일제강점기에는 도산(島山) 안창호(安昌浩) 선생 등 독립운동가들의 사상 변호사였고, 대한민국 정부 수립 후 초대·2대 대법원장으로서 한국 법률의 초석을 닦고 법원 조직과 운영의 틀을 잡았던 가인선생에게 있어 사법권의 독립과 재판의 독립성은 한치도 양보할 수 없는 절대명제(絶對命題)였습니다.

고대 그리스 철학자 소크라테스(Socrates)는 멜레토스, 아니토스, 리콘 등에 의해 '국가의 여러 신을 믿지 않는 자', '청년들을 타락시킨 죄'로 기소되어 극장에 모인 500여명으로 구성된 민중재판에서 280:220으로 유죄를 받은 뒤, 360:140으로 사형선고를 받아 기원전 399년 71세의 나이로 독배를 들어 마시고 죽었습니다. 하나님이 사람과 세상의 죄를 제재하는 것이 원래 심판(審判)이고 신의 영역인데, 어떤 문제와 관련된 일이나 사람에 대하여 잘잘못을 가려 결정을 내리는 일을 사람이 하는 심리(審理)와 재판(裁判)은 모자라거나 흠이 없을 수 없고 완전무결(完全

無缺) 할 수 없어 실수가 따르기 마련입니다. 선(善)과 악(惡)을 규정하기 위해선 우선 마음에 거짓이 없이 순수하고 올바른 진실(眞實)이 명확히 가늠되어야 하고 재판의 판결은 사실과 법정증인(法廷證人)의 증언(證言)과 어떤 사실을 증명(證明)할 수 있는 근거가 되는 증거(證據)를 토대로 투명하고 객관적으로 진행되어야 합니다. 진실이 '신(神)의 영역(領域)'으로 들어선 상황에서 그것을 최선을 다해 '사람의 영역'으로 영입하는 노력과 시도가 절실합니다. 고대-현대의 정치적이고 왜곡된 재판은 신에 대한 도전 행위가 아닐 수 없습니다.

2019년 2월 13일 영화 '증인' 변호사역 정우성, 자폐 소녀 지우역 김향기의 열연으로 이 한 감독에 의해 개봉되었습니다. "당신은 좋은 사람입니까?" 좋은 어른의 조건을 묻는 《증인》 그 온기가 배어 있는 영화를 보고 싶습니다.

국민참여재판이 활성화되고 '공판중심주의 강화'라는 개혁의 대명제 속에서 형사소송법 제316조 조사자 증언제도 규정 등 수사·신문과정에서 취득한 자백을 포함한 피의자의 진술을 법정증언이라는 방식을 통해 법정에 현출, 판사가 공판과정에서의 증거조사 결과를 위주로 심증을 형성하려는 추세에 경찰관, 심리학자, 수사관 등 증인, 참고인, 혹은 피고인, 피해자들이 재판정(裁判廷)에 출석 하는 경우가 일상화되어가고 법정증언 증가의 시점에서 그 실마리를 찾아보았습니다.

『법정증언의 이해』 탄생은 5년 전에 기획되어 2018년 대법원 사법정책연구원 원장님께서 『증인신문 절차 및 기법에 관한 연구』 발간서 일부 사용을 공문으로 승인해 주셨습니다. 한국형사정책연구원 원장님께서도 『검사의 효과적 공판수행 기법연구』 연구총서 부분 수록 사용을 공문으로 승인해 주셨습니다. 한성숙 네이버(주) 대표이사님을 비롯하여 빌라도의 법정에 선 예수의 증언에 관한 귀중한 자료를 주신 김봉기 목사님,

두산백과, 서울대학교 의학정보, 위키백과, 한국민족문화대백과 관계자님, 김현호 법문북스(주) 대표이사님께 깊은 감사의 말씀을 드립니다.

이 길목에서 좀 더 세분화된 학습을 통해 입법·사법·행정부 등 경찰·수사·재판·임상·범죄심리학 분야 등 법정증언의 이해를 위해 서로 떨어져 있는 자료를 투망의 눈처럼 한 곳에 모았습니다. 일반 시민, 연예인 누구나 법정증언의 현장 안팎의 경험법칙을 축적하는 토양이 되길 염원합니다.

2019년 2월 20일

대표저자 박병종 올림

목 차

제1부 법정증언의 시대

제1편 고대의 법전과 증언

제1장 고대의 법전

제2장 세계 4대 성인의 증언

제2편 사법의 역사

제3편 법정증언이란 무엇인가?

제4편 조사자 법정증언제도

제1장 한국의 조사자 법정증언제도

제2장 법정증언 준비와 절차

제1절 준비단계

제2절 법정에서 증언하기

제3절 법정증언의 종료 및 한계

제3장 전문가 법정증언 제도

제1절 서설

제2절 국외 전문가 증언 사례분석

제5편 증인·변론·면담

제1장 증인

제1절 증인신문의 중요성

제2절 증인신문의 목표

제3절 효과적 신문방식의 모델

제2장 변론

제1절 구두변론의 의의

제2절 구두변론의 기법

제3장 면담

제1절 인지 면담(cognitive interview) 기법의 활용

제6편 법정증언 판결문

제1장 사법경찰관 관련 법정증언 판결문

제7편 디지털 증거

제1장 수사단계에서 증거능력

제3절 영상 녹화물에 관한 각국의 입법례와 적용현황

제4절 영상 녹화물의 증거능력

제5절 결 론

제2장 디지털 증거의 증거능력

제8편 법정증언 매뉴얼

제2부 범죄 수사 심리와 재판의 이해

제1편 SNS 명예훼손의 형사책임

제2편 범죄

제3편 이상심리

제4편 수 사

제1장 수사와 관련된 일반용어

제2장 수사기법에 관한 용어

제5편 재 판

제5장 헌법소원 등 재판에 관련된 용어

제6편 분노 충동범죄 판별

제1장 분노/충동성 관련개념

제7편 ICCS(국제범죄분류)란 무엇인가?

제1장 ICCS(국제범죄분류) 란 무엇인가?

제3부 박근혜 청와대 對 박영순 구리시장

제1편 최순실·우병우·양승태 :GWDC(구리월드디자인시티)

제1장 한강의 꽃배

제2장 국토교통부 그린벨트 해제 충족 완료! : 국토부2015.3.19. 조건부 의결

제3장 한강의 철선

제2편 공소와 재판

제4부 대통령의 사법에 관한 권한

제1편 사면·감형·복권이란 무엇인가?

제2편 특별사면·특별감형·특별복권

부록 – 참고문헌·관련법령·전문가의 자문·추천문

제1부
법정증언의 시대

제1편
고대의 법전과 증언

제1편 고대의 법전과 증언

제1장 고대의 법전

1. 우르남무 법전

우르남무(Ur-Nammu)의 법전(法典, Code of Ur-Nammu)은 현존하는 가장 오래된 법전을 담은 점토판이다. 수메르의 도시국가 우르의 왕으로 우르 제3왕조를 연 우르 남무(기원전 2112~2095) 왕 때 제정되었다. 당시는 수메르가 약 200년 동안 사르곤 왕조의 지배를 받다가 해방된 시기로 수메르 문화의 부흥기였다. 법전의 편찬 또한 이 시기의 문화적 융성을 반영하는 것이라 할 수 있다. 인류 최초의 성문법(문자로 적어 나타내고, 문서의 형식을 갖춘 법률)이다. 니푸르에서 발견된 두 조각에 들어 있는 법전의 첫 사본은 1952년 샤무엘 크레이머에 의해 번역되었다. 그 부분적인 보존 때문에 단지 프롤로그와 법의 5 개항만이 구별 가능 하였다. 추가의 점토판이 우르에서 발견되었고 1965년 번역되어 57개항의 법중 40개항이 재구성되었다.[1]

---

1) 함무라비 법전보다 300년가량 앞선 법전이 1952년 이스탄불 박물관에서 확인됐다. 당시 박물관 측은 고대도시 니푸르(이라크 남동부)에서 발견된 두 조각의 점토판을 접합시키는 작업을 마쳤다. 그 소식을 들은 저명한 수메르 학자인 새뮤얼 크레이머가 판독에 도전했다. 결과는 놀라웠다. 수메르의 도시국가인 우르의 3왕조를 연 우르남무(기원전 2115~2095)가 설형문자로 기록한 법령이었다. 당시 수메르는 200년간 사르곤 왕조의 지배를 받다가 해방된 뒤 부흥기를 맞고 있었다. 크레이머가 판독한 것은 우르남무의 업적을 정리한 서문과 5개항의 법령이었다. 얼마 후 우르 유적에서 상태가 좋은 법전이 추가로 확인됐다. 점토판에 적힌 57개항 가운데 40개항이 판독됐다. 그중 '살인자와 절도범은 죽인다'는 제1ㆍ2조 등 몇몇 조항은 함무라비 법전과 유사하다. 하지만 '우르남무'의 법정신은 함무라비의 '탈리오 법칙'과 사뭇 다르다. 금전배상 위주로 법을 만들었다. 예컨대 유아납치범은 수감과 동시에 은 15세겔(1세겔은 8.3g)을 물어야 하고(3조), 남자가 첫 아내와 이혼하면 1마나(500g)를 내야 한다(9조). 다른 이의 눈을 상해하면 은 0.5마나(16조)를, 다리를 해치면 10세겔(17조)을 물어야 한다.
http://news.khan.co.kr/kh_news/khan_art_view.html?artid=201612012040015&code=990201#csidx6ac4a06afe7b2aead55393295e11809

"증인이 위증을 하면은 15 쉐켈을 지불해야 한다. 증인이 맹세를 철회하면 그는 소송의 경우의 가치한도에 따라 벌금을 내야 한다."

2. 함무라비 법전

이 비석의 나이는 대략 4000살 정도 된다. 화산암의 일종인 현무암으로 만들어진 이 비석은 고대 바빌로니아 제1왕조의 제6대 왕인 함무라비왕(재위 BC 1792~BC 1750)이 그의 만년인 BC 1750년경의 함무라비 법전(Code of Hammurabi)[2]은 기원전 1792년에서 1750년에 바빌론을 통치한 함무라비 왕이 반포한 고대 바빌로니아의 법전이다. 아카드어가 사용되어 설형문자로 기록되어 있다. 1901년 말 프랑스 탐험대가 페르시아의 고도(古都) 수사에서 발견하였다. 원형은 현재 프랑스의 루브르미술관에 소장되어 있으며, 높이 2.25m의 검은 현무암의 돌기둥으로 윗부분은 부조가 새겨져 있고, 아랫부분은 아카드어 쐐기문자가 새겨져 있다. 설형문자의 고전기(古典期)의 것으로서, 메소포타미아 지방에서 1000년에 걸쳐서 시행되었다. 법전은 서문, 본문 282개조, 맺음말로 되어 있다. 고대 법전으로서는 희귀하게 사법(私法)의 영역에서 종교를 떠나 법기술적인 규정을 발달시켰으며, 특히 채권법은 내용적으로 진보된 것이었다. 계급적 법제도·신판(神判)·동해보복형(同害報復刑, 눈에는 눈, 이에는 이) 등 형법에서는 탈리오의 원칙이 지배하고 있었다.[3] 이 법전에도 원시적인 정의가 담겨 있다. 또한, 공자 덕치주의, 맹자 민본주의, 소크라테스 도덕주의, 플라톤 이상주의, 아리스토텔레스 현실주의에 이르기까지 본질은 자유, 평등, 정의다.[4]

---

2) 바빌로니아 왕국 제6대 왕 함무라비 치세다. 메소포타미아 일대를 통일한 뒤인 BC 1772년쯤으로 추정된다. 반고의 '한서(漢書)' '지리지(地理誌)'에 은나라의 기자(箕子)가 조선으로 와 만들었다는 BC 10세기쯤 고조선의 '8조 법금(法禁)'보다 800여년 앞선다.

3) https://terms.naver.com/entry.nhn?docId=1161582&cid=40942&categoryId=33441
https://ko.wikipedia.org/wiki/%ED%95%A8%EB%AC%B4%EB%9D%BC%EB%B9%84_%EB%B2%95%EC%A0%84

4) 임명환, "블록체인 철학에 대한 단상", 디지털타임스 2018.5.11., 23면.

3. 마누 법전

마누 법전(산스크리트어: मनुस्मृति)은 산스크리트어의 운문(韻文)으로 쓰인 12장 2,684조(條)로 이루어져 있는 고대 인도의 법전이다. 인류의 시조 마누(Manu)의 이름이 붙어 있는데, 현존하는 법전은 기원전 200년~기원후 200년에 완성된 것으로 국왕이나 종성(種姓)의 의무, 민법이나 형법, 의례나 제사, 일상 행사 등 인도인의 생활 전체를 규정한 법전이다. 4종성 제도에 입각한 사회를 유지하고 브라만의 특권을 지키려고 하는 의도로 쓰여 있다. 이 법전은 가장 권위 있는 힌두 법전으로 과거 2000년간 존중되어왔다. 동남아시아 각국에 이 법전이 준 영향은 크다. 브라만(Brahman)이 편찬한 마누법전(Law of menu)이라고 알려진 인도의 법전은 의심할 나위도 없이 인도 종족의 성실한 계율을 적지 않게 포함하고 있기는 하지만, 오늘날 가장 명성이 있는 동양학자는 마누법전이 전체적으로 인도에서 실제로 행하고 있던 법규를 포함하지 않았음을 지적하고 있다. 대부분이 브라만의 견해와 합치되는 것이 법률이었음이 적절한 표현이라고 생각된다. 마누법전과 같은 법전에서 가장 오래된 것이면서 그대로 신으로부터 물려받은 것이라고 주장하는 것이 인간성 및 이 법전의 기초자의 특별한 동기와 부합한 것이다. 힌두신화에 의하면 마누(Menu)는 최고의 신으로부터 받은 것이고, 이 이름을 붙여 법전을 편찬한 정확한 연대는 쉽게 알아낼 수 없지만, 힌두법제(Hindoo jurisprudence)의 상대적 발전상황에 비추어 본다면 후대의 소산물로 생각된다.[5]

---

5) 「고대법」, Henry Sumner Maine 저(정동호, 김은아, 강승묵 역), 세창출판사, 2009

4. 고르틴 법전

고르틴 법전(Code of Gortyn, —法典)은 고대 그리스 도시 고르틴의 유적에서 출토된 BC 5세기의 비문(碑文)이다. 고르틴은 에게해 크레타섬의 중앙 남부에 위치한다. 로마시대 소극장 벽면에 새겨진 이 비문은 현재도 보존되어 있는데, 이 벽면은 그리스시대 법정으로 추정된다. 친족·상속법을 중심으로 형법·민사소송법·채권·물권법 등이 체계적으로 새겨져 있어서 고르틴 법전으로 통칭된다. 19세기 말에 발굴되었으며, 현존하는 그리스 법전 중 가장 오래된 것으로 헬레니즘 이전의 그리스법에 관한 중요한 법원(法源)이며 사료(史料)이다.[6] 법전 지식의 유일한 문헌은 조각난 좌우 교호 서법의 비문으로 고르틴의 시민 집회장이었을 수 있는 원형 벽에 있었다. 원래의 건물은 직경이 100피트였고 12칼럼의 문헌은 길이는 30피트 높이는 5피트의 벽에 남아있으며 60줄의 내용을 담고 있다. 더욱이 약간의 추가의 깨진 글이 남아있다. 소위 두 번째 문헌이다. 그것은 현존하는 최대의 연속된 그리스 비문 조각이며 증거는 그것이 한명의 석공의 작품이었다는 것임을 나타내고 있다. 비문은 기원전 5세기의 초반으로 거슬러 올라간다. 법전은 노예 소유권, 약탈과 불륜과 이혼시의 아내 또는 미망인의 권리, 이혼 후 태어난 아이들의 양육, 상속, 판매와 재산의 저당, 면죄, 서자, 양자와 같은 소재를 다룬다.

5. 12표법

12표법(十二表法, 라틴어: Leges Duodecim Tabularum, 혹은 공식 축약명 Duodecim Tabulae)은 로마법의 기초를 이룬 고대 로

---

6) https://terms.naver.com/entry.nhn?docId=1061597&cid=40942&categoryId=33469

마의 성문법이다. 12표법은 로마 공화정 정체(政體)의 중심이자, 로마적 전통(Mos Maiorum)의 근간이었다. 로마의 학생들은 12표법의 원문을 암기해야 했다고 하는데, 이로 보아 구두로도 전승된 듯하며, 리비우스는 12표법이 모든 사법과 공법의 원천(fons omnis publici privatique iuris)이었다고 주장했고, 키케로는 그것이 로마법 전체의 몸체였다고 말한 바 있다.[7][8][9] 12표법은 로마 최고(最古)의 성문법(BC 451~BC 450) 이다. 로마법의 기초를 이룬 고대 로마의 성문법으로 법 지식과 공유지 사용을 독점해오던 귀족과 평민의 투쟁 결과 제정되었다. 12표법은 그때까지 비밀로 되어왔던 관습법과 판례법의 일부라도 성문화되어 공시되었다는 데 큰 의미가 있다. 12표법은 후에 전공사법(全公私法)의 원천이 되었다.[10]

6. 로마법 대전(Corpus Juris Civilis, 一法大全)

로마법대전은 동로마제국의 유스티니아누스 1세(유스티니아누스 대제)가 로마법을 편찬·발포한 모든 법령을 통틀어 일컫는 이름으로, 정식명칭은 시민법대전(Corpus Iuris Civilis)이다. 이 이름은 유스티니아누스가 직접 명명한 것은 아니다. 시민법대전이란 뜻의 라틴 명칭 '코르푸스 유리스 시빌리스(Corpus Juris(Iuris) Civilis)' 또는 편찬을 명한 동로마 황제 유스티니아누스 1세(Justinianus I, 재위 527-565)의 이름을 따라 '유스티니아누스 법전(Jstinian's Code)'이라 불리기도 한다. 533년부터 황제가 사망할 때까지의 칙령을 집성한 것의 총칭이며, 전(全) 로마법의 총결산이자 로마법 계수(繼受)의

7) 허승일 외 (1997년 5월 25일). 《로마공화정》. 서울: 서울대학교출판부. 31면. ISBN 89-7096-159-3.
8) M.하이켈하임, 프리츠: 세트릭 A. 요: 앨런 M. 워드 (1999년 3월 10일). 《로마사(A History of the roman people)》. 서울: 현대지성사. 122면. ISBN 89-8347-011-9.
9) https://ko.wikipedia.org/wiki/12%ED%91%9C%EB%B2%95
10) https://terms.naver.com/entry.nhn?docId=934171&cid=43667&categoryId=43667

출발점이라고 할 수 있다. 종래 법학자의 저작물 2,000여 권 중 15만 행을 골라 50권으로 엮은 《학설휘찬(學說彙纂) Digesta》, 초학자를 위한 《법학제요(法學提要) Institutiones》, 구래(舊來)의 칙령에서 골라 12권으로 집성한 《칙법휘찬(勅法彙纂) Codex》, 534년부터 158가지의 칙령을 모은 《신칙법(新勅法) Novellae》으로 구성되어 있다. 이것들이 로마법대전으로 불리게 된 것은 17세기 《교회법대전(教會法大全) : Corpus Juris Canonici》의 예를 본떠서 명명(命名)하였기 때문이다.11)

7. 테오도시우스 법전

테오도시우스 법전(Codex Theodosianus)은 로마 제국의 법전으로 31년 이후로 황제들의 칙령과 기록을 담은 것이며 테오도시우스 2세 때인 429년에 직속 위원회가 설치돼 작업에 착수하게 됐다.12) 편집 과정은 동로마 제국에서는 438년 완성13)됐으며 1년 뒤 서로마제국에서 반포됐다. 429년 3월 26일 테오도시우스 2세가 콘스탄티노플에서 모든 법령 및 칙령을 성문화하고 기록하겠다는 발표를 했다. 이에 22명의 학자들이 2개의 팀으로 나뉘어 429-438년까지 법전 제작에 착수14)했다. 313년부터 437년간의 법령을 모두 모은 것으로 2,500여 개 이상의 법령이 담겨 있으며 총 16권에 달한다. 테오도시우스 법전은 12표법 이후 로마 제국 정부에서 공식적으로 착수한 것으로는 처음15)이었다. 정치, 과학, 문화, 종교 주제를 다뤄 4-5세기 로마 제국의 모습을 한눈에 알 수 있다.

---

11) https://terms.naver.com/entry.nhn?docId=1088206&cid=40942&categoryId=31720
12) LacusCurtius · Roman Law — Theodosian Code (Smith's Dictionary, 1875)
13) Boudewijn Sirks, The Theodosian Code, a Study (Editions du Quatorze Septembre, 2007) ISBN 978-3-00-022777-6.
14) Lenski, pg. 337-340
15) Matthews, pg. 17.

8. 진률

진률(秦律)은 고대 중국 춘추 전국 시대 진(秦) 왕조에서 완성된 법률 체계로써, 시황제의 천하통일 뒤에도 계속해 쓰였다. 법가(法家) 사상에 힘입은 진의 엄격한 법령과 그에 기반을 둔 통치는 진 왕조의 통치력을 굳건히 하고 나아가 천하 통일에 일조하였으나, 지나치게 늘어난 법령 조문과 가차없는 형법 집행은 진 왕조에 대한 반발을 불러일으켜「천하가 진의 통치를 괴로워하게 된 것이 오래다」(天下苦秦久矣)라는 비판이 나오게 되었다.[16]

9. 춘추결옥

춘추결옥(春秋決獄), 또는 경의결옥(経議決獄)은, 고대 중국의 재판 기준의 하나이다. 전한(前漢) 중기의 동중서(董仲舒)가 제창한 것으로 공자(孔子)가 정리한 유학사상을 중심으로 하는 육경(六経)의 기재에 근거를 두고 범죄자를 심판하고 처벌하는 결정을 말한다. 법령 체계에 규정이 존재하지 않는 경우 사법관은 유학 사상에 따라 판결을 내렸는데, 유학 사상을 법률체계의 위에 둔 것이다. 범죄의 동기가 유학사상에 부합하는 경우 가벼운 처벌을 내리거나 또는 죄를 사면해 주는가 하면, 범죄의 동기가 유학 사상에 어긋나는 것으로 판결될 경우 결과가 어떻든 상관없이 중죄로 처벌하는 경우도 있었다. 때문에 사법관이 임의로 단죄를 내릴 수 있게 되는 등 폐해도 적지 않았다. 당대(唐代)인 영휘(永徽) 3년(652년)에《당률소의》(唐律疏義)의 편찬과 함께 율령제가 확립되고, 한대로부터 이어져 온 춘추결의는 폐지되었다.[17]

---

16) https://ko.wikipedia.org/wiki/%EC%A7%84%EB%A5%A0_(%EC%B6%98%EC%B6%94%EC%A0%84%EA%B5%AD)

제2장 세계 4대 성인의 증언

예수, 석가, 공자, 소크라테스 공통점은 무엇일까. 각기 동서양에서 인류 문명의 발전에 큰 영향을 미친 성인들이다. 모두 비슷한 시기에 활동했는데, 제4대 성인들뿐만 아니라 그 시대 사람들은 동양·서양이 서로의 존재 조차 잘 몰랐던 시절인데 지혜는 높았다.

1. 예수

예수 그리스도(Jesus Christ, BC 4? ~ AD 30)의 이름은 헤브라이어로 `하느님(야훼)은 구원해 주신다'라는 뜻이며, 그리스도는 '기름부음을 받은 자', 즉 '구세주'를 의미한다. '예수 그리스도는 어떤 사람인가?'라는 물음은, 예수 탄생 이래 오늘날까지 끊임없이 제기되고 있다. 그리스도 교도에게는 그리스도는 '살아 계신 하느님의 아들'이다. 예수(히브리어: יֵשׁוּעַ 예슈아, 그리스어: Ἰησους, Χριστός 이에수스 크리스토스, 라틴어: Iesus Christus 예수스 크리스투스, 영어: Jesus 또는 Yeshua, 기원전 약 4년 ~ 기원후 약 30) 또는 나사렛 예수는 유대교, 기독교, 그리고 이슬람교 등 여러 종교에서 중요하게 다뤄지는 인물이다. 대부분의 기독교에서는 삼위일체 곧 성부와 성자와 성령이 본질에서 한분 하느님이라는 사도신앙고백에 따라 예수를 성자님으로 동정 마리아에게 잉태되어 독생한(incarnated) 하느(니케아-콘스탄티노폴리스 신경), 완전한 사람, 완전한 하느이라 여긴다. 흔히 히브리어로 '메시아'(기름부음을 받은자라는 의미)를 번역한 말로 헬라어 `그리스도'를 붙여 예수 그리스도라 부른다. 아리우스 때부터 기독교 정통교회가 아닌 일부 교

---

17) https://ko.wikipedia.org/wiki/%EC%B6%98%EC%B6%94%EA%B2%B0%EC%98%A5

단에서는 예수 그리스도를 삼위일체 하느님이 아닌, 하느님에 의해 창조된 하느님의 아들로서 신격을 가졌지만 하느님과로 다른 존재로 여기기도 하는 등 논란은 있다. 예수의 생애와 행적은 사복음서를 비롯한 신약성경에서 자세히 다루어지고 있다. 유대교에서는 랍비 중 한 사람으로 여기며, 이슬람교에서는 예수를 무함마드에 앞선 예언자 중 한 사람으로 여긴다.

《마태오의 복음서》 제16장 15~17절을 보면, 예수는 제자들에게 '니희는 나를 누구라고 생각하느냐?'하고 물었다. '선생님은 살아 계신 하느님의 아들 그리스도 이십니다'라고 시몬 베드로가 대답하자, 예수는 '너에게 그것을 알려주신 분은 사람이 아니라 하늘에 계신 내 아버지시니 너는 복이 있다'라고 말했다.[18]

승천에 대한 마르코의 묘사는 매우 간결하다. 친구들과 말한 후 예수님은 '하늘로 들어올려져 하느님 오른쪽에 앉으셨다.'(마르 16,19) '들어올려졌다'는 수동태의 표현은 아버지 하느님이 일하고 있다는 것을 암시한다. 주님의 신체적 부재는 새로운 때를 열고 있다. 즉 제자들의 공동체의 때다. 그래서 마르코 복음서는 제자들의 행동이 승천에서 시작된다고 연결시키는 것이다. 승천 후, 예수님의 제자들은 그분을 직접 보지 못할 것이며, 우리와 마찬가지로, 매 순간 해야 할 것을 그분에게 물어볼 수도 없다. 그들은 스스로 결정을 해야 할 것이다. 주님은 그들에게 말한다. 너희들은 '나의 증인들이 될 것이다.'(사도 1,8)[19]

---

18) https://terms.naver.com/entry.nhn?docId=1127638&cid=40942&categoryId=31577
19) http://www.catholicnews.co.kr/news/articleView.html?idxno=19983

가. 빌라도의 법정에 선 예수(마27:11-26)[20][21]

세상 법정에 선 메시야 예수 : 빌라도의 법정에서 예수는 정치법으로 모함받아 사형 언도를 받는다. 빌라도는 종교지도자들의 압력과 선동에 밀려 마음에도 없는 십자가형을 내려 만세에 악명을 얻게 되었다.

빌라도의 심문(11-14절) 유대인의 왕 예수

(Su; ei\ oJ basileu;" tw'n jIoudaivwn_ oJ de; jIhsou'" e[fh Su; levgei".; 쉬 에이 호 바실 류스 톤 유다이온 호 데 예수스 에페 쉬 레게이스 ; 네가 유대인의 왕이냐 예수께서 대답하시되 네 말이 옳도다, 11절) 예수께서는 지금까지는 자신을 왕이라 말하지 않았다. 다만 나다나엘이 이스라엘의 임금(dhvsante";바실류스)이라고 부른 적이 있고, 예루살렘으로 입성할 때 호산나로 영접을 받음으로, 왕의 칭송을 받은 적은 있다. 그런데 빌라도는 종교 지도자들의 고소에 따라 "네가 유대인의 왕이냐"고 예수께 묻는다. 쉬(Su;네가)는 2인칭단수 대명사로 현재형 주격이다. 에이(ei\;~이냐)는 현재능동태 2인칭단수동사이다. 바실류스(basileu;";왕)는 명사로 주격 남성단수이다. 이 단어는 어원이 명확하지 않으나, 왕(마1:6;막6:14)을 가리킬 때가 있고, 나라(계1:6)를 가리킬 때로 있다. 여기서는 왕권을 가진 백성의 지도자를 말한다고 보면 좋을 것 같다. 이러한 빌라도의 물음에 대하여 예수께서는 쉬 레게이스(Su; levgei".;네 말이 옳도다)라고 하였다. 현재 능동태로 쓰여진 이 말은 문자적으로는 "네가 말하였다"는 말이다. 그러나 분명한 것은 빌라도에게 대답한 그리스도의 왕국(왕권)은 다른 세계의 것이라는 점이다.

---

20) https://blog.naver.com/tjdfudvuswl/70083398822
21) 김봉기 목사께서 이동원 목사 저 『거기, 너 있었는가?』, 종합선교-나침판사, 1999년 발행 여러 책자를 구해 주셨습니다. 예수의 법정증언에 귀중한 자료를 주신 김봉기 목사님께 감사한 마음을 전합니다.

나. 대제사장에 의해 신성모독죄로 고발된 예수[22]

예수는 종교 지도자들의 수하들에 의해 끌려가 먼저 대제사장 가야바에게 가서 심문을 받는다. 대제사장들과 공회는 예수를 죽이려고 거짓증거를 찾는다. 많은 거짓 증인들이 왔으나 참 증거를 얻지 못한다. 후에 두 사람이 와서 증언한다. "이 사람의 말이 내가 하나님의 성전을 헐고 사흘 동안에 지을 수 있다 하더라"(마 26:61). 예수는 자기를 고발하는 여러 질문에 대하여 변명하려고 하지 않고 침묵하신다. 가야바는 예수께 묻는다. "내가 너로 살아 계신 하나님께 맹세하게 하노니 네가 하나님의 아들 그리스도인지 우리에게 말하라"(마 26:63). 이에 예수는 대답하신다. "네가 말하였느니라. 그러나 내가 너희에게 이르노니 이 후에 인자가 권능의 우편에 앉아 있는 것과 하늘 구름을 타고 오는 것을 너희가 보리라"(마 26:64). 가야바는 이 말을 듣고 옷을 찢고 말한다. "그가 신성 모독하는 말을 하였으니 어찌 더 증인을 요구하리요. 보라 너희가 지금 이 신성 모독하는 말을 들었도다"(마 26:65). 비통과 고통의 표시로서 옷을 찢는 관습은 당시에는 사회적으로 일종의 의식(儀式)이 되어 있었다. 당시 재판관들이 재판 진행 중에 신성모독의 말을 청취해야 했거나 어떤 사람을 신성모독 죄로 판정을 내렸을 때에 자기들의 옷을 찢었다.

---

22) 김영한(숭실대 기독교대학 초대원장), "빌라도의 법정에 서신 : 예수 : 두 가지 역설), 크리스천투데이, 2009.7.20.자; "예수는 체포되어 대제사장 가야바와 총독 빌라도 앞에 끌려가 심문을 받는다. 가야바는 예수가 신성모독죄를 지었다고 고발한다. 그리고 로마인 유대 총독 빌라도는 예수에 대하여 유대인들보다는 동정적이어서 예수를 석방하려 하고 심지어는 진리가 무엇이냐고 묻는다. 여태까지 예수를 따르던 백성들은 일단 예수가 체포되자 예수에 대한 열광(熱狂)에서 돌아서서 예수를 십자가에 처형하라고 아우성을 지른다. 이것이 바로 군중심리요, 불안정한 대중들의 마음이다. 심지어 군중들은 총독 빌라도가 예수를 석방한다면 가이사(황제)의 충실한 신하가 아니라고 협박한다. 여기서 두 가지 역설이 드러난다. 하나는 제도종교가 종교의 실체를 고발하는 역설이요, 위임받는 세속권력이 우주의 통치자를 심문하고 십자가에 처형하는 역설이다. 참 하나님은 이러한 두 가지 역설이 그의 아들의 십자가 사건에서 일어나도록 허락하시는 겸허한 분이시다."
http://www.christiantoday.co.kr/home/news/services/print.php?article_id=203337

다. 수구화 세력과 세속 권력이 진리를 처형[23]

우리는 빌라도의 법정에 서신 예수의 역사적 사실에서 진리에 저항하는 종교와 정치의 두 가지 역설을 보게 된다. 하나는 제도종교가 종교의 실체인 하나님의 아들을 고발하고 억압하고 없애려 한다는 점이다. 다른 하나는 세상의 권력이 권력의 실체인 우주의 통치자에 대하여 심문하고 정죄하고 있다는 점이다. 그것은 그림자가 실체를, 모조품이 진품을, 비진리가 진리를 심문하고 판결하고 있다는 역설이다. 이 역설은 다음과 같이 설명될 수 있다. 첫째, 율법 종교가 율법 완성자를 심판한다는 것이다. 이것은 역설이다. 예수는 태초의 말씀이요, 참 빛이시요, 생명이시며, 율법의 완성자이시다. 그런데 유대사회의 제도종교는 이 예수를 증오하고 고발하고 죽이려 하고 있다. 이것은 역설이다. 제도종교는 본래는 이 생명을 증거하기 위하여 생긴 것이나 제도 안에 정착함에 따라서 그 자신의 본질을 변질시킨다. 그리하여 생명 자체보다는 자기 자신의 존속을 위하여 존재하고자 한다. 제도종교의 두 유형은 바리새인의 종교와 사두개인의 종교이다. 바리새인의 종교는 율법 종교의 유형이며, 사두개인의 종교는 인본화된 종교의 유형이다. 둘 다 자기의 존속과 보존을 위하여만 노력하는 수구화 종교이다. 둘째, 영원한 통치자로부터 그 권력을 위임받은 세속의 권력이 영원한 통치자를 심문하고 판결하고 사형에 처한다는 것이다. 이것은 역설이다. 세속의 권력은 진리가 무엇인지도 모르고 단지 자기의 권력을 보존하기 위하여 권력 자체에 위해(危害)를 가하는 자들을 처단하고 있다. 빌라도는 예수에게 진리에 대하여 물었다. 그러나 빌라도는 종교적으로 진지하지는 못했다. "내가 진리를 증거하기 위하여 왔다"는 예수의 대답에 대하여 빌라도는 진리의 의미에 대하여 더 이상

---

23) 김영한(숭실대 기독교대학 초대원장), "빌라도의 법정에 서신 : 예수 : 두 가지 역설), 크리스천투데이, 2009.7.20.자;
http://www.christiantoday.co.kr/home/news/services/print.php?article_id=203337

질문하지 않았다. 빌라도는 예수를 단지 세속권력에 저항하는 자로 보고 더 이상 진리에 대한 대화를 추구하지 않고 "예수를 십자가에 못 박으라"는 군중들의 요구에 영합하여 만 것이다. 오늘날 역사적 예수의 진리를 추구하는 자는 복음을 제도종교화하는 위험성과 세속적으로 권력화하는 위험성에 직면하고 있다. 역사적으로 제도화된 기독교, 로마천주교, 제도화된 개신교 교권주의는 자기 권익을 수구화하는 걸림돌이다. 그리고 해방신학이나 민중신학이나 자유주의 기독교는 진리를 세속화하는 걸림돌이 되고 있다. 그러면서 이것들은 자기들의 집단을 보존하고자하는 수구화에 몰두하고 있다. 세속권력 역시 내재화된 세계관의 자기충족의 체계 속에서 진정한 초월적 진리의 질문을 차단시킨다. 세속권력 역시 오늘날 과학기술주의 이데올로기를 동원하여 그것을 신격화하고 진리 자체를 세속화 시키고자 한다. 복음적 진리, 역사적 예수에 대한 진지한 질문은 이 두 가지 걸림돌을 제거하면서 참된 진리이신 예수 그분의 인격에게로 나아가야 한다.

2. 석가(釋迦)

석가(釋迦)[24](BC 563? ~ BC 483?)는 불교를 창시한 인도의 성자(聖者)로 성은 고타마(Gautama:瞿曇) 이름은 싯다르타(Siddhārtha:悉達多)이다. 부처님, 부처, 석가모니, 석가세존, 석존, 세존, 석가, 능인적묵, 여래, 불타, 붓다, 불(佛) 등으로 다양하게 불린다. 현재의 네팔 남부와 인도의 국경부근인 히말라야산(山) 기슭의 카필라성(Kapilavastu:迦毘羅城)을 중심으로 샤키야족[釋迦族]의 작은 나라가 있었다. 석가모니는 그 나라의 왕 슈도다나(Śuddhodāna:淨飯王)와 마야부인(Māyā:摩耶) 사이에서 태어났다. 샤키야족은 그 왕호가 정반왕, 그리고 정반왕의 동생이 백반(白飯)·감로반(甘露飯) 등으로 불리고 있는 점에서 미작(米作) 농경생활과 깊은 관계가 있었던 것으로 생각된다. 석가모니는 크샤트리아 계급 출신이라고 하지만, 샤키야 족 내부에 카스트의 구별이 있었던 것 같지는 않다. 또한 그가 순수한 아리아인(人)이라는 것도 확실하지는 않으며, 오히려 네팔계(系) 민족에 속하는 종족이라는 추측도 있다. 그러나 압도적인 아리아 문화의 영향하에 있었던 것만은 의심할 나위가 없다. 마야부인은 출산이 가까워짐에 따라 당시의 습속대로 친정에 가서 해산하기 위해 고향으로 가던 도중 룸비니 동산에서 석가를 낳았다. 이는 아소카 왕[阿育王]이 석가모니의 성지를 순례하면서 이곳에 세운 석주(石柱)가 1896년에 발견·해독됨으로써 확인되었다. 전설에 따르면 석가모니가 태어났을 때, 히말라야산에서 아시타라는

---

24) 석가모니(釋迦牟尼)·석가문(釋迦文) 등으로도 음사하며, 능인적묵(能仁寂默)으로 번역된다. 보통 석존(釋尊)·부처님이라고도 존칭한다. 석가는 샤카(샤키야,Sākya)라는 민족의 명칭을 한자로 발음한 것이고 모니(muni)는 성인이라는 의미를 가지고 있다. 즉 석가모니라 함은 본래는 '석가족(族) 또는 샤키아 족 출신의 성자'라는 뜻이다. 본래의 성은 고타마(Gautama:瞿曇), 이름은 싯다르타(Siddhārtha:悉達多)인데, 후에 깨달음을 얻어 붓다(Buddha:佛陀)라 불리게 되었다. 또한 사찰이나 신도 사이에서는 진리의 체현자(體現者)라는 의미의 여래(如來:Tathāgata), 존칭으로서의 세존(世尊:Bhagavat)·석존(釋尊) 등으로도 불린다.
https://terms.naver.com/entry.nhn?docId=1111500&cid=40942&categoryId=31545

선인(仙人)이 찾아와 왕자의 상호(相好)를 보고, "집에 있어 왕위를 계승하면 전 세계를 통일하는 전륜성왕(轉輪聖王)이 될 것이며, 만약 출가하면 반드시 불타가 될 것"이라고 예언하였다. 중국의《역대삼보기(歷代三寶紀)》에 전하는 중성점기(衆聖點記), 즉 불멸(不滅) 후 최초의 율장(律藏)이 결집되었을 때 제1점을 치기 시작하여 매년 1점씩 쳐서, 제(齊)나라의 영명(永明) 7년(AD 490)까지 975점에 이르렀으므로 불멸이 BC 485년이라는 설(BC 565~BC 485년)과도 대략 일치된다. 그 외에 BC 624~BC 544년설, BC 463~BC 383년설 등이 있으나, 한국에서는 전자를 채용하고 있다.[25]

---

25) https://terms.naver.com/entry.nhn?docId=1111500&cid=40942&categoryId=31545

3. 공자(孔子)

공자(孔子, B.C. 551 ~ B.C. 479)는 춘추 전국시대 노나라 추읍(陬邑, 지금의 산둥성 취푸(曲阜))에서 아버지 숙량흘과 어머니 안징재(顔徵在) 사이에서 태어났다. 어머니 안징재는 공자를 가졌을 때 니구산(尼丘山)에서 백일 동안 기도를 드렸다고 하며, 후일 공자의 이름이 '구(丘)'이고 자인 중니(仲尼)에 '니'자가 들어간 것도 기도를 드렸던 니구산에서 유래했다는 말이 전한다. 공자의 선조는 송나라의 귀족 출신이었으나 송에서 정치적 실패로 노나라로 망명하였다. 공자는 세 살 되던 해 아버지를 여의고 홀어머니 밑에서 어렵게 자라 귀족 집안의 소사가 되었다가 나중에 노나라의 관리가 되기도 했으나 단기간의 임관에 불과했다. 19세에 결혼을 한 공자는 24세에 어머니 안씨를 잃었고 66세 때 부인이 죽었으며 69세 때는 아들 백어(伯魚)마저 세상을 떠나는 등 어릴 때와 마찬가지로 말년도 매우 불우했다. 그의 제자 안자(顔子, 안회)가 자기보다 앞서 세상을 떠났을 때 통탄하던 공자의 모습(「논어」)을 보면 그가 일찍이 3세 때 아버지를 잃고 난 후 오늘에 이르러 부모와 아들과 수제자마저 보내는 심정이 편안하지 않았다.[26]

공자라고 하면 인(仁)부터 떠올리지만 공자에서 인에 못지않게, 아니 그보다 더 중요한 것이 예(禮)이다. 「논어」 첫 부분에 나오는 '배우고 때로 익히면 즐겁지 아니한가'에서 말하는 배움은 무엇을 배운다는 것인가? 그것은 예다. 공자가 말하는 예는 주나라의 전통적인 제도, 문화, 문물, 사상, 예법을 총체적으로 가리킨다. 이러한 예는 문(文)이기도 하다. 악명 높은 양호로 오인되어 광(匡) 지방 주민들에게 붙잡혔을 때 공자는 이렇게 말했다. '하늘이 이 문(文)을 말살시

---

26) https://terms.naver.com/entry.nhn?docId=3537747&cid=56777&categoryId=56777

킬 작정이라면 살아날 수 없겠지만, 하늘이 문을 없애려는 게 아니라면 그들이 나를 어찌할 수 있겠느냐?' 주나라 문화를 계승, 발전시키려는 공자의 자의식을 엿보기 충분한 발언이다. 공자가 말한 '이 문'(斯文)에서 '문'은 주나라 문화의 총체이자 곧 예이다. 공자가 말한 극기복례(克己復禮)를 시대상을 배경으로 되새겨보면, 당시 사회는 하극상(下克上)의 상황, 즉 대부가 제후를, 제후가 제왕을 이기려하고 그 지위를 넘보는 상황, 사실상 주나라 봉건 질서가 무너져가는 현실이었다. '자기를 극복해 예로 돌아간다'고 할 때 극복해야 할 것은 하극상의 주체 또는 그러한 욕망이다. 돌아가야 할 예는 주나라의 전통적인 질서와 문화다. 극기복례는 결국 이런 메시지를 담고 있다. '전통적인 주나라 정치·사회·문화 질서가 흔들리면서 많은 이들이 본래의 사회적 지위와 신분에 합당하지 않은 욕망을 추구하고 있다. 주나라 정치·사회·문화 질서를 회복시켜야 한다.' 극기복례에 관한 한 공자는 다분히 보수적인 모습을 지닌다. 공자의 정명(正名), 즉 이름의 뜻과 실제가 같도록 바로잡아야 한다는 주장도 그렇다. '임금은 임금답고 신하는 신하답고 아버지는 아버지답고 자식은 자식다워야 한다'(君君臣臣父父子子)는 것은 이미 정해진 각자의 신분과 지위를 넘어서지 말아야 한다는 뜻이 된다.[27]

"일생을 바쳐 학문을 좋아하고 목숨을 걸고 실천을 중시한다. 망하려는 나라에는 들어가지 않고 어지러운 나라에는 살지 않는다. 천하가 잘 다스려질 때는 나아가고 어지러운 세상에서는 무시당한다. 정의가 행해지는 나라에 살면서 가난한 것은 부끄러운 일이다. 그러나 불의가 통하는 나라에서 부자라든지 지위가 높다든지 하는 것은 더욱 부끄운 일이다."   - 「논어」, '태백'(泰伯)편 중에서

---

27) https://terms.naver.com/entry.nhn?docId=3570615&cid=59014&categoryId=59014

죄인을 사면하고, 4가지 사항을 도당에 하교하다[28]

임금이 탄생일이므로 여러 신하들의 조하(朝賀)를 받고 사형(死刑)과 유형(流刑) 이하의 죄를 사면(赦免)하였다. 네 가지 일을 도평의사사에 하교(下敎)하였다.

1. 사람은 하늘과 땅이 만물을 생장시키는 마음을 얻어서 나는 까닭으로, 마땅히 하늘과 땅이 만물을 생장시키는 마음에 따라서 백성을 측은히 여기는 마음으로 백성을 측은히 여기는 정사를 시행하는 것이 옳을 것이다. 한(漢)나라 고조(高祖)가 혁명(革命)하여 공신을 봉하는 날에 옹치(雍齒)[29] 도봉하게 되어 여러 사람의 의심이 풀리고 한(漢)나라의 기틀이 안정되었으니, 내가 진실로 본받고자 한다. 폄직(貶職)된 고려 왕조의 신하들이 어찌 모두가 사면(赦免)하지 못할 죄이겠는가? 지금 죄가 중한 사람은 외방(外方)에 종편(從便)[30] 하여 안치(安置)하고, 죄가 경한 사람은 경외(京外)에 종편(從便)하여 원통하고 억울함을 풀어주고자 하니, 그 고려 왕조의 종실 이외 사람을 분간(分揀)하여 아뢰도록 할 것이다.

2. 안으로는 도당(都堂)·대성(臺省)과 밖으로는 절제사·안렴사 에서 주·현의 관원에 이르기까지 한결같이 자애(慈愛)로 백성들을 무육(撫育)하기를 힘써야 할 것이니, 이것이 곧 인정(仁政)이다. 초창기에 법제가 갖추어지지 못한 시기를 당하여 어찌 갑자기 말무(末務)[31] 로써 능히 풍속을 바로잡겠는가? 또한 예전의 나쁜 풍속을 고쳐 스스로 새롭게 하는 시기를 당하여 어찌 이미 지나간 일을 책잡을 수 있겠는가? 공자는 말하기를, '전에 한 나쁜 짓을 생각하지 않으므로 원망이 적어졌다.'고 하였고, 또 말하기를, '물이 스며들듯 점차로 행하는 참소와 때가 끼듯 서서히 헐뜯는 하소연을 시

---

28) 태조실록 2권, 태조 1년 10월 11일 기미 1번째기사 1392년 명 홍무(洪武) 25년.
29) 옹치(雍齒) : 한 고조(漢高祖)가 미워하던 장수이다. 고조(高祖)가 계략을 써서 먼저 미워하는 옹치(雍齒)를 봉후(封侯)하여 여러 장수들의 마음을 진무(鎭撫)하였다.
30) 종편(從便) : 귀양간 사람을 풀어주어 서울 밖의 어느 곳에서든지 편리한 데서 살게 하던 일이다.
31) 말무(末務) : 관리가 직무상 보는 하찮은 사무이다.

행하지 않으면 명철(明哲)하다 할 수 있다.'고 하였다. 지금부터 현신(見身)하여 고소하거나 소장(疏章)을 내더라도 명백한 증거가 있는 것과 모반(謀反)·대역(大逆)은 즉시 당연히 수리(受理)해야 되겠지마는, 풍문(風聞)으로 고알(告訐)하는 것은 곧 풍속을 무너뜨리고 교화(敎化)를 어지럽게 하는 근원이 되므로 마땅히 수리(受理)해서는 안 될 것이니, 이를 어긴 사람은 징계할 것이다. 안으로는 종실(宗室)의 자제(子弟)와 밖으로는 대소 신료(大小臣僚)에서 사·서인(士庶人)에 이르기까지 만약 범하는 자가 있으면 마땅히 엄격하게 징벌하고, 단연코 용서하지 말아야 될 것이다.

좌의정 채제공이 양사의 이단을 배격하는 상소로 인해 차자를 올리다[32]

"경은 어제 대간의 계사에 대한 비답을 보았는가? 이단이라 불리는 것은 비단 노자(老子)나 석가모니나 양주나 묵적이나 순자(荀子)나 장자(莊子)나 신불해(申不害)나 한비자(韓非子)뿐만 아니라, 제자백가(諸子百家)의 수많은 글들로서 올바른 법과 떳떳한 도리에 조금이라도 어긋나 선왕(先王)의 정당한 말씀이 아닌 것들은 모두 해당이 되는 것이다. 그러므로 공자 때는 사특한 설이 횡행하는 것이 맹자 때와 같은 지경에 이르지 않았다. 맹자는 이단을 홍수와 맹수, 난신적자(亂臣賊子)처럼 배척하였으나 공자는 단지 평범하게 그것이 해롭다고만 말하였는데, 그 이유는 각기 처해 있는 시대가 같지 않았기 때문이고 처지가 바뀐다면 반드시 다 그렇게 할 것이다. 지금 사람들은 소인의 마음으로 성인의 마음을 헤아려, 마치 탕서(湯誓)와 태서(泰誓)의 글이 각기 여유 있고 각박한 차이가 있는 것처럼 여기니, 공자가 진짜 이단에 들어가지 않은 제자백가들까지도 오히려 이단이란 명목을 처음으로 만들어 교훈을 보여주고 미리 막으려 했던 것을 너무도 모른다고 할 수 있다.《논어》의 본지가 어찌 《맹자》의 호변장(好辯章)보다 더 엄격하지 않은 것이겠는가. 더구나 지금은 공자 때와는 천수백 년이나 떨어졌으니, 그 오도의 본지를 드러내 밝히고 이단을 배격하는 책임이 우리 무리의 젊은이들에게 있지 않겠는가."

---

32) 정조실록 33권, 정조 15년 10월 24일 을축 1번째 기사 1791년 청 건륭(乾隆) 56년.

4. 소크라테스

소크라테스(Socrates, BC 469?~BC 399)는 기원전 5세기경 활동한 고대 그리스의 대표적인 철학자이다. 문답법을 통한 깨달음, 무지에 대한 자각, 덕과 앎의 일치를 중시하였다. 말년에는 아테네의 정치문제에 연루되어 사형판결을 받았다. 고대 그리스의 철학자. 아테네에 살면서 많은 제자들을 교육시켰는데, 플라톤도 그 중의 하나이다. 그러나 그의 사상 활동은 아테네 법에 위배된다 하여 사형을 당했다. 당시 아테네에서는 민주주의제도가 쇠퇴하면서, 사회적 황폐가 확대되는 상황이었다. 소크라테스의 사상은 그 당시의 지배계급인 귀족계급을 대변하고 있었는데, 새로운 신흥계급의 출현으로 반민주주의적인 귀족계급이 수세에 몰리고 있었다. 종래의 그리스의 유물론적인 자연철학에 대립하여 그는 '너 자신을 알라'라는 말을 기초로 하여 '영혼'에 대해 깊게 생각하면서 삶의 온당한 방법을 아는 것을 지식의 목적이라 하고 이로써 도덕적 행위를 고양시키는 것을 지향하였다. 즉 단순한 지식이 아니라 실천지(實踐知)를 중시하였다. 이러한 참된 지(知)를 얻을 수 있는 방법을 귀납법에서 찾고, 사람들의 대화에 의한 문답법에서 독단적인 잘못된 지식을 비판하고 제거하면서 일반적인 진리에 도달할 수 있다고 하였다. 이것은 소크라테스의 '아이러니'라고 불리우는데 그는 이것을, 진리를 찾을 수 있도록 도와준다는 의미에서 '산파술'(産婆術, 그 maieutikē)이라 칭하였다. '영혼'을 주제로 한 그의 학설은 정신주의적이고 관념론적인 것이고 이것은 그의 제자인 플라톤에게 계승되었다. 소크라테스의 저작은 없으나 그의 사상은 플라톤이나 아리스토텔레스의 저작에 나타나고 있다.[33]

---

33) https://terms.naver.com/entry.nhn?docld=389382&cid=41978&categoryld=41985

5. 한비자

한비자(기원전 약 280~233년)의 이름은 한비이고 전국 말기 한
(韓) 출신이다. 원래는 한나라의 공자로 순자(荀子)에게 배운 중국
고대의 이름난 사상가이자 법가 학파를 대표하는 인물이기도 하다.
5000년 중국을 이끌어온 50인의 모략가 한비자(韓非子)는 순자의
성악설과 노자의 무위(無爲) 사상에서 힌트를 얻고, 상앙(?~BC
338)의 법에 군주의 통치술인 술(術)과 군주의 권력과 지위를 뜻하
는 세(勢)를 합하여 법가사상[34]을 체계화했다. 법(法)은 드러내야
하고, 술(術)은 드러나지 않도록 해야 한다. 이는 한비자가 제창한
치국의 길이었다. 한비자가 말하는'법'은 상앙에 뿌리를 두고 있으
며, '술'은 신불해(申不害)에 근원을 두고 있다. '군주는 어떠한 자
리를 지키고 권세를 가지고 있어야만 힘이 생긴다.' 어떤 사람이
'신불해와 공손앙(상앙) 두 사람의 견해 중 어느 쪽이 나라에 더
필요합니까?'라고 물었다. 이에 대한 대답은 이렇다. '그것은 우열
을 가릴 수 없는 문제다. 사람은 열흘 이상 먹지 않으면 죽고, 아
주 추운 날씨에 옷을 입지 않으면 얼어 죽는다. 그런데 옷과 음식
중 어느 것이 사람에게 더 긴요하냐고 묻는다면, 둘 중 어느 하나
라도 없어서는 안 된다고 대답할 것이다. 두 가지 모두 사람이 사
는 데 꼭 있어야 할 것들이기 때문이다.'(『한비자』「정법」)

그는 군주와 신하를 대립적인 이해관계로 바라보았다. 따라서 군주
는 신하를 다스리는 독특한 통치방법, 즉 술(術)을 터득해야 한다고
주장했다. 술이란 "군주가 신하의 능력에 따라 관직을 부여하고, 말
한 것을 쫓아서 그 실효성을 추구하며, 사람을 죽이고 살리는 권력

---

34) 군주는 법(법가), 술(술수), 세(세력)로 무장하고, 신하와 공존하되 끊임없이 주변을 살펴야 한다. 이것이
군주가 권력을 누리기 위한 최소한의 전제조건이다.

을 가지고 여러 신하들의 능력을 시험하는 것"이다. 그는 다양한 통치술을 구체적으로 제안했다. 거기에는 '많은 사람의 이야기를 들어보라' '일벌백계하라' 등과 같이 평범한 것이 있는가 하면 '알면서도 모른 척 물어보아 신하의 인물됨을 살펴라' '일부러 반대로 말과 행동을 하여 신하의 반응을 떠보라' 등과 같이 내밀한 방법까지 망라되어 있다. 그는 다양한 역사적 사례를 들어가며 그의 주장을 뒷받침했다. 세(勢)란 군주의 통치를 가능케 하는 권력지위를 의미한다. 또한 이것은 법과 술을 자유자재로 시행하기 위한 전제조건이기도 한 것이다. 그는 "한 자밖에 안 되는 나무라도 높은 산 위에 서 있으면 천 길이 계곡을 내려다볼 수 있는데, 그것은 나무가 길기 때문이 아니라 서 있는 위치가 높기 때문이다"라고 주장하며 세의 중요성을 역설했다. 이처럼 한비는 법·술·세를 결합해 법치의 시너지를 제고할 것을 제안했다. 그는 군주가 이 세 가지를 틀어쥐고 신하를 자유자재로 부리면 반드시 부국강병을 꾀할 수 있다고 전망했다. 실제로 진왕 정(政)은 그의 법가사상을 충실히 실행하여 최초의 통일 국가를 이룩하고 진시황이 되었다. 이처럼 그의 사상이 그를 죽인 진나라를 통해 꽃을 피운 것은 얄궂은 일이었다.[35]

"개와 말은 어렵고 귀신과 도깨비는 쉽다(犬馬最難 鬼魅最易)." 중국 고전 '한비자(韓非子)'에 나오는 말이다. 개나 말은 항상 보기 때문에 쉽게 그릴 수 있을 것 같지만 실제로는 더 어렵다. 누구나 흔히 볼 수 있다는 건 그만큼 비평의 눈이 많다는 뜻이기 때문이다. 반면 귀신이나 도깨비는 아무도 본 일이 없어 어떻게 그리든 시비할 사람이 없다.[36]

---

35) 박종선,"물음을 찾아 떠나는 고전 여행, 한비자 사람이 중요할까, 제도가 중요할까?", 주간조선, [2496회] 2018.02.26.자
http://weekly.chosun.com/client/news/viw.asp?nNewsNumb=002496100022&ctcd=C09
36) http://news.chosun.com/site/data/html_dir/2017/12/31/2017123101692.html

이사(李斯)의 계책으로 한비자(韓非子)가 죽다[37]

타국인에 대한 경계가 강화되면서 마침내 축객령(逐客令)이 내려졌다. 이 법령에 의하여 한비자를 내칠 수 있었지만 이사 자신도 진에서 추방되어야 했다. 이사는 진왕 정이 뛰어난 인물임을 알고 있었다. 한비자 저서의 내용처럼 진왕은 인간이란 무리지어 살아야 하는 생물이고 그것을 유용하게 통제하는 것이 군주 최대의 과제라는 것을 이해하고 있었다. 재능만 있다면 타국인이라 해도 등용하는 것이 맞다고 생각했다. 다만 진나라를 결속시키려면 내국인들의 불만을 서둘러 진정시킬 필요가 있었다. "희생자를 한 사람으로 끝내야겠다." 진왕은 이렇게 생각했다. 정국을 적발하기 전에 이사는 진왕에게 지나가는 말처럼 이런 말을 여러 번 해왔다. "한비자가 희대의 인물이지만 말더듬이기 때문에 입을 사용하지 못하고 그 사상을 모두 저서 속에 쏟아 넣었습니다. 신은 가끔 그에게 이런 충고를 해왔습니다. '저서에 그대의 사상을 전부 남겨놓으면 누구든지 그대라는 인물을 구하지 않고 저서만 구하려 할 것이므로 등용에 불리할 것'이라고 했습니다. 그러나 그가 받아들이지 않았사옵니다." 이렇게 하여 진왕은 한비자를 희생시켜야겠다고 마음을 굳히게 되었다. 이사가 그 길로 한비자를 방문해 말했다. "내국인 제신(諸臣)들이 우리처럼 타국출신 중신(重臣)에 대한 텃세가 심하네. 들어서 알고 있겠지만 축객령이 내려 우리들은 이 나라를 떠나야 하네. 그런데 내국인 제신들이 권세를 휘둘렀던 우리를 무사히 출국시키지 않는다는 것일세. 무장한 병사들이 성 밖에서 우리가 나오기를 기다리고 있다고 하네. 이미 우리들의 목숨은 어떤 방법으로도 구할 수가 없게 되었네. 나는 독을 마시고 자결하려 하는데 그대는 어떻게 할 생각인가?" 한비자가 조용히 자리에서 일어나 뜰로 내려가더니 나뭇가지를 꺾어 땅에다 이렇게 썼다. 두 사람의

---

37) 노대홍, "이사(李斯)의 계책으로 한비자(韓非子)가 죽다", 글로벌이코노믹, 2018.6.14.자.
http://life.g-enews.com/view.php?ud=201806141036596885e8b8a793f7_3

대화는 필담으로 이어졌다. "내게도 독을 나누어 주게나." "목숨에 미련은 없는가?" "할 말은 모두 글로 남겼으니 미련이 없네." 이사가 한비자에게 독을 넘겨주었다. 다음날 이사가 진왕에게 보고했다. "한비자는 축객령에 절망하여 독을 마시고 자결했사옵니다." 한비자가 죽었다는 보고를 받고서도 진왕은 미간을 약간 움직이며 한 마디만 말했을 뿐이었다. "그런가........." 자살 당시 정황에 대하여 더 이상 묻지도 않았다. (혹시 어쩌면........) 이사는 진왕이 모든 일을 알고 있는 듯한 느낌이 들어 불안해 견딜 수가 없었다.

화복동문(禍福同門) "화는 복에 기대어 있고 복은 화에 숨어 있는 법" 화와 복이 들어오는 문은 같은 분이나. 화는 때로 복의 옷을 입고 들어오기도 하고 복은 때로 화의 옷을 입고 들어오기도 한다.

제2편
사법의 역사

제2편 사법의 역사

제1장 사법제도의 변천

1. 고조선

기원전 2,333년에 건국되었던 최초 국가인 고조선에는 '8조의 법'
이 있었는데, 그중에서 3개 조목의 내용이 오늘날까지 전해지고 있
다. 사람을 죽인 자는 사형에 처하며, 상해를 입힌 자는 곡물로써
배상하게 하고, 남의 물건을 훔친 자는 노비로 삼는다는 것이었다.

2. 고대국가 및 삼국시대

고조선 멸망 이후 다수의 부족 국가가 설립되어, 초기 고대국가 시
대에는 부족회의에서 재판권을 행사하였다. 고대국가들이 고구려,
백제, 신라 삼국으로 정립되면서 왕권이 강화되어 중앙집권적 정치
체제가 확립되었으며, 삼국은 제각기 엄한 율령(성문법)을 제정·공
포하여 사회 체제를 유지하였다.

3. 고려시대

고려시대에는 71개조로 된 형법과 이를 보충하는 보조법률이 있었
으나 일상생활에 관계된 것은 대개 전통적인 관습법에 따랐다. 태
조 때에 중앙의 재판기관으로 의형대를 두었고, 공양왕 때부터 수
도인 개성에서는 개성부윤이 모든 민사사건 재판을 하였고, 지방은
수령인 유수관, 부사, 지주, 현령, 감무 등이 제1심 재판을 하였으
며, 안염사, 관찰사가 제2심 재판기관이었다.

4. 조선시대

중앙정부의 사법기관

의금부는 국왕의 명에 의하여 왕족·관리·사족(士族)의 범죄, 국사범, 역모죄 및 반역죄 등에 대한 재판을 단심으로 담당하는 특별기관이었고, 형조는 중죄에 대한 상소심, 법령의 조사, 감옥관리와 범죄수사, 노비와 포로 관장, 법률교육, 죄인구금 등을 담당하였다. 사헌부는 문무백관의 치적을 조사·규탄하며 억울한 형벌을 밝혀주는 등 감찰기관의 역할을 하였고, 한성부는 한성 내 5부와 도성 밖 10리를 관할구역으로 하여 일반행정과 경찰사무를 관장하는 동시에 호적 및 부동산관련 재판을 전국에 걸쳐 관장하였다.

형벌

조선시대의 형벌은 크게 태형(笞刑), 장형(杖刑), 도형(徒刑), 유형(流刑), 사형(死刑)이 존재하였습니다. 태형(笞刑)은 가벼운 죄를 범한 자에 대해 작은 몽둥이로 치는 것이고, 장형(杖刑)은 이보다 무거운 죄를 범한 자에 대하여 큰 몽둥이로 치는 것이었다. 도형(徒刑)은 비교적 중한 죄를 범한 자에 대해 군역에 복무하게 하거나 힘든 노역을 하게 하는 것인데, 항상 장형을 함께 부과하였다. 유형(流刑)은 중죄를 범한 자에게 차마 사형까지는 부과하지 못하고 먼 지방으로 귀양보내어 죽을 때까지 고향에 돌아오지 못하게 하는 것인데 반드시 장형을 함께 부과하였습니다. 사형(死刑)은 가장 중한 형벌로 교수형과 참형이 있었다.

재판제도

수령은 관찰사 밑에서 각 고을을 맡아 다스리던 지방관 즉 부윤, 대도호부사, 목사, 군호부사, 유수, 군수, 현령, 현감 등의 총칭으로서 속칭 '원님'이라고 불리었는데, 태형(笞刑) 이하의 형사사건과 일반 민사사건의 제1심을 맡았다. 관찰사는 유형(流刑) 이하의 형사사건을 제1심으로 직접 처리하면서 관하 수령이 재판한 민사사건의 상소심을 맡았다. 상소심의 경우도 관찰사가 직접 재판한 것은 아니고 수령으로부터 보고를 받아 판결 방향을 지시하면 수령이 이에 따라 다시 판결을 내리는 방식이었다. 관찰사의 재판에 대하여 이의가 있는 자는 형조 또는 사건의 성격에 따라서는 감찰업무를 담당하던 사헌부에 상소할 수 있었고, 국왕에게 직소하는 길도 마련되어 있었다. 특히 사형에 해당하는 죄에 대하여는 인명을 소중히 한다는 뜻에서 세 번 복심(覆審)하였으며, 최종 재판은 국왕이 담당하였다.

판결문

형조의 재판은 대체로 합의에 의하여 결정되었고 지방수령의 재판은 단독으로 이루어졌다. 판결은 문서로 표현되었는데, 판결문을 결송입안(決訟立案)이라 불었다. 그 내용은 판결의 취지와 이유만으로 구성된 것이 아니라 모든 소송 관련 문서와 증거서류 등을 제출 순서에 따라 모두 기재하고 마지막에 판결의 취지와 이유를 덧붙이는 방식이었다. 최근 연구 결과에 의하면 현재까지 전해지고 있는 조선시대 판결문은 모두 778건이며, 가장 오래된 판결문은 1517년 안동부 결송입안이다.

재판법규

조선 시대 통치자의 통치규범이자 피치자의 행위규범인 통일법전으로서 경국대전을 비롯한 일련의 성문법전이 편찬되었다. 이러한 조선의 법전화 사업은 고유의 법전을 마련함으로써 통치자의 자의가 아니라 객관적인 법에 의하여 백성을 다스리는 법치주의의 기틀을 확립한다는 의미를 가지고 있다. 경국대전은 이전(吏典), 호전(戶典), 예전(禮典), 병전(兵典), 형전(刑典), 공전(工典)으로 구성되어 있는 방대한 종합 법전으로, 특히 사법제도와 관련해서는 형전에 재판에 관한 조항이 수록되어 있고, 예전에는 판결문을 포함한 각종 공문서의 내용과 형식에 관한 조항이 수록되어 있다.

조선 말기의 개혁

조선 시대의 사법제도는 재판기관과 행정기관이 구분되지 않았다. 조선이 일본 및 서구열강에 문호를 연 후 급진개혁파가 주도한 갑오개혁은 근대사법제도가 이 땅에 도입되는 획기적인 전환점이 되었다. 1895년 3월 25일(양력 4월 19일) 법률 제1호로 '재판소 구성법'이 공포됨으로써 우리나라 역사상 최초로 사법과 행정이 완전히 분리된 근대적인 재판제도가 뿌리 내리게 되었다. 재판소구성법에 의하면 재판소는 지방재판소, 한성 및 인천 기타 개항장재판소, 특별법원, 제2심인 순회재판소, 최고재판기관인 고등재판소의 5종으로 구분하여 두기로 하였고, 같은 해 4월 15일(음) 서울에 '한성재판소'가 설치되었다. 1899년 5월 30일 고등재판소는 평리원으로 개칭되었다.

5. 고종황제 재판소 구성법을 반포하다[38)

법률(法律) 제1호〈재판소 구성법(裁判所構成法)〉 재가(裁可)하여 반포(頒布)하였다.

〈재판소 구성법(裁判所構成法)〉

제1편 : 재판소

제1장 : 총칙

제1조 재판소는 다음과 같은 다섯 가지 종류로 나누어 둔다.
1. 지방 재판소(地方裁判所)
2. 한성(漢城)과 인천(仁川), 기타 개항장(開港場) 재판소
3. 순회 재판소(巡回裁判所)
4. 고등 재판소(高等裁判所)
5. 특별 법원(特別法院)
제2조 각 재판소의 위치와 관할 구역은 법부 대신(法部大臣)이 정한다.
제3조 각 재판소에는 판사(判事), 검사(檢事), 서기(書記)와 정리(廷吏)를 둔다. 그 인원수는 본 법에서 정하는 외에 법부 대신이 정한다.
제4조 재판소의 관할권에 대하여 의문이 있을 때에는 법부 대신의 결정을 청하여야 한다.

제2장 : 지방 재판소

제5조 지방 재판소는 일체의 민사(民事) 및 형사(刑事)를 재판한다.
제6조 지방 재판소의 재판권은 단석(單席) 판사가 행한다.
지방 재판소에 2인 이상의 판사를 둘 때에는 판사는 단석 혹은 합

---

38) 고종실록 33권, 고종 32년 3월 25일 병신 1번째기사 1895년 대한 개국(開國) 505년. 37책 33권 15장 A면【국편영인본】 2책 542면.

석(合席)으로 재판 사건을 심리할 수 있다. 2인 이상이 함께 참석하는 경우에는 수반 판사(首班判事)가 재판을 선고하는데, 판사들 사이에 다른 의견이 있을 때에는 수반 판사의 의견으로 결정한다.

제7조 법부 대신은 지방 실정에 따라 지방 재판소 지청(支廳)을 둘 수 있다.

제8조 지방 재판소의 직원은 아래와 같다.

1. 판사 1. 검사 1. 서기 1. 정리

제9조 지방 재판소의 판사가 신병(身病)이나 특별 사정으로 사무를 맡아 처리하지 못할 때에는 특별한 규정이 있는 경우를 제외하고 법부 대신의 지휘를 청하여야 한다.

제3장 : 한성(漢城)과 인천(仁川), 기타 개항장(開港場) 재판소

제10조 한성과 인천, 기타 개항장 재판소는 아래와 같다.

1. 한성 재판소 1. 인천 재판소 1. 부산 재판소(釜山裁判所) 1. 원산 재판소(元山裁判所)

제11조 전항(前項)의 각 재판소는 일체의 민사 및 형사를 재판하고 또 외국인으로서 본국인에 대한 민사 사건과 형사 사건을 재판한다.

제12조 전항의 재판소의 재판권은 단석 판사가 행한다. 전항의 각 재판소에 2인 이상의 판사를 둘 때에는 그 판사는 단석 혹은 합석으로 재판 사건을 심리할 수 있다. 2인 이상이 합석하는 경우에는 수반 판사가 재판을 선고하는데 판사들 사이에 다른 의견이 있을 때에는 수반 판사의 의견으로 결정한다.

제13조 한성 재판소, 인천 재판소, 부산 재판소, 원산 재판소의 직원은 아래와 같다.

1. 판사 1. 검사 1. 서기 1. 정리

제14조 전항의 각 재판소의 판사와 검사는 따로 정한 사법관 시험 규칙에 의하여 시험을 본 사람 중에서 내각 총리대신(內閣總理大

臣)을 경유하고 법부 대신이 추천하여 대군주 폐하(大君主陛下)가 임명하는 사람으로 한다.

제4장 : 순회 재판소

제15조 순회 재판소는 매년 3월부터 9월까지의 기간에 법정을 연다. 법정을 여는 처소(處所)는 법부 대신이 정한다. 제16조 순회 재판소는 부산 재판소, 원산 재판소 및 지방 재판소의 판결에 불복하는 일체의 민사 사건과 형사 사건에 대한 상소(上訴)를 재판한다. 제17조 순회 재판소의 재판권은 단석 판사가 행사한다. 순회 재판소에 2인 이상의 판사를 둘 때에는 판사가 단석 혹은 합석으로 재판 사건을 심리할 수 있다. 제18조 순회 재판소의 판사와 검사는 부산 재판소, 원산 재판소 및 지방 재판소의 재판 및 검찰 사무를 감독하며 그 재판이나 검찰과 관련하여 법률의 오해와 적용에 착오가 있음을 발견하였을 때에는 언제라도 고쳐 바로잡을 수 있으며 또 앞에서 든 각 재판소의 판사, 검사와 기타 관리가 직무상 부당한 행위가 있음을 발견하였을 때에는 그 실상을 조사하여 법부 대신에 보고할 수 있다. 제19조 순회 재판소 판사가 필요하다고 인정할 때에는 부산 재판소, 원산 재판소 혹은 지방 재판소에 가서 각각 그 재판소 판사의 직무를 행할 수 있다. 전항의 순회 재판소 판사의 판결에 불복하는 상소는 다른 순회 재판소 판사가 접수하여 심리한다.

제20조 순회 재판소의 직원은 아래와 같다.

1. 판사 1. 검사 1. 서기 1. 정리

제21조 순회 재판소 판사는 법부 대신의 추천을 거쳐 고등 재판소 판사, 한성 재판소 판사, 법부의 칙임관(勅任官)과 주임관(奏任官) 및 따로 정한 사법관 시험 규칙에 의하여 판사로 임명된 사람 중에서 대군주 폐하가 임시로 임명한다. 검사는 한성 재판소 검사,

법부의 칙임관과 주임관 및 따로 정한 사법관 시험 규칙에 의하여 검사로 임명된 사람 중에서 법부 대신이 임시로 임명한다.

제5장 : 고등 재판소

제22조 고등 재판소는 법부에서 임시로 법정을 연다.

제23조 고등 재판소는 합의(合議) 재판이므로 한성 재판소와 인천 재판소에서 내린 판결에 불복하는 상소를 재판한다.

제24조 고등 재판소의 직원은 아래와 같다.

1. 재판장(裁判長) 1인 1. 판사 2인 1. 검사 2인 1. 서기 3인 1. 정리

재판장은 법부 대신 또는 법부 협판(法部協辦)으로 하며 판사는 법부의 칙임관과 주임관, 또는 한성 재판소 판사 중에서 대군주 폐하가 임명한다. 다만 협판 이하는 내각 총리대신을 경유하여 법부 대신이 추천한다. 검사는 법부의 검사 국장(檢事局長)과 검사국에 소속된 검사 중에서 법부 대신이 임명한다.

제6장 : 특별 법원

제25조 특별 법원에서는 왕족(王族)의 범죄에 관한 형사 사건을 재판한다. 본 조에 기록한 정범(正犯)과 종범(從犯)은 신분의 여하를 물론하고 본 원에서 재판한다. 제26조 특별 법원은 법부 대신의 주청에 의하여 위에서 결재하여 임시로 연다. 본 원의 재판에 넘겨야 할 사건과 법정을 열어야 할 처소는 법부 대신이 지시한다. 제27조 특별 법원은 합의 재판이므로 다음의 직원으로 재판한다.

1. 재판장 1인 1. 판사 4인

재판장은 법부 대신으로 채우고 판사 중 1명은 중추원 의관(中樞院議官)으로 하며 3명은 고등 재판소 판사, 한성 재판소 판사 또는 법부의 칙임관과 주임관 중에서 법부 대신의 추천에 의하여 대군주

폐하가 임시로 임명한다.

제28조 특별 법원 검사의 직무는 고등 재판소 검사 또는 법부 대신이 지명하는 검사가 행한다.

제29조 특별 법원 서기의 직무는 고등 재판소 서기가 행한다.

제30조 특별 법원 정리의 직무는 고등 재판소 정리가 행한다.

제31조 특별 법원의 재판에 불복하여 상소하는 것을 허용하지 않는다.

제32조 특별 법원의 소송 규례는 특별 규정이 있는 경우를 제외하고 통상 규례에 따른다.

제2편 : 재판소 직원

제1장 : 판사(判事)와 검사(檢事)

제33조 판사와 검사는 따로 정한 규칙에 의하여 시험에 합격해야 한다. 다만 본 법 중에 따로 규정이 있는 경우에는 이 제한에 해당하지 아니한다.

제34조 판사와 검사는 칙임관 또는 주임관으로 한다.

제35조 판사와 검사의 관등(官等), 봉급(俸給)과 진급(進級)에 관한 규정은 칙령(勅令)으로 정한 바에 따른다.

제36조 재판소 수반 판사는 판사, 서기와 정리를 감시하여 사무의 처리에 주의하게 한다.

제37조 판사는 범죄의 죄질에 따라 첫 조사가 필요하다고 생각될 때에는 직접 조사하며 또 판사나 경찰관에게 조사하도록 할 수 있다.

제38조 검사는 영장의 발송, 증거 수집과 재판의 집행, 기타 검찰 사무를 진행하고 또 감옥에 가서 검열함으로써 이유 없이 잡아오거나 구류(拘留)하는 일이 있는가 없는가에 관심을 기울여야 한다. 그리고 구류한 사람에 대해서는 심리를 빨리 하도록 힘써야 한다.

제39조 검사는 그의 직무상 사법 경찰관(司法警察官)에게 명령할 수 있다.

제2장 : 재판소 서기(書記)

제40조 서기는 판임관(判任官)이므로 법부 대신이 임명한다.

제41조 서기는 법정 내의 일체의 신문(訊問), 공술(供述), 변론(辯論) 등을 기록하여 소송 사건에 관한 서류를 작성하여 보존하며 기타 재판소의 기록에 관한 사무를 일체 진행한다.

제3장 : 정리(廷吏)

제42조 정리는 판임관의 대우이므로, 각 재판소의 수반 판사가 채용한다.

제43조 정리는 재판소에서 발급하는 문서의 송달과 재판의 집행 및 상관의 명령을 받아 기타 모든 사무를 수행한다.

제3편 : 사법 사무 담당 처리

제1장 : 개정(開廷)

제44조 개정은 재판소와 그 지청(支廳)에서 한다.

제45조 법부 대신이 필요하다고 인정할 때에는 재판소와 그 지청 외에서 법정을 열 수 있다.

제46조 민사 및 형사 소송 사건에 대한 재판은 일체 공개하여 방청(傍聽)을 허용한다.

제47조 개정 중의 질서 유지는 재판장에게 속한다.

제48조 재판장은 심리를 방해하는 자와 기타 부당한 행동을 하는 자를 법정에서 퇴장시키며 따로 정한 법규에 의하여 처벌하는 권한

을 가진다.

제49조 전조의 규정은 당사자와 증인에게도 적용한다.

제50조 판사가 제48조와 제49조에서 부여한 권한을 행사할 때에는 소송 기록에 기록하고 그 이유도 첨부하여 기록한다.

제2장 : 재판소 용어

제51조 재판소에서는 조선어(朝鮮語)를 사용한다. 다만 소송 관계자 중에 조선어에 통하지 않는 자가 있을 때에는 통역을 쓸 수 있다.

제52조 외국인이 소송 관계자로 되는 경우 판사가 그 나라 말을 알면 그 나라 말로 구두 심리를 할 수 있다. 다만 소송 기록은 조선어로 한다.

제3장 : 재판의 심리와 선고

제53조 합의 재판소의 심리에서 의견을 진술하는 순서는 관등이 제일 낮은 사람부터 시작하고 재판장이 끝을 맺는다. 관등이 서로 같을 때에는 나이가 젊은 사람부터 시작한다.

제54조 합의 재판은 과반수의 의견에 따른다.

제55조 판사는 재판할 사항에 대하여 자기 의견을 표시하는 것을 거절할 수 없다.

부칙(附則)

제56조 본 법의 제8조의 지방 재판소 직원은 당분간은 지방관(地方官)에게 겸임시킬 수 있다. 또 제14조와 제21조에 실려 있는 시험 규정에 의하지 아니하고 당분간은 판사와 검사를 임명할 수 있다.

제57조 본 법 중에 인천, 기타 개항장 재판소, 지방 재판소, 순회 재판소에 관한 규정의 시행 기한은 칙령으로 추후 정한다. 그 기한이 되기까지는 재판 사건의 담당 처리를 그 전의 법에 의한다.

제58조 종래에 재판 사건을 담당 처리한 여러 관청으로서 전조에 의하여 본 법의 규정을 시행하는 각 재판소의 구역 안에 있는 경우에는 그 규정의 시행일부터 일체 그 권한과 기능을 상실하므로 그 심리 중의 사건은 당해 재판소에 문건을 넘긴다.

제59조 소송 규례에 관하여 추후 소송법이 제정 반포될 때까지 본 법에 저촉되지 않는 범위 내에서 종래의 규정을 적용한다.

제60조 본 법에 규정한 재판소의 판사는 점차 규정 시험을 거친 전임 법관(專任法官)으로 다시 임명한다.

제61조 본령은 개국(開國) 504년 4월 1일부터 시행한다.

일본 제국주의 침략으로 인한 사법제도의 변천

불행히도 조선의 근대화는 일본 제국주의 침략으로 좌절을 맛보게 되었다. 고종은 일제의 강압적인 요구에도 불구하고 제2차 한일협약(을사조약) 체결에 응하지 않았으나, 일본은 마치 조약이 정당하게 체결된 것처럼 통감부를 설치하고 통감부 하부기관으로 이사청(理事廳)을 두어 한국 내 일본인에 대한 재판권부터 행사하기 시작하였습니다. 1909년 7월 12일 '한국의 사법 및 감옥사무를 일본 정부에 위탁하는 건에 관한 각서'가 이루어지고, 그에 따라 모든 한국재판소를 폐지하고 그 대신 일본재판소를 설치하며 재판사무의 취급에 있어서는 일본 법령의 적용을 원칙으로 하게 됨으로써 일제가 한국의 사법권을 장악하고 통감부재판소를 설치하게 되었다. 이후 통감부재판소는 조선총독부재판소로 바뀌어 일제의 식민지 재판기관 역할을 맡았는데, 조선총독이 입법권 및 행정권과 함께 사법권도 장악하고 있었으므로 조선총독부재판소는 조선총독부의 산하기관에 불과하였다.

대한민국 임시정부의 임시헌법

1919년 3·1 운동 이후 수립된 대한민국 임시정부는 헌법에 해당하는 '대한민국임시헌장'을 제정하였는데, 삼권분립에 입각하여 입법기관은 임시의정원, 행정기관은 국무원, 사법기관은 법원으로 구성하였다. 제6장 '법원'편에서 법원은 사법관으로 조직하고, 사법관은 독립하여 재판을 행하되, 상급관청의 간섭을 받지 않으며, 법원의 재판은 안녕질서 또는 선풍양속에 방해가 있는 때를 제외하고는 공개하도록 정했다.

광복 이후

광복과 더불어 우리나라 사법제도는 급속한 발전을 거듭하였다. 1948년 7월 17일 대한민국 헌법이 공포되었는데, 헌법은 삼권분립 원칙에 따라 사법권의 독립을 보장하였다. 이어 김병로 초대 대법원장이 취임하였고, 1949년 9월 26일 법원조직법이 제정·공포되었다. 헌법과 법원조직법은 법원이 민사소송, 형사소송, 행정소송, 선거소송 등의 법률적 쟁송을 심판하도록 하고, 대법원 이외 고등법원과 지방법원을 두어 3급3심제가 확립되었다. 그 후 우리나라의 정치적, 사회적 격변과 급속한 산업화로 말미암아 여러 차례에 걸쳐 헌법 개정이 있었고, 이에 따라 법원조직법도 대법관 및 법관의 임명방법, 대법관 수와 관련하여 변천을 겪었다. 그러나 최고법원이자 상고심인 대법원을 정점으로 하여 항소심인 고등법원, 사실심인 지방법원과 그 지원 등 3심 구조로 구성된 법원조직의 골간은 그대로 유지되었다.

현대사

1987. 10. 29. 개정된 현행 헌법은 이 땅에 자유민주주의를 꽃피우고 선진 국가를 건설하려는 우리 국민의 일관된 투쟁의 결실이었다. 법원 역시 법치주의를 담보하고 국민의 기본권을 보장하는 보루로서 자율성과 독립성이 최대한 보장되었다. 1990년대 초 들어 우리나라 경제의 선진화와 국제화, 개방화 물결을 맞아 법원은 더욱 효율적이고 전문적인 질 높은 사법서비스를 제공하여야 할 새로운 책무를 안게 되었다. 사법제도 개혁의 목소리는 법원뿐만 아니라 사회 각계에서도 높아졌고, 윤관 전 대법원장은 1993. 9. 취임 당시 대법원 산하 사법제도발전위원회를 설립하였다. 위 위원회는 대법원장에게 개혁안을 제출하였으며, 위 제안 사항은 1994. 7. 국회에서 통과되었

다. 1995년은 근대사법제도가 시행된 지 100년이 되는 해였다. 대법원은 1995. 4. 25. 한국의 근대사법 100년을 되돌아보고 사법제도의 지속적인 발전을 기원하는 기념식을 거행하였다. 또한 법원의 역사를 정리하여 본보기로 삼고자 '법원사(The History of the Courts in Korea)'를 편찬하였다. 2005. 9. 취임한 이용훈 전 대법원장은 '국민을 섬기는 법원, 국민과 함께하는 법원'이라는 기치 아래, 구술심리와 공판중심주의 등 법정 중심의 재판을 확립하기 위하여 재판제도와 운영을 개선하였다. 또한 법정 확충 및 사무환경의 개선을 비롯한 사법시설의 대대적 정비, 종합민원실 설치와 원스톱 민원시스템의 도입 등 사법서비스의 고도화 작업을 추진하여 상당한 성과를 거두기도 하였다. 그리고 국민이 배심원으로서 형사재판에 직접 참여하는 국민참여재판 제도가 2008. 1. 1.부터 실시되었으며, 법원이 운영하는 전자소송시스템을 이용하는 전자소송제도가 2010. 4. 특허 전자소송을 시작으로 2011. 5. 민사 전자소송으로 확대되는 등 단계적으로 형사사건을 제외한 모든 사건에서 전자소송 서비스가 제공될 예정이다. 2011. 9. 양승태 대법원장의 취임 이후에는, '국민을 위한 합리적 사법제도 구현', '평생법관제 정착과 인사제도 개선', '국민과 소통하는 투명하고 열린 법원', '사회갈등을 해소하고 통합에 기여하는 법원', '내일을 여는 세계 속의 사법부'라는 사법정책목표를 설정하고, 국민의 입장에서 보다 합리적으로 재판제도를 개선하고 국민과 소통할 수 있는 사법부를 만들기 위하여 부단한 노력을 기울이고 있다.[39]

---

39) 대법원 홈페이지 2018.7.7.자;
http://www.scourt.go.kr/judiciary/organization/chart/index.html

제2장 조선왕조의 사법과 재판

1. 사헌부의 상소문

이지직·전가식의 죄를 청하는 사헌부의 상소문[40]

"오직 한(漢)나라 때 급암(汲黯)[41] 이 무제(武帝)에게 간(諫)하기를, '폐하께서는 속으로는 욕심이 많으시나 겉으로는 인(仁)과 의(義)를 베푸십니다.'하니, 진서산(眞西山)[42] 이 이것을 자세하게 말하였다. 경들은 들으라. 정권(政權)이 대간(臺諫)에게 돌아가면 명현(明賢)과 대상(大相)들을 모두 토죄(討罪)하겠는가? 이사(李斯)[43]·이임보(李林甫)[44] 같은 사람은 토죄함이 옳지만, 소망지(蕭望之)[45]·이응(李膺)[46] 같은 무리들도 토죄함이 옳겠는가? 오늘날 온 나라 사람들이 대간(臺諫)을 보고 말 잘한다 하고, 나를 가리켜 간언(諫言)을 받아들이지 않는다고 여기는 까닭에 간관(諫官)의 직책을 빼앗았다. 내 벌써 간(諫)하는 말을 거부한다는 이름을 얻었으니, 이제부터는 맹세코 간(諫)하는 말을 받아들이지 않겠다."

---

40) 태종실록 3권, 태종 2년 4월 5일 정사 1번째기사 1402년 명 건문(建文) 4년
41) 급암(汲黯) : 전한(前漢)의 명신(名臣). 자(字)는 장유(長孺), 복양(濮陽)사람. 노장학(老莊學)을 즐김. 무제(武帝) 때에 회양(淮陽)의 태수(太守)가 되었다.
42) 진서산(眞西山) : 송(宋)나라 진덕수(眞德秀)를 말함. 자는 경원(景元), 뒤에 경희(景希)로 고쳤음. 경원(慶元)에 진사(進士)가 되어 벼슬이 참지정사(參知政事)에 이르렀음. 세칭 서산선생(西山先生)이라하며 시호(諡號)는 문충(文忠)이다.
43) 이사(李斯) : 진(秦)의 정치가. 시황제(始皇帝)의 천하통일(天下統一)후 승상(丞相)이 됨. 순자(荀子)에게 배우고 한비자(韓非子)의 법치주의(法治主義)를 실행하였으며 또 분서갱유(焚書坑儒)에 의하여 사상통일(思想統一)을 강행하고 군현제(郡縣制)를 실시하고 문자를 통일하여 소전(小篆)을 제정하는 등 진(秦)의 패업과 그 정치는 그의 정책에 기인하였다.
44) 이임보(李林甫) : 당 현종(唐玄宗) 때 재상(宰相). 자(字)는 가노(哥奴), 호(號)는 월당(月堂). 교묘하게 환관(宦官)과 비빈(妃嬪)을 조정하여 황제의 동정(動靜)을 살펴 영합하고 재조(在朝) 19년에 정사(政事)를 마음대로 하여 마침내 안사(安史)의 난(亂)을 빚어내었다.
45) 소망지(蕭望之) : 한(漢)나라 난릉(蘭陵)사람. 자는 장천(長倩), 벼슬은 태자 태부(太子太傅). 선제(宣帝) 때 유조(遺詔)를 받아 정사(政事)를 돕고 상서(尙書)의 일을 보았으며 원제(元帝)가 즉위하자 사부(師傅)로서 광정(匡正)한 일이 많았다.
46) 이응(李膺) : 후한(後漢)의 양성(襄城)사람. 자(字)는 원례(元禮). 벼슬은 환제(桓帝) 때 사례 교위(司隷校尉). 그 때에 조정은 날로 어지러워져서 기강(紀綱)이 퇴폐하였다. 응(膺)이 홀로 풍재(風裁)를 잡아 성명(聲名)이 자연히 높아져서 선비로서 그의 용접(容接)을 받는 자를 이름하여 등용문(登龍門)이라 하였다. 뒤에 당화(黨禍)에 걸려 영제(靈帝) 때 환관에게 죽음을 당하였다.

2. 간통죄

최부가 홍양생과 유연생의 간통의 진상을 알아내지 못했다고 보고하다[47] 조참(朝參)을 받고 정사를 보았다. 대사헌 최부가 계하기를, "홍양생과 유연생에게 장을 쳐서 신문하였으나 다 복죄하지 않았습니다. 양생은 처음에 간음 현장에서 붙잡힌 일이 없다고 말하였고, 연생과 안영의 노비 등이 말하는 것도 또한 일치하지 아니하여, 지금 아직 진상을 알아내지 못하였습니다."하니, 임금이 말하기를, "율문(律文)에, '모든 간음 사건은 모름지기 간음 현장에서 붙잡은 것이라야 죄가 성립된다.'고 하였다. 아조(我朝)에서는 비록 간음 현장에서 붙잡지 못하였더라도 그 간음한 정상이 명백하면 죄주는 것도 또한 전례가 있다. 그러나 《대명률》에서 반드시 간음 현장에 붙잡은 자라고 말한 것은, 의심나는 죄를 <유죄로> 단죄할까 염려한 것이다. 지금 양생(陽生)과 연생(延生)이 서로 간음하였다는 정상은 비록 명백하나, 간음 현장에서 붙잡지 못하였으니 어찌 다만 이것만으로써 단정(斷定)할 수 있겠는가. 내가 전일에 먼저 붙잡은 곳을 물은 것은 이 때문이었다."하였다. 부(府)가 또 계하기를, "안영(安永)의 비부(婢夫) 조원우(趙元祐)는 연생(延生)의 오빠인 판관(判官) 유중창(柳仲昌)과 서로 힐난(詰難)하다가, 중창이 소장(訴狀)을 올려, '원우가 나를 힐난(詰難)하여 말하기를, 「이것이 밝은 시대냐.」 하며, 당세(當世)를 비방(誹謗)하였습니다.'고 하기에, 원우를 국문하였더니, <원우가>곧 말하기를, '내가 중창을 힐난하며 말하기를, 「밝은 태평 시대에 어찌 이같이 악(惡)한 짓을 하는가.」 하였습니다.' 합니다. 증인들을 모두 심문하였으나, 말이 각기 일치하지 않아서 어느 것에 좇을지 모르겠습니다."하니, 임금이 말하기를,

47) 세종실록 40권, 세종 10년 4월 21일 계유 2번째기사 1428년 명 선덕(善德) 3년,【태백산사고본】13책 40권 4장 B면【국편영인본】3책 125면.

"원우는 천인(賤人)이다. 과연 중창의 말과 비록 같다고 한들 어찌 〈국정(國政)을〉비방한 것으로 논죄할 수 있겠는가. 다만 천한 노비로서 중창(仲昌)을 능욕(凌辱)한 것은 죄주어야 하겠다."하였다.

3 판관의 국문

군기시 판관 정이원이 아들을 시켜 권이를 결박시키니 국문하게 하다[48] 처음에 군기시 판관(軍器寺判官) 정이원(鄭而元)이 그 오촌질(五寸姪) 생원(生員) 권이(權怡)와 더불어 노비(奴婢)를 소송한 지가 여러 해가 되었는데, 정이원이 그 아들 정정(鄭靖)을 보내서 형조(刑曹)의 장수(杖首)를 청하여, 이들과 함께 권이의 집에 가서, 권이를 결박하여 그의 집 뜰 가운데 눈[雪] 위에다 놓아두고, 밤을 새고 한낮이 되어도 오히려 놓아주지 아니하므로, 권이의 아내가 정이원의 집에 찾아갔으나, 문을 닫아걸어서 들어갈 수 없으므로, 울기를 매우 애통하게 하였다. 이웃 사람이 가엾어서 그 까닭을 물으니, 대답하기를, "어제 정이원의 아들 정정이 내 남편을 결박해 왔는데, 그 생사(生死)를 알 수 없어서 우는 것이니, 나를 위해서 살펴보아 달라."하였다. 그리하여 이웃 사람이 살펴보니, 권이가 과연 계단 위의 창(窓) 밖에서 꿇어앉아 있었는데, 이때 마침 그 족인(族人) 안근(安謹)이 와서 구원해 주어서 풀려나게 되었다. 이때에 이르러 권이의 오촌숙(五寸叔)인 무령군(武靈君) 유자광(柳子光)이 그 연유를 자세히 갖추어서 아뢰니, 승정원에 명하여 국문(鞫問)하게 하였다. 승정원에서 곧 정정과 증인(證人)들을 불러서 사실을 물으니, 모두 대답하기를 사실대로 하였으므로, 의금부에 명하여 추핵(推覈)하게 하였다. 이때 정이원이 이성 현감(利城縣監)을 제수 받아 길을 떠난 지 하루가 되었는데, 이를 잡아오게 하여 국문하는 데 참여하게 하였다.

---

48) 예종실록 3권, 예종 1년 2월 10일 을미 1번째기사 1469년 명 성화(成化) 5년, 【태백산사고본】 2책 3권 25장 B면【국편영인본】 8책 328면.

4. 형률적용

투구살인자와 위핍인치사자의 형률 적용이 잘못된 점을 시정하다[49] 의정부에서 형률(刑律)의 예(例)를 올리니, 그대로 따랐다. "형률(刑律)에 이르기를, '투구 살인자(鬪毆殺人者)[50] 는 수족(手足)이나 타물(他物)을 불문(不問)하고 모두 교형(絞刑)에 처하고, 위핍인치사자(威逼人致死者)[51] 는 장(杖) 1백 대에, 매장은(埋葬銀)[52] 10냥(兩)을 추징한다.' 하였고, 율문(律文)의 본의(本意)에 이르기를, '대체로 살인(殺人)하여 사형(死刑)이 되는 자에게는 매장을 징수하지 아니하며, 살인을 하고도 감사(減死)되어 죽음을 당하지 않는 자에게는 매장은을 징수하여 지급한다.'고 하였으니, 이제부터는 살인을 하고도 죄가 사형에 이르지 아니하는 자와 사형이 될 자로서 유사(宥赦)를 만나 사형을 면하게 되는 자는 모두 매장을 징수하여 피살된 사람의 집에 주게 하소서."

---

49) 태종실록 12권, 태종 6년 12월 1일 병술 3번째기사 1406년 명 영락(永樂) 4년, 【태백산사고본】 4책 12권 36장 B면【국편영인본】 1책 380면.
50) 투구 살인자(鬪毆殺人者) : 때리고 서로 싸우다가 살인한 자.
51) 위핍인치사자(威逼人致死者) : 위협하고 핍박하여 사람을 죽게 한 자.
52) 매장은(埋葬銀) : 매장비로 징수하는 돈.

5. 삼봉 정도전

개국 공신들이 정도전 남은을 용서할 것을 청하다[53]

삼봉 정도전이 죽은 지 8년이 된 때이다. "임신년 7월에 대업(大業)이 이미 정하여졌는데, 어찌 피차의 당이 있겠는가? 정도전 등이 방자하게 무군(無君)의 마음을 자행하였는데, 어째서 사직을 호위하였다고 말하는가? 처음 이 말을 낸 자가 누구인가?"개국 공신(開國功臣) 우정승(右政丞) 조영무(趙英茂)·한천군(漢川君) 조온(趙溫)·흥녕군(興寧君) 안경공(安景恭)·청성군(淸城君) 정탁(鄭擢)·옥천군(玉川君) 유창(劉敞)·서천군(西川君) 한상경(韓尙敬)·평성군(平城君) 조견(趙狷) 등도 또한 상언 하였다. "남은·정도전은 개국 초에 죽을 곳에 임박하였다가 다행히 종사의 영(靈)을 힘입어서 면하였으니, 만일 이 무리가 없었다면 태조가 누구와 더불어 개국하였겠습니까? 이것을 가지고 저것을 미워하는 것은 이치가 진실로 그러한 것이니, 정도전[54]의 사사로운 원망이 아닙니다. 그 마음을 쓴 것은 공정한 데에서 나왔으니, 이것은 용서할 만합니다. 신 등이 또한 개국에 참여하였으므로 감히 이 청을 드리는 것입니다."임금이 웃으며 말하였다. "그게 무슨 말인가? 임금을 속인 죄를 구제하고자 하여 이런 말을 내는데, 차마 입에서 나오는가? 그게 무슨 말

---

53) 태종실록 22권, 태종 11년 8월 11일 경자 4번째기사 1411년 명 영락(永樂) 9년, 【태백산사고본】 9책 22권 16장 A면【국편영인본】 1책 598면.

54) 정도전(鄭道傳, 1342년(충혜왕 복위 3) ~ 1398년(태조 7) 충청도 단양 삼봉(三峰)에서 태어났다. 고려에서 조선으로 교체되는 격동의 시기에 역사의 중심에서 새 왕조를 설계한 인물이었다. 그러나 자신이 꿈꾸던 성리학적 이상 세계의 실현을 보지 못하고 끝내는 정적의 칼에 단죄되어 조선 왕조의 끝자락에 가서야 겨우 신원 되는 극단적인 삶을 살았다. 정몽주를 선지교에서 살해함으로써 조선 건국이 가속화되는 계기를 만들었던 이방원 등 첫째 부인 한씨 소생들의 불만이 커지는 것은 당연한 결과였다. 더구나 사병 혁파 문제로 서로 갈등을 보이던 중 1398년(태조 7년) 제1차 왕자의 난이 발생하였고, 정도전은 이방원이 이끄는 세력에 의해 죽임을 당하게 되었다. 그리고 정도전은 조선초 내내 신원 되지 않다가 고종 때 관직이 회복되었다. 고종 때 대원군이 경복궁을 중건하면서 건국 초에 설계 등에 참여한 정도전의 공을 인정했기 때문이다.
https://terms.naver.com/entry.nhn?docId=3569445&cid=59015&categoryId=59015

인가? 개국 공신 가운데 지량(智量)이 있는 자가 많은데, 어째서 이렇게 그릇되게 하는가? 정도전·남은이 사사로운 원망을 품고 몰래 사주하여 죄 없는 사람을 잘못 죽였으니, 인신(人臣)의 도리에 어떻겠는가? 내가 이것을 죄주는 것은 이숭인·이종학을 위하여 복수하는 것이 아니라, 천하 만세의 계책을 위함이다. 또 태조는 강명(剛明)하신 임금인데, 오히려 이와 같은 신하가 있으니, 후세에 만일 용렬한 임금[庸君]·약한 임금[弱主]이 있으면 신하가 혹은 이것을 본받아서 못하는 짓이 없을 것이다. 내가 《춘추(春秋)》의 법으로 정도전 등을 죄주어 법을 만세에 남기어 난의 싹을 막고자 하는데, 형벌을 맡은 자가 말하기를,'율(律)에 기군(欺君)에 대한 바른 조문이 없다.' 하므로 의정부(議政府)에 내리어 의논한 것은 대개 공론을 듣고자 한 것인데, 경 등이 어찌 갑자기 청하는가?"조영무가 대답하였다. "어리석은 신의 소견에도 이것을 옳다고 하는 것은 아닙니다. 다만 그 정상을 캐어 보면 용서할 만하다는 것입니다."임금이 말하였다. "《춘추》의 법으로 본다면 임금을 속이고 사(私)를 행하였으니, 법으로 용서할 수 없는 것이다. 지금 경등의 말이 지극히 간절하니, 내가 마땅히 다시 생각하겠다." 조영무 등이 기뻐하여 물러 나왔는데, 곧 이 명령이 있었다.

6. 사람의 증언에 의거하여 죄를 결정하라[55]

형조에 전지하기를, "옥에 갇혀 있는 것과 고문을 실시하는 것은 누구나 고통스러운 것이다. 그 중에도 늙은이와 어린이는 더욱 불쌍하다. 관리들이 간혹 경중을 구별하지 못하고 걸핏하면 형틀에 올려매며, 또한 늙은이나 어린이에게 속(贖)바치게 하는 것은 그 몸에 상해를 입히지 않게 하려는 것인데, 더러는 가벼운 범죄자에게도 곧 고문을 실시한다 하니, 지금부터는 15세 이하와 70세 이상된 자에게는 살인·강도 이외는 구속함을 허락하지 아니하며, 80세 이상과 10세 이하인 자는 아무리 죽을죄를 지었더라도 구속하거나 고문하지 말고 모두 여러 사람의 증언에 의거하여 죄를 결정하라. 만일 어기는 자에게는 죄를 줄 것이니 두루 중앙과 지방에 알리라."하였다.

---

55) 세종실록 50권, 세종 12년 11월 27일 갑자 5번째기사 1430년 명 선덕(宣德) 5년, 【태백산 사고본】 15책 50권 24장 A면【국편영인본】 3책 274면.

7. 공주목의 살인 사건을 심리하다[56]

호서(湖西)의 사옥(死獄)을 심리하였다. 공주목(公州牧)에 조파금(趙巴金)·조감득(趙甘得) 형제가 함께 한삼이(韓三伊)를 구타하여 이튿날 죽게 만들었는데, 감득은 도망쳐 숨고 파금은 자수하였다. 관찰사 박천형(朴天衡)의 장계에 말하기를, "파금 형제가 삼이를 끌고 다닌 상황에 대해서는 분명한 목격자의 증언이 있는데 감득이 먼저 도망해 숨어 유족을 꾀어 사사로이 화해하도록 권하였으니 그가 손수 범행한 것을 알 수 있습니다. 그런데 유족은 도리어 그를 위해 풀어주기를 구하고 있습니다. 파금을 한 마디로 죄에 몰아넣기는 본디 의심스러우나 감득이 붙잡힌 후에 오로지 그의 형에게 미루고 있으며, 파금은 한 마디 군말도 없이 자복(自服)하였습니다. 무식한 상놈을 비록 옛사람이 서로 죽기를 다투는 의리에 견줄 수는 없다 하더라도 원범(元犯)으로 결단하기에는 끝내 의심이 없을 수 없습니다. 두 차례 공초한 후 십분 참고해 헤아리는 방도가 있어야 합당하나 신의 천견(淺見)으로 감히 마음대로 할 수가 없습니다." 하니, 판하(判下)하기를, "파금은 상처가 나타나 있고 사증(詞證)이 갖추어져 있어 죽은 자를 죽인 것이 의심할 나위가 없을 듯하다. 다만 그 정범(正犯)의 한 조항은 두 사람 가운데서 벗어나지 않을 것이니, 마땅히 파금·감득 형제 가운데서 정집(定執)하여 환역(換易)해야 하는데 파금을 수범(首犯)으로 간주하자니 감득이 이미 도망하였었고 감득을 수범으로 하자니 파금이 스스로 담당하여 갇혔으니, 자복(自服)한 자를 정범으로 삼아야 하겠는가, 도망하여 불복(不服)한 자를 정범으로 삼아야 하겠는가? 더구나 형제가 서로 죽기를 다투는 것을 비록 이런 어리석은 백성에게 요구하기는 어렵다

---

56) 정조실록 35권, 정조 16년 5월 12일 기유 5번째기사 1792년 청 건륭(乾隆) 57년, 【태백산사고본】 35책 35권 12장 A면【국편영인본】 46책 310면.

하더라도 파금이 끝까지 제가 했노라고 버티고 있으니 양심이 사라지지 않은 것으로서 가상한 일이다. 감득이 한결같이 미루기만 하는 사납고 무상한 정상은 마땅히 율(律)을 배가(倍加)해야 한다. 그렇다면 이 죄안은 어떻게 결정지어야 하겠는가. 유사(有司)에게 물으면 반드시 '파금을 버려두고 감득을 취해야 한다.'라고 할 것이니, 이는 본디 풍속을 돈독히 하는 정사에 해롭지 않다. 그러나 만약 감득이란 자를 실범(實犯)으로 삼는데 혹 조금이라도 애매한 것이 있으면 역시 공평하고 타당한 뜻이 아니다. 지난번 장단(長湍)·포천(抱川)의 옥사에서는 형제가 서로 죽겠다고 다툰 것 때문에 모두 가벼운 법을 따랐었다. 이 안건은, 형은 비록 자신이 담당했지만 동생은 미루고 있어 장단·포천의 예를 적용할 수도 없다. 그러나 의옥(疑獄)도 사실이고 양범(兩犯)도 사실이다. 이미 의옥인 줄을 아는데 자신이 직접 죄인이라고 자청하는 자로 확정하는 것도 차마 못할 일이며, 양범이 분명한데 책임을 전가한 자로 단정하는 것 역시 불가하다. 형세상 불가불 모두 차라리 법을 제대로 적용하지 못했다는 잘못을 범하는 것이 낫겠다. 그러나 파금은 의심되는 가운데서도 장려해야 할 것이 있고 감득은 의심되는 가운데서도 통분한 바가 있으니, 파금은 한 차례 엄한 형벌을 가하여 석방하고 감득은 한 차례 엄한 형벌을 가한 후 정배(定配)하라."하였다.

8. 도성 안팎 살인사건을 엄중 추문케 하다[57]

전교하였다. "조종조에서는 도성 안팎 10리 사이에서 어쩌다가 사람이 살해당하면 몹시 놀랐는데 그것은, 사람의 목숨을 소중히 여기기 때문이었다. 지금은 그런 사건을 예사로 보며 태연히 괴이하게 여기지 않는다. 이응(李膺)의 사건【마시교(馬市橋)에서 살해되었음.】과 같은 경우도 지극히 놀라운 일인데, 금부는 다만 산 사람에게 미칠 형벌만을 염려하고 사람이 상한 일의 중대한 점은 헤아리지 않아서 너그럽게 다스리고 있다. 또 승정원의 사령(使令) 범동(犯同)이라는 자가 뇌물을 요구하여 남의 아이를 차서 죽이고 도망하였다가 도로 나타났는데 해조가 엄중히 추궁하였는지는 현재 모르겠다. 살인이라는 중대 사건을 소홀히 하여 살피지 않는 것은 매우 잘못된 일이다. 옛날에 한 고조(漢高祖)가 약법삼장(約法三章)[58]에서 살인한 자는 사형한다고 한 것은 참으로 사람의 생명이 지중한 것이기 때문이다. 앞으로는 경성(京城)의 내외에 만약 살해된 사람이 있으면 그 부(部)의 관원이 정원에 와서 보고하고, 초·복 검시장(初覆檢屍帳) 안에 사실과 원인을 적어서 입계(入啓)한 뒤에 추문하게 하라."

---

57) 중종실록 89권, 중종 33년 12월 5일 갑진 1번째기사 1538년 명 가정(嘉靖) 17년, 【태백산 사고본】 45책 89권 14장 A면【국편영인본】 18책 233면.
58) 약법삼장(約法三章) : 한 고조(漢高祖) 유방(劉邦)이 처음 관중(關中)에 들어갔을 때에 부로(父老)들에게 약속한 세 조목만의 간략한 법. 그 세 조목은 "사람을 죽인 자는 사형한다. 사람을 상해한 자와 도둑질한 자는 처벌한다. 진(秦)나라 때의 번다하고 까다로운 모든 법은 폐지한다."라는 것이었다.

제3장 헌법재판소

헌법재판소는 법률관계에 대하여 다툼이 발생한 경우에는 대체로 법원의 재판을 통하여 누구에게 어떠한 내용의 권리가 있는지를 확정하여 그 다툼을 해결하게 된다. 그런데 그러한 법률관계의 근거가 되는 법률이 헌법에 위반되는 잘못이 있다고 주장하거나, 국민에게 의무를 지우거나 국민의 자유를 제한하는 국가 공권력의 작용이 헌법에 위반된다고 다툴 때가 있다 이때에는 법원의 재판을 통하여 해결하는 것이 아니라, 헌법에 정한 권한 있는 재판기관이 그 분쟁에서 과연 무엇이 헌법에 합치되는 것이고 합치되지 않는 것인지 판단하여 헌법에 반하는 법률조항이나 공권력 행사를 바로잡음으로써 해결하게 되는데, 바로 이러한 것이 헌법재판이다. 헌법은 국가의 기본적이고 으뜸가는 법으로서 모든 하위 법령, 즉 법률, 명령, 규칙 등의 내용은 헌법에 위반되어서는 아니 되며 대통령, 입법부, 행정부, 사법부 등 모든 국가기관은 모든 통치권의 행사에서 헌법을 준수하여야 한다. 그런데 구체적인 문제에서는 어떻게 하는 것이 헌법에 부합하는 것인지에 관하여 국가기관 사이, 또는 국가기관과 국민 사이에서 의견의 차이와 분쟁이 발생할 수 있다. 이러한 다툼을 해결하여 국가 공권력 작용이 헌법을 준수하게 하고 국민의 기본권을 보호하게 하는 재판이 바로 헌법재판인 것이다.

1. 헌법재판과 일반 재판과의 차이점

민사상 분쟁, 즉 개인 사이에 금전대여관계나 임대차관계, 혼인이나 상속에 관한 관계에서 분쟁이 발생한 경우 예컨대, 어떤 사람이 다른 사람에게 돈을 빌려 주었는데 돈을 빌린 사람이 제때 돈을 갚지 않거나 갚은 금액에 다툼이 있는 대여금 관계인 경우에 민사소송에서는 당사자 간에 돈을 빌려 준 사실이 정말 있는지, 돈을 빌려 준 사실이 있다면 아직 갚지 않은 금액과 제때 갚지 않음으로써 발생한 손해에 대하여 지연이자를 정하고 있는 법률규정을 적용하여 배상할 금액을 확정하게 된다. 그러나 이때에 지연이자에 대한 법률규정에 문제가 있다고 하더라도 민사소송 과정에서는 그 법률규정의 잘못을 주장하여 적용을 회피할 수 없다. 이때 그 민사소송에서 적용되는 법률규정의 문제점을 다투어서 그 적용을 벗어나기 위하여는 그 법률규정이 헌법에 위반된다는 판단이 필요하며 바로 이와 같이 일반 소송에서 적용되는 근거 법률규정의 문제점을 다툴 수 있는 것이 헌법재판의 하나인 위헌법률심판절차이다. 이러한 과정은 형사재판이나 행정재판도 기본적으로 동일하다. 즉 헌법재판이란 일반 소송과정에서는 당연히 적용하게 되는 법률조항 자체에 대하여 그 위헌 여부까지를 판단하게 되므로 일반 소송으로는 해결할 수 없는 문제점을 근본적으로 해결하게 되는 것이다. 또한 일반 민사나 형사, 행정소송에서는 재판의 결과가 원칙적으로 그 소송의 당사자에게만 미치지만, 위와 같이 위헌법률심판절차에서 그 법률이 위헌이라고 선고되는 경우에는 그 법률조항의 효력이 상실되어 그 법률조항의 적용을 받고 있던 사람들은 그 소송의 당사자가 아니어도 재판 결과의 적용을 받게 된다. 그러나 헌법재판은 일반 소송과 달리 국가기관이 그 재판의 결과에 따르지 아니하여도 이를 강제적으로 따르게 할 수 없는 한계가 있다. 예를 들면, 대여금 지급소송에서 돈을 빌려 준 사람이 이기는 경우 돈을 빌린 사람이 계속해서 돈을 갚지 않을 때에는 돈을 빌려 준 사람은 법원의 도움을 얻어 돈을 빌린 사람이 가지고 있는 재산을 강제로 팔아 빌린 돈을 받을 수 있다. 하지만, 헌법재판의 경우에는 예컨대 어떠한 법률조항에 대하여 헌법에 합치하지 아니하다며 입법자에게 개선입법을 촉구하여도 입법부가 이를 따르지 않을 경우 헌법재판소가 입법부로 하여금 강제로 지키게 할 수 있는 수단이 따로 없다.[59]

---

59) 헌법재판소 홈페이지 2018.7.7.자
https://www.ccourt.go.kr/cckhome/kor/cjustice/constitutionJudgeOpen.do

2. 심판청구절차

헌법재판소에 대한 심판청구는 심판사항 별로 정하여진 심판청구서를 헌법재판소60)에 제출함으로써 한다[심판청구서는 방문, 우편 및 인터넷(전자 헌법재판센터 http://ecourt.ccourt.go.kr)을 통하여 제출 가능함]. 다만, 위헌법률심판에 있어서는 법원의 제청결정서, 탄핵심판에 있어서는 국회의 소추의결서의 정본으로 이에 갈음한다. 심판청구서에는 필요한 증거서류 또는 참고자료를 첨부할 수 있다. 재판장은 심판청구가 부적법하나 보정할 수 있다고 인정되는 경우에는 상당한 기간을 정하여 보정을 요구하여야 한다. 일단 보정이 있는 때에는 처음부터 적법한 심판청구가 있는 것으로 본다. 청구서 또는 보정서면을 송달받은 피청구인은 헌법재판소에 답변서를 제출할 수 있다.

3. 재판부의 구성 및 심판정족수

재판부

헌법재판소에 재판관 전원으로 구성되는 재판부를 둔다. 헌법재판소법에 특별한 규정이 없는 한 헌법재판소의 모든 심판은 재판부에서 관장한다. 재판장은 헌법재판소장이 되며, 심판청구에 대한 보정요구, 수명(受命)재판관의 지정 등 심판진행에 대한 지휘권을 갖는다.

---

60) 헌법재판소 휘장: 전체적인 모양은 한국의 상징인 무궁화의 외형이며, 중앙에서 공정한 빛이 확산되는 모습을 통해 국민의 자유와 기본권을 보호해주는 헌법재판소의 모습을 상징화함 가운데 원의 흰색은 '평등'을, 무궁화 꽃잎의 자색은 국민의 '신뢰'를 바탕으로 한 헌법재판소 결정의 '권위'를 나타낸다. 상징문양: 기둥의 의미는 헌법을 수호함으로써 국가의 근본을 굳게 지키고 든든하게 받쳐주는 헌법재판소의 이미지를 초석과 기둥의 모습으로 표현하고, 문은 국민의 기본권을 보장함으로써 진정한 민주주의를 실현해 나아가는 헌법재판소의 이미지를 빛이 확산되는 열린 문의 모습으로 표현된다.

지정재판부

헌법소원심판을 위하여 헌법재판소에 재판관 3인으로 구성되는 지정재판부를 둘 수 있으며, 현재 3개의 지정재판부를 설치·운영하고 있다. 지정재판부의 관할사항은 헌법소원심판 사건의 사전심사로서 헌법소원심판이 적법요건을 갖추지 못한 부적법한 것으로 구성재판관 전원의 의견이 일치되는 경우에 한하여 그 심판청구를 각하할 수 있다.

심판정족수

재판관 7인 이상이 출석하여야 심리할 수 있고, 종국심리에 관하여 재판관 과반수의 찬성으로 사건에 관한 결정을 한다. 그러나 법률의 위헌결정, 탄핵의 결정, 정당해산의 결정, 헌법소원에 관한 인용결정을 하는 경우 및 종전에 헌법재판소가 판시한 헌법 또는 법률의 해석, 적용에 관한 의견을 변경하는 경우에는 재판관 6인 이상의 찬성이 있어야 한다. 재판관 3명으로 구성되는 지정재판부에서는 부적법 각하하기로 전원의 의견이 일치된 경우 외에는 재판부의 심판에 회부하는 결정을 하여야 하고, 심판청구일로부터 30일 이내에 하지 아니하면 자동적으로 재판부의 심판에 회부된 것으로 본다.

제척·기피·회피

재판관이 당사자 본인이거나 당사자와 일정한 친척관계에 있는 경우 또는 사건에 관하여 증언 등 일정한 형태로 관여하였던 경우에는 그 직무집행에서 제척된다. 당사자는 재판관에게 심판의 공정을 기대하기 어려운 사정이 있는 경우에는 그 재판관에 대 하여 기피 신청을 할 수 있다. 한편, 재판관은 자신에게 제척·기피의 사유가 있는 때에는 스스로 재판장의 허가를 얻어 회피할 수 있다.

당사자 청구인·피청구인

헌법재판소의 각종 심판절차에서 자기의 이름으로 심판청구를 한 당사자를 청구인, 그 상대방을 피청구인이라 한다. 헌법재판의 당사자는 심판절차에 관한 권리와 심판의 내용에 관하여 주장할 수 있는 권리를 가진다. 또한 심판의 내용에 관하여 자기주장을 뒷받침할 수 있는 재판의 실체적 사항에 대하여 자료를 제출하고 의견을 진술할 권리 및 심판의 변론에 참여하고 그에 따른 증거조사에 직접 참여하는 권리를 갖는다.

이해관계인·참가인

위헌법률심판 및 헌법소원심판에서 재판부는 필요하다고 인정하는 경우에 변론을 열어 당사자·이해관계인 기타 참고인의 진술을 들을 수 있다. 위헌법률심판의 경우에는 당해 소송사건의 당사자 및 법무부장관이, 헌법소원에서는 이해관계가 있는 국가기관 또는 공공단체와 법무부장관이 의견서를 제출할 수 있다. 헌법재판소의 심판절차에 관하여 법에 특별한 규정이 있는 경우를 제외하고는 민사소송에 관한 법령이 준용되므로(헌법재판소법 제40조 전문) 이해관계인은 보조참가 등 소송참가를 할 수 있다.

대표자·소추위원

헌법재판소의 각종 심판절차에 있어서 정부가 당사자 또는 참가인인 때에는 법무부장관이 대표한다. 탄핵심판에 있어서는 국회 법제사법위원회의 위원장이 소추위원이 되어 심판을 청구하고 변론에 관여한다.

대리인·국선대리인

국가기관 또는 지방자치단체는 변호사 또는 변호사의 자격이 있는 소속직원을 대리인으로 선임하여 심판을 수행하게 할 수 있다. 사인인 당사자는 자신이 변호사의 자격을 가진 때를 제외하고는 변호사를 대리인으로 선임하지 아니하면 심판청구나 심판수행을 할 수 없다(변호사강제주의). 당사자가 변호사를 대리인으로 선임할 자력이 없는 경우에는 헌법재판소에 국선대리인을 선임하여 줄 것을 신청할 수 있고, 헌법재판소는 위와 같은 당사자의 신청이 헌법재판소규칙에 정한 요건을 충족한 때와 위와 같은 신청이 없더라도 공익상 필요하다고 인정할 때에 변호사 중에서 국선대리인을 선정하며, 국선대리인에 대한 보수는 국고에서 지급한다. 변호사강제주의의 단점을 보완하기 위한 것이다.

심리절차 구두변론과 서면심리

탄핵심판, 정당해산심판 및 권한쟁의심판은 구두변론에 의하고, 위헌법률심판과 헌법소원심판은 서면심리에 의하되 재판부가 필요하다고 인정하는 경우에는 변론을 열 수 있다.

증거조사·자료제출요구

재판부는 당사자의 신청 또는 직권에 의하여 당사자 본인 또는 증인에 대한 신문, 증거자료의 제출요구 및 영치, 감정 또는 검증 등의 증거조사를 할 수 있다. 또한 재판부는 결정으로 다른 국가기관 또는 공공단체에 대하여 심판에 필요한 사실을 조회하거나, 기록의 송부나 자료의 제출을 요구할 수 있다. 다만, 재판·소추 또는 범죄수사가 진행중인 사건에 대하여는 기록의 송부를 요구할 수 없다.

심판의 장소 및 공개

심판의 변론과 종국결정의 선고는 심판정에서 행한다. 다만, 헌법재판소장이 필요하다고 인정하는 경우에는 심판정 외의 장소에서 할 수 있다. 심판의 변론과 결정의 선고는 공개한다. 다만, 서면심리와 평의는 공개하지 아니한다. 그러나 국가의 안전보장·안녕질서 또는 선량한 풍속을 해할 염려가 있는 때에는 법원의 심리와 마찬가지로 결정으로 변론을 공개하지 아니할 수 있다. 재판장은 심판정의 질서유지, 변론의 지휘 등을 담당한다. 헌법재판소는 결정으로 심판정의 질서를 문란하게 한 자에 대하여는 감치 또는 과태료 부과와 같은 제재를 과할 수 있다.

심판기간

헌법재판소는 사건을 접수한 날부터 180일 이내에 종국결정의 선고를 하여야 하며, 재판관의 궐위로 7인의 출석이 불가능한 때에는 그 궐위기간은 심판기간에 산입하지 아니한다. 위 심판기간은 훈시적 성격을 가진다.

종국결정

재판부가 심리를 마친 때에는 종국결정을 한다. 종국결정을 할 때에는 사건번호와 사건명, 당사자 또는 대리인의 표시, 주문, 이유, 결정일자를 기재한 결정서를 작성하고, 심판에 관여한 재판관 전원이 서명·날인하여야 한다. 심판에 관여한 재판관은 결정서에 의견을 표시하여야 한다. 종국결정이 선고되면 지체없이 결정서 정본을 당사자에게 송달하여야 한다. 다만, 위헌법률심판의 경우에는 결정선고일부터 14일 이내에 제청법원에 송달하여야 한다.

심판비용

헌법재판소의 각종 심판에 관한 심판비용은 국가가 부담한다. 다만, 당사자의 신청에 의한 증거조사의 비용은 헌법재판소규칙이 정하는 바에 따라 당해 신청인에게 부담시킬 수 있다. 헌법재판소는 헌법소원심판의 청구인에 대하여 헌법재판소규칙으로 정하는 공탁금의 납부를 명할 수 있다.

일사부재리

헌법재판소는 이미 심판을 거친 동일한 사건에 대하여는 다시 심판할 수 없다.

헌법소원심판 의의

헌법소원이란 공권력에 의하여 헌법상 보장된 국민의 기본권이 침해된 경우에 헌법재판소에 제소하여 그 침해된 기본권의 구제를 청구하는 제도이다. 자연인은 물론 법인도 헌법소원을 청구할 수 있다. 헌법재판소의 다른 심판사항은 국회·정부·법원 또는 지방자치단체 등이 그 청구 주체가 됨에 비하여 헌법소원은 국민이 직접 심판청구의 주체가 되고 기본권 침해에 대한 직접적인 구제를 목적으로 하므로, 우리 헌법이 마련한 기본권 보장의 제도적 장치 중 핵심적인 것이다. 이 제도의 도입으로 우리나라의 민주주의는 한걸음 더 나아갔다고 할 수 있으며, 헌법재판의 활성화에도 크게 기여하고 있다.

헌법소원의 종류와 청구사유

(헌법재판소법 제68조 제1항에 의한 헌법소원)

공권력의 행사 또는 불행사로 인하여 헌법상 보장된 기본권을 침해받은 자는 법원의 재판을 제외하고는 헌법재판소에 헌법소원심판을 청구할 수 있다. 다만, 다른 법률에 구제절차가 있는 경우에는 그 절차를 모두 거친 후가 아니면 청구할 수 없다. 국회의 입법권도 공권력 중의 하나이므로, 법률 그 자체가 직접적으로 기본권을 침해하고 있는 경우나 국회가 당연히 입법하여야 할 사항을 입법하지 않음으로써 기본권을 침해하고 있는 경우도 헌법소원의 대상이 된다.

(헌법재판소법 제68조 제2항에 의한 헌법소원)

법률이 헌법에 위반되는 여부가 소송사건에서 재판의 전제가 되어 당사자가 법원에 그 법률의 위헌심판제청을 신청하였으나 그 신청이 기각된 때에는 헌법재판소에 헌법소원심판을 청구할 수 있다. 이 경우 그 당사자는 당해 사건의 소송절차에서 동일한 사유를 이유로 다시 위헌여부 심판의 제청을 신청할 수 없다.

청구기간

헌법재판소법 제68조 제1항에 의한 헌법소원심판은 그 사유가 있음을 안 날부터 90일 이내에, 그 사유가 있은 날부터 1년 이내에 청구하여야 한다. 다른 법률에 의한 구제절차를 거친 경우에는 그 최종결정의 통지를 받은 날부터 30일 이내에 청구하여야 한다. 헌법재판소법 제68조 제2항에 의한 헌법소원심판은 위헌법률심판의 제청신청이 기각된 날부터 30일 이내에 하여야 한다.

청구절차

헌법재판소법 제68조 제1항에 의한 헌법소원심판을 청구함에는 청구인, 침해된 권리, 침해의 원인이 되는 공권력의 행사 또는 불행사, 청구의 이유, 기타 필요한 사항을 기재한 청구서를 헌법재판소에 제출하여야 한다. 헌법재판소법 제68조 제2항에 의한 헌법소원심판을 청구함에는 청구인 등, 전제가 되는 소송사건 및 당사자, 위헌이라고 해석되는 법률 또는 법률의 조항, 위헌이라고 해석되는 이유, 기타 필요한 사항을 기재한 청구서를 헌법재판소에 제출하여야 한다. 헌법소원 심판청구서에는 대리인의 선임을 증명하는 서류 또는 국선대리인 선임 신청서를 첨부하여야 한다.

사전심사

헌법소원심판의 청구가 있으면 지정재판부가 사전심사를 한다. 사전심사 결과 그 심판청구가 다른 법률에 의한 구제절차가 있음에도 불구하고 그 절차를 모두 거치지 아니하였거나, 법원의 재판에 대하여 청구된 경우(헌법재판소가 위헌으로 결정한 법령을 적용한 재판은 제외), 청구기간이 경과된 후 청구된 경우, 변호사를 대리인으로 선임하지 아니하거나 국선대리인의 선임결정을 받지 아니한 경우, 기타 청구가 부적법하고 그 흠결을 보정할 수 없다고 인정되는 경우에는 구성 재판관 전원일치의 결정으로 심판청구를 각하한다. 지정재판부가 전원일치의 결정으로 심판청구를 각하하지 아니하는 경우에는 결정으로 그 사건을 재판부에 회부하는 결정을 하여야 한다. 그러나 심판 청구일부터 30일이 경과할 때까지 각하결정이 없는 때에는 전원재판부에 회부하는 결정이 있는 것으로 본다.

의견서의 제출

헌법소원심판에 대하여 이해관계가 있는 국가기관 또는 공공단체와 법무부장관은 헌법재판소에 그 심판에 관한 의견서를 제출할 수 있다. 또한 헌법재판소법 제68조 제2항에 의한 헌법소원심판의 경우에는 사건이 재판부에 심판 회부된 후에 당해 소송사건의 당사자와 법무부장관은 이해관계인으로서 헌법재판소에 그 심판에 관한 의견서를 제출할 수 있다.

심판의 내용

헌법소원심판의 종국결정에는 심판청구가 부적법한 경우에 하는 각하결정 심판청구가 이유 없는 경우에 하는 기각결정, 심판청구가 이유있는 경우에 하는 인용결정의 3가지가 있다. 헌법재판소법 제68조 제1항에 의한 헌법소원심판에 있어서 심판청구가 이유 있는 때에는 헌법재판소는 침해된 기본권과 침해의 원인이 된 공권력의 행사 또는 불행사를 특정하고, 그 공권력의 행사를 취소하거나 그 불행사가 위헌임을 확인하는 결정을 선고한다.

이 경우에 헌법재판소는 그 공권력의 행사 또는 불행사가 위헌인 법률 또는 법률조항에 기인한 것이라고 인정될 때에는 당해 법률 또는 법률조항이 위헌임을 선언할 수 있다. 헌법재판소법 제68조 제2항에 의한 헌법소원에 있어서 심판청구가 이유 있는 때에는 헌법재판소는 심판의 대상이 된 법률 또는 법률조항이 위헌임을 선언하는 결정을 선고한다. 다만, 법률조항의 위헌결정으로 인하여 당해 법률 전부를 시행할 수 없다고 인정하는 때에는 그 법률 전부에 대하여 위헌결정을 할 수 있다.

심판의 효력

헌법재판소법 제68조 제1항에 의한 헌법소원심판에 있어서 헌법재판소의 인용결정은 모든 국가기관과 지방자치단체를 기속한다. 특히 공권력의 불행사에 대하여 헌법재판소가 헌법소원을 인용하는 결정을 한 때에는 피청구인은 그 결정의 취지에 따라 새로운 처분을 하여야 한다. 헌법재판소법 제68조 제2항에 의한 헌법소원심판에 있어서 헌법재판소의 인용결정은 법원을 포함한 모든 국가기관과 지방자치단체를 기속한다. 위헌으로 결정된 법률 또는 법률조항은 그 결정이 있는 날부터 효력을 상실한다. 다만, 형벌에 관한 법률 또는 법률조항은 소급하여 그 효력을 상실하되 해당 법률 또는 법률의 조항에 대하여 종전에 합헌으로 결정한 사건이 있는 경우에는 그 결정이 있는 날의 다음날로 소급하여 효력을 상실한다. 헌법재판소법 제68조 제2항에 의한 헌법소원이 인용된 경우에 그 헌법소원과 관련된 소송사건이 이미 확정된 때에는 당사자는 민사·형사·행정 등 사건의 종류를 불문하고 재심을 청구할 수 있다. 또한 형벌법규에 대한 위헌결정은 소급효가 있으므로 그 헌법소원과 관련이 없는 형사사건일지라도 위헌으로 결정된 법률 또는 법률조항에 근거한 유죄의 확정판결에 대하여는 재심을 청구할 수 있다.[61]

---

61) https://www.ccourt.go.kr/cckhome/kor/cjustice/constitutionPetitionJudge.do

가. 권리구제형 헌법소원

헌법재판소법 제68조 1항은 공권력의 행사 또는 불행사(不行使)로 인하여 헌법상 보장된 기본권을 침해받은 자는 법원의 재판을 제외하고는 헌법재판소에 헌법소원심판을 청구할 수 있다. 다만, 다른 법률에 구제절차가 있는 경우에는 그 절차를 모두 거친 후에 청구할 수 있다.

(1) 공권력의 행사 또는 불행사

청구의 대상이 되는 공권력의 행사 또는 불행사는 다음과 같다. 입법부(법률, 입법부작위) 행정부(대통령령, 부령, 조례, 행정부작위, 권력적사실행위, 행정소송의 대상이 되는 행정처분에 대한 헌법소원은 받아들여 지지 않는다) 사법부(대법원규칙 법원의 재판은 헌법 소원의 대상이 되지 않는다. 다만 헌법재판소가 이미 위헌이라고 선언한 법령을 적용한 재판에 대하여서만 예외적으로 헌법소원이 허용된다. 공권력의 작위·부작위로 인한 '자기'의 기본권의 '직접적인'침해가 있을 때 이다.

(2) 기본권의 침해

헌법이 국민에게 보장하고 있는 기본적인 자유와 권리를 침해당하는 경우에 청구 '자기의' 기본권을 '직접' 침해당하고 있는 사람만이 청구할 수 있다.

(3) 다른 구제절차의 경유

다른 법률에 구제절차가 있는 경우에는 헌법소원을 청구하기 전에 그 절차를 모두 거쳐야 한다. 단, 사전에 구제절차를 거칠 것을 기대하기 어려운 사정이 있는 경우에는 예외적으로 곧바로 헌법소원을 청구하는 것이 허용되는 경우도 있다. 그러나 법령 자체로 인하여 직접 기본권을 침해당하고 있는 때에는 그 법령을 대상으로 곧바로 헌법소원을 청구 할 수 있다.

나. 위헌심사형 헌법소원

헌법재판소법 제68조 2항 제41조 제1항에 따른 법률의 위헌 여부 심판의 제정신청이 기각된 때에는 그 신청을 한 당사자는 헌법재판소에 헌법소원심판을 청구할 수 있다. 이 경우 그 당사자는 당해 사건의 소송절차에서 동일한 사유를 이유로 다시 위헌 여부 심판의 제청을 신청할 수 없다.

(1) 법률 또는 법률조항

법률 또는 법률조항에 대해서만 헌법소원을 청구할 수 있고, 대통령령 등의 하위법령에 대하여는 이 유형의 헌법 소원을 청구할 수 없다.

(2) 법률의 위헌 여부가 재판의 전제가 될 것

문제된 법률 또는 법률조항이 당해 소송사건에 적용될 법률이어야 하고 그 위헌여부에 따라 재판의 주문이 달라지 거나 재판의 내용과 효력에 관한 법률적 의미가 달라지는 경우에만 청구할 수 있다.

다. 권리구제형 헌법소원

기본권의 침해가 있음을 안 날부터 90일 이내에, 기본권의 침해가 있는 날부터 1년 이내에 반드시 청구하여야 한다. 법령에 의하여 직접 기본권이 침해되었음을 이유로 헌법소원을 청구할 때에는 법령의 시행일이 위 청구기간의 기산일이 되어, 법령이 시행된 사실을 안 날부터 90일 이내에, 법령이 시행된 날부터 1년 이내에 청구하여야 한다. 법령이 시행된 뒤에 비로소 그 법령에 해당하는 사유가 발생하여 기본권이 침해를 받게 된 때에는 시행일이 아니라 그 사유가 발생하였음을 안 날부터 90일 이내에, 그 사유가 발생한 날부터 1년 이내에 청구하면 된다. 한편, 다른 법률에 의한 구제절차를 거치고 헌법소원을 청구하는 경우에는 그 구제절차에서 내린 최종결정을 통지받은 날부터 30일 이내에 청구하여야 한다.

라. 위헌심사형 헌법소원

법원으로부터 위헌제청신청을 기각(또는 각하)한다는 결정문을 송달받은 날부터 30일 이내에 청구하여야 한다.

마. 유의사항

청구서를 제출하기 전에 국선대리인 선임신청을 할 경우에는 선임신청서 접수일을 기준으로 청구기간의 준수 여부를 판단 우편으로 접수 시 청구기간내에 우편이 헌법재판소에 도달하여 접수되어야 한다. 업무시간 이외에 헌법재판소 당직실에서 청구서 접수 가능 청구기간 만료일이 토요일인 경우, 월요일 24시까지 심판청구서 접수가 가능하다.

4. 변호사강제주의와 국선대리인 제도

변호사 선임할 돈이 없는 국민을 위해 국가가 비용을 대주는 변호사가 국선대리인이다. 헌법소원은 누구나 청구할 수 있지만, 청구인이 변호사가 아닌 한 반드시 변호사를 대리인으로 선임하여야 한다. 그러나 정말 구제받아야 할 사람이 변호사를 선임할 돈이 없어 권리구제를 받지 못하는 일이 없도록 국선대리인제도가 마련되어 있고, 국선대리인의 선임을 희망할 때에는 헌법재판소에 국선대리인 선임신청서를 제출하여야 한다. 국선대리인 선임신청은 청구인이 작성한 헌법소원 청구서를 제출하면서 할 수도 있고 헌법소원 청구서를 작성하지 않고, 헌법소원을 청구하고자 하는 이유를 함께 기재한 선임신청서를 제출함으로써 할 수도 있다.[62]

5. 국선대리인의 선임 및 보수에 관한 규칙 제4조 제1항

1. 월평균 수입이 230만 원 미만인 사람
2. 국민기초생활 보장법에 의한 수급자
3. 국가유공자 등 예우 및 지원에 관한 법률에 의한 국가유공자와 그 유족 또는 가족
4. 위에는 해당하지 아니하나, 청구인이 시각·청각·언어·정신 등 신체적·정신적 장애가 있는지 여부 또는 청구인이나 그 가족의 경제능력 등 제반사정에 비추어 보아 변호사를 대리인으로 선임하는 것을 기대하기 어려운 경우이다. 따라서 국선대리인 선임신청을 할 경우에는 청구인이 위 각 기준에 해당한다는 점을 소명하는 자료를 첨부하여야 하지만 헌법재판소가 공익상 필요

---

62) 국선대리인 선임 자격기준 : 아무나 다 선임해주면 어떻게 해? 그 돈이 다 우리 세금에서 나가는 건데..월 평균수입이 230만원 미만이거나 기초생활수급자여야 하는 등의 요건이 있지. 공익상 필요가 있을 때에는 돈이 있더라도 국선대리인을 선임해줄 수 있다.

하다고 인정할 때에는 위 요건에 해당되지 않더라도 국선대리인을 선임할 수 있다. 한편, 국선대리인 선임요건에 해당하더라도 그 심판청구가 명백히 부적법 하거나 이유 없는 경우 또는 권리의 남용이라고 인정되는 경우에는 국선대리인을 선정하지 아니할 수 있다.

제4장 사법부(司法府)

사법부[63][64] 권한

헌법에 따라 법원은 원칙적으로 모든 법적 분쟁을 심판한다. 예외적으로 헌법재판소가 헌법 분쟁 중 일부를, 국회가 국회의원에 대한 자격심사와 징계처분을 담당한다. 법원은 분쟁에 대한 심판권한 이외에 부동산 및 동산·채권 담보등기, 가족관계등록, 공탁, 집행관 및 법무사에 관한 사무를 관장 또는 감독할 권한이 있다.

1. 법원

법원의 종류

법원에는 대법원, 고등법원, 지방법원, 특허법원, 가정법원, 행정법원, 회생법원 등이 있고, 그 중 일반법원인 대법원, 고등법원, 지방법원이 기본적인 3심 구조를 이룬다. 전문법원 중 특허법원은 고등법원과, 가정법원·행정법원·회생법원은 지방법원과 동급의 법원이다. 지방법원 또는 가정법원 사무의 일부를 처리하기 위하여 관할구역 안에 지원과 가정지원, 시·군법원 및 등기소를 둘 수 있다. 지방법원 및 가정법원의 지원은 둘을 합하여 하나의 지원으로 할 수 있다.

---

63) 사법부 CI(Corporate Identity): 대한민국 법원을 상징하는 이미지로서, 정의의 여신을 현대적 감각으로 형상화하였다. 간결하고 안정적인 이미지와 힘찬 선으로 정의에 대한 확고한 의지를 표현하였다.

64) 입법부가 법을 정립하는 작용을 하고, 행정부는 법을 집행하는 작용을 하는 데 비하여, 사법부는 구체적인 법률상의 분쟁이 있는 경우에 당사자로부터 쟁송의 제기를 기다려 합법성 여부를 판단하고 선언함으로써 법질서를 유지하는 작용을 담당한다. 즉, 사법부는 재판을 통하여 국가의 공권력에 의한 분쟁 해결과 질서 유지에 기여한다.

법원의 재판절차

재판은 단독판사나 3인의 법관으로 구성된 합의체에서 진행되며, 재판의 심리와 판결은 원칙적으로 공개한다. 국가의 안전보장·안녕질서 또는 선량한 풍속을 해할 우려가 있는 때에는 심리를 공개하지 않을 수 있으나, 이 경우에도 판결은 공개하여야 한다. 법정 안에서 녹화·촬영·중계방송 등을 하기 위해서는 재판장의 허가를 받아야 한다. 법원은 폭언·소란 등의 행위로 심리를 방해한 자 등에게 20일 이내의 감치 또는 100만 원 이하의 과태료에 처하거나 이를 부과 할 수 있다. 법정에서는 국어(國語)로 재판을 진행한다. 소송관계인이 국어를 이해하지 못하는 경우에는 통역을 사용한다. 군사법원을 제외한 재판의 심리와 판결은 그 동안 전적으로 법관이 담당하였다. 그러나 2008년 1월 1일부터 국민참여재판이 시행되면서 일반 국민도 형사재판에 참여하는 길이 열리게 되었다. 국민참여재판은 배심제와 참심제의 양 요소를 우리나라 실정에 맞게 적절히 수정·보완한 독자적인 제도이다. 국민참여재판은 배심원이 법관과 독립하여 평결하지만, 유·무죄에 관한 의견이 일치하지 않은 경우 증거관계 등에 관하여 법관의 의견을 들은 후 다시 평결하고 그래도 전원의 의견이 일치하지 않은 경우 다수결로 평결하는 점, 배심원들은 유·무죄에 관한 평결 외에 양형에 관해서도 의견을 개진하는 점, 법관은 배심원의 평결이나 양형 의견에 구속되지 않는 점 등에 특징이 있다. 국민참여재판은 형사합의부 사건에 관하여 피고인의 신청이 있는 때에 한하여 진행된다.

상소 절차

한편, 제1심 판결에 불복하는 당사자는 항소할 수 있다. 항소심은 고등법원에서 심리하는 것이 원칙적이지만, 단독판사가 심리하는 사건은 지방법원에 설치된 항소부에서 심리한다. 항소심 판결에 대하여 불복하는 당사자는 최종심인 대법원에 상고할 수 있습니다. 대법원은 법률심이므로, 민사소송법 및 형사소송법 등에서 정한 상고이유가 있는 경우에만 상고를 제기할 수 있다.[65]

2. 형사재판

수사 및 기소절차

형사사건에 대한 수사는 사법경찰관과 검사가 한다. 수사기관은 피의자를 체포·구속하지 않고 수사하는 것이 원칙이고, 필요한 경우에는 판사로부터 영장을 발부받아 체포·구속할 수 있다. 또한 현행범인이거나 긴급한 사유가 있는 경우에는 사후에 영장을 발부받을 수 있다. 판사는 피의자가 죄를 범하였다고 의심할 만한 상당한 이유가 있고 수사기관의 출석요구에 응하지 아니하거나 응하지 아니할 우려가 있을 때에는 체포영장을, 피의자가 죄를 범하였다고 의심할 만한 상당한 이유가 있고 피의자의 주거가 없거나 도망 또는 증거인멸의 염려가 있는 경우 구속영장을 발부한다. 형사재판은 달리 법률로 규정되지 않은 한 원칙적으로 검사의 공소제기에 의하여 시작된다. 한편 검사는 벌금형에 처할 사안이라고 생각하는 경우 법원에 약식명령을 청구할 수 있다. 이 경우 판사는 공판절차 없이 약식명령을 할 수 있고, 약식명령을 하는 것이 부적절하다고 인정

---

65) http://www.scourt.go.kr/judiciary/organization/chart/index.html

되는 경우에는 통상 재판에 회부할 수 있다. 피고인은 약식명령을 고지받은 날부터 7일 이내에 정식재판을 청구할 수 있다.

공판절차

형사재판은 공판기일에 공판정에서 공개로 진행되고, 그 절차는 재판장이 피고인에게 진술거부권을 고지하고 피고인의 성명과 연령 등을 묻는 인정신문부터 시작된다. 그 후 검사의 공소사실 등 낭독과 피고인의 공소사실 인정 여부, 증거조사, 피고인신문, 검사의 의견진술(구형), 변호인의 변론, 피고인의 최후진술 순으로 진행된다. 판사는 이러한 절차가 끝나면 심리를 종결하고 판결을 선고한다.

변호인의 도움을 받을 권리

피고인은 수사단계는 물론 공판단계에서도 변호인의 도움을 받을 권리가 있다. 형사소송법은 피고인이 구속된 때, 미성년자인 때, 70세 이상 고령자이거나 농아자 또는 심신장애의 의심이 있는 때, 사형, 무기 또는 단기 3년 이상의 형에 해당하는 죄로 기소된 때에는 변호인 없이 재판할 수 없도록 규정하고 있다. 따라서 이 경우 피고인에게 변호인이 없는 때에는 법원에서 국선변호인을 선정해 주고 있다. 또한 피고인이 빈곤하여 변호인을 선임할 수 없거나 피고인의 연령, 지능 및 교육 정도 등을 참작할 때 그의 권리보호를 위해 필요하다고 인정하는 경우에도 국선변호인을 선정한다. 그리고 국민참여재판을 받는 피고인에게 변호인이 없는 경우에도 국선변호인을 선정해 주고 있다. 기소 전 단계에서는 피의자가 구속영장이 청구되어 법관 앞에서 영장실질심사를 받거나 구속적부심사를 받게 되었는데 변호인이 없는 경우 국선변호인을 선정해 주고 있다.

구속영장 실질심사

수사기관에서 체포된 피의자에 대해서 구속영장이 청구되면 판사는 지체없이 피의자를 심문하여야 한다. 이 경우 특별한 사정이 없는 한 구속영장이 청구된 다음날까지는 심문하여야 한다. 한편 체포되지 않은 피의자에 대하여 구속영장이 청구된 경우 판사는 피의자가 죄를 범하였다고 의심할 만한 이유가 있는 때에는 피의자를 구인하여 심문하여야 한다. 심문은 판사 주재로 이루어지고, 피의자 및 변호인은 피의사실 및 구속사유 등에 관한 피의자의 입장을 충분히 개진할 기회를 갖는다. 판사는 심문결과와 수사기관이 제출한 수사기록 등을 종합하여 구속요건의 유무와 구속의 당부를 심사하게 된다.

체포·구속적부심사와 보석

수사단계에서 체포·구속된 피의자와 이해관계인은 체포 또는 구속이 법률에 위배되거나 구속 후 중대한 사정변경이 있는 경우, 공소가 제기되기 전까지 관할법원에 체포·구속의 적부심사를 청구할 수 있다. 체포·구속적부심사 청구가 있는 때에는 법원은 지체없이 이를 심리하여 이유 있다고 인정한 때에는 체포·구속된 피의자의 석방을 명한다. 법원은 구속된 피고인 등의 청구에 의하여 또는 직권으로 서약서 제출, 주거제한, 피해자 등에 대한 접근금지, 보증금 납입 등을 조건으로 피고인의 석방을 허가할 수 있는데, 이를 보석이라 한다. 보석 조건이 보증금 납입일 경우에는 보석 보증보험증권을 첨부한 보증서 제출로 갈음할 수 있다.

자유심증주의와 피고인의 자백

형사재판에서는 검사가 피고인의 유죄를 입증할 책임이 있고, 판사는 검사가 제출한 증거에 의하여 헌법과 법률에 따라 유·무죄를 판단한다. 그러나 피고인의 자백만으로는 유죄를 인정할 수 없고, 자백이 진실한 것임을 인정할 만한 보강증거가 있어야 유죄를 인정할 수 있다. 또 피고인의 자백이 고문·폭행·협박·신체구속의 부당한 장기화에 의하여 얻어지거나 임의로 진술한 것이 아니라고 의심할 만한 이유가 있는 때에는 이를 유죄 증거로 쓸 수 없다. 한편 피고인은 각각의 신문에 대하여 진술을 거부할 수 있는 권리가 있다.

유·무죄의 판결

판사가 유죄 심증을 얻지 못한 경우에는 무죄를 선고하는데, 이 경우 구속되었던 피고인은 법률이 정하는 바에 의하여 형사보상금을 청구할 수 있다. 피고인의 혐의사실이 범죄를 구성하고 증거가 충분한 경우 판사는 유죄판결을 한다. 유죄판결을 하는 경우에는 사형, 징역, 금고, 자격상실, 자격정지, 벌금, 구류, 과료, 몰수의 형을 선고한다. 유기징역이나 금고는 1월 이상 30년 이하로 하며, 특별히 형을 가중할 경우에는 50년까지 할 수 있다.

항소·상고절차

피고인이나 검사는 제1심 판결에 불복이 있으면 판결선고일부터 7일 이내에 항소할 수 있다. 제2심 재판절차도 제1심 재판절차와 큰 차이는 없으나, 증거신청시기의 제한, 증인신청사유의 제한 등 제1심 재판절차와는 다른 특징이 있다. 한편 피고인만이 항소한 사건에 대하여는 원심판결의 형보다 중한 형을 선고하지 못한다. 제2심 판결에 대하여 불복할 경우 판결선고일부터 7일 이내에 상고할 수 있는데, 상고는 형사소송법이 정하는 일정한 사유가 있어야 한다.

즉결심판절차

도로교통법 위반 또는 경범죄처벌법 위반 등 20만원 이하의 벌금이나 구류 또는 과료에 처할 범죄사건에 대하여는 지방법원 또는 지원 및 시·군법원의 판사는 관할 경찰서장의 청구에 의하여 즉결심판을 한다. 판사는 사건이 즉결심판을 하기에 부적절하다고 인정하는 경우에는 즉결심판청구를 기각하여야 하고, 이 경우 경찰서장은 지체 없이 사건을 검찰에 송치하여야 한다. 피고인과 경찰서장은 즉결심판에 불복이 있으면 7일 이내에 정식재판을 청구할 수 있고, 즉결심판이 확정되면 이는 확정판결과 같은 효력이 있다.[66]

---

66) http://www.scourt.go.kr/judiciary/duty/criminal/index.html

3. 민사재판

민사재판은 국민의 일상생활에서 생기는 재산적 권리나 법률관계에 대한 분쟁에 관한 재판이다. 대법원은 민사재판절차를 보다 충실하고 효율적인 방식으로 개선하기 위하여 그동안 꾸준한 노력을 기울여 왔다. 특히 2001. 3.부터 전국 법원에서'새로운 사건관리방식'이 실시되고 2002. 7. 1.부터 신 민사소송법이 시행됨으로써, 민사재판절차가 획기적으로 개선되었다. 또한 2008. 12. 26. 민사소송법이 개정되어 변론기일 중심으로 민사소송절차가 진행됨으로써, 당사자의 신속한 재판받을 권리 보장과 사건의 적시 해결을 도모하고 있다.

제1심 소송절차

지방법원 및 지방법원 지원과 시·군법원에 소장을 제출함으로써 시작된다. 소장이 접수되면 법원은 피고에게 부본을 송달하고 피고는 30일 안에 답변서를 제출하여야 한다. 만일 피고가 그 기간 안에 답변서를 제출하지 아니하면 법원은 심리절차를 거치지 아니하고 바로 판결을 선고할 수 있다. 피고가 답변서를 제출한 경우, 법원은 법정공방절차(원·피고가 법정에서 만나 쟁점에 관한 의견을 밝히고, 관련된 증인을 신문하는 절차)를 거친 후 판결을 선고하고, 필요한 때에는 서면공방이나 변론준비기일 등 법정공방을 위한 준비절차를 선행시키기도 하였다. 종전에는 소장이 접수되면 법정에서 3~4주 간격으로 변론기일이 반복되는 방식으로 재판절차가 진행되는 것이 일반적이었다. 그러나 새로운 심리방식에서는 답변서가 제출되면 바로 재판절차를 진행하되 변론과 증거조사를 집중하여 법정 재판기일 횟수를 최소화하는 방식으로 심리를 함으로써 종전 심리방식에 나타난 비효율성을 개선하였다. 아울러 법정기일에 당사자로 하여금 법관 면전에서 자신들의 주장을 말로 진술할 기회를 최대한 부여하고, 법관도 사건의 쟁점과 변론의 주요 내용을 당사자에게 충분히 설명함으로써, 재판절차가 충실하고 실질적인 방식으로 운영되도록 하였다. 원·피고는 필요한 경우 변호사를 대리인으로 선임할 수 있으며, 단독판사가 심리하는 사건에서는 법원의 허가를 얻어 변호사 아닌 사람을 대리인으로 선임할 수 있다. 변호사를 선임할 자금능력이 없는 사람에 대하여는 일정한 요건하에 국가에서 변호사비용을 구조하는 소송구조제도가 마련되어 있다. 한편 전문심리위원제도를 도입하는 민사소송법 개정안이 2007. 8.부터 시행되었다. 전문심리위원제도는, 법원이 건축, 의료, 지식재산권과 같이 전문적인 지식과 경험을 필요로 하는 사건을 심리할 때, 당사자의 신청이나 직권에 의하여 지식과 경험이 풍부하며 공평하고 중립적인 전문가를 전문심리위원으로 지정하여 소송절차에 참여하게 하는 것이다. 법원은 전문심리위원한테서 전문적 사항에 관한 설명 또는 의견을 들음으로써, 충실하고 신속한 심리를 하는 데 필요한 도움을 받게 된다. 2010. 4. 특허사건을 시작으로 2011. 5. 민사본안사건에서 전자소송이 시행됨으로써 본격적인 전자소송 시대가 열리게 되었다. 전자소송은 사법부가 운영하는 전자소송시스템을 이용하여 소를 제기하거나 소송절차를 진행하는 방식이다. 이를 통해 가정이나 사무실에서 인터넷을 이용하여 직접 소장과 증거 등 소송서류를 제출하고, 상대방이 소송서류를 제출한 경우에는 전자우편과 문자메시지를 통하여 통지받고 전자소송시스템에 접속하여 이를 즉시 확인할 수 있으며, 자신의 소송기록을 언제든지 열람할 수 있게 되었다. 전자소송은 신속한 권리구제와 투명한 재판진행을 통해 국민의 사법신뢰를 높이는 데에 크게 이바지하고 있다. 이와 같은 전자소송은 2013년 가사·행정사건, 2015년 도산·집행·비송사건까지 순차 확대되어 실시되고 있다.

항소·상고절차

제1심 판결의 사실인정이나 법률판단에 대하여 불복하는 당사자는 판결문을 송달받은 날부터 2주 이내에 항소할 수 있다. 항소심은 고등법원에서 심리하는 것이 원칙이지만, 단독판사가 심리하는 사건은 지방법원에 설치된 항소부에서 심리한다. 항소심 절차는 제1심 재판절차와 유사하여 새로운 주장과 증거의 제출도 법률상 가능하나, 제1심 재판절차에서 충실한 쟁점심리와 폭넓은 증거조사가 점점 더 강조됨에 따라 항소심에서 새로운 주장과 증거의 제출은 갈수록 줄어들 것으로 예상된다. 항소심 판결에 대하여 불복하는 당사자는 판결문을 송달받은 날부터 2주 이내에 최종심인 대법원에 상고할 수 있다. 대법원은 법률심이므로 당사자는 항소심 판결의 법률판단에 잘못이 있거나 항소심 재판절차에 중대한 법률위반이 있는 경우에만 상고를 제기할 수 있다.

소액사건에 대한 심리절차

소액사건은 소송물가액이 3천만 원을 넘지 않는 금전 기타 대체물 또는 유가증권 등의 지급을 구하는 민사사건을 말한다. 소액사건은 지방법원, 지방법원 지원, 시·군법원에서 담당하는데, 전체 민사사건의 70% 이상이 소액사건절차에서 처리되고 있다. 소액사건절차에서는 다투지 아니하는 사건을 선별하여 신속하게 처리하는 이행권고결정제도, 소송대리허가절차의 간이화, 증거조사절차의 간편화, 판결이유의 생략과 판결의 즉일선고, 상고이유의 대폭 제한 등 사건의 신속한 처리를 위한 다양한 제도가 마련되어 있다.

민사조정절차

민사조정제도는 민사관계 분쟁에 관하여 법관 또는 법원에 설치된 조정위원회가 간이한 절차에 따라 분쟁 당사자들의 주장을 듣고 여러 사정을 고려하여 서로 양보하고 타협하도록 주선·권고하거나 조정에 갈음하는 결정을 함으로써 종국적으로 화해에 이르게 하는 절차이다. 민사조정절차는 통상의 소송절차에 비하여 간이·신속하고 저렴한 비용으로 진행된다. 또한 당사자의 자율적인 합의를 통하여 분쟁을 종국적으로 해결할 수 있다는 점에서 매우 유용한 분쟁해결절차이다. 대법원은 민사조정절차의 이용을 권장하고 있으며 민사조정절차가 널리 활용될 수 있도록 다양한 정책을 마련하고 있다. 그 결과 민사조정절차에서 처리되는 사건 수는 매년 꾸준히 증가하고 있다. 한편 대법원은 2009년부터 상임조정위원제도를 도입하였다. 상임조정위원은 법원행정처장이 변호사 자격이 있는 사람으로서 10년 이상의 법조경력이 있는 사람이거나 민사조정위원 또는 가사조정위원으로 3년 이상 활동한 사람 중에서 위촉하고, 임기는 2년이다. 조정담당판사는 상임조정위원에게 조정에 관한 사무를 처리하게 할 수 있고, 상임조정위원은 조정담당판사와 같은 권한을 가진다. 2009. 4. 상임조정위원의 업무를 행정적으로 지원하기 위하여 서울과 부산에 조정센터가 설치되었고, 2011. 4. 대전, 대구, 광주에 설치되었으며, 2013. 4. 서울남부·북부·서부, 의정부 조정센터가, 2014. 6. 인천 조정센터가 추가로 설치되어 현재 10개의 법원조정센터를 운영 중에 있다.

민사집행절차

민사집행절차는 판결 등 집행권원에 따라 채무자의 재산으로부터 강제적으로 채무 이행을 받는 강제집행절차와 저당권 등 담보권을 실행하는 경매절차를 포함한다. 종전에는 민사집행절차가 민사소송법의 일부로 규정되어 있었는데, 2002년 신 민사소송법 시행과 함께 민사집행절차를 규율하는'민사집행법'이 독립된 법률로 제정되면서 민사집행절차 개선을 위한 많은 조항이 새로이 추가되었다.

민사집행절차 중 강제집행절차는, 확정판결이나 그 밖에 이와 같은 효력이 있는 집행권원을 받았음에도 채무자가 스스로 채무내용을 이행하지 않는 경우, 채권자가 국가의 힘을 빌려 채무자한테서 강제로 이행을 받는 절차를 말한다. 판결 외에 지급명령, 공정증서도 집행권원이 된다. 강제집행 대상이 되는 채무자의 재산으로는 부동산, 선박 및 자동차, 건설기계, 항공기, 유체동산, 채권 등이 있는데, 그 중 집행관이 실시하는 유체동산에 대한 강제집행을 제외하고는 법원이 강제집행을 실시한다. 강제집행 중 가장 이용도가 높은 것은 금전채권의 실현을 위한 부동산에 대한 경매제도이다. 경매제도는 채무자 소유의 부동산을 압류한 후 이를 강제로 매각하여 그 대금을 채권자에게 배당하는 집행절차이다. 민사집행절차에는 이러한 강제경매절차 이외에 저당권, 전세권 등으로 담보된 채권의 실현을 위한 경매가 있는데, 이 절차도 부동산에 대한 강제경매와 비슷하게 진행된다.

재산명시, 채무불이행자명부, 재산조회

강제집행절차의 실효성을 확보하여 승소판결을 받은 채권자로 하여금 손쉽게 채권의 만족을 얻을 수 있도록 돕기 위한 제도로 재산관계명시, 채무불이행자명부, 재산조회 등이 있다. 강제집행을 신청할 수 있는 채권자는 채무자가 금전채무를 이행하지 아니하고 채무자의 재산 발견이 용이하지 아니한 경우, 법원에 채무자로 하여금 재산보유내역을 밝히도록 하는 재산명시신청을 할 수 있다. 이 신청에 따라 법원은 채무자에게 재산목록을 제출하라는 명령을 내리게 된다. 채무자가 법원의 명령에 불응하거나 허위 목록을 제출한 때에는 형사처벌을 받거나 감치될 수 있다. 또한 채권자는 채무자가 판결 등이 확정된 후 6월 이내에 채무를 이행하지 아니하거나 채권자의 재산명시신청에 성실하게 응하지 아니하는 때에는 채무불이행자명부에 등재할 것을 신청할 수 있다. 채무불이행자명부에 등재된 채무자는 그 정보가 금융기관 등에 통지되므로, 신용거래에 지장을 받을 수 있다. 재산조회신청은 채권자가 재산명시신청을 하였으나 채무자가 이에 응하지 아니하거나 허위의 재산목록을 제출한 경우에 할 수 있다. 채권자의 신청이 있으면 법원은 신청이 적법한지를 심리한 다음, 부동산·금융자산 등에 관한 정보를 전산망으로 관리하는 기관에 채무자의 재산내역에 관한 자료를 제출하도록 명하게 된다. 채권자는 제출된 자료를 토대로 채무자의 재산보유내역을 파악하여 강제집행을 할 수 있게 된다.

가압류, 가처분절차

채권자가 강제집행에 착수하기 전에 채무자가 재산을 숨겨버리거나 처분하여 버린다면 집행을 할 수 없게 된다. 사전에 이러한 위험을 예방하고 재산을 확보하기 위하여 채권자는 법원에 가압류·가처분 신청을 할 수 있다. 금전채권의 집행을 보전할 필요가 있는 경우에는 채무자의 재산을 가압류할 수 있고, 금전채권 이외의 특정한 부동산·동산의 인도를 받거나 임시의 지위를 정할 필요가 있는 경우에는 집행보전을 위하여 가처분절차를 이용할 수 있다.

4. 가인 김병로, 한국 법제 사법 초석 놓은 法의 거인

가인(街人) 김병로(金炳魯)[67] 선생은 전라북도 순창 출신으로 본관은 울산(蔚山) 호는 가인(街人). 아버지는 사간원정언김상희(金相熙)이고, 어머니는 장흥 고씨이다. 3남매 중 외아들로 태어났다. 일제강점기 변호사로 활동하면서 항일운동 관련 각종 사건을 수임하여 항일운동가들의 변호를 자처했다. 대한민국 정부 수립 후 초대·2대 대법원장으로 재직했다.[68]

도산 안창호 등 독립운동가들의 변론

일제강점기에는 '사상변호사'로 활약했다. 안창호·여운형·박헌영 등 좌우익 가리지 않고 독립운동가들[69]을 변론했다. 1957년 대법원장에서 물러난 뒤에는 이승만 정부를 비판하는 데 앞장서기도 했다. 1958년 경향신문이 폐간됐을 때 가인은 "앞으로 민주주의라는 말도 없을 것 같이 생각된다"는 글을 발표했다. 선생의 아호 가인(街人)은 '나라를 되찾기 전에는 방황하는 거리의 사람'이라는 뜻이다.[70]

---

67) 출생-사망 1887년(고종 24) 12월 15일(음력) ~ 1964년 1월 13일, 사회장으로 서울 수유리에 안장되었으며, 1963년 건국공로훈장 독립장이 수여되었다.
68) https://terms.naver.com/entry.nhn?docId=552205&cid=46626&categoryId=46626
69) 10여 년 동안 맡았던 사건 가운데에는 여운형·안창호 등에 대한 치안유지법위반사건, 김상옥의사사건(金相玉義士事件), 광주항일학생운동, 6·10만세운동, 정의부·광복단사건, 조선공산당사건 등이 있었다. 한편 1927년에 이상재(李商在)의 뒤를 이어 신간회(新幹會)의 중앙집행위원장이 되었고, 광주학생사건 때는 진상조사위원으로 활약하였다.
70) 손민호 기자, "가인 김병로, 한국법 100년 역사 가장 압도적 영향 준 분", 중앙일보, 2017.11.24.자. https://news.joins.com/article/22144996

가인 김병로의 사법정신

대법원은 1945년 10월 미 군정청이 일본인 판사를 전원 면직하고 한국인 판사로 임명하면서 탄생했다. 1948년 제헌국회는 입법·행정·사법의 삼권 분립과 재판의 독립규정을 헌법에 명시하면서 대법관을 뒀다. 처음 대법관은 5명에 초대 대법원장은 가인 김병로 선생이다. 대법관이란 용어도 1962년 12월 "대법원 판사"로 명칭을 바꿨다가 1987년 대법관으로 명칭을 환원시켰다. 가인[71] 김병로 선생은 일제 강점기 시대에 광주 학생, 흥사단, 6.10만세, 간도참변 사건 등 100여 건의 일제 탄압에 항거한 사건들과 독립투사 등을 위해 무료 변론을 해 온 민권 변호사였다. 가인 선생은 자유당 정권, 유신 정권의 독재통치에 정면으로 항거하며 국민의 정당한 권리와 사법독립을 위한 노력은 물론 부정 비리에 엄격하고 강직한 성품. 청렴한 생활 태도에 국민적 존경을 받는 분이다. "세상의 권력과 금력·인연들이 우리를 둘러싸고 유혹하며 정궤(正軌)에서 일

---

71) 공저자(필자) 지영환은 2018년 8월 4일 오후3시 무더운 여름 순창군 가인 선생의 생가를 찾았다. 소박한 초가집에 뒤뜰 산에 소나무 대나무가 푸르게 감싸고 있었다. 마을 입구에서부터 담벼락마다 가인선생의 글귀가 있었다. 가인 선생의 생가(전라북도 순창군 복흥면 하리길 160)는 당초 안채, 사랑채, 문간채로 이루어 졌다, 6.25 한국전쟁 때 소실되어 옛 모습을 찾아 볼 수 없었으나, 순창군에서 후손들의 고증을 거쳐 안채와 문간채를 2014년 5월에 복원을 완료하여 오늘에 이르고 있다. '청렴의 샘' 돌 조작 예술작품은 지난해 순창군이 마을미술프로젝트 공모사업에 '法이 꽃피는 마을 이야기' 란 주제로 참여해 당선된 작품을 다양한 재료와 기법으로 표현한 것이다. 생가를 둘러보고 필자는 대법원 가인연수관으로 숨차게 올라갔다. 전북 순창군 강천사와 정읍시 내장사에서 흘러내린 계곡물이 지나는 순창군 복흥면 이곳 답동리 연수관 정상에서 가인 선생의 생가와 궤도를 같이하고 산의 정기가 흐르고 있었다. 대법원 가인연수관(전라북도 순창군 복흥면 가인로 442-141)은 총 사업비 116억여원이 투입돼 순창군 복흥면 답동리 가인의 생가주변 8만303㎡ 터에 들어섰다. 지하 1층, 지상 4층, 연면적 5203.57㎡ 규모다. 1층에 전시실에는 초대 대법원장을 역임하고 후배 법조인들로부터 존경받는 순창군 출신의 법조인 가인 김병로를 기념하는 유품과 판결문, 영상물, 사법 역사를 담은 각종 자료들과 흉상 등이 전시되어 연수관의 깊이를 더해 주고 있다. 3억 원이 투입되어 마련된 시설로 상시 개방되어 무료로 관람할 수 있었다. "가인 김병로를 만나다.", 대법원장 김병로 "1948년부터 1957년 말까지 초대 대법원장으로서 대한민국의 법원 조직과 운영의 틀을 잡았던 가인 선생은, 건국 초기의 무질서와 혼란 그리고 대통령의 독재에 덮어놓고 따라가는 사회 분위기 속에서도 단호하고 의연한 자세를 지키며 사법부의 존엄과 권위를 확립하는데 힘썼다." 책에서만 보았던 가인선생님을 깊이 알게 해주신 대법원 법원행정처 윤리감사제2심의관 조칠곤 선생님께 깊은감사의 말씀을 드린다.

탈하도록 얼마나 노력을 하고 있는가? 만약 내 마음이 약하고 힘이 모자라서 이런 유혹들에 넘어가게 된다면 인생으로서 파멸을 의미할 뿐 아니라 법관의 존엄성으로 비추어 보아도 용인할 수 없는 심각한 문제다" 가인 선생의 초대 대법원장 취임사 중 한 구절이다.[72]

대한민국 초대 대법원장 김병로(1887~1964)는 53년 4월 국회 연설에서 48년 제정된 국가보안법 폐지를 제안했다. "형법만 가지고도 국가보안법에 의해 처벌할 대상을 처벌하지 못할 조문은 없다고 생각한다." 그는 해방 정국에서 좌우합작을 추구한 유력 정치인 중 한 명이었지만, 6·25 전쟁 중 빨치산에 의해 아내를 잃은 반공주의자였다. 법학자로서 그는, 서슬 퍼런 반공국가에서 국가보안법이 지닐 수 있는 정치적 파괴력을 감지했을 것이다. 제왕적 대통령 이승만과의 해묵은 불화, 특히 반민특위 해체와 특위법 개정, 한 해 전의 '부산 파동' 등 자유당 정권이 보였던 초법적 전횡도 께름칙했을 것이다. 그의 53년 제언은 하지만 한국 역대 정부와 국회에 의해 지금까지 묵살되고 있다. 김병로는 법치주의자였고, 현행법의 테두리 안에서 민주주의자였다. 그리고 광의의 '사법적극주의자'였다. 이승만이 그의 재임 중 정적 제거 및 권력 유지에 불리한 일련의 법원 판결에 항의하며 사법부를 비판하자 그가 "이의가 있으면 항소하면 될 일"이라고 대꾸했다는 일화는 유명하다. 그가 사법부 독립과 법관의 존엄을 중시했던 것은 법치와 삼권분립의 민주주의 원칙에서 비롯했을 것이다. 물론 그는 완고한 귀족주의자였고, 엘리트주의자였다. 하지만 그의 귀족주의는 '군림'의 권리보다 '솔선'의 의무를 앞세운 귀족주의였다. '거리의 사람'이란 의미의 아호 가인(街人)도 스스로 지었다는 설이 있다.

---

72) 전북도민일보, 2018. 6.12.2자;
http://www.domin.co.kr/news/articleView.html?idxno=1200430

가인 김병로는 1887년 12월 15일 전북 순창에서 태어났다. 유학을 익혔고, 을사조약 직후 의병운동에 가담했고, 인촌 김성수의 '창흥학교'를 거쳐 일본 메이지대에서 법학을 공부했다. 귀국 후 강의를 하다가 1919~20년 판사로 재직한 뒤 변호사로 전업, 농민 쟁의와 만세운동, 독립지사들의 치안유지법 사건 등 숱한 시국사건을 맡으며, 32년 일제에 의해 자격 정지를 당할 때까지 조선 전역의 '인권변호사'로 활동했다. 경기 양주로 내려가 농사를 짓다가 정계에 입문한 그는 해방 정국의 한민당에 적을 두면서도 좌익과의 협력을 추구했고, 당론과 달리 무상분배 토지개혁을 주장했다. 그는 미군정 과도정부의 사법부장을 거쳐 초대 대법원장에 임명돼 57년 정년퇴임할 때까지 재임했다.[73]

---

73) 최윤필, "가인 김병로", 한국일보, 2017.12.15.;
http://www.hankookilbo.com/v/72f963300b134fc495f03bbd0fd65bb8

가인 김병로, 法의 거인

가인은 법전편찬위원장으로서 대한민국 법률의 기초를 마련했다. 하지만 헌법 제정에도 그가 깊숙이 관여했다는 이야기는 낯설다. 초대 법제처장을 맡은 유진오의 역할이 가장 크다고 알고 있는 사람이 많다. "그건 유진오의 주장일 뿐이다. 초대 법무장관을 지낸 이인이 1970년대 (가인이 위원장을 맡았던) 법전편찬위원회 헌법기초위원회 안이 주안이었다고 했을 때 아무 말이 없다가 나중에 그렇게 주장하기 시작했다. 유진오 안을 보면 '조선은 민주공화국이다. 국가의 주권은 인민에게 있고 모든 권력은 인민에게서 나온다'라고 돼 있다. 법전편찬위 안은 '대한민국은 민주공화국이다. 대한민국의 주권은 국민에게 있고 모든 권력은 국민에게서 나온다'로 돼 있다. 어느 쪽이 지금의 헌법에 더 가까운가. 헌법 전문은 100% 유진오 안에서 채택된 게 맞다. 하지만 유진오의 기여도는 4분의 1, 5분의 1 정도로 보는 게 맞다. 1945~1948년 사이 법률가들이 모였다면 누가 그 중심에 서겠는가." 특히 형사소송법에서 가인의 역할이 컸다. "일제하 항일변호사로서 일본 형사소송법에 의한 인권침해와 인권남용을 누누이 봐왔기에 이를 극복할 제도적 방안 마련이 가인에게는 필생의 화두였을 것이다. 제일 중요한 것은 구속 기간의 단축이었다. 일제강점기 모든 악행의 근원이던 예심제를 폐지하고 현재처럼 경찰의 구속 기간을 10일 이내로 단축한 이가 가인이다. 또 구속재판에서 구속 기간을 1심 6개월, 항소심 4개월, 대법원 상고심 4개월의 틀을 마련한 것도 김병로의 창안이었다. 일본은 지금도 예심제가 살아 있어 구속 기간의 상한이 없다. 사린가스 테러를 저지른(옴진리교 교주는 미결수임에도 구속 상태로 18. 7. 6. 23년 만기 사형집행 재판을 했다) 변호인의 조력을 의무화하고 의사 진료를 받을 권리를 보장한 것도 가인의 덕분이었다." 보안법, 간통죄, 동성동본금혼 등에서도 가인은 진보적 의견을 지녔음에도 국회와 여론에 밀려서 보수적 법안을 받아들인 것을 놓고 보수주의자, 전통주의자라는 딱지를 붙였다고 비판했다. "가인은 어린 시절 유학을 공부해 엄격한 윤리관을 지녔다. 그렇지만 합리적 민주주의자이기도 했기 때문에 이를 자신이 아닌 타인에게 적용할 때는 신중했다. 동성동본에 대해서도 그 자신은 8촌 이내의 혼인 금지로 충분하다고 생각했다. 국회 속기록을 보면 동성동본금혼 조항에 대해 아무런 말이 없다. 자신이 좋아하지 않은 것을 적극 주장하지 않은 것이다. 이를 읽어내지 못하고선 가인에게 부당한 비판을 가한 경우가 많다. 가인은 그 시대적 한계 속에서 한 걸음이라도 내디디려는데 '왜 열 걸음을 내딛지 않았느냐'고 한 셈이다." 2017년 8월부터 법무부 법무·검찰개혁위원장을 맡았다. 가인이 창조했다고 말한 사법체계를 개혁하는 일의 한 축을 맡은 것인데 감회가 새로울 수밖에 없겠다. "법률은 혁명적 방식이 아니라 개혁적 방식으로 바꿔 가는 것이다. 눈으로는 열 보 앞을 보더라도 실제론 한 걸음씩 내디디는 것이다. 그 한 걸음 내디디는 것에도 현실에선 엄청난 저항을 겪게 된다. 가인이 형사소송법을 개혁할 때도 당시 경찰의 반발이 엄청났다. 그래도 가인이 여기에 크게 두 걸음 정도를 내디딜 수 있었던 게 아닌가 싶다. 초안이 아무리 좋다 하더라도 입법 과정에서 갈등 협상 양보 타협을 거쳐서 입법안이 완성된다. 그렇게 완성된 입법안 역시 바로 국민의 피부에 와닿는 것만은 아니다."[74]

---

74) 한인섭, 「가인 김병로」, 박영사, 2017.
　　권재현의 심중일언, '가인 김병로' 펴낸 한인섭 서울대 교수, '독립적 지식인', 그 한국적 전범의 재발견, 신동아, 2017.12.31. ;
　　http://shindonga.donga.com/3/all/13/1171549/6

제5장 법원의 사건관리 절차[75]

1. 사건관리 개요

사건관리 개요도

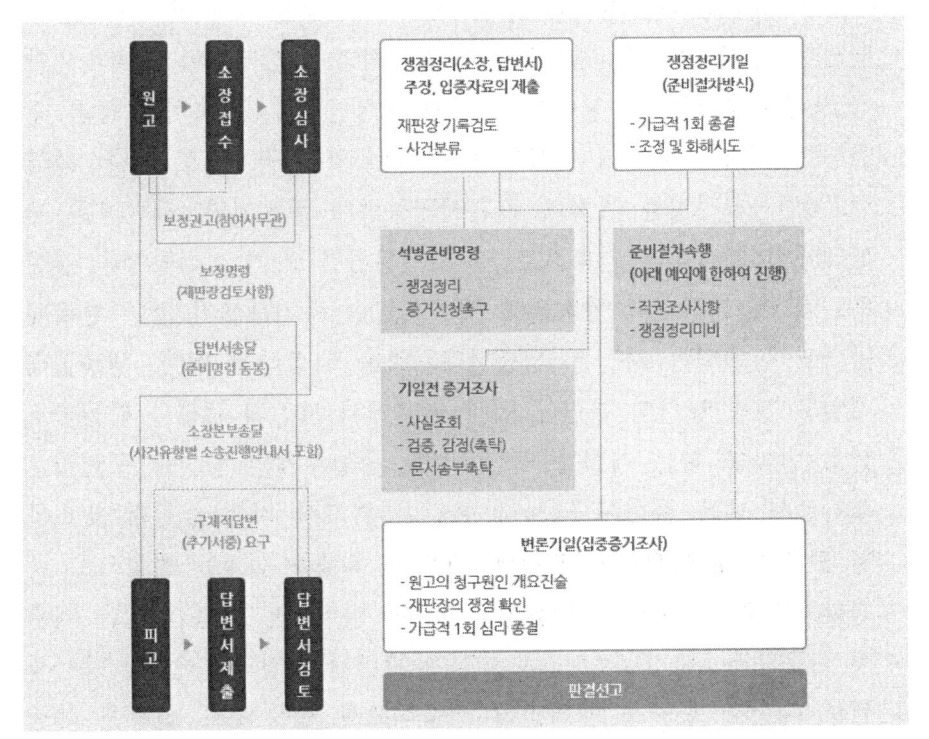

우선, 소장 접수 및 답변서 제출 단계에서는 당사자나 소송대리인
이 소장을 종합접수실에서 접수하면, 접수담당 사무관 및 참여사무
관은 사건유형별 참여사무관 검토사항에 의거 소장을 심사한다. 기
일 전 단계에서 재판장은 준비절차에 회부할 사건과 바로 변론기일
을 지정할 사건을 분류하고, 준비절차에 회부한 사건에 대하여는

---

75) http://help.scourt.go.kr/nm/min_7/min_7_2/min_7_2_1/index.html

먼저 서면에 의한 쟁점정리절차를 시작하는데, 서면에 의한 쟁점정리절차는 『준비서면 공방』과 『기일 전 증거조사』의 두 가지가 핵심요소이다. 그 중 『준비서면 공방』은 피고가 실질적 내용이 있는 답변서를 제출하면 이를 원고에게 송달하면서 3주 정도의 기간 안에 반박 준비서면을 제출하도록 하는 구조로 진행된다. 그리고 이 과정에서 쌍방 당사자는 준비서면에 의한 주장의 제출과 더불어 그 주장을 뒷받침하는 증거신청 및 증거의 현출을 모두 마쳐야 한다. 따라서 관련 서증은 원칙적으로 준비서면에 첨부하여 제출하여야 하고, 문서송부촉탁, 사실조회, 검증·감정신청과 그 촉탁은 물론 증인신청까지도 모두 이 단계에서 마치는 것을 원칙으로 한다. 이러한 서면공방절차를 통하여 기본서면공방이 종료되면, 재판장은 이 상태에서 본격적인 기록검토 및 사건분류를 하여 심리방향을 결정하는데 이 과정에서 쟁점부상 및 기일 전 증거제출이 일단 완료되었다고 판단되는 사건은 쟁점정리기일을 지정하게 된다. 쟁점정리기일은 쌍방 당사자 본인이 법관 면전에서 사건의 쟁점을 확인하고 상호 반박을 하는 기회를 가짐으로써 구술주의의 정신을 구현하는 절차로서 이를 통하여 당사자 본인이 하고자 하는 주장과 호소를 할 만큼 하게 함으로써 재판에 대한 승복률을 높이는 방향으로 운영하고자 하는 것이다. 쟁점정리기일에 이어지는 다음 기일은 이른바 집중증거조사기일로서 각 사건에 관련된 쌍방의 증인 및 당사자 신문 대상자 전원을 한꺼번에 집중적으로 신문하고, 신문을 마친 사건은 그로부터 단기간 내에 판결을 선고하는 구조로 운영한다는 것이다. 다만, 행정소송의 대상은 공익에 관계되는 사항이므로, 행정소송의 심리에 있어서는 민사소송과는 달리 사실의 주장과 증거를 제출하는 책임을 당사자에게만 지우지 않고 법원이 직권으로도 증거조사를 할 수 있으며, 당사자가 주장하지 아니하는 사실에 관하여도 판단할 수 있다.

2. 소장접수 및 답변서 제출

법원에 소를 제기하려면 우선 소장을 작성하여 제출하여야 한다. 소장의 양식은 민원실에 유형별로 견본을 작성하여 비치해 두고 있으며 각급법원 민원실에도 견본을 비치하고 있다. 소장의 청구취지에는 소의 결론(예 : 피고가 2000. 10. 1. 원고에 대하여 한 요양불승인처분을 취소한다)을 기재하고, 청구원인에는 원고가 구하는 소의 결론을 이끌어내는 근거가 되는 사실관계와 법률관계를 기재한다. 행정소송의 경우 대개 행정청의 처분이 위법한지 여부가 쟁점이므로 행정청의 처분이 어떠한 점에서 위법한지를 구체적으로 기재한다.

답변서 제출

가. 개요

피고가 원고의 청구를 다투는 때에는 소장 부본을 송달받은 날로부터 30일 안에 답변서를 제출하여야 한다. 소장부본과 함께 동봉되어 온 절차안내서가 있을 경우 답변서 제출기간, 기재사항, 첨부서류 등의 사항에 관하여 안내서를 참조하면 된다.

나. 답변서의 기재사항과 첨부서류

청구취지에 대한 답변
  예 : 원고의 청구를 기각한다.

청구원인에 대한 구체적인 답변
원고가 주장하는 사실 중 인정하는 부분과 인정하지 아니하는 부분, 인정하지 아니하는 사실에 대하여는 그 사유

증거관계

답변서에 기재된 주장을 증명하기 위한 증거방법(서류, 증인, 감정, 사실조회 등)과 상대방이 제출한 서류 등에 관한 의견.

다. 피고가 행정청인 경우

처분사유, 처분의 근거 법률과 시행령, 시행규칙, 조례, 고시 등의 해당조문 내용을 구체적으로 기재하여야 한다. 처분의 근거가 되는 법률과 시행령, 시행규칙, 조례, 고시 등은 수시로 개정되기 때문에 당해 처분에 적용되는 법령에 유의할 것이 요망된다. 소송의 대상이 된 처분을 한 서면, 원고의 신청서, 신청서 제출 후 처분 과정에서 작성된 서류 등 행정처분과 관련된 서류를 답변서 제출단계에서 함께 제출하는 것이 바람하다.

3. 쟁점정리(답변서 제출 이후의 절차 개요)

변론기일 지정하는 경우

재판장은 답변서가 제출된 후 관련사건과의 관계상 신속한 기일지정이 필요하거나, 사건의 성질상 신속한 처리가 요청되는 경우 또는 법리문제만 쟁점이 되어 변론준비절차에 부칠 필요가 없는 사건의 경우 등에는 즉시 변론기일을 지정한다.

서면공방을 진행하는 경우

재판장이 서면공방을 진행하기로 결정한 사건에 대하여는, 참여사무관은 원고에게 발송일로부터 3주 정도로 기한을 정하여 피고의 답변에 대한 반박 준비서면 및 입증자료를 제출하도록 최고하게 된다. 참여사무관은 원고의 반박 준비서면이 제출되면 이를 피고에게 송달한 후(다만, 피고에게 다시 반박서면의 제출을 최고하지는 아니한다), 곧바로 기록을 정리하여 재판장에게 인계한다.

변론준비기일(쟁점정리기일)을 지정하는 경우

재판장은 답변서 제출 후(조기에 변론기일을 지정하거나 서면공방을 진행하기로 결정하는 경우에는 그와 같은 절차로 이행합니다), 또는 서면공방 종료 후에 쟁점정리를 위한 변론준비기일을 지정한다.

변론준비기일의 진행

재판장이 진행을 담당하나, 합의사건의 경우 재판장이 합의부원을 수명법관으로 지정하여 그 진행을 담당하게 할 수도 있다. 통상 준비실, 심문실, 조정실 등에서 진행되나, 법정에서 진행되기도 합니다. 쟁점정리기일은 1회 진행하는 것이 원칙이나, 부득이한 경우에는 기일을 속행할 수 있다. 쟁점정리를 위한 준비기일에는 통상 소장, 답변서, 준비서면 진술, 쟁점 정리, 출석한 당사자본인 진술 청취, 입증계획을 수립하는 등의 절차가 이루어진다.

당사자본인 참여

당사자는 대리인이 있는 경우 반드시 출석할 필요는 없으나, 언제든지 출석할 수 있고, 출석하여 사건의 사실관계 등에 관하여 진술할 수 있는 기회가 보장되어 있다.

쟁점정리

원고가 청구의 근거로 삼고 있는 사실관계와 피고가 항변하는 사실관계를 정리하고, 쌍방이 주장하는 사실관계 중에서 서로 다툼이 없는 부분과 다툼이 있는 부분을 구분하며, 다툼이 있는 사실 가운데 증인신문 등에 의한 입증이 필요한 사항을 정리하는 등의 절차가 진행된다.

증거조사

변론준비기일에는 쌍방의 주장과 함께 증거관계도 정리하게 되는데, 먼저 변론준비기일 이전에 있었던 증거신청 중에서 아직 채택 여부를 결정하지 않았거나, 변론준비기일에 추가로 제기된 증거신청에 대하여 채택 여부를 결정하게 된다. 또한 기존에 채택하여 실시된 검증, 사실조회, 감정촉탁 등의 결과에 대하여 고지하고 그 내용을 확인하며, 서증에 대한 조사를 시행하는 등 증거조사도 시행하게 된다. 다만, 위와 같은 증거조사는 반드시 변론준비기일에 하여야 하는 것은 아니지만, 증인신문과 당사자본인신문은 어느 경우든 변론기일에 시행하게 된다.

변론준비기일 종결의 효과

변론준비기일에 제출하지 아니한 공격방어방법은 다음 가운데 어느 하나에 해당하여야만 변론에서 제출할 수 있다. ① 그 제출로 인하여 소송을 현저히 지연시키지 아니하는 때 ② 중대한 과실 없이 변론준비절차에서 제출하지 못하였다는 것을 소명한 때 ③ 법원이 직권으로 조사할 사항인 때

4. 집중증거조사

변론준비기일을 통해 주장과 증거관계의 정리가 완료되면 집중증거조사를 위한 변론기일이 지정되게 된다. 집중증거조사기일의 지정은 사건번호와 관계없이 주장과 증거관계의 정리가 완료된 순서대로 지정하게 된다. 사건의 성질상 신속한 처리가 요청되는 경우, 법리문제만 쟁점이 되어 변론준비절차에 부칠 필요가 없는 경우 등에는 답변서 제출 후에 바로 변론기일이 지정되기도 한다.

변론기일의 운영

변론기일은 재판장이 진행을 담당하고, 공개법정에서 진행된다. 변론준비기일이 선행된 경우 변론기일에서는 증인 및 당사자에 대한 신문을 한 기일에 집중하여 실시하는 것을 원칙으로 한다(집중증거조사기일). 집중증거조사기일에는 준비기일 결과의 변론상정, 증인조사 및 당사자신문이 이루어지게 된다. 변론준비기일을 거친 경우에도 변론준비기일에 주장진술, 서증 등 조사가 이루어지지 않은 경우에는 변론기일에 그 절차가 진행된다. 변론준비기일을 거치지 않았던 사건의 경우에는 주장의 진술, 증거신청, 증거조사 등의 모든 과정이 변론기일에 이루어지게 된다.

준비기일 결과의 변론상정, 증인조사 등

가. 준비기일 결과의 변론상정

변론기일 전에 변론준비기일을 거쳤던 사건의 경우, 준비기일에서 정리되었던 당사자의 주장, 쟁점에 관한 사항, 증거조사의 결과 등을 설명·확인하는 과정(변론상정)을 거치게 되는데, 변론상정을 재판부가 주도하는 방법과 당사자가 주도하는 방법이 있을 수 있다.

나. 증인조사

증인을 조사하는 방법으로는, 증인진술서 제출 방식, 증인신문사항 제출 방식, 서면에 의한 증언방식이 있다.

(1) 증인진술서 제출방식

재판장의 명령이 있는 경우 당사자가 증인으로부터 증언할 내용을 시간적 경과에 따라 기재한 진술서(증인진술서)를 제출받아 미리 법원에 제출하고, 법정에서는 주로 반대신문에 집중하는 방법이다. 이 경우 주신문은 핵심 쟁점사항 및 증인진술서의 진정성립을 확인하는 정도로 하게 된다.

(2) 증인신문사항 제출방식

증인을 신청한 당사자가 재판장이 정한 기한 내에 미리 증인신문사항을 적은 서면을 제출하고, 법원에서는 이를 상대편 당사자에게 송달하여 반대신문을 준비하게 한 후, 법정에서 증인에 대해 주신문 및 반대신문을 시행하는 방식이다.

(3) 서면에 의한 증언

법정에서의 출석·증언에 갈음하여 증언할 내용을 사건 진행의 시간적 경과에 따라 기재하고, 서명날인 한 서면을 제출하는 것인데, 법원은 증인진술서가 제출된 후 상대방의 이의가 있거나 필요하다고 인정되는 때에는 증인으로 하여금 출석하여 증언하게 할 수 있습니다. 이 방식은 공시송달사건이나 피고가 형식적인 답변서만 제출하고 출석하지 아니하는 등의 경우에 활용된다.

5. 변론종결 및 판결선고

변론종결

재판장은 주장의 진술, 증거신청, 증거조사 등의 모든 과정이 종결되고 나면 변론을 종결하고 선고기일을 지정한다. 변론종결 이후에는 당사자가 준비서면을 제출하거나 서류에 번호를 매겨 제출하더라도 이는 변론에 현출되지 아니한 것이기 때문에 재판결과에 반영되지 못한다. 따라서 그러한 자료를 재판결과에 반영시키기 위해서는 변론 재개를 신청하여 변론기일에 진술, 제출하여야 한다.

판결선고

판결은 재판장이 판결원본에 따라 주문을 읽는 방식으로 선고하고, 필요한 때에는 이유를 간략히 설명할 수 있다. 판결은 당사자가 출석하지 않아도 선고할 수 있고, 선고에 의해 판결의 효력이 발생한다. 법원은 판결이 선고된 후 그 정본을 당사자에게 송달하는데, 판결에 불복이 있는 당사자는 판결서가 송달된 날부터 2주 이내에 항소장을 1심 법원에 제출하는 방식으로 항소할 수 있다.[76]

---

76) 행정처분의 집행정지신청사건은 신청서가 접수되는 대로 본안사건의 재판부에 배당되어 신청인의 신청서 및 소명자료, 피신청인의 답변서 및 소명자료를 참작하는 외에 필요한 경우 심문기일을 지정하여 쌍방을 심문한 후 집행정지의 허부를 결정하게 된다.

제6장 재판지원[77]

1. 소송구조제도

소송구조제도란 소송비용을 지출할 자금능력이 부족한 사람에 대하여 법원이 당사자의 신청 또는 직권으로 재판에 필요한 비용(인지대, 변호사 보수, 송달료, 증인여비, 감정료 기타 재판비용)의 납입을 유예 또는 면제시킴으로써 그 비용을 내지 않고 재판을 받을 수 있도록 하는 제도이다. 소송구조의 대상은 민사소송, 행정소송, 가사소송의 본안사건은 물론이고, 독촉사건, 가압류·가처분신청사건도 그 대상이 된다. 소송구조의 신청은 소송을 제기하려는 사람과 소송계속 중의 당사자가 신청할 수 있으며, 자연인은 물론 외국인과 법인도 신청할 수 있다. 신청서에는 1,000원의 인지와 송달료 2회분을 첨부하여, 소 제기 전에는 소를 제기하려는 법원, 소 제기 후에는 소송기록을 보관하고 있는 법원에 신청하여야 한다. 소송구조의 요건은 소송구조를 하기 위해서는 신청인의 무자력과 승소가능성이라는 두 가지 요건이 필요하다. 무자력은 자연인의 경우에는 경제적으로 빈곤하여 자기 및 가족에게 필요한 생활을 해하지 않고서는 소송비용을 지출할 수 없는 상태에 있는 사람을 의미하며, 이에 대한 소명자료로 '소송구조 재산관계진술서'를 작성해서 제출하여야 한다. 승소가능성은 신청인이 그 소송에서 패소할 것이 분명하지 아니할 경우 인정되며, 법원이 재판절차에서 나온 자료를 기초로 판단한다.

---

77) http://help.scourt.go.kr/nm/min_16/min_16_1/index.html

2. 개인파산·회생 소송구조 지정변호사제도

소송구조 대상자는 「국민기초생활보장법」에 따른 수급자, 「국민기초생활보장법」에서 정한 가구별 기준 중위소득의 100분의 60이하 소득자임을 소명하는 자, 「한부모가족지원법」에 따른 지원대상자, 60세 이상인 자, 「장애인복지법」에 따른 장애인, 「국가유공자 등 예우 및 지원에 관한 법률」 및 「보훈보상대상자 지원에 관한 법률」에 따른 상이등급 판정자, 「고엽제후유의증 등 환자지원 및 단체설립에 관한 법률」에 따른 장애등급 판정자, 「5·18민주유공자 예우에 관한 법률」에 따른 장해등급 판정자이다. 소송구조를 받는 소송비용은 변호사 비용 및 송달료에 한한다(공고료, 인지 등 절차비용은 본인 부담).78)79)80)81)

---

78) 소송구조 이용절차 (1) 이용자가 법원 소송구조신청 창구에 자신이 소송구조대상임을 증명하는 서류를 준비하여 서비스 신청 (2) 담당 법원직원(접수창구)은 증명서류 확인 후 비치된 소송구조 안내대장에 신청인 이름을 기재하고 지정변호사를 순번제로 배정하고, 소송구조 안내문에 해당 지정변호사를 체크하여 이용자에게 교부(3) 이용자는 곧바로 배정받은 소송구조 지정변호사의 사무실로 직접 찾아가 소송구조신청부터 변호사의 도움을 받음 (4) 지정변호사는 즉시 소송구조신청서를 접수 (5) 재판부는 소송구조사건에 대하여 소송구조요건 해당시 즉시 소송구조결정 (6) 소송구조 결정 후 지정변호사는 개인파산·회생 신청준비 및 대리 ※ 변호사비용 외의 송달료에 대한 소송구조 신청은 소송구조 지정변호사를 통하지 않고 직접 신청이 가능함 (개인파산,회생사건 송달료 소송구조신청 양식 이용)
79) 소송구조 대상자의 준비서류? 개인별 주민등록표등본, 자신이 소송구조 대상자임을 증명하는 증명서 (60세 이상인 자의 경우에는 필요없음), - 「국민기초생활보장법」에 따른 수급자 : 수급자 증명서(시,군,구청 발행)- 「국민기초생활보장법」에서 정한 가구별 기준 중위소득의 100분의 60이하 소득자임을 소명하는 자 : 급여명세서 등 증빙서류 - 「한부모가족지원법」에 따른 지원대상자 : 한부모가족 증명서(시,군,구,읍,면,동사무소 발행) - 「장애인복지법」에 따른 장애인 : 장애인 증명서(시,군,구청 발행) 또는 장애인 복지카드 - 「국가유공자 등 예우 및 지원에 관한 법률」에 따른 상이등급 판정자 : 국가유공자증 또는 국가유공자 확인원 - 「보훈보상대상자 지원에 관한 법률」에 따른 상이등급 판정자 : 보훈보상대상자증 또는 보훈보상대상자 확인원 - 「고엽제후유의증 등 환자지원 및 단체설립에 관한 법률」에 따른 장애등급 판정자 : 국가보훈대상자등록증 또는 고엽제후유(의)증환자 등 확인서 - 「5·18민주유공자 예우에 관한 법률」에 따른 장해등급 판정자 : 5·18민주유공자증 또는 5·18민주유공자 확인서
80) 이용자가 받을 수 있는 서비스 범위? 이용자는 소송구조신청서 작성부터 파산·회생신청, 면책·변제계획인가시까지 계속하여 소송구조 지정변호사의 도움을 받다. - 소송구조 신청전 상담 - 소송구조 신청서 작성제출 - 개인파산·회생 신청서(변제계획 포함) 작성제출(첨부서류를 검토하였다는 확인서를 붙여야 함) - 재판기일 및 절차, 면책의 효과 등에 관한 안내 - 법원의 보정사항에 대한 보정, 개인파산의 경우 면책확정, 개인회생의 경우 변제계획인가결정 확정 후에는 일체의 서비스를 제공하지 아니한다.

3. 국선변호인선정제도

국선변호인 선정제도는 사선변호인이 선임되지 않은 경우에 피고인을 위하여 법원이 국가의 비용으로 변호인을 선정해 주는 제도를 말한다. 필요적 국선변호인[82] 선정은 구속영장이 청구되고 영장실질심문절차에 회부된 피의자에게 변호인이 없는 때 피고인이 구속된 때, 미성년자인 때, 70세 이상인 때, 농아자인 때, 심신장애의 의심이 있는 자인 때, 사형, 무기 또는 단기 3년 이상의 징역이나 금고에 해당 하는 사건으로 기소된 때, 피고인의 연령, 지능, 교육 정도 등을 참작하여 권리보호를 위하여 필요하다고 인정되고, 피고인이 국선변호인의 선정을 희망하지 아니한다는 명시적인 의사를 표시하지 않은 때, 치료감호법상 치료감호청구사건의 경우, 군사법원법이 적용되는 사건의 경우 위 사항에 해당하는 피고인의 경우 법원에서 직권으로 국선변호인을 선임한다.

임의적 국선변호인 선정

피고인이 빈곤 그 밖의 사유로 변호인을 선임할 수 없을 때에는 법원에 국선변호인 선정을 청구할 수 있다. 빈곤 그 밖의 사유는 법원이 정한 사유에 따르며 월평균수입 270만원 미만, 『국민기초생활 보장법』에 따른 수급자, 『한부모가족지원법』에 따른 지원대상자, 『기초연금법』에 따른 기초연금 수급자, 『장애인연금법』에 따른

---

81) 소송구조 지정변호사? 지정절차 – 각 지방변호사회에 추천의뢰 – 법원에 설치한 '소송구조변호사 지정위원회' 심의를 거쳐 각 법원별로 접수 사건수에 대비하여 5~10명을 법원장이 지정 업무- 소송구조신청서 작성부터 개인파산 · 회생 절차 종료시까지 담당한다.

82) 국선변호인? 국선변호인은 재판부별로 전속되어 있고, 그 전속변호인이나 그외 변호인들 중에서 원하는 변호인이 있으면 국선변호인선정 청구서에 기재할 수 있다. 다만, 변호인의 사정 등에 따라 원하는 변호인이 선정되지 않을 수 있다. 국선변호인은 피고인 1인에 대하여 변호인 1인을 선정함이 원칙이지만, 공동 피고인이 있는 경우 공동 피고인들 사이에 서로 이해관계가 대립하지 않을 때에는 그 공동 피고인들에 대하여 동일한 변호인을 선정할 수 있다. 국선변호인은 변호사나 사법연수생 중에서 선임하고, 그 보수는 법원에서 지급한다.

수급자, 『북한이탈주민의 보호 및 정착지원에 관한 법률』에 따른 보호대상자인 경우로 구체화하는 등 법원은 그 사유를 점점 넓혀가고 있다. 종전에는 국선변호인을 법원에서 일방적으로 선정하였으나 2003. 3. 1.부터 임의적 국선변호인 선택제도의 도입에 따라 피고인이 재판부별 국선변호인 예정자명부에 등재된 변호인 중에서 국선변호를 원하는 변호인을 임의적으로 선택하여 선정 청구를 할 수 있다.

국선변호인 선정 청구

(1) 피고인

법원은 공소가 제기된 피고인에게 공소장부본의 송달과 함께 국선변호인 선정에 관한 고지도 함께 하고 있는데, 특히 피고인이 빈곤 그 밖의 사유로 인하여 개인적으로 변호인을 선임할 수 없을 때에는 그 고지서 뒷면에'국선변호인선정 청구서'가 인쇄되어 있으므로 그 빈칸을 기재하고 서명 또는 날인(무인)한 다음 신속하게(늦어도 고지서를 받은 때부터 7일 안에, 상소심의 경우 늦어도 소송기록접수통지서를 받은 날부터 20일 안에) 법원에 제출하면 된다.

(2) 피고인 이외의 청구권자

피고인의 법정대리인, 배우자, 직계친족과 형제자매 역시 독립하여 국선변호인의 선정을 청구할 수 있다.

4. 장애인 사법지원

장애가 있는 사람이 소송절차에 참여하는데 지원이 필요한 경우 법원에 지원 및 편의 제공을 신청할 수 있다.

누가 사법지원을 받을 수 있는가?

소송절차에 참여하면서 법원으로부터 각종 도움을 받아야 할 필요가 있는 장애인이면 된다. 장애인복지법에 따라 등록한 장애인이 아니어도 상관없다. 소송절차에 원고, 피고와 같이 당사자로 참여하는 경우 외에 증인 등으로 참여하는 경우도 포함된다.

어떠한 사법지원이 제공될 수 있는가?

신청인은 소송절차에 효과적으로 참여하기 위해서 필요로 하는 사법지원을 신청할 수 있다. 신청인은 자신에게 가장 적합한 사법지원을 신청하여야 한다. 수화통역, 문자통역, 보청기, 확대경, 문서를 변환하여 읽을 수 있는 파일, 이동을 위한 휠체어 기타 이동을 위한 조치, 활동(이동)과 의사소통 등을 보조하기 위한 보조인력, 휴식시간의 보장 등 장애의 유형과 내용에 따라 필요로 하는 다양한 편의가 해당할 수 있다.

신청은 누구에게 하는가?

소송이 진행 중인 담당재판부에게 사법지원을 신청한다.

신청인은 장애에 관한 어떠한 정보를 제공해야 하는가?

법원은 사법지원의 필요성 및 제공할 편의의 종류를 결정하기 위해 필요한 경우 신청인에게 장애인등록증 사본 기타 장애를 소명할 수 있는 자료, 사법지원의 근거가 되는 의료기록 등을 요청할 수 있다. 신청인은 법원에 비치된'장애인 사법지원 신청서'를 기재하여 제출하고 장애인등록증이나 진단서 등이 있는 경우 그 사본을 첨부하여 제출할 수 있다.

모든 신청이 허가되는가?

그렇지 않다. 신청한 내용이 과도한 부담을 가져오거나 소송절차의 원활한 진행에 현저한 지장을 가져오는 경우 신청이 허가되지 않을 수 있다.

제7장 법원의 형사소송절차

1. 형사소송절차

구속

피의자의 구속이란 피의자의 자유를 제한하여 형사재판에 출석할 것을 보장하고, 증거인멸을 방지하여 실체적 진실 발견에 기여하며, 확정된 형벌을 집행하기 위한 것으로 형사소송의 진행과 형벌의 집행을 확보하기 위한 제도이다.

구속과 영장주의

피의자를 구속하기 위하여는 검사의 청구에 의하여 법관이 적법한 절차에 따라 발부한 영장을 제시하여야 한다. 피의자가 죄를 범하였다고 의심할 만한 상당한 이유가 있고, 일정한 주거가 없거나 증거를 인멸할 염려가 있는 경우 또는 도망하였거나 도망할 염려가 있는 경우에 검사는 관할지방법원 판사에게 청구하여 구속영장을 발부 받아 피의자를 구속할 수 있고, 사법경찰관은 검사에게 신청하여 검사의 청구에 의하여 관할지방법원 판사의 구속영장을 발부받아 피의자를 구속할 수 있다. 그러나 50만 원 이하의 벌금·구류 또는 과료에 해당하는 사건에 관하여는 주거부정의 경우에 한하여 구속할 수 있다.

영장주의의 예외

긴급체포

검사 또는 사법경찰관은 피의자가 사형·무기 또는 장기 3년 이상의 징역이나 금고에 해당하는 죄를 범하였다고 의심할 만한 상당한 이유가 있고, 도망 및 증거인멸의 염려가 있으며, 긴급을 요하는 경우에는 영장 없이 피의자를 체포할 수 있다.

현행범체포

범죄를 실행 중이거나 실행한 직후인 사람을 현행범인이라고 하고, 현행범인은 수사기관뿐만 아니라 누구든지 영장 없이 체포할 수 있다. 다만, 일반인이 현행범인을 체포한 경우에는 즉시 수사기관에 인도하여야 한다.

체포 후의 조치

수사기관이 긴급체포하거나 현행범인으로 체포한 피의자를 구속하고자 할 때에는 체포한 때로부터 48시간 이내에 판사에게 구속영장을 청구하여야 하고, 그 시간 내에 영장을 청구하지 아니하거나 발부 받지 못한 때에는 피의자를 즉시 석방하여야 한다. 다만, 긴급체포된 피의자에 대한 구속영장청구는 지체 없이 이루어져야 하고, 48시간 이내에 영장이 청구되었다고 하여 당연히'지체 없이'라는 요건이 충족되는 것은 아니다.

구속영장의 집행

집행기관

구속영장은 검사의 지휘에 의하여 사법경찰관리가 집행한다. 교도소 또는 구치소에 있는 피의자에 대하여 발부된 구속영장은 검사의 지휘에 의하여 교도관리가 집행한다.

집행의 절차

구속영장을 집행함에 있어서는 피의자에게 범죄사실의 요지, 구속의 이유와 변호인을 선임할 수 있음을 말하고 변명할 기회를 주어야 하며 피의자에게 구속영장을 제시하여야 한다. 구속영장을 소지하지 아니한 경우에 급속을 요하는 때에는 영장을 제시하지 않고 집행할 수 있으나 집행을 종료한 후에는 신속히 구속영장을 제시하여야 한다.

구속의 통지
피의자를 구속한 때에는 구속 후 지체 없이 서면으로 변호인이 있는 경우에는 변호인에게, 변호인이 없는 경우에는 피의자의 법정대리인, 배우자, 직계친족, 형제자매 중 피의자가 지정한 자에게 피의사건명, 구속일시·장소, 범죄사실의 요지, 구속의 이유와 변호인을 선임할 수 있다는 취지를 알려야 한다.

수사기관
사법경찰관에 의한 구속의 경우 그 구속기간은 10일 이내이며, 연장은 허용되지 않는다. 검사의 경우도 피의자를 구속할 수 있는 기간은 사법경찰관으로부터 피의자의 신병을 인도 받은 때로부터 10일이지만, 검사의 신청에 의하여 수사를 계속하는 것이 상당한 이유가 있다고 판사가 인정한 때에는 10일을 초과하지 아니하는 한도에서 구속기간이 1차에 한하여 연장될 수 있다.

법원
법원의 구속기간은 2개월이며, 공소제기 전의 체포·구인·구금 기간은 구속기간에 산입하지 않는다. 구속기간의 초일은 시간을 계산함이 없이 1일로 산정하며, 말일이 토요일, 공휴일이더라도 구속기간에 산입한다. 구속기간은 2개월이나 특히 구속을 계속할 필요가 있는 경우에는 심급마다 2차에 한하여 결정으로 갱신할 수 있고 갱신한 기간도 2개월이다. 다만, 상소심은 피고인 또는 변호인이 신청한 증거의 조사, 상소이유를 보충한 서면의 제출 등으로 추가 심리가 필요한 부득이한 경우에는 3차에 한하여 갱신할 수 있다. 따라서 재판을 위하여 구속할 수 있는 기간은 1심에서 6개월, 2심과 3심에서 각각 4개월부터 6개월까지 등 합계 1년 2개월부터 1년 6개월까지이다.

재구속의 제한

검사 또는 사법경찰관에 의하여 구속되었다가 석방된 사람은 다른 중요한 증거를 발견한 경우를 제외하고는 동일한 범죄사실에 관하여 재차 구속하지 못한다.

2. 국민참여재판 Q&A

국민참여재판은 무엇인가요?

국민 여러분들이 배심원 또는 예비배심원으로서 참여하는 형사재판을 의미한다. 특히 배심원으로 선정된 국민은 피고인의 유무죄에 관하여 평결을 내리고, 유죄 평결이 내려진 피고인에게 선고할 적정한 형벌을 토의하는 등 재판에 참여하는 기회를 갖게 된다.

배심원후보자는 어떻게 정해지나요?

법원은 미리 작성된 배심원후보예정자명부에서 필요한 수만큼의 배심원후보자를 무작위 추출 방식으로 정한 후 배심원후보자에게 배심원과 예비배심원의 선정기일을 통지한다.

선정기일 통지서를 받은 후에 어떻게 해야 하나요?

배심원후보자는 부득이한 사정이 없는 한 선정기일에 출석하여야한다. 만약 건강이 좋지 않거나 간호, 양육, 출장 등과 같이 재판에 참여할 수 없는 부득이한 사정이 있는 때에는 법원에 배심원 직무 면제를 신청할 수 있다.

선정기일통지서를 직접 수령하지 못하여(부재시) 현관문 등에'우편물 도착안내서'(집배원 방문 시 부재인 경우 재방문 하겠다는 취지와 재방문 시 부재이면 우체국에서 수령하라는 취지가 기재)가 붙어 있을 경우 어떻게 해야 하나요?

우편물도착안내서에는 담당집배원의 연락처가 기재되어 있으므로 담당집배원으로부터 등기번호를 확인 후 그 등기번호로 해당지방법원의 민원안내센터, 총무과, 당직실 등에 문의하면 된다.

누구나 배심원이 될 수 있나요?

만 20세 이상 대한민국 국민이면 누구나 배심원이 될 수 있고, 특별한 자격은 필요하지 않다. 다만 배심원은 공무를 수행하게 되므로 일정한 전과가 있는 사람은 제외되고, 변호사, 경찰관 등 일정한 직업을 가진 사람도 배심원이 될 수 없는 제한이 있다.

법원에 출석하면 고용주로부터 불이익을 받지는 않나요?

불이익을 받지 않는다. 법률에서는 배심원·예비배심원 또는 배심원 후보자인 사실을 이유로 해고하거나 그 밖의 불이익한 처우를 하는 것을 금지하고 있다.

배심원 선정을 사칭한 보이스피싱 주의 안내

법원에서는 배심원 선정과 관련하여 전화, ARS 등으로 개인 정보를 묻지 않는다. 또한 전화로 과태료 부과 안내를 하고 계좌로 납부하라는 안내도 하지 않는다.
(국민 여러분께서는 배심원 선정을 사칭한 범죄 피해를 입지 않도록 주의하시기 바랍니다.)

질문표에 기재된 사생활에 관한 정보는 어떻게 보호되나요?

여러분이 제출한 질문표는 오로지 배심원 선정을 위해서만 사용된다. 법원은 배심원후보자의 사생활 보호를 위해서 질문표를 별도로 보관하며 당해 국민참여재판이 종료되는 경우에는 즉시 이를 폐기한다.

선정기일에 출석할 때 주의사항은 무엇인가요?

선정기일에는 지정된 일시, 장소로 출석하여야 하고, 출석통지서와 함께 주민등록증, 운전면허증, 여권 등과 같이 신분을 증명할 수 있는 문서를 반드시 지참하여야 한다.

선정기일이 끝날 때까지 얼마나 시간이 걸리나요?

여러분들이 법원에서 지정한 장소로 출석하더라도 선정기일이 끝날 때까지는 다소 시간이 소요될 수 있다. 그러나 이는 공정한 배심원을 선발하기 위한 신중한 검토가 진행되기 때문이므로 양해와 협조를 당부하고 있다.

선정기일은 어떻게 진행되나요?

선정기일은 배심원 후보자의 사생활 보호, 신변보호 등을 위하여 공개하지 않으며, 배심원후보자의 성명 대신 법원이 부여한 번호를 부른다. 선정기일에서 당해 국민참여재판에 필요한 배심원 또는 예비배심원이 선정되면 선정기일은 종료되며, 배심원 또는 예비배심원으로 선정되지 않은 배심원후보자는 귀가할 수 있다.

법원에 출석하면 경제적 대가를 받을 수 있나요?

배심원에게는 재판 하루당 12만원의 일당이 지급된다. 선정기일에 출석한 배심원후보자는 배심원으로 선정되지 않아도 6만원의 일당을 지급받는다.

배심원과 예비배심원은 어떤 차이가 있나요?

예비배심원은 배심원 중 일부에게 배심원의 직무를 수행할 수 없는 사정이 갑자기 생기는 경우에 대비하여 예비적인 배심원으로 선정된 사람이다. 배심원과 예비배심원은 배심원 평의가 시작되기 전까지는 그 권한과 의무에 있어 차이가 없으나, 평의와 양형에 관한 토의에는 오로지 배심원만이 참여할 수 있다.

배심원과 예비배심원은 법정에서 어디에 앉게 되나요?

법률에서는 배심원과 예비배심원은 재판장과 검사·피고인 및 변호인의 사이 왼쪽에 위치하도록 규정하고 있다.

국민참여재판은 어떤 순서로 진행되나요?

① 재판장의 사건 호명 및 소송관계인의 출석 확인, ② 배심원과 예비배심원의 선서, ③ 재판장의 배심원과 예비배심원에 대한 최초설명, ④ 재판장의 피고인에 대한 진술거부권의 고지, ⑤ 검사의 최초진술, ⑥ 피고인 및 변호인의 최초진술, ⑦ 재판장의 쟁점 정

리 또는 검사, 변호인의 주장 및 입증계획 진술, ⑧ 증거조사, ⑨ 피고인 신문, ⑩ 검사의 의견진술, ⑪ 피고인과 변호인의 최종 의견진술, ⑫ 재판장의 배심원에 대한 최종설명, ⑬ 배심원의 평의·평결, ⑭ 양형에 관한 토의, ⑮ 판결 선고의 순서로 진행된다.

국민참여재판이 끝날 때까지 얼마나 시간이 걸리나요?

국민참여재판은 충분한 준비를 거쳐 원칙적으로 매일 재판을 진행하여 1~3일의 비교적 단기간에 끝낼 계획이다. 다만 재판을 조기에 끝내기 어려운 부득이한 사정이 생기면 다소 재판이 길어질 수 있으나, 이 경우에도 여러분들에게 과중한 부담이 생기지 않도록 노력할 것이다.

배심원과 예비배심원이 선서하는 의미는 무엇인가요?

배심원과 예비배심원은 선서를 통하여 법률에 따라 공정하게 그 직무를 수행할 것을 다짐한다.

법정에서 직접 피고인이나 증인에게 질문할 수 있나요?

그렇지 않습니다. 다만 재판장에게 질문을 요청할 수는 있으므로 질문하고 싶은 사항이 있는 경우에는 피고인 또는 증인에 대한 신문이 종료된 직후 법원에서 교부하는 서면에 질문사항을 기재하여 제출하면 된다.

법정에서 필기할 수 있나요?

재판장이 허가한 경우에만 필기할 수 있다. 만약 재판장이 허가한 경우에는 법원에서 여러분들에게 적절한 용지와 필기도구를 제공할 것이다.

배심원과 예비배심원의 중요한 의무는 무엇인가요?

① 심리 도중에 법정을 떠나거나 평의·평결 또는 토의가 완결되기 전에 재판장의 허락 없이 평의·평결 또는 토의 장소를 떠나는 행위, ② 평의가 시작되기 전에 당해 사건에 관한 자신의 견해를 밝히거나 의논하는 행위, ③ 재판절차 외에서 당해 사건에 관한 정보를 수집하거나 조사하는 행위, ④ 법률에서 정한 평의·평결 또는 토의에 관한 비밀을 누설하는 행위 등을 하여서는 아니 된다. 만약 이를 위반하면 배심원과 예비배심원에서 해임될 수 있고, 경우에 따라서는 형사처벌을 받을 수도 있다.

평의와 평결은 무엇인가요?

평의는 법정 공방이 끝난 후 배심원들이 모두 모여서 피고인의 유무죄에 관한 논의를 진행하는 것을 말하고, 평결은 평의를 통하여 확정된 배심원의 최종 판단 결과를 의미한다.

평의와 평결은 어떻게 진행되나요?

평의는 보통 평의실이라는 독립된 공간에서 비공개로 이루어지고, 오로지 배심원만이 참여할 수 있다. 평의 결과 만장일치로 유무죄에 대한 의견이 정하여지면 평결을 내릴 수 있다. 다만 만장일치 평결을 내리기 전에 배심원 과반수가 요청하면 심리에 관여한 판사의 의견을 들을 수 있다. 만약 만장일치 평결을 내리지 못하는 경우에는 심리에 관여한 판사의 의견을 반드시 들은 후 다수결의 방법으로 평결을 내리게 된다.

배심원 대표는 어떤 일을 하나요?

배심원 대표는 원칙적으로 배심원들 사이의 호선으로 선출되며, ①

평의의 주재, ② 평의실 출입 통제의 요청, ③ 판사에 대한 의견 진술의 요청, ④ 증거서류 등의 제공 요청, ⑤ 평결 결과의 집계, ⑥ 평결서의 작성 및 전달 등의 임무를 담당한다.

평의 도중 긴급한 상황이 생기면 어떻게 하나요?

배심원의 질병 등 긴급한 상황이 생기면 평의실 밖에서 출입을 통제하고 있는 법원경위 등에게 상황을 알리면 된다. 만약 평의실 내 전화기가 설치된 경우에는 담당 재판부 직원에게 전화로 직접 상황을 알려도 된다.

양형에 관한 토의는 무엇인가요?

배심원의 평결이 유죄인 경우 배심원과 심리에 관여한 판사가 피고인에게 어떤 형을 선고하는 것이 적절한지 토의하는 것을 의미한다.

양형에 관한 토의는 어떻게 진행되나요?

배심원은 판사의 설명을 들은 후 양형에 관한 의견을 제시하고, 판사는 적절한 방법으로 배심원의 양형에 관한 의견을 집계하여 서면에 기록한다.

판사는 배심원의 평결과 양형에 관한 의견에 반드시 따라야 하나요?

그렇지 않다. 법률은 배심원의 평결과 양형에 관한 의견이 법원을 기속하지 않는다고 규정하고 있다. 다만 법원은 배심원이 법정 공방을 지켜보고 토론을 거쳐 내린 평결과 양형의견을 최대한 존중할 것이다.

평의가 시작되면 예비배심원의 임무는 끝나게 되나요?

그렇지 않다. 평의가 시작되더라도 판결 선고 등으로 인하여 재판이 종료되기 전까지는 예비배심원의 임무가 끝나지 않는다.

재판이 하루에 끝나지 않으면 귀가할 수 없나요?

귀가할 수 없는 경우가 예외적으로 생길 수도 있다. 국민참여재판은 사건에 따라 재판이 하루에 끝나지 않는 경우가 종종 있을 것으로 예상된다. 이러한 경우 당일 재판 일정이 끝나게 되면 배심원과 예비배심원은 원칙적으로 다음 재판 날짜와 출석 장소를 통지받은 후 귀가하게 된다. 그러나 배심원의 신변보호를 위하여 필요한 경우 부득이하게 법원이 지정한 장소에서 국가의 비용으로 숙박하게 될 수도 있다. 가족들에 대한 연락 등에 대하여는 담당 재판부에서 충분하게 배려할 것이다.

신변보호를 위하여 법원은 어떠한 조치를 하나요?

법정에서는 배심원후보자, 배심원 및 예비배심원의 성명을 부르지 않고 법원이 부여한 번호로만 부른다. 또한 재판장은 배심원 또는 예비배심원이 피고인이나 그 밖의 사람으로부터 위해를 받을 염려가 있다고 인정하거나 또는 공정한 심리나 평의에 지장을 초래하거나 초래할 염려가 있다고 인정하는 때에는 신변안전을 위하여 필요한 조치를 취하게 된다. 만약 배심원과 예비배심원의 입장에서 이러한 조치가 필요하다면 재판장에게 요청할 수도 있다.

국민참여재판에 있어서 국민의 개인정보는 어떻게 보호되나요?

법원은 전담관리자를 지정하여 배심원후보예정자의 성명, 주소, 주민등록번호가 기재된 배심원후보예정자명부를 관리하고 있다. 또한 법원은 국민참여재판에서 배심원 등의 직무를 수행하였던 사람들의 개인정보에 대하여 정보공개청구가 있는 경우 그 사실을 배심원 등에게 지체 없이 통지하여 본인이 동의하는 경우에 한하여 개인정보를 공개한다.

3. 국민참여재판 그림자배심 참가신청

그림자배심원(Shadow Jury)은 국민참여재판의 정식 배심원과 별도로 구성되며 재판의 전과정을 참관한 후 유·무죄에 관한 평의·평결과 양형의견을 낼 수 있다. 다만 재판부가 이들의 평결내용을 재판에 반영하지 않으며, 평결과정이 공개될 수 있는 점이 정식 배심원과 다른 점이다. 일반 국민들은 그림자 배심원 역할을 수행하면서 실제 사건에 대한 생생한 법정 공방을 체험하고 실제 평의와 같은 방법으로 유·무죄 및 양형 등 재판 결과에 대한 토론을 할 수 있다.

제3편
법정증언이란
무엇인가?

제3편 법정증언이란 무엇인가?

제1장 법정증언

1. 현종실록에서의 사법-재판(裁判) 증언[83]

좌윤 조수익(趙壽益)이 상소하여 사직하고, 또 말하기를, "신의 가정에 있었던 참혹한 변은 실로 윤상(倫常)에 관계된 것 이었습니다. 아버지가 아들의 잘못을 증명하는 일이 이미 흉악한 자취가 다 드러난 뒤에 있었으니, 엄형(嚴刑)으로 정죄(正罪)를 하는 것밖에는 결단코 신문할 것이 없을 것입니다. 그런데, 재판이 지연되어 한 해가 지났는데도 끝이 날 기약이 없이 부자간으로 하여금 서로 송사하게 하려는 듯하니, 법망(法網)이 매우 전도되었습니다. 이는 신의 말이 신용을 받지 못하고 세상에서 버림을 받은 소치이니 오히려 누구를 허물하겠습니까. 이 재앙의 흔단을 생각할 때 다만 엎드려 있어야 마땅하고, 더구나 숨이 가물가물하여 전혀 힘을 내어 조정에 나갈 희망도 없습니다."하니, 상이 너그럽게 비답을 내리고 허락하지 않았다. 삼가 살피건대 조수익(趙壽益)은 한 때의 명망있던 재상으로 불행하게 가정의 변을 만나 아버지가 아들의 일을 증언하는 것으로 본도(本道)에 정장(呈狀)하였으니, 죄인들의 정상은 묻지 않더라도 알 수 있다. 수익이 신축년[84] 에 올린 한 통의 상소로 하여 시의(時議)에 크게 거슬렸기 때문에 전후 방백(方伯)과 추관(推官)이 수익을 미워하는 자의 뜻을 받아 노망(老妄)으로 핑계하고 그 사이에 의심을 두어 해가 지나도록 해결하지 않았다. 윤기(倫紀)와 법강(法綱)이 이에 이르러 땅을 쓴 듯이 없어졌으니 어찌 통탄스럽지 않겠는가.

---

83) 현종실록 21권, 현종 14년 7월 4일 신미 3번째기사 1673년 청 강희(康熙) 12년.
84) 신축년 : 1661 현종 2년.

2. 법정증언(法廷證言, testimony fo court)의 개념

법원이 재판을 하는 장소를 법정(法廷) 또는 재판정(裁判廷)이라고도 한다. 법원에서 재판을 하기 위해서는 사건을 심리해야 한다. 따라서 당사자 기타 관계인의 구술의 진술을 듣고, 변론이나 증거조사 등을 해야 한다. 특히 소송은 당사자를 대석(對席)시켜서 신문해야 하며, 그 심리와 판결은 공개함이 원칙이나, 심리는 국가의 안전보장 또는 안녕질서를 방해하거나 선량한 풍속을 해할 염려가 있을 때에는 법원의 결정으로 공개하지 아니할 수 있다. 그러나 판결은 반드시 공개하여야 한다(헌법 109조). 증언(證言 testimony)은 증인의 진술을 말한다. 감정의견, 문서의 기재내용, 검증결과, 참고인진술 등과 같이 증거자료 중의 하나이다. 증언은 법원 또는 법관에 대하여 제3자가 실험한 사실의 보고이다. 따라서 제3자가 자기의 견문 그 밖의 지각에 의하여 경험한 구체적인 사실이면, 그 자가 우연히 특별한 지식을 가지고 또한 전문적 경험을 쌓았기 때문에 알 수 있었던 것도 증언이 된다. 즉 감정증인은 과거의 사실을 진술하는 자이므로 증인에 해당한다(형사소송법 제179조). 이에 반하여 자기의 경험사실을 기초로 하여 의견이나 상상을 말하는 것은 본래의 증언은 아니고, 그것이 특별한 학식경험을 요하면 감정의견으로 된다. 증언은 법원 또는 법관에 대하여 진술하는 것이므로 제3자(참고인)가 수사기관에 대하여 자기가 과거에 실제로 경험한 사실을 진술하더라도 그것은 증언이 아니다.[85] 따라서 법정증언은 법정에서 증언을 의미한다.

---

85) https://terms.naver.com/entry.nhn?docId=3654296&cid=42131&categoryId=42131

증인(證人)[86]은 법정(法庭)에서 경험에 의하여 알게 된 사실을 법원의 신문(訊問)에 대하여 진술하도록 명령받은 소송 당사자 아닌 제3자이다. 그 증언을 위해 마련된 자리를 증언대(證言臺)라 한다. 대한민국의 재판권행사를 받는 자는 누구든지 증인으로서 법원에 출석하여 선서하고 진술할 공법상의 의무를 지며, 만약 이를 위배하면 제재를 받을 뿐만 아니라 선서를 하고서도 허위의 진술을 하면 형법상 위증죄가 된다.

---

[86] 증인이라 함은 법원 또는 법관에 대하여 자기가 과거에 견문(見聞)한 사실을 진술하는 제3자를 말한다. 이 진술을 증언이라 한다. 법원 또는 법관에 대하여 진술한다는 점에서 수사기관에 대하여 진술하는 자인 참고인과는 다르다. 그리고 증인은 자기가 견문한 사실을 진술하는 자인 점에서 특별한 지식·경험에 속하는 법칙이나 이를 구체적 사실에 적용하여 얻은 판단을 보고하는 감정인과 구별된다. 증인은 제3자라야 하며 그 사건에 관계하는 법관, 검사, 피고인, 변호사는 증인이 될 수 없다. 기타의 제3자는 누구라도 증인으로서 신문할 수 있는 것이 원칙이지만(형사소송법 제146조), 재판권이 미치지 않는 자(예컨대 타국의 외교관)는 증인으로서 강제적으로 소환할 수 없다. 또 공무원 또는 공무원이었던 자가 그 직무에 관하여 알게 된 사실에 관하여 비밀에 속한 사항일 때에는 그 소속 공무소 또는 감독관공서의 승낙 없이는 증인으로 신문하지 못한다(제147조). 증인이 소환장을 송달받고 정당한 이유 없이 출석하지 아니한 때에는 불출석으로 인한 소송비용을 부담하고 500만원 이하의 과태료를 부과할 수 있다(제151조 1항). 또 소환된 경우는 정당한 사유가 없는 한 출두하여 선서(宣誓)하고 증언할 의무가 있다. 이를 거부하면 제재를 받으며(제161조). 소환에 불응하면 구인(拘引)되기도 한다(제152조). 또 허위의 증언을 하면 위증죄(僞證罪)(제158조)로서 처벌한다.

제2장 외국의 입법례

1. 영미법계

"국가의 사법제도는 국가의 발전과 국민의 정치적 통합이라는 면에서도 이바지 하여야 한다. 사법제도가 국민을 분열시키는 방향으로 기능한다면, 그 사법제도는 아무리 정의가 우선한다고 하더라도 결코 우수한 제도라고 할 수 없다. 배심제는 그 배심원 선정과 관련하여 배심원성향 파악이 필수적이고, 소송의 성패를 위해서는 결국 배심원의 편견을 검찰측, 변호인측 모두 이용하는 것이 어느 정도 필수적이기 때문에 배심원 선정시 활용되는 여러 정보는 결국 국민을 계층화, 집단 특성화시킬 수밖에 없고, 특히 지역감정의 이용은 매우 우려되는 일이다. 형사사법체계의 가장 중요한 두 가지 이념은 실체진실발견과 인권보호일 것이다. 그런데, 배심제 도입과 관련하여 가장 우려되는 점은 형사 재판 배심제에 있어서"합리적 의심이 없는 심증의 형성"의 기준은 법관의 판단능력이 아니라, 배심원의 판단능력을 기준으로 하는 것인데, 과연 배심제를 도입하지 않고, 검사와 판사의 법리지식과 경험에 비추어 사안을 판단하는 우리나라의 형사사법체계보다 배심제가 사법정의와 인권보호에 부합할 수 있을 지 여부는 의문이다. 형사사법체계뿐만 아니라, 국가의 여러 시스템에 시민의 참여가 세계적인 추세라는 것은 부정할 수 없으나, 시민의 참여 역시 형사사법체계의 양대 이념이 실체진실발견과 인권보호의 발전에 이바지할 수 있는 방향으로 이루어져야 한다. 개인적으로는 시민의 참여가 이루어질 필요성이 있다면 재판에 있어 독일식의 참심제를 도입하되, 시민법관을 선발할 때 사건의 성질과 관련하여 자신의 전문지식을 활용할 수 있는 전문가 법관의 도입 또한 검토할 필요성이 있고, 전문가 법관의 의견 또한 권고적인 수준에 머물러서는 안 된다고 생각한다. 결론적으로 한국의 경우, 배심제는 형사절차의 실체진실발견과 인권보호의 발전에 기여할 수 있는 효과적인 제도인지 여부, 배심원의 국민적 대표성 확보, 배심제에 소요되는 시간적, 물적 자원을 감내할 수 있는 우리나라의 경제적 능력, 형사사법체계의 국민적 통합에 기여성 측면에서 볼 때 그리 적용이 용이하지 않은 제도이며, 우리나라 현 시스템의 개선 또는 참심제[87]의 도입을 통한 절차적 투명성 확보가 더욱 더 좋은 방법이라고 본다.[88]"

영미법계 사법체계[89]의 당사자주의적 사고와 구조[90]는 수사기관이 피의자나 참고인을 신문하여 그 내용을 수사기관이 기재하고 수사기관의 서명과 함께 피조사자나 확인서명을 하는 방식의 조서를 만드는 일을 생각하지 않았다.[91] 배심제도는 배심원들이 있는 공개된 법정에서 배심원들에게 자신의 주장을 구두로 설명, 설득하고 증거를 제시하여야 하도록 하였으므로 구두변론의 방식으로 운영될 수밖에 없었고, 따라

---

87) 참심제(參審制)? 선거 또는 추첨에 의하여 민중으로부터 선출된 참심원이 전문적 법관과 함께 법원의 합의체(合議體)를 구성하여 소송을 심판하는 제도이다. 영미에서 발달한 '배심제'와 마찬가지로 민중의 사법 관여의 한 형식인데, 배심은 사건의 사실문제를 배심원이 독립적으로 인정하고 재판관은 이를 채용하여 결론을 내리는 데 대하여, 참심제는 사실문제나 법률문제도 참심원과 법관이 합의하여 그 다수결로 재판한다. 참심은 배심에 비하여 인원이 적어도 되는 점에서 경제적이기는 하나, 그만큼 법관의 의견에 끌려가기 쉬워 민중 참여의 뜻을 제대로 반영하기 어려운 면도 있다. 참심은 독일에서 발달한 제도인데 한국은 이를 채용하지 않고 있다.
    https://terms.naver.com/entry.nhn?docld=1145661&cid=40942&categoryld=31693
88) 김태우,"미국의 형사사법 현황 -O.J. Simson 사건을 중심으로-", 해외연수검사 논문 : 미국 데이비스 대학교 로스쿨, 96~98면 부분 게재.
89) 영미법계에서는 범죄혐의가 일정한 사람에게 특정되기 전에는 일반적 조사나 죄체의 확인정도는 경찰이 하지만 범죄혐의자가 특정된 후에는 그 혐의자에 대한 조사활동부터 형의 집행에 이르기까지 모두 치안판사나 지방법원 등의 법원의 주재하에서 이해되는 체제를 유지하고 있다. 따라서 영미법계의 검사는 사실조사 활동에 있어서는 법원에 의해 주도되는 절차에 당사자로서 참여하는 것일 뿐으로 공찬 전 단계의 사실조사활동을 주재하는 대륙법계의 검사와 질적으로 차이가 있다.
90) 미국의 형사사법절차는 통상 "탄핵주의적"이자 "당사자주의적"인 것으로 간주되어 왔으며 이 두 용어는 실질적으로 동의어인 것으로 여겨져 왔다 : Abraham S. Goldstein, "Reflections on Two Models : Inquisitorial themes in american criminal procedure", Stanford Law Review, Vol. 26,No. 5(1974), p.1016.
91) 박기철, "사법경찰관의 법정증언제도에 대한 연구", 연세대학교 석사학위논문, 2008, 14면.

서 전문증거의 조서의 필요성도 크지 않았다. 다만 증거의 신빙성의 측면에서 배심원들이 전문이 아닌 1차 증거만을 사실판단의 근거로 삼게 하는 전문법칙이 발전되었던 것이고 이 전문법칙에서도 수사기관의 조서의 증거능력은 문제되지 않았던 것이다.[92] 그러나 최근에는 수사기관이 증언을 하게 되면 증언 자체의 신빙성 여부가 다투어지고 있다. 전문법칙은 영미법계에서 발전된 증거법칙으로 그 근거는 1차적 증거가 아닌 2차적 증거(Second Hand evidence)는 신빙성이 떨어진다(dependable)는 점, 경험 사실의 전달자에 대하여 선서가 행해지지 않았으며, 피고인의 반대신문이 행해질 수 없음으로 피고인에게 불리하다는 점, 전문증거의 사용을 허용하게 되면 법정에 현출되는 증거가 부절적하게 확장될 수 있는 점, 넷째 배심원이 진술자의 태도 증거에 의한 심증형성을 할 수 없는 점 등을 든다. 이중 가장 중요한 것으로는 반대신문권의 보장문제를 들 수 있다.[93][94]

수사경찰관의 증언의 증거능력은 수사단계에서 피의자가 한 진술에 대하여 임의성을 의심할 만한 사유가 없는 경우 그 진술이 법정에 현출되는 전형적인 방식은 수사경찰관이 증언 하는 것이다.[95] 증언을 함에 있어서 피의자가 진술한 내용이 전문의 형식으로 법정에 현출되고, 나아가 그 자인이 이루어진 경위나 정황에 대하여 피고인측에 의한 반대신문이 행해지면서 탄핵할 가능성이 주어지게 된다.[96] 즉 수사단계에서 이루어진 진술의 신빙성에 대한 이러한 음미과정을 거침으로써 피의자의 진술을 내용으로 하는 수사경찰관의 증언의 증거능력이 인정되는 것이다.

92) 이완규, "수사경찰관 증언의 증거능력", 형사재판의 제문제 제5권, 2005, 489면.
93) Richard May, Criminal Evidence, 2004, P.185.
94) 검찰미래기획단, 미국증거법, 2007, 252면.
95) Jon R. Waltz, Introduction to Criminal Evidence(2004), p79: 수사기관은 법정에서의 증언을 위하여 피의자의 진술내용을 신문 중 또는 즉시 메모 등의 방법으로 기록하여 놓는 것이 필요할 것이다.
96) Richard May, op. cit., p.185.

2. 대륙법계

대륙법계의 규문절차에서는 규문판사가 피의자를 신문하여 신문과정에서 피의자의 답변을 듣고 피의자를 추궁하고 피의자의 답변에 따라 참고인을 조사하거나 다른 증거를 수집하여 나가는 등 직권으로 조사활동을 하였고, 특히 신문을 하는 경우는 신문내용을 일정한 형식에 따라 조서로 작성하였다. 검사도 피의자를 신문할 수 있고, 사법경찰관에게도 신문을 하게 할 수 있었지만 법관이 하는 신문의 형식과 조서작성 규정은 적용되지 않았고 법정에서 조서 자체가 증거로 사용되지 않았다. 그렇다고 하더라도 어떻게든 수 사기관이 피의자를 신문하고, 그 내용을 기록한 후 신문자의 서명뿐 아니라 피조사자의 서명을 받는 방식의 조서를 작성하는 것은 대륙법적인 제도라 할 수 있는 것이다.[97] 실체적 진실발견이라는 관점에서 보면 수사단계에서의 피의자의 진술도 진실에 부합되는 경우가 많은데, 피의자였던 피고인이 공판정에서 수사단계에서의 진술에 대해 부인 또는 번복할 경우 수사단계에서의 진술을 전혀 증거로 사용할 수 없게 한다면 수사단계에서의 조사는 그 의의가 퇴색될 것이며 매우 비효율적인 수사가 될 것이다.[98] 그러나 사실조사가 처음부터 법정절차로 이루어진다면 이는 사실 판단자가 조사권한을 가지고 있는 대륙법계의 형사사법체계의 입장에서 본다면 또 다시 법원은 사실조사와 판단의 권한을 모두 가지게 됨으로서 결국 규문시대로의 회귀가 될 것이기에 이를 취하기가 어려운 것이다. 그렇다면 적정 절차적 관점에서 직접주의와 구두변론주의의 요청을 만족 시키면서도 실체적 진실의 발견의 요청도 해결할 수 있는 방법을 찾아야 할 것인데 그것이 바로 수사당사자가 법정에서 증언을

---

97) 이완규, 전게논문, 487면.
98) 이완규, 전게논문, 491면.

하고 그 증언을 증거로 사용하는 방법이다 즉, 수사기관의 피의자 신문조서의 증거능력 부인된다고 하더라도 조서에 기재된 진술을 그 원진술자가 공판정에서 나와 그 조서기재내용을 구두주의 에 따라 '진술'의 형식으로 공판정에서 현출하면 증거가 되는 것이고,[99] 그증거로서의 가치는 피고인이 공판정에 새로이 한 진술과 동등하며, 어느 쪽을 신뢰할 것인가는 법관의 자유심증의 문제인 것이다.[100] 이에 따르면 피고인이 공소사실을 부인하는 경우, 피고인 신문 시에 피고인에게 조서의 내용을 보여주거나 낭독하여 주는 방법 등으로 알려주면서(이를 Vorhalt라고 함)수사단계에서 진술한 것에 대하여 신문을 하고[101] 이 때 피고인이 조서의 내용대로 진술하였음을 인정하는 때에는 그 피고인의 진술이 증거로 사용되어 공판정에서의 번복진술과 함께 법관의 자유심증에 의한 판단대상이 되는 것 이고, 피고인이 조서의 내용대로 진술한 사실 자체를 부인하는 경우에는 신문담당자 또는 신문시에 입회한자 등이 법정에서 증언하거나 기타의 방법으로 피고인이 수사단계에서 그러한 진술을 하였음을 입증하는 경우에는 이를 증거로 할 수 있는 것이다.[102][103] 이것은 구두로 공판정에 현출됨으로 구두변론주의에 반하지 않고, 법원이 직접 수사기관의 증언을 듣고 법원의 면전에서 그 증언의 신빙성을 피고인이 탄핵하는 과정을 볼 수 있으므로 직접주의에도 반하지 않는 것으로 이해되고 있는 것이다.[104]

---

99) "司法制度改革을 위한 제3차 法官세미나 結果報告書", 76면.
100) 이완규, "공판중심주의의 실현방향", 형사사법 토론회 자료집, 2005.4, 227면.
101) 정웅석, "수사경찰관의 법정진술의 증거능력", 형사법의 신동향 통권4호, 2006, 69~70면.
102) 정웅석, "수사경찰관의 법정진술의 증거능력", 형사법의 신동향 통권4호, 2006, 71면.
103) Diemer, StPO-Karlsruher Kommentar, 4 Aufl., 1999, §249, Rn..46.
104) Gerhard Schafer, Die Praxis des Strafverfahrens, 6. Aufl., Kohlhammer, S.381.

3. 일본

일본은 1923년(大正12)4월 18일 배심법을 제정[105] 하였고 1928년 (昭和3)10월부터 발효하여 1943년(昭和18)효력이 정지[106]될 때까지 15년간 시행하였다. 1943년(昭和18)그 시행이 정지되었고 이후 장기간 배심제도에 대한 논의는 일어나지 않다가 법원이 사실인정을 잘못하여 신뢰가 실추되는 사례들이 발생하였다. 그 중 대표적인 사건이 시마다(島田)사건이다. 마사오 아카보리는 한 여학생을 강간, 살해한 혐의로 체포되었고 경찰의 신문 끝에 범행을 자백하였다. 4년간의 재판 결과 아카보리는 유죄가 인정되어 1958년 5월에 사형선고를 받았으나 재심청구 끝에"자백 외에 범행을 뒷받침할 다른 증거가 없고 아카보리의 자백도 신빙성이 거의 없다."고 하여 무죄를 선고하였다.[107] 이처럼 直接主義·口頭主義에 의해 법관이 법정에서 증거를 검토하고 증인의 증언을 직접 들어 심증을 얻는 것이 아니라 법관은 수사단계에서 획득된 공술조서를 증거로 채택하여 공판정에서는 요지만이 낭독될 뿐이고 법관은 조서를 집무실이나 자택에서 숙독한 후 사실관계에 관한 결론을 내리는 경우가 많다는 점[108]에서 自白中心主義에 빠져 있는 조서재판에 대해 비판이 가해졌다. 이러한 반성으로부터 사실인정에 대한 국민의 참가가 필요하다는 의식이 대두 되었고 이는 배심제 재도입의 논의와 결부되었다. 日本에서는 사법제도개혁심의회가 설치되어 司法試驗改革과 法曹一元化 등 司法制度의 拔本的인 改革을 논의하고 있으

---

105) 陪審法 (法律 第50號)
106) 陪審法の停止に關する法律 (法律 第88號): 附則 第3條는 "배심법은 이번 전쟁종료 후 재시행하며 그 기일은 각 조에 대한 칙령으로 이를 정한다."고 규정하고 있습니다. 그리고 재시행을 대비하여 司法省令 第25號에 따라 陪審員資格者名簿 등이 보존되었다.
107) Daniel H Foote, "From japan's Death Row to Freedom", 1PAC. RIM L. & POL'Y J., Pacific Rim Law & Policy Journal (1992), p.50~63.
108) Ryuichi Hirano, "Diagnosis of the Current Code of Criminal Procedure", 22 LAW INJAPAN(1989), p.135

며 그 중에는 배심제도의 도입문제도 논의되고 있다. 그러나 사법제도개혁심의회의 의견은 2001년 1월 30일의 심의에 있어서 참심제를 축으로 검토를 진행하는 방향으로 정리되었고 대법원 역시 참심제도입에 찬성의 뜻을 나타내고 있다. 그러나 日本辯護士聯合會는 배심제도의 도입을 주장하였다.[109] 이에 2004년 5월에 "裁判員이 參加하는 刑事裁判에관한法律"이 제정되었다.[110] 이 법률은 국민 중에서 무작위로 선정된 '裁判員'이 형사재판의 審理에 참가하고, 법관과 동등한 자격으로 評決을 행하는 참심제의 채택을 내용으로 하고 있다.[111] 조서를 중심으로 하고 있는 일본의 경우, 조서의 증거능력의 요건에 있어서 우리와 약간의 차이가 있다. 일본 형사소송법 제322조를 살펴보면 "피고인이 작성한 공술서(供述書)또는 피고인의 공술을 녹취(錄取)한 서면으로 피고인의 서명 또는 압인(押印)이 있는 것은, 그 공술이 피고인에게 불이익한 사실의 승인(承認)을 내용으로 하는 것일 때, 또는 특히 신용할 수 있는 정황 아래서 작성된 것일 때에 한하여, 이것을 증거로 할 수 있다.

---

109) 寺崎嘉博, "日本の刑事司法", 檢察審査會と陪審制度, 형사정책 제13권 제1호(2001), 312면.
110) 이 법률은 약 5년간의 준비기간을 거친 후 2009년경부터 시행된다(재판원법 부칙 제1조).
111) 김영기, "일본 裁判員制度로 부터의 시사", 형사법의 신동향 통권1호(2006.4), 62면.

단, 제319조의 규정에 준해서, 임의로 되지 아니하였다는 의심이 있다고 인정되는 때에는 이것을 증거로 할 수 없다."[112]고 규정하고 있다. 일본은 "전문진술"의 개념에 피의자의 진술까지 포함한 문제점을 일본 형사소송법 제322조로 해결하여 형식적 진정 성립만으로 증거능력을 인정한 것으로 볼 수 있다. 왜냐하면 위의 '신용할 만한 정황'이라는 요건은 판례와 실무상 거의 인정되고 있으므로 사실상 요건이라고 말하기는 어렵기 때문이다. 따라서 일본 사소송법 제324조가 우리나라 형사소송법 제316조와 동일한 내용으로 구성되어 있다고 하더라도 조사자가 굳이 법정에서 증언할 필요성이 적다고 할 수 있다.[113]

---

112) 공판정 외에서의 불이익한 사실의 승인에 증거능력을 인정한 취지에 대하여 여러 견해가 대립하고 있으나 통설은 공판정에 있어서의 불이익한 사실의 승인은 전문증거의 개념에는 일응 포함되지만, 이 경우는, 피고인의 공술에 대한 피고인의 반대신문이라고 하는 것은 의미가 없고, 검사의 반대신문은 생각할 필요가 없으므로 전문증거의 증거능력을 배제하는 근거인 반대신문의 기회가 부여되지 않았다는 것이 실질적으로 아무런 영향도 갖지 아니하므로, 전문법칙의 예외가 아니라, 전문법칙의 적용이 없는 경우라고 해석하고 있다.: 안성수, "미국 증거법상전문법칙 및 수사단계에서의 진술 내지 조서의 증거능력", 저스티스 통권 제84호, 2005.4,203면.
113) 박기철, "사법경찰관의 법정증언제도에 대한 연구", 연세대학교 석사학위논문, 2008, 27면.

4. 오스트리아 뉴사우스웨일스주(New South Wales)

2014년 6월부터 뉴사우스웨일즈(NSW)州 법원은 화상기기 이용한 법정증언제도를 시행(濠)하고 있다. NSW州 법원은 경찰관 및 목격자가 증인으로 법정에서 증언할 경우 소요되는 시간·비용을 줄이기 위해 화상기기를 이용하여 진술할 수 있는 제도인데 그 대상자는 스마트폰·태블릿기기 내 설치된 화상통화 응용 프로그램을 통해 재판시 실시간으로 증언을 진술하며, 스카이프나 애플社의 페이스타임을 응용 프로그램으로 사용하고 있다. 검찰은 화상통화로 증언할 대상자를 사전에 지방법원에 통지하며, 법원은 증언내용에 대해 논쟁이 있을 경우 대상자에게 재판에 직접 출두할 것을 요구할 수 있으며, 관련 경찰관 및 목격자들은 법정 출두로 인해 발생하는 시간낭비를 줄이고, 이동경비 등을 절약할 수 있어 효율적이고 긍정적인 반응이다.

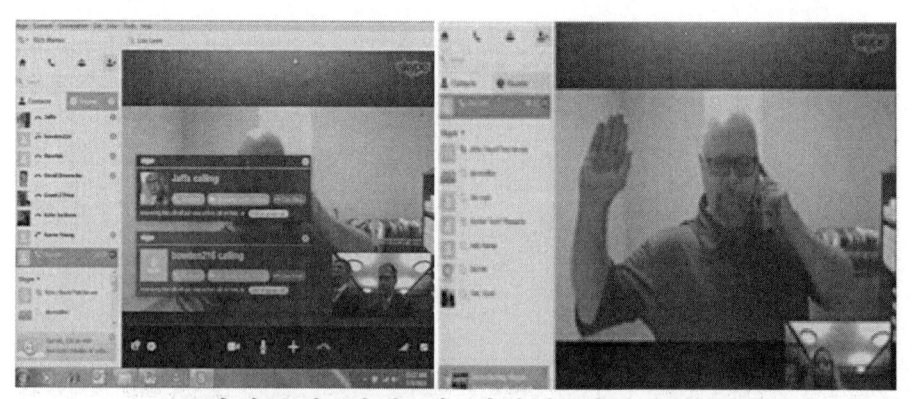

〈 화상통화 연결 및 경찰관 선서 모습 〉

제3장 독일의 증인신문 절차와 그 기법[114]

1. 개관

독일의 증인신문 절차와 그 기법에 관하여 민사소송의 경우를 중심으로 보기로 한다. 독일에서 증인신문은 변론주의(Verhandlungsmaxime)에 따라 당사자의 신청에 의해 행하여지나, 증인신문은 법관이 신문사항을 준비하여 직권으로 행하고, 증인은 자유롭게 증언하며, 당사자·대리인은 재판장의 허가를 받아 보충적으로 직접 질문을 할 수 있을 뿐이다. 이와 같이 독일의 증인신문 절차는 직권주의가 지배하고, 증인은 '당사자의 증인'이 아닌 '법원의 증인'으로서 법원에 의해 소환되어 중립적인 입장에서 진술할 것으로 기대된다.

2. 증인의 신청

독일에서 증인신문은 변론주의에 근거하여 당사자의 신청에 의하여서만 행하여지는 것이 원칙이다[독일 민사소송법(Zivilprozessordnung ZPO) 제373조].[115] 증인신문을 신청하고자 하는 자는 증인의 성명과 소환 가능한 주소를 함께 제출하 여야 한다(제377조).[116] 증인신문의 신청서는 다음 양식과 같다.[117]

---

114) 제3장 전문은 대법원 사법정책연구원장의 공문 승인을 받아 게재되었음을 밝힙니다.
    대법원 사법정책연구원(김주석 · 김정환), 「증인신문 절차 및 기법에 관한 연구」, 2015, 93~118면.
115) 남동현, "증인신문: 증인진술서 제도를 중심으로", 민사소송: 한국민사소송법학회지 제9권 제2호 (2005. 11.), 67.
116) Müko/Damrau ZPO § 373 Rn. 18.
117) BeckPFormB/Tonner Form. I.H.1; Malek, Verteidigung in der Hauptverhandlung, 4. völlig neu bearbeitete Aufl., C.F.Müller (2012), 180.

> **증인신문신청**
>
> ○○지방법원
> □□ 사건
>
> 당해 사건에 대하여 원고는 그가 당한 사고와 관련하여 아래의 사람을 증인으로 신청하고자 합니다.
>
> > 1. Andreas Wentz (주소: Marienstraße 3, 70249 Stuttgart)
> > 2. (이하 생략)
>
> 증인 Andreas Wentz는 사고 당시의 정황에 대해 알고 있는 사람입니다. 증인신문기일에 사고 당시의 정황에 대해 신문이 이루어져야 합니다. (이하 생략)
>
> 사고로 인한 상해와 후유증, 치료과정 및 치료기간 등과 같은 사항에 대한 증거로 원고는 의학 박사(Dr. med.) Hans Schüler의 증언을 원용하고자 하며, 이를 위해 그의 비밀유지의무 (Verschwiegenheitspflicht)*를 면제해줄 것을 신청합니다. 신문사항에 대한 서면에 의한 답변이 이루어져야 하며 신문사항에 대해 증인은 그의 의학적 지식에 근거하여 예상되는 바를 답변하여야 한다는 안내가 이루어져야 할 것입니다.
>
> 변호사 ☆☆☆
>
> * 후술하는 증언거부권과 관련하여 의사의 경우 그의 진료와 관계된 사항에 대해서는 증언거부권이 존재하고 그 근거는 비밀유지의무이다.

3. 증인의 소환 및 기일지정

원칙적으로 주요기일에 증인 전원을 한꺼번에 소환하여 신문한다. 법원에 의하여 소환된 증인은 대부분 기일에 출석해야 할 의무가 있다(독일 민사소송법 제219조).[118] 신문은 보통 증인 1인당 15분 내지 30분 정도를 예정하여 기일이 지정되고, 대부분 예정시간 내에 신문이 종결된다고 한다.[119] 출석의무 외에도 증인은 진실의무와 선서의무, 증언의무를 부담한다.[120] 증인소환장은 사무국이 증거결정을 인용하여 작성하여 직권으로 송달하여야 하고, 법원이 송달을 명하지 않는 한 특별한 형식 없이 전달된다(독일 민사소송법 제377조 제1항). 소환장에는 당사자의 표시, 신문사항, 법률에서 정한 제재 수단을 회피하기 위하여, 증언을 위해 지정한 시간과 장소에 출석하라는 지시 등을 기재하여야 한다(제377조 제2항). 법원은 신청인이 증인신문으로 인하여 국고에서 지출되는 비용을 담보하기에 충분한 예납을 할 것을 조건으로 증인소환을 할 수 있고, 정해진 기간 내에 예납하지 아니한 때에는 증인을 소환하지 아니한다(제379조). 정당한 이유 없이 출석하지 않는 증인에 대하여는 불출석에 따라 생긴 비용의 부담을 명하는 결정을 함과 동시에 과태료(Ordnungsgeld)를 과하고, 과태료를 납부하지 않으면 감치(Ordnungshaft)에 처한다(독일 민사소송법 제380조 제1항). 불출석이 반복되는 경우 과태료나 감치를 다시 과하고, 또 증인을 강제로 구인할 수 있다(제380조 제2항). 금액은 불출석의 이유, 증언의 중요도, 증인의 개인적·경제적 사정을 고려하여 정하여진다.[121] 과태료나 감치의 결정은 다음과 같이 이루어진다.[122]

---

118) 법원행정처(주 76), 29.
119) 법원행정처(주 76), 30.
120) Musielak, Grundkurs ZPO, 8. Aufl., C.H.Beck (2005), Rn. 432 Baur/Grunsky, Zivilprozessrecht, 11. neu bearbeitete Aufl., Luchterhand (2003), Rn. 187.
121) 법원행정처(주 76), 29.
122) Bayerische Justizschule Pegnitz, Zivilprotokollführung, 2009, S. 40
    <http://www.justiz.bayern.de/imperia/md/content/stmj_internet/gerichte/oberlandesgerichte/bamberg-justizschulepegnitz/skriptenfolienreihen/mjd/zivilprotokoll_stand_mai_2009_korn.pdf> (2016. 3. 24. 확인).

<이전 생략>

결정

금일 기일에 출석하지 아니한 증인 Max Fischer(주소: Ayreuther Straße 10, 91257 Pegnitz)의 불출석에 대하여 최대 100,00유로의 과태료를 부과하고, 이를 납부하지 않을 경우 2일간의 감치에 처한다.

이외에 증인에게 그의 불출석에 따라 발생한 비용을 부담할 것을 명한다.

<이하 생략>

사전 연락 없이 불출석한 증인에 대하여는 당일 위와 같은 결정을 한 다음 나중에 불출석이 질병 등 정당한 이유에 기한 것일 경우 해당 증인은 신청에 의하여 결정을 취소해줄 것을 구할 수 있으며, 정당한 사유가 인정되면 법원은 결정을 취소한다(독일 민사소송법 제381조). 이러한 증인의 신청[123]과 법원의 취소결정[124]은 다음과 같이 이루어진다.

---

123) BeckPFormB/Tonner Form. I.H.2.
124) Bayerische Justizschule Pegnitz, Zivilprotokollführung, 2009, S. 41
<http://www.justiz.bayern.de/imperia/md/content/stmj_internet/gerichte/obe rlandesgerichte/bamberg-justizschulepegnitz/skriptenfolienreihen/mjd/zivilpr otokoll_stand_mai_2009_korn.pdf> (2016. 3. 24. 확인).

○○지방법원

□□ 사건

저는 증인 X의 대리인으로서 증인에 대하여 그의 불출석을 이유로 2014. 4. 10.에 내려진 과태료 와 감치, 그 외의 비용 부담에 관한 결정에 대하여 이를 취소해줄 것을 신청하며, 동시에 당해 결정의 집행을 본 신청에 관한 법원의 판단이 이루어질 때까지 연기해줄 것을 신청합니다.

또한 이에 부수하여 증인에 대하여 내려진 과태료와 감치, 그 외의 비용 부담에 관한 결정에 대한 항고를 제기하고자 합니다.

이유:

증인 X는 소환기일에 다음과 같은 이유로 출석할 수 없었습니다. 그는 2004. ○. ○.부터 2004.

□. □.까지 휴가를 얻어 여행 중이었고, 여행에서 돌아온 이후에야 이러한 사실에 대해 알게 되었 습니다. (이하생략)

변호사 ☆☆☆

〈이전 생략〉

결정

기일에 출석하지 아니한 증인 Max Fischer(주소: Ayreuther Straße 10, 91257 Pegnitz)의 불출석에 대하여 □□□□년. □□월. □□일. 내려진 과태료와 감치, 그 외의 비용 부담에 관한 결정을 취소한다.

〈이하 생략〉

또한 출석한 증인에 대해서는 재판보수와 보상법(Gesetz über die Vergütung von Sachverständigen, Dolmetscherinnen, Dolme tschern, Übersetzerinnen und Übersetzern sowie die Entsch ädigung von ehrenamtlichen Richterinnen, ehrenamtlichen Richtern, Zeuginnen, Zeugen und Dritten; JVEG)[125] 제19조 이하에 따라 그 시간 및 교통비용에 따른 보상을 하여야 한다(독일 민사소송법 제401조).

4. 증언거부권

독일 민사소송법은 제383조(인적 사유에 근거한 증언거부),[126] 제384조(물적 사유에 근거한 증언거부)[127]에서 일정한 경우 증언거부권(Zeugnisverweigerungsrecht)을 인정하고 있다. 증언거부권은 증인이 ① 당사자와 가까운 관계에 있거나(제383조 제1호 내지 제

---

125) 감정인, 통역인, 번역가, 명예법관, 증인 기타 제3자의 보수에 관하여 규정한 법이다.

126) 제383조(인적사유에 근거한 증언거부)
　① 다음의 사람은 증언을 거부할 수 있다.
　1. 당사자의 약혼자 또는 당사자와 생활동반관계를 갖기로 약속한 자
　2. 당사자의 배우자, 혼인관계가 더 이상 존재하지 않더라도 마찬가지다.
　2.당사자의 생활동반자, 그 생활동반 관계가 더 이상 존재하지 않더라도 마찬가지다.
　3. 당사자와 직계혈족 또는 인척인 자, 3촌 이내의 방계혈족 또는 2촌 이내의 인척이거나 인척이었던 자
　4. 사제직의 수행 중에 고백을 받았던 사실과 관련하여, 성직자
　5. 정기간행물이나 방송의 준비, 제작, 보급에 직업으로서 관여하거나 관여했던 자가 기고문이나 자료의 집필자, 제작자 또는 취재원 및 이들의 활동에 관하여 그들에게 통보한 자에 관하여, 단 편집부분에 있어서 기고문, 자료, 통보가 문제시되는 것에 한한다.
　6. 그에 대한 비밀유지가 그 성질상 또는 법규상 요청되어 묵비의무가 인정되는 사실에 관하여, 그의 관직, 지위 또는 영업으로 인하여 이를 지득한 자
　② 제1호 내지 제3호에 규정된 자에게는 신문 전에 그에게 증언거부권이 있음을 고지하여야 한다.③ 제4호 내지 제6호에 규정된 자에 대한 신문은 비록 증언이 거부되지 아니하는 경우라도 묵비의무에 위반함이 없이는 증언을 할 수 없음이 명백한 사실에 관하여는 할 수 없다.
127) 제384조(물적 사유에 근거한 증언거부) 다음의 경우에는 증언을 거부할 수 있다.
　1. 그의 답변이 증인 또는 증인과 제383조 제1호 내지 제3호에 규정된 관계에 있는 자에게 직접적인 재산상의 손해를 준다고 인정되는 질문 2. 그의 답변이 증인 또는 제383조 제1호 내지 제3호에 규정된 증인의 친족에게 불명예를 야기하거나 또는 범죄행위 내지는 질서위반으로 인한 소추를 야기할 우려가 있는 질문 3. 증인이 기술상, 영업상의 비밀을 누설하지 아니하고서는 답변할 수 없다고 인정되는 질문

3호), ② 직업상 비밀유지의무가 인정되는 경우(제383조 제4호 내지 제6호), ③ 특정한 신문사항에 대해 증언하면 증인의 이익에 반하는 경우(제384조)에 인정된다. 제383조 제1항 제5호에서 명문으로 신문기자의 취재원에 대한 증언거부권을 인정하고 있는 점이 특징적이다. 증언거부권에 대해서는 일정한 경우에 예외가 존재한다(제385조). 특히 직업상 비밀유지의무로 인한 증언거부권의 경우에는 당해 증인의 비밀유지의무가 면제되는 범위 내에서는 증언거부권이 인정되지 아니한다(제385조 제2항). 증언거부권을 이유로 증언을 거부하고자 하는 증인은 증인신문기일 전에 서면이나 조서로써, 혹은 당해기일에 증언거부권이 인정되어야 하는 이유에 대하여 소명하여야 한다(제386조 제1항). 이에 대해 당사자는 증언거부권의 적법여부에 대해 법원의 판단을 구할 수 있고, 법원은 당사자의 의견을 들은 후 중간판결(Zwischenurteil)을 내릴 수 있다(제387조). 이유를 제시하지 아니하거나 또는 법적 효력 없는 이유를 근거로 증언 또는 선서 이행을 거부하는 경우, 증언거부로 인하여 발생한 비용은 증인에게 부과된다. 동시에 그 증인에게는 과태료가 부과되고, 납부하지 않으면 감치에 처한다(제390조 제1항). 증언거부가 반복되는 경우에는 신청에 의하여 증인을 강제로 구인할 수도 있다(제390조 제2항).

5. 위증의 경고와 인정신문

증인이 출석하면 재판장은 신문에 앞서 진실하게 증언하여야 한다는 취지의 경고를 하고, 법률에 규정된 경우에는 사정을 고려하여 그의 진술에 관하여 선서하여야 한다는 고지를 한다(독일 민사소송법 제395조 제1항). 고지는 보통 다음과 같이 이루어진다.[128]

> 증인은 본 법정에 증인으로서 소환되었습니다. 증인의 지위에서 증인은 진실만을 이야기해야 합니다. 경우에 따라서는 증인은 증언과 관련하여 선서해야 할 수도 있습니다. 위증을 하였을 경 우 증인은 선서의 유무와는 관계없이 법률에 의해 징역에 처해질 수 있습니다.

이어서 인정신문이 행하여진다. 인정신문에서는 증인의 성명과 나이, 직업, 주소 등에 관한 신문이 이루어진다.[129] 필요한 때에는 증인에게 그 사건에 있어서 증언의 신빙성에 관한 사정에 대하여 질문하여야 한다. 특히 증인이 당사자와 친족관계 등이 있는 경우에는 그에 관하여 질문한 후 조서에 기재한다(제395조 제2항). 인적 사유에 근거한 증언거부권이 있는 일정한 경우[제383조 제1항 제1호 내지 제3호: 1.당사자의 약혼자 또는 당사자와 생활동반관계를 갖기로 약속한 자 2.당사자의 배우자(혼인관계가 더 이상 존재하지 않더라도 마찬가지임) 2a.당사자의 생활동반자(그 생활동반관계가 더 이상 존재하지 않더라도 마찬가지임) 3.당사자와 직계혈족 또는 인척인 자, 3촌 이내의 방계혈족 또는 2촌 이내의 인척이거나 인척이었던 자] 증인에게 증언거부권을 고지하고, 그럼에도 불구하고 증언할 것인지의 여부에 대해 질문하여야 한다(제383조 제2항). 질문과 조서기재는 다음의 형태로 이루어진다.[130]

---

128) Pfeiffer/Buchinger, JA 2005, 138.
129) Pfeiffer/Buchinge(주 264), 139.
130) Pfeiffer/Buchinge(주 264), 139.

<친족관계에 대한 질문>

증인은 당사자와 친인척 관계가 있거나, 약혼한 적이 있습니까? 혹은
증인은 당사자와 혼인하 (였)거나 생활동반자(Lebenspartner)
관계인(였던) 적이 있습니까?

<증언거부권의 고지 이후 조서 기재>

증인은 규정에 맞게 안내를 받았다. 그의 증언거부권에 대하여
설명이 이루어진 후 증인 Schneider는 다음과 같이 발언하였다:
저는 증언을 하겠습니다(하지 않겠습니다).

6. 증인신문의 방식

(1) 신문의 순서와 방식

독일과 우리나라 증인신문절차의 가장 두드러진 차이점은 증인신문
의 순서에서 나타난다.[131] 즉, 독일에서는 재판장 또는 주심판사가
먼저 신문을 하고, 그 후 당사자들이 사건의 진상이나 증인의 상황
파악을 위해 필요한 것으로 간주되는 질문을 보충적으로 하게 된
다. 당사자는 사안 또는 증인의 관계를 명백히 하기 위해 유익하다
고 인정되는 질문을 할 권리가 있다(독일 민사소송법 제397조 제1
항). 재판장은 당사자가 증인에 대하여 직접 신문하는 것을 허가할
수 있고, 그의 소송대리인에게는 신청이 있는 경우 이를 허가하여
야 한다(제397조 제2항).

증인신문은 이와 같이 판사의 주도 아래 이루어지고, 성명, 나이, 직
업, 주소, 필요한 경우에는 증인의 신빙성에 관한 사항(특히 당사자

---

131) 정성민, "독일 민사재판절차에서의 법관의 증인신문절차 진행기법", 해외연수법관 보고서
(2015), 5.

와의 관계) 등 인정신문(VernehmungzurPerson)을 먼저 한 다음 사건에 관한 신문(VernehmungzurSache)을 한다(독일 민사소송법 제395조 제2항, 제396조, 제397조).[132) 증인은 그의 사정에 비추어 가능하거나 무리가 없는 한 증언을 위하여 사전에 집에서 사건에 대하여 간단히 요약·정리한 것을 기일에 준비하여 출석하여야 한다(제378조 제1항).[133) 사건에 관한 신문을 할 때 신문사항은 사전에 증거결정(Beweisbeschluss)을 통하여 정해진 증명사항(Beweisthema)에 대하여 이루어져야 한다.[134) 유도신문(Suggestivfrage)은 항상 허용되지 않으며,[135) 쟁점이 되는 사항을 설명한 후 "증인은 여기에 대해 증언할 사항이 있습니까?" 혹은 "무슨 일이 발생하였습니까?" 등의 형식으로 신문이 이루어져야 한다.[136) 증인신문의 예를 들면 다음과 같다.[137)

> 〈예시 1〉
>
> 원고와 피고 사이에서는 다음 행위가 문제되고 있습니다. 원고는 피고에게 증폭기(Verstärker)를 200유로에 판매하였다고 주장하고 있습니다. 이는 증인이 동석한 가운데 원고와 피고 사이에서 구두로 약정된 것이라고 합니다. 증인은 여기에 대해 증언할 사항이 있습니까?
>
> 〈예시 2〉
>
> Michaelisstrasse에서 교통사고가 있었습니다. 증인은 이 사고에 대해 증언할 사항이 있습니까?
>
> 〈예시 3〉
>
> 증인은 이미 경찰관에게 …와 같은 사항을 증언하였습니다. 그 내용이 맞습니까?

132) 정성민(주 267), 8.
133) Rosenberg/Schwab/Gottwald, Zivilprozessrecht, C.H.Beck (2010), § 120 Rn. 17.
134) Pfeiffer/Buchinge(주 264), 139.
135) 정성민(주 267), 7.
136) Pfeiffer/Buchinge(주 264), 139.
137) Pfeiffer/Buchinge(주 264), 139; Jäckel, Das Beweisrecht der ZPO, W. Kohlhammer (2009), Rn. 493.

당사자나 대리인이 판사의 신문 도중 판사의 허가를 얻어 몇 가지 질문을 하는 경우도 있고, 판사의 신문이 끝난 후 아예 신문을 포기하는 경우도 있다고 한다.[138] 당사자는 사전에 증인신문사항을 제출하지 않는다. 신문사항은 판사가 준비하며, 질문과 답변은 증인이 신문사항에 관하여 알고 있는 바를 자유롭게 증언하는 방식으로 이루어진다(독일 민사소송법 제396조 제1항). 우리의 경우 일문일답식 신문이 원칙으로 규정되어 있는 것과 대조된다. 증인은 이러한 증언 방식에 관한 권리를 가진다고 한다.[139]

수소법원은 그 재량으로 반복하여 증인을 신문할 것을 명할 수 있고, 이러한 경우 법관은 이전에 행한 선서를 원용하여 그의 진술의 정확성을 보증하도록 할 수 있다(독일 민사소송법 제398조). 당사자는 그가 신청했던 증인을 포기할 수 있으나, 상대방은 출석한 증인을 신문할 것과 신문이 계속될 것을 요구할 수 있다(제399조).

---

138) 정성민(주 267), 8.
139) Müko/Damrau ZPO § 396 Rn. 2; BVerfGE 38, 105, 112 = NJW 1975, 103; RGSt 74, 35.

(2) 요약조서의 작성

재판장은 증인신문 도중 증인의 진술을 한 번씩 끊어 그 요지를 직접 구술하여 녹음기에 녹음한다. 즉, 증인신문 과정 전체가 녹음되는 것이 아니라 재판장이 선택하여 직접 녹음·정리한 내용만이 녹음된다(독일 민사소송법 제160조).[140] 신문이 끝나면 재판장은 녹음한 내용을 즉석에서 재생하여 당사자들과 증인에게 확인시킨다.[141] 증언의 요약 내용은 법정에서 바로 조서로 작성되는 경우도 있지만 보통 기일 후 녹음 내용이 법원공무원에 의해 조서로 작성된다(제160조 제3항 제4호).[142] 증인의 진술을 조서로 작성할 경우 "나는 ...... 합니다(Ich-form)."의 형태로 기재가 이루어져야 한다.[143] 소가가 상고, 항소가 가능한 액수에 이르지 않아 상고, 항소가 불가능한 경우, 소취하나 화해 등으로 소송이 종료된 경우 등에는 신문조서의 작성을 요하지 않는다(제161조 제1항 제1호, 제2호).[144]

재판장이 요약을 할 때 증인이 내용의 정정을 요구하기도 하고, 소송대리인이 이의를 제기하기도 하는데, 이러한 경우 재판장은 즉석에서 증인에 대하여 요약 내용이 잘못되었는지를 확인하여 그 결과를 조서에 기재한다.[145] 소송관계인은 특정한 사실 또는 진술을 조서에 기재할 것을 요구할 수 있으나 법원은 이러한 사실 혹은 진술이 조서에 기재될 만큼 중요하지 않다고 판단한 때에는 이를 기재하지 않을 수 있다. 이러한 결정은 불복할 수 없고 조서에 기재

---

140) 정성민(주 267), 5.
141) 최규호, "독일 법원의 증인신문 참관기", 법률신문 제4165호 (2013. 10. 14), 12.
142) 법원행정처(주 76), 30; 정성민(주 267), 5-6. 이는 독일 법원의 인력 사정에 기인한 것으로, 다른 유럽 국가들에 비해 판사 수가 월등히 많고(20,000명 이상), 법원공무원이 재판에 참여하지 않고 다른 업무를 할 수 있기 때문이라고 한다.
143) 예를 들어 '나는 ○○입니다. 나는 □□세이고, ☆☆에 거주합니다.'와 같은 형태로 이루어져야 한다[Pfeiffer/Buchinge(주 264), 138].
144) 법원행정처(주 76), 30.
145) 법원행정처(주 76), 30.

된다(독일 민사소송법 제160조 제4항). 증인신문 도중 당사자가 판사에게 방금 녹음한 내용을 다시 들려달라고 하는 경우에도 판사가 직접 녹음기를 작동하여 녹음 내용을 들려준다.[146] 의사 등 전문분야에 종사하는 자에 대한 신문의 경우 내용이 전문적이어서 재판장이 직접 요약하기 곤란한 때에는 당해 증인이 자신의 진술을 요약하기도 한다.[147] 증인신문조서의 예는 다음과 같다.[148]

146) 정성민(주 267), 10.
147) 법원행정처(주 76), 30.
148) 해당 예시는 Juristischen Fakultät der Universität Würzburg Startseite, <http://www.jura.uni-wuerzburg.de/fileadmin/02120030/ZPO_I_WS_09/Skript_ZPO_Teil_2.pdf> (2016. 3. 25. 확인)에 있는 것을 요약·정리 후 번역하였다.

<u>조서</u>

공개변론
Würzburg 구법원(Amtsgericht)
사건번호: -5 C 386/09-   Würzburg, 10.12.2009

재정:
1. 구법원 판사 Stein
2. 법원공무원 Wolf

Kalb 대(對) Bock 사건

출석, 호명에 의하여 법대 앞으로 나옴:
1. 원고, 원고측 대리인
2. 피고측 대리인
3. 증인 Kalb, 증인 Bock

(이전 생략)
<u>증인1</u>
<u>증인에 관한 신문:</u>
　성명: Edith Kalb, 나이: 50세, 직업: 주부, 주소: Am Trog 6a,
　97076 Würzburg.
　관계: 저는 원고의 배우자입니다.
　<u>증인은 규정에 맞게 안내를 받음. 그의 증언거부권에 대하여</u>
　<u>설명이 이루어진 후 증인 Kalb는 다음과 같이 발언함:</u> 저는
　증언을 하겠습니다.

<u>사건에 관한 신문:</u>
　네, 저는 제 남편이 Bruno에게 1월에 750유로를 줄 때 그
　자리에 있었습니다. Bruno는 남편에게 반년 안에 그 돈을 다시
　돌려주겠다고 분명히 말하였습니다.
　증언내용을 읽고 동의함

<u>증인2</u>
<u>증인에 관한 신문:</u>
　성명: Erna Bock, 나이: 26세, 직업: 상인, 주소: Betpfad 2,

97082   Würzburg.

관계: 저는 피고의 배우자입니다.

<u>증인은 규정에 맞게 안내를 받음. 그의 증언거부권에 대하여</u>
<u>설명이 이루어진 후 증인 Bock</u>는 다음과 같이 발언함: 저는
증언을 하겠습니다.

<u>사건에 관한 신문:</u>
 저는 Karl 아저씨가 제 남편에게 그 돈을 다시 돌려달라고 말한
 것을 들은 적이 없습니다. 저는 단지 Karl 아저씨가 제 남편에게
 "이 돈 그냥 가지게, Bruno."라고 말한 것만 들었습니다.

<u>증언내용을 읽고 동의함</u>
 양 당사자의 대리인들은 선서를 포기함

<u>결정 및 공고된 사항:</u>
 증인은 선서하지 않음
 양 당사자의 대리인들은 ... 사항에 동의함

<u>결정 및 공고된 사항:</u>
 다음 기일은 21.12.2009 수요일 11:00에 16 법정에서 진행함

판사 Stein

녹음된 테이프를 듣고 기록함:
법원공무원 Wolf

(3) 선서

독일에서 증인의 선서는 신문 후 사후적으로 이루어진다. 선서 서에는 증인이 자신이 알고 있는 모든 사항에 따라 정확하게 진실을 말했고, 어느 것도 묵비하지 않았다는 취지가 포함된다(독일 민사소송법 제392조). 또한 선서는 ① 증인이 제393조에서 정한 예외사유(16세 이하인 경우, 사고력의 부족 또는 미약으로 선서의 본질과 의미를 충분히 이해할 수 없는 경우)에 해당하지 않고, ② 법원이 진술의 중요성의 관점에서 또는 진실에 부합하는 진술을 하도록 하기 위해 필요하다고 인정하며, ③ 당사자들이 선서를 포기하지 않는 경우에만 예외적으로 이루어진다(제391조).[149]

실무상 선서가 행하여지는 경우는 매우 드물고, 당사자가 선서를 요구하는 경우 선별적으로 이를 행하고 있다.[150] 허위로 증언을 하는 경우 선서를 한 증인은 위증죄로 처벌받으나[독일 형법(Strafgesetzbuch StGB) 제154조], 선서를 하지 않은 증인도 선서 없는 허위진술죄로 처벌받으며(독일 형법 제153조), 양자는 법정형에서 차이가 있을 뿐이다. 진실고지의무를 위반한 증인은 또한 독일 민법(BürgerlichesGesetzbuch BGB) 제823조 제2항에 따른 손해배상의무를 부담한다.[151]

---

149) 정성민(주 267), 6.
150) 법원행정처(주 76), 31 정성민(주 267), 6.
151) Rosenberg/Schwab/Gottwald, Zivilprozessrecht, C.H.Beck (2010), § 120 Rn. 29.

(4) 서면에 의한 신문

독일에서도 1990년 사법간소화법 등에 의하여 독일 민사소송법의 내용이 개정됨으로서 상대방의 동의가 없는 경우에도 증명사항의 내용, 증인의 성질 등을 고려하여 상당하다고 인정되면 법원에 의한 서면 신문이 가능하게 되었다(제377조 제3항).[152] 이 경우 당사자의 동의는 요구되지 않는다.[153] 그러나 그 활용빈도는 미미하다고 하며, 그 이유는 직접주의에 대한 침해의 우려와 절차의 복잡성, 특히 반대신문을 요구하는 경우 증인을 소환하여야 하는 점 때문이다.[154] 학계에서도 증인의 서면 회답은 정보가 장부 등에 의하여 바로 제공되는 사건, 소가가 적고 단순함에도 증인 출석의 비용은 큰 사건 등에 한정하여 운영되는 것이 바람직하다는 견해가 다수설이라고 한다.[155] 서면에 의한 신문뿐만 아니라 증언에 도움을 주는 서류를 이용한 신문도 허용된다. 증인이 인식한 것에 관한 진술을 촉진하는 경우 그것이 허용되고 합리적이라면 증인은 기록 및 기타 문서를 열람하고 이를 기일에 가져와야 한다(독일 민사소송법 제378조 제1항). 증인이 법원의 특정한 명령에 기한 위 의무를 이행하지 않는 경우 법원은 증인이 부당하게 증언을 거부할 때와 같은 제재를 가할 수 있다(제2항).

---

152) 남동현(주 251), 75.
153) Rosenberg/Schwab/Gottwald(주287), § 120 Rn. 18
154) 법원행정처(주 76), 31. 독일 민사소송법 제377조 제3항 제3문에서는 법원은 증명사항에 대한 그 밖의 해명을 위하여 증인의 소환이 필요하다고 인정되는 경우 증인의 소환을 명할 수 있다고 규정하고 있다.
155) 남동현(주 251), 75.

(5) 격리신문(Einzelvernehmung)

각 증인은 개별적으로 그리고 나중에 신문하여야 할 증인을 재정시키지 아니하고 신문하여야 한다(독일 민사소송법 제394조 제1항). 우리나라와 같은 예외 규정은 없다.[156] 당사자의 신청에 의하여 증언은 비디오카메라로 법정에 전달될 수 있는데(제128a조),[157] 이에 관하여는 후술한다.

(6) 대질신문

증언이 서로 모순되는 경우 증인들을 서로 대질시킬 수 있다(독일 민사소송법 제394조 제2항). 우리나라의 경우 '재판장이 필요하다고 인정한 때'로 좀 더 폭넓게 규정되어 있는 점(민사소송법 제329조)과 차이가 있다. 대질신문은 먼저 증언한 증인을 대상으로 이루어지게 된다.[158] 당사자에게는 대질신문을 요구할 권한이 없으며 이는 법원의 재량이다.[159]

(7) 의견진술의 기회 부여

증인신문 등 증거조사가 끝나면 법원은 가능한 한 그 결과에 관하여 당사자와 토론하여야 한다(독일 민사소송법 제279조 제3항). 위 조항은 당사자가 해명 및 설득작업, 정정 등을 통해 사실관계 확정에 영향을 미칠 수 있도록 증거조사 결과에 대한 의견표명을 할 수 있는 기회를 부여받아야 한다는 취지이다.[160] 이때 법원은 증거

---

156) 민사소송법 제328조 [격리신문과 그 예외]
　　① 증인은 따로따로 신문하여야 한다.
　　② 신문하지 아니한 증인이 법정 안에 있을 때에는 법정에서 나가도록 명하여야 한다. 다만, 필요하다고 인정한 때에는 신문할 증인을 법정 안에 머무르게 할 수 있다.
157) Müuko/Wagner ZPO § 128a Rn. 2.
158) Musielak/Huber ZPO § 394 Rn. 2.
159) BAG NJW 1968, 566.

결과에 대한 잠정적 평가를 제시할 수는 있지만, 이미 종국적으로 확정된 것이라는 인상을 주어서는 안 된다.[161]

160) 법원행정처, 외국사법제도연구(12): 각국의 민사1심 집중방안 (2012), 267.
161) 법원행정처(주 296), 268.

7. 영상 및 음성 중계에 의한 증인신문

독일 민사소송법은 제128a조에서 다음과 같이 영상 및 음성 중계에 의한 변론을 허용하는 규정을 두고 있다.

제128a조(영상 및 음성 중계에 의한 변론)

① 법원은 그 신청에 따라 또는 직권으로 당사자, 소송대리인 그리고 보조인에게 변론하는 동안 다른 장소에 체류하면서 그곳에서 소송행위를 하는 것을 허가할 수 있다. 변론은 당사자, 소송대리인 그리고 보조인이 체류하는 장소에 그리고 법정에 영상과 음성으로 동시에 중계된다.

② 법원은 신청에 의하여 증인, 감정인 또는 당사자 일방이 신문하는 동안 다른 장소에 체류하는 것을 허가할 수 있다. 신문은 법정으로 영상과 음성으로 동시에 중계된다. 당사자, 소송대리인 및 보조인이 제1항 제1문에 따라 다른 장소에 체류하는 것이 허가된 경우에는 신문은 또한 이 장소에 영상과 음성으로 동시에 중계된다.

③ 그 중계는 녹화하지 아니한다. 제1항 제1문 및 제2항 제1문에 따른 결정에 대하여는 불복할 수 없다.

이에 근거하여 영상 및 음성 중계에 의한 증인신문도 허용된다. 법원이 당사자의 신청에 의하여 이러한 방식의 증인신문을 허가할 수 있도록 한 것이 특징적이다.[162] 올해 개정된 우리 민사소송법 제327조의2에서 '당사자의 의견을 들어' 이러한 방식의 증인신문을 할 수 있도록 규정한 것과는 다소 차이가 있다. 명시적으로 녹화를

---

162) 참고로 독일 형사소송법(Strafprozessordnung StPO) 제247a조에서도 직접주의의 예외로서 동시 중계 를 통한 공판정 외에서의 증인신문이 가능하도록 하고 있다. 그런데 그 실시 요건으로 당사자의 신청을 요 하는 것이 아니라 '증인의 안녕에 현저한 불이익이 발생할 위험이 있는 때' 법원이 실시를 명할 수 있도록 규정하고 있다. 위 조항에 의하면 향후 공판에서 증인신문이 불가능할 우려가 있고 진실 발견을 위해 필요 한 경우에는 신문 내용을 녹화하여야 한다.

금지하고 있고, 이러한 방식에 의하는 결정에 대한 불복도 허용하지 않는다. 녹화를 금지하는 이유는 인격권 보호 때문이고, 당사자가 동의한 경우에도 허용되지 않는다.[163]

8. 증인의 진술 분석 및 신문 기법

(1) 개관

독일에서도 증거의 평가는 예외적인 경우를 제외하고는 중립적 위치에서 소송지휘를 하는 법관의 자유심증에 의한다.[164] 다만 자유심증에 의한다는 것이 법관의 자의나 기분에 따른 임의적인 판단을 허용하는 것은 아니다.[165] 우리의 경우와 마찬가지로[166] 독일의 민사소송에서도 증인은 가장 많이 이용되지만 '최악의 증거'로 지칭되고, 하자있는 관찰, 보고, 좋지 못한 기억력, 무의식적 영향, 위증의 가능성 등에 관해 주의하여야 한다고 논하여진다.[167] 증인의 신문과 그 진술을 평가하는 것은 법관의 많은 경험과 높은 안목을 요하며, 소송실무에서 가장 중요한 임무에 속한다.[168] 독일 내 사실인정론과 관련된 연구에서도 증인 진술의 신빙성은 중요한 주제가 되고 있다. 독일에서는 20세기 초반부터 판사 등 실무가와 학자들을 중심으로 하여 진술심리학(Aussagepsychologie)에 의한 연구결과를 토대로 진술의 신빙성 판단에 관한 연구가 진행되었다.[169] 이에 관한 다양한

---

163) Musielak/Stadler ZPO § 128a Rn. 10.
164) Bauer/Grunsky(주 256), Rn. 49.
165) Bauer/Grunsky(주 256), Rn. 178.
166) 대표적으로 정동윤·유병현, 민사소송법(제4판), 법문사 (2014), 553.
167) Musielak, Grundkurs ZPO, 8. Aufl., C.H.Beck (2005), Rn. 432 Lüke, Zivilprozessrecht, 10. Aufl., C.H.Beck (2011), Rn. 296 Jäckel(주 273), Rn. 446.
168) Lüke(주 303), Rn. 296.
169) Sponsel, Aussagepsychologie. Erlangen IP-GIPT:
   <http://www.sgipt.org/forpsy/aussage0.htm> (2016. 3. 28. 확인).

연구결과물 중에서도 실무가이자 학자인 Bender, Nack, Treuer의 '법원에서의 사실인정(Tatsachenfeststellungvor Gericht)'이 대표적인 저서로 평가받고 있으며, 그 외에도 해당 주제와 관련한 다양한 문헌이 발간되고 있다.[170] 이하에서는 증인의 진술 분석 및 신문기법에 관한 독일에서의 논의를 민사소송을 중심으로 하여 간략히 정리 및 소개하고자 한다.

(2) 증인의 진술 분석

가. 증인의 심리적 오류

복잡한 소송절차에서 증인이 당시에 인지한 사실과 법정에서 이를 다시 재현하여 진술하는 것 사이에서는 오류가 발생할 수 있고, 결과적으로 제대로 된 정보를 전달하지 못할 수 있다.[171] 이러한 오류의 종류에는 인지적 오류(Wahrnehmungsfehler)와 기억의 오류(Erinnerungsfehler), 진술의 오류(Wiedergabefehler)가 있다고 한다.[172]

1) 인지적 오류

사람은 자신에게 주어진 정보를 시각과 청각, 촉각(Tastsinn), 후각(Geruchssinn), 미각(Geschmackssinn)을 통해 인지하게 된다.[173]이러한 다섯 가지의 감각기관 중 증인의 인지적 오류에 주된 역할을 담당하는 것은 시각과 청각이라고 하며, 후각이나 미각, 촉각은 상대적으로 인지적 오류에 미치는 영향이 적다고 한다.[174] 사람의 감각기관은 모든 정보를 받아들이는 것이 불가능하며, 그 인지능력(Wahrnehmungsfähigkeit)에 한계를 지니게 되는데 이로 인하여 감각기관을 통해 인지된 정보와 실제의

---

170) 자세한 문헌 목록은 Sponsel(주 305) 참조.
171) Hohlweck, JuS 2002, 1106.
172) Hohlweck(주 307), 1106.
173) Bender/Nack/Treuer, Tatsachenfeststellung vor Gericht, 4. Aufl., C.H.Beck (2014), Rn. 20.
174) Bender/Nack/Treuer(주 309), Rn. 20.

정보 사이에 간극이 발생하게 된다.[175] 또한 주변 환경의 영향(예: 어둠)으로도 감각기관은 인지능력에 한계를 가지게 되며, 이로 인한 인지적 오류 또한 발생하게 된다.[176] 그 외에도 증인의 개인적인 경험이나 심리상태 등에 의해 받아들인 정보의 재해석이 이루어지게 되는데, 이로 인한 인지적 오류 역시 발생하게 된다. 이와 같은 이유로 인하여 사람은 발생한 상황을 100% 똑같이 인지할 수 없게 된다.[177] 예를 들어 주어진 상황 중에서 강렬한 인상을 남긴 것만 기억하거나 원래 상황과는 다른 식으로 인지하게 되며(예: 실제로는 빨간 옷을 입고 있었는데 파란 옷을 입고 있었다는 식으로 인지), 시각과 청각으로 인지한 정보가 상이하여 다른 판단을 하는 등으로 인지적 오류가 발생하게 된다.[178] 인지적 오류가 이루어지는 과정을 그림으로 나타내면 다음과 같다.[179]

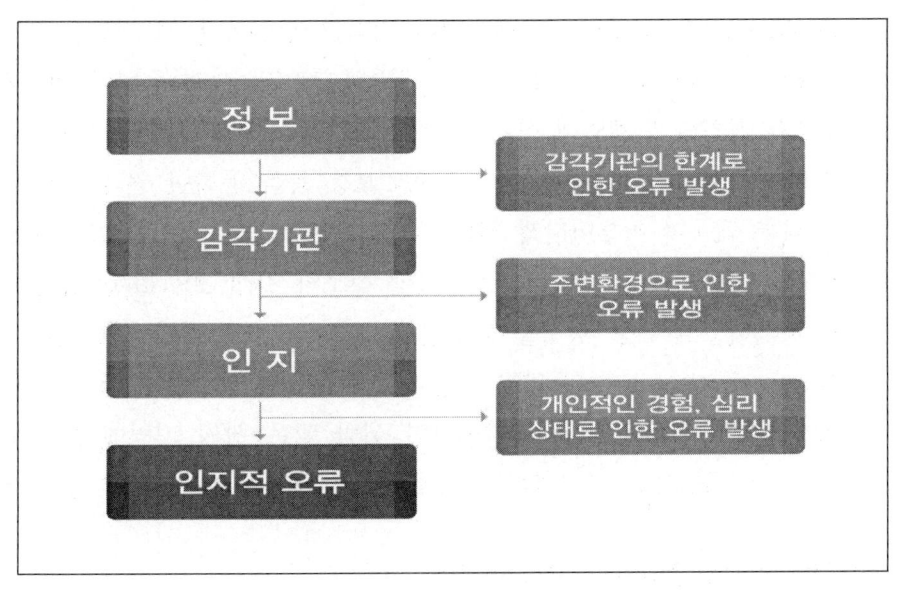

---

175) Eisenberg, Beweisrecht der StPO, 3. Aufl., C.H.Beck (1999), Rn. 865 f.
176) Hohlweck(주 307), 1106.
177) Hohlweck(주 307), 1106.
178) Bender/Nack/Treuer(주 309), Rn. 45 ff.
179) Determinanten Subjektiver Dreidimensionalität,
    <https://www.techfak.uni-bielefeld.de/ags/wbski/DSD/blink/dsd-docu.html>
    (2016. 3. 29. 확인).

2) 기억의 오류

앞에서 감각기관을 통해 인지한 정보를 기억하는 과정에서도 오류가 발생할 수 있는데, 이를 기억의 오류라고 한다. 일반적으로 인지적 오류를 통해 발생한 증인의 오류는 기억의 오류를 통해 보다 강화되는 경향이 있으며, 인지적 오류가 발생하는 순간 기억의 오류 또한 동시에 발생한다고 설명된다.[180] 기억은 인지한 정보를 신호로 변환한 후 이를 저장하고 언제든 불러낼 수 있는 단계로 변환하는 과정을 거쳐 이루어지는데, 이러한 과정은 매우 복잡한 과정을 거쳐 이루어지게 된다.[181] 기억은 기억이 유지되는 기간에 따라 3단계로 다시 나누게 되는데, 초단기 기억(Ultra-Kurzzeitgedächtnis)과 단기 기억(Kurzzeitgedächtnis), 장기 기억(Langzeitgedächtnis)이 그것이다.[182] 이러한 기억의 각 단계마다 기억의 손실이나 기억의 오류가 발생하게 된다.[183] 증인의 진술과 관련된 기억의 단계는 위의 3단계 중 장기 기억의 단계인데 장기 기억은 기간의 경과로 인한 정보의 망각과 망각된 부분에 대한 무의식적인 보충 등을 통하여 원래 기억과는 다른 왜곡이 이루어지게 된다.[184] 이러한 왜곡은 기억하고자 하는 정보의 차단이나 잘못된 정보에 의한 정보의 간섭(Überlagerung)으로 기억하고자 하는 정보를 불러낼 수 없는 식으로 나타나게 되는데(Kontamination),[185] 증인의 진술이 일반적으로 상당한 기간 경과한 후에 이루어진다는 것을 감안한다면 이와 같은 장기 기억에서의 왜곡은 그 위험성이 상당하다는 것을 알 수 있다.[186] 기억의 오류가

---

180) Bender/Nack/Treuer(주 309), Rn. 115.
181) Bender/Nack/Treuer(주 309), Rn. 116.
182) 초단기 기억은 특정 정보가 인지된 최초의 순간에 기억되는 것으로 10-30초 정도 유지되는 것을 말한다. 단기 기억은 최대 15-30분 사이에 이루어지는 것을 말하며, 제한된 저장용량으로 인해 새로운 정보가 인지되면 사라지는 것을 말한다. 장기 기억은 비교적 영속적으로 기억이 이루어지는 것을 말하며 신경구조의 안정적이고 영구적인 변화에 의해 유지되는 것을 말한다. 자세한 것은 Bender/Nack/Treuer(주 309), Rn. 117 ff.
183) Hohlweck(주 307), 1108.
184) Hohlweck(주 307), 1107.
185) Eisenberg(주 311), Rn. 874.

이루어지는 과정과 시간에 따른 정보의 망각을 그림으로 나타내면 다음과 같다.[187)

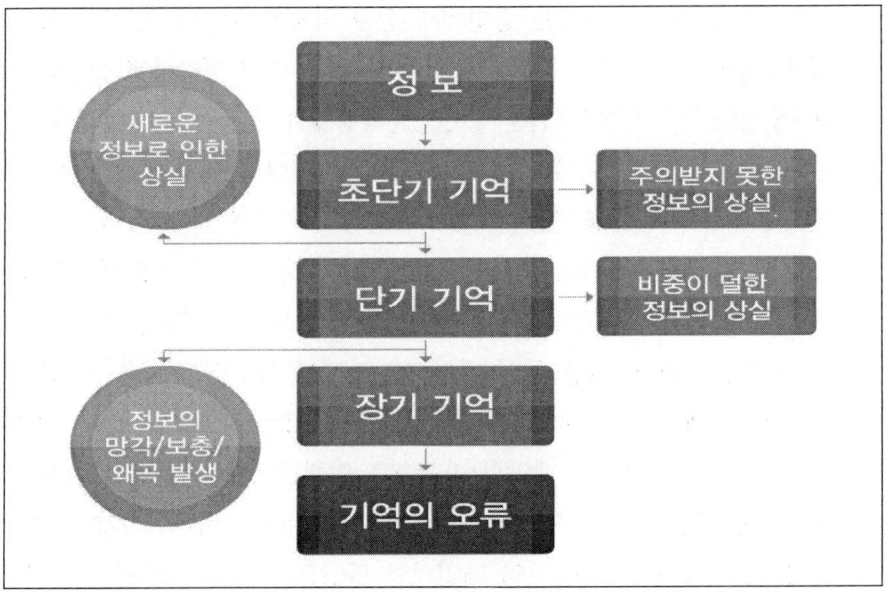

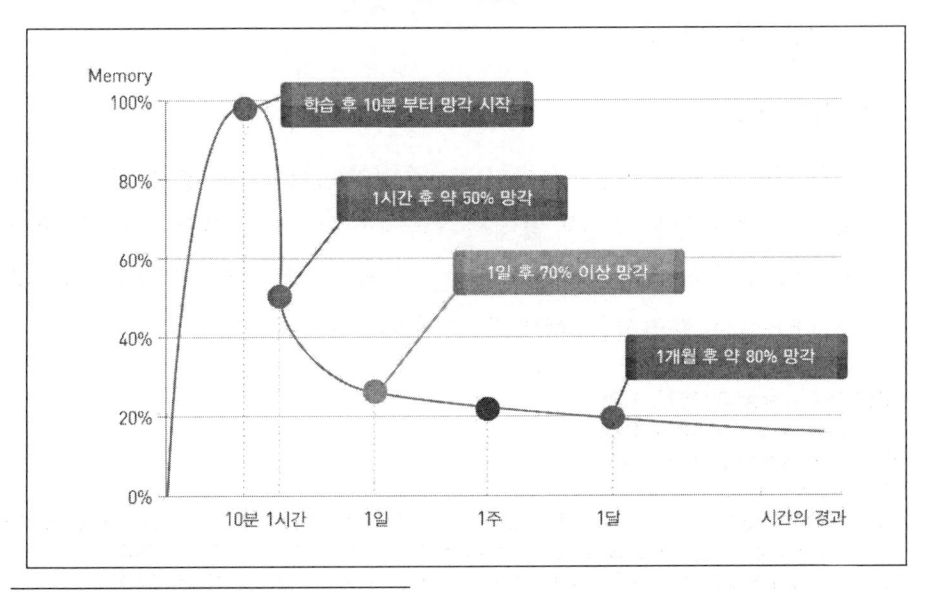

186) Eisenberg(주 311), Rn. 874.
187) Kaplan & Simon, "In Search of Insight", Cognitive Psychology 22, 374 (1990).

3) 진술의 오류

진술의 오류는 증인이 법원에 출석하여 판사의 신문에 대하여 그가 알고 있는 바를 증언하는 과정에서 나타나는 오류를 말한다.[188] 법원에서 이루어지는 증인 신문과정은 증인에게 전혀 익숙한 상황이 아니며, 증인은 일상생활에서 사용되지 않는 낯선 용어를 사용하여 정확하게 진술하기를 요구받는다.[189] 또한 증인은 증인신문과정에서 판사나 소송대리인이 사용하는 낯선 전문용어에 적응해야 하며, 이러한 어려움은 외국에서 온 이민자 혹은 아동에게 더욱 크게 작용한다.[190] 이로 인해 증인은 진술과정에서 자신이 알고 있는 바를 정확하게 전달하지 못하게 되며, 그 외에도 증인의 개인적인 성향과 주변 환경의 영향 등으로 인해 진술의 오류가 발생하게 된다. 예를 들어 개인적으로 기억하고 싶지 않은 사항에 대한 기억의 차단(Gedächtnisverschluss, Inkadenzphänomen)이 이루어질 수 있고,[191] 증인의 개인적 판단으로 인해 특정한 사항을 생략하거나 보충하여 그릇된 진술(Aussageverfälschungen)이 이루어지거나[192] 거리나 시간 등에 관한 증인의 개인적인 판단으로 인한 그릇된 진술이 이루어질 수도 있다.[193]

나. 거짓 진술

거짓 진술(Lüge)이란 의식적으로 증인이 진실되지 않은 정보를 진술하는 것을 말한다.[194] 앞에서 언급한 증인의 심리적 오류로 인한 잘못된 진술이 잘 고려되지 않는 것에 비해 증인의 거짓 진술과 그 가능성은 증인신문 시에 항상 고려되는 요소이다.[195] 거짓 진술

---

188) Hohlweck(주 307), 1108.
189) Hohlweck(주 307), 1108.
190) Hohlweck(주 307), 1108.
191) Bender/Nack/Treuer(주 309), Rn. 189 f.
192) 시간이 지남에 따라 사건 당시에 있었던 일을 미화해서 기억한다거나 사실과 달리 왜곡하여 기억하는 것을 예로 들 수 있다(Bender/Nack/Treuer(주 309), Rn. 197, 199).
193) Bender/Nack/Treuer(주 309), Rn. 193 Hohlweck(주 307), 1108. 330)
194) Hohlweck(주 307), 1207.
195) Bender, StV 1982, 484 ff.

의 여부를 판단하기 위해서는 일반적으로 4가지의 기준이 고려되는데, ① 증인의 신빙성, ② 신체적인 반응, ③ 동기, ④ 진술의 타당성 등이다.[196] 이하에서는 이러한 기준에 대해 간략히 설명하고자 한다.

1) 증인의 신빙성

전통적으로 증인의 진술에 관한 판단에서 증인이 얼마나 믿을만한 사람인지, 즉 증인의 신빙성이 중요하게 고려되었다.[197] 그러나 이러한 전통적인 믿음과는 달리 증인이 전반적으로 볼 때 믿을 만한 사람이라고 하여도 그가 증언하는 상황에 따라서는 반드시 그가 진실을 말할 것으로 볼 수는 없다.[198] 진술심리학에서도 증인의 진술은 개별적으로 판단해야 할 뿐 증인의 신빙성은 그러한 개별적 판단의 일반적인 기준으로서 기능할 뿐이며,[199] 개별 증언으로 놓고 볼 때는 평균 이하의 능력을 갖고 있다고 평가되는 사람도 다른 면에서는 얼마든지 지적으로 우수하고 조리있게 자신의 주장을 펼치는 것으로 평가받을 수 있다는 점을 지적하고 있다.[200] 결과적으로 법원이 증인신문 시에 증인의 신빙성에 대해 전체적인 판단을 하는 것은 가능하지도 않을뿐더러 실제적으로 큰 도움이 되지도 않는다.[201]

2) 신체적인 반응

최근에 들어 그 효용성에 관하여 논란이 있지만, 오늘날까지도 증인의 거짓진술을 판별함에 있어 증인의 신체적인 반응을 살피는 것은

---

196) Bender/Nack/Treuer(주 309), Rn. 217.
197) Hohlweck(주 307), 1208.
198) 판례의 입장도 이와 같다. 대표적으로 BGH, StV 1994, 64.
199) Hohlweck(주 307), 1208.
200) Hohlweck(주 307), 1208.
201) Reinecke, MDR 1986, 634.

그러한 과정의 첫 단계로 활용되고 있다.[202] 신체적인 반응을 통해 거짓 진술을 판별할 수 있다는 주장에 대해 2003년에 DePaulo와 동료 연구진에 의해 수행된 연구와 2008년에 Porter와 Brinke에 의해 수행된 연구에 따르면, 소위 거짓 진술의 전형적인 증거라고 여겨졌던 신체적 반응들(예: 거짓 진술을 할 경우에 눈을 마주치지 않는다거나 거짓 진술을 할 경우에 손을 심하게 떤다거나 하는 반응)은 증인 개개인의 특성에 따른 편차가 매우 크므로 이러한 반응과 거짓 진술 사이의 유의미한 상관관계를 발견할 수 없고, 그러므로 실무상 거짓 진술을 판별하기 위해 증인의 신체적인 반응을 살피는 것은 의미가 없다는 주장이 있다.[203] 또한 2008년의 Aldert Vrij의 연구에서는 거짓 진술을 하는 자들은 거짓 진술의 전형적인 증거라고 여겨졌던 신체적 반응들을 오히려 하지 않는 경향이 있고, 그러므로 이러한 신체적 반응들에 주목하는 것은 자칫하면 '스스로 지레짐작하는 오류(Selbstbestätigungstendenz)'[204]를 일으킬 수도 있다고 주장하고 있다.[205] 그러나 이러한 연구결과를 근거로 하여 증인의 신체적 반응을 활용하는 것이 전혀 쓸모가 없다고 하는 것은 성급한 판단이다. 증인 신문 시에 증인이 무언가를 올바로 설명하지 못할 때 특징적인 행동의 변화를 일으킨다면, 이를 일종의 경고신호(Warnsignal)로 보아 그러한 행동의 변화를 일으키게 한 원인을 주의 깊게 관찰해보는 것은 여전히 활용가능한 수단일 것이다.[206]

최근에는 기능적 자기공명영상(f-MRI)[207]을 통하여 거짓 진술을 할 경우에 뇌의 특정 부분이 활성화되는가의 여부를 보아 거짓 진술을

---

202) Bender/Nack/Treuer(주 309), Rn. 223.
203) Bender/Nack/Treuer(주 309), Rn. 224 f.
204) 셰익스피어의 희곡의 주인공인 오셀로의 행동에 비유하여 이를 '오셀로의 오류(Othello-Fehler)'라고 부르기도 한다.
205) Bender/Nack/Treuer(주 309), Rn. 226.
206) Bender/Nack/Treuer(주 309), Rn. 227.
207) functional Magnetic Resonance Imaging의 약자이며, Seiji Ogawa에 의해 개발된 이미징 기법으로 두뇌 활동에 따른 해당 부위의 혈류와 혈액량의 증가에 따른 혈류 내에서의 변화(Blood-Oxygen-Level-Dependent Contrast)를 시각화하여 주는 것을 말한다.

판단할 수 있다는 주장이 제기되고 있으며, 이러한 가설에 근거한 연구가 수행되고 있다. 그러나 아직 이러한 가설의 유효성 여부는 명확하게 밝혀지지 않았다.[208]

3) 동기

일반적으로 거짓 진술을 하는 데에는 그러한 진술을 하게 된 동기(Motivation)가 존재한다.[209] 그러한 동기는 반드시 거창하거나 절대적인 것임을 요하지 않고 아주 사소한 동기에도 증인은 거짓 진술을 할 수 있다고 하며, 거짓 진술을 하게 된 동기는 증인 개개인의 성격이나 환경에 따라서 그 중요도가 같지 않다고 한다. 즉, 어떤 이에게는 아주 사소한 동기이나 거짓 진술을 한 증인에게는 매우 중요한 동기로 작용했을 수도 있다는 것이다.[210] 이러한 이유로 연방대법원(BGH)은 거짓 진술 여부에 관한 판단에서 동기에 대한 세심한 분석이 필요하며, 이와 같은 동기에 대한 분석이 없이 이루어지는 증언에 대한 판단은 근본적인 오류를 낳을 수도 있다는 입장을 취하고 있다.[211]

거짓 진술을 하게 된 동기는 다음과 같이 유형화할 수 있는데, ① 도덕적으로 거짓 진술을 가볍게 여기는 경우와 ② 직업적인 관계로 인하여 거짓 진술을 하는 경우, ③ 소송 당사자와의 특별한 관계로 인하여 거짓 진술을 하는 경우, ④ 자신이 속한 특정한 집단과의 유대로 인하여 거짓 진술을 하는 경우, ⑤ 진실을 이야기하는 것이 매우 고통스러운 일이라 거짓 진술을 하는 경우, ⑥ 진술 이후에 일어날 일을 고려하여 거짓 진술을 하는 경우, ⑦ 소송 당사자에 대한 보복 목적으로 거짓 진술을 하는 경우 등이 그것이다.[212]

---

208) Bender/Nack/Treuer(주 309), Rn. 243 f.
209) Hohlweck(주 307), 1208.
210) Bender/Nack/Treuer(주 309), Rn. 249 f.
211) 대표적으로 BGH, NJW-RR 1988, 281.
212) Bender/Nack/Treuer(주 309), Rn. 260 ff.

4) 진술의 타당성

앞에서 언급한 기준들 외에 최근에는 진술의 특징이나 진술 자체의 분석을 통하여 거짓 진술을 판별하는 기준이 유력하게 제시되고 있다.[213] 이러한 기준은 Undeutsch의 가설(Undeutsch-Hypothese)이 대표적인데, 이는 증인의 진술에서 그가 경험한 것과 경험하지 않은 것 사이에는 그 내용과 질에서 차이가 있다는 점에 기초한다.[214] 진술의 타당성을 평가하기 위해서는 판단기준에 따라 진술의 내용을 분석하고, 진술의 타당성에 관한 체크리스트에 근거하여 판단을 내리게 된다.[215] 이러한 Undeutsch 가설은 Köhnken과 Steller에 의해 보다 구체적인 체크리스트와 분석 표준을 정립하게 되고 이러한 평가 방법을 진술타당성 평가(Glaubhaftigkeitsbegutachtung)[216]라고 부르게 되었다.[217] 진술타당성 평가는 크게 4단계로 이루어지는데, ① 사안의 평가 ② 사전 인터뷰 ③ 준거기반 내용분석(Merkmalsorientierte Inhaltsanalyse)[218] ④ 체크리스트를 통한 준거기반 내용 분석의 평가가 그것이다.[219] 준거기반 내용분석은 진술타당성 평가의 핵심을 이루는 것으로서[220] 크게 보아 ① 일반적 표지 ② 특별한 표지 ③ 동기 관련 내용 ④ 내용의 특별함으로 구성된다.[221] 준

---

213) Bender/Nack/Treuer(주 309), Rn. 282.
214) Bender/Nack/Treuer(주 309), Rn. 283.
215) Bender/Nack/Treuer(주 309), Rn. 286.
216) 일반적으로 Statement Validity Analysis(SVA)로 많이 알려져 있다.
217) Aldert Vrij et. al., "Let Me Inform You How to Tell a Convincing Story: CBCA and Reality Monitoring Scores as a Function of Age, Coaching and Deception", 1-2, <http://eprints.port. ac.uk/22/1/PORTERH.pdf> (2016. 3. 30. 확인).
218) 일반적으로 Criteria-Based Content Analysis(CBCA)로 많이 알려져 있다.
219) Iris BlandóGitlin et. al., "Criteria-Based Content Analysis of True and Suggested Accounts of Events", 23 Appl. Cognit. Psychol. 901 (2008).
220) Iris Blandón-Gitlin et. al.(주 355), 902.
221) 이를 동기와 관련 없는 표지(Nichtmotivationale Merkmale)와 동기와 관련된 표지(Motivationale Merkmale)로 구분하는 견해도 있다. 자세한 것은 Volbert/Steller(Hrsg.), Handbuch der Rechtspsychologie, Hoegrefe (2008), 311 ff.

거기반 내용분석은 1950년대부터 독일 법원에서 활용되어 왔으며, 독일 연방대법원의 1999년 판결은 이러한 증인의 진술분석 기법을 활용하는 데에 대하여 최소한의 기준을 제시하였다고 평가받고 있다.[222] 준거기반내용분석은 이후 Ruby와 Brigham의 연구나 Honts의 연구 등을 통하여 점차 그 기준이 발달하고 구체화되어가고 있으며 유용한 진술분석 기법으로 활용되고 있다.[223]

(3) 증인신문 기법

증인신문은 증인의 진술을 얻기 위한 절차이다. 증인을 신문할 때에는 신문 시에 발생할 수 있는 오류발생 가능성을 최소화하도록 노력하여야 하며, 증언이 문서형태로 고착화되는 과정인 조서작성 단계에서도 오류발생 가능성을 최소화하도록 노력하여야 한다.[224] 이러한 목적을 달성하기 위해서는 증인신문 전 단계에서부터 철저히 준비하여야 함은 물론이고, 증인신문 시에도 효과적인 기법을 활용해야 할 필요가 있다.[225]

가. 증인신문 전 단계

증인신문 전 단계에서는 우선 서면의 철저한 분석 및 파악이 이루어져야 한다.[226] 그 다음으로는 증인이 편안하게 진술할 수 있도록 주변 환경의 정비가 이루어져야 하며,[227] 이 단계에서는 증인의 신문 순서의 세심한 배치나 증인이 다수일 경우 원고 측 증인과 피

---

222) BGH NStZ 2000, 100.
223) 준거기반 내용분석에 대한 자세한 발달과정은 Aldert Vrij et. al.(주 353), 2 ff., <http://eprints.port.ac.uk/22/1/PORTERH.pdf> (2016. 3. 30. 방문) 참조. 해당 내용에 대해서는 다음 장(章)에서 다시 자세하게 다루기로 한다.
224) Bender/Nack/Treuer(주 309), Rn. 687.
225) Bender/Nack/Treuer(주 309), Rn. 687.
226) Bender/Nack/Treuer(주 309), Rn. 742.
227) Bender/Nack/Treuer(주 309), Rn. 747.

고 측 증인을 나누는 등의 문제, 증인의 신문 순서가 계획대로 이루어지지 않을 경우의 대안마련, 증인으로 하여금 진술할 사항을 미리 간단하게 준비해오도록 하는 문제 등을 고려하여야 한다.[228]

나. 증인신문 단계

증인신문을 할 때에는 다음의 8가지 원칙이 고려되어야 한다.[229] 첫 번째로 증인과의 친밀한 접촉(Kontakt)이 이루어져야 한다. 이를 위해서 신문을 진행하는 사람은 수동적인 태도에서 벗어나야 하고, 일상적인 용어를 사용하며, 절차의 진행에 있어서 지나치게 경직되게 이를 운용하지 않는 등과 같은 문제에 유의하여야 한다.[230] 두 번째로 증인과의 친밀감(Freundlichkeit)을 유지하여야 한다. 이를 위해서는 지나치게 공격적인 태도를 지양하고 사려 깊은 태도를 취하며, 불필요한 비난이나 공격을 자제해야 한다. 그러므로 "당신은 이 사실을 전혀 이해하지 못하고 있군요."와 같은 표현은 자제해야 할 필요가 있다.[231] 세 번째로 증인에 대하여 경청할 준비가 되어 있으며, 진술에 대해 흥미를 가지고 있다는 사실을 알려주어야 한다. 그러기 위해서는 진술 중에 성급히 끼어들어 "그건 문제와 관련이 없습니다."와 같은 표현을 하는 것을 자제하여야 하며, 증인으로 하여금 이야기를 하도록 유도하여야 한다. 또한 진술 과정에 적극적으로 참여하고 있다는 느낌을 주어야 하며, 그러기 위해서는 증인이 진술하는 중에 성급하게 그 진술에 동의하거나 동의하지 않는 등의 행위를 자제하여야 한다.[232] 네 번째로 증인에 대해 격려하는 태도를 취하여야 한다. 이를 위해서는 증인에게 진술할 수 있는 기회를 충분히 제공하여야 하며, 증인에게 영향을 미

---

228) Bender/Nack/Treuer(주 309), Rn. 748 ff.
229) Bender/Nack/Treuer(주 309), Rn. 751.
230) Bender/Nack/Treuer(주 309), Rn. 751 ff.
231) Bender/Nack/Treuer(주 309), Rn. 756 ff.
232) Bender/Nack/Treuer(주 309), Rn. 761 ff.

치려는 태도를 지양하여야 한다. 증인에 대한 충분한 격려가 이루어지고 있다는 느낌을 받는 증인은 보다 많은 사항을 진술하려고 하는 태도를 보이며, 보다 자세한 정보를 제공하려고 하는 태도를 보이게 된다.[233] 다섯 번째로 스스로를 오픈하는(Selbstöffnung) 태도를 취할 필요가 있다. 증인신문 시에 먼저 자신을 오픈하는 것은 증인으로 하여금 심리학에서 말하는 소위 부채효과를 발생시키며, 증인은 이로 인해 자신도 무언가를 오픈해야 한다는 동기를 가지게 된다. 많은 상황에서 증인신문 시에 자신이 이미 유사한 경험에 처한 적이 있으며, 그러므로 증인과 같은 기분에 직면한 적이 있었다는 것을 이야기해주는 것은 증인의 마음을 여는 열쇠로서 기능할 수 있다.[234] 여섯 번째로 참을성을 가지고 증인을 대하여야 한다. 증인신문 시에 충분한 시간을 가지고 신문에 임하는 것만으로도 많은 결과를 얻어낼 수 있으며, 증인에게 서 무엇인가를 신속히 얻어내려는 태도는 증인으로 하여금 방어적인 태도를 취하게 할 수 있다는 점을 유의하여야 한다. 또한 참을성을 잃고 증인을 대할 경우 증인은 스트레스를 받게 되며 스트레스는 진술의 질(質)에 나쁜 영향을 미치게 된다. 또한 법정에서의 소란에 대응하여 소리를 지르거나 하는 태도는 지양하여야 한다.[235] 일곱 번째로 이해하기 쉽게 신문을 진행하여야 한다. 이를 위해서는 가급적 짧은 문장으로 나누어 신문을 진행하는 것이 좋으며, 가급적 전문용어의 사용을 피하는 것이 권유된다. 또한 증인의 표현력이 떨어지는 경우 그가 사용하는 표현의 의미를 파악하여 적절히 대응하여야 하며,[236] 진술이 분명하지 않은 경우 다시 질문(Rückfrage)함으로써 의미를 분명히 하도록 해야 한다.[237] 여덟 번째로 상황의 변화에도 냉정을 잃지 않아야 한다. 이

---

233) Bender/Nack/Treuer(주 309), Rn. 766 ff.
234) Bender/Nack/Treuer(주 309), Rn. 769 ff.
235) Bender/Nack/Treuer(주 309), Rn. 772 ff.
236) 예를 들어 어린이들은 '자주' 나 '다수' 의 뜻으로 '항상' 이나 '모두' 의 표현을 사용하는 경우가 있다고 한다 (Bender/Nack/Treuer(주 309), Rn. 784).

를 위해서는 주의 깊은 태도를 견지하되, 상황에 따라서는 단호한 태도를 보여주어야 하며, 한 번의 말실수가 돌이킬 수 없는 결과를 낳을 수 있다는 사실을 언제나 염두에 두어 스스로의 태도를 엄격히 관리할 필요가 있다. 또한 화를 내거나 격분하는 등의 태도를 취하지 않도록 항상 유의하여야 하며, 항상 침착한 태도를 유지하여야 한다.[238]

---

237) Bender/Nack/Treuer(주 309), Rn. 781 ff.
238) Bender/Nack/Treuer(주 309), Rn. 796 ff.

제4장 한국의 증인신문 절차와 그 기법[239]

1. 개관

증인이라 함은 과거에 경험하여 알게 된 사실을 법원에 보고할 것을 명령받은 사람으로서 당사자 및 법정대리인 외의 제3자를 말하고, 증인의 증언으로부터 증거자료를 얻는 증거조사를 증인신문이라고 한다.[240] 증인신문은 소송상 심리의 일환이므로 공개주의, 구술주의, 직접주의 등 심리의 여러 원칙에 입각하여 이루어져야 한다.[241] 증인은 자신의 경험을 보고하는 사람으로 대체성이 없다는 점에서 전문적 지식에 의한 판단을 보고하는 감정인과 구분된다. 한국은 1960년 민사소송법 제정 당시 "증인은 재판장이 신문한다."[242]라 고 하여 독일 등 대륙법계 국가와 같이 증인신문의 직권주의를 취하였으나, 1961년 개정 이래 당사자에게 신문의 주도권을 부여하는 교호신문제도를 증인신문의 원칙으로 삼고 있다. 이는 일본과 함께 상당히 이례적인 입법례로 평가되고 있다.[243] 그러나 한편으로는 법관이 언제든지 직권으로 개입하여 신문할 수 있도록 하고 신문 순서를 변경하여 법관이 먼저 신문을 하는 것도 허용하는 등 직권주의의 요소도 가미되어 있다. 증인을 법원이 소환하는 것도 직권주의의 요소이다.

---

239) 제4장 전문은 대법원 사법정책연구원장의 공문 승인을 받아 게재되었음을 밝힙니다.
　　대법원 사법정책연구원(김주석 · 김정환), 『증인신문 절차 및 기법에 관한 연구』, 33~51면.
240) 법원행정처, 법원실무제요 민사소송 Ⅲ (개정판, 2014), 40.
241) 특히 공개주의 원칙과 관련하여, 대법원은 헌법 제109조, 법원조직법 제57조 제1항이 정한 국가의 안전보장, 안녕질서를 방해하거나 선량한 풍속을 해할 염려 등 공개금지사유가 인정되지 않는 상태에서 원심이 공개금지결정을 하고 이루어진 증인신문 절차에 의한 증언에 대하여 피고인의 공개재판을 받을 권리를 침해한다는 이유로 그 증거능력을 인정하지 않았다 (대법원 2005. 10. 28. 선고 2005도5854 판결).
242) 구 민사소송법(1961. 9. 1. 법률 제706호로 개정되기 전의 것) 제298조 제1항.
243) 법원행정처, 민사재판 리포트 2013: 1심 집중 실천을 위한 제언 (2013), 83.

2. 증인능력과 증언능력

민사소송법은 증인의 연령, 지능, 정신상태 등을 이유로 증인능력을 제한하고 있지 않으므로 원칙적으로 누구나 증인이 될 수 있다(민사소송법 제303조).[244] 증인의 증언능력 인정은 특정 개인에 관하여 법원의 자유로운 판단에 따라 결정된다.[245] 증인이 될 수 있는 지능의 정도는 자기가 인식한 바를 그대로 법원에 진술할 수 있을 정도이면 족하다. 증언능력에 관해서는 주로 형사사건에서 유아가 문제되는데, 대법원은 유아의 증언능력 유무는 단지 공술자의 연령에만 의할 것이 아니라 그의 지적수준에 따라 개별적이고 구체적으로 결정되어야 함은 물론 공술의 태도 및 내용 등을 구체적으로 검토하고, 경험한 과거의 사실이 공술자의 이해력, 판단력 등에 의하여 변식될 수 있는 범위 내에 속하는가의 여부도 충분히 고려하여 판단하여야 한다고 판시하였다.[246] 민사소송법에는 당사자신문 절차가 따로 마련되어 있으므로 당사자 본인, 법 정대리인, 법인 등 대표자는 증인이 될 수 없다. 그러나 당사자신문의 방식에 의하여야 할 종친회 대표자를 증인으로 조사한 데에 대하여 지체 없이 이의의 진술이 없었다면 그 증언을 채택하여 사실인정을 하였다고 하더라도 위법이라 할 수 없다.[247]

---

244) 민일영 · 김능환(주 6), 221.
245) 민일영 · 김능환(주 6), 222.
246) 대법원 2004. 9. 13. 선고 2004도3161 판결(미성년자 의제강제추행치상의 사안에서 만 4년 6개월, 만 3년7개월 남짓인 여아들의 증언능력을 인정하였다).
247) 대법원 1977. 10. 11. 선고 77다1316 판결.

3. 증인의 신청 및 채부의 결정

민사소송법 제293조는 "증인신문과 당사자신문은 당사자의 주장과 증거를 정리한 뒤 집중적으로 하여야 한다."라고 규정하고 있다.

이에 따라 증인을 신청하는 때에는 부득이한 사정이 없는 한 일괄하여 신청 하여야 하고, 증인의 이름·주소·연락처·직업, 증인과 당사자의 관계, 증인이 사건에 관여하거나 내용을 알게 된 경위, 증인신문에 필요한 시간 및 증인의 출석을 확보하기 위한 협력방안을 밝혀야 한다(민사소송규칙 제75조). 증거를 신청하는 때에는 증거와 증명할 사실의 관계를 구체적으로 밝혀야 하므로(제74조), 증인신청을 할 때에도 증명취지를 밝혀야 함은 물론이다. 이는 쟁점에 집중하여 증인의 채부를 결정하고 증거조사가 효율적으로 한 기일에 이루어지도록 하기 위해 일괄 신청과 서면 신청의 원칙을 규정한 것이다.[248] 증인이 채택된 때에는 증인신청을 한 당사자는 증인이 기일에 출석할 수 있도록 노력하여야 한다(제82조).

법원은 증인의 채택 결정과 함께 개별 증인별로 증명취지 및 당사자와의 관계 등을 고려하여 ① 증인진술서 제출 방식, ② 증인신문사항 제출 방식, ③ 서면에 의한 집중방식 중 하나의 증인조사방식을 선택하여 쌍방에게 고지한다. 각 방식에 따른 취지와 요령을 설명하고, 증인진술서, 증인신문사항 등의 제출기한을 정하여 고지한다. 증

---

248) 다만, 통상적인 심리방식으로 접근하기 어려운 사건 등 일정한 경우에는 일괄 신청 원칙의 예외가 인정된다. 예를 들어 ① 증거가 한 쪽 당사자에게 집중되어 있어서 모색적 증인신문을 선행하여야 할 필요가 있는 경우, ② 의료과오소송에서 환자가 피고 병원에 후송된 직후 응급진료를 담당한 의사, 상속재산인 주식의 무단 처분이 다투어지고 있는 사건에서 그 주식의 관리를 담당하던 증권회사 담당직원 등과 같이 그 증인의 증언을 듣지 아니하면 주장·입증의 구성이 곤란하면서도 소송 외에서는 협력을 구할 수 없는 증인을 신청하는 경우, ③ 손해배상책임의 발생 여부와 손해의 범위와 같이 논리적으로 선행하는 쟁점에 관하여 쟁점 정리를 하고 그에 대한 집중증거조사를 하는 방식으로 심리를 단계화하는 것이 상당한 경우, ④ 그 밖에 증언의 필요성이 높은 중립적 증인에 대하여 시간을 맞추기가 어렵거나 출석확보가 곤란하여 따로 증인신문기일을 지정하는 것이 바람직한 경우 등이 있다[법원행정처(주 7), 44].

인신문의 구체적 방법(신문 순서, 대질신문, 쟁점별 증인신문 여부, 신문시간) 등도 협의하여 두어야 한다.[249] 또한 증인을 대동할 것인지, 소환할 것인지 확인하여 그에 따른 증거조사비용의 예납 절차를 고지하여야 한다(민사소송규칙 제77조). 민사소송법 제292조는 "법원은 당사자가 신청한 증거에 의하여 심증을 얻을 수 없거나, 그 밖에 필요하다고 인정한 때에는 직권으로 증거조사를 할 수 있다."라고 하여 직권에 의한 증거조사를 규정하고 있으나, 민사소송의 실무에서는 널리 활용되고 있지 않는 것으로 보인다.[250]

---

249) 법원행정처(주 7), 44-45. 이 때문에 기일에 신청된 증인에 대한 채부를 일괄하여 결정·고지하고, 조사방식을 구체적으로 협의하는 방식이 권장된다.
250) 구회근, "1, 2심 사실인정이 달라진 사건의 원인분석(민사)", 법관의 의사결정: 이론과 실무, 사법발전재단 (2010), 416.

4. 증인조사의 방식

(1) 증인진술서 제출 방식

법원은 효율적인 증인신문을 위하여 필요하다고 인정하는 때에는 증인을 신청한 당사자에게 증인진술서를 제출하게 할 수 있다(민사소송규칙 제79조 제1항). 종래 교호신문방식에 따른 주신문이 형식적·비효율적으로 운영된 점을 개선하기 위하여 2002년 민사소송규칙 전면개정 당시 증인진술서 제도를 도입하였다. 즉, 신청자에게 우호적인 증인에 대하여 증인진술서를 제출받아 이를 상대방에게 송달하고, 법정에서는 쟁점사항에 한정된 신문을 하고 나머지 사항은 증인진술서의 진정 성립을 인정하는 취지의 주신문을 하게 함으로써, 증거개시의 효과를 거두고 실질 적 반대신문을 가능하게 하려는 취지이다.[251] 증인진술서의 제출명령은 원칙적으로 기일에 채부의 결정을 고지하면서 함께 이루어진다.[252] 법원은 증인진술서가 제출된 사건에 관하여 증인신문사항의 제출을 면제할 수 있다(민사소송규칙 제80조 제1항 단서). 증인진술서에는 증언할 내용을 그 시간 순서에 따라 적고, 증인이 서명날인 하여야 한다(민사소송규칙 제79조 제2항). 증인진술서에 의하는 경우에도 증인신문 절차에서 주신문을 전면 생략하고 그 진정성립만 확인하는 것은 상당하지 않고, 진정성립 여부에 관하여 답변할 때 외에는 신문 시에도 이를 보면서 답변하는 것은 부적절하다.[253]

---

251) 법원행정처(주 7), 46.
252) 법원행정처(주 7), 47.
253) 증인은 재판장이 허가하지 않는 한 서류에 의하여 진술하지 못한다(민사소송법 제331조).

(2). 증인신문사항 제출 방식

통상적으로 이용되는 방식으로, 상대방의 실질적 반대신문권을 보장하기 위해 증인신문사항을 반드시 미리 제출받아 증인신문기일 전에 송달하여야 한다(민사 소송규칙 제80조 제2항).[254] 민사소송법은 증인에 대한 출석요구서에 신문사항의 '요지'만을 기재하도록 규정하고 있으나(민사소송법 제309조 제2호), 실무상 신청당사자가 증인신청서와 함께 미리 증인신문사항을 제출하는 경우 이를 별지로 첨부 하는 것이 관행이다. 증인신문사항이 개별적이고 구체적이지 아니하거나 민사소송규칙 제95조 제2항 각호의 신문[255]이 포함되어 있는 때에는 증인신문사항의 수정을 명할 수 있다(민사소송규칙 제80조 제3항). 증인신문을 할 때 변경된 증인신문사항을 제출하거나 추가신문사항을 제출할 경우 종전 신문사항의 범위를 크게 벗어나지 않으면 신문을 허용할 것이나, 그렇지 않으면 증인과 상대방의 의견을 물어 신문 여부를 결정하여야 한다.[256]

---

254) 법원행정처(주 7), 51.
255) 증인을 모욕하거나 증인의 명예를 해치는 내용의 신문, 제91조 내지 제94조의 규정에 어긋나는 신문(유도신 문, 증명할 사항과 관련성이 없는 신문 등), 의견의 진술을 구하는 신문, 증인이 직접 경험하지 아니한 사항에 관하여 진술을 구하는 신문 등이다.
256) 법원행정처(주 7), 52.

(3) 서면에 의한 증언 방식

법원은 증인과 증명할 사항의 내용 등을 고려하여 상당하다고 인정하는 때에 는 출석·증언에 갈음하여 증언할 사항을 적은 서면을 제출하게 할 수 있다(민사소송법 제310조 제1항). 법원은 상대방의 이의가 있거나 필요하다고 인정하는 때에는 증인으로 하여금 출석·증언하게 할 수 있다(제2항). 이는 1990년 개정으로 도입되었는데, 독일 민사소송법 제377조 제3항[257]을 본받은 것으로 이해된다.[258] 서면 증언과 증인진술서는 증거의 성질이 전자는 증언에 해당하는 반면 후자는 서증의 일종이라는 점, 전자는 증인에 대하여, 후자는 증인을 신청한 당사자에게 그 제출을 명한다는 점, 전자는 원칙적으로 서면 제출과 변론 현출로 증거조사가 마쳐지는데 후자는 법정 출석과 증언이 필수적인 점에서 차이가 있다.[259] 실무상 서면 증언은 공시송달 사건, 피고가 형식적인 답변서만 제출하고 출석하지 않는 사건 등에서 활용될 수 있다.[260] 증인은 신문사항 또는 신문사항의 요지 등을 고지 받고, 증언할 사항을 적은 서면에 서명날인하여야 한다(민사소송규칙 제84조 제2항, 제3항). 법원은 반대신문권 보장을 위해 상대방에 대하여도 그 서면에서 회답을 바라는 사항을 적은 서면을 제출하게 할 수 있다(제84조 제1항).

---

257) "법원은 입증사항의 내용과 증인의 인격을 고려하여 서면에 의한 답변을 충분한 것으로 인정하는 경우, 입증사항에 대한 서면 답변을 명령할 수 있다. 증인에게 그가 신문을 위하여 소환될 수 있음을 알려줘야 한다. 법원은 입증사항에 대한 그 밖의 해명을 위하여 증인의 소환이 필요하다고 인정되는 경우 증인의 소환을 명 령할 수 있다."

258) 호문혁, 민사소송법(제12판), 법문사 (2014), 553.

259) 물론 서면증언의 경우에도 법원은 상대방의 이의가 있거나 필요하다고 인정하는 때에는 증인으로 하여금 출 석·증언하게 할 수 있다(민사소송법 제310조 제2항).

260) 법원행정처(주 7), 53.

5. 증인신문의 방법

증인이 출석하면 그 동일성을 확인하고 선서 후 증인신문에 들어가게 되는데, 민사소송법에 의하여 일정한 경우 증인신문의 제한(민사소송법 제304조 내지 제307조) 선서무능력(제322조), 선서의 면제(제323조), 선서거부권(324조), 증언 거부권(제314조,[261] 제315조[262]) 등이 인정된다. 증언을 거부한 증인은 그 사유를 소명하여야 하고(제316조), 법원은 그 사유가 옳은지를 당사자를 심문하여 재판한다(제317조 제1항).[263] 민사소송의 경우 선서거부권, 증언거부권의 고지에 관하여 는 명문의 규정이 없으므로 법원이 이를 고지하지 아니하였다고 하여도 위법이 아니나,[264] 친족관계에 있는지 여부 등은 물어서 선서거부 의사 유무를 확인하는 것 이 바람직하다.[265] 증인이 정당한 사유 없이 출석의무·선서의무·진술의무를 위반한 경우 과태료가 부과되거나 감치되고(민사소송법 제311조, 제318조), 구인될 수 있

---

261) 제314조(증언거부권)
　　증인은 그 증언이 자기나 다음 각호 가운데 어느 하나에 해당하는 사람이 공소제기되거나 유죄판결을 받을 염려가 있는 사항 또는 자기나 그들에게 치욕이 될 사항에 관한 것인 때에는 이를 거부할 수 있다.
　　1. 증인의 친족 또는 이러한 관계에 있었던 사람
　　2. 증인의 후견인 또는 증인의 후견을 받는 사람
262) 제315조(증언거부권)
　① 증인은 다음 각호 가운데 어느 하나에 해당하면 증언을 거부할 수 있다.
　　1. 변호사 · 변리사 · 공증인 · 공인회계사 · 세무사 · 의료인 · 약사, 그 밖에 법령에 따라 비밀을 지킬 의 무가 있는 직책 또는 종교의 직책에 있거나 이러한 직책에 있었던 사람이 직무상 비밀에 속하는 사항 에 대하여 신문을 받을 때
　　2. 기술 또는 직업의 비밀에 속하는 사항에 대하여 신문을 받을 때
　② 증인이 비밀을 지킬 의무가 면제된 경우에는 제1항의 규정을 적용하지 아니한다.
　　참고로 기자의 취재원 보호는 위 형사소송법 규정상으로는 인정되고 있지 않은데, 이에 관한 증언거부권 을 헌법상 언론 자유에 근거하여 인정하여야 하는지 여부에 관하여는 오보와 추측성 기사, 모략성 기사 가 난무하는 현실에 비추어 선별적으로 보호하는 것이 타당하다는 견해가 있다[호문혁(주 25), 550].
263) 그 재판에 불복이 있으면 즉시항고를 할 수 있다(제317조 제2항).
264) 대법원 1971. 4. 30. 선고 71다452 판결, 2011. 7. 28. 선고 2009도14928 판결 등. 이에 비하여 형사소 송법은 재판장의 증언거부권 고지의무를 규정하고 있음에 유의하여야 한다(형사소송법 제160조).
265) 법원행정처(주 7), 67.

다(제312조). 이러한 증인의무는 국가에 대한 공법상의 의무이지 증인을 신청한 당사자에 대한 사법상의 의무가 아니다.33)[266] 참고로 증인이 증언을 조건으로 소송의 일방 당사자로부터 통상적으로 용인될 수 있는 수준(예컨대 증인에게 일당 및 여비가 지급되기는 하지만 증인이 증언을 위하여 법원에 출석함으로써 입게 되는 손해에는 미치지 못하는 경우 그러한 손해를 전보하여 주는 정도)을 넘어서는 대가를 제공받기로 하는 약정은 증언거부권 유무와 상관없이 반사회적 법률행위로서 무효이다.[267]

(1) 신문의 순서[268]

우리 민사소송법은 증인신문은 증인을 신청한 당사자가 먼저하고 다음에 반대당사자가 한다고 하여(민사소송법 제327조 제1항), 교호신문을 원칙으로 하고 있다.[269] 다만, 재판장은 당사자의 신문이 끝난 뒤에 신문할 수 있고(제2항, 보충신문), 당사자의 신문 중에도 언제든지 개입하여 신문할 수 있다(제3항, 개입신문). 민사소송규칙 제89조 제1, 2항은 증인신문은 ① 증인신청을 한 당사자의 신문(주신문), ② 상대방의 신문(반대신문), ③ 증인신청자의 재신문(재주신문) 순서에 따르고, 그 후의 신문은 재판장의 허가를 받은 경우에 한하여 허용된다고 규정하고 있다. 재판장의 허가 없이 재주신문까지 진행할 수 있게 하여 당사자의 신문권을 보다 확대하여 보장하

---

266) 민일영·김능환(주 6), 228.
267) 대법원 2010. 7. 29. 선고 2009다56283 판결. 국민의 사법참여행위가 대가와 결부됨으로써 사법작용의 불가매수성 내지 대가무관성이 본질적으로 침해되기 때문이라고 한다.
268) 이하의 내용은 민사소송법령을 중심으로 설명하나, 형사소송법령도 유사한 내용으로 규정되어 있어 대부분의 내용은 형사소송에도 그대로 적용된다.
269) 그 연혁과 관련하여, 1960. 4. 4. 민사소송법 제정 당시에는 제298조 제1항에서 "증인은 재판장이 신문한다."고 하여 판사의 직권신문을 원칙으로 하였고, 제299조 제1항에서 "당사자는 재판장에게 고하고 증인을 신문할 수 있다."고 규정하여 당사자의 보충적 신문권을 인정하였다. 그런데 제정 다음 해인 1961. 9. 1. 개정으로 제298조 제1항은 "증인은 신청한 당사자가 먼저 이를 신문하고 다음에 다른 당사자가 신문한다." 라고 하여 교호신문을 원칙으로 하게 되었고, 현재에까지 이르게 되었다. 증인신문의 당사자주의를 규정한 것이라고 한다.

는 취지이다.[270] 재판장은 교호신문에 앞서 증인으로 하여금 그 사건과의 관계와 쟁점에 관하여 알고 있는 사실을 개략적으로 진술하게 할 수 있고(민사소송규칙 제89조 단서), 알맞다고 인정하는 때에는 당사자의 의견을 들어 신문의 순서를 바꿀 수 있으며(민사소송법 제327조 제4항),[271] 신문의 순서와 관계없이 도중에 언제든지 개입하여 신문할 수 있다(민사소송법 제327조 제3항). 소액사건의 경우 판사의 직권신문이 원칙으로 규정되어 있음에 유의하여야 한다(소액사건심판법 제10조 제2항[272]).

(2) 주신문

1) 주신문권자

증인을 신청한 당사자가 주신문을 하게 된다. 쌍방이 공동으로 신청한 증인 의 경우 신문 순서는 재판장이 정하여 주는 것이 보통이다.[273] 주신문을 할 당사자가 증인신문기일에 불출석한 경우에는 재판장이 그 당사자에 갈음하여 신문할 수 있다(민사소송규칙 제90조).

2) 주신문의 범위

주신문은 증명할 사항과 이에 관련된 사항에 관하여 한다(민사소송규칙 제91 조 제1항). 관련된 사항에는 간접적인 것도 포함되고, 증인의 증명력을 보강하기 위하여 필요한 사항도 포함된다.[274]

---

270) 법원행정처(주 7), 69
271) 이는 2002년 민사소송법 전문개정 당시 신설된 내용이다.
272) "증인은 판사가 신문한다. 그러나 당사자는 판사에게 고하고 신문할 수 있다."
273) 민일영·김능환(주 6), 314-315.
274) 법원행정처(주 7), 69. 이는 뒤에서 보는 바와 같이 미국에서 증인의 증명력이 탄핵되기 전에는 이를 보강할 수 없는 것과 대비된다.

3) 유도신문의 금지

의의

주신문에서 신문을 하는 사람이 희망하거나 기대하는 답을 암시하여 하는 유도신문은 원칙적으로 금지된다. 유도신문을 금지하는 이유로는 ① 증인이 자신을 증인으로 신청한 당사자와의 우호관계로 인하여 질문에 영합하는 답변을 함으로써 진술이 왜곡될 수 있다는 점, ② 증인의 기억이 신문하는 자의 암시에 의하여 왜곡될 가능성이 있다는 점, ③ 양 당사자는 법원에 판단자료를 제출함에 있어 평등한 기회를 보장받아야 하는데, 주신문자인 증인신청자는 증인과의 사전 면접이 허용되는 반면 반대신문을 하는 자는 증거개시제도가 마련되어 있지 않은 관계로 불평등한 상태에 있으므로, 그 시정을 위해 유도신문의 금지가 필요한 점 등이 거론된다.[275] 참고로 다툼이 있는 사실에 관하여 증언을 하지 않았는데도 이를 사실로 전제하고 하는 질문을 오도신문(誤導訊問, misleading question)이라 하는데,[276] 이는 유도신문의 일종으로 분류되기도 하나, 구분되는 개념으로 보아야 한다.[277] 오도신문에는 암시의 위험성과 함께 증인이 적절한 답변을 하기가 곤란하게 되고, 답변을 하였더라도 그 전제사실까지 인정한 것인지 확인하기 어려운 특수한 문제가 있다.

---

275) 사법연수원 교육발전연구센터, "유도신문 금지의 원칙에 관한 검토", 재판이론과 실무: 증거조사 (2010), 5-6.
276) 백형구·박일환·김희옥, 주석 형사소송법 I(제4판), 한국사법행정학회 (2009), 666. 계약이 체결되었는지 여부가 다투어지고 있고 이에 관해 증언을 하지 않았는데도 계약해제의 의사표시를 언제 하였는지 여부에 관하여 질문하는 경우, 폭행 여부가 쟁점인 사안에서 그 부분에 관하여 증언을 하지 않고 있는데 "피해자가 피고인으로부터 구타당한 뒤 병원으로 호송된 시각이 언제인가?"라고 질문하는 경우를 예로 들고 있다.
277) 권기훈, "형사소송에 있어서의 올바른 증인신문 방법", 재판자료 제110집 (2006), 327.

유도신문이 허용되는 경우

유도신문을 금지하는 이유가 위와 같다면, 이러한 폐해가 나타날 위험성이 적은 경우, 또는 그 위험성에도 불구하고 실체 진실 발견을 위해 판단자료를 획득할 필요성이 있는 경우에는 유도신문이 허용되어야 할 것이다.[278] 이와 관련된 민사소송규칙의 내용은 다음과 같다.

> 민사소송규칙 제91조 제2항[279]
> 주신문에서는 유도신문을 하여서는 아니 된다. 다만, 다음 각호 가운데 어느 하나에 해당하는 경우에는 그러하지 아니하다.
>
> 1. 증인과 당사자의 관계, 증인의 경력, 교우관계 등 실질적인 신문에 앞서 미리 밝혀둘 필요가 있는 준비적인 사항에 관한 신문의 경우
> 2. 증인이 주신문을 하는 사람에 대하여 적의 또는 반감을 보이는 경우
> 3. 증인이 종전의 진술과 상반되는 진술을 하는 때에 그 종전 진술에 관한 신문의 경우
> 4. 그 밖에 유도신문이 필요한 특별한 사정이 있는 경우

제1호, 제2호는 암시에 의한 진술의 왜곡이라는 유도신문의 폐해가 발생할 여지가 적은 경우이고, 제3호는 암시의 위험성에도 불구하고 탄핵의 필요성에 의하여 유도신문이 허용되는 경우이다.[280] 제4호의 예로는 증인이 어리거나 나이가 많아 기억이 불명확하거나 표현능력의 부족으로 정확한 표현을 못하는 경우, 증인이 증언을 회피하려고 하는 경우, 증인의 기억을 환기시키기 위한 경우 등이 거론된다.[281] 아동 증인의 경우, 기억의 환기를 위한 경우 등은 암시

---

278) 사법연수원 교육발전연구센터(주 42), 6.
279) 형사소송규칙 제75조 제2항도 유사하게 규정하고 있고, 다만 유도신문이 허용되는 사유에 "검사, 피고인 및 변호인 사이에 다툼이 없는 명백한 사항에 관한 신문의 경우(형사소송규칙 제75조 제2항 제2호)"가 추가되어있다. 이러한 사항의 경우 민사소송에서도 유도신문을 허용하지 않을 이유가 없다고 보인다.
280) 사법연수원 교육발전연구센터(주 42), 10.
281) 사법연수원 교육발전연구센터(주 42), 10. 민일영·김능환(주 6), 317에서는 이에 해당하는 예로 ① 복잡한 거래내용에 관하여 보다 세부적인 사항을 확인할 필요가 있는 경우, ② 증인이 연로하거나 어리거나 심신에 장애가 있는 등으로 기억하고 있는 것을 정확하게 표현하지 못하는 경우, ③ 증인이 증언을 회피하려고 하 는 경우 등을 들고 있다.

의 위험성이 있으나 실체 규명을 위한 필요성의 관점에서 유도신문이 허용되는 경우라고 하겠다. 재판장은 예외적으로 허용되는 경우를 제외한 유도신문은 제지하여야 하고, 유도신문이 허용되는 경우에도 그 방법이 상당하지 아니하다고 인정하는 때에는 제한할 수 있다(민사소송규칙 제91조 제3항).[282] 유도신문은 앞서 본 문제점 때문에 주신문에서는 물론 반대신문 및 그 후의 신문에서도 허용되어서는 안 된다.[283]

유도신문 금지의 원칙에 위반한 경우의 효과

유도신문이 허용되지 아니함에도 유도신문을 한 경우 또는 유도신문의 방법이 상당하지 아니한 경우 그 진술은 증거능력이 부정된다는 견해도 있으나, 증명력의 문제만 생긴다고 보아야 한다.[284]

(3) 반대신문

반대신문은 주신문에 나타난 사항과 이에 관련된 사항에 관하여 한다(민사소송규칙 제92조 제1항). 새로운 사항에 관하여 신문하고자 하는 때에는 재판장의 허가가 필요하고, 그 사항에 관하여는 주신문으로 간주된다(민사소송규칙 제92조 제4, 5항). 반대신문에서는 보통 증언의 신빙성을 약화시키기 위하여 ① 증인이 그 사실을 정확히 인식하지 못하였거나 인식할 수 없었던 상황에 있었던 점, ② 증인이 요증사실을 지금까지 기억할 것을 기대하기 어렵다는 점, ③ 증인이 신청인 측에 편향된 입장에 있어 중립적으로 진술하기 어렵다는 점, ④ 증인이 사실을 밝히지 않고 거짓 진술을 하고 있다는 점 등을 부각시키게 된다.[285] 교호신문제도 아래에서 반대신문권은 주신문의

---

282) 법원행정처(주 7), 70.
283) 권기훈(주 44), 327.
284) 백형구 · 박일환 · 김희옥(주 43), 666.
285) 법원행정처(주 7), 70.

상대방에게 주어지는 권리이므로, 반대신문의 기회가 보장되지 않은 증언 부분은 원칙적으로 증거로 쓸 수 없다고 해야 한다.[286] 증인은 반대신문자에 대하여 우호적이지 않은 경우가 보통이므로 필요한 때에는 유도신문을 할 수 있으나, 그 방법이 상당하지 아니하다고 인정되면 제한될 수 있다(민사소송규칙 제92조 제2항, 제3항). 유도신문이 금지되는 취지에 비추어 증인이 반대신문에 영합적인 진술을 할 태세를 보이는 등의 사정이 있는 경우에는 반대신문에서도 제한이 필요하다.

(4) 재주신문 및 그 후의 신문

반대신문이 종료하면 주신문자는 다시 반대신문에 나타난 사항과 이와 관련 된 사항에 관하여 신문할 수 있는데(민사소송규칙 제93조 제1항), 이러한 재주신문은 기본적으로 주신문의 예에 따르므로 원칙적으로 유도신문이 금지된다(제2항). 새로운 사항을 신문하고자 하는 때에 관하여는 반대신문의 경우와 같다(제3항). 따라서 이러한 경우에는 다시 상대방에게 반대신문의 기회를 주어야 한다.[287] 재주신문이 끝난 후에 당사자는 재판장의 허가를 받은 때에만 다시 신문할 수 있다(민사소송규칙 제89조 제2항). 즉, 재반대신문부터는 재판장의 허가를 받아야 가능하다.

---

286) 민일영·김능환(주 6), 320-321. 그러나 반대신문을 할 당사자가 정당한 이유 없이 불출석하여 반대신문권을 행사하지 않은 경우나 증인의 건강 악화 등 불가피한 사정으로 반대신문의 기회를 부여할 수 없었던 경우에는 예외라고 한다.
287) 법원행정처(주 7), 71.

(5) 쟁점별 증인신문

재판장은 정리된 쟁점별로 주신문, 반대신문, 재주신문의 순서에 따라 신문하게 할 수 있다(민사소송규칙 제89조 제3항). 쟁점별 증인신문은 쟁점이 다양하고 복잡한 반면 쟁점 사이에 밀접한 관련성이 없는 사건에서 하나의 쟁점에 관하여 주신문, 반대신문, 재주신문을 순서대로 실시하여 그 쟁점에 관한 신문을 일단락 짓고 나서 다음 쟁점에 관한 신문을 순차 진행하는 방식이다. 사건의 쟁점이 구체적으로 부각되고 쟁점을 중심으로 한 효율적이고 입체적인 증인신문이 이루어져 실체적 진실 발견에 유리하고, 신문시간을 단축하며, 핵심 사항에 대한 신문 누락을 방지할 수 있다는 점 등이 장점으로 거론된다.[288]

(6) 탄핵

주신문·반대신문·재주신문 과정에서 당사자는 증언의 증명력을 다투기 위하여 필요한 사항에 관한 신문을 할 수 있다(민사소송규칙 제94조 제1항). 이러한 탄핵신문은 증인의 경험·기억 또는 표현의 정확성 등 증언의 신빙성에 관련된 사항 및 증인의 이해관계·편견 또는 예단 등 증인의 신용성에 관련된 사항에 관하여하게 된다(제2항).[289] 이러한 사항의 신문도 함부로 증인을 모욕하거나 증인의 명예를 해치는 내용의 신문까지 허용하는 것은 아니므로, 그러한 내용의 신문에 대하여 는 당사자나 증인은 이의를 신청할 수 있고, 재판장은 신문을 제한할 수 있다(제95조 제2항 제1호).

---

288) 법원행정처(주 7), 71.
289) 형사소송규칙 제77조에서도 동일한 내용을 규정하고 있다.

(7) 보충신문과 개입신문

재판장은 원칙적으로 양쪽 당사자의 신문이 끝난 후 증인을 신문할
수 있고(민사소송규칙 제327조 제2항, 보충신문), 필요하다고 인정하
면 당사자의 신문 도중에 언제든지 증인을 신문할 수 있다(제3항,
개입신문). 합의부원은 재판장에게 알리고 신문할 수 있다(제6항).

(8) 신문의 방식에 관한 제한

증인에 대한 신문은 가능한 한 개별적이고 구체적으로 하여야 한다
(민사소송규칙 제95조 제1항).[290] 재판장은 신문이 중복되거나 쟁
점과 관계가 없는 경우(민사소송법 제327조 제5항), 또는 ① 증인
을 모욕하거나 증인의 명예를 해치는 내용의 신문 ② 주신문, 반대
신문, 재주신문, 증언의 증명력을 다투기 위하여 필요한 신문에 관
한 민사소송규칙 제91조 내지 제94조의 규정에 어긋나는 신문 ③
의견의 진술을 구하는 신문 ④ 증인이 직접 경험하지 아니한 사항
에 관하여 진술을 구하는 신문을 하는 경우 등에는 이를 제한할
수 있다(민사소송규칙 제95조 제2항).[291] 다만 ② 내지 ④의 신문
에 관하여 정당한 사유가 있는 때에는 제한할 수 없는데, 예컨대
의견의 진술을 구하는 신문이라도 경험사실로부터 일반적으로 추측
되는 사항을 진술하는 경우, 증인이 직접 경험하지 아니한 사항이
라도 반대신문에서 진술의 증명력을 다투기 위하여 가정적으로 신
문하는 경우 등에는 정당한 사유가 인정될 여지가 있다.[292] 민사소

---

290) 형사소송규칙 제74조 제1항의 내용도 유사하다.
291) 형사소송규칙 제74조 제2항은 금지되는 신문을 다음과 같이 나열하고 있다.
    1. 위협적이거나 모욕적인 신문
    2. 전의 신문과 중복되는 신문
    3. 의견을 묻거나 의논에 해당하는 신문
    4. 증인이 직접 경험하지 아니한 사항에 해당하는 신문
    민사소송규칙과 그 내용이 일부 다른 부분이 있으나, 이러한 신문을 제한할 필요성은 민·형
    사를 아울러 공통된다고 보인다.

송법 제327조 제5항은 "······그 밖에 필요한 사정이 있는 때에 재판장은 당사자의 신문을 제한할 수 있다."라고 포괄적으로 규정하고 있는바, 재판장이 제한할 수 있는 신문은 위에서 본 것에 한정되지 않는다.

(9) 문서 등에 의한 신문

증인의 증언은 법정에 출석하여 말로 하여야 하며 서류를 보면서 진술하지 못하나(민사소송법 제331조 본문), 당사자는 재판장의 허가를 받아 문서·도면·사진·모형·장치, 그 밖의 물건을 이용하여 신문할 수 있다(위 조항 단서, 민사소송규칙 제96조 제1항).[293] 이 경우 문서 등이 증거조사를 하지 아니한 것인 때에는 당사자 사이의 공평과 상대방의 신문의 편의 등을 고려하여, 신문에 앞서 상대방에게 열람할 기회를 주어야 하나, 상대방의 이의가 없는 때에는 그러하지 아니하다(민사소송규칙 제96조 제2항). 재판장은 조서에 붙이거나 그 밖에 다른 필요가 있다고 인정하는 때에는 당사자에게 문서 등의 사본(사본으로 제출할 수 없는 경우에는 그 사진이나 그 밖의 적당한 물건)을 제출할 것을 명할 수 있다(제3항).

---

292) 법원행정처(주 7), 72-73.
293) 형사소송에서는 증인에 대하여 서류 또는 물건의 성립, 동일성 기타 이에 준하는 사항에 관한 신문을 하는 경우, 증인의 기억이 명백치 아니한 사항에 관하여 기억을 환기시켜야 할 필요가 있고 재판장의 허가를 얻은 경우, 증인의 진술을 명확히 할 필요가 있는 경우 등에 문서 등을 제시하는 방법에 의한 신문을 할 수 있다(형사소송규칙 제82조, 제83조, 제84조). 증인의 기억이 명백하지 아니한 사항에 관하여 기억을 환기시켜야 할 필요가 있다고 인정되는 때에도 증인의 진술을 내용으로 하는 영상녹화물을 재생하여 시청하게 할 수 있다(형사소송법 제318조의2 제2항).

(10) 격리신문과 그 예외

증인은 따로따로 신문하여야 하고(민사소송법 제328조 제1항), 신문하지 아니한 증인이 법정 안에 있을 때에는 나가도록 명하여야 하나(민사소송법 제328조 제2항 본문), 필요하다고 인정한 때에는 신문할 증인을 법정 안에 머무르게 할 수 있다(제328조 제2항 단서). 위 조항은 증인이 다른 증인의 증언에 의하여 영향을 받는 것을 방지하기 위한 취지이다. 그러나 ① 허위의 진술 또는 부정확한 진술을 방지하고 증인의 기억을 환기하는 데 도움이 되고, ② 다른 증인 간의 진술의 차이를 부각시키기 용이하며, ③ 도입적 신문이나 중복적 신문을 생략하는 데에도 도움이 되는 경우에는 재정의 필요성이 있다고 볼 여지가 있다.[294] 법정 안에 있는 특정인 앞에서는 충분히 진술하기 어려운 현저한 사유가 있을 때에는 재판장은 당사자의 의견을 들어 그 증인이 진술하는 동안 그 사람을 퇴정시킬 수 있다(민사소송규칙 제98조).

(11) 증인의 대질

재판장은 필요하다고 인정한 때에는 증인 서로의 대질을 명할 수 있고(민사소송법 제329조), 당사자 서로의 대질 또는 당사자와 증인의 대질을 명할 수도 있다(제368조). 이는 격리신문 원칙의 중요한 예외가 된다.[295] 대질을 명할 것인가 아닌가는 재판장의 재량이고 당사자는 대질신문을 요구할 권리가 없으므로, 당사자의 대질신문 신청은 재판장의 직권 발동을 촉구하는 의미만 있다.[296]

---

294) 법원행정처(주 7), 73-74. 다만, 재정의 장점이 단점을 능가하는 경우에 한하여 재정을 허용하여야 한다.
295) 이순동(주 3), 546.
296) 민일영 · 김능환(주 6), 336.

(12) 이의신청의 처리

앞서 본 바와 같이 재판장은 증인신문의 순서를 바꿀 수 있고(민사소송법 제327조 제4항), 허용되지 않는 유도신문을 제한하여야 한다(제91조 제3항). 그 밖에 도 민사소송규칙 제95조 제2항 등에 의하여 적절하지 않은 신문을 제한할 수 있다. 증인신문에 관한 재판장의 이러한 명령 또는 조치에 대하여 당사자는 바로 이유를 구체적으로 밝혀 이의할 수 있고, 당사자의 이의에 대하여 법원은 바로 결정으로 재판하여야 한다(제97조 제1항, 제2항). 그 결정은 소송지휘에 관한 재판으로 독립하여 불복이 허용되지 않고, 종국판결에 대하여 상소한 다음 그 위법을 주장하여 해당 증언의 증거력을 다투는 수밖에 없다.[297] 실무상 당사자가 재판장의 명령, 조치가 아닌 상대방의 신문에 대하여 이의를 제기하는 경우가 있는데, 이는 재판장의 직권발동을 촉구하는 것으로서 따로 판단할 필요가 없다.[298]

(13) 수명법관·수탁판사에 의한 증인신문

법원은 ① 증인이 정당한 사유로 수소법원에 출석하지 못하는 때, ② 증인이 수소법원에 출석하려면 지나치게 많은 비용 또는 시간을 필요로 하는 때, ③ 그 밖의 상당한 이유가 있는 경우로서 당사자가 이의를 제기하지 아니하는 때 중 어느 하나에 해당하면 수명법관 또는 수탁판사로 하여금 증인을 신문하게 할 수 있다(민사소송법 제313조). 수소법원이 직접 법정에서 증거조사, 증인신문을 하는 것이 직접 주의·공개주의의 요청에 충실한 것이지만, 그 원칙을 관철하려고 하면 법원과 소송관계인의 노력, 비용이 지나치게 요구

---

297) 민일영 · 김능환(주 6), 332.
298) 민일영 · 김능환(주 6), 330-331. 그러나 제5장 제5절 II. 4.에서 보는 바와 같이 이러한 이의에 대하여도 신문하는 자에게 의견을 물은 후 적절한 조치를 취하는 것이 바람직하다.

될 수 있다. 이러한 경우 수명법관 또는 수탁 판사가 법원 외에서 증거조사를 할 수 있다고 규정한 것이 민사소송법 제297조이고, 위 조문은 제297조의 증인신문에 관한 특별규정이다.[299] 병환 등의 사유로 거동하기 어려운 증인에 대하여 임상 신문하는 경우 등이 그 예가 될 것이다.[300] 수명법관 또는 수탁판사는 검증에 필요하다고 인정할 때에도 증인을 신문할 수 있다(제365조).

---

299) 민일영 · 김능환(주 6), 274-275.
300) 민일영 · 김능환(주 6), 276.

6. 비디오 등 중계장치에 의한 증인신문 절차 도입

2016. 3. 29. 민사소송법이 개정되어 제327조의2로 비디오 등 중계장치에 의한 증인신문 절차의 근거 규정이 신설되었다.[301] 2016. 9. 30. 시행 예정이고, 시행 당시 법원에 계속 중인 사건에도 적용된다(부칙 제2조).

> **민사소송법 제327조의2(비디오 등 중계장치에 의한 증인신문)**
> ① 법원은 다음 각 호의 어느 하나에 해당하는 사람을 증인으로 신문하는 경우 상당하다고 인정하는 때에는 당사자의 의견을 들어 비디오 등 중계장치에 의한 중계시설을 통하여 신문할 수 있다.
> 1. 증인이 멀리 떨어진 곳 또는 교통이 불편한 곳에 살고 있거나 그 밖의 사정으로 말미암아 법정에 직접 출석하기 어려운 경우
> 2. 증인이 나이, 심신상태, 당사자나 법정대리인과의 관계, 신문사항의 내용, 그 밖의 사정으로 말미암아 법정에서 당사자 등과 대면하여 진술하면 심리적인 부담으로 정신의 평온을 현저하게 잃을 우려가 있는 경우
> ② 제1항에 따른 증인신문은 증인이 법정에 출석하여 이루어진 증인신문으로 본다.
> ③ 제1항에 따른 증인신문의 절차와 방법, 그 밖에 필요한 사항은 대법원규칙으로 정한다.

---

301) 감정인, 감정증인에 대해서도 이러한 방식에 의한 신문이 가능하게 되었다(위 개정 민사소송법 제339조의3, 제340조 단서).

민사소송규칙 제95조의2(비디오 등 중계장치에 의한 증인신문)

① 법 제327조의2에 따른 증인신문은 증인을 법정 아닌 곳으로서 비디오 등 중계장치에 의한 중계시설이 설치된 곳에 출석하게 하고, 영상과 음향의 송수신에 의하여 법정 안의 법관, 당사자, 그 밖의 소송관계인과 법정 밖의 증인이 상대방을 인식할 수 있는 방법으로 한다.

② 제1항의 비디오 등 중계장치에 의한 중계시설은 법원 안에 설치하되, 필요한 경우 법원 밖의 적당한 곳에도 설치할 수 있다.

③ 제96조 제1항에 따라 증인을 신문하는 경우 문서 등의 제시는 비디오 등 중계장치에 의한 중계시설 또는 「민사소송 등에서의 전자문서 이용 등에 관한 규칙」 제2조 제1호에 정한 전자소송시스템을 이용하거나 모사전송, 전자우편, 그 밖에 이에 준하는 방법으로 하여야 한다.

④ 법 제327조의2에 따라 증인을 신문한 때에는 그 취지와 증인이 출석하여 진술한 곳을 조서에 적어야 한다.

그 취지는 증인이 법정에 직접 출석하지 않고서도 비디오 등 중계장치에 의한 중계시설을 통하여 신문 절차를 진행할 수 있도록 한 것으로서, 증거조사 절차의 편리성과 효율성을 도모하고 증인 등을 배려하기 위한 것이다. 이로써 증인의 진술 태도 등을 직접 관찰하여 그 신빙성을 판단할 수 있는 기회나 상대방 당사자의 반대신문권이 사실상 제한될 수 있다는 비판이 가능하겠으나, 핵심적 증인이 물리적, 심리적 장애 때문에 법정에 출석하여 제대로 증언을 할 수 없는 경우를 상정하면 일정한 사유가 인정될 경우 이러한 방식의 신문을 허용하는 것이 실체 진실 규명에 도움이 될 수 있다.

위 규정은 아동, 성폭력 피해자 등 심리적으로 취약한 증인을 보호할 필요성 에 근거하여 도입된 형사소송법 제165조의2[302])에 대응하는 것이나, 위 제1항 제1호의 사유는 증인의 편의를 보다 폭넓게 고려한 것이다. 형사소송에 있어서는 피고인에게 불리한 증인의 경우 반대신문권을 보다 엄격히 보장해야 할 필요성이 있으므로, 영상 전송에 의한 증인신문을 할 수 있는 사유를 민사소송에 있어서와 같이 폭넓게 인정하기는 어려울 것으로 보인다.

---

302) 형사소송법 제165조의2(비디오 등 중계장치 등에 의한 증인신문)
　　법원은 다음 각 호의 어느 하나에 해당하는 자를 증인으로 신문하는 경우 상당하다고 인정하는 때에는 검사와 피고인 또는 변호인의 의견을 들어 비디오 등 중계장치에 의한 중계시설을 통하여 신문하거나 차폐(遮蔽)시설 등을 설치하고 신문할 수 있다.
　　1.「아동복지법」제71조제1항제1호부터 제3호까지에 해당하는 죄의 피해자
　　2.「아동·청소년의 성보호에 관한 법률」제7조, 제8조, 제11조부터 제15조까지 및 제17조제1항의 규정에 해당하는 죄의 대상이 되는 아동·청소년 또는 피해자
　　3. 범죄의 성질, 증인의 연령, 심신의 상태, 피고인과의 관계, 그 밖의 사정으로 인하여 피고인 등과 대면하여 진술하는 경우 심리적인 부담으로 정신의 평온을 현저하게 잃을 우려가 있다고 인정되는 자
　　참고로 이러한 방식의 신문에서 증인의 보호를 위하여 필요하다고 인정하는 경우 재판장은 피고인과 증인 사이의 영상을 통한 대면을 금지시킬 수도 있고(형사소송규칙 제84조의5 제1항 단서), 심리를 공개하지 않을 수도 있으며(제84조의6), 법원은 신뢰관계에 있는 자를 증언실에 동석하게 할 수도 있다(제84조의7).

7. 증언의 신빙성 평가 문제

우리 민사소송법, 형사소송법은 사실인정에 있어 자유심증주의를 취하고 있다(민사소송법 제202조, 형사소송법 제308조). 이는 증거의 신용성 유무와 증명력 유무에 관하여 모두 적용되는 것으로서,[303] 사실인정에 있어 증거의 취사판단을 법관에게 일임한다는 것이 본질이다.[304] 따라서 증인의 증언 중 일부를 신용하고 일부를 배척하는 것도 법관의 자유심증에 의한 판단에 맡겨진다.[305]

그러나 한편으로 자유심증주의는 법관의 자의에 의한 판단을 허용하는 것은 아니고, 논리와 경험법칙의 제한을 받는다. 증언의 취사에 관한 판단이 경험칙에 위반되었다고 지적한 판례도 다수 보인다. 대법원이 증언의 신빙성 판단 요소에 관하여 언급하면서 그 판단 방법을 상세하게 설시한 예도 다수 있다. 이러한 내용은 모두 증언의 신빙성 평가에 있어서만이 아니라 증인신문에서 소송지휘권을 행사하고 직권신문을 행함에 있어서도 좋은 착안점이 된다고 할 수 있다. 또한 진술의 신빙성을 평가함에 있어 일반적으로 진술자가 진술의 대상이 되는 사실에 대해 인식하거나 알 수 있는 적정한 기회를 가졌는지(인식의 과정), 진술의 대상이 되는 사실에 대해 명확하게 기억하고 있는지(기억의 정도), 진실을 말하려고 하는지(진실성), 자신이 사용하는 단어의 통상적인 의미를 이해하고 있는지(모호성) 등을 점검해야 한다고 논하여지기도 한다.[75] 이러한 내용들 또한 오류 발생가능성을 최소화하고 정확한 증언을 확보하는 방향으로 증인신문을 진행하는데에 도움이 될 수 있는 것들이다.

---

303) 자유 판단의 대상은 증거의 '증명력(광의)'으로서, 이는 요증사실과의 관계를 떠나 증거 그 자체가 진실일 가능성을 의미하는 '신용성' 내지 '신용력'과 신용성을 전제로 요증사실의 존재를 인정하게 하는 힘을 의미하는 '증명력(협의)'으로 구분하여 논할 수 있다.
304) 민일영·김능환, 주석 민사소송법 III (제7판), 한국사법행정학회 (2012), 205.
305) 대법원 1968. 9. 30. 선고 68다1504 판결.

제4편
조사자 법정증언제도

제4편 조사자 법정증언제도

제1장 한국의 조사자 법정증언제도

1. 한국의 조사자 법정증언제도

공소제기 전 피고인을 피의자로 조사하였거나 그 조사에 참여했던 사람이 공판준비 또는 공판기일에 피고인의 진술을 내용으로 하는 진술은 형사소송법 316조 1항에 규정되어 있다. 기존 판례의 입장은 舊형사소송법 제312조 제2항의 취지에 따라 사법경찰관이 작성한 피의자신문조서는 피고인이 공판정에서 그 내용을 부인 할 경우 증거능력이 부정되었고, 동 조항의 취지에 따라 피고인을 조사 했던 사법경찰관의 법정증언도 피고인이 내용을 부인하는 한 증거능력이 인정되지 않았다.[306] "경찰관 작성 피의자신문조서의 증거능력에 관한 법원의 판례를 고려해 보더라도 경찰관 법정증언의 필요성과 중요성은 더욱 확대 될 것이다. 실제 배심제가 확립된 영미국가에서의 경찰관 법정증언은 필수적·일상적 절차이고, 참심제를 시행하는 국가에서도 이는 실체적 진실발견에 필요한 절차이다. 더욱이 미국의 판례에서는 예외적인 경우 검사의 증인적격까지 인정한 경우가 있다. 또한 배심원과 법관의 면전에서 행하는 사건 현장의 생생한 표현과 피의자 수사과정에서의 목격담을 증언하는 것은 사건의 진실발견에 관한 배심원들의 판단에 큰 영향을 미칠 수 있다. 따라서 법정에서 증언하는 경찰관은 자신들의 수사내용과 이에 대한 증언의 신빙성을 높일 수 있도록 증언의 태도와 증언의 내용에

---

[306] 대법원 1979. 5. 8. 선고 79도493 판결(공1979, 11858); 대법원 1980. 8. 12. 선고 80도1364 판결(공1980, 12855); 대법원 1985. 2. 13. 선고 84도2897 판결(공1994하, 2550);대법원 1994. 9. 27. 선고 94도1905 판결(공1997상, 1784); 대법원 1995. 3. 24. 선고 94도2287 판결(공2000상,413); 대법원 2002. 8. 23 선고 2002도2112 판결 등.

유의하여야 한다.[307)"조사자 법정증언제도(형사소송법 제316조 제1항) 도입은 종래 경찰관이 작성한 피의자신문조서는 피고인이 법정에서 내용을 부인하면(조서의 기재내용이 객관적 진실에 부합하지 않는다고 진술하면) 증거능력이 없었다. 검사는 이에 대비하여 피고인이 내용을 부인하더라도 증거능력이 있는 검사작성 피의자 신문조서를 작성하기 위하여 피의자를 소환하여 재차 자백진술을 받아 왔다. 조사자 증언제도가 도입됨에 따라 경찰작성 피신조서가 조사자의 법정증언 형태로 증거로 사용될 수 있게 되어 경찰수사에 대하여 사실상 증거능력을 인정함으로써 책임수사가 가능하게 되었다.[308)

가. 허와 실

알렉시스라는 아이가 두 컵 분량의 세제를 마신 채 병원에 실려 왔다. 실수로 마셨다고 보기엔 많은 양이었다. 특수수사대 앨리엇 형사는 아이 엄마인 캐런을 용의자로 지목했다. 캐런이 입양한 알렉시스를 못마땅하게 여겼다는 고모의 진술이 있었다. 재판에 넘겨진 캐런이 혐의를 부인하자 앨리엇 형사는 '사건 조사자'자격으로 증언대에 서서 수사 과정에서 드러난 유죄 가능성을 적극 진술한다. 1990~2010년 방영된 미국 인기 드라마'로 앤 오더'의 한 장면이다. 미국 사법체계의 모습을 그린 이 드라마는 법정에서 경찰의 역할을 강조한다. 법정 공방 장면이 많은데 빠지지 않고 등장하는 증인이 경찰이다. 미국 사법제도는 형사사건에서 경찰을 '첫 번째 목격자'로 인정하는 경우가 많다. 경찰의 법정 증언이 활발하게 이뤄지고 검사가 사전에 경찰관을 면담해 증언을 준비하는 관행도 자리 잡았다. 한국도 공판중심주의가 강화되면서 경

---

307) 한인섭,"국민참여재판과 경찰관 법정증언제도", 치안정책연구소 용역연구과제 연구특집 논문 요약 제7호, 2008.11.3.1자 참조.
308) 경찰청 수사국 수사연구관실, "경찰관 법정증언 매뉴얼", 2015, 7면.

찰 조사과정에서 유죄를 인정한 피의자가 재판에 넘겨진 뒤 이를 번복하는 경우가 많아지자 2008년'조사자 증언제도'를 도입했다. 하지만 운용상의 한계를 드러내며 헛바퀴만 돌고 있다. 재판에 불려나온 경찰은 '꿀 먹은 벙어리'가 되기 일쑤다. 이 제도에 대한 검사·변호사·판사의 시선이 다 다르기 때문이다. 전 서울시의원의 '재력가 청부살인 사건' 3차 공판이 열린 서울남부지법에서 김 전 의원을 직접 조사했던 서울강서경찰서 강력2팀 김모 경사가 법정에 증인으로 섰다. 김 전 의원은 조사 과정에서 작성한 피의자 신문조서 내용을 모두 부인한 상태였다. 검찰에 송치된 뒤론 줄곧 묵비권을 행사해 왔다. 검찰은 김 전 의원을 조사한 김 경사를 법정에 세워 그 신문조서의 신빙성을 알릴 생각이었다. 김 경사는 형사 생활을 하면서 처음으로 증언대에 섰다. 증인 신문이 시작되자마자 김 경사의 증언은 벽에 부딪혔다. 김 전 의원 변호인은 "이의 있습니다"를 외친 뒤 "경찰관의 피의자 신문조서는 피의자가 부인하게 되면 증거 능력이 없는데 조사한 경찰관을 불러 똑같이 읊게 하면 무슨 의미가 있냐"고 말했다. 검사가 즉각 "그래서 조사자 증언제도가 있는 것"이라며 반박했지만, 재판장은 "(조사자 증언제도가) 논란의 여지도 있고 아직 체계적으로 확립이 안 돼 있다"며 변호인 의견을 받아들였다. 김 경사는 증언은 하지도 못한 채 앉은 지 10여분 만에 일어나야 했다. 형사사건을 전문으로 하는 한 변호사는 "2000여건 형사사건을 진행하면서 조사자 증언제도를 해본 적이 한 번도 없다"며 "몇 번 신청해본 적은 있지만 법원에서 받아들여지지 않았다"고 말했다. 전문가들은 피고인의 진술 번복이 늘어나는 추세인 만큼 이 제도가 효율적으로 운영돼야 한다고 지적했다. A변호사는 "재판에서 피고인이 부인해 버리면 경찰의 신문조서는 휴지조각이 된다"며 "피고인이 반발하더라도 부인한 내용을 조사자를 통해 듣는 게 실체적 진실 발견에 필요하다면 이를 적극적으로 받아들이도록 법원이 노력할

필요가 있다"고 말했다.[309]

나. 피고인의 자백을 수사관이 법정에서 증언한 경우 유죄여부

경찰조사 과정에서 피고인의 진술내용(자백)을 경찰관이 법정에서 증언한 경우 이를 근거로 유죄판결을 할 수 있는지 문제될 수 있다. 이 경우 피고인이 경찰 조사 당시 자백하였다는 증언은 사실상 피고인의 수사단계에서의 자백[310]과 동일한 것이므로 형사소송법 제310조에 의한 보강증거가 필요한 것으로 해석하는 것이 타당하다. 왜냐하면 조사자 증언제도를 도입하였다 하여 자백에 대한 보강증거의 법칙이 배제되는 것은 아니며, 조사자 증언제도와는 별도로 자백에 대한 보강증거법칙은 헌법 제12조 제7항 후단과 형사소

---

309) 황인호, "7년째 헛도는 '조사자 증언제도' 증인석 불려나온 경찰관만 뻘쭘", 국민일보, 2014.11.29.자. 전문 게재.
http://news.kmib.co.kr/article/view.asp?arcid=0922863245&code=11131900&cp=nv

310) 자백(自白, confession)? 피고인 또는 피의자가 범죄사실 및 자기의 형사책임을 인정하는 진술을 말한다. 이러한 자백에 있어서 진술을 하는 자의법률상의 지위는 문제되지 않는다. 피고인의 진술뿐만 아니라 피의자나 증인·참고인의 진술도 모두 자백에 해당한다. 그리고 진술의 형식이나 상대방도 묻지 않는다. 사람은 자기가 형사책임을 져야 할 사실을 고백하는 것은 정말 어찌할 수 없는 경우에 한하는 것이 보통이다. 따라서 자백은 그만큼 진실을 말하는 것으로 생각되어졌다.
옛날부터 「자백은 증거의 왕(王)」이라고 일컬어졌던 것은 자백의 증명력이 절대적이었음을 뜻하는 것이다. 그러나 한편으로는 자백이 의심스러운 경우도 없는 것은 아니다. 수사관의 마음에 들기 위해 자진해서 허위의 자백을 하거나, 강제에 의한 자백이 행하여진 예도 결코 적다고 할 수 없다. 따라서 자백만으로써 유죄가 된다고 하면 오판의 위험이 클 뿐만 아니라 수사기관이 피의자에게 자백을 강요하기 위하여 고문 등의 행위를 할 위험도 적지 않다. 그와 같은 오판위험의 방지와 강제·고문 등에 대한 인권의 보장이라는 쌍방의 견지에서 헌법 및 형소법은 임의성이 없는 자백 또는 임의성이 의심스러운 자백의 증거 능력을 부정하고, 또한 비록 임의성이 있는 자백이라도 자백이 피고인에게 불이익한 유일한 증거인 경우에는 이를 유죄의 증거로 하지 못하도록 규정하고 있다(헌법 제12조 7항, 형사소송법 제309, 310조). 임의성이 없는 자백의 부정은 증거능력의 문제인 데 대하여 자백이 유일한 증거인 경우의 유죄의 금지는 자유심증주의에 대한 예외의 문제이다. 후자는 법관이 자백만으로써 충분하게 유죄의 심증을 얻었다 하더라도 다른 증거, 즉 보강증거가 없는 한 유죄인정을 해서는 안 된다는 것이다. 이런 의미에서 자백의 증명력이 법적으로 제한을 받는다고 할 수 있다.
https://terms.naver.com/entry.nhn?docId=3654458&cid=42131&categoryId=42131

송법 제310조에 의하여 당연히 적용되는 것이다.[311] 경찰에서 피의자의 자백을 확보하고, 그 자백을 경찰조서에 일단 기재한다. 검사가 다시 한 번 피의자의 자백을 얻어 검찰조서에 기재한다. 수사시 얻은 증거는 일단 변호인에게 제공하지 않은 채 기소를 한다. 법정에서 자백사실은 조서제출을 통해 법관에게 전달한다. 조서 및 관련증거를 법정에서 변호인에게 전달한다.[312] 실제로 우리나라의 자백율은 통상 90%를 넘는다.[313] 지금까지 유죄판결을 받은 사건에서 자백의존도는 그만큼 절대적이었다고 할 수 있다. 그러나 여러 측면에서 이러한 자백위주의 수사도 앞으로 많은 벽에 부딪칠 가능성이 높다. 우선 앞서 밝혔듯이 국민참여재판은 수사의 투명성과 적법성의 보장을 요청하고 있다. 투명성과 적법성이 보장되지 않은 수사는 공판과정에서 철저히 공격받고 오히려 그로 인해 피고인이 무죄판결을 받게 될 가능성을 높여준다. 아울러 배심원이 존재하는 공판에서 는 자백이 담긴 검사작성의 피의자신문조서보다는 물적 증거와 증인의 진술이 중요시된다. 배심원들은 서류보다는 물적 증거와 증언에 집중할 것이기 때문이다. 또한 개정 형사소송법은 피의자신문에 변호인참여권을 제243조의2[314] 에서 명문으로 규정하고 있다. 변호인이 신문과정에서 법적 조언을 하거나 법적 권리를 환기시킬 수 없도록 제한을 두고 있기는 하지만 이전보다 진일보한 것이고 법개정으로 인해 변호인 참여가 증가할 것은 틀림이 없을 것이다.[315] 그리고 진술거부권의 실질적 보장을 위해 기존 피

311) 류장만, "조사자 증언제도 연구 -미국 실태를 중심으로", 『법조』2008, 5(vol.620), 322-333면.
312) 한인섭, "국민참여재판 하에서 경찰 역할의 변화", 『형사정책』 제18권 제2호, 2006, 540면.
313) 경찰청 수사국, 『범죄분석』, 통권 제31호, 2008, 830~831면. 이 자료에 따르면 자백율 77.1%, 일부 자백 17.7%를 합하면 경찰수사단계 자백율은 94.8%에 이른다.
314) 형사소송법 제243조의 2(변호인의 참여 등) 검사 또는 사법경찰관은 피의자 또는 그 변호인·법정대리인·배우자·직계친족·형제자매의 신청에 따라 변호인을 피의자와 접견하게 하거나 정당한 사유가 없는 한 피의자에 대한 신문에 참여하게 하여야 한다. 신문에 참여한 변호인은 신문 후 의견을 진술할 수 있다. 다만, 신문 중이라도 부당한 신문방법에 대하여 이의를 제기할 수 있고, 검사 또는 사법경찰관의 승인을 얻어 의견을 진술할 수 있다.
315) 우리나라 수사과정에서 형사피의자 조사에 변호인 입회비율은 1%에도 못 미치는 0.08%(2010

의자 신문조서에 인쇄되어 제시된 진술거부권의 고지방법이 별도의 용지에 작성하고 서명하는 방식으로 변화하는 등 진술거부권의 보장을 보다 확실하게 강화하는 방향으로 개정되었다. 이러한 변화들은 증거의 중심을 자백위주에서 물증으로 이동시키는 역할을 하게 될 것이다. 피의자를 상대로 밀실에서 자백을 받아내는 수사방식은 존속하기 어렵게 되고 과학적 수사기법을 통해 증거를 확보하는 것이 보다 중시된다는 것이다. 국민참여재판은 피고인의 권리를 강화하고 실질화하는 지렛대 역할을 할 수 있고 수사기관들은 자백의존도를 벗어나 '과학성'과 '경제성'의 토대 위에서 증거수집을 위한 수사기법을 재구축해야 할 과제를 안고 있다고 할 것이다.[316][317]

대법원 1983. 9. 13. 선고 83도712 판결

[살인·사체은닉·절도][집31(5)형,19;공1983.11.1.(715),1528]

【판시사항】

가. 임의성 있는 자백과 신빙성

나. 자백의 신빙성 유무의 판단기준

다. 객관적 상황에 맞도록 수차에 걸쳐서 한 자백진술의 변경과 동 자백의 신빙성

라. 일정한 증거 등이 발견되면 자백하기로 한 약속하에 된 자백의 임의성

마. 거짓말탐지기의 검사결과에 대하여 증거능력을 인정하기 위한 전제요건

년 기준)라고 한다; 이영돈, "경찰수사단계에서 체포된 피의자의 법적 지위에 관한 연구", 서울대학교 박사학위논문, 2011, 249면.

316) 한인섭, 앞의 논문(국민참여재판 하에서 경찰 역할의 변화), 545면.

317) 이기수, "경찰관 법정증언의 실태와 개선방안", 치안정책연구소 책임연구보고서, 2012, 7~9면 부분게재.

　가. 자백의 임의성이 인정된다고 하더라도 이것은 그 자백이 엄격한 증명의 자료로서 사용될 자격 즉 증거능력이 있다는 것에 지나지 않고 그 자백의 진실성과 신빙성 즉 증명력까지도 당연히 인정되어야 하는 것은 아니다.

　나. 자백의 신빙성 유무를 판단함에 있어서는 첫째로 자백의 진술내용 자체가 객관적인 합리성을 띠고 있는가, 둘째로 자백의 동기나 이유 및 자백에 이르게 된 경위가 어떠한가, 셋째로 자백외의 정황증거중 자백과 저촉되거나 모순되는 것이 없는가 하는 점 등을 고려하여 판단하여야 한다.

　다. 피고인의 자백진술의 수차에 걸친 변경이 당초에 의도적으로 숨겼던 사실을 밝히거나 부정확한 기억을 되살린 것 이라기보다는 피고인이 허위로 자백한 내용 중 객관적 상황에 맞지 않는 부분을 그 후 객관적 상황에 맞추어 수정한 것으로 보여 지는 경우, 이와 같은 자백은 그 진술내용 자체가 객관적인 합리성이 결여된 것으로 신빙성이 없다.

　라. 일정한 증거가 발견되면 피의자가 자백하겠다고 한 약속이 검사의 강요나 위계에 의하여 이루어졌다 던가 또는 불기소나 경한 죄의 소추 등 이익과 교환조건으로 된 것으로 인정되지 않는다면 위와 같은 자백의 약속 하에 된 자백이라 하여 곧 임의성 없는 자백이라고 단정할 수는 없다.

　마. 거짓말탐지기의 검사결과에 대하여 증거능력을 인정할 수 있으려면 첫째로 거짓말을 하면 반드시 일정한 심리상태의 변동이 일어나고, 둘째로 그 심리상태의 변동은 반드시 일정한 생리적 반응을 일으키며, 셋째로 그 생리적 반응에 의하여 피검사자의 말이 거짓인지 여부가 정확히 판정될 수 있다는 전제요건이 충족되어야 하며 특히 생리적 반응에 대한 거짓여부의 판정은 거짓말탐지기가 위

생리적 반응을 정확히 측정할 수 있는 장치이어야 하고 검사자가 탐지기의 측정내용을 객관성 있고 정확하게 판독할 능력을 갖춘 경우라야 그 정확성을 확보할 수 있어 증거능력을 부여할 것이다.[318] 법정증언에 있어 미국 검사는 재판 전에 증인을 면담하여 재판과정에서 신문에 관한 내용을 사전에 알려주고, 답변내용과 방식 등에 대하여 철저히 준비 할 수 있으며, 일본은 공판신문을 유효화하기 위하여 공판 전에 증인을 소환하여 신문사항을 미리 알려주고, 답변 내용을 미리 청취하여 검토한다. 미국, 일본, 독일 등 선진국에서도 대부분 조사자 증언을 허용 하고 있는 상황이고, 공판중심주의적 법정절차를 확립하기 위해서는 조서의 증거 사용을 제한하고, 법정에서의 구두변론과 신문의 활성화가 필요하다. 나아가 사법경찰관 작성 피의자신문조서에 대하여 피고인이 내용을 부인하면 조서를 증거로 사용하지 못하는 현행법 하에서 경찰에서 자백한 피의자에 대하여 검찰의 이중조사로 인한 피의자의 불편함을 조사자 증언을 통해 해소시킬 수 있고 수사기관 조사의 적법성과 투명성이 제고되어 인권보호에 기여할 수 있다는 것이 도입의 배경이 되었다.[319] 이렇게 하여 개정 형사소송법 제316조 제1항[320]에서 명시적으로 조사자 증언제도를 허용함으로써 피의자를 조사하였거나 조사에 참여하였던 자가 피고인의 조사과정에서의 진술에 관하여 증언할 경우 그 증언에 증거능력을 부여하도록 하였다. 이는 피고인을 조사한 경찰관의 증언에 증거능력을 인정하지 아니한 종래 판례를 변경하는 취지이고, 조사자가 위증죄의 부담을 안고 피고인 측의 반대신문을 받으면서 증언을 하고 이에 증거능력을 부여함으로

---

318) 대법원 1983. 9. 13. 선고 83도712 판결 [살인 · 사체은닉 · 절도] > 종합법률정보 판례
319) 이기수, "경찰관 법정증언의 실태와 개선방안", 치안정책연구소 책임연구보고서, 2012, 3면.
320) 형사소송법 제316조(전문의 진술)①피고인이 아닌 자(공소제기 전에 피고인을 피의자로 조사하였거나 그 조사에 참여하였던 자를 포함한다. 이하 이 조에서 같다)의 공판 준비 또는 공판기일에서의 진술이 피고인의 진술을 그 내용으로 하는 것인 때에는 그 진술이 특히 신빙할 수 있는 상태 하에서 행하여졌음이 증명된 때에 한하여 이를 증 거로 할 수 있다.

써 실체적 진실발견과 피고인의 방어권 보장 사이에 조화를 도모한 것이다. 조사자 증언제도의 도입은 무엇보다도 필연적으로 경찰관 법정증언의 증가를 수반한다. 조사자 증언제도를 도입하기 전에는 경찰관의 법정증언은 주로 현장 출동경찰관의 초동조치, 검거경위, 공무집행방해죄의 피해내역 등에 대한 증언이 주류를 이루고 있었다. 그러나 새로운 제도의 도입에 따라 피고인을 조사했던 조사경찰관은 피고인의 진술을 내용으로 하는 법정증언을 하게 될 경우 특신상황의 전제하에 증거능력을 부여받게 된 것이다. 새로운 경찰관 법정증언의 증가요인이 제도화된 것이다. 게다가 배심원이 존재하고 조서보다는 구두변론과 신문에 의해 재판이 진행되는 국민참여재판이 형사합의부 전체 사건으로 그 대상이 확대되었다. 시범기간 동안에 1년간 100건 전후의 사건을 국민참여재판으로 실시하여 왔지만[321] 법정형이 단기 1년 이상의 징역 또는 금고에 해당하는 형사합의부 전체 사건으로 대상을 넓힐 경우대상사건은 연간 1만 5천건 이상이 된다. 피고인의 신청과 법원의 판단에 따라 실제 국민참여재판을 하는 사건이 조정되겠지만 현재보다 급증할 것은 명약관화한 상황이다. 이것은 조사자 증언을 증가시키는 요인이 될 것이고, 자연스럽게 향후 경찰관의 법정증언 증가로 이어질 것이다. 그리고 조사자 증언제도 도입에 따라 앞으로 증언하는 조사자는 법정에서 여러 가지 부담을 안고 증언에 임하게 된다. 즉 제도 도입에 따른 효과로 위증이나 허위공문서작성 등의 시비를 염두에 두고 수사에 임하게 되어 수사의 투명성 제고와 적법절차 준수를 촉진하며, 불필요한 시비를 피하기 위하여 수사과정에서의 영상녹화가 활성화되는 등 수사 방식이 인권친화적으로 전환되는 계기로 작용할 수 있을 것이다. 또한 경찰관도 수사절차에서 획득한 피의

---

[321] 사개추위는 초기 국민참여재판 대상사건을 1단계 제도 시행 단계에서 100-200건이 적당한 것으로 보았다(한상훈, "사개추위의 「국민의 형사재판 참여에 관한 법률」성안시 쟁점과 결론, 「국민의 사법참여」, 경인문화사, 2010, 54-55면.

자의 진술을 증언의 형태로 법정에 현출할 수 있게 되어 수사절차
상 검사의 독점적 지위가 상대화됨에 따라 이중수사의 관행도 상당
부분 개선될 것으로 보인다.[322]

---

322) 이기수, "경찰관 법정증언의 실태와 개선방안", 치안정책연구소 책임연구보고서, 2012, 4면
전면 게재.

2. 사법경찰관의 법정증언

개정 전 형사소송법 〈부정〉

대법원은 피고인을 조사한 경찰관의 법정증언도 제312조 제2항이 적용되어 피고인이 법정에서 경찰조사 진술내용을 부인하면 증거능력이 인정되지 않는다고 판결(2003도6548) 이후 피고인을 조사한 경찰관이 법정에서 증언하는 경우는 거의 없었다.

현행 형사소송법 〈긍정〉

사법경찰관이 적성한 피의자신문조서에 대하여 피고인이 내용을 부인하면 증거로 사용하지 못하는 상태에서, 조사자의 증언을 허용함으로써 조사자의 증언에 대하여 증거능력을 인정(제316조제1항)하였으며, 초동조치를 수행한 경찰관 법정증언의 증거능력 <원본증거> 교통사고나 폭력사건의 신고를 받고 현장에 출동하여 초동조치를 수행한 경찰관 법정증언의 경우 전문증거가 아니라 원본증거이므로 형사소송법 제312조 제3항, 316 조 제1항과 관계없이 증거능력이 인정된다. 현장 감식을 한 감식요원의 증언도 동일하며, 초동조치 수행자로서 경찰관의 증언은 범죄 현장의 상황에 대한 묘사를 주요 내용으로 하는 증언으로 조사내용에 관한 진술과는 그 성격과 진술내용이 다르다. 조사자 증언제도 도입 취지는 종래 경찰관이 작성한 피의자신문조서가 피고인이 법정에서 내용을 부인하면 (조서의 기재내용이 객관적 진실에 부합하지 않는다고 진술하면) 증거능력이 없게 됨에 따라 검사는 피고인이 법정에 경찰에서의 자백을 번복할 것에 대비하여 피 고인이 내용을 부인 하더라도 증거능력이 있은 검사작성 피의자신문조서를 작성하기 위하여 피의자를 소환하여 재차 자백진술을 받아왔다. 조사자 증언제도가 도입됨에 따라 경찰에서의 피의자 자백진술이 조사자의 증언 형태로 증거로 사용될 수 있게 되어 검사의 업무량이 경감되고, 검사의 이중 조사로 인한 피의자의 불편을 해소하며, 경찰수사에 대하여 사실상 증거능력을 인정함으로써 책임수사가 가능하게 되었다.[323] 증거물 또는 증인의 진술의 신빙성을 탄핵하는데 주안점을 두어야 하며, 증인의 머뭇거림, 초점회피, 어리석음, 특히 전후진술의 일관성 여부를 집중적으로 관찰하여 약점을 파악하고, 증인의 과민반응, 당혹감, 초조감 등 증인의 피해자 또는 가해자와의 이해관계, 과거 편향된 가치관에 따라 불공정한 수사를 하였던 사례를 주장·입증하려 할 것이다. 적법절차 위반을 주장·입증에 있어 변호인은 수사방식에 대한 논란을 야기시켜 증언내용이 본격적으로 검토되기 전에 증언을 종식시키려 할 수도 있어 경찰관은 그가 수사상 적법절차를 준수하지 않았다는 비판을 받게 되면 증언자의 위치에서 자신의 방어에 급급해야 할 위치로 격하된다. 기억에 반하는 진술, 착오에 의한 진술, 표현이 불명확하여 진술자의 의도와는 달리 해석될 수 있는 진술 등을 그 신문이 끝나기 전에 취소·시정하였다 하더라도 이전의 진술은 공판조서에 기재된다. 경찰관의 사전 준비 없는 법정진술, 미숙한 법정진술로 인하여 증언의 신빙성이 탄핵되는 경우, 수사과정에서 적법절차를 위반하였다는 사실이 드러나 증거능력 이 탄핵된 경우 실체진실과 달리 무죄판결이 선고 될 수 있다.

---

323) 경찰청 수사국 수사연구관실, "경찰관 법정증언 매뉴얼", 2015, 7면.

3. 미국 법원의 OJ 심슨 사건 재판

오렌설 제임스 "O. J." 심슨(Orenthal James "O. J."Simpson, 1947년 7월 9일~)는 미국의 전직 미식 축구 선수, 배우, 대변인, 살인 사건 피의자이다. 대학 및 프로 미식 축구에서 러닝백으로 뛰며 유명해졌고, 1973년 시즌에는 NFL에서 사상 최초로 2,000 야드 이상을 뛴 선수였다. 1985년 미식 축구 명예의 전당에 헌액되었다. 1994년 6월13일 새벽 미국 캘리포니아주 로스앤젤레스의 고급주택가 브렌트우드에서 백인 남녀가 흉기에 난자당한 사체로 발견됐다. 세계를 발칵 뒤집어놓은 이른바 'O J 심슨 사건'의 시작이었다. 스포츠 스타의 복잡한 사생활과 가정폭력이 낳은 이 끔찍한 범죄는 사법당국의 수사와 재판을 거치는 과정에서 돈과 권력, 인종문제, 미국 사법체계의 문제점, 황색 언론의 광기가 어우러져 미국 역사상 가장 추악한 범죄 사건이라는 평가를 받았다. 사체로 발견된 피해자는 여배우 니콜 브라운과 그의 애인 론 골드먼이었다. 경찰은 사건 현장에서 곧바로 니콜 브라운의 남편인 전설적 풋볼 스타 O J 심슨을 용의자로 지목했다. 현장에서 심슨의 혈흔이 나왔고 심슨의 집에서 피해자의 혈액이 묻은 장갑이 발견됐다. 경찰은 이튿날 심슨 체포에 나섰다. 심슨은 차를 몰고 무작정 고속도로를 달렸다. 경찰차와 헬기가 그 뒤를 쫓아 100㎞의 추격전을 벌이는 동안 이 장면은 전 미국에 생중계됐고 도로에 늘어선 시민들은 "O J"를 외쳤다. 마치 현역 선수 시절 심슨의 질주에 열광하던 모습과 흡사했다. 시민들은 그가 범인이라는 것을 믿고 싶지 않았다. 심슨의 변호를 맡은 이른바 '드림팀' 변호인단은 372일간의 치열한 법정공방 끝에 불가능해보이던 심슨의 무죄 평결을 이끌어냈다. 변호인단은 피묻은 장갑이 심슨의 손에 맞지 않는다는 점, 현장에서 발견된 심슨의 혈액에 대한 보존상태와 채취 경위, 혈액이 남겨진 시점 등을 문제 삼앞다. 또한 수사 경찰이 인종차별주의자임을 집중 부각시켰다. 재판이 진행되는 동안 언론에 매수당한 가짜 목격자가 나타났고 범행에 사용된 칼을 팔았다는 입증되지 않은 참고인 주장도 언론에 소개됐다. 재판은 혼란에 빠졌고 결국 배심원단은 심슨이 유죄라는 결론을 내리지 못했다.[324] 1995년 심슨이 뜨거운 언론의 관심을 받았던 오랜 형사 재판 끝에 니콜 심슨과 론 골드만의 살해에 대해 무죄 판결을 받았다. 1997년 민사 재판의 배심원들은 심슨이 이들의 살해에 책임이 있다는 평결을 내렸으나, 현재까지 3350만 달러 배상을 피하고 있다.[325] 그는 2006년 말, 내가 만약 그랬다면(If I Did It)이라는 제목의 책을 내 더 악명을 떨쳤다. 그가 저지른 살인에 대해 1인칭 시점의 소설로 재구성한 이 책은 출판사에 의해 출간 직전에 폐기되었다. 이 책은 나중에 골드만 가족에 의해 다시 출간된다.[326] 2007년 9월 심슨은 라스베이거스에서 무기 소지 강도죄, 총기 소지 침입죄, 일급 납치죄, 치명적 무기를 이용한 강요죄, 강도 모의죄, 납치 모의죄, 범죄 모의죄 등을 포함한 여러가지 강력범죄 혐의로 체포되었다.[327] 2008년 10월 3일, 배심원은 심슨에게 유죄를 선고했으며[328][329] 10월 5일 적어도 9년을 복역하게 됐다.[330] 그는 네바다 주의 러브락 교정 센터에서 형을 살았다.[331] 2017년 7월 20일 가석방이 되었다.[332]

324) 유신모 기자, "1994년 'OJ심슨 사건' 발생", 경향신문, 2009.6.12.자.
http://news.khan.co.kr/kh_news/khan_art_view.html?artid=200906121804585&code=100100
325) O.J. Simpson ordered to stop spending." CNN. 2007.3.5.자.
326) The Goldman Family (2007). 《If I Did It: Confessions of the Killer》. Beaufort Books. ISBN 9780825305887.
327) "O.J. Simpson's Las Vegas Police Arrest Report". FindLaw.
328) 'O.J. Simpson guilty in armed robbery, kidnapping trial." CNN. October 4, 2008.
329) "Simpson guilty of robbery, kidnap charges". MSNBC.com.
330) "Simpson Sentenced to at Least 9 Years in Prison". New York Times.
331) O.J. Simpson arrives at new home: Lovelock Correctional Center
332) CNN, Meg Wagner, Amanda Wills and AnneClaire Stapleton. "O.J. Simpson goes free: Live updates".

많은 사람이 O. J. 심슨이 '드림팀'이라 불리는 유능한 변호사를 선임하고, 경찰이 실수하고, 맞지 않은 장갑으로 인해 무죄를 받았지만, 민사소송에선 패소했다. 그러나 형사소송에서 요구하는 '합리적 의심 없는 입증'이라는 잣대와 민사소송에서 요구하는 '증거의 우월'이라는 잣대는 다르다. 이런 서로 다른 잣대로 인해 상반된 결과가 난 것이 아닐까? 그러면 니콜 브라운과 로널드 골드먼이란 두 사람을 죽인 범인은 과연 누구일까? O. J. 심슨 사건의 진실을 찾기 위해 경찰과 검찰은 수많은 인력을 동원했고, 결국 심슨을 범인으로 지목했다. 그러나 심슨의 변호인은 두 사람을 죽인 장본인은 바로 암살범이라고 주장했다. 한편 심슨 사건을 17년간이나 끈질기게 수사한 사립 탐정 윌리엄 디어는 O. J. 심슨의 아들인 제이슨이 범인일 거라고 주장한다. 최근에는 자신의 동생이 진범이라고 주장하는 이도 나타났다. 그러면 이들 중에 누가 진범일까? 이런 여러 가설을 염두에 두고 살인의 동기, 알리바이, 살해도구, 변장도구를 잣대로 이러한 가설들을 검토한다. 아울러 형사소송과 민사소송에서 배심원에게 제시되지 않았던 증거도 분석한다. 그리고 이러한 분석을 토대로 범인에 대한 여러 가설들을 다시금 검토한다. 이런 검토를 토대로 놀라운 결론을 이끌어 낸다. 과연 누가 두 사람을 참혹하게 살해한 범인일까?333)334)

333) 권영법, "O. J. 심슨 사건의 진실", 대한변협신문, 2018.1.1.자
http://news.koreanbar.or.kr/news/articleView.html?idxno=17503

334) 1994년 6월 백인 여배우 니콜 브라운 심슨과 그녀의 친구인 로널드 골드먼이 로스앤젤레스의 고급주택지 브렌트우드 저택에서 피투성이 시체로 발견되고 이어 경찰의 수사를 통해 미국 프로풋볼 선수 출신의 흑인 배우 OJ 심슨(OJ Simpson)이 유력한 용의자로 지목됐던 사건이다. 니콜의 시신을 발견한 경찰은 살해 소식을 알리기 위해 심슨의 집을 찾았는데, 심슨의 차량에서 혈흔 등이 발견되면서 심슨을 유력 용의자로 지목했다. 그러나 심슨은 경찰에 출두하겠다는 약속을 어기고 도망을 쳤고, 그가 자신의 차량을 몰고 도주하는 장면은 생방송으로 보도되기도 했다. 심슨은 이른바 드림 팀이라고 불린 유력 변호사들을 대거 고용했고, 그의 변호인들은 '인종차별주의자' 백인 경찰이 '흑인'인 심슨의 살해 정황 증거들을 조작했다고 주장하는 등 사건을 인종차별의 관점으로 몰고 갔다. 당시 12명의 배심원 가운데 흑인이 9명이어서 변호인들의 이 전략은 효과를 거뒀고, 심슨은 372일에 걸친 형사재판에서 무죄로 풀려났다. 다만 심슨은 니콜의 유가족들이 제기한 민사소송에서는 패해 배상금 850만 달러와 함께 징벌적 배상금으로 2500만 달러를 유가족에게 지급하라는 명령을 받았다
https://terms.naver.com/entry.nhn?docId=72762&cid=43667&categoryId=43667

4. 한국 법원의 치과의사 모녀 살인 사건 재판

치과 의사 모녀 살인 사건(齒科醫師母女殺人事件)은 대한민국의 서울특별시에서 일어나다. 사형 제도의 존폐에 대한 논란까지 불러일으킨 사건이다. 만 7년 8개월 동안 사형(1심, 1996년 2월) → 무죄(2심, 1996년 9월) → 유죄 취지로 파기 환송(대법원 상고심, 1998년 11월 13일) → 무죄(고법 파기 환송심, 2001년 2월) → 무죄(대법원 재상고심, 2003년 2월) 등으로 여러 차례 판결이 뒤집어졌다. 1995년 6월 12일 아침 서울특별시 은평구 불광동 모 아파트 외과 전문의 ○○○씨 가족의 집에서 원인 모를 흰 연기가 새어나오자, 인근 주민이 바퀴벌레 약을 뿌리는 줄 알고 경비실에 항의했다. 경비원 조모씨가 단지내 전화(인터폰)로 연락을 해도 대답이 없자, 오전 9시 7분경 철제 방범창을 뜯어내고 내부를 살폈다. 그제야 화재 때문에 연기가 발생했음을 발견한 경비원이 소방서에 신고하였고, 오전 9시 30분경에 도착한 소방관들은 10여 분 만에 불을 껐다. 소방관들은 현장을 살펴보다가 치과 의사였던 부인(당시 31세)과 딸(당시 2세)이 죽은 채로 욕조에 떠 있는 것을 발견하였다. 공교롭게도 이 사건이 발생한 날은 남편 ○○○(당시 33세)이 개인 외과병원을 개원하는 날이었고, 당시에는 출근한 상태였다. 화재는 안방의 장롱에서 시작되었으며 장롱 등만 태웠을 뿐 크게 번지지 않은 상태였다. 훗날 이 화재는 재판 과정에서 중요한 역할을 하게 된다. 남편 ○○○은 아내와 딸을 살해한 혐의로 1995년 9월 2일 구속되었다. 검찰(담당검사) 측의 주장은 남편이 출근하기 전인 오전 7시 이전에 아내와 딸을 살해하고 범행 시간 추정 등 수사에 혼선을 주기 위해 욕조에 뜨거운 물을 받아서 시신을 물에 담근 다음, 서서히 불이 타도록 장롱에 불을 지르고 출근했다는 것이다. 이에 대해 변호인 측은 남편 ○○○이 출근한 오전 7시 이후에 살인 사건이 일어났다고 주장했다. 게다가 목격자도 없고 지문, 혈흔 등 직접 증거가 될 만한 것은 아무것도 없다는 것을 지적했다. 결국 이 사건은 실제 사망 사건이 언제인지, 불은 언제 질렀는지가 가장 중요한 쟁점이 되었다. 경찰은 사건을 해결하기 위한 여러 단서들을 수집하는 초동 수사에 있어 많은 허점을 보였다. 일례로 발견 당시 사체와 욕조 물의 온도를 재는 기본적인 조사조차 시행하지 않아, 살해 시점을 추정할 수 있는 결정적인 증거를 놓치기도 했다. 결국 변호인단은 스위스의 법의학자 토마스 크롬페처(Thomas Krompecher) 교수를 증인으로 내세워 검찰에서 주장한 법의학적 자료는 증거 효력이 부족하다는 것을 밝혔고, 모의 화재 실험에서도 화재가 오전 7시 이후에 일어났을 가능성이 높음을 보였다. 결국 이런 정황들이 모두 인정되어 최종적으로 남편 이○○은 무죄 판결을 받았고 현재 사건은 미해결 상태로 남아 있다. 이 사건은 한국판 OJ심슨 사건으로 회자되기도 했는데, 간접 증거와 정황 증거 등으로 볼 때 남편 이○○이 범인이라는 심증은 충분하지만 직접적인 증거를 확보하지 못해 무죄로 풀려난 OJ심슨과 유사한 사건이라는 점 때문이었다. 이 사건은 사건 초기 법의학적인 증거 수집이 미흡하여 미해결 상태에 빠진 사례로 유명하다. 특히 언론에서도 냉정하게 사건을 접근하지 않고 '한국판 OJ 심슨 사건'이라며 선정적으로 보도하는 모습을 보였다. 이 사건은 결국 1996년 듀스 ○○○ 사망 사건과 같이 과학적이고 합리적인 수사가 필요함을 시사해 준 사례로 남게 되었다. 본 사건의 2심 재판부터 최종 대법원 재상고심 재판까지 변호를 맡았던 ○○ 변호사는 한 남자의 목숨을 담보로 한 8년간의 지루한 싸움은 승리로 끝났으나 '이것이 정말 승리일까? 남자는 정말 행복할까?'라는 질문에 '모르겠다'라는 소회를 밝혔었다. '무죄(無罪)'의 의미가 '죄가 없음'으로 인해 용어의 부적절성을 지적한다. 증거재판주의 제도 아래에서는 수사 중 물증을 확보하지 못하거나 변호인들의 증거 무효성 주장에 대해 검사가 이를 방어하지 못하면 '무죄'의 판결이 성립된다. 이 심슨 사건이나 이번 사건처럼 심증적으로 살인의 동기가 충분하고 정황상 명백하더라도, 미숙한 대처로 물증을 확보하지 못했거나 증거의 유효성 입증에 실패하면 '죄가 없음'이 되는 것인 바, 이는 단지 '유효한 물증이 없어서 형벌을 논할 수 없는 것' 뿐이지 이미 사망한 피살자 외에는 그 누구도 '진실'을 판단할 수 없음에도 '무죄'라는 용어를 사용하여 판결을 내리는 것은 실제적 진실을 바탕으로 결백을 인정한 판결로 오해할 소지가 계속 남아 있다. 실제로도 대법원에서 증거 부족으로 '무죄'가 확정된 살인 사건이 나중에 실제 살인을 저지른 것으로 밝혀진 사례가 있다.[335]

가. 대법원 2003. 2. 26. 선고 2001도1314 판결

[살인·현주건조물방화] [공2003.4.15.(176),946]

【판시사항】

[1] 간접증거를 모두 종합하더라도 공소사실을 인정하기 부족하다는 이유로 무죄를 선고한 원심의 판단을 수긍한 사례

[2] 파기환송 판결의 기속력

【판결요지】

[1] 공소사실을 인정할 수 있는 직접증거가 없고, 공소사실을 뒷받침할 수 있는 가장 중요한 간접증거의 증명력이 환송 뒤 원심에서 새로 현출된 증거에 의하여 크게 줄어들었으며, 그 밖에 나머지 간접증거를 모두 종합하여 보더라도 공소사실을 뒷받침

---

335) 위키백과 2018.7.7.자.
https://ko.wikipedia.org/wiki/%EC%B9%98%EA%B3%BC%EC%9D%98%EC%82%AC_%EB%AA%A8%EB%85%80_%EC%82%B4%EC%9D%B8_%EC%82%AC%EA%B1%B4

할 수 있는 증명력이 부족한 경우, 피고인의 진술에 신빙성이 부족하다는 점을 더하여 보아도 제출된 증거만으로는 합리적인 의심의 여지 없이 공소사실을 유죄로 판단할 수 없다 하여 무죄를 선고한 원심의 판단을 수긍한 사례.

[2] 상고심으로부터 사건을 환송받은 법원은 그 사건을 재판함에 있어서 상고법원이 파기이유로 한 사실상 및 법률상의 판단에 기속되는 것이지만, 환송 뒤 심리과정에서 새로운 증거가 제출되어 기속적 판단의 기초가 된 증거관계에 변동이 생기는 경우에는 그러하지 아니하다.

【참조조문】

[1] 형법 제250조, 형사소송법 제307조, 제308조[2] 법원조직법 제8조

【참조판례】

[1] 대법원 1983. 9. 13. 선고 83도712 판결(공1983, 1528)
    대법원 1994. 1. 28. 선고 93도2958 판결(공1994상, 865)
    대법원 2001. 11. 27. 선고 2001도4392 판결(공2002상, 228)
[2] 대법원 1983. 12. 13. 선고 83도2613 판결(공1984, 235)
    대법원 1990. 3. 13. 선고 89도2360 판결(공1990, 917)
    대법원 1996. 12. 10. 선고 95도830 판결(공1997상, 444)

【전 문】

【피고인】 피고인
【상고인】 검사
【변호인】 법무법인 담당변호사 이○○ 외 9인
【환송판결】 대법원 1998. 11. 13. 선고 96도1783 판결

【원심판결】 서울고법 2001. 2. 17. 선고 98노3116 판결

【주문】

상고를 기각한다.

【이유】

1. 이 사건 공소사실의 요지는, 피고인이 아내인 망 공소외 1의 독단적인 성격과 피고인 부모형제와의 불화 등으로 그와 좋지 아니한 관계에 있던 중 망 공소외 1이 공소외 2와 불륜 관계에 있는 것을 눈치 채고 그가 출산한 망 공소외 3이 피고인의 친자가 아닐지도 모른다고 의심하는 등 망 공소외 1에 대한 감정이 매우 악화된 상태에서 1995. 6. 11. 23:30경부터 1995. 6. 12.(다음부터 '사건 당일'이라고 한다) 06:30경까지 사이에 피고인의 집에서 망 공소외 1과 다투다가 그 동안 쌓인 감정이 폭발하여 거실 베란다의 커튼 줄을 잘라 그의 목을 졸라 살해하고, 이어 다른 줄로 망 공소외 3의 목을 졸라 살해한 다음, 사건 당일 07:00경 안방 장롱 안의 옷에 불을 놓아 주거로 사용하는 건조물을 소훼하였다는 것이다.

2. 원심은, 피고인이 망 공소외 1과의 성격 차이, 망 공소외 1과 피고인 형제부모의 갈등, 망 공소외 1과 공소외 2 사이의 관계 등으로 망 공소외 1과 원만하지 아니한 관계에 있었고, 망 공소외 3도 잘 돌보지 아니하고 있었던 사실, 망 공소외 1이 1995. 6. 11. 22:30경 언니와 전화를 하면서 일상적인 대화를 나눈 사실, 피고인은 사건 당일 07:00경 집을 나와 그날 08:05경 당일 개업할 예정이었던 피고인의 외과의원에 도착한 사실, 그런데 사건 당일 08:50경 피고인의 집에서 화재가 발생한 것이 발견되었고 소방관이 출동

하여 불을 끈 뒤 화장실 욕조 안에서 망 공소외 1과 망 공소외 3의 사체를 발견한 사실 등을 인정한 다음, 피고인이 망 공소외 1과 망 공소외 3을 살해하고 불을 놓았다는 공소사실을 인정할 수 있는 직접증거가 없고 피고인이 일관되게 공소사실을 부인하고 있는 이 사건에서 ① 망 공소외 1과 망 공소외 3은 1995. 6. 11. 22:30경까지 살아 있었음이 분명하고 피고인이 사건 당일 07:00경 집을 나올 때까지 피고인의 집에는 피고인과 망 공소외 1, 3만 있었으므로, 망 공소외 1과 망 공소외 3이 사건 당일 07:00 이전에 사망하였다면 피고인을 범인으로 볼 수 있고, 의사 또는 법의학자인 권○○·이○○·황○○이 망 공소외 1의 사체에 나타난 시반, 시강 및 위 내용물에 대한 감정결과 망 공소외 1과 망 공소외 3이 사건 당일 07:00 이전에 사망한 것으로 추정된다고 하고 있으나, 스위스 법의학자인 토마스 크롬페처의 증언 등 환송 뒤 원심에서 새로 제출된 증거들까지 모아 보면, 시반과 시강 및 위 내용물의 상태로 사망 시각을 추정하는 것은 오차의 범위가 매우 넓고 여기에 영향을 미치는 변수도 많아 정확성이 부족할 뿐만 아니라 이 사건에서 망 공소외 1과 망 공소외 3의 사체가 발견된 상황이나 그 사체의 상태 등을 종합하여 보더라도 망 공소외 1과 망 공소외 3이 사건 당일 07:00 이후에 사망하였을 가능성을 배제할 수 없으므로, 위 권○○ 등의 사망 시각 추정에 따라 이 사건 공소사실을 유죄로 인정할 수 없고, ② 환송 뒤 원심에서 피고인의 집 안방과 유사한 구조물을 세워 이 사건과 비슷하게 불이 나는 과정을 실험한 결과 옷에 불을 붙인 뒤 불과 5~6분 안에 밖에서 연기가 관찰되었는데, 실제 화재현장과 실험 구조물의 차이 등을 감안하더라도 피고인의 집에서 연기가 나오는 것이 발견된 시각 등에 비추어 보면 피고인의 집 안에 불이 붙은 시각은 사건 당일 07:00 이후라고 보이는데, 그렇다면 피고인이 출근한 뒤 누군가 불을 놓았다고 보는 것이 합리적이며, ③ 피고인과 망 공소외 1 사이의 갈등과 불화는 사건 당일 무렵 많이 해소되었고 무엇보다 망 공소외 1의 도움으로 자신의 병원을 개업하게 된 피고인이 병원을 개업하기 직전 갑자기 망 공소외 1과 망 공소외 3을 살해할 마음을 먹게 되었다고 보기 어렵고, ④ 사건 직후 피고인의 팔에 남아 있던 손톱자국이나 피고인의 집에서 발견된 망 공소외 3을 위한 우유병과 1회용 분유통의 상태 또는 식기세척기 등 식탁 주변의 상황 등은 이 사건 공소사실을 인정하는 간접증거로 삼기에 부족하며, ⑤ 한편, 피고인의 진술에 일관성이 없고 피고인에 대한 거짓말탐지기 검사 결과도 망 공소외 1과 망 공소외 3을 살해한 범인에게만 나타날 수 있는 반응이 나오는 등 피고인의 진술에 신빙성이 없지만, 이 사건 공소사실을 뒷받침하는 다른 간접증거들의 종합적인 증명력을 인정할 수 없는 이상, 비록 피고인의 진술에 신빙성이 없고 피고인이 범인이라고 의심할 수 있는 정황들이 있다고 하더라도 그러한 사정만으로 합리적인 의심의 여지 없이 공소사실을 인정할 수 있는 정도에 이르렀다고 볼 수 없다는 이유로 무죄를 선고하였다.

3. 범죄사실의 증명은 반드시 직접증거만으로 하여야 하는 것은 아니고 논리와 경험칙에 들어맞는 한 간접증거로도 할 수 있으며, 간접증거가 개별적으로는 범죄사실에 대한 완전한 증명력을 가지지 못하더라도 전체 증거를 종합적으로 검토할 경우 그 단독으로는 가지지 못하는 증명력이 있는 것으로 판단되면 그에 의하여도 범죄사실을 인정할 수 있음은 환송판결이 지적한 바와 같다. 그러나 이 사건에서 보면, 공소사실을 인정할 수 있는 직접증거가 없고, 공소사실을 뒷받침할 수 있는 가장 중요한 간접증거인 망 공소외 1과 망 공소외 3의 사망시각에 관한 여러 증거의 증명력이 환송 뒤 원심에서 새로 조사된 스위스 법의학자의 증언이나 화재재현실험결과 등에 의하여 크게 줄어들었으며, 그 밖에 사건 직후 피고인의 팔에 남아 있던 손톱자국이나 피고인의 집에서 발견된 망 공소외 3을

위한 우유병과 1회용 분유통의 상태 또는 식기세척기 등 식탁 주변의 상황, 피고인과 망 공소외 1의 갈등관계 등 나머지 간접증거를 모두 종합하여 보더라도 공소사실을 뒷받침할 수 있는 증명력이 있다고 볼 수 없으므로, 여기에 피고인에 대한 거짓말탐지기 검사 결과 등 피고인의 진술에 신빙성이 부족하다는 점을 더하여 보아도 이 사건에 제출된 증거만으로는 합리적인 의심의 여지없이 공소사실을 유죄로 판단할 수 없다. 따라서 원심이 같은 취지에서, 피고인에 대하여 무죄를 선고한 것은 옳고, 거기에 상고이유로 든 주장과 같이 채증법칙을 위배하는 등의 잘못이 없다. 한편, 상고심으로부터 사건을 환송받은 법원은 그 사건을 재판함에 있어서 상고법원이 파기이유로 한 사실상 및 법률상의 판단에 기속되는 것이지만, 환송 뒤 심리과정에서 새로운 증거가 제출되어 기속적 판단의 기초가 된 증거관계에 변동이 생기는 경우에는 그러하지 아니하므로(대법원 1996. 12. 10. 선고 95도830 판결 참조), 원심이 환송 뒤 제출된 새로운 증거를 받아들여 사실인정을 한 이 사건에서 상고이유로 든 주장과 같이 환송판결의 기속력에 관한 법리를 오해한 잘못도 없다.

4. 그러므로 상고를 기각한다.[336)

대법관   배기원(재판장) 서성(주심) 이용우 박재윤

---

336) 대법원 2003. 2. 26. 선고 2001도1314 판결 [살인·현주건조물방화] > 종합법률정보 판례.

5. 위증죄 성립 가능성 상존

가. 위증죄 개념

본죄는 법률에 의하여 선서한 증인이나 감정인·통역인 또는 번역인이 허위의 진술이나 감정·통역 또는 번역을 함으로써 성립하는 범죄이다. 본죄는 국가의 사법작용으로서의 심판기능과 징계기능을 보호법익으로 하고 있다.[337] 위증 등에 의하여 야기되는 사인(私人)의 불이익이나 상대방의 승낙 등은 본죄의 성립에 있어서 고려되지 아니한다. 보호의 정도에 있어서는 국가의 심판기능과 징계기능이 현실로 침해되거나 구체적 위험이 발생할 것 까지는 요하지 않으므로 본죄는 추상적 위험이라고 할 수 있다.[338] 즉 본죄의 성립을 위하여 증인의 허위진술이 재판이나 심판에 구체적 영향을 미치거나 미칠 위험이 발생할 것을 요하지 않는다.[339] 본죄의 기본적 구성요건은 위증죄(제152조 제1항)이다. 특별구성요건은 모해위증죄(제152조 제2항)와 허위감정·통역·번역죄(제154조)가 규정되고 있다.[340]

역사적으로 보면 본죄는 원래 종교국가시대에 신(神)에 대한 맹세를 위반하여 신의 존엄성을 해하는 종교범죄로서의 성격을 갖고 있었다. 그러나 20세기 들어 정교분리의 원칙과 종교의 자유가 제도화 되면서 종교범죄로서의 성격을 벗어나 국가적 법익에 대한 죄로서 이해하게 되었다. 즉 한국 형법상으로도 본죄의 본질은 어디까지나 증인이 진실한 증언의 의무에 대한 위반인 허위진술을 통하여 국가의 사법적 기능을 위태롭게 하는 것이라고 보아야 한다. 그러

---

337) 이재상, 46, RN 1; 이형국 Ⅱ, 411면; 정성근/박광민, 818면; 정영석, 81면; 황산덕, 85면; Wessels/ Hettinger, RN 738. 대판 1987. 7. 7, 86도1724.
338) 박상기, 683면; 백형구, 630면; 이재상, 46면.
339) 대판 1990. 2.23, 89도1212.
340) 정영일, 『형법각론』 제3판, 2011, 874면.

므로 입법론상 '법률에 의한 선서'를 본죄의 구성요건요소로 규정하고 있는 우리 형법의 입장은 타당하지 않다고 본다. 즉, 선서 없는 증인의 허위진술도 처벌의 대상으로 함이 바람직하다. 본죄에 관하여는 헌법상 양심의 자유에 관한 보장규정(동법 제19조)에 위배되는 것인지에 관한 위헌성 여부의 논의가 종전에 있었다. 헌법상 양심의 자유에는 널리 사물의 시시비비(是是非非)나 선악과 같은 윤리적 판단에 국가가 개입해서는 안 되는 내심적 자유는 물론 이와 같은 윤리적 판단을 국가권력에 의하여 외부에 표명하도록 강제 받지 않는 자유, 즉 윤리적 판단사항에 관한 침묵의 자유까지 포함되기 때문이다.[341] 하지만 형사소송법이 근친자의 형사책임에 관한 증언거부권을 인정하고 있으며(동법 제148조), 국민은 형사상 자기에게 불리한 진술을 강요당하지 않는다는 헌법 제12조 제2항의 규정이 증언거부권을 행사하지 않으면서 적극적으로 허위의 진술을 하는 경우까지 허용하는 취지를 갖는 것은 아니므로 위증죄의 처벌규정이 위헌이라고 볼 수는 없다.[342]

---

341) 헌결 1991.4.1, 89헌마160.
342) 서일교, 『형법각론』, 1978, 353면; 정영일, 『형법각론』 제3판, 2011, 875면.

나. 성립여부

공판과정에서 피의자신문조서 또는 참고인진술조서의 내용이 조사대상자의 실제 진술과 다르게 작성된 것이 입증된 경우(피의자 등이 실질적 진정 성립을 부정하여, 입증된 경우)에는 허위공문서 작성죄, 허위로 작성된 조서내용을 그대로 증언한 경우에는 위증죄343)344) 성립이 가능하다. 과태료의 재판을 받고도 정당한 사유 없이 다시 불출석한 경우 7일 이내의 감치, 법원은 증인의 구인을 명할 수 있다. 건강 문제나 직장문제 기타 불가피한 사정으로 출석할 수 없을 때는 법원에 불출석사 유서를 제출하여야 제재를 피할 수 있다(형사소송규칙 제68조의2). 불출석사유서에는 출석요구서를 보낸 법원의 재판부와, 사건번호를 기재하여 불출석 사유서를 제출할 수 없을 정도로 사정이 다급할 때에는 증인 출석요구서에 기재되어 있는 전화번호로 전화하여 법원직원에게 양해를 구해두는 것이 좋다. 민사재판의 경우, 법원이 증인과 증명할 사항의 내용 등을 고려해 상당하다고 인정 하는 때에는 출석·증언에 갈음해 증언할 사항을 적은 서면을 제출하게 할 수 있음(민사소송법 제310조 제1항). 민사재판의 경우 증인은 법원에 이 제도

---

343) 위증죄는 법률에 의하여 선서한 증인이 자기의 기억에 반하는 사실을 진술함으로써 성립하는 것이므로 그 진술이 객관적 사실과 부합하지 않는다고 하여 그 증언이 곧바로 위증이라고 단정할 수는 없다(대법원 1996. 8. 23. 선고 95도192).

344) 위증 할 경우 형사처벌이 엄격해지고 있다. 법정에서 사건의 진실을 밝히는 공판중심주의가 자리를 잡아가면서 위증여부가 유·무죄 판단에 결정적인 요소가 되기 때문에 진실을 은폐·왜곡하는 위증과 위증 교사범에 대한 처벌이 엄격해지고 있으며 법원으로서는 공판 중심주의의 최대 걸림돌을 위증으로 판단하고 있다. ※ 형법 제152조(위증, 모해위증) ① 법률에 의하여 증인이 허위의 진술을 한 때에는 5년 이하의 징역 또는 1천만원 이하 의 벌금에 처한다. ② 형사사건 또는 징계사건에 관하여 피고인, 피의자 또는 징계혐의자를 모해할 목적으로 전항의 죄를 범한 때에는 10년 이하의 징역에 처한다. 허위의 진술? 증인의 기억에 반하는 진술, 사실에 대한 언급이 아닌 주관적 의견이나 법률적 평가 등은 위증죄에 있어 '진술'이라고 할 수 없음(대판 95도1797), 사실은 외적 사실이든 고의, 목적, 동기, 관념, 감정 등과 같은 내적 사실 이든 상관없으며, 진술방법에는 제한이 없으므로 구두에 의한 진술 뿐만 아니라 거동, 표정 등에 의한 진술, 부작위에 의한 진술도 포함, 진술 내용에도 제한이 없으므로 재판결과에 영향을 미칠 수 있는 요증사실에 대한 진술에 국한되지 않음(대판 89도1212), 허위진술인지의 여부는 그 증언의 단편적인 구절에 구애될 것이 아니라 당해 신문절차에 있어서의 증언 전체를 일체로 파악하여 판단함(대판 2001도5252).

를 이용할 수 있게 해달라고 요청할 수 있다. 선서의무가 면제되므로 내용이 허위라도 위증죄가 성립될 수 없다. 또한 자신이 증언하기 부적합한 사정이 있을 때는 법원에 사유를 소명 하여 증인 채택 결정을 다시 검토해달라고 요청할 수도 있다.

다. 국정농단 국정조사 특별위원회의 위증 고발 사건 판결문[345]

대법원 2018. 5. 17. 선고 2017도14749 전원합의체 판결
[국회에서의증언·감정등에관한법률위반]국정농단 의혹사건 진상규명
을 위한 국정조사 특별위원회의 위증 고발 사건[공2018하,1228]

【판시사항】

[1] 국회에서의 증언·감정 등에 관한 법률 제15조 제1항의 고발이
   같은 법 제14조 제1항 본문에서 정한 위증죄의 소추요건인지 여
   부(적극)

[2] 국회에서의 증언·감정 등에 관한 법률 제15조 제1항 단서의 고
   발을 특별위원회가 존속하는 동안에 해야 하는지 여부(적극)

[3] 피고인이 국회에서 열린 '박근혜 정부의 갑 등 민간인에 의한 국
   정농단 의혹사건 진상규명을 위한 국정조사 특별위원회'에 증인
   으로 출석하여 국회에서의 증언·감정 등에 관한 법률에 따라 선
   서한 후 허위의 진술을 하였다는 공소사실에 관하여, 특별위원회
   의 존속기간이 종료된 후에 재적위원 3분의 1 이상이 연서하여
   피고인을 같은 법 제14조 제1항 본문에서 정한 위증죄로 고발함
   에 따라 공소가 제기된 사안에서, 위 고발은 특별위원회가 존속
   하지 않게 된 이후에 이루어져 같은 법 제15조 제1항에 따른 적
   법한 고발이 아니고, 공소가 소추요건인 적법한 고발 없이 제기
   되어 부적법하다는 이유로, 같은 취지에서 공소를 기각한 원심판
   결이 정당하다고 한 사례

---

345) 대법원 2018. 5. 17. 선고 2017도14749 전원합의체 판결 [국회에서의증언 · 감정등에관한
   법률위반] > 종합법률정보 판례.

[1] [다수의견] 국회에서의 증언·감정 등에 관한 법률(이하'국회증언감정법'이라 한다)은 제1조에서 국회에서의 안건심의 또는 국정감사나 국정조사와 관련하여 행하는 보고와 서류제출의 요구, 증언·감정 등에 관한 절차를 규정하는 것을 그 목적으로 밝히고 있다. 국회증언감정법 제14조 제1항 본문은 같은 법에 의하여 선서한 증인이 허위의 진술을 한 때에는 1년 이상 10년 이하의 징역에 처한다고 규정하고, 제15조 제1항 본문은 본회의 또는 위원회는 증인이 제14조 제1항 본문의 죄를 범하였다고 인정한 때에는 고발하여야 한다고 규정하며, 제15조 제2항은 제1항의 규정에 불구하고 범죄가 발각되기 전에 자백한 때에는 고발하지 아니할 수 있다고 규정하고 있다. 위와 같은 국회증언감정법의 목적과 위증죄 관련 규정들의 내용에 비추어 보면, 국회증언감정법은 국정감사나 국정조사에 관한 국회 내부의 절차를 규정한 것으로서 국회에서의 위증죄에 관한 고발 여부를 국회의 자율권에 맡기고 있고, 위증을 자백한 경우에는 고발하지 않을 수 있게 하여 자백을 권장하고 있으므로 국회증언감정법 제14조 제1항 본문에서 정한 위증죄는 같은 법 제15조의 고발을 소추요건으로 한다고 봄이 타당하다. [대법관 김신의 반대의견] 국회증언감정법에는 고발을 소추요건으로 한다는 명문의 규정이 없으므로 국회증언감정법 제15조 제1항 고발은 수사의 단서일 뿐이고 소추요건이라 보기는 어렵다. 국회증언감정법 제15조는 국회가 증인을 위증죄로 고발할 경우에 있어서 고발의 주체, 대상범죄, 자백으로 인한 고발 예외, 고발 명의인, 국회가 고발한 경우 검사의 처리 등에 관하여 상세히 규정하고 있지만, 고발이 없으면 공소를 제기할 수 없다거나 고발이 있어야 공소를 제기할 수 있다고 규정하고 있지는 않다. 이와 같이 국회증언감정법 규정의

문언과 형식이 고발을 소추요건으로 규정한 다른 특별법 규정들과 엄연히 다르므로 국회증언감정법 제15조 제1항 고발의 성질과 효력을 소추요건인 고발과 같은 것으로 해석할 수는 없다. 국회증언감정법 제15조는 형사소송법 고발 규정에 대하여 국회가 위증죄 등을 고발할 경우에 적용되는 특별규정이라고 보는 것이 타당하다. 국회증언감정법은 고발에 관한 일반규정인 형사소송법 규정들에 대하여 국회가 고발을 할 경우에 적용될 고발의 주체, 대상범죄, 검사의 사건처리 등에 관하여 특별히 규정하였고 고발의 성질과 효력에 관하여는 아무런 규정을 하지 않고 있다. 따라서 고발의 성질과 효력에 관하여는 일반규정인 형사소송법 규정이 적용된다고 보는 것이 합리적인 해석이다.

[2] [다수의견] 국회에서의 증언·감정 등에 관한 법률(이하 '국회증언감정법'이라 한다) 제15조 제1항 본문은 "본회의 또는 위원회는 증인·감정인 등이 제12조·제13조 또는 제14조 제1항 본문의 죄를 범하였다고 인정한 때에는 고발하여야 한다."라고 규정하고 있다. 제15조 제1항 본문에 따른 고발은 증인을 조사한 본회의 또는 위원회의 의장 또는 위원장의 명의로 한다(제15조 제3항). 따라서 그 위원회가 고발에 관한 의결을 하여야 하므로 제15조 제1항 본문의 고발은 위원회가 존속하고 있을 것을 전제로 한다. 한편 국회증언감정법 제15조 제1항 단서는 위와 같은 본문에 이어서 "다만 청문회의 경우에는 재적위원 3분의 1 이상의 연서에 따라 그 위원의 이름으로 고발할 수 있다."라고 규정하고 있다. 아래와 같은 이유로, 국회증언감정법 제15조 제1항 단서에 의한 고발도 위원회가 존속하는 동안에 이루어져야 한다고 해석하는 것이 타당하다.

① 국회증언감정법 제15조 제1항 단서에 규정된 재적위원은 위원

회가 존속하고 있는 상태에서의 재적위원을 의미한다고 해석하는 것이 문언의 통상적인 용법에 부합한다. 재적(재적)의 사전적 의미는 명부에 이름이 올라 있음을 뜻한다. 국회법은 여러 조항에서 재적위원이라는 용어를 사용하고 있다. 국회법이 규정하고 있는 재적위원은 모두 위원회가 존속하고 있는 것을 전제로 하여 현재 위원회에 적을 두고 있는 위원을 의미하고 있고, 위원회가 소멸하여 더 이상 존속하지 않는 경우를 상정하고 있다고 보기는 어렵다. 따라서 국회증언감정법 제15조 제1항 단서에서 특별히'재적위원이었던 자'를 포함한다고 볼 만한 문언을 사용하지 않고 단순히'재적위원'이라고만 규정하고 있는 이상 이는 국회법의 여러 규정에서 사용하고 있는 재적위원과 동일한 의미로 해석하는 것이 타당하다.

② 청문회를 개최한 특별위원회가 활동기한의 종료로 존속하지 않게 되었다면 그 후에는 청문회에서 증언한 증인을 위증죄로 고발할 수 없다고 해석하는 것이 특별위원회의 활동기간을 정한 취지에 부합한다. 국회증언감정법 제15조 제1항 단서의 문언과 입법 취지 및 목적, 특별위원회의 활동기간을 정한 취지 등을 고려하여 볼 때, 특별위원회가 존속하지 않게 되어 더 이상 국회증언감정법 제15조 제1항 본문에 의한 고발을 할 수 없게 되었다면 같은 항 단서에 의한 고발도 할 수 없다고 해석하는 것이 타당하다.

③ 특별위원회가 존속하지 않게 된 이후에도 과거 특별위원회가 존속할 당시 재적위원이었던 사람이 연서로 고발할 수 있다고 해석하는 것은 유추해석금지의 원칙에 위배된다. 국회증언감정법 제15조 제1항 단서의 문언 및 입법 취지, 다른 법률 규정과의 관계 등에 비추어 보면, 국회증언감정법 제15조 제1항 단서의 재적위원은 존속하고 있는 위원회에 적을 두고 있는 위원을 의미하고, 특별위원회가 존속하지 않게 된 경우 그 재적위원이었던 사람을 의미하는

것은 아니라고 해석하는 것이 타당하다. 이와 달리 특별위원회가 소멸하였음에도 과거 특별위원회가 존속할 당시 재적위원이었던 사람이 연서로 고발할 수 있다고 해석하는 것은 소추요건인 고발의 주체와 시기에 관하여 그 범위를 행위자에게 불리하게 확대하는 것이다. 이는 가능한 문언의 의미를 벗어나므로 유추해석금지의 원칙에 반한다.

[대법관 김소영, 대법관 박상옥, 대법관 김재형의 반대의견] 국회증언감정법 제15조 제1항 본문에 따라 위원회가 고발하는 경우에는 위원회의 의결에 따라 위원장의 이름으로 고발하여야 하므로 고발 당시 위원회가 존속하고 있어야 한다. 그러나 같은 항 단서에 따라 위원의 이름으로 고발할 경우에는 위원회의 의결이 요구되지 않으므로 위원회가 존속할 필요가 없다. 위원회가 존속하는지 소멸하였는지에 따라 반드시 문언을 달리 규정해야 하는 것은 아니다. 국회증언감정법 제15조 제1항 단서에 정한 재적위원은 위원회가 존속하고 있는 상태에서는 그 소속 위원이지만 특별위원회가 존속하지 않게 된 다음에는 특별위원회가 존속할 당시 재적위원이었던 사람을 가리키는 것으로 보는 것이 합리적이다. 이러한 해석은 국회에서의 위증죄에 대하여 법정형을 무겁게 규정하고 고발요건을 완화하는 법률 개정까지 하여 이를 엄하게 처벌하려는 국회증언감정법의 입법 취지와 목적을 고려한 목적론적 해석으로서 허용된다고 보아야 한다. 다수의견과 같이 국회증언감정법 제15조 제1항 단서의 고발을 위원회가 존속하고 있는 동안에 해야 한다고 해석하면, 명문에도 없는 고발기간을 창설하는 결과가 되고, 통상 단기간으로 정해지는 특별위원회의 활동기간 내에 위증 혐의가 드러나기 어려운 상당수의 위증 범죄를 처벌할 수 없게 된다. 이러한 해석은 국회에서의 위증을 형법상 위증죄보다 더 무거운 형으로 처벌하여 국회 기능의 적정성을 보호하려는 입법목적에 어긋난다. 다수의견에 따르면, 국정조사를 한 특별위원회의 활동기간이 종료된 이후에는

위증을 한 사람을 위증죄로 고발할 수 없게 된다. 따라서 위증을 한 증인으로서는 특별위원회의 활동기간 종료 전에 자백을 하면 고발을 당하여 처벌받게 되는 반면 그때까지 자백을 하지 않으면 고발이나 소추의 대상이 되지 않으므로, 자백을 하지 않는 것이 오히려 더 유리하게 된다. 이러한 결과는 국회증언감정법 제14조, 제15조가 안건심의, 국정감사나 국정조사를 종료하기 전에 자백할 것을 권장하는 취지에 배치된다. 위원회의 존속기간이 곧 고발기간이라고 해석하면 상설기구인 상임위원회에서 증언한 증인과 활동기간이 정해진 특별위원회에서 증언한 증인 사이에 고발기간에 큰 차이가 생긴다. 뿐만 아니라 특별위원회의 활동기간이 장기인지 단기인지, 증언을 한 시기가 활동기간의 초기인지 종료 무렵인지, 본회의의 조사결과 처리 시기가 언제인지 등 우연한 사정에 따라 위증을 한 증인에 대한 고발기간이 달라지고 그에 따라 처벌 여부가 좌우될 수 있다. 결국 다수의견에 따르면 위와 같은 우연한 사정에 따라 위증을 한 증인들 사이에 소추와 처벌이 달라져 형평에 반하는 결과가 생긴다. 결론적으로, 국회증언감정법 제15조 제1항 단서에 의한 고발은 증인을 조사한 위원회가 소멸한 후에도 위원회의 재적위원이었던 사람들이 연서하여 할 수 있다고 해석하여야 한다.

[3] 피고인이 2016. 12. 14. 국회에서 열린 '박근혜 정부의 갑 등 민간인에 의한 국정농단 의혹사건 진상규명을 위한 국정조사 특별위원회'(이하'특별위원회'라 한다)에 증인으로 출석하여 국회에서의 증언·감정 등에 관한 법률(이하 '국회증언감정법'이라 한다)에 따라 선서한 후 허위의 진술을 하였다는 공소사실에 관하여, 특별위원회의 존속기간이 종료된 후에 재적위원 3분의 1 이상이 연서하여 피고인을 국회증언감정법 제14조 제1항 본문에서 정한 위증죄로 고발함에 따라 공소가 제기된 사안에서, 특별위원회의 조사기간은 2016. 11. 17.부터 2017. 1. 15.까지이고, 국

회 본회의에서 2017. 1. 20. 특별위원회의 국정조사 결과보고서
가 채택·의결되었으며, 특별위원회의 위원이던 18명 중 13명이
2017. 2. 28. 연서에 의하여 고발을 한 점 등에 비추어 위 고발
은 특별위원회가 존속하지 않게 된 이후에 이루어져 국회증언감
정법 제15조 제1항에 따른 적법한 고발이 아니고, 공소가 소추
요건인 적법한 고발 없이 제기되어 부적법하다는 이유로, 같은
취지에서 공소를 기각한 원심판결이 정당하다고 한 사례.

【참조조문】

[1] 국회에서의 증언·감정 등에 관한 법률 제1조, 제14조 제1항, 제15
조, 조세범 처벌법 제21조, 관세법 제284조 제1항, 독점규제 및
공정거래에 관한 법률 제71조 제1항, 하도급거래 공정화에 관한
법률 제32조 제1항, 형사소송법 제234조, 제257조 [2] 헌법 제12
조 제1항, 제51조, 형법 제1조 제1항, 제152조 제1항, 구 국회에
서의 증언·감정 등에 관한 법률(2000. 2. 16. 법률 제6268호로 개
정되기 전의 것) 제15조 제1항(현행 제15조 제1항, 제2항 참조),
국회에서의 증언·감정 등에 관한 법률 제14조 제1항, 제15조, 국
회법 제52조, 제54조, 제57조의2, 제63조의2, 제64조, 제65조, 제
81조, 제85조의2 제1항, 제86조 제3항, 제91조 제2항, 제128조
제1항, 조세범 처벌법 제21조, 관세법 제284조 제1항, 독점규제
및 공정거래에 관한 법률 제71조 제1항, 하도급거래 공정화에 관
한 법률 제32조 제1항 [3] 구 국회에서의 증언·감정 등에 관한 법
률(2018. 4. 17. 법률 제15621호로 개정되기 전의 것) 제14조 제
1항, 제15조 제1항, 형사소송법 제327조 제2호

【참조판례】

[1] 대법원 1965. 12. 10. 선고 65도826 전원합의체 판결

【전 문】

【피 고 인】피고인
【상 고 인】특별검사
【변 호 인】법무법인 담당변호사 서○○ 외 1인
【원심판결】서울고법 2017. 8. 31. 선고 2017노1617 판결

【주 문】

상고를 기각한다.

【이 유】

상고이유를 판단한다.

1. 공소사실의 요지, 사건경위와 쟁점에 관하여 본다.
   가. 이 사건 공소사실의 요지는, 피고인은 2016. 12. 14. 국회에서 열린 '박근혜 정부의 ○○○ 등 민간인에 의한 국정농단 의혹사건 진상규명을 위한 국정조사 특별위원회'(이하 '이 사건 특별위원회'라 한다)에 증인으로 출석하여 국회에서의 증언·감정 등에 관한 법률(이하 '국회증언감정법'이라 한다)에 따라 선서한 후 아래와 같이 증언하여 허위의 진술을 하였다는 것이다. 즉, 피고인은 2015. 5.경 공소외 1의 요청을 받고 그 무렵 공소외 2에게 연락을 하여 "미용성형에 사용되는 실이 있는데 대통령께서 관심이 많은 제품이라고 하니 △△△△△병원 성형외과로 연결을 시켜주면 좋겠다."라고 하면서 공소외 3 주식회사 대표인 공소외 4의 연락처를 알려주며 소개한 사실이 있었다. 그럼에도 공소외 5 위원의 "공소외 2에

게 공소외 6, 공소외 4 부부를 소개시켜 준 적이 없습니까?"라는 질문에 "예, 없습니다.", "그와 관련돼서 공소외 2에게 전화한 적이 없습니다."라고 증언하고, "공소외 2 교수한테 리프팅 실 사업 도와주라고 소개도 안 했습니까?"라는 질문에 "저는 한 적 없습니다."라고 증언하였다.

나. 이 사건 특별위원회의 조사기간은 2016. 11. 17.부터 2017. 1. 15.까지이고, 국회 본회의에서 2017. 1. 20. 이 사건 특별위원회의 국정조사 결과보고서가 채택·의결되었다. 이 사건 특별위원회의 위원이던 18명 중 13명이 2017. 2. 28. 연서에 의하여 피고인에 대한 이 사건 공소사실에 관한 고발(이하'이 사건 고발'이라 한다)을 하였다.

다. 제1심은 이 사건 공소사실을 유죄로 인정하였으나, 원심은 직권으로 다음과 같이 판단하여 제1심판결을 파기하고 이 사건 공소를 기각하였다.

이 사건 공소사실은 국회증언감정법 제14조 제1항에 해당하는 죄로서 같은 법 제15조 제1항에 의한 고발이 있어야 공소를 제기할 수 있는 사건이다. 국회증언감정법 제15조 제1항 본문뿐만 아니라 단서에 의한 고발도 그 위원회가 존속하고 있는 동안에만 가능하다고 보아야 한다. 이 사건 고발은 이 사건 특별위원회가 더 이상 존속하지 않게 된 이후에 이루어졌으므로 적법한 고발이 아니다. 따라서 이 사건 공소는 공소제기의 절차가 법률의 규정을 위반하여 무효인 때에 해당한다.

라. 이 사건의 쟁점은 ① 국회증언감정법 제15조 제1항의 고발이 같은 법 제14조 제1항 본문에서 정한 위증죄의 소추요건인지, ② 국회증언감정법 제15조 제1항 단서의 고발을 특별위원회가 존속하는 동안에 해야 하는지 여부이다.

2. 국회증언감정법 제15조 제1항의 고발이 소추요건인지에 관하여

본다.

국회증언감정법은 제1조에서 국회에서의 안건심의 또는 국정감사나 국정조사와 관련하여 행하는 보고와 서류제출의 요구, 증언·감정 등에 관한 절차를 규정하는 것을 그 목적으로 밝히고 있다. 같은 법 제14조 제1항 본문은 같은 법에 의하여 선서한 증인이 허위의 진술을 한 때에는 1년 이상 10년 이하의 징역에 처한다고 규정하고, 제15조 제1항 본문은 본회의 또는 위원회는 증인이 제14조 제1항 본문의 죄를 범하였다고 인정한 때에는 고발하여야 한다고 규정하며, 제15조 제2항은 제1항의 규정에 불구하고 범죄가 발각되기 전에 자백한 때에는 고발하지 아니할 수 있다고 규정하고 있다. 위와 같은 국회증언감정법의 목적과 위증죄 관련 규정들의 내용에 비추어 보면, 국회증언감정법은 국정감사나 국정조사에 관한 국회 내부의 절차를 규정한 것으로서 국회에서의 위증죄에 관한 고발 여부를 국회의 자율권에 맡기고 있고, 위증을 자백한 경우에는 고발하지 않을 수 있게 하여 자백을 권장하고 있으므로 국회증언감정법 제14조 제1항 본문에서 정한 위증죄는 같은 법 제15조의 고발을 소추요건으로 한다고 봄이 타당하다(대법원 1965. 12. 10. 선고 65도826 전원합의체 판결 참조).

3. 국회증언감정법 제15조 제1항 단서의 고발을 특별위원회가 존속하는 동안에 해야 하는지에 관하여 본다.

　가. 국회증언감정법 제15조 제1항 본문은 "본회의 또는 위원회는 증인·감정인 등이 제12조·제13조 또는 제14조 제1항 본문의 죄를 범하였다고 인정한 때에는 고발하여야 한다."라고 규정하고 있다. 제15조 제1항 본문에 따른 고발은 증인을 조사한 본회의 또는 위원회의 의장 또는 위원장의 명의로 한다(제15조 제3항). 따라서 그 위원회가 고발에 관한 의결을 하여야 하므로 제15조 제1항 본문의 고발은 위원회가 존속하고 있을 것을 전제로 한다. 한편 국회증언

감정법 제15조 제1항 단서는 위와 같은 본문에 이어서 "다만 청문회의 경우에는 재적위원 3분의 1 이상의 연서에 따라 그 위원의 이름으로 고발할 수 있다."라고 규정하고 있다.

　나. 아래와 같은 이유로 국회증언감정법 제15조 제1항 단서에 의한 고발도 위원회가 존속하는 동안에 이루어져야 한다고 해석하는 것이 타당하다.

(1) 국회증언감정법 제15조 제1항 단서에 규정된 재적위원은 위원회가 존속하고 있는 상태에서의 재적위원을 의미한다고 해석하는 것이 문언의 통상적인 용법에 부합한다. 재적(재적)의 사전적 의미는 명부에 이름이 올라 있음을 뜻한다. 국회법은 여러 조항에서 재적위원이라는 용어를 사용하고 있다. 위원회 개회요건으로서 재적위원 4분의 1 이상의 요구(제52조), 위원회의 의사정족수로서 재적위원 5분의 1 이상의 출석, 의결정족수로서 재적위원 과반수의 출석과 출석위원 과반수의 찬성(제54조), 안건조정위원회의 구성요건으로서 재적위원 3분의 1 이상의 요구(제57조의2), 전원위원회의 개회요건으로서 재적위원 5분의 1 이상의 출석, 의결요건으로서 재적위원 4분의 1 이상의 출석과 출석위원 과반수의 찬성(제63조의2), 위원회가 공청회를 열기 위한 요건으로서 의결 또는 재적위원 3분의 1 이상의 요구(제64조), 청문회 개회요건으로서 재적위원 3분의 1 이상의 요구(제65조), 의장이 상임위원회 의안을 다른 위원회에 회부하기 위한 요건으로서 의안과 직접적인 이해관계가 있는 위원의 소관 상임위원회 재적위원 과반수 차지(제81조), 위원회에 회부된 안건을 신속처리대상안건으로 지정하기 위한 요건으로서 재적의원 과반수의 서명 또는 소관 위원회 재적위원 과반수의 서명, 의결요건으로서 재적의원 5분의 3 이상 또는 안건의 소관 위원회 재적위원 5분의 3 이상의 찬성(제85조의2 제1항), 법률안의 체계·자구 심사 관련 본회의 부의 요구 의결요건으로서 해당 위원회 재적위

원 5분의 3 이상의 찬성(제86조 제3항), 위원회의 번안동의 요건으로서 재적위원 과반수의 출석과 출석위원 3분의 2 이상의 찬성(제91조 제2항), 위원회의 서류 등 제출요구 요건으로서 의결 또는 재적위원 3분의 1 이상의 요구(제128조 제1항) 등이 있다. 위와 같이 국회법이 규정하고 있는 재적위원은 모두 위원회가 존속하고 있는 것을 전제로 하여 현재 위원회에 적을 두고 있는 위원을 의미하고 있고, 위원회가 소멸하여 더 이상 존속하지 않는 경우를 상정하고 있다고 보기는 어렵다. 만일 재적위원의 범위에 위원회가 소멸하였으나 과거 위원회가 존속할 당시 재적위원이었던 사람도 포함된다고 해석하면 이미 존속기간이 지난 위원회를 다시 활동하게 하는 것과 사실상 같게 된다. 그렇게 되면 그 종기를 다시 언제로 보아야 할지 확정하는 것이 어렵게 되며, 재적위원이었던 사람이 사망, 당선무효, 기타의 사유로 국회의원 자격을 상실한 경우에도 재적위원에 포함되는지 등 여러 면에서 불명확한 상태를 초래한다. 국회증언감정법 제15조 제1항 본문 및 단서의 관계와 유사하게 위원회의 의결과 일정 수 이상 재적위원의 요구를 선택적이면서 동등한 요건으로 규정하고 있는 국회법 규정들(국회법 제64조, 제128조 제1항)의 경우에도 그 재적위원은 위원회가 존속하고 있는 상태에서 현재 위원회에 적을 두고 있는 위원을 의미하고 있다. 따라서 국회증언감정법 제15조 제1항 단서에서 특별히'재적위원이었던 자'를 포함한다고 볼 만한 문언을 사용하지 않고 단순히'재적위원'이라고만 규정하고 있는 이상 이는 위에서 본 것과 같이 국회법의 여러 규정에서 사용하고 있는 재적위원과 동일한 의미로 해석하는 것이 타당하다.

(2) 청문회를 개최한 특별위원회가 활동기한의 종료로 존속하지 않게 되었다면 그 후에는 청문회에서 증언한 증인을 위증죄로 고발할 수 없다고 해석하는 것이 특별위원회의 활동기간을 정한

취지에 부합한다. 국회는 본회의 의결로 특별위원회를 둘 수 있고, 특별위원회를 구성할 때에는 그 활동기간을 정하여야 하며, 본회의 의결로 그 기간을 연장할 수 있다. 특별위원회는 활동기한의 종료 시까지 존속하며, 활동기한의 종료 시까지 국회법 제86조에 따라 법제사법위원회에 체계·자구 심사를 의뢰하였거나 제66조에 따라 심사보고서를 제출한 경우에는 해당 안건이 본회의에서 의결될 때까지 존속하는 것으로 본다(국회법 제44조 제1, 2, 3항). 특별위원회가 청문회를 열어 증인의 진술을 청취하는 것뿐만 아니라 그 증인을 위증 혐의로 고발하는 것도 특별위원회의 활동에 속한다. 따라서 그 증인에 대한 위증 고발도 위원회가 존속하는('존속하는 것으로 보는'경우를 포함한다) 동안에 하여야 한다.

특별위원회 등 국회의 위원회는 의원 중 소수의 위원을 선임하여 구성되는 국회의 합의제 기관이다. 특별위원회가 소멸하는 경우 법령에서 그 권한 또는 사무를 승계하는 규정을 별도로 두지 않은 이상 더 이상 사무를 수행할 수 없다고 보아야 한다. 그런데 특별위원회가 활동기간의 만료로 소멸하는 경우 그 권한 또는 사무의 승계를 별도로 정하고 있는 규정은 없다. 국회증언감정법 제15조 제1항 단서는 2000. 2. 16. 법률 제6268호 개정으로 신설되었다. 당시의 입법자료에 의하면 그 신설 이유는 제15조 제1항 본문에 따라 위원회가 고발을 하려면 의결을 하여야 하는데 그 의결정족수를 충족하기 어려운 경우가 있으므로 그러한 경우 위원회 재적위원 3분의 1 이상의 연서로 위원의 이름으로 고발할 수 있게 하여 고발요건을 완화하려는 것이다. 이처럼 국회증언감정법 제15조 제1항 단서는 같은 항 본문의 고발요건을 완화하기 위한 규정이지, 이와 달리 위원회가 존속하지 않는 경우에도 고발할 수 있게 하는 규정이거나 이러한 고발을 위한 위원회의 권한 또는 사무의 승계에 관한 규정이라고 보기는 어렵다. 앞에서 본 국회증언감정법 제15조 제1항 단서의 문언과 입법 취지 및 목적, 특별위원회의 활동기간을 정한 취지 등을 고려하여 볼 때, 특별위원회가 존속하지 않게 되어 더 이상 국회증언감정법 제15조 제1항 본문에 의한 고발을 할 수 없게 되었다면 같은 항 단서에 의한 고발도 할 수 없다고 해석하는 것이 타당하다.

(3) 특별위원회가 존속하지 않게 된 이후에도 과거 특별위원회가 존속할 당시 재적위원이었던 사람이 연서로 고발할 수 있다고 해석하는 것은 유추해석금지의 원칙에 위배된다.

형벌법규의 해석에서 법규정 문언의 가능한 의미를 벗어나는 경우에는 유추해석으로서 죄형법정주의에 위배된다. 유추해석금지의 원칙은 모든 형벌법규의 구성요건과 가벌성에 관한 규정에 준용된다. 소추요건에 관하여도 그 범위를 유추적용할 경우 가벌성의 범위가 확대되어 행위자에게 불리하게 된다면, 이는 가능한 문언의 의미를 넘어 범죄구성요건을 유추하는 것과 같은 결과를 초래하므로 죄형법정주의의 파생원칙인 유추해석금지의 원칙에 반하여 허용될 수 없다(대법원 1997. 3. 20. 선고 96도1167 전원합의체 판결, 대법원 2010. 9. 30. 선고 2008도4762 판결 등 참조).

앞에서 본 것처럼 국회증언감정법 제15조 제1항 단서의 문언 및 그 입법 취지, 다른 법률 규정과의 관계 등에 비추어 보면, 국회증언감정법 제15조 제1항 단서의 재적위원은 존속하고 있는 위원회에 적을 두고 있는 위원을 의미하고, 특별위원회가 존속하지 않게 된 경우 그 재적위원이었던 사람을 의미하는 것은 아니라고 해석하는 것이 타당하다. 이와 달리 특별위원회가 소멸하였음에도 과거 특별위원회가 존속할 당시 재적위원이었던 사람이 연서로 고발할 수 있다고 해석하는 것은 소추요건인 고발의 주체와 시기에 관하여 그 범위를 행위자에게 불리하게 확대하는 것이다. 이는 가능한 문언의 의미를 벗어나므로 유추해석금지의 원칙에 반한다. 특별위원회의 활동기간이 종료할 무렵 위증을 한 증인, 활동기간이 종료할 때까지 자백하지 않아 혐의가 확인되지 않은 증인, 활동기간이 종료한 이후 자백을 한 증인에 대하여 특별위원회의 활동기간 종료 이후에도 고발을 가능하게 하여 처벌할 필요가 있다 하더라도 이는 입법을 통하여 해결할 문제이다. 현행법의 유추해석으로 이를 해결하려는 것은 죄형법정주의에 위배된다.

4. 원심이 위와 같은 취지에서 이 사건 고발은 국회증언감정법 제15조 제1항에 따른 적법한 고발이 아니고 이 사건 공소는 소추요건인 적법한 고발 없이 제기되어 부적법하다고 판단한 것은 정당하다. 원심판결에 국회증언감정법 제15조의 해석·적용 등에 관한 법리를 오해한 잘못이 없다.

5. 그러므로 상고를 기각하기로 하여 주문과 같이 판결한다. 이 판결 중 국회증언감정법 제15조 제1항의 고발이 제14조 제1항 본문에서 정한 위증죄의 소추요건인지에 관한 부분에는 대법관 김신의 반대의견이, 국회증언감정법 제15조 제1항 단서의 고발을 특별위원회가 존속하는 동안에 해야 하는지에 관한 부분에는 대법관 김소영, 대법관 박상옥, 대법관 김재형의 반대의견이 있는 외에는 관여 법관의 의견이 일치하였다.

6. 국회증언감정법 제15조 제1항 고발이 제14조 제1항 본문에서 정한 위증죄의 소추요건인지에 관한 대법관 김신의 반대의견
　가. 다수의견은, 국회증언감정법 제15조 제1항 고발이 국회증언감정법 제14조 제1항 본문에서 정한 위증죄의 소추요건이라고 해석한다. 그러나 이러한 다수의견의 논리는 다음과 같은 이유로 찬성하기 어렵다.

나. 국회증언감정법에는 고발을 소추요건으로 한다는 명문의 규정이 없으므로 국회증언감정법 제15조 제1항 고발은 수사의 단서일 뿐이고 소추요건이라 보기는 어렵다.

(1) 고발이란 고소권자와 범인 이외의 사람이 수사기관에 대하여 범죄사실을 신고하여 범인의 처벌을 희망하는 의사표시를 말한다. 누구든지 범죄가 있다고 생각하는 때에는 고발할 수 있다. 공무원은 그 직무를 행함에 있어 범죄가 있다고 생각하는 때에는 고발하여야 한다(형사소송법 제234조). 고발이 있으면 수사기관은 고발을 수리한 날로부터 3월 이내에 수사를 완료하여 공소제기 여부를 결정하여야 한다(형사소송법 제257조). 이러한 고발은 원칙적으로 수사의 단서이다. 누구든지 고발을 제기할 수 있으므로 고발인은 자연인에 한정하지 않고 공법인, 사법인, 법인격 없는 사단 또는 단체도 포함한다. 이와 달리 예외적으로 고발이 소추요건인 특별법의 일정한 범죄의 경우에는 고발이 소추요건이라고 명시적으로 규정하고 있다. 예를 들어 조세범 처벌법 제21조는 "이 법에 따른 범칙행위에 대해서는 국세청장, 지방국세청장 또는 세무서장의 고발이 없으면 검사는 공소를 제기할 수 없다.", 관세법 제284조 제1항은"관세범에 관한 사건에 대하여는 관세청장이나 세관장의 고발이 없으면 검사는 공소를 제기할 수 없다.", 독점규제 및 공정거래에 관한 법률 제71조 제1항은 "제66조(벌칙) 및 제67조(벌칙)의 죄는 공정거래위원회의 고발이 있어야 공소를 제기할 수 있다.", 하도급거래 공정화에 관한 법률 제32조 제1항은 "제30조의 죄는 공정거래위원회의 고발이 있어야 공소를 제기할 수 있다."라고 각 규정하고 있다. 고발이 없으면 공소를 제기할 수 없다거나 고발이 있어야 공소를 제기할 수 있다는 문언을 사용하여 정당한 고발권을 부여받은 자에 의한 고발이 소추요건임을 명확히 나타내고 있다.

(2) 국회증언감정법 제14조는 위증죄의 구성요건, 법정형과 형의 감

면사유인 자백에 관하여 규정하고, 제15조는 제14조 위증죄 등에 대한 고발을 규정하고 있다. 제15조는 제1항에서 "본회의 또는 위원회는 증인·감정인 등이 제12조·제13조 또는 제14조 제1항 본문의 죄를 범하였다고 인정한 때에는 고발하여야 한다. 다만 청문회의 경우에는 재적위원 3분의 1 이상의 연서에 따라 그 위원의 이름으로 고발할 수 있다.", 제2항에서 "제1항에도 불구하고 제14조 제1항 단서의 자백이 있는 경우에는 고발하지 아니할 수 있다.", 제3항에서"제1항 본문에 따른 고발은 서류 등을 요구하였거나 증인·감정인 등을 조사한 본회의 또는 위원회의 의장 또는 위원장의 명의로 한다.", 제4항에서 "제1항에 따른 고발이 있는 경우에는 검사는 고발장이 접수된 날부터 2개월 이내에 수사를 종결하여야 하며, 검찰총장은 지체 없이 그 처분 결과를 국회에 서면으로 보고하여야 한다."라고 규정하고 있을 뿐, 고발이 소추요건이라는 취지의 내용은 규정하고 있지 않다. 즉 국회증언감정법 제15조는 국회가 증인을 위증죄로 고발할 경우에 있어서 고발의 주체, 대상범죄, 자백으로 인한 고발 예외, 고발 명의인, 국회가 고발한 경우 검사의 처리 등에 관하여 상세히 규정하고 있지만, 고발이 없으면 공소를 제기할 수 없다거나 고발이 있어야 공소를 제기할 수 있다고 규정하고 있지는 않다. 이와 같이 국회증언감정법 규정의 문언과 형식이 고발을 소추요건으로 규정한 다른 특별법 규정들과 엄연히 다르므로 국회증언감정법 제15조 제1항 고발의 성질과 효력을 소추요건인 고발과 같은 것으로 해석할 수는 없다.

(3) 국회증언감정법 제15조는 형사소송법 고발 규정에 대하여 국회가 위증죄 등을 고발할 경우에 적용되는 특별규정이라고 보는 것이 타당하다. 형사소송법 제234조는 소추요건이 아닌 고발에도 적용되는 일반규정이다. 형사소송법 제234조 제1항에 따르면 고발은 누구든지 할 수 있고, 제2항에 따르면 공무원은 그 직무

를 행함에 있어 범죄가 있다고 생각하는 때에는 고발하여야 한다. 이를 국회에서의 위증에 대하여 적용하면 국회에서의 위증죄에 대하여 누구든지 고발할 수 있고, 위증을 한 증인의 조사에 직무상 관여한 공무원은 위증죄가 있다고 생각하는 때에는 고발하여야 한다고 해석할 수 있다. 국회증언감정법 제15조 제1항은"본회의 또는 위원회는 증인·감정인 등이 제12조·제13조 또는 제14조 제1항 본문의 죄를 범하였다고 인정한 때에는 고발하여야 한다."라고 규정하고 있다. 이는 그 문언과 형식에 비추어 형사소송법 제234조 제2항의 특별규정으로서 국회가 국회에서의 위증죄 등으로 고발을 하는 경우 그 고발의 주체, 대상범죄 등을 특별히 정한 규정이라 보는 것이 옳다. 국회증언감정법 제15조 제1항 단서 역시 국회가 고발할 경우 고발의 주체에 관하여 같은 항 본문에 규정한 본회의 또는 위원회뿐만 아니라 재적위원 3분의 1 이상의 연서로도 할 수 있도록 넓게 인정한 규정이라고 해석하면 족하다. 국회증언감정법 제15조 제1항에 따른 고발이 있는 경우 검사의 수사종결과 처분결과 보고를 규정하고 있는 국회증언감정법 제15조 제4항 역시 검사가 고발을 수리한 경우의 사건처리에 관한 형사소송법 제257조의 특별규정이라고 볼 수 있다. 국회증언감정법은 위와 같이 고발에 관한 일반규정인 형사소송법 규정들에 대하여 국회가 고발을 할 경우에 적용될 고발의 주체, 대상범죄, 검사의 사건처리 등에 관하여 특별히 규정하였고 고발의 성질과 효력에 관하여는 아무런 규정을 하지 않고 있다. 따라서 고발의 성질과 효력에 관하여는 일반규정인 형사소송법 규정이 적용된다고 보는 것이 합리적인 해석이다. 다. 결론적으로, 국회증언감정법 제15조 제1항 고발은 수사의 단서일 뿐 소추요건이 아니라고 해석하여야 한다. 따라서 이 사건 공소제기는 국회증언감정법 제15조 제1항 고발이 없더라도 적법하다. 라. 이와 달리 원심은 이 사건 공소가 소추요건인 적법한 고발 없이 제기되어 부적법하다고 판단하여 공소를 기각하였다. 이러한 원심의 판단에는 국회증언감정법 제15조 제1항 고발의 성질과 효력에 관한 법리를 오해한 잘못이 있다. 그러므로 원심판결을 파기하고 사건을 원심법원에 환송하여야 한다.

이상의 이유로 다수의견에 반대하는 취지를 밝힌다.

7. 국회증언감정법 제15조 제1항 단서의 고발을 특별위원회가 존속하는 동안에 해야 하는지에 관한 대법관 김소영, 대법관 박상옥, 대법관 김재형의 반대의견

가. 다수의견은, 국회증언감정법 제15조 제1항 단서의 재적위원은 위원회가 존속하고 있는 상태에서의 재적위원을 의미하고, 위 규정에 따른 고발은 위원회가 존속하고 있는 동안에만 그 위원회의 재적위원이 연서로 할 수 있다고 해석한다. 그러나 이러한 다수의견의 논리는 입법목적에 반하는 것으로 찬성하기 어렵다. 그 이유는 다음과 같다.

나. 목적이 없는 법률은 없다. 법률의 문언에 반하지 않는다면 입법목적을 실현할 수 있도록 법률을 해석하여야 한다. 문구의 사소한 표현을 들어 입법자의 의도와 입법목적에 배치되는 해석을 해서는 안 된다. 다수의견은 재적(在籍)의 사전적 의미와 국회법 여러 조항에 규정되어 있는 재적위원 용어의 용법에 비추어 국회증언감정법 제15조 제1항 단서에 규정된 재적위원은 위원회가 존속하고 있는 상태에서의 재적위원만을 의미한다고 해석한다. 그러나 재적의 사전적 의미는 명부에 이름이 올라 있음을 뜻할 뿐이므로, 그 명부가 반드시 위증을 한 증인을 고발할 당시 존속하고 있는 위원회의 명부여야만 한다고 볼 필연적인 이유는 없다. 다수의견이 들고 있는 국회법 여러 조항에 있는 재적위원의 문언이 위원회가 존

속하고 있는 상태에서의 재적위원을 의미한다고 하더라도 이는 국회법이 존속하는 위원회의 구성과 활동에 관해서만 규정하고 위원회가 소멸한 이후의 상황과 위원 개인의 이름으로 대외적인 행위를 하는 사항에 관해서는 규정하지 않았기 때문에 생긴 현상일 뿐이다. 국회증언감정법 제15조 제1항 본문에 따라서 위원회가 고발을 하는 경우에는 위와 같은 국회법 여러 조항에 규정된 문언의 용법을 해석의 기준으로 삼을 수 있다. 그러나 국회증언감정법 제15조 제1항 단서는 위원회가 아닌'위원의 이름으로'고발하는 경우이므로 국회법 여러 규정들과는 규율의 전제가 전혀 다르다. 따라서 위원회가 아닌 '위원의 이름으로' 고발하는 경우에 관한 국회증언감정법 제15조 제1항 단서를 해석하면서 존속하는 위원회를 전제로 국회법 다른 조항에 사용된 용어의 의미와 동일하게 해석해야만 하는 것은 아니다. 국회증언감정법 제15조 제1항 본문에 따라 위원회가 고발하는 경우에는 위원회의 의결에 따라 위원장의 이름으로 고발하여야 하므로 고발 당시 위원회가 존속하고 있어야 한다. 그러나 같은 항 단서에 따라 위원의 이름으로 고발할 경우에는 위원회의 의결이 요구되지 않으므로 위원회가 존속할 필요가 없다. 위원회가 존속하는지 소멸하였는지에 따라 반드시 문언을 달리 규정해야 하는 것은 아니다. 위원회가 존속하는 동안에는 그 위원들이 고발할 수 있고 위원회가 소멸한 후에도 여전히 동일한 위원들이 고발할 수 있으므로 동일한 문언을 사용한 것으로 볼 수 있다. 국회증언감정법 제15조 제1항 단서에 정한 재적위원은 위원회가 존속하고 있는 상태에서는 그 소속 위원이지만 특별위원회가 존속하지 않게 된 다음에는 특별위원회가 존속할 당시 재적위원이었던 사람을 가리키는 것으로 보는 것이 합리적이다. 이러한 해석은 아래에서 살펴보는 것과 같이 국회에서의 위증죄에 대하여 법정형을 무겁게 규정하고 고발요건을 완화하는 법률 개정까지 하여 이를 엄하게 처벌하려는 국회증언감정법의 입법 취지와 목적을 고려한 목적론적 해석으로서 허용된다고 보아야 한다. 이를 유추해석금지의 원칙에 위배된다고 보는 것은 타당하지 않고, 오히려 다수의견에 따르면 입법목적을 잠탈하는 여러 가지 부당한 결과를 초래한다.

다. (1) 국회증언감정법 제15조 제1항은 본회의 또는 위원회는 증인이 제14조 제1항의 위증죄를 범하였다고 인정한 때에는 고발하여야 하고, 청문회의 경우에는 재적위원 3분의 1 이상의 연서에 따라 그 위원의 이름으로 고발할 수 있다고 정하고 있다. 제2, 3, 4항은 고발하지 않을 수 있는 사유, 고발 명의인, 고발에 따른 검사의 처분과 보고 등을 규정하고 있다. 국회증언감정법은 고발에 관하여 위와 같이 규정하였을 뿐 고발기간을 제한하는 규정을 두지 않고 있다. 그 문언에 비추어 보더라도 제15조 제1항은 고발의 주체를 명시한 규정으로 보아야 하고, 고발기간에 관한 규정으로 볼 수 없다. 관세법 제284조, 조세범 처벌법 제21조, 독점규제 및 공정거래에 관한 법률 제71조, 하도급거래 공정화에 관한 법률 제32조 등 고발을 소추요건으로 정하고 있는 다른 법률들도 마찬가지로 고발기간을 제한하지 않고 있다. 형사소송법 제230조 제1항은 친고죄에 대하여 고소기간을 범인을 알게 된 날부터 6월로 제한하고 있다. 그 이유는 형사소추권의 발동 여부를 사인(사인)인 피해자의 의사에 맡겨 장기간 불확정한 상태에 두어 생기는 폐단을 막기 위해서이다. 반면 소추요건인 고발에 관하여 고발기간을 제한하지 않는 이유는 국가기관을 고발권자로 정하여 그러한 폐단이 생길 우려가 없고 피해자가 없는 범죄여서 범행을 바로 인지하기도 어렵기 때문이다. 그런데도 다수의견과 같이 국회증언감정법 제15조 제1항 단서의 고발을 위원회가 존속하고 있는 동안에 해야 한다고 해석하면, 명문에도 없는 고발기간을 창설하는 결과가 된다. 다수의견은 국회증언감정법에 명시적인 규정이 없는 상태에서 해석을 통하여 고발을 소추요건으로 인정하는 데 그치지 않고 한걸음 더 나아가 또다시 해석을 통하여 다른 법률에서도 인정하고 있지 않은 고발기간까지 새롭게 인정하자는 것이다.

(2) 구 국회증언감정법(2000. 2. 16. 법률 제6268호로 개정되기 전의 것, 이하 '구 국회증언감정법'이라 한다) 제15조 제1항은 고발의 주체를 '국회'로만 정하고 있었다. 위 법률 개정 후 제15조 제1항의 고발 주체가 '본회의 또는 위원회'로 바뀌었고 제15조 제1항 단서도 함께 신설되었다. 다수의견도 인정하는 것처럼 위 법률 개정의 이유는 위증한 증인에 대한 고발요건을 완화하려는 데 있다. 위 개정으로 고발의 주체가 '국회'에서 '본회의 또는 위원회'로 바뀐 것은 해당 증인에 대하여 가장 밀접하고 직접적인 관계가 있는 본회의 또는 위원회가 고발할 수 있다는 것을 명확히 한 것일 뿐 국회의 고발요건에 대하여 종전과 다른 어떠한 제한을 한 것이 아니다. 따라서 위원회를 고발 주체에 포함하면서 함께 추가된 제15조 제1항 단서는 특별위원회가 활동기간 종료로 소멸한 다음에도 그 재적위원이었던 사람들이 연서로 고발할 수 있게 하는 취지라고 해석하는 것이 타당하다. 그렇게 해석해야만 본회의가 고발하는 경우와 비교하여 고발기간에 일관성이 있게 된다.

라. (1) 국회증언감정법 제14조 제1항은 국회로부터 안건심의 또는 국정감사나 국정조사와 관련하여 출석을 요구받고 선서한 후 증언한 증인이 허위의 진술을 한 경우를 처벌한다. 이로써 입법, 재정, 국정통제 등에 관한 전반적인 국회 기능의 적정성을 보호하려는 것이다. 국회증언감정법 제14조는 그러한 이유에서 법정형을 1년 이상 10년 이하의 징역으로 정하여 형법상 위증죄의 법정형인 5년 이하의 징역 또는 1천만 원 이하의 벌금보다 무겁게 정하고 있다.

위증죄는 증언 내용이 객관적 사실에 부합하지 않는다고 하여 성립하는 것이 아니라 증인의 기억에 반하는 것일 때 성립한다. 증인이 위증을 하더라도 자백하지 않는 이상 그 혐의가 증언 이후 단시간 내에 드러나지 않는 경우가 많다. 오히려 증언 내용과 관련된 다른 증인들의 증언을 다른 객관적인 자료들과 대조하고 증인에 대한 추가 조사 등을 한 후에 비로소 혐의가 드러나고 그 과정에 적지 않은 시일이 걸리는 것이 일반적이다. 다수의견과 같이 위원회가 존속하는 동안에만 국회증언감정법 제15조 제1항 단서에 따른 고발을 할 수 있다고 해석한다면, 통상 단기간으로 정해지는 특별위원회의 활동기간 내에 위증 혐의가 드러나기 어려운 상당수의 위증범죄를 처벌할 수 없게 된다. 이러한 해석은 국회에서의 위증을 형법상 위증죄보다 더 무거운 형으로 처벌하여 국회 기능의 적정성을 보호하려는 입법목적에 어긋난다.

(2) 국회증언감정법 제14조 제1항 단서와 제2항은 위증한 증인이 범죄가 발각되기 전에 자백하였을 때에는 그 형을 감경 또는 면제할 수 있고, 그 자백은 국회에서 안건심의 또는 국정감사나 국정조사를 종료하기 전에 하여야 한다고 정하고 있다. 제15조 제2항은 위와 같은 자백이 있는 경우에는 고발하지 아니할 수 있다고 정하고 있다. 형의 감면사유와 고발 예외사유인 자백의 시기를 안건심의, 국정감사나 국정조사를 종료하기 전으로 제한한 이유는 증언을 한 그 안건심의, 국정감사, 국정조사가 종료되기 전에 위증이 밝혀져야 위증으로 그 결과가 왜곡되는 것을 막을 수 있기 때문이다. 다수의견에 따르면, 국정조사를 한 특별위원회의 활동기간이 종료된 이후에는 위증을 한 사람을 위증죄로 고발할 수 없게 된다. 따라서 위증을 한 증인으로서는 특별위원회의 활동기간 종료 전에 자백을 하면 고발을 당하여 처벌받게 되는 반면 그때까지 자백을 하지 않으면 고발이나 소추의 대상이 되지 않으므로, 자백을 하지 않는 것이 오히려 더 유리하게 된다. 이러한 결과는 국회증언감정법 제14조, 제15조가 안건심의, 국정감사나 국정조사를 종료하기 전에 자백할 것을 권장하는 취지에 배치된다.

(3) 위원회의 존속기간이 곧 고발기간이라고 해석하면 상설기구인 상임위원회에서 증언한 증인과 활동기간이 정해진 특별위원회에서

증언한 증인 사이에 고발기간에 큰 차이가 생긴다. 뿐만 아니라 특별위원회의 활동기간이 장기인지 단기인지, 증언을 한 시기가 활동기간의 초기인지 종료 무렵인지, 본회의의 조사결과 처리 시기가 언제인지 등 우연한 사정에 따라 위증을 한 증인에 대한 고발기간이 달라지고 그에 따라 처벌 여부가 좌우될 수 있다. 결국 다수의견에 따르면 위와 같은 우연한 사정에 따라 위증을 한 증인들 사이에 소추와 처벌이 달라져 형평에 반하는 결과가 생긴다.

마. 위에서 보았듯이 구 국회증언감정법은 고발의 주체를 국회로 정하고 있었는데 법률 개정으로 본회의 또는 위원회로 구분하여 명시하였을 뿐이다. 위원회는 국회의원 가운데 소수의 위원을 선임하여 구성되는 국회의 내부기관인 동시에 본회의 심의 전에 회부된 안건을 심사하거나 그 소관에 속하는 의안을 입안하는 국회의 합의제 기관이다. 현대국가의 기능이 확대되고 복잡·다양해지면서 본회의에서 모든 의원이 모여 광범위한 국회의 기능 전반을 구체적으로 심의하는 것이 어려우므로 적은 수의 의원으로 위원회를 구성하고 위원회에서 심사하여 본회의 상정 여부를 결정하도록 한 것이다. 즉 본래 국회가 할 기능 중 일부를 효율적인 심사 등의 필요에 따라 일정 수의 의원들로 구성된 위원회에 맡겨 수행하게 한 것이다. 따라서 위원회가 수행하는 기능 역시 국회가 그 기능을 수행하는 것이라 볼 수 있다. 헌법 제51조는 국회 회기계속의 원칙을 규정하면서 국회의원의 임기가 만료된 때에는 그러하지 아니하다고 정하고 있다. 이는 선거에 의한 대의민주주의의 본질상 같은 의회기 내에서만 회기계속의 원칙이 유지되고 다음 의회기에는 선거에 의하여 새로 구성된 국회가 종래의 국회와는 별도로 의안을 다루는 능력을 가진다는 것을 뜻한다. 헌법 제51조에 따르면 증인을 조사한 본회의 회기가 종료하더라도 국회의원의 임기가 만료될 때까지는 고발을 할 수 있다. 위에서 보았듯이 위원회도 국회의 기관으로서 국회의 기능을 수행한다. 비록 특별위원회가 활동기간의 종료로 소

멸하여 위원회의 의결에 의한 고발을 할 수 없다 하더라도 위원회의 재적위원이었던 국회의원의 임기가 만료되지 않았다면 그 재적위원이었던 사람들이 연서하여 위증에 대한 고발을 할 수 있다고 보는 것이 자연스럽다. 더구나 국회증언감정법 제15조 제1항 단서는 고발 권한을 위원회가 아닌 재적위원에게 직접 부여하고 있다. 즉 위원회에 부여된 고발 권한을 재적위원이 대신 행사만 하는 것이 아니라 처음부터 재적위원이 고유의 고발 권한을 가진다. 위원회가 소멸한다고 해서 재적위원이 가지는 고유의 고발 권한이 반드시 함께 소멸한다고 해석하여야 하는 것은 아니다. 따라서 특별위원회가 활동기간의 종료로 소멸한 후에도 과거 특별위원회가 존속할 당시 재적위원이었던 사람들이 국회의원 임기 만료 시까지 국회증언감정법 제15조 제1항 단서에 따라 고발할 수 있다고 해석하는 것이 타당하다. 이러한 해석은 다수의견이 우려하는 것처럼 고발할 수 있는 시기를 무한정 확대하는 것이 아니다.

바. 결론적으로, 국회증언감정법 제15조 제1항 단서에 의한 고발은 증인을 조사한 위원회가 소멸한 후에도 위원회의 재적위원이었던 사람들이 연서하여 할 수 있다고 해석하여야 한다. 따라서 이 사건 고발은 적법하고 이 사건 공소제기도 적법하다고 보는 것이 옳다.

사. 그런데도 이와 달리 원심은 이 사건 고발이 부적법하고 이 사건 공소는 소추요건인 적법한 고발 없이 제기되어 부적법하다고 판단하여 공소를 기각하였다. 이러한 원심의 판단에는 국회증언감정법 제15조의 해석에 관한 법리를 오해한 잘못이 있다. 그러므로 원심판결을 파기하고 사건을 원심법원에 환송하여야 한다.

이것이 다수의견에 반대하는 이유이다.

대법원장   김명수(재판장)

대법관   고영한 김창석 김신 김소영 조희대 권순일 박상옥
이기택 김재형(주심) 조재연 박정화 민유숙

라. 증언거부권 관련 판결문

대법원 2011. 11. 24. 선고 2011도11994 판결[위증][공2012상,9
7]346)

【판시사항】

[1] 자신에 대한 유죄판결이 확정된 증인이 확정판결에 대하여 재
심을 청구할 예정인 경우, 공범에 대한 피고사건에서 형사소송
법 제148조에 의한 증언거부권이 인정되는지 여부(소극)

[2] 피고인이 마약류관리에 관한 법률 위반(향정)죄로 이미 유죄판
결을 받아 확정된 후 별건으로 기소된 공범 갑에 대한 피고사
건의 증인으로 출석하여 허위의 진술을 한 사안에서, 피고인에
게 증언을 거부할 권리가 없으므로 증언에 앞서 증언거부권을
고지받지 못하였더라도 증인신문절차상 잘못이 없다고 판단하
여 위증죄를 인정한 원심판단을 수긍한 사례

【판결요지】

[1] 형사소송법 제148조의 증언거부권은 헌법 제12조 제2항에 정
한 불이익 진술의 강요금지 원칙을 구체화한 자기부죄거부특권
에 관한 것인데, 이미 유죄의 확정판결을 받은 경우에는 헌법
제13조 제1항에 정한 일사부재리의 원칙에 의해 다시 처벌받지
아니하므로 자신에 대한 유죄판결이 확정된 증인은 공범에 대
한 사건에서 증언을 거부할 수 없고, 설령 증인이 자신에 대한
형사사건에서 시종일관 범행을 부인하였더라도 그러한 사정만
으로 증인이 진실대로 진술할 것을 기대할 수 있는 가능성이
없는 경우에 해당한다고 할 수 없으므로 허위의 진술에 대하여

---

346) 대법원 2011. 11. 24. 선고 2011도11994 판결 [위증] > 종합법률정보 판례.

위증죄 성립을 부정할 수 없다. 한편 자신에 대한 유죄판결이 확정된 증인이 재심을 청구한다 하더라도, 이미 유죄의 확정판결이 있는 사실에 대해서는 일사부재리의 원칙에 의하여 거듭 처벌받지 않는다는 점에 변함이 없고, 형사소송법상 피고인의 불이익을 위한 재심청구는 허용되지 아니하며(형사소송법 제420조), 재심사건에는 불이익변경 금지 원칙이 적용되어 원판결의 형보다 중한 형을 선고하지 못하므로(형사소송법 제439조), 자신의 유죄 확정판결에 대하여 재심을 청구한 증인에게 증언의무를 부과하는 것이 형사소추 또는 공소제기를 당하거나 유죄판결을 받을 사실이 발로(발로)될 염려 있는 증언을 강제하는 것이라고 볼 수는 없다. 따라서 자신에 대한 유죄판결이 확정된 증인이 공범에 대한 피고사건에서 증언할 당시 앞으로 재심을 청구할 예정이라고 하여도, 이를 이유로 증인에게 형사소송법 제148조에 의한 증언거부권이 인정되지는 않는다.

[2] 피고인이 마약류관리에 관한 법률 위반(향정)죄로 이미 유죄판결을 받아 확정된 후 별건으로 기소된 공범 갑에 대한 공판절차의 증인으로 출석하여 허위의 진술을 한 사안에서, 피고인에게 증언을 거부할 권리가 없으므로 증언에 앞서 증언거부권을 고지받지 못하였더라도 증인신문절차상 잘못이 없다고 판단하여 위증죄를 인정한 원심판단을 수긍한 사례.

【참조조문】

[1] 헌법 제12조 제2항, 제13조 제1항, 형법 제152조 제1항, 형사소송법 제148조, 제420조, 제439조

[2] 형법 제152조 제1항, 마약류관리에 관한 법률 제2조 제4호 (나)목, 제4조 제1항, 제60조 제1항 제3호, 형사소송법 제148조, 제160조

【참조판례】

[1] 대법원 2008. 10. 23. 선고 2005도10101 판결(공2008하, 1620)

【전 문】

【피 고 인】 피고인
【상 고 인】 피고인
【원심판결】 부산지법 2011. 8. 25. 선고 2010노3881 판결

【주 문】

상고를 기각한다.

【이 유】

상고이유를 살펴본다.

1. 위증죄에 관한 법리오해 주장에 관하여
(1)'누구든지 자기가 형사소추 또는 공소제기를 당하거나 유죄판결을 받을 사실이 발로될 염려 있는 증언을 거부할 수 있다'는 형사소송법 제148조의 증언거부권은 헌법 제12조 제2항에 정한 불이익진술의 강요금지 원칙을 구체화한 자기부죄거부특권에 관한 것인바, 이미 유죄의 확정판결을 받은 경우에는 헌법 제13조 제1항에 정한 일사부재리의 원칙에 의해 다시 처벌받지 아니하므로 자신에 대한 유죄판결이 확정된 증인은 공범에 대한 피고사건에서 증언을

거부할 수 없고, 설령 증인이 자신에 대한 형사사건에서 시종일관 그 범행을 부인하였다 하더라도 그러한 사정만으로 증인이 진실대로 진술할 것을 기대할 수 있는 가능성이 없는 경우에 해당한다고 할 수 없으므로 허위의 진술에 대하여 위증죄의 성립을 부정할 수 없다(대법원 2008. 10. 23. 선고 2005도10101 판결 참조). 한편 자신에 대한 유죄판결이 확정된 증인이 재심을 청구한다 하더라도, 이미 유죄의 확정판결이 있는 사실에 대해서는 일사부재리의 원칙에 의하여 거듭 처벌받지 않는다는 점에는 변함이 없고, 형사소송법상 피고인의 불이익을 위한 재심청구는 허용되지 아니하며(형사소송법 제420조), 재심사건에는 불이익변경의 금지 원칙이 적용되어 원판결의 형보다 중한 형을 선고하지 못하므로(형사소송법 제439조), 자신의 유죄 확정판결에 대하여 재심을 청구한 증인에게 증언의무를 부과하는 것이 형사소추 또는 공소제기를 당하거나 유죄판결을 받을 사실이 발로될 염려 있는 증언을 강제하는 것이라고 볼 수는 없다. 따라서 자신에 대한 유죄판결이 확정된 증인이 공범에 대한 피고사건에서 증언할 당시 앞으로 재심을 청구할 예정이라고 하여도, 이를 이유로 증인에게 형사소송법 제148조에 의한 증언거부권이 인정되지는 않는다.

(2) 위와 같은 법리에 비추어 기록을 살펴보면, 원심이, 피고인의 이 사건 증언은 자신에 대한 유죄판결이 확정된 후에 이루어진 것임이 분명하여 피고인에게 공범에 대한 피고사건에서 증언을 거부할 권리가 없으므로, 그 증언에 앞서 피고인이 증언거부권을 고지받지 못하였더라도 증인신문절차상 잘못이 없다고 판단하여 위증죄를 유죄로 인정한 제1심판결을 유지한 조치는 정당한 것으로 수긍이 가고, 거기에 증언거부권이나 위증죄의 성립에 관한 법리를 오해한 잘못이 없다.

2. 사실오인 주장에 관하여

형사소송법 제383조 제4호에 의하면, 사형, 무기 또는 10년 이상의 징역이나 금고가 선고된 사건에 한하여 원심판결에 중대한 사실의 오인이 있어 판결에 영향을 미쳤음을 이유로 상고할 수 있으므로, 피고인에 대하여 벌금 200만 원이 선고된 이 사건에서, 허위진술을 하지 않았다는 주장은 적법한 상고이유가 될 수 없다. 나아가 기록을 살펴보아도 원심판결에 피고인이 주장하는 것과 같은 잘못이 없다.

3. 결론

그러므로 상고를 기각하기로 하여, 관여 대법관의 일치된 의견으로 주문과 같이 판결한다.

대법관 김능환(재판장) 안대희 민일영(주심) 이인복

마. 법률에 의하여 선서한 증인 관련 판결문

대법원 2010. 1. 21. 선고 2008도942 전원합의체 판결[위증][공 2010상,465]347)

【판시사항】

[1] 위증죄의 구성요건인'법률에 의하여 선서한 증인'의 의미

[2] 증인신문절차에서 법률에 규정된 증인 보호 규정이 지켜진 것으로 인정되지 않은 경우, 허위진술을 한 증인을 위증죄로 처벌할 수 있는지 여부(원칙적 소극)

[3] 증언거부사유가 있음에도 증언거부권을 고지 받지 못함으로 인하여 그 증언거부권을 행사하는데 사실상 장애가 초래되었다고 볼 수 있는 경우 위증죄 성립 여부(소극)

【판결요지】

[1] 위증죄와 형사소송법의 취지, 정신과 기능을 고려하여 볼 때, 형법 제152조 제1항에서 정한'법률에 의하여 선서한 증인'이라 함은 '법률에 근거하여 법률이 정한 절차에 따라 유효한 선서를 한 증인'이라는 의미이고, 그 증인신문은 법률이 정한 절차 조항을 준수하여 적법하게 이루어진 경우여야 한다고 볼 것이다.

[2] 위증죄의 의의 및 보호법익, 형사소송법에 규정된 증인신문절차의 내용, 증언거부권의 취지 등을 종합적으로 살펴보면, 증인신문절차에서 법률에 규정된 증인 보호를 위한 규정이 지켜진 것으로 인정되지 않은 경우에는 증인이 허위의 진술을 하였다고 하더라도 위증죄의 구성요건인 "법률에 의하여 선서한 증인"에 해당하지 아니한다고 보아 이를 위증죄로 처벌할 수 없는 것이

---

347) 대법원 2010. 1. 21. 선고 2008도942 전원합의체 판결 [위증] > 종합법률정보 판례.

원칙이다. 다만, 법률에 규정된 증인 보호 절차라 하더라도 개별 보호절차 규정들의 내용과 취지가 같지 아니하고, 당해 신문 과정에서 지키지 못한 절차 규정과 그 경위 및 위반의 정도 등 제반 사정이 개별 사건마다 각기 상이하므로, 이러한 사정을 전체적·종합적으로 고려하여 볼 때, 당해 사건에서 증인 보호에 사실상 장애가 초래되었다고 볼 수 없는 경우에까지 예외 없이 위증죄의 성립을 부정할 것은 아니라고 할 것이다.

[3] 증언거부권 제도는 증인에게 증언의무의 이행을 거절할 수 있는 권리를 부여한 것이고, 형사소송법상 증언거부권의 고지 제도는 증인에게 그러한 권리의 존재를 확인시켜 침묵할 것인지 아니면 진술할 것인지에 관하여 심사숙고할 기회를 충분히 부여함으로써 침묵할 수 있는 권리를 보장하기 위한 것임을 감안할 때, 재판장이 신문 전에 증인에게 증언거부권을 고지하지 않은 경우에도 당해 사건에서 증언 당시 증인이 처한 구체적인 상황, 증언거부사유의 내용, 증인이 증언거부사유 또는 증언거부권의 존재를 이미 알고 있었는지 여부, 증언거부권을 고지 받았더라도 허위진술을 하였을 것이라고 볼 만한 정황이 있는지 등을 전체적·종합적으로 고려하여 증인이 침묵하지 아니하고 진술한 것이 자신의 진정한 의사에 의한 것인지 여부를 기준으로 위증죄의 성립 여부를 판단하여야 한다. 그러므로 헌법 제12조 제2항에 정한 불이익 진술의 강요금지 원칙을 구체화한 자기부죄거부특권에 관한 것이거나 기타 증언거부사유가 있음에도 증인이 증언거부권을 고지 받지 못함으로 인하여 그 증언거부권을 행사하는 데 사실상 장애가 초래되었다고 볼 수 있는 경우에는 위증죄의 성립을 부정하여야 할 것이다.

【참조조문】

[1] 형법 제152조 제1항

[2] 형법 제152조 제1항, 형사소송법 제148조, 제149조, 제150조, 제156조, 제157조, 제158조, 제160조

[3] 형법 제152조 제1항, 형사소송법 제148조, 제149조, 제150조, 제160조

【참조판례】

[3] 대법원 1961. 7. 13. 선고 4294형상194 판결
대법원 1987. 7. 7. 선고 86도1724 전원합의체 판결(공1987하, 1352)(변경)

【전 문】

【피 고 인】 피고인
【상 고 인】 검사
【원심판결】 부산지법 2008. 1. 16. 선고 2007노3669 판결

【주 문】

상고를 기각한다.

【이 유】

상고이유를 판단한다.

1. 형법은 제152조 제1항에서 "법률에 의하여 선서한 증인이 허위의 진술을 한 때에는 5년 이하의 징역 또는 1천만 원 이하의 벌

금에 처한다.”고 규정하여 위증죄를 두고 있다. 위증죄의 보호법익은 국가의 사법작용 및 징계작용에 있으며, 위증죄는 선서에 의하여 담보된 증인 진술의 정확성을 확보함으로써 법원 또는 심판기관의 진실 발견을 위한 심리를 해하여 정당한 판단이 위태롭게 되는 것을 방지하는 기능을 수행한다. 형사사법작용에 관한 대표적인 법률인 형사소송법은 진실 발견을 위하여 증인으로 출석하여 증언을 하는 것을 모든 국민의 의무로 규정하면서도(제146조), 다른 한편으로는 소송법이 지향하고 있는 목표 내지 이념 및 이와 긴장·대립관계에 있을 수 있는 증인의 기본권 내지 이익 또는 다른 공익적 가치와의 조화를 꾀하고 있다. 형사소송법이 증인신문과 관련하여 마련한 여러 제도와 상세하고도 구체적인 절차 조항들은 모두 이러한 가치, 권리, 이익의 균형·조화 속에서 적법 절차를 구현하기 위한 장치들이다. 위와 같은 위증죄와 형사소송법의 취지, 정신과 기능을 고려하여 볼 때, 형법 제152조 제1항에서 정한“법률에 의하여 선서한 증인”이라 함은“법률에 근거하여 법률이 정한 절차에 따라 유효한 선서를 한 증인”이라는 의미이고, 그 증인신문은 법률이 정한 절차 조항을 준수하여 적법하게 이루어진 경우여야 한다고 볼 것이다.

2. 형사소송법은 증인신문에 관하여 진지하고도 엄숙한 절차 규정을 두어 증인에게 진실의무를 부과함과 동시에 이를 어길 때에는 위증의 벌을 받는다는 것을 명확하고 충분하게 인식할 수 있도록 하고, 재판장으로 하여금 재판진행과정에서 이러한 절차 규정을 엄격하게 준수하게 함으로써 위증의 방지 및 궁극적으로는 형사소송의 이념을 실현할 것을 도모하고 있다. 즉, 재판장은 증인이 선서무능력자에 해당하지 아니하는 한 신문 전에 선서하게 하여야 하며(제156조, 제159조), 선서할 증인에 대하여 선서 전에 위증의 벌을 경고하여야 하고(제158조), 증인으로 하여금 기립하여 엄숙하게 "양

심에 따라 숨김과 보탬이 없이 사실 그대로 말하고 만일 거짓말이 있으면 위증의 벌을 받기로 맹세합니다"라고 기재된 선서서를 원칙적으로 직접 낭독하고 기명날인 또는 서명하는 방식으로 선서하도록 하고 있다(제157조). 한편, 형사소송법은 자신에 대한 소송절차가 아님에도 불구하고 법정에 출석하여 선서하고 경험한 사실을 진술하여야 하는 의무를 부담하는 증인을 위하여 일정한 경우에는 진술 대신 침묵할 수 있는 증언거부권 제도를 두고 있다. 즉, 자기나 자기와 친족 또는 친족관계가 있었던 자, 법정대리인 및 후견감독인 등이 형사소추 또는 공소제기를 당하거나 유죄판결을 받을 사실이 발로될 염려 있는 증언, 변호사, 의사, 종교의 직 등 일정한 직역에 있는 자 또는 이러한 직에 있던 자가 그 업무상 위탁을 받은 관계로 알게 된 사실로서 타인의 비밀에 관한 증언 등에 대해서는 증언거부권을 인정하고(제148조, 제149조), 증언을 거부하는 자는 거부사유를 소명하도록 하는 일방(제150조), 증언거부권 고지 제도를 마련하여 재판장으로 하여금 증인에게 증언거부사유가 있는 경우에는 신문 전에 증언을 거부할 수 있음을 설명하도록 하고 있다(제160조). 위에서 살펴본 위증죄의 의의 및 보호법익, 형사소송법에 규정된 증인신문절차의 내용, 증언거부권의 취지 등을 종합적으로 살펴보면, 증인신문절차에서 법률에 규정된 증인 보호를 위한 규정이 지켜진 것으로 인정되지 않은 경우에는 증인이 허위의 진술을 하였다고 하더라도 위증죄의 구성요건인 "법률에 의하여 선서한 증인"에 해당하지 아니한다고 보아 이를 위증죄로 처벌할 수 없는 것이 원칙이다. 다만, 법률에 규정된 증인 보호 절차라 하더라도 개별 보호절차 규정들의 내용과 취지가 같지 아니하고, 당해 신문과정에서 지키지 못한 절차 규정과 그 경위 및 위반의 정도 등 제반 사정이 개별 사건마다 각기 상이하므로, 이러한 사정을 전체적·종합적으로 고려하여 볼 때, 당해 사건에서 증인 보호에 사실상 장애가 초래되었다고 볼 수 없는 경우에까지 예외 없이 위증죄의 성립을 부정할 것은 아니라고 할 것이다. 이러한 기준에서 보면, 재판장이 선서할 증인에 대하여 선서 전에 위증의 벌을 경고하지 않았다는 등의 사유는 그 증인신문절차에서 증인 자신이 위증의 벌을 경고하는 내용의 선서서를 낭독하고 기명날인 또는 서명한 이상 위증의 벌을 몰랐다고 할 수 없을 것이므로 증인 보호에 사실상 장애가 초래되었다고 볼 수 없고, 따라서 위증죄의 성립에 지장이 없다고 보아야 한다. 그리고 증언거부권 제도는 앞서 본 바와 같이 증인에게 증언의무의 이행을 거절할 수 있는 권리를 부여한 것이고, 형사소송법상 증언거부권의 고지 제도는 증인에게 그러한 권리의 존재를 확인시켜 침묵할 것인지 아니면 진술할 것인지에 관하여 심사숙고할 기회를 충분히 부여함으로써 침묵할 수 있는 권리를 보장하기 위한 것임을 감안할 때, 재판장이 신문 전에 증인에게 증언거부권을 고지하지 않은 경우에도 당해 사건에서 증언 당시 증인이 처한 구체적인 상황, 증언거부사유의 내용, 증인이 증언거부사유 또는 증언거부권의 존재를 이미 알고 있었는지 여부, 증언거부권을 고지받았더라도 허위진술을 하였을 것이라고 볼 만한 정황이 있는지 등을 전체적·종합적으로 고려하여 증인이 침묵하지 아니하고 진술한 것이 자신의 진정한 의사에 의한 것인지 여부를 기준으로 위증죄의 성립 여부를 판단하여야 한다. 그러므로 헌법 제12조 제2항에 정한 불이익 진술의 강요금지 원칙을 구체화한 자기부죄거부특권에 관한 것이거나 기타 증언거부사유가 있음에도 증인이 증언거부권을 고지 받지 못함으로 인하여 그 증언거부권을 행사하는 데 사실상 장애가 초래되었다고 볼 수 있는 경우에는 위증죄의 성립을 부정하여야 할 것이다. 이와 달리, 피고인이 증인으로 선서한 이상 진실대로 진술한다고 하면 자신의 범죄를 시인하는 진술을 하는 것이 되고 증언을 거부하는 것은 자기의 범죄를 암시하는 것이 되는 처지에 있다 하더라도 증인에게는 증언을 거부할 수 있는 권리를 인정하여 위증죄로부터의 탈출구를 마련하고 있는 만큼 적법행위의 기대가능성이 없다고 할 수 없고 선서한 증인이 허위의 진술을 한 이상 증언거부권 고지 여부를 고려하지 아니한 채 위증죄가 바로 성립한다는 취지로 대법원 1987. 7. 7. 선고 86도1724 전원합의체 판결에서 판시한 대법원의 의견은 위 견해에 저촉되는 범위 내에서 이를 변경하기로 한다.

3. 위 법리에 비추어 볼 때, 원심이 판시와 같은 사정, 특히 피고인이 공소외인과 쌍방 상해 사건으로 공소 제기되어 공동피고인으로 함께 재판을 받으면서 자신은 폭행한 사실이 없다고 주장하며 다투던 중 공소외인에 대한 상해 사건이 변론분리되면서 피해자인 증인으로 채택되어 검사로부터 신문받게 되었고 그 과정에서 피고인 자신의 공소외인에 대한 폭행 여부에 관하여 신문을 받게 됨에 따라 증언거부사유가 발생하게 되었는데도, 재판장으로부터 증언거부권을 고지받지 못한 상태에서 자신의 종전 주장을 그대로 되풀이함에 따라 결국 거짓 진술에 이르게 된 사정 등을 이유로 피고인에게 위증죄의 죄책을 물을 수 없다고 판단한 것은 결론에 있어 정당하고, 거기에 상고이유에서 주장하는 바와 같은 위증죄의 성립 범위에 관한 법리오해의 위법은 없다.

4. 그러므로 상고를 기각하기로 하여 관여 법관의 일치된 의견으로 주문과 같이 판결한다.

대법원장   이용훈(재판장)
대법관   김영란 양승태 박시환 김지형 이홍훈 김능환 전수안
            안대희(주심) 차한성 양창수 신영철 민일영

바. 증인의 증언이 기억에 반하는 허위진술인지 여부관련 판결문

대법원 2001. 12. 27. 선고 2001도5252 판결[위증][공2002.2.15. (148),431][348]

【판시사항】

[1] 위증죄에 있어 증언이 기억에 반하는 허위진술인지 여부의 판단 방법 및 증언의 의미가 불분명하거나 다의적으로 이해될 수 있는 경우 증언의 허위성 여부의 판단 방법

[2] 증언이 허위진술이라고 할 수 없다고 한 원심의 판단을 수긍한 사례

【판결요지】

[1] 증인의 증언이 기억에 반하는 허위진술인지 여부는 그 증언의 단편적인 구절에 구애될 것이 아니라 당해 신문절차에 있어서의 증언 전체를 일체로 파악하여 판단하여야 할 것이고, 증언의 의미가 그 자체로 불분명하거나 다의적으로 이해될 수 있는 경우에는 언어의 통상적인 의미와 용법, 문제된 증언이 나오게 된 전후 문맥, 신문의 취지, 증언이 행하여진 경위 등을 종합하여 당해 증언의 의미를 명확히 한 다음 허위성을 판단하여야 한다.

[2] 증언이 허위진술이라고 할 수 없다고 한 원심의 판단을 수긍한 사례.

【참조조문】

[1] 형법 제152조 제1항[2] 형법 제152조 제1항

---

348) 대법원 2001. 12. 27. 선고 2001도5252 판결 [위증] > 종합법률정보 판례.

【참조판례】

[1] 대법원 1988. 12. 6. 선고 88도935 판결(공1989, 121)

　　대법원 1993. 6. 29. 선고 93도1044 판결(공1993하, 2203)

　　대법원 1996. 3. 12. 선고 95도2864 판결(공1996상, 1324)

【전 문】

【피고인】 피고인

【상고인】 검사

【변호인】 법무법인 담당변호사 박○○

【원심판결】 울산지법 200 1. 9. 7. 선고 2001노368 판결

【주문】

상고를 기각한다.

【이유】

상고이유를 본다

1. 증인의 증언이 기억에 반하는 허위진술인지 여부는 그 증언의 단편적인 구절에 구애될 것이 아니라 당해 신문절차에 있어서의 증언 전체를 일체로 파악하여 판단하여야 할 것이고, 증언의 의미가 그 자체로 불분명하거나 다의적으로 이해될 수 있는 경우에는 언어의 통상적인 의미와 용법, 문제된 증언이 나오게 된 전후 문맥, 신문의 취지, 증언이 행하여진 경위 등을 종합하여 당해 증언의 의미를 명확히 한 다음 허위성을 판단하여야 한다.

2. 기록에 의하면, 공소외 주식회사(이하 ' 위 회사'이라 한다) 대구지점의 직원이던 피고인이 1991. 12. 23. 당시 사업자등록증이 없던 ○○○에게 화장품을 공급하여 준 사실, ○○○가 원고가 되어 위 회사를 피고로 하여 제기한 대구지방법원 98가합4567호 약정금 청구사건과 관련하여 원심 판시 일시·장소에서 피고인은 " 증인은 원고에게 사업자등록증은 필요 없고 말소된 사업자등록증으로도 물건을 줄 수 있다고 하면서 물건을 공급하여 주었다는데 그런가요."라는 원고 소송대리인의 질문에 "아닙니다. 그렇게 물건을 줄 수는 없습니다."라고 증언한 사실은 인정된다.

피고인의 위 증언의 의미를 기록에 비추어 살펴보건대, ① 피고인은 위 증언을 하기 직전에 피고인이 1991년 12월에 ○○○에게 화장품을 공급하였다고 진술한 점 ② 1991. 12. 23. 피고인이 위 회사와 ○○○사이의 원심 판시 약정에 따라 ○○○에게 화장품을 공급할 당시에는 ○○○가 그전에 운영하던 화장품 대리점을 폐업하고 있어 사업자등록증이 없었으므로 피고인은 위 약정에 기하여 ○○○에게 미리 일부 화장품을 공급하되 나중에 새로 등록하는 사업자등록으로 이를 정리하겠다는 의사로 화장품을 공급하였고, 공급 직후 1992년 1월경 ○○○에게 사업자등록을 하는데 필요한 거래약정서 사본을 교부하여 주었고, 1992. 1. 8. 남대구세무서에서는 ○○○에게 개업일자를 1991. 12. 25.로 하는 신규 사업자등록증을 발행하여 주었으며, 신규 사업자등록증이 발급된 것을 확인한 위 회사측에서는, 1992년 1월 말경 세금계산서를 발급하면서 그 작성일자를 화장품 공급이 있던 달의 마지막 날인 1991. 12. 31.로 하고, 공급받는 자를 신규사업자등록을 마친 ○○○경영의 '달서대리점' 명의로 한 사실이 인정되는 점, ③ ○○화장품 위 회사가 ○○○로부터 수년간 진정 등을 당하여 ○○○에게 상당한 양의 물품을 새로이 제공하기로 약정한 마당에 또다시 ○○○에게 약점을 잡힐 수도 있는 무자료거래를 하기로 하였다는 것은 경험칙상 있기 어려운 일이라는 점 등을 종합하여 보면, 피고인의 위 증언의 의미는 '세금포탈을 위한 무자료거래는 없었다.'는 취지의 답변으로 볼 것이지, 사업자등록증이 없는 ○○○에게 일시적으로 화장품 공급을 한 점 자체를 부인하는 진술이라고 보기는 어렵다고 할 것이다.

그렇다면 피고인의 위 진술은 객관적 사실에 반하고 기억에 어긋나는 허위의 진술이라고 할 수 없다 할 것인바, 같은 취지의 원심의 판단은 정당하고, 거기에 심리를 제대로 하지 아니하고 채증법칙에 위반하여 사실을 오인하거나 진술의 허위성에 관한 법리를 오해한 위법은 없다.

3. 원심은, 피고인이, "을 제6호증(거래약정서)은 거래를 다시 시작하면서 세무신고용으로 작성한 거래약정서이고, 을 제9호증(거래장)은 원고와의 거래를 상세히 기재하고 정산한 회사보관용 거래장이 맞지요."라는 피고대리인의 질문에 대하여 "예"라고 증언한 것은, 그 직후 원고대리인이 반대신문에서 "을 제9호증에 원고의 도장이 날인되어 있지 않지요."라고 질문하자 "예, 원고의 도장은 없었습니다."라고 대답한 점과, 문제의 '거래장'(을 제9호증)은 위 회사와 ○○○와의 거래내역을 거래명세표에 근거하여 기재하여 놓은 것으로서 이○○의 날인이 없어서 특별한 사정이 없는 한 거래상대방인 ○○○와의 사이에 정산을 거친 문서라고 볼 수는 없는 점, 피고대리인의 질문의 내용을 따로 떼어 보더라도 그 취지가 위 회사와 ○○○가 함께 계산하여 정산하고 '거래장'(을 제9호증)을 작성하였다는 취지의 질문이라고 단정하기 어렵다는 점 등을 종합하여 피고인의 위 증언의 의미를 파악하여 보면, 피고인은 ○○○와 함께 거래관계를 계산하여 거래장에 그 내역을 기재하였다는 의미에서 '정산'이라는 용어를 사용한 것이 아니고, 위 회사에서 내부적으로 화장품의 공급 내역을 파악하여 이를 자세하게 계산하여 기재

하였다는 것을 '정산'이라고 생각하고 "예"라고 대답하였다고 봄이 상당하다고 하여 피고인의 위 증언이 허위라고 단정하기 어렵다고 판단하였는바, 앞서 본 법리와 기록에 비추어 살펴보면, 원심이 위와 같은 판단은 정당한 것으로 수긍할 수 있고, 거기에 상고이유로 주장하는 바와 같은 위법이 있다 할 수 없다.

4. 그러므로 상고를 기각하기로 하여 관여 법관의 일치된 의견으로 주문과 같이 판결한다.

대법관   이규홍(재판장) 송진훈 변재승(주심) 윤재식

사. 원판결의 증거된 증언관련 판결문

대법원 2005. 4. 14. 선고 2003도1080 판결[사기미수·사문서위조·위조사문서행사·사문서변조·변조사문서행사][공2005.5.15.(226),764][349]

【판시사항】

위증을 한 자가 사실대로 증언한 증인을 위증으로 고소하였다가 무고죄로 유죄의 확정판결을 받은 경우, 형사소송법 제420조 제2호에서 정한 '확정판결'에 포함되는지 여부(소극)

【판결요지】

형사소송법 제420조 제2호 소정의 '원판결의 증거된 증언'이라 함은 원판결의 증거로 채택되어 범죄사실을 인정하는 데 사용된 증언을 뜻하는 것이고 단순히 증거 조사의 대상이 되었을 뿐 범죄사실을 인정하는 증거로 사용되지 않은 증언은 위 '증거된 증언'에 포함되지 않는 것이며, `원판결의 증거된 증언이 확정판결에 의하여 허위인 것이 증명된 때'라 함은 그 증인이 위증을 하여 그 죄에 의하여 처벌되어 그 판결이 확정된 경우를 말하는 것이고, 원판결의 증거된 증언을 한 자가 그 재판 과정에서 자신의 증언과 반대되는 취지의 증언을 한 다른 증인을 위증죄로 고소하였다가 그 고소가 허위임이 밝혀져 무고죄로 유죄의 확정판결을 받은 경우는 위 재심사유에 포함되지 아니한다.

---

[349] 대법원 2005. 4. 14. 선고 판결 [사기미수 · 사문서위조 · 위조사문서행사 · 사문서변조 · 변조사문서행사] > 종합법률정보 판례.

형사소송법 제420조 제2호

【참조판례】

대법원 1971. 12. 30.자 70소3 결정
대법원 1980. 11. 11. 선고 80다642 전원합의체 판결(공1981, 13397)
대법원 1987. 4. 23.자 87모11 결정(공1987, 1162)
대법원 1999. 8. 11.자 99모93 결정(공1999하, 2261)

【전 문】

【피고인】 피고인
【상고인】 피고인
【변호인】 종합법무법인 담당변호사 김○○
【원심판결】 서울지법 2003. 2. 5. 선고 2002노7894 판결

【주문】

원심판결을 파기하고, 이 사건을 서울중앙지방법원 합의부에 환송한다.

【이유】

상고이유를 판단한다.

1. 기록에 의하면, 아래와 같은 사실이 인정된다.
가. 피고인의 남편 공소외 1은 1998. 3. 28. 그 소유인 충북 음성

군 금왕읍 금석리(지번 생략) 토지에 설정된 근저당권의 피담보채무인 피고인의 공소외 2에 대한 채무가 전액 변제되었다고 주장하면서 공소외 2를 상대로 근저당권말소 소송을 제기하였고, 피고인은 그 소송 과정에서 변제 사실을 입증할 자료로 공소외 2 명의의 여러 영수증을 증거로 제출하였는데, 공소외 2는 위 영수증 중 8장(아래에서는 '이 사건 영수증 8장'이라고 한다)이 위조 또는 변조되었다고 주장하면서 피고인을 사문서위조 등으로 고소하였다. 위 근저당권말소 소송에서, 원고 공소외 1과 피고 공소외 2는 근저당권의 피담보채무인 차용금 5천만 원 원리금이 변제되었는지 여부 및 그 입증자료인 이 사건 영수증 8장의 위조 또는 변조 여부에 대하여 주로 다투었는데, 피고인은 이 사건 영수증 8장의 진정 성립을 뒷받침하기 위하여 ○○○을 수취인으로 한 1994. 11. 19.자 공소외 2 명의 1,100만 원 영수증(아래에서는 '○○○에 대한 영수증'이라고 한다)을 제출하면서 위 영수증의 공소외 2 명의 서명날인과 이 사건 영수증 8장의 서명날인이 동일하고, ○○○에 대한 영수증은 공소외 2가 직접 서명날인한 것이라고 주장하였고, 공소외 2는 위 영수증은 전혀 모르는 문서로 역시 위조된 것이라고 맞섰는데, 위 사건 항소심에서 ○○○에 대한 영수증에 기재된 공소외 2 서명 및 인영이 이 사건 영수증 8장 중 일부의 서명 및 인영과 동일하다는 필적 및 인영 감정 결과와 ○○○에 대한 영수증은 공소외 2가 직접 서명날인한 것이라는 ○○○의 증언이 있었음에도 불구하고, 위 사건 1심 및 원심은 이 사건 영수증 8장이나 ○○○에 대한 영수증이 공소외 2에 의하여 작성되었음을 인정할 증거가 부족하다는 이유로 피고인의 주장을 배척하였고(명시적으로 진정 성립이 배척된 것은 이 사건 영수증 8장 중 일부이지만 그 판시 내용을 살펴보면 이 사건 영수증 8장 전부에 대한 진정 성립을 배척하는 취지이다.), 그 판결은 확정되었다. 검사는, 위 근저당권말소 소송에 대한 원고 패소판결이 확정되자 위 소송에서 승소한 공소외

2의 주장을 받아들여, '피고인이 실제로는 피담보채무를 전액 변제하지 않았음에도 불구하고, 마치 변제를 완료한 것처럼 주장하며 근저당권말소 소송을 제기하고, 이 사건 영수증 8장을 위조 또는 변조한 뒤 행사하는 방법으로 법원을 기망하여 승소판결을 받아 공소외 2 명의 근저당권을 말소하려다 패소함으로써 미수에 그쳤다.'는 요지의 이 사건 공소를 제기하였다. 피고인은 이 사건 1심 및 원심에서, 근저당권말소 소송에서와 같이 공소외 2에 대한 채무는 전액 변제되어 소멸하였다고 주장하면서, 그 입증 자료인 이 사건 영수증 8장은 위조 또는 변조된 것이 아니고, ○○○에 대한 영수증도 위조된 것이 아니라고 주장하였고, ○○○도 이 사건 1심 제3회 공판기일에서 1994. 8. 24. 공소외 2로부터 2,400만 원을 빌렸다가 1994. 11. 19. 그 중 1,100만 원을 변제하면서 공소외 2가 직접 서명날인한 ○○○에 대한 영수증을 받았다고 증언하였으나, 공소외 2는 이 사건 1심 제2, 4, 10회 공판기일에서 1994. 8. 24. 공소외 2에게 2,400만 원을 빌려준 사실이 없기 때문에 1994. 11. 19. 그 돈을 변제하였다는 주장은 거짓이고, 위 영수증도 위조된 것이라고 계속 주장하다가, 1심 제14회 공판기일에서는 ○○○에게 1994. 8. 24. 2,400만 원을 빌려준 것은 사실이지만 그 채권 증명 서류인 약속어음을 잃어버려서 그 채권에 대하여 진술하지 않은 것이고, 위 2,400만 원을 아직까지 변제받지 못하였기 때문에 영수증을 작성해 준 사실이 없어 ○○○에 대한 영수증이 위조된 것은 분명하다고 진술하였으며, 1심 및 원심은 공소외 2의 위와 같은 1심법정 진술 등을 증거로 채용하여 피고인에 대한 이 사건 사문서 위·변조 및 행사, 사기미수의 공소사실을 모두 유죄로 인정하였다.

나. 원심판결 선고 후 공소외 2는 2003. 5. 28. 서울동부지방법원(2002고단5105)에서 위증죄로, 2003. 7. 18. 같은 법원(2003고단2354)에서 무고죄로 각 유죄판결을 선고받았고, 위 두 판결은 대법원의 항고기각 결정으로 모두 확정되었다.

(1) 공소외 2에 대한 위증 유죄 확정판결에서 인정된 범죄사실은 아래와 같다.

공소외 2는 공소외 2와 피고인 사이의 차용금 변제 여부에 관한 분쟁과 관련하여 참고인 ○○○이 ' 공소외 2로부터 1994. 8. 24.경 2,400만 원을 차용한 후 같은 해 11. 19. 1,100만 원을 변제하고 받았다.'면서 1994. 11. 19.자 1,100만 원짜리 영수증을 제출하고, 위 영수증의 피고인에게 의하여 위조된 공소외 2 명의의 영수증들에 날인된 것과 동일하게 보이자 위 ○○○과의 차용관계를 사실대로 인정할 경우 피고인에 의하여 위조된 영수증의 진위에 관하여 공소외 2에게 불리한 판정이 날 것을 염려한 나머지, 2001. 5. 30. 서울 성동구 구의동 소재 서울지방법원 동부지원에서 위 지원 2000고단4795호 피고인에 대한 사기미수 등 피고사건(이 사건 1심 제4회 공판기일을 말한다.)의 증인으로 출석하여 선서한 후 증언함에 있어 사실은 공소외 2가 ○○○에게 1994. 8. 24.경 2,400만 원을 빌려준 사실이 있음에도 피고인의 변호인이 '증인은 1994. 8. 24. ○○○에게 돈 2,400만 원을 이자 월 5푼, 변제기 1개월 후인 9. 24.로 하여 돈을 빌려준 사실이 있는가요.'라고 묻자 기억에 반하여 '2,400만 원은 빌려준 적이 없고, 1995년에 3부로 해서 2,500만 원을 설정한 다음 1,700만 원을 빌려 주었습니다.'라고 허위의 진술을 하여 위증한 것이다.

(2) 공소외 2에 대한 무고 유죄 확정판결에서 인정된 범죄사실은 아래와 같다.

공소외 2는, 사실은 공소외 2가 1994. 8. 24.경 피해자 ○○○에게 2,400만 원을 빌려주면서 위 ○○○으로부터 금 2,400만 원짜리 약속어음 1장과 차용증이라고 기재된 2,400만 원짜리 약속어음 1장 및 각서 1장을 받은 후 같은 해 11. 19.경 위 ○○○으로부터 1,100만 원을 변제받으면서 피고인이 작성한 금

1,100만 원짜리 영수증에 공소외 2가 직접 이름을 기재하고 도장을 날인한 것이고, 그 후 위 ○○○으로부터 위 차용금 전액을 변제받고 위 ○○○으로부터 교부받은 위 약속어음 2장과 각서 1장을 위 ○○○에게 반환한 것이며, 그 외에는 공소외 2가 위 ○○○에게 1,700만 원을 빌려준 사실이 없고, 이에 따라 위 ○○○이 2000. 2. 16.경 서울고등법원 99나28403호 원고 공소외 1, 피고 공소외 2 간 근저당권말소청구소송과 2001. 4. 25.경 서울지방법원 동부지원 2000고단4795호 피고인에 대한 사기미수 등 피고사건(이 사건 1심 제3회 공판기일)의 증인으로 각 출석하여 '증인은 94. 8. 24. 피고 공소외 2로부터 금 2,400만 원을 빌렸다.', '증인은 1994. 11. 19. 위 차용금 중 일부 1,100만 원을 변제한 사실이 있다.', ' 공소외 2에게 1,100만 원을 변제하고 영수증을 받았다.', '영수증의 내용은 모두 피고인이 쓴 것이고, 성명은 고소인 공소외 2가 자필하고 당시 공소외 2가 소지하고 있던 도장을 꺼내어 공소외 2의 직접 금액란과 공소외 2 성명란 등 2군데에 날인하였다.', '증인은 그 후에 위 500만 원 및 이에 대한 이자를 공소외 2에게 완불하고 피고로부터 위 차용증을 반환받았다.'라고 사실대로 증언하였음에도, 위 ○○○의 증언으로 인하여 위 민사재판과 형사재판이 공소외 2에게 불리하게 돌아갈 것을 염려하여, 위 ○○○으로 하여금 형사처벌을 받게 할 목적으로, 2001. 2. 하순 서울 강동구 길동 233 소재(주택 형태 및 호수 생략)에 있는 공소외 2의 집에서 공소외 2의 지인으로 하여금 컴퓨터로 "피고소인 ○○○이 2000. 2. 16. 14:30경 서울고등법원 제407호 법정에서 위 법원 99나28403호 원고 공소외 1, 피고 공소외 2 간의 근저당말소청구소송 항소심에서 원고측 증인으로 출석하여 선서한 다음 증언함에 있어, '증인은 1994. 8. 24. 피고 공소외 2로부터 2,400만 원을 빌렸다.', '증인은 1994. 11. 19. 피고에게 1,100만 원을 지급하

고 피고로부터 영수증으로 갑 제21호증(1,100만 원짜리 영수증)(이 사건 ○○○에 대한 영수증을 말한다)을 교부받았으며 증인 앞에서 갑 제21호증 우측 하단에 피고가 서명날인을 하여 주었다.', '증인은 그 후 위 500만 원 및 이자를 피고에게 완불하여 피고로부터 이 차용증을 반환받았다.', '갑 제25호증의 1, 2(2,400만 원짜리 약속어음 2장)는 증인이 금 2,400만 원을 차용하면서 피고에게 작성해 준 차용증인데 증인이 먼저 갑 제25호증의 1을 작성해 주었더니 피고가 단서 기재를 요구하여 증인은 단서를 추가한 갑 제25호증의 2를 다시 작성하여 주었다.'고 허위증언을 하였으니 위증죄로 처벌하여 달라."는 내용의 허위사실이 기재된 고소장을 작성하게 한 다음 같은 달 26.경 서울 광진구 자양동 소재 서울지방검찰청 동부지청 민원실에 위 고소장을 제출하여 위 ○○○을 무고하고, 2003. 3. 하순경 성남시 수정구 단대동 소재 수원지방검찰청 성남지청 앞에 있는 상호불상 법무사사무실에서 그 곳 사무장으로 하여금 컴퓨터로 "피고소인 ○○○은 연월일불상, 장소불상지에서 행사할 목적으로 영수증의 수신란에 '○○○', 금액란에 '일천일백만 원', 내역란에 '차용한 돈 지불', 발행일란에 '1994. 11. 19.', '발행일란에 ' 공소외 2'이라고 쓰고 그 이름 옆에 마음대로 새긴 공소외 2의 도장을 날인하여 공소외 2 명의의 영수증을 위조한 후 일자불상경 서울지방법원 동부지원 민원실 성명불상 담당직원에게 제출하여 행사하고, 2001. 4. 25.경 서울 광진구 구의동에 있는 서울지방법원 동부지원 1호 법정에서 위 지원 2000고단4795호 피고인에 대한 사기미수 등 피고사건에 관하여 증인으로서 선서한 다음 증언할 때 피고인의 변호인이 '증인은 그 후 1994. 11. 19. 위 차용금 중 일부 금 11,000,000원을 고소인 공소외 2에게 변제한 사실이 있지요.'라고 묻자 '예.'라고 대답하고, 피고인의 변호인이 증 제2호증(영수증)을 제시하고 '이것이 위 1,100만 원을 변제하고 공소외 2로부터 받은 영수증인가요. 위 영수증의 내용은 모두 피고인이 쓴 것이고, 성명은 고소인 공소외 2가 자필하고 당시 공소외 2가 소지하고 있던 도장을 꺼내어 공소외 2가 직접 금액란과 공소외 2 성명란 등 2군데에 날인하였다는데 사실인가요.'라고 묻자 '예.'라고 대답하여 허위진술을 하여 위증하였으니 처벌하여 달라."는 내용의 허위사실이 기재된 고소장을 작성하여 같은 해 4. 2.경 서울지방검찰청 동부지청 민원실에 제출하여 위 ○○○을 무고한 것이다.

2. 원심판결에 형사소송법 제420조 제2호 재심사유가 있다는 상고이유에 관하여 형사소송법 제420조 제2호 소정의 '원판결의 증거된 증언'이라 함은 원판결의 증거로 채택되어 범죄사실을 인정하는 데 사용된 증언을 뜻하는 것이고 단순히 증거 조사의 대상이 되었을 뿐 범죄사실을 인정하는 증거로 사용되지 않은 증언은 위 '증거된 증언'에 포함되지 않는 것이며(대법원 1987. 4. 23.자 87모11 결정 참조), '원판결의 증거된 증언이 확정판결에 의하여 허위인 것이 증명된 때'라 함은 그 증인이 위증을 하여 그 죄에 의하여 처벌되어 그 판결이 확정된 경우를 말하는 것이고(대법원 1971. 12. 30.자 70소3 결정 참조), 원판결의 증거된 증언을 한 자가 그 재판과정에서 자신의 증언과 반대되는 취지의 증언을 한 다른 증인을 위증죄로 고소하였다가 그 고소가 허위임이 밝혀져 무고죄로 유죄의 확정판결을 받은 경우는 위 재심사유에 포함되지 아니한다(대법원 1980. 11. 11. 선고 80다642 전원합의체 판결, 대법원 1999. 8. 11.자 99모93 결정 등 참조).
앞서 본 바에 의하면, 공소외 2에 대한 위증 유죄 확정판결에 의하여 허위인 것이 증명된 부분은, 사실은 공소외 2가 1994. 8. 24. ○○○에게 2,400만 원을 빌려주었음에도 불구하고 이 사건 1심 제4회 공판기일에서 ○○○에게 위와 같이 돈을 빌려 준 사실이 없다고 허위의 진술을 하여 위증하였다는 것이고, 공소외 2는 1심 제4회 공판기일에서 위와 같이 진술하였다가 1심 제14회 공판기일에 이르러 ○○○에게 위와 같이 돈을 빌려준 사실을 시인하면서 제4회 공판기일에서 그 채권 관계를 부인했던 것은 채권 관련 서류를 분실했기 때문이라고 종전 진술을 번복하여 달리 증언한 것인데, 위와 같은 상황이라면 비록 1심 및 원심이 공소외 2의 1심법정에서의 진술 중 1994. 8. 24.자 2,400만 원 채권 성립에 관한 부분을 명시적으로 배제하는 취지를 판결문에 기재하지는 않았다고 하더라도, 위와 같이 공소외 2가 제14회 공판기일에서 위 채권 성립 사실을 부인했던 자신의 종전 진술이 허위였음을 명시적으로 시인한 이상, 1심 및 원심이 범죄사실을 인정함에 있어 위 채권 성립 사실을 부인하는 공소외 2의 1심 공판기일에서의 증언을 채용하였다고 보기는 어렵다 할 것이니, 위 위증 유죄 확정판결에 의하여 허위인 것이 증명된 공소외 2의 1심 제4회 공판기일에서의 진술부분은, 1심 및 원심판결에서 범죄사실 인정의 증거로 된 증언에 해당하지 않는다고 볼 것이다. 한편, 공소외 2에 대한 무고 유죄 확정판결은 공소외 2가 이 사건 1심 제2, 4, 10, 14회 공판기일에서 한 증언에 대하여 그 증언이 허위라는 이유로 그 허위 진술 행위를 위증죄로 처벌한 판결이 아니라, 공소외 2가 1심 재판 과정에서 자신의 증언과 반대되는 취지로 증언한 ○○○을 위증죄로 고소하였다가 그 고소가 허위임이 밝혀져 무고죄로 유죄의 확정판결을 받은 것이므로, 위 확정판결은 형사소송법 제420조 제2호에서 정한 확정판결에 해당되지 않는다. 따라서 원심판결에 형사소송법 제383조 제3호, 제420조 제2호에서 정한 재심청구 사유가 있다는 상고이유의 주장은 받아들일 수 없다.

3. 원심판결에 채증법칙 위배, 심리미진의 위법이 있다는 상고이유에 관하여 앞서 본 바에 의하면, 공소외 2의 1심법정 진술은 이

사건 공소사실 인정 여부와 관련된 가장 중요한 증거임에도 불구하고, 1심 제2, 4, 10회 공판기일에서의 진술 내용과 제14회 공판기일에서의 진술 중 일부가 명백히 배치되는 등 석연치 않은 점이 있었고, 피고인의 변호인이 원심 변론종결 전에 2002. 11. 20.자 공소외 2에 대한 위증죄 공소장을 제출하여, 공소외 2가 1심법정 증언과 관련하여 위증죄로 공소제기 되었음을 알렸음에도 불구하고, 원심은 이 사건 사실인정에 있어 가장 중요한 공소외 2의 1심 법정 진술에 대하여 좀 더 신중하게 심리해 보지 않는 채 피고인에 대한 반대신문 외에는 아무런 사실 심리 내지 증거 조사 절차를 진행함이 없이 바로 변론을 종결하고 판결을 선고함으로써, 원심판결 선고 후에 이루어진 공소외 2에 대한 위증·무고 유죄 확정 판결 관련 기록에 대하여 충분히 심리를 할 기회를 갖지 못하게 되었는바, 그 점에서 원심판결에는 심리를 충분히 하지 아니함으로써 채증법칙을 위배하여 판결에 영향을 미친 위법이 있다고 할 것이고, 이 점을 지적하는 피고인의 상고이유 주장은 이유가 있다.

4. 그러므로 원심판결을 파기하고, 이 사건을 다시 심리·판단하게 하기 위하여 원심법원에 환송하기로 관여 대법관의 의견이 일치되어 주문과 같이 판결한다.

대법관 김영란(재판장) 윤재식 강신욱(주심) 고현철

아. 유아의 증언능력 관련 판결문

대법원 1999. 11. 26. 선고 99도3786 판결[살인·살인미수·현주건조물방화치상(인정된죄명:현주건조물방화)][공2000.1.1.(97),112][350]

【판시사항】

[1] 유아의 증언능력 유무의 판단 기준
[2] 사건 당시 만 4세 6개월, 제1심 증언 당시 만 6세 11개월 된 피해자인 유아의 증언능력을 인정한 사례
[3] 형사소송법 제314조 소정의 '특히 신빙할 수 있는 상태하에서 행하여진 때'의 의미

【판결요지】

[1] 증인의 증언능력은 증인 자신이 과거에 경험한 사실을 그 기억에 따라 공술할 수 있는 정신적인 능력이라 할 것이므로, 유아의 증언능력에 관해서도 그 유무는 단지 공술자의 연령만에 의할 것이 아니라 그의 지적수준에 따라 개별적이고 구체적으로 결정되어야 함은 물론 공술의 태도 및 내용 등을 구체적으로 검토하고, 경험한 과거의 사실이 공술자의 이해력, 판단력 등에 의하여 변식될 수 있는 범위 내에 속하는가의 여부도 충분히 고려하여 판단하여야 한다.
[2] 사건 당시 만 4세 6개월, 제1심 증언 당시 만 6세 11개월 된 피해자인 유아의 증언능력을 인정한 사례.
[3] 원진술자가 사망·질병·외국거주 기타 사유로 인하여 공판정에 출정하여 진술을 할 수 없을 때에는 그 진술 또는 서류의 작성이

---

350) 대법원 1999. 11. 26. 선고 판결 [살인 · 살인미수 · 현주건조물방화치상(인정된 죄명 : 현주건조물방화)] 종합법률정보 판례.

특히 신빙할 수 있는 상태하에서 행하여진 경우에 한하여 형사소송법 제314조에 의하여 예외적으로 원진술자의 진술 없이도 증거능력을 가지는데, 여기서 특히 신빙할 수 있는 상태하에서 행하여진 때라 함은 그 진술내용이나 조서 또는 서류의 작성에 허위개입의 여지가 거의 없고 그 진술내용의 신빙성이나 임의성을 담보할 구체적이고 외부적인 정황이 있는 경우를 가리킨다.

【참조조문】

[1] 형사소송법 제146조, 제307조[2] 형사소송법 제146조, 제307조
[3] 형사소송법 제314조

【참조판례】

[1] 대법원 1991. 5. 10. 선고 91도579 판결(공1991, 1680)
    대법원 1992. 7. 14. 선고 92도874 판결(공1992, 2464)
[3] 대법원 1995. 2. 28. 선고 94도2880 판결(공1995상, 1518)
    대법원 1995. 6. 13. 선고 95도523 판결(공1995하, 2431)
    대법원 1997. 4. 11. 선고 96도2865 판결(공1997상, 1512)
    대법원 1999. 2. 26. 선고 98도2742 판결(공1999상, 692)

【전 문】

【피고인】 피고인
【상고인】 피고인
【변호인】 변호사 권○○
【원심판결】 서울고법 1999. 8. 11. 선고 99노1299 판결

상고를 기각한다.

【이유】

피고인과 변호인의 상고이유를 함께 본다.

1. 증인의 증언능력은 증인 자신이 과거에 경험한 사실을 그 기억에 따라 공술할 수 있는 정신적인 능력이라 할 것이므로, 유아의 증언능력에 관해서도 그 유무는 단지 공술자의 연령만에 의할 것이 아니라 그의 지적수준에 따라 개별적이고 구체적으로 결정되어야 함은 물론 공술의 태도 및 내용 등을 구체적으로 검토하고, 경험한 과거의 사실이 공술자의 이해력, 판단력 등에 의하여 변식될 수 있는 범위 내에 속하는가의 여부도 충분히 고려하여 판단하여야 할 것인바(대법원 1991. 5. 10. 선고 91도579 판결 참조), 기록에 나타난 자료들을 면밀히 검토하여 보면 원심이 위와 같은 입장에서 이 사건 당시는 만 4세 6개월 남짓, 제1심에서의 증언 당시는 만 6세 11개월 남짓된 피해자 1의 증언능력을 인정한 조치는 정당하고, 거기에 논지가 주장하는 바와 같이 유아의 증언능력에 관한 법리를 오해한 위법이 있다고 할 수 없으며, 논지가 들고 있는 대법원판결은 이 사건과는 구체적인 사실관계를 달리 하는 것이어서 인용하기에 적절하지 아니하다. 이 부분 논지는 이유가 없다.

2. 원진술자가 사망·질병·외국거주 기타 사유로 인하여 공판정에 출정하여 진술을 할 수 없을 때에는 그 진술 또는 서류의 작성이 특히 신빙할 수 있는 상태하에서 행하여진 경우에 한하여 형사소송법 제314조에 의하여 예외적으로 원진술자의 진술 없이도 증거능력을 가지는

데, 여기서 특히 신빙할 수 있는 상태하에서 행하여진 때라 함은 그 진술내용이나 조서 또는 서류의 작성에 허위개입의 여지가 거의 없고 그 진술내용의 신빙성이나 임의성을 담보할 구체적이고 외부적인 정황이 있는 경우를 가리킨다고 함이 대법원의 확립된 입장이다(대법원 1999. 2. 26. 선고 98도2742 판결, 1997. 4. 11. 선고 96도2865 판결, 1995. 6. 13. 선고 95도523 판결 등 참조). 원심은, 검사와 사법경찰관사무취급이 작성한 마스오 가스노리에 대한 각 진술조서 중 피해자 1의 진술기재 부분에 관하여 원진술자인 피해자 1이 법정에서 그 진정성립을 인정한 바는 없으나, 이 사건과 같이 피해자 1이 공판정에서 진술을 한 경우라도 증인신문 당시 일정한 사항에 관하여 기억이 나지 않는다는 취지로 진술하여 그 진술의 일부가 재현 불가능하게 된 경우도 위 조항이 규정하는 '원진술자가 진술을 할 수 없는 때'에 해당하고, 기록에 나타난 여러 사정에 비추어 볼 때 피해자 1의 진술내용이나 그에 대한 조서의 작성에 허위개입의 여지가 거의 없고 그 진술내용의 신빙성이나 임의성을 담보할 구체적이고 외부적인 정황이 있어 그 진술이 특히 신빙할 수 있는 상태하에서 행하여진 때에 해당한다고 판단하였는바, 관련 증거들을 기록과 대조하여 검토하여 보면 그와 같은 원심의 판단은 정당하고, 거기에 논지가 주장하는 바와 같이 위 조항이 정하는 전문증거의 예외에 관한 법리를 오해한 위법이 있다고 할 수 없다. 이 부분 논지도 이유가 없다.

3. 원심이 위와 같이 적법한 증거조사를 통하여 채택한 증거들을 기록과 대조하여 검토하여 보면, 피고인이 원심의 판시와 같이 피해자 2를 살해한 사실과 피해자 1을 살해하고자 하였으나 미수에 그친 사실 및 그와 같은 죄증을 인멸하기 위하여 피해자 2의 집에 불을 놓은 사실들이 모두 충분히 인정되므로, 원심판결에 논지가 주장하는 바와 같이 채증법칙에 위반하여 판결에 영향을 미치는 사실을 오인한 위법이 있다고 할 수 없다. 이 부분 논지 역시 이유가 없다.

4. 그러므로 상고를 기각하기로 하여 관여 법관의 일치된 의견으로 주문과 같이 판결한다.

대법관 윤재식(재판장) 이돈희 이임수(주심) 송진훈

6. 증언거부권(證言拒否權)

가. 증언거부권의 개념

증언거부권은 증거의무의 존재를 전제로 하여 증언의무의 이행을 거절할 수 있는 권리를 말한다. 이는 증인거부권과 구별된다. 증인거부권이 인정된 때에는 증인신문(證人訊問) 자체를 거부할 수 있으나 증언거부권이 인정되는 때에는 증인이 출석을 거부할 수 없다. (1) 자기 또는 근친자(近親者)의 형사책임에 관한 증거거부권의 경우 : 자기·친족 또는 친족 관계가 있었던 자, 법정대리인 및 후견감독인이 형사소추(刑事訴追) 또는 공소제기를 당하거나 유죄판결을 받을 사실이 드러날 염려가 있는 경우에는 증언을 거부할 수 있다(형사소송법 제148조). 이것은 영미법상의 이른바 자기부죄(自己負罪, self-incrimination)의 강요금지와 신분관계에 기한 정의(情誼)를 고려하여, 이러한 경우에는 진실의 증언을 기대하기가 어렵기 때문이다. (2) 업무상비밀에 관한 증언거부권의 경우 : 변호사·변리사·공증인·공인회계사·세무사·대서업자·의사·한의사·치과의사·약사·약종상(藥種商)·조산원·간호사·종교의 직(職)에 있는 자 또는 이러한 직(職)에 있었던 자가 그 업무상 위탁을 받은 관계로 알게된 사실로서 타인의 비밀에 관한 것은 증언을 거부할 수 있다. 다만 본인의 승낙이 있거나 중대한 공익상 필요가 있는 때에는 예외로 한다(제149조). 이것은 일정한 업무에 종사하는 자의 업무상의 비밀을 보호함으로써 그 상대자인 위탁자를 보호하려는 취지이다. (3) 그 밖에 「국회에서의 증언·감정 등에 관한 법률」에도 위 (1), (2)에 해당하는 경우와 공무원 또는 공무원이었던 자가 그 직무상 업무에 대하여 일정한 경우에 증언 등을 거부할 수 있는 규정을 두고 있다(국회에서의 증언·감정 등에 관한 법률 제3, 4조). 형사소송법은 증언거부권의 행사를 실효성 있게 하기 위하여 증인이 증언을 거부할 수 있는 자에 해당하는 경우에는 재판장은 신문전에 증언을 거부할 수 있음을 설명하여야 한다고 규정하고 있으며(제160조), 또한 증언을 거부하는 자는 거부사유를 소명하여야 하고(제150조) 증인이 정당한 이유 없이 증언을 거부한 때에는 50만원 이하의 과태료에 처할 수 있도록 규정하고 있다(제161조).[351]

나. 형사재판에서 증인이 증언을 거부할 수 있는지[352]

법원은 법률에 다른 규정이 없으면 누구든지 증인으로 신문할 수 있다(형사소송법 제146조). 다만, 공무원 또는 공무원이었던 자가 그 직무에 관하여 알게 된 사실이 증인신문사항으로써 발표될 경우 국가의 중대한 이익을 해하는 사항일 때 본인 또는 당해 공무소가 신고한 경우, 자기나 자기와 근친관계 있는 자(친족 또는 친족관계가 있었던 자 및 법정대리인, 후견감독인)가 형사소추 또는 공소제기를 당하거나 유죄판결을 받을 사실이 드러날 염려 있는 경우와 변호사·변리사·공인회계사 등의 직(職)에 있는 자나 있었던 자가 업무상 위탁을 받은 관계로 알게 된 사실로써 타인의 비밀에 관한 것(본인의 승낙이 있거나 중대한 공익상 필요 있는 때는 예외)일 경우에는 법원에 소명하고 증언을 거부할 수 있다(형사소송법 제147조, 제148조, 제149조). 한편, 증인이 출석하지 아니한 경우에 법원은 결정으로 당해 불출석으로 인한 소송비용을 증인이 부담하도록 명하고, 500만원 이하의 과태료를 부과할 수 있으며, 과태료의 재판을 받고도 정당한 사유 없이 다시 출석하지 아니한 때에는 7일 이내의 감치에 처하되, 감치의 재판을 받은 증인이 감치의 집

---

351) 이병태(한양대학교 명예교수), 법문북스 http://www.lawb.co.kr
https://terms.naver.com/entry.nhn?docId=3654476&cid=42131&categoryId=42131

352) 법률구조공단,"형사재판에서 증인이 증언을 거부할 수 있는지", 답변사례
https://www.klac.or.kr/content/view.do?code=9&order=bcCode%20desc&page=2&pagesize=15&gubun=&search_value=&cc=180&vc=402732

행 중에 증언을 한 때에는 즉시 감치결정을 취소하고 그 증인을 석방하도록 하고 있다(같은 법 제151조 제1항, 제2항, 제7항). 또한, 법정에서 선서한 증인이 기억에 반하는 허위내용을 진술하면 위증죄에 해당하게 되어 5년 이하의 징역 또는 1천만원 이하의 벌금형을 받을 수 있는바(형법 제152조 제1항), 만일 귀하가 법정에서 선서 후 허위의 진술을 할 경우에는 위증죄로 처벌을 받을 수도 있다. 법정에 출석하지 않는다면 법원은 결정으로 당해 불출석으로 인한 소송비용을 부담하도록 명하고, 500만원 이하의 과태료에 처할 수 있다. 그리고 정당한 사유 없이 소환에 응하지 아니하는 증인은 구인(拘引)할 수도 있다(같은 법 제152조).

다. 경찰관의 증인·증언거부

증인거부권은 증인으로 재판정에 나와서 증언하는 행위 자체를 거부할 수 있는 권리이다. 경찰관이 증인 거부권을 행사할 수 있는 경우는 국가의 중대한 이익을 해하는 경우에 한정한다.

※ 형사소송법 제147조(공무상 비밀과 증인자격)

① 공무원 또는 공무원이었던 자가 그 직무에 관하여 알게 된 사실에 관하여 본인 또는 당 해 공무소가 직무상 비밀에 속한 사항임을 신고한 때에는 그 소속공무소 또는 감독관공 서의 승인 없이는 증인으로 신문하지 못한다. ② 그 소속공무소 또는 당해 감독관공서는 국가에 중대한 이익을 해하는 경우를 제외하고는 승낙을 거부하지 못한다.

라. 재판정에서 검사·변호인에게 증언거부권

재판정에서 증인으로 나와 증언을 하는 도중 검사나 변호인의 신문에 대해 진술을 거부할 수 있는 권리이다. 증언거부권의 범위는 자기나 자기와 일정한 관계에 있는 자가 형사소추 또는 공소제기를 당하거나 유죄 판결을 받을 사실이 발로될 염려 있는 증언을 거부할 수 있다(형사소송법 제 148조). 형평의 원칙상 주신문에 대해 답변하면 반대신문을 거부할 수 없으며, 증언거부권 불행사와 위증죄는 진실대로 진술하면 자신의 범죄를 시인하는 진술을 하는 것이 되어 증인에게 사실대로의 진술을 기대할 수 없다고 하더라도 형사소송법이 이러한 경우 증인에게 증언을 거부할 수 있는 권리를 인정한 만큼 선서한 증인이 증언거부권을 포기하고 허위의 진술을 하였다면 위증죄의 처벌을 면할 수 없다(대법원 1987.7.7. 선 고, 86도1724).

제2장 법정증언 준비와 절차

제1절 준비단계

1. 사실관계 확인 및 분석보고서 검토

수사기관의 법정증언 사례 중에는 오래 전 사건에 대해서 증언하는 경우도 있다. 따라서 법정증언자는 사건자료를 분석하고 분석과정을 자세하게 서술하고 화면 캡처나 촬영 등을 통해 세부내용을 기록해두고 증언 전에 관련 분석보고서를 읽어보고 변호사들이 쟁점으로 삼을 사항들에 대해 미리 구상하고 답변을 준비해야 한다.

디지털 증거 등을 분석한 감정인이 법정에서 증언을 하는 것은 수사기관에서 피고인 등에 대한 조사를 한 후 기소되기까지 상당한 시간이 경과된 후이므로 사건 당시를 정확히 기억하는 것은 사실상 매우 어렵다. 사실과 달리 추측에 의해 증언하는 경우 진술의 일관성이 상실되어 그 진술의 신빙성이 탄핵 받을 수 있다.[353]

2. 사전 질문지 및 답변서 작성

분석보고서를 검토하다 보면 내용이 누락되거나 오타 등과 더불어 잘못된 부분이 발견될 수 있다. 변호인들도 해당분야의 전문가를 동원하여 이 부분을 쟁점화하여 증거의 신뢰성에 흠결을 가하려들기 때문에 사전 질문지를 작성하고 답변서들을 정리하여 법정에서 진정성과 논리성을 갖고 답변할 수 있다. 특히 사전에 언론보도 사항이나 자신이 발언한 내용들을 확인하며 증인으로 신청한 사람이 검사인지 변호인인지를 파악하여야 적절한 대응이 가능하다. 대개

---

353) 이상민, 「공판중심주의 의미와 피의자신문조서 및 진술영상녹화물의 증거능력」, 2008, p51.

의 경우 전문가의 법정증언은 유죄입증에 중요 요소이므로 검사가 감정인으로 신청한 경우가 대부분이지만, 변호인이 유죄입증의 중요 요소인 전문가 증언의 신빙성을 탄핵시키기 위한 방법으로 혹은 판사가 실체적 진실 발견을 위한 방안으로 감정인을 소환하여 직접 진술을 듣는 경우도 있을 수 있다. 검사는 유·불리를 따지지 않고 질문할 수 있으므로 예상 질문·답변을 명확히 준비 할 필요가 있다. 또한 예상 질문 내용을 작성함으로써 법정 증언자로서 무엇 때문에 법정에 서고, 무엇을 증언해야 하는지에 대해 생각할 수 있어서 예상된 질문을 유형별로 정리해야 한다.

3. 주신문과 반대신문의 이해

법정에 서기전에 검사가 일정한 진술을 요구할 경우에는 그 진실여부 판단이 모호한 경우 절대 응하지 말아야 하며 기억에 반하는 진술을 할 경우 위증죄의 책임은 물론 민사상 손해배상 책임에서도 자유로울 수 없기 때문에 증언 한마디 한마디 신중해야 한다. 특히 변호인의 신문은 주신문 형태로 이루어지는데, 주신문은 증인을 소환 한 측에서 증인에게 먼저 실시하는 신문으로 신문할 사항은'증명할 사항 과 이에 관련 된 사항' 즉, 유죄판결에 직접적으로 관련성이 있는 사항을 뜻한다.[354] 주신문은 자신의 변론과정에서 유리한 내용만을 신문하므로 변호인이 감정인을 증인으로 신청한 경우는 극히 예외적이다. 다만 경찰에서 불기소처분 의견으로 송치 한 사건에 대해 검찰이 기소한 경우에는 변호인이 무죄 입증을 위한 방안으로 수사 한 경찰관을 증인으로 신청할 수 있다.

주신문의 경우에도 신청 당사자의 기대와 달리 증인이 불리한 증언을 한 경우 유죄 입증과 직접적으로 관련이 없어도 증인의 불리한 진술자체에 대해 다투기 위하여 필요한 사항에 관해서도 신문 가능

---

354) 홍민우, "포렌식전문가 법정증언에 대한 연구". 2015, p52

하지만 주신문의 경우 유도신문은 할 수 없다. 이유는 변호인은 무죄입증을 위해 감정인에게 피해자와의 유착관계를 주장할 수도 있기 때문이다. 변호인이 법률전문가이기 때문에 상식적인 수준의 질문을 할 수 있으나, 변호인도 피고인의 무죄 입증을 해야 하므로 온갖 수단과 방법을 가리지 않고 질문을 할 수 있으므로 유의하여야 한다. 특히 변호인의 신문은 주신문을 마친 다음 반대신문 형태로 증언의 증명력을 말살 또는 감쇄시키려는 목적으로 질문을 하므로 주신문 시 검사가 질문한 사항과 무관한 것에 대해서는 답변을 하지 말아야한다. 이럴 경우에는 당황하지 말고 있는 사실 그대로 진술하면서 침착하게 대응하면 된다. 반대 신문 시에는 유도신문이 가능하므로 변호인이 반대신문을 하는 경우 주의 깊게 청취하고 적절한 답변을 해야 한다.[355]

4. 용모, 복장 등을 통해 대응하기

법정 증언 시 용모 중 가장 염두에 두어야할 것은 판사나 배심원들에게 전문가로서의 인상을 줄 수 있는 용모이어야 한다. 법정증언을 위해 출석할 때 복장은 배심원과 판사로 하여금 신뢰도에 영향을 줄 수 있는 큰 요소이다. 특히 경찰관의 경우 법정증언은 공무수행의 일부이고 국가기관을 대표해 출석하는 것이므로 사복 정장을 입는 것을 원칙으로 하며 신뢰도 제고 등을 위해 필요한 경우 제복을 입는 것을 고려할 수 있을 것이다. 일반인의 경우에도 단정한 사복 정장을 입고 출석 하는 것이 효과적이며, 청바지에 후드티를 입고 출석한 경우에는 진술의 신빙성을 떨어뜨리므로 유의하여야 한다. 특히 머리는 최대한 단정히 하고 남자의 경우 면도는

---

355) 대법원 85도117 판결을 보면 「증인이 어떠한 사실을 "안다"고 진술하는 경우에는 증인이 직접 경험하거나 또는 타인의 경험한 바를 전해 들어서 알게 된 사실을 진술 하는 것이므로 이와 같이 알게 된 경위가 어떤 것인지를 가려내어 그것이 피고인의 기억에 반 하는지의 여부를 판단하여야 할 것이고 그 진술이 객관적인 사실과 다르다는 것만으로 곧 기억 에 반하는 진술이 라고 단정할 수는 없다」고 판시하였다.

꼭 하고 짙은 향의 향수나 스킨은 변호인이나 배심원들에게 불쾌감을 줄 수 있기 때문에 가급적이면 사용하지 않는 것이 좋으며 특히 입에서 악취가 나는 경우 상대방을 불쾌하게 할 수 있기 때문에 구강제 등을 준비하여 입 냄새가 나지 않도록 준비한다. 정장의 색깔은 가급적 진한 청색이나 검은색 옷을 착용하며 변호사와 비슷한 계통으로 입는 것이 좋으며 평범한 넥타이와 깨끗한 와이셔츠 등 수수한 것으로 착용 하고 제복 넥타이와 넥타이핀, 벨트, 버클 등을 포함하여 사복과 제복을 섞어 입지 않도록 유의하여야 한다. 여자의 경우 지나친 화장과 짧은 치마 등은 피하는 것이 좋으며 가급적이면 검정색 정장차림에 블라우스를 받쳐 입고 출석, 증언하여 전문가 증언의 신뢰성을 높인다. 특히 특정한 종교나 조합, 집단에 소속되어 있음을 나타내는 반지, 목걸이 등은 착용하지 않도록 주의하여야 한다.[356]

---

356) 홍민우, "포렌식전문가 법정증언에 대한 연구". 2015, p54

제2절 법정에서 증언하기

법정 증언자는 실체적 진실을 밝혀내는 역할을 하므로 철저한 준비를 하지 않을 경우 변호사의 유도신문에 말려들 수 있고, 자신의 위치를 과대평가할 경우 자신을 검사와 동등한 위치에 놓아 공정심을 잃을 수 있다. 특히 사건과 관련된 자신의 기억을 객관적으로 이야기한다는 생각으로 증언에 임해야 하고, 유죄 입증을 위해 자신이 어떤 역할을 해야 한다는 생각은 버려야 한다.

1. 법정증언 시작前

감정인 등 증언 당사자는 재판 개정 전 최소 30분 전에는 도착하여 사건번호와 피고인 등을 확인하고, 재판정 도착은 늦어도 10분 전까지는 도착하여 방청석 앞자리에 앉아 재판을 방청한다. 너무 늦게 도착하여 불성실한 사람이라는 인상을 주어 신뢰성을 저하시키지 않도록 하여야 한다. 또한 법정에서 뿐만 아니라 배심원과 마주칠 수 있는 법원 근처에서부터 증언이 시작된다는 점을 유의하고, 법원 내에서는 부주의한 행동은 삼가야 한다. 재판정에 입실하면 가장 먼저 피고인을 확인하고 현장 압수·수색 시와 현재 모습의 차이를 구분해 둔다. 피고인은 체포 당시와 다른 모습을 하고 있을 가능성이 많으므로 우선 피고인을 찾아 그의 현재 모습에 익숙해져야 한다. 피고인이 수사 당시와 현재 모습이 확연히 달라진 모습으로 있을 때 기억에 혼돈이 생길 수 있고 증언에 대한 스스로의 확신이 떨어질 가능성도 있기 때문이다. 만약 다른 증인이 증언하는 경우에는 가급적 청취하는 것을 자제하며, 다른 증인의 증언에 영향을 받아 자신도 모르게 증언을 가공하게 될 가능성이 높기 때문이다. 특히 증인들간 서로의 증언이 불일치하는 경우에는 최초증언자 또는 가장 많은 내용을 증언하는 자의 증언 내용에 영향을 받아 증인들의 전체적인 증언이 최초 증언자의 증언내용에 맞춰지게 될 가능성이 높다. 증언은 상호보완적·의존적이 되어서는 안 되며 증인은 자신이 기억하는 대로 증언하고, 증언 간 모순이나 불일치에 대해서는 판사나 배심원이 판단하도록 해야 한다.

2. 재판시작과 질문 대응하기

재판장이 증인의 출석여부를 확인하기 위해 감정인의 이름을 부르면 신속히 일어서 증언석으로 걸어가야 한다. 증언석에서 선서를 할 때는 성의있는 목소리로 또박 또박 선서해야하며 재판장이 일상적이고 무성의한 말투로 선서를 시킨다고 해서 여기에 영향을 받으면 안 된다. 몸을 흔들거나 구부정한 자세보다는 허리를 피고 올바른 자세로 선서해야 하며 선서가 끝나고 초기질문에 대답을 할 때는 자신의 목소리가 너무 크지는 않은지, 발음이 부정확하지 않은지 등을 확인한다.

증인대 위에 설치된 마이크와 적절히 간격을 유지하며 너무 가까이 대면 목소리가 너무 크게 들리고 불분명하게 들릴 수 있다. 너무 멀리 있으면 목소리가 이중으로 들릴 수 있고, 너무 작게 들려 증언 내용이 정확하게 전달되지 못할 수도 있다. 증언시 마이크에 너무 신경을 써 의식적으로 몸을 마이크 쪽으로 움직이는 행위는 삼가는 것이 좋다. 이러한 행동은 자세가 계속 흐트러져 전반적으로 산만한 느낌을 주게 되며 증인이 증언 내용에 대해 신경을 쓰지 않고 대외적인 부분에 신경을 쓰고 있다는 느낌을 주게 된다. 증언시 시선을 일정한 곳에 고정시키며, 눈을 사방으로 돌리면서 증언을 하면 깊은 생각을 하는 것으로 보여질 수도 있으며 정신상태가 불안정하여 산만한 사람이라는 오해를 받을 수 있고 증인 또는 증인의 편에 유리한 질문을 구상하고 있는 듯한 느낌을 주게 된다.

증언은 연설이 아니므로 증언 시 과도한 몸동작은 증언에 감정이 개입된 것으로 여겨지게 만들 수 있으며 정서적, 심리적으로 불안정하다는 인식을 줄 수 있으므로 너무 과도한 몸동작은 자제하고 손을 책상위에 올려놓은 채 안정된 자세로 증언하는 것이 신뢰성 향상에 도움이 된다. 감정인이 자신의 업무수행에 대해 거만한 자세를 보이는 경우 피고인의 행위에 대해 지나친 참견이나 간섭으로 보일 수 있다. 겸손한 자세를 통해 진술함으로써 일반시민들의 개인적인 삶에 대해 최소한의 간섭으로 본인의 의무를 다한다는 자세가 필요하다. 거만한 자세는 결국 지나치게 참견 하는 것과 관련되어 과잉금지 원칙에 위배된 것으로 판단될 우려가 있다.

사건의 정황적 사항을 분석하며 감정인의 주관적 의견을 피력하면 이러한 진술들은 감정인이 객관적이지 못하다는 인상을 줄 수 있다. 특히 판사, 검사, 변호인은 의도적이든 아니든 신문시 목소리를 작게 하는 경우가 종종 있다. 이때는 질문을 제대로 듣지 못한 것에 대해 당황하지 말고, 다시 한 번 질문해 줄 것을 정중하게 부탁하여 정확한 질문을 이해하고 신중하게 답변해야 한다.[357]

---

357) 대법원 88도1147판결에 의하면『판사가 증인이 경찰과 검사에게 진술한 내용이 사실이냐고 묻고 수사기록을 제시하고 그 요지를 고지한 즉 증인이 사실대로 진술하였으며 그 내용도 상위 없다고 답변하였을 뿐이라면 증인이 수사기록에 있는 그의 진술조서에 기재된 내용을 기억하여 반복 진술한 것이라고 할 수는 없으므로 설사 그 진술조서에 기재된 내용 중 증인의 기억에 반하는 부분이 있다고 하여도 그 기재내용을 상위 없다고 하는 진술 자체가 위증이 될 수 있음은 별론으로 하고, 그 진술기재내용을 위증한 것이라고 할 수는 없다.』고 하였다. 진술서에 기재되어 있다는 것 자체로 위증이라고 할 수 없다고 판시한 사례이다.

3. 변호인 질문에 대답하기

변호인이 질문하는 경우 즉각 대답을 하기보다는 약 3~5초가량 질문 의도에 대해 다시 생각하며 질문의 취지를 정확히 이해하고 유도심문 여부를 파악하여 신중 한 답변을 해야 한다. 즉각적인 답변은 예기치 못한 실수를 야기할 수 있으며 질문을 정확하게 이해하지 못했을 경우에는 정중하게 "질문을 이해하지 못했습니다. 다시 질문해 주십시오." 라고 다시 질문해 줄 것을 요청해야 한다. 명백하고 확실하게 증언을 해야 한다면, 대답하기 전에 잠시 휴식을 취하고 답변을 머릿속으로 정리하여 답변해야 하며 이로써 증인의 답변에 신뢰성을 부가할 수 있다.

변호인의 질문에 무성의하게 "예" 또는 "아니오"라고 답변하지 말고 "예, 그렇습니다." 또는 "아니오, 그렇지 않습니다." 라고 확실하게 대답하는 것이 좋다. 이는 정중하고 격식을 갖춘 대답을 통해 증언의 신빙성을 높여 줄 수 있다.

변호인의 신문에 대한 대답을 할 때 검사만을 바라보는 것은 증인이 증언을 하면서 검사에게 허락받거나 의존하는 것처럼 보여 검사 측에 편향된 증언을 한다는 인상을 심어줄 수도 있다. 대답을 하며 잠시 판사나 배심원과 눈을 마주치는 것은 판사나 배심원으로 하여금 배심원에게 직접 대답을 하는 것처럼 느끼게 한다.

만약 진술에 대해 실수를 하게 되는 경우에는 인지하는 순간부터 자신의 실수를 인정하고 재판장에게 "방금 제증언이 잘못되었음을 깨달았고, 이를 정정하고 싶습니다."라는 말을 전달하여야 한다. 이는 검사나 피고인측 변호인이 잘못을 바로잡는 것보다 증인 자신이 시인하고 정정하는 것이 증인에 대한 신뢰성을 높여줄 수 있기 때문이다. 만약 변호인이 같은 질문을 반복하는 등 짜증나게 하더라도 언제나 변호인에게 친절히 대답해야 한다. 법정에서 증언하는 이유는 변호사와 다투기 위한 것이 아니라 진실을 말하기 위한 것임을 명심해야 한다.

4. 은어 및 상투적 어휘 사용 제한

기술과 관련된 전문 용어나 실무적으로 사용되는 은어의 사용은 재판장이나 배심원에게 감정인이 불필요한 허식을 사용한다고 느껴 화나게 만들 수 있다. 법률용어인 '고의', '미필적 고의 및 인식 있는 과실', '원인에 있어서 자유로운 행위' 등 의 전문적인 형법 용어나 '패킷을 까다', '떨어뜨리다'등 일상 관행적으로 사용되는 용어는 사용을 피하고 표준어로 "패킷의 내용을 본다."혹은 "전송 중인 패킷을 알기 위해 저장한다." 등으로 변환하여 사용한다. '고의'는 피고인이 범행을 저지른다는 사실을 인식하면서 이를 행하려고 하는 의사를 가지고 행동했다로 '미필적 고의'는 피고인의 행동으로 인해 경험칙상 그 결과발생(범죄)이 일어날 것임을 인식하고 그 결과를 용인하는 내심의 의사가 있었다고 설명하는 것이 좋다.

이와 같은 이유로 전문 용어나 은어사용은 감정인의 증언을 무용지물로 만들 가능성 있으니 평소 사용하던 전문분야의 은어 등에 대해 무심코 사용하여 증언에 악 영향을 줄 수 있으니 유의하여야 한다. 예를 들어 음주운전 사건에서 "피고인의 눈은 생기가 없고, 혀는 꼬부라졌고, 술냄새가 났고, 불안정하게 걸었다"등의 상투적인 어구는 사용하지 않는 것이 좋다. 이러한 용어의 사용은 감정인이 증언의 신빙성을 높이기 위해 진술상황을 각색 한 다는 느낌을 주게 될 우려가 있다. 이러한 경우 당시 상황에 대해 구체적으로 서술하면서 진술하는 것이 바람직하고 상투적인 용어는 사용하지 않는 것이 좋다.

제3절 법정증언의 종료 및 한계

1. 법정증언 마무리

신문이 끝나기 전에 증언대에서 내려가는 것보다는 재판장에게 "이제 제가 내려가도 되겠습니까?"라고 물으면 재판장은 검사와 피고인 측 변호사 모두에게 "내려가도 되겠습니까?"라고 물을 것이고 모두에게 질문이 끝났음을 확인하고 내려오고 이때 재판장에게 감사하다고 정중하게 인사한 후 내려오면 된다. 보통 증언 전에 신분증을 제출하여 신분을 확인하므로 증언이 끝날 때 법원 실무관에게 신분증을 돌려받는 것을 잊지 말아야 한다. 퇴장 시에는 다른 증언자들과 이야기 하는 것을 삼가하며, 재판과정이나 다른 증인의 증언내용을 알고 싶어서 재판정에 남고 싶다는 유혹을 느낄 수도 있지만 당해 사건에 대해 공정한 증언자로서의 인상을 주기 위해서는 즉시 재판장에서 나오는 것이 좋다. 재판이 종료되고 나오는 것을 지체 하는 경우에는 판사나 배심원들에게 재판에 대해 미련이 남아있다는 인상을 주게 되고 감정인이 사건에 대해 객관적인 자세를 갖고 있지 않다는 인상을 심어줄 수 있다. 또한 증언 후 다시 재판정에 되돌아와 타 증인들의 증언내용을 청취하는 것은 삼가야 한다.

2. 법정증언 한계

일반인 누구나 법정에 서서 증언을 하는 경우가 점점 많아지고 있다. 그러나 여전히 법정에 서서 효과적으로 대응하기 위한 전략이 마련되어 있지 않다. 그래서 법정 증언을 하다 보면 증언기법의 부족이나 경험부족 등으로 위증죄 등의 불이익을 당하는 경우도 발생할 수도 있는 상황이다. 그래서 법정 증언한 내용은 법정에서 어떤 질문을 받았는가와 더불어 소송의 결과와 직결되기 때문에 매우 중요하다. 특히 수사과정에 피의자를 조사한 경찰관의 경우 증거물의 압수수색에서부터 이송, 분석과 증거분석서 작성과 증거물 보존, 송치 등 일련의 과정에서 아무리 적법절차를 준수하고 하더라도 법정에서 전문가의 증언이 부실하다면 유죄의 범인이 무죄를 선고받을 수도 있는 것이다.[358] 그래서 전문가라 하더라도 법정에 들어서기 전에는 효과적인 대응이 필요한 것이다. 그러나 법정증언을 하는 전문가들이 얼마나 되는지, 어떤 내용을 증언하고, 어떤 문제점이 있는지 체계적으로 관리하고 향후 어떻게 대응할 것인 지 설계하는 장기적인 대응전략이 현재로선 존재하지 않는다. 특히 디지털 전문가, 수사기관의 경찰관 등 전문가 개개인이 알아서 별문제 없이 잘하고 있다고 볼 수도 있겠지만 법정증언은 전문가 개인의 문제라고만 볼 수 있는 것이 아니다. 증거물 압수. 수색에서부터 이송, 분석과 증거분석서 작성과 증거물 보존, 송치 등 일련의 과정에서 아무리 적법절차를 준수하고 잘했다고 하더라도 법정에서 전문가의 증언이 부실하다면 유죄의 범인이 무죄를 선고받을 수도 있는 것이다. 그래서 법정증언에 나서기 전에는 반드시 법정증언을 체계적으로 이해하고, 현황을 모니터링 해 수시로 문제점을 파악해 대응할 전략의 마련이 절실하다고 할 수 있다.

---

[358] 홍민우, "포렌식 전문가 법정증언에 대한 연구", 2015, p45

제3장 전문가 법정증언 제도

제1절 서설

1. 감정인과 전문심리위원 제도

형사소송법 상 전문가 법정증언인 감정인 제도가 제169조부터 제172조까지 규정 되어 있다. 감정이라 함은 특별한 지식과 경험을 가지고 있는 자로부터 사실의 법칙 또는 그 법칙을 구체적 사실에 적용하여 얻은 판단을 보고하도록 하는 것이다.[359] '법원은 학식 경험 있는 자에게 감정을 명할 수 있다'고 규정되어 있고, 감정의 결과는 증거로 채택 가능하다. 특히 감정 전에는 양심에 따라 성실히 감정하고 허위 감정 시 허위증언에 대한 처벌을 받기로 선서서에 따라 선서를 하게 된다. 한국은 전문가의 법정 증언과 관련하여 감정인 제도와 더불어 전문심리위원 제도가 운영되고 있으며, 형사소송법 제169조에 '학식과 경험이 있는 자에게 감정을 명할 수 있다'고 명시 하고 있는 바, 민·형사소송법 개정안이 2007년에 입법되어 같은 해부터 시행되면서 '전문심리위원(expert commissioner)'을 두어 전문가가 민사재판과 형사재판에서 증언할 수 있도록 허용하고 있다.[360]

형사소송법 제279조에 의하면 전문심리위원은'전문적인 지식을 갖고 있는 자'로,'소송 관계를 분명하게 하거나 소송 절차를 원활하게 진행하기 위하여 필요한 경우에는 직권으로 또는 검사, 피고인 또는 변호인의 신청에 의하여 법원의 결정으로 전문심리위원을 지정하여 공판 준비 및 공판 기일 등 소송 절차에 참여하게 할 수 있

---

[359] 노명선 외1인, 형사소송법(제5판), p355
[360] 형사소송법 제279조의2 제1항

다'고 규정하고 있다. 전문심리위원은 재판의 장기화를 방지하고 신속한 분쟁 해결에 도움을 주기 위해 소송 절차에 참여하여 사실 판단자에게 도움을 제공할 수 있다. 그러나 두 전문가 증언제도는 명확한 차이가 존재한다. 가장 큰 차이는 감정인의 감정이 증거 자료로 채택될 수 있는 반면, 전문심리위원의 의견과 진술은 증거 자료가 될 수 없다는 점이다. 또한 감정인의 경우 법정에서 선서의무가 있지만, 전문 심리위원은 진술에 책임을 지지 않으므로, 선서를 하지 않아도 된다. 따라서 감정인은 법정에서 선서하기 때문에 사실과 반하는 허위로 증언할 때는 위증죄로 처벌받지만 전문심리위원은 선서를 하지 않기 때문에 위증죄로 처벌받지 않는다. 두 제도의 가장 큰 차이라 볼 수 있겠다.

2. 법정증언과 위증죄

재판정에서 피고인, 공판검사 이외의 제3자가 자기의 견문이나 기타 지각(知覺)에 의하여 경험한 구체적인 사실을 진술하는 것으로 감정의견(鑑定意見), 문서의 기재 내용 검증결과 등과 같이 증거자료의 하나이다. 법정증언과 관련한 위증죄에 대한 판례[361]를 보면 증인의 증언은 그 전부를 일체로 관찰 판단하는 것이므로 선서한 증인이 일단 기억에 반한 허위의 진술을 하였다 하더라도 그 신문이 끝나기 전에 그 진술을 취소 시정한 경우에는 위증이 되지 않는 다고 보고 있으며, 허위진술에 대한 위증죄의 판단 기준은 신문진술이 종료 한 때로 해석하고 있다.

---

361) 대법원 95도797 판결

제2절 국외 전문가 증언 사례분석

1. 미국의 사례

가. Frye vs United States의 보편적 승인(General Acception)[362]

동 사건은 2급 살인혐의로 기소된 사건으로 피고인이 자신의 무죄 입증을 위하여 감정인이 실시한 일종의 거짓말탐지방법인 '심혈압거짓말측정(the systolic blood pressure d eception test)'을 배심의 면전에서 실시할 것을 요청하였으나 동 법원은 이를 거부하면서 '과학적 원칙은 그것이 속해 있는 특정분야에서 보편적 승인(general a cceptance)을 얻어야 한다'고 하였다. 즉, 동 사건의 '심혈압 거짓말측정(thesystolic blood pressure deception test)'은 아직까지 생리학적(physiological), 심리학적(psychological) 분야에서 그러한 지지나 과학적 승인을 얻지 못했다고 판단한 것으로 설령 자격이 있는 감정인이 당해 사건에 사용된 과학적 절차가 신뢰할만하다고 인정할지라도 특정 과학계의 보편적 승인이 없는 경우에는 당해 자료를 증거로 허용할 수 없다고 본 것이다. 이는 최초의 전문가 증언에 대한 허용 기준으로, 증언에 사용된 이론이나 원칙이 학계 또는 그 분야에서 일반적인 승인(general acceptance)을 얻어야 과학적 증명력을 인정받을 수 있다고 판단한 것이다.

다만, 위와 같은 판단은 검찰의 입장에서 보면 과연 '보편적 승인(general acc e ptance)'이 무엇인지 또한 그러한 입증을 위해서 어느 정도의 입증이 필요한지 모호하다는 비판을 야기하게 되었다.

---

362) 강철하, "디지털증거 허용성에 관한 미국판례 동향", 디지털포렌식 연구 제2호, p96

나. Daubert vs Merrel Dow Pharmaceuticals, Inc 판결[363]

1975년 미연방증거규칙이 미 의회에 의해 채택됨에 따라 이러한 미연방증거규칙이 Frye 판결의 "보편적 승인" 척도를 대체하는지 여부에 대한 논란이 일게 되었고 이러한 논쟁에 대한 해답을 제시한 판결로 Daubert vs. MerrellDow Pharmaceutic als, Inc. 판결이 있다. 동 사건은 Daubert가 임신 중 복용하였던 구역질 방지약인 MerrellDow사의 Bendectin이 기형아 출산을 야기하는 점과 이에 대한 경고 문구가 없다는 점을 이유로 MerrellDow사를 상대로 소송을 제기한 사건으로, 소송과정에서 Daubert 측은 8명의 전문가를 통해 실험실 테스트 및 동물 임상실험 등을 거쳐 MerrellDow사의 Bendectin 과기형아 출산가능성을 인정하는 감정결과를 법원에 제출하였다. 이에 대해 캘리포니아 연방지방법원과 항소법원은 이전의 "Frye 판결을 기준으로" 이러한 감정 결과는 출판된 것이거나 검증되지 않았기 때문에 증거로 허용할 수 없다고 판단했고 이에 불복한 Daubert는 미연방 증거규칙이 제정된 후에도 "Frye 판결을 기준으로 보편적 승인 기준이 여전히 유효한지 여부"를 묻기 위해 연방 대법원에 상고하였다. 이에 대해 연방대법원은 Frye의 일반적 승인기준은 미연방증거규칙의 제정에 의해 폐기되었음을 선언(Fryes "general acceptance" testwas superseded by the Rules adoption)하면서 특히 규칙 제702조 상의 전문가 에 의한 과학적 증언과 관련하여 판사는 규칙 제104조에 따라 그 증언의 핵심 추론과 방법론이 과학적으로 유효하고 문제된 사건에 적절히 적용될 수 있는지 여부를 사전 판단하도록 제시하였다.

---

363) 강철하 위 논문, p96

> ⅰ) 문제된 이론과 기술이 검증될 수 있는지 또는 검증된 바 있는지 여부
> ⅱ) 그것이 동료에 의해 평가(peer review)되거나 출판된 적이 있는지 여부
> ⅲ) 잘 알려진 또는 잠재적 오류율이 있는지 여부
> ⅳ) 문제된 이론과 기술의 운용을 통제하는 기준의 존재 및 지속성 여부
> ⅴ) 관련된 과학적 공동체 내에서 광범위한 승인을 이끌고 있는지 여부

이러한 Daubert사건 판결은 Frye 판결에서의 전문가집단의 보편적 승인 기준이 아닌 "판사로 하여금" 과학적 증거의 신뢰성을 판단하도록 하고 있으며, 과학적 증거의 허용성과 관련하여 과학적 방법론과 원칙을 강조하였다. 또한 이후 동판례 이론은 과학영역 뿐만 아니라 전문기술(technial) 영역의 증거에도 적용되는 등 그 범위가 확대되었다. 또한 1975년에 제정된 연방 증거 규칙(Federal Rules of Evld ence) 제702조는 전문가의 증언(testimony by expert)을 "과학적(scientific), 기술적(technical), 혹은 기타 특수한 지식(specialized knowledge)이 사실판단 자가 증거를 이해하거나 쟁점에 대하여 무엇이 사실인가를 판단하는 데 도움이 되는 경우 지식, 기술, 경험, 훈련 또는 교육에 의해 전문가의 자격이 인정되고(quallfI ed), 의견이나 기타 형태로 해당 사안에 대해 증언할 수 있다"고 명한다. 즉, 과학적인 내용뿐만 아니라 기술적이고 특수한 지식이라고 판단되는 내용을 전문가의 증언으로 확대한 것이라고 볼 수 있다.

다. Daubert 3부와 연방 증거규칙 개정

1997년 미국 연방대법원은 General Electric Co. 사건에서 법관의 수문장 역할을 다시 강조하였다. 법원은 Daubert의 수문장 역할로 인해 유해불법행위소송(toxictort suit)의 원고가 인과관계를 입증할 때 엄격한 제한이 가해질 수 있다고 판시 하였다.[364] 1999년 연방대법원은 Kumho Tire 사건[365]에서 Daubert 기준이 과학적 증언뿐 아니라 모든 전문가 증언에 적용된다고 판시하였다. 금호타이어를 장착한 차량의 타이어 휠과 타이어 트레트가 분리되어 타이어가 파손되었다. 원고측 타이어 전문가는 그 분리가 타이어의 도안이나 제작상 결함으로 야기되었음을 검사해야 한다고 주장 하였다. 원심법원은 원고측 전문가 증언의 경우 Daubert 기준에 의하면 신뢰할 수 없다고 판시하였고 항소심 법원은 원고측 전문가 증언이 과학적 원리를 적용한 것이 아니라 자신의 경험에 근거한 것이므로 Daubert 기준이 적용되지 않는다고 판시 하였으 며 연방대법원은 법관이 수문장 역할을 해야 한다는 Daubert 골격은 과학적 증언뿐 아니라 모든 전문가 증언에 적용된다고 판시하였다. 또한 Daubert 판결에서 언급한 판단 기준들에 대하여 법원은 이를 적용할지 배제 할지 여부에 대하여 판단할 수 있다고 하였고 판사가 주어진 사안에서 전문가 증언의 신빙성을 평가함에 있어 어떠한 절차를 선택할 경우 남용과 재량의 기준에 따라 그 선택여부를 결정할 수 있다고 판시하였다. 즉 Daubert 기준을 적용함에 있어서 유연성(Flexibility)을 강조하였다. Daubert 판결에 따라 2000년 연방증거규칙 제 702조도 개정되었으며 개정 내용은 '과학적 증거'는 과학적 지식에 근거해야함을 요구하고 있다. 과학적 지식에 근거하기 위해서는 '과학적으로 타당성'이 있어야 하며 '과학적 방법'에

---

364) Caro henderson, jules Epstein. op,cit., p35
365) Kumho Tire co., Ltd. vs Camichael, 119 S. CT. 1167(1999)

근거해야 하고 건전한 과학과 신뢰할 만한 근거에 기초해야 한다고 설시하였다.

2. 영국의 사례[366)

영국에서는 녹음이 원칙적인 피의자 조사방법이나 서면으로 기록하는 방식에 부분적으로 사용되고 있으며 녹화를 이용하는 경우도 있다. 전문법칙과 관련하여 영국에서도 자백은 전문법칙의 예외인바, 자백이 강박 혹은 특별히 신뢰할 수 없는 상황 하에서 작성되지 않은 이상 증거능력이 인정된다. 피고인 측에서 자백의 증거 능력에 대하여 이의를 제기하는 경우에는 배심원이 없는 자리에서 판사가 증거능력에 관하여 재판(Voire Dire)을 하게 된다. 이 재판은 자백의 증거능력 유무(admIs sibility)에 관하여만 심리하고, 자백의 진실성(truthfullness)에 관하여는 심리하지 아니한다. 입증책임은 검사에게 있으므로 자백이 강박 혹은 특별히 신뢰할 수 없는 상황 하에서 이루어진 것이 아니라는 점을 합리적인 의심이 없을 정도로 증명하여야 한다. 검사는 경찰관을 포함한 검찰 측 증인을 소환하거나 녹음테이프를 제출하는 등 여러 가지 방법으로 자백의 임의성을 입증할 수 있다. 즉, 이러한 경우 검사는 녹음테이프를 제시하거나 조사경찰관을 증인으로 신청하여 자백의 임의성을 입증할 수 있는바, 증거능력이 인정되면 ROTI(Record of Taped Interview, ROTI)[367)나 조서 및 녹음테이프 자체가 일종의 서증으로서 법정에서 제출된다. 조사경찰관의 증언이나 피고인신문을 하면서 경찰에서의 진술내용을 확인하게 될 경우 배심원들이 볼 수 있도록 ROTI나 피의자신문조서 등 서증의 사본을 배심원에게 교부해 주고 있다고 한다. 그러나 모든 사건에 경찰관이 증인으로 출석하는 것은 아

---

366) 홍민우, "포렌식전문가 법정증언에 대한 연구". 2015, p44
367) PACE Code E. 5a. "녹취요약서"로 불리며 그 자체로 증거능력을 인정받고 있다.

니며 증인 출석 여부는 소송전략 차원에서 검사가 판단할 문제라고 한다. ROTI, 피의자신문조서나 녹음테이프 내용을 반드시 경찰관이 증언하는 자리에서 법정에 현출하여야 할 필요는 없으며 ROTI나 피의자신문조서의 내용은 검사와 변호인이 피고인 신문과정에서 대부분 현출 되게 된다고 한다.

3. 일본 사례

일본에서는 피고인의 진술을 기재한 서면, 공술서나 공술을 녹취한 서면에 대해 진술자에게 불이익한 내용을 진술한 것이면 증거능력을 인정하고 있다. 조서의 증거 능력을 인정하고 있는 우리나라와 같이 일본에서는 경찰관의 법정증언을 인정하지 않더라도 큰 문제가 없다.『일본 형사소송법 제319조(자백의 증거능력, 증명력) 제 1 항 강제, 고문 또는 협박에 의한 자백, 부당하게 오래 억류 또는 구금된 후의 자백 기타 임의로 된 것이 아니라는 의심이 있는 자백은 이를 증거로 할 수 없다. 제2항 피고인은 공판정에서 있어서의 자백 여부를 불문하고 그 자백이 자기에게 불이익한 유일한 증거인 경우에 는 유죄로 되지 아니한다. 제3항 전2항의 자백에는 기소된 범죄에 대하여 유죄임을 자인하는 경우를 포함한다. 일본 형사소송법 제322조(피고인의 공술서, 공술 녹취서의 증거능력) 제1항 피고인이 작성한 공술서 또는 피고인의 공술을 녹취한 서면으로 피고인의 서명 혹은 날인이 있는 것은 그 공술이 피고인에게 불이익한 사 실의 승인을 내용으로 하는 것인 때 또는 특히 신용할만한 정황 하에서 행하여진 것 인 때에 한하여 이를 증거로 할 수 있다. 단, 피고인에게 불이익한 사실의 승인을 내용으로 하는 서면은 그 승인이 자백이 아닌 경우에 있어서도 제319조의 규정에 준하여 임의로 이루어진 것이 아니라는 의심이 있다고 인정되는 때에는 이를 증거로 할 수 없다. 제2항 피고인의 공판 준비 또는 공판기일에 있어서의 공술을 녹취한 서면은 그 공술이 임의로 이루어진 것이라고 인정되는 때에 한하여 이를 증거로 할 수 있다. 일본 형사소송법 제324조 제1항 피고인 이외의 자의 공판준비 혹은 공판기일에 있어서의 공술로서 피고인의 공술을 그 내용으로 하는 것에 대하여는 제322조의 규정을 준용한다. 즉, 일본에서는 우리나라 형사소송법 제312조와 제316조의 구조와 유사하게 제322조에서 '특히 신용할만한 정황'이 인정되는 경우에 조서의 증거능력을 인정하고 있으며 제324조에서 전문공술의 증거능력은 제322조를 준용하고 있다.[368] 그러나 피의자 신문조서가 작성되지 못한 상태에서 피의자의 자백을 들은 담당수사관의 법정증언의 증거능력이 문제가 된 사안에서 동경고등재판소는 증거능력판단에 있어서"형사소송법 제324조 제1항의 적용을 부인할 법령상.실질적 이유가 없고, 피고인의 진술이 정확히 재현되었는지의 여부는 반대신문과정을 통해 음미가 가능할뿐더러, 피고인의 진술 내용을 조서에 기재한 경우와 비교할 때 공판정에 현출된 피고인의 수사관에 대한 진술내용이 그 신용성이나 증명력에서 부족하지 않다"는 점을 설시함으로써 경찰관 법정증언의 증거능력을 인정하였다.

---

368) 한인섭, "경찰관 법정증언제도에 대한 연구", 치안정책연구소, 2007, p45

제5편
증인·변론·면담

제5편 증인·변론·면담

제1장 증인369)

제1절 증인신문의 중요성

1. 증인신문의 개념과 의의

증인(證人)이란 법원에 대하여 자기가 과거에 체험한 사실을 소송에서 진술하는 제3자를 말한다. 증인은 수사기관에 대하여 진술하는 참고인과 구별되는 개념이고 또한 대체성이 없다는 점에서 감정인과 구별되기도 한다. 이러한 증인이 경험한 사실을 내용으로 하는 진술을 얻는 증거조사, 즉 증인에 대한 증거조사절차를 증인신문이라 한다. 다시 말하면, 증인신문은 '요증사실에 관한 증인의 경험을 내용으로 하는 진술을 얻는 증거조사'라고 할 수 있는 것이다.370) 현행 형사소송에서 행하여지는 증거조사절차에는 여러 종류가 있으나, 형사소송법은 공판중심주의와 그에 기초한 전문법칙을 채택하고 있기 때문에 증인으로부터 직접 체험한 사실에 대한 진술을 듣는 증인신문이 증거조사의 중심이 된다. 그리고 증인에 대한 조사는 증언의 내용과 함께 증인의 표정과 진술태도까지 법관의 면전에 현출되어 법관의 심증형성에 영향을 미친다는 점에서도 매우 중요한 의미를 가진다고 할 수 있다. 형사소송법이 전문법칙을 채택함에 따라 사실을 직접 체험한 증인에 대한 증인신문이 증거조사의 중심이 되지 않을 수 없다.371)

---

369) 제6장 전문은 한국형사정책연구원 원장의 공문 승인을 받아 게재되었음을 밝힙니다. 한국형사정책연구원(김대근 · 공일규), 『검사의 효과적 공판수행 기법연구 연구총서 15-AA-01』, 55~98면.
370) 배종대, 앞의 책, 2012, 480면.
371) 이재상, 형사소송법, 박영사, 2007. 446면.

형사소송법상의 공판중심주의를 보다 철저히 구현하기 위해서는 법정에서 이루어지는 증거조사절차를 중심으로 하여 실체적 진실발견을 추구하여야 하고, 또한 증인으로부터 적정한 증언을 이끌어내는 것이 전제되어야 한다. 공판중심주의의 강화라는 시대적 요청뿐만 아니라 국민참여재판의 구체적인 제도를 고려해 본다면 증인신문이야 말로 형사소송에서 실체적 진실발견을 위한 가장 중요한 과정임을 쉽게 확인할 수 있을 것이다.

2. 민사소송에서의 증인신문과의 차이점

증인신문의 목적은 궁극적으로 법관을 설득하는데 있을 것이다. 그러나 최근 도입된 국민참여재판 하에서 증인신문은 법관과 배심원을 설득하는 것으로 그 외연을 확대할 필요가 있다. 이러한 목적을 전제로 증인신문의 방식이 사건의 쟁점에 관하여 각 신문자가 증인으로부터 유리한 증언을 이끌어내고 불리한 증언에 대하여는 이를 탄핵하는데 있다면, 이러한 점에 있어서는 형사소송에서의 증인신문과 민사소송에서의 증인신문 사이에 특별한 차이점은 없다고도 할 수 있다. 다만 분쟁의 원만한 해결과 손해의 공평한 분배를 목적으로 하는 민사소송과 달리, 형사소송에서는 특히 실체적 진실발견을 목적으로 하고, 민사소송에 비해 엄격한 당사자주의를 전제하지는 않는다는 점에서 증인신문의 방법이 특수성을 가질 뿐만 아니라, 이러한 특수성을 효과적으로 활용할 필요도 있다. 그 구체적인 내용을 개괄하면 다음과 같다.[372]

---

372) 이하의 내용은 山室 專 外, 刑事尋問技術, 2003, 20면 참조.

가. 물적 증거의 부존재와 진술증거의 중요성

형사소송절차에서는 증거재판주의(형사소송법 제307조)를 원칙으로 한다. 이에 형사 재판에서는 증거위주의 심리를 중시할 수밖에 없으며, 심지어 범죄를 저지른 개연성이 충분하다고 판단되더라도 이를 뒷받침하는 증거가 없다면 무죄를 선고할 가능성이 매우 크다. 즉, 형사소송에서는 충분한 물적 증거라는 요건을 만족하지 않을 경우 진술증거만으로는 증거불충분이 되어 결과적으로 무혐의 판결이 내려질 수 있는 것이다. 예컨대 우리 대법원도 미성년자의 강제추행 사건에서 피해자의 진술이 있었음에도 불구하고 물적 증거가 충분하지 않아 무혐의(증거불충분) 판결을 내린 바 있다.[373]

그렇기 때문에 형사재판에서 혐의 없음 처분을 받더라도 민사재판에서는 다른 결과가 나오는 경우가 충분히 가능하고 심지어 사실인정 조차 달리 판단할 수 있는 것이다. 요컨대, "관련 형사판결에서 인정한 사실은 민사재판에 있어서도 유력한 증거가 되기는 하나 민사재판에 있어서 형사재판의 사실인정에 구속을 받는 것은 아니므로, 민사재판에서 제출된 다른 증거들에 비추어 형사재판의 사실인정을 채용

---

[373] 대법원 2006. 5. 25. 선고 2004도3619 판결에서는 "형사소송법 제314조에 의하면, 같은 법 제312조 소정의 조서나 같은 법 제313조 소정의 서류 등을 증거로 하기 위해서는, 첫째로 진술을 요할 자가 사망, 질병, 외국거주 기타 사유로 인하여 공판준비 또는 공판기일에 진술할 수 없는 경우이어야 하고('필요성의 요건'), 둘째로 그 진술 또는 서류의 작성이 특히 신빙할 수 있는 상태하에서 행하여진 것이어야 한다('신용성 정황적 보장의 요건'). 위 필요성의 요건 중 '질병'은 진술을 요할 자가 공판이 계속되는 동안 임상신문이나 출장신문도 불가능할 정도의 중병임을 요한다고 할 것이고, '기타 사유'는 사망 또는 질병에 준하여 증인으로 소환될 당시부터 기억력이나 분별력의 상실 상태에 있다거나, 법정에 출석하여 증언거부권을 행사한다거나, 증인소환장을 송달받고 출석하지 아니하여 구인을 명하였으나 끝내 구인의 집행이 되지 아니하는 등으로 진술을 요할 자가 공판준비 또는 공판기일에 진술할 수 없는 예외적인 사유가 있어야 한다. 한편, 위 신용성 정황적 보장의 요건인 '특히 신빙할 수 있는 상태하에서 행하여진 때'라고 함은 그 진술내용이나 조서 또는 서류의 작성에 허위개입의 여지가 거의 없고, 그 진술내용의 신빙성이나 임의성을 담보할 구체적이고 외부적인 정황이 있는 경우를 가리킨다."고 판시하면서, 만 5세 무렵에 당한 성추행으로 인하여 외상 후 스트레스 증후군을 앓고 있다는 등의 이유로 공판정에 출석하지 아니한 약 10세 남짓의 성추행 피해자에 대한 진술조서가 형사소송법 제314조에 정한 필요성의 요건과 신용성 정황적 보장의 요건을 모두 갖추지 못하여 증거능력이 없다고 본 원심의 판단을 수긍하였다.

하기 어렵다고 인정되는 합리적인 이유가 있다면 형사재판의 사실인정
과는 다른 사실을 인정하였다고 하여 이를 위법하다고 할 수 없다."는
것이다.[374] 그럼에도 문서 등의 물적 증거가 입증자료로 사용되는
민사소송에서와는 달리, 형사소송에서는 범죄의 흔적이 문서 등의
물적 증거로 남아 있는 경우는 적다. 또한 범죄구성요건 중의 객관
적 요소뿐만 아니라 주관적 요소까지 엄격한 증명의 대상이 된다는
점 때문에 대개의 사건에서 관련자의 진술이 다른 증거로는 대체하
기 어려운 중요한 의미를 가진다.

나. 진술의 신용성을 검증하기 위한 증인신문 등

실체적 진실 발견이라는 측면에서 형사사건에서는 관련자의 진술이
결정적으로 중요한 의미를 가지는 경우가 많다. 그래서 그 진술내
용의 신용성을 다각도로 신중하게 검증할 필요가 있다. 뿐만 아니
라, 형사소송에서는 공소사실이 합리적 의심이 없을 정도로 입증되
어야 유죄로 인정될 수 있기 때문에 고도의 증명력을 갖춘 증거에
의한 사실인정이 필요하다는 점에서도 관련자 진술의 신용성을 검
증하는 것은 중요하다.

다. 진술조서를 둘러싼 증인신문

법정에서의 증언만이 사실인정의 기초가 되는 것이라고는 할 수 없
지만, 민사소송에 비해 인적 증거의 중요성은 형사소송에 있어서
보다 현저하게 나타나는 경우가 많다고 할 수 있다. 유·무가 다투
어지는 많은 사건에서 증인신문과정에서 그 증인에 대하여 수사단
계에서 작성되었던 진술조서의 증거능력(진정성립과 임의성 등)과
신용성에 대한 신문이 이루어지고, 그 신문결과가 사실인정에 중요
한 요인이 될 수 있다는 점은 민사소송의 증인신문과는 차별화되는

---

374) 대법원 2002. 2. 26. 선고 99다67079 판결.

특색이라고 할 수 있을 것이다.

라. 증거능력의 제한

형사소송에서는 민사소송과 달리, 전문법칙에 따른 증거능력의 제한이 있다. 전문법칙은 법정에서의 증언내용에도 적용되기 때문에, 증인에게 전문진술을 구하는 것은 전문법칙 예외의 요건을 만족시키지 않는 한, 증거능력을 가질 수 없다는 점에서 민사소송에서의 증인신문에서는 볼 수 없는 특유의 문제가 생겨난다. 증인신문을 하는 당사자에게는 증거능력의 제한에 관한 법규정에 대한 지식을 갖춤과 아울러, 증인신문에 관한 법규정에 위배되지 않도록 적법한 신문을 하면서도 증인으로부터 유리한 증언을 이끌어내는 능력이 기본적으로 요구된다. 더 나아가 상대방의 부적법한 신문에 대하여는 즉석에서 이의를 제기함으로써 대항할 순발력도 요구된다 할 것이다.

마. 법령에 의한 규제

민사소송이나 형사소송에 있어서 원칙적으로 누구든지 증인이 될 수 있다. 다만 증인적격과 관련하여 소소한 차이가 있을 뿐이다. 이에 형사소송법 제146조는 "법원은 법률에 다른 규정이 없으면 누구든지 증인으로 신문할 수 있다."고 규정하고 있다. 다만 제147조 제1항에서는 "공무원 또는 공무원이었던 자가 그 직무에 관하여 알게 된 사실에 관하여 본인 또는 당해 공무소가 직무상 비밀에 속한 사항임을 신고한 때에는 그 소속공무소 또는 감독관공서의 승낙 없이는 증인으로 신문하지 못한다"를 예외적으로 규정하고 있을 뿐이다. 한편 민사소송법 제303조에서는 "법원은 특별한 규정이 없으면 누구든지 증인으로 신문할 수 있다"고 규정하고 있다. 다만 형사소송법의 규정과 유사하게 여기에는 일정한 신분에 따른 제약이 있다. 즉 민사소송법은 제305조는 "대통령·국회의장·대법원장 및 헌법재판소장 또는 그 직책에 있었던 사람을 증인으로 하여 직무상 비밀에 관한 사항을 신문할 경우에 법원은 그의 동의를 받아야 한다"(제304조)고 하거나 "국회의원 또는 그 직책에 있었던 사람을 증인으로 하여 직무상 비밀에 관한 사항을 신문할 경우에 법원은 국회의 동의를 받아야 한다(제305조)"고 하여 대통령, 국회의원, 국무총리, 대법원장 등에 대한 제약을 구체적으로 규정하고 있다. 그러나 형사소송과 민사소송에서 증인신문에 대한 법령의 의미 있는 차이는 증인신문의 순서와 방법에서 드러난다. 즉 형사소송법은 증인신문의 순서와 방법에 관한 원칙을 정하는 한편(법 제161조의2, 제162조), 형사소송규칙에서는 종래 민사소송의 경우에 비하여 증인신문의 순서와 방법 등에 관하여 훨씬 자세한 규정(규칙 제74조 내지 제84조)을 두고 있었다. 이는 형사소송에서는 전문법칙 등과 같이 서증 또는 증언의 증거능력에 관하여 보다 엄격한 제한이 있다는 데에서 연유한 것으로 보인다.

제2절 증인신문의 목표

1. 법관의 사건 이해와 유죄 심증 형성

증인신문은 형사재판에서 이루어지는 증거조사 절차의 핵심으로, 결국 증인신문의 목표는 법관으로 하여금 유죄심증을 갖게 하는 것이다. 다만 증인신문의 경우, 증거서류나 증거물 등 물체화된 증거에 대한 조사나 범행현장 등에 대한 검증과 같이 어떤 문서의 내용을 파악하거나 대상물의 현상 내지 현장의 상황을 관찰하는 것이 아니라 고정화되지 않고 수시로 변할 수 있는 사람의 진술 내용을 듣는다는 점에서 다른 증거조사 절차와 확연히 구분된다. 증거물이나 증거서류, 그리고 검증의 경우 범죄사실을 입증할 증거가 될 수는 있으나, 그 자체로 사건의 내용이 직접적으로 설명되지는 않는다. 가령 살인 범행에 사용된 칼은 범행도구로서 그 범행사실을 입증할 증거가 될 수는 있으나, 그 칼의 존재만으로는 피고인이 언제, 어디에서, 어떤 이유로, 누구를, 어떻게 죽였는지에 대해서 설명이 되지 않는 것이다. 그러나 사람의 진술인 증인의 증언을 통해서는, 사건 내용의 전부 또는 일부를 파악하는 것이 가능하다. 이처럼 형사재판에서 증인신문의 기능은 법관에게 사건의 내용을 설명하는 것이다. 최근 공판중심주의의 강화와 증거기록 분리 제출 제도의 정착으로 법관이 사건의 구체적인 내용을 전혀 파악하지 못한 채 재판을 진행하게 되는 경우가 많아지고 있다. 물론, 변호인이 증거동의한 조서나 증거서류는 1회 공판기일 직후 법원에 제출되어 2회 공판기일부터는 일정 부분의 증거기록을 재판 전에 법관이 읽어볼 수도 있다. 그럼에도 불구하고 검찰이 수집한 핵심적 진술증거가 변호인의 증거부동의에 따라 모두 빠져 있어 그것만으로는 사건의 전체적인 맥락을 이해하기가 어려운 경우가 많을 뿐만 아니라, 최근에는 법관이 변론종결 전까지는 검찰이 제조한 기록을 전혀 보지 않고 오로지 법정에서 이루어지는 공방이나 증인신문을 통해 사건을 이해한 후 변론종결 후에서야 검찰 증거기록 전체를 한꺼번에 검토하는 경우도 많다. 이에 법관이 핵심 증인에 대한 증인신문 전에 사건의 전체적인 맥락을 이해하기가 어려운 것이 현실이다. 따라서 공판중심주의 하에서 검사의 증인신문의 1차적 목표는 법관으로 하여금 사건을 정확히 이해하도록 하는 것에 있다고도 할 수 있다.375) 법관으로 하여금 유죄의 확신을 가지게 하기 위해서도, 반드시 법관이 사건의 내용과 맥락을 정확히 이해하도록 하는 것이 전제가 되어야 한다. 그러고 나면 검찰 측 증인의 증언에 대한 신용성 보강, 피고인 측 증인의 증언의 탄핵을 통해 검찰 측 증인의 증언과 기타 증거들이 증명력을 보강하여 법관으로 하여금 유죄의 심증을 가지도록 해야 하는 것이다. 결국, 검사의 증인신문의 목표는 법관으로 하여금 사건의 내용을 정확히 이해하도록 하고, 검찰 측 증인의 증언의 신용성을 보강함으로써 해당 증언과 기타 증거의 증명력을 뒷받침하고, 피고인 측 증인의 증언을 탄핵하여, 법관으로 하여금 유죄의 심증을 가지게 하는 것에 있다고 할 수 있다.

---

375) 물론, 이는 검사의 피고인 측 증인에 대한 반대신문이 아닌 검사의 검찰 측 증인에 대한 주신문의 경우에 국한된 문제일 것이다.

2. 검사실에서의 참고인 조사와 법정에서의 증인 신문의 차이

법정에서 증인으로서 증언을 하는 사람은 기소 전 단계의 검사실 조사 과정에서는 참고인의 지위에 있게 될 것이다. 그런데 검사실에서의 참고인 조사는 법정에서의 증인신문과 그 1차적 목표를 달리 한다. 참고인 조사의 1차적 목표는 검사 스스로가 사건을 파악하고 실체적 사실관계를 판단할 기초자료를 수집하는 것에 있다. 이 점에서 대화의 당사자가 아닌 제3자, 즉 법관에게 사건의 내용을 이해시키는 것을 1차적 목표로 하는 법정에서의 증인신문과 다르다. 결국 참고인 조사는 당사자 사이의 대화로 서로 그치는 반면, 증인신문은 제3의 청자를 전제로 그 청자를 이해시키고 설득하기 위한 것이라는 점에 그 차이가 있다. 그런데 검사가 수사과정에서 유죄의 심증을 형성한 이후에는 참고인 조사 또한 단순한 사실관계 확인이 아닌 증거 수집의 일환으로서 기능한다. 그러나 이 경우에도 당사자 간의 대화는 일정한 틀에 갇히지 않은 채 자유로이 이루어질 수 있고 그 이후에는 정제된 언어로 정리된 조서의 형태로 법관에게 현출되나 증인신문은 그 대화 내용이 여과 없이 그대로 법관에게 현출되므로, 당사자간의 대화를 제3자인 법관이 이해할 수 있도록 정제된 언어를 사용하여 일정한 틀 안에서 할 수 있어야 한다.

제3절 효과적 신문방식의 모델

1. 개요

형사재판에 있어서의 증인신문은 증거조사에 있어 핵심적인 절차로서 법관으로 하여금 사건을 이해하고 유죄심증을 가지도록 하는 것을 그 목표로 한다. 검사와 증인 양자 사이의 문답이라는 형식을 가지지만, 그것은 제3의 청자를 전제로 하는 것이고, 문답의 당사자가 아닌 위 제3의 청자를 이해시키고 납득시키기 위한 것이다. 결국 문답의 당사자는 그 모든 내용을 이미 이해하고 숙지한 상태에서 제3의 청자에게 그 내용을 들려주어 이해시키고 납득시키기 위해 이미 서로 잘 이해하고 있는 사항에 대해 문답을 주고받는 것으로, 이러한 점에서는 연극과 그 구조가 유사하다고 할 것이다. 다만, 완결된 구조의 극본이 존재하지 않는다는 점이나 항상 양 당사자가 그 입장을 달리하여 서로의 허점을 찾아 공격해야 하는 경우도 있다는 점에서 연극과 결정적인 차이가 있다. 그런데 증인신문은 재판 중 이루어지는 증거조사 절차의 일환으로 그 공정성의 확보가 매우 중요하고 이에 형사소송법과 형사소송규칙에서는 그 절차 및 방법에 관해 비교적 자세히 규정하고 있어 그 규정에 따른 일정한 틀 안에서 이루어져야 한다. 결국, 일정한 틀 안에서 대화를 진행하면서 이를 통해 제3의 청자를 이해시키고 설득하여야 하는 것이 증인신문이다. 그렇다면 이는 일반적인 대화의 형태로 진행해서는 안 될 것이고, 치밀하게 사전 전략을 수립하고, 효과적인 신문 요령에 따라 진행하여야 할 것이다. 또한, 사전 전략의 수립이나 신문 요령은 증인이 검찰 측 증인이냐 피고인 측 증인이냐에 따라 달라질 것이다. 아래에서는 증인의 성격을 검찰 측 증인과 피고인 측 증인으로 구분하고 각 유형에 따른 효과적인 증인신문 모델에 관해 논하되, 그 전에 재판의 공정성 확보와 검사의 효율적인 공판 수행이라는 서로 다른 관점에서 문제의 소지가 있는 검사의 증인 사전 면담 문제에 관해 간략히 살펴보고, 증인신문 과정에서 반드시 준수하여야 할 형사소송법 및 형사소송규칙상 증인신문 방식에 관한 규정의 내용을 정리하도록 할 것이다.

2. 검사의 증인 사전 면담의 문제

가. 검사의 증인 사전 면담의 필요성 및 한계

검사의 사전 면담은 검사가 증인이 법정에서 증언을 하기 전에, 미리 그 증인을 만나 증언의 방법 또는 재판절차, 증인의 의무 등에 대해서 설명하고, 증언할 내용을 확인하는 제도를 의미한다. 이 같은 검사의 증인 사전 면담은 증인의 기억을 환기시켜 줌으로써, 재판에서의 증인의 증언이 보다 구조화된 방식으로 행해질 수 있게 도울 뿐만 아니라, 공판 관여 검사는 사건의 진상 파악을 도모하고, 증인이 진술을 번복하는 것을 방지하거나, 허위 증언을 하여서는 아니 됨을 주지시킬 수 있게 된다. 한편 검사의 증인 사전 면담의 허용 여부 등에 대해서는 형사소송법이나 형사소송규칙에서는 따로 규정하고 있지 않으나, 검찰사건사무규칙 제115조의4에서 '증인신문의 준비'라는 제목 하에 "검사는 증인신문을 신청한 경우 검사가 신청한 증인 및 그 밖의 관계자를 상대로 사실을 확인하는 등 적절한 신문이 이루어질 수 있도록 필요한 준비를 할 수 있다"고 규정하고 있고, 이는 검사의 증인 사전 면담에 대한 일응의 근거 규정이 될 수 있다. 다만 그것이 재판 절차를 관장하는 대법원이 아닌 법무부에서 만든 규칙으로 일반적인 효력을 가진다고는 보기 어려워 여전히 검사의 증인 사전 면담의 허용 여부에 대해서는 논란의 여지가 있고, 위 검찰사건사무규칙의 규정 또한 그 구체적인 허용범위에 대해서는 전혀 규정하고 있지 않아 검사의 증인 사전 면담의 한계에 대해서는 여전히 확립된 기준이 주어진 바 없다.

나. 증인 사전 면담의 유형

검사의 증인 사전 면담은 증인이 법정절차를 잘 알지 못함으로써 두려워하는 것을 없애줌으로써, 법정에서 더욱 자연스럽게 증언하도록 하는 '증인친화'와 증인에게 법정에서 질문될 수 있는 것들을 알려주고, 기억을 되살리기 위하여 관련 문서 등을 보여주는 등 증언과 관련한 일체의 사항을 확인하는 '증인 검사'로 나눌 수 있다.[376] 특히 검사의 입장에서 증인 사전면담의 유형은 "① 증인에게 검사를 소개하고, 재판절차를 설명하며, 증인의 역할을 알려주고, 증인신문 절차와 증인의 신변보호에 대한 절차를 안내하는 것, 즉 '증인친화(Witness Farmiliarisation)'와 ② 공소내용과 관련된 사실을 검토하고, 과거의 진술을 보여주어 기억을 재생시키며, 증언이 허용되지 않는 사항은 무엇인지, 더욱 정확하고 효과적으로 증언하는 방법이 무엇인지와 상대방의 예상되는 질문을 알려줘 갑자기 당황하지 않도록 하는 것 등을 포함한 '증인검사(Witness Proofing)'"로 범주화할 수 있다는 것이다.[377]

---

376) 김성돈·황태정, 공판중심주의의 바람직한 운용방향, 대검찰청, 2011, 124-125면.
377) 법률신문, "국민참여재판과 검사의 증언 전 면담 - 안상수 대검찰청 검찰연구관(법학박사)
    -"연구논단, 2008. 5. 26. https://www.lawtimes.co.kr/Legal-Info/Research-For
    um- View.aspx?serial=1834 (최종접속: 2015.11.1)

다. 증인 사전 면담의 허용 여부

1) 찬반의 논거

사전 면담의 유형 중 '증인친화'의 허용에 대해서는 특별한 논란이 없고, 실무상으로도 당연히 허용되는 것으로 받아들여지고 있으나, '증인검사'의 허용에 대해서는 찬반의 논란이 있다. 반대논거는 ① 증인이 어떤 부분을 증언해야 하고, 어떤 부분을 증언하지 말아야 하는지를 알게 돼 법정 증언을 함에 있어 강조하는 부분이 달라지고, ② 증인검사 과정에서 제공되는 정보와 증인이 진술하는 내용이 혼동돼 진실발견에 장애가 되고, ③ 증인이 자신이 사건의 일부밖에 알지 못한다는 것을 알게 돼, 차이가 나는 부분을 추론하여 증언하는 경향이 생기며, ④ 증인검사 과정을 통해 법정 증언에 대한 자신감을 가지게 돼 불필요하게 증인의 신빙성을 높이고, ⑤ 법정에서의 증언의 즉흥성을 감쇄시키고, 증인이 포장됐다는 느낌을 주게 된다고 한다.[378] 반면 이에 대한 찬성 논거는 다음과 같이 설명한다. "검사는 합리적 의심을 넘을 정도의 높은 입증을 해야 하며, 따라서 법정에서 증인의 진술을 매우 상세하게 전달하지 않으면 유죄판결을 받기 어렵다. 그런데 참고인이 수사기관에서 수회 진술했다 하더라도 공판검사가 볼 때에는 빠진 부분이 있거나, 또 증인이 해명해야만 납득하는 부분이 있다. 예를 들어 강간피해자는 강간을 당한 것이 자신의 책임이라는 비난을 피하기 위해, 혹은 당혹함이나 수치심 때문에 사실을 일부 숨기기도 한다. 특히 참고인의 진술에 시간적 간격이 큰 경우나 강간피해자 등과 같이 정신적 충격이 커 인지회피(cognitive avoidance) 현상이 있는 때에는 정확하고, 일관되며, 상세하고, 조리 있는 진술을 하기 어렵다. 증인 검사를 통해 ① 증인이 법정에서 증언하기 전에 증인이 종전에 한 진술과 상치되게 기억하고 있는 부분을 미리 알 수 있게 해주고, ② 증인이 기억

---

378) 안성수, 앞의 글.

하고 있는 것의 차이점이나 잘못 기억하고 있는 점을 알 수 있게 해주며, ③ 일상생활에서의 대화와 달리 정해진 방식에 따라 진행되는 신문절차 과정에서 정확하고 상세하게 체계적으로 증언을 할 수 있게 해주며, ④ 증인이 법정에서 배심원이 납득하기 어려운 행동을 한 것(예를 들면 강간을 당하면서 피해자가 왜 반항을 하지 않았는지) 등에 대해 설명을 할 수 있도록 해주어 배심원이 증인의 행동을 오해하는 것을 막아 정확하게 사실을 파악하도록 해주는 것이다."379)

2) 외국의 사례

일본은 형사소송규칙 제191조의3에서 '증인신문의 준비'라는 제목하에 "증인신문을 청구한 검찰관 또는 변호인은 증인 그 밖의 관계자에게 사실을 확인하는 등의 방법에 의하여 적절한 신문을 할 수 있도록 준비해야 한다."고 규정하여 검사의 증인 사전 면담을 허용하고 있다380). 또한 캐나다와 호주에서도 명문의 규정을 두어 검사의 증인 사전 면담을 허용하고 있다. 한편 미국에서는 이에 관한 명문의 근거 규정을 두고 있지는 않으나, 실무상 검사가 재판전에 증인을 면담하는 것이 허용되고 있고, 단순히 증인의 참고인으로서의 진술을 상기시키거나 절차를 안내하는 것에서 더 나아가 증인으로부터 사건에 관한 상세정보나 그 진술의 근거를 청취하고, 그 신빙성에 관해 다른 자료들을 토대로 테스트하는 등 폭 넓게 활용되고 있다.381)

---

379) 안성수, 앞의 글.
380) 위에서 언급한 우리 검찰사건사무규칙 제115조의4는 위 일본 형사소송규칙상의 규정을 그대로 도입한 것이다.
381) 이에 대해서는 John Bugliosi 저(법무부 번역), 검사의 공판기법(The Art of Prosecution), 37-54 면 참조.

3) 검사의 증인 사전 면담 필요성

법정에 증인으로 서는 사람들은 평생 처음으로 법정이라는 공간을 경험하는 경우가 대부분이어서 '법정'이라는 딱딱한 공간에서, '위증을 하면 처벌을 받겠다'는 내용의 선서를 하고, 검사나 변호인, 법관으로부터 질문을 받는 것 자체로 긴장이 되고 당황하여 문답을 순조롭게 진행하지 못하게 되는 경우가 많다. 또한, 통상적으로 어떤 피해를 당하거나 어떤 범죄행위를 목격 내지 경험한 사람이 그 시점으로부터 법정에서 증언을 하기까지는 상당 시일이 소요되고, 그 사이에 수사기관의 수사를 받는 등으로 이에 관한 기억을 되살린다는 점을 감안하더라도 시간의 경과에 따른 기억의 감퇴는 어쩔 수 없는 당연한 현상이다. 수사를 담당하는 검사와 공판을 담당하는 검사를 달리 두고 있는 현재 검찰의 업무 관행상, 수사를 담당하는 검사는 검사실이라는 공간에서 충분한 시간을 두고 조사를 하며 사건의 세세한 부분까지도 파악을 할 수 있는 반면, 공판검사는 절제되고 정리된 기록을 통해서만 사건의 내용을 파악할 수 있고 조서에 나타나지 않는 사항에 대해서는 파악을 할 수가 없어 사건에 대한 충분한 이해가 부족한 경우가 많다. 효과적인 공판 수행을 위해 검사의 증인 사전 면담이 필요한 이유를 상술하면 다음과 같은 두 가지로 요약할 수 있을 것이다. 첫째로, 검사가 신청한 증인이 법정에서 긴장하거나 당황하여 질문에 적절한 답변을 하지 못하거나 기억을 정확히 하지 못함으로써 증인신문 절차가 불필요하게 길어지는 것을 방지하기 위해서, 즉 공판절차의 효율적인 진행을 위해서 검사의 사전 증인 신문이 필요하다. 둘째로, 현재 형사재판 실무상 무죄 이유의 상당 부분을 차지하는 것이 바로 검찰 측 증인 증언의 신빙성 부족이고, 그 중에는 증인이 실제로 거짓말을 하는 것이 아니라 법정에서 당황한 나머지 자신의 기억이나 경험을 제대로 진술하지 못하거나 기억의 부정확성으로 인해 검찰에서 한 것과 다른 내용으로 진술을 하여 실체와는 다른 결론이 내려지는 경우도 상당 수 있다.382) 따라서 검사가 사전 면담을 통해 증인에게 증인신문의 진행 절차나 예상되는 상황을 안내하고 검찰에서의 진술 내용을 상기시킴으로써 기억에 반하는 진술을 하지 않도록 도와주는 것은 실체적 진실발견이라는 형사소송의 이념에도 부합하는 것이다. 물론 검사의 사전 면담에 문제가 있을 수 있다. 검사가 사전 면담을 통해 증인에게 진술할 내용을 미리 얘기해주거나 회유나 강압을 통해 검찰 측에 유리한 진술을 하도록 유도함으로써 실체적 진실을 왜곡할 우려 내지 그러한 오해로 인해 형사재판의 공정성에 대한 신뢰가 저해될 우려가 존재하는 것 또한 부인할 수는 없는 것이다. 그러나 검사가 효율적인 공판 진행이나 실체적 진실발견의 이념 실현이라는 목표 하에 일정한 한계 내에서 면담을 진행한다면 위와 같은 우려가 현실화될 가능성은 없다고 할 것이고, 그런 측면에서 형사소송법이나 형사소송규칙에 검사의 증인 사전 면담에 관한 명시적 근거규정을 두어 그 한계 범위에 관해서까지 구체적으로 규율할 필요도 있다고 할 것이다. 요컨대 증인신문은 제3의 청자를 전제로 한 대화이면서도 완결된 구조의 각본이 존재하지 않아 그 진술 내용이나 흐름에 대한 불확실성이 매우 크고, 그 불확실성은 때로 공판절차의 효율적 진행이나 실체적 진실발견의 방해 요소가 될 수 있다. 따라서 공판 절차의 효율적인 진행을 위해서나 검찰 측 증인 진술에 대한 잘못된 평가로 실체적 진실에 반하는 판결 결과가 초래되는 것을 방지하기 위해서 검사의 증인 사전 면담은 필요하

382) 법무연수원에서 발간한 '2012 공판실무 II' 교재 81면에서도 이 점에 대해 다음과 같이 지적하고 있다.
"하지만, 증인에게는 경험내용을 생생히 재생해 내기 어려운 여러 가지 장애 사유가 있다.
 - 짧게는 3~4개월 많게는 몇 년 전의 시간이 흘렀다.
 - 일생일대 좋지 않은 경험이라, 그간 잊어버리기 위해 애써 왔다.
 - 짧은 범행시간 동안에 벌어진 일들은 증인의 기억 속에 혼란스럽게 존재한다.
 - 게다가 법정의 엄숙한 분위기에 긴장과 당황을 느끼고 있다.
 - 주변 모두가 짧은 시간 안에 기억을 복원해 내라며 재촉한다."

고, 허용되어야 한다.

라. 검사의 증인 사전 면담의 한계 및 요령

1) 증인 사전 면담의 한계

형사재판의 공정성에 관한 불필요한 오해를 불러일으키지 않기 위해 검사의 증인 사전 면담은 철저하게 증인 신문의 진행 절차를 안내하고, 검찰에서 진술한 내용을 상기시키며, 기 진술한 내용 외에 추가로 확인이 필요한 사항에 대해 질문과 답변을 통해 확인하는 범위 안에서 진행되어야 한다.

① 검찰에서 이미 진술한 바 있는 증인에 대해서는, 해당 진술조서를 제시하여 읽게 함으로써 검찰에서의 진술 내용을 상기하게 하는 것에 그쳐야 하고 어떤 질문에는 어떻게 답변하라는 식으로 일정한 내용의 답변을 유도해서는 안 될 것이다.

② 검찰에서 이미 진술한 바 있는 증인에 대해서 추가적인 내용을 확인할 필요가 있거나 검찰에서 진술한 바 없는 새로운 증인을 면담하는 경우, 사전 조사 차원에서 문답 방식으로 그 내용을 확인하는 것에 그쳐야 하고 역시 그 답변할 내용을 안내하거나 지시하여서는 안 될 것이다.

③ 나아가 기존 조사시에 작성된 조서나 사전 면담시 문답을 통해 확인된 진술이 기존 다른 관련자들의 진술과 다르거나 객관적 자료에 나타난 것과 다를 경우 그에 대한 해명을 미리 들어보는 것도 가능할 것이나, 위와 같은 다른 관련자들의 진술이나 객관적 자료의 내용에 부합하는 진술을 하도록 안내하는 것은 허용되지 않는다고 할 것이다.

2) 증인 사전 면담의 요령

증인 사전 면담은 위와 같은 공판진행의 효율성 확보와 증인의 충실한 증언 도모를 통한 실체적 진실발견이라는 목표를 염두에 두고 진행하되, 상대방의 오해나 악의에 의한 이의제기를 통해 형사재판의 공정성에 대한 불필요한 시비의 소지를 제공할 가능성을 염두에 두고, 일정한 요령에 따라 진행하여야 할 것이다.

① 증인이 진술한 내용이 기재된 진술조서를 열람시켜 그 내용을 상기할 수 있도록 하고, 추가로 증인신문이 필요한 사항 등 새로 확인이 필요한 사항에 대해서는 검사가 해당 증인에게 묻고 그 답변을 확인하여 증인신문사항에 반영하는 방식으로 진행한다.

② 해당 증인의 기존 진술과 다른 관련자의 진술 또는 증거서류 등 객관적 증거자료의 내용이 다를 경우 이에 대한 해명 또한 미리 확인해 둘 필요가 있고, 예상되는 변호인의 반대신문 사항에 대해 안내하고 일부 필요한 부분에 대해서는 그에 대한 증인의 입장을 미리 확인해 둘 필요도 있다.

③ 개방된 공간에서 면담을 진행하여야 한다. 간혹 집무실 등 폐쇄된 공간에서 면담을 진행하는 경우가 있으나, 이는 추후 면담 내용에 대한 이의제기시 불필요한 오해를 살 수 있는 소지가 있다. 개방된 공간에서 면담을 진행하면 추후 오해나 악의에 따른 이의제기가 있더라도 그 자체로 오해가 확산되는 것을 방지할 수 있고, 제3자를 통한 면담의 적절성 확인 가능성도 확보해 둘 수 있다.

④ 성폭력 피해자 등 개방된 공간에서의 면담이 부적절한 경우, 면담 과정을 녹음·녹화하거나 그 밖에 일정한 방법으로 기록해 둘 필요가 있다.

3. 형사소송법 및 형사소송규칙상 증인신문 방법에 관한 규정

가. 개요

형사소송법 제1편 총칙 제12장 증인신문(제146조 내지 제168조) 및 형사소송규칙 제1편 총칙 제12장 증인신문(제66조 내지 제84조의10)에서 각각 증인 신청부터 신문 단계까지의 절차와 증인신문 방식에 대해서 자세히 규정하고 있다. 이중 본 연구의 주제와 관련이 있는 증인신문의 방식에 관한 규정은 형사소송법 제161조의2(증인신문의 방식), 제162조(개별신문과 대질), 형사소송규칙 제74조(증인신문의 방법), 제75조(주신문), 제76조(반대신문), 제77조(증언의 증명력을 다투기 위하여 필요한 사항의 신문), 제78조(재주신문), 제79조(재판장의 허가에 의한 재신문), 제80조(재판장에 의한 신문순서 변경의 경우), 제81조(직권에 의한 증인의 신문), 제82조(서류 또는 물건에 관한 신문), 제83조(기억의 환기가 필요한 경우), 제84조(증언을 명확히 할 필요가 있는 경우)가 있다.

아래에서는 증인신문 방식에 관한 위 규정들의 내용을 간략히 정리해 보도록 하겠다.

나. 증인신문의 순서

증인신문은 신청한 검사, 변호인 또는 피고인이 먼저 이를 신문하고 다음에 다른 검사, 변호인 또는 피고인이 신문한다(형사소송법 제161조의2 제1항). 즉 신청한 검사, 변호인 또는 피고인이 하는 신문을 '주신문'이라고 하고(형사소송규칙 제75조 제1항), 다른 검사, 변호인 또는 피고인이 하는 신문을 '반대신문'이라고 한다(형사소송규칙 제76조 제1항).

주신문을 한 검사, 피고인 또는 변호인은 반대신문이 끝난 후 반대신문에 나타난 사항과 이와 관련된 사항에 관하여 재주신문을 할 수 있다(형사소송규칙 제78조 제1항). 재주신문은 주신문의 예에 의한다(형사소송규칙 제78조 제2항). 검사, 피고인 또는 변호인은 주신문, 반대신문 및 재주신문이 끝난 후에도 재판장의 허가를 얻어 다시 신문을 할 수 있다(형사소송규칙 제79조). 재판장은 검사, 변호인 또는 피고인의 주신문과 반대신문이 끝난 뒤에 신문할 수 있다(형사소송법 제161조의2 제2항). 그러나, 재판장은 필요하다고 인정하면 위와 같은 규정들에 불구하고 어느 때나 신문할 수 있으며 주신문과 반대신문의 순서를 변경할 수 있다(형사소송법 제161조의2 제3항). 법원이 직권으로 신문할 증인이나 범죄로 인한 피해자의 신청에 의하여 신문할 증인의 신문방식은 재판장이 정하는 바에 의한다(형사소송법 제161조의2 제4항). 재판장이 신문한 후 검사, 피고인 또는 변호인이 신문하는 때에는 반대신문의 예에 의한다(형사소송규칙 제81조).

다. 개별신문과 대질신문

증인신문은 각 증인에 대하여 개별적으로 신문한다(형사소송법 제162조 제1항). 한 기일에 수인의 증인을 한꺼번에 소환하여 신문하는 경우 신문하지 아니한 증인이 재정한 때에는 퇴정을 명하여야 한다(형사소송법 제162조 제2항). 필요한 때에는 증인과 다른 증인 또는 피고인과 대질하게 할 수 있다(형사소송법 제162조 제3항).

라. 신문할 사항

주신문은 증명할 사항과 이에 관련된 사항에 관하여 한다(형사소송법 제75조 제1항). 반대신문은 주신문에 나타난 사항과 이에 관련된 사항에 관하여 하고(형사소송법 제76조 제1항), 반대신문의 기회에 주신문에 나타나지 아니한 새로운 사항에 관하여 신문하고자 할 때에는 재판장의 허가를 받아야 한다(형사소송규칙 제76조 제4항). 위와 같은 새로운 사항에 관한 신문은 그 사항에 관하여는 주신문으로 본다(형사소송규칙 제76조 제5항). 주신문 또는 반대신문의 경우에는 증언의 증명력을 다투기 위하여 필요한 사항에 관한 신문을 할 수 있다(형사소송규칙 제77조 제1항). 증언의 증명력을 다투기 위한 신문은 증인의 경험, 기억 또는 표현의 정확성 등 증언의 신빙성에 관한 사항 및 증인의 이해관계, 편견 또는 예단 등 증인의 신용성에 관한 사항에 관하여 한다(형사소송규칙 제77조 제2항 본문). 다만, 증인의 명예를 해치는 내용의 신문을 하여서는 아니된다(형사소송규칙 제77조 제2항 단서).

마. 유도신문의 금지와 허용

주신문에 있어서는 유도신문이 원칙적으로 금지된다(형사소송규칙 제75조 제2항 본문). 다만 예외적으로, ① 증인과 피고인의 관계, 증인의 경력, 교우관계 등 실질적인 신문에 앞서 미리 밝혀둘 필요가 있는 준비적인 사항에 관한 신문의 경우, ② 검사, 피고인 및 변호인 사이에 다툼이 없는 명백한 사항에 관한 신문의 경우, ③ 증인이 주신문을 하는 자에 대하여 적의 또는 반감을 보일 경우, ④ 증인이 종전의 진술과 상반되는 진술을 하는 때에 그 종전진술에 관한 신문의 경우, ⑤ 기타 유도신문을 필요로 하는 특별한 사정이 있는 경우에는 주신문에 있어서도 유도신문이 허용된다(형사소송규칙 제75조 제2항 단서).

반대신문에 있어서는 유도신문이 허용된다(형사소송규칙 제76조 제2항). 다만 재판장은 유도신문의 방법이 상당하지 아니하다고 인정할 때에는 이를 제한할 수 있다(형사소송규칙 제76조 제3항).

이와 관련하여 실무상 검사나 변호인이 주신문을 함에 있어 유도신문 위주로 신문사항을 구성하는 경우가 아직도 빈번하고, 이에 대해 법원 또한 별다른 제재를 하지 않는 경우가 많다. 그러나 이는 위와 같이 형사소송규칙에서 금지하고 있는 신문방법으로 위법한 것일 뿐만 아니라 법정에서의 증인신문을 형식적인 절차로 만들어 검사가 제출한 기록 위주의 재판을 하게 함으로써 공판중심주의의 온전한 구현을 방해하는 요인이 되는 것이다. 따라서 법원에서는 실무상 관행의 올바른 정립을 위해 위법한 증인신문을 철저히 통제해야 할 것이고, 검사는 주신문에 있어 유도신문을 자제하고 개방형 질문 위주의 신문을 하면서 변호인의 주신문시 유도신문에 대해서는 적극적인 이의제기를 통해 철저히 차단하여야 할 것이다.

바. 서류 또는 물건 등의 제시

증인에 대하여 서류 또는 물건의 성립, 동일성 기타 이에 준하는 사항에 관한 신문을 할 때에는 그 서류 또는 물건을 제시할 수 있다(형사소송규칙 제82조 제1항). 그 서류 또는 물건이 증거조사를 마치지 않은 것일 때에는 먼저 상대방에게 이를 열람할 기회를 주어야 하되, 상대방이 이의하지 아니할 때에는 그러하지 아니한다(형사소송규칙 제82조 제2항).

증인의 기억이 명백하지 아니한 사항에 관하여 기억을 환기시켜야 할 필요가 있을 때에는 재판장의 허가를 얻어 서류 또는 물건을 제시하면서 신문할 수 있다(형사소송규칙 제83조 제1항). 그 경우에는 제시하는 서류의 내용이 증인의 진술에 부당한 영향을 미치지 아니하도록 하여야 한다(형사소송규칙 제83조 제2항).

한편 증인의 진술을 명확히 할 필요가 있을 때에는 도면, 사진, 모형, 장치 등을 이용하여 신문할 수 있다(형사소송규칙 제84조 제1항).

4. 검찰 측 증인의 효과적 신문 방식

가. 검찰 측 증인신문의 중요성

검찰 측 증인, 즉 검사가 신청한 증인에 대한 신문은 공소사실에 대한 전적인 입증책임을 부담하는 검사가 공소사실을 입증하고자 실시하는 것으로, 해당 증인의 진술이 공소사실을 입증하기 위해 필요한 경우에 실시한다. 실무상 주로 이미 검찰에서 조사가 이루어진 참고인의 진술이 담긴 조서에 대하여 변호인 또는 피고인이 증거 부동의 할 경우 해당 참고인을 증인으로 신청하여 사건에 대해 알고 있거나 경험한 사실에 대한 구체적인 진술을 청취하고 증거 부동의된 조서에 대해 진정성립을 입증하기 위해 실시하는 경우가 대부분이다. 검찰 측 증인에 대한 검사의 신문은 단순히 해당 진술을 법정에 증거로 현출시켜 입증자료로 활용하기 위한 것에만 그치지 않고, 사건의 구체적인 내용을 파악하지 못한 법관으로 하여금 사건의 내용을 이해하도록 하고 법관으로 하여금 유죄의 판단을 하도록 설득하는 것도 중요한 목표로 두고 있다. 즉 가장 성공적인 주신문은, 듣는 사람이 증인의 경험내용을 마치 현장을 보는 듯이 복원하여 진술케 함으로써 재판부에 그 신빙성과 생생함을 효과적으로 전달하는 것이다.383) 공판 절차 중 가장 중요한 절차라 할 수 있는 증인신문 절차 중에서도, 위와 같이 공소사실을 뒷받침할 증거에 대한 조사 절차로서의 검찰 측 증인에 대한 신문은 공소사실의 입증을 위한 필수 불가결의 절차로서 공판 절차의 핵심이

---

383) 법무연수원, 2012 공판실무 II, 2012. 7. 81면.

되는 절차이다. 특히, 검찰 측 증인 증언의 신빙성 등 증명력 부족이 무죄 이유의 상당 비율을 차지하는 현재 실무 현실에 비추어, 법관의 심증 형성을 적절히 통제하여 실체적 진실에 반하는 무죄판결을 방지하기 위해서는 검찰 측 증인에 대한 신문의 효율성 제고가 반드시 필요하다고 할 것이다. 그리고 검찰 측 증인에 대한 효과적 신문은, 결국 법관으로 하여금 사건의 구체적 내용을 쉽게 이해하도록 하고 해당 증인 증언의 신빙성을 효과적으로 검증하는 등 법관을 설득함으로써 유죄의 심증을 가지게 하는 것이다. 따라서 철저히 제3의 청자로서 이해와 설득의 대상인 법관의 입장에서 쉽게 이해하고 납득할 수 있는 방식이 무엇인가를 염두에 두고 증인신문을 진행하여야 할 것이다.

나. 검찰 측 증인신문의 방식

검찰 측 증인에 대해서 주신문을 할 때는 주의해야 할 사항은 다음과 같다.[384] 즉, ① 증인이 과거의 사실을 기억하고, ② 기억한 사실을 명확하게 표현하고, ③ 필요한 한도 내에서 상세하게 증언을 하고, ④ 재판부가 내용을 듣고 바로 이해할 수 있도록 신문을 하여야한다. 주신문 시, 증인들이 법정의 환경에 익숙치 않은 경우들이 대부분이므로 증인들에게 심리적인 안정감을 줄 수 있는 신문방법을 채택하는 것이 필요하다. 예를 들어 증인들이 부담을 덜 느끼고 자신감을 가질 수 있도록 초반에는 쉽고 짧은 질문을, 기억하기 어렵거나 긴 대답을 해야 하는 질문들은 뒤로 배치하는 것이 좋다. 주신문에 이어 반대신문이 끝난 다음에 검찰 측 증인에게 재 주신문을 할 수 있다. 재 주신문은 반대신문에 의해서 쟁점이 생기거나 반대신문에 나타난 상황과 관련해서 재 주신문을 할 수 있다. 검사는 반대신문을 하는 동안 재 주신문이 필요한 사항이 있으면 표시해뒀다가 이

---

384) 사법연수원, 검찰실무 II: 법률실무과목, 2013. 44면.

절차를 사용하여야 한다. 하지만 재 주신문은 이를 통해서 얻을 수 있는 목표가 분명한 경우에만 사용하는 것이 좋다. 즉, 반대신문을 통해서 피고인에게 유리한 측면만 부각된 경우, 증언의 신빙성이 탄핵을 받아서 이의 회복이 필요한 경우, 그리고 증인이 사실관계에 대한 혼동이 있거나 사실관계 파악에 어려움이 있다고 판단되는 경우 등에만 재 주신문을 이용하는 것이 좋다.

다. 구체적인 전략

1) 짧은 질문과 짧은 답변 위주로 구성

다른 두 사람의 대화를 듣고 있는 제3자, 특히 두 사람간의 대화의 전제가 되는 사건의 내용을 구체적으로 파악하지 못한 사람의 입장에서, 질문과 답변이 길면 그 내용을 쉽게 이해하기가 어렵다. 그런데 실무상 검찰 측 증인에 대한 신문시 해당 증인에 대해 이미 검찰에서 조사를 하고 그 내용이 조서로 작성되어 법원에 증거로 제출되어 있음을 전제로 증인신문에서는 대강의 내용을 확인함에 그치면서 여러 개의 질문 사항을 하나의 질문으로 묶어 질문하는 경우가 많다. 이러한 방식의 증인신문을 통해서는 법관이 그 신문의 내용을 파악하기 어려워 사건의 내용을 제대로 이해할 수가 없다. 따라서 증인신문시 대부분의 질문과 답변이 모두 짧게 이루어져 법관이 하나하나 단계적으로 사건의 내용을 이해해 갈 수 있도록 할 필요가 있다.

2) 개방형 질문 위주로 구성

검찰 측 증인에 대한 검사의 신문은 주신문이다. 그리고 주신문에 있어 유도신문은 금지되어 있다. 따라서 검찰 측 증인에 대한 증인신문사항은 개방형 질문 위주로 구성하여야 한다. 이는 법관이 증인신문의 내용에 대하여 가질 인상을 고려하더라도 마찬가지이다. 그저 형식적으로 해당 증인이 검찰에서 참고인으로 진술한 내용을 확인하는 차원에서 기존 진술 내용을 질문에 담고 증인은 이에 대해 "예"라고 답변하는 방식으로 증인신문을 진행한다면, 법관이 그 내용을 쉽게 이해할 수도 없을 뿐만 아니라 해당 증인이 검사의 질문을 제대로 이해하지도 못한 채 그저 검사가 질문하는 것에 형식적으로 답변하는 듯한 인상을 주어 해당 증인 증언의 신빙성에 의문을 가지게 할 소지가 있다.

3) 유도신문의 적절한 활용

유도신문은 원칙적으로 금지되나, 예외적으로 부적절한 진술 유도의 우려가 없는 몇 가지 경우에는 유도신문이 허용된다. 그런데 유도신문을 활용할 경우 단계별로 진행되는 짧은 질문에 증인이 "예"라고 답변하면서 빠른 템포로 사건의 기본적인 내용을 확인할 수 있다는 장점이 있어 짧은 시간 안에 법관으로 하여금 사건의 기본적인 내용들을 쉽게 이해할 수 있게 해주는 효과가 있다.

따라서 증인과 피고인의 관계, 증인의 경력, 교우관계 등 실질적인 신문에 앞서 미리 밝혀둘 필요가 있는 준비적인 사항이나 검사, 피고인 및 변호인 사이에 다툼이 없는 명백한 사항에 관하여 간단히 확인하고 넘어가는 경우 유도신문을 통해 빠른 템포로 단계별로 간단간단히 확인하면서 지나가면 사건의 기본적인 배경이 되고 쟁점 이외의 사항인 사실들에 관해 법관으로 하여금 쉽게 이해할 수 있게 할 수 있다. 예를 들어, 폭행 장면을 목격한 목격자에게 해당 시각에 그 자리에서 싸움 장면을 목격한 사실이 있느냐고 물을 때, 그 싸움 장면을 목격한 시각이 언제냐고 개방적 질문을 할 경우 오히려 증인이 그 시각을 분단위까지 정확히 기억하지 못할 가능성이 있어 정확한 답변이 나오지 않아 이를 확인하는데 불필요하게 시간만 지나고 쟁점을 흐리게 될 소지가 크므로, 이에 대해서는 "증인은 2015. 4. 19. 21:33경 ○○○에 간 사실이 있지요?", "그

곳에서 피고인과 피해자 ○○○이 싸우는 것을 본 사실이 있는가요?"라는 방식으로 기초 사항에 관해 유도질문을 활용하는 것이 훨씬 효과적이다.

4) 지엽적 사실에 대한 문답을 통한 자연스러운 이해 유도

증인신문은 사건의 쟁점이 되는 핵심적 사항을 위주로 하여 진행하여야 한다. 쟁점과 관련 없는 사항들을 불필요하게 물을 경우 오히려 쟁점을 흐리고 법관에게 안 좋은 인상만 주어 증인신문을 통한 유죄심증의 형성에 실패할 가능성이 높다. 그러나 너무 쟁점 사항에만 국한하여 증인신문을 진행할 경우 법관이 사건의 맥락을 이해하지 못하여 증인의 진술을 충분히 받아들이지 못할 소지가 크다. 따라서 사건의 쟁점이 아니더라도 그 진술의 맥락을 연결하는데 필요한 지엽적 사실에 대한 질문을 적절히 활용하여 법관이 사건의 내용을 자연스럽게 이해하도록 할 필요가 있다. 예를 들어, 싸움의 목격자에게 목격한 내용에 관해서만 묻기보다는 피고인이나 피해자 등 사건관계인들과 관계는 어떠한지, 사건 현장에는 어떻게 가게 되었는지, 당시 무엇을 하고 있었는지, 어떻게 싸움 장면을 목격하게 되었는지를 물어 간략하게 답하게 한 후 핵심 쟁점인 목격 사실과 목격 내용에 관해 물으면, 법관으로 하여금 당시 사건의 맥락을 더 잘 이해하고 증인의 진술을 자연스럽게 받아들여 믿게 하는 데 도움이 된다.

5) 증거기록의 적극적인 제시

말로 어떤 정보나 사실 등을 전달함에 있어, 그냥 말로만 설명해서는 상대방이 이를 쉽게 이해하도록 하는 데 한계가 있다. 이럴 때 이용하는 것이 시각적인 수단을 함께 동원하는 것이다. 시각적인 방법을 함께 사용하면 상대방이 화자(話者)의 말을 쉽고 빠르게 이해하도록 하는 데 큰 도움이 된다. 우리 형사소송규칙은 서류의 동일성 등에 대한 사항을 신문할 때(제82조), 증인의 기억을 환기시키기 위해 필요할 때(제83조), 그리고 증언을 명확히 할 필요가 있을 때(제84) 증거기록이나 물건, 도면, 사진 등을 제시할 수 있도록 하고 있다. 그리고 증거기록에는 해당 사건에 관한 여러 가지 정보들이 조서, 사진, 그림 등의 여러 가지 형태로 담겨 있다. 따라서 이와 같은 증거기록을 효과적으로 제시하는 것은 가장 효과적인 시각적 수단이라고 할 것이다.

증인신문은 공판 절차의 핵심적인 증거조사이나, 그 또한 결국 진술증거에 불과하기 때문에 관계인의 회유, 강요 등에 의한 왜곡 또는 불분명한 기억으로 인한 착오 진술의 가능성이 존재하여 그 진술에 상반되는 객관적 자료의 존재 또는 다른 증인(특히, 피고인 측 증인)의 상반된 진술로 인해 검찰 측 증인 증언의 신빙성이 탄핵되는 경우가 많다.

따라서 증인신문 과정에서부터 증인의 진술이 객관적 증거자료나 다른 관계자의 진술에 의해 뒷받침되고 있다는 점을 강조할 필요가 있다. 이를 위해, 단순히 증인에 대한 문답으로 그치기보다 해당 질문이나 진술과 관계된 증거기록을 함께 제시할 필요가 있는 것이다. 예를 들어, 뇌물수수 사건에서 뇌물공여자를 증인으로 신문하는 경우, 뇌물의 출처가 된 자금의 인출내역, 뇌물공여 현장의 사진 등을 함께 제시하면서 뇌물의 자금을 마련한 경위, 뇌물을 공여할 당시의 상황, 각자의 위치 등에 대해 신문을 하면 증인 진술의 신빙성을 뒷받침 하는데 큰 도움이 된다.

나아가 법관이 증거기록을 전체적으로 검토하지 못한 채 재판을 진행하는 경우가 많은 현재의 형사재판 실무 하에서, 법관으로 하여금 검찰에 유리한 증거자료를 법정에서 직접 확인하면서 증인의 진술을 통해 이에 대한 설명까지 들을 수 있게 하는 효과가 있어, 법관으로 하여금 사건에 대해 검사가 제시한 시각에서 사건을 이해하고 바라보게 하는 효과도 함께 거둘 수 있다.

6) PPT 등 시청각 자료의 적극적인 활용

증인신문시 증거기록 등을 제시함에 있어, 그 동안에는 해당 증인만 볼 수 있도록 제시해 와서 법관이 함께 이를 확인하기가 어려운 점이 있었으나, 최근에는 법정에 실물화상기와 슬라이드 화면을 설치하여 실물화상기를 통해 증거기록을 제시함으로써 슬라이드 화면으로 법정에 있는 모든 사람이 해당 자료를 함께 볼 수 있도록 하고 있다.

그런데 실물화상기를 통해 제시를 하더라도 그 선명도나 가독성이 떨어져 여전히 해당 자료 중 증인에게 제시하고자 하는 중요한 내용이 무엇인지를 정확히 인식하는 데 어려움이 있다. 따라서 PDF 파일 변환 프로그램 등을 이용해 해당 자료 중 일부를 PDF로 전환하고 그 중 제시할 내용에 강조 표시를 한 후 PPT 프로그램을 이용하여 법정에 제시하면 법관으로 하여금 훨씬 쉽게 제시되는 내용이 무엇인지, 그 내용과 증인의 증언이 어떤 관련이 있는지를 이해하도록 할 수 있다. 또한 증인신문이 지나치게 길어질 경우 집중력이 떨어져 법관이 증인신문의 흐름을 정확히 따라가기가 어려울 수도 있다. 이러한 경우에는 중요한 증인신문사항을 PPT파일로 제시하거나 증인신문 흐름을 PPT 프로그램을 이용해 나타내주면 법관이 증인신문의 맥락을 충분히 이해하도록 하는데 도움이 된다.

7) 변호인 측 예상 신문사항에 대한 선제적 신문

검사가 증인신문을 할 때, 공소사실 입증에 유리한 점만을 신문하고 불리하거나 허점이 될 수 있는 부분에 대해서는 신문을 하지 않는 경우가 많다. 그러나 어차피 변호인의 반대신문이 예정되어 있고, 변호인은 검찰 측 증인에게 공소사실 입증에 불리하거나 증인의 진술 중 허점이 될 수 있는 부분을 집중적으로 질문을 하게 될 것이다. 그렇다면 오히려 검사가 예상되는 변호인의 반대신문 사항에 대해 먼저 물어보는 것이 증인신문의 흐름을 유리하게 가져가는 데 도움이 될 수 있다. 검찰 측에 불리하거나 허점이 될 수 있는 내용도 검사가 물어본다면 오히려 더 자연스럽게 해명이 될 수 있고 이에 대한 변호인의 추가적인 추궁의 여지를 차단하기도 쉬워진다. 같은 사실에 대한 질문이라도 누가 묻느냐에 따라 그 세부적인 답변의 내용과 뉘앙스는 달라질 수밖에 없다. 검찰 측 증인, 특히 피해자의 경우, 변호인이 추궁하듯이 물을 경우 위축되어 자신의 입장을 충분히 피력하기 곤란할 수 있으나, 법정에서 유일하게 자신의 편이라 할 수 있는 검사가 같은 사항에 대해 미리 물으면 심리적으로 더 편한 상태에서 자신의 입장을 충분히 증언할 수 있을 것이고, 이후 변호인이 같은 사항에 대해 추궁하더라도 이미 같은 내용에 대해 진술을 한 상태이므로 크게 흔들리지 않고 이에 유연히 대응할 수 있을 것이다. 또한, 검찰에 불리한 내용을 검사가 먼저 물어 확인하는 것은 법관으로 하여금 검사의 공소유지에 대한 자신감 내지 공소사실에 대한 진실성을 느끼게 하여 증인의 증언이 신빙성이 있다고 판단하게 하는 데 도움이 된다. 특히, 때론 앞선 입증활동의 실패로 혹은 선입견 때문에 재판부에 이미 부정적인 심증이 형성된 경우가 있는데, 이 경우 공판관여검사가 폐쇄형 질문을 행할 경우에 아무리 조리 있는 증언을 한다 해도 검사가 증인의 진술을 유도한다는 느낌을 주어 신뢰성 전달에 적절치 않으며, 사건전개 상황을 적절히 분할하여 완전 개방형 질문의 형태로 신문사항을 구성하는 것이 필요하다.[385]

---

385) 법무연수원, 2012 공판실무 II, 2012. 7, 83면.

8) 피고인과 증인의 상반되는 진술 중 핵심 부분에 대한 증인의 입장 질문

공판 과정에서 검사 증인을 신청하여 신문하는 것은 피고인이 부인하는 사실관계에 대해 증인의 진술을 통해 입증하고자 하는 것이 주된 이유이다. 따라서 증인의 진술이 피고인의 주장과 상반되는 경우가 대부분이고, 경우에 따라서는 피고인의 주장과 상반되는 증인의 진술이 당해 사건의 유일한 직접증거일 때도 있다. 이런 경우 유죄판결을 받아내기 위해서는 결국은 법관으로 하여금 피고인의 주장이 아닌 증인의 진술을 믿게 만들어야 한다. 물론 법관으로 하여금 해당 증인의 증언을 믿게 하기 위해 앞서 언급한 여러 가지 기법이 필요하다고 할 것이나, 결국 가장 효과적으로 법관을 설득하는 방법은 해당 사건을 직접 경험한 증인 자신이 설득력 있는 증언으로 법관에게 공감을 얻어내게 유도하는 것이다. 따라서 증인에게 그 증언이 피고인의 주장과 상반되는 부분 중 핵심사항에 관해 알려주고 그 입장을 물어 직접 법관을 설득하게 할 필요가 있다. 예를 들어, "피고인은 증인으로부터 인허가를 받을 수 있게 도와달라는 부탁을 받고 이를 거절하였다고 하는데, 어떤가요?"라고 묻는 것이다. 만약 증인이 사실대로 증언하고 있는 것이라면, 피고인의 거짓 주장 사실을 전해 듣고 느끼는 분노의 감정을 법관 앞에서 그대로 드러낼 것이고, 실제 일을 경험한 사람만이 들 수 있는 여러 가지 설득력 있는 근거를 통해 법관을 직접 설득하는 데 성공할 것이다.

9) 증인이 법정에서 기존 진술을 번복하는 경우의 대처

검찰에서 공소사실에 부합하는 취지의 진술을 했던 참고인이 법정에서는 그 진술을 번복하여 공소사실에 반하는 취지의 증언을 하는 경우가 있고, 이러한 경우 속수무책으로 무죄를 선고받게 될 가능성이 높다. 한명숙 전 국무총리에 대한 정치자금법위반 사건이 그 대표적인 예다.[386] 사실 이점에 대해서는, 수사단계에서부터 철저한 준비가 필요하고, 그것이 부족한 경우 공판단계에서 대처하기에는 한계가 있다. 수사단계에서부터 중요한 참고인의 진술에 대해서는 그 진술을 받는 것만으로 그치지 않고 이를 뒷받침할 수 있는 객관적 증거들을 철저하게 수집해두어야 한다. 공소사실의 중요 부분에 대한 핵심적인 자료를 수집할 수 있다면 가장 좋을 것이나, 현실적으로 그러한 자료를 수집하기가 곤란하다면 다소 지엽말단적인 사항에 대해서라도 자료를 수집해 뒷받침한 후 증인이 기존의 진술을 번복하는 경우 이를 근거로 추궁해 나가면 번복 진술의 신빙성을 떨어뜨리거나 번복 진술을 다시 바로잡는 데 도움이 될 것이다. 한편, 경우에 따라 주요 증인이 단순히 공판단계에서 수사과정에서의 진술 내용을 번복하는 것에 그치지 않고 수사단계에서 작성된 조서의 실질적 진정성립 자체를 부인하기도 하고 그러한 경우 그러한 부인 사실 자체로 수사단계에서 작성된 조서의 증거능력이 부정된다. 이를 대비해 주요 증인에 대해서는 수사단계에서 반드시 영상녹화조사를 통해 진술 장면을 모두 녹음, 녹화하여야 한다. 이는 1차적으로 실질적 진정성립 인정의 근거를 확보하기 위한 것이지만, 수사단계에서 진술할 당시의 자연스러운 모습을 법정에 드러내 공판시 증언의 모습과 대조하여 법관으로 하여금 수사단계에서의 진술에 신빙성을 인정하도록 하는 효과적인 방법일 수 있다.

그러나 위와 같은 상황에 대해 항상 미리 준비하고 대처하는 데에는 한계가 있을 것이고, 이러한 경우 가장 중요한 것은 현장에 있는 공판검사가 흥분하거나 당황하지 말고 의례 있는 일인 양 차분하게 대응해 나가는 것이다. 대체로 아래의 요령을 가지고 대처하

---

386) 대법원 2015.8.20. 선고 2013도11650 전원합의체 판결; 국회의원인 피고인이 갑 주식회사 대표이사 을에게서 3차례에 걸쳐 불법정치자금을 수수하였다는 내용으로 기소되었는데, 을이 검찰의 소환 조사에서는 자금을 조성하여 피고인에게 정치자금으로 제공하였다고 진술하였다가, 제1심 법정에서는 이를 번복하여 자금 조성 사실은 시인하면서도 피고인에게 정치자금으로 제공한 사실을 부인하고 자금의 사용처를 달리 진술한 사안에서, 자금 사용처에 관한 을의 검찰진술의 신빙성이 인정되므로, 을의 검찰진술 등을 종합하여 공소사실을 모두 유죄로 인정한 원심판단에 자유심증주의의 한계를 벗어나는 등의 잘못이 없다고 한 사례이다.

면 적절히 대처할 수 있을 것이다.[387]

<표 4-3-1> 증인의 진술 번복시 대처 요령

① 먼저 증인의 태도가 의도적인 진술인지, 착오진술인지, 수사가 미흡했던 것인지 빨리 간파해야 한다.
② 의도적인 왜곡 진술로 파악되면, 가급적 세세한 상황(목격한 위치, 무엇을 하고 있었는지, 다른 사람의 행동 등)을 질문하여 많은 진술을 끌어내고 수사시 진술내용과 상이점을 머릿속으로 정리해 나가며, 메모해둔다.
③ 세세한 상황질문은 증인이 미처 준비하지 못한 범행의 주변상황에 대한 질문을 포함해야 한다.
④ 수사시 진술내용을 적절히 제시하며 상이한 부분을 파고들어 증인의 진술 내용 중에 모순점을 부각해 내고, 준비내용을 무색케 만든다.
⑤ 통화내역 조회 등을 통한 확인 가능성을 암시하는 등 객관적으로 확인 가능하다는 사실을 주지시켜 심리적 갈등을 형성한다.
⑥ 증언 전 피고인 측과의 접촉상황에 대해 질문하고, 증언 관련 부탁내용을 추궁하여 전체적인 증언 신빙성을 탄핵한다.
⑦ 갈등하는 증인에 대하여는 증인의 태도변화를 촉구하고, 태도변화의 명분을 부여한다.
⑧ 만약 진술변화가 수사의 미흡으로 인한 것으로 판단되면, 공익의 대표자 입장에서 실체적 진실을 규명한다는 개방된 자세로 수사과정에서 확인되지 못한 사실관계를 꼼꼼히 신문해 나가야 한다.

10) 증인 사전 면담의 적극 활용

실무상 검찰 측 증인의 진술에 신빙성이 없다고 판단되는 이유 중 가장 많은 것이 그 진술에 일관성이 없다는 것이다. 그런데 해당 증인이 그 사건을 경험하고 나서 법정에 출석해 증언하기까지는 상당한 시일이 걸릴 수밖에 없고, 시일의 경과에 따라 사람의 기억 또한 부정확해질 수밖에 없다. 이러한 현상을 막기 위해서는 결국, 검사가 증언 전 증인에 대한 사전면담을 통해 기억을 환기시킬 필요가 있다. 다만, 앞서 논한 바와 같이 검사가 증인에게 증언할 내

---

387) 이 부분 및 아래 대처요령에 관해서는 법무연수원, 2012 공판실무 II, 2012. 7. 82면.

용을 일일이 지정해줄 수는 없는 것이므로, 증인이 검찰에서 진술할 당시 작성된 조서를 보여주며 이전의 진술내용을 환기시키는 방법으로 그 기억을 되살려주어야 할 것이다. 한편, 검찰에서 조사할 당시 충분히 진술을 청취하였다고 하더라도, 일부 확인이 누락될 수도 있고, 재판이 진행되는 과정에 변호인이나 피고인을 통해 새로운 사실이 확인되어 이에 대한 증인의 해명이 필요할 경우도 있다. 사전 면담을 통해 이러한 사항들에 대해서도 미리 확인을 해둘 필요가 있다. 또한, 앞서 언급한 바와 같이 증인이 기존의 검찰 진술을 번복하여 공소사실에 반하는 내용의 증언을 하는 경우도 많이 있는데, 사전 면담을 실시하면서 그 면담 자체를 거부하거나 면담 시 검사의 확인에 반감을 표하는 등의 반응이 있는지를 살펴 진술 번복의 가능성도 사전에 타진해 미리 대비할 수 있을 것이다.

라. 주신문 사례

아래 사례는 실제 사례를 다소 각색하여 만든 가상의 사례로, 사안의 내용은 다음과 같다.

<표 4-3-2> 가상 사례의 사안의 내용

- 죄명 : 알선수뢰
- 적용법조 : 형법 제132조
- 공소사실
  - 피고인은 행복시청 토지관리과 6급 공무원으로, 2013. 2. 초경 행복시 소유 공원부지를 장기 임대받아 그곳에 골프장을 건설하고자 하는 김○○으로부터 위 공원부지 관리를 담당하는 공원관리과 담당 공무원을 통해 위 공원부지를 장기임대 받을 수 있도록 도와달라는 부탁을 받고 도와주겠다고 말한 후 그 대가로 2013. 3. 3. 2,900만원을 교부받음
- 피고인 주장
  - 위와 같이 김○○으로부터 돈을 받은 사실은 있으나, 이는 급전이 필요하여 빌린 것이고, 김○○에게 공원부지를 장기임대 받을 수 있게 도와주겠다고 하거나 이와 관련한 알선행위를 한 사실이 없다.

위 사례에서 핵심 증인인 김○○에 대한 증인신문의 예를 들어보기로 한다.

<표 4-3-3> 가상 사례의 증인신문

문	증인은 2010. 1.경부터 2013. 12. 말경까지 (주)세움이라는 업체를 운영한 사실이 있지요.	유도신문의 적절한 활용
답	예, 그렇습니다.	
문	(주)세움은 부동산 개발을 목적으로 하는 법인이었지요.	
답	예, 그렇습니다.	
문	증인은 피고인을 아나요.	지엽적인 사항 등을 활용한 자연스러운 진술 유도
답	예, 그렇습니다.	
문	언제, 어떻게 알게 되었나요.	
답	2013. 1. 말경 지인인 한○○로부터 소개받아 알게 되었습니다.	
문	한○○가 증인에게 피고인을 소개한 이유가 무엇이었나요.	
답	제가 그 무렵 행복시 소유 공원부지를 장기로 임대받아 골프장을 건설하는 사업을 추진 중이었는데, 한○○가 이를 알고 그 일을 도와줄 만한 공무원이 있다며 피고인을 소개해 주었습니다.	
문	당시 한○○로부터 피고인을 소개받을 때 어디에서 만났나요.	
답	행복시청 인근 커피숍에서 만났습니다.	
문	그러면 그 자리에서 피고인에게 행복시 공원부지를 장기 임대받게 해달라고 부탁하였나요.	
답	아니요. 그 자리에서는 그런 이야기는 하지 않았습니다.	

문	그러면 언제 그런 이야기를 하였나요.
답	2013. 2. 초에 한○○와 함께 피고인을 다시 찾아가 만난 자리에서 이야기를 하였습니다.
문	처음에 2013. 1.경 소개를 받은 자리에서 그런 부탁을 하지 않은 이유는 무엇인가요.
답	처음부터 그런 이야기를 하면 공무원인 피고인이 오히려 거부감을 느낄 수도 있을 것 같아 일부러 하지 않았습니다.
문	오히려 한○○가 아무런 이유도 없이 불쑥 찾아와 증인을 소개해주는 것 자체를 피고인이 더 이상하게 생각하지 않았나요.
답	한○○가 주변에 저와 볼일이 있어 왔다가 시간이 남아 생각난 김에 차나 한 잔 하려고 연락했다고 말을 하니 피고인도 특별히 이상하게 생각하지는 않았던 것 같습니다.
문	2013. 2. 초경 다시 찾아갈 때에는 누구와 함께 갔나요.
답	한○○, 그리고 저희 회사 직원이었던 이○○와 함께 갔습니다.
문	그 자리에서 뭐라고 말하면서 피고인에게 부탁을 하였나요.
답	한○○가 저를 대신해 제 사업 추진 계획을 밝히면서 공원부지를 장기 임대받을 수 있게 저를 도와주라고 말하였습니다.
문	그 말을 들은 피고인이 바로 도와주겠다고 하였나요.

답	아니요, 처음에는 무작정 도와줄 수는 없다면서 저의 사업 계획을 구체적으로 물어보았습니다.	
문	그래서 증인은 어떻게 하였나요.	
답	그래서 대강의 예산 규모나 골프장 건설시 일본에서 특수기술을 도입할 계획이라는 점 등을 설명해 주었습니다.	
문	그랬더니 피고인이 뭐라고 하던가요.	
답	사업 아이템이 괜찮다고 하면서 분명히 공원부지를 장기임대 받을 수 있을 것이라고 하였습니다.	
문	피고인은 당시 증인으로부터 그런 부탁을 받기는 하였으나 공무원으로서 그런 부탁을 들어줄 수 없어 바로 거절하였다고 하는데, 어떤가요.	피고인의 반대 주장에 대한 입장 질문
답	아니! 만약에 피고인이 그 자리에서 거절하였다면 제가 왜 그 뒤에 구체적인 사업계획서를 만들고, 은행 대출까지 알아보고 다녔겠습니까?	
문	증인은 그 뒤에 사업계획서를 만든 사실이 있다는 것인가요.	
답	예, 바로 직원인 이○○를 시켜 사업계획서를 만들기 시작했고, 건축사 사무소에 의뢰하여 설계도까지 받았습니다.	
문	(수사기록 제00쪽에 편철된 '행복시 푸른공원 골프장 건설 사업계획서'를 제시하고) 이것이 당시 증인이 이○○를 통해 작성하였다는 사업계획서인가요.	적극적인 증거기록 의 제시
답	예, 그렇습니다.	

문	그 내용을 보면 골프장 건설 면적이나 규모, 세부적인 예산 내역까지 나와 있어 매우 구체적인데, 맞는가요.	
답	예, 그렇습니다.	
문	증인은 2013. 3. 3.경 피고인에게 2,900만원을 교부한 사실이 있지요.	
답	예, 그렇습니다.	
문	어떻게 그와 같이 피고인에게 돈을 주게 되었나요.	
답	돈을 주기 한 이틀 전쯤 피고인으로부터 연락이 왔는데, 피고인이 "급하게 돈이 필요한데, 돈을 좀 구해줄 수 있냐"고 하기에 제가 구해보겠다고 말하고 저에게 있는 돈을 다 긁어모아 가져다 준 것입니다.	
문	위 2,900만원은 어떻게 마련한 것인가요.	
답	제 통장에 들어 있던 돈을 찾은 것입니다.	
문	언제, 어디에서 찾았나요.	
답	그날 피고인을 만나러 가면서 사무실 근처에 있는 ○○은행에 들러 창구에서 인출을 했습니다.	
문	(수사기록 제00쪽에 편철된 '입출금거래내역'을 제시하고) 이 거래내역은 피고인 명의 위 ○○은행 계좌의 입출금거래내역이 맞지요.	적극적인 증거기록 의 제시
답	예, 그렇습니다.	
문	이 거래내역에서 2013. 3. 3. 2,900만원을 인출한 내역이 방금 증인이 말한 인출내역인가요.	
답	예, 그렇습니다.	
문	보통 500만원 내지 1,000만원 단위로 거래를 하는데	예상되는

	다소 애매한 액수인 2,900만원을 준 이유는 무엇인가요.	반대신문 사항 선제적 질문
답	피고인이 저에게 3,000만원을 요구했는데, 제가 당시 자금이 좀 부족해서 여기저기 통장에 있는 돈을 다 모아도 2,900만원 밖에 되지 않았습니다. 그래서 피고인에게 양해를 구하고 2,900만원만 준 것입니다.	
문	(다시 위 입출금거래내역을 제시하고) 이 거래내역을 보면 당시 증인이 2,900만원을 인출한 후 잔액이 23만원 밖에 남지 않았는데, 맞는가요.	적극적인 증거기록의 제시
답	예, 그렇습니다.	
문	위와 같이 돈을 찾아서 언제, 어디에서 피고인에게 전달하였나요.	
답	그날 밤 9시경 피고인의 집 근처로 차를 몰고 가서 피고인에게 전화를 하니 피고인이 집 밖으로 나와 제 차에 탔습니다. 그래서 그 차 안에서 피고인에게 돈이 들어 있는 봉투를 전달하였습니다.	
문	위 돈은 피고인에게 빌려준 것인가요 아니면 공원부지 장기임대 알선의 대가로 준 것인가요.	
답	공원부지 장기임대 알선의 대가로 준 것입니다.	
문	피고인은 증인으로부터 빌린 것이지 장기임대 알선	피고인의

	의 대가로 받은 것이 아니라고 하는데, 어떤가요.	
답	내 참! 제가 빌려준 것이라면 그냥 계좌로 이체하면 될 일이지 뭐하러 힘들게 현금으로 찾아서 밤늦게 찾아가 전달하겠습니까? 그리고 차용증은 왜 안 받고요.	반대주장에 대한 입장 질문
문	증인은 피고인에게 2,900만원을 준 후 지금까지 이를 돌려받거나 그에 대한 이자를 지급받은 사실이 있나요.	
답	아니요.	
문	당시 실제로 장기임대를 받은 상황도 아니었는데, 위와 같이 그 알선의 대가부터 준 이유가 무엇인가요.	
답	사실은 저도 장기임대를 받고 나면 인사를 할 생각이었습니다. 그런데 갑자기 돈이 급히 필요하다고 하면서 요구를 하고 그걸 거절하였다가는 이후로 도움을 받을 수 없을 수도 있겠다는 걱정이 들어 그냥 어쩔 수 없이 돈을 준 것입니다.	예상되는 반대신문 사항 선제적 질문
문	이후 실제 공원부지를 장기임대 받았나요.	
답	아니요, 받지 못했습니다.	
문	왜 받지 못했나요.	
답	나중에 보니 그 공원부지 이용 계획이 전면 개편되어서 그 부지에 놀이시설이 들어오기로 했다고 하더라고요. 그래서 받지 못했습니다.	
문	중간에 피고인이 그런 정보를 전달하지 않았나요.	
답	제가 처음에는 그냥 피고인을 믿고 기다렸는데 4달	

이 넘어서도 아무 소식이 없기에 2013. 6. 중순쯤 피고인에게 연락을 해서 왜 안 되는 거냐고 물어봤더니 지금 공원부지 이용 계획이 변경될 가능성이 있어서 당장 장기임대는 어렵다고 하였습니다.

문 그러면 그때 피고인이 장기임대가 어렵다고 말한 것 아닌가요.

답 아니, 그런 게 아니고요. 공원부지 이용 계획이 변경될 가능성이 있어서 당장 장기임대는 어려운데, 담당공무원이 자기와 함께 근무한 적이 있는 후배여서 잘 안다고 하면서 제가 임대받으려는 부지에 골프장을 조성하는 쪽으로 변경되도록 해볼 테니 걱정 말라고 하였던 것입니다.

5. 피고인 측 증인의 효과적 신문 방식

가. 피고인 측 증인에 대한 효과적 신문의 중요성

피고인 측 증인은 공소사실에 반하는 내용이나 기존 검찰 측 증인의 증언의 신빙성을 탄핵하기 위하여 변호인 또는 피고인이 신청한 증인으로, 이에 대한 검사의 신문은 반대신문을 통해 진행된다. 실무상 수사 과정에서 나타나지 않았던 새로운 관계인이 피고인 측 증인으로 나타나 공소사실과 기존 검찰 측 증인의 증언에 반하는 내용의 증언을 함으로써 법관의 유죄심증 형성을 방해하는 사례가 다수 있다. 특히 피고인 측 증인은 검찰 수사과정에서 드러나지 않았던 사람인 경우가 많아 그 정확한 진술 내용을 예측하기 어려워 적절한 대처를 위해서는 사전 준비 및 신문 과정에 있어 상당한 요령이 필요하다.

나. 피고인 측 증인에 대한 효과적 신문 방법

피고인 측 증인에 대해서 하는 반대신문에서도 검사는 피고인 측 증인의 증언에 내포되어 있는 모순점을 찾아서 탄핵해야 한다. 검사가 반대신문에서 항상 이러한 목표를 달성할 수 있는 것은 아니지만, 이 절차에서 검사는 재판부에 반대신문의 의도가 무엇인지를 명확하게 인식시킬 필요가 있다. 반대신문 시에는 행동에도 주의를 할 필요가 있다. 검사가 흥분하거나 화를 내는 등의 모습을 보일 경우 검사입장의 논리성에 대해서도 의심을 받을 수 있으므로 피하는 것이 좋다. 증인과 장황한 논쟁을 하는 것 역시 피해서 명확한 의도를 부각시킬 필요가 있다. 반대신문에서는 증인이 피고인 측에서 증언을 하기 때문에 길게 응답을 하게 되면 검사 측의 입장에 부합하지 않는 응답을 할 가능성이 높아지기 때문에 긴 응답보다는 예, 아니오 등의 응답을 하도록 질문할 필요가 있다. 그리고 검사의 반대신문 시에는 증인의 증언에 있는 한계들을 발견하여 지적함으로써 재판부가 증언의 증명력에 대해 의심을 갖도록 해야 한다.

다. 구체적 전략

1) 철저한 사전 준비

피고인 측 증인은 기존에 드러나지 않았던 사람인 경우가 많아 그 정확한 진술 내용을 예측하기 어렵다. 그럼에도 앞서 언급한 증인 사전 면담은 검찰 측 증인에 대해서만 실시가 가능한 것이고 피고인 측 증인에 대해서는 사전 면담도 실시하기 어려워 미리 그 진술내용을 파악할 수도 없다. 이처럼 그 사전 준비에 상당한 제약이 있기는 하지만, 위와 같은 진술내용의 불확실성으로 인해 가능한 범위 내에서 철저한 사전 준비가 필요하다. 검찰 측 증인들이나 기타 의사소통이 가능한 관계인들을 통해 피고인 측 증인의 지위, 피고인과의 관계, 사건과의 관계, 예상되는 진술 내용 등을 가능한 범위에서 최대한 확인하여야 한다.

2) 유도신문의 적극적인 활용

반대신문에 있어서는 유도신문이 원칙적으로 허용된다. 피고인 측 증인은 피고인의 요청으로 그 요구하는 내용대로 진술을 하는 것으로 사실은 사건의 내용에 대해 잘 알지 못하거나 자신이 경험하거나 기억하는 것과 다르게 진술을 하는 경우가 많으며, 미리 진술내용을 준비한다고 하더라도 현실적인 한계가 있을 수밖에 없다.

따라서 검사가 사건의 내용 전반에 관해 유도신문을 하면 그대로 따라갈 수밖에 없고, 검사는 유도신문을 통해 유리한 진술이나 그 자신의 진술과 논리적으로 맞지 않는 진술을 확보한 후 이를 기존 주신문시에 한 해당 증인의 진술을 탄핵하는 자료로 활용할 수 있다.

3) 증인의 증언의 신빙성을 떨어뜨리는 사항에 대한 신문[388]

반대신문의 목표는, 피고인 측 증인 증언의 신빙성을 떨어뜨려 법관이 그 증언을 믿지 않게 하거나 그 증언의 증거로서의 가치를 떨어뜨리는 것이다. 따라서 신문사항은 증인의 증언의 신빙성을 떨어뜨릴 수 있는 사항들을 최대한 동원하여 구성하여야 한다. 그러한 사항들로 다음과 같은 것들을 들 수 있다.

① 이전의 범죄행위 혹은 비윤리적 행동

사건에 대한 증인의 진술 자체와는 상관없는 증인의 성격에 대한 질문을 활용하여 법관으로 하여금 증인 자체를 믿지 못하게 만들 필요도 있다. 미국의 경우 "증인의 성격을 드러내기 위해 ① 전과기록, ② 이전의 위법행동, ③ 평판을 사용한다. 가령, 위증, 허위신고, 사기, 횡령, 책략절도, 위조, 세금탈루 등 전과기록을 공개할 수 있다. 경죄든 중죄든 불문하고 다 탄핵증거로 삼을 수 있으며, 채택 여부에 대한 판사의 재량권도 없다"[389]고 한다. 예를 들어, New York 항소법원은 검사가 32년 전의 살인 전과를 끄집어내서 알리바이 증인을 탄핵하는 것을 허용한 바 있다[People v. Ocasio, 37 N.Y. 2d55(1979)].[390] 현행 형사소송규칙은 제77조(증언의 증명력을 다투기 위하여 필요한 사항의 신문) 제1항에서 "주신문 또는 반대신문의 경우에는 증인의 증명력을 다투기 위하여 필요한 사항에 관한 신문을 할 수 있다."고 규정하면서, 제2항에서 "제1항에 규정한 신문은 증인의 경험, 기억 또는 표현의 정확성 등 증언의 신빙성에 관한 사항 및 증인의 이해관계, 편견 또는 예단 등 증인의 신용성에 관한 사항에 관하여 한다. 다만, 증인의 명예

---

388) 이 부분은 John Buliosi 저, 한윤근 외 공역, 검사의 공판기법, 대검찰청, 2008, 416-345면을 인용하되, 본 글의 취지에 맞게 그 내용을 재구성하였다.
389) 김희균, 개정 형사소송법상 증인신문방식의 비교법적 검토', 성신법학 제8호, 2009, 120-121면.
390) John Bugliosi, 앞의 책, 42면.

를 해치는 내용의 신문을 하여서는 아니된다."고 규정하고 있다. 위 규정 내용에 따르면, 위와 같은 해당 사건과 관련이 없는 증인의 전과기록, 이전의 위법행동 등에 관한 질문은 변호인의 이의 등에 따라 법관에 의해 금지될 소지가 큰 것이다. 이와 같은 형사소송규칙의 규정들에 대해서는 지나치게 증인을 보호하는데 치중한 것이라는 비판이 있다.[391] 때문에 실체적 진실발견을 위해서는 일정한 접점을 찾는 것이 필요하다. 즉, 먼저 증인신문이 이루어지는 곳은 법정이라는 한정된 공간이라는 점을 고려해야 한다. 또한 사건과 관련된 내용에 국한한 질문과 답변을 통해 해당 증언의 신빙성을 정확히 판단하는 것에는 한계가 있어 증인 자체의 성품 등 신용성을 증언의 신빙성 판단의 일응의 기준으로 삼을 필요가 있다는 점도 고려할 필요가 있다. 더 나아가 형사재판의 제1 목적이 실체적 진실발견으로 불충분한 증인신문으로 인해 실체적 진실발견에 실패하여서는 안 된다는 점 등을 고려할 때 증인의 명예를 훼손할 소지가 있는 질문이라도 다소 폭넓게 허용할 필요도 있을 것으로 보인다.

② 거짓말 할 동기

피고인이 아닌 다른 모든 피고인 측 증인에게 있어 거짓말을 할 동기를 부여하는 대부분의 상황은 바로 피고인과의 관계이다. 피고인을 위하여 증언을 하는 증인 대다수가 피고인과의 관계 때문에 증언을 하며 그 관계로 인해서 증인들이 거짓을 말하게 되는 것이다. 형사재판에서 패하게 될 경우 그 피고인이 겪어야 할 결과가 너무 엄청나기 때문에 이는 피고인과 관계를 맺고 있는 사람들이 위증을 하는 강력한 동기로 작용한다. 피고인과의 친분이 깊을수록 그 동기는 더욱 커진다.

---

391) 김희균, 앞의 논문, 121면.

③ 모순적인 태도

피고인 측 증인의 증언을 들으며 확인하여야 할 모순성의 유형은 ① 물증과 비교하였을 때의 모순성, ② 이전 증언과 비교하였을 때의 모순성, ③ 증인의 행동에 있어서의 모순성, ④ 다른 피고인 측 증인과의 모순성 등이 있다.

특히, ③의 유형에 대한 질문을 하기 위해서는 유도질문을 통해 증인으로부터 이끌어내려는 증언의 내용과 모순이 될 수 있는 해당 증인의 다른 행동 유형에 관해 질문을 하여 답을 받아둘 필요가 있다.

④ 비합리적이고 받아들여지지 않는 증언

일반적 상식에 반하고, 논리적이지 못한 증언이다. 말이 되지 않고, 진실이 아닌 것처럼 보이거나, 증인의 입장에 서 있는 합리적인 사람이라면 하였을 증언과는 다른, 증언의 모든 영역을 끌어내어 강조하는 것이다. 이러한 증언의 유형은 신빙성의 문제와 매우 관련이 크다.

⑤ 증언의 실질에 있어서의 부정적인 내용

검찰 측 증인의 주신문 과정에서 드러나야 할 정보와 같은 유형의 것이다. 즉 피고인 측 증인에 대한 반대신문을 통해 공소사실을 뒷받침할 수 있는 내용의 증언을 이끌어내는 것이다.

⑥ 보강자료의 부족

증인이 자신의 증언을 뒷받침할 만한 보강자료를 제시하지 못하고 있다는 점을 통해 증인의 증언이 거짓임을 드러내는 것이다.

⑦ 기억력

사건의 정황과 일치하지 않는 피고인 측 증인의 기억을 부각시키는 것이다. 거짓을 말하는 증인의 경우 피고인에게 불리한 부분과 관련해서는 매우 부정확한 기억을 하곤 한다. 이 기억이 너무 부정확한 경우에는 증언 내용의 설득력이 떨어진다.

4) 직접경험 사실과 간접경험 사실의 구분

피고인 측 증인이 피고인의 요구에 따라 증언을 하는 경우 다른 사람으로부터 들은 사실을 자신이 직접 경험한 것처럼 진술하거나 간접경험 사실과 직접경험 사실을 정확히 구분하지 못한 채 양자를 뒤섞어 진술을 할 수가 있다. 따라서 검사는 피고인 측 증인에게 변호인의 주신문에서 진술한 내용이 직접경험 사실인지 간접경험 사실인지를 구체적으로 물어 구분해줄 필요가 있다. 또한, 피고인 측 증인이 피고인의 요구에 따라 경험하지 못한 사실을 경험한 것처럼 허위 진술하는 경우도 있는바, 검사가 해당 증인에게 변호인의 주신문시 진술한 내용이 직접 경험한 사실인지 묻고, 직접 경험하였다고 할 경우 그 경험한 경위에 대해 구체적으로 신문하면서 이를 뒷받침할 자료 제시 등 그 신빙성 보강에 대한 소명을 요구함으로써 그 진술의 신빙성을 탄핵할 수 있을 것이다.

5) 변호인의 유도신문에 대한 적절한 이의

피고인 측 증인에 대한 변호인의 신문은 주신문이고, 따라서 유도신문이 원칙적으로 금지된다. 그런데 실무상 변호인의 주신문이 사실상 유도신문으로 이루어지는 경우가 많다. 변호인이 증인이 진술할 내용을 정리하여 질문내용으로 구성 후 질문하고, 증인은 "예"라고 답변하는 데 그치는 식이다. 그리고 법관은 이에 대해 특별히 제지를 하지 않고, 검사도 특별히 이의를 하지 않는다. 그런데 위와 같은 유도신문은 재판진행의 효율성을 위해 이루어지기도 하지만, 사건의 내용에 대해 정확히 알지 못하거나 일부 사실과 다른 진술을 해야 함에도 법률문외한인 증인이 이를 적절히 진술하기가 어려워 피고인이나 변호인이 이를 질문으로 정리하여 간략히 답변하도록 하기 위해 이루어지기도 한다. 따라서 위와 같이 형사소송규칙의 규정에 어긋난 변호인의 유도신문에 대해서는 검사가 적극적으로 이의를 제기하여 금지하도록 할 필요가 있다. 증거신문과 관련한 이의신청의 요령에 대해서는 아래에서 별도로 논하기로 한다.

라. 반대신문 사례

피고인으로부터 돈을 받아 쓴 피고인의 동생이 증인이 피고인 측 증인으로 출석한 사례이다. 변호인의 주신문에서 결혼을 하면서 전세자금이 부족하여 형인 피고인에게 부탁을 하니 피고인이 급전을 빌려왔다며 돈을 가져다주기에 전세자금으로 사용하였고, 그 돈은 빌린 돈으로 알고 있다고 진술하고 있다.

<표 4-3-4> 가상 사례의 반대 신문

문	증인은 피고인의 친동생이라고 하였지요.	거짓말을 할 동기
답	예, 그렇습니다.	
문	그렇다면 증인은 구속된 피고인이 혐의를 벗어 하루빨리 석방되기를 바라고 있지요.	
답	예, 그렇습니다.	
문	증인은 2013. 3. 3.경 전세자금 명목으로 2,900만원을 받아 사용한 사실이 있다고 하였지요.	간접경험과 직접경험의 구분
답	예, 그렇습니다.	
문	또한 증인은 위 2,900만원을 피고인이 다른 사람으로부터 빌려온 것이라고 알고 있다고 하였지요.	
답	예, 그렇습니다.	
문	그런데 그것은 피고인으로부터 들은 것일 뿐 실제 피고인이 그 돈을 빌려왔는지 아니면 다른 명목으로 받은 것인지는 알지 못하지요.	
답	예, 그렇습니다.	
문	증인은 본건 거래 말고도 피고인으로부터 돈을 빌려쓰고 갚은 사실이 있는가요.	증인의 다른행동과의 모순을 지적하기 위한 유도질문
답	예, 가끔 돈이 필요할 경우 형에게 부탁하여 빌려쓰고 갚는 거래를 하기도 하였습니다.	
문	그럴 때 보통 계좌이체를 통해 거래를 하지요.	
답	예, 그렇습니다.	
문	증인은 피고인으로부터 받아 쓴 위 2,900만원에 대한 이자 명목으로 매월 10만원씩을 피고인에게 지급해왔다고 하였지요.	상식에 반하는 증언
답	예, 그렇습니다.	

문	그리고 그 10만원은 현금으로 지급했다고 하였지요.	
답	예, 그렇습니다.	
문	그런데 왜 형을 통해 빌린 돈에 대해 이자를 지급하는데, 현금으로 지급했던 것인가요.	
답	……	
문	왜 현금으로 지급을 했나요.	
답	형이 그렇게 해달라고 하였습니다.	
문	피고인이 왜 그렇게 해달라고 하던가요.	
답	잘 모르겠습니다.	
문	피고인에게 현금으로 이자를 줄 때 그 돈은 어디에서 구하였나요.	
답	제가 가지고 있던 돈을 준 것입니다.	보강증거의
문	그러면 증인의 계좌에서 인출했겠네요.	부족
답	예, 그렇습니다.	
문	증인이 매월 이자 줄 돈을 인출한 계좌거래내역을 제출할 수 있는가요.	
답	… …	
문	당시 처음부터 피고인에게 2,900만원을 구해달라고 부탁한 것인가요.	검찰 측 증인의
답	아니요, 사실 3,000만원이 필요해서 구해달라고 부탁하였는데, 형이 2,900만원 밖에 구하지 못했다고 해서 100만원은 다른 친구에게 빌려 채워넣었습니다.	증언과 일치하는 증언

6. 증인신문시 적극적인 이의신청

가. 증거조사에 대한 이의신청

검사, 피고인 또는 변호인은 증거조사에 대하여 이의신청을 할 수 있고, 법원은 이에 대하여 결정을 하여야 한다(형사소송법 제296조).[392] '증거조사에 대하여'란 증거조사의 절차뿐만 아니라 증거조사단계에서 행하여지는 모든 처분을 포함한다.[393] 이의신청은 법령의 위반이 있는 경우뿐만 아니라 상당하지 아니함을 이유로 하는 경우에도 허용된다.[394] 다만 재판장의 증거신청의 결정에 대한 이의신청은 법령의 위반이 있음을 이유로 한 때에만 할 수 있다[395](이상 형사소송법 제135조의2[396]). 이와 같이 위법하거나 부당한 증거조사에 대해서는 이의 신청을 할 수 있도록 형사소송법과 형사소송규칙에서 규정하고 있으나, 실무상 공판절차에서 그 활용이 제대로 이루어지지 않고 있다. 이는 그 동안 기록위주로 재판을 해오던 때의 관행이 그대로 남아 개선되지 않고 있는 것이라고 할 것이다. 때문에 공판중심주의의 실질적인 구현을 위해서는 법정에서의 위법하거나 부당한 증거조사 내용이 그대로 법관에게 노출되는 것을 방지하기 위해 위법하거나 부당한 증거조사에 대해 적극적인 이의신청을 하여 이를 사전에 차단하는 실무상의 관행을 정립할 필요가 있다.

---

392) 형사소송법 제296조(증거조사에 대한 이의신청) ① 검사, 피고인 또는 변호인은 증거조사에 관하여 이의신청을 할 수 있다.
② 법원은 전항의 신청에 대하여 결정을 하여야 한다.
393) 이재상, 형사소송법, 박영사, 2003. 1. 415면.
394) 이재상, 앞의 책, 415면.
395) 이재상, 앞의 책, 415면.
396) 형사소송규칙 제135조의2(증거조사에 관한 이의신청의 사유) 법 제296조 제1항의 규정에 의한 이의신청은 법령의 위반이 있거나 상당하지 아니함을 이유로 하여 이를 할 수 있다. 다만, 법 제295조의 규정에 의한 결정에 대한 이의신청은 법령의 위반이 있음을 이유로 하여서만 이를 할 수 있다.

증거조사에 대한 이의는 증거조사와 관련한 상대방의 신청, 법원의 결정, 증거조사의 방식 등 증거조사 전반에 대하여 이루어질 수 있으나, 주로는 주된 증거조사 절차인 증인신문과 관련하여 상대방이 위법하거나 부당한 방식으로 증인신문을 하는 경우가 주된 대상이라고 할 것이다.

나. 증인신문에 대한 적절한 이의권 활용

1) 미국의 형사재판에 있어 증인신문에 대한 이의권 활용의 모습

증인신문에 대한 이의신청이 가장 적극적이고 치열하게 이루어지는 것이 바로 미국 형사재판이다. 이는 우리나 다른 대륙법계 국가에 있어서처럼 형사재판의 결론을 직업법관이 내리는 것이 아니라, 철저히 시민 배심원들에게 맡기고 있어 법률문외한인 그들에게 부적절한 증언이 노출되어 판단에 영향을 미치는 것을 막을 필요성이 크기 때문이다. 미국 증거법 교과서 제일 앞부분에 나오는 개념이 바로 이의신청과 삭제 요청, 증거보전[397] 등이다.[398][399]

① 이의신청(Objections) 은 적절한 시기에 적절한 이유를 들어서 해야 한다. 상대방의 질문과 거의 동시에 머릿속에 떠오르는 질문의 허점을 변호사들은 빨리 짚어야 한다. 심지어, 잘못짚겠으면, 일단 이의를 신청하고, 생각나는 대로 아무거나 이유를 달라고 하는 것이 실제 (미국)로스쿨에서 가르치는 내용이다. 어떻게든 증인의 증언을 질문 단계에서 끊어 버림으로써 배심원들이 아예 듣지도 못하게 하는 것, 그것이 이의신청의 최고 기술이다.

---

[397] 우리 법상의 증거보전과 혼동할 소지가 있으나 이는 해당 증언을 기록에 남겨달라는 요청(Offer of Proof)으로 우리 법상의 증거보전과는 그 개념을 달리한다. 인용하는 글의 저자가 '증거보전' 이라는 용어를 사용하여 번역하였기에 이를 그대로 인용한다.(필자 주)

[398] 이하의 내용은 김희균, 앞의 논문, 117-119면 참조(재인용).

[399] 삭제요청과 증거보전은 이의신청에 포함되는 것은 아니나 이의신청을 효과적으로 활용하기 위해 반드시 함께 활용할 필요가 있는 수단이다.(필자 주)

② 삭제요청(Motion to Strike)은, 증인이 너무 빨리 대답을 해 버려서, 혹은 변호사가 멍하니 있다가 시간을 놓쳐서, 배심원들이 증언을 듣게 되는 경우, 증인이 이미 한 증언을 고려하지 말라고 배심원들에게 지시해 줄 것을 요청하는 것이다.

③ 증거보전(Offer of Proof)은 변호사의 이의신청이 받아들여져서 증인의 증언이 아예 법정에 현출되지 못한 경우에 주신문자의 대응 방법이다. 즉, 내가 지금 이런 질문을 했는데, 그 질문에 대해서 증인은 이렇게 말하려고 했었고, 그러면 이런 사실들이 증명되었을 것이었음에도, 판사가 그 말을 하지 못하게 한 이상, 기록에 남기라는 요청을 하는 것이다. 이는 항소심으로 증언을 가져가기 위한 방책이고, 원칙적으로 배심원들이 듣지 못하는 상황에서 구술로 신청하게 되어 있다.

2) 이의의 대상

증거조사에 대한 이의신청의 대상이 위법하거나 부당한 증거조사이므로, 증인신문에 있어서도 위법하거나 부당한 증인신문이 그 대상이 될 것이다.

형사소송규칙은 제74조 제2항에서 ① 위협적이거나 모욕적인 신문, ② 전의 신문과 중복되는 신문, ③ 의견을 묻거나 의논에 해당하는 신문, ④ 증인이 직접 경험하지 아니한 사항에 해당하는 신문을 금지하고 있고[400], 제75조 제2항에서는 특정한 예외적인 경우를 제외하고는 주신문에 있어서의 유도신문을 금지하고 있다[401]. 또한 제77조 제2항 단서에서는 증인의 증명력을 다투기 위하여 필요한 사항을 신문함에 있어 증인의 명예를 해치는 내용의 신문을 금지하고 있다. 한편, 형사소송규칙 제82조 제1항은 서류 또는 물건이 증거조사를 마치지 않은 것일 때에는 먼저 상대방에게 이를 열람할 기회를 주어야 함을 원칙으로 하고 있고[402], 이것은 기억의 환기가 필요하여 서류 또는 물건을 제시하는 경우에 준용된다(형사소송규

---

[400] 형사소송규칙 제74조(증인신문의 방법)
　② 다음 각호의 1에 규정한 신문을 하여서는 아니된다. 다만, 제2호 내지 제4호의 신문에 관하여 정당한 이유가 있는 경우에는 그러하지 아니하다.
　1. 위협적이거나 모욕적인 신문
　2. 전의 신문과 중복되는 신문
　3. 의견을 묻거나 의논에 해당하는 신문
　4. 증인이 직접 경험하지 아니한 사항에 해당하는 신문
[401] 형사소송규칙 제75조(주신문)
　② 주신문에 있어서는 유도신문을 하여서는 아니된다. 다만, 다음 각 호의 1의 경우에는 그러하지 아니하다.
　1. 증인과 피고인과의 관계, 증인의 경력, 교우관계 등 실질적인 신문에 앞서 미리 밝혀둘 필요가 있는 준비적인 사항에 관한 신문의 경우
　2. 검사, 피고인 및 변호인 사이에 다툼이 없는 명백한 사항에 관한 신문의 경우
　3. 증인이 주신문을 하는 자에 대하여 적의 또는 반감을 보일 경우
　4. 증인이 종전의 진술과 상반되는 진술을 하는 때에 그 종전진술에 관한 신문의 경우
　5. 기타 유도신문을 필요로 하는 특별한 사정이 있는 경우
[402] 형사소송규칙 제82조(서류 또는 물건에 관한 신문) ① 증인에 대하여 서류 또는 물건의 성립, 동일성 기타 이에 준하는 사항에 관한 신문을 할 때에는 그 서류 또는 물건을 제시할 수 있다.
　② 제1항의 서류 또는 물건이 증거조사를 마치지 않을 것일 때에는 먼저 상대방에게 이를 열람할 기회를 주어야 한다. 다만, 상대방이 이의하지 아니할 때에는 그러하지 아니하다.

칙 제83조 제3항)[403]. 그리고 제83조 제1항에서는 증인의 기억을 환기할 필요가 있어 서류를 제시하는 경우 그 내용이 증인의 진술에 부당한 영향을 미치지 아니하도록 하여야 한다고 규정하면서, 이를 증언을 명확히 하기 위해 도면 등을 제시하는 경우에 준용하고 있다(형사소송규칙 제84조 제2항)[404]. 결국 위와 같은 형사소송규칙상의 규정을 위반하는 방식의 증인신문이 이의신청의 주된 대상이 될 것이다.

3) 이의의 시기

증거조사에 대한 이의신청은 개개의 행위, 처분 또는 결정시마다 그 이유를 간결하게 명시하여 즉시 이를 하여야 한다(형사소송규칙 제136조). 따라서 위법하거나 부당한 증거신문이 이루어질 당시 바로 그 이유를 명시하여 이의신청을 하여야 한다.

4) 이의신청의 요령

검사의 이의 신청에 대한 몇가지 기술적인 점을 정리하면 다음과 같다. 첫째, 위법하거나 부적절한 질문이 나오는 즉시 이루어져야 한다. 해당 질문에 대해 증인이 답변을 해버리고 난 다음에는 이미 법관이 그것을 들어버린 상태이기 때문에 이의신청의 의미 자체가 없어질 수도 있기 때문이다.

둘째, 단호하고 분명하게 이의신청을 한다는 취지와 그 이유를 그

---

403) 형사소송규칙 제83조(기억의 환기가 필요한 경우) ① 증인의 기억이 명백치 아니한 사항에 관하여 기억을 환기시켜야 할 필요가 있을 때에는 재판장의 허가를 얻어 서류 또는 물건을 제시하면서 신문할 수 있다.
② 제1항의 경우에는 제시하는 서류의 내용이 증인의 진술에 부당한 영향을 미치지 아니하도록 하여야 한다.
③ 제82조 제2항의 규정은 제1항의 경우에 이를 준용한다.
404) 형사소송규칙 제84조(증언을 명확히 할 필요가 있는 경우) ① 증인의 진술을 명확히 할 필요가 있을 때에는 도면, 사진, 모형, 장치 등을 이용하여 신문할 수 있다.
② 제83조 제2항의 규정은 제1항의 경우에 이를 준용한다.

자리에서 밝힌다. "재판장님, 이의 있습니다! 지금 변호인은 유도신문을 하고 있습니다" 또는 "재판장님, 이의 있습니다! 지금 변호인은 이 사건과 관련이 없는 사항에 대해 신문하고 있습니다."라는 방식으로 한다. 셋째, 이의신청을 하기 전에 이미 증인이 답변을 해버렸다면, 반드시 해당 증언을 조서에서 삭제해줄 것을 요청해야 한다. 법관이 이미 그 증언을 들어 이를 통해 잘못된 선입견을 형성할 수도 있는 상황이 되기는 하였으나 어쨌든 법관이 해당 증언을 증거로서 판결문에 설시할 여지는 없애야 하기 때문이다. 넷째, 해당 이의신청이 받아들여지지 아니하거나 상대방의 이의신청이 받아들여져 해당 질문에 대해 증인이 답변을 하지 못하게 된 경우, 필요에 따라 그와 같은 취지를 증인신문조서에 기재해 줄 것을 요청하여야 한다. 최근 실무 경향에 따르면 법관들이 거의 모든 사건에 대해 증인신문 전 과정을 녹음하도록 명하고 있고, 이에 따라 거의 녹취록 수준으로 증인신문조서가 작성되고 있어 위와 같은 사정들이 무리 없이 조서에 반영될 수 있을 것이다. 이와 관련하여, 증인신문 자체에 관한 것은 아니나, 검사의 추가 증인신청이나 사실조회 등 증거신청을 법관이 받아들이지 않는 경우가 있는데, 대체로 법관이 그것을 받아들이지 않을 것이라는 취지를 밝히면서 검사에게 해당 증거신청을 하지 않도록 요구하고 있다. 이때 검사는 그러한 요구를 받아들일 것이 아니라 적극적으로 해당 증거조사 신청을 한 사실과 법관이 이를 기각한 사실을 공판기록에 남겨줄 것을 요구하고, 추후 무죄 등 검사가 기소한 취지와 다른 판결이 선고되었을 때 이를 상소의 이유 중 하나로 삼아야 할 것이다.

제4절 진술증거의 평가

1. 진술증거의 평가 기준

증인의 진술은 결정적인 증거가 된다. 따라서 진술에 대한 평가는 엄격하여야 한다. 증인의 진술에 대해서는 왜곡을 최소화하고 관련 정보를 최대한 확보할 수 있는 방법을 개발하고 적용하여야 할 뿐만 아니라 신문에 의해서 얻어진 정보를 객관적으로 평가하고 해석할 필요가 있다. 사실인정을 위해 필요한 안목을 제대로 갖추지 못할 경우에는 잘못된 통념에 의해 판단을 내리게 되는 일반적인 오류에 빠질 수밖에 없다. 실체적 진실의 발견을 위해서 진술증거를 잘 활용하기 위해서는 그 증명력을 평가할 수 있는 명확한 근거를 마련하는 것이 필요하다. 일반적으로 알려져 있는 진술증거에 대한 평가는 증인의 신용성과 진술의 신빙성으로 크게 구분할 수 있는데, 증인의 신용성보다는 진술 자체의 신빙성을 평가하는 것이 더 중요하다. 증인의 신용성을 의심할 만한 사유가 있다고 하더라도 그가 하는 진술이 항상 거짓인 것은 아니다. 그럼에도 불구하고 진술의 가치평가 과정에서 흔히 범하는 실수는 증인의 신용성 평가만으로 진술의 신빙성을 평가해버리는 것이다. 따라서 두 가지 평가 기준을 잘 구분하여 진술의 신빙성 평가를 통해서 사실확인과 입증을 위해서 증인진술을 잘 활용할 필요가 있다. 진술의 신빙성에 대한 평가 기준으로는 진실성(veracity), 객관성(objectivity), 관찰 감수성(observational sensitivity) 등이 언급되어 왔다.[405]

---

405) 김종률, 진술증거분석을 통한 사실인정 방법론 연구, 박사학위청구논문, 2014. 28면.

<table>
<tr><td colspan="3" align="center"><표 4-4-1> 진술의 신빙성 평가 기준</td></tr>
</table>

진실성	객관성	관찰 감수성
• 부정직 관련 실형 전과 • 부정직 관련 경범 전력 • 정직 관련 성격 증거 • 증인간 영향/부패 • 처신과 태도 • 폴리그래프, '자백약' 심리검사 • 증언 편파	• 기대 • 기억 관련 요인 • 객관성 편파	• 지각 결함 • 일반적인 신체조건 • 관찰조건 • 관찰의 질/지속기간 • 전문성 • 주의의 할당 • 지각 편파

실제로 재판에서 피고인측 증인이 하는 증언의 신빙성을 탄핵하는 데 있어서 가장 흔히 사용하는 방법은 바로 증인의 인격이나 태도에 대해서 비난하는 것이라고 한다. 이를 통해 증언의 진실성 (veracity)을 무너뜨리는 전략이 사용되고 있다. 하지만 재판에서 증언의 신빙성을 따지기 위한 반박이나 탄핵은 이론적으로는 다음과 같은 한계를 지적하는 방식으로 이뤄진다. ① 다른 증인과 증언이 모순됨, ② 다른 증인의 증언내용과 갈등이 있음[406], ③ 자신의 이전 증언과 진술이 불일치함을 주장하는 것이다.

미국의 판례 등에서는 진술의 신빙성을 평가할 수 있는 더 세부적인 기준들을 제시하고 있는데, 우선, 미국 연방대법원은 Neil v. Biggers 사건[407]과 Manson v. Brathwaite 사건[408]을 통해서 목격자의 증언의 신빙성을 평가할 수 있는 다섯 가지 요소를 제시한 바 있다. 즉 ① 범행 당시 목격자가 범인을 관찰할 수 있었던 기회, ② 범행과 그 후 범인을 식별한 진술 사이의 시간적 간격, ③ 범인식별 당시 보여준 확신

---

406) 두 가지 경우가 모두 가능하지만 약간의 다른 가능성을 시사하는 증언. 예를 들어 범죄를 범할 의도는 있었지만 방법이 없었음을 주장하는 경우를 들 수 있다.
407) Neil v. Biggers. 409 U.S., 1972.
408) Manson v. Brathwaite, 432 U.S. 1977.

감의 정도, ④ 목격자가 종전의 진술에서 보인 정확성, ⑤ 범행 당시 목격자가 가진 주의의 정도가 그것이다.

이후 위의 기준이 진술의 신빙성과 관련된 중요한 실무적인 쟁점들을 반영하지 못하고 있다고 평가되어 이를 개선하는 기준들이 제안되었다. 왜냐하면 수사기관에서 의도적이지 않게 제시되는 정보에 의해 무의식적으로 기억에 영향을 받기도 하고, 범인식별 절차에서도 영향을 받는다는 것이 확인되었기 때문이다. 이러한 노력에 힘입어 미국의 유타(Utah) 주 대법원은 그 기준으로서 ① 사건 당시 목격자가 행위자를 관찰할 수 있었던 기회, ② 사건이 지속되는 동안 목격자가 가진 주의의 정도, ③ 정신적.육체적 면에서의 목격자의 관찰능력, ④ 범인지목이 즉각적으로 이루어져 그 후 일관성 있게 지속되었는지 아니면 목격자에게 주어진 암시의 결과인지, ⑤ 관찰된 사건의 성질과 목격자가 올바르게 사건을 지각.기억.진술하였을 가능성 등을 제시하기도 하였다.

그러나 객관적인 사실을 확인하기 위해서는 객관성이나 관찰 감수성과 같은 기준의 충족 수준을 확인하는데 초점을 맞출 필요가 있다. 객관성(objectivity)은 증인의 기억과 판단능력과 관련되는 문제이다. 증인이 특정 사건에 대해 증언을 했고, 이를 확실히 믿고 있는 경우는 얼마든지 있을 수 있다. 하지만 그 믿음의 출처가 무엇인지는 매우 중요하다. 그 믿음은 정확하고 객관적인 감각과 지각정보에 의해서 형성될 수도 있지만, 증인의 기대에 의해서 실제와는 관계없이 마음속에 형성된 것일 수도 있다. 증거가 객관적인 것이라는 평가를 받기 위해서는 개인의 주관적 기대가 아니라 감각증거(sensory evidence)에 의해서 믿음이 형성되었어야 한다.

다음으로는 지각 증거의 정확성을 결정하는 증인의 관찰 감수성(observational sensitivity)이 문제된다. 관찰감수성은 증인의 감각적 능력과 지각적 능력과 관련되어 있지만, 시각, 청각, 후각, 미각, 촉각과 같은 감각의 정확성만을 의미하는 것은 아니다. 관찰감수성은 감각 능력이 떨어지는 사람들에게서 낮은 것이 보통이겠지만, 감각이 예민한 사람도 잘못된 지각을 할 수 있다. 증언의 대상이 되는 사건 등에 대한 관찰 시점에서의 신체적 조건에 영향을 받을 수도 있고, 마약중독 상태와 같이 화학물질에 의해서 영향을 받을 수도 있다. 또는 관찰이 행해진 조건이 감각의 사용이 부적절해서 감각능력을 충분히 발휘할 수 없는 경우에도 관찰 감수성은 약화될 수밖에 없다.

2. 판례의 입장

가. 피고인 자백의 신빙성

대법원에서는 판례를 통해 자백의 신빙성에 대한 판단 기준을 제시하고 있는데, 자백의 임의성이 인정되는 것으로는 자백의 증거능력이 있다는 것을 인정할 수 있는 것뿐이지, 자백의 증명력까지 인정되는 것은 아니라는 입장이다. 이에 자백의 신빙성 유무를 판단함에 있어서는 첫째로 자백의 진술내용 자체가 객관적인 합리성을 띠고 있는가, 둘째로 자백의 동기나 이유 및 자백에 이르게 된 경위가 어떠한가, 셋째로 자백외의 정황증거 중 자백과 모순되는 것이 없는가 하는 점 등을 고려하여 판단하여야 한다.[409] 이후 다수의 판례를 통해서 대법원에서는 자백의 신빙성 판단 기준으로 다음의 세 가지를 제시하고 있다. 즉 ① 자백의 동기 및 경위, ② 자백 내용의 객관적 합리성, ③ 자백과 정황증거의 합치의 세 가지이다. 세 가지 기준 중 자백 내용의 객관적 합리성의 의미는 진술 내용과 상황적인 단서를 비교해서 불합리한 경우에 객관적인 합리성이 결여된 것으로 보게 된다. 위의 판례에서는 객관적 합리성의 의미

---

409) 대법원 1983. 9. 13. 선고 83도712 판결.

에 대해서도 다음과 같이 예를 들고 있다.

피고인의 자백 진술의 수차에 걸친 변경은 당초에 의도적으로 숨겼던 사실을 밝히거나 부정확한 기억을 되살린 것이라기보다는 피고인이 허위로 자백한 내용을 객관적 상황에 맞지 않는 부분을 그 후 객관적 상황에 맞추어 수정한 것이라고 보여지므로, 이와 같은 자백은 그 진술내용 자체가 객관적인 합리성을 결여한 것이다. 하지만 우리 판례의 객관적 합리성의 개념은 여전히 추상적인 경향이 있다. 반면, 일본의 최고재판소에서도 자백의 신빙성 판단 기준에 대해서 우리 판례보다는 더 구체적으로 제시하고 있다. 그 기준은 다음과 같다. ① 자백의 경위, ② 자백 내용의 변천 유무, ③ 자백과 객관적 사실 사이의 정합성 여부, ④ 자백을 뒷받침하는 객관적 증거의 부존재, ⑤ 자백의 내용 자체에 부자연스럽거나 불합리한 점이 존재하는지 여부, ⑥ 비밀의 폭로가 있는지 여부, ⑦ 구체적이면서도 상세한, 현장감 있는 체험진술이 그러하다. 한편 자백의 신빙성 판단과 관련하여 전형적인 허위자백의 사례들을 알아둘 필요도 있는데, 다음과 같은 경우에 허위로 자백을 하게 된다고 한다.[410] 허위자백은 수사 또는 재판 상황에서 현재와 장래의 불안을 비교형량해서 내린 이성과 감정적 결정의 산물이다. 피의자 또는 피고인이 허위자백을 하는 이유는 다양한데, ① 자신의 약점을 감추기 위한 경우, ② 명예나 명성을 지키기 위한 경우, ③ 가까운 구성원에게 비밀이 있거나 또는 공개할 수 없는 비밀이 있는 경우, ④ 가까운 사람을 덮어주기 위한 경우, ⑤ 성적으로 관련되어 있음이 누설되지 않도록 하려는 경우 등이 있다.

---

410) Bender, R., Nack, A., & Treuer, W. D., Tatsachenfeststellung vor Gericht: Glaubwürdigkeits-und Beweislehre, Vernehmungslehre. Beck, 2007.

나. 공범자 진술의 신빙성

대법원에서는 대표적인 대향적 공범에 해당하는 금품 공여자의 진술에 대하여 그 신빙성을 판단하기 위한 기준으로 다음과 같은 요건 들을 제시하였다. 원래는 ① 진술 내용 자체의 합리성, ② 객관적 상당성, ③ 전후의 일관성의 세 가지 기준을 제안하였으나,[411] 이후에 ④ 진술인의 인간됨과 ⑤ 진술인의 진술로 얻게 되는 이해관계의 유무가 추가되었다. 이와 같은 입장을 밝힌 판례로는 다음과 같은 것이 있다. 즉 금품수수 여부가 쟁점이 된 사건에서 "금품수수자로 지목된 피고인이 수수사실을 부인하고 있고 이를 뒷받침할 금융자료 등 객관적 물증이 없는 경우 금품을 제공하였다는 사람의 진술만으로 유죄를 인정하기 위해서는 그 진술이 증거능력이 있어야 하는 것은 물론 합리적인 의심을 배제할 신빙성이 있어야 하고, 신빙성이 있는지 여부를 판단할 때에는 진술 내용 자체의 합리성, 객관적 상당성, 전후의 일관성뿐만 아니라 그의 인간됨, 그 진술로 얻게 될 이해관계 유무, 특히 그에게 어떤 범죄의 혐의가 있고 그 혐의에 대하여 수사가 개시될 가능성이 있거나 수사가 진행 중인 경우에는 이를 이용한 협박이나 회유 등의 의심이 있어 그 진술의 증거능력이 부정되는 정도에 까지 이르지 않는 경우에도 그로 인한 궁박한 처지에서 벗어나려는 노력이 진술에 영향을 미칠 수 있는 지 여부 등도 아울러 살펴보아야 한다."[412]

---

411) 대법원 2005. 9. 29. 선고 2005도 4411 판결
412) 대법원 2011. 4. 28. 선고 2010 도14487 판결

다. 피해자 진술의 신빙성

대법원의 피해자 진술의 신빙성을 판단하는데 있어서 취하고 있는 원론적인 입장은 다음 판례에서 알 수 있는 것처럼, 사소한 정도의 비일관성이나 진술에 대한 확신이 희박해 지는 것만으로는 신빙성을 바로 배척할 필요는 없다는 입장으로 이해할 수 있다. 피해자 등의 진술은 그 진술내용의 주요한 부분이 일관되며 경험칙에 비추어 비합리적이거나 진술자체로 모순되는 부분이 없고 또한 허위로 피고인에게 불리한 진술을 할 만한 동기나 이유가 분명하게 드러나지 않는 이상, 표현상의 차이로 인하여 사소한 부분에 일관성이 없는 것처럼 보이는 부분이 있거나 최초의 단정적인 진술이 다소 불명확한 진술로 바뀌었다고 하여 그 진술의 신빙성을 특별한 이유 없이 함부로 배척해서는 안될 것이다. 그러나 모든 판례에서 이러한 원론적인 입장이 그대로 적용되는 것은 아니고, 이와는 상반된 취지로 판단한 경우도 없지 않다. 즉, 기본적으로 피고인과 상반된 이해관계에 있는 피해자의 진술에 대해서는 그 신빙성에 대해서 엄격하게 판단을 하여야 한다는 취지의 판례가 있다.[413] 특히 피해자의 진술에 의해서 유무죄가 결정되는 경우에는 다음과 같이 신빙성의 판단 기준을 더욱 엄격하게 적용해야 한다고 설시하고 있다. 오로지 피해자의 진술에만 터 잡아 공소사실을 유죄로 인정하기 위해서는 그 진술의 진실성과 정확성에 거의 의심을 품을 만한 여지가 없을 정도로 높은 증명력이 요구되고, 이러한 증명력을 갖추었는지 여부를 판단할 때는 피해자가 한 진술 자체의 합리성, 일관성, 객관적 상당성은 물론 피해자의 성품 등 인격적 요소까지 종합적으로 고려하여야 한다.

---

413) 대법원 1993. 3. 9. 선고 92도 2884 판결

라. 아동 피해자 진술의 신빙성

대법원은 아동 피해자의 경우 일반적인 피해자의 진술과 다른 판단의 기준을 제시하고 있다. 즉, 아동이 가지고 있는 발달적인 특성을 고려하여 수사 과정상에서 있을 수 있는 기억의 변형 가능성에 대해서 특별한 주의가 필요함을 설시하고 있다. 이러한 기준들은 해석상 CBCA(Criteria-Based Content Analysis)라고 하는 피해 아동 진술의 신빙성을 평가하는 기준이 형사재판에 도입되어, 이후의 재판에서는 CBCA가 하나의 확립된 관행으로 자리 잡게 되었다고 평가되고 있다.[414] 증거로 제출된 성추행 피해 아동의 검찰에서 한 진술의 신빙성을 판단함에 있어서는, 아동의 경우 질문자에 의한 피암시성이 강하고, 상상과 현실을 혼동하거나 기억내용의 출처를 제대로 인식하지 못할 가능성이 있는 점 등을 고려해야 한다. 이에 아동의 나이가 얼마나 어린지, 그 진술이 사건 발생시로부터 얼마나 지난 후에 이루어진 것인지, 사건 발생 후 그러한 진술이 이루어지기까지의 과정에서 최초로 아동의 피해사실을 청취한 보호자나 수사관들이 편파적인 예단을 가지고 아동에게 사실이 아닌 정보를 주거나 반복적인 신문 등을 통하여 특정한 답변을 유도하는 등으로 아동 기억에 변형을 가져 올 여지는 없었는지, 그 진술 당시 질문자에 의하여 오도될 수 있는 암시적인 질문이 반복된 것은 아닌지, 같이 신문을 받은 또래 아동의 진술에 영향을 받은 것은 아닌지, 면담자로부터 영향을 받지 않은 아동 자신의 진술이 이루어진 것인지, 법정에서는 피해사실에 대하여 어떠한 진술을 하고 있는지 등을 살펴보아야 한다. 또한 검찰에서의 진술내용에 있어서도 일관성이 있고 명확한지, 세부내용의 묘사가 풍부한지, 사건·사물·가해자에 대한 특징적인 부분에 관한 묘사가 있는지, 정형화

---

414) 김상준, 무죄판결과 법관의 사실인정에 관한 연구-항소심의 파기자판 사례들을 중심으로, 서울대학교 박사학위논문, 2013.

된 사건 이상의 정보를 포함하고 있는지 등도 종합적으로 검토하여야 한다.

<표 4-4-1> CBCA 준거 개관(Steller & Köhnken, 1989. p. 221)[415]

요인	구체적 내용
(Ⅰ) 일반적 준거	논리적 일관성
	구조화되지 않은 제시
	세부내용의 양
(Ⅱ) 구체적 내용	맥락상 깊이
	상호작용 묘사
	대화의 재현
	사건 중 예기치 않은 어려움 보고
(Ⅲ) 내용의 독특함	독특한 세부내용
	부가적인 세부내용
	정확하게 보고하였으나 이해하지 못한 세부내용
	관련된 외적 연합
	주관적 심리상태 묘사
	가해자의 마음 상태에 대한 귀인
(Ⅳ) 동기 관련 내용	자발적인 수정
	기억의 부족 시인
	자기 진술에 대한 의심 제기
	자기 비난
	가해자 용서
(Ⅴ) 범죄 특징	범죄 특징 세부 정보

---

415) Steller, M., & Köhnken, G. (1989). Criteria-based statement analysis. In C. Raskin (Ed.), Psychological methods in criminal investigations and evidence (pp.217-245). New York: Spring. 2014년 Köhnken 교수가 실시했던 CBCA 워크샵에서 사용된 교재(Statement validity analysis workshop. p. 70)에서 발췌.

제2장 변론[416]

제1절 구두변론의 의의

1. 구두변론의 개념

구두변론주의는 근거규정은 형사소송법 제275조의3(구두변론주의)로, "공판정에서의 변론은 구두로 하여야 한다."고 규정하고 있다. 통상 '구두변론'이라고 하면 형사법정에서 '구두 방식으로 이루어지는 모든 절차'라고 이해되고 있는 듯하다. 즉 구두로 이루어지는 증인신문, 피고인신문, 기타 증거조사 과정에 수반되는 구두 에 의한 증거제출 절차 등을 포함한다고 이해하는 것이다. 그러나 '구술 방식에 의한 심리 절차'와 '구두로 이루어지는 변론절차'는 분리하여 이해할 필요가 있다. 한 연구에 따르면 주장과 입증은 상호 구별되는 것이고, 구두변론이 원칙이자 의무라는 차원에서 구두로 해야 하는 것은 '법적 논증(legal argumentation)'의 성격을 가지는 것으로 한정된다고 한다. 즉 구두의 형식만으로 구두변론인 것은 아니라는 것이다. 다소 길지만 이에 대한 내용을 인용하면 다음과 같다. "입증(proof)은 사실 및 법률에 관한 법적 논증과는 다른 차원의 것이며, 또 원칙적으로 모든 입증을 구술로 해야 하는 것이 아니라 증거의 유형에 따라 증거조사방법이 정해져 있다(증거물 - 제시, 증거서류 - 낭독 또는 제시·열람/내용고지, 증거물인 서면 - 제시와 낭독, 증인 - 증인신문). 물론 증거조사에 있어서도 필요하다면 증거와 관련된 사항들을 구두로 설명하거나 또는 이에 관해

---

416) 제2장 전문은 한국형사정책연구원 원장의 공문 승인을 받아 게재되었음을 밝힙니다.
한국형사정책연구원(김대근·공일규), 『검사의 효과적 공판수행 기법연구 연구총서15-AA-0
1』, 105~115면.

논증을 펼칠 수도 있을 것이다. 이 경우 전자는 증거조사와 관련한 구술의 진술(요지설명)이 되는 것이고 사실 및 법률에 관한 '주장'은 아니며, 후자는 넓게 사실 및 법률에 관한 주장으로 포섭된다. 공판중심주의를 강조하면서 '조서재판'을 극복해야 한다는 말을 많이 하는데, '조서재판'이이라는 말은 원칙적으로 증인신문의 방법으로 해야 할 것을 증인을 참고인으로 한 진술조서로서 대체하는 것, 피고인에 대해 법정에서 직접 진술을 들어야 할 것을 검사나 사법경찰관 작성의 피의자신문조서로서 대체해 온 관행을 말하는 것으로 이를 지양해야 한다는 것은 직접주의 및 구술심리의 원칙과 원본증거 내지 최량증거의 원칙에 따라 법정에서 직접 증거조사하는 것, 즉 증인이나 피고인으로부터 진술을 듣는 것이 바람직하다는 것이다. 이 경우에 증거조사방법으로서 증인이나 피고인에 대한 구술에 의한 문답이 이루어지게 되는데, 이것을 구술심리 내지 구두주의라고 부를 수는 있어도 당사자의 일방적 주장이자 법적 논증의 성격을 가진다는 의미에서 구두변론이라 하지는 않는다. 결국 수사학적 전통에 따라 소송당사자가 '구두변론'이라는 이름으로 반드시 구두로 변론해야 할 것은 검사의 모두진술(opening statement)과 피고인측의 모두진술(opening statement), 검사의 구형과 논고 등의 의견진술(closing argumentation) 및 피고인·변호인측의 최종의견진술 내지 최후변론(closing argumentation)을 말하는 것이다. 검사나 피고인·변호인 입장에서 변론해야 할 것이 무엇인지 알지 못하고 재판부의 시각에서 구술심리라 부르는 것을 소송당사자가 그대로 물려받아 그것을 구두변론이라 오해해서는 안 된다."417)

---

417) 하재홍, 구두변론의 구성과 내러티브, 형사법의 신동향, 2015, 38-40면.

2. 구두변론 강화의 필요성

공판중심주의가 강화되면서 법정에서의 구두변론은 점점 더 중요해지고 있다.[418] 특히 국민참여재판이 시행되고 그 실시 건수가 증가하면서 비법률전문가인 배심원들을 상대로 법률적 쟁점들을 설명하고 설득하기 위해서 구두변론이 반드시 강화되어야 할 것이나, 직업 법관만을 상대로 한 일반 형사재판에 있어서도 수사의 과정을 직접 겪지 못하고 기록이나 간접적 진술을 통해서만 사건을 파악하고 그 결론을 내려야 하는 법관을 상대로 구두로 사건의 내용이나 증거관계를 충분히 설명하여야 할 필요가 있다는 점에서 여전히 구두변론은 매우 중요하다.

그럼에도 현재 형사재판이 진행되는 모습을 살펴보면, 검사는 모두절차에서 형식적으로 공소사실을 축약하여 설명하고 최종의견 진술 시에는 그냥 수사검사가 공판카드에 기재한 구형량만을 그대로 진술하거나 양형사유에 대한 간략한 언급을 하는 것에 그치고 있다.[419] 그런데 이는 증거관계와 관련 법리에 대한 치밀한 논리 구성을 통해 법관을 설득해야 할 책무를 가진 검사가 단순히 법정에서 여러 증거를 나열하고 제출하는 것에 그치고 나머지 그 증거를 통한 공소사실의 입증 여부에 대한 고도의 논리적 판단을 전적으로 법관에게 맡겨버리는 결과를 초래하여, 법관의 심증형성을 전혀 통제할 수 없게 되는 것이다.

검사가 형사재판의 가장 첫 단계인 모두진술을 통해 사건의 윤곽을

---

418) 앞서 언급한 대로 조서재판 방식이 아닌 법정에서 실질적인 증거조사를 거쳐 이를 토대로 판단을 내리라는 공판중심주의와 직결되는 것은 '구두변론'과는 구분되는 '구술심리'라고 할 것이나, 기록이나 검사가 제출하는 서면에 의존하지 않고 실제 법정에서 이루어지는 공방을 토대로 법관이 판단을 내려야 한다는 점에서 공판중심주의 하에서 구두변론의 중요성 또한 역시 증대되고 있다.

419) 실무상 공판절차 중 검사의 최종의견 진술 절차를 '구형'이라고 부르고 이를 최종의견 진술과 거의 동일한 의미로 사용하고 있는데, 이는 검사의 최종의견 진술 절차를 단순히 검사의 '형량에 대한 의견 진술' 절차로만 운용하고 있음을 그대로 보여주는 것이다.

어떻게 드러내느냐, 그리고 재판의 마지막 절차인 최종의견 진술에서 사건의 쟁점을 어떻게 잡아 해당 쟁점마다 증거조사를 통해 나타난 증거들과 쟁점이 어떻게 연관되어 있는지를 얼마나 잘 드러내느냐에 따라 법관이 사건을 바라보는 시각이 결정되고, 이는 유무죄 판단에 결정적인 영향을 미칠 수 있다. 따라서 법관의 심증형성을 효과적으로 통제하기 위해서는 검사의 구두변론을 강화하여야 할 필요가 있다.

제2절 구두변론의 기법

1. 구두변론의 핵심 - 모두진술과 최종의견 진술

형사재판 절차에서 구두변론을 하는 경우는 실무상 모두진술이나 최종의견 진술 이외에도 변호인의 증거신청에 대한 이의제기, 법관이 구두로 묻는 사항에 대한 구두 석명 등 다양한 형태로 나타날 수 있다. 그러나 사건의 윤곽을 설명하고 전체적인 증거조사의 결과를 토대로 한 혐의 인정 여부 및 법리적 쟁점에 대한 종합적 의견 제시를 통해 법관을 설득하는 절차를 구두변론으로 이해하면 '모두진술'과 '최종의견 진술'이 구두변론의 핵심이라고 할 것이다.

2. 구두변론의 기초 요령

모두진술이나 최종의견 진술 모두 그 목적은 법관을 설득하는 데에 있다. 그리고 그 모델은 오랫동안 실질적인 구두변론 절차를 실현해 온 서구, 특히 미국 배심재판에 있어서의 구두변론에서 찾을 수 있다. "서구에서 법관 또는 배심원을 대상으로 한 구두변론은 그

이론적 기초를 수사학의 전통에 두고 있다."고 한다.[420]

결국 검사는 구두변론을 통해 법관으로 하여금 검사가 제시하는 시각에서 사건을 바라보게 하고, 검사가 제출한 증거를 통해 공소사실이 충분히 입증된다는 점에 대해 법관을 설득하여야 한다. 검사가 법관을 상대로 하여 실시하는 구두변론 또한 사람 간 의사소통이라고 할 것이나, 다만 그것이 일방적인 소통이고 상대방을 설득한다는 일정한 목표 하에 이루어지는 것이라는 점이 일반적인 의사소통과는 다른 점이다. 그리고 그 일정한 목표를 달성하기 위해 치밀하게 짜여진 전략 하에 특별한 기술을 가지고 있어야 한다. 그러한 기술적 요소를 간략하게 정리하면 다음과 같다.

가. 법관의 시각에서 사건을 바라본다.

구두변론의 목적은 단순히 나의 생각이나 입장을 상대방에게 전달하는 것이 아니라, 상대방을 설득하여 나와 같은 생각을 하게 하는 것이다. 그렇다면 상대방인 법관이 어떤 시각에서 사건을 바라볼 것인지를 치열히 고민하고 법관이 그 시각에서 사건을 바라볼 때 어떤 점을 문제로 삼을 것인지, 어떤 점을 궁금해 할 것인지를 파악하여 이에 대해 언급하고 검사의 입장을 이해할 수 있도록 해야 하는 것이다.

나. 스토리텔링(storytelling) 기법을 사용한다.[421]

"스토리텔링은 사람들이 다른 사람과 의사소통하는 방식으로서 가장 기본적이고 또 친숙한 것이다."[422] 즉, 일정한 흐름에 따라 이야기를 이끌어나감으로써 듣는 사람으로 하여금 그 이야기를 자연스럽게 이해하고 자연스럽게 같은 결론에 도달할 수 있도록 해야 한다.

---

420) 하재홍, 앞의 논문, 48면.
421) 이 부분 자세한 내용은 하재홍, 앞의 논문, 661-62면 참조
422) 하재홍, 앞의 논문, 61면 재인용.

이처럼 스토리텔링 기법은 배심원이 피해자에 대하여 공감을 할 수 있게 함과 동시에, 논리적으로 주장을 해나가는 것보다 훨씬 더 실체적 진실을 전달하기 용이하다.[423] 다만, 검사는 이러한 스토리를 허위로 밝혀질 수 있는 내용으로 구성하여서는 안되고, 반드시 증언이나 증거에 의해 확실시되는 사실을 토대로 구성하여야 할 것이다.[424]

다. 쟁점은 3가지 이내로 정리한다.

사람이 어떤 사건을 경험하거나 많은 양의 정보를 한꺼번에 입수할 때 그 전체 사건의 내용이나 정보의 모든 내용을 한꺼번에 다 기억할 수는 없다. 사람의 두뇌는 그 사건의 내용이나 정보를 효과적으로 기억하기 위해 3가지 정도의 사건 내용이나 정보에 집중하게 된다. 미국의 심리학자 아트 마크먼(Art Markman)은 '스마트 싱킹(Smart Thinking)'이라는 책에서 위와 같은 현상을 '3의 원리'라고 부르고 있다. 어떤 사건을 경험할 때, 실제 환경에서 벌어지는 많은 일 중에서 한 번에 세 가지 정도에만 주의를 기울이게 된다는 것이다.[425] 검사가 구두변론을 함에 있어 사건의 쟁점이 3가지가 넘어 지나치게 많아질 경우 법관은 쟁점이 무엇인지조차 기억할 수 없을 뿐만 아니라 각 쟁점에 대한 검사의 분석에 대해서도 제대로 머릿속에 인식하지 못할 것이다. 따라서 검사는 법관이 구두변론의 내용을 효과적으로 받아들이도록 하기 위해 사건의 쟁점을 3가지 이내로 정리하여 진술하여야 한다. 이와 같이 쟁점을 적극적으로 선정하는 것은 검사가 전체 사건의 논의를 주도해나가는 데에도 도움이 된다.

---

423) 윤장석, 국민참여재판에서의 검사의 역할, 형사법의 신동향 제22호, 대검찰청, 2009, 103면.
424) 윤장석, 앞의 논문, 105면.
425) 아트 마크먼 저, 박상진 역, '스마트 싱킹', 진성북스, 2012, 93면.

라. 단호한 태도와 말투를 견지한다.

검사 또는 변호인이 법정에서 구두변론을 진행할 때 "~한 것으로 보인다.", "~한 것으로 볼 수 있다"는 등의 표현을 사용하는 경우가 많다. 이는 예부터 '겸손'을 강조해온 유교적 전통이 사회화되어 자신의 생각을 단정적으로 말하는 것에 거부감을 느끼기 때문인 것으로 이해될 여지는 있다. 그런데 위와 같은 표현은 듣는 사람으로 하여금 화자가 자신의 판단에 자신이 없는 것으로 느끼게 하고 그러한 판단에 오류가 있을지도 모르니 다른 측면에서 잘 살펴볼 필요가 있겠다는 인식을 가지게 할 소지가 크다. 따라서 "공소사실은 충분히 입증된 것으로 보인다"라는 표현보다는 "이상과 같이 살펴본 증거관계에 따르면 피고인이 공소사실과 같은 범행을 저지른 것이 명백하다"라는 표현을 사용하는 등으로 단호한 태도와 말투를 견지하여 법관에게 검사의 판단에 대한 신뢰감을 느끼도록 해야 한다.

마. 시간을 적절히 조절한다.

일반적으로 구두변론이라고 하면, 배심원들 앞에서 비교적 긴 시간을 두고 사건의 전체적인 흐름과 쟁점들에 관해 자세히 말하는 것을 연상하게 된다. 물론 배심재판, 우리 법제 하에서의 국민참여재판에 있어서 법률문외한이고 기록을 전혀 보지 못한 배심원들을 상대로 최종의견 진술을 하는 것이라면 충분한 시간을 두고 차근차근 설명할 필요가 있다.

그러나 전문법관이 재판을 진행하여 독자적으로 판단을 내리는 일반 형사재판에 있어서는 시간의 제약 등에 따라 효율적인 측면 또한 고려할 필요가 있다. 재판부마다 수십 건씩 재판을 진행하는 현재의 재판 실무 실태 및 전문법관이 재판을 진행하므로 법률적인 측면이나 쟁점에 관해 기초적인 부분에 대해서까지 설명을 할 필요는 없다는 점을 고려하여 시간을 적절히 배분할 필요가 있다.

3. 모두진술의 구성

가. 형사소송법 규정의 검토

1) 현행 형사소송법 규정 내용

형사소송법상 검사의 모두진술에 대한 근거규정은 제285조(검사의 모두진술)로, "검사는 공소장에 의하여 공소사실·죄명 및 적용법조를 낭독하여야 한다. 다만, 재판장은 필요하다고 인정하는 때에는 검사에게 공소의 요지를 진술하게 할 수 있다."라고 규정하고 있다. 그리고 실무상으로는 단서 규정에 따라 검사가 공소사실을 축약하여 그 요지를 간략히 진술하는 것으로 운용되고 있다. 결국 현행법상 검사는 모두진술에서 공소사실에 나타난 내용만을 진술할 수 있는 것처럼 규정되어 있는 것이다.

2) 현행 형사소송법 규정의 문제점

앞서 인용한 연구의 한 부분을 인용해보자. "진정한 구두변론의 대상이 되는 모두진술에는 무엇이 재판 대상이 되는 분쟁인가 하는 점의 개요를 보여주는 부분, 공소제기의 정당성과 필요성을 압축적으로 표현하는 말도 제시되어야 하며, 향후 증거조사과정에서 어떤 사실을 입증하고자 하는지, 공소장에 기재된 사실이 향후의 입증에 의해 사실로 밝혀지는 것을 전제로 재판장이나 배심원에게 어떤 사정을 감안해서 어떤 방향으로 판결을 내리는 것이 옳은지 제시하는 내용이 포함되어야 한다."[426]

---

426) 하재홍, 앞의 논문, 44면.

이는 단순히 검사의 입장에서 효율적인 구두변론을 진행하기 위해 필요할 뿐만 아니라, 실체적 진실발견이라는 형사재판의 궁극적 목적 달성을 위해서도 반드시 필요하다. 법관이 단순히 공소사실만을 들은 상태에서 재판을 시작하기보다 처음부터 사건의 쟁점이 될 만한 부분이나 대강의 입증계획에 대해 파악한 상태에서 재판을 진행하는 것이 실체적 진실에 더욱 효과적으로 접근할 수 있는 것이다. 물론 증거조사가 시작되기 전에 수사기록의 내용이 지나치게 많이 노출되면 법관이 선입견을 가질 수 있게 되고, 이것은 공소장일본주의를 통해 법관의 선입견 형성을 배제하려 한 형사소송법의 취지에 반하게 될 수도 있다. 그러나 이는 모두진술에서 노출할 수 있는 내용을 사안의 쟁점이나 입증을 위한 개략적인 계획 등 사안을 파악하기 위해 필요한 최소한으로 한정하고, 실제 증거기록의 현출 등 선입견 형성의 소지가 있는 것들을 제한하면 그 부정적 영향을 막을 수 있다. 또한 검사의 모두진술 다음에 바로 이어지는 피고인과 변호인의 모두진술 절차를 통해 검사의 모두진술 내용을 반박할 기회를 줌으로써 법관의 부적절한 선입견 형성을 방지할 수도 있을 것이다. 따라서 형사소송법의 개정을 통해 검사의 모두진술 내용 범위를 보다 폭넓게 규정할 필요가 있다.

3) 현행법제 하에서의 합리적 운용 방안

현행법 하에서도 법관의 승인 하에 공소사실의 요지 진술과 함께 주요 쟁점과 입증방법을 간략히 설명하는 것이 반드시 형사소송법 규정을 위반하는 것이라고 보기는 어렵다. 넓게 보아 기소의 취지를 포함한 공소사실의 요지에 대한 진술이라고 볼 수 있기 때문이다. 실제 국민참여재판에서는 검사의 모두진술 절차가 단순히 공소사실을 낭독하거나 이를 축약하여 진술하는 것에 그치지 않고 주요 쟁점과 입증계획을 함께 설명하는 방식으로 운용되고 있다.[427)]

한편 공판준비기일의 운용 폭을 확대하는 것도 좋은 방법일 수 있다. 형사소송법 제266조의5(공판준비절차)는 재판장에게 사건을 공판준비절차에 부칠 수 있는 권한을 부여하면서 공판준비절차를 통해 주장 및 입증계획을 서면 등으로 준비하게 할 수 있도록 하고 있다.428) 현재 실무상 형사합의부 관할 사건에 대해서는 대부분 공판준비기일을 열되 일반 공판기일의 1회 기일처럼 운용하기도 한다. 위와 같은 관행을 확대하여 첫 기일을 공판준비기일로 지정하여 운용하면 위 근거규정에 따라 해당 기일에 양측 주장의 요지나 입증계획을 진술하게 할 수 있을 것이다.

나. 모두진술의 구성429)

1) 구성요소의 개요

모두진술은 ① 사안의 개략적 소개, ② 공소사실의 요지, ③ 죄명 및 적용법조, ④ 피고인의 예상 주장 및 쟁점, ⑤ 입증계획의 순으로 진행한다. 재판의 서두로 법관이 사안의 내용을 전혀 모르는 상태이고 법관에게 부적절한 선입견을 가지지 않게 해야 한다는 제한이 있으므로, 사안의 내용과 예상 쟁점을 간략히 소개하고, 개략적인 공판 수행 계획을 밝히는 정도로 그치는 것이 좋다. 위 구성요소 중 ①, ②, ④, ⑤의 구체적 구성에 대해서는 아래에서 별도로 논한다.

---

427) 국민참여재판의 근거가 되는 국민의 형사재판 참여에 관한 법률에도 검사의 모두진술 절차에 관한 규정을 따로 두고 있지 않아 역시 형사소송법 제285조를 근거로 하는데, 법원에서는 위와 같이 모두진술의 내용을 폭넓게 허용하고 있다.

428) 형사소송법 제266조의5(공판준비절차) ① 재판장은 효율적이고 집중적인 심리를 위하여 사건을 공판준비절차에 부칠 수 있다. ② 공판준비절차는 주장 및 입증계획 등을 서면으로 준비하게 하거나 공판준비기일을 열어 진행한다. ③ 검사, 피고인 또는 변호인은 증거를 미리 수집·정리하는 등 공판준비절차가 원활하게 진행될 수 있도록 협력하여야 한다.

429) 이 부분은 하재홍, 앞의 글 63-68면을 참조하되, 현재 일반 형사재판(국민참여재판이 아닌) 실무의 실태에 비추어 현실적인 방안으로 재구성하였다.

2) 사안의 개략적 소개

사안이 가지는 상징성이나 사안에서 주목해야 할 점에 대해 한 두 줄 정도로 정리하여 사안의 의의를 밝히는 것이다. 사안을 바라보는 검사의 관점을 밝히는 것이라는 점에 있어 단순히 공소사실의 내용을 그대로 진술하는 ② 공소사실의 요지 부분과 구별된다. 검사의 관점을 서두에 밝힘으로써 법관으로 하여금 검사와 같은 시각에서 사건을 바라보도록 유도하기 위한 것이다. 등장인물이 많은 경우 이 단계에서 피고인 및 기타 등장인물에 대한 간략한 소개를 해도 좋을 것이다.

3) 공소사실의 요지

형사소송법 제285조 본문에서는 공소사실을 낭독하도록 하고 있으나, 법관은 이미 재판을 준비하면서 공소장을 읽어보았으므로 이를 그대로 읽는 것은 효과적이지 못하다. 공소사실의 핵심을 축약하여 진술할 필요가 있다.

4) 피고인의 예상 주장 및 쟁점

검사의 모두진술이 피고인 및 변호인의 모두진술보다 앞서 이루어지므로, 검사가 피고인의 정확한 입장을 알기 어려워 이 부분을 정확히 진술하기는 어려울 수도 있다. 다만 공판준비절차가 실시되었을 경우에는 준비절차에서 확인한 피고인의 입장을 토대로 진술할 수 있을 것이고, 공판카드나 증거기록의 사전 검토를 통해 수사 단계에서 피고인의 주장을 확인할 수 있고 공판절차에서도 그와 같은 주장을 견지할 것이 명백한 경우 수사 단계에서의 주장 내용을 토대로 공판단계에서의 주장을 예상하고 이를 토대로 쟁점을 정리할 수 있을 것이다.

공판준비절차의 진행이 필수적이지 않은 현행 법제 하에서는 피고인의 입장을 정확히 예상하기 어려운 경우도 있으므로, 그런 경우에는 부득이 생략할 수밖에 없을 것이다. 다만, 재판 초기에 쟁점을 명확히 하지 못할 경우 검사의 공판수행에 장애가 될 뿐만 아니라 법관의 입장에서도 효율적인 재판 진행을 할 수 없게 되므로, 공판준비절차를 필수적으로 거치도록 하거나 공판 시작 전 피고인 또는 변호인의 의견서 제출을 필수화하고 의견서가 제출된 후에 첫 기일을 지정하는 것으로 법을 개정하는 것도 검토할 필요가 있다.

5) 입증계획

이 부분은 주로 신청할 증인의 명단을 공개하고, 그 신문 순서에 대한 의견을 제시하는 방식으로 이루어져야 할 것이고, 그 밖에 사실조회신청이나 감정 등 다른 증거조사가 필요한 경우 그 의견을 함께 제시하면 될 것이다.

다. 모두진술의 사례

위 증인신문 사례에서 언급한 사안을 토대로 한 모두진술의 사례이다.

<표 5-2-1> 가상 사례의 모두진술

이 사건은 약 20년간 공무원으로 재직해온 피고인이 공무원의 탈을 쓴 브로커가 되어 이권에 개입하려 하고 그 대가로 금품을 수수한 사안입니다. 피고인은 1995. 3. 행복시 소속 9급 공무원으로 임용되어 근무하던 중 2013. 1.경 6급으로 승진하면서 행복시청 토지관리과에 발령받아 근무한 공무원입니다.	사안의 개략적 소개
피고인은 행복시 토지관리과 소속 6급 공무원으로, 2013. 2. 초경 행복시 소유 공원부지를 장기 임대받아 그곳에 골프장을 건설하고자 하는 김○○으로부터 위 공원부지 관리를 담당하는 공원관리과 담당 공무원을 통해 위 공원부지를 장기임대 받을 수 있도록 도와달라는 부탁을 받고 도와주겠다고 말한 후 그 대가로 2013. 3. 3. 2,900만원을 교부받은 사실로 기소되었습니다.	공소사실의 요지
이에 대해 알선수뢰죄로 의율하고, 형법 제132조를 적용하였습니다.	죄명 및 적용법조
피고인은 수사과정에서 2,900만원을 교부받은 사실은 인정하면서도 공원부지 장기임대를 위한 알선을 해주겠다고 말하거나 알선을 한 사실이 없으며, 위 돈은 알선의 대가로 받은 것이 아니라 급히 돈이 필요하여 빌린 것일 뿐이라고 주장한 바 있고, 공판과정에서도 동일한 주장을 할 것으로 보입니다.[430) 결국 이 사건의 쟁점은 위 돈이 알선의 대가로 교부된 것	피고인의 예상 주장 및 쟁점

인지 아니면 대여금으로 교부된 것인지에 있다고 할 것인데, 김○○의 진술이나 기타 정황 등을 종합하면 알선의 대가로 교부된 것임이 명백합니다.	
이를 입증하기 위해 공여자 김○○을 증인으로 신문하고자 합니다. 그리고 그 증언을 보강하기 위해 김○○의 직원 이○○를 증인으로 신문하고, 그 밖에 본건 수사를 통해 확보된 입출금거래내역, 사업계획서 등을 증거로 제출하고자 합니다.	입증계획

4. 최종의견 진술의 구성

가. 검사의 최종의견 진술의 의의

1) 검사의 최종의견 진술의 근거 규정

검사의 최종의견 진술의 근거 규정은 형사소송법 제302조(증거조사 후의 검사의 의견진술) 본문으로, "피고인 신문과 증거조사가 종료한 때에는 검사는 사실과 법률적용에 관하여 의견을 진술하여야 한다"고 규정하고 있다. 그런데 위 규정 자체에서 "의견을 진술"한다는 문언을 사용함으로써 검사의 최종의견 진술431)이 단순한 당사자 일방의 의견 개진인 것처럼 보일 소지가 있으나 이는 검사의 최종의견 진술의 성격, 구두변론의 성격을 잘못 파악한 것이라고 하겠다.

---

430) 이 부분 이하의 내용에 대해서는, 법원의 모두절차 운용 방안 여하에 따라 검사가 일단 그 윗부분, 즉 죄명 및 적용법조에 대한 부분까지만 진술하고, 이후 피고인 측의 입장을 확인한 후에 검사의 입증계획을 확인하는 과정에서 진술하는 방식으로 운용할 수도 있을 것이다.
431) 법에서 의견진술이라는 문언을 사용하고 있으므로, 이를 그대로 따라 부르기로 한다.

2) 검사의 최종의견 진술의 성격

"검사의 최종의견 진술은 법적 논증의 성격을 가지는 것으로, '각자 이렇게 저렇게 자유롭게 생각할 수 있는 성격의 사안에서 내 의견은 이렇다'라고 말하는 것과 같은 차원의 것이 아니다. 검사의 최종의견 진술은 청자인 법관을 대상으로 증거조사를 통해 확인된 증거에 입각해서 어떠한 판단을 내리는 것이 옳은가에 관해 설득하는 것이지 단지 검사나 변호인의 생각이 어떻다는 진술에 그치는 것일 수 없는 것이고, 또 어떤 쪽으로 판단을 내리든 그것은 법관과 배심원의 취향대로 자유롭게 내버려 두어도 좋다는 내용일 수도 없기 때문이다."[432] 즉 검사의 최종의견 진술은 단순히 다양한 시각에서 나올 수 있는 여러 의견 중 하나를 말하는 것이 아니라, 검사가 사건을 바라보는 시각이나 공소사실이 유죄로 인정된다는 판단이 옳다고 것을 복잡한 법적 논증 절차를 거쳐 설득하는 작업인 것이다. 따라서 검사의 최종의견 진술은 법관을 설득하는 데에 효과적인 요소들로 구성하되, 법관이 그 논리를 자연스럽게 받아들일 수 있도록 철저하게 논리적이고 일정한 흐름을 가진 구조로 구성할 필요가 있다.

---

432) 하재홍, 앞의 논문, 46면.

나. 검사 최종의견 진술의 구성[433]

1) 구성요소의 개요

검사의 최종의견 진술은, ① 서두, ② 피고인의 주장 및 쟁점, ③ 각 쟁점별 논증, ④ 피고인 측 주장에 대한 반박, ⑤ 양형사유(주로 엄중한 처벌이 필요한 사유), ⑥ 결론으로 구성할 수 있다. 아래에서 각 요소의 구체적인 구성에 관해 논하도록 한다.[434]

2) 서두

증거조사 절차가 마무리되었고, 이를 통해 피고인의 혐의가 명백해졌음을 단정적으로 표현함으로써 시작한다. 그리고 공소사실의 요지를 다시 환기한다. 사안의 중대함 등을 다시 강조하여 검사가 공판 과정이 진행되면서 피고인에 대해 가지게 되었을지도 모를 동정심, 연민 등의 감정을 완전히 배제할 수 있도록 유도할 필요도 있다.

3) 피고인의 주장 및 쟁점

피고인이 공판절차를 통해 해온 주장의 요지를 정리하고, 이에 따라 어떤 것이 쟁점이 될 것인지를 정리한다. 검사가 모든 입증책임을 지는 형사재판에서 결국 공소사실 중 피고인이 인정하는 것 이외에 부인하는 사실의 입증 여부가 주로 쟁점이 될 수 있다. 쟁점을 선정함에 있어서는, 철저히 법관의 시각에서 바라볼 필요가 있다. 공판을 마무리한 시점에서 법관의 가장 큰 관심사는 '판결문을 어떻게 써야 할 것인가'에 있다. 따라서 법관이 판결문을 쓸 때의 사고와 동일한 구조로 논리를 전개하여야만 법관을 성공적으로 설

---

433) 이 부분도 하재홍, 앞의 글 68-72면을 참조하되, 현재 일반 형사재판(국민참여재판이 아닌) 실무의 실태에 비추어 현실적인 방안으로 재구성하였다.
434) 다만, 이 부분은 주로 공소사실의 유죄 입증을 위한 법관 설득 요령을 논하고 있으므로, ⑤ 양형사유에 관한 구성 에 대해서는 생략하기로 한다.

득할 수 있을 것이다. 예를 들어, 피고인이 뇌물을 받은 사실을 부인하는 경우 검사는 쟁점을 '피고인이 뇌물을 받은 사실이 있는지 여부'로 잡는 것이 보통이다. 그런데 법관의 관심은 위와 같은 사실을 인정하여 유죄판결을 선고할 때 판결문에 증거의 요지로 무엇을 쓸 것인지에 있다고 할 것이다. 따라서 오히려 위와 같은 경우 쟁점은 피고인에게 뇌물을 주었다는 공여자의 진술에 신빙성이 있는지 여부를 쟁점으로 잡아 그 신빙성을 뒷받침할 다른 정황들을 논리적으로 구성하여 보완하는 것이 법관을 설득하는데 더욱 유용할 것이다. 한편, 앞에서도 언급한 바와 같이 쟁점은 3가지 이내로 정리할 필요가 있고, 이 단계에서 그 각 쟁점을 하나하나 언급해주어 법관에게 검사가 설정한 쟁점을 각인시켜야 한다.

4) 각 쟁점별 논증

각 쟁점에 대한 논리를 상세히 전개한다. 다만, 이 부분은 검사의 최종진술 중 가장 긴 부분으로 여러 쟁점을 연달아 언급하면서 법관이 혼동을 일으켜 어느 쟁점에 관한 논증을 하고 있는 것인지 그 흐름을 놓칠 소지가 있다(또는 놓칠 가능성이 크다). 따라서 각 쟁점에 대한 논증을 전개하기 전에 어느 쟁점에 대한 논증을 하려는 것인지 분명히 밝히고 해당 부분에 대한 논증을 시작하여야 한다. 또한 각 쟁점별 논증이 끝나고 나면 다시 한 번 각 쟁점을 언급하여 각각 어떤 사항에 대해 논증을 하였는지 법관에게 상기시킬 필요가 있다. 이와 같은 반복은 법관으로 하여금 검사가 설정한 쟁점을 자연스럽게 받아들이도록 하는데 매우 효과적이다.

5) 피고인 측 주장에 대한 반박

검사의 공소사실 중 피고인이 부인하는 부분이 각종 증거조사를 통해 사실인 것으로 인정되면, 결국 피고인은 그 부분에 관해 거짓말을 하고 있는 것이 된다. 그런데 공소사실을 유죄로 인정받기 위해서는 피고인이 거짓말을 하고 있다는 것을 입증해야 하는 것이 아니라, 해당 공소사실을 뒷받침할 증거들이 있고 그 증거들이 충분한 증명력을 가진다는 것을 부각시켜 공소사실의 존재를 입증하여야 하는 것이다. 다만, 법관이 공소사실을 뒷받침할 증거, 그 중에서도 목격자, 피해자, 뇌물공여자 등 주요 증인의 증언에 신빙성이 있는지 여부를 판단함에 있어 피고인의 주장이 허위인지 여부 또한 실질적으로는 중요한 근거가 된다. 따라서 각 쟁점별 증거관계에 대한 논증을 통해 공소사실을 입증할 증거가 충분하다는 점을 설득한 후 피고인의 주장이 거짓말이라는 점(일관성이 없다는 점, 상식에 반한다는 점, 객관적 자료와 일치하지 않는다는 점 등)을 한 번 더 강조해주면 법관을 보다 더 확실히 설득할 수 있는 것이다.

다. 최종의견 진술의 사례

앞에서 예로 든 사안을 바탕으로 최종의견 진술의 사례를 제시한다.

<표 5-2-2> 가상 사례의 최종의견 진술

존경하는 재판장님, 지금까지 검찰이 확보하여 제출한 각종 증거에 대한 조사를 통해 피고인의 혐의를 입증할 여러 증거들을 살펴보았습니다. 그리고 이를 통해 피고인이 공소사실과 같은 범행을 저지른 사실이 명명백백하게 드러났습니다. 피고인은 행복시 소속 6급 공무원으로, 행복시 소유 공원부지를 장기 임대받아 그곳에 골프장을 건설하고자 하는 김○○으로부터 위 공원부지 관리를 담당하는 공원관리과 담당 공무원을 통해 위 공원부지를 장기임대 받을 수 있도록 도와달라는 부탁을 받고 그 대가로 2013. 3. 3. 2,900만원을 교부받았다는 사실로 기소되었습니다.	서두
이에 대해 피고인은 돈을 받은 사실은 인정하면서도 공원부지 장기임대 알선의 대가로 받은 것은 아니라고 주장하고 있습니다. 그러나 피고인에게 위 금원을 교부한 김○○은 이를 장기임대 알선의 대가로 지급한 것이라고 진술하고 있습니다. 결국 김○○의 진술에 신빙성이 있는지 여부가 이 사건의 핵심이라고 할 것입니다. 그리고 저는 지금부터 김○○의 진술에 신빙성이 있다는 점을 말씀드리기 위해 다음	피고인의 주장 및 쟁점

의 세가지 점에 대해 말씀드리고자 합니다. ① 김○○의 진술이 상식에 부합하고 일관되어 있다는 점, ② 다른 관련자 이○○의 진술과 일치한다는 점, ③ 객관적인 정황들과도 일치한다는 점입니다.

첫 번째, 김○○의 진술은 상식에 부합하고 매우 일관되어 있습니다.

김○○은 한○○를 통해 피고인을 소개받고 불과 2개월도 채 못 되어서 2,900만원이나 되는 돈을 주었습니다. 소개 받은지도 얼마 되지 않고 그 사이에 특별히 개인적인 왕래가 없는 사이에서 적지 않은 돈을 빌려주었다는 것은 상식에 반합니다. 오히려 사업을 진행하는 상황에서 그 사업에 필요한 도움을 받기 위해 그 대가 명목으로 주었다는 김○○의 진술이 상식에 부합합니다.

다음으로, 이○○의 진술과 부합합니다.

이○○는 김○○과 동행하여 피고인을 만난 자리에서, 피고인이 공원부지 장기임대를 받을 수 있으니 도와주겠다고 말하는 것을 들었고 그 직후부터 김○○의 지시로 사업계획서를 작성하였다고 진술하여 김○○의 진술과 일치합니다. 그 밖에 그 자리에서 오간 세부적인 대화 내용들에 대해서도 이○○의 진술과 김○○의 진술이 서로 일치합니다.

마지막으로, 김○○의 진술은 사건을 전후한 객관적 정황들과도 일치합니다.

김○○이 피고인을 만나 부탁한 직후부터 사업계획서

각 쟁점별
논증

를 구체적으로 작성하고 설계도까지 받은 사실이 확인되었습니다. 김○○이 피고인에게 2,900만원을 준 이후 지금까지 그 변제를 독촉하거나 이자를 지급받은 사실도 전혀 없는 것으로 나타났습니다. 그렇다면 김○○의 진술처럼 2,900만원은 대여금이 아닌 알선의 대가인 것으로 볼 수밖에 없습니다.	
결국 김○○의 진술은 상식에 부합하고 일관되며, 이○○의 진술과 일치하고, 객관적인 정황과 일치하여 사실에 기반한 것임이 명백하며, 이를 통해 피고인이 김○○으로부터 받은 2,900만원은 공원부지 장기임대 알선의 대가임이 여실히 확인되고 있습니다.	
반면, 피고인의 주장은 거짓임이 명백합니다. 피고인과 김○○의 관계 등에 비추어 그렇게 큰 돈을 빌려주고 받을 사이가 아니고, 피고인의 주장에 따르더라도 이를 상환하려 노력하거나 이자를 지급한 사실도 전혀 없어 대여금이 아님이 명백합니다. 무엇보다 피고인은 검찰 조사 과정에서 처음에는 돈을 받은 사실조차 부인하다가 김○○과의 대질을 통해 추궁하자 마지못해 돈을 받은 사실은 인정하면서 대여금이라고 주장하는 등 그 진술을 수시로 번복한 바 있습니다. 또한, 자신의 주장을 뒷받침할 증인으로 내세운 동생 박상우의 증언 또한 상식에 반하거나 모순점이 많아 믿을 수가 없습니다. 따라서 피고인의 주장은 거짓임이 분명합니다.	피고인 측 주장에 대한 반박

결국, 피고인의 주장은 거짓인 반면, 김○○의 진술은 충분히 믿을 만하고 이를 통해 공소사실은 명백하게 입증이 되었습니다. 또한 공무원의 신분을 망각하고 그 지위를 이용해 브로커 노릇을 한 범행의 내용 또한 매우 질이 나쁩니다. 사회에 경종을 울리고 자신의 본분에 충실하며 묵묵히 일하고 있는 수많은 공무원들이 박탈감을 느끼지 않게 하기 위해서라도 반드시 이 사건 범행에 대해 엄중한 처벌이 이루어져야 할 것입니다.

피고인을 징역 2년에 처해 주시고, 피고인으로부터 2,900만원을 추징해주시기 바랍니다. 이상입니다.

결론

제3장 면담

제1절 인지 면담(cognitive interview) 기법의 활용

인지 면담 기법은 법심리학 연구에서 가장 성공적인 사례 중 하나로 꼽히며 목격증인 분야에서 자주 인용되는 기법이다. 그 골자는 면담자(신문자)가 자신이 알고자 하는 정보를 미리 정하여 그에 따라 질문하는 것이 아니라, 증인의 기억을 활성화하는 일종의 보조자(facilitator) 역할을 하고, 질문의 순서도 증인이 기억하기 좋은 순서에 따라 유연하게 행하는 것이다.[435] 이는 내담자(증인)로부터 획득하는 정보의 양을 늘리고 수사기관 등이 보다 완전하고 정확한 정보를 획득하는 데 도움을 주는 기억 회상의 기법으로 구성되어있다. 인지 면담 기법은 협조적인 대상자를 전제로 하므로 범죄혐의자와 같은 비협조적 증인의 경우에는 적합하지 않다.[436]

1. 인지 면담 기법의 개요[437]

가. 이론적 배경

인지 면담 기법은 기억에 관한 여러 이론과 관계가 있다. 첫째, 부호화된(encoded) 정보와 회상 단서(retrieval cue) 사이에 겹치는 부분이 많을수록 회상 단서가 효과적이라는 이론이다. 따라서 최초 부호화된 맥락을 복원하면 저장된 정보의 접근성이 높아진다. 둘

---

435) 박광배(주 487), 228.
436) Amina Memon, "Telling it all: The Cognitive Interview", Psychology and Law: Truthfulness, Accuracy and Credibility 170 (1999), 170.
437) 이 부분 내용은 Amina Memon et al., "The Cognitive Interview: A Meta-Analytic Review and Study Space Analysis of the Past 25 Years", 16 Psychol. Pub. Pol'y & L. 340 (2010. 11.), 341-342 Amina Memon(주 643), 171-174을 요약·정리하였다.

째, 다중 추적 이론(multiple trace theory)이다. 기억은 연상의 네트워크로 이루어져 있고, 따라서 기억을 회상할 수 있는 여러 수단이 가능하다는 것이다. 셋째, 도식 이론(schema theory)이다. 선험(prior experience)지식에 의한 인지 도식(schema)에 따라 정보를 정리하는 방법으로 기억의 부호화가 이루어진다는 것이다. 이에 따르면 증인은 기억의 회상 단계에서 선험 지식의 정보 체계에 따라 빈 공간을 채우게 될 수도 있으므로, 인지 도식에는 부합하나 실제 존재하지 않았던 정보가 회상되거나 그 반대로 실제 존재하였으나 인지 도식에는 부합하지 않는 정보가 제거될 수도 있다.

나. 최초 고안된 인지 면담 기법

Ed Geiselman(University of California, LA)과 Ron Fisher(Florida International University)에 의하여 최초로 고안된 인지 면담 기법은 사건의 회상을 촉진하기 위한 아래의 4가지 기법으로 이루어져 있다. 세 번째 기법과 네 번째 법 순서를 제외하고는 순차적으로 사용하도록 권장되는 것으로 보인다. 첫 번째 기법은 '맥락 복원(context reinstatement)'인데, 증인에게 사건 당시의 물리적, 정신적 맥락을 재구성하도록 격려하는 방법이다. 신문자는 증인에게 사건 현장의 환경(예를 들어 방 안에 있는 물건의 위치 등)에 관한 이미지나 인상을 떠올리도록 요구하고, 당시 증인의 감정이나 소리, 냄새, 물리적 상태(온도, 습도 등) 등을 묘사하도록 요구한다. 두 번째 기법은 불완전하거나 부수적인 정보라도 사건에 관계된 '모든 것을 보고(report everything)'하도록 장려하는 방법이다. 부분적 정보를 조합함으로써 보다 중요한 정보에 접근할 수 있게 된다. 세부사항을 많이 보고하는 증인이 법정에서 보다 신빙성 있는 것으로 판단될 가능성도 높다. 세 번째 기법은 관점의 다양화(variety of perspectives)이다. 증인으로 하여금 피해자나 다른 증인의 입장에서 가정적으로 사건을 보고하게 하는 방법이다. 예컨대

"그 사람의 입장에서 무엇을 보았을지 말해 보라."고 묻는 식이다. 이는 증인의 선험적 지식이나 기대에 의하여 기억이 제한되는 것을 막고자 하는 취지에서 시도된다. 그러나 이 기법에 대하여는 아동 증인의 경우 관점을 변경하는 데 어려움이 있고, 이러한 진술 내용은 법적 절차에서 추론에 불과하다고 간주될 수 있다는 단점이 지적된다. 네 번째 기법은 시간 순서의 변경[reverse (temporal) order]이다. 통상 신문은 시간 순서대로 진행되지만 그 순서를 바꾸어 중간부터, 또는 끝에서부터 사건에 관해 보고하도록 하는 방법이다. 이 기법 또한 인지 도식 이론에 근거하여 그에 부합하지 않는 정보도 이끌어내고자 하는 목적으로 시도된다. 이 기법에 대하여는 앞서의 맥락 복원 기법과 결합될 경우 추가적인 정보를 이끌어내는 데에 상대적으로 비효율적이라는 문제점이 지적된다.

다. 개선된 인지 면담 기법

Ron Fisher 등은 그 후 앞서의 기법들을 효율적으로 시행하기 위하여 필요한 의사소통 기술(social skill or communication strategy)을 추가하여 개선된 인지 면담 기법을 제안하였다. 주요 추가 내용은 다음과 같다. 첫째, 우호관계 구축(rapport building)이다. 여기서 중요한 점은 신문자가 증인에게 (a) 자신이 아닌 '증인'이 진술한다는 점을 명백히 하고, (b) 생각하고 답변할 시간을 주는 등으로 통제권을 넘기는 것(transfer of control)이다. 증인은 자신이 신문에서 수동적 역할을 하는 것으로 오해하는 경향이 있기 때문이다. 신문자는 질문을 최소화하고 답변 내용을 명확히 하기 위해 필요한 경우만 구체적 질문을 하도록 권장된다.

둘째, 집중된 회상(focused retrieval)이다. 이는 앞서의 맥락 복원 기법과 함께 사용되며, 증인으로 하여금 범인의 얼굴 등 사건의 다양한 측면에 관한 정신적 이미지에 집중하도록 하는 방법이다.

셋째, 증인 친화적 신문(witness compatible questioning)으로 증인이 회상하여 진술하는 패턴에 맞추어 신문을 하는 방법이다. 예컨대 증인이 범인의 옷에 관하여 진술하고 있다면 신문하는 자는 갑자기 그 주제를 범인의 행동에 관한 것으로 바꿔서는 안 된다. 넷째, 지지하는 행동(supportive interviewer behavior)이다. 증인의 회상을 촉진하기 위해 편안한 분위기를 조성해야 한다. 신문하는 사람 자신도 편안한 방식으로 앉아 갑작스러운 행동을 피하고 경청하는 모습을 보이는 것이 좋다.

2. 인지 면담 기법의 활용 현황

인지 면담 기법은 수사기관 등의 효율적인 신문 기법 개발 차원에서 제안되어 여러 나라에서 활용되고 있다. 대표적으로 미국 연방 법무부의 목격증인 수사에 관한 보고서[438]에 인지 면담 기법에서 제안된 내용이 많이 수용되어 있다. 예컨대 신문할 때 피신문자에게 답변을 재촉하지 말고 스스로 주도하여 진술하도록 하고, 모든 세부사항을 보고하도록 장려하며, 진술 도중 개입을 자제하고, 사건 현장에 관한 정신적 이미지를 떠올려보게 하라는 등의 내용이다.[439] 영국에서도 경찰관들이 면담을 할 때 유념하여야 할 교육훈련 지침으로서 PEACE 모델[440]이 제시되고 있는데, 이 또한 인지 면담 기법을 받아들인 것으로 언급되고 있다.[441]

---

438) U.S. Department of Justice, "Eyewitness Evidence: A Guide for Law Enforcement" (1999. 10.): 목격증인 수사에 관한 매뉴얼로 활용되도록 작성되었다.

439) 이 보고서 작성에는 법조인 및 경찰관뿐만 아니라 심리학자들도 다수 참여하여 인지 면담 기법 외에도 여러 법심리학적 연구 성과들이 많이 반영되어 있다고 보인다. 예를 들어 증언에 대한 외부적 영향을 차단하기 위해 다른 증인이나 관계자와의 접촉을 삼가도록 한다든가, 신문하는 자가 다른 경로를 통해 사건에 관 해 알고 있는 정보를 미리 이야기하지 않도록 하는 등의 내용이다.

440) ① Planning and Preparation, ② Engage and Explain, ③ Account, Clarification and Challenge, ④ Closure, ⑤ Evaluation을 뜻한다.

441) 김동완(주 616), 608-609 Amina Memon et al.(주 644), 362.

3. 인지 면담 기법에 관한 연구

인지 면담 기법과 관련하여 전통적 면담 기법과 비교하여 행한 연구에서 인지 면담 기법에 의한 실험 대상자들로부터 오류나 작화(作話, confabulation)의 증가 없이 약 35%의 더 많은 정확한 정보를 이끌어낼 수 있었다는 결과가 나왔다. 증인이 인지 면담 기법에 의하여 신문된 경우 전통적 면담 기법에 의해 신문된 경우 보다 선행된 암시적 질문에 오도될 가능성이 더 줄었다는 연구 결과도 있다.442) 조작된 답변을 강요하는 오도신문(misleading questions) 전에 인지 면담 기법이 시행된 경우 이후의 재인검사(再認檢査, recognition test)에서 더 정확하게 세부사항을 보고하고 출처를 파악(source monitoring)하였다는 결과도 보인다.443) 진위 판단과 관련하여서도 인지 면담 기법 중 시간적 순서를 바꾸어 진술하게 하는 방법을 사용할 경우 거짓말을 하는 자의 인지적 부담(cognitive load)을 증가시켜 관찰자의 거짓말 탐지 능력을 향상시켰다는 연구 결과가 보고되었다.444)

그러나 인지 면담 기법의 효과는 신문 담당자에 대한 교육훈련에 많이 의존한다는 문제점이 지적된다.445) 일상적으로 적용하기에 너무 복잡하고,446) 경찰관들에게 너무 큰 부담을 준다는 것이다.447)

---

442) Amina Memon(주 643), 174.

443) Amina Memon et al., "Inoculation or Antidote? The Effect of Cognitive Interview Timing on False Memory for Forcibly Fabricated Events", 34 L. & Hum. Behav. 105 (2010. 4.), 105 Amina Memon et al.(주 644), 358.

444) Aldert Vrij et al., "Increasing Cognitive Load to Facilitate Lie Detection: The Benefit of Recalling an Event in Reverse Order", 32 Law & Hum. Behav. 253 (2008. 6.). 참고로 이 연구에서는 인지적 부담의 언어적 단서(verbal cues)로 시각적, 청각적, 맥락적 세부사항의 부족함을, 목소리 단서(vocal cues)로 질문과 대답 사이의 시간 경과, 진술 중 중지하고 망설이는 경우의 증가, 언어적 실수의 증가, 말하는 속도의 느려짐 등을, 시각적 단서(visual cues)로 몸짓, 손의 움직임, 다리의 움직임 등의 감소 및 시선의 회피, 머리·손목 등 자신의 신체를 만지는 행위(self-adaptors) 등을 사용하고 있다.

445) Amina Memon(주 643), 183.

446) Timothy J. Perfect et al., "How Can We help Witnesses to Remember More? It's an (Eyes) Open and Shut Case", 32 Law & Hum. Behav. 314 (2008. 8.) 위 논문에서는 증인에게 단지 눈을 감고 회상하라고 지시하는 것만으로도 인지 면담 기법을 사용한 것과 같은 정도의 효과를 거둘 수 있다고 주장하고 있다.

아동 증인의 경우 인지 면담 기법을 이해하는 데 어려움이 있고, 오히려 오류와 작화(作話)를 높인다는 연구 결과를 바탕으로 그 한계가 지적되기도 한다.[448] 기법의 효과적인 적용 측면에서 여러 경험적 연구 결과의 분석(메타분석)을 토대로 증인에게 모르면 모른다고 대답하라거나 추측하지 말 것을 상기시키는 방법이 권장되기도 한다.[449] 대상 측면에서 젊은이들보다 노인들에게서 인지 면담 기법에 의한 효과가 더 있다는 분석 결과도 제시된다.[450]

---

447) Amina Memon et al.(주 644), 362-363.
448) Amina Memon(주 643), 182.
449) Amina Memon et al.(주 644), 358.
450) Amina Memon et al.(주 644), 359.

제2절 아동 면담에서의 바람직한 신문 기법

아동의 경우 높은 피암시성 등으로 인해 부적절한 질문을 하게 되면 왜곡된 진술을 유발할 수 있다. 부적절한 질문의 유형은 아동이 한 말의 의미를 바꾸어 다르게 표현하거나, 아동에게 제한된 범위 내에서 선택을 하게 하거나, 여러 개의 질문을 한 개의 질문에 중첩하여 하는 경우 등이다.[451] 또한 아동에게 강한 암시를 주거나 반복적 질문, 반복적 면담을 행하는 경우 성적 학대를 잘못 보고한 비율이 표본의 1/3에서 1/2 사이였다는 연구 결과도 있다.[452] 아동 면담에서는 특히 적절한 질문을 하는 것이 중요하다는 점을 알 수 있다.

1. 아동 면담에서의 질문 유형

다음은 Faller에 의해 제시된 아동 면담에서의 바람직한 질문 유형과 금지해야 될 질문 유형을 정리한 것이다.[453]

---

451) 박광배(주 489), 411-412.
452) Karl A. Menninger II(주 171), 18.
453) K. C. Faller, Understanding and Assessing Child Sexual Maltreatment (2nd ed.), Thousand Oaks: Sage, 111[박광배(주 489), 412, 430에서 재인용].

바람직함	질문 유형	정의	예시
가장 바람직한 질문	일반적 질문 (General Question)	아동의 일상생활과 건강, 친구관계, 학교생활 등에 대한 개방형 질문	"내가 도와줄 일 없니?" "오늘 기분이 어때요?"
	초청하는 질문 (Invitational Question)	특정 사건이나 경험에 대한 개방형 질문	"의사선생님한테 갔었던 것에 대해서 생각나는 대로 다 말해줄 수 있을까?" "무슨 일이 있었다고 들었는데, 가능한 자세히 말해 볼래?"
필요할 때 허용되는 질문	초점 질문 (Focused Question)	아동에게 정보를 주지 않으면서 특정 주제, 장소, 사람 등에 초점을 맞추는 질문	"유치원에 대해서 말해 볼래?" "아빠에 대해서 말해 줄래?" "아빠가 어떤 점이 좋은지 말해 볼까?" "고추에 대해서 말해볼까?" "누가 고추를 갖고 있지?"
	촉진 신호 (Facilitative Cue)	아동이 진술을 계속하도록 촉진하기 위한 질문자의 몸짓, 말	"어~" "그리고 또 무슨 일이 있었지?"
	후속 질문 (Follow-up Question)	아동의 경험에 대하여 더 자세한 정보를 얻기 위한 질문	"어디에서 그랬는지 생각나니?" "너는 무슨 옷을 입고 있었지?" "엄마는 어디 있었어?"
가능한 피해야 할 질문	선다형 질문 (Multiple Choice Questions)	아동으로 하여금 주어진 대안들 중 하나를 선택하게 하는 질문	"그 사람이 그것을 한 번 했어? 아니면 여러 번 했어?" "낮에 그랬니, 밤에 그랬니, 아니면 낮에도 그랬고 밤에도 그랬니?"
	외생 질문 (Externally Derived Questions)	아동의 면담에서 드러나지 않은 정보에 관한 질문	"너 혹시 카메라에 대해 기억나는 것 없니?" "그 오빠가 말하지 말라고 했어?"
	직접 질문 (Direct Question)	특정 행위 여부를 단도직입적으로 묻는 질문	"아저씨가 고추를 만졌어?" "똥꼬를 찌른 사람이 아빠니?"
	반복적 질문 (Repeated Question)	동일한 질문의 반복	"가방이 어떻게 됐어", "가방이 어떻게 됐는지 기억 나?"
반드시 금해야 할 질문	유도신문 (Leading Question)	아동의 긍정을 유도하는 질문	"그 오빠가 자기 고추를 네 입에 넣었지"? "그 오빠는 청소하고 있었지?"
	오도신문 (Misleading Question)	사실이 아닌 정보를 암시하고 그것에 대해 아동이 긍정하도록 유도하는 질문	"그 아저씨가 네 몸 어디를 만졌는지 보여줄래?" (만진 사실이 없는 경우)
	강압 (Coercion)	아동의 동의를 획득하거나 아동으로부터 정보를 얻기 위하여 부적절한 회유를 사용하는 질문	"아빠가 뭘 했는지 말하면 아이스크림 사줄게" "사실대로 말하지 않으면 경찰을 부를 테야"

2. 아동 면담의 기법

또한 아동의 인지적, 발달적 특성에 관한 심리학적 연구 결과를 바탕으로 체계적인 면담 기법이 제시되기도 하는데, 전미 아동 건강 및 인간 발달 연구소(NICHD; National Institute of Child Health and Human Development)의 아동 면담 지침(Protocol on the Quantity and Accuracy of Child's statement)이 그 예이다. NICHD 아동 면담 지침은 자유회상 기법을 활용하여 아동의 기억 회상을 촉진시키고, 아동의 진술을 최대한 이끌어내며, 그 신뢰도를 높이기 위할 목적으로 최적화한 조사기법이다. 이는 조사관들이 사용할 수 있도록 개발한 구체적이고 구조화된 조사기법 프로토콜로서 소개 및 기본규칙 설명, 라포 형성 및 사전진술훈련, 사건 관련 면담, 후속 질문 및 자신이 경험한 사실에 대해 진술할 때 양적·질적으로 풍부한 정보를 구체화시킬 수 있게 하는 종료 단계로 구성되어 있다. 그 내용은 실제 면담을 할 때와 같은 방식으로 예시되어 있는바, 아래에서는 이를 번역하여 소개한다.

<u>NICHD 면담 지침</u>

I. 도입

① "안녕, 내 이름은 ○○○고 ○○○일을 하고 있어(방 안에 있는 다른 모든 사람을 소개한다. 그 밖 의 사람은 참석하지 않는 것이 바람직하다.). 오늘은 ○○○○년○○월○○일이고 지금 시간은 ○시야. 우리는 ○○○에서 면담하고 있는 거야."
"여기 비디오카메라 하고 마이크가 있어. ○○이가 이야기한 걸 기록할 거야. 내가 잊어버릴 수 도 있어서 나중에 보고 알기 위해서 그러는 거야."
"내 일 중 하나가 아이들한테 무슨 일이 있었는지 이야기를 듣는 거야. 많은 어린이들을 만나서 진짜 무슨 일이 있었는지 듣지. 우선 진짜로 무슨 일이 있었는지 이야기하는 게 얼마나 중요한 지 확실하게 해둘게."
"내가 지금 내 구두가 빨간색이라고 하면 그게 사실이야, 아니야" (대답을 기다린 후 다음과 같이 말한다.)

② "내 구두는 검은색이니까 사실이 아니겠지. 그러면 내가 지금 앉아있다고 하면 사실이야, 아니야"

(대답을 기다린다.)

③ "내가 정말 여기 앉아 있으니까 그건 사실이겠지."

"○○이는 사실을 말한다는 게 뭔지 알고 있구나. 오늘은 네가 사실만 말하는 게 아주 중요해."

(중지)

④ "만약 내 질문이 이해가 안 되면 이해가 안 된다고 이야기해. 알았지?"

(중지)

⑤ "어떻게 답해야 할지 모르면 그냥 모르겠다고 이야기해."

"그러니까 내가 '내 강아지 이름이 뭐지' 이렇게 물으면 뭐라고 답해야 할까?"

(대답을 기다린다.)

(아동이 모르겠다고 하면, 다음과 같이 말한다.)

⑥ "맞아. 모르지, 그렇지?"

(아동이 추측해서 답을 하면 다음과 같이 말한다.)

"아니야, ○○이는 내 강아지에 대해서 잘 모르니까 모르는 거지. 답을 모르겠으면 짐작하면 안 돼. 모른다고 하면 돼."

(중지)

⑦ "그리고 내가 틀린 말을 하면, 나한테 말해주어야 돼. 알았지?"

(대답을 기다린다.)

⑧ "그럼 내가 ○○이가 2살 여자애라고 하면 뭐라고 해야 돼?"

(아동이 대답하지 않고 이를 바로잡지 않으면 다음과 같이 말한다.)

"내가 실수해서 ○○이가 2살 여자애라고 하면 뭐라고 할래?"

(대답을 기다린다.)

⑨ "맞아. 내가 실수하거나 틀린 말을 하면 이야기해 주는 거 이제 아는구나."

(중지)

⑩ "그럼 ○○이가 서 있다고 내가 얘기하면 뭐라고 말해야 돼?"

(대답을 기다린다.)

"맞아."

II. 우호적 신뢰관계(라포 Rapport) 형성

"이제 ○○이에 대해서 좀 더 알고 싶네."
① "○○이가 뭘 하고 싶은지 말해 봐."
  (대답을 기다린다.)
  (아동이 자세한 대답을 하면 ③번으로 넘어간다.)
  (아동이 대답하지 않거나, 짧은 대답을 하거나, 막혀버리면, 다음과 같이 물을 수 있다.)
② "난 정말 ○○이에 대해서 더 알고 싶어. ○○이가 뭘 하고 싶은지 가르쳐 줘."
  (대답을 기다린다.)
③ "(아동이 이야기한 활동에 관해) 더 얘기해 줘."(TV, 비디오, 판타지에 대한 것은 피한다.)
  (대답을 기다린다.)

III. 에피소드 기억의 훈련 특별한 사건

특별한 사건

  (주의: 이 부분은 사건에 따라 달라진다.)
  (면담 전에, 아동이 경험한 최근의 사건 - 학교 첫날, 생일 파티 등 - 을 알아내서 이에 관해 질문한다. 가능하면 문제된 사건과 비슷한 시기에 발생한 사건을 고르는 것이 좋다. 문제된 사건이 특정한 날 또는 사건 중에 일어난 것이라면 다른 사건에 대해 질문한다.)
  "○○이 하고 ○○이가 하는 일에 대해 더 가르쳐 줘"
① "며칠(몇 주) 전은 휴일(생일, 학교 첫날)이었지. 그날 있었던 일들을 전부 말해줄래?"
  (대답을 기다린다.)
①a "(활동이나 사건에 관해) 잘 생각해 보고 그날 아침에 일어나서 (아동이 전항의 질문에 대한 답변에서 언급한 사건의 일부)까지 일어났던 일들에 대해 전부 말해줄래?"
  (대답을 기다린다.)
  (주의: 이러한 질문을 필요한 만큼 자주 사용할 것.)
①b "그래서 어떻게 되었니?"
  (대답을 기다린다.)
  (주의: 이러한 질문을 필요한 만큼 자주 사용할 것.)

①c "(아동이 언급한 사건의 일부분) 그 후에 ○○이가 잘 때까지 무슨 일이
일어났는지 전부 말해 줄래?"
(대답을 기다린다.)
(주의: 이러한 질문을 필요한 만큼 자주 사용할 것.)
①d "(아동이 언급한 활동)에 대해 좀 더 말해줄래"
(대답을 기다린다.)
(주의: 이러한 질문을 필요한 만큼 자주 사용할 것.)
①e "이전에 (아동이 언급한 활동) 말을 했잖아. 그것에 대해서 전부 말해줄래?"
(대답을 기다린다.)
(주의: 이러한 질문을 필요한 만큼 자주 사용할 것.)
(아동이 사건에 대해 잘 묘사하지 못하면, 질문 ② - ②e로 계속할 것.)
(주의: 아동이 그 사건을 자세히 묘사하면, 다음과 같이 이야기한다.)
"○○이한테 일어났던 일에 대해 기억나는 것을 모두 이야기하는 게 아주
중요하단다. 좋은 일, 나쁜 일 모두를 이야기해줄래?"

어제

② "○○이한테 일어난 일에 대해 정말 알고 싶단다. 어제 일어났을 때부터 잘
때까지 일어난 일들을 모두 말해줄래?"
(대답을 기다린다.)
②a "빠짐없이 말해주었으면 좋겠어. 일어났을 때부터 (아동이 전항의 질문에
대하여 언급한 사건 의 일부)까지 일어난 일들 전부를 말해줄래?"
(대답을 기다린다.)
②b "그래서 어떻게 되었니"
(대답을 기다린다.)
(주의: 이러한 질문을 필요한 만큼 자주 사용할 것.)
②c "(아동이 언급한 사건의 일부) 그 후에 잘 때까지 일어난 일들 전부를 말
해줄래?"
(대답을 기다린다.)
②d "(아동이 언급한 활동)에 대해서 좀 더 말해줄래?"
(대답을 기다린다.)
(주의: 이러한 질문을 필요한 만큼 자주 사용할 것.)
②e "이전에 ○○이가 (아동이 언급한 활동)에 대해서 말했잖아. 그거에 대해서
전부 말해줄래?"
(대답을 기다린다.)

(주의: 이러한 질문을 필요한 만큼 자주 사용할 것.)

오늘

아동이 어제에 관해 충분히 자세한 이야기를 하지 않으면, 오늘에 관해 '여기에 오기까지'를 마감하는 사건으로 활용하여 ② - ②e 질문을 반복한다. "○○이한테 정말로 일어난 일들 전부를 말하는 게 아주 중요해."

면담의 본론

IV. 쟁점으로의 이행

"이제 ○○이에 대해 더 잘 알게 되었으니까, 오늘은 ○○이가 왜 여기에 왔는지, 그것에 대해 이야기하고 싶어."
(아동이 대답하기 시작하면 기다린다.)
(아동이 예를 들어 '아빠가 찌찌를 만졌어'라는 등으로 문제된 사건의 개요를 말하면, 질문 ⑩으로 간다.)
(아동이 자세한 묘사를 하면, 질문 ⑩a로 간다.)
(아동이 주장을 하지 않으면, 질문 ①로 계속한다.)
① "무슨 일이 있었다는 건 알겠어. 처음부터 끝까지 일어난 일들 전부를 말해 줄래?"
(대답을 기다린다.)
(아동이 주장을 하면, 질문 ⑩으로 간다.)
(아동이 자세한 묘사를 하면, 질문 ⑩a로 간다.)
(아동이 주장을 하지 않으면, 질문 ②로 계속한다.)
② "전에도 말했지만 내 일은 아이들한테 일어난 일들에 관해 이야기를 하는 거야. ○○이가 왜 여기 왔는지 얘기하는 게 아주 중요해. 왜 (엄마, 아빠, 할머니)가 ○○이를 여기 데려왔는지 말해줄래?"
(대답을 기다린다.)
(아동이 주장을 하면, 질문 ⑩으로 간다.)
(아동이 자세한 묘사를 하면, 질문 ⑩a로 간다.)
(아동이 주장을 하지 않고 이전에 기관과의 접촉이 있었는지 알 수 없는 경우에는, 질문 ④ 또 는 ⑤로 간다.)

(아동이 주장을 하지 않고 이전에 기관과의 접촉이 있었던 경우에는, 질문 ③으로 간다.)

③ "○○이가 (의사선생님, 선생님, 다른 전문가)과 (시간, 장소)에서 이야기했다고 들었어. 그때 무 슨 얘기를 했는지 말해줄래?"

(대답을 기다린다.)

(아동이 주장을 하면, 질문 ⑩으로 간다.)

(아동이 자세한 묘사를 하면, 질문 ⑩a로 간다.)

(아동이 주장을 하지 않고 눈에 보이는 흔적이 없으면, 질문 ⑤로 간다.)

(흔적이 있는 경우, 면담자가 흔적의 사진을 보았다든지 흔적이 있다고 들은 경우, 또는 병원에서나 진료 직후 면담을 하는 경우에는 다음과 같이 말한다.)

④ "○○이가 ○○에 (흔적, 상처, 멍)이 있는 걸 봤어(있다고 들었어). 그것에 대해 전부 말해줄래?"

(대답을 기다린다.)

(아동이 주장을 하면, 질문 ⑩으로 간다.)

(아동이 자세한 묘사를 하면, 질문 ⑩a로 간다.)

(아동이 주장을 하지 않으면, 질문 ⑤로 진행한다.)

⑤ "누군가 ○○이를 괴롭혔니" (대답을 기다린다.)

(아동이 주장을 하면, 질문 ⑩으로 간다.)

(아동이 자세한 묘사를 하면, 질문 ⑩a로 간다.)

(아동이 인정하지 않고 주장을 하지 않으면, 질문 ⑥으로 진행한다.)

⑥ "(문제된 사건의 시간, 장소에서) 무슨 일이 있었던 거니?"

(주의: 용의자의 이름이나 주장의 세부사항을 언급하지 말 것.)

(대답을 기다린다.)

(아동이 주장을 하면, 질문 ⑩으로 간다.)

(아동이 자세한 묘사를 하면, 질문 ⑩a로 간다.)

(아동이 인정하지 않고 주장을 하지 않으면, 질문 ⑦로 진행한다.)

⑦ "누군가 ○○이에게 나쁜 일을 한 거니?"

(대답을 기다린다.)

(아동이 주장을 하면, 질문 ⑩으로 간다.)

(아동이 자세한 묘사를 하면, 질문 ⑩a로 간다.)

(아동이 인정하지 않고 주장을 하지 않으면, 질문 ⑧로 진행한다.)

휴식. 계속할 준비가 되었는가 더 하기 전에 좀 쉬는 게 나은가?

계속할 경우 면담 전에 당신에게 제공된 사실을 활용하여 질문 ⑧, ⑨를 구체적으로 어떻게 질문할지 사전에 고안해야 한다. 세부사항은 가능한 한 덜 암시되도록 주의해야 한다. 그러한 질문을 고안하지 못했다면, 계속 진행하기 전에 잠시 쉬면서 이를 고안한다.

⑧ "누군가가 (인물의 특정이나 세부사항의 지나친 제공 없이 간단히 주장 내용을 요약하여 알린다.) 그걸 했니?"(예컨대 "누군가가 찌찌를 만졌니?")
    (대답을 기다린다.)
    (아동이 주장을 하면, 질문 ⑩으로 간다.)
    (아동이 자세한 묘사를 하면, 질문 ⑩a로 간다.)
    (아동이 인정하지 않고 주장을 하지 않으면, 질문 ⑨로 진행한다.)

⑨ "선생님(의사/카운셀러/이웃사람)이 (○○이가 다른 아이의 찌찌를 만졌다고/○○이가 그린 그 림에 대해) 말했어. 그래서 나는 무슨 일이 있었는지 알고 싶어. 누군가가 (인물의 특정이나 세 부사항의 지나친 제공 없이 간단히 주장 내용을 요약하여 알린다.) 그걸 했니?" (예를 들어 "가 족 중에 누군가가 너를 때렸니?", "누군가가 너의 찌찌나 다른 곳을 만졌니?")
    (대답을 기다린다.)
    (아동이 주장을 하면, 질문 ⑩으로 간다.)
    (아동이 자세한 묘사를 하면, 질문 ⑩a로 간다.)
    (아동이 인정하지 않고 주장을 하지 않으면, XI로 간다.)

V. 사건의 조사 개방형 질문

⑩ (아동이 6세 이하면, 아동이 언급하지 않은 세부사항이나 이름을 제공하지 않고 해당 주장을 아동 자신의 언어로 반복한다.)
    (그리고 다음과 같이 말한다.)
    "그것에 대해 전부 말해줄래"
    (대답을 기다린다.)
    (아동이 6세 이상이면, 그냥 다음과 같이 말한다.)
    "그것에 대해 전부 말해줄래?"
    (대답을 기다린다.)

⑩a "그리고 어떻게 되었니" 또는 "그것에 대해 좀 더 말해줄래"
    (대답을 기다린다.)
    (이러한 질문을 문제된 사건의 완전한 묘사가 있을 때까지 필요한 만큼 자

주 사용한다.)

[주의: 아동의 묘사가 일반적이면, 질문 ⑫(사건의 분할)로 간다. 아동이 특정한 사건에 대해 묘 사하면, 질문 ⑩b로 계속한다.]

⑩b "그날(밤) 일을 다시 생각해 보고 그때 있었던 일을 (아동이 언급한 선행 사건)부터 (아동이 묘사한 문제된 사건)까지 전부 말해줄래?"

(대답을 기다린다.)

(주의: 사건의 모든 부분이 상세하게 진술되도록 이 질문을 필요한 만큼 자주 사용한다.)

⑩c "(아동이 언급한 인물/사물/활동)에 관해, 좀 더 이야기해줄래?"

(대답을 기다린다.)

(주의: 이 질문을 필요한 만큼 자주 사용한다.)

⑩d "(아동이 언급한 인물/사물/활동)에 관해 얘기한 것 있잖아, 그것에 대해 전부 말해줄래?"

(대답을 기다린다.)

(주의: 이 질문을 필요한 만큼 자주 사용한다.)

(사건의 순서 등 세부사항에 관해 이해하기 어려운 경우 다음과 같이 말하는 것이 좋다.)

"많은 것을 말해줘서 정말로 도움이 되네. 그런데 약간 이해가 안 되는 것이 있어. 내가 잘 이해하고 있는지 확실히 하고 싶어서 그러는데 처음부터 시작해서 (처음 어떻게 시작되었는지/정확하게 무슨 일이 있었는지/그게 어떻게 끝났는지 등) 말해줄래?"

아동이 언급한 정보와 관련된 초점 질문(Focused Questions)

[개방형 질문을 반복해도 주장의 핵심적 세부사항이 여전히 누락되었거나 불명한 경우 직접 질문 (direct question)을 사용한다. 적절한 경우마다 '초청하는 질문(invitations)'과 직접 질문을 함께 사용하는 것이 중요하다.]

(주의: 아동의 주의를 언급된 세부사항으로 유도하고, 그 후 직접 질문을 한다.)

직접 질문의 일반적인 형태는 다음과 같다.

⑪ "아까 ○○이가 (인물/사물/활동)에 관해 말했지, (직접 질문을 완성한다.)"

"가게에 있었다고 했지 정확히 어디에 있었니?"
(대답을 기다린다.)
"그 가게에 대해 말해줄래?"
"전에 엄마가 긴 것으로 때렸다고 했지 그것에 대해 말해줄래?"
"이웃사람이 있었다고 했지 그 사람 이름 알고 있니?"
(대답을 기다린다.)
"그 사람에 대해 말해줄래?"
(묘사를 요구하지 않는다.)
"학급 친구가 그걸 봤다고 했지 그 아이 이름이 뭐니?"
(대답을 기다린다.)
"그 아이는 뭘 하고 있 었는지 말해줄래?"

사건의 분할

⑫ "한 번만 그런 거니, 많이 그랬니?"
(한 번만 발생했다면, '휴식시간'으로 간다.)
(다수 발생했다면, 질문 ⑬으로 계속한다. **다음과 같이 각각의 사건에 대하여 상세한 정보를 얻는다.**)

복수인 경우 특정한 사건들에 대한 신문 개방형 질문

⑬ "마지막(처음/특정한 장소에 있었던 때/특정한 활동을 할 때/잘 기억나는 때)에 있었던 일에 대 해 전부 말해줄래?"
(대답을 기다린다.)
⑬a "그리고 어떻게 되었니" 또는 "그것에 대해 좀 더 말해줄래?"
(대답을 기다린다.)
(주의: 이 질문을 필요한 만큼 사용한다.)
⑬b "그날(밤) 일을 생각해 보고 (아동에 의해 언급된 선행사건)부터 (아동에 의해 묘사된 문제의 사건)까지 있었던 일을 전부 말해줄래?"
(대답을 기다린다.)
(주의: 사건의 모든 부분이 상세히 진술될 때까지 필요한 만큼 이러한 질문 유형을 사용한다.)
⑬c "(아동이 언급한 인물/사물/활동)에 관해 좀 더 말해줄래?"

(대답을 기다린다.)
(주의: 필요한 만큼 이러한 질문을 사용한다.)

아동이 언급한 정보와 관련된 초점 질문

[개방형 질문을 반복하였음에도 핵심적 세부사항이 여전히 누락되었거나 불명한 경우 직접 질문을 사용한다. 적절한 경우마다 '초청하는 질문(invitations)'과 직접 질문을 함께 사용하는 것이 중요하다.] (주의: 아동의 주의를 언급된 세부사항으로 유도하고, 그 후 직접 질문을 한다.)
직접 질문의 일반적인 형태는 다음과 같다.

⑭ "아까 ○○이가 (인물/사물/활동)에 관해 말했지, (직접 질문을 완성한다.)"

(예시)

"TV를 보고 있었다고 했지 정확히 어디에 있었니?"
(대답을 기다린다.)
"그것에 대해 전부 말해줄래?"
"전에 아빠가 후려쳤다고 했지 아빠가 뭘 했는지 정확히 말해줄래?"
"친구가 거기 있었다고 했지 그 친구 이름이 뭐니"
(대답을 기다린다.)
"그 친구가 뭘 하고 있었 는지 말해줄래?"
"삼촌이 널 손가락으로 만지작거렸다고 했지?"("뽀뽀했다고 했지"/"섹스 했다고 했지" 등)
"뭘 했는지 정확히 말해줄래?"

아동이 언급한 사건의 수만큼 이 부분을 반복하여 신문한다. 아동이 단 두 사건만 언급한 것이 아니라면 '마지막 사건'에 대하여 묻고 난 다음 '첫 사건'을 묻고, 그 후 '잘 기억나는 사건'에 대하여 묻는다.

VI. 휴식시간

(아동에게 다음과 같이 말한다.)
"내가 모든 걸 잘 이해했고 또 물을 게 있는지 확인하고 싶어. (○○이가 말한 걸 좀 생각해 볼게/ 메모한 것을 좀 볼게 등)"

(휴식시간 동안 획득한 정보를 살펴보고 누락된 정보가 있는지 확인한다. 다음 면담을 준비한다. 초점 질문을 명확하게 쓴다.)

휴식시간 후

[추가적 정보를 끌어내기 위해 추가로 위와 같이 직접 질문과 개방형 질문을 한다. 각각의 직접 질문을 한 다음 개방형 질문으로 돌아간다("그것에 대해 좀 더 말해줄래"). 질문이 끝나면 VII로 진행한다.]

VII. 아동에 의해 언급되지 않은 정보의 조사

[다른 접근방법을 사용했는데도 중요한 정보가 누락되었다고 판단될 때만 초점 질문을 사용한다. 가능한 한 개방형 초청 질문("그것에 대해 전부 말해줄래")을 함께 사용한다.]
(주의: 복합적인 사건일 경우 아동 자신의 언어로써 관련 사건으로 유도해야 한다. 핵심적인 세부 사항에 관해 상세히 진술할 기회를 준 후에만 초점 질문을 사용한다.)
(다음 사건으로 넘어가기 전에, 개별 사건에 관하여 빠진 세부사항을 모두 획득하였는지 확실히 해야 한다.)

아동이 언급하지 않은 정보에 초점을 맞춘 질문의 일반적인 형식
"○○이가 (시간 또는 장소에 의해 특정된 사건)에 대해 말했을 때 (인물/사물/활동)에 대해 말했잖아. 그건 (초점 질문) 이었니?"
(대답을 기다린다.)
(적절할 때마다 초청하는 질문이 뒤따른다.)
"그것에 대해 전부 말해줄래?"

(예시)

① "지하실에 있었을 때에 대해서 말했었지 그 사람이 바지를 벗었다고 했잖아. ○○이 옷은 어땠니?"
(대답을 기다린다.)
(아동이 대답한 후 다음과 같이 말한다.)
"그것에 대해 전부 말해줄래?"
(대답을 기다린다.)

② "마지막 일에 대해 말했을 때, ○○이는 그 사람이 널 만졌다고 했잖아. 그 사람이 네 옷 위로 만진 거니?"
(대답을 기다린다.)
(아동이 대답한 후 다음과 같이 말한다.)
"그것에 대해 전부 말해줄래"
(대답을 기다린다.)

③ "그 사람이 네 옷 안으로 만졌니?"
(대답을 기다린다.)
(아동이 대답한 후 다음과 같이 말한다.)
"그것에 대해 전부 말해줄래?"

④ "○○이가 놀이터에서 일어난 일들에 대해 말했잖아. 그걸 본 사람이 있니?"
(대답을 기다린다.)
(적절할 때 다음과 같이 말한다.)
"그것에 대해 전부 말해줄래?"

⑤ "다른 아이들한테도 그런 일이 있었는지 알고 있니"
(대답을 기다린다.)
(적절할 때 다음과 같이 말한다.)
"그것에 대해 전부 말해줄래?"

⑥ "○○이가 헛간에서 일어난 일들에 대해 말했잖아. 언제 그런 일이 일어난 거니?"

VIII. 기대했던 정보를 얻을 수 없었던 경우

적절한 힌트만을 사용한다.
정보가 제시된 대화에 대해 알고 있는 경우 다음과 같이 말한다.

① "○○이가 (시간/장소)에서 　　　 와 얘기했다고 들었어. 그때 이야기한 걸 말해줄래?"
(아동이 더 이상 정보를 제공하지 않으면 질문 ②를 묻는다. 아동이 정보를 제공하면 다음과 같 이 말한다.)
"그것에 대해 전부 말해줄래?"
(필요하면 "그것에 대해 말해줄래"와 같은 다른 개방형 질문을 계속한다.)

당신이 이전에 (엄마 등 다른 사람에게) 개시(disclosure)된 세부사항에 대해 알고 있는데 그 정보가 언급되지 않은 경우 다음과 같이 말한다.

② "○○이가 (구체적이지만 가능한 한 범죄와 관련된 세부사항을 언급하지 않

고 주장을 요약한다.) 말한 것을 들었어. 그것에 대해 전부 말해줄래"
(필요하면 "그것에 대해 말해줄래"와 같은 다른 개방형 질문을 계속한다.)
③ 목격된 것이 있으면 다음과 같이 말한다.
　　a. "누가　　　　를 봤다고 들었어. 그것에 대해 전부 말해줄래?"
　　(필요하면 "그것에 대해 말해줄래?"와 같은 다른 개방형 질문을 계속한다.)
　　아동이 부정하는 경우 ③b로 간다.
　　b. "(시간/장소)에서 무슨 일 있었니? 그것에 대해 전부 말해줄래?"
　　(필요하면 "그것에 대해 말해줄래?"와 같은 다른 개방형 질문을 계속한다.)
　　아동이 상처나 흔적이 있는 경우 다음과 같이 말한다.
④ "○○이　　　　에 (흔적/멍)이 있는 걸 봤어(있다고 들었어). 그것에 대해
　　전부 말해줄래?" (필요하면 "그것에 대해 말해줄래?"와 같은 다른 개방형
　　질문을 계속한다.)
⑤ "누군가가 (아동이 언급하지 않는 한 범인의 이름이나 범죄와 밀접하게 관련
　　된 세부사항에 대해 언급하지 않고 요약한다.) 했니?"
　　아동이 부인한 경우에는 다음 부분으로 간다.
　　아동이 인정한 경우에는 다음과 같이 말한다.
　　"그것에 대해 전부 말해줄래"
　　(필요하면 "그것에 대해 말해줄래"와 같은 다른 개방형 질문을 계속한다.)

IX. 개시에 관한 정보

"○○이가 오늘 여기에 왜 왔는지 잘 말해주었구나. 많은 것을 말해주었고
무슨 일이 일어났는지 이해하는 데 정말 많은 도움이 되었어."
(아동이 사건에 관해 누군가와 얘기하였다고 언급한 경우에는 질문 ⑥으로
간다. 그렇지 않은 경우 에는 그 직후 누군가에게 개시되지 않았는지를 다
음과 같이 탐문한다.)
① "(마지막 사건) 후에 어떤 일이 있었는지 말해줄래?"
　　(대답을 기다린다.)
② "그리고 무슨 일이 있었니?"
　　(주의: 필요한 만큼 이 질문을 사용한다.)
　　(아동이 개시했다고 하면 질문 ⑥으로 간다. 그렇지 않으면 다음의 질문을
　　한다.)
③ "다른 사람도 무슨 일이 있었는지 아니?"
　　(대답을 기다린다. 아동이 누군가를 특정한 경우에는 질문 ⑥으로 간다.)
　　(아동이 인정은 하지만 이름을 언급하지 않는 경우에는 다음과 같이 묻는다.)

"그게 누구지?"
(대답을 기다린다. 아동이 누군가를 특정하면 질문 ⑥으로 간다.)
④ "다른 사람이 (마지막 사건)에 대해서 어떻게 알게 된 것인지 알고 싶네."
(대답을 기다린다. 아동이 누군가를 특정한 경우에는 질문 ⑥으로 간다.)
(누락된 정보가 있는 경우에는 다음과 같이 묻는다.)
⑤ "(아동이 묘사한 주장된 사건)에 대해서 ○○이 하고 (범인) 말고 누가 처음
알게 되었지?"
(대답을 기다린다.)
⑥ "(아동이 언급한 최초의 발견자)가 어떻게 알게 된 것인지 전부 말해줄래?"
(대답을 기다린다.)
(그리고 다음과 같이 말한다.)
"그것에 대해 좀 더 말해줄래?"
(대답을 기다린다.)
(아동이 대화에 대해 묘사하면, 다음과 같이 말한다.)
"네가 말한 전부를 말해주렴."
(대답을 기다린다.)
⑦ "(아동이 묘사한 학대 등)에 대해서 다른 누군가가 알고 있니?"
(대답을 기다린다.)
(그리고 다음과 같이 말한다.)
"그것에 대해 좀 더 말해줄래?"
(아동이 대화를 묘사하면, 다음과 같이 말한다.)
"네가 말한 내용 전부를 다시 말해주렴."
(대답을 기다린다.)
(아동이 다른 사람에게 말했다고 하지 않으면 신문한다.)
아동이 묘사한 각 사건들에 대하여 필요한 만큼 이 부분을 반복한다.

X. 마감

"오늘 많은 것을 말해주었구나. 도와줘서 고마워"
① "그 밖에 내가 알아두면 좋을 게 있을까?"
(대답을 기다린다.)
② "나한테 말하고 싶은 게 있니?"
(대답을 기다린다.)
③ "나한테 묻고 싶은 것이 있니?"
(대답을 기다린다.)

④ "다시 나한테 얘기하고 싶으면, 이 전화번호로 전화하면 돼."
　(아동에게 명함을 건네준다.)

XI. 중립적인 화제

"이거 끝나면 오늘 뭐할 거니?"
(중립적 화제에 관하여 몇 분간 이야기한다.)
"지금 (몇 시)인데 면담은 끝났어."

위 NICHD 면담 지침은 국내에서도 성폭력 피해 아동 조사에 활용되어 우리 하급심 판례도 진술의 신빙성 판단에서 그 효용성을 인정하고 있는 추세다. 대표적인 판시 사례를 아래와 같이 소개한다.

> 서울고등법원 2015. 4. 21. 선고 2015노694 판결(2015. 4. 29. 상소기간 도과로 확정) 조사자는 조사를 시작하기 전에 피해자에게 조사자 소개 및 진술녹화에 대한 안내를 하고 진술조사 프로토콜(NICHD)에 따라 사실대로 말하기, 모르면 모른다고 말하기, 추측하지 말고 거짓말하지 않기 등 면담의 일반적 규칙을 설명한 다음 조사자에 의한 진술의 오염을 방지하기 위해 주로 단서제시 진술권유, 초점 질문을 사용하여 피해자가 한 말을 근거로 구체적인 진술을 끌어내어서 피해자로 하여금 자유회상 후 진술하도록 하였기 때문에, 피해자의 진술이 조사자의 질문의 방식과 태도에 영향을 받았을 가능성은 없어 보인다.

그 외에도 서울고등법원 2015. 1. 15. 선고 2014노462 판결(대법원 2015. 3. 20. 선고 2015도1272 무변론 상고기각판결로 확정), 수원지방법원 안산지원2014. 11. 21. 선고 2014고합171 판결(서울고등법원 2015. 4. 30. 선고 2014노3821 판결로 항소기각 된 다음 상소기간 도과로 확정), 광주고등법원 2014. 11. 20. 선고 2014노226 판결(대법원 2014. 12. 4. 선고 2014도16353 무변론 상고기각판결로 확정), 서울서부지방법원 2014. 11. 11. 선고 2014고합121 판결(2014. 11. 19. 상소기간 도과로 확정 지적장애인에 대하여 적용한 경우임) 등 다수가 NICHD 면담 지침이 사용된 경우 진술의 신빙성이 높은 것으로 평가하고 있다.

그 밖에 아동 진술의 정확성, 진실성을 높이기 위한 바람직한 신문 기법으로 ① 조사의 시작 전 아동과 친밀한 관계를 형성하고, ② 신문하는 자가 처음에는 개방형 질문을 사용하면서 되도록 암시적 질문을 사용하지 않다가 뒤로 가면서 점차 초점에 맞춰 암시적인 형태의 질문을 하는 방법으로 '완전하게 구조화된 조서'가 예시되기도 한다. 아동으로 하여금 사실 그대로 이야기하도록 유도하는 '거짓과 진실 의식'과 사건에 관해 보다 많은 정보를 이끌어내기 위하여 작은 시간 단위들로 나누어 차례로 신문을 하는 이른바 '시간 분할 기법(time segmentation technique)'등을 사용하는 점이 특징적인데, 앞서 본 NICHD 면담 지침과 많은 공통점이 발견된다.663)

제6편
법정증언 판결문

제6편 법정증언 판결문

제1장 사법경찰관 관련 법정증언 판결문

1. 경찰관의 법정증언 증거능력

대법원 2005. 11. 25. 선고 2005도5831 판결 [살인][공2006.1.1.(241),78]

【판시사항】

[1] 피고인의 진술을 내용으로 하는 전문진술 또는 그 전문진술을 기재한 조서의 증거능력을 인정하기 위한 요건

[2] 피고인의 진술을 내용으로 하는 경찰관의 전문진술이나 그 전문진술을 기재한 서류의 증거능력

[3] 피고인이 범행을 시인한 진술의 신빙성에 의문이 있고, 결정적인 범행도구의 소재가 확인되지 아니한 상황에서 피고인의 범죄사실을 유죄로 인정한 원심판결을 파기한 사례

【판결요지】

[1] 피고인 아닌 자의 공판기일에서의 진술이 피고인의 진술을 그 내용으로 하는 것인 때에는 형사소송법 제316조 제1항의 규정에 따라 피고인의 진술이 특히 신빙할 수 있는 상태하에서 행하여진 때에는 이를 증거로 할 수 있고, 그 전문진술이 기재된 조서는 형사소송법 제312조 내지 제314조의 규정에 의하여 증거능력이 인정되어야 할 뿐만 아니라, 형사소송법 제316조 제1항의 규정에 따른 위와 같은 조건을 갖추고 있는 때에 한하여 증거능력이 있다.

[2] 피고인을 검거한 경찰관의, 검거 당시 또는 조사 당시 피고인이 범행사실을 순순히 자백하였다는 취지의 법정증언이나 위 경찰관의 진술을 기재한 서류는, 피고인이 그 경찰관 앞에서의 진술과는 달리 범행을 부인하는 이상 형사소송법 제312조 제2항의 취지에 비추어 증거능력이 없다고 보아야 한다.

[3] 피고인이 범행을 시인한 진술의 신빙성에 의문이 있고, 결정적인 범행도구의 소재가 확인되지 아니한 상황에서 피고인의 범죄사실을 유죄로 인정한 원심판결을 파기한 사례.

【참조조문】

[1] 형사소송법 제310조의2, 제312조, 제313조, 제314조, 제316조 제1항 [2] 형사소송법 제312조 제2항 [3] 형사소송법 제307조, 제308조

【참조판례】

[1] 대법원 2000. 9. 8. 선고 99도4814 판결(공2000하, 2158)
대법원 2001. 10. 9. 선고 2001도3106 판결(공2001하, 2496)
대법원 2004. 4. 27. 선고 2004도482 판결(공2004상, 946)
[2] 대법원 1984. 2. 28. 선고 83도3223, 83감도538 판결(공1984, 652)
대법원 1990. 9. 28. 선고 90도1483 판결(공1990, 2250)
대법원 1995. 3. 24. 선고 94도2287 판결(공1995상, 1783)

【전 문】

【피 고 인】 피고인
【상 고 인】 피고인

【변 호 인】변호사 김○○ 1인

【원심판결】광주고법 2005. 7. 21. 선고 2005노162 판결

【주 문】

원심판결을 파기하고, 사건을 광주고등법원에 환송한다.

【이 유】

1. 원심은, 그 채용 증거에 의하여, 피고인이 2003년경부터 유부녀로서 언어장애를 가지고 있는 피해자를 알게 되어 그 이후 피해자와 성관계를 가지면서 내연관계로 지내오다가 2004. 11. 4. 17:31경 피해자에게 전화하여 만나자고 하였음에도 집에 손님이 왔다는 핑계를 대며 나오지 않자 같은 날 18:51경 피해자에게 다시 전화하여 밖으로 나오도록 한 후, 같은 날 22:40경(차량등록번호 생략) 베스타 승합차에 피해자를 태우고 광주 서구 금호동 소재 백석산 산책로 입구에 도착하여 다음날인 11. 5. 04:00경까지 위 승합차 안에서 피해자와 소주를 마시면서 이야기를 나누던 중 말다툼 끝에 격분한 나머지 피해자의 우측 관자놀이에 엽총의 총구를 들이대고 그대로 발사하여 피해자를 살해하였다고 판단하여 피고인을 살인죄로 처단하였다. 원심은, 피고인이 '자신이 피해자를 죽였다.'고 말하는 것을 들었다는 공소외 1, 공소외 2, 공소외 3의 진술 및 공소외 1의 진술을 기재한 진술조서, 공소외 3 작성의 검거경위서 등은 이 사건 공소사실을 뒷받침할 신빙성 있는 유력한 증거라고 할 것인데, 위 증거들은, 피고인의 진술을 그 내용으로 하는 이른바 전문증거로서 이들이 들었다는 피고인의 진술이 다음과 같은 이유로, 특히 신빙할 수 있는 상태에서 행하여진 것이기 때문에 증거능력이 있다고 판단하였다. 즉, 피고인의 위와 같은 진술이 이 사건 발생

후 1시간 20분 이내에 이 사건 범행현장 또는 그 인근에서 3회에 걸쳐 서로 다른 사람을 상대로 반복적으로 행하여진 점, 피고인이 공소외 1에게 자신의 범행을 시인할 당시 극도의 흥분상태를 어느 정도 벗어난 것으로 보이는 점, 피고인이 공소외 3에게 한 진술은 그 내용이 비교적 구체적이고, 이 사건 범행의 동기 및 자신의 당시 심경까지 포함하고 있는 점, 피고인의 변소대로 불상자들이 피고인에게 상해를 가하고 피해자를 살해한 뒤 도주하였다면 그 즉시 피고인의 승합차 안에 있던 자신의 휴대전화를 이용하여 신고할 수 있었을 것이기 때문에 피고인의 주장과 같이 다른 사람들에게 피해자의 구조요청을 할 필요가 없고, 이미 피해자가 사망하였음이 명백해 보이는 시점에서는 더더욱 위 구조요청을 할 필요가 없음에도 구조를 촉구한다는 의미로 '자신이 사람을 죽였다.'고 말한다는 것 자체가 납득하기 어려울 뿐 아니라, 비록 다른 사람들의 관심을 끌기 위하여서라고는 하나 자칫 수사기관 등에 의하여 살인범으로 오해받을 소지가 다분한 내용인, '내가 사람을 죽였다.'고까지 말한다는 것은 경험칙상 받아들이기 어려운 점, 피고인의 변소에 의하더라도 피고인이 공소외 3에게 자신의 범행을 시인할 당시는 더 이상 피해자의 구호조치가 필요 없고 오히려 불상자들에 의한 피해사실을 신고하여 그들의 검거를 촉구하여야 하는 상황이었던 점 등에 비추어, 피고인의 위와 같은 진술은 허위 개입의 여지가 거의 없고 그 진술 내용의 신빙성이나 임의성을 담보할 구체적이고 외부적인 정황이 있는 때에 해당하기 때문에 증거능력이 있다고 한 것이다. 원심은 나아가, 이와 양립할 수 없는 피고인의 변소에 대하여는 그 판시와 같은 사정을 들어 뒤늦게 처벌을 면하기 위하여 궁리해낸 변명에 불과하다고 판단하였다.

2. 그러나 원심의 위와 같은 판단은 수긍하기 어렵다.

　가. 먼저, 공소외 3의 제1심 법정에서의 증언 및 공소외 3이 작성한

검거경위서의 증거능력에 관하여 본다. 피고인 아닌 자의 공판기일에서의 진술이 피고인의 진술을 그 내용으로 하는 것인 때에는 형사소송법 제316조 제1항의 규정에 따라 피고인의 진술이 특히 신빙할 수 있는 상태하에서 행하여진 때에는 이를 증거로 할 수 있고, 그 전문진술이 기재된 조서는 형사소송법 제312조 내지 제314조의 규정에 의하여 증거능력이 인정되어야 할 뿐만 아니라 형사소송법 제316조 제1항의 규정에 따른 위와 같은 조건을 갖추고 있는 때에 한하여 증거능력이 있다(대법원 2000. 9. 8. 선고 99도4814 판결, 2001. 10. 9. 선고 2001도3106 판결, 2004. 4. 27. 선고 2004도482 판결 등 참조). 다만, 피고인을 검거한 경찰관의 검거 당시 또는 조사 당시 피고인이 범행사실을 순순히 자백하였다는 취지의 법정증언이나 위 경찰관의 진술을 기재한 서류는, 피고인이 그 경찰관 앞에서의 진술과는 달리 범행을 부인하는 이상 형사소송법 제312조 제2항의 취지에 비추어 증거능력이 없다고 보아야 한다(대법원 1984. 2. 28. 선고 83도3223, 83감도538 판결 등 참조). 기록에 의하면, 공소외 3은 이 사건 발생 당시 근무책임 간부인 경찰관으로서 살인사건이 발생하였다는 신고를 받고, 먼저 출동한 경찰관들에 이어서 이 사건 현장에 도착하였는데, 먼저 도착한 경찰관들로부터 피고인이 유력한 용의자인데 횡설수설한다는 보고를 받고, 순찰차에 타고 있던 피고인의 옆자리로 다가가 피고인에게 범인과 범행 이유에 관하여 물어 피고인으로부터 자신이 범행을 하였다는 진술을 받아 낸 다음, 이러한 과정과 피고인의 진술 내용을 적은 검거경위서를 작성하였고 제1심 법정에서 같은 내용의 진술을 한 사실을 알 수 있다. 경찰관인 공소외 3이 피고인으로부터 범행사실을 들은 경위가 이러하다면, 앞서 본 법리에 비추어 볼 때 공소외 3의 제1심 법정에서의 진술과 공소외 3이 작성한 검거경위서는 피고인의 유죄를 인정하는 증거로 사용할 수 없다고 보아야 한다. 그럼에도 불구하고, 원심이 공소외 3의 증언과 위 서류를 증거로 채택·조사하여 유죄의 근거로 삼은 것은 피고인의 진술을 내용으로 하는 전문증거의 증거능력에 관한 법리를 오해한 위법이 있다고 할 것이고 이 점을 주장하는 상고이유의 주장은 이유 있다.

나. 다음, 공소외 1, 공소외 2가 들었다는, '자신이 피해자를 죽였다.'는 취지의 피고인의 진술의 신빙성에 관하여 본다. 기록에 의하면, 피고인의 주량은 2홉들이 소주 2병 가량으로서 소주 2병 가량을 마시고 난 다음에는 취중에 했던 이야기를 기억하지 못하는 일이 많을 정도인데, 이 사건이 발생하기 전날인 2004. 11. 4. 저녁 무렵부터 이 사건이 발생할 때까지 사이에 피고인은 두어 병 가량의 소주를 마셔 매우 취한 상태였던 사실(피고인과 오랜 시간 같이 있었으면서도 피고인보다 술을 훨씬 덜 마신 것으로 보이는 피해자의 사망 당시 혈중알코올농도는 0.08% 가량이었다), 이 사건 발생 이후 피고인을 처음으로 목격한 공소외 4, 공소외 5, 공소외 1도 당시 피고인이 술에 취해 비틀거렸다는 취지의 진술을 하고 있는 사실, 이후 공소외 3이 이 사건 현장에서 피고인을 처음 만났을 때에도 피고인은 여전히 술에 상당히 취한 상태였고 경찰관이 피고인을 광주서부경찰서 금호지구대로 연행하였을 때에도 계속 술에 취한 상태였으며 횡설수설하면서 불안한 심리상태를 보인 사실, 피고인은 경찰관에게 체포되었을 당시 옷에 대소변을 볼 정도로 이 사건으로 인해 정신적 충격을 받은 상태였던 사실 등을 알 수 있는바, 이러한 사실에 비추어 보면, 피고인은 이 사건 발생 이후 주취, 죄책감, 충격, 공포 등으로 매우 혼란스러운 정신상태 내지는 심리상태에 있었다고 할 것이고, 피고인의 앞서 본 진술은 이러한 온전하지 못한 정신상태에서 행하여진 것으로 보인다. 또한, 원심이 인정한 바와 같이 피고인이 범인이라고 가정할 경우, 피고인은 공소외 6에게 총격을 가한 직후 '사람 살려'라고외치는 등 구호를 요청하였다가 곧이어 범행수단인 엽총을 은닉하는 등 범행을 은폐하기 위한 행위를 약 40여 분에 걸쳐 하고 이어 마을로 내려오던 도중에 처음 만난 공소외 1 등에게는 자신이 사람을 죽였으

니 신고하여 달라는 취지의 말을 하여 신고를 유발하였으며 정작 신고를 받고 출동한 경찰관에게는 자신이 남자들 3명에게 맞았고 여자가 총에 맞아 죽었다는 취지의 말을 하였고 이어 도착한 지구대장 공소외 3의 질문에 대하여는 자신이 피해자를 죽였다면서 범행사실을 순순히 털어놓는 등 짧은 시간에 서로 모순이 되는 행동이나 진술을 하고 있는 점, 피고인이 공소외 1에게 자신의 범행사실을 시인할 당시 왜 죽였느냐는 공소외 1의 질문에 대하여 '글쎄요'라고 대답하였을 뿐 구체적인 범행동기를 말하지 못하였고, 공소외 3의 같은 질문에 대하여도 역시 제대로 대답을 하지 못한 채 다만 '내연관계로 괴롭다.'라고만 대답하여 피고인만이 알 수 있는 범행동기를 제대로 밝히지 아니한 점, 피고인이 공소외 3에게 범행사실을 시인하고 '사람을 죽여 괴로웠는데 죄값은 남자답게 받겠다.'라고까지 말하면서도 범행도구인 엽총의 소재에 관하여는 '모른다.'라고 대답하여 일관되지 못한 입장을 취하고 있는 점 등과 앞서 본 바와 같은 피고인의 범행시인 진술 당시의 정신상태에 비추어 보면 피고인의 '자신이 피해자를 죽였다.'는 취지의 범행시인 진술은 신빙성이 크다고 보기 어렵다.

다. 범행의 도구인 엽총의 불발견으로 인한 의문점에 대하여 본다. 이 사건이 발생할 때까지 7시간 이상을 피해자와 같이 있었던 피고인이 이 사건 발생 당시 및 그 전후 사정과 관련하여 많은 부분에서 기억이 나지 않는다거나 객관적인 사실과 다른 진술을 하였을 뿐만 아니라 사리에 맞아 설득력이 있는 설명을 하지 못하는 등 원심이 적법하게 인정하고 있는 여러 사정에 비추어 볼 때 피고인이 범인일 것이라는 의심이 드는 것은 사실이다. 그러나 원심과 같이 피고인이 이 사건 범행을 하였다고 인정하기에는 범행의 도구인 엽총의 행방과 관련하여 합리적으로 해소되기 어려운 의심이 여전히 남는다. 원심은, 피고인이 이 사건 범행의 범인임을 전제로 기록에 나타난 여러 사정에 비추어 피고인이 이 사건 범행 이후 최초로 발견되기까지 약 40-50분 사이에 엽총을 은닉하는 등 수사기관이나 법정에서 차마 밝힐 수 없는 행동을 하였을 것이라고 추정하였다. 그러나 이와 같이 추정할 수 있을지는 의문이다. 우선, 피고인이 이 사건 범행에 사용된 엽총을 평소 화물차에 싣고 다니는 방법으로 소지하였다고 볼 만한 자료가 기록상 보이지 아니한다. 오히려 피고인의 처, 친척, 피고인과 가장 절친하여 같이 낚시를 가기도 한 사람인 노○○ 등은 수사기관에서 피고인의 차안 또는 차안에 실려있는 낚시가방에서 엽총을 본 사실이 없으며 피고인이 엽총을 사용하여 사냥을 한 적이 없다고 진술하고 있고, 기록에 의하면, 피고인은 수년간 공공근로로 생계를 이어가는 사람으로서 총기를 구입할 만큼 경제적인 여력이 있어 보이지도 않으며, 이를 빌리거나 절취하거나 습득하는 등 납득할 만한 소지개시행위가 있었다는 점에 관한 아무런 증거도 기록상 발견되지 아니한다. 기록에 의하면, 경찰은 이 사건 발생 직후인 2004. 11. 5. 13:30부터 17:00까지 및 그 다음날 13:30부터 17:30까지 사이에 강력반원, 기동타격대원, 방범순찰대원 등을 동원하여 이 사건 발생장소인 백석산 일대를 수색하였고, 2004. 11. 7. 09:00부터 12:00까지 사이에는 방범순찰대원 약 90명을 동원하여 백석산 일대 야산을 수색하였으며, 2004. 11. 8.경에는 이 사건 발생장소와 인접한 광주 서구 금호동에 거주하는 공소외 7 등 6명과 함께 인근 대나무밭, 탱자나무숲 등에 대하여 수색을 하였을 뿐만 아니라 인근 자연부락의 통장 등을 상대로 마을 방송을 통해 범행에 사용된 총기를 발견할 경우 신고하도록 조치하였고, 2004. 11. 18. 09:30부터 16:00까지 사이에는 경찰관 등 약 230명을 동원하여 인근 야산을 수색하였으며, 2004. 11. 26.경에는 이 사건 발생장소로부터 약 700 내지 800m 가량 떨어진 상무초등학교, 벧엘교회, 백악관유치원 등의 화장실에 엽총을 버렸을 가능성에 대하여 수사를 하였고, 2004. 12. 7.에는 경찰관 30여 명을 동원하고 금속탐지기 4대를 사용하여

09:30부터 15:00경까지 이 사건 발생장소 부근을 수색하였으며, 2004. 12. 8.에는 경찰관 등 121명을 동원하고 금속탐지기 4대를 사용하여 09:00부터 15:00경까지 대전차지뢰 40여 개를 찾아낼 정도로 백석산 일대를 수색하였고, 2005. 3. 31.경에는 금호동 343-1 일대 주택가의 빈집 및 하수구 등을 정밀 수색하였으며 백악관 유치원, 수녀원 등의 정화조, 하수구 및 옥상 등을 수색하였고, 인근 초등학교 주변 주택가의 하수구와 정화조 등을 금속탐지기로 수색하는 등 상당 기간에 걸쳐 많은 인력과 장비를 동원하여 광범위한 지역에서 엽총을 찾고자 하였으나 찾지 못하였고 엽총을 발견하였다는 신고도 들어오지 아니한 사실을 알 수 있다. 한편, 이 사건 발생시각이 2004. 11. 5. 04:00경이고 공소외 5 등이 피고인을 만난 시각이 같은 날 04:40경에서 04:45경 사이인 점에 비추어 보면, 피고인이 범인이라고 가정할 경우, 피고인이 총기를 감추는 데 사용할 수 있었던 시간은 약 40분가량이라고 할 것인바, 피고인이 이 사건 발생 지역의 지리에 비교적 익숙하다는 점을 감안하더라도 당시 상당히 술에 취하여 있었던 점을 고려하여 보면, 피고인이 40분 안에 엽총을 감추려고 이동할 수 있는 지역은 그리 넓지는 않았을 것이라고 추단된다. 그럼에도 불구하고, 앞서 본 바와 같은 광범위하고 밀도 있는 수색을 통해서도 엽총이 발견되지 않았다는 것은 피고인을 유죄로 인정함에 장애가 되는 합리적인 의심이라고 하지 않을 수 없다. 또한, 원심의 추정처럼 피고인이 이 사건 범행 이후 최초로 발견되기까지 약 40분 동안에 총기를 감추기 위하여 산 속을 돌아다녔다면 피고인의 손이나 얼굴 등이 덤불이나 잡목에 긁혀 생채기가 났을 가능성이 많음에도 불구하고 피고인의 손이나 얼굴에는 이러한 유형의 상처는 전혀 없고 다만 이마에만 누구인가에 의해 흉기에 의해 강타당하여 생긴 것으로 보이는 매우 중한 상처가 있을 뿐이라는 점도 이러한 의문을 강화시키는 사정이라고 할 수 있다.

라. 이와 같이 피고인이 범행을 시인한 진술의 신빙성에 의문이 있고, 엽총의 소재가 확인되지 아니한 상황에서 피고인이 범인이라고 단정하기에는 합리적인 의심이 남아 있으므로 원심으로서는 마땅히 피고인의 심리상태, 불안정한 심리상태에서 상호 모순되는 진술을 할 가능성, 주취로 인하여 이 사건 발생 전후의 상황을 제대로 기억을 하지 못하거나 당시 상황을 설득력 있게 설명하지 못할 가능성, 피고인이 범인임에도 불구하고 총기가 발견되지 않을 가능성이나 그 이유 등에 관하여 보다 더 심리를 하여 피고인의 진술의 신빙성과 총기가 발견되지 않은 것에 관한 합리적인 의문을 해소한 이후에 피고인의 범행 여부를 판단하였어야 할 것이다. 그럼에도 불구하고, 원심이 이에 이르지 아니한 채 그 판시와 같은 사정들만으로 곧바로 이 사건 살인의 범죄사실을 유죄로 인정하고 말았으니 이러한 원심의 조치에는 심리를 다하지 아니하거나 채증법칙에 위반하여 판결에 영향을 미친 위법이 있다고 할 것이고, 이 점을 지적하는 상고이유의 주장은 이유 있다.

3. 그러므로 원심판결을 파기하고, 사건을 원심법원에 환송하기로 하여 주문과 같이 판결한다.454)

대법관　　　　양승태(재판장) 이규홍 박재윤(주심)

---

454) 대법원 2005. 11. 25. 선고 2005도5831 판결 [살인] 종합법률정보 판례

2. 사법경찰관 작성의 검증조서의 증거능력 유무(소극)

대법원 1990. 9. 14. 선고 90도1263 판결 [살인,사체오욕] [공1990.11.1.(883),2118]

【판시사항】

위급처분으로서 압수수색영장 없이 검증을 하고 사후영장을 발부받지 아니한 경우의 사법경찰관 작성의 검증조서의 증거능력 유무(소극)

【판결요지】

사법경찰관 작성의 검증조서의 작성이 범죄현장에서 급속을 요한다는 이유로 압수수색 영장없이 행하여졌는데 그 후 법원의 사후 영장을 받은 흔적이 없다면 유죄의 증거로 쓸 수 없다.

【참조조문】

형사소송법 제216조 제3항

【참조판례】

대법원 1984.3.13. 선고 83도3006 판결(공1984,750)
1989.3.14. 선고 88도1399 판결(공1989,641)

【전 문】

【피 고 인】피고인
【제 상 고 인】피고인
【변 호 인】변호사 이○○ 외 1인

【원심판결】 부산고등법원 1990.5.17. 선고 90노257 판결

【주 문】

원심판결을 파기한다.
사건을 부산고등법원에 환송한다.

【이 유】

원심판결이 인용한 제1심판결은 그 적시의 증거를 종합하면 피고인에게 대한 공소사실을 인정할 수 있다 하여 피고인에게 유죄의 판결을 선고하였으며 원심은 그 제1심판결이 적시한 증거와 원심법정에서의 증인 방○○의 증언을 종합하면 제1심판결이 판시한 피고인에 대한 범죄사실을 인정할 수 있고 제1심판결의 사실인정에 잘못이 없다는 이유로 피고인의 항소를 기각하였다. 그러므로 원심이 조사한 증거와 제1심판결이 적시한 증거들을 기록과 대조하여 살펴보니 다음과 같다.

가. 증인 방○○, 동 방○○의 진술(법정증언과 수사기관에서의 진술포함) 그 요지는 피고인이 피해자의 형제들에게 범행을 시인하는 진술을 하였다는 것인바 그 시기는 1989.8.2. 21:00경이고 그 장소는 부산북부경찰서 형사계 사무실이라고 하는데 피고인은 이보다 앞서 1989.7.28.에 경찰의 고문으로 허위자백을 하였다고 주장하여 제1심법원이나 원심법원에서도 그 피의자신문조서는 증거로 쓰지 아니하였으며 피고인의 변소에 부합되는 제1심증인 최○○, 동 류○○의 증언도 있는 터이고 보면 그때의 피고인과 증인들의 만남은 경찰이 피고인으로부터 자백을 받은 후에 그 사실을 피해자의 친족에게 알려주어 그들을 면담하게 하여 피고인으로 하여금 자백의 취지를 피해자가족에게 진술하게 함으로써 자백의 증거력에

보강할 목적으로 의도적으로 면회를 시켰다고 의심할 여지가 충분하므로 그 진술이 피고인을 이 사건의 범인으로 단정하기에 어느 정도의 신빙성이 있는지 의심이 가고,

나. 증인 우○○의 증언 이 증언은 피고인의 수사를 담당했던 경찰관으로 피고인이 경찰에서 자연스럽게 자백했다고 증언하지만 그 신빙성이 의심되고,

다. 증인 양○○의 증언(감정인 양○○의 감정서도 함께 판단한다.) 증인 양○○은 국립과학수사연구소의 감정인으로서 이 사건의 피해자 사체 위 및 벽에 쓰여진 글씨와 피고인의 필적을 2차에 걸쳐 감정했는데, 처음에는 유사점과 차이점이 공존하여 같은지 다른지를 감정할 수 없다고 했고, 두번째는 동일한 필적이라 하여 종전과는 달리 감정했다. 그러나 동 증인도 법정에서의 변호인신문시에는 동일필적이라고 단정적으로는 말 못한다고 하는데다가, 대검찰청 문서감정관 강○○의 감정에 의하면, 유사한 부분과 상이한 부분이 공존하여 판단불명이라 하고 있으니, 위 증인의 두번째 감정만을 진실로 받아들여 사체에 쓰인 글씨가 피고인의 글씨라 단정키도 어렵다 할 것이고,

라. 검사 작성의 피고인에 대한 제5회 피의자신문조서 피고인과 방○○, 방○○과를 대질시킨 부분으로서 앞서 가. 에서 본 바와 같이 평가되어야 할 것이고

마. 검사 작성의 김○○(경찰 3회조서 포함), 이○○(경찰조서 포함), 김○○(경찰포함), 최○○(1989.7.29.자 경찰진술조서 포함), 김○○에 대한, 경찰 작성의 손○○, 이○○, 정○○에 대한 각 진술조서 (1) 김○○의 진술 김○○은 경찰에서의 3차진술시에 MBC-TV의 미니드라마 "제5열"을 시청중에 2회에 걸쳐 과일과 과자를 사러갔는데, 처음 과일 사러 간 시간은 22:00에서 22:30사이일 것인데 기억은 없고, 다시 과자를 사러갔다가 돌아왔는데, 그때 T.V화면에는 한○○가 권총을 꺼내는 장면으로서 경찰이 제시한 비디오테이프로 재

연해보니 22:17이었다는 것이고, 검찰에서의 진술에 의하면 MBC T.V의미니시리즈 "제5열"을 시청하던 중 과일과 과자를 사오기 위해 2차례에 걸쳐 나가면서 활짝 열려진 문을 통해 피해자를 보았는데, 당시 그는 불을 끄고 T.V만 켜놓은채 비스듬히 누워 있는 상태였다는 것이고, 먼저 과일 사러 나갔다왔는데 걸린 시간은 실험해보니 7-8분이 걸렸고, 갔다와서 10분가량 T.V를 더 보다가 과자를 사왔고, 그때의 상황도 전과 같았고 피해자의 방은 잘 정돈되어 있었다는 것이며, 피해자와 피고인은 평소 조용하게 원만히 지냈고, 23:00가 넘어 잠잤는데 그때까지 싸우는 소리를 들은 적이 없다고 진술하고 있으므로 위 증거는 공소범죄시각인 7.17. 22:16에는 피고인이 범행장소에 없었다는 증거는 될지언정 피고인에 대한 유죄인정의 증거로는 되지 못할 것이고, (2) 이○○의 진술 이○○의 경찰·검찰에서의 진술을 종합하면, 동인은 7.17. 22:32경 우리약국 앞에서 피고인을 보았고 어디 가느냐 하니 오토바이를 타면서 저 위에 간다 (최○○ 경영의 경남알미늄 가게를 뜻하는듯)고 했다고 진술하고 있고, 위 진술은 동인이 약국에서 피고인과 헤어져 3분 걸려 자신의 집에 와서는 동네아주머니와 5분가량 잡담하다 방에 들어와 시계를 보니 22:40이어서 피고인과 만난 시각을 22:32로 추단한다는 것이라니, 관계인의 시각에 대한 진술중 가장 믿을만한 것이다. 그런데 위 진술도 피고인의 유죄인정의 증거로는 될 수 없고 오히려 피고인의 알리바이를 입증하는 증거밖에 될 수가 없다. 그것은 피고인이 위 약국에서 감기조제약을 지어받느라 5분가량 소비했다는 것이나 피고인이 위 약국에 도착한 시간은 22:27일 것이라 보아야 하고,(기록444면) 그렇다면 피고인은 22:16에 범행장소인 자기집에 가서 피해자와 10여분간 싸우다 그를 살해하고(후술 참조) 살리려고 물을 붓고 해봤으나 결국 죽은 것이 확인되자 강도로 위장키 위해 농문마다 열어 젖혀 놓고는 드라이버로 문들을 재껴놓은 뒤, 집을 나와 450미터 가량 떨어진 약국에 도착하는 데까지 11분이 걸렸다는 것이 되는데, 이건 범행을 치밀한 계획살인으로 보지 아니하면서도 그러한 추리가 가능할 것 같지 아니하고, (3) 김○○의 진술 동인의 검찰, 경찰에서의 진술을 종합하면, 동인은 피고인의 친구로서 피고인의 가게를 봐준 사람인데, 피고인이 22:20경 위 드라마 "제5열"을 시청중에 피고인 가게로 와서 동인에게 최○○ 집에 화투치러 가자고 했고, 동인이 가지 않겠다고 하자 피고인의 처(피해자)로부터 전화가 왔고 피고인이 전화를 받고는 "알았다. 조금 있다 가겠다"고 답하는 것을 들었고, 그후 피고인은 문단속을 한 뒤에 최○○집으로 화투치러 갔다고 진술하고 있어서(1심공판기록 제88면 참조) 위 진술이 피고인을 유죄로 할 증거가 될 수 없다. 그런데 검찰은 김○○가 T.V를 끈 시간이 22:14라고 추단하고 피고인이 피해자의 전화를 받고 집으로 가 2분후에 피해자를 살해했다 함으로써 위 김○○의 진술을 유죄의 증거로 삼는 듯하나, 검찰 추측대로라 하더라도 그 추리가 경험칙에 어긋난다는 생각이 들고, (4) 최○○의 진술 7.29.자 경찰진술조서에 의하면 피고인은 익일 01:10경 최○○의 집을 떠나 01:15경 피고인 집에 도착했을 것인데 01:35경 옆방에 피해자 사망사실을 알렸으니 사체와 함께 20분간 있은 것이 의심된다고 진술하고 있고, 검찰에서의 진술에 의하면 이○○으로부터 돈을 받아 자기 가게에 가서 김○○를 데리고와 화투를 치겠다며 22:10경 진술인 집을 나가 10분만에(증인으로 법정에 나와서는 22:10 내지 22:20경 출발했고 그후 10분 많아야 15분만에 돌아왔다고증언하고 있다.) 진술인 집으로 돌아왔으며, 화투를 마치고 나간 시간은 익일01:10쯤으로 추측되는 이유는 00:50경 시계를 본 이후 화투 5판을 1판에 약 4분걸려 더 쳤기 때문이라고 진술하고 있다. 그러나 이 진술도 피고인을 유죄로 볼 증거가 아니다. 즉 피고인이 22:10내지 20 진술인 집을 나가 많아야 15분만에 돌아왔다면 그 동안에 피고인이 리도가구에 가서 라이타 사고, 자기 가게에 가서 문단속하고, 피해자 살해하고, 약방에서 약지어 가지고 올 수 있다고는 도저히 상상할 수 없기 때문이고, 진술인 집을 떠날 때의 시간에 관해서도 떠난 시간이 01:10을 초과했을 가능성이 많고(노름을 하면 시간가는 줄을 모르게 마련이다.), 피고인이 오토바이를 타고 진술인 집을 출발해 550미터 떨어진 자기가게에 가서 문을 열어 오토바이를 넣어놓고 문을 단속한 뒤 걸어서 100미터가량 떨어진 자기 집으로 갔으니 01:35경 도착했다는 피고인의 진술에 신빙성이 갈지언정 빨리 도착해서 20분간 사체에 볼펜으로 글을 쓰는 행위를 했을 것이라 추단시키는 어렵다는 생각이 들고, (5) 김○○의 진술 검찰의 김○○에 대한 진술조서에 의하면, 피고인은 7.17. 10:07부터 10:30사이에 리도가구점에서 본일이 있다는 것인바, 이것 또한 피고인의 유죄증거가 될 수 없다. 위 진술은 자기가 22:07-08사이에 리도가구점에 도착해 바둑두는 것을 보고있는 중에 피고인이 들어와 라이타 1개를 사가더라는 것인바, 그 사람도 피고인이 동 가구점을 떠나간 시간을 22:30까지 길게 잡고 있고, 앞서 본 김○○의 진술과 피고인의 진술에 의하면 피고인은 최○○의 집을 22:10경 출발해 피고인 가게에 오토바이를 세워놓고 20-30미터떨어진 위 가구점에 가서 빌린 돈 3만원을 갚고 라이타 1개를 사서 피고인 가게로 돌아왔다는 것이니, 피고인이 가게로 돌아온 시간이 22:20경이라면 피고인은 적어도 22:15분경에는 피고인가게 아니면 위 가구점에 있었다고 봐야 할 것이고, 그리되면 이것은 범행에 대한 알리바이가 될지언정 유죄인정의 증거는 될 수 없는 것이고, (6) 경찰의 송○○에 대한 진술로서는 피고인과 피해자가 7.15 애기유산관계로 싸운일이 있다는 것으로 이건 범행과 직접 관계는 없는 것이고, 또 이○○에 대한 진술로서는 그날 22:00 피고인이 최○○의 집을 나가 22:30경 돌아왔다는 것과 화투칠때 피고인이 토시를 차고있지 않았다고 한 것을 담고 있는데, 전자의 시간문제는 막연한 진술로서 유죄인정과 무관하고, 후자의 토시불착용문제는 원심법원에 제출된 한성만의 진술조서(공판기록

192면)기재에 비추어 유죄인정의 증거로 쓸 수 없고, 정○○에 대한 진술 속에는 T.V화면만 켜져있어도 방이 밝다는 것으로 그것이 피고인을 유죄로 볼 증거가 될 수는 없는 것이고,

　바. 사법경찰관 작성의 검증조서(1989.7.18.자)및 압수조서 위 검증조서는 범죄현장에서 급속을 요한다는 이유로 압수수색영장 없이 행하여졌고 그 후 법원의 사후영장을 받은 흔적이 없다. 따라서 이 검증조서는 유죄의 증거로 쓸 수 없는데다가(대법원 1984.3.13.선고 83도3006 판결) 설사 피고인이 동의하여 증거능력이 있다 하더라도 위 검증조서로도 피고인의 이건 범행을 인정할 도리는 없다고 생각되며 또 압수조서도 그와 같은 물건들이 현장에서 압수되었다는 사실 외에 피고인의 범행사실을 인정할 만한 증거가치는 없는 것이고,

　사. 의사 정○○의 진단서 이 증거역시 사인에 대한 증거일 뿐 피고인에 대한 유죄증거는 될 수 없는 것이다. 이상과 같이 기록을 검토한 바에 의하면 제1심판결 적시의 증거만으로는 피고인을 유죄로 단정하기는 어렵다는 생각이 든다. 그렇다면 원심이 제1심판결에 사실오인의 위법이 있다는 피고인의 항소를 기각한 것은 잘못된 것이고 이점을 지적하는 변호인의 상고논지는 이유있다 할 것이다. 그러므로 원심판결을 파기하여 원심으로 하여금 다시 심리판단하게 하기 위하여 원심법원에 환송하기로 관여 법관의 의견이 일치되어 주문과 같이 판결한다.[455)]

대법관　　　　김용준(재판장) 박우동 이재성 윤영철

---

455) 대법원 1990. 9. 14. 선고 90도1263 판결 [살인,사체오욕] > 종합법률정보 판례

3. 검사의 진술조서 증거능력을 인정할 수 있는지 여부

대법원 2000. 6. 15. 선고 99도1108 전원합의체 판결[변호사법위반]

[집48(1)형,351;공2000.8.1.(111),1713]

【판시사항】

공판준비 또는 공판기일에서 이미 증언을 마친 증인을 검사가 소환한 후 피고인에게 유리한 그 증언 내용을 추궁하여 이를 일방적으로 번복시키는 방식으로 작성한 진술조서의 증거능력을 인정할 수 있는지 여부(소극)

【판결요지】

[다수의견] 공판준비 또는 공판기일에서 이미 증언을 마친 증인을 검사가 소환한 후 피고인에게 유리한 그 증언 내용을 추궁하여 이를 일방적으로 번복시키는 방식으로 작성한 진술조서를 유죄의 증거로 삼는 것은 당사자주의·공판중심주의·직접주의를 지향하는 현행 형사소송법의 소송구조에 어긋나는 것일 뿐만 아니라, 헌법 제27조가 보장하는 기본권, 즉 법관의 면전에서 모든 증거자료가 조사·진술되고 이에 대하여 피고인이 공격·방어할 수 있는 기회가 실질적으로 부여되는 재판을 받을 권리를 침해하는 것이므로, 이러한 진술조서는 피고인이 증거로 할 수 있음에 동의하지 아니하는 한 그 증거능력이 없다고 하여야 할 것이고, 그 후 원진술자인 종전 증인이 다시 법정에 출석하여 증언을 하면서 그 진술조서의 성립의 진정함을 인정하고 피고인측에 반대신문의 기회가 부여되었다고 하더라도 그 증언 자체를 유죄의 증거로 할 수 있음은 별론으로 하고 위와 같은 진술조서의 증거능력이 없다는 결론은 달리할 것이 아니다.

[보충의견] (1) 헌법은 제12조 제1항에서 적법절차에 의하지 아니하고는 처벌을 받지 않을 권리를, 제27조 제1항 및 제3항에서 법관의 법률에 의한 공정하고 신속한 공개재판을 받을 권리를 각 명문으로 규정하고 있고, 이러한 기본권을 실현하기 위하여 형사소송법은 제161조의2에서 피고인의 반대신문권을 포함한 교호신문제도를 규정함과 동시에, 제310조의2에서 법관의 면전에서 진술되지 아니하고 피고인에 대한 반대신문의 기회가 부여되지 아니한 진술에 대하여는 원칙적으로 증거능력을 부여하지 아니함으로써, 형사재판에 있어서 모든 증거는 법관의 면전에서 진술·심리되어야 한다는 직접주의와 피고인에게 불리한 증거에 대하여는 반대신문할 수 있는 권리를 원칙적으로 보장하고 있으므로 형사소송법 제310조의2에서 정한 예외 규정인 제312조와 제313조가 엄격하게 해석·적용되어야 하고, (2) 형사소송법은 ① 공소제기 이전 단계에서 검사가 피의자나 피의자 아닌 자에 대하여 작성한 조서는 법 제312조에서, ② 제1회 공판기일 이전 단계에서 수소법원이 아닌 판사가 행한 증거보전절차 등에 따라 작성된 증인신문조서는 법 제311조 후문에서, ③ 제1회 공판기일 이후에 수소법원에 의하여 작성된 증인신문조서는 법 제311조 전문에서 각 그 증거능력을 규정하고 있음을 알 수 있으므로, 공판준비 또는 공판기일에서 이미 증언을 마친 증인을 검사가 소환한 후 피고인에게 유리한 그 증언 내용을 추궁하여 이를 일방적으로 번복시키는 방식으로 작성한 진술조서는 공소제기에 따라 피의자가 피고인이 됨으로써 피의자라는 개념이 없어진 이후에 작성된 것으로서 형사소송법 제312조가 예정하는 '피의자 아닌 자'의 진술을 기재한 조서에 해당하지 아니하고, 같은 법 제313조도 같은 법 제311조와 제312조 이외의 진술서 등 서류를 규정한 것으로서 역시 위 진술조서와 같은 것을 예정하고 있는 것이라고 볼 수 없어 위 진술조서는 같은 법 제312조의 조서나 제

313조의 진술서 등에 해당하지 아니하며, (3) 형사소송법 제312조나 제313조가 규정하는 조서나 서류는 수사기관이 수사 업무를 수행하면서 작성하거나 수집한 증거를 말하는 것인데, 증인을 위증 혐의로 입건·수사한 바 없이 위와 같은 진술조서를 작성하는 행위는 그 실질에 있어서 증인의 종전 증언을 탄핵할 목적으로 증인을 상대로 재신문을 행하되, 법정이 아닌 자기의 사무실에서 증인신문 절차가 아닌 임의의 방법을 취한 것에 불과하다고 봄이 상당하므로, 결국 이러한 검사의 행위는 수사기관이 행하는 수사라기보다는 공소유지기관인 당사자가 행하는 재신문이라는 소송행위의 연장선상에 있는 것으로 봄이 마땅하고, 그 결과 작성된 진술조서는 형사소송법 제312조나 제313조가 규정하는 조서나 서류에 해당한다고 볼 수도 없다 할 것이며, (4) 참고인이 증인으로 소환되어 법관의 면전에서 자기가 경험한 사실을 직접 진술한 바 있고 그 후에도 재차 증언이 가능한 경우, 수소법원으로서는 그 증인의 종전 증언 내용에 의문이 있다고 판단되면 직권이나 당사자의 신청에 따라 그를 다시 소환하여 증언을 직접 들으면 되고 또한 그것으로 충분한 것이며, 그럼에도 불구하고 검사가 종전 증인을 상대로 진술조서를 작성하여 유죄의 증거로 제출하였다면, 그것은 법원의 직접 심리가 얼마든지 가능한 상황에서 의도적으로 만들어진 전문증거로서 직접주의에 역행하는 산물임이 분명하므로, 여기에 제312조나 제313조를 내세워 증거능력을 부여할 수 없는 것이다.

[반대의견] 증언 이후의 진술조서 작성과정에서 위법함이 개재되지 아니한 진술조서는 형사소송법 제312조 제1항에 의하여 원진술자에 의한 성립의 진정함이 인정되고 반대신문권이 보장되면 그의 증거능력을 인정하되 그의 증거가치에 관하여는 재판부의 자유심증에 따라 판단되게 할 이치로서, 이 사건에 있어서 한번 증언을 한 증인의 최초의 진술조서의 내용과 그 후의 증언의 내용, 검사가 그에

대한 재차의 진술조서를 받게 된 이유와 그 절차 경위, 그 진술조
서의 내용 등을 조사하여 거기서 증거능력을 부정할 수 있는 위법
사유가 있는지의 여부가 판단되어야 할 것이기에, 다수의견이 한번
증언한 자에 대한 진술조서라는 한가지 이유만으로 그의 증거능력
을 부정한다는 데는 찬성할 수 없다.

【참조조문】

형사소송법 제312조, 제313조, 제318조

【참조판례】

대법원 1955. 7. 15. 선고 4288형상128 판결(집3-1, 33)
대법원 1967. 7. 4. 선고 67도613 판결(집15-2, 27)
대법원 1969. 7. 25. 선고 68도1481 판결(집17-2, 114)
대법원 1983. 8. 23. 선고 83도1632 판결(공1983, 1462)(변경)
대법원 1984. 11. 27. 선고 84도1376 판결(공1985, 101)(변경)
대법원 1992. 2. 28. 선고 91도2337 판결(공1992, 1215)
대법원 1992. 6. 26. 선고 92도682 판결(공1992, 2316)
대법원 1992. 8. 18. 선고 92도1555 판결(공1992, 2808)(변경)
대법원 1993. 4. 27. 선고 92도2171 판결(공1993상, 1620)(변경)

【전 문】

【피고인】 피고인
【상고인】 피고인
【변호인】 변호사 장○○
【원심판결】 청주지법 1999. 2. 23. 선고 98노1102 판결

【주문】

상고를 기각한다.

【이유】

1. 상고이유 제1점에 대하여

기록 및 원심판결 이유에 의하면, 검사가 공소외인에 대하여 작성한 1998. 10. 9.자 진술조서(이하 '이 사건 진술조서'라고 한다)는 공소외인이 1998. 8. 25. 제1심의 제4회 공판기일에 증인으로 출석하여 검사의 주신문과 피고인측의 반대신문을 거쳐 피고인의 변소 내용에 일부 부합하는 취지의 증언을 마친 다음 검사의 소환에 따라 검찰청에 다시 출두하여 작성된 것으로서, 검사는 공소외인을 별도의 위증 사건 피의자로 입건하여 신문하는 절차 없이 단순히 법정에서의 증언 내용을 다시 추궁하여 공소외인으로부터 그 증언 내용 중 피고인의 변소에 일부 부합하는 부분이 진실이 아니라는 취지의 번복 진술을 받아낸 사실, 검사가 이 사건 진술조서를 유죄의 증거로 제출하자 피고인은 이를 증거로 할 수 있음에 동의하지 아니하였고, 그 후 검사의 신청으로 출석한 증인 공소외인이 1998. 10. 27. 제1심의 제8회 공판기일에 다시 증언을 하면서 이 사건 진술조서의 성립의 진정함을 인정하고 피고인측의 반대신문이 이루어진 사실, 이에 제1심은 이 사건 진술조서의 증거능력을 인정하여 유죄 증거의 하나로 명시하고, 원심이 이를 인용한 사실을 알 수 있다. 그러나 공판준비 또는 공판기일에서 이미 증언을 마친 증인을 검사가 소환한 후 피고인에게 유리한 그 증언 내용을 추궁하여 이를 일방적으로 번복시키는 방식으로 작성한 진술조서를 유죄의 증거로 삼는 것은 당사자주의·공판중심주의·직접주의를 지향하는 현행 형사소송법의 소송구조에 어긋나는 것일 뿐만 아니라, 헌법

제27조가 보장하는 기본권, 즉 법관의 면전에서 모든 증거자료가 조사·진술되고 이에 대하여 피고인이 공격·방어할 수 있는 기회가 실질적으로 부여되는 재판을 받을 권리를 침해하는 것이므로, 이러한 진술조서는 피고인이 증거로 할 수 있음에 동의하지 아니하는 한 그 증거능력이 없다고 하여야 할 것이고, 그 후 원진술자인 종전 증인이 다시 법정에 출석하여 증언을 하면서 그 진술조서의 성립의 진정함을 인정하고 피고인측에 반대신문의 기회가 부여되었다고 하더라도 그 증언 자체를 유죄의 증거로 할 수 있음은 별론으로 하고 위와 같은 진술조서의 증거능력이 없다는 결론은 달리할 것이 아니다. 이와는 달리 그 후의 공판기일에서 원진술자인 종전 증인이 다시 증언을 함에 있어서 피고인측에 반대신문의 기회가 부여되었다면 위와 같은 진술조서를 유죄의 증거로 쓸 수 있다는 취지의 대법원 1992. 8. 18. 선고 92도1555 판결 및 위와 같은 진술조서도 증거능력이 있음을 전제로 한 대법원 1983. 8. 23. 선고 83도1632 판결, 1984. 11. 27. 선고 84도1376 판결, 1993. 4. 27. 선고 92도2171 판결의 각 견해는 이와 저촉되는 한도에서 이를 변경하기로 한다. 따라서 이 사건 진술조서의 증거능력을 인정하여 유죄의 증거의 하나로 삼은 원심판결에는 증언 번복 진술조서의 증거능력에 관한 법리를 오해한 위법이 있다고 할 것이지만, 다른 한편, 뒤에서 살펴보는 바와 같이 이 사건에 있어서는 위 진술조서를 제외한 나머지 증거들만에 의하더라도 피고인을 유죄로 인정하는 데에 아무런 지장이 없으므로, 원심이 저지른 위와 같은 위법은 판결 결과에 영향을 미친 바 없고, 결국 이 부분 상고이유의 주장은 이유 없음에 귀착한다고 할 것이다.

2. 상고이유 제2점에 대하여

형사소송법 제201조의2는 구속영장청구와 피의자심문에 관하여 체포된 피의자에 대한 구속영장청구(제1항 및 제2항)와 그 외의 피의자에 대한 구속영장청구(제3항)로 경우를 나누어 규정하고 있고, 이에 의하면 체포되지 아니한 피의자에 대한 구속영장 청구 및 발부에 있어서는 체포된 피의자의 경우와는 달리 검사나 사법경찰관으로서는 피의자측에 심문신청권을 고지할 필요가 없는 것이다. 기록에 의하면, 피고인은 체포되지 아니한 상태에서 구속영장이 청구되었음이 분명하므로 이 사건에서 수사기관이 피고인에 대하여 심문신청권을 미리 고지하지 아니하였다 하여 무슨 잘못이 있다 할 수 없고, 피고인에 대하여 부당하게 구금이 장기화되었음을 인정할 만한 자료도 없다. 따라서 이를 전제로 한 이 부분 상고이유 주장 역시 이유 없다.

3. 상고이유 제3점 및 제4점에 대하여
원심이 인용한 제1심판결의 이유에 명시된 증거들 중 앞서 본 이 사건 진술조서를 제외한 증거들만을 기록에 비추어 검토하여 보더라도, 원심 판시의 범죄사실을 유죄로 인정하기에 부족함이 없다고 할 것이므로, 원심판결에는 상고이유로 주장하는 바와 같은 판결 결과에 영향을 미친 채증법칙 위배로 인한 사실오인이나 심리미진 등의 위법이 있다고 할 수 없다.

4. 그러므로 상고를 기각하기로 하여 주문과 같이 판결하는바, 이 판결 중 제1항의 판단에 관하여 대법관 지창권, 대법관 이임수, 대법관 서성, 대법관 조무제, 대법관 유지담의 반대의견이 있는 외에는 관여 대법관들의 견해가 일치되었으며, 대법관 김형선의 다수의견에 대한 보충의견이 있다.

5. 대법관 김형선의 다수의견에의 보충의견은 다음과 같다.
가. 형사소송법(이하 '법'이라고만 한다) 제310조의2는 전문증거와 증거능력의 제한이라는 제목 아래 "제311조 내지 제316조에 규정

한 것 이외에는 공판준비 또는 공판기일에서의 진술에 대신하여 진술을 기재한 서류나 공판준비 또는 공판기일 외에서의 타인의 진술을 내용으로 하는 진술은 이를 증거로 할 수 없다."고 규정하고 있는바, 이 사건 진술조서는 검사가 신문하면서 들은 진술을 서류로 작성하여 법원에 제출한 것으로서 위 법조가 규정하는 '공판준비 또는 공판기일에서의 진술에 대신하여 진술을 기재한 서류'에 해당하므로, 법 제311조 내지 제316조의 예외 규정에 해당하지 아니하는 한 그 증거능력이 없는 것이다. 그런데 이 사건 진술조서가 법원 또는 법관의 조서를 규정한 법 제311조, 필요성의 측면에서 예외를 규정한 법 제314조, 당연히 증거능력이 있는 서류를 규정한 법 제315조 및 전문의 진술을 규정한 법 제316조에 해당하지 아니함은 분명하고, 나아가 다음과 같은 이유에서 이 사건 진술조서는 법 제312조, 제313조에도 해당하지 아니하므로, 결국 이 사건 진술조서는 법 제318조에 따라 증거로 할 수 있음에 대한 피고인의 동의가 없는 한 그 증거능력이 없다고 할 것이다. (1) 헌법은 제12조 제1항에서 적법절차에 의하지 아니하고는 처벌을 받지 않을 권리를, 제27조 제1항 및 제3항에서 법관의 법률에 의한 공정하고 신속한 공개재판을 받을 권리를 각 명문으로 규정하고 있고, 이러한 기본권을 실현하기 위하여 법은 제161조의2에서 피고인의 반대신문권을 포함한 교호신문제도를 규정함과 동시에, 제310조의2에서 법관의 면전에서 진술되지 아니하고 피고인에 대한 반대신문의 기회가 부여되지 아니한 진술에 대하여는 원칙적으로 증거능력을 부여하지 아니함으로써, 결국 형사재판에 있어서 모든 증거는 법관의 면전에서 진술·심리되어야 한다는 직접주의와 피고인에게 불리한 증거에 대하여는 반대신문할 수 있는 권리를 원칙적으로 보장하고 있으므로, 법 제310조의2에서 정한 예외 규정인 제312조와 제313조가 엄격하게 해석·적용되어야 함은 당연하다. (2) 한편, 법은 제1편 제12장에서 법원의 증인신문을, 제2편 제1장에서는 검사와 사법경찰관의 수사를, 제2편 제3장 제2절에서 증거를 각기 규정하고 있다. 이 가운데에 공소제기 후 수소법원의 증인신문절차에 따라 작성된 조서는 법 제311조 전문의 '피고인 아닌 자의 진술을 기재한 조서'에, 제1회 공판기일 전에 수소법원이 아닌 판사에 의하여 행하여지는 법 제184조나 법 제221조의2의 증인신문절차에 따라 작성된 조서는 법 제311조 후문에, 법 제200조의 검사의 피의자에 대한 신문에 따라 작성된 조서는 법 제312조 제1항의 '피의자의 진술을 기재한 조서'에, 법 제221조의 검사의 피의자 아닌 자에 대한 신문에 따라 작성된 조서는 법 제312조 제1항의 '피의자 아닌 자의 진술을 기재한 조서'에 각기 해당하는바, 이들 규정을 종합하여 보면, 법은 ① 공소제기 이전 단계에서 검사가 피의자나 피의자 아닌 자에 대하여 작성한 조서는 법 제312조에서, ② 제1회 공판기일 이전 단계에서 수소법원이 아닌 판사가 행한 증거보전절차 등에 따라 작성된 증인신문조서는 법 제311조 후문에서, ③ 제1회 공판기일 이후에 수소법원에 의하여 작성된 증인신문조서는 법 제311조 전문에서 각 그 증거능력을 규정하고 있음을 알 수 있다. 이에 따라 법 제311조는 '피고인이나 피고인 아닌 자'라고 하고, 법 제312조는 '피의자나 피의자 아닌 자' 또는 '피고인이 된 피의자' 및 '피의자였던 피고인'이라고 하여 '피고인'과 '피의자'의 용어를 준별하여 사용하고 있는바, 이는 조서의 작성방식에 관한 법 제48조나 앞서 본 법 제184조가 피고인과 피의자를 구별하고, 구속적부심사에서는 피의자라는 용어가 사용됨에 반하여 보석에서는 피고인이라는 용어가 사용되는 등 우리 법이 그 용어를 신중하게 가려서 사용하는 일관된 태도를 취하고 있는 점에 비추어 보아도 분명한 것이다. 따라서 이 사건 진술조서는 공소제기에 따라 피의자가 피고인이 됨으로써 피의자라는 개념이 없어진 이후에 작성된 것으로서 법 제312조가 예정하는 '피의자 아닌 자'의 진술을 기재한 조서에 해당하지 아니하고(이렇게 해석하지 아니하면 법

제311조 및 제313조에서와는 달리 법 제312조에서 굳이 '피의자나 피의자 아닌 자'라는 용어를 사용한 이유를 설명하기 어려울 것이다), 법 제313조도 법 제311조와 제312조 이외의 진술서 등 서류를 규정한 것으로서 역시 이 사건 진술조서와 같은 것을 예정하고 있는 것이라고 볼 수 없으므로, 이 사건 진술조서는 법 제312조의 조서나 제313조의 진술서 등에 해당하지 아니한다. (3) 또한, 공소가 제기된 이후에 검사는 수사기관으로서의 수사 업무와 공소유지기관, 즉 당사자로서의 소송행위 업무를 동시에 수행하게 되지만 수사와 소송행위는 그 성질상 엄밀히 구별되어야 하고, 법 제312조나 제313조가 규정하는 조서나 서류는 수사기관이 수사 업무를 수행하면서 작성하거나 수집한 증거를 말하는 것이다. 그런데 이 사건의 사실관계에 의하면, 검사는 종전 증인 공소외인을 상대로 이 사건 진술조서를 작성함에 있어서 그를 위증 혐의로 입건·수사한 바 없다는 것인바, 그렇다면 이러한 진술조서의 작성행위는 그 실질에 있어서 공소외인이 행한 종전 증언을 탄핵할 목적으로 증인 공소외인을 상대로 재신문을 행하되, 법정이 아닌 자기의 사무실에서 증인신문절차가 아닌 임의의 방법을 취한 것에 불과하다고 봄이 상당하므로, 결국 이러한 검사의 행위는 수사기관이 행하는 수사라기보다는 공소유지기관인 당사자가 행하는 재신문이라는 소송행위의 연장선상에 있는 것으로 봄이 마땅하고, 그 결과 작성된 이 사건 진술조서는 법 제312조나 제313조가 규정하는 조서나 서류에 해당한다고 볼 수도 없는 것이다. 나아가, 설령 이 사건 진술조서의 실체를 공소외인에 대한 별도 위증사건의 피의자신문조서에 해당하는 것으로 보더라도, 기록에 의하면, 이 사건 진술조서의 작성 시 법 제200조 제2항이 규정하는 진술거부권이 고지되지 아니하였음을 알 수 있으므로, 이 점에서 이미 이 사건 진술조서의 증거능력은 부정될 것이다(대법원 1992. 6. 26. 선고 92도682 판결 참조). (4) 그리고 앞서 본 직접주의의 원칙에다가 관련 법규정을 종

합하여 보면, 법 제312조나 제313조는 전문증거인 조서나 진술서 등이 작성될 당시 그 사건을 직접 심리할 수소법원이 그 원진술자 등을 신문하여 그가 경험한 사실을 직접 청취할 수 없었던 사정을 감안하여 일정한 요건 하에 예외적으로 증거능력을 부여하는 취지임을 알 수 있는바, 이 사건과 같이 참고인이 증인으로 소환되어 법관의 면전에서 자기가 경험한 사실을 직접 진술한 바 있고 그 후에도 재차 증언이 가능한 경우, 수소법원으로서는 그 증인의 종전 증언 내용에 의문이 있다고 판단되면 직권이나 당사자의 신청에 따라 그를 다시 소환하여 증언을 직접 들으면 되고 또한 그것으로 충분한 것이며, 그럼에도 불구하고 검사가 종전 증인을 상대로 진술조서를 작성하여 유죄의 증거로 제출하였다면, 그것은 법원의 직접 심리가 얼마든지 가능한 상황에서 의도적으로 만들어진 전문증거로서 직접주의에 역행하는 산물임이 분명하므로, 여기에 제312조나 제313조를 내세워 증거능력을 부여할 수 없는 것이다. 이와 반대의 입장을 취한다면, 1961. 9. 1. 법률 제705호로써 법 제310조의2의 원칙 규정을 신설한 입법취지가 몰각됨은 물론이고, 직접주의의 원칙과 그 예외가 뒤바뀌는 결과에 이르게 될 것이다. 나. 형사소송의 당사자인 피고인의 권리의 측면에서 보더라도 이 사건 진술조서는 그 증거능력이 부정될 수밖에 없다. 헌법 제27조 제1항 및 제3항이 규정하는 국민의 기본권에는 법관의 면전에서 모든 증거자료가 조사·진술되고 이에 대하여 피고인이 공격·방어할 수 있는 기회가 실질적으로 부여되는 재판을 받을 권리가 포함되어 있는바, 공소가 제기된 이후 피고인은 수사의 대상인 피의자의 입장에서 벗어나 당사자로서의 지위를 갖게 되고, 이에 따라 법은 피고인에게 공판정 출석권(제276조), 증거신청권(제294조), 증거조사 참여권(제163조, 제121조, 제145조, 제176조), 증인신문에 있어서 반대신문권(제161조의2), 증거조사에 대한 의견진술권(제293조), 증거조사에 대한 이의신청권(제296조) 등을 부여하고 있다. 이 점과 관련하여 대법원은 일찍부터, 법관의 면전에서 직접 신문이 이루어짐으로써 성립의 진정에 아무런 문제도 없는 증인신문조서에 관하여도 소송관계인인 피고인에게 증인신문을 통지하는 등 공격방어의 기회를 부여하지 아니하였다면 특별한 사정이 없는 한 그 증거능력이 부정되어야 한다는 취지의 판시를 한 바 있다(대법원 1955. 7. 15. 선고 4288형상128 판결, 1967. 7. 4. 선고 67도613 판결, 1969. 7. 25. 선고 68도1481 판결, 1992. 2. 28. 선고 91도2337 판결 등 참조). 그런데 이 사건 진술조서는 공소제기에 따라 피고인이 당사자로서의 지위를 갖춘 이후에 작성된 것임에도 불구하고 피고인측의 반대신문권 보장은 물론이고 피고인이나 변호인의 참여도 전혀 없는 상태에서 이루어진 것임이 분명하므로, 앞서 본 법원의 증인신문조서와 비교하여 볼 때 그 증거능력을 인정할 도리가 없는 것이다. 다. 어떠한 증거가 공소 제기 이후에 수집되었다는 이유만으로 위법한 것으로 단정할 수 없는 것임은 물론이고, 공익기관인 검사가 공소의 유지를 위하여 공소가 제기된 이후에 있어서도 계속하여 증거의 수집 등 수사 활동을 전개함을 결코 나무랄 수만은 없을 것이다. 그러나 수사가 가능하다고 하여 그 과정에서 작성·수집된 조서나 서류가 당연히 증거능력을 갖는 것은 아니고, 인권의 보장 및 당사자주의·공판중심주의·직접주의 등의 입장에서 법률이 증거방법에 관하여 설정한 제한과 요건에 따라 그 증거능력이 결정되는 것일 뿐이다. 이는 사법경찰관이 수사의 초동 단계에서 적법하게 작성한 피의자신문조서라도 피고인이나 변호인이 그 내용을 인정하지 아니하는 경우 그 증거능력을 전혀 부여받을 수 없다는 점만 보아도 쉽게 알 수 있을 것이다. 따라서 공소제기 이후에 수사가 가능한지 또는 필요한지 여부와 이 사건 진술조서가 증거능력을 갖는지 여부는 별개의 문제이고, 이 사건 진술조서의 증거능력이 부정된다고 하여 공소제기 이후의 수사가 당장에 위법하게 되는 것도 아니다. 이 사건 진술조서와 같은 것도 증거능력이 있다고 한 종래의 판례는 이 점을 간과한 것이 아닌가 여겨진다. 라. 실체적 진실발견이라는 관점에서 이 사건 진술조서의 증거능력을 부정함은 옳지 않다는 반론이 있을 수 있다. 그러나 오히려 직접주의나 전문법칙은 법관으로 하여금 정확한 심증을 형성하게 하고 피고인에게 증거에 관하여 직접적인 의견진술의 기회를 부여함으로써 실체적 진실발견과 공정한 재판을 달성하는 데에 기여하는 것이다. 어떤 사람이 공개된 법정에서 위증의 벌의 경고와 함께 이루어진 선서를 하고 피고인의 반대신문을 받으면서 한 증언보다 검사의 사무실에서 위증의 벌의 경고 및 선서와 피고인의 참여도 없이 일방적으로 한 진술이 실체적 진실발견에 더욱 유용하다는 논리는 쉽사리 납득이 되지 아니하며, 법 제297조는 증인이 피고인 또는 어떤 재정인의 면전에서 충분한 진술을 할 수 없다고 인정한 때에는 그를 퇴정하게 하고 진술할 수 있는 장치까지 마련하여 놓고 있는 것이다. 더구나 이 사건 진술조서와 같은 것도 증거능력이 있다는 취지의 종전의 대법원 판결들조차 이러한 진술조서의 작성 경위에 비추어 보면 그 신빙성이 희박하다는 취지의 판시를 하고 있는 실정이므로, 실체적 진실발견을 내세우는 반론은 그다지 설득력이 없을 것이다.

6. 대법관 지창권, 대법관 이임수, 대법관 서성, 대법관 조무제, 대법관 유지담의 반대의견은 다음과 같다.

가. 우리 형사소송법은 기본적 인권의 보장과 실체적진실 발견이라는 목적을 실현하기 위한 증거법상의 장치로서 공소사실에 대한 유죄증거에 관하여 증거능력이 없는 것의 범위를 법정함과 아울러 그 규정들에 의하여 증거능력이 배제되지 아니한 증거에 관하여는 법관의 자유심증에 따라 증명력을 판단하도록 규정하고 있다. 그리고 그러한 형사증거법 운용의 취지가 헌법 제12조 제1항의 적법절차조항, 헌법 제27조의 재판을 받을 권리, 당사자주의, 공판중심주

의, 직접주의의 실현에 이바지하도록 마련되어 있는 것임은 물론이다. 그러므로 검사에 의하여 유죄의 증거로 제출된 서류가 증거능력이 없다고 단정하기 위하여는 증거능력 배제규정에 해당되거나, 아니더라도 위와 같은 형사절차의 지도이념에 명백히 위배되는 경우에 한할 것이며 증거능력을 부정할 근거가 없는 한 그의 증거능력은 인정하되 그의 증거가치에 관한 판단을 법관의 자유로운 심증에 맡겨 당사자주의, 공판중심주의, 직접주의의 실현을 기하도록 운용해 가야 할 것이다.

나. 다수의견의 주장에 따르면, 공판기일에 증인으로 출석하여 증언한 증인에 대하여 검사가 후에 다시 진술조서를 받은 경우, 그 진술조서를 새로 받게 된 이유나 절차가 어떠하였던가, 그 증언내용과 그 진술조서의 내용이 어떠한 것인가, 그리고 그 후에 그 진술조서의 증거능력을 취득하기 위하여 검사가 어떠한 소송상의 절차를 진행하였는가를 가리지 않은 채 일률적으로 그 진술조서의 증거능력을 부정하고 마는 결과로 된다. 그러나 그러한 처리가 법규상의 근거가 있는 것인지 나아가 피고인이나 당해 참고인의 인권보호와 실체적진실 발견을 위하여 어떠한 순기능과 역기능을 하는 것인지, 소송의 실제에 있어서 당사자주의나 직접주의 공판중심주의의 실현에 이바지하는 것인지에 관하여 더욱 검토될 필요가 있다.

다. 다수의견과 그의 보충의견은 증거능력 배제를 규정한 형사소송법(아래에서는 '법'이라고 줄여쓴다) 제310조의2의 예외규정인 법 제312조가 '피의자 아닌 자의 진술'이라는 표현을 쓰고 있다는 점을 근거로 들어 거기서의 진술조서를 피고인이 피의자 신분인 공소제기 전의 시점에 검사에 의하여 작성된 조서만을 가리킨다고 주장한다. 그러나 '피의자 아닌 자'라는 용어는 피고인이 된 피의자 외의 사람을 가리키는 뜻이지 피고인이 된 피의자의 신분변경상의 시점을 나타낸 문언은 아니라고 보아야 한다. 법 중 증거법조항들에 한정해 보아도 피고인이나 피의자라는 용어의 사용에 있어서 다수의견의 주장처럼 준별 사용되는 것이 아니라 그러한 시기적 개념의 구분없이 혼용되고 있는 것이 실상이다. 예를 들면, 사법경찰관이 작성한 피해자 등 참고인에 대한 진술조서에 관하여는 법 제313조 제1항에 규정되어 있는데 거기서는 '법 제312조의 규정 이외에 피고인 또는 피고인 아닌 자'라는 용어가 씌어져 있고 그 조서는 피고인이라는 용어 사용에도 불구하고 사법경찰관이 공소제기 전에 참고인에 대하여 작성한 진술조서를 포함한다는 데 이견이 없는 것이다. 요컨대, 법 제312조와 제313조를 참고인에 대한 진술조서를 기준으로 구별하자면 작성시기가 공소제기의 전인가 후인가를 막론하고 그 제312조는 검사작성의 진술조서를, 그 제313조는 사법경찰관 작성의 진술조서를 나누어 규정하였다고 보는 것이다. 이 점에서 다수의견의 보충의견이 가장 중요한 법문상의 근거로 들고 있는 법 제312조의 진술조서는 공소제기 전에 작성된 조서만을 가리킨다고 하는 전제는 무너져버리는 것이다.

라. 다만, 공소제기 후에 검사에 의하여 작성된 진술조서라 하여 일률적으로 증거능력이 배제되는 것은 수긍되지 않는다 할지라도 다른 증거법칙에 따라 그의 증거능력의 유무가 결정될 수 있음은 당연한 일이다. (1) 검사가 증인신문 후 다시 진술조서를 받는 절차상의 위법성이 개별적으로 검토되어야 한다. 검사가 적법한 근거도 없고, 새로운 사항의 조사 등 실제상의 필요도 없는 상황에서 당초의 진술조서와 증언을 일치시키기 위하여 참고인이던 증인의 의사에 반한 신체자유의 제한, 영장이나 법규 근거없는 불법인치나 구금, 위법한 심문방법의 시행 등을 서슴치 않음으로써 그 증인의 인권을 침해하고 그로써 공판중심주의와 직접주의를 흐리게 하는 결과를 야기하였다면 증거수집상의 그러한 위법사유를 이유로 그 진술조서의 증거능력을 배제하는 것은 근거있는 조치라 할 것이다. 이 경우에도 각 진술조서 내용 등 구체적 상황을 심사하는 일이 선행되어야 할 것이다. (2) 그를 위하여는 그 진술조서의 내용과

법정에서의 증언내용이 같은 사항인지의 여부조사가 필요할 것이다. 공소제기 전의 진술조서와 법정증언 그리고 그 후의 진술조서가 동일한 사항을 내용으로 함에도 검사가 상당한 이유도 없이 진술자의 시인 또는 부인하는 답변만을 바꾸도록 유도 또는 강요하려는 의도에서 재진술조서를 받은 경우라면 실제상의 불필요성 때문에 전항에서 본 바와 같은 절차상의 위법성을 인정할 수도 있을 것이다. 그러나 그와는 달리 공소제기 전의 진술조서나 법정에서의 처음의 증언에 누락 또는 착오가 있었거나 도면을 작성하면서 설명하는 일 등이 불가피하여 증언만에 의해서는 충분히 진술할 수 없는 등의 사정이 있어서 공소제기 후 새로이 진술조서를 작성하고 그 참고인을 다시 증인으로 신청하는 예와 같은 공소유지 행위가 허가되지 못할 근거는 없는 것이다. (3) 법정증언의 현실에 눈을 돌려 볼 때, 증언에 당하여 심신상의 장애, 착오진술 등 증인의 주관적 사정에 의한 이유에서나 피고인 기타의 사람들의 협박 등 외부적 사정에 의한 이유에서 임의성이 없거나 인식내용과 다른 증언을 한 증인에게 위증벌의 불안에서 벗어날 수 있게 하고 진실발견에 도움이 되는 새로운 진술기회의 부여라는 구제의 방법으로서 검사에 의한 재조사의 필요성을 전면 부인할 수는 없으며 그러한 경우 그 증인을 위증죄로 수사하여야만 한다고 의무 지운다는 것도 기소편의주의 제도 아래에서 구체적 상황에 따라서는 무리한 요구일 수 있다는 점을 간과할 수 없으니 절차상의 위법사유 유무의 판단에서는 이러한 점도 고려되어야 할 것이다.

마. 이 사건에서도 한번 증언을 한 공소외인의 최초의 진술조서의 내용과 그 후의 증언의 내용, 검사가 그에 대한 재차의 진술조서를 받게 된 이유와 그 절차 경위, 그 진술조서의 내용 등을 조사하여 거기서 증거능력을 부정할 수 있는 위법사유가 있는지의 여부가 판단되어야 할 것이기에, 다수의견이 한번 증언한 자에 대한 진술조서라는 한가지 이유만으로 그의 증거능력을 부정한다는 데는

찬성할 수 없다.

바. 그러므로 증언 이후의 진술조서 작성과정에서 위법함이 개재되지 아니한 진술조서는 법 제312조 제1항에 의하여 원진술자에 의한 성립의 진정함이 인정되고 반대신문권이 보장되면 그의 증거능력을 인정하되 그의 증거가치에 관하여는 재판부의 자유심증에 따라 판단되게 할 이치로서, 같은 취지인 대법원 1992. 8. 18. 선고 92도1555 판결을 비롯한 여러 판결들의 견해는 사안을 달리하거나 정당하기에 변경될 이유가 없다 하겠다.[456]

대법원장   최종영(재판장)
대법관   이돈희 김형선(주심) 지창권 신성택 이용훈 이임수
              송진훈 서성 조무제 유지담 윤재식 이용우

---

[456] 대법원 2000. 6. 15. 선고 전원합의체 판결 [변호사법위반] > 종합법률정보 판례

4. 기소 후 수사관에 의하여 모집된 증거의 신빙성

대법원 1983. 8. 23. 선고 83도1632 판결[폭력행위등처벌에관한법률위반·살인
특수강도][집31(4)형,119;공1983.10.15.(714),1462] 변경 : 대법원 2000.6.15.
선고 99도1108 판결에 의하여 변경

【판시사항】

기소 후 수사관에 의하여 모집된 증거의 신빙성

【판결요지】

기소 후 공소유지를 위해 수사관에 의하여 모집된 증거가 위법 증
거라고는 할 수 없다고 하더라도 형사소송이 추구하는 이상인 인권
보장 및 당사자주의 그리고 현행 형사소송구조에서 볼 때 결코 바
람직스러운 것이 못되며, 피고인에게 유리한 증언을 한 증인을 법
정외에서 추궁하여 법정에서의 증언을 번복하게 하는 등의 방법으
로 모집된 증거는 신빙성이 희박하다 하겠다.

【참조조문】형사소송법 제313조
【참조판례】대법원 1982.6.8 선고 82도754 판결

【전 문】

【피 고 인】피고인 1 외 2인
【상 고 인】피고인들
【변 호 인】변호사 이○○
【원심판결】서울고등법원 1983.5.7 선고 83노276 판결

【주 문】

원심판결을 파기하여 사건을 서울고등법원에 환송한다.

【이 유】

피고인들의 변호인 변호사 이○○의 상고이유 제2, 3점을 함께 모아 살펴본다.

1. 원심판결 이유기재에 의하면, 원심은 피고인 1의 이 법정에서의 1982.8.5 변호인 접견시 판시 범행사실을 시인하였다는 취지의 진술, 검사작성의 피고인들에 대한 피의자신문조서중 판시사실에 부합하는 기재, 의사 김○○ 작성의 공○○에 대한 감정서 중 판시 사인에 부합하는 감정기재, 압수된 면사 끈 각 1점(서울지방검찰청 의정부지청 82년 압 제960호 증 제9, 10호) 과도 1개(같은 증 제11호)의 각 현존 등을 종합하여 피고인 등이 공동하여 1982.6.23. 21:00경 의정부시 에 있는 피고인 1의 집앞에서 서로 만나 같은 동 432에 있는 서○○의 집앞까지 걸어 가던중 피해자 공○○ (여.19세)가 학교수업을 마치고 귀가하는 것을 발견하고 피고인 1이 동녀에게 사귀어 보자고 하면서 같이 가자고 하였으나 동녀가 대답을 하지 않고 동 피고인의 집쪽으로 걸어가자 동녀의 뒤를 따라 가다가 그 부근에 있는 경○○의 집앞에서 피고인 1이 동녀의 팔을 잡자 동녀가 소리를 지르므로 동 피고인은 동녀의 입을 틀어막고 피고인 2는 동녀의 목을 조르고 피고인 3은 다리를 잡는 순간 동녀가 정신을 잃고 쓰러지므로 동녀가 소생하면 피고인들의 얼굴을 알고 있으므로 처벌을 받을 것이 두려운 나머지 동녀를 살해할 것을 결의하고 피고인 1은 그 부근에 있는 동 피고인의 집에 가서 길이 17.4cm의 과도를 들고 나온 후 피고인 1은 동녀의 등

을 받쳐 업고 피고인 3은 오른쪽 다리를 들고 피고인 2는 왼쪽다리를 들고 동녀의 가방을 든 채 위 같은 동 432에 있는 김○○의 집뒤 축대밑에 동녀를 옮겨 놓고 강간을 하기 위하여 피고인 1은 위 과도로 동녀의 상의를 찢어 버리고 피고인 2는 치마를 벗기고 팬티를 발목까지 내렸으나 동녀가 정신을 차리지 못하자 강간할 것을 포기하면서 피고인 2가 위 과도로 동녀의 목을 10여회 찌르고 계속하여 피고인 3, 1의 순으로 각 수회 동녀의 목을 찔러 좌경부 자절창으로 인한 실혈로 그 시경 사망에 이르게 하여 동녀를 살해하고 피고인 3은 상피고 인들이 위 공○○의 옷을 벗기고 있을 때 항거불능상태에 있는 동녀의 가방을 뒤져 그 속에 있던 지갑속에서 금 1,400원을 강취한 사실 등을 인정한 제1심 판결을 유지하고 피고인 2가 내세우는 부재증명에 부합하는 제1심증인 김○○, 이○○, 안○○, 이○○ 및 참고인 장○○(조서상 장○○으로 되어 있다 이하 같다)의 경찰 또는 제1심법정에서의 진술기재 등을 믿을 수 없다고 배척하면서 다음과 같이 판시하였다.

2. 위 김○○의 경찰 및 제1심 법정에서의 각 진술기재에 의하면 동녀는 주거지인 경남 하동군 적량면 동산리에서 ○○이 상회라는 상호로 구멍가게를 경영하고 있으며 피고인 2가 1982.5. 경 주거지 부근인 경전선의 터널 보수공사 기간 중 그 형인 공소외 1과 함께 인부로서 일을 할 때 거래를 한 바 있어 잘 알고 있는 터인데 동년 6.22경 낮모르는 친구와 함께 일자리를 구한다고 내려와 위 가게에 들려 하동읍 거주 장○○과 술을 마신 후 위 가게에서 잠을 잤고 다음날인 같은 달 23일 21:00경에도 다시 잠자리를 청하기에 거절한 바 있었는데 이와 같은 사실은 그날 6.23이 음력 5.3로서 동녀의 시조부 제삿날이었던 까닭에 잘 기억하고 있으며 제1심 법정에서 이 사건으로 증언을 하고 나서 집에 돌아가 외상장부를 보니 위 장○○이가 외상술을 마신 날짜가 그 해 6.22로

적혀 있기에 법정증언 중 날짜의 지적이 틀림없음을 확인까지 하였다는 것이나 동녀의 남편인 이○○의 경찰에서의 진술기재에 의하면 동녀의 시조부 제삿날이 위와 같음을 인정할 수 있지만 위 제삿날과 피고인 2를 관련지어 기억나는 근거로서 당일 피고인 2가 재차 잠자리를 청하러 와 있을 때 공소외 김○○이가 위 가게에 찾아오는 것을 보고 동인과 만나면 쉽게 갈 것 같지가 않아 잠시 있다 들어오라는 손짓 신호를 보내고 피고인 2가 돌아간 후 동인이 가게에서 잠을 잤고 자정이 넘어 제삿밥을 먹었다고 진술하고 있으나 이점은 동 김○○의 경찰에서의 진술기재 중 그날은 하동터널공사가 끝나 다음 공사장인 양보로 공사자재를 옮겨 놓은 날인 6월 27, 8일경이었고 밤 10시경 위 가게에 들려 잠을 자다 위 김○○의 시어머니가 밤 12시경 밥을 주어 먹었다는 진술과 어긋나고 차려주어 먹었다는 밥이 제삿밥이었음을 단정할만한 자료를 동인의 위 진술기재 가운데 찾아볼 수 없으며 원심증인 이○○, 동 안○○의 경찰 및 제1심 법정에서의 각 관계 진술기재와 참고인 장○○의 경찰에서의 진술기재를 종합해보면 피고인 2가 친구 안○○과 함께 일자리를 알아보고자 하동에 내려가 전에 공사장에서 같이 일을 한바 있는 이○○을 우연히 만나 하동읍에 나가 하수도 공사장 등지의 일자리를 같이 알아본 후 15:00경 위 ○○이 가게에 함께 들려 이○○이가 사주는 막걸리를 마셨고 이후 장○○이도 만나 그가 받아주는 소주 2병을 나누어 마신 사실을 인정할 수 있는데 위 이○○은 시종일관 위 날짜를 1982.6.22이라고 단정하면서 그 근거로서 그 날은 하동읍의 장날인데 동인이 기르던 개를 10,000원에 팔아 위 가게의 외상값 7,000원을 갚은 기억을 토대로 한다 하고 이 사건으로 제1심 법정에 증언을 하러 올라오기 전에 위 가게에 들러 비치된 외상장부를 보고 날짜를 확인하였다는 것이고 위 장○○이도 위 가게에서 외상술을 먹은 것은 한번 뿐이고 다만 날짜를 자세히 알 수 없어 역시 외상장부를 보니 6.22로 적혀있기에 피고인 2를 만나 술을 마신 날짜를 그날로 알고 있다는 것이나 위 이○○이 피고인 2를 만나 술을 마신 날짜를 확인코자 외상장부를 보러갔을 때 장부 중 동인에 관한 기재부분은 없어져 있어 김○○에게 문의하자 외상값이 정리되었으므로 없었다고 말하였다는 것이고 장○○이가 피고인 2와 외상술을 마신 날짜가 6.22로 되어 있다기에 자신이 피고인 2와 술 마신 날짜도 그런 줄 알았다는 것이며 위 장○○도 혹시 이 사건으로 증언을 서게 될 것에 대비하여 장부를 확인한바 6.21 및 6.22 두번에 걸쳐 외상술을 마신 것으로 되어 있었으나 동인이 외상을 할 때마다 장부를 확인해 온 바는 없었지만 피고인 2와 술을 마신 다음날 터널공사의 인건비로서 동인이 받을 돈중에서 이전의 외상술값까지 합친 합계 금 5,000원 정도를 현장 감독인 이○○ 부장이 따로 공제하여 위 김○○에게 계산하였을 것이라고 진술하고 있어 위 터널공사기간중 계속적인 외상거래가 있었던 것으로 보여 위 외상장부에 기재된 바의 6.22 장○○이가 외상술을 마신 것이 반드시 피고인 2와 술을 마신 것으로 단정하기 어렵고 또한 위 김○○도 제1심법정에서의 증언 이후 수사기관의 조사시에 피고인 2가 당일 누구와 술을 마셨는지를 명확히 지적하지 못하고 있는 터이며 더구나 제1심에서 증언을 하고 내려간 다음날 외상장부를 들춰보니 장○○의 외상일자가 6.22로 적혀있어 자신의 법정증언이 틀림없었다는 반가움에 "피고인 2 하고"를 장○○ 이름 앞에 첨가 기재해 두었다는 것이고 보면 제삿날짜와 외상장부를 토대로 한 동녀의 진술기재에는 신빙성이 의심되며 아울러 위 외상장부와 김○○의 말을 날짜확인의 근거로 하는 이○○, 장○○의 각 관계 진술기재도 다음에서 인정하는 제반사실관계에 비추어 이를 믿지 아니하는 바이며 한편 수사기록에 편철된 철도 터널공사관계 공문의 각 기재에 의하면 경전선의 횡천, 하동간 하동터널의 보강 및 방수공사는 1982.5.14 착공되어 동년 6.24 준공예정이었고 양보, 횡천간 횡천터널 방수공사는 동년

6.5 착공되어 동년 6.30 준공예정이었는바 위 두가지 공사는 쌍합특수양회공사라는 업체에서 모두 하도급받아 시공하였고 각기 준공예정기일 보다 빨리 완공되어 위 공사구간의 열차서행운전명령이 철도당국에 의하여 동년 6.28자로 해제된 사실 및 이어서 양보, 횡천간감당 제1터널의 방수공사가 같은 업체에 의해 동년 6.28부터 7.10까지 공사기간이 예정되었으나 서행운전명령이 동년 7.1자로 발령되어 그날부터 공사가 진행되어 공기를 앞당겨 동월 7일경 완공된 사실을 각 인정할 수 있는바 위 공사장에 인부로서 일한 바 있는 최○○, 김○○ 인부식당을 운영한 김○○ 등이 위 인정의 공사경과에 근거하여 각기 경찰에서 참고인으로 진술한 바에 의하면 위 횡천터널 및 하동터널 방수공사가 최종적으로 마무리되어 다음 공사장 소인 양보소재 감당 제1터널 공사장으로 공사자재를 옮기고 있을 무렵 피고인 2가 안○○을 데리고 일자리를 구하러 내려왔던 사실을 인정할 수 있고 이○○의 형인 이○○의 경찰에서의 진술기재에 의하면 하동읍의 장날은 매달 2, 7, 12, 17, 22, 27 열리는데 이○○이 1982.6.2 장날에 개 두마리를 구입하였다가 그중 한마리를 형에게 부탁하여 6.27 장날에 처분한 사실 및 피고인 2가 일자리를 구하지 못하고 돌아갈 차비가 없게 되자 차고 있던 손목시계를 위 이○○에게 맡기고 돈 금 10,000원을 빌린 사실을 각 인정할 수 있으며 한편 원심증인 안○○, 김○○, 이○○의 날짜 관계를 제외한 각 진술기재 부분과 참고인 백○○, 공소외 2의 경찰에서의 각 진술기재 및 수사기록에 편철된 즉결심판서의 기재를 종합해 보면 피고인 2는 안○○과 기차를 타고 하동에 내려와 첫날은 위 이○○이 가게에서 다음날은 하동읍 소재 장○○의 집에서 잠을 잔 후 안○○과 헤어져 하동을 떠나 의정부시로 돌아와 친구 공소외 2를 만난 바도 있고 그날 밤 24:00경 의정부시 소재 술집 ○○○○ 종업원 백○○에게서 소주 한병을 빼앗아 마신 바도 있으며 1982.7.1. 22:30경 피고인 3과 함께 환각제를 복용한 혐의

로 입건되어 동월 2일 서울지방법원 의정부지원에서 구류 10일에 처하는 즉결심판을 받은 사실을 인정할 수 있고 끝으로 제1심 및 원심증인 양○○의 경찰진술조서의 기재에 의하면 동인은 1982.6.26. 13:00경 의정부시 의정부 3동 소재 함○냉면집앞 노상에서 피고인 2와 공소외 2에게 차고 있던 시티즌 손목시계를 갈취당한 사실을 인정할 수 있고 동인은 경찰에서 참고인으로 조사받을 때에는 갈취당한 일자를 처음에는 1982.6. 일자불상으로 이후 1982.6.25로 진술해 왔으나 이건 살인사건과 관련하여 명확한 일시의 조사가 요청되자 동인은 이 사건 당시 의정부시 소재 ○○고등학교 2년 재학생으로서 세인을 놀라게 한 1982.6.23 밤 의정부시 신곡동에서 발생한 이 사건 피해자 공○○ 피살사건을 익히 들어 알고 있던 차 그 며칠 후 교련이 있었고 학과가 일찍 끝난 토요일인 동월 26일 오후 집에 들렀다 나가는 길에 손목시계를 갈취당하였던 사정을 기억에 따라 진술한 바가 있어 그렇다면 위에서 인정한 여러 사실관계를 종합하여 피고인 2의 이건 살인사건에 즈음한 하동지방의 왕래에 관련된 행적을 따져 보면 동 피고인은 1982.6.26 공소외 2와 일자리를 구하러 하동에 내려가자고 상의를 하다가 동일 13:00경 우연히 마주친 국민학교 후배 양○○의 손목시계를 갈취한 다음 공소외 2와 일단 헤어졌다가 17:30경 안○○, 공소외 2 3인이 만나 술을 마시고 그 길로 안○○과 의정부시를 기차로 출발 서울로 나와 23:30발 하동행 기차를 타고 내려가 6.27. 08:00경 하동에 도착하여 전에 일을 한바 있는 하동군 적량면 소재 터널공사장에 찾아갔으나 공사가 이미 끝나 마무리 중이었으므로 이○○의 안내로 하동읍내에 들어가 다른 일자리를 알아보다가 돌아와 김○○ 경영의 ○○이 가게에서 술을 마시고 일박하고 6.28 하루를 하동에서 소일한 후 장○○의 집에서 잠을 자고 6.29 안○○과 헤어진 다음 이○○에게 위 양○○로부터 빼앗아 차고있던 손목시계를 맡기고 차비를 마련하여 당일 20:20발 상행열차편으로 하동을 떠나 서울을 거쳐 6.30 오전중 의정부시에 도착하여 다음날인 7.1 환각제복용으로 즉결심판에 회부되어 구류처분을 받은 바 있음을 알 수 있은 즉 그 이전인 6.22경 하동에 내려가 있었다는 동 피고인의 부재증명의 주장은 근거없는 것이라 할 것이다.

3. 그러나 원심의 이와 같은 판시는 채증법칙에 위반하여 논리와 경험에 반하는 증거판단을 함으로써 그 이유를 갖추지 아니하였거나 이유에 모순이 있다는 비난을 면할 길이 없다.

(1) 먼저 원심이 피고인 2의 부재증명을 배척하는 자료로 한 여러 증인 등의 증언은 그 신빙성이 지극히 의심스럽다고 하지 않을 수 없다. 즉 원심이 드는 주로 경찰에서의 각 진술기재라는 것은 경찰이 이 사건을 송치하여 검사에 의해서 공소가 제기되고 제1심의 증거조사 과정에서 피고인 2의 부재증명이 거의 성립되었다고 보여진 다음 경찰에 의하여 수집된 자료라는 점에서 그 신빙성에 의문을 제기하지 않을 수 없다. 당초 피고인 2는 이 사건 살인혐의로 경찰의 조사를 받게 되자 범행을 부인하면서 1982.6.23 즉 살인사건이 일어난 날을 전후하여 피고인은 경상남도 하동에 있었으며 그 사건 당일밤에는 위 김○○가 경영하는 이○○이 집에서 그집 제사밥을 얻어먹은 일이 있다고 부재증명을 내세웠던 바 제1심에서는 위 김○○를 1982.10.15 의 그 제2회 공판기일에, 1982.6.23을 전후한 피고인 2의 행적에 관련이 있다고 피고인이 내세우는 이○○을 1982.11.5의 그 제3차 공판기일에, 안○○을 1982.11.26의 그 제4차 공판기일에, 이○○을 1982.12.17 그 제5차 공판기일에, 각 증인으로 환문한 바 위 김○○는 "1982년 음력 5월 3일(양력으로는 1982.6.23이다) 이 증인 시할아버지 제삿날인데 그 전날 피고인 2가 그의 친구와 함께 증인집에서 자고 갔으며 제삿날 밤에 다시 왔으나 그 날은 자지 않고 하동의 이○○이라는 사람의 집으로 간 일

이 있다" 위 이○○은 "1982.6.22 하동장날 개 한마리를 팔아 이○
○이집 외상술값을 갚으러 갔다가 그 집에서 그의 친구와 함께 있
는 피고인 2를 만난 일이 있으며 그 다음날 밤 피고인 2가 증인집
에 와서 김○○가 그 날은 제사를 모시기 때문에 재워줄 수 없다고
해서 찾아왔다고 말하였고 그 다음날인 24일 저녁 증인의 형인 이
○○을 만났더니 피고인 2가 시계를 맡기고 금 10,000원을 빌려 서
울에 갈 여비를 마련하였다고 말하였으며 증인이 이와 같이 날짜를
기억하는 것은 하동읍의 장날이 매 2, 7일에 서는 5일장(매월 2. 7.
12. 17. 22. 27일 열린다는 뜻인 것 같다)인데 증인 이 피고인 2를
만난 것이 22일 장날이었고 피고인 2와 같이 공사장에 갔다가 그
날은 장○○의 집에서 잤고 그 다음날 아침 장○○의 집에서 아침
을 먹는 피고인 2를 보았는데 그 다음날이 반상회날 이었기 때문이
다" 위 안○○은 "1982.6.21 저녁 피고인 2와 같이 일자리를 구하
러 하동에 가서 22일과 23일을 함께 자고 같이 있다가 헤어져 혼
자 의정부로 돌아왔는데 이○○이 네가 하동에 내려간 이틀 뒤인
6.23에 직장을 그만 두었다고 해서 하동에 내려간 날을 정확히 기
억하고 있다" 위 이○○은 "증인은 1982.5.28부터 같은 해 6.23까
지 의정부시 의정부 1동에 있는 유흥음식점 화성의 종업원으로 근
무한 일이 있는데 1982.6.21 안○○이 친구와 같이 일자리를 구하
러 하동에 간다고 한 일이 있으며 얼마후 안○○을 다시 만났을 때
네가 일자리 구하러 떠난지 이틀 후에 직장을 그만 두었다고 예기
한 일이 있는데 증인이 위 화성을 그만 둔 날이 1982.6.23인 것은
화성에 확인한 바 틀림이 없다"고 각 증언하였는바, 경찰에서는 그
후 같은 해 10.30 한차례 11.9의 두차례 11.10 한차례 등 계 네차
례에 걸쳐 위 김○○를 조사하여 위 같은 해 11.9의 제3회 진술조
서 작성시에 비로소 동인으로부터 피고인 2가 증인 집에 와서 잠을
자고간일은 있으나 그 날짜는 확실히 모르겠다는 등의 진술을 받아
이 제1회에서 제4회의 각 진술조서를 제1심의 제5차 공판기일에

증거로 제시하였고 위 이○○에 대하여도 1982.11.10 진술조서를 작성하여 역시 1982.11.5 이 사건의 제1심법정에서 한 증언내용 중 피고인 2와 같이 술을 먹고 ○○다방에서 커피를 마신 것은 모두 사실인데 그 날짜만은 1982.6.22인지 아니면 같은 해 6.27인지 확실하지 않은데 6.22 피고인 2와 술을 먹었다고 한 것은 틀린다는 등의 진술을 받아 이를 제1심의 제4차 공판기일에 증거로 제시하였으며 한편 원심거시의 김○○, 이○○, 최○○, 장○○, 이○○ 등에 대하여서도 제1심에서 피고인 2의 부재증명이 제시된 이후인 1982.11.8 같은 해 11.9, 같은 해 11.11, 같은 해 11.9, 같은 해 11.10에 순차로 참고인 조사를 하여 위 김○○으로부터는 "하동터널공사가 끝나 다음 공사장인 양보, 감당 터널공사장으로 기재를 운반한 1982.6.27이나 6.28에 피고인 2를 이○○이 집(조서상으로는 라면집이라고 진술하고 있으나 ○○이 집을 지칭하는 것임이 명백하다)에서 만났는데 그날밤 10시경 그 집으로 다시 들어가려고 하니까 그 집 아주머니가 손짓으로 조금 있다 들어오라고 하기에 처음에는 영문을 몰랐으나 나중에 알고 보니 피고인 2를 보낸 후에 들어오라고 한 것을 알았으며 그날밤 그 집에서 잠을 자다 밤 12시 내지 밤 1시경 그 집 할머니가 밥을 주길래 먹었다"는 진술을 위 최○○으로부터는 "쌍합과 횡천 터널공사가 같은 무렵 끝나 다음 작업장소로 자재를 옮긴 무렵인 1982.6.27이나 6.28경 작업현장에서 이○○과 장○○을 만났는데 이○○이 개를 팔아 외상값을 갚으러 왔다고 말하였다"는 진술을, 위 장○○으로부터는 "1982.6 일자불상경 피고인 2와 그와 같이 의정부에서 온 사람 셋이 ○○이 집에서 외상술을 먹었고 그 다음날 피고인 2를 집에서 재워주었는데 증인이 낚시를 하던 다음날 공사장 이부장으로부터 인건비를 계산받아 ○○이 집에 가서 피고인 2를 만나 술을 먹었으며 ○○이 집 외상장부에 증인의 외상먹은 날이 그 해 6.21과 6.22로 기재되어 있어 증인이 피고인 2와 술을 먹은 날은 6.22이고 증인 집에서 그를 재워준 날은 6.23로 알았는데 지금 생각해 보니 낚시 갔던 날 인건비 받으러 갔던 날 피고인 2가 자고 간 날이 1982.6.21,22,23 인지 아닌지 기억이 나지 않고 확실한 날짜를 알 수가 없다"는 요지의 진술을 위 이○○으로부터는 "1982.6.27 동생 이○○의 개 한 마리를 하동장에서 금 10,000원에 팔아준 일이 있다"는 진술을 각 받아 그들에 대한진술조서를 제1심의 제4차 공판기일에 증거로 제시하였다.

(2) 공소가 제기된 이후 수사관에 의하여 수집된 증거가 위법한 절차에 의하여 수집된 증거라고 할 수도 없고 증거금지의 관념이나 증거배제의 원칙상 반드시 이를 위법이라고 단정할 수는 없다고 하더라도 결코 바람직스러운 것이 아닐 뿐더러 그에 의하여 수집된 증거의 신빙성에는 적지 않은 의혹이 있다고 하지 않을 수 없다. 형사소송에 있어서의 실체적 진실주의와 자유심증주의를 관철할 때 어떠한 경로나 어떠한 방법에 의하여 수집된 증거라도 증거가 될 수 있다고 할 것이나 반면 인권의 보장과 당사자주의라는 입장에서 볼 때 법률이 증거방법에 관하여 설정한 제한범위에는 속하지 않는다고 하더라도 공소가 제기된 이후 수사관에 의하여 일방적으로 수집된 증거에는 스스로 어떤 제약이 있다고 하지 않을 수 없다. 물론 공익기관으로서의 수사관이 공소의 유지를 위하여 공소가 제기된 이후에 있어서도 계속하여 증거의 수집 등 수사활동을 전개함을 결코 나무랄 수만은 없으나 그러나 이와 같은 소박한 생각은 형사소송이 추구하는 이상의 양면성과 현행 형사소송법의 소송구조로 볼 때 결코 바람직스러운 것이 되지 못함은 재론의 여지가 없는 것이다. 하물며 실체적 진실의 발견을 외면한 채 송치, 기소된 피고인이 진범인이라는 아집에 집착한 나머지 이 사건의 경우와 같이 피고인에 유리한 증언을 한 증인을 법정외에서 추궁하여 법정에서의 증언을 번복하게 하는 따위의 증거의 수집은 공정한 수사권의 행사라고는 할 수가 없을 뿐만 아니라 그와 같은 경로에 의하여 수집된 증거는 신빙성 또한

상대적으로 희박하다고 할 수 밖에 없다. 일건기록상 제1심에서의 증언을 비롯하여 수사관서에서의 진술 등 1982.6.23을 전후한 피고인 2의 행적에 관한 위 김○○, 이○○, 안○○, 이○○ 등의 증언은 이로가 정연하고 그 적확한 근거를 제시하고 있어 상당히 신빙성이 높다고 보여지는 것이었는데 전항 적시와 같은 경로로 작성된 각 진술조서에는 날짜부분에 기억이 없다는 등으로 바뀌고 있으나 이 증언내용의 분석은 차치하고라도 그 신빙성이 극히 의심스러움은 경험이나 논리상 당연한 것이라고 하겠다.

(3) 원심이 피고인 2가 ○○이 집에서 이○○, 김○○을 만난 날이 1982.6.27이나 6.28이라는 근거로 내세우는 경전선의 이 사건 터널공사 일정을 기록에 나타난 여러 자료에 의하여 살펴보면 양보, 하동간 감당 제1터널 및 하동터널공사는 1982.5.12 착공되어 1982.7.8 완공되었으며 양보, 횡천간 횡천터널공사는 1982.6.4 착공되어 1982.6.30 완공되었고 횡천, 하동간 쌍합터널공사는 1982.5.14 착공되어 1982.6.22 완공되었음이 명백한바 그렇다면 이 공사중 횡천, 하동간 터널공사가 완공되어 공사자재 운반을 하였다는 날은 공사가 준공한 6.22이거나 그 다음날인 6.23이 되어야 할 것이고 이 날을 6.27이거나 6.28이라고 한 것은 개별적 준공일자를 조사하지 아니하고 서행운전명령 및 해제에 관한 지시와 예산집행관계문서만에 의하여 터널공사 준공기일을 확정한 사실에 어긋나는 공사 준공기일에 위 김○○, 최○○, 김○○ 등이 그 날짜를 맞춘 것이라고 볼 수 밖에 없고 원심판시 역시 자료의 총체적 검토없이 열차서행운전 및 그 해제에 관한 철도청공문만에 의하여 공사일정을 위 김○○, 최○○, 김○○ 등의 진술에 맞춰 단정한 잘못에 기인된다고 보여진다.

(4) 한편 위 이○○은 1982.6.27 동생 이○○의 부탁으로 그의 개 한 마리를 하동장에서 팔아준 일이 있는데 그 날이 매월 2, 7, 12, 17, 22, 27에 열리는 하동장날인 6.27이기 때문에 그 날짜를 기억하고 있다고 진술하고 있으나 그 자신의 진술에 의하더라도 이○○은

1982.6.2 하동장에서 개 두마리를 사서 약 20일 키우다가 그 중 한마리를 하동장날에 팔았으므로 그 날을 기억한다고 하고 있으나 6.2에 사서 20일쯤 키우다가 팔았다면 6.27보다는 6.22이 보다 가깝고 정확하며 이6.22 역시 하동장날이므로 위 이○○의 진술만에 의하여 이○○의 증언을 배척하거나 또는 피고인 2가 이○○을 ○○이 집에서 만난 날을 1982.6.27과 6.28이라고 단정할 수는 없다 할 것이다.

(5) 일건기록상 이○○이 집을 경영하는 김○○의 시할아버지 제삿날이 음력 5.3(양력으로 6.23)이고 이날 김○○의 남편으로서 진주보선사무소 하동보선분소에 근무하고 있는 이○○이 근무처의 숙직으로 제사참례를 하지 못하였으며 장○○이 ○○이 집에서 피고인 2와 외상술을 마신 일이 있고 이○○이집 외상장부상 장○○의 외상일자가 1982.6.21과 6.22로 기재되어 있는 사실은 명백한 사실인바 이와 같은 사실에 의하여도 피고인이 1982.6.23 경상남도 하동군 동산면 계동에 있는 이○○이 집 주변을 배회하고 있었다는 부재증명은 충분히 뒷받침된다고 할 것일 뿐만 아니라 피고인 2는 별건으로 경찰에 연행되어 이 사건 공○○ 살인혐의에 대한 추궁을 받자 범행을 부인하면서 사건발생 당일에는 경상남도 하동에 있는 김○○의 집에 있었고 그날이 그 집 제삿날이라고 알리바이를 내세웠는바(일건기록에 의하면 의정부경찰서 수사관은 피고인의 진술에 따라 위 김○○를 비롯하여 관계인 등을 조사하여 그 진술조서를 작성한 것으로 인정되는데 이들 조서가 증거로 제시되지 않음은 물론 기록에 편철조차 되어 있지 않아 이와 같은 점은 모든 수집자료를 제시하여 피고인 및 변호인에게 열람의 기회를 주어야 한다는 입장이 아니더라도 실체적 진실과 진범인을 추구하여야 하는 공정한 수사관으로서는 지양되어야 할 문제이다)이는 위 김○○ 등이 제1심 법정에서 그와 같은 취지의 증언을 하기 약 2개월 전으로서 피고인과 김○○와의 관계, 의정부와 하동과의 거리 및 피고인이 경찰에 의하여 구금상태에 있었다는 정황을 모아 볼 때 상당한 신빙성이 있는 것이라고

할 것임에도 불구하고 원심이 위 김○○, 장○○, 김○○, 최○○, 이○○ 등의 진술에 의하여 혹은 김○○의 진술은 신빙성이 없다 혹은 장○○의 이○○이 집 외상날짜가 1982.6.21과 6.22 이틀로 기재되어 있어 위 터널공사기간 중 계속적인 외상거래가 있었던 것으로 보여 위 외상장부에 기재된 6.22에 장○○이 피고인 2와 같이 외상술을 마신 것으로 단정하기 어렵다 혹은 김○○이 밤 10시경 이○○이 집에 들려 잠을 자다가 밤 12시경 밥을 주어 먹었다는 밥이 제삿밥이었음을 단정할만한 자료를 동인의 위 진술기재 가운데 찾아볼 수 없다는 등의 수긍할 수 없는 이유를 들어 이를 배척할 조치는 논리와 경험에 반하는 것임이 명백하다고 하겠다.

(6) 다음 제1심 및 원심증인 양○○의 1982.6.26. 13:00경 의정부시 의정부3동에 있는 함○냉면집앞 노상에서 피고인 2와 공소의 2로부터 손목시계 1개를 갈취당하였다는 진술에 관하여 살펴보면 이 사실은 제1심 판시 3의 (나) 사실로서 피고인 2가 이○○에게 금 10,000원을 빌리고 맡겠다는 시계가 바로 이 시계이므로 결국 피고인이 하동에서 이○○에게 시계를 맡긴 날짜는 1982.6.26 이후일 수밖에 없어 피고인 주장의 부재증명은 허무러질 수밖에 없다고 할 것이나 일건 기록에 의하여 이 사건 수사과정을 보면 원심판결에서도 밝힌바와 같이 의정부경찰서의 수사경찰관이 별건으로 피고인 2를 연행하여 이 사건 공○○ 살해사실을 피고인에게 추궁하자 피고인은 범행을 부인하면서 사건당일을 전후한 피고인의 경상남도 하동에서의 행적을 내세움으로써 비로소 이 시계 갈취사실을 인지하여 위 양○○을 조사하게 된 것이며 그에 따라 양○○은 당초 시계를 갈취당하였다는 날짜를 1982.6.25이라고 하였다가 제1심법정의 증언에 이르러 여러가지 이유를 들어 1982.6.26이 맞는다고 진술을 변경하기에 이른 사정에 위 피고인의 부재증명에 관한 여러 자료를 모아 볼 때 위 양○○의 피해일시에 관한 진술은 신빙성이 희박하다고 하지 않을 수 없다.

(7) 원심이 피고인 2의 부재증명을 배척하는 자료로 한 여러 증거가 이 사건 공소가 제기되고 부재증명에 관한 증거조사가 마쳐진 이후에 경찰에 의하여 작성된 진술조서 등으로 그 신빙성에 의심이 있을 뿐만 아니라 구체적으로 그 내용에 적지 않은 모순이 있다함을 밝힌바 있거니와 그 보다도 위와 같은 원심조치에는 근원적으로 형사소송법상 전문증거와 증거능력의 제한규정에 관한 명문에 위반한 위법이 있다. 형사소송법은 전문증거와 그 증거능력의 제한을 규정하고 있어 사법경찰관작성의 피의자 아닌 자의 진술을 기재한 진술조서는 공판기일에 원진술자가 그 성립의 진정함을 인정하거나 또는 피고인이 이를 증거로 함에 동의한 경우에 한하여 증거로 할 수 있을 따름이며 이 경우의 증거는 그것이 직접증거이거나 간접증거이거나를 가리지 아니하고 또 탄핵증거이거나 그 어떠한 증거이라도 이를 달리할 근거나 이유가 없는 것인바 일건 기록에 의하면 원심이 피고인 2의 부재증명을 배척하는데 그 자료로 한 위 사법경찰관작성의 김○○, 이○○, 김○○, 김○○, 최○○, 장○○, 이○○ 등에 대한 각 진술조서는 피고인이 이를 증거로 함에 동의하지 아니하였을 뿐만 아니라 또 원진술자 등의 공판기일에서의 진술에 의하여 그 성립의 진정함이 인정된 바도 없음이 명백한바, 그렇다면 위 각 진술조서는 이를 증거로 할 수 없는 것이므로 원심은 우선 이 점에서도 도저히 파기를 면할 수가 없다고 할 것이다.

4. 피고인 등의 자백은 논리와 경험에 반하여 신빙성이 없다.
(1) 일건기록에 의하면 1982.6.23 이 사건 공○○ 살해사건이 발생한 후관할 의정부경찰서 수사진은 전연 범죄수사의 단서를 잡지 못하여 급기야는 사건발생 26일이 경과한 그 해 7.20에 이르러 현상금을 걸고 공개수사를 펴오는 과정에서 우범자로 내사를 하다가 혐의점을 발견하지 못하였다는 피고인 1, 2, 3 등을 각각 별건으로 연행하여 공○○ 살해사실을 추궁하게 되었는바 당초 피고인 등은

한결같이 범행사실을 부인하다가 피고인 3이 1982.7.28 피고인 1이 같은 해 7.29 피고인 2가 같은 해 8.3에 이르러 각 범행사실을 자백하기 시작하였고 그 각 자백내용에 있어서도 범행의 수단, 방법 및 경위 등과 범행에 사용한 흉기의 출처 등에 관하여 그 진술이 서로 틀려 일치하지 아니하다가 여러 우여곡절을 거쳐 제1심 판시와 같은 일치된 자백을 하게 되었는데 그 범행의 경위를 보면 1982.6.23. 21:00경 의정부시 신곡동 432 서○○의 집앞 길에서 피해자 공○○를 만나 피고인 1이 먼저 사귀어 보자고 하면서 같이 가자고 하였으나 동녀가 아무 대답도 하지 않고 걸어감으로 동녀의 뒤를 따라 가다가 같은동에 있는 경○○의 집앞에서 피고인 1 동녀의 팔을 잡자 동녀가 소리를 지르므로 피고인 1은 동녀의 입을 틀어막고 피고인 2는 동녀의 목을 조르고 피고인 3은 동녀의 다리를 잡아 동녀가 정신을 잃고 쓰러지므로 피고인 1이 동녀의 등을 받쳐 업고 피고인 3은 동녀의 오른쪽다리 피고인 2는 왼쪽다리를 각 들고 피고인 2가 동녀의 가방을 들어 같은동 김○○의 집 뒤에 있는 축대 밑에 옮겨 눕혀 놓고 강간을 하려고 피고인 1은 공○○의 상의를 벗기려 하였으나 잘 벗겨지지 아니하여 집에서 갖어온 칼로 상의와 속내의를 째고 브래지어를 잡아당겨 뜯어내고 피고인 2는 치마를 벗기고 팬티를 발목까지 내렸으나 동녀가 깨어나지 아니하여 동녀가 정신을 차리면 피고인들의 얼굴을 알고 있어 처벌을 받을 수 있으므로 동녀를 살해하기로 마음먹고 먼저 피고인 2가 피고인 1이 갖고 온 칼로 공○○의 목을 여러차례 찌르고 이어 피고인 3, 피고인 1이 차례로 같은 칼로 목부분을 여러차례씩 각 찌르고 난 다음 피고인 2가 주머니에서 꺼내어준 실타레를 피고인 1이 반씩 갈라 매듭을 지어 피고인 2와 3에게 하나씩 주어 피고인 2는 공○○의 두발을 묶고 피고인 3은 동녀의 두손을 묶었다는 것이며 한편국립과학수사연구소 의사 김○○ 작성의 감정서기재에 의하면 공○○는 전경부에 2개소, 좌측경부전면에 3개소, 후부에 5개소, 하부에 6개소, 항부에 8개소, 우하악직하에 1개소, 우측경부하단에 2개소, 우상박내측에 1개소 등 총28개소에 자절창상을 입었으며 그 사인은 좌경부자절창(좌경동맥과 좌경정맥절단)으로 인한 실혈사임을 인정할 수 있다.

(2) 위와 같이 피고인 등의 범행경위 등에 관한 자백에 따르면 피고인 등은 각기 여러차례 위 공○○의 목을 칼로 찔렀다는 것이고 감정결과에 의하면 전경부 등에 총 28개소에 자절창상을 입고 그로 인한 실혈로 공○○가 사망하였다는 것임에도 불구하고 국립과학수사연구소 감정인 조○○ 외 1명 작성의 감정서, 사법경찰관작성의 검증조서와 그에 별첨되어 있는 사진 및 피고인 등의 진술 등에 의하면 첫째, 피고인 등이 범행당시 입고 있었다는 옷에서 혈흔을 찾아볼 수 없었고 혈액반응이 나타나지 아니하였으며 둘째, 피고인 등이 칼로 여러 차례 공○○의 목을 찌르고 피고인 2가 주머니에서 꺼내어 피고인 1에게 건네주고 피고인 1이 이를 반씩 갈라 매듭을 지어 피고인 2와 3에게 하나씩 주어 피고인 2와 3은 각기 손과 발을 묶었다는 실타레에도 유혈로 인해 묻었다고 보여지는 피 외에는 아무런 혈흔이 없었고 끝으로 범행에 사용하였다는 칼에서도 혈액반응은 나타나지 아니하였다는 것이므로 이에 비추어 볼 때 피고인 등의 범행경위에 관한 자백은 경험에 반하여 도저히 믿을 수가 없다고 할 수 밖에 없다.

(3) 사람의 목을 28회나 난자하여 살해한 다음 실타래로 양손과 양발목을 묶었다는 점에 관하여 살펴보면 피고인 1은 범행을 자백한 그때부터 줄곧 살해한 다음 묶었다고 진술하고 있는데 반하여 피고인 2, 3은 처음에는 손발을 묶은 다음 살해하였다고 진술하였다가 뒤에 살해한 다음 묶은 것으로 진술을 바꾸어 결국 이 부분에 관한 피고인 등의 진술은 피고인 등이 각기 여러차례에 걸쳐 칼로 공○○의 목을 찌른 다음 실타래로 양손과 양발을 묶었다고 일치하게 되었는바 살해한 다음 손발을 묶을 어떤 이유나 사정도 발견하

기 어려울 뿐만 아니라 사건당시 17세에서 18세의 미성년자에 지나지 아니하였던 피고인 등으로서는 사람의 목을 여러차례 찔러 살해하고 난 다음 그 손발을 묶었으리라고는 경험상 수긍하기 어렵고 한편 목을 찌르기 전 반항을 억압하기 위하는 등의 이유로 손발을 묶는다는 것도 당초 피고인 등은 공○○를 강간하기로 하였다는 것이니 이 또한 수긍하기 어렵다고 할 수 밖에 없다.

5. 결국 원심판결은 믿을 수 없는 피고인 등의 자백에 기하여 경험과 논리에 반하는 증거판단으로 채증법칙에 위반하고 심리를 다하지 아니하여 사실을 오인하고 나아가 그 이유를 갖추지 아니하였거나 이유에 모순이 있다고 하지 않을 수 없고 원심의 이와 같은 위법이 판결에 영향을 미침은 명백한 것이므로 이 점에 관한 상고는 그 이유가 있다고 하겠다. 따라서 원심판결은 나머지 상고이유에 대한 판단의 필요없이 이점에서 파기를 면치 못하므로 원심판결을 파기하고 다시 심리판단케 하기 위하여 사건을 서울고등법원에 환송하기로 관여법관의 의견이 일치하여 주문과 같이 판결한다.457)

대법관　　　이일규(재판장) 이성렬 전상석 이회창

---

457) 대법원 1983. 8. 23. 선고 83도1632 판결 [폭력행위등처벌에관한법률위반 · 살인특수강도]
　　 > 종합법률정보 판례

제2장 대법원의 법정증언 관련 중요 판결

1. 증언의 증언

대법원 2018. 7. 24. 선고. 2018도3443 판결[특수폭행치상]

【전 문】

【피고인】 피고인
【상고인】 피고인
【변호인】 변호사 김○○(국선)
【원심판결】 서울동부지방법원 2018. 1. 26. 선고 2017노1618 판결

【주문】

원심판결을 파기하고, 사건을 서울동부지방법원 합의부에 환송한다.

【이유】

상고이유를 판단한다.

1. 가. 죄형법정주의는 국가형벌권의 자의적인 행사로부터 개인의 자유와 권리를 보호하기 위하여 범죄와 형벌을 법률로 정할 것을 요구한다. 그러한 취지에 비추어 보면 형벌법규의 해석은 엄격하여야 하고, 명문의 형벌법규의 의미를 피고인에게 불리한 방향으로 지나치게 확장해석하거나 유추해석하는 것은 죄형법정주의의 원칙에 어긋나는 것으로서 허용되지 아니하나(대법원 2017. 9. 21. 선고 2017도7687 판결 등), 형벌법규의 해석에서도 법률문언의 통상적인 의미를 벗어나지 않는 한 그 법률의 입법취지와 목적, 입법연혁 등을 고려한 목적론적 해석이 배제되는 것은 아니다(대법원

2003. 1. 10. 선고 2002도2363 판결).

　나. 특수폭행치상죄의 해당규정인 형법 제262조, 제261조는 형법 제정 당시부터 존재하였는데, 형법 제258조의2 특수상해죄의 신설 이전에는 형법 제262조의 "전 2조의 죄를 범하여 사람을 사상에 이르게 한 때에는 제257조 내지 제259조의 예에 의한다"는 규정 중 "제257조 내지 제259조의 예에 의한다"의 의미는 형법 제260조(폭행, 존속폭행) 또는 제261조(특수폭행)의 죄를 범하여 상해, 중상해, 사망의 결과가 발생한 경우, 그 결과에 따라 상해의 경우에는 형법 제257조, 중상해의 경우에는 형법 제258조, 사망의 경우에는 형법 제259조의 예에 준하여 처벌하는 것으로 해석·적용되어 왔고, 따라서, 특수폭행치상죄의 경우 법정형은 형법 제257조 제1항에 의하여 "7년 이하의 징역, 10년 이하의 자격정지 또는 1천만원 이하의 벌금"이었다. 그런데, 2016. 1. 6. 형법 개정으로 특수상해죄가 형법 제258조의2로 신설됨에 따라 문언상으로 형법 제262조의 "제257조 내지 제259조의 예에 의한다"는 규정에 형법 제258조의2가 포함되어 특수폭행치상의 경우 특수상해인 형법 제258조의2 제1항의 예에 의하여 처벌하여야 하는 것으로 해석될 여지가 생기게 되었다. 이러한 해석을 따를 경우 특수폭행치상죄의 법정형이 형법 제258조의2 제1항이 정한 "1년 이상 10년 이하의 징역"이 되어 종래와 같이 형법 제257조 제1항의 예에 의하는 것보다 상향되는 결과가 발생하게 된다.

　다. 그러나 앞서 본 형벌규정 해석에 관한 법리와 다음과 같은 폭력행위 등 처벌에 관한 법률의 개정 경과 및 형법 제258조의2의 신설 경위와 내용, 그 목적, 형법 제262조의 연혁, 문언과 체계 등을 고려할 때, 특수폭행치상의 경우 형법 제258조의2의 신설에도 불구하고 종전과 같이 형법 제257조 제1항의 예에 의하여 처벌하는 것으로 해석함이 타당하다.

(1) 헌법재판소는 2015. 9. 24. 흉기 기타 위험한 물건을 휴대하여 형법상 폭행죄, 협박죄, 재물손괴죄를 범한 사람을 가중처벌하는

구 폭력행위 등 처벌에 관한 법률(2006. 3. 24. 법률 제7891호로 개정되고, 2014. 12. 30. 법률 제12896호로 개정되기 전의 것, 이하 "구 폭력행위처벌법"이라고 한다) 제3조 제1항 중 "흉기 기타 위험한 물건을 휴대하여 형법 제260조 제1항(폭행), 제283조 제1항(협박), 제366조(재물손괴등)의 죄를 범한 자"에 관한 부분과 구 폭력행위 등 처벌에 관한 법률(2014. 12. 30. 법률 제12896 호로 개정된 것) 제3조 제1항 중 "흉기 기타 위험한 물건을 휴대하여 형법 제260조 제 1항(폭행), 제283조 제1항(협박), 제366조(재물손괴등)의 죄를 범한 자"에 관한 부분은 형법과 같은 기본법과 동일한 구성요건을 규정하면서도 법정형만 상향한 것으로 형벌 체계의 정당성과 균형을 잃어 헌법의 기본원리에 위배되고 평등의 원칙에 위반된다는 이유로 위헌이라고 결정하였다[헌법재판소 2015. 9. 24. 선고 2014헌바154, 398, 2015

헌가3, 9, 14, 18, 20, 21, 25(병합) 결정]. 반면, "구 폭력행위처벌법 제3조 제1항 중 '흉기 기타 위험한 물건을 휴대하여 형법 제257조 제1항(상해)의 죄를 범한 자'에 관한 부분은 헌법에 위반되지 아니한다."고 결정하였다[헌법재판소 2015. 9. 24. 선고 2014헌가1, 2014헌바173(병합) 결정].

(2) 이에 따라 구 폭력행위처벌법의 일부 규정을 정비하고, 동시에 일부 범죄를 형법에 편입하여 처벌의 공백을 방지하면서 형벌체계상의 정당성과 균형을 갖추도록 하기 위하여, 구 폭력행위처벌법이 2016. 1. 6. 법률 제13718호로 개정되면서 구 폭력행위처벌법 제3조 제1항은 전부 삭제되었고, 그 중 상해죄를 가중처벌하는 부분은 형법 제 258조의2의 '특수상해죄'로 신설되면서, 그 법정형은 구 폭력행위처벌법이 정한 "3년 이상의 유기징역"보다 낮추어 "1년 이상 10년 이하의 징역"으로 규정되었다. 또한, 형벌체계상의 정당성과 균형을 갖춘다는 같은 이유에서 존속중상해죄의 법정형은 "2년 이상의 유기징역"에서 "2년 이상 15년 이하의 징역"으로 하향 조정되고, 강요죄는 "5년 이하의 징역"에서 "5년 이하의 징역 또는 3천만 원

이하의 벌금"으로 벌금형을 추가하는 내용으로 함께 개정되었다.

(3) 반면, 형법 제262조는 형법 제정 당시부터 현재에 이르기까지 지금과 같은 문언과 체계를 유지하고 있는데, 종래에 형법 제262조와 관련하여 일부 입법론적인 문제제기가 있기는 하였으나 결과적가중범인 폭행치상죄와 특수폭행치상죄를 고의범인 상해죄, 중상해죄의 예에 준하여 처벌하고, 폭행치상죄와 특수폭행치상죄 사이의 행위 불법의 차이를 고려하지 않고 동일한 법정형에 의하여 처벌하는 것으로 해석하여 왔다. 또한 앞서 본 바와 같은 2016. 1. 6. 형법 개정 과정에서 특수폭행치상죄의 법정형을 상향시켜야할 만한 사회적 상황의 변경이 있었다고 보기 힘들다.

(4) 이러한 상황에서, 형법 제258조의2 특수상해죄의 신설로 형법 제262조, 제261조 의 특수폭행치상죄에 대하여 그 문언상 특수상해죄의 예에 의하여 처벌하는 것이 가능하게 되었다는 이유만으로 형법 제258조의2 제1항의 예에 따라 처벌할 수 있다고 한다면, 그 법정형의 차이로 인하여 종래에 벌금형을 선택할 수 있었던 경미한 사안에 대하여도 일률적으로 징역형을 선고해야 하므로 형벌체계상의 정당성과 균형을 갖추기 위함이라는 위법 개정의 취지와 목적에 맞지 않는다. 또한, 형의 경중과 행위자의 책임, 즉 형벌 사이에 비례성을 갖추어야 한다는 형사법상의 책임원칙에 반할 우려도 있으며, 법원이 해석으로 특수폭행치상에 대한 가중규정을 신설한 것과 같은 결과가 되어 죄형법정주의원칙에도 반하는 결과가 된다.

2. 한편, 공소장에는 죄명·공소사실과 함께 적용법조를 기재하여야 하지만(형사소송 법 제254조) 공소장에 적용법조를 기재하는 이유는 공소사실의 법률적 평가를 명확히 하여 공소의 범위를 확정하는 데 보조기능을 하도록 하고, 피고인의 방어권을 보장하고자 함에 있을 뿐이고(대법원 2006. 4. 14. 선고 2005도9743 판결 등), 법률의 해석 및 적용 문제는 법원의 전권이라 할 것이므로, 공소사실이 아닌 어느 처벌조항을 준용 할지에 관한 해석 및 판단에 있어서는 법원은

검사의 공소장 기재 적용법조에 구속되지 않는다.

3. 가. 그런데도 원심은 다음과 같은 이유로 '피고인이 승용차를 운전하여 가던 중 피해자가 타고 가던 자동차 앞으로 승용차의 진로를 변경한 후 급하게 정차하여 충돌을 피하려는 피해자의 자전거를 땅바닥에 넘어지게 함으로써, 위험한 물건인 자동차를 이용하여 피해자를 폭행하여 약 2주간의 치료를 요하는 상해를 입게 하였다'는 이 사건 특수폭행치상의 공소사실에 대하여 형법 제257조 제1항의 예에 의해 벌금형을 선택한 제1심 판결을 파기하고, 형법 제258조의2의 예에 따라 징역형을 선택하고 말았다.

(1) 형법 제262조는 형법 제258조의2의 적용을 배제하고 있지 않고, 특수폭행치상죄를 특수상해죄의 예에 따라 처벌하더라도 형벌체계상의 부당함이나 불균형이 있어 보이지 않는다.

(2) 검사가 이 사건 공소사실에 대하여 형법 제257조 제1항이 아닌 제258조의2 제1항의 예에 의하여 처벌해 달라고 기소한 이상, 검사의 공소장 변경 없이 형법 제257조제1항을 적용하여 처벌할 수 없다.

나. 이러한 원심 판단에는 형법 제262조의 해석 및 공소장 적용법조의 구속력에 관한 법리를 오해하여 판결에 영향을 미친 잘못이 있다. 이 점을 지적하는 상고이유 주장은 이유 있다.

4. 그러므로 나머지 상고이유에 관한 판단을 생략한 채 원심판결을 파기하고, 사건을 다시 심리·판단하도록 원심법원에 환송하기로 하여, 관여 대법관의 일치된 의견으로 주문과 같이 판결한다.

대법관   박상옥 김신 이기택 박정화

2. 조서의 진정성립

대법원 2018. 10. 23. 선고 2008도2826 판결
[특정경제범죄가중처벌등에관한법률위반(사기)]

【전 문】

【피고인】 피고인
【상고인】 검 사
【변호인】 변호사 (국선) 진○○
【원심판결】 서울고등법원 2008. 3. 20. 선고 2007노2728 판결

【주문】

상고를 기각한다.

【이유】

1. 상고이유 제1점에 대하여
2008. 1. 1.부터 시행된 개정 형사소송법(2007. 6. 1. 법률 제8496
호로 개정된 것, 이하 '신법'이라 하고, 위와 같이 개정되기 전의
것을 이하 '구법'이라 한다) 제312조 제1항은 "검사가 피고인이 된
피의자의 진술을 기재한 조서는 적법한 절차와 방식에 따라 작성된
것으로서 피고인이 진술한 내용과 동일하게 기재되어 있음이 공판
준비 또는 공판기일에서의 피고인의 진술에 의하여 인정되고, 그
조서에 기재된 진술이 특히 신빙 할 수 있는 상태하에서 행하여졌
음이 증명된 때에 한하여 증거로 할 수 있다."고 규정하고, 같은
조 제2항은 "제1항에도 불구하고 피고인이 그 조서의 성립의 진정
을 부인하는 경우에는 그 조서에 기재된 진술이 피고인이 진술한

내용과 동일하게 기재되어 있음이 영상녹화물이나 그 밖의 객관적인 방법에 의하여 증명되고, 그 조서에 기재된 진술이 특히 신빙할 수 있는 상태하에서 행하여졌음이 증명된 때에 한하여 증거로 할 수 있다."고 규정하고 있으며, 부칙 제 1조는 "이법은 2008. 1. 1.부터 시행한다."고 규정하면서, 부칙 제2조에서 "이법은 이 법 시행 당시 수사 중이거나 법원에 계속 중인 사건에도 적용한다. 다만, 이법 시행 전에 종전의 규정에 따라 행한 행위의 효력에는 영향을 미치지 아니한다."고 규정하고 있는바, 이와 같은 부칙 제2조는 형사절차가 개시된 후 종결되기 전에 형사소송법이 개정된 경우 신법과 구법 중 어느 법을 적용할 것인지에 관한 입법례 중 이른바 혼합주의를 채택하여 구법 당시 진행된 소송행위의 효력은 그대로 인정하되 신법 시행 후의 소송절차에 대하여는 신법을 적용한다는 취지에서 규정된 것으로서, 항소심이 신법 시행을 이유로 구법이 정한 바에 따라 적법하게 진행된 제1심의 증거조사절차 등을 위법하다고 보아 그 효력을 부정하고 다시 절차를 부정하지 않는 범위 내에서 신법의 취지에 따라 절차를 진행하는 것은 허용된다고 할 것이다.

그리고 구법 제312조 제1항 본문은 "검사가 피의자나 피의자 아닌 자의 진술을 기재한 조서와 검사 또는 사법경찰관이 검증의 결과를 기재한 조서는 공판준비 또는 공판기일에서의 원진술자의 진술에 의하여 그 성립의 진정함이 인정된 때에는 증거로 할 수 있다."고 규정하고 있는바, 검사가 피고인의 진술을 기재한 조서를 당해 피고인에 대한 유죄 입증을 위한 증거로 제출한 경우 그 조서에 관한 위 조항 소정의 '원진술자인 피고인의 진술'이란, 피고인이 당해 공판절차의 당사자로서 법관에게 행하는 그 조서의 증거능력에 관한 진술[구 형사소송규칙(2007. 10. 29. 대법원규칙 제 2106호로 개정되기 전의 것) 제134조 제2항 참조]을 의미하며, 따라서 피고인이 당해 공판절차의 당사자로서 법관에게 검사가 제출한 자신의 진술이 기재된 조서의 진정성립을 부인함으로써 그 조서의 증거능력을 부정하는 취지의 진술을 한 이상, 비록 그 공판 진행 중 피고인신문 또는 공동피고인에 대한 증언과정에서 그 조서의 진정성립을 인정하는 취지의 진술을 하였다고 하더라도, 이로써 그 조서의 증거능력에 관한 종전의 진술을 번복하는 것임이 분명하게 확인되는 예외적인 경우가 아니라면, 원진술자인 피고인의 진술에 의하여 그 조서의 진정성립이 인정되었다고 할 수는 없다.

기록에 의하면, 검사는 제1심 제1회 공판기일(2007. 8. 27.)에서 피고인에 대한 검사작성의 피의자신문조서를 피고인의 공소사실에 대한 정그로 신청하였고, 피고인은 제1심 제2회 공판기일(2007. 9. 10.)에서 피고인에 대한 검사 작성의 피의자신문조서 중 증거기록 제2428면 마지막 질문부터 제2429면 첫 번째 답변까지의 기재 부분(이하 '제외부분'이라 한다)에 관하여는 형식적 진정성립만 인정하고 실질적 진정성립을 부인하고, 나머지 부분에 관하여 형식적·실질적 진정성립을 모두 인정한다고 의견을 진술한 사실, 그 후 제1심은 제3회 공판기일(2007. 10. 1.)에서 검사의 신청에 의하여 피고인을 제1심 공동피고인 공소외 1에 대한 공소사실에 관한 증인으로 채택하고 제4회 공판기일(2007. 10. 8.)에서 피고인을 증인으로 신문하였는데(소송절차를 분리하지 아니한 채 증인으로 채택, 신문한 것으로 보인다), 피고인은 선서를 한 후 검사의 신문에 대하여 피고인에 대한 위 피의자신문조서에 관한 실질적 진정성립을 인정하는 취지로 진술하였으나, 제1심은 피고인에 대한 검사 작성의 피의자신문조서 중 위와 같이 형식적·실질적 진정성립을 모두 인정한 부분만을 증거로 채택하여 조사하고, 제외 부분은 증거로 채택하지 아니한 사실, 검사는 항소이유에서 피고인이 위 피의자신문조서 중 제외 부분에 대하여 실질적 진정성립을 부인한 후 다시 실질적 진정성립을 인정하는 진술을 하였으므로 제외 부분에 대하여도 적법하게 증거능력이 부여되었다고 주장한 사실을 알 수 있고, 이에 원심은 원심 제1회 공판기일(2008. 2. 14.) 및 제2회 공판기일(2008. 3. 4.)에서 제1심의 증거조사결과에 대한 의견을 묻고 필요한 증거를 신청할 수 있음을 고지하였으나 검사는 별 의견 없으면 새로 신청할 증거가 없다고 진술하자, 제1심 당시 시행되던 구법에 의하여 실시한 증거조사의 적법 여부에 대하여, 피고인이 공동피고인에 대한 증언 과정에서 한 위 진술은 이를 제외 부분에 관하여 실질적 진정성립을 부인한 종전의 진술을 번복한 것으로 볼 수 없고, 따라서 제외 부분에 대한 증거능력 부여의 요건이 되는 실질적 진정성립을 진정할 수 있는 유일한 방법인 원진술자의 진술이 없으므로 제외 부분을 피고인에 대한 유죄의 증거로 쓸 수는 없다고 판단하였는바, 앞서 본 법리에 비추어 살펴보면, 위와 같은 원심의 조치는 옳고, 거기에 상고이유의 주장과 같은 법리오해의 위법이 있다고 할 수 없다.

2. 상고이유 제2점에 대하여

원심은 그 채택 증거들을 종합하여, 피고인은 공소외 1이 주도한 수신자 요금부담국제전화 서비스 사업에 공소외 1의 권유에 따라 2005. 9. 초경 사업자금 5,000만 원을 출자한 사실, 그 후 피고인은 목포에서 한 달에 두세 번 정도 서울에 올라와 공소외 1이 숙식하고 있는 모텔에서 함께 투숙하면서 그곳에 있는 컴퓨터와 공소외 1을 통하여 매출현황 등을 점검한 사실, 피고인이 공소외 1로부터 이익금을 분배받고 함께 유흥을 즐긴 적이 있는 사실, 피고인이 2005. 10. 25.경 공소외 1로부터 주식회사 데이콤을 통하여 위 국제전화 서비스를 이용한 일부 국내 통화자들로부터 요금문제에 관한 항의가 들어오고 있다는 점을 전해들은 사실, 2005. 11.경부터 위 사업의 매출이 급증한 사실 등 판시와 같은 사실을 인정한 다음, 그 인정사실에 나타난 사정에 의하면, 피고인이 동업자 내지 투자자로서 2005. 10. 25.경 이후 이 사건 국제전화 서비스에 관하여 종전 동업한 사업에서와는 달리 일부 문제점이 있거나 있을 수 있다는 점은 인지한 것으로 보이나, 이러한 정황만으로는 피고인이 이 사건 국제전화 서비스에 관하여 막연하게 어떤 문제점의 존재 내지 존재가능성을 인지한 정도를 넘어, 처음부터 중국에서 고용된 여성들이 요금부담자나 요금액에 관하여 국내 이용자들을 속이고 수신자 부담으로 비싼 요금의 국제전화를 하게 한다는 사정을 구체적으로 인식하였거나, 늦어도 2005. 10. 25경 이후로는 그와 같은 사정을 인식하고서도 계속하여 위 사업을 진행함으로써 이와 같은 범행을 주도한 공소외 1 등과 공모·공동한 것으로 볼 수 있을 정도에 이르렀다는 점이 합리적 의심의 여지가 없을 정도로 증명되었다고 보기에는 부족하며, 달리 이와 같은 점을 확신케 할 만한 증거가 없다는 이유로 피고인에 대하여 무죄를 선고하였는바, 거기에 상고 이유의 주장과 같은 채증법칙 위배의 위법이 있다고 할 수 없다.

3. 결론
그러므로 상고를 기각하기로 하여 관여 법관의 일치된 의견으로 주문과 같이 판결한다.

대법관   전수안 고현철 김지형 차한성

3. 증인거부권을 부여받지 않은 증인의 허위진술

대법원 2010. 1. 21. 선고 2008도942 [위증]

【전 문】

【피고인】 피고인

【상고인】 검　사

【원심판결】 부산지방법원 2008. 1. 16. 선고 2007노3669 판결

【주문】

상고를 기각한다.

【이유】

상고이유를 판단한다.

1. 형법은 제152조 제1항에서 "법률에 의하여 선서한 증인이 허위의 진술을 한 때 에는 5년 이하의 징역 또는 1천만 원 이하의 벌금에 처한다."고 규정하여 위증죄를 두고 있다. 위증죄의 보호법익은 국가의 사법작용 및 징계작용에 있으며, 위증죄는 선서에 의하여 담보된 증인 진술의 정확성을 확보함으로써 법원 또는 심판기관의 진실 발견을 위한 심리를 해하여 정당한 판단이 위태롭게 되는 것을 방지하는 기능을 수행한다.

형사사법작용에 관한 대표적인 법률인 형사소송법은 진실 발견을 위하여 증인으로 출석하여 증언을 하는 것을 모든 국민의 의무로 규정하면서도(제146조), 다른 한편으로는 소송법이 지향하고 있는 목표 내지 이념 및 이와 긴장.대립관계에 있을 수 있는 증인의 기

본권 내지 이익 또는 다른 공익적 가치와의 조화를 꾀하고 있다. 형사 소송법이 증인신문과 관련하여 마련한 여러 제도와 상세하고도 구체적인 절차 조항 들은 모두 이러한 가치, 권리, 이익의 균형. 조화 속에서 적법 절차를 구현하기 위한 장치들이다. 위와 같은 위증죄와 형사소송법의 취지, 정신과 기능을 고려하여 볼 때, 형법 제152조 제1항에서 정한 "법률에 의하여 선서한 증인"이라 함은 "법률에 근거 하여 법률이 정한 절차에 따라 유효한 선서를 한 증인"이라는 의미이고, 그 증인신문은 법률이 정한 절차 조항을 준수하여 적법하게 이루어진 경우여야 한다고 볼 것이다.

2. 형사소송법은 증인신문에 관하여 진지하고도 엄숙한 절차 규정을 두어 증인에게 진실의무를 부과함과 동시에 이를 어길 때에는 위증의 벌을 받는다는 것을 명확하고 충분하게 인식할 수 있도록 하고, 재판장으로 하여금 재판진행과정에서 이러한 절차 규정을 엄격하게 준수하게 함으로써 위증의 방지 및 궁극적으로는 형사소송의 이념을 실현할 것을 도모하고 있다. 즉, 재판장은 증인이 선서무능력자에 해당하지 아니하는 한 신문 전에 선서하게 하여야 하며(제156조, 제159조), 선서할 증인에 대하여 선서 전에 위증의 벌을 경고하여야 하고(제158조), 증인으로 하여금 기립하여 엄숙하게 "양심에 따라 숨김과 보탬이 없이 사실 그대로 말하고 만일 거짓말이 있으면 위증의 벌을 받기로 맹서합니다."라고 기재된 선서서를 원칙적으로 직접 낭독하고 기명날인 또는 서명하는 방식으로 선서하도록 하고 있다(제157조).

한편, 형사소송법은 자신에 대한 소송절차가 아님에도 불구하고 법정에 출석하여 선서하고 경험한 사실을 진술하여야 하는 의무를 부담하는 증인을 위하여 일정한 경우에는 진술 대신 침묵할 수 있는 증언거부권 제도를 두고 있다. 즉, 자기나 자기와 친족 또는 친족관계가 있었던 자, 법정대리인 및 후견감독인 등이 형사소추 또는 공소제기를 당하거나 유죄판결을 받을 사실이 발로될 염려 있는 증언, 변호사, 의사, 종교의 직 등 일정한 직역에 있는 자 또는 이러한 직에 있던 자가 그 업무상 위탁을 받은 관계로 알게 된 사실로서 타인의 비밀에 관한 증언 등에 대해서는 증언거부권 을 인정하고(제148조, 제149조), 증언을 거부하는 자는 거부사유를 소명하도록 하는 일방(제150조), 증언거부권 고지 제도를 마련하여 재판장으로 하여금 증인에게 증언 거부사유가 있는 경우에는 신문 전에 증언을 거부할 수 있음을 설명하도록 하고 있다(제160조).

위에서 살펴본 위증죄의 의의 및 보호법익, 형사소송법에 규정된 증인신문절차의 내용, 증언거부권의 취지 등을 종합적으로 살펴보면, 증인신문절차에서 법률에 규정 된 증인 보호를 위한 규정이 지켜진 것으로 인정되지 않은 경우에는 증인이 허위의 진술을 하였다고 하더라도 위증죄의 구성요건인 "법률에 의하여 선서한 증인"에 해당하지 아니한다고 보아 이를 위증죄로 처벌할 수 없는 것이 원칙이다. 다만, 법률에 규정된 증인 보호절차라 하더라도 개별 보호절차 규정들의 내용과 취지가 같지 아니하고, 당해 신문 과정에서 지키지 못한 절차 규정과 그 경위 및 위반의 정도 등 제반 사정이 개별 사건마다 각기 상이하므로, 이러한 사정을 전체적·종합적으로 고려하여 볼 때, 당해 사건에서 증인 보호에 사실상 장애가 초래되었다고 볼 수 없는 경우에까지 예외 없이 위증죄의 성립을 부정할 것은 아니라고 할 것이다.

이러한 기준에서 보면, 재판장이 선서할 증인에 대하여 선서 전에 위증의 벌을 경고하지 않았다는 등의 사유는 그 증인신문절차에서 증인 자신이 위증의 벌을 경고하는 내용의 선서서를 낭독하고 기명날인 또는 서명한 이상 위증의 벌을 몰랐다고 할 수 없을 것이므로 증인 보호에 사실상 장애가 초래되었다고 볼 수 없고, 따라서 위증죄의 성립에 지장이 없다고 보아야 한다. 그리고 증언거부권 제도는 앞서 본 바와 같이 증인에게 증언의무의 이행을 거절할 수 있는 권리를 부여한 것이고, 형사소송법상 증언거부권의 고지 제도는 증인에게 그러한 권리의 존재를 확인시켜 침묵할 것인지 아니면 진술할 것인지에 관하여 심사숙고할 기회를 충분히 부여함으로써 침묵 할 수 있는 권리를 보장하기 위한 것임을 감안할 때, 재판장이 신문 전에 증인에게 증언거부권을 고지하지 않은 경우에도 당해 사건에서 증언 당시 증인이 처한 구체적인 상황, 증언거부사유의 내용, 증인이 증언거부사유 또는 증언거부권의 존재를 이미 알고 있었는지 여부, 증언거부권을 고지 받았더라도 허위 진술을 하였을 것이라고 볼 만한 정황이 있는지 등을 전체적·종합적으로 고려하여 증인이 침묵하지 아니하고 진술한 것이 자신의 진정한 의사에 의한 것인지 여부를 기준으로 위증죄의 성립 여부를 판단하여야 한다. 그러므로 헌법 제12조 제2항에 정한 불이익 진술의 강요금지 원칙을 구체화한 자기부죄거부특권에 관한 것이거나 기타 증언거부사유가 있음에도 증인이 증언거부권을 고지 받지 못함으로 인하여 그 증언거부권을 행사하는데 사실상 장애가 초래되었다고 볼 수 있는 경우에는 위증죄의 성립을 부정하여야 할 것이다.

이와 달리, 피고인이 증인으로 선서한 이상 진실대로 진술한다고 하면 자신의 범죄를 시인하는 진술을 하는 것이 되고 증언을 거부하는 것은 자기의 범죄를 암시하는 것이 되는 처지에 있다하더라도 증인에게는 증언을 거부할 수 있는 권리를 인정하여 위증죄로부터의 탈출구를 마련하고 있는 만큼 적법행위의 기대가능성이 없다고 할 수 없고 선서한 증인이 허위의 진술을 한 이상 증언거부권 고지여부를 고려하지 아니한 채 위증죄가 바로 성립한다는 취지로 대법원 1987. 7. 7. 선고 86도1724 전원합의체 판결에서 판시한 대법원의 의견은 위 견해에 저촉되는 범위 내에서 이를 변경하기로 한다.

3. 위 법리에 비추어 볼 때, 원심이 판시와 같은 사정, 특히 피고

인이 김○○와 쌍방 상해 사건으로 공소 제기되어 공동피고인으로 함께 재판을 받으면서 자신은 폭행 한 사실이 없다고 주장하며 다투던 중 김○○에 대한 상해 사건이 변론분리되면서 피해자인 증인으로 채택되어 검사로부터 신문받게 되었고 그 과정에서 피고인 자신 의 김○○에 대한 폭행 여부에 관하여 신문을 받게 됨에 따라 증언거부 사유가 발생하게 되었는데도, 재판장으로부터 증언거부권을 고지 받지 못한 상태에서 자신의 종전 주장을 그대로 되풀이함에 따라 결국 거짓 진술에 이르게 된 사정 등을 이유로 피고인에게 위증죄의 죄책을 물을 수 없다고 판단한 것은 결론에 있어 정당하고, 거기에 상고이유에서 주장하는 바와 같은 위증죄의 성립 범위에 관한 법리오해의 위법은 없다.

4. 그러므로 상고를 기각하기로 하여 관여 법관의 일치된 의견으로 주문과 같이 판결한다.

대법원장   이용훈
대법관   양승태 박시환 김지형 이홍훈 김능환 전수안 안대희
            차한성 양창수 신영철 민일영

4. 녹음자의 증언 증거 채택여부

대법원 2010. 3. 11. 선고 2009도14525

[가. 무고, 나. 사기, 다. 사문서위조, 라. 위조사문서행사, 마. 공문서변조, 바. 변조공문서행사]

【전 문】

　【피고인】 피고인
　【상고인】 검사 및 피고인
　【변호인】 신아법무법인 담당변호사 김○○ 외 1인
　【원심판결】 서울서부지방법원 2009. 11. 26. 선고 2009노 728 판결

【주문】

　상고를 모두 기각한다.

【이유】

　상고이유를 본다.

　1. 피고인의 상고이유에 대하여
　　가. 무고의 점에 대하여
원심판결 이유에 의하면, 원심은 기록에 의하여 인정되는 여러 사정들, 즉 ① 피고인은 공소외 1 운영의 병원에 있는 동안에도 여러 사람들과 통화하였을 뿐만 아니라 피고인과 공소외 1 및 공소외 2의 대화를 녹취한 것을 기재한 녹취록에 의하더라도 당시 병원 내에서 피고인이 공소외 1, 공소외 2로부터 폭행, 협박을 당하였거나 강압적인 분위기에서 감금되었다고 보기 어려운 점, ② 피고인은

병원에서 두 차례 정도 공소외 3과 문자메시지를 주고받았다고 주장하나, 수사기관의 통화내역조회 결과에 의하면, 위 와 같은 사실이 인정되지 않고, 또한 피고인은 병원 내에서 공소외 1 등의 강요에 의하여 각서를 작성하였다고 주장하나, 위 각서가 존재한다는 사실도 명확하지 아니하여 피고인의 진술을 그대로 믿기 어려운 점, ③ 피고인은 현금카드를 빼앗겨 현금을 인출 당하는 등 재물을 강취 당하였다고 주장하나, 위 현금카드는 식당의 매출과 연관된 예금통장의 현금카드로서 공소외 2 등이 식당의 운영을 위하여 받은 것이고, 특히 공소 외 2는 피고인으로부터 당시 식당 매출대금 1,093,302원을 송금받았고, 그 후에도 여러 차례 연락을 주고받으며 같은 명목으로 370만원을 송금 받은점, ④ 피고인은 병원에 서 나온 이후 공소외 1 등과 식당에서 식사를 하고, 서울 마포구 서교동에 위치한 피고인의 누나 집에 갔으며, 그 후에도 서울 강남구 신사동에 위치한 '○○숯불갈비' 2호 점에서 지인을 만나기도 하였는바, 피고인이 공소외 1 등으로부터 폭행, 협박, 감금 등을 당하였다면 충분히 그러한 상황에서 벗어나거나 주변 사람들에게 그와 같은 상황을 알릴 수 있는 기회가 있었음에도 그러한 사실 자체가 없어 피고인이 폭행, 협박 등의 강압적인 분위기에서 있었다고 보기 어려운 점 등의 사정에 비추어 볼 때, 설령 피고인이 공소외 1의 일행들로부터 욕설을 듣고 일부 폭행을 당한 사실이 인정된다고 하더라도, 공소외 1 등이 피고인을 병원에 감금한 후 각서를 작성하게 하고, 현금카드 등을 강취한 사실이 인정되지 아니하는 이상, 피고인은 공소외 1 등에 대하여 수사기관에 허위사실을 신고하였다고 판단하여 피고인의 무고의 점을 유죄로 인정한 제1심판결을 유지하였다.

기록에 의하면, 1심에 제출된 피고인과 공소외 1 및 공소외 2의 대화에 관한 위 녹취록은 피고인의 진술에 관한 전문증거인데, 피고인이 위 녹취록에 대하여 부동의한 이 사건에서, 공소외 1이 위 대화를 자신이 녹음하였고 위 녹취록의 내용이 다 맞다고 1심 법정에서 진술하였을 뿐 그 이외에 위 녹취록에 그 작성자가 기재되어 있지 않을 뿐만 아니라 검사는 위 녹취록 작성의 토대가 된 위 대화내용을 녹음한 원본 녹음테이프 등을 증거로 제출하지도 아니하는 등 형사소송법 제313조 제1항에 따라 위 녹취록의 진정성립을 인정할 수 있는 요건이 전혀 갖추어지지 않았으므로 원심이 유죄의 자료로 설시한 위 녹취록의 기재는 증거능력이 없어 이를 증거로 사용할 수 없음에도 원심이 위 녹취록을 위와 같이 피고인의 무고의 점에 대한 유죄의 자료로 설시한 것은 잘못이다. 그러나 증거능력이 인정되는 나머지 적법한 1심의 채택 증거들에 의하더라도 이 사건 무고의 범죄사실을 인정하기에 충분하므로 원심이 위 공소사실을 유죄로 인정한 제1심판결을 유지한 조치는 결국 정당하여 원심의 위와 같은 잘못은 판결 결과에 영향이 없고, 채증법칙 위반 등에 관한 이 부분 상고이유 주장은 받아들일 수 없다.

나. 폐업신고서에 관한 사문서위조 및 위조사문서행사의 점에 대하여 원심은, 공소외 4가 당초 피고인에게 자신의 명의로 사업자등록을 할 것을 허락할 당시 사업자등록의 폐지까지도 대신할 수 있도록 허락하였다고 볼 수 없다는 이유 등으로 폐업신고서 작성에 대한 공소외 4의 포괄적, 추정적 승낙이 있다는 피고인의 주장을 배척하고 폐업신고서에 관한 피고인의 사문서위조 및 위조사문서행사의 점을 유죄로 인정한 제1심판결을 유지하고 있는바, 관련 법리와 기록에 비추어 살펴보면 이러한 원심의 조치에 상고이유로 주장하는 바와 같은 법리오해의 위법이 없다.

2. 검사의 상고이유에 대하여

원심은 그 판시와 같은 이유로 피고인이 공소외 5와 공모하여 공소외 4를 기망하였다고 인정하기 부족하고, 그 외에 달리 피고인이 직접 혹은 공소외 5와 공모하여 공소 외 4를 기망하였음을 인정할 증거가 없다고 하여 피고인의 사기의 점에 대하여 무죄를 선고한 제1심판결을 유지하고 있는바, 기록에 비추어 살펴보면 이러한 원심의 판단에 상고이유로 주장하는 바와 같은 채증법칙 위반의 위법이 없다.

3. 결론
그러므로 상고를 모두 기각하기로 하여 관여 대법관의 일치된 의견으로 주문과 같이 판결한다.

대법관   차한성 박시환 안대희 신영철

5. 증인의 반사회적 법률행위의 증언

대법원 2010. 7. 29. 선고 2009다 56283 [약정금]

【전 문】

【원고, 피고인】 원고 주식회사
　　　　　　　소송대리인 변호사 배○○
【피고, 상고인】 피고 주식회사
　　　　　　　소송대리인 법무법인 화우
　　　　　　　담당변호사 변○○ 외 1인
【원심판결】 서울고등법원 2009. 7. 2. 선고 2009나8590 판결

【주문】

원심판결을 파기하고, 사건을 서울고등법원에 환송한다.

【이유】

상고이유를 판단한다.

1. 타인의 소송에서 사실을 증언하는 증인이 그 증언을 조건으로 그 소송의 일방 당사자 등으로부터 통상적으로 용인될 수 있는 수준(예컨대 증인에게 일당 및 여비가 지급되기는 하지만 증인이 증언을 위하여 법원에 출석함으로써 입게 되는 손해에는 미치지 못하는 경우 그러한 손해를 전보하여 주는 정도)을 넘어서는 대가를 제공받기로 하는 약정은 국민의 사법참여행위가 대가와 결부됨으로써 사법작용의 불가매수성 내지 대가무관성이 본질적으로 침해되는 경우로서 반사회적 법률행위에 해당하여 무효라고 할 것이다. 이는

증언거부권이 있는 증인이 그 증언거부권을 포기하고 증언을 하는 경우라고 하여 달리 볼 것이 아니다.

2. 원심판결 이유에 의하면 다음과 같은 사실을 알 수 있다.

원고는 소외 1 주식회사 소유의 이 사건 건물에 관하여 공사대금 9억 8,890만 원 상당의 인테리어 공사를 시공한 업체로, 2003년 12월 이 사건 건물에 대한 임의경매절차가 개시될 당시 7억 7,160만 원의 공사대금채권이 남아 있었다. 원고의 대표이사인 소외 2는 2004년 2월경 소외 1 주식회사의 대표이사인 소외 3으로부터 "원고가 이 사건 건물을 점유하면서 공사대금채권을 부풀려 유치권신고를 한 후 그 점유 및 공사대금채권을 소외 1 주식회사 또는 소외 1 주식회사가 지정하는 이에게 양도하면 원고의 공사 대금을 받아주겠다"는 제안을 받아 이를 승낙한 다음, 소외 3과 공모하여 공사대금이 34억 505만원으로 된 소외 4 명의의 2003. 6. 30.자 공사도급계약서를 위조하였다. 원고는 2004. 3. 13. 위 공사도급계약서에 기초하여 잔여 공사대금채권을 31억 8,775만원으로 하여 위 임의경매절차에서 유치권신고를 하였고, 2004. 4. 2. 위 공사대금채권 및 이에 부대하는 일체의 권리를 소외 3이 지정한 주식회사 소외 5 주식회사에 양도하였으며, 소외 5 주식회사는 2004. 5. 11. 위 공사대금채권의 양수인으로서 다시 유치권 신고를 하였다.

한편 피고는 위 임의경매절차에서 이 사건 건물을 낙찰받고 2005. 6. 29. 매각대금을 완납하여 이 사건 건물의 소유권을 취득한 다음, 원고와 소외 5 주식회사 등을 상대로 이 사건 건물의 명도를 구하는 소송(의정부지방법원 2005가합7631호. 이하 '이 사건 명도소송'이라고 한다)을 제기하였다. 원고와 피고는 위 소송이 진행 중이던 2006. 3. 27. "원고는 원고가 보관하고 있는 공사도급계약 관련자료를 제출하고, 피고가 제기하는 형사고소사건 및 이 사건 명도소송에서 증인으로 출석하여 유치권신고시 제출한 공사도급계약서가 조작된 경위 등 일체의 진실을 밝히며, 피고는 원고의 유치권을 부인하는 1심판결이 선고되는 경우에 원고에게 2억 원을 지급한다"는 내용의 약정(이하 '이 사건 약정'이라고 한다)을 하였다.

소외 2는 이 사건 약정에 따라 피고에게 관련자료를 제출하는 한편 2006. 5. 19. 이 사건 명도소송 제1심의 변론기일에 증인으로 출석하여 사실대로 증언을 하였고, 피고는 2006. 12. 15. 이 사건 명도소송에서 승소판결을 받았다. 한편 소외 2는 피고가 소외 3을 고소한 형사사건에서 공사도급계약서 위조 등 범죄의 공범으로 인지되어 2007. 6. 19. 유죄판결을 선고받았고, 위 판결은 그 무렵 확정되었다.

3. 앞서 본 법리에 비추어 보면, 이 사건 약정은 소외 2가 이 사건 명도소송 등에서 피고를 위하여 증언 등을 하는 대가로 금전을 지급받기로 하는 약정으로 소외 2에게 공사도급계약서 위조부분에 관한 증언거부권이 있는지 여부를 불문하고 반사회질서의 법률행위로서 무효라고 할 것이다.

그럼에도 원심이 그 판시와 같은 사정을 들어 이 사건 약정이 반사회질서의 법률행위가 아니라고 판단한 것은 증언에 대한 대가지급의 약정에 관한 법리를 오해하여 판결 결과에 영향을 미친 위법이 있다. 이 점을 지적하는 상고이유 제3점은 이유 있다.

4. 그러므로 나머지 상고이유에 대한 판단할 필요 없이 원심판결을 파기하고 사건을 다시 심리.판단하게 하기 위하여 원심법원에 환송하기로 하여, 관여 대법관의 일치된 의견으로 주문과 같이 판결한다.

대법관　　　김지형 양승태 전수안 양찬수

6. 통역인의 반사회적 법률행위의 증언

대법원 2011. 4. 14. 선고 2010도13583

[가. 특정경제범죄가중처벌등에관한법률위반(사기), 나. 사문서위조, 다. 위조사문서행사, 라. 사기]

【전 문】

【피고인】 피고인들

【상고인】 피고인들

【변호인】 법무법인(유한) 태평양(담당변호사 고○○ 외 4인)(피고인 1을 위하여)

　　　　　변호사 황○○(피고인 2를 위한 국선)

　　　　　법무법인 정동(담당변호사 조○○ 외 1인)(피고인 2를 위하여)

　　　　　법무법인 세종(담당변호사 김○○ 외 3인)(피고인 2를 위하여)

【원심판결】 서울고등법원 2010. 9. 30. 선고 2010노725 판결

【주문】

상고를 모두 기각한다.

【이유】

상고이유(상고이유서 제출기간이 지난 후에 제출된 각 상고이유보충서는 상고이유를 보충하는 범위 내에서)를 판단한다.

1. 피고인들의 특정경제범죄가중처벌등에관한법률위반(사기) 부분에

관하여

　가. 원심판결 이유에 의하면, 원심은 그 판시와 같은 이유로 피고인들이 공소외 1과 공모하여 공소외 2로부터 15억 원을 편취한 사실을 유죄로 인정하면서, 그 증거의 요지에 제1심 제2회 공판조서 중증인 공소외 2의 진술기재를 들고 있다.

　형사소송법 제17조 제4호는 법관이 사건에 관하여 증인, 감정인, 피해자의 대리인으로 된 때에는 직무집행에서 제척된다고 규정하고 있고, 위 규정은 형사소송법 제25조 제1항에 의하여 통역인에게 준용되므로, 통역인이 사건에 관하여 증인으로 증언한때에는 직무집행에서 제척된다.

　그런데 기록에 의하면, 공소외 3은 이 사건 제1심 제2회 공판기일에 증인으로 출석하여 진술한 다음, 같은 기일에 통역인으로서 증인 공소외 2의 진술을 통역한 사실을 알 수 있으므로, 위와 같이 제척사유가 있는 통역인이 통역한 증인 공소외 2의 증인신문조서는 유죄 인정의 증거로 사용할 수 없다. 그럼에도 불구하고, 원심이 위 증인신문조서를 유죄 인정의 증거로 삼은 것은 잘못이다(반면, 형사소송법 제17조 제2호는 법관이 피고인 또는 피해자의 친족 또는 친족관계가 있었던 자인 때에는 직무집행에서 제척된다고 규정하고 있고, 위 규정도 형사소송법 제25조 제1항에 의하여 통역인에게 준용되나, 사실혼관계에 있는 사람은 민법 소정의 친족이라고 할 수 없어 형사소송법 제17조 제2호에서 말하는 친족에 해당하지 않으므로, 통역인 공소외 3이 피해자 공소외 2의 사실혼 배우자라고 하여도 공소외 3에게 형사소송법 제25조 제1항, 제17조 제2호 소정의 제척사유가 있다고 할 수 없다).

　나. 그러나 한편 원심판결 및 원심과 제1심이 채택한 증거들 중 위 증인신문조서나 그에 의하여 성립의 진정이 증명되는 서류들을 제외한 다른 증거들을 기록에 비추어 살펴보면, 피고인 1이 공소외 1과 공모하여 한국○○○정보화협회 사업단이 한국전력과 한국통

신에서 발생하는 폐·고철의 수거판매권한을 가지고 있고 공소외 1 경영의 공소외 4 주식회사가 그 판매대행권한을 가지고 있는 것처럼 피해자 공소외 2를 기망하는 행위에 가담하고, 피고인 2도 공소외 4 주식회사의 부회장으로서 위 회사가 폐·고철 수거사업권을 줄 수 있는 권한이 없음을 알면서도 공소외 1과 피고인 1이 공소외 2를 기망하여 금원을 편취하는데 가담한 사실을 인정할 수 있다.

그렇다면 결국 원심이 피고인들이 공소외 1과 공모하여 공소외 2를 기망하여 15억원을 편취하였다는 공소사실을 유죄로 인정한 것은 정당하고, 원심이 위에서 본 바와같이 유죄 인정의 증거로 삼을 수 없는 위 증인신문조서를 증거로 삼은 잘못은 판결 결과에는 영향이 없다고 할 것이다. 원심판결에 그 밖에 채증법칙 위반이나 심리미진으로 인하여 사실을 오인하거나 공모공동정범에 관한 법리를 오해한 잘못이 없다.

2. 피고인 1의 사문서위조, 위조사문서행사 및 피해자 공소외 5에 대한 사기 부분에 관하여

사기죄의 주관적 구성요건인 편취의 범의는 피고인이 자백하지 않는 이상 범행 전후의 피고인의 재력, 환경, 범행의 내용, 거래의 이행과정 등과 같은 객관적인 사정 등을 종합하여 판단할 수밖에 없으며, 미필적 고의에 의하여도 사기죄는 성립하는 것이다(대법원 2009. 2. 26. 선고 2007도1214 판결 등 참조).
원심판결과 원심이 채택한 증거들을 기록과 위 법리에 비추어 살펴보면, 원심이 그 판시와 같은 이유를 들어 이 부분 각 공소사실을 유죄로 인정한 것은 정당하고, 거기에 채증법칙 위반이나 심리미진, 편취의 범의에 관한 법리오해 등의 잘못이 없다.

3. 피고인들의 피해자 공소외 6, 공소외 7에 대한 사기 부분에 관하여

원심판결과 원심이 채택한 증거들을 기록에 비추어 살펴보면, 원심이 그 판시와 같은 이유를 들어 피고인들이 피해자 공소외 6, 공소외 7로부터 판시 각 금원을 보증금 또는 차용금 명목으로 교부받을 당시 계약 내용대로 폐변압기 등을 공급하거나 차용금을 변제할 의사나 능력이 없었다고 판단하여 이 부분 공소사실을 유죄로 인정한 것은 정당하고, 거기에 채증법칙 위반이나 심리미진, 편취의 범의 및 공모공동정범에 관한 법리오해 등의 잘못이 없다.

4. 피고인 2의 양형부당 주장에 관하여

형사소송법 제383조 제4호에 의하면 사형, 무기 또는 10년 이상의 징역이나 금고가 선고된 사건에서만 양형부당을 사유로 한 상고가 허용되는 것이므로, 피고인 2에 대하여 그보다 가벼운 형이 선고된 이 사건에서는 형의 양정이 부당하다는 주장은 적법한 상고이유가 되지 못한다.

5. 결론

그러므로 상고를 모두 기각하기로 하여, 관여 대법관의 일치된 의견으로 주문과 같이 판결한다.

대법관   이홍훈 김능환 민일영 이인복

7. 선서한 증인의 증인거부권

대법원 2011. 7. 28. 선고 2009도14928 [위증]

【전 문】

【피고인】 피고인
【상고인】 검 사
【변호인】 춘천지방법원 2009. 12. 11. 선고
【원심판결】 서울지법 2003. 2. 5. 선고 2002노7894 판결

【주문】

원심판결 중 무죄부분을 파기하고, 이 부분 사건을 춘천지방법원 본원합의부에 환송한다.

【이유】

상고이유를 판단한다.

1. 「형법」 제152조 제1항은 "법률에 의하여 선서한 증인이 허위의 진술을 한 때"에 위증죄로 처벌하고 있고, 여기서 "법률에 의하여 선서한 증인"이라고 함은 법률에 근거하여 법률이 정한 절차에 따라 유효한 선서를 한 증인이라는 의미로서, 그 증인신문은 법률이 정한 절차 조항을 준수하여 적법하게 이루어진 경우여야 하므로, 증인신문 절차에서 법률에 규정된 증인 보호를 위한 규정이 지켜진 것으로 인정되지 않은 경우에는 증인이 허위의 진술을 하였다고 하더라도 위증죄의 구성요건인 "법률에 의하여 선서한 증인"에 해당하지 아니하여 위증죄로 처벌할 수 없는 것이 원칙이다(대법원

2010. 1. 21. 선고 2008도942전원합의체 판결 참조).

그런데 「형사소송법」은 증언거부권에 관한 규정(제148조, 제149조)과 함께 재판장의 증언거부권 고지의무에 관하여도 규정하고 있는 반면(제160조), 「민사소송법」은 증언거부권제도를 두면서도(제314조 내지 제316조) 증언거부권 고지에 관한 규정을 따로 두고 있지 않다. 우리 입법자는 1954. 9. 23. 제정 당시부터 증언거부권 및 그 고지 규정을 둔 「형사소송법」과는 달리 그 후인 1960. 4. 4. 「민사소송법」을 제정함에 있어 증언거부권제도를 두면서도 그 고지 규정을 두지 아니하였고, 2002. 1. 26. 「민사소송법」을 전부 개정하면서도 같은 입장을 유지하였다. 이러한 입법의 경위 및 규정 내용에 비추어볼 때, 이는 양절차에 존재하는 그 목적·적용원리 등의 차이를 염두에 둔 입법적 선택으로 보인다. 더구나 「민사소송법」은 「형사소송법」과 달리, '선서거부권제도'(제324조), '선서면제제도'(제323조) 등 증인으로 하여금 위증죄의 위험으로부터 벗어날 수 있도록 하는 이중의 장치를 마련하고 있어 증언거부권 고지 규정을 두지 아니한 것이 입법의 불비라거나 증언거부권 있는 증인의 침묵할 수 있는 권리를 부당하게 침해하는 입법이라고 볼 수도 없다. 그렇다면 민사소송절차에서 재판장이 증인에게 증언거부권을 고지하지 아니하였다 하여 절차위반의 위법이 있다고 할 수 없고, 따라서 적법한 선서절차를 마쳤음에도 허위진술을 한 증인에 대해서는 달리 특별한 사정이 없는 한 위증죄가 성립한다고 보아야 할 것이다.

2.원심판결 이유에 의하면, 원심은 그 판시 각 사실을 인정한 후 이 사건 민사소송절차에서의 증인인 피고인의 증언은 피고인 자신이 공소제기 되거나 유죄판결을 받을 염려가 있는 사항에 관한 것이므로 피고인에게는 「민사소송법」 제314조에 따라 증언거부권이 있고, 비록 민사소송법상증언거부권 고지에 관한 별도의 명문규정

이 없더라도 이는 입법의 불비에 불과하여, 재판장이 증언거부권을 고지하지 않은 것은 위법하고, 따라서 증언거부권을 고지받지 아니한 채 진행된 위법한 증인신문절차에서 증언을 한 피고인을 위증죄로 처벌할 수 없다는 이유로 무죄로 판단하였다.

그러나 원심이 적법하게 채용한 증거들을 앞서 본 법리에 비추어 살펴보면, 「민사소송법」이 정하는 절차에 따라 증인으로서 적법하게 선서를 마치고서도 허위의 진술을 한 피고인의 행위는 위증죄에 해당하고 기록상 달리 특별한 사정이 보이지 아니함에도, 원심이 법적 근거가 없는 증언거부권의 고지절차가 없었음을 이유로 이와 달리 판단한 것은 민사소송절차에서의 증언거부권 고지에 관한 법리를 오해하여 판결에 영향을 미친 잘못이 있다.

이를 지적하는 상고이유는 이유 있다.

3. 그러므로 원심판결 중 무죄부분을 파기하고, 이 부분 사건을 다시 심리·판단하게 하기 위하여 원심법원에 환송하기로 하여, 관여 대법관의 일치된 의견으로 주문과 같이 판결한다.

대법관   양창수 김지형 전수안 이상훈

8. 공범에 대한 증인거부권

대법원 2011. 11. 24. 선고 2011도11994 [위증]

【전 문】

【피고인】 피고인

【상고인】 피고인

【원심판결】 부산지방법원 2011. 8. 25. 선고 2010노3881 판결

【주문】

상고를 기각한다.

【이유】

상고이유를 살펴본다.

1. 위증죄에 관한 법리오해 주장에 관하여

(1) '누구든지 자기가 형사소추 또는 공소제기를 당하거나 유죄판결을 받을 사실이 발로될 염려 있는 증언을 거부할 수 있다'는 형사소송법 제148조의 증언거부권은 헌법 제12조 제2항에 정한 불이익 진술의 강요금지 원칙을 구체화한 자기부죄거부특권에 관한 것인바, 이미 유죄의 확정판결을 받은 경우에는 헌법 제13조 제1항에 정한 일사부재리의 원칙에 의해 다시 처벌받지 아니하므로 자신에 대한 유죄판결이 확정된 증인은 공범에 대한 피고사건에서 증언을 거부할 수 없고, 설령 증인이 자신에 대한 형사사건에서 시종일관 그 범행을 부인하였다 하더라도 그러한 사정만으로 증인이 진실대로 진술할 것을 기대할 수 있는 가능성이 없는 경우에 해당한다

고 할 수 없으므로 허위의 진술에 대하여 위증죄의 성립을 부정할 수 없다(대법원 2008. 10. 23. 선고 2005도 10101 판결 참조). 한편 자신에 대한 유죄판결이 확정된 증인이 재심을 청구한다 하더라도, 이미 유죄의 확정판결이 있는 사실에 대해서는 일사부재리의 원칙에 의하여 거듭 처벌받지 않는다는 점에는 변함이 없고, 형사소송법상 피고인의 불이익을 위한 재심청구는 허용되지 아니하며(형사소송법 제420조), 재심사건에는 불이익변경의 금지 원칙이 적용되어 원판결의 형보다 중한 형을 선고하지 못하므로(형사소송법 제439조), 자신의 유죄 확정판결에 대하여 재심을 청구한 증인에게 증언의무를 부과하는 것이 형사 소추 또는 공소제기를 당하거나 유죄판결을 받을 사실이 발로될 염려 있는 증언을 강제하는 것이라고 볼 수는 없다. 따라서 자신에 대한 유죄판결이 확정된 증인이 공범에 대한 피고사건에서 증언할 당시 앞으로 재심을 청구할 예정이라고 하여도, 이를 이유로 증인에게 형사소송법 제148조에 의한 증언거부권이 인정되지는 않는다.

(2) 위와 같은 법리에 비추어 기록을 살펴보면, 원심이, 피고인의 이 사건 증언은 자신에 대한 유죄판결이 확정된 후에 이루어진 것임이 분명하여 피고인에게 공범에 대한 피고사건에서 증언을 거부할 권리가 없으므로, 그 증언에 앞서 피고인이 증언거부권을 고지받지 못하였더라도 증인신문절차상 잘못이 없다고 판단하여 위증죄를 유죄로 인정한 제1심판결을 유지한 조치는 정당한 것으로 수긍이 가고, 거기에 증언거부권이나 위증죄의 성립에 관한 법리를 오해한 잘못이 없다.

2. 사실오인 주장에 관하여

형사소송법 제383조 제4호에 의하면, 사형, 무기 또는 10년 이상의 징역이나 금고가 선고된 사건에 한하여 원심판결에 중대한 사실의 오인이 있어 판결에 영향을 미쳤음을 이유로 상고할 수 있으므로, 피고인에 대하여 벌금 200만원이 선고된 이 사건에서, 허위 진술을 하지 않았다는 주장은 적법한 상고이유가 될 수 없다. 나아가 기록을 살펴보아도 원심판결에 피고인이 주장하는 것과 같은 잘못이 없다.

3. 결론

그러므로 상고를 기각하기로 하여, 관여 대법관의 일치된 의견으로 주문과 같이 판결한다.

대법관　　　김능환 안대희 민일영 이인복

9. 증인거부권 행사 증인거부

대법원 2012. 5. 17. 선고 2009도 6788 [가. 건설산업기본법위반, 나. 뇌물공여, 다. 특정범죄가중처벌등에관한법률위반(뇌물)(일부 인정된 죄명 : 뇌물수수)

【전 문】

【피고인】 피고인 1외 4인
【상고인】 피고인 2, 피고인 4 및 검사(피고인들에 대하여)
【변호인】 법무법인(유한) 태평양
　　　　　담당변호사 나○○, 박○○, 강○○, 송○○
　　　　　(피고인 1, 피고인2 피고인5 주식회사를 위하여)
　　　　법무법인 와이비엘
　　　　　담당변호사 윤○○(피고인 4를 위하여)
【원심판결】 서울고등법원 2009. 6. 26. 선고 2008노2778 판결

【주문】

상고를 모두 기각한다.

【이유】

상고이유를 판단한다.

1. 건설산업기본법 위반의 점에 관한 검사의 상고이유에 대하여
　가. 이 사건 법률의견서의 증거능력에 관한 법리오해의 점
　(1) 형사소송법 제314조는 "제312조 또는 제313조의 경우에 공판준비 또는 공판기일에 진술을 요하는 자가 사망·질병·외국거주·소재

불명, 그 밖에 이에 준하는 사유로 인하여 진술할 수 없는 때에는 그 조서 및 그 밖의 서류를 증거로 할 수 있다. 다만, 그 진술 또는 작성이 특히 신빙할 수 있는 상태하에서 행하여졌음이 증명된 때에 한한다"라고 정함으로써, 원진술자 등의 진술에 의하여 진정성립이 증명되지 아니하는 전문증거에 대하여 예외적으로 증거능력이 인정될 수 있는 사유로 '사망·질병·외국거주·소재불명, 그 밖에 이에 준하는 사유로 인하여 진술할 수 없는 때'를 들고 있다. 위 증거능력에 대한 예외사유로 1995. 12. 29. 법률 제5054호로 개정되기 전의 구 형사소송법 제314조가 '사망, 질병 기타 사유로 인하여 진술할 수 없는 때', 2007. 6. 1. 법률 제8496호로 개정되기 전의 구 형사소송법 제314조가 '사망, 질병, 외국거주 기타 사유로 인하여 진술할 수 없는 때'라고 각 규정한 것에 비하여 현행 형사소송법은 그 예외사유의 범위를 더욱 엄격하게 제한하고 있는데, 이는 직접심리주의와 공판중심주의의 요소를 강화하려는 취지가 반영된 것이다.

한편 형사소송법은 누구든지 자기 또는 친족 등이 형사소추 또는 공소제기를 당하거나 유죄판결을 받을 사실이 발로될 염려가 있는 증언을 거부할 수 있도록 하고(제148조), 또한 변호사, 변리사, 공증인, 공인회계사, 세무사, 대서업자, 의사, 한의사, 치과의사, 약사, 약종상, 조산사, 간호사, 종교의 직에 있는 자 또는 이러한 직에 있던 사람은 그 업무상 위탁을 받은 관계로 알게 된 사실로서 타인의 비밀에 관한 것은 증언을 거부할 수 있도록 규정하여 제조(149 본문), 증인에게 일정한 사유가 있는 경우 증언을 거부할 수 있는 권리를 보장하고 있다.

위와 같은 현행 형사소송법 제314조의 문언과 개정 취지, 증언거부권 관련 규정의 내용 등에 비추어 보면, 법정에 출석한 증인이 형사소송법 제148조, 제149조 등에서 정한 바에 따라 정당하게 증언거부권을 행사하여 증언을 거부한 경우는 형사소송법 제314조의

'그 밖에 이에 준하는 사유로 인하여 진술할 수 없는 때'에 해당하지 아니한다고 할 것이다.

(2) 원심은, 피고인 5 주식회사(이하 '피고인 5 회사'라고 한다)가 판시 법무법인 소속 변호사로부터 법률자문을 받은 내용이 기재된 이 사건 법률의견서의 증거능력을 부정한 제1심의 판단을 그대로 유지하면서, 비록 현행법상 명문의 규정은 없으나 헌법 제12조 제4항에 의하여 인정되는 변호인의 조력을 받을 권리 중 하나로서 변호인과 의뢰인 사이에서 법률자문을 목적으로 비밀리에 이루어진 의사교환에 대하여 의뢰인은 그 공개를 거부할 수 있는 특권을 가진다고 전제하였다. 이에 따라 원심은, 이 사건 법률의견서는 법정에서 작성자인 변호사에 의하여 그 성립의 진정이 인정되지 아니한 이상 증거능력이 없을 뿐만 아니라, 그 성립의 진정이 인정된다고 하더라도 위 법리에 따라 압수절차의 위법 여부와 관계없이 변호인-의뢰인 특권에 의하여 의뢰인인 피고인 5 회사 및 피고인 1, 피고인 2에 대한 범죄사실을 인정할 증거로 사용할 수 없다고 판단하였다.

(3) 헌법 제12조 제4항 본문은 "누구든지 체포 또는 구속을 당한 때에는 즉시 변호인의 조력을 받을 권리를 가진다"라고 규정하고 있고, 이와 관련하여 형사소송법 제34조는 변호인 또는 변호인이 되려는 사람에 대하여 신체구속을 당한 피고인 또는 피의자와 제한 없이 접견하고 서류 또는 물건을 수수할 수 있도록 허용하고 있다. 한편 형사소송법은 변호사 등이 그 업무상 위탁을 받아 소지 또는 보관하는 물건으로 타인의 비밀에 관한 것은 압수를 거부할 수 있고(제112조 본문, 제219조), 그 업무상 위탁을 받은 관계로 알게 된 사실로서 타인의 비밀에 관한 것은 증언을 거부할 수 있도록 규정하여(제149조 본문), 변호사와 의뢰인 사이의 법률자문 또는 법률상담의 비밀을 일정한 범위에서 보호하고 있다.

위와 같은 변호인의 조력을 받을 권리, 변호사와 의뢰인 사이의 비밀보호 범위 등에 관한 헌법과 형사소송법 규정의 내용과 취지 등에 비추어 볼 때, 아직 수사나 공판 등 형사절차가 개시되지 아니하여 피의자 또는 피고인에 해당한다고 볼 수 없는 사람이 일상적 생활관계에서 변호사와 상담한 법률자문에 대하여도 변호인의 조력을 받을 권리의 내용으로서 그 비밀의 공개를 거부할 수 있는 의뢰인의 특권을 도출할 수 있다거나, 위 특권에 의하여 의뢰인의 동의가 없는 관련 압수물은 압수절차의 위법 여부와 관계없이 형사재판의 증거로 사용할 수 없다는 견해는 받아들일 수 없다고 하겠다. 원심이 이 사건 법률의견서의 증거능력을 부정하는 이유를 설시함에 있어 위와 같은 이른바 변호인-의뢰인 특권을 근거로 내세운 것은 적절하다고 할 수 없다.

4) 그러나 원심이 이 사건 법률의견서의 증거능력을 부정하고 이를 증거로 채택하지 아니한 결론은 다음과 같은 이유에서 정당하다고 할 것이다.

압수된 디지털 저장매체로부터 출력한 문건을 진술증거로 사용하는 경우 그 기재 내용의 진실성에 관하여는 전문법칙이 적용되므로 형사소송법에 따라 그 작성자 또는 진술자의 진술에 의하여 그 성립의 진정함이 증명된 때에 한하여 이를 증거로 사용할 수 있다(대법원 1999. 9. 3. 선고 99도2317 판결, 대법원 2007. 12. 13. 선고 2007도7257판결 등 참조).

원심판결 이유 및 기록에 의하면, 이 사건 법률의견서는 판시 법무법인 소속 변호사가 작성한 후 전자우편으로 피고인 5 회사 측에 전송한 전자문서를 검사가 컴퓨터 등 디지털 저장매체의 압수를 통하여 취득한 다음 이를 출력하여 증거로 신청한 서류로서, 피고인 1, 피고인 2, 피고인 5 회사가 이를 증거로 함에 동의하지 아니한 사실, 위 변호사는 원심 제6회 공판기일에 증인으로 출석하였으나 증언하여야 할 내용이 피고인 5 회사로부터 업무상 위탁을 받은 관계로 알게 된 타인의 비밀에 관한 것임을 소명한 후 재판장으로부터 증언을 거부할 수 있다는 설명을 듣고 증언을 거부한 사실을 알 수 있다.

위 사실관계를 앞서 본 법리에 비추어 살펴보면, 이 사건 법률의견서는 압수된 디지털 저장매체로부터 출력한 문건으로서 그 실질에 있어서 형사소송법 제313조 제1항에 규정된 '피고인 아닌 자가 작성한 진술서나 그 진술을 기재한 서류'에 해당한다고 할 것인데, 공판준비 또는 공판기일에서 그 작성자 또는 진술자인 위 변호사의 진술에 의하여 그 성립의 진정함이 증명되지 아니하였으므로 위 규정에 의하여 이 사건 법률의견서의 증거능력을 인정할 수는 없다. 나아가 원심 공판기일에 출석한 위 변호사가 이 사건 법률의견서의 진정성립 등에 관하여 진술하지 아니한 것은 형사소송법 제149조에서 정한 바에 따라 정당하게 증언거부권을 행사한 경우에 해당하므로, 앞서 본 법리에 따라 형사소송법 제314조에 의하여 이 사건 법률의견서의 증거능력을 인정할 수도 없다.

따라서 원심의 이유설시에 앞서 본 것과 같은 잘못이 있기는 하나 이 사건 법률의견서의 증거능력을 배척한 원심의 결론이 정당한 이상, 이로 인하여 판결 결과에 영향을 미쳤다고 할 수 없다. 이 부분 상고이유의 주장은 받아들일 수 없다.

　나. 증거채택에 관한 법령위반 및 채증법칙위반의 점

(1) 압수물인 디지털 저장매체로부터 출력한 문건을 증거로 사용하려면 디지털 저장매체 원본에 저장된 내용과 출력한 문건의 동일성이 인정되어야 하고, 이를 위하여는 디지털 저장매체 원본이 압수된 이후 문건 출력에 이르기까지 변경되지 아니하였음이 담보되어야 한다(대법원 2007. 12. 13. 선고 2007도7257 판결 등 참조).

기록에 의하면, 원심은, 검사가 증거로 신청한 회계자료, 품의서목록 등은 디지털 저장매체를 원본으로 하여 출력한 문건으로서 그 기재된 내용이 증거자료가 되는 증거서류, 즉 진술증거에 해당하는데, 디지털 저장매체 원본에 저장된 원래 내용과의 동일성이 인정되지 아니할 뿐만 아니라 형사소송법의 규정에 따라 그 성립의 진정함이 증명되지도 아니하였다는 등의 이유로 이를 증거로 채택하지 아니하였음을 알 수 있다.

앞서 본 법리에 비추어 보면 원심의 위와 같은 조치는 정당하고, 거기에 상고이유의 주장과 같은 증거채택에 관한 법령위반의 잘못이 없다.

(2) 원심판결 이유에 의하면, 원심은 그 판시와 같은 이유를 들어 검사가 제출한 증거만으로는 피고인 1, 피고인 2가 공소사실과 같은 건설산업기본법 위반의 범행에 가담하거나 공모하였음을 인정하기 어렵다고 판단하여 위 피고인들과 피고인 5 회사에 대한 이 부분 공소사실에 관하여 무죄를 선고한 제1심판결을 그대로 유지하였다.

원심판결 이유를 기록에 비추어 살펴보면, 원심의 위와 같은 판단은 정당한 것으로 수긍할 수 있고, 거기에 상고이유의 주장과 같이 논리와 경험의 법칙에 위배하여 자유심증주의의 한계를 벗어난 위법이 없다.

2. 장위1구역 재개발 관련 뇌물공여 및 '특정범죄 가중처벌 등에 관한 법률' 위반(뇌물)의 점에 관한 검사의 상고이유에 대하여

가. 기록에 의하면, 원심은, 검사가 이 부분 공소사실에 관하여 증거로 신청한 신규시공권확보추진 현황, 집행품의 현황 등 디지털 저장매체로부터 출력한 문건에 대하여, 위 증거들은 진술증거로서 디지털 저장매체 원본에 저장된 원래 내용과의 동일성이 인정되지 아니하고 형사소송법의 규정에 따라 그 성립의 진정함이 증명되지도 아니하였다는 등의 이유에서 이를 증거로 채택하지 아니하였음을 알 수 있다.

앞서 본 법리에 비추어 보면 원심의 위와 같은 조치는 정당하고, 거기에 상고이유의 주장과 같은 증거채택에 관한 법령위반의 잘못이 없다.

나. 원심판결 이유에 의하면, 원심은 그 판시와 같은 이유를 들어 검사가 제출한 증거만으로는 피고인 1, 피고인 2, 피고인 3이 공소사실과 같이 시공사 선정에 관한 청탁 명목으로 금원을 교부 또는

수수하였음을 인정하기 부족하다고 판단하여, 위 피고인들의 이 부분 공소사실에 대하여 무죄를 선고한 제1심판결을 유지하였다.

원심판결 이유를 기록에 비추어 살펴보면, 원심의 위와 같은 판단은 정당한 것으로 수긍할 수 있고, 거기에 상고이유의 주장과 같이 논리와 경험의 법칙에 위배하여 자유심증주의의 한계를 벗어난 위법이 없다.

3. 장위3구역 재개발 관련 뇌물공여 및 '특정범죄 가중처벌 등에 관한 법률' 위반(뇌물)의 점에 관한 피고인 2, 피고인 4와 검사의 각 상고이유에 대하여

가. 공무원이 얻는 어떤 이익이 직무와 대가관계가 있는 부당한 이익으로서 뇌물에 해당하는지 여부는 당해 공무원의 직무의 내용, 직무와 이익제공자와의 관계, 쌍방 간에 특수한 사적인 친분관계가 존재하는지의 여부, 이익의 다과, 이익을 수수한 경위와 시기 등의 제반 사정을 참작하여 결정하여야 한다. 이는 '도시 및 주거환경정비법'에 의하여 공무원으로 의제되는 정비사업전문관리업자의 임직원의 경우도 마찬가지이고, 이때 정비사업전문관리업자가 반드시 정비조합이나 조합설립추진위원회와 특정 재건축 또는 재개발 정비사업에 관하여 구체적인 업무위탁계약을 체결하고 그 직무에 관하여 이익을 취득하여야만 그 임직원이 얻는 어떤 이익이 직무와 대가관계가 있는 부당한 이익으로서 뇌물에 해당하는 것은 아니다(대법원 2008. 9. 25. 선고 2008도2590 판결 등 참조).

한편 형법 제129조 제1항의 뇌물수수죄는 공무원이 그 직무에 관하여 뇌물을 수수한 때에 적용되는 것으로서, 공무원이 직접 뇌물을 받지 아니하고 증뢰자로 하여금 다른 사람에게 뇌물을 공여하도록 한 경우라 하더라도 그 다른 사람이 공무원의 사자 또는 대리인으로서 뇌물을 받은 경우 등과 같이 사회통념상 그 다른 사람이 뇌물을 받은 것을 공무원이 직접 받은 것과 같이 평가할 수 있는

관계가 있는 경우에는 형법 제129조 제1항의 뇌물수수죄가 성립하고, 이러한 법리는 공무원으로 의제되는 정비사업전문관리업자의 임직원이 직무에 관하여 자신이 아닌 정비사업전문관리업자 등에게 뇌물을 공여하게 하는 경우에도 마찬가지라고 할 것이다(대법원 2011. 11. 24. 선고 2011도9585 판결 등 참조).

원심판결 이유에 의하면, 원심은, 그 채택증거에 의하여 피고인 2가 정비사업전문관리업자인 공소외 1 주식회사의 대표이사로서 공무원으로 의제되는 피고인 4에게 재개발공사 시공자 선정과 관련한 청탁을 하면서 그 대가로 3억 3천만원의 자금을 위 회사에 1년간 무상으로 대여하여 그로 말미암은 금융이익 상당액을 제공한 사실을 인정하였다. 이어서 원심은, 그 판시와 같은 사정을 종합하여 위 회사에 위와 같은 재산상이익을 제공한 것은 사회통념상 피고인 4에게 직접 이를 공여한 것과 같이 평가할 수있다고 판단하여, 피고인 2, 피고인 4에 대하여 위 금융이익 상당액에 관한 뇌물공여 및 뇌물수수의 범죄사실을 유죄로 인정하였다.

원심판결 이유를 앞서 본 법리와 원심이 적법하게 채택한 증거들에 비추어 살펴보면 원심의 위와 같은 판단은 정당하고, 거기에 피고인 2, 피고인 4의 주장과 같이 논리와 경험의 법칙에 위배하여 자유심증주의의 한계를 벗어나거나 뇌물수수죄의 주체 또는 직무관련성에 관한 법리를 오해한 위법이 없다.

　나. 원심판결 이유에 의하면, 원심은, 피고인 1, 피고인 2, 피고인 4가 위와 같은 청탁의 대가로 3억 3천만 원 전액을 뇌물로 공여하고 수수하였다는 이 부분 공소사실과 관련하여, 그 판시와 같은 사정을 들어 제1심판결이 피고인 1에 대하여는 검사가 제출한 증거만으로 위 범행의 공모 또는 가담사실을 인정하기 어렵다는 이유로 공소사실전부에 대하여, 피고인 2, 피고인 4에 대하여는 반환의사 없이 위 금액을 주고받았음을 인정하기 어렵다는 이유로 위 금융이익 상당액의 뇌물을 초과하는 범위의 공소사실에 대하여 각

무죄라고 판단한 조치를 그대로 유지하였다.

원심판결 이유를 기록에 비추어 살펴보면 원심의 위와 같은 판단은 정당하고, 거기에 검사의 상고이유 주장과 같이 논리와 경험의 법칙에 위배하여 자유심증주의의 한계를 벗어난 위법이 없다.

4. 결론

그러므로 상고를 모두 기각하기로 하여 주문과 같이 판결한다. 이 판결에는 건설산업기본법 위반 부분 등에 대한 대법관 안대희의 반대의견이 있는 외에는 관여 법관의 의견이 일치되었다.

5. 대법관 안대희의 반대의견은 다음과 같다.

가. 다수의견은 이 사건 법률의견서는 그 실질에 있어 형사소송법 제313조 제1항의 전문증거로서 위 규정 또는 같은 법 제314조에 의하여 그 증거능력이 인정되지 아니하므로, 이 사건 법률의견서의 증거능력을 인정하지 아니한 원심의 결론이 정당하다고 한다. 그러나 다음에서 보는 바와 같이 이 사건 법률의견서의 증거능력을 배척한 원심의 판단은 위법하다고 할 것이므로, 다수의견에 동의할 수 없다.

(1) 먼저 다수의견이 이른바 변호인-의뢰인 특권을 내세워 이 사건 법률의견서의 증거능력을 배척한 원심의 설시내용이 적절하지 아니하다고 지적한 것은 타당하다. 형사소송절차에서의 증거사용의 범위와 제한의 문제는 원칙적으로 입법의 재량 또는 선택의 영역에 속하는 것으로서 이를 존중하여야 하는바, 법률의 규정에 의하지 않고 헌법으로부터 직접 증거사용을 제한하려는 시도는 가능한 지양하여야 할 것이다. 그리고 형사소송법 제112조, 제219조 등에 의하면, 변호사가 의뢰인과의 법률자문에 관하여 작성한 법률의견서 등을 의뢰인이 소지 또는 보관하는 경우 그에 대한 압수 또는 증거 사용이 특별히 제한되지 아니함이 분명하다고 할 것이다.

(2) 그러나 다수의견이 이 사건 법률의견서를 형사소송법 제313조

제1항의 전문증거로 보고 그 증거능력이 인정되지 아니한다고 판단한데 대해서는 다음과 같은 이유로 동의할 수 없다.

(가) 우선 이 사건 법률의견서가 형사소송법 제313조 제1항의 전문증거에 해당한다는 다수의견의 전제에 찬성할 수 없다는 뜻을 밝히고자 한다.

전문증거는 공판준비 또는 공판기일에서의 진술에 대신하여 진술을 기재한 서류나 공판준비 또는 공판기일 외에서의 타인의 진술을 내용으로 하는 진술로서(형사소송법제310조의2), 원진술의 내용이 된 사실 자체의 존부가 요증사실을 이루는 증거를 의미한다 그러므로 형사소송법 제313조 제1항의 전문증거로서 '피고인이 아닌 자가 작성한 진술서'는 요증사실을 직접 체험한 사람이 그 내용을 기재한 서류를 말하고, 요증사실을 체험한 내용과 관계없이 단지 자기의 의견을 표명하는 것에 불과한 서면은 위 규정의 전문증거라고 볼 수 없어 전문증거법칙에 의하여 그 증거능력을 제한할 수 없다고 할 것이다.

원심판결 이유 및 기록에 의하면, 이 사건 법률의견서는 피고인 5 회사 측의 자문의뢰에 따라 판시 법무법인 소속 변호사가 밝힌 법적 의견을 그 내용으로 하는 서면으로서, 작성자인 위 변호사가 요증사실을 직접 체험하여 그 내용을 기재한 서류가 아님을 알 수 있다. 그러므로 이 사건 법률의견서를 형사소송법 제313조 제1항 등의 전문증거로 보고 그 증거능력을 제한하는 것은 타당하다고 할 수 없다.

(나) 설령 이 사건 법률의견서가 형사소송법 제313조 제1항의 전문증거에 해당한다고 보더라도, 다수의견의 해석론과 달리 같은 법 제314조의 '그 밖에 이에 준하는 사유로 인하여 진술할 수 없는 때'에는 그 서류의 작성자 또는 원진술자가 법정에 출석하여 증언거부권을 행사한 경우도 포함된다고 할 것이므로, 이 사건 법률의견서는 여전히 증거능력이 인정될 수 있다.

첫째, 형사소송법 제314조는 작성자 또는 원진술자의 법정진술에 의하여 진정성립이 증명되지 아니한 서류라도 일정한 경우 증거로 할 수 있도록 허용한 규정으로서, 전문증거의 증거능력을 지나치게 엄격하게 제한함으로써 형사소송의 지도이념인 실체적 진실발견을 방해하여서는 아니 된다는데 그 목적과 취지가 있다. 따라서 위 규정의 '진술을 요하는 자가 사망·질병·외국거주·소재불명, 그 밖에 이에 준하는 사유로 인하여 진술할 수 없는 때'라 함은 서류의 작성자 또는 원진술자가 공판준비 또는 공판기일에 출석할 수 없는 경우는 물론이고 법정에 출석하더라도 그로부터 해당 서류의 진정성립에 관한 진술을 들을 수 없는 경우도 널리 포함한다고 해석하여야 한다. 증인이 사망·질병·외국거주·소재불명 등인 때와 법정에 출석한 증인이 증언거부권을 행사한 때는 모두 증거신청자인 검사의 책임 없이 해당 서류의 진정성립을 증명할 수 없게 된 경우로서 실체적 진실발견을 위하여 전문법칙의 예외를 인정할 필요성의 정도에서 차이가 없다.

그동안 대법원은 법정에 출석한 증인이 증언거부권을 행사하여 증언을 거절한 경우는 형사소송법 제314조의 예외사유에 해당한다고 일관하여 왔는바(대법원 1992. 8. 14.선고 92도1211 판결, 대법원 1992. 8. 18. 선고 92도1244 판결, 대법원 2006. 5. 25.선고 2004도3619 판결 등), 이는 위 규정의 목적과 취지를 통찰한 해석론으로서 전적으로 타당하다. 다수의견은 구 형사소송법(2007. 6. 1. 법률 제8496호 등으로 개정되기전의 것)의 '기타 사유로 인하여 진술할 수 없는 때'라는 문언과 달리 현행 형사소송법 제314조는 '그 밖에 이에 준하는 사유로 인하여 진술할 수 없는 때'라고 규정함으로써 전문법칙의 예외사유를 더욱 엄격하게 제한하였다고 해석하나, 이는 법문의 정비 과정에서 나타난 일부 표현상의 차이에 불과할 뿐 실질적인 의미가 변경된 것으로 볼 수는 없다. 따라서 개정 전후의 사소한 표현상 차이를 이유로 종전의 판례와 전혀 다른 해석론을 펼치는 다수의견에는 찬성할 수 없다.

둘째, 변호사 등의 증언거부권을 규정한 형사소송법 제149조는 변호사 등의 비밀유지의무를 보장하기 위한 것으로서, 위 규정에 따라 변호사 등에게 업무를 위탁한 의뢰인의 비밀이 보호되는 측면이 있다고 하더라도 이는 변호사 등의 증언거부권 행사에 따른 간접적.부수적 효과임을 유의할 필요가 있다. 이 점은 변호사 등에게는 증언거부의 권리가 있을 뿐 그 의무가 있다고 할 수는 없어, 증언거부권을 행사하지 않고 증언한 경우 그 진술의 증거능력에 아무런 문제가 없다는 데서도 알 수 있다. 따라서 다수의견이 형사소송법 제149조의 증언거부권 행사로써 변호사 등이 작성하거나 그 진술을 기재한 서류의 증거능력이 부정된다고 단정하는 것은 위 규정의 목적 또는 취지에 맞는 해석이라고 할 수 없다.

원심판결 이유에 의하면, 이 사건 법률의견서의 작성자인 변호사가 원심 공판기일에 증인으로 출석하였으나 그 진정성립 등에 관한 증언을 거부한 사실을 알 수 있는바, 원심으로서는 설령 이 사건 법률의견서가 형사소송법 제313조 제1항의 전문증거에 해당하고 위 규정에 의하여 그 진정성립이 증명되지 아니한다고 하더라도 그 작성이 특히 신빙할 수 있는 상태하에서 행하여졌는지를 살펴 같은 법 제314조에 의하여 이를 증거로 할 수 있는지를 더 심리.판단하였어야 할 것이다.

나. 그러므로 원심으로서는 이 사건 법률의견서를 증거로 할 수 있는지 더 심리하여 증거능력이 인정되는 경우 이를 증거로 채택한 후 그 증거조사결과도 종합하여 이 부분 공소사실의 인정 여부를 판단하였어야 한다. 그럼에도 원심은 이러한 심리.판단에 이르지 아니한 채 이 사건 법률의견서의 증거능력을 배척하고 나머지 증거들만으로 이 부분 공소사실을 인정하기 어렵다는 이유로 이에 대하여 무죄를 선고한 제1심을 유지하였으니, 위와 같은 원심의 판단에는 이 사건 법률의견서의 증거능력에 관한 법리를 오해하여 판결에 영향을 미친 위법이 있고, 이를 지적하는 검사의 상고이유 주장은 이유 있다.

따라서 원심판결 중 건설산업기본법 위반 부분은 이에 대한 검사의 나머지 상고이유를 더 살필 필요 없이 파기되어야 하고, 또한 피고인 2의 피고인 4에 대한 뇌물공여부분은 위 피고인의 건설산업기본법 위반 부분과 형법 제37조 전단의 경합범 관계에 있으므로 함께 파기되어야 할 것이다.

다. 한편 상고이유로 주장된 것은 아니지만, 공소외 2, 공소외 3에 대한 각 검찰 진술조서의 증거능력에 관한 원심의 판단에 대해서도 아래와 같이 의견을 밝히고자 한다.

원심은, 위 각 진술조서는 수사기관이 이 사건 법률의견서의 내용을 확인한 후 그 작성 경위와 기재 내용에 관하여 신문한 것으로서 변호인-의뢰인 특권을 인정하는 취지에 비추어 이 역시 증거로 할 수 없다고 판단하였다.

그러나 앞서 본 바와 같이 이 사건 법률의견서의 증거능력을 부정하는 것은 타당하지 아니하고, 설령 다수의견과 같이 전문증거법칙에 의하여 그 증거능력이 제한된다고 하더라도 이는 판사가 발부한 압수수색영장에 의하여 수사기관이 적법한 절차에 따라 그 내용을 취득한 것으로서 위법하게 수집한 증거에 해당한다고 볼 여지는 없다고 할것이다. 그럼에도 원심은 위 각 진술조서가 이 사건 법률의견서의 작성 경위 등을 내용으로 한다는 이유만으로 곧바로 그 증거능력을 부정하였는바, 이러한 원심의 조치는 적법하게 압수한 물건에 대한 수사기관의 정당한 신문까지 근거 없이 제한하는 결과가 되어 타당하다고 할 수 없다.

그러므로 사건이 파기환송될 경우 원심으로서는 위 각 진술조서의 증거능력에 대해서도 다시 심리.판단하여야 한다는 점을 지적하고자 한다.

이상과 같이 다수의견에 대하여 반대하는 취지를 밝힌다.

대법관   양승태 박일환 김능환 전수안 안대희 양창수 신영철
              민일영 이인복 이상훈 박병태 김용덕 박보영

10. 공동피고인에 대한 증인여부

대법원 2012. 10. 11. 선고 2012도6848, 2012전도143(병합)
[가. 성폭력범죄의처벌등에관한특례법위반(특수강간) 나. 위증]

【전 문】

【피고인】 피고인 겸 피부착명령청구자 피고인 1 외 2인
【상고인】 피고인 겸 피부착명령청구자들 및 검사 (피고인 2에 대하여)
【변호인】 변호사 권○○ (피고인들을 위하여, 국선)
【원심판결】 서울고등법원 2012. 5. 24. 선고 2011노3470, 2012노
852(병합) 판결

【주문】

원심판결 중 피고인 2에 대한 부분을 파기하고 이 부분 사건을 서
울고등법원에 환송한다.
피고인 1, 피고인 3의 상고를 모두 기각한다.

【이유】

상고이유에 대하여 판단한다.
1. 검사의 상고이유에 대하여
   가. 위증의 점
(1) 헌법 제12조 제2항은 '모든 국민은 형사상 자기에게 불리한 진
술을 강요당하지 아니한다'고 규정하고 있고 형사소송법 제283조의
2 제1항도 "피고인은 진술하지 아니하거나 개개의 질문에 대하여
진술을 거부할 수 있다."고 규정하고 있으므로, 공범인 공동피고인
은 당해 소송절차에서는 피고인의 지위에 있어 다른 공동피고인에

대한 공소사실에 관하여 증인이 될 수 없으나, 소송절차가 분리되어 피고인의 지위에서 벗어나게 되면 다른 공동피고인에 대한 공소사실에 관하여 증인이 될 수 있다(대법원2008. 6. 26. 선고 2008도3300 판결 등 참조).

한편 형사소송법 제148조는 피고인의 자기부죄거부특권을 보장하기 위하여 자기가 유죄판결을 받을 사실이 발로될 염려 있는 증언을 거부할 수 있는 권리를 인정하고 있고, 그와 같은 증언거부권 보장을 위하여 형사소송법 제160조는 재판장이 신문 전에 증언거부권을 고지하여야 한다고 규정하고 있으므로, 소송절차가 분리된 공범인 공동피고인에 대하여 증인적격을 인정하고 그 자신의 범죄사실에 대하여 신문한다 하더라도 피고인으로서의 진술거부권 내지 자기부죄거부특권을 침해한다고 할 수 없다.

따라서 증인신문절차에서 형사소송법 제160조에 정해진 증언거부권이 고지되었음에도 불구하고 위 피고인이 자기의 범죄사실에 대하여 증언거부권을 행사하지 아니한 채허위로 진술하였다면 위증죄가 성립된다고 할 것이다.

(2) 기록에 의하면, 피고인들이 합동하여 성폭력범죄의 처벌 등에 관한 특례법 위반(특수강간)죄 등을 범하였다는 범죄사실로 공소가 제기된 이 사건 제1심[인천지방법원2011고합475, 2011전고99(병합)]의 제2회 공판기일에서 검사가 피고인 2를 피고인 1, 피고인 3의 공소사실에 대한 증인으로 신청하여 재판부가 이를 채택한 사실, 위 법원은 제3회 공판기일에서 피고인 2에 대한 피고사건을 다른 공동피고인에 대한 피고사건으로부터 소송절차를 분리한다는 결정을 고지한 뒤 피고인 2를 증인으로 신문한 사실, 그 증인신문 전에 재판장은 피고인 2에 대하여 증언거부권이 있음을 고지하였음에도 피고인 2는 증인으로서 선서한 뒤 자기의 범죄사실에 관한 검사의 질문에 대하여 증언거부권을 행사하지 아니하고 허위의 내용을 진술한 사실을 알 수 있다. 그렇다면 비록원심이 드는 판시

사정에서 알 수 있는 바와 같이 피고인 2가 수사기관 이래 위 증인신문에 이르기까지 줄곧 자신의 범행을 부인하고 있어서 검사의 입증취지에 부합하는 증언의 가능성은 거의 없었던 반면에 오히려 그 반대 취지의 증언만이 예상되는 상황이었고, 따라서 위 피고인의 증언이 피고인 1, 피고인 3에 대한 공소사실을 증명하는데는 아무런 도움이 되지 않은 채 단지 피고인 2에 대하여만 그의 부인에도 불구하고 공소사실이 유죄로 인정될 경우 위증죄의 처벌이 가중되는 데 그칠 뿐이어서 위 피고인에 대한 증인채택 및 신문의 필요가 없거나 나아가 부적절하다고 볼 여지가 있었다고 하더라도, 일단 피고인 2에 대한 증인신청이 채택되어 피고사건이 나머지 공동피고인에 대한 피고사건으로부터 분리된 상태에서 적법하게 증언거부권이 고지된 다음 피고인 2에 대한 증인신문절차가 진행되었고 그 증인신문절차에서 피고인 2가 진술거부권을 행사하지 아니한 채 사실에 반하는 허위의 진술을 하였다면 위증죄를 구성한다고 볼 수밖에 없고, 이와 관련하여 위 피고인에게 적법행위에 대한 기대가능성이 없었다고 볼 수도 없다.

그럼에도 원심은, 공범인 공동피고인을 다른 피고인들의 공소사실에 대한 증인으로 신문하게 되면 피고인에게 자신에게 불리한 진술을 강요할 우려가 있으므로 위 피고인의 증인적격 자체를 부인하여야 한다고 전제한 다음, 피고인 2는 공범관계에 있는 피고인 1, 피고인 3에 대한 공소사실에 관하여 증인적격이 없고, 따라서 피고인 2가 이들에 대한 피고사건에서 증언하면서 허위의 진술을 하였더라도 위증죄가 성립되지 아니한다고 보아 피고인 2에 대한 이 사건 공소사실 중 위증의 점에 대하여 무죄를 선고하였는바, 이러한 원심의 판단에는 공동피고인의 증인적격에 관한 법리 내지 위증죄의 주체에 관한 법리를 오해하여 판결에 영향을 미친 위법이 있다고 할 것이다. 이 점을 지적하는 검사의 상고이유 주장은 이유 있다.

나. 나머지 무죄부분에 대하여

검사는 원심판결 중 피고인 2의 나머지 무죄부분에 대하여도 상고
하였으나, 상고장에 이유의 기재가 없고 상고이유서에도 이에 대한
불복이유의 기재를 찾아볼 수 없다.

2. 피고인들의 상고이유에 대하여

원심판결 이유를 원심이 유지한 제1심이 적법하게 채택한 증거들
에 비추어 살펴보면, 원심이 그 판시와 같은 이유를 들어 피고인 1
의 아동.청소년의 성보호에 관한 법률위반(강간등)죄, 피고인 2, 피
고인 3의 성폭력범죄의 처벌 등에 관한 특례법위반(특수강간)죄와
피고인 2의 아동.청소년의 성보호에 관한 법률위반(강간등) 방조죄
부분의 공소사실이 인정된다고 판단한 것은 정당하고, 거기에 논리
와 경험의 법칙에 위배하거나 자유심증주의의 한계를 벗어난 위법
이 없다.

3. 파기의 범위

원심판결의 피고인 2에 대한 부분 중 원심이 무죄로 판단한 위증
의 점은 앞서 본 바와 같이 파기되어야 할 것인데, 원심은 이와 각
형법 제37조 전단의 경합범 관계에 있는 피고인 3과의 합동에 의
한 성폭력범죄의 처벌 등에 관한 특례법위반(특수강간)의점 및 아
동.청소년의 성보호에 관한 법률위반(강간등) 방조의 점을 유죄로
인정하여하나의 형을 선고하였고, 피고인 1, 피고인 3과의 합동에
의한 성폭력범죄의 처벌 등에 관한 특례법위반(특수강간)의 점에
관한 공소사실 중 위와 같이 유죄로 인정한 아동.청소년의 성보호
에 관한 법률위반(강간등) 방조의 점을 제외한 나머지 점에 대하여
는 그 이유에서 무죄로 인정하였다.

이에 대하여 피고인 2가 상고하였고 검사도 원심판결 중 피고인 2
의 무죄 부분에 대하여 상고한 이상 원심판결 중 피고인 2에 대한

부분은 전부 확정이 차단되어 상고심에 이심되는 것이고, 유죄부분에 대한 피고인 2의 상고를 받아들이지 않더라도 무죄부분 중 위증의 점에 대한 검사의 상고를 받아들일 때에는 피고인 2에게 하나의 형이 선고되어야 하는 관계로 무죄부분뿐 아니라 유죄부분도 함께 파기되어야 한다(대법원2002. 6. 20. 선고 2002도807 전원합의체 판결 등 참조). 나아가 원심이 이유에서 무죄로 판단한 피고인 1, 피고인 3과의 합동에 의한 성폭력범죄의 처벌 등에 관한 특례법위반(특수강간) 부분도 유죄로 인정된 아동.청소년의 성보호에 관한 법률위반(강간등)방조죄와 일죄의 관계에 있어 함께 파기되어야 하고, 주 사건인 피고사건을 파기하는 이상 그와 함께 심리되어 동시에 판결이 선고되어야 하는 부착명령사건 역시 파기될 수밖에 없으므로, 결국 원심판결 중 피고인 2에 대한 부분은 그 전부가 파기되어야 한다.

4. 결론

그러므로 원심판결 중 피고인 2에 대한 부분을 파기하여 이 부분 사건을 원심법원에 환송하고, 피고인 1, 피고인 3의 상고는 모두 기각하기로 하여 관여 대법관의 일치된 의견으로 주문과 같이 판결한다.

대법관　　　　김 신 민일영 이인복 박보영

제3장 미국 오바마 대통령 봉사상 & 지방기초단체장 무죄

1. 광주지방법원 순천지원 2015. 8. 13. 선고 2015고합86
[공직선거법위반]

【전 문】

【피고인】박○○, 고흥군수
【상고인】김○○(기소, 공판)
【변호인】법무법인 공감
　　　　　담당변호사 이○○, 이○○

【주문】

피고인은 무죄
피고인에 대한 판결의 요지를 공시한다.

【이유】

1. 공소사실

피고인은 2014. 6. 4. 실시된 제6회 전국동시지방선거에서 고흥군수 후보자로 등록하여 위 선거에서 당선된 사람이다. 누구든지 선거에서 당선되거나 되게 할 목적으로 연설·방송·신문·통신·잡지·벽보·재산·인격·행위·소속단체 등에 관하여 허위의 사실을 공표하여서는 안 된다. 피고인은 2012. 7. 27.경 재미교포인 김○○을 통하여 자신에게 미국 대통령 봉사상(President's Volunteer Service Award) 골든레벨을 수여하는 단체가 어디인지도 모른채 위 봉사상을 수상하였다. 그런데 미국 대통령 봉사상의 수상자격은 미국 시민권자이거나 합법적인 영주권자에 한정되고, 성인의 경우 1년에 최하 100시간 이상의 자원봉사활동(Volunteer service)을 하여야 위 봉사상 중 브론즈레벨을 수상할 수 있고, 골든레벨을 수상하려면 1년에 500시간 이상의 자원봉사활동을 하여야 하나, 피고인은 위와 같은 봉사상(골든레벨)은 효력이 없다. 그럼에도 피고인은 2014. 5. 23. 위 지방선거 고흥군수선거의 책자형 소형공보물 35,221장에 '오바마 미국 대통령 봉사상'이라는 수상내역을 기재한 뒤 이를 고흥군선거관리위원회에 제출하여 위 선거관리위원회로 하여금 2014. 5. 24.부터 2014. 5. 25.까지 사이에 고흥군 선거구민에게 위 선거공보물을 배부하게 함으로써 당선될 목적으로 후보자에 관하여 허위의 사실을 공표하였다.

2. 피고인 및 변호인의 주장

피고인이 미국 대통령 봉사상 골든레벨을 수상한 것은 사실이고, 설령 피고인이 수상자격이나 조건을 갖추지 못하였거나 위 상이 위조된 가짜라고 하더라도 피고인은 그러한 사실을 알지 못한 채 소형공보물에 수상 사실을 기재하였을 뿐이므로 허위의 인식이 없었다.

3. 판단

가. 허위사실공표죄에서의 허위성과 그에 대한 인식의 정도

1) 공직선거법 제250조 제1항에서 말하는 허위의 사실이라 함은 진실에 부합하지 않은 사항으로서, 선거인으로 하여금 후보자에 대한 정확한 판단을 그르치게 할 수 있을 정도로 구체성을 가진 것이면 충분하다(대법원 2003. 2. 20. 선고 2001도6138 전원합의체 판결 등 참조). 하지만, 공표된 사실의 내용 전체의 취지를 살펴볼 때 중요한 부분이 객관적 사실과 합치되는 경우에는 세부에 있어서 진실과 약간 차이가 나거나 다소 과장된 표현이 있다 하더라도 이를 허위의 사실이라고 볼 수는 없다(대법원 2004. 6. 25. 선고 2003도7423 판결 등 참조).

2) 공직선거법 제250조 제1항 소정의 허위사실공표죄에서는 공표된 사실이 허위라는 것이 구성요건의 내용을 이루는 것이기 때문에 행위자의 고의의 내용으로서 그 사항이 허위라는 것의 인식이 필요하다 할 것이고, 이러한 주관적 인식의 유무는 그 성질상 외부에서 이를 알거나 입증하기 어려운 이상 공표 사실의 내용과 구체성, 소명자료의 존재 및 내용, 피고인이 밝히는 사실의 출처 및 인지 경위 등을 토대로 피고인의 학력, 경력, 사회적 지위, 공표 경위, 시점 및 그로 말미암아 객관적으로 예상되는 파급효과 등 제반 사정을 모두 종합하여 규범적으로 이를 판단할 수밖에 없으며, 위 허위사실공표죄는 미필적 고의에 의하여도 성립된다(대법원 2009. 3. 12. 선고 2009도26 판결 등 참조).

나. 피고인의 미국 대통령 봉사상 수상이 허위인지 여부

이 법원이 적법하게 채택하여 조사한 증거들에 의하여 알 수 있는 다음과 같은 사정, 즉 ① 미국 대통령 봉사상 상장의 기재나 외형상 봉사상을 발행하는 주체는 미국의 전문커뮤니티서비스협회(Corporation for National and Community Service, 이하 'CNCS'라고 한다)임이 명백하고, CNCS가 '미국 대통령 봉사상은 일정한 봉사 시간을 충족한 영주권자 또는 시민권자에게 부여하는 일종의 증서인데, 피고인에 대한 수상 기록은 찾을 수 없다'는 취지의 입장을 밝히고 있는 점, ② 미주한인사업가협회와 같은 단체가 CNCS로부터 자격을 부여받은 후 CNCS가 정한 요건에 맞는 수상자를 선정하여 미국 대통령 봉사상을 수여할 수도 있으나, 그러한 경우에도 CNCS에 그 기록이 반드시 남아 있어야 하는데, 피고인에 대한 수여기록은 그 수여 후 2년 6개월이 지난 시점에서도 발견되지 않고 있는 점, ③ 미국 대통령 봉사상 골든 레벨의 수상자격은 연간 500시간 이상의 봉사활동을 한 미국 시민권자와 영주권자에게 있는데, 피고인은 그와 같은 자격을 보유하고 있지 않은 점, ④ 피고인과 변호인은, CNCS의 인증단체인 미주한인사업가

협회가 피고인에게 미국 대통령 봉사상을 수여하였고 위 단체에 의해 그 수여가 취소되거나 무효화되지 않았음을 지적하면서 피고인의 미국 대통령 봉사상 수상은 진실한 사실이라는 취지로 주장하나, 앞서 본 바와 같이 미국 대통령 봉사상 발행주체인 CNCS가 피고인의 미국 대통령 봉사상 수상사실을 인정하고 있지 않고 피고인이 그 정당한 수상 자격을 보유하고 있지 않으며 달리 이를 인정할 만한 특별한 사정이 없는 이상 피고인과 변호인이 주장하는 위와 같은 외형이 존재한다는 사정만으로는 피고인이 미국 대통령 봉사상을 수상하였다고 보기는 어려운 점 등을 종합하면, 피고인이 미국 대통령 봉사상을 수상하였다는 사실은 그 중요한 부분이 객관적 사실과 합치 되지 않아 허위라고 할 것이므로, 피고인 및 변호인의 이 부분 주장은 받아들이지 않는다.

다. 피고인에게 허위성에 대한 인식이 있었는지 여부

검사가 제출한 증거들에 의하면, 지역 언론매체인 고흥뉴스가 2014. 5. 4. '미국 대통령 봉사상은 미국 시민권자와 영주권자에게만 주어지는 상이어서 피고인은 자격이 없고, 1년 최소 100시간 이상의 자원봉사를 해야 가장 낮은 등급인 브론즈레벨을 받을 수 있다'는 취지로 피고인의 미국 대통령 봉사상 수상자격에 관한 의혹 기사를 보도한 사실, 위 보도일로부터 약 20일 정도 지난 2014. 5. 23. 피고인이 소형공보물에 미국 대통령 봉사상 수상 사실을 기재하여 고흥군선거관리위원회에 제출한 사실, CNCS가 2015. 2.경 '미국 대통령 봉사상 골든레벨은 일정한 봉사시간을 충족한 미국 영주권자 또는 시민권자에게 수여하는 일종의 증서인데, 피고인의 수상 기록을 찾을 수 없다'는 입장을 밝힌 사실은 인정된다.

그러나 이 법원이 적법하게 채택하여 조사한 증거들에 의하여 알 수 있는 다음과 같은 사정들에 비추어 보면, 위와 같은 사실만으로는 피고인이 소형공보물에 오마바 봉사상 수상 사실을 기재하여 선거관리위원회에 제출할 당시 피고인이 받은 미국 대통령 봉사상이 진정한 것이 아니라 허위임을 인식하고 있었다는 점이 합리적 의심의 여지없이 증명되었다고 보기 어렵고, 달리 이를 인정할 증거가 없다.

① 우선, ㉠ 고흥○○가 피고인에게 비우호적인 기사를 다수 게재해 온 점, ㉡ 피고인은 고흥○○가 자신에 대하여 트집을 잡는다고 생각하여 해당 언론의 보도 내용 등을 모니터하거나 보고받지 않았고 고흥뉴스의 2014. 5. 4.자 기사 보도 직후 예비 후보자 등록으로 고흥군수의 직무에서 배제되어 군청 직원들로부터 관련 보고를 받지 못하였다고 진술하고 있는데, 황○○도 피고인에게 고흥○○의 취재 사실을 보고 하지 않았다고 진술하고 있고, 실제 피고인이 고흥○○의 위 기사 등에 대해 적극적인 방어조치를 취한 것으로 보이는 자료도 발견할 수 없는 점, ㉢ 고흥○○가 2014. 5. 4. 피고인의 수상에 관한 의혹 기사를 보도하는 과정에서 고흥군청 직원 황○○을 상대로 취재 활동을 하였으나, 피고인을 상대로 직접 사실확인을 거치지는 않았던 점 등에 비추어 보면, 피고인이 소형공보물에 수상 사실을 기재할 당시 위 보도 내용을 구체적으로 알고 있었다고 단정하기 어렵다.

② 미국 대통령 봉사상은 CNCS가 주관하나, 실제로는 CNCS에 등록한 인증단체들이 CNCS로부터 자격을 부여받은 후 직접 수상자를 선정하여 상을 수여하는 경우도 있는 것으로 보인다. 인증단체로 등록되기 위해서는 CNCS의 인터넷 수강프로그램을 이수한 다음 지원서를 제출한 후 10~15일 가량의 심사를 거쳐 이메일로 통보를 받게 되고, CNCS는 인증단체에 대해 수상자격 검증을 요청하고 있다. 이러한 인증을 받은 단체의 숫자는 2만 8천개 이상이고, 미주○○사업가협회도 이러한 인증단체 중 하나이다. 어느 인증단체가 CNCS로부터 부여받은 권한을 일탈하거나 남용하여 그 수상자격이나 수상요건을 갖추지 않은 무자격자에게 미국 대통령 봉사상을 수여한 경우, 특별한 사정이 없는 한 위와 같은 복잡한 봉사상 수여구조 때문에 그 수상자가 짧은 시간 내에 앞서 살핀 미국 대통령 봉사상 수상자격이나 수상절차, 그 진위 여부 등을 알

아내기는 곤란하다(실제 이 사건에서 피고인에 대한 고발장이 수사기관에 접수된 2014. 7. 2.이후 주미한국대사관을 통해 2015. 2. 26. CNCS의 입장이 확인되기까지 7개월이 넘는 시간이 소요되었고, 고흥○○가 2014. 5. 14.자 보도 후 CNCS에 대한 피고인의 영문이름을 '○○○'으로 하여 질의한 내용에 대해 2014. 6. 12. 회신 받은 이메일 내용을 보도한 것은 2014. 6. 20.로서 소형공보물이 배포된 후로부터 1달 가량이 경과한 시점이다).

③ 설령 피고인이 당시 어떤 경위로든 그와 같은 보도 사실 또는 보도 내용에 관하여 상당한 정도로 알고 있었다고 하더라도, ㉠ 피고인이 2006년 고흥군수로 재직한 이래 상당한 기간 동안 미국 내 한인단체 인사들과 공식적, 비공식적 만남과 교류를 가져왔고 2009. 3. 9.에는 피고인이 캘리포니아주 칼슨시로부터 명예시민증을 받았던 점, ㉡ 또한 고흥군 내에 독거노인들을 위한 봉사단체를 조직하여 지속적으로 활동하는 등 상당한 정도의 봉사활동을 한 점, ㉢ 피고인은 2012. 7.경 미주○○회 총연합회 회장인 남○○의 수행원인 차○○으로부터 '피고인이 미주○○사업가협회장 강○○의 추천으로 미국 대통령 봉사상을 받게 되었는데, 세계독도○○총연맹 총재인 김○○을 통해 상을 전달할 계획이다'라는 취지의 말을 듣고서, 2012. 7. 27. 김○○으로부터 미국 대통령 봉사상과 함께 오바마의 친필 사인이 있는 축하 편지, 독수리 문양의 배지 등을 교부받았는데 이들의 행적이나 지위에 그 진위를 의심할 만한 특이점은 없었던 점, ㉣ 앞서 본 2014. 5. 4.자 고흥○○의 보도 이후의 사정, ㉤ 앞서 본 것처럼 미국 대통령 봉사상을 발행하는 CNCS의 복잡한 운영 및 봉사상 수여구조 때문에 피고인이 소형공보물 제출 전 봉사상의 진위 여부를 파악하는 것이 쉽지 않았을 것으로 보이는 점, ㉥ 2014. 5. 4.자 고흥○○ 보도 후인 2014. 5. 11.자 언론보도에 의하면 여론조사 결과 피고인에 대한 지지도는 45.1%로 2위 후보자에 대한 지지도 32.1%보다 14% 앞서 있었던

점, Ⓐ 고흥○○가 선거 이후에도 피고인의 미국 대통령 봉사상 수상에 관한하여 지속적인 의혹 보도를 하고 형사고발 등이 문제될 여지가 생기자 피고인이 황○○을 통하여 김○○, 차○○에게 언론보도 내용을 전달하면서 미국 대통령 봉사상을 수여한 단체, 봉사상의 진위 등에 관하여 확인하고자 노력한 것으로 보이는 점, ◎ 황○○이 김○○으로부터 위 봉사상이 정식 대행단체로부터 발행된 진정한 것이라는 사실을 확인받았고, 나아가 미주○○사업가협회장 강○○의 사실확인서까지 이메일로 전달받은 점 등 소형공보물 제작 전후의 여러 사정에 비추어 보면, 피고인이 소형공보물 제작 당시에 자신이 수상한 미국 대통령 봉사상이 진정한 것이 아님을 인식하고 있었다고 보기 어렵고(오히려 위와 같은 사정들을 종합해 보면, 피고인으로서는 자신이 수상한 미국 대통령 봉사상이 진정한 것이라고 믿고 있었을 가능성을 배제하기 어렵고 그러한 믿음에 상당한 근거도 있었다고 할 것이다), 비록 세계독도○○총연맹의 실체가 불명확하고, 피고인이 봉사상 수상자격이 없음은 물론 그 수상전에 관련 공적자료를 미주○○사업가협회 등에 제출한 적이 없으며, 미주○○사업가협회의 미국 대통령 봉사상 수여활동에 부적절한 측면이 있다고 하더라도 달리 볼 것은 아니다.

4. 결론
따라서 이 사건 공소사실은 범죄의 증명이 없는 경우에 해당하므로 형사소송법 제325조 후단에 의하여 무죄를 선고하고, 형법 제58조 제2항에 따라 이 판결의 요지를 공시하기로 한다.

판사   정상규 김경찬 박상준

2. 광주고등법원 2015. 10. 29. 선고 2015노423 [공직선거법위반]

【전 문】

【피고인】 피고인
【항소인】 검 사 김지연(기소), 류원근(공판)
【변호인】 법무법인 공감
【원심판결】 광주지방법원 순천지원 2015. 8. 13. 선고 2015고합86 판결

【주문】

검사의 항소를 기각한다.

【이유】

1. 항소이유의 요지

가. 피고인은 2014. 5. 4.자 고흥○○의 기사 내용을 직접 읽어 보고, 직원으로부터 보고도 받아 보아 그 내용을 잘 알고 있는 상태에서 선거공보물 게재를 강행하였다.

나. 피고인은 미국 영주권이나 시민권이 없고, 연간 500시간이상의 봉사활동을 한 실적도 없었으므로 미국대통령 자원봉사상의 수상 자격이 전혀 없었으며, 피고인이나 고흥군청에서 피고인의 공적자료를 제출한 사실이 없음에도 위 상을 수상하게 된 과정에 비추어 보면, 피고인이 스스로 위 자원봉사상의 진정성에 대하여 의문을 품지 않을 수 없었을 것임에도 고흥○○의 위 의혹보도에도 불구하고 선거공보물 게재를 강행하였다.

다. 위와 같은 사정을 고려할 때 선거공보물 게재 시점에서는 최소한 피고인에게 이 사건 자원봉사상이 가짜일 수 있다는 미필적

고의가 있었다고 보아야 한다. 그럼에도 원심은 피고인에게 허위사실에 대한 확정적 고의가 없었다는 이유로 이 사건 공소사실을 무죄로 판단하였다. 따라서 원심판결에는 사실오인으로 인하여 판결 결과에 영향을 미친 위법이 있다.

2. 판단
가. 공소사실의 요지
피고인은 2014. 6. 4. 실시된 제6회 전국동시지방선거에서 고흥군수 후보자로 등록하여 위 선거에서 당선된 사람이다. 누구든지 선거에서 당선되거나 되게 할 목적으로 연설·방송·신문·통신·잡지·벽보·선전문서 기타의 방법으로 후보자에게 유리하도록 그의 출생지·신분·직업·경력·재산·인격·행위·소속단체 등에 관하여 허위의 사실을 공표하여서는 안 된다. 피고인은 2012. 7. 27.경 재미교포인 김○○을 통하여 자신에게 미국 대통령 봉사상(President's Volunteer Service Award) 골든레벨을 수여하는 단체가 어디인지도 모른채 위 봉사상을 수상하였다. 그런데 미국 대통령 봉사상의 수상자격은 미국 시민권자이거나 합법적인 영주권자에 한정되고, 성인의 경우 1년에 최하 100시간 이상의 자원봉사활동(Volunteer service)을 하여야 위 봉사상 중 브론즈레벨을 수상할 수 있고, 골든레벨을 수상하려면 1년에 500시간 이상의 자원봉사활동을 하여야 하나, 피고인은 위와 같은 봉사상(골든레벨)은 효력이 없다. 그럼에도 피고인은 2014. 5. 23. 위 지방선거 고흥군수선거의 책자형 소형공보물 35,221장에 '오바마 미국 대통령 봉사상'이라는 수상내역을 기재한 뒤 이를 고흥군선거관리위원회에 제출하여 위 선거관리위원회로 하여금 2014. 5. 24.부터 2014. 5. 25.까지 사이에 고흥군 선거구민에게 위 선거공보물을 배부하게 함으로써 당선될 목적으로 후보자에 관하여 허위의 사실을 공표하였다.

나. 원심의 판단

1) 피고인의 미국 대통령 봉사상 수상이 허위인지 여부

먼저 원심은, 판시 피고인의 미국 대통령 봉사상 수상이 허위인지 여부에 대하여, 원심이 적법하게 채택하여 조사한 증거에 의하여 인정할 수 있는 판시 사정들을 종합하면, 피고인이 미국 대통령 봉사상을 수상하였다는 사실은 그 중요한 부분이 객관적 사실과 합치되지 않아 허위라고 판단하였다.

2) 피고인에게 허위성에 대한 인식이 있었는지 여부

다음으로 원심은, 검사가 제출한 증거들에 의하면, 지역 언론매체인 고흥○○가 2014. 5. 4. '미국 대통령 봉사상은 미국 시민권자와 영주권자에게만 주어지는 상이어서 피고인은 자격이 없고, 1년 최소 100시간 이상의 자원봉사를 해야 가장 낮은 등급인 브론즈 레벨을 받을 수 있다'는 취지로 피고인의 미국대통령 봉사상 수상자격에 관한 의혹 기사를 보도한 사실, 위 보도일로부터 약 20일 정도 지난 2014. 5. 23. 피고인이 소형공보물에 미국대통령 봉사상 수상 사실을 기재하여 고흥군선거관리위원회에 제출한 사실, CNCS가 2015. 2.경 '미국대통령 봉사상 골든레벨은 일정한 봉사시간을 충족한 미국 영주권자 또는 시민권자에게 수여하는 일종의 증서인데, 피고인의 수상기록을 찾을 수 없다'는 입장을 밝힌 사실은 인정되나, 원심이 적법하게 채택하여 조사한 증거들에 의하여 알 수 있는 다음과 같은 사정들에 비추어 보면, 위와 같은 사실만으로는 피고인이 소형공보물에 오바마 봉사상 수상 사실을 기재하여 선거관리위원회에 제출할 당시 피고인이 받은 미국 대통령 봉사상이 진정한 것이 아니라 허위임을 인식하고 있었다는 점이 합리적 의심의 여지 없이 증명되었다고 보기 어렵고, 달리 이를 인정할 증거가 없다고 판단하였다.

[원심이 인정한 사정]

① 우선, ㉠ 고흥○○가 피고인에게 비우호적인 기사를 다수 게

재해 온 점, ⓒ 피고인은 고흥○○가 자신에 대하여 트집을 잡는다고 생각하여 해당 언론의 보도 내용 등을 모니터하거나 보고받지 않았고 고흥○○의 2014. 5. 4.자 기사 보도 직후 예비 후보자 등록으로 고흥군수의 직무에서 배제되어 군청 직원들로부터 관련 보고를 받지 못하였다고 진술하고 있는데, 황○○도 피고인에게 고흥○○의 취재 사실을 보고 하지 않았다고 진술하고 있고, 실제 피고인이 고흥○○의 위 기사 등에 대해 적극적인 방어조치를 취한 것으로 보이는 자료도 발견할 수 없는 점, ⓒ 고흥○○가 2014. 5. 4. 피고인의 수상에 관한 의혹 기사를 보도하는 과정에서 고흥군청 직원 황○○을 상대로 취재 활동을 하였으나, 피고인을 상대로 직접 사실확인을 거치지는 않았던 점 등에 비추어 보면, 피고인이 소형공보물에 수상 사실을 기재할 당시 위 보도 내용을 구체적으로 알고 있었다고 단정하기 어렵다.

② 미국 대통령 봉사상은 CNCS가 주관하나, 실제로는 CNCS에 등록한 인증단체들이 CNCS로부터 자격을 부여받은 후 직접 수상자를 선정하여 상을 수여하는 경우도 있는 것으로 보인다. 인증단체로 등록되기 위해서는 CNCS의 인터넷 수강프로그램을 이수한 다음 지원서를 제출한 후 10~15일 가량의 심사를 거쳐 이메일로 통보를 받게 되고, CNCS는 인증단체에 대해 수상자격 검증을 요청하고 있다. 이러한 인증을 받은 단체의 숫자는 2만 8천개 이상이고, 미주○○사업가협회도 이러한 인증단체 중 하나이다. 어느 인증단체가 CNCS로부터 부여받은 권한을 일탈하거나 남용하여 그 수상자격이나 수상요건을 갖추지 않은 무자격자에게 미국 대통령 봉사상을 수여한 경우, 특별한 사정이 없는 한 위와 같은 복잡한 봉사상 수여구조 때문에 그 수상자가 짧은 시간 내에 앞서 살핀 미국 대통령 봉사상 수상자격이나 수상절차, 그 진위 여부 등을 알아내기는 곤란하다(실제 이 사건에서 피고인에 대한 고발장이 수사기관에 접수된 2014. 7. 2.이후 주미한국대사관을 통해 2015. 2.

26. CNCS의 입장이 확인되기까지 7개월이 넘는 시간이 소요되었고, 고흥○○가 2014. 5. 14.자 보도 후 CNCS에 대한 피고인의 영문이름을 '○○○'으로 하여 질의한 내용에 대해 2014. 6. 12. 회신 받은 이메일 내용을 보도한 것은 2014. 6. 20.로서 소형공보물이 배포된 후로부터 1달 가량이 경과한 시점이다).

③ 설령 피고인이 당시 어떤 경위로든 그와 같은 보도 사실 또는 보도 내용에 관하여 상당한 정도로 알고 있었다고 하더라도, ㉠ 피고인이 2006년 고흥군수로 재직한 이래 상당한 기간 동안 미국 내 한인단체 인사들과 공식적, 비공식적 만남과 교류를 가져왔고 2009. 3. 9.에는 피고인이 캘리포니아주 칼슨시로부터 명예시민증을 받았던 점, ㉡ 또한 고흥군 내에 독거노인들을 위한 봉사단체를 조직하여 지속적으로 활동하는 등 상당한 정도의 봉사활동을 한 점, ㉢ 피고인은 2012. 7.경 미주○○회 총연합회 회장인 남○○의 수행원인 차○○으로부터 '피고인이 미주○○사업가협회장 강○○의 추천으로 미국 대통령 봉사상을 받게 되었는데, 세계독도○○총연맹 총재인 김○○을 통해 상을 전달할 계획이다'라는 취지의 말을 듣고서, 2012. 7. 27. 김○○으로부터 미국 대통령 봉사상과 함께 오바마의 친필 사인이 있는 축하 편지, 독수리 문양의 배지 등을 교부받았는데 이들의 행적이나 지위에 그 진위를 의심할 만한 특이점은 없었던 점, ㉣ 앞서 본 2014. 5. 4.자 고흥○○의 보도 이후의 사정, ㉤ 앞서 본 것처럼 미국 대통령 봉사상을 발행하는 CNCS의 복잡한 운영 및 봉사상 수여구조 때문에 피고인이 소형공보물 제출 전 봉사상의 진위 여부를 파악하는 것이 쉽지 않았을 것으로 보이는 점, ㉥ 2014. 5. 4.자 고흥○○ 보도 후인 2014. 5. 11.자 언론보도에 의하면 여론조사 결과 피고인에 대한 지지도는 45.1%로 2위 후보자에 대한 지지도 32.1%보다 14% 앞서 있었던 점, ㉦ 고흥○○가 선거 이후에도 피고인의 미국 대통령 봉사상 수상에 관한여 지속적인 의혹 보도를 하고 형사고발 등이 문제될 여

지가 생기자 피고인이 황○○을 통하여 김○○, 차○○에게 언론보도 내용을 전달하면서 미국 대통령 봉사상을 수여한 단체, 봉사상의 진위 등에 관하여 확인하고자 노력한 것으로 보이는 점, ◎ 황○○이 김○○으로부터 위 봉사상이 정식 대행단체로부터 발행된 진정한 것이라는 사실을 확인받았고, 나아가 미주○○사업가협회장 강○○의 사실확인서까지 이메일로 전달받은 점 등 소형공보물 제작 전후의 여러 사정에 비추어 보면, 피고인이 소형공보물 제작 당시에 자신이 수상한 미국 대통령 봉사상이 진정한 것이 아님을 인식하고 있었다고 보기 어렵고(오히려 위와 같은 사정들을 종합해 보면, 피고인으로서는 자신이 수상한 미국 대통령 봉사상이 진정한 것이라고 믿고 있었을 가능성을 배제하기 어렵고 그러한 믿음에 상당한 근거도 있었다고 할 것이다), 비록 세계독도○○총연맹의 실체가 불명확하고, 피고인이 봉사상 수상자격이 없음은 물론 그 수상전에 관련 공적자료를 미주○○사업가협회 등에 제출한 적이 없으며, 미주○○사업가협회의 미국 대통령 봉사상 수여활동에 부적절한 측면이 있다고 하더라도 달리 볼 것은 아니다.

다. 이 법원의 판단

1) 형사재판에서 공소제기된 범죄사실에 대한 증명책임은 검사에게 있는 것이고 유죄의 인정은 법관으로 하여금 합리적 의심의 여지가 없을 정도로 공소사실이 진실한 것이라는 확신을 가지게 하는 증명력을 가진 증거에 의하여야 하므로, 그와 같은 증거가 없다면 설령 피고인에게 유죄의 의심이 간다 하더라도 피고인의 이익으로 판단할 수 밖에 없다(대법원 2001. 8. 21. 선고 2001도2823 판결, 대법원 2010. 11. 11. 선고 2010도9633 판결 등 참조).

2) 원심이 든 위와 같은 사정에다가, 원심이 적법하게 채택하여 조사한 증거들에 의하여 인정할 수 있는 아래와 같은 사정을 보태어 보면, 피고인이 소형선거 공보물에 오바마 봉사상 수상 사실을 기재하여 선거관리위원회에 제출할 당시 피고인이 받은 미국 대통

령 봉사상이 진정한 것이 아니라 허위이었음을 인식하고 있었다거나 미필적으로나마 인식할 수 있었을 것이라는 점이 합리적 의심의 여지없이 증명되었다고 보기 어려우므로, 원심의 위와 같은 판단은 정당하고, 거기에 검사가 주장하는 것과 같은 사실오인의 위법이 없다.

① 피고인은, 고흥○○ ○○○ 기자가 ㉠ 2012. 3. 27.자 "군수님, 애인...있어요. 고흥은 꼼수다 'ONLY ONE' ○○○ 특산품 '씨월드 리조트'"라는 제목의 기사를 통해 미국모어랜드사와의 투자협약을 비판하고, ㉡ "서울역 눈물의 상봉"이라는 제목의 기사를 통해 피고인과 미국 배우 아놀드 슈왕제네거가 함께 찍은 사진에 대하여 비판하였으며, ㉢ 2014. 1. 28.자 "'박○○ 콘돔' 대박 날까? 올랑드의 헬멧과 오바마 콘돔을 생각하며"라는 기사를 통해 구체적 내용 없이 매우 선정적인 문구를 사용하여 피고인을 모욕하거나 비하하는 등으로 평소 피고인에 대하여 편향적인 기사를 작성하고 있다고 생각하고 있었으므로, 피고인으로서는 고흥○○에 실린 기사를 매일 모니터링 하거나, 정상적인 기사로 보아 일일이 대응을 해야 할 필요성을 느끼지 않았을 가능성이 매우 높아 보인다.

② ㉠ 2013. 4. 24.자 인터넷기사(에이○뉴스)에 의하면, 우리나라 배우 정○○는 국내에서의 '사랑의 밥차' 활동을 통한 봉사활동에 대하여 오바마 미국대통령이 수여하는 '자원봉사상'을 수상한 것으로 보도되었고, ㉡ 위 기사 내용에 의하면, 우리나라 가수 김○○, 충북 보은군수 정○○ 등도 이 상을 수상한 것으로 기재되어 있으며, ㉢ 2012. 10. 4.자 인터넷기사(뉴○○)에 의하면, ○○고등학교 황○○ 학생이 미국 교민대표자들의 한국 방문시 적극적인 봉사활동을 통해 한·미 상호교류역항을 지속적으로 실시한 공로로 미국대통령 자원봉사상을 수상한 것으로 보도되었고, 그 수상경위에 대하여 세계독도○○총연맹 측에서 미국대통령 자원봉사상위원회에 추천하여 인증기관의 심사를 거쳐 위 자원봉사상을 수여한 것으로 기

재되어 있는바(위 기사 내용에는 가수 김○○, 침뜸 무료봉사활동을 한 구당 김○○ 회장, 국제위○○○운동본부 장○○ 회장 등 위 상을 수상한 것으로 기재되어 있다), 위와 같은 미국대통령 자원봉사상의 수여 현황에 비추어 보면, CNCS가 위 자원봉사상의 수상 요건으로 내세우고 있는 '미국 영주권자 또는 시민권자' 요건을 충족하지 못하더라도 미국대통령 자원봉사상이 지속적으로 다양한 이유로 수여되고 있는 것으로 보이고, 위 황○○ 학생의 경우 '세계독도○○총연맹'의 추천이라는 수상경로 또한 동일하다는 점에서도 피고인이 이 사건 자원봉사상의 진실성 여부에 대하여 허위일 것이라는 의심을 스스로 당연히 가져야 한다고 볼 수 없기도 하다.
③ 피고인은 이미 2기 민선 고흥군수를 역임하면서 약 250여 차례에 걸쳐 다양한 종류의 상을 받았었기 때문에 새로운 수상 내용을 추가해야 할 현실적인 필요성이 없었고, 이 사건 미국대통령 자원봉사상을 수상하기 위하여 미주○○사업가협회(회장 강○○)나 미주○○회 총엽합회(회장 남○○, 수행원 차○○), 세계독도○○총연맹(총재 김○○) 등에게 먼저 접촉하거나 부탁을 한 사실이 없으며, 위 자원봉사상을 수상하기 위하여 위 단체들이나 개인들에게 어떠한 실질적 이익을 제공한 사실도 없다.

3. 결론
검사의 항소는 이유 없으므로 형사소송법 제364조 제4항에 따라 이를 기각하기로 하여, 주문과 같이 판결한다.

판사   서경환 김성주 양영희

3. 대법원 2016.1. 28. 선고 2015도17443 [공직선거법위반]

【전 문】

【피고인】 피고인 박○○
【상고인】 검　사
【변호인】 법무법인 공감
【원심판결】 광주고등법원 2015. 10. 29. 선고 2015노423 판결

【주문】

상고를 기각한다.

【이유】

상고이유를 판단한다.

원심판결 이유를 기록에 비추어 살펴보면, 원심이 그 판시와 같은
이유로 이 사건공소사실에 대하여 범죄사실의 증명이 없는 때에 해
당한다고 보아 피고인에게 무죄를 선고한 제1심판결을 그대로 유지
한 것은 정당하고, 거기에 상고이유의 주장과 같이 논리와 경험의
법칙을 위반하고 자유심증주의의 한계를 벗어나거나 관련 법리를 오
해하는 등의 위법이 없다. 그러므로 상고를 기각하기로 하여 관여
대법관의 일치된 의견으로 주문과 같이 판결한다.

대법관　　　조희대 이상훈 김창석 박상옥

제4장 경찰관 법정증언 형사 무죄·민사 승소

1. 서울중앙지방검찰청 (불기소결정서)

【사건번호】 2014년 형제88675호, 97864호, 2015년 형제4878호
【제 목】 불기소결정서
　　　　　 검사 이○○는 아래와 같이 불기소 결정을 한다.

【피의자】 1. 나,라,사,자,차 주○○
　　　　　 2. 나,다,라,바,사,아,자,차 차○○
　　　　　 9. 다,사,자,차 장○○
　　　　　 12. 사,자 김○○
　　　　　 13. 사,자 임○○

【죄 명】 나. 허위공문서작성
　　　　　 다. 공무원자격사칭교사
　　　　　 라. 허위작성공문서행사
　　　　　 바. 의료법위반
　　　　　 사. 직권남용권리행사방해
　　　　　 아. 협박
　　　　　 자. 주거침입
　　　　　 차. 건조물침입

【주문】

　　피의자들은 증거 불충분하여 혐의 없다.

【피의사실과 불기소이유】

1. 허위공문서 작성 및 허위 작성 공문서행사(피의자 주○○, 차○○)

2014. 8. 7. '○○○이비인후과의원'에 대하여 보험사기 혐의로 압수수색 영장을 신청하면서 압수영장 신청서 말미에 '참여자' 항목으로 ○○○보험사 직원 2명을 존재하지 않은 조직인 '○○○ 주관 수도권지역조사 TF팀'이라고 기재하여 허위 공문서 작성 및 행사

■ 피의자 차○○가 본건 압수수색 영장 신청서에 '참여자'라는 항목으로 ○○○보험 직원인 권○○, 한○○을 '○○○ 주관 수도권지역조사 TF팀'이라고 기재하여 압수수색 영장을 신청한 사실은 인정된다.

■ 고발인 안○○은 ○○○에는 '수도권지역조사 TF팀'이라는 부서가 없는데, 이해관계에 있는 보험사 직원을 '○○○ 주관 수도권지역조사 TF팀'으로 기재하여 마치 ○○○, 경찰이 합동수사를 하는 것으로 보이기 위해 허위의 공문서를 작성하여 행사한 것이라는 취지로 주장한다.

■ 이에 대한 피의자 차○○는 평소 각 보험사의 보험사기 조사팀들이 ○○○주관으로 회의도 하면서 TF팀으로 일하는 것으로 알고 있었고, 본건도 ○○○보험사의 제보에 따라 ○○○에 자료 요청을 하여 회신을 받아 수사를 진행하였으며 ○○○ 직원, ○○○보험사 직원들, 건강보험공단 직원들과 함께 모여 회의도 하며 수사를 준비하였기에 위와 같은 명칭을 사용한 것뿐이라며 위 기재내용이 허위라는 점에 대한 범의를 부인한다.

■ ○○○보험사의 내부 결재 서류들을 보면 내부적으로 '수도권본부 TFT'라는 명칭을 사용하고 있고, '○○○ 병원조사 TFT와 공조 협조 중'이라는 내용도 자주 기재되어 있어, 피의자의 주장에 일부 부합한다.

■ 피의자 차○○가 ○○○에 보낸 자료 요청 공문 및 ○○○의 회신 공문에 의하면, 피의자 차○○가 최초 ○○○보험사측의 제보를 받자, 공문으로 ○○○에 본건 병원의 보험사기 혐의에 대한 자료 요청을 하여 ○○○에 근무하는 송○○가 담당자로 정해진 후 자료 등을 회신 받은 사실이 인정되고, ○○○보험사의 보험범죄 인지보고에 의하면 ○○○보험사는 서초경찰서 경찰관인 피의자 차○○에게 제보를 한 후 ○○○에 본건 ○○○이비인후과의 보험사기 혐의에 대한 인지보고를 한 사실이 인정되어 각 피의자의 주장에 부합한다.

■ ○○○ 직원인 피의자 송○○와 ○○○보험사 직원인 피의자 권○○은 함께 서초경찰서에 가서 피의자 차○○가 요청한 본건 관련 ○○○의 자료를 건네주면서 피의자 차○○에게 자료 설명을 하였다고 진술하고 있고, 건강보험공단 직원들인 백○○, 하○○도 서초경찰서에 모여 본건 관련 회의를 하였다고 진술하여 피의자 차○○의 주장에 부합한다.

■ ○○○ 보험조사국 특별조사팀장인 참고인 김○○은 보험사에서 보험사기 의심사례를 발견할 경우 ○○○과 연결된 전산망에 해당 의심사례를 입력하면 ○○○ 보험조사국에서 '보험사기 인지정보'를 검토하여 수사기관에 수사정보로 제공하거나, 이미 보험사에서 수사기관에 정보를 제공하여 수사가 시작된 경우 관련 자료를 제공하는 등의 방법으로 협조하고 있는데, 본건 ○○○이비인후과의 보험사기 의심사례는 ○○○보험사에서 서초경찰서 지능수사팀에 정보를 제공한 후 ○○○에 인지내용을 보고하여 ○○○ 보험조사국 특별조사팀에서 파견근무 중인 송○○대리에게 배당되어, 위 송○○가 혐의사실에 대한 분석자료 등을 서초경찰서에 제공하는 등 수사에 협조하게 되면서 서초경찰서의 협조요청에 따라 압수수색 집행에 참여한 것이라고 진술하여 피의자 차○○의 주장에 부합한다.

■ ○○○보험사 내부적으로 수도권 지역 TF팀이라는 용어를 사용하고 있는 점, ○○○보험사는 피의자 ○○○에게 본건 제보를 한

후 ○○○에 보험범죄 인지보고를 하였고, 피의자 차○○는 본건 제보를 받은 후 ○○○에 자료 요청을 하여 회신을 받았으며, ○○○ 직원, ○○○보험사 직원, 건강보험공단 직원이 서초경찰서에 모여 준비 회의를 한 점, 평소 ○○○이 보험사들과 보험범죄 전담 합동대책반을 설치 운영하면서 회의를 개최하여 온 사실도 있는 점 등에 비추어 피의자들이 위 기재 내용이 허위라고 인식하고 있었다는 점을 인정하기 어렵다.

■ 달리 피의사실을 인정할 만한 증거가 없다.

■ 각 증거불충분하여 혐의 없다.

2. 공무원자격사칭교사 (피의자 장○○, 차○○)

2014. 8. 13. 위 병원에 대한 압수수색 영장을 집행하면서 위 ○○○보험사 직원들로 하여금 경찰관 행세를 하면서 진술서를 징구하고 서류 등을 압수하도록 하여 공무원자격사칭 교사

■ 피의자 차○○는 건강보험공단 직원과 보험사 직원들에게 압수수색시 보험사기를 입증할 수 있도록 요양급여비용 허위 청구 적발 방법, 진료차트와 검사대장 등 병원 서류에 대한 보조적인 도움을 받기 위하여 건강보험공단 직원과 보험사 직원들의 지원을 요청하였으며, 실제 압수수색에서도 보험사 직원 등은 경찰관들의 보조역할만을 수행하였다고 주장한다.

 - 또한, 보험사 직원인 김○○에게 병원 직원들을 상대로 직접 진술서를 받도록 지시한 사실이 없고, 그러한 사실을 보거나 알지도 못하였다고 주장한다.

■ 위 김○○은 피의자 차○○로부터 진술서를 직접 받으라는 지시를 받은 사실은 없다고 진술하여 피의자들의 주장에 부합한다.

■ 위 김○○이 진술서를 징구한 상대방인 병원 직원들도 김○○이 진술서를 징구할 당시 피의자 차○○가 그 자리에 함께 있지는 않았다고 진술하여 피의자들의 주장에 부합한다.

- 달리 피의사실을 인정할 만한 증거가 부족하다.
- 증거불충분하여 혐의 없다.

3. 직권남용권리행사방해 및 주거침입(피의자 차○○, 주○○, 김○○, 임○○, 장○○, 이○○ - 안○○의 실제 주거지 압수수색)
2014. 8. 13. 안○○ 원장의 주거지에 대한 압수수색 영장 집행 과정에서 실제 주거지가 영장 기재 주소와 다른 곳임을 알게 되자, 별도로 압수수색 영장을 발부받지 아니한 채 안○○에게 실제 주거지에 대한 압수수색에 협조하라고 한 후 압수수색을 하여 직권남용 및 주거침입

- 피의자들은 당시 안○○으로부터 실제 주거지 압수수색에 대한 동의를 받아 압수한 것이라고 주장하면서, 당시 이미 안○○에게 압수수색 영장을 제시한 상태였기 때문에 안○○도 자신의 실제 주거지가 압수수색 영장에 기재되어 있지 않다는 사실은 모두 알고 있었고, 안○○이 실제 주거지에 있는 처에게 전화를 하며 압수수색에 동의를 해주어 압수수색을 하였던 것뿐이라며 직권남용 및 주거침입의 범의를 부인한다.
- 당시 대화내용을 녹음한 녹취록에 의하면, 피의자 차○○가 안○○에게 "우리가 협조를 받아서 지금 주소지 다른데 되어 있어서, 주소지로 우리 직원들이 가있어요. 이쪽으로 가서 협조를 받으라고 할게요."라고 이야기를 하자, 안○○이 "예, 이야기, 집에다 이야기 해놔야 될 거 아니에요. 지금 와이프한테."라고 이야기를 하고, 이후 안○○이 처에게 전화를 하여 "그러니까 우리 병원이랑 집이랑 다 압수수색을 하겠대. 그래서 우리 뭐 저기한 거 없으니까 다 뭐 보실 거 보여드려. 내가 뭐 저기한 것도 없고. 지금 갈거야. 그냥 있는 거 보여드리면 되지 뭘 어떻게 해. 침실 같은 거 이런 거는 안 보신다니까 서류 있는 거 이런거."라고 이야기한 사실이 인정되

어 피의자들의 주장에 일부 부합한다.

■ 안○○의 실제 주거지에 대한 압수수색 이전에 이미 안○○에게 압수수색 영장을 제시하였고, 안○○에게 주소지가 다른 곳으로 되어 있다고 이야기도 하고 있어 안○○도 실제 주거지가 압수수색 영장 대상에 포함되어 있지 않다는 것은 알고 있었다고 봄이 상당한 점, 안○○이 처에게 전화를 하여 경찰관들이 집에 가면 보여주라고 이야기를 하였던 점 등을 비추어 일부 불충분한 설명이 있었다고 하더라도 피의자들에게 직권남용이나 주거침입에 대한 범의가 있다고 보기는 어렵다.

■ 달리 피의사실을 인정할 만한 증거가 없다.

■ 각 증거불충분하여 혐의 없다.

4. 직권남용권리행사방해(피의자 차○○ - 수술실 압수수색)

2014. 8. 13. 병원에 대한 압수수색 영장을 집행하면서 수면마취한 상태의 환자가 누워 있는 수술실에 들어가 압수수색을 함으로써 안○○이 7분 30초 동안 수술을 할 수 없게 하여 직권남용권리행사방해

■ 피의자 차○○가 수면마취한 상태의 환자가 누워 있는 수술실에 들어가 압수수색 영장을 집행한 사실은 인정된다.

■ 고발인 안○○은 피의자 등이 수술실에서 압수수색을 실시하여 약 7분 30초간 수술을 하지 못하게 하였으므로 직권을 남용하여 진료권을 방해한 것이라는 취지로 주장한다.

■ 피의자는 당시 원장 안○○에게 수술을 하라고 몇 번 이야기를 하였으며, 안○○이 수술실을 봐도 좋다고 이야기를 하였고, 안○○과 함께 수술실을 들어갔을 때에도 나가달라는 요청을 하지 않아 환자에게 이상이 없어 동의를 한 것으로 생각했다고 주장한다.

■ 고발인 안○○이 제출한 대화 녹음 녹취록에 의하면, 당시 안○○이 수술을 하여야 한다고 이야기를 하자, 피의자 차○○가 안○

○에게 다른 사람이 압수수색에 참여하면 되니 수술을 하라고 이야기한 사실이 인정되고, 당시 안○○은 피의자 차○○ 몰래 수술실에 있던 중국인 의사에게 수술 관람만 한 것처럼 답변하라고 하거나 간호조무사 자격이 없는 직원에게는 심부름만 한 것처럼 허위 답변하라고 지시하고 다른 층 수술실로 가서 다른 직원에게도 동일한 지시를 하였던 사실이 확인되어 피의자의 주장에 부합한다.

■ 피의자가 법원으로부터 발부된 압수수색 영장을 집행한 것인 점, 피의자가 안○○에게 다른 사람이 참여하면 되니 수술을 하라고 하였음에도 안○○이 수술을 하거나 나가달라는 이야기를 하지 않은 채 수술실 압수수색에 참여한 점, 그 사이에 안○○이 다른 진료실에 가서 병원 직원들에게 자신의 범죄혐의와 관련되어 수술 관람만 하였다거나 심부름만 하였던 것처럼 허위 답변을 하라고 지시하기도 한 점 등에 비추어 당시 안○○이 급하게 수술을 하여야 하는 상황이었다고 보기 어렵고, 피의자에게 직권남용의 범의를 인정하기 어렵다.

■ 달리 피의사실을 인정할 만한 증거가 없다.

■ 증거불충분하여 혐의 없다.

5. 의료법위반(피의자 차○○, 하○○, 권○○)
의료기관을 점거하는 진료를 방해하여서는 아니됨에도 불구하고, 2014. 8. 13. 병원 수술실을 사실상 점거하여 안○○의 진료 방해

■고발인 안○○은 피의자들이 수술실을 사실상 점거하여 진료를 방해함으로써 의료법을 위반하였다고 주장한다.

■ 단지 의료행위에 지장을 초래할 수도 있는 행위가 병실이나 진료실에서 이루어진 것일 뿐 진료실이나 병실을 어느 정도 사실상 지배하여 물리적 지배를 하였다고 볼 수 없는 경우라면 의료기관을 '점거'하여 진료를 방해한 것이라고 볼 수는 없다(대법원 2008도7567 판결).

■ 피의자들이 압수수색 영장의 집행을 위해 고발인 안○○ 등과 함께 잠시 동안 수술실에 들어갔다가 나온 것을 두고 수술실을 점거하였다고 보기는 어렵다.

■ 달리 피의사실을 인정할 만한 증거가 없다.

■ 증거불충분하여 혐의 없다.

6. 건조물침입(피의자 주○○, 장○○, 차○○, 김○○, 권○○, 한○○, 박○○, 이○○, 이○)

2014. 8. 13. 병원에 대한 압수수색 영장을 집행하면서 경찰관이 아닌 ○○○보험사 직원들이 참여하여 압수수색을 하게 함으로써 건조물침입

■ 경찰관인 피의자 주○○, 장○○, 차○○가 상쾌한이비인후과 병원 건물에 대한 압수수색 영장을 집행하면서 보험사 직원들인 김○○ 등을 참여하게 한 사실은 인정된다.

■ 경찰관인 피해자 차○○ 등은 보험사기 수사시 관행적으로 전문지식이 있는 보험사 직원들의 협조를 받아 왔기 때문에 보험사에서 인력 지원 요청을 하였던 것으로, 보험사 직원들의 협조를 받아 왔기 때문에 보험사에 인력 지원 요청을 하였던 것으로, 보험사 직원들은 단시 경찰관들의 압수수색을 보조 지원하는 역할만 하기 위해 왔었던 것이라고 주장한다.

■ 보험사 직원인 피의자들은 경찰로부터 압수수색 지원을 요청받아 보조적으로 지원을 해준다는 인식으로 병원에 들어갔던 것이라고 주장한다.

■ 이와 같이 보험사 직원인 김○○ 등 피의자들은 경찰의 압수수색 지원요청에 의하여 압수수색을 지원한다는 인식과 의사로 병원 건물에 들어간 것이므로 피의자들 모두 건조물침입의 범의를 인정할 수 없다.

- 달리 피의사실을 인정할 만한 증거가 없다.
- 증거불충분하여 혐의 없다.

2014. 9. 22. 위 병원 압수수색과 관련하여 언론이 취재를 한다는 사실을 알게 되자, 안○○ 원장에게 전화를 하여 '수사가 마무리된 것도 아니고 진행 중인 사항을 지금 기사를 내보내면 나중에 뒷감당을 어떻게 하실라 그래? 나도 힘들고 원장님도 힘들고 병원 전체가 힘들어질 텐데.'라고 이야기하여 협박

- 피의자가 안○○에게 전화를 하여 위와 같은 말한 사실은 인정된다.
- 피의자는 본건 압수수색에 대한 언론사가 취재를 하여 언론에 보도가 되면 병원측에서도 환자가 오지 않는 등 피해가 가니 서로 힘들어지지 않도록 하자는 취지로 이야기한 것이지 협박한 것이 아니라고 주장한다.
- 당시 대화를 녹음한 녹취록에 의하면, 피의자가 위와 같은 말을 하자 안○○이 '지금 협박하시는 거에요?'라고 하고, 이에 피의자가 '에헤이, 참 그렇게 받아.'라고 답변하고, 이후에도 피의자와 안○○이 서로 자기도 힘들다는 등 대화를 계속하고 피의자가 누가 언론에 알린 것인지 알아봐 달라고 하고 안○○도 확인해 보겠다고 대화한 사실이 인정된다.
- 위와 같은 발언 전후의 대화내용 전체의 맥락을 보면, 대화의 전체적인 취지는 피의자가 병원 측이 언론에 제보한 것에 대한 항의하는 취지이고 위와 같은 피의자의 발언에 대한 안○○의 반응 등에 비추어 위 발언내용이 구체적인 해악의 고지에까지 이르렀다고는 보기 어렵다.
- 달리 피의사실을 인정할 만한 증거가 없다.
- 증거불충분하여 혐의 없다.

2. 서울중앙 지방법원 2015. 12. 2. 선고 2015가합9115 [정정, 반론, 손해배상]

【전 문】

【원　고】차○○
【피고인】주식회사 ○○방송
【변론종결】2015. 11. 11.

【주문】

1. 가. 피고는 이 판결 확정일로부터 7일 이내 뉴○○-TV '뉴스'프로그램의 말미에 별지1 정정보도문을 진행자가 통상적인 진행 속도보다 빠르지 않게 낭독하되, 낭독하는 동안 위 정정보도문의 제목을 통상의 프로그램 자막과 같은 글자 크기로 아래 자막으로 표시하고, 배경화면은 정정대상 기사의 화면으로 한다.
   나. 만약 피고가 위 의무를 이행하지 아니할 경우 원고에게 위 기한 다음 날부터 이행 완료일까지 1일 1,000,000원의 비율로 계산한 돈을 지급하라.
2. 피고는 원고에게 70,000,000원 및 이에 대하여 2015. 7. 21.부터 2015. 12. 2.까지 연5%, 그 다음 날부터 갚는 날까지 연 15%의 각 비율로 계산한 돈을 지급하라.
3. 원고의 나머지 청구를 기각한다.
4. 소송비용 중 1/5은 원고가, 나머지는 피고가 각 부담한다.
5. 제2항은 가집행할 수 있다.

【청구취지】

피고는 이 판결 확정일로부터 7일 이내에 별지2 정정 및 반론보도문을 뉴○○-TV '뉴스'프로그램의 말미에 방송하되, 제목을 화면 하단에 자막으로 표시하고, 이 사건 판결 대상보도 중에 사용된 원고 관련 화면을 방송하면서, 본문을 진행자로 하여금 통상의 속도로 낭독하게 하라. 만약 피고가 위 의무를 이행하지 아니할 경우 원고에게 위 기간 만료일 다음 날부터 이행 완료일까지 1일 1,000,000원의 비율로 계산한 돈을 지급하라. 피고는 원고에게 500,000,000원 및 이에 대하여 이 사건 청구취지 및 청구원인 변경신청서 송달 다음 날부터 갚는 날까지 연 20%의 비율로 계산한 돈을 지급하라.

【이유】

1. 기초사실
   가. 당사자 관계
원고는 서초경찰서 수사과 지능범죄 수사팀에서 근무하면서 2014. 8. 13. 서울 강남구 ○○동 소재 ○○○이비인후과(이하 '소외 병원'이라 한다)에 대한 압수·수색 영장을 집행한 경찰관이고, 피고는 종합편성 케이블 채널인 '뉴○○-TV'를 운영하는 방송사로서 원고의 위 압수·수색 영장 집행에 관한여 아래에서 보는 바와 같은 각 보도를 하였다.
   나. 원고의 소외 병원에 대한 압수·수색
원고는 소외 병원에 대하여 보험금 내지 보험급여 편취 혐의에 대한 수사를 개시하여 2014. 8. 10.경 서울중앙지방법원으로부터 소외 병원에 대한 압수·수색 영장(이하 '이 사건 영장'이라 한다)을 발부받아, 같은 달 13. 10:10경부터 소외 병원의 3층 진료실을 시작으로 2

층 원장실, 회복실, 수술실 등에 대하여 위 영장을 집행하였고, 당시 서초경찰서 소속 장○○ 경위, 건강보험공단 직원인 하○○, ○○○ 보험 주식회사 직원인 김○○ 등이 압수·수색 현장에 동행하였다.

다. 피고의 원고에 대한 보도

피고는, (1) 2014. 9. 22. 뉴○○-TV '뉴스' 프로그램에서 「마취환자 방치시킨 위험한 압수·수색」 이라는 제목 아래 별지3 기재와 같은 보도를, (2) 같은 달 24. 같은 프로그램에서 「환자 "당시 생각하면 끔찍" '위험한 압수·수색' 공방」 이라는 제목 아래 별지4 기재와 같은 보도를, (3) 같은 달 25. 같은 방송 '굿모닝 ○○○' 프로그램에서 「환자 "당시 생각하면 끔찍" 의료계도 반발」 이라는 제목 아래 별지5 기재와 같은 보도를, (4) 같은 날 같은 방송에서 「경찰 "병원이 동의" 병원 "동의한 적 없다"」 라는 제목 아래 별지6 기재와 같은 보도를, (5) 같은 달 26. 위 '뉴스' 프로그램에서 「경찰, 보험사 동행 위해 영장 허위 작성 의혹」 이라는 제목 아래 별지7 기재와 같은 보도를, (6) 같은 달 29. 같은 프로그램에서 「'경찰 사칭' 보험사 직원 알고 보니 전직 경찰」 이라는 제목 아래 별지8 기재와 같은 보도를, (7) 같은 해 10. 1. 같은 프로그램에서 「의사들 뿔났다. 경찰·보험사 직원 고발」 이라는 제목 아래 별지9 기재와 같은 보도를 (8) 2015. 4. 27. 같은 프로그램에서 「'수술실 난입 압수·수색' 검찰수사서 사실로 드러나」 라는 제목 아래 별지10 기재와 같은 보도를 각 소외 병원 현장화면, 자료화면 등의 영상과 함께 방송하였다(이하 위 각 보도를 통틀어 '이 사건 각 보도'라고 하고, 각 보도는 그 순번으로 특정한다).

라. 원고에서 대한 고발

한편 전국○○총연합은 2014. 10. 1. 원고를 허위공문서작성죄 및 동행사죄, 공무원자격사칭교사죄, 의료법위반죄, 업무방해죄, 직권남용죄, 협박죄로, 김○○, 하○○ 등을 공무원자격사칭죄로 서울중앙지방검찰청에 고발하였다.

[인정근거] 다툼 없는 사실, 갑 제1, 2, 3, 5, 6, 7, 9 내지 17호
증(가지번호 포함, 이하 같다)의 각 기재 및 영상, 을 제1, 2, 4호
증의 기재, 변론 전체의 취지

2. 당사자의 주장
  가. 원고
피고는, 원고가 수술실에 난입하는 등의 무리한 압수·수색을 하여
수술이 중단되고 수술 중인 환자가 위험한 상태로 방치되었으며, 영
장 청구서를 허위로 기재하였고, 영장 집행 과정에서 보험사 직원이
경찰을 사칭하여 영장 집행을 주도하였다는 등의 허위 사실이 포함
된 이 사건 각 보도를 방송하였으므로, 허위 부분 보도에 관한 정정
보도를 할 의무가 있다. 또한 피고는 이 사건 각 보도에서 위와 같
은 허위 부분을 비롯하여 그 전반에 걸쳐 악의적인 편집 등을 통하
여 원고와 관련된 허위 내용을 적시함으로써 원고의 명예를 훼손하
였으므로, 원고에게 손해배상금으로 5억 원을 지급할 의무가 있다.
  나. 피고
이 사건 각 보도 중 원고가 허위라고 주장하는 부분 중 마취 상태
에 관하여 '전신 마취'라는 내용을 '수면 마취'라고 이미 정정보도
가 이루어져 정정 보도의 실익이 없고, 인터뷰 대상에 관한 부분은
비록 인터뷰 대상자{이하 인터뷰이(interviewee)라고 한다}가 직접
압수·수색으로 인한 피해를 입었으므로 정정보도의 대상이 되지 않
으며, 다른 병원의 수술실 영상을 보내거나 영화의 영상 등을 활용
하였다 하더라도 이는 자료화면일 뿐 사실관계를 왜곡하는 내용을
담은 바 없다. 이처럼 이 사건 각 보도는 모두 정정보도의 대상이
되는 경우에 해당하지 않고, 불법행위를 구성하지도 아니한다.

3. 정정보도 청구에 관한 판단

가. 일반론

1) 언론매체의 어떤 기사가 타인의 명예를 훼손하여 불법행위가 되는지의 여부는 일반 독자가 기사를 접하는 통상의 방법을 전제로 그 기사의 전체적인 취지와의 연관 하에서 기사의 객관적 내용, 사용된 어휘의 통상적인 의미, 문구의 연결방법 등을 종합적으로 고려하여 그 기사가 독자에게 주는 전체적인 인상을 기준으로 판단하여야 하고, 여기에다가 당해 기사의 배경이 된 사회적 흐름 속에서 당해 표현이 가지는 의미를 함께 고려하여야 한다(대법원 2002. 1. 22. 선고 2000다37524 판결 등 참조).

2) 사실에 관한 보도내용이 소문이나 제3자의 말, 보도를 인용하는 방법으로 단정적인 표현이 아닌 전문 또는 추측한 것을 기사화한 형태로 표현되었지만, 그 표현 전체의 취지로 보아 그 사실이 존재할 수 있다는 것을 암시하는 이상 '사실의 적시'가 있는 것으로 보아야 하고, 이러한 경우 특별한 사정이 없는 한 보도내용에 적시된 사실의 주된 부분은 암시된 사실 자체라고 보아야 하므로, 암시된 사실 자체가 허위라면 그에 관한 소문 등이 있다는 사실 자체는 진실이라하더라도 허위의 사실을 적시한 것으로 보아야 할 것이다.

나. 적시된 사실

위 인정 사실에 의하면, 이 사건 각 보도는 원고가 허위라고 주장하는 부분과 관련하여 아래와 같은 사실을, 뉴스진행자나 기자의 멘트를 통하여 직접 적시하거나, 인터뷰 내용, 자막, 영상 등의 편집·방영을 통하여 그 사실이 존재할 수 있다는 것을 암시함으로써 이를 적시하였다고 인정할 수 있다(다만 아래에서 인정하는 부분을 제외한 원고 주장의 사실 적시 부분, 즉 '경찰과 보험사 간에 유착 의혹이 있다', '원고가 청탁을 받고 수사 정보를 누설하고 시민들에게 죄를 뒤집어씌운다'라는 부분은 이 사건 각 보도에서 사실로서 적시하였다고 인정하기 부족하거나, 원고에 관한 사실의 적시라고 인정하기 어려우므로, 원고의 이 부분 주장은 이유 없다).

(1) 보도

■ 경찰의 압수·수색이 수술 중인 의사에 대하여 무리하게 이루어짐으로써 환자의 수술이 중단되고, 환자가 큰 위험에 빠질 뻔했다.

■ 당시 그 환자는 수술을 앞두고 전신 마취를 한 상황이었는데, 압수·수색으로 방치되었다.

■ 당시 경찰이 의사에게 의료기구의 소독 여부, 금고에 보관 중인 물건 등에 관하여 묻고, 심지어 스테이플러, 클럽 등을 요구하는 질문 등을 계속하여 수술이 중단되었다.

(2) 보도

■ 경찰의 무리한 압수·수색으로 수술을 받던 환자가 방치되었다.

■ 당시 그 환자는 마취를 한 상황에서(다만 '전신 마취'가 아닌 '수면 마취'를 한 상황이라고 정정보도하고, 자막으로는 '마취'라고만 표시하였다) 수술이 중단되고 코를 절개한 채 2차 감염이 우려되는 상황에서 8분 동안 혼자 방치되다시피 했다.

■ 당해 환자인 인터뷰이는 자신이 그와 같은 상황에 놓인 것을 몰랐고, 당시를 생각하면 끔찍하다고 말하였다.

■ 경찰은 소외 병원장의 동의하에 수술실에 들어갔다고 해명했으나, 병원 측은 동의한 바 없다(경찰이 수술실 진입과 관련하여 '협조하지 않으면 공무집행방해가 될 수 있다'라고 말한 것을 보더라도 그렇다).

■ 의료기구의 소독 여부, 금고에 보관 중인 물건 등 급박하지 않은 사항에 관한 경찰의 질문으로 수술이 중단되었다.

(3) 보도(위 (2)보도의 앞부분 내용과 동일하다)

■ 경찰의 무리한 압수·수색으로 수술을 받던 환자가 방치되었다.

■ 당시 그 환자는 마취를 한 상황에서 수술이 중단되고 코를 절

개한 채 2차 감염이 우려되는 상황에서 8분 동안 혼자 방치되다시피 했다.
■ 당해 환자인 인터뷰이는 자신이 그와 같은 상황에 놓인 것을 몰랐고, 당시를 생각하면 끔찍하다고 말하였다.

(4) 보도(위 (2)보도의 뒷부분 내용과 동일하다)
■ 경찰은 소외 병원장의 동의 하에 수술실에 들어갔다고 해명했으나, 병원 측은 동의한 바 없다(경찰이 수술실 진입과 관련하여 '협조하지 않으면 공무집행방해가 될 수 있다'라고 말한 것을 보더라도 그렇다).
■ 의료기구의 소독 여부, 금고에 보관 중인 물건 등 급박하지 않은 사항에 관한 경찰의 질문으로 수술이 중단되었다.

(5) 보도
■ 경찰이 금융감동원에 TF팀이 없음에도 그 소속 직원이 영장 집행에 참여하는 것으로 기재함으로써 압수·수색 영장 내용을 허위로 기재한 정황이 있다.

(6) 보도
■ 당시 보험사 직원이 경찰을 사칭해 병원 압수·수색에 동행하였다.

(7) 보도
■ 압수·수색 영장 집행 과정에서 수술 중인 의사를 무리하게 조사하여 의료사고로 이어질 뻔했다.
■ 보험사 직원이 압수·수색을 주도하였다.

(8) 보도
■ 경찰이 압수·수색과 관련하여 허위로 압수·수색 영장을 작성하

고, 보험사 직원을 경찰로 속여 압수·수색하게 하였으며, 압수·수색 과정에서 무단으로 마취 상태의 환자가 있는 수술실에 들어갔다.

■ 전국○○총연합이 위와 같은 사실은 들어 원고를 고발하였는데, 수사 과정에서 위와 같은 의혹이 사실로 드러나고 있다.

다. 적시된 사실의 허위성 여부

1) 수술실에 대한 이 사건 영장 집행 상황 및 수술 환자 관련 사실

가) 먼저 원고가 이 사건 영장을 집행하면서 소외 병원의 수술실에 동의 없이 들어갔고, 그로써 당시 마취 상태로 수술 중인 환자의 수술이 중단되었으며, 그 환자가 코를 절개한 위험한 상태로 방치되었다는 부분에 관하여 본다.

갑 제6, 7, 17호증의 각 기재 및 영상, 을 제4호증의 기재에 변론 전체의 취지를 종합하면, 원고는 소외 병원의 병원장인 안○○의 명시적인 동의를 받고 2층 수술실에 들어간 사실(안○○은 원고에게 여러 차례 수술방을 봐도 된다고 말하였다), 또한 이 사건 영장 집행 중에 안○○이 수술을 해야 한다고 말하자 원고 등이 여러 차례 안○○에게 소외 병원 사무장 등 다른 사람의 입회하에 진행을 해도 되니 수술을 들어가라고 하였음에도 안○○은 수술하러 가지 아니한 채 약 한 시간가량 계속 영장 집행에 참관하여 설명하면서, 원고가 없는 자리에서는 다른 곳에 전화하여 직원들에게 자격 없는 사람은 빠지고 심부름만 한 것으로 말하라고 지시하기도 한 사실(이 사건 영장 집행 중 원고와 영장 집행에 동행한 하○○이 안○○에서 스테이플러, 클립 등을 요구한 것은 사실이나, 그 이후 다시 원고 등이 안○○에서 수술하러 가도 된다고 말하였음에도 안○○은 수술하러 가지 아니하였다), 원고가 2층 수술실에 들어간 시점에는 김○○ 환자(이 사건 각 보도에 등장하는 인터뷰이가 아니다)가 수술실에 있었는데, 위 환자에 대한 수술이 진행되던 도중에 경찰이 수술실에 무단 진입하였다거나 그로인하여 진행 중인 수술이 중단된 사실은 없고, 당시 위 환자의 코가 절개된 채 방

치된 사실도 없으며, 위 환자 옆에는 다른 의사와 보조자가 있었던 사실, 원고와 장○○는 이 사건 영장 집행을 시작하면서 그 의미를 설명하며 영장 집행에 협조하지 않으면 공무집행방해가 된다는 일반적인 이야기를 하였을 뿐, 수술실에 들어가기 전에 위와 같은 말을 한 적은 없는 사실이 인정된다.

위 인정사실에 의하면, 경찰이 수술실에 동의 없이 들어갔고, 그와 같은 무리한 압수·수색으로 인하여 마취 상태로 수술 중인 환자의 수술이 중단되었으며, 수술 중인 환자가 코나 절개된 채 위험한 상태로 방치되었다는 부분은 허위 사실을 보도한 것이라고 할 것이다 (한편 원고는 이 사건 (1) 보도 중 당시 수술 중인 환자가 수면 마취 상태였음에도 '전신 마취' 상태였다고 보도한 부분에 대하여도 정정보도 등을 구하나, 피고가 이 사건 (2) 보도 등에서 이를 바로 잡는 보도를 한 바 있음은 당사자 사이에 다툼이 없고, 수면 마취인지 전신 마취인지는 이 사건 (1) 보도 중 주요한 부분이라고 볼 수도 없으므로, 원고의 위 부분에 관한 주장은 받아들이지 않는다).

나) 다음으로, 인터뷰이의 인터뷰 및 그 보도 과정에서 사용된 배경화면 등에 의하여 암시된 사실에 관하여 본다.

앞서 든 증거에 의하면, 이 사건 각 보도에 인터뷰이로 등장하는 여성은 그 무렵 소외 병원 2층 수술실(원고 등이 안○○의 동의 하에 들어간 수술실이다)에서 수술을 받은 김○○ 환자가 아닌 사실(피고는 그 인터뷰이가 당시 다른 층의 수술실에 있던 명○○ 환자라고 주장한다), 인터뷰이의 인터뷰가 방영되는 전후로 소외 병원과 무관한 수술실과 수술 장면이 '자료화면'이라는 자막 없이 위각 보도의 배경화면으로 사용되고, 코가 절개된 채 8분 동안 방치되었다는 그래픽 화면이 방송된 사실, 인터뷰이를 '압수·수색 당시 혼자'라는 자막과 함께 변조된 음성을 내보내며 그 인터뷰 내용도 "전혀 몰랐었어요. 그런 식으로 방치됐다는 것에 기분이 나쁘고", "어떻게 수술하는 도중에 들어와 그렇게 할 수 있는지"라고 하여 위 인터뷰이를 당시 직접 압수·수색을 당한 수술실의 환자로서 보도한 사실을 인정할 수 있다.

이러한 사실에, 앞서 인정한 바와 같이 이 사건 영장 집행으로 수술이 중단된 바 없는 점, 위와 같은 보도의 방법, 내용 등을 종합하여 볼 때, 위 인터뷰이는 압수·수색한 수술실에서 수술을 받은 환자가 아닌 다른 사람으로서 그를 압수·수색한 수술실에서 수술을 받던 중인 환자인 것처럼 보도한 것은 허위라고 할 것이고, 따라서 허위라고 할 것이다(한편 피고는 당시 위 인터뷰이 외 다른 환자가 이 사건 영장 집행으로 인한 수술이 중단되고 위험한 상태로 방치된 적이 있는지에 관하여도 아무런 증거를 제출하지 아니하였다).

  2) 이 사건 영장 집행 동행자 관련 사실

  가) 먼저 금융감독원 수도권지역 조사TF팀이 존재하지 않음에도, 경찰이 압수·수색 영장에 위 TF팀 직원과 동행한다고 허위의 기재를 하였다는 부분에 관하여 본다.

당사자 사이에 다툼이 없거나 갑 제8호증의 기재에 변론 전체의 취지를 종합하면, 원고가 이 사건 영장 청구서의 '참여자'란에 '금감원 주관 수도권지역 조사TF팀'이라고 기재한 사실, 그 무렵 금융감독원에서 보험사기와 관련하여 보험사 직원들과의 협조하에 제도개선을 위한 회의를 하였고, 다수의 보험사 직원들이 위와 같은 회의에 관여한 사실을 인정할 수 있으나, 과연 당시 금융감독원 산하에 '수도권지역 조사TF팀'이라는 조직이 실재하고 이 사건 영장 집행에 동행한 보험사 직원이 그 소속인지에 관하여 보면, 앞서 든 증거만으로는 이를 인정하기 부족하고, 달리 이를 인정할 증거가 없다. 그렇다면, 형사소송법 등 관련 법령의 규정상 압수·수색 영장 청구서 중 '참여자'부분이 필요적 기재사항이 아니어서 과연 위 기재로 인하여 형사상 허위공문서작성죄가 성립하는지 여부는 별론으로 하고(나아가 위 기재 내용상 원고가 이 사건 영장의 발부 및 집행에 영향을 줄 의사로 위와 같이 기재하였다고 보이지도 않는다),

금융감독원에 보험사 직원 등을 그 구성원으로 한 TF팀이 존재하고 이 사건 영장 집행에 동행한 보험사 직원이 그 소속이라고 인정할 수 없는 이상, 앞서 인정한 사실만으로 원고가 이 사건 영장 참여자란에 '금감원 주관 수도권지역 조사TF팀'이라고 기재함으로써 여장 청구서에 허위의 기재를 하였다고 볼 여지가 있다는 평가적 판단을 한 이 부분 보도가 허위 사실을 적시한 것이라 단정할 수 없다(나아가 이 부분과 관련하여 '불법의 시작이다', 위와 같은 정황이 포착돼 '(경찰의 말은) 거짓말임이 드러났다'는 내용의 이사건 (5) 보도 중 앵커의 멘트는 의견 내지 평가를 말한 것에 불과하다고 보아야 할 것이다).

나) 다음으로, 압수·수색 과정에 참여한 보험사 직원이 경찰을 사칭하였다거나, 사실상 압수·수색을 주도하였다는 부분에 관하여 본다.

어떠한 사실의 부존재를 증명하는 것은 어려운 반면, 그 사실이 존재한다고 주장·증명하는 것이 보다 용이하고, 한편 어떤 의혹을 받을 일을 한 사실이 없다고 주장하는 자에 대하여 의혹을 받을 사실이 존재한다고 적극적으로 주장하는 자는 그러한 사실의 존재를 수긍할 만한 소명자료를 제시할 부담을 지며, 이러한 사정들은 허위성의 입증책임을 다하였는지를 판단함에 있어 고려되어야 하는바, 갑 제7호증, 을 제4호증의 각 기재에 변론 전체의 취지를 종합하면, 압수·수색 과정에 참여한 경찰관인 원고와 장○○는 이 사건 영장 집행을 시작하면서 그 영장 및 경찰 신분증을 직접 소외 병원의 병원장인 안○○에게 제시한 사실이 인정될 뿐이고, 그 과정에서 보험사 직원인 김○○ 등을 경찰이라고 소개하거나 김○○ 등이 직접 자신들이 경찰이라고 언급하였다거나 그들이 이 사건 영장 집행을 주도하였다고 볼 아무런 증거가 없고, 오히려 앞서 든 증거에 의하면, 이 사건 영장의 집행은 원고가 주도하면서 하○○과 김○○ 등이 보조를 하는 형태였을 뿐, 보험사 직원들이 주도한 것으로 보이지 않는 점 등을 종합하여 보면, 이 사건 영장 집행에 참여한 보험사 직원이 경찰을 사칭하였다거나, 원고가 보험사 직원을 경찰로 속여 압수·수색하게 하였다거나, 사실상 압수·수색을 주도하였다는 부분은 허위라고 봄이 타당하다.

3) 검찰 수사 경과 관련 사실

끝으로 검찰 수사 과정에서 원고에 대한 고발 내용 관련 의혹이 사실로 드러나고 있다는 부분에 관하여 본다.

보도 내용이 수사가 진행 중인 피의사실에 관한 것일 경우, 일반 독자들로서는 보도된 피의사실의 진실 여부를 확인할 수 있는 별다른 방도가 없을 뿐만 아니라 언론기관이 가지는 권위와 그에 대한 신뢰에 기하여 보도 내용을 그대로 진실로 받아들이는 경향이 있고, 신문 보도가 가지는 광범위하고도 신속한 전파력으로 인하여 사후 정정보도나 반박보도 등의 조치에 의한 피해구제만으로는 사실상 충분한 명예회복을 기대할 수 없는 것이 보통이므로, 보도 내용의 진실여하를 불문하고 그러한 보도 자체만으로도 피의자나 피해자 또는 그 주변 인물들이 입게 되는 피해의 심각성을 고려할 때, 이러한 피의사실을 보도함에 있어 언론기관으로서는 보도에 앞서 피의사실의 진실성을 뒷받침할 적절하고도 충분한 취재를 하여야 할 주의의무를 진다 할 것인바(대법원 2002. 5. 10. 선고 2000다50213 판결 등 참조), 전국○○총연합이 원고 등 이 사건 영장 집행에 참여한 사람들을 허위공문서작성죄, 공무원자격사칭죄, 의료법위반 및 업무방해죄 등으로 서울중앙지방검찰청에 고발한 사실은 앞서 본 바와 같으나, 한편 이 법원의 서초경찰서에 대한 사실조회 결과에 변론 전체의 취지를 종합하면, 위와 같은 고발 이후 검찰이 일부 피의자를 기소하였거나 중간 수사 발표를 하는 등 위 혐의에 관하여 공식적인 견해를 밝힌 바 없는 사실, 원고가 위 혐의와 관련하여 징계를 받은 바도 없는 사실을 인정할 수 있으며, 이러한 사실에다가 이 부분에 관하여 피고가 그 보도의 근거가 되는 어떠한 소명자료도 제시하고 있지 못한 점 등을 종합하여 보면, 이 부분 보도 역시 허위 사실을 보도한 것이라고 봄이 타당하다.

　라. 소결론

피고는 이 사건 각 보도에서 앞서 인정된 바와 같은 허위 사실을 보도하였고, 그로인하여 원고는 사회적 평가가 침해되는 피해를 보았다고 할 것이므로, 피고는 언론중재 및 피해구제 등에 관한 법률(이하 '언론중재법'이라 한다) 제14조에 따라 정정보도를 할 의무가 있다.

나아가 피고가 게재할 정정보도문의 내용과 보도 방법 등에 관하여 보건대, 이 사건 각 보도의 내용이나 분량, 표현방법, 보도 횟수 기타 변론에 나타난 제반 사정을 고려하여, 원고가 구하는 범위 내에서, 피고는 별지2 정정 및 반론보도문을 별지1 정정보도문과 같이 수정하여 게재하도록 하고(동일 또는 유사한 내용에 대하여 반복적으로 보도한 이 사건 각 보도의 특성상 허위 보도의 내용별로 구분, 정리한다), 게제 방법 등을 주문과 같이 정한다.

또한, 위 의무 이행에 대한 강제로서 피고에 대하여 위 의무 불이행시 그 의무의 이행완료일까지 1일 1,000,000원의 비율로 계산한 간접강제금의 지급을 명함이 상당하다.

4. 손해배상청구에 관한 판단

　가. 손해배상책임의 발생

피고는 이 사건 각 보도를 방송한 언론사로서 위 각 보도에 앞서 인정된 바와 같은 허위 사실을 적시하여 방송함으로써 경찰공무원인 원고의 사회적 평가를 훼손하였다 할 것이므로, 피고는 원고에게 그로 인한 정신적 손해를 배상할 책임이 있다.

　나. 손해배상의 범위

앞서 인정한 사실관계 및 앞서 든 증거에 변론 전체의 취지를 종합하여 인정되는 다음과 같은 사정 즉, 피고는 이 사건 영장집행 과정에 관한 내용을 2014. 9. 22.부터 2014. 10. 1.까지 열흘 내의 기간에 7차례 이상 앞서 본 허위 내용을 반복적으로 보도한 점(피고는 시간의 경과에 따라 일부 내용을 수정하고, 의혹 또는 문제 제기가 되고 있다는 방식으로 표현을 완화하고 경찰 측의 반론 내용을 함께 보도하였으나, 경찰이 압수·수색 과정에서 수술실에 동의 없이 들어갔다는 기조를 끝까지 유지하였고, 이 사건 각 보도는 현재도 피고의 홈페이지에 게재되어 있다), 피고는 피해자 및 전문가 인터뷰, 배경 화면 등의 편집에 의한 암시를 통하여 수술실 압수·수색 전후 과정의 사실관계를 왜곡하고, 한편으로는 영화의 한 장면을 편집 보도하면서 경찰과 보험사 직원과의 유착이 있는 듯 한 인상까지 준 점, 피고는 이 사건 각 보도에 관한 언론중재위원회의 조정 절차에서 정정보도를 하라는 조정결정을 받은 바 있음에도, 그 이후 이 사건 소가 계속 중이던 2015. 4. 27. 재차 원고에 대한 허위 사실을 총망라하고 그러한 내용이 사실이라고 암시하는 이 사건 (8) 보도를 한 점, 이 사건 각 보도 중 첫 보도는 이 사건 영장이 집행된 이후 40일 이상 경과한 뒤 보도된 것으로서, 그 보도에 신속성이 요구되는 것도 아니었고, 충분히 사실 확인을 거칠 수 있는 시간적 여유가 있었던 점, 이 사건 각 보도 중에는 소외 병원의 CCTV 촬영 영상 일부 및 경찰관 등이 한 말이 녹음되어 있는 음성 자료가 포함되어 있는 것으로 보아 피고로서는 위와 같은 객관적인 자료를 입수하였다고 보임에도, 소외 병원 측에 편향된 허위 보도를 한 점(피고는 피고가 확보하고 있는 소외 병원 CCTV 영상 자료 및 병원장의 녹음 자료를 증거로 제출하겠다고 하면서 끝까지 이를 제출하지 아니하였다), 피고는 인지도나 신뢰도 및 시청자에 대한 영향력이 큰 방송사로서 이 사건 각 보도는 뉴스 프로그램 중에 방송되어 이를 시청한 다수의 일반 시청자들로서는 그 내용을 별다른 의심 없이 사실로 받아들일 가능성이 높고, 나아가 이 사건 각 보도는 그 멘트 내용 외에도 자막, 자료화면, 배경 화면 등에 의한 메시지 전달 효과가 커 허위 보도로 인한 피해 또한 클 수밖에 없는 점, 피고는 이 사건 (7) 보도를 하면서 원고에 대한 고발장 중 원고의 성명과 직위를 여과 없이 그대로 노출한 점, 원고는 이 사건 각 보도 이후 관련 수사에서 배제된 뒤 다른 경찰서로 인사조치되고, 상급 부서의 조사로 고통 받았으며, 전국○○총연합으로부터 고발까지 당한 점 등을 비롯한 이 사건 각 보도의 취재 경위, 보도 형식 및 횟수, 표현 방법, 허위 부분 대상 기사가 차지하는 정도 및 원고가 입었을 피해의 정도 등 기록에 나타난 제반 사정을 종합적으로 고려하여, 피고가 원고에게 배상할 손해배상금은 대상 기사 중 허위로 인정된 부분이 포함되어 있는 이 사건 각 보도를 모두 합하여 70,000,000원으로 정함이 타당하다.

　다. 소결론

따라서 피고는 원고에게 70,000,000원 및 이에 대하여 이 사건 각 보도일 이후로서 원고가 구하는 이 사건 청구취지 및 청구원인 변경신청서 송달일 다음 날인 2015. 7. 21.부터 피고가 그 이행의무의 존부나 범위에 관하여 항쟁함이 상당한 이 판결 선고일인 2015. 12. 2.까지 민법이 정한 연 5%의, 그 다음 날부터 갚는 날까지 소송촉진 등에 관한 특례법이 정한 연 15%의 각 비율로 계산한 지연손해금을 지급할 의무가 있다.

5. 결론

그렇다면, 원고의 청구는 위 인정 범위 내에서 이유 있어 인용하고, 나머지 청구는 이유 없어 기각한다.

판사　　　　오선희 안승훈 이승훈

3. 서울고등법원 2016. 9. 9. 선고 2016나2000002
[정정,반론,손해배상]

【전 문】

【원고, 피항소인 겸 항소인】차○○

【피고, 항소인 겸 피항소인】주식회사 ○○방송

【제1심판결】서울중앙지방법원 2015. 12. 2. 선고 2015가합9115 판결

【주문】

1. 제1심 판결을 다음과 같이 변경한다.
가. 1) 피고는 이 판결 확정일로부터 7일 이내에 뉴○○-TV '뉴스' 프로그램의 말미에 별지1 정정보도문을 진행자가 통상적인 진행 속도보다 빠르지 않게 낭독하되, 낭독하는 동안 위 정정보도문의 제목을 통상의 프로그램 자막과 같은 글자 크기로 아래 자막으로 표시하고, 배경화면은 정정대상 기사의 화면으로 한다.
2) 만약 피고가 위 인무를 이행하지 아니할 경우 원고에게 위 기한 다음 날부터 이행 완료일까지 1일 1,000,000원의 비율로 계산한 돈을 지급하라.
나. 피고는 원고에게 70,000,000원 및 이에 대하여 2015. 7. 21.부터 2016. 9. 9.까지 연 5%, 그 다음 날부터 갚는 날까지는 연 15%의 각 비율로 계산한 돈을 지급하라.

【청구취지 및 항소취지】

청구취지

피고는 이 판결 확정일로부터 7일 이내에 별지2 정정 및 반론보도

문을 ○○○-TV '뉴스' 프로그램의 말미에 방송하되, 제목을 화면 하단에 자막으로 표시하고, 이 사건 판결 대상보도 중에 사용된 원고 관련 화면을 방송하면서, 본문을 진행자로 하여금 통상의 속도로 낭독하게 하라. 만약 피고가 위 의무를 이행하지 아니할 경우 원고에게 위 기간 만료일 다음 날부터 이행 완료일까지 1일 1,000,000원의 비율로 계산한 돈을 지급하라. 피고는 원고에게 500,000,0000원 및 이에 대하여 이 사건 청구취지 및 청구원인 변경신청서 송달 다음 날부터 갚는 날까지 연 20% 비율로 계산한 돈을 지급하라.

항고취지

원고

제1심 판결 중 아래에서 추가로 지급을 명하는 돈에 해당하는 원고 패소 부분을 취소한다.
피고는 원고에게 130,000,000원과 이에 대하여 2015. 7. 21.부터 2015. 12. 2.까지는 연 5%, 그 다음날부터 다 갚는 날까지는 연 15%의 각 비율에 의한 돈을 지급하라.

피고

제1심 판결 중 피고 패소 부분을 취소하고 그 부분에 해당하는 원고의 청구를 기각한다.

【이유】

1. 제1심 판결의 인용
이 법원이 이 사건에 관하여 설시할 이유는 제1심 판결문의 일부를 아래 2항과 같이 다시 쓰거나 추가하는 외에는 제1심 판결문의 기재와 같으므로, 「민사소송법」 제420조 본문에 의하여 이를 인용한다.

2. 제1심 판결문을 다시 쓰거나 추가하는 부분

　가. 제1심 판결문 1. 라. "원고에 대한 고발"(제4면 10~13행) 부분을 다음과 같이 다시 쓴다.

한편 전국○○총연합은 2014. 10. 1. 원고를 허위공문서작성죄 및 통행사죄, 공무원자격사칭교사죄, 의료법위반죄, 업무방해죄, 직권남용죄, 협박죄로, 김○○, 하○○ 등을 공무원자격사칭죄로 서울중앙지방검찰청에 고발하였다.

김○○은 '2014. 8. 13. 10:00경 서초경찰서 경찰관들이 소외 병원에 대한 압수수색 영장을 집행하고 있는 상황에서 병원 직원들을 상대로 보험사기 혐의에 대한 진술서를 작성하게 함으로써 공무원인 경찰관의 자격을 사칭하여 그 직권을 행사하였다.'는 범죄사실로 2016. 1. 14. 벌금 300만 원의 약식 명령을 받고 현재 정식재판(서울중앙지방법원 2016고정307)이 진행 중이다(을제5호중).

　나. 제1심 판결문 3. 다. 2) 나) 부분(제12면 밑에서 3행 제13면 14행)을 다음과 같이 다시 쓴다.

　나) 다음으로, 원고가 보험사 직원을 경찰로 속여 압수·수색을 하게 하였다거나, 보험사 직원이 압수·수색을 주도하였다는 부분에 관하여 본다.

갑제7, 18호증, 을제4, 5호증의 각 기재에 변론 전체의 취지를 종합하면, ① 압수·수색 과정에 참여한 경찰관인 원고와 장○○는 영장 집행을 시작하면서 영장 및 경찰 신분증을 직접 병원장 안○○에게 제시하고 죄명, 집행절차를 설명하고 집행 시작 지시를 한 점, ② 영장 집행과정에서 원고는 안○○과 계속하여 대화를 주고받았고 안○○은 원고의 요구사항을 병원직원에게 직접 지시한 점, ③ 그 과정에서 보험사 직원인 김○○, 하○○을 경찰이라고 소개하거나 이들이 직접 자신들을 경찰이라고 언급하였다고 볼 만한 자료가 없는 점, ④ 김○○, 하○○이 직접 안○○에게 압수·수색에 대하여 설명하거나, 압수 대상서류를 요구하였고 볼 만한 정황이 없는 점 등이 인정된다.

이러한 사정에 의하면, 영장의 집행은 원고가 주도하면서 보험사 직원인 김○○과 하○○이 이를 보조한 것이라고 할 것이므로, 보험사 직원이 압수·수색을 주도하였다는 부분은 허위라고 봄이 타당하다.

앞서 본 바와 같이 김○○은 압수·수색 영장을 집행하고 있는 상황에서 위 병원 직원들을 상대로 보험사기 혐의에 대한 진술서를 작성하게 한 사실은 인정된다. 갑제18호증, 을제4호증의 각 기재와 변론 전체의 취지에 의하면, ① 병원 직원들의 진술서 작성이 압수·수색 영장의 집행 범위에 포함되는지 의문인 점, ② 원고와 병원장 안○○의 대화가 녹음된 녹취록에 직원들의 진술서를 요구하는 부분이 없는 점, ③ 원고가 김○○을 경찰로 소개하거나 김○○이 자신을 경찰이라고 말한 적이 없어 보이는 점, ④ 김○○은 원고의 지시 없이 임의로 진술서 작성을 요구한 것으로 보이는 점(원고는 보험사직원인 김○○에게 병원 직원들을 상대로 진술서를 받으라고 지시한 적이 없다고 진술하고 김○○은 원고로부터 진술서를 받으라고 지시 받은 적이 없다고 진술하고 병원직원들은 진술서 요구 당시 원고가 자리에 함께 잇지 않았다고 진술하였다), ⑤ 원고가 김○○에 대한 공무원자격사칭교사에 대한 혐의 없음 처분을 받은 점, ⑥ 원고가 영장 집행을 주도하고 김○○이 이를 보조하는 방법으로 압수·수색이 이루어진 점, ⑦ 김○○이 병원직원들을 상대로 진술서를 작성하게 하였다는 부분은 김○○ 개인의 일탈로 볼 수 있을 뿐이고 원고의 감독의무 위반 책임을 묻는 것은 별론으로 하고 원고가 김○○을 경찰로 속여 압수·수색을 하게 하였다고 평가하기는 어려운 점 등이 인정된다.

이러한 사정에 의하면, 원고가 보험사 직원을 경찰로 속여 압수·수색하게 하였다는 부분은 허위라고 봄이 타당하다(다만 제1심 판결에서 인정한 '보험사 직원이 경찰을 사칭하였다는 사실이 없다는 부분'은 삭제하고 해당 부분을 별지1 개지와 같이 다시 쓴다).

다. 제1심 판결문 3. 다. 3) 부분(제13면 15행~제14면 14행)을 다음과 같이 다시 쓴다.

3) 검찰 수사 경과 관련 사실

끝으로 검찰 수사 과정에서 원고에 대한 고발 관련 의혹이 사실로 드러나고 있다는 부분에 관하여 본다.

앞서 본 바와 같이 전국○○총연합이 원고를 허위공문서작성죄 및 동행사죄, 공무원자격사직교사죄, 의료법위반죄, 업무방해죄, 직원남용죄, 협박죄로 서울중앙지방검찰청에 고발한 사실, 검찰은 2016. 1. 5. 원고에 대하여 모두 혐의 없음 처분을 한 사실이 인정되므로, 이 부분은 허위 사실을 보도한 것이라고 봄이 타당하다.

라. 제1심 판결문 4. "손해배상청구에 관한 판단"(제15면 8행~제17면 10행)를 다음과 같이 다시 쓴다.

4. 손해배상청구에 관한 판단

가. 손해배상책임의 발생

피고는 언론사로서 앞서 인정한 바와 같이 허위사실을 방송함으로써 경찰 공무원인 원고의 사회적 평가를 저하시켰다고 할 것이므로, 피고는 원고에게 정신적 손해를 배상할 의무가 있다.

나. 위법성조각 여부

1) 법리

신문 등 언론매체가 사실을 적시하여 개인의 명예를 훼손하는 행위를 한 경우에도 그것이 공공의 이해에 관한 사항으로서 그 목적이 오로지 공공의 이익을 위한 것일 때에는 적시된 사실이 진실이라는 증명이 있거나 그 증명이 없다 하더라도 행위자가 그것을 진실이라고 믿었고 또 그렇게 믿을 상당한 이유가 있으면 위법성이 없다고 보아야 할 것이되, 그 에 대한 입증책임은 어디까지나 명예훼손 행위를 한 신문 등 언론매체에 있다. 한편, 언론·출판의 자유와 명예보호 사이의 한계를 설정함에 있어서 표현된 내용이 공공적·사회적인 의미를 가진 사안에 관한 것인 경우에는 사적인 영역에 속하는 사안에 관한 것인 경우와는 평가를 달리하여야 하고 언론의 자유에 대한 제한이 완화되어야 하며, 특히 공직자의 도덕성·청렴성이나 그 업무처리가 정당하게 이루어지고 있는지 여부는 항상 국민의 감시와 비판의 대상이 되어야 한다는 점을 감안하면, 이러한 감시와 비판 기능은 그것이 악의적이거나 현저히 상당성을 잃은 공격이 아닌 한 쉽게 제한되어서는 아니 된다. 그러나 이러한 경우에 있어서도 그 언론보도의 내용이나 표현방식, 의혹사항의 내용이나 공익성의 정도, 공직자 또는 공직 사회의 사회적 평가를 저하시키는 정도, 취재과정이나 취재로부터 보도에 이르기까지의 사실 확인을 위한 노력의 정도, 기타 주위의 여러 사정 등을 종합하여 판단할 때, 그 언론보도가 공직자 또는 공직 사회에 대한 감시·비판·견제라는 정당한 언론활동의 범위를 벗어나 악의적이거나 심히 경솔한 공격으로서 현저히 상당성을 잃은 것으로 평가되는 경우에는, 비록 공직자 또는 공직 사회에 대한 감시·비판·견제의 의도에서 비롯된 것이라고 하더라도 이러한 언론보도는 명예훼손이 되는 것으로 보지 않을 수 없다(대법원 2001. 11. 9. 선고 2001다52216 판결, 대법원 2003. 9. 2. 선고 2002다63558 판결, 대법원 2006. 5. 12. 선고 2004다35199 판결, 대법원 2007. 12. 27. 선고 2007다29379 판결 참조).

2) 판단

이 사건 각 보도는 경찰공무원인 원고의 압수·수색 영장 집행이 정당하게 이루어졌는지 여부에 관한 시안으로 공익성이 인정된다고 할 것이다.

이 사건 각 보도 중 원고가 영장을 집행하면서 수술실에 동의 없이 들어갔고, 그로써 당시 마취 상태로 수술 중인 환자의 수술이 중단되었으며, 그 환자가 코를 절개한 위험한 상태로 방치되었다는 부분, 원고가 압수·수색 과정에 참여한 보험사 직원을 경찰로 속여 압수·수색 하게 하였다거나, 보험사 직원이 압수·수색을 주도하였다는 부분, 검찰 수사 과정에서 원고에 대한 고발 내용 관련 의혹이 사실로 드러나고 있다는 부분이 허위라는 점은 앞서 본 바와 같다. 앞서 인정한 사실과 각 증거에 의하면, ① 이 사건 각 보도 중 경찰이 의사의 동의 없이 수술실에 들어가 압수·수색을 하며 마취 상태로 수술 중인 환자가 위험에 처해졌다는 부분이 핵심적인 내용으로 보이는데, 병원장 안○○은 당시 원고에게 "수술방 가서 보셔도 되고요. 지금 하고 있으니까. 여기 뭐 수술방도 보셔도 되고요"라고 말한 것으로 보아(갑제7호증의 2), 의사의 동의가 없었다는 부분은 명백한 허위인 점(경찰관이 마취상태로 수술 중인 진료실에 의사의 동의 없이 들어가서 압수·수색을 하여 수술이 한동안 중단되었다는 진술은 매우 이례적인 내용으로 당시 간호사 등 목격자들의 보다 구체적인 정황 진술 청취를 통하여 그 진술의 신빙성을 확인해야 할 필요가 있다고 할 것이다), ② 이 사건 각 보도 중에는 소외 병원의 CCTV 촬영 영상 일부 및 경찰관 등이 한 말이 녹음되어 있는 음성 자료가 포함 되어 있는 것으로 보아 피고로서는 객관적인 자료를 쉽게 입수하였다고 보임에도, 그러한 자료를 확인하지 않았거나 확인하고도 의도적으로 무시하고 소회 병원 측의 일방적 주장을 진실인 양 보도 한 것으로 보이는 점(피고는 자신이 확보하고 있는 소외 병원 CCTV 영상 자료 및 병원장의 녹음 자료를 증거로 제출하겠다고 하면서 이를 제출하지 아니하였다), ③ 피고가 원고에게 사실 관계를 확인하였으면 당시 병원장의 동의를 받고 수술실에 들어갔는지 여부를 녹음자료를 통하여 쉽게 확인할 수 있었던 것으로 보이는데, 피고는 이를 확인하지 않거나 확인하고도 의도적으로 무시한 것으로 보이는 점, ④ 첫 보도는 이 사건 영장이 집행된 이후 40일 이상 경과한 뒤 보도된 것으로서, 그 보도에 신속성이 요구되는 것도 아니었고, 충분히 사실 확인을 거칠 수 있는 시간적 여유가 있었던 점, ⑤ 피고는 이 사건 영장 집행 과정에 관한 내용을 2014. 9. 22.부터 2014. 10. 1.까지 열흘 내의 기간에 7차례 이상 앞서 본 허위 내용을 반복적으로 보도한 점(피고는 시간의 경과에 따라 일부 내용을 수정하고, 의혹 또는 문제 제기가 되고 있다는 방식으로 표현을 완화하고 경찰 측의 반론 내용을 함께 보도하였으나, 경찰이 압수·수색 과정에서 수술실에 동의 없이 들어갔다는 기조를 끝까지 유지하였고, 이 사건 각 보도는 현재도 피고의 홈페이지에 게재되어 있다). ⑥ 피고는 당시 수술실에서 수술을 받은 환자가 아닌 다른 환자의 인터뷰를 방영하고 소외 병원과 무관한 수술실과 수술 장면이 '자료화면'이라는 자막 없이 배경화면으로 사용하고, 코가 절개된 채 8분 동안 방치되었다는 그래픽 화면을 방영하고, 인터뷰이를 '압수·수색 당시 수술 환자'라는 자막과 함께 변조된 음성을 내보내며 그 인터뷰 내용도 "전혀 몰랐어요. 그런 식으로 방치됐다는 것에 기분이 나쁘고", "어떻게 수술하는 도중에 들어와 그렇게 할 수 있는지"라고 하여 인터뷰이를 당시 직접 압수·수색을 당한 수술실의 환자로 보도한 점, ⑦ 피고는 영화의 한 장면을 편집 보도하면서 경찰과 보험사 직원과의 유착이 있는 듯한 인상까지 준 점, ⑧ 피고는 이 사건 각 보도에 관한 언론중재위원회의 조정 절차에서 정정보도를 하라는 조정결정을 받았음에도, 그 이후 이 사건 소가 계속 중이던 2015. 4. 27. 재차 원고에 대한 허위 사실을 총망라하고 그러한 내용이 사실이라고 암시하는 보도를 한 점, ⑨ 전국○○총연합이 원고를 고발한 사건에 대하여 검찰이 수사 발표를 하는 등 혐의에 관하여 공식적인 견해를 밝힌 적이 없음에도 고발된 의혹이 사실로 드러났다고 보도하였는데 이는 검찰에 사실을 제대로 확인하지 않았거나 확인하고도 의도적으로 무시한 것으로 보이는 점(결국 원고에 대한 고발은 모두 혐의 없음 처분 되었다) 등의 사정이 인정된다.

이러한 사정에 비추어, 이 사건 각 보도는 공직자에 대한 감시·비판·견제라는 정당한 언론활동의 범위에 벗어나 악의적이거나 심히 경솔한 공격으로서 현저히 상당성을 잃은 것이라고 할 것이다.

따라서 피고의 위법성 조각 주장은 받아들이지 않는다.

다. 손해배상의 범위

앞의 "나. 위법성 조각 여부"에서 인정한 사정에 ① 피고는 인지도나 신뢰도 및 시청자에 대한 영향력이 큰 방송사로서 이 사건 각 보도는 뉴스 프로그램 중에 방송되어 이를 시청한 다수의 일반 시청자들로서는 그 내용을 별다른 의심 없이 사실로 받아들일 가능성이 높은 점, ② 이 사건 각 보도는 그 멘트 내용 외에도 자막, 자료화면, 배경 화면 등에 의한 메시지 전달 효과가 커 허위보도로 인한 피해 또한 클 수밖에 없는 점, ③ 피고는 방송에서 원고에 대한 고발장 중 원고의 성명과 직위를 여과 없이 그대로 노출한 점, ④ 원고는 이 사건 각 보도 이후 관련 수사에서 배제된 뒤 다른 경찰서로 인사 조치되고, 상급 부서의 조사로 고통을 받았으며, 전국○○총연합으로부터 고발까지 당한 점 등을 비롯한 이 사건 각 보도의 취재 경위, 보도 형식 및 횟수, 표현방법, 허위 부분이 차지하는 정도 및 원고가 입었을 피해의 정도 등 기록에 나타난 제반 사정을 종합적으로 고려하여, 피고가 원고에게 배상할 손해배상금은 대상 보도 중 허위 부분이 포함되어 있는 이 사건 각 보도를 모두 합하여 70,000,000원으로 정함이 타당하다(보험사 직원인 ○○○이 경찰을 사칭하였다는 부분은 위자료 산정에 참작하지 않는다).

라. 소결론

따라서 피고는 원고에게 70,000,000원 및 이에 대하여 사건 각 보도일 이후로서 원고가 구하는 이 사건 청구취지 및 청구원인 변경신청서 송달일 다음 날인 2015. 7. 21.부터 피고가 그 이행의무의 존부나 범위에 관하여 항쟁함이 타당한 당심 판결 선고일 2016. 9. 9.까지 민법이 정한 연 5%의, 그 다음 날부터 갚는 날까지는 소송촉진 등에 관한 특례법이 정한 연 15%의 각 비율로 계산한 지연손해금을 지급할 의무가 있다.

3. 결론

그렇다면 원고의 이 사건 청구는 위 인정범위 내에서 이유 있어 이를 인용하고 나머지 청구는 이유 없이 이를 기각할 것이다. 제1심 판결의 정정보도 중 위에서 인정한 부분을 초과한 부분은 부당하므로, 제1심 판결을 위와 같이 변경하기로 하여 주문과 같이 판결한다.

판사   조한창 남인수 이세라

제7편
디지털 증거

제7편 디지털 증거

제1장 수사단계에서 증거능력

제1절 서 설

형사소송의 이념과 목적은 실체적 진실의 발견이다. 당사자 간의 공방과 증거제출을 통하여 주장·입증된 사실은 법관이 재구성하는 민사소송의 형식적 진실주의와 달리, 실체진실을 추구하는 형사소송에서 피고인은 원칙적으로 무죄로 추정 되며 피고인에 대한 공소사실의 입증책임은 검사가 지게 된다. 검사로 대변되는 수사 기관은 실체진실을 발견하기 위하여 범인발견·확보 및 증거수집·보전이라는 수사 행위를 하게 되는데, 특히 이중 피의자의 진술을 통하여 직접 증거를 수집하는 행위를 피의자신문이라 한다. 또한 형사소송법 제244조에 의하여 피의자의 진술은 조서에 기재하는데, 이러한 조서를 피의자신문조서라고 한다. 형사소송법은 증거법적으로 피의자신문조서의 증거능력에 대하여 "영상녹화물 기타의 객관적 방법"을 통한 진정성립의 입증을 허용하여 기존 대법원 2004. 12. 16. 선고 2002도527호 전원합의체판결에서 "성립의 진정은 '원진술자의 진술에 의하여' 인정되는 방법 외에 다른 방법을 규정하고 있지 아니하므로, 실질적 진정 성립도 원진술자의 진술에 의하여서만 인정될 수 있는 것"이라고 판시한 진정 성립의 입증방법을 넓게 보고 있다. 위 조항은 이미 사법개혁추진위원회 및 국회의 개정 논의 당시부터 적지 않은 관심과 논쟁이 벌어진 바 있고, 그 논쟁 중 가장 중심에 섰던 근거는 다름 아닌 "공판중심주의"인 것으로 보인다. 그 중에서도 증거법 분야에 많은 획기적인 제도의 도입 및 변화가 지금까지도 논란의 여지를 남기고 있다. 특히 많은 논란이 되고 있는 부분은 영상녹화물의 분야로 여겨지고 있고, 지금도 검찰이나 법원 등 실제로 형사소송법이 적용되고 있는 기관별로 각자의 해석론에 의하여 하나의 증거법을 전혀 다르게 해석하고 있다. 따라서 본장에서는 영상녹화제도의 이론적 배경을 토대로 영상녹화물의 개념과 활용실태를 살펴보고, 또한 경찰 및 검찰의 수사단계 뿐만 아니라 단계에서 활용되고 있는 실태를 통하여 영상녹화물의 증거능력에 대한 견해대립이 발생하게 된 문제점을 검토해 보고 나아가 이러한 문제점을 개선하는 방향에 있어 수사단계에서 영상녹화제도의 올바른 해석론을 제시해 보고자 한다.

이와 같은 연구목적을 바탕으로 각국 수사과정의 영상녹화제도를 살펴봄으로써 앞으로 우리나라의 수사단계에서 개선해야할 방향들에 대하여 논의 하고자 한다. 더불어 영상녹화제도를 수사기관에서 어떻게 활용할 수 있으며 전통적인 증거법 하에서 그 증거능력을 어떻게 받아들일 것인가에 대하여 검토할 것이다.

1. 영상녹화물의 개념

영상녹화물의 개념에 대하여는 형사소송법상 명문의 규정은 없지만, 검찰보존사무규칙 제1조 1의2호에서 영상녹화물을 "형사소송법 제221조 및 제 244조의2에 따라 수사과정에서 피의자 또는 피의자 아닌 자의 조사과정을 영상녹화하여 이동 가능한 특수매체에 저장한 것"이라고 규정 하고 있다.[458] 수사기관의 영상녹화제도는 비디오녹화장치에 의하여 수사의 진행과정이나 생성되는 정보를 영상과 음향이 동시에 재현될 수 있도록 비디오테이프나 레이저 디스크, CD등에 수록하는 제도를 말한다.

영상녹화는 협의의 개념과 광의의 개념으로 나눌 수 있는 바, 전자는 수사기관에서 구체적 사건에 관하여 피의자 내지 참고인 등의

---

458) 허인석, 「영상녹화제도의 합리적 운용과 발전방향」, 법조 제9호 통권624호, 2008, p107

진술을 녹화해 놓은 것이고, 후자는 수사기관 내지 사인의 진술을 녹화하는 것까지 포함하는 개념이다. 일반적으로 협의의 영상녹화를 의미하며, 수사기관에서 피의자 내지 참고인 등의 진술을 기록하는 매체의 개념으로 쓰인다.

2. 영상녹화물의 종류

(1) 현장 영상녹화물

불법시위현장이나 폭력범행 장면, 범행 장소 등의 현장 모습을 촬영한 영상녹화물로서 녹화된 장면 자체를 증거로 사용하는 것이다. 즉, 불법시위 현장 영상녹화물은 녹화 장면 자체로서 불법시위의 범행에 대한 증거로 사용되고, 폭력범행 현장 영상녹화물도 그 장면 자체로 피고인이 폭혁행위를 했는지를 확인하는 증거자료가 된다.[459]

(2) 진술 영상녹화물

진술 영상녹화물이란 사람이 일정한 진술을 하는 장면을 촬영한 영상녹화물이다. 이는 촬영한 장면 자체가 증거자료로 되는 것이 아니라 촬영된 사람이 행한 진술 내용이 증거자료가 된다는 점이다. 따라서 이 영상녹화물은 영상뿐만 아니라 녹음이 포함되어 있는 것을 의미하는 것이 일반적이다. 예컨대 교통하고 현장을 목격한 사라미 그 목격한 내용을 진술하는 장면을 촬영한 영상녹화물은 장면 자체 즉, 그 사람이 진술을 하는 장면 자체를 증거자료로 사용하려는 것이 아니고, 그 사람의 진술을 증거자료로 사용하려는 것이다.

---

459) 이완규, 「개정형사소송법의 쟁점」, 2007, 탐구사, p131

3. 영상녹화물의 유형

(1) 피의자 진술의 영상녹화

제244조의2는 '피의자 진술의 영상녹화'라는 제목 아래 피의자의 진술을 영상녹화 할 수 있도록 규정하는 한편, 영상녹화를 위해서는 미리 피의자에게 영상녹화사실을 알려주어야 하고, 조사의 개시부터 종료까지의 전 과정 및 객관적 정황을 영상녹화 하도록 하였다(같은 조 제1항). 또한 영상녹화가 완료된 때에는 피의자 또는 변호인 앞에서 지체 없이 그 원본을 봉인하고 피의자로 하여금 기명날인 또는 서명하게 하여야 한다(같은 조 제2항). 다만, 이 때 피의자 또는 변호인이 이의를 진술하는 때에는 그 취지를 기재한 서면을 첨부하여야 한다.(같은 조 제3항)[460]

(2) 참고인 진술의 영상녹화

제221조에서 참고인 진술의 영상녹화에 관하여 규정하였다. 당초 개정안에서는 참고인에 대한 영상녹화에 관한 규정은 마련되어 있지 않았으나, 국회법사위 논의 과정에서 참고인 진술조서의 진정성립을 인정하는 근거로 원진술자의 진술 이외에 영상 녹화물 기타 객관적인 방법을 추가하고, 이와 더불어 참고인에 대해서도 영상녹화를 할 수 있도록 근거 규정을 두자는 의견이 제시 되었다.이러한 논란 끝에 참고인의 동의를 요건으로 영상녹화를 할 수 있는 근거 규정을 두는 것으로 의결되었다. 참고인 진술의 영상녹화에 관해 제221조에는 피의자 진술에 대한영상녹화와 같은 엄격한 제한에 관한 규정이 직접 명시되어 있지는 않다. 그러나 개정규칙은 참고인 진술의 영상녹화 역시 조사의 개시부터 종료까지 전 과정의 객관적 정황을 모두 영상 녹화 하여야 하고, 원본의 봉인 절차 및 이

---

[460] 법원행정처, 새로운 형사재판의 이해, p120

의 진술이 있을 경우의 조치 등 피의자 진술 영상녹화에 관해 규정이 그대로 적용된다는 점을 명백히 하고 있다.

4. 영상녹화물의 절차와 방식

영상 녹화에 대한 근거조문이 신설되면서 영상녹화절차는 아래 규정요건에 충족하도록 요구하고 있다.

> ① 피의자의 경우에는 영상녹화사실을 알려 주어야 하고, 참고인의 경우에는 그의 동의를 받아야 한다.
> ② 피의자의 경우에는 법상 조사 전 과정을 녹화하게 되어 있다.
> ③ 피의자의 경우에는 조사완료 후 영상 녹화물 원본을 봉인하고 피의자로 하여금 기명날인 또는 서명하게 하여야 한다(법제244조의2).
> ④ 피의자의 경우 영상 녹화물을 재생하여 시청하는 요구를 할 수 있다.[461]
> ⑤ 신문 시 신문하는 검사와 참여자의 직급을 고지하여야 하고 (규칙 제134조의2제3항 제3호)
> ⑥ 진술거부권 및 변호인 참여권을 고지하여야 한다(법 제244조의3).
> ⑦ 조사실 전체를 녹화하여야 하며(규칙 제 134조의 2 제4항)
> ⑧ 조사가 진행되는 동안 피진술자의 얼굴을 식별할 수 있도록 영상물을 제작(규칙 제134조의2제4항)하여야 한다는 등 구체적 규정들에 따라 영상녹화를 하여야한다.[462] 물론 참고인 조사의 경우에도 위와 같은 규정들이 대부분 준용 된다고 볼 수 있다.

이러한 규정에 따라 검사는 영상녹화로 조사하거나 신문할 사항이 있으면, 피조사자에게 이를 고지하고 별도 설치된 전자조사(신문)실로 피조사자를 안내한 후 소정의 고지에 의해 조사자 신분과 녹화사실 고지.녹화 동의의 의사 확인, 조사개시 시각의 명시, 피의자의 권리 등을 설명함으로서 조사를 시작하며, 조사가 종료된 때에는 종료시각을 확인하고,CD 제작과 라벨 부착 및 피조사자를 확인 하며, 녹화 후 조치로는 녹화사실 및 조사요지에 대한 수사보고서를

---

461) 대검찰청, 「영상녹화조사업무 실무매뉴얼」, 2007, p36.
462) 이영한, 「새로운 형사소송법에서의 조서와 영상녹화」, 법조통권 제617호, 법조협회, 2008, p124-125.

작성하여 기록에 첨부 하는데,수사 보고서는 사안에 따라 개요만 작성하거나(간략형)쟁점부분에 대하여는 비교적 상세한 내용을 부하거나(부분녹취형)경우에 한 마디 한 마디를 전부 녹취한(전부녹취형) 세 가지 형식으로 작성한다. 수사 보고서에 영상물 사본을 봉투에 첨부하여 기록에 편철함으로서 영상녹화절차가 종료된다고 할 수 있다.[463]

5. 영상녹화물의 증거능력 여부

오랫동안 논의 끝에 2007. 4. 30. 형사소송법 개정안이 국회를 통과하고 2007. 6. 1. 공포되어 2008. 1. 1부터 시행이 되었다. 당시 형사소송법[464]은 여러 분야에서 새로운 제도를 도입하였고 그 중에서도 증거법 분야에 많은 획기적인 제도의 도입 및 변화를 통하여 지금까지도 논란의 여지를 남기고 있다. 이미 사법제도개혁추진위원회의 논의에서부터 시작하여 국회의 법안심의에 이르기까지 그 도입 및 증거능력의 문제에 대하여 심각한 의견대립이 있어 왔다. 본장에서는 현행 법 하에서 영상녹화제도의 증거능력에 대한 검토를 통하여, 향후 수사기관의 증거 활용에 기여할 수 있는 대안을 모색하는 것이 궁극적인 목적이다. 조서에 의한 수사는 근본적으로 조서작성시의 오류개입과 강압에 의한 허위 기재라고 하는 불완전성과 왜곡 가능성을 내포하고 있다. 그러므로 조사과정에서 발생할 수 있는 인권침해 위험 및 신문조서의 불완전성 등을 회피하면서도 형사소송절차에서 이를 증거로 활용하여 실체적 진실을 구현할 수 있는 방안을 강구할 필요가 있다.

---

463) 김종률, 「영상녹화제도와 검찰수사실무 변화에 관한 연구」, 형사사법의 신동향 통권 제8호, 대검찰청, p84

464) 법원행정처, 「새로운 형사재판의 이해」, 2008, p13-14

제2절 영상녹화물 사용의 필요성과 문제점

1. 필요성

(1) 실체적 진실발견에 유용

종래 조서에 의한 수사는 근본적으로 조서 작성 시의 오류개입과 협박내지 강압에 의한 허위 기재의 가능성을 내포하고 있는데, 피의자 신문시 영상녹화를 한다면 진술자의 진술내용을 왜곡할 수 있는 가능성을 방지 할 수 있고, 초동 수사 시 확보할 수 있는 실체적 진실에 근접한 최초 진술의 증거가치를 확보할 수 있다. [465] 그리고 수사관의 수사기관이 피의자를 조사하는 전 과정을 기계적인 방법으로 녹음.녹화되어 수사관의 신문 방식과 아울러 여러 관점에서 달리 이해 될 수 있는 피의자의 진술취지가 여과 없이 드러난다는 점에서 수사과정의 투명하고 공정한 장치로 활용될 수 있을 것이다.[466]

(2) 사건 관련인의 인권보장에 기여

형사소송법은 피의자 신문의 절차적 요건으로서 진술거부권의 사전고지(제200조 재2항), 피의자에게 이익이 되는 사실을 진술한 기회의 부여(제242조), 조사자 이외에 검찰수사관이나 사법경찰관리 등이 참여할 의무(제243조), 조서의 열람 등을 요구 하고 있다. 그러나 장시간 조사를 받고 더구나 피의자의 신변이 체포 내지 구속되어 있거나 다수의 피의자와 피해자, 참고인들 간에 이루어지는 복

---

465) 대검찰청에 따르면 법정에서 허위증언과 관련하여 우리나라와 형사소송체계가 비슷한 일본과 비교해 볼 때 년에서 년까지 조사대상에서 , 2001 2003 연평균 8명이 기소되는 반면, 우리는 연평균 1,318명이 기소되고 있어, 인구수 대기 기소 사건수가 일본의 433배에 달하는 실로 엄청난 숫자이다.(http://www.donga.com)

466) 탁희성, 「피의자신문의 녹음 · 녹화시스템에 관한 비교법적 고찰」, 형사정책연구소식 제84호, 형사정책연구원, 2004, p9

잡한 내용의 대질조서를 피의자가 처음부터 끝까지 상세히 읽어보고 일일이 조서의 증감변경을 구한다는 것은 현실적으로 항상 가능한 일이 아니다.[467] 따라서 수사기관이 피의자를 신문하는 모든 과정을 빠짐없이 녹음.녹화하게 된다면 신문의 밀행성의 약화로 고문 등의 가혹행위가 발생할 가능성은 대폭 감소하게 될 뿐만 아니라, 가혹행위 등이 자행되었을 경우에 이에 대한 처벌을 확보해주는 수단으로 활용될 수도 있을 것이다.[468]

(3) 조사의 효율성 확보

영상녹음.녹화가 일반화 되면서 조서작성에 기울이는 시간과 노력을 신문사항의 정리, 피의자의 답변내용과 행동, 얼굴표정 등을 관찰하면서 조사과정에 집중 할 수 있어 수사기관의 주도적이고 효율적인 수사가 가능할 것이며, 이러한 즉문 즉답을 통하여 조사시간의 단축도 가능해 질 것이다.[469]

(4) 피의자진술과 임의성 유무 등에 관한 사후 확인 가능성

기존의 조서방식에 의할 경우에는 조사의 분위기나 조서에 기록되지 않은 부수적인 신문과 답변의 내용은 사후 확인이 불가능하다는 문제점이 있으나, 신문의 전과정을 빠짐없이 녹음.녹화할 경우에는 조사자와 진술자의 진술태도나 어조, 신문의 방식과 대화내용 등을 모두 보존 할 수 있어 피의자신문의 정황을 사후적으로 판단하는 자료로 활용할 수 있을 것이다.[470] 더욱이 핵심을 벗어나 주변적인 내용의 진술은 그것이 진술의 신빙성 판단에 실질적인 역할을 담당

---

467) 황은영, 「피의자진술의 객관적 확보방법 」, 수사연구, 2004, p16
468) 서울신문, 2005. 3. 5
469) 정웅석, 「영상녹음 · 녹화에 관한 법적 고찰」, 형사법의 신동향, 대검찰청, 2007, p150
470) 이동희, 「사개추위안의 피의자신문 녹음 · 녹화 제도 도입방안에 대한 검토」, 비교형사법연구 제8권 제1호 특집호, 한국비교형사법학회, 2006, p522

함에도 불구하고 조서 작성 시 경시되거나 아예 기록될 수 없지만[471] 영상녹음·녹화를 한다면 판사는 모든 신문내용을 확인 할 수 있어 마치 신문현장에 있었던 것과 같은 유사한 간접경험을 얻을 수 있을 것이다. 또한 형사소송법 제 312조 제2항 및 제4항에 의하면 조서의 진정성립을 입증하는 방안으로 영상녹화물을 규정하고 있다. 조서작성과 동시에 영상녹화를 한 경우라면 원진술자가 실질적 진정 성립을 부인하는 경우는 없을 것이고, 만약 이를 부인하더라도 영상녹화물에 의하여 실질적 진정 성립을 입증할 수 있으므로 영상녹화물에 의하여 조서는 안정적으로 증거능력을 취득하게 된다.[472]

(5) 조사방법의 선진화 및 형사절차 전반의 구조적 변화

피의자의 자백을 얻어 내기 위한 윽박지르기나 회우 등은 녹화라는 물리적 환경에서 제약을 받을 수밖에 없고, 대신 신문기법의 연구, 피의자의 표정과 행동관찰, 조사하는 사람들에 대한 감독과 평가가 가능하게 되므로 수사기법의 발달을 가져오게 될 것이다. 그리고 수사과정의 공정성과 신뢰성을 제고하고 전자조사실·전자법정 등 현재 정보화 사회에 적합한 형사사법제도의 운영을 위한 획기적인 전기도 마련될 수 있을 것이다.[473]

(6) 경찰조사의 증거능력 인정 및 수사지휘권의 실효성 확립

사법경찰관의 강요에 의한 자백은 임의성 없는 자백이므로 형사소송법 제 309조에 의해서 증거능력이 부인되지만, 사법경찰관리로부터 자백을 강요받았다는 사실을 피고인이 공판기일에 입증한다는

---

471) 박노섭, 「수사절차상의 , 신문과 비디오 녹화제도」, 형사정책 제16권 제1호, 2004, p114
472) 백승민, 「영상녹화물의 증거능력 및 증명력에 관한 연구」, 대검찰청, 2007, p16
473) 황은영, 「피의자진술의 객관적 확보방법 」, 수사연구, 2004, p16

것은 거의 불가능하므로 피의자신문과정에서 사법경찰관리의 자백 강요를 위한 위법행위를 억제하기 위해서는 사법경찰관리가 작성한 피의자신문조서에 기재된 자백의 증거능력을 부정함으로써 인권을 보장하는데 제312조 제2항의 입법 이유가 있다. 한편 영상녹화물에 의한 수사가 일반화 될 경우에는 검사의 수사지휘는 종래 경찰이 완전히 조서를 작성한 다음 사후적으로 지휘를 하던 양상에서 초기 수사부터 전면적으로 진술청취 과정을 통제.지휘할 수밖에 없는 상황으로 변모할 수밖에 없으므로 경찰에 대한 검사의 수사지휘권이 실질적으로 보장될 수 있을 것이다. 왜냐하면 임의성 없는 상황이 영상녹화 되었을 경우에 피고인은 당연히 그 내용을 자신에게 유리한 자료로 사용하기 위하여 법정에 제출할 것을 요구할 것이고, 그러한 진술이 기초한 그 후의 모든 수사는 당연히 불신을 받을 수밖에 없게 되기 때문이다. 반면에 경찰에서 충분히 임의성 있는 영상녹화조사를 하였을 경우에는 법정에 그대로 증거로 제출할 수 있으므로 검찰에서 불필요하게 이중조사를 할 필요가 없게 되므로 국민의 편의도 제고 될 수 있을 것이다.

2. 문제점

(1) 소송지연 및 공판중심주의의 훼손

신문의 전 과정을 녹음. 녹화를 한다면 이러한 녹음.녹화에 지나치게 많은 시간이 소요되어 소송을 지연시킬 뿐 만 아니라 법정심리 시간이 수사과정을 담은 영상 녹화물의 재현에 대부분 할애됨으로써 충실한 법정심리를 통한 생생한 심증형성이라는 공판중심주의가 다시 훼손될 우려가 높다는 비판이 있다. 따라서 피의자신문조서, 그리고 영상녹화물의 각 증거능력과 공판중심주의간의 필연적인 논리관계에 대하여는 명확히 밝혀지지 않은 상태에서, 공판중심주의는 곧바로 조서의 증거능력을 부정하는 체제라는 식으로 성급하게 논의가 진행된 것은 아닌가 하는 의문이 제기되고 있다. 또한, 피의자 신문조서의 증거사용을 인정하는 것이 다름 아닌 조서재판이고, 이러한 조서재판은 마치 우리나라에서만 인정되는 피고인의 인권보장에 반하는 태도인 것처럼 인식되고 있음을 보면서 진정한 조서재판의 폐해란 무엇이며, 피의자신문조서의 증거사용에 대한 각국의 입법과 실무례 등에 대하여 살펴볼 필요성을 느끼게 된다.[474]

(2) 조작의 위험성

피고인의 방어권과의 관계에서 영상녹화물이 가질 수 있는 문제점, 즉 영상녹화물 자체가 가지는 편견 제공의 우려, 촬영자나 편집자의 일방적인 영향력 및 촬영이나 편집기법에 따른 조작의 가능성이 상존한다는 견해가 있다.[475] 그러나 피의자신문의 진행과 동시에 실시간으로 두 개의 CD에 녹음.녹화된 데이터를 중앙컴퓨터에 자동적으로 저장시켜 관리를 한다면 증거조작의 위험은 원천적으로

---

474) 이상민, 「공판중심주의 의미와 피의자신문조서 및 진술영상녹화물의 증거능력」, 2008, p2
475) 서보학, 「피의자진술의 비디오 녹화 도입에 따른 법 정책적 검토 및 재산상 증거능력」, 수사연구, 2004, p28

불가능 할 것이다. 비디오 신문 전의 인권침해행위에 대해서도 체포시각은 물론 피의자신문의 개시기간을 기재토록 하고, 피의자가 원하는 경우 변호인의 참여권 및 영상녹화의 내용에 대한 이의진술권을 보장한다면 충분히 극복될 수 있는 문제라고 생각된다.

(3) 법관에 대한 올바른 심증형성을 방해할 위험성

영상녹화의 경우 피의자 신문의 전 과정을 녹화하도록 할 실질적인 안전장치를 마련하는 것이 사실상 불가능 하고 대부분 신문과정의 일부분(특히 자백하는 장면)만을 법정에 전달할 수밖에 없는 한계를 가지고 있음에도 불구하고, 피의자의 진술 장면과 육성을 담고 있는 영상녹화물이 법정에서 그대로 재현될 경우 법관에게 매우 강력한 인상을 남겨 올바른 심증형성을 방해할 위험성이 매우 크다는 것이다.[476)

---

476) 참여연대, 「공판중심주의 법정심리절차 확립을 위한 형사소송법 개정안에 대한 의견서」, 참여연대사법감시센터, 2005. p20

제3절 영상 녹화물에 관한 각국의 입법례와 적용현황

1. 대륙법계

(1) 독 일

독일에서는 직권주의에 기초한 전통적 수사 및 재판관행 때문에 영상녹화의 실질적인 필요성이 적고 더구나 영상녹화물에 의한 수사과정 공개로 인하여 변호인의 공격기회가 확대되어 실체적 진실발견이 저해될 우려가 있다는 이유로 실무상 녹음·녹화하는 사례가 별로 없다고 한다. 그럼에도 불구하고 16세 미만 청소년이 피해자일 경우에는 위 형소법규정에 따라 철저히 녹음·녹화를 실시하고 있다.477) 독일은 범죄피해자 보호 측면에서 녹음·녹화가 발전한 관계로 참고인 신문에만 이용할 뿐 피의자신문에는 이용하지 않고, 16세 미만의 자 및 공판정에서 증언하기 어려운 자 등에 대한 녹화를 의무화하고 있기 때문에 주로 미성년자 또는 성폭력 피해자 등을 위주로 녹음·녹화를 실시하며, 이 경우 신문 이전에 녹음·녹화 사실을 미리 당사자에게 알려주어야 하고, 미성년자인 경우 부모 등의 승낙을 받아야 하며, 당사자 모르게 신문과정을 녹음·녹화하는 것은 위법이다.

최근 영상녹화조사의 대상을 아동성폭력 피해자 등 제한된 참고인에게만 국한할 것이 아니라 모든 참고인, 피의자에게까지 의무화함으로써 서면조서의 객관성을 담보하거나 영상녹화조사로써 서면조서를 대체하는 방안에 대한 연구가 활발히 이루어지고 있다.

---

477) 차동언, 「공판중심주의 확립을 위한 전문법칙의 재정립」, 동국대학교, 2007, p254.

(2) 일 본

일본의 경우, 현재까지 녹음·녹화제도가 도입되어 있지 않지만 학계에서 피의자신문의 적정화를 위해 그 필요성을 주장하는 견해가 지속적으로 제기되고 있고, 특히 변호사단체에서 제도 도입을 강력하게 주장하고 있는 상황이다.478) 그러나 검찰은 녹음·녹화제도의 도입을 강하게 반대하고 있으며, 일본정부도 제도 도입에 소극적인 자세를 견지해왔다. 녹음·녹화제도의 도입추진과 관련해서는 일본변호사 연합회(이하 '일변 협')의 활동이 주목된다. 일변 협은 1990년대 중반부터 '피의자신문의 가시화'라는 모토를 내세워 녹음·녹화제도의 도입을 주장한 이래 지속적으로 제도 도입의 필요성을 홍보하고 있다.479)최근에는 조만간 시행될 시민참여재판인 재판원제도하에서 일반시민이 쉽게 이해할 수 있는 재판이 진행되기 위해서도 제도도입이 필요하다는 점을 강조하고 있기도 하다. 일변 협에서 마련한 법안을 보면, 검찰, 경찰 등 수사기관은 조사의 개시부터 종료까지 전 과정을 녹음·녹화하여야 하는 것으로 규정하고 그 절차, 변호인의 복제·교부 청구권, 영상녹화가 되지 않았거나 녹화절차에 위반된 경우 피고인 진술녹취서면의 증거능력 배제 등을 규정하고 있다. 수사기법의 측면보다는 재판원제도의 도입과 관련된 수사절차의 가시화, 공판직접주의의 강화라는 측면에서 논의되고 있으나, 재야 법조계와 검찰이 이견을 보이고 있어 아직까지 영상녹화 제도를 도입하지 않은 상태이다.

---

478) 차동언, 「공판중심주의 확립을 위한 전문법칙의 재정립」, 동국대학교, 2007, p259
479) 일변련은 특별위원회를 구성하여 학술연구를 수행하고 있고, 각국에 대한 현지시찰이나 학술세미나 개최 등의 다양한 활동을 추진해왔다. 2002년 12월에는 일본내각에 녹음·녹화제도 도입에 관한 질의서를 제출하는 등 정부에 대하여 개혁을 촉구하고 있으며, 2004년 6월에는 동경에서 대한변협과 공동주최로 '피의자신문가시화 국제심포지엄'을 개최하기도 하였다.

(3) 프랑스

프랑스의 경우, 피의자신문을 녹음·녹화하는 제도는 정식으로 시행되고 있지 않으며, 다만 소년에 대한 조사에 있어서는 비디오녹화가 의무화되어 있다.[480] 원칙적으로 프랑스에서는 수사과정을 녹음·녹화하지 않으나, 다만 형소법 제 706-52조는 강간 등 성범죄의 피해자가 18세 미만의 미성년자일 경우 당사자나 법정대리인의 동의를 얻어 녹음이나 녹화를 할 수 있는데, 대질신물에 관한 규정은 적용되지 아니하며, 1부의 사본과 1부의 원본을 만들어, 원본은 밀봉하고 사본은 수사판사 또는 법원서기가 참석한 가운데 비밀을 보장하는 조건으로 당사자 등이 언제든지 열람 가능하며, 원본은 유포하거나 사본을 만든 경우 1년 이하의 징역 또는 15,000 유로 이하의 벌금형에 처한다고 규정되어 있다.

2. 영미법계

(1) 영 국

영국에서는 일찍이 1960년대부터 피의자조사과정을 녹음하는 제도의 도입이 제창되었으나, 수사기관인 경찰의 반대로 제도 도입이 이루어지지 못했다. 1980년대에 들어 발생한 'Confait 사건[481]'을 포함한 일련의 사건에 대한 조사 등을 통하여 녹음의 필요성이 지적되었으며, 이에 영국정부는 1983년 녹음제도를 시험적으로 실시하기 이르렀다. 진술녹음(Tape Recorded Interview) 절차를 살펴보면, 우선 피의자의 조사실입실 후[482] 녹화장비를 설치하고 피의

---

480) 한편 신체 구속된 피의자가 피의자신문에 있어 변호인의 입회를 요구하는 권리가 보장되어 있다, 2004, p15.
481) 1972년 런던에서 남창인 '맥스웰 콘페'가 불탄 집에서 질식사한 채로 발견된 후 3명의 청소년들이 경찰에서 범행을 자백하여 살해 혐의로 기소되었으나, 재판과정에서 그 사인이 피의자들의 행위에 의한 것이 아니라 경찰에서의 자백도 허위로 밝혀져 무죄 선고된 사건이다.
482) 조사실 입실 전에도 피의자의 언행을 경찰관이 기록한다.
　　대검찰청, 「수사과정의 녹음 · 녹화제 운영실태보고 Ⅱ」, 2004, p.10

자 면전에서 녹화매체의 포장을 개봉하며, 변호인의 조력을 받을 권리 등을 고지한다. 그리고 조사는 이른바 PEACE모델에 의해 진행되고, 조사 일시·장소, 조사 담당관의 이름·직책, 피의자 인적사항, 참여인, 피의자의 법적 권리 및 협의사실 등과 진술이 녹음되고 있음을 고지하여야 한다.

(2) 미 국

미국에서는 미란다 원칙에 의해 피의자가 신문에 있어 변호인의 입회를 요구하면 경찰은 변호인의 입회 없이는 피의자를 조사할 수 없다. 미국의 경우, 이러한 미란다 고지가 적절하게 이루어졌는가를 입증하는 방법의 일환으로 비디오 녹화제도가 고려되어 왔고 일부 주에서 이를 인정하여 판례나 성문법에 의하여 실시하고 있다.[483] 2000년대 들어서는 워싱턴 D.D 일리노이주 등에서 주 법률로서 조사과정의 비디오녹화가 의무화되었다. 최근의 조사에 의하면, 판례나 법률에 의한 의무화가 없더라도 많은 도시나 카운티의 경찰서에서 임의로 피의자조사과정을 녹음·녹화하고 있는 것으로 파악되고 있다. 2004년 기준으로 적어도 전미 37개주 238개 경찰서에서 구금된 피의자에 대한 신문을 녹음·녹화하고 있으며, 미국 법무부에 의하면 인구 5만 명 이상 관할의 1/3이 영상녹화를 하는 것으로 알려져 있다. 미국의 영상녹화조사 제도는 각 주별로 그 내용을 다소 달리하는 것으로 알려져 있으나, 우리나라 검사가 시카고 등을 방문하여 그 실무운용 사례를 살펴본 바에 의하면,[484] 피의자 신문과정이 담긴 비디오테이프가 증거개시 절차에서 증거로 개시된 경우 이에 대한 증거능력 유무는 공판전 절차(Pre-Trailmotion)에서 다루어지며 배심원들에게 제출된 녹음·녹화 테이프는 실무상 강한 증명력이 인정되

---

483) 탁희성, 「피의자 신문의 녹음 · 녹화시스템에 관한 비교법적 고찰」, 형사정책연구소식 제84호, 형사정책연구원 2004, p12-13.
484) 대검찰청, 「수사과정의 녹음 · 녹화제 운영실태보고 II」, 2004, p.95

므로 피고인이 유죄를 인정하는 경우가 많으며, 증거능력이 이전되는 한 상당히 높은 증명력이 부여된다고 한다. 다만, 피의자가 술에 취하였거나 마약을 복용한 의심이 있으면 녹음·녹화를 하지 않는 것이 일반적이다.

제4절 영상 녹화물의 증거능력[485]

1. 서 설

디지털기술의 발달로 전자법정 구현, 각종 수사 장비의 디지털화 등이 급속도로 진행되고 있다. 검찰은 디지털장비를 도입하여 수사에 활용하는 수사의 현대화작업을 진행하면서 특히 영상녹화를 위한 전자조사실을 설치하여 인권침해의 시비를 없애려는 등의 다각도의 노력을 전개하고 있는 실정이다. 이러한 수사단계 진술과정을 영상녹화한 녹화물에 대한 언급은 개정 형사소송법에서 처음 등장한 것이다. 검찰에서는 피의자신문 과정에 대한 불신을 해결하기 위하여 2003년 이전부터 이미 신문의 영상녹화제도 도입을 준비해 왔었고, 사법제도 개혁추진위원회 전문가 토론회부터는 기록방법이 전자적 기계식이어서 우수하고 투명성도 보장할 수 있는 영상 녹화물에 본증으로서는 독립적 증거능력을 허용해야 한다고 주장하였다. 이에 대해 법원 측에서는 기본적으로 수사절차상의 진술은 증거능력을 배제해야 한다는 입장에서, 수사절차상 진술을 기록한 기록물로서의 영상녹화물도 당연히 증거능력을 배제해야 한다고 주장했다. 나아가 영상녹화물이 가지는 생생한 재생력으로 인해 진술에 강력한 증명력을 부여하게 될 수 있다는 점, 그리고 영상녹화물의 증거조사로서 이를 재생하여 시청하는 방법은 시간이 오래 걸린다는 문제점을 들어 영상녹화물의 증거능력을 조서보다 더 강력하게 부정하려고 하였다. 영상녹화물을 조서의 진정성립 증명수단으로 규정하는 외에도, 피의자의 진술을 녹화한 영상녹화물의 경우 본증의 증거능력을 규정하는 조문을 두면서 조서보다 증거능력 요건을 더욱 제한했다. 그래서 영상녹화물의 본증으로서의 증거능력 규정이 없는 체제로 유지되게 되었다. 이 때문에

---

485) 이상민, 「공판중심주의 의미와 피의자신문조서 및 진술영상녹화물의 증거능력」, 2008, p51

영상녹화물의 증거능력에 대한 해석에 있어 혼란의 여지를 남기게 되었다. 개정 전 판례는, 진술과정을 녹화한 영상녹화물은 그 진술 내용을 증거로 사용하고자 할 때에는 전문증거이므로 조서 및 서류 등에 관한 전문법칙 예외 규정을 준용하여 그 증거능력을 판단해야 한다고 판시하였는데[486] 특별한 명문의 규정이 없는 한 개정법 하에서 이러한 판례가 그대로 유지될 수 있을 것인가에 대한 법리적 의문을 가져온다.

2. 영상녹화물의 증거능력[487]

위에서 언급한 것처럼 검찰은 수사과정에서 진술자가 특별히 진술을 번복할 가능성이 있는 경우에 검사가 임의적으로 진술을 영상녹화하여 법정에 증거로 제출하여 온 사례가 있었는데, 이 경우에 판사는 재판정에서 영상녹화물을 검증의 대상으로 하여 검증을 하되 그 진술된 부분은 전문 진술로 파악하여 형사소송법 제211조 이하의 규정에 의하여 증거능력이 인정될 경우에만 그 내용을 사용할 수 있도록 하여 왔다. 그러나 그동안 사법경찰관작성의 피의자신문조서에 대한 증거능력이 부인되더라도 검사작성의 피의자신문조서에 대한 증거능력이 인정되고 있었으므로 영상물로 녹화된 진술은 단지 피의자신문조서의 임의성을 보완하는 정도의 의미만을 갖고 있었지만, 2004. 12. 16.자로 선고 된 2002도537판결은 형식적 진정성립의 추정을 폐기함으로써 검사작성의 피의자신문조서에 대한 증거능력을 사실상 부인하기 때문에 그동안 법원에서 증거로 인정될 가능성이 매우 큰 검사작성의 피의자신문조서를 작성하는 방식으로 진행되었던 모든 수사가 이제 불안정한 상태에 놓이게 되었다. 즉, 혐의가 있으면 일단 체포하여 놓고 기소하는 과정에서 수

---

486) 대법원 1992. 6.23. 선고 92도 682 판결
487) 박현식, 「수사과정 영상녹화물의 증거능력에 관한 연구」, 조선대, 2008, p50~51

사가 진행되는 영미식과 달리 미리 사전에 엄밀하게 수사를 하여 유죄에 준하는 정도의 혐의가 인정될 경우에 구속과 기소를 하는 우리나라의 체제하에서 검사작성의 피의자신문조서의 증거능력이 흔들려 수사의 기본 철학 자체가 완전히 뒤집히게 되는 상황이 벌어지게 되었다. 이러한 상황에서 영상녹화물에 대한 논의는 매우 중요하고도 시급한 성격을 갖게 되었는데, 조서에 대한 증거능력을 부정하는 대법원 판결의 주요근거는 신빙성이 없으므로 진정 성립을 인정할 수 없다는 것이므로, 신빙성이 매우 뛰어나고 영미법계에서 높은 빈도로 활용중인 영상녹화물이 조서와 병행하는 또 하나의 대안으로 검토된 것이다. 그러나 영상녹화물에 대한 논의는 곧 벽에 부딪치게 되었는데, 법원 측에서 강력하게 반발하고 나온 것으로 영상녹화물은 너무 신뢰성이 높아서 사용할 수 없다는 것이다. 즉 공판중심주의 실현의 가장 핵심개념이 법정에 증거를 제출하여 평가하자는 것인데, 영상녹화물이 만들어질 경우 아무리 법정에서 이를 부인하는 증언을 한다고 하더라도 영상녹화물의 증거능력이나 증명력을 부인할 수 없게 되기 때문이다. 이울러 영상녹화물의 증거능력 인정여부는 형사재판에서의 사실상의 사실 인정권(fact-finding authority)을 둘러싼 권력투쟁의 본질은 갖고 있다는 점도 간과될 수 없을 것이다.

이러한 입장을 저변에 깔고 있는 법원에서는 검사에게 분배되어 있는 사실상의 사실인정권을 더욱 강화시켜주는 영상녹화물의 도입을 반대할 수밖에 없었지만, 공판중심주의의 원조격인 영미법 하에서도 아무런 법적 문제없이 영상녹화물이 사용되고 있는 현실과 수사단계의 인권보호를 검사작성의 신문조서를 부인하는 근거로 삼아온 법원에서 가장 인권보호적인 대책으로 국제적으로 사용되어온 영상녹화물을 거부하기에는 입지가 약할 수밖에 없었다. 이는 형사소송법에 영상녹화물이 등장하게 되었다는 것은 큰 변화라고 할 것이다.

3. 영상녹화물의 증명력488)

(1) 자유심증주의

자유심증주의라 함은 증거의 증명력을 적극적 또는 소극적으로 규정하지 아니하고 전적으로 법과의 자유로운 판단에 맡기는 주의를 말한다. 이에 대해서 증거의 증명력을 적극적 또는 소극적으로 법률로써 정하는 주의를 법정증거주의하고 한다. 법정증거주의는 법관의 자의에 의한 사실인정을 배제하여 법적 안정성을 도모하고 공정한 재판을 달성하는 데 그 이념이 있었으나, 천차만별한 증거의 증명력을 획일적으로 규정하는 것은 구체적 사건에 있어서 실체적 진실을 발견하는 데 부당한 결과를 초래하였을 뿐만 아니라 법정증거주의 하에서는 자백에 과중한 증거가치를 인정함으로써 자백을 얻기 위한 잔혹한 고문이 성행하여 법정증거주의의 문제점이 밝혀지게 되었다. 따라서 실체적 진실발견을 위해서는 자유심증주의가 원칙적으로 타당하지만, 자유심증주의가 법관의 자의적인 증거판단과 사실인정을 의미하는 것이 아니라 법관의 합리적인 자유심증에 따른 사실인정과정을 의미하는 것이므로, 법관의 올바른 자유심증을 위하여는 당사자가 절차의 주체가 되어 자유롭게 각자에게 유리한 모든 증거를 제출하여 활발한 입증활동을 하는 가운데 법관도 객관적인 입장에서 증거를 자유롭게 평가할 수 있는 여건이 갖추어질 것을 전제로 한다고 볼 것이다. 형사소송법 제308조도 '증거의 증명력은 법관의 자유판단에 의한다'라고 하여 자유심증주의를 선언하고 있으며, 이러한 자유심증주의는 증거재판주의와 함께 현행 형사증거법의 양대 지주를 이루고 있다.

---

488) 이상민, 「공판중심주의 의미와 피의자신문조서 및 진술영상녹화물의 증거능력」, 2008, p60

(2) 자유판단의 의미

자유판단이란, 증명력 판단에 있어서 법관이 법률적 제한을 받지 않는 다는 것을 의미한다. 즉, 어떤 증거가 있어야 사실이 증명되고 어느 증거에 어떤 가치가 있는가를 결정하는 기준이나 법칙이 없으므로 증거의 취사선택은 법관의 자유판단에 맡겨지며, 모순되는 증거가 있는 경우에 어느 증거를 믿는가도 법관의 자유판단에 속한다. 그러나 자유심증주의에 있어서의 자유가 자의를 의미할 수는 없으므로 자유판단도 객관적이고 합리적일 것을 요하며, 논리칙과 경험칙에 합치하여야 한다. 이러한 의미에서 자유심증주의를 합리적 심증주의 또는 과학적 심증주의라고 한다. 그런데 영상녹화물의 경우 피고인이 녹음.녹화과정에서 범행을 시인하였다면 설령 공판정에서 이를 번복, 부인하더라도 녹음.녹화된 테이프에 의하여 판사 내지 배심원들에게 유죄의 심증을 주고, 또한 부인하는 테이프 내용이라도 경찰관의 신문에 답변하는 태도, 감저의 변화, 모순된 진술내용 등이 생생하게 법관 내지 배심원들에게 전달되므로 유죄판결을 받아내는데 도움이 될 것으로 보인다. 따라서 통상 피고인이 녹음.녹화과정에서 범행을 자백했다면 생생한 진술이 주는 인상이 강하여 변호사들은 피고인에게 자백을 권하고 오히려 정상관계의 변론 쪽으로 유도를 할 가능성이 있을 것이다. 왜냐하면 대부분 공판 전 단계에서 변호사들이 소송기록 열람권에 의하여 영상녹화물을 보게 되는데, 수사상 자백한 진술에 대하여 임의성을 다투는 것은 별론으로 하고, 공판정에서 자백의 신빙성을 다툰다는 것은 매우 어려울 것이기 때문이다.

4. 영상녹화물의 전문법칙[489]의 적용여부

(1) 영상녹화물의 성격과 증거능력

영상녹화물에 대한 성격은 기본적으로 증거물이라는 점에서 그 증거능력의 판단방법은 우선 진술증거로서 공판외 진술의 증거능력에 대한 일반원칙인 전문법칙의 적용을 받을 것인지, 그렇지 않으면 별도의 증거법적 특칙의 적용을 받아야 할 것인지가 문제된다.

(2) 전문법칙과 영상녹화물의 전문증거 여부

전문법칙은 영미법계의 증거법칙으로서 전문증거인 "공판정 외에서의 진술"에 대한 증거제한의 법리이다. [490]여기서 전문법칙이 적용되는 전문증거는 전문진술을 내용으로 하는 것인데, 전문진술이라 함은 ①공판정 외의 진술로서 ②그 진술내용의 진실성을 입증하기 위한 것으로 사용되는 것이다("Hearsay"is a statement, other than one made by the declarant while testifying at the trial or hearing, offered in evidence to prove truth of the matter asserted)[491] 따라서 공판정외 진술이라 하더라도 그 진술내용의 진실성을 입증하기 위한 것인 것이 아니고 공판정의 진술의 신빙성을 탄핵하기 위한 목적으로 사용되는 때에는 전문법칙이 적용되지 않는다. 또한 그러한 진술의 존재 자체를 입증하기 위한 것인 대에는 전문법칙이 적용되지 않는데, 예컨대 명예훼손죄의 공소사실을 입증하기 위해 피고인인 명예훼손에 해당하는 말을 한 사실 자체를 입증하는 때가 그러하다.

---

489) 전문법칙은 진술자가 경험자로부터 들은(hear, 聞) 것을 법원에 전달하는(say, 傳)하는 것으로, 증인이 직접 경험한 사실을 진술하는 원본증거와 대비되며, 진술이 진실임을 입증하려고 제출되는 것임
490) 대륙법계인 독일에서는 영미법계와 달리 전문법칙이 없고 전문 진술이라도 모두 증거능력이 있다. 2004, p250
491) 미연방증거법 제 801조(c)

한편, 우리 형사소송법은 전문증거를 정의함에 있어 일본 형사소송법상의 정의를 모델로 하여 제 310조의2(전문증거의 증거능력의 제한)에서 "제311조 내지 제 316조에 규정한 것 이외에는 공판준비 또는 공판기일 외에서의 타인의 진술을 내용으로 하는 진술은 이를 증거로 할 수 없다."라고 하여 "공판준비 또는 공판기일에서의 진술에 대신하여 진술을 기재한 서류나 공판준비 또는 공판기일 외에서의 타인의 진술을 내용으로 하는 진술"을 전문증거라고 정의함으로써 전문 증거의 범위를 파악하는데 있어 혼란이 발생하고 있다.[492] 먼저, 영미법의 전문증거에 관한 본래의 정의에 의하면, 공판정외 진술이면 법정에 나와 있는 피고인이든 증인이든 가리지 않고 그 스스로가 말한 진술이라고 공판정에서 말한 것은 전문증거가 되어,[493] 전문증거에 해당하는 것으로 판단된다. 그런데 우리 형사소송법의 정의에 따르면 공판정외 진술을 기록한 기록물로서는 서류만 전문증거의 범위에 들어가 있다. 나아가 공판정외 진술을 공판정에서 입증하는 방법으로서 구두의 진술인 경우 제3자가 공판정에서 증언하는 방법만 전문증거의 정의에 들어가 있고, 원진술자 스스로가 공판정에 출석하면서 공판정 이외에서 했던 자신의 진술의 존재를 인정하는 진술은 전문증거의 정의에 포함되지 않아 영상녹화물에 대한 전문법칙의 적용여부에 대한 해석상 문제가 생기게 된다.

---

[492] 이러한 형사소송법의 규정과 전문이라는 용어가 갖는 문리적 의미로 인해 현재 학계에서는 전문증거에 대하여 "사실인정의 기초가 되는 경험적 사실을 경험자 자신이 직접 법원에 진술하지 않고 다른 형태에 의하여 간접적으로 보고하는 것"이라고 정의하거나 또는 "요증사실을 직접 체험한 자의 진술을 내용으로 하는 타인의 진술이나 진술을 기재한 서명"이라고 정의하기도 한다.

[493] 즉, 증인이 수사단계에서 A라고 말했고 공판정에서는 B라고 진술을 번복할 때, 증인이 수사단계에서 말한 A라는 진술의 존재를 공판정에서 입증하는 수단은 A의 진술을 기록한 기록물로서 조서나 영상녹화물 등과, A의 진술을 들은 타인이 공판정에 나와서 그 진술을 내용으로 하는 증언을 하는 것뿐만 아니라, 공판정에 나와 있는 증인 자신이 수사단계에서 A라고 진술하였던 사실을 인정하는 방법 등이 있는데, 이런 수단들 모두가 전문증거로서 전문법칙이 적용되는 것이다.

(3) 영상녹화물에 대한 전문법칙의 적용여부에 대한 견해 대립

현장 영상녹화물과 달리, 어떤 사람이 경험사실에 대해 진술하는 과정을 영상녹화한 녹화물은 그 내용이 진술이므로 당연히 진술증거면서도, 이때의 영상녹화물은 어떤 사람이 녹화된 내용대로 진술을 한 사실 자체를 증명하는 면에서는 진술사실 자체를 증명하기 위한 증거물이다. 즉, 증거물이지만 진술증거이다. 따라서 공판정외 진술이 기록된 영상녹화물을 진술증거로서 진술한 사실자체를 증명하기 위해서가 아니라 그 진술한 내용이 진실임을 입증하기 위해 사용하려고 할 때는 전문법칙의 일반이론에 의하면 전문증거가 되고, 따라서 전문법칙이 적용된다고 할 것이다. 그런데 문제는 형사소송법 제310조의 2가 전문증거의 정의에 "서류"만을 명시하고 있을 뿐 서류 이외의 영상녹화물이나 녹음테이프 등의 기록매체에 대해서는 아무런 규정을 두고 있지 않기 때문에 우리나라의 형사소송법 해석에 있어 영상녹화물에 전문법칙이 적용되는가라는 독특한 문제가 발생하는 것이다.

가. 전문법칙 적용설

영상녹화물은 조서 등 서류와 같이 공판정 외 진술의 기록물이라는 점에서는 실질적으로 같으며 단지 기록매체만 다를 뿐이므로, 증거능력 판단에 있어서는 조서 등 서류와 같이 취급해야 하며, 따라서 제310조의2의 전문증거 정의 규정과 제311조 내지 제318조의2까지의 전문증거에 관한 규정을 적용해야 한다는 것이다. 법 개정 전 통설과 판례의 견해이다.

나. 전문법칙 부적용설

전문법칙 부적용설은 법 제 310조의 2의 문리해석을 근거로 한다.

즉, 제310조의2에 의하면 서류만 전문증거이므로 영상녹화물은 전문증거가 아니다. 그런데 증거에 관한 형사소송법의 기본인 자유심증주의에 의하면 모두 증거에 대하여 원칙적으로 증거능력을 인정하되 법원의 자유심증에 따라 증명력으로 판단하는 것이므로, 제310조의2와 같이 증거능력을 배제하는 주장이 없는 한 모든 증거는 원칙적으로 증거능력이 있다. 따라서 영상녹화물은 전문증거의 정의 포함되지 않았으므로 당연히 증거능력이 있고, 이를 증거로 하기 위해서는 진정성만 인정되면 되는 것이다. 그러므로 법원은 검증을 포함한 여러 가지 방법으로 영상녹화물의 진정성을 확인하면 이를 증거로 할 수 있다.[494]

(4) 소 결

진술영상녹화물의 실질은 진술의 전달이므로 원칙적으로 진술증거라고 봄이 타당하다. 따라서 제 3자의 진술을 녹화한 영상녹화물은 전문법칙의 적용을 받는 전문증거라고 할 것이다. 그러나 피의자에 대한 수사기관의 진술영상녹화물의 경우 피의자의 수사기관에서의 자백과 그 법적 성격을 함께 판단함이 타당하고, 그렇다면 미연방 증거법에서 취하고 있는 태도와 같이 피고인의 자신에 대한 반대신문이란 무의미하므로 전문법칙의 적용이 배제되는 비진술 증거로 봄이 타당할 것이다. 조작·왜곡의 가능성은 비진술 증거설에서 설명하듯이 진정성의 증명으로 그 우려를 덜 수 있을 것이고, 기타 진술거부권 고지 등의 헌법적 문제는 별도의 적법 절차적 심사를 거치는 것으로 충분히 운용할 수 있게 된다.

---

[494] 예컨대 컴퓨터디스켓 등 특수한 기록매체의 증거능력과 관련하여, 전문법칙이 적용되지 않고 단순한 증거물로서 검증을 통해 진정성을 확인한 후 증거능력을 인정했던 부산고등법원 1999.5.17.선고 99노 122판결 등의 논리와 같다.

5. 탄핵증거의 허용여부

형사소송법 제318조의2 제1항은 '제312조 내지 제316조에 따라 증거로 할 수 없는 서류나 진술이라도 공판준비 또는 공판기일에의 피고인 또는 피고인이 아닌 자(공소제기 전에 피고인을 피의자로 조사하였거나 그 조사에 참여하였던 자를 포함한다. 이하 이 조에서 같다)의 진술의 증명력을 다투기 위하여 이를 증거로 할 수 있다'고 규정하여 기억 환기를 위한 영상녹화물의 재생을 허용하고 있는데, 이 때 진술의 증명력을 다투기 위한 증거를 가리켜 탄핵증거라고 한다. 이는 탄핵증거가 범죄사실을 인정하는 증거가 아니므로 소송법상 엄격한 증거능력을 요하지 아니하며 전문법칙에 의하여 증거능력이 없는 전문증거라 할지라도 증거로 사용될 수 있다는 것을 의미한다. 문제는 형사소송법 제1항의 탄핵증거 규정에 영상녹화물이 들어가 있지 않고, 제2항의 "불구하고". "한하여"라는 문구 때문에 '영상녹화물은 탄핵증거로는 사용할 수 없고, 오로지 기억 환기용으로 신문과정에서 제시하는 신문수단으로만 사용할 수 있는 것은 아닌지 논란이 있다.

(1) 탄핵증거의 성질

가. 탄핵증거와 전문법칙

탄핵증거가 전문법칙의 예외인가 또는 전문법칙의 적용이 없는 경우인가에 대하여 학설은 후자로 보는 데 일치되어 있다. 그 근거로 전문법칙이 적용되는 것은 전문진술을 요증사실인 원진술자의 진술내용의 진실성을 설명하는 증거인 경우에 문제되는 바, 탄핵증거는 원진술내용의 진실성을 설명하는 것이 아니라 단순히 증인이 공판정외에서 공판정에서의 진술과 모순되는 진술을 했다는 사실을 증명하는 데 지나지 아니하므로 원래 전문증거가 아니어서 전문법칙의 적용이 없는 경우를 주의적으로 규정한 것에 불과하기 때문이라는 것이다. 따라서 전문증거가 탄핵증거로 사용될 수 있는 경우가 있고, 그런 경우에는 전문증거와 탄핵증거가 교차될 것이다.

나. 탄핵증거와 자유심증주의

자유심증주의는 증거능력 있는 증거의 증명력 판단을 법관의 자유로운 심증에 일임하는 제도이므로 증거능력이 없는 증거를 사용하는 탄핵증거는 자유심증주의의 예외인 것처럼 보이나, 탄핵증거에 의하여 다투어지는 증거의 증명력도 법관의 자유판단에 일임되어 있다.

(2) 탄핵증거 사용에 대한 발전적 검토

가. 비교법학적 측면

제318조의2는 독일의 Vorhalt제도와 유사하지만, 미국 연방 증거규칙 제612조의 기억의 회상(RefreshingRecollection)또는 전문법칙의 예외에 관한 동 규칙 제803조 기록에 의한 재생(Recorded Recollection)과 유사하다. 미국 연방증거규칙상 기억의 회상은 증인이 증언 시 시간의 경과로 희미해진 기억을 되살리기 위해 진술내용을 기재한 서류 등을 참조할 수 있다는 것으로 서류자체를 증거로 제출하는 기록에 의한 재생과 구별된다. 즉, 기억의 회상은 증인의 증언방법과 관련한 제도로 증인의 증언이 증거로 제출됨에 반해 기록에 의한 재생은 증인의 기억이 생생할 때 그 내용을 기록해 놓았는데 법정에서 정확하고 충분한 증언을 하기에는 증인의 기억이 부족한 경우에 기록된 내용을 증거로 사용한다는 것이다. 전자는 증언 방법에 관 한 규정으로 탄핵증거와 전혀 무관하고, 후자는 전문법칙의 예외로서 본증으로 사용 된다는 점에서 탄핵증거와 관련이 없다. 특칙 설은 제38조의2제2항을 탄핵증거로 해석하면서도 법관 또는 배심원은 볼 수 없다고 해석한다. 그러나 이러한

해석론은 증거의 본질과 정의에 전혀 부합되지 않는다. 모든 증거는 법관 또는 배심원들의 조사를 전제한 것으로 보아야 하고, 피고인 등만 법정 신문 시 재생하여 본다면 이미 증거의 영역에서 벗어난 것이기 때문이다. 따라서 제318조의2의 제목 때문에 제2항을 탄핵증거의 특칙이라고 해석하는 것은 부당하다.

나. 기억 환기를 위한 증거제시와의 관계

제318조의2 제2항은 "제1항에도 불구하고 피고인 또는 피고인이 아닌 자의 진술을 내용으로 하는 영상녹화물은 공판준비 또는 공판기일에 피고인 또는 피고인이 아닌 자가 진술함에 있어 기억이 명백하지 아니한 사항에 관하여 기억을 환기시켜야 할 필요가 있다고 인정되는 때에 한하여 피고인 또는 피고인이 아닌 자에게 재생하여 시청하게 할 수 있다"고 규정하여 기억 환기를 위한 영상녹화물의 재생을 허용하고 있다. 이는 수사과정에서 사실대로 진술한 피고인이 기억불명을 이유로 제대로 진술하지 못하거나 수사기관에서의 진술과 달리 진술하는 경우, 영상녹화물의 재생을 통하여 진실된 사실에 대한 기억을 환기시키거나 증인이 증언할 때 기억이 명백하지 아니한 사항이 있어 기억을 환기시켜야 할 필요가 있는 경우에도 영상녹화물의 재생을 통하여 증인의 기억을 도와주는 신문방법의 일종에 불과한 것으로 탄핵증거와는 전혀 상관이 없는 규정이다. 따라서 탄핵증거와의 혼동을 피하기 위하여 입법형식상 별도의 조문으로 규정하는 것이 타당할 것이다.[495]

---

495) 이완규, 「개정 형사소송법상 영상녹화물의 증거능력」, p181.

제5절 결 론

피의자진술을 녹화하는 수사방식은 수사기법의 선진화, 수사방법의 적정성 확보, 증거법칙과 형사재판실무의 효율적 운영, 검사의 실질적인 수사지휘권, 수사기관의 역할 분담 등에 대하여 긍정적이고 발전적인 변화가 거듭되고 있다. 경찰 및 검찰의 수사단계 뿐만 아니라, 공판 단계에서 활용되고 있는 실태를 통하여 영상녹화물의 증거능력에 대한 견해대립이 발생하게 된 문제점을 검토해 보았다. 나아가 이러한 문제점들을 개선하는 방향에 있어, 수사단계에서 영상녹화제도를 활용할 수 있도록 올바른 해석론을 제시해 보고 자하는 것이 이 연구의 궁극적 목적이다. 따라서 영상녹화물의 본증 사용 여부에 대하여 선진국의 입법례, 인권 보장적 기능, 영상녹화물에 대한 종전 판례 이론 및 학설의 입증 등 고려 시 본증 사용에 대한 접근에 대하여 검토해 보았다. 이는 영상녹화물이 조서 보다 객관적이고, 영상녹화물 활용 시 공판중심주의에 보다 부합하는 재판이 가능한 점, 국회 논의 과정이 종전 판례와 통설에 영향을 미칠 수 없는 점 등을 고려할 때 증거능력을 인정함이 타당하다 할 것이다. 한편, 증명력을 다투기 위한 탄핵증거는 반드시 증거능력이 있는 증거일필요가 없으나 제318조의 2제1항 및 제2항의 조문 해석과 관련하여 영상 녹화물의 탄핵증거로서 사용 여부에 대한 논의에 대하여 검토해 보았다. 이에 대하여서는 영상녹화물에 대하여만 탄핵증거 활용을 제한할 합리적인 이유가 없고, 제318조의 2제1항과 제2항은 그 성격이 전혀 다르며, 수사기관에서 자백하였다가 부인하는 경우 배심원과 법관 모두 수사과정에서 수집된 진술 자료를 검토한 후 진술의 신빙성 여부를 판단하는 것이 실체적 진실발견에 도움이 될 것이다. 즉, 증거능력 없는 증거라도 탄핵증거로 서의 사용이 가능하고, 기억 환기용 제시 규정은 탄핵증거와는 전혀 상관

없는 별개의 성격을 갖는 것이므로 영상녹화물을 탄핵증거로 사용하는 것을 제한해야 할 이유를 설명할 근거가 전혀 없으므로 당연히 사용 가능하다는 것이 타당하다 할 것이다. 영상녹화제도는 수사과정의 투명성제고를 위해 검찰 스스로 도입한 제도이다. 또한, 증거능력이나 조서작성 문제 등 그 저해 요인이 있으나, 결국 조서 대신 영상녹화를 하는 시대가 도래 할 것을 예측할 수 있는 시대적 변화를 간과해서는 안 될 것이다. 현실적인 어려움과 법 해석상의 모순에도 불구하고 형사소송법의 개정 과정과 논의의 궁극적인 목적에 비추어 영상녹화조사는 필수 불가결한 사안이 되어버렸다. 그러므로 영상녹화물의 증거능력에 관한 문제는 증거법 및 전문법칙의 일반이론에 따라 합리적인 해석을 하여야 할 것이며, 종래의 판례대로 조서규정에 준하여 증거능력을 판단하여야 할 것이다. 이러한 합리적인 판단으로 선진 사법 체계에 있어 서의 수사기관의 효율적인 수사를 기대할 수 있을 것 이며, 수사 과정의 투명성에 대한 사법적 통제가 합리적으로 이루어 질 수 있을 것이다.

제2장 디지털 증거의 증거능력[496]

제1절 서 설

한국 대법원은 디지털 증거인 전자 문서의 증거능력과 관련하여 1999. 9. 소위 '영남위원회 사건'에서 "컴퓨터 디스켓에 들어 있는 문건이 증거로 사용되는 경우 그 컴퓨터 디스켓은 그 기재의 매체가 다를 뿐 실질에 있어서는 피고인 또는 피고인 아닌 자의 진술을 기재한 서류와 크게 다를 바 없고, 압수 후의 보관 및 출력 과정에 조작의 가능성이 있으며, 기본적으로 반대신문의 기회가 보장되지 않는 점 등에 비추어 그 기재내용의 진실성에 관하여는 전문법칙이 적용된다고 판시하였다. 즉, 형사소송법 제313조 제1항에 의하여 그 작성자 또는 진술자의 진술에 의하여 그 성립의 진정함이 증명된 때에 한하여 이를 증거로 사용할 수 있다."[497]고 판시하고 있다. 이는 개정 전 형사소송법[498]을 적용하여 단지 피고인 또는 문서 작성자가 특정된 사람들이 법정에서 자신이 작성한 것이 아니라고 하거나 또는 진술을 거부하여 해당 전자 문서에 대한 진정 성립이 인정되지 않는다는 이유로 해당 전자 문서에 대한 증거능력을 부정하였다. 그래서 형사소송법 제313조의 진정 성립에 대하여 작성자의 진술에 의해서만이 아니라 디지털 포렌식 수사관의

---

496) 이상민, 「공판중심주의 의미와 피의자신문조서 및 진술영상녹화물의 증거능력」, 2008, p51
497) 대법원 1999. 9. 3. 선고 99도2317 판결
498) 형사소송법 제313조(진술서등)
　① 피고인 또는 피고인이 아닌 자가 작성한 진술서나 그 진술을 기재한 서류로서 그 작성자 또는 진술자의 자필이거나 그 서명 또는 날인이 있는 것은 공판준비나 공판기일에서의 그 작성자 또는 진술자의 진술에 의하여 그 성립의 진정함이 증명된 때에는 증거로 할 수 있다. 단, 피고인의 진술을 기재한 서류는 공판준비 또는 공판기일에서의 그 작성자의 진술에 의하여 그 성립의 진정함이 증명되고 그 진술이 특히 신빙할 수 있는 상태 하에서 행하여 진때에 한하여 피고인의 공판준비 또는 공판기일에서의 진술에 불구하고 증거로 할 수 있다.

법정 증언 또는 다른 객관적 방법에 의하여 진정 성립을 인정할 수 있도록 하는 형사소송법 개정을 추진 해왔다. 소위 '국정원 댓글 사건'에서 "압수된 디지털 저장매체로부터 출력한 문서를 진술증거로 사용하는 경우, 그 기재 내용의 진실성에 관하여는 전문법칙이 적용되므로 형사소송법 제313조 제1항에 따라 그 작성자 또는 진술자의 공판준비나 공판기일에서의 진술에 의하여 그 성립의 진정함이 증명된 때에 한하여 이를 증거로 사용 할 수 있다고 판시하였다. 이는 21세기 정보화시대를 맞이하여 그에 걸맞게 해석하여야하므로, 디지털 저장매체로부터 출력된 문서에 관하여는 저장매체의 사용자 및 소유자로 그 기록 등 저장매체에 남은 흔적, 초안 문서의 존재, 작성자만의 암호 사용 여부, 전자서명의 유무 등 여러 사정에 의하여 동일인이 작성하였다고 볼 수 있고 그 진정성을 탄핵할 다른 증거가 없는 한 그 작성자의 공판준비나 공판기일에서의 진술과 상관없이 성립의 진정을 인정하여야 한다는 견해가 유력하게 주장되고 있는 바, 그 나름 경청할 만한 가치가 있는 것은 사실이나, 입법을 통하여 해결하는 것은 몰라도 해석을 통하여 위와 같은 실정법의 명문조항을 달리 확장 적용할 수는 없다."고 판시하면서 전자문서의 증거능력 문제에 대하여 입법을 통한 해결 가능성을 제시하였다. 이러한 사회적 흐름과 시대를 반영하여 2016. 5. 29. 형사소송법 제313조가 55년 만에 개정·시행됨에 따라 디지털 증거에 대한 피고인 등 작성자의 진정 성립 부인에도 불구하고 "과학적 분석결과에 기초한 디지털 포렌식 자료나 감정 등 객관적 방법으로 성립의 진정함이 증명"되는 때에는 증거로 사용할 수 있게 되었다. 이에 따라 진정성립 증명을 위한 객관적 방법에 대한 연구와 더불어 각종 형사 사건에서 디지털증거 압수수색과 분석을 담당하고 있는 디지털 포렌식 수사관의 디지털 증거 분석결과와 법정증언에 대한 객관성과 신뢰성 확보 방안에 대한 연구가 더욱 더 필요하게 되었다.

1. 국내 입법 추진 현황

현행 「형사소송법」은 조서, 진술이나 물건 등 물리적 증거에 기반하여 규정하고 있어, 디지털 증거의 수집 및 분석에 관해서는 상당 부분 입법적 공백이 있는 실정이며, 2007년 제312조 개정을 통하여 수사기관이 작성하는 피의자신문조서 및 피의자 아닌 자의 진술조서의 증거능력과 관련하여 '영상녹화물 또는 그 밖의 객관적인 방법' 등에 의하여 증명할 수 있는 방법에 의한 진정 성립을 인정[499]하였고, 2011년 제106조에서 정보저장매체에 관한 압수수색 제도를 신설[500]하였으며, 2016년 제313조 개정을 통하여 피고인 또는 피고인 아닌 자의 진술서에 대한 증거능력과 관련하여 진술에 의한 성립의 진정이 부인될 경우 디지털포렌식 자료 등에 의하여 성립의 진정을 증명할 수 있는 방법도 신설[501]하였다.

특히 2016년 제313조 개정 당시 '진술서'나 '진술을 기재한 서류'에 '진술한 내용 등이 포함된 문자·사진·영상 등의 정보로서 정보저장매체 등에 저장된 것'을 포함시키면서 진술서의 증거능력과 관련

---

499) 제312조(검사 또는 사법경찰관의 조서 등) ② 제1항에도 불구하고 피고인이 그 조서의 성립의 진정을 부인하는 경우에는 그 조서에 기재된 진술이 피고인이 진술한 내용과 동일하게 기재되어 있음이 영상녹화물이나 그 밖의 객관적인 방법에 의하여 증명되고, 그 조서에 기재된 진술이 특히 신빙할 수 있는 상태 하에서 행하여졌음이 증명된 때에 한하여 증거로 할 수 있다.
④ 검사 또는 사법경찰관이 피고인이 아닌 자의 진술을 기재한 조서는 적법한 절차와 방식에 따라 작성된 것으로서 그 조서가 검사 또는 사법경찰관 앞에서 진술한 내용과 동일하게 기재되어 있음이 원진술자의 공판준비 또는 공판기일에서의 진술이나 영상녹화물 또는 그 밖의 객관적인 방법에 의하여 증명되고, 피고인 또는 변호인이 공판준비 또는 공판기일에 그 기재 내용에 관하여 원진술자를 신문할 수 있었던 때에는 증거로 할 수 있다. 다만, 그 조서에 기재된 진술이 특히 신빙할 수 있는 상태 하에서 행하여졌음이 증명된 때에 한한다.
500) 제106조(압수) ③ 법원은 압수의 목적물이 컴퓨터용디스크, 그 밖에 이와 비슷한 정보저장매체(이하 이 항에서 "정보저장매체등"이라 한다)인 경우에는 기억된 정보의 범위를 정하여 출력하거나 복제하여 제출받아야 한다. 다만, 범위를 정하여 출력또는 복제하는 방법이 불가능하거나 압수의 목적을 달성하기에 현저히 곤란하다고 인정되는 때에는 정보저장매체등을 압수할 수 있다.
501) 제313조(진술서등) ② 제1항 본문에도 불구하고 진술서의 작성자가 공판준비나 공판기일에서 그 성립의 진정을 부인하는 경우에는 과학적 분석결과에 기초한 디지털포렌식 자료, 감정 등 객관적 방법으로 성립의 진정함이 증명되는 때에는 증거로 할수 있다. 다만, 피고인 아닌 자가 작성한 진술서는 피고인 또는 변호인이 공판준비 또는 공판기일에 그 기재 내용에 관하여 작성자를 신문할 수 있었을 것을 요한다.

하여 '디지털포렌식' 등을 활용한 성립의 진정을 인정하였으나, 그 조항만으로 「형사소송법」상의 증거법적 측면, 특히 사실인정의 기초가 되는 경험사실을 경험자 자신이 직접 법원에서 진술하지 않고 타인에 의하여 진술되거나 서면기재 형태로 기재하여 제출하는 증거의 증거능력을 제한하는 전문법칙(傳聞法則) 및 그 예외와 관련하여 디지털 증거의 활용에 관한 문제가 해결될 것인지에 대해서는 여전히 해결되지 않은 과제들이 남아 있겠다. 디지털 증거는 형사소송에서 수집[502], 제출, 평가 과정을 거치는바, 본장에서는 특히 수집된 디지털 증거가 법정에서 어떠한 방법으로 증거능력을 인정받는지의 문제에 관하여, 현행 「형사소송법」규정에 대한 해석 및 한계에 대한 검토와 해외 입법례에 대한 분석을 통하여, 디지털 증거의 증거능력에 관한 보다 체계적인 입법적 대안을 제시하고자 한다.[503]

2. 디지털 증거의 증거능력 요건

디지털 증거의 경우 위에서 언급한 '디지털 증거로서의 특성'에 기인하여, 이를 증거로 사용하기 위하여 선결적으로 갖추어야할 요건들이 있다. 특히 매체독립성, 취약성 및 비가시성, 전문성 등 특성으로 인해서 디지털증거를 증거로 사용하기 위해서는 무결성, 동일성, 진정성, 신뢰성, 전문성 등이 확보 되어야 한다.[504] 이는 디지털 증거가 갖는 고유한 특성 때문에 증거법상 유죄입증의 증거로 사용되기 위해서는 기존의 증거에서는 생각할 수 없었던 디지털 증거의 진정성 문제가 증거능력 인정의 선결요건으로 대두된다.

---

502) 수집에 관해서는 압수·수색의 법적 근거 및 영장주의와의 관계에서 위법수집증거의 문제 등이 쟁점이 될 것인바, 국회입법조사처 현안보고서 제278호『정보저장매체에 관한 압수·수색제도의 문제점과 개선방안』등에서 연구가 수행된 바 있음

503) 국회입법조사처, "디지털 증거에 관한 형사소송법적 관제", 2018. p2

504) 김영기, "디지털 증거의 진정성립 부인과 증거능력 부여방안", 「형사판례연구」제19호, 2011, p516.

(1) 무결성(integrity)[505]과 진정성[506](authenticity)[507]

디지털 증거는 특성상 변경, 훼손이 용이하므로 최초 증거가 저장된 매체에서 법정에 제출되기까지 변경이나 훼손이 없었다는 점이 입증되어야 한다. 즉, 디지털증거에 대한 수집, 분석, 보관, 처리, 법정제출 등 일련의 과정에서 각 행위 시마다 원본 데이터의 무결성이 그대로 유지되고 있다는 절차적 보증이 필요하다.[508] 디지털 증거의 무결성을 증명하기 위한 지침을 마련하고 다음과 같은 절차를 시행 하도록 하고 있다. 즉 "① 하드디스크 등의 저장매체를 압수한 다음 피의자의 서명을 받아 봉인한다. ② 서명, 봉인과정을 비디오카메라로 녹화한다. ③ 피의자가 입회한 가운데 봉인을 풀고, 통합 포렌식 프로그램인 EnCase를 이용하여 압수한 저장매체에 대한 이미지 파일을 생성한 후 별도의 저장장치에 이미지 파일을 저장한 다음, 이미지 파일을 이용하여 복구 등의 분석 작업을 실시한다. ④ 쓰기 방지 장치(Fastblock)를 압수한 저장매체에 연결한 상태에서 이미지 파일 생성 작업을 실시하고, 이미지 파일에 대한 해쉬 값을 계산하여 피의자로 하여금 해쉬 값이 기재 된 서면에 서명·날인케 한다. ⑤ 피의자가 공판과정에 무결성을 부정하는 경우에는 압수한 저장장치의 해쉬 값과 이미지 파일의 해쉬 값을 비교할 수 있도록 법원에 검증을 요구한다."라고 한다.[509] 무결성은 디지털증거의 압수에서 법정 제출까지 일련의 과정에 주목하

---

505) 디지털 증거가 다른 증거와 달리 변경, 훼손이 용이하고 변경되거나 훼손되었다는 사실을 확인하기조차 어려운 특성이 있으므로, 최초 증거가 저장된 매체에서 법정에 제출되기까지 디지털 증거의 변경이나 훼손이 없어야 한다는 의미

506) 사후에 제출된 증거가 저장·수집 과정에서 오류가 없고 특정한 사람의 행위의 결과가 정확히 표현되었으며, 그로 인하여 생성된 자료인 것이 인정되어야 한다는 의미

507) 사법정책연구원, 앞의 자료, p31~32.

508) 권양섭, "디지털 증거수집에 관한 연구", 군산대학교 박사학위 논문, 2009, p114.

509) 김영기, "디지털 증거의 진정성립 부인과 증거능력 부여방안", 「형사판례연구」제19호, 2011, 516~517면 최성필, "디지털 증거의 증거능력에 관한 비교법적 연구", 「국외훈련검사 연구논문집」제26집, 2011, 90면 하기봉, "디지털 포렌식에 의한 디지털 증거의 증거능력", 성균관대학교 석사학위 논문, 2012, 89면.

는 것이라면 동일성은 원본과 복사본, 출력물 사이의 비교에 주목하는 개념으로 무결성이 증명되면 동일성이 추정되고 반대로 동일성이 입증되면 무결성이 추정된다고 볼 수 있다.

(2) 디지털 증거의 무결성·동일성 인정에 관한 판례 분석

가. 가칭 '일심회 사건' 판결 사례[510]

[사건개요]

> 피고인들은 간첩, 잠입·탈출, 찬양·고무, 회합·통신 등 국가보안법위반으로 기소되었다. 수사기관은 피고인들로부터 압수한 전자적 매체로부터 피고인들이 "일심회"라는 이적단체를 구성하거나 가입하여 활동한 사실, 제3국에서 북한공작원을 접선하고 지령을 수수하고 입국한 사실, 국가기밀을 탐지, 수집하여 북한에 전달한 사실, 북한공작원으로부터 공작금을 수수한 사실, 대북보고문을 작성하여 북한공작원에게 이메일을 통해 발송, 보고한 사실, 북한공작원으로부터 이메일을 통해 하향 연락문 내지 하향지령문을 수신한 사실, 이적표현물을 소지한 사실 등을 확인하고 이를 출력하여 증거로 제출하였다. 이에 대하여 변호인들은, 검찰이 위 저장매체의 데이터가 본래 존재하였던 상태와 전혀 다름이 없이 수집, 제출되었다는 사실과 위전자적 정보의 분석처리과정에 대한 신뢰성에 대하여 그 입증책임을 다하지 못하였고, 이 법원의 검증절차에 참여하여 이를 주도적으로 진행한 증인 정종무의 전자적 정보 분석능력과 그 증언은 신뢰할 수 없으므로, 위 문건들은 독립적인 증거로 사용할 수 없다고 주장하였다.

우리 대법원은 '일심회' 사건에서 "디지털 저장매체로부터 출력 된 문건이 증거로 사용되기 위해서는 디지털 저장매체 원본에 저장된 정보와 출력된 문건의 동일성이 인정되어야 한다."라고 판시하면서 이를 위해서는 "압수물인 디지털 저장 매체로부터 출력된 문건이 증거로 사용되기 위해서는 디지털 저장매체 원본에 저장된 내용과 출력된 문건의 동일성이 인정되어야 할 것인데, 그 동일성을 인정하기 위해서는 디지털 저장매체 원본이 압수된 이후 문건 출력에 이르기까지 변경되지 않았음이 담보되어야 하고, 특히 디지털 저장 매체 원본에 변화가 일어나는 것을 방지하기 위해 디지털저장매체

---

510)) 대법원 2007. 12. 13. 선고 2007도7257 판결

원본을 대신하여 디지털 저장매체에 저장된 자료를 '하드카피', '이미징' 한 매체로부터 문건이 출력된 경우에는 디지털 저장매체 원본과' 하드카피', '이미징'한 매체 사이에 자료의 동일성도 인정되어야 한다. 나아가 법원 감정을 통해 디지털 저장매체 원본 혹은 '하드카피', '이미징'한 매체에 저장된 내용과 출력된 문건의 동일성을 확인하는 과정에서 이용된 컴퓨터의 기계적 정확성, 프로그램의 신뢰성, 입력·처리·출력의 각 단계에서 조작자의 전문적인 기술 능력과 정확성이 담보되어야 한다."라고 그 요건을 설시하였다. 그리고 대법원은 위 '일심회' 사건에서 "국가정보원에서 피고인들 혹은 가족, 직원이 입회한 상태에서 원심 판시 각 디지털 저장매체를 압수한 다음 입회자의 서명을 받아 봉인하였고, 국가정보원에서 각 디지털 저장매체에 저장된 자료를 조사할 때 피고인들 입회하에 피고인들의 서명무인을 받아 봉인 상태 확인, 봉인 해제, 재봉인 하였으며, 이러한 전 과정을 모두 녹화한 사실, 각 디지털 저장매체가 봉인된 상태에 서 서울중앙지방검찰청에 송치된 후 피고인들이 입회한 상태에서 봉인을 풀고 세계적으로 인정받는 프로그램을 이용하여 이미징 작업을 하였는데, 디지털 저장매체 원본의 해쉬(Hash)값과 이미징 작업을 통해 생성된 파일의 해쉬 값이 동일한 사실, 제1심법원은 피고인들 및 검사, 변호인이 모두 참여한 가운데 검증을 실시하여 이미징 작업을 통해 생성된 파일의 내용과 출력된 문건에 기재된 내용이 동일함을 확인한 사실을 알 수 있는바, 그렇다면 출력된 문건은 압수된 디지털 저장매체 원본에 저장되었던 내용과 동일 한 것으로 인정할 수 있어 증거로 사용할 수 있다."라고 판시함으로써 출력물과 디지털 정보의 동일성을 인정하였다.

나. 가칭 '왕재산(간첩단)[511] 사건' 판결 사례[512]

[사건개요]

> 피고인들은 국가기밀 탐지·수집, 제3국에서의 특수 잠입·탈출, 회합, 이적표현물소지, 통신연락, 편의제공 등의 국가보안법 위반 혐의로 기소되었다. 검찰은 압수한 디지털 저장매체로부터 이미징한 파일에서 출력한 문건을 이를 입증하기 위한 증거로 제출하였다. 피고인들은 압수물인 디지털 저장매체에서 출력된 문건은 기재 내용의 진실성이 문제가 되어 전문법칙이 적용되므로 증거능력이 없다고 주장하였다.

대법원은 '왕재산' 사건에서 "압수물인 컴퓨터용 디스크 그 밖에 이와 비슷한 정보저장매체에 입력하여 기억된 문자정보 또는 그 출력물(이하 '출력문건'이라 한다)을 증거로 사용하기 위해서는 정보저장매체 원본에 저장된 내용과 출력 문건의 동일성이 인정되어야 하고, 이를 위해서는 정보저장매체 원본이 압수 시부터 문건 출력 시까지 변경되지 않았다는 사정, 즉 무결성이 담보되어야 한다."라고 하면서 일심회 사건과 유사하게 동일성 요건이 필요하다고 하면서도 동일성과 함께 무결성[513]이 라는 표현을 추가로 적시하였다. 또한 이러한 동일성·무결성의 증명방법에 관하여 "출력 문건과 정보저장매체에 저장된 자료가 동일하고 정보저장매체 원본이 문건 출력 시까지 변경되지 않았다는 점은, 피압수·수색 당사자가 정보

---

511) 피고인이 북한 노동당의 지령을 받고 지하당 '왕재산'을 구축하여 간첩활동을 했다는 사건임
512) 대법원 2013. 7. 26. 선고 2013도2511 판결
513) 김영기, 「디지털증거의 진정성립부인과 증거능력 부여방안」, 『형사판례연구』제19권, 2011, p516 디지털 증거의 무결성을 확보하지 못하여 무죄가 선고된 사례로는 하드디스크를 압수한 경우 시스템 시간과 표준 시간을 확인하여 그 결과에 대한 확인서를 작성할 필요가 있고, 하드디스크 원본은 최초 압수시점 상태로 보관·유지하면서 이미지 파일만으로 분석 작업을 실시하여야 함에도 불구하고, 원본 하드디스크로 분석 작업을 실시하여 디지털 증거 파일의 속성에 변화가 발생하게 함으로서 디지털 증거의 무결성을 인정받지 못한 사례임

저장매체 원본과 '하드카피' 또는 '이미징'한 매체의 해쉬(Hash)[514] 값이 동일하다는 취지로 서명한 확인 서면을 교부받아 법원에 제출하는 방법에 의하여 증명하는 것이 원칙이나, 그와 같은 방법에 의한 증명이 불가능하거나 현저히 곤란한 경우에는, 정보저장매체 원본에 대한 압수, 봉인, 봉인해제, '하드카피' 또는 '이미징' 등 일련의 절차에 참여한 수사관이나 전문가 등의 증언에 의해 정보저장매체 원본과 '하드카피' 또는 '이미징'한 매체 사이의 해쉬 값이 동일하다거나 정보저장매체 원본이 최초 압수 시부터 밀봉되어 증거 제출 시까지 전혀 변경되지 않았다는 등의 사정을 증명하는 방법 또는 법원이 그 원본에 저장된 자료와 증거로 제출된 출력 문건을 대조하는 방법 등으로도 그와 같은 무결성·동일성을 인정할 수 있으며, 반드시 압수·수색 과정을 촬영한 영상녹화물 재생 등의 방법으로만 증명하여야 한다고 볼 것은 아니다."라고 하여 그 증명이 반드시 일심회 사건에서와 같은 방법으로 이루어질 필요는 없고 다양한 방법으로 가능함을 명시적으로 확인하였다.[515]

---

514) 해쉬값은 해쉬함수(임의의 데이터로부터 일종의 짧은 전자지문을 만들어 내는 방법)의 결과로 만들어진 코드로서, 서로 다른 입력값에 대해서는 서로 다른 해쉬값을 주고, 해쉬함수의 단방향성으로 인하여 출력값으로 입력값을 유추할 수는 없으며, 파일의 내용이 수정, 삭제 또는 추가될 경우 해쉬함수의 입력값이 바뀌어 출력값 또한 바뀌는 구조임(원래 파일의 해쉬값과 다운로드 받은 파일의 해쉬값을 비교하여 파일의 변조 여부를 확인할 수 있음)
515) 사법정책연구원, "디지털 증거의 증거능력 판단에 관한 연구", 대법원, 2015, p131

다. 가칭 'RO 사건' 판결 사례[516]

[사건개요]

> 피고인들은 지하혁명조직인 'RO'라는 이적단체를 구성하고 가입하여 활동하면서 국헌문란의 목적으로 내란선동 및 음모를 하였다. 그리고 북한의 사상을 찬양 고무 하면서 이적표현물을 반포 취득 소지하여 형법상 내란음모 및 국가보안법 위반 혐의로 기소되었다.
> 검찰은 기소된 내용을 입증하기 위하여 대화내용을 디지털 방식으로 녹음한 파일들을 증거로 제출하였고, 피고인 측은 녹음 파일들 중 일부 사본이 있거나 원본이라도 별다른 조치 없이 저장되어 '보관의 연속성 원칙'이 지켜지지 않았고 편집·조작되었을 위험이 많으며 해쉬값 확인서도 작성일시가 기재되어 있지 않아 무결성·동일성이 인정될 수 없다고 주장하였다.[517]

대법원은 "대화 내용을 녹음한 파일 등의 전자매체는 그 성질 상 작성자나 진술자의 서명 혹은 날인이 없을 뿐 만 아니라, 녹음자의 의도나 특정 한 기술에 의하여 그 내용이 편집·조작될 위험성이 있음을 고려하여 그 대화 내용을 녹음한 원본이거나, 혹은 원본으로부터 복사한 사본일 경우에는 복사 과정에서 편집되는 등 인위적 개작 없이 원본의 내용 그대로 복사된 사본임이 입증되어야만 하고, 그러한 입증이 없는 경우에는 쉽게 그 증거능력을 인정할 수 없다.", "증거로 제출된 녹음파일이 대화 내용을 녹음한 원본이거나 혹은 복사 과정에서 편집되는 등 인위적 개작 없이 원본 내용을 그대로 복사한 사본이라는 점은 녹음파일의 생성과 전달 및 보관 등의 절차에 관여한 사람의 증언이나 진술, 원본이나 사본 파일 생성 직후의 해쉬(Hash) 값과의 비교, 녹음파일에 대한 검증·감정 결과 등 제반 사정을 종합하여 판단할 수 있다."라고 하여 이에 관

---

516) 대법원 2015. 1. 22. 선고 2014도10978 판결
517) "이석기 내란음모 25차…녹취 파일 위·변조두고 공방", 노컷뉴스
http://news.naver.com/main/read.nhn?mode=LSD&mid=sec&sid1=102&oid=079&aid=0002546503, 조회일 : 2017.11. 1

한 증거능력 요건의 증명방법이 다양할 수 있음을 설시하였고, 녹음파일 생성, 전달, 보관 및 해쉬 값 산출 과정에서의 관여자들의 증언 내용, 해쉬 값의 감정 결과 등을 기초로 녹음파일의 증거 능력을 인정한 원심의 결론을 수긍하였다.[518)]

---

518) 대법원, 디지털 증거의 증거능력 판단에 관한 연구, 대법원 사법정책연구원, 2015, p131-132

라. 가칭 'PC방 간첩사건' 판결519) 사례

[사건개요]

> 피고인들은 해외에서 북한 공작원으로부터 국내 정치동향, 노동계 또는 시민계 동향 등을 파악하라는 지령을 받아 국내로 귀국한 후 대북 보고문을 작성하였다. 또한 반국가단체나 그 구성원 또는 그 지령을 받은 자의 활동을 찬양 고무 선전 또는 이에 동조할 목적으로 이적표현물을 제작하였다. 이에 대하여 검찰은 국가보안법 위반으로 피고인들을 기소하였다. 피고인들은 수사기관이 디지털 증거를 수집함에 있어, 피고인들의 참여권을 보장하지 않았고, 압수된 디지털저장매체로부터 출력되었다는 대북보고문 등 문건들은 그 기재내용의 진실성 여부가 증명되지 않았기 때문에 증거능력이 없다고 주장하였다.520)

법원은 "특수잠입 탈출이나 회합의 범죄사실의 경우에는 위 문건의 내용의 진실성이 문제될 여지가 있어 전문법칙의 적용을 받는다."고 밝히면서 새로 개정된 형사소송법 제313조 제2항 "진술서의 작성자가 공판준비나 공판기일에서 그 성립의 진정을 부인하는 경우에는 과학적 분석결과에 기초한 디지털 포렌식 자료, 감정 등 객관적 방법으로 성립의 진정함이 증명되는 때에는 증거로 할 수 있다."을 적용하여 판단하였다. 즉 법원은 피고인들이 대북보고문 등의 문건에 대한 성립의 진정을 부인하더라도, 수사기관의 디지털 포렌식 절차에 의해 분석된 디지털증거분석 보고서와 국립과학수사연구원의 감정결과를 통하여 그러한 문서 파일이 작성되어 존재한다는 사실 및 그 기재내용의 실제 진실성과 관계없이 간접사실에 대한 정황증거로서의 증거 능력은 인정할 수 있다는 것이다.

---

519) 서울중앙지방법원 2016. 12. 23. 선고 2016고합675

520) "압수수색 일부단계 당사자 참여권 보장 안되면 전체 취소", 뉴스1, 조회일 : 2017. 11. 14., http://news.naver.com/main/read.nhn?mode=LSD&mid=sec&sid1=102&oid=421&aid=000154480

(2) 디지털 증거의 원본성(originality, best evidence)[521]

디지털 증거의 경우 원본과 사본을 구별하기 힘들고, 미국에서 이른바 '최량증거의 원칙(Best Evidence Rule)'으로 원칙적으로 원본에 의한 입증을 요구한 데에 따라 그 원본성 문제가 논의되고 있는 듯 보인다. 그런데 미국 연방증거법 제1001조 제 3호에서는 "데이터가 컴퓨터 또는 동종의 기억장치에 축적되어 있는 경우에 가시성을 가지도록 출력된 인쇄 물 또는 산출물로서 데이터의 내용을 정확히 반영하고 있다고 인정되는 것은 원본으로 본다."[522]라고 규정하고 있어 디지털 증거를 출력한 문건의 원본성을 입법적으로 인정하고 있다. 디지털 증거는 일반적 증거와 달리 유체물이 아닌 정보 그 자체를 의미하는 것으로 매체 독립적이고 원본과 사본의 구분이 곤란한 특성을 지닌다. 디지털 증거는 원본의 완벽한 복제가 가능하기 때문에 특별한 사정이 없는 한 원본 데이터와 사본 데이터가 정확히 일치하고, 그 출력물도 완벽히 데이터와 등가를 이룬다.[523] 우리의 경우에도 2007년 개정 형사소송 규칙이 제134조의7로 컴퓨터용 디스크 등에 기억된 문자정보 등에 대한 증거조사 방법에 관한 규정을 신설함으로써 기존에 문제되었던 저장매체에서 출력된 문건의 원본성 문제를 입법적으로 해결하였다고 보이나, 원 저장매체에 있는 데이터를 다른 저장매체에 복사 또는 이전하는 방법으로 디지털 증거를 수집하는 경우 그 다른 저장매체를 원본으로 인정할 수 있는지의 문제에 대하여 우리 형사소송법이나 형사소송규칙은 아무런 언급을 하고 있지 않으며, 이로 인하여 증거법의 일반 원칙상 복사된 디지털 증거의 원본 문제는 여전히 논란이 될 수 있다고 보는 견해도 있다.[524]

---

521) 사법정책연구원, 앞의 자료, 2015, p34
522) "If data are stored in a computer or similar device, any printout or other output readable by sight, shown to reflect the data accurately, is an original."
523) 박혁수, 앞의 논문, p77

(3) 디지털 증거의 신뢰성(reliability)[525]

대법원은 위 '일심회 사건' 및 '왕재산(간첩단) 사건'에서 디지털 저장매체 원본 혹은 '하드카피'·'이미징'한 매체에 저장된 내용과 출력된 문건의 동일성을 확인하는 과정에서 이용된 "컴퓨터의 기계적 정확성, 프로그램의 신뢰성, 입력·처리·출력의 각 단계에서 조작자의 전문적인 기술능력과 정확성이 담보되어야 한다"고 명시적으로 신뢰성 요건을 판시하였다.[526]

디지털 증거는 위와 같이 변조가 용이하고 의도적, 비의도적 조작에 취약하므로 그 신뢰성이 보장되어야 할 필요가 있다. 신뢰성을 인정하기 위해서는 절차적으로 '보관의 연속성'을 보장하는 방법이 사용되어야 하고, 이와 관련하여 디지털 포렌식 전문가의 신뢰성과 디지털 포렌식 도구와 방법의 신뢰성이 요구된다.

가. 포렌식 도구의 신뢰성(reliability)[527]

미국 사법연구원은 포렌식에 사용되는 모든 소프트웨어는 국가기관에 의해 적절하게 인증 받은 것을 사용할 것을 권고하고 있고, 미국'국가표준 기술연구소(Nati onal Institute of Standards and Technology : NIST)'에서는 미국 사법연구원의 지원을 받아 '컴퓨터 포렌식 도구 시험 프로그램(Computer Forensics Tool Test Pro gram : CFTT)'을 운영하면서 포렌식 도구들을 검증 및 평가[528]하고 있다.[529]

---

524) 최성필, "디지털 증거의 증거능력에 관한 비교법적 연구." 국외훈련검사 연구논문집 26, 2011. p93.
525) 사법정책연구원, 앞의 자료, p33~34.
526) 국회입법조사처, "디지털 증거에 관한 형사소송법적 관제", 2018. p19.
527) 디지털 증거를 수집 · 분석하는 데 사용하는 컴퓨터와 프로그램은 정확하고 신뢰할 수 있어야 하며, 디지털 증거를 수집 · 분석하는 디지털 포렌식 수사관 역시 전문적인 지식을 가진 사람이어야 한다"는 의미임

한국 대부분 수사기관에서는 디지털 증거 분석프로그램으로 'Encase
'530)를 사용하고 있는데, 미국과 우리나라에서 'Encase' 프로그램에
대한 신뢰성을 인정하고 있기 때문이다. 한국 대법원에서는 일심회
사건에서 "법원 감정을 통해 디지털 저장매체 원본 혹은 '하드카
피', '이미징'한 매체에 저장된 내용과 출력된 문건의 동일성을 확
인하는 과정에서 이용된 컴퓨터의 기계적 정확성, 프로그램의 신뢰
성, 입력·처리·출력의 각 단계에서 조작자의 전문적인 기술능력과
정확성이 담보되어야 한다.", "각 디지털 저장 매체가 봉인된 상태
에서 서울중앙지방검찰청에 송치된 후 피고인들이 입회한 상태에서
봉인을 풀고 세계적으로 인정받는 프로그램을 이용하여 이미징 작
업을 하였는데, 디지털 저장매체 원본의 해쉬(Hash) 값과 이미징
작업을 통해 생성된 파일의 해쉬 값이 동일한 사실, 제1심 법원은
피고인들 및 검사, 변호인이 모두 참여한 가운 데 검증을 실시하여
이미징 작업을 통해 생성된 파일의 내용과 출력된 문건에 기재된
내용이 동일함을 확인한 사실을 알 수 있는바, 그렇다면 출력된 문
건은 압수된 디지털 저장매체 원본에 저장되었던 내용과 동일한 것
으로 인정할 수 있어 증거로 사용할 수 있다."라고 하면서 이미징
작업과 해쉬 값 작성과 동일성 검증에 사용된 'Encase' 프로그램
에 대한 신뢰성을 인정하는 취지로 판시하였다.

나. 디지털 포렌식 수사관의 신뢰성

우리 형사소송법 제169조는 감정에 관하여 '법원은 학식, 경험 있
는 자에게 감정을 명할 수 있다 '고 규정하고 있고, 제179조는 감
정증인에 관하여 '특별한 지식에 의하여 알게 된 과거의 사실을 신

---

528) http://www.cftt.nist.gov
529) 양근원, '형사절차상 디지털 증거의 수집과 증거능력에 관한 연구', 경희대학교 대학원 박사
학위 논문, 2006. p229. 이숙연, 앞의 논문, p137-138
530) 미국 Guidance Software社에서 제작한 디지털 증거 분석 통합 프로그램으로 디지털 증
거사본 생성과 분석, 보고서 작성에 이르기까지 증거조사의 모든 과정을 수행할 수 있다.

문하는 경우에는 본장의 규정에 의하지 아니하고 전장의 규정에 의한다'고 규정하고 있다. 따라서 제출된 디지털 증거에 대하여 부동의할 경우 디지털 포렌식 절차에 관여한 감정인 또는 디지털 포렌식 수사관은 감정인 또는 감정증인의 형태로 법정에서 증언을 하게 된다. 그 결과 디지털 포렌식 절차에 관여한 감정인 또는 디지털 포렌식 수사관의 신뢰성(전문성)이 문제될 수 있다. 소위 '일심회' 사건531)에서 피고인 측 변호인들이 사건 담당 대검찰청 디지털 포렌식 수사관의 전문성에 대해 문제를 제기하였다. 이 사건에서 압수물인 디지털 저장매체로부터 출력 된 문건들의 증거능력이 쟁점으로 제기되었는데, 피고인 측 변호인들은 "…저장 매체의 데이터가 본래 존재하였던 상태와 전혀 다름이 없이 수집, 제출되었다는 사실과 위 디지털 증거의 분석처리 과정에 대한 신뢰성에 대하여 그 입증책임을 다하지 못하였고, 법원의 검증절차에 참여하여 이를 주도적으로 진행한 증인 정○○의 디지털 증거 분석능력과 그 증언은 신뢰할 수 없으므로, 위 문건들은 독립 적인 증거로 사용할 수 없다."고 주장하였다. 이에 대해 1심 법원은"…검증과정에 이용된 컴퓨터의 기계적 정확성, 프로그램의 신뢰성, 입력, 처리, 출력 각 단계에서의 컴퓨터 처리과정의 정확성, 조작자의 전문적 기술능력 등이 갖추어 질 때, 컴퓨터기록은 디지털 저장매체에 대한 법원의 검증절차를 통해 증거능력이 인정될 수 있다. 살피 건데, 이 법원의 검증조서, 증인 정○○(디지털 포렌식 수사관)의 증언 및 기타 이 사건 변론에 나타난 제반 사정을 종합하면, "…컴퓨터의 기계적 정확성, 프로그램의 신뢰성, 입력, 처리, 출력의 각 단계에서의 컴퓨터 처리과정의 정확성, 조작자의 전문적 기술능력 등의 요건이 구비되었다고 보이고…" 라고 판시하였다.

---

531) 대법원 2007. 12. 13. 선고 2007도7257 판결.

3. 디지털 증거와 전문법칙532)

형사법정에서 유효한 증거로 사용되기 위해서는 증거능력533)의 관점에서 '위법수집증거배제의 법칙' 및 '전문법칙' 등의 원칙을 준수하여야 한다. 위법수집증거배제의 법칙은 위법한 절차에 의하여 수집된 증거의 증거능력을 부인하는 것으로, 디지털 증거에서는 주로 압수·수색 방법, 별건정보, 피압수·수색자의 참여권에 관한 쟁점을 야기한다. 특히 전문법칙(傳聞法則)은 사실인정의 기초가 되는 경험사실을 경험자 자신이 직접 법원에 진술하지 않고 타인에 의하여 진술되거나 서면기재 형태로 기재하여 제출하는 '전문증거534)는 원칙적으로 증거능력이 없다(「형사소송법」 제310조의2)는 것으로, 우리 「형사소송법」에서는 제311조부터 제316조까지 일정한 조건 하에 전문증거의 증거능력을 예외적으로 인정하고 있다.

(1) 전문법칙 적용범위 문제

우리 형사소송법 제310조의2(전문증거와 증거능력의 제한)는 "제311조 내지 제316조에 규정한 것 이외에는 공판준비 또는 공판기일에서의 진술에 대신하여 진술을 기재한 서류나 공판준비 또는 공판기일 외에서의 타인의 진술을 내용으로 하는 진술은 이를 증거로 할 수 없다."고 규정하고 있다. 즉, 진술을 기재한 서류와 타인의 진술을 내용으로 하는 진술은 전문증거로서 증거로 사용할 수 없다는 것이다. 이는 디지털 증거에 관해 전문법칙을 적용할 것인지에

---

532) 전문법칙은 진술자가 경험자로부터 들은(hear, 聞) 것을 법원에 전달하는(say, 傳)하는 것으로, 증인이 직접 경험한 사실을 진술하는 원본증거와 대비되며, 진술이 진실임을 입증하려고 제출되는 것임

533) 증거능력이란 증거로서 허용되는가(admissibility)의 문제로서, 증명력(weight)과는 구별됨

534) 전문법칙의 예외를 인정하는 기준으로 '필요성'(원진술과 동일한 내용의 진술을 구하는 것이 불가능하거나 현저히 곤란하여 비록 전문증거라 하더라도 이를 사용하여 실체적 진실을 규명할 필요가 있는 경우) 및 '신용성의 정황적 보장'(해당 진술의 진실성을 담보할 수 있는 구체적이고 외부적인 정황이 있음)이 요구됨

대해 문제가 된다. 2016. 5. 29. 형사소송법 제313조의 개정, 시행으로 진술을 기재한 서류에는 '피고인 또는 피고인 아닌 자가 작성하였거나 진술한 내용이 포함된 문자·사진·영상 등의 정보로서 컴퓨터용 디스크, 그 밖에 이와 비슷한 정보저장매체에 저장된 것'이 포함 되었다.[535] 그러나 디지털 증거가 진술증거로 사용된다고 해서 모두 전문증거는 아니다.[536] 전문법칙은 진술증거 중에서도 진술이 담고 있는 내용이 진실임을 입증하기 위하여 제출되는 경우에만 적용되며, 제출된 증거가 진술의 존재 자체를 증명하려는 것이거나 요증사실의 내용이 아닌 특정 정황을 뒷받침하기 위해 제출된 경우라면 전문법칙은 문제가 되지 않으며, 이는 디지털 증거의 경우에도 마찬가지라고 할 것이다.[537] 즉 디지털 증거의 경우에도 그 내용의 진실성을 입증하기 위해서는 형사소송법상의 전문법칙과의 관계에서 증거능력에 대한 검토가 이루어져야한다.[538]

---

535) 제313조(진술서등) ① 전2조의 규정 이외에 피고인 또는 피고인이 아닌 자가 작성한 진술서나 그 진술을 기재한 서류로서 그 작성자 또는 진술자의 자필이거나 그 서명 또는 날인이 있는 것(피고인 또는 피고인 아닌 자가 작성하였거나 진술한 내용이 포함된 문자 · 사진 · 영상 등의 정보로서 컴퓨터용디스크, 그 밖에 이와 비슷한 정보저장매체에 저장 된 것을 포함한다. 이하 이 조에서 같다)은 공판준비나 공판기일에서의 그 작성자 또는 진술자의 진술에 의하여 그 성립의 진정함이 증명된 때에는 증거로 할 수 있다. 단, 피고인의 진술을 기재한 서류는 공판준비 또는 공판기일에서의 그 작성자의 진술에 의하여 그 성립의 진정함이 증명되고 그 진술이 특히 신빙할 수 있는 상태 하에서 행하여 진 때에 한하여 피고인의 공판준비 또는 공판기일에서의 진술에 불구하고 증거로 할 수 있다. <개정 2016.5.29.> ② 제1항 본문에도 불구하고 진술서의 작성자가 공판준비나 공판기일에서 그 성립의 진정을 부인하는 경우에는 과학적 분석결과에 기초한 디지털 포렌식 자료, 감정 등 객관적 방법으로 성립의 진정함이 증명되는 때에는 증거로 할 수 있다. 다만, 피고인 아닌 자가 작성한 진술서는 피고인 또는 변호인이 공판준비 또는 공판기일에 그 기재 내용에 관하여 작성자를 신문할 수 있었을 것을 요한다. <개정 2016.5.29.> ③ 감정의 경과와 결과를 기재한 서류도 제1항 및 제2항과 같다. <신설 2016.5.29.>
536) 장상귀, "디지털 증거의 증거능력에 관한 연구." 법학교수 검찰 실무연구회 발표자료집 (Ⅰ), 대검찰청, 2009, p238. "디지털증거는 직접적으로 사람의 지각 기억 표현 서술이라는 진술 과정을 거치지 않고 그것이 기계적으로 처리되어 작성된 것이기는 하지만, 사람이 작성한 프로그램에 의하여 그 사람이 표현하고자 하는 내용의 자료를 입력하여 처리 생성된 것이 있을 수 있으므로 그 내용의 진실성을 입증하기 위해 이를 이용하는 경우에는 전문법칙과의 관계에서 증거능력에 대한 검토가 이루어져야 한다."
537) 김윤섭박상용, "형사증거법상 디지털 증거의 증거능력", 형사정책연구 제26권 제2호, 2015, p178
538) 탁희성·이상진, 「디지털 증거분석 도구에 의한 증거수집절차 및 증거능력 확보 방안」, 형사정책연구원, 2006, p26.; 최성필, "디지털 증거의 증거능력에 관한 비교법적 연구." 국외훈련검사 연구논문집 26, 2011. p95

<형사소송법에서의 전문법칙 관련 규정 체계>[539]

형사소송법	내 용
제301조의2(전문증거와 증거능력의 제한) 제311조 내지 제316조에 규정한 것 이외에는 공판준비 또는 공판기일에서의 진술에 대신하여 진술을 기재한 서류나 공판준비 또는 공판기일 외에서의 타인의 진술을 내용으로 하는 진술은 이를 증거로 할 수 없다.	전문법칙의 선언
제311조(법원 또는 법관의 조서) 공판준비 또는 공판기일에 피고인이나 피고인 아닌 자의 진술을 기재한 조서와 법원 또는 법관의 검증의 결과를 기재한 조서는 증거로 할 수 있다. 제184조 및 제221조의228)의 규정에 의하여 작성한 조서도 또한 같다.	· 법원 또는 법관의 면전에서의 진술을 기재한 조서의 경우 피의자·피고인의 참여권이 보장되어 성립의 진정성이 인정되고, 진술의 진실성이 제반 정황에 의하여 보장(신용성의 정황적 보장)된다고 보아 증거능력을 인정함
제312조(검사 또는 사법경찰관의 조서 등) ① 검사가 피고인이 된 피의자의 진술을 기재한 조서는 적법한 절차와 방식에 따라 작성된 것으로서 피고인이 진술한 내용과 동일하게 기재되어 있음이 공판준비 또는 공판기일에서의 피고인의 진술에 의하여 인정되고, 그 조서에 기재된 진술이 특히 신빙할 수 있는 상태 하에 서 행하여졌음이 증명된 때에 한하여 증거로 할 수 있다. ② 제1항에도 불구하고 피고인이 그 조서의 성립의 진정을 부인하는 경우에는그 조서에 기재된 진술이 피고인이 진술한 내용과 동일하게 기재되어 있음이 영상녹화물이나 그 밖의 객관적인 방법에의하여 증명되고, 그 조서에 기재된 진술이 특히 신빙할 수 있	· 검사 작성 피의자신문조서의 경우 적법한 절차와 방식에 따른 작성을 전제로 1) 피고인의 진술에 의한 진정성립의 인정 2) 특히 신빙할 수 있는 상태라는 요건을 갖추면 증거능력을 인정하면서, 진술에 의하여 진정성립이 부인되는 경우 영상녹화물 등 객관적 방법으로 진정성립을 증명할 수 있도록 함

---

539) 국회 입법조사처, "디지털 증거에 관한 형사소송법적 관제", 2018. p10~12

는 상태 하에서 행하여졌음이 증명된 때에 한하여 증거로 할 수 있다. ④ 검사 또는 사법경찰관이 피고인이 아닌 자의 진술을 기재한 조서는 적법한 절차와 방식에 따라 작성된 것으로서 그 조서가 검사 또는 사법경찰관 앞에서 진술한 내용과 동일하게 기재되어 있음이원진술자의 공판준비 또는 공판기일에서의 진술이나 영상녹화물 또는 그 밖의 객관적인 방법에 의하여 증명되고, 피고인 또는 변호인이 공판준비 또는 공판기일에 그 기재 내용에 관하여 원진술자를 신문할 수 있었던 때에는 증거로 할 수있다. 다만, 그 조서에 기재된 진술이 특히 신빙할 수 있는 상태 하에서 행하 여졌음이 증명된 때에 한한다. ⑤ 제1항부터 제4항까지의 규정은 피고인 또는 피고인이 아닌 자가 수사과정에서 작성한 진술서에 관하여 준용한다. ⑥ 검사 또는 사법경찰관이 검증의 결과를 기재한 조서는 적법한 절차와 방식에 따라 작성된 것으로서 공판준비 또는 공판기일에서의 작성자의 진술에 따라 그 성립의 진정함이 증명된 때에는 증거로 할 수 있다.	· 사법경찰관 작성 피의자신문조서의 경우 적법한 절차와 방식에 따른 작성을 전제로 피의자였던 피고인 등이 '내용을 인정한 경우', 즉 조서의 진정성립 뿐만 아니라 조서의 기재내용이 객관적으로 실제 사실에 부합한다는 점을 인정할 것을 요건으로 증거능력을 인정함 · 검사 또는 사법경찰관이 참고인의 진술을 기재한 조서의 경우 적법한 절차와 방식에 따른 작성을전제로 1) 진술이나 영상녹화물에 따른 진정성립 인정 2) 반대신문의 기회 보장 3) 특히 신빙할 수 있는 상태의 요건을 갖추면 증거능력을 인정함 · 수사과정에서 작성한 진술서의 증거능력은 작성주체와 절차에 따라 제312조제1항부터 제4항까지의 규정에 의하여 인정됨
제313조(진술서등) ①전2조의 규정 이외에 피고인 또는 피고인이 아닌 자가 작성한 진술서나 그 진술을 기재한 서류로서 그 작성자 또는 진술자의 자필이거나 그 서명 또는 날인이 있는 것(피고인 또는 피고인 아닌 자가 작성하였거나 진술한 내용이 포함된 문자·사진·영상 등 의 정보로서 컴퓨터용 디스크, 그 밖에 이와 비슷한 정보저장매체에 저장된 것을 포함한다. 이하 이 조에서 같다)은공판준비나 공판기일에서의 그 작성자 또는 진술자의 진술에 의하여 그 성립의 진정함이 증	· 피고인·피의자 또는 참고인이 직접 작성한 진술서나 그의 진술을 타인이 기재한 서류 및 매체에 대하여 '성립의 진정'을 요건으로 증거능력을 인정함. 　다만, '진술서'의 경우 공판준비 또는 공 판기일에서 작성자의 진술에 의하여 성립의 진정함이 증명될 것을 요건으로 하면서 작성자가 성립의 진정을 부인하는 경우 디지털 포렌식 자료 등 객관적 방법으로 성립의 진정함을 증명할 수 있도록 하였음.

명된 때에는 증거로 할 수 있다. 단, 피고인의 진술을 기재한 서류는 공판준비 또는 공판기일에서의 그 작성자의 진술에 의하여 그 성립의 진정함이 증명되고 그 진술이 특히 신빙할 수 있는 상태 하에서 행하여 진 때에 한하여 피고인의 공판준비 또는 공판기일에서의 진술에 불구하고 증거로 할 수 있다. ② 제1항 본문에도 불구하고 진술서의 작성자가 공판준비나 공판기일에서 그 성립의 진정을 부인하는 경우에는 과학적 분석결과에 기초한 디지털포렌식 자료, 감정 등 객관적 방법으로 성립의 진정함이 증명되는 때에는 증거로 할 수 있다. 다만, 피고인 아닌 자가 작성한 진술서는 피고인 또는 변호인이 공판준비 또는 공판기일에 그 기재 내용에 관하여 작성자를 신문할 수 있었을 것을 요한다. ③ 감정의 경과와 결과를 기재한 서류도 제1항 및 제2항과 같다.	· 진술을 기재한 서류'의 경우 원진술자에 의하여 성의 진정이 증명되어야 함. · 피고인의 진술을 기재한 서류의경우 진술을 기재한 서류의 '작성자'가 성립의 진정을 인정하고, 특히 신빙할 수 있는 상태에서의 진술이었음이 증명된 경우에는 원진술자인 피고인이 성립의 진정을 부인하는 진술을 한 경우에도증거능력을 인정할 수 있다.
제314조(증거능력에 대한 예외) 제312조 또는 제313조의 경우에 공판준비 또는 공판기일에 진술을 요하는 자가 사망·질병·외국거주·소재불명 그 밖에 이에 준하는 사유로 인하여 진술할 수 없는때에는 그 조서 및 그 밖의 서류(피고인 또는 피고인 아닌 자가 작성하였거나 진술한 내용이 포함된 문자·사진·영상 등의 정보로서 컴퓨터용 디스크, 그 밖에 이와 비슷한 정보저장매체에 저장된 것을 포함한다)를 증거로 할 수 있다. 다만, 그 진술 또는 작성이 특히 신빙할 수 있는 상태 하에서 행하여졌음이 증명 된 때에 한한다.	· 전문증거가 예외적으로 증거능력을 인정받기 위하여 진술을 해야 하는 자가 진술을 할 수 없는 경우, 그 진술 또는 작성이 특히 신빙할 수 있는 상태 하에서 행하여졌음이 증명될 때에는 해당 조서·서류 및 정보저장매체를 증거로 할 수 있다 는 내용으로, '필요성'에 따라 전문법칙의 예외를 인정하는 경우임

제315조(당연히 증거능력이 있는 서류) 다음에 게기한 서류는 증거로 할 수 있다. 1. 가족관계기록사항에 관한 증명서, 공정증서등본 기타 공무원 또는 외국공무원의 직무상 증명할 수 있는 사항에 관하여 작성한 문서 2. 상업장부, 항해일지 기타 업무상 필요로 작성한 통상문서 3. 기타 특히 신용할 만한 정황에 의하여 작성된 문서	·작성자의 인식·판단을 그대로 반영하는 것으로서, 업무의 기계적 반복성으로 인하여 허위 개입 여지가 거의 없거나, 문서의 성질에 비추어 고도의 신용성이 보장되는 경우 증거능력을 인정하는 것으로, '신용성의 정황적 보장'에 따라 전문법칙의 예외를 인정하는 경우임
제316조(전문의 진술) ① 피고인이 아닌자(공소제기 전에 피고인을 피의자로 조사하였거나 그 조사에 참여하였던 자를포함한다. 이하 이 조에서 같다)의 공판준비 또는 공판기일에서의 진술이 피고인의 진술을 그 내용으로 하는 것인 때에는 그 진술이 특히 신빙할 수 있는 상태하에서 행하여졌음이 증명된 때에 한하여 이를 증거로 할 수 있다. ② 피고인 아닌 자의 공판준비 또는 공판기일에서의 진술이 피고인 아닌 타인의 진술을 그 내용으로 하는 것인 때에는 원진술자가 사망, 질병, 외국거주, 소재불명 그 밖에 이에 준하는 사유로인하여 진술할 수 없고, 그 진술이 특히 신빙할 수 있는 상태 하에서 행하여졌음 이 증명된 때에 한하여 이를 증거로 할수 있다.	·피고인 아닌 자의 구두진술이 1)피고인의 진술을 내용으로 하는 것인 때에는 그 진술이 특히 신빙 수 있는 상태에서 행하여졌다면 증거능력을 인정하고(원진술자인 피고인이 출석하여 반대신문권을 행사 할 수 있음), 2) 피고인 아닌 타인의 진술을 내용으로 하는 것인 때에는 원진술자가 진술을 할 수 없고, 그 진술이 특히 신빙할 수 있는 상태하에서 행하여졌다면 증거능력을 인정함

(2) 전문법칙 적용 판례분석

가. 가칭 '영남위원회 사건' 판결[540] 사례

대법원은 이른바 '영남위원회 사건'에서 컴퓨터 디스켓에 들어 있는 문건이 증거로 사용되는 경우 전문법칙 및 그 예외의 적용을 인정한 바 있다. 위 판결에서는 "컴퓨터 디스켓이 들어 있는 문건이 증거로 사용되는 경우 그 컴퓨터 디스켓은 기재의 매체가 다를 뿐 실질에 있어서는 피고인 또는 피고인 아닌 자의 진술을 기재한 서류와 크게 다를 바 없고, 압수 후의 보관 및 출력 과정에 조작 가능성이 있으며, 기본적으로 반대신문의 기회가 보장되지 않는 점 등에 비추어 그 기재내용의 진실성에 관하여는 전문법칙이 적용된다"고 판시하였다. 또한, 전문법칙의 '예외' 규정의 적용에 관하여도 "「형사소송법」 제313조 제1항에 의하여 그 작성자 또는 진술자의 진술에 의하여 성립의 진정함이 증명[541]된 때에 한하여 증거로 사용할 수 있다"고 판시하였다. 디지털 증거의 경우 특히 사후에 제출된 증거가 저장·수집 과정에서 오류가 없으며, 특정한 사람의 행위 결과가 정확히 표현되었고, 그로 인하여 생성된 자료임이 인정되어야 한다는 진정성을 요하는바, 이는 결국 "실질적 진정 성립"의 문제와 연결된다는 견해[542]가 있다. 전문증거의 개념은 디지털 증거의 경우에도 동일하게 적용되므로, 대법원은 "정보저장매체에 기억된 문자정보의 내용의 진실성이 아닌 그와 같은 내용의 문자정보가 존재하는 것 자체가 증거로 되는 경우에는 전문법칙이 적용되지 않으며", "어떤 진술을 범죄사실에 대한 직접증거로 사용할 때에는 그 진술이 전문증거가 된다 하더라도 그와 같은 진술을 하

---

540) 대법원 1999. 9. 3. 선고 99도2317 판결
541) 성립의 진정이란 '서명, 날인과 같은 형식적 요건이 진술자의 것이 틀림없다'는 "형식적 진정성립" 및 '진술내용이 서류에 기재된 내용과 일치한다'는 "실질적 진정성립"으로 나누어짐
542) 노명선, 「전자적 증거의 실효적인 압수·수색, 증거조사 방안연구」, 대검찰청 용역보고서, 2007, p57

였다는 것 자체 또는 그 진술의 진실성과 관계없는 간접사실에 대한 정황증거로 사용할 때에는 반드시 전문증거가 되는 것은 아니다"라고 판시하였다.

나. 가칭 '일심회 사건' 판결[543] 사례

대법원은 소위 '일심회 사건'에서 "압수된 디지털 저장매체로부터 출력된 문건이 진술증거로 사용되는 경우에는 그 기재내용의 진실성에 관하여 전문법칙이 적용되므로, 형사소송법 제313조 제1항에 의하여 그 작성자 또는 진술자의 진술에 의하여 그 성립의 진정함이 증명된 때에 한하여 이를 증거로 사용할 수 있다[544].", "검사가 디지털 저장매체에서 출력하여 증거로 제출한 문건 중에서 53개의 문건은 그 작성자가 제1심에서 그 성립의 진정함을 인정하였으므로 이를 증거로 할 수 있으나, 그 밖의 문건은 그 작성자에 의하여 성립의 진정함이 증명되지 않았거나 작성자가 불분명하다는 이유로 그 문건의 내용을 증거로 사용할 수 없다"고 판시하였다.

다. 가칭 '왕재산 사건' 판례[545] 사례

대법원은 소위 '왕재산 사건'에서 "피고인 또는 피고인 아닌 사람이 정보저장매체에 입력하여 기억된 문자정보 또는 그 출력물을 증거로 사용하는 경우, 이는 실질에 있어서 피고인 또는 피고인 아닌 사람이 작성한 진술서나 그 진술을 기재한 서류와 크게 다를 바 없고, 압수 후의 보관 및 출력과정에 조작의 가능성이 있으며, 기본적으로 반대신문의 기회가 보장되지 않는 점 등에 비추어 그 내용의 진실성에 관하여는 전문법칙이 적용되고 따라서 원칙적으로 형사소송법 제313조 제1항에 의하여 그 작성자 또는 진술자의 진

---

543) 대법원 2007. 12. 13. 선고 2007도7257 판결.
544) 대법원 1999. 9.3. 선고 99도2317 판결 참조
545) 대법원 2013. 7. 26. 선고 2013도2511 판결.

술에 의하여 성립의 진정함이 증명된 때에 한하여 이를 증거로 사용할 수 있다. 다만 정보저장매체에 기억된 문자정보의 내용의 진실성이 아닌 그와 같은 내용의 문자정보가 존재하는 것 자체가 증거로 되는 경우에는 전문법칙이 적용되지 아니한다.[546] 나아가 어떤 진술을 범죄사실에 대한 직접증거로 사용할 때에는 그 진술이 전문증거가 된다고 하더라도 그와 같은 진술을 하였다는 것 자체 또는 그 진술의 진실성과 관계없는 간접사실에 대한 정황증거로 사용할 때에는 반드시 전문증거가 되는 것은 아니다[547].", "반국가단체의 구성원과 문건을 주고받는 방법으로 통신을 한 경우, 반국가단체로부터 지령을 받고 국가기밀을 탐지·수집 하였다는 공소사실과 관련하여 수령한 지령 및 탐지.수집 하여 취득한 국가 기밀이 문건의 형태로 존재 하는 경우나 편의 제공의 목적물이 문건인 경우 등에는, 문건내용의 진실성이 문 제 되는 것이 아니라 그러한 내용의 문건이 존재 하는 것 자체가 증거가 되는 것으로서, 위와 같은 공소사실에 대하여는 전문법칙이 적용되지 않는다고 보아 해당 부분의 공소사실에 관한 증거로 제출된 출력 문건들의 증거능력이 인정된다고 판단하였다.", "문건의 상당수는 작성자가 불분명하며, 작성자 인정할 수 있는 경우라도 작성자 또는 진술자에 의해 성립의 진정함이 증명된 바 없으므로 문건의 기재 내용을 증거로 사용할 수 없다."고 판시하였다.

---

546) 대법원 1999. 9. 3. 선고 99도2317 판결, 대법원 2013. 2. 15. 선고 2010도3504 판결 등 참조
547) 대법원2000. 2. 25. 선고 99도1252 판결 등 참조

라. 가칭 '원○○ 사건' 판례[548] 사례

대법원은 '원○○ 사건'에서 "압수된 디지털 저장매체로부터 출력한 문서를 진술 증거로 사용하는 경우, 그 기재 내용의 진실성에 관하여는 전문법칙이 적용되므로 형사소송법 제313조 제1항에 따라 그 작성자 또는 진술자의 공판준비나 공판기일 에서의 진술에 의하여 그 성립의 진정함이 증명된 때에 한하여 이를 증거로 사용할 수 있다는 것이 대법원의 확립된 판례이다.[549] 이에 관하여는 1954. 9. 23. 제정되고 1961. 9. 1. 개정된 형사소송법 제313조 제1항의 규정은 21세기 정보화 시대를 맞이하여 그에 걸맞게 해석하여야 하므로, 디지털 저장매체로부터 출력된 문서에 관하여는 저장매체의 사용자 및 소유자, 로그기록 등 저장매체에 남은 흔적, 초안 문서의 존재, 작성자만의 암호 사용 여부, 전자서명의 유무 등 여러 사정에 의하여 동일인이 작성하였다고 볼 수 있고 그 진정성을 탄핵할 다른 증거가 없는한 그 작성자의 공판준비나 공판기일에서의 진술과 상관없이 성립의 진정을 인정하여야 한다는 견해가 유력하게 주장되고 있는바, 그 나름 경청할 만한 가치가 있는 것은 사실이나, 입법을 통하여 해결하는 것은 몰라도 해석을 통하여 위와 같은 실정법의 명문조항을 달리 확장 적용할 수는 없다. 이는 '의심스러울 때는 피고인의 이익으로'라는 형사법의 대원칙에 비추어 보아도 그러하다.", "이 사건에서 원심은, 위 두 파일은 그 작성자로 추정되는 공소 외 4의 공판준비 또는 공판기일에서의 진술에 의하여 성립의 진정함이 증명되지 않았다는 이유로 위 두 파일의 증거능력을 인정하지 않았다. 원심판결 이유를 위 법리와 적법하게 채택된 증거들에 비추어 살펴보면, 원심의 위와 같은 판단은 정당하고, 거기에 디지털 저장매체로부터 출력한 문서의 증거능력에 관한 법리를 오해한 잘못이 없다."고 판시하였다. 그리고

---

548) 대법원 2015. 7. 16. 선고 2015도2625 판결
549) 대법원 2007. 12. 13. 선고 2007도7257 판결, 대법원 2013. 6. 13. 선고 2012도16001
판결 등 참조

대법원은 "구 정보통신망 이용촉진 및 정보보호 등에 관한 법률(2005.12. 30. 법률 제7812호로 개정되기 전의 것)제65조 제1항 제3호는 정보통신망을 통하여 공포심이나 불안감을 유발하는 글을 반복적으로 상대방에게 도달하게 하는 행위를 처벌하고 있는바, 검사가 위 죄에 대한 유죄의 증거로 문자 정보가 저장되어 있는 휴대전화기를 법정에 제출하는 경우 휴대전화기에 저장된 문자정보는 그 자체가 범행의 직접적인 수단으로서 이를 증거로 사용할 수 있다.…정보통신망을 통하여 공포심이나 불안감을 유발하는 글을 반복적으로 상대방에게 도달하게 하는 행위를 하였다는 공소사실에 대하여 휴대전화기에 저장된 문자정보가 그 증거가 되는 경우와 같이, 그 문자정보가 범행의 직접적인 수단이 될 뿐 경험자의 진술에 갈음하는 대체물에 해당하지 않는 경우에는 형사소송법 제310조의2에서 정한 전문법칙이 적용될 여지가 없다."[550]고 판시하였다.

(3) 진술서에 관한 전문법칙의 예외 인정문제

2016년 「형사소송법」 개정 전까지 대법원에서 일관되게 작성자 또는 원진술자가 '스스로 성립의 진정함을 인정하는 진술'을 하여야만 「형사소송법」 제313조제1항을 적용하여 전문법칙의 예외로서 증거능력을 인정함에 따라, 증거능력에 대한 판단이 당사자의 임의에 따르게 되어 범죄 입증에 어려움이 있다는 문제가 제기되었다.[551] 이에 수사기관에서는 이른바 '국정원 여론조작 사건'에서 업무 지시 사항에 따라 심리전단이 활동하여야 할 주제와 그에 관련된 2~3줄의 짧은 설명을 담고 있는 구체적 활동 지침에 해당하는 '이슈와 논지', 심리전단 활동의 수행 방법 등에 관한 내용을 담고

---

550) 대법원 2008. 11. 13. 선고 2006도2556 판결; 전승수, 앞의 논문, p217
551) 스스로 진술서를 작성하고도 공판기일에서 진정성립을 부인해 버리면 증거로 사용할 수 없게 되어, 진술서의 증거능력을 작성자의 입에 맡기는 불합리한 결과가 발생 한다는 취지임(이재상 · 조균석, 「형사소송법」 제11판, 2017, p625

있는 텍스트파일 등의 증거능력에 관하여 「형사소송법」 제315조제2호 및 제3호44)에 따른 전문법칙의 예외의 적용을 주장하였다. 원심(서울고등법원 2015. 2. 9 선고 2014노2820 판결)에서는 이러한 수사기관의 주장을 받아들여 문제가 된 파일들은 "자신이 한 심리전단 활동으로 인하여 수사를 받을 것이라는 점을 전혀 인식하지 못한 상황에서 장기간에 걸쳐 계속적으로 작성하여 업무수행의 기초로 삼은 것"으로서 「형사소송법」제315조제2호의 '업무상 필요로 작성한 통상문서'에 해당하고, "파일에 기재된 업무 관련 내용은 잘못 기재할 경우 업무수행에 지장을 초래하게 된다는 점에서 사실과 다른 내용을 굳이 기재할 동기나 이유를 쉽게 찾아보기 어렵고, 업무수행에 필요한 정보들만이 단편적으로 기재되어 있는 등"의 사정에 비추어 「형사소송법」 제315조제3호의 '기타 특히 신용할 만한 정황에 의하여 작성한 문서'에도 해당한다고 판시하였다. 그러나 대법원(대법원 2015. 7. 16. 선고 2015도2625 전원합의체 판결)에서는 이러한 증거들이 「형사소송법」제315조에 해당한다는 원심 판결을 배척하고, 작성자 또는 진술자의 진술에 의하여 성립의 진정함이 증명된 때 한하여 증거로 사용할 수 있는 「형사소송법」 제313조의 적용을 받는다고 판시하였다. 이 판결 이후 2016년 5월 29일 「형사소송법」 제313조제2항이 개정되어, 진술자가 성립의 진정을 부인한다 하더라도 과학적 분석결과에 기초한 디지털 포렌식 자료, 감정 등 객관적 방법으로 성립의 진정함이 증명되는 때에는 증거능력이 인정되도록 하였다.

(4) 전문법칙 및 그 예외적용 문제의 한계점[552]

대법원에서는 "디지털 증거에서도 피의자 등의 의사가 기재된 파일에서 출력된 문건 등이 진술증거로 사용되는 경우, 그 기재 내용의 진실성에 관하여는 전문법칙이 적용된다"는 법리를 확립하였다. 그러나 우리나라는 판례법에 기초하고 있지 않고, 전문법칙을 명시적으로 선언하고 있는 「형사소송법」 제310조의2에 디지털 증거 관련 내용을 담고 있지 않아, 전문법칙의 '예외'로서의 제313조 등의 적용을 논하기에 앞서 충족되어야 할 전제조건을 구비하지 못하고 있는 측면이 여전히 과제로 남아 있다. 진술서나 진술을 기재한 서류에 '진술하거나 작성한 내용이 포함된 문자·사진·영상 등의 정보로서 컴퓨터용디스크, 그 밖에 이와 비슷한 정보저장매체에 저장된 것을 포함한다'고 규정(제313조제1항)하면서 그 적용범위를 해당 조항에 한정하고 있는바, 업무의 반복성·통상성 등으로 인하여 '당연히 증거능력이 있는 서류'(제315조)에 포함될 수 있는 컴퓨터에 저장된 업무일지 등은 적용범위에서 누락되는 등 문제가 발생하고 있는 것이다. 따라서 디지털 증거에 전문법칙 및 그 예외가 적용된다고 명시하는 방법으로, 전문법칙의 예외 규정(제312조부터 제316조까지)에 디지털 증거 관련 내용을 추가하는 방식보다는, 앞으로 여러 형태를 띠게 될 디지털 증거를 폭넓게 포함할 수 있도록 전문법칙을 선언하고 있는 '원칙'규정(제310조의2)에서 전문증거로서의 디지털 증거를 포함하도록 하는 방안을 고려해 볼 수 있겠다.

---

552) 국회입법조사처, "디지털 증거에 관한 형사소송법적 과제", 2018. p23

제2절 디지털 포렌식 전문가의 법정증언과 신뢰성

디지털 포렌식 수사관의 신뢰성과 관련하여 앞에서 기술한 바와 같이 '일심회사건'에서 압수물인 디지털 저장매체로부터 출력된 문건들의 증거능력과 관련하여, 피고인 측은 이 사건 디지털 포렌식 업무를 담당한 대검찰청 소속 디지털 포렌식 수사관[553])에 대하여 "…디지털 증거의 분석처리과정에 대하여 그 입증책임을 다하지 못하였고, 이 법원의 검증절차에 참여하여 이를 주도적으로 진행한 증인 정○○의 디지털 증거 분석능력과 그 증언은 신뢰할 수 없으므로, 위 문건들은 독립적인 증거로 사용할 수 없다."라고 주장하였으나, 1심 법원은 "… 검증 과정에 이용된 컴퓨터의 기계적 정확성, 프로그램의 신뢰성, 입력, 처리, 출력 각 단계에서의 컴퓨터 처리과정의 정확성, 조작자의 전문적 기술능력 등이 갖추어 질 때, 컴퓨터 기록은 디지털 저장매체에 대한 법원의 검증절차를 통해 증거 능력이 인정 될 수 있다. 이와 같이 우리 법원은 디지털 포렌식 수사관의 디지털 증거 수집과 분석 등 포렌식 절차에 대한 법정증언과 검증을 인정하고 있다.

---

553) 대검찰청 국가디지털포렌식센터 음성감정관으로 14년 근무, 서울대 석사, 박사

1. 전문가의 법정증언

최근 형사소송법 제313조 제2항의 신설로 진술서의 작성자가 그 성립의 진정을 부인하는 경우에도 과학적 분석결과에 기초한 디지털 포렌식 자료, 감정 등 객관적 방법으로 성립의 진정함이 증명되는 때에는 증거로 할 수 있게 되었다. 개정 전 형사소송법에서는 전문법칙에 의하여 디지털 포렌식 수사관이 작성한 분석결과 보고서와 법정증언에도 불구하고 작성자가 진정성립 부인한 경우 증거로 사용할 수 없었던 것이 디지털 포렌식 분석결과보고서에 의하여 진정 성립이 증명 되는 경우에는 증거로 사용할 수 있게 된 것이다. 그러나 신설된 법조항으로 인해서 디지털 포렌식 업무를 담당하고 있는 수사관과 그가 작성한 분석결과보고서에 대한 전문성, 객관성 문제 제기는 더욱 더 거세질 것이 분명하다. 비록 형사소송법에는 특별한 지식과 경험을 가지고 있는 자에게 전문적 지식 또는 그 지식에 의한 판단이나 의견을 보고하도록 하는 감정제도[554]와 조사자 증언제도[555]가 있으나 각종 사건에 있어서 수사 초기 압수수색 단계에서부터 디지털 증거의 수집과 분석, 분석결과보고서 작성 그리고 공판정에서 법정증언까지 디지털 포렌식 전 과정에서 수사관으로서 업무를 수행하고 있는 디지털 포렌식 수사관에 대한 전문성과 객관성 등에 대한 문제제기는 당연한 것으로 보인다.

---

554) 제169조(감정) 법원은 학식 경험있는 자에게 감정을 명할 수 있다. 제179조(감정증인)특별한 지식에 의하여 알게 된 과거의 사실을 신문하는 경우 에는 본장의 규정에 의하지 아니하고 전장의 규정에 의한다.

555) 제316조(전문의 진술) ① 피고인이 아닌 자(공소제기 전에 피고인을 피의자로 조사하였거나 그 조사에 참여하였던 자를 포함한다. 이하 이 조에서 같다)의 공판준비 또는 공판기일에서의 진술이 피고인의 진술을 그 내용으로 하는 것인 때에는 그 진술이 특히 신빙할 수 있는 상태 하에서 행하여졌음이 증명된 때에 한하여 이를 증거로 할 수 있다. <개정 2007.6.1.>

2. 디지털 포렌식 전문가의 증언능력

미연방증거법 제702조216)에서는 법관이 특정 분야의 증거나 사실관계를 이해함에 있어서 과학적, 기술적, 또는 기타 전문지식의 조력을 받기 위해 전문가를 증인으로 소환하는 경우, 당해 전문가가 증인으로서 자격을 갖추기 위해서는 그에 관련된 "지식, 기술, 경험, 훈련, 아니면 교육"을 갖추고 있음을 요하고 있다. 동 규정에서 제시하고 있는 전문가의 요건을 갖춘 컴퓨터 포렌식 전문조사관들은 자격을 갖춘 전문가로서 법정에서 증언을 할 수 있다. 이와 더불어 많은 주에서 연방증거법901(b)(9)556) 규정이나 이에 상응하는 각주의 법령에 의해 검증되거나 조사과정에서 더 객관적이고 경험적인 조사결과물을 전문조사관이 증인으로서 제시할 수 있는 경우에는 전문가증언에 대신하여 이러한 전문조사관을 증인으로 출석시켜 증언하게 하고 있다. 우리 형사소송법 제316조의 조사자 증언과 달리 개정 형사소송법 제313조 제2항과 같이 진술서 작성자가 진정성립을 부인하는 경우에 그 진술서의 진정 성립을 증명하기 위한 객관적 증명 방법으로 사건 담당 디지털 포렌식 수사관을 법정 증인으로서 신문할 수 있는가 그리고 그 과정에서 포렌식 수사관이 디지털 포렌식 과정 에서 사용한 과학기계나 소프트웨어 프로그램(Software

---

556) 연방증거법 제901조
 (a) 총설 "인정가능성에 선행하는 조건으로서 증명이나 검증이 요구되며, 이는 안건이 당사자의 주장과 일치한다는 판단을 지지하기에 충분한 증거에 의하여 충족된다." (The requirement of authentication or identification as a condition precedent to admissibility is satisfied byevidence sufficient to support a finding that the matter in question is what its proponent claims.)
 (b) "본조의 조건을 충족하는 증명이나 검증의 예는 다음과 같다. 단 이에 국한되지 아니한다." (By way of illustration only, and not by way of limitation, the following are examples of authentication or identification conforming with the requirements of this rule:)
 (9) "과정 또는 체계. 특정한 과정 또는 체계를 기술한 증거. 그 과정 또는 체계에 의하여 어떤 결과를 도출할 수 있다는 것과, 정확한 결과를 도출할 수 있음이 증명되어야 한다." (Process or system. Evidence describing a process or system used to produce a result and showing that the process or system produces an accurate result.)

Program), 분석 또는 감정 결과를 도출하기 위해 수사에 응용한 과학적 기술과 원리 등에 관해 증언하게 할 수 있는가. 먼저 1) 일정한 분야의 디지털 포렌식 수사관(전문가)으로서 과연 어느 정도 전문적인 지식이나 기술적인 능력을 가져야 하는가의 문제와 2) 디지털 포렌식 수사관(전문수사관)이 직접 조사하여 분석한 결과물인 분석결과 보고서(증언내용)에 대하여 수사기록과 다른 독립한 증거로 인정할 수 있는가 하는 문제가 포함되어 있다. 전자는 디지털 포렌식 수사관(전문가) 증언의 증거능력에 관한 문제 이고, 후자는 디지털 포렌식 수사관(수사관여자) 진술의 증명력의 문제이다.[557]

한편, 우리 대법원은 "검사작성의 피의자신문조서에 대한 실질적 진정 성립을 증명할 수 있는 수단으로서 형사소송법 제312조 제2항에 규정된 '영상녹화물이나 그 밖의 객관적인 방법'이란 형사소송법 및 형사소송규칙에 규정된 방식과 절차에 따라 제작된 영상녹화물 또는 그러한 영상 녹화물에 준할 정도로 피고인의 진술을 과학적·기계적·객관적으로 재현해 낼 수 있는 방법만을 의미하고, 그 외에 조사관 또는 조사 과정에 참여한 통역인 등의 증언은 이에 해당한다고 볼 수 없다."[558]라고 판시한 바 있다. 그러나 형사소송

---

557) 노명선, "전문수사관 제도에 관한 몇 가지 쟁점연구", 형사법의 신동향 통권 제23호 (2009.12.),p122

558) 대법원 2016. 02. 18. 선고 2015도16586 판결에서 "실질적 진정성립을 증명할 수 있는 방법으로서 형사소송법 제312조 제2항에 예시되어 있는 영상녹화물의 경우 형사소송법 및 형사소송규칙에 의하여 영상녹화의 과정, 방식 및 절차 등 이 엄격하게 규정되어 있는데다 (형사소송법 제244조의2, 형사소송규칙 제134조 의2 제3항, 제4항, 제5항 등) 피의자의 진술을 비롯하여 검사의 신문 방식 및 피의자의 답변 태도 등 조사의 전 과정이 모두 담겨있어 피고인이 된 피의자의 진술 내용 및 취지를 과학적·기계적으로 재현해 낼 수 있으므로 조서의 내용과 검사 앞에서의 진술 내용을 대조할 수 있는 수단으로서의 객관성이 보장되어 있다고 볼 수 있으나, 피고인을 피의자로 조사하였거나 조사에 참여하였던 자들의 증언은 오로지 증언자의 주관적 기억 능력에 의존할 수밖에 없어 객관성이 보장되어 있다고 보기 어렵다. 결국 검사 작성의 피의자신문조서에 대한 실질적 진정성립을 증명할 수 있는 수단으로서 형사소송법 제312조 제2 항에 규정된 '영상녹화물이나 그 밖의 객관적인 방법'이란 형사소송법 및 형사 소송규칙에 규정된 방식과 절차에 따라 제작된 영상녹화물 또는 그러한 영상녹화물에 준할 정도로 피고인의 진술을 과학적·기계적·객관적으로 재현해 낼 수 있는 방법만을 의미하고, 그 외에 조사관 또는 조사 과정에 참여한 통역인 등의 증언은 이에 해당한다고 볼 수 없다."고 판시하였다.

법 제316조의 조사자 증언과 제313조 제2항의 진정성립 증명의 객관적 방법으로서 디지털 포렌식 수사관의 분석 또는 감정결과에 대한 법정증언은 구별할 필요가 있다. 디지털 포렌식 수사관의 법정증언은 분석·감정 결과에 대한 무결성, 동일성, 전문성, 신뢰성 등 확보 여부와 디지털 포렌식 기본 절차를 따른 분석결과인지 여부를 확인하는 감정증인으로서의 법정 증언 성격을 갖고 있기 때문이다.

(1) 디지털 포렌식 전문가의 증인적격559)과 신뢰성

디지털 포렌식 수사관은 각종 형사사건에서 검찰수사관으로서의 지위와 디지털 증거를 수집, 분석, 분석결과보고서 작성, 법정증언 등을 담당하는 디지털 포렌식 수사관으로서의 지위를 동시에 가지고 있다. 특히 일선 검찰청으로부터 직접 압수 하거나 또는 임의제출 받은 디지털 저장매체에 대한 분석을 의뢰 받은 경우나 법원으로부터 감정을 의뢰 받는 경우에는 디지털 증거 분석관이나 법원 감정인으로서 지위를 갖는다고 볼 수 있다. 이러한 이중적 지위를 갖고 있는 디지털 포렌식 수사관이 작성한 디지털 증거 분석결과보고서와 법정증언에 대한 신뢰성과 객관성, 중립성 문제가 제기될 수 있다. 우리 판례는 전문조사관의 증언능력에 관하여 구체적인 기준을 제시하고 있지는 않지만 전문조사관의 증언능력을 인정하고 있다.

속칭 '일심회 국가보안법위반' 사건에서 변호인 측은, 법원의 검증절차에 참여하여 이를 주도적으로 진행한 증인 정씨의 전자적 정보 분석능력과 그 증언은 신뢰할 수 없으므로, 위 문건들은 독립적인 증거로 사용할 수 없다고 주장하였다. 이에 대해 서울중앙지방법원560)은 이 법원의 검증조서, 증인 정씨의 증언 및 기타 이 사건 변론에 나타난 제반 사정을 종합하면, …피고인들 및 검사, 변호인들이 모두 참여한 가운데 이 법원의 전자법정시설 및 EnCase 프로그램을 이용하여 법원 의 검증절차가 이루어졌는바, 검증 당시 규격에 적합한 컴퓨터와 EnCase 프로그램을 이용하여 적절한 방법으로 검증절차가 진행되었으므로, 컴퓨터의 기계적 정확성, 프로

---

559) 전문조사관이 자신이 작성한 보고서가 증거로 제출되면, 증거제출자71)인 검찰에서 보고서의 증거능력을 입증하여야 한다. 증거능력의 전제로서 전문조사관은 증인적격이 문제된다, 자신이 담당하는 사건이나 이해관계가 있는 법관이나 통역인 등은 법에서 증인적격을 부정하고 있고(제 146조, 제17조, 제25조), 피고인 또한 묵비권이 있으므로 증인적격이 부정되고, 공동피고인 또한 같다72). 변호인도 일정한 경우 증언거부권이 있다(제149조). 반면 검사나 수사관에 대해서는 증인적격을 부정하는 명문의 규정이 없다.

560) 서울중앙지법 2007.4.16. 선고 2006고합1365 등.

그램의 신뢰성, 입력, 처리, 출력의 각 단계에서의 컴퓨터 처리과정의 정확성, 조작자의 전문적 기술능력 등의 요건이 구비되었다고 보이고, 달리 그 요건의 흠결을 의심하거나 신뢰성을 배척할 만한 사정은 보이지 아니하며, 위와 같은 검증절차를 거쳐, 디지털 저장매체 원본을 이미징한 파일에 수록된 컴퓨터파일의 내용이 압수물인 디지털 저장매체로부터 수사기관이 출력하여 제출한 문건들에 기재된 것과 동일하다는 점이 확인되었으므로, 앞서 본 '증거의 요지'란에 거시된 문건들은 증거능력이 적법하게 부여되었다고 할 것이어서 변호인들의 이 부분 주장은 이유 없다고 하였다. 이는 검증조서 등 서면의 증거에 대하여 독립적인 증거로서의 가치561)는 물론 전문조사관의 사용도구와 EnCase 프로그램 등에 관한 전문적인 증언능력과 증언에 대한 독립한 증거로서의 가치를 인정하였다는 점에 의의가 있다. 이에 대한 대법원판례562) 또한 이를 인정하고 있다.

(2) 디지털 포렌식 전문가의 증언의 증명력의 문제

전문가의 증언은 주요사실을 인정하는 직접증거라기보다는 자백의 신용성을 높이는 '보조증거'이거나 주요사실을 추인케 하는 간접사실을 증명하는 '정황증거'에 불과한 경우가 많다. 전자의 경우, 독극물로 살해하였다는 자백에 대해서 '사체에서 독극물이 검출되었다'는 감정결과가 이에 해당한다.563) 후자의 경우는 '범죄현장에 유류된 정액이나 타액의 혈액형이 피고인의 것과 일치 한다'는 법의학 감정은 피고인이 살해하였다는 직접증거는 아니지만 '범죄현장에 피고인이 언젠가 있었다고 하는 간접사실을 증명하는 정황증거

---

561) 여기서는 법관작성의 검증조서이외 전문조사관 작성의 분석보고서 그 자체에 대한 증거능력에 대해서는 언급이 없다.
562) 대법원 2007. 12. 13. 선고 2007도7257 [공2008상,80]
563) 이 경우에도 과연 범행시간대 범인으로부터 유래한 것이라는 별도의 판단이 필요함은 물론이다.

가 된다. 나아가 보조증거와 정황증거의 역할을 모두 하는 경우도 있다. 전문조사관이 수사기록 일체를 접하게 되면 수사기록으로부터 영향을 받게 되어 부당한 예단을 갖게 될 수 있고, 반대로 피의자나 중요 참고인에게 영향을 주는 경우가 있을 수 있다.[564] 우선 전자의 경우, 전문조사관은 수사의 시작부터 종료까지 전 과정에 개입하면서 증거능력의 유무를 불문하고 많은 정보와 자료들을 수사를 통하여 접하게 된다. 따라서 수사과정 중에 획득한 다른 수사자료와의 상호관계를 무시할 수 없기 때문에 전문조사관의 증언은 신빙성이 크게 떨어진다.[565] 전문조사관은 자신이 감정한 결과보고서에 근거하여 피의자에게 그 내용을 암시하거나 그 내용에 부합하도록 유도하여 얻게 된 자백과 전문조사관의 증언은 각 독립된 증거로 볼 수 없다. 그 결과 전문조사관의 증언에 대한 증명력은 당연히 감소될 수밖에 없다. 후자의 경우로는, 전문조사관의 감정소견이 자백이외의 증거, 정보에 영향을 가한 경우를 들 수 있다. 예를 들어, 전문조사관이 참고인에게 '마약에 대한 감정결과가 북한산으로 추정된다'는 감정소견을 참고인에게 암시하거나 알려줌으로써 참고인이 수사기관의 의도대로 진술하게 된다면 그 참고인 진술조서의 증거능력도 같은 문제가 발생한다. 이 경우 수사기관은 참고인의 진술 내용에 전혀 영향을 미치지 않았다는 구체적인 사정을 입증하지 못 하면 참고인의 진술의 증명력은 감쇄될 것이다. 마지막으로 전문조사관의 증언은 주요사실을 직접 입증하는 증거라기보다는 자백의 신빙성을 담보하거나 간접사실을 입증하는 정황증거에 불과하기 때문에 전문가로서의 증언이라는 이유로 과대평가되지 않도록 항상 유의하여야 한다.

---

564) 노명선, "전문수사관 제도에 관한 몇 가지 쟁점연구", p111
565) 노명선, "국제기준에 적합한 디지털 포렌식 기술교육의 표준모델개발", p41

(3) 디지털 포렌식 전문가의 중립성 확보

수사기관의 디지털 포렌식 전문조사관은 수사관 지위와 함께 전문가적인 감정 또는 증인이라는 이중적 지위를 갖고 있다. 이러한 이중적 지위를 갖고 있는 전문조사관이 만들어 낸 분석결과보고서나 법정증언에 대해서는 항상 중립성 시비가 끊이지 않고 있다. 전문조사관의 중립성을 확보하고 객관성을 제고하기 위해서는 다음과 같은 요건들이 필요하다.

① 디지털 포렌식 기술에 대해 이해하고 관련 프로그램 등을 사용할 수 있어야 한다.
② 압수·수색 등 절차과정에서 피압수자의 참여권을 보장해줘야 한다.
③ 수집 및 분석 과정의 경위를 보고서에 기록한다.
④ 디지털 포렌식 절차에 따른 업무 수행을 통해 사후 선의의 항변도 가능하도록 한다. 특히 전문조사관이 작성한 분석보고서는 수사기관 작성의 검증조서에 준할 수 있기 때문에, 만약 피고인측이 부동의 하면 형사소송법 제312조 제6항에 의해 작성자의 법정에서 진술에 따라 그 성립의 진정함이 증명되면 증거로 할 수 있다고 볼 수 있다.

제3장 디지털 포렌식 전문가 법정증언566)

1. 디지털 포렌식 조사관의 전문성 입증

문(검사): 증인은 디지털 포렌식 조사관인가요?

답(전문가증언): 네, 그렇습니다.

문: 어떤 업무에 종사하고 있는가요?

답: 저는 저장매체 내 디지털 정보를 압수하고 분석하는 디지털 포렌식 조사관 으로 재직하고 있습니다.

문: 디지털 포렌식 조사관으로 근무한지는 얼마나 오래됐습니까?

답: 저는 경찰청에서 디지털 증거 복구 및 포렌식 조사관으로 5년 동안 근무하였습니다.

문: 증인의 대학에서의 전공은 무엇인가요?

답: 저는 2012년 ○○대학에서 컴퓨터 공학을 전공하여 학사학위를 받았습니다.

문: 디지털 포렌식 교육경력 및 자격 여부에 대해 간단히 설명해 주세요.

답: 저는 2012년 ○○컴퓨터 교육 센터에서 '디지털 증거 복구 전문가 과정'을 수료하였습니다. 그리고 2013년에 한국포렌식학회와 인터넷진흥원에서 주관하고 법무부가 공인하는 '디지털 포렌식 전문가 2급 자격시험'에 합격하였고, 3년 동안의 실무경험을 쌓은 후 2016년에는 '디지털 포렌식 전문가 1급 자격시험'에 도 합격하였습니다. 뿐만 아니라 2014년 국제 컴퓨터 전문가 협회(International Association of Computer Specialists, "IACIS")에서 컴퓨터 포렌식 조사관 증 명서를 수여 받았고, 2주 동안 고급교육 코스를 밟고 고급코스 증명서까지 수여 받았습니다. 그리고 2016년 미국 가이던스 소프트웨어사에서 EnCase 컴퓨터 포 렌식 응용 프로그램 교육을 받았습니다.

문: 증인은 디지털 포렌식 전문가협회의 회원입니까?

답: 예. 국제 컴퓨터 전문가 협회와 국내 디지털포렌식전문가협회 회원으로 소속 되어있고, 동 협회에서 개최하는 세미나 및 학술대회에 년 2회 이상 참여하고 있습니다.

---

566) 노명선, "수사전문관 제도에 관한 연구", 대검찰청 연구보고서(p200, p111~131)

2. 디지털 포렌식의 개관

문: 증인이 담당하는 디지털 포렌식에 대해서 간략히 설명해 주세요.

답: 디지털 포렌식은 하드 드라이브, USB, 또는 집(zip) 드라이브와 같은 컴퓨터 또는 디지털 저장매체에 저장되어있는 디지털 정보들을 수집하고, 분석하여 법 정에 증거로 현출될 수 있도록 보고서를 작성하는 등의 일련의 절차를 의미 합니다.

문: 증인과 같은 디지털 포렌식 전문가가 수행하는 조사방법에 대하여 간단히 설명해 주시겠습니까?

답: 우선, 무결성을 유지하며 모든 데이터를 완전히 복제하는 방식으로 디지털 저장 매체에 기억되어 있는 디지털 정보들을 이미징 하여야 합니다. 그 다음, 조사관은 수집한 디지털 정보가 입수한 시기부터 현재에 이르기까지 변경되지 않았다는 무결성을 입증하여야 합니다. 마지막으로, 조사관은 피의자가 임의로 삭제한 파일정보에 대해서는 특별한 프로그램을 이용하여 삭제된 정보를 복구 합니다.

3. 증거수집과 복원 절차

문: 증인께서는 증거수집 절차부터 한 가지씩 설명해 주시지요. 먼저, 컴퓨터 저 장매체에 있는 디지털 정보는 어떻게 복제합니까?

답: EnCase와 같은 특수한 컴퓨터 포렌식 소프트웨어는 특수한 부팅 절차를 사 용하여 문제의 저장매체에 있는 데이터들이 변하지 않게 해줍니다. 부팅 절차를 시작하고 난후에 조사관은 포렌식 소프트웨어를 사용하여 완전한 이미지 복사본 이나 컴퓨터의 하드드라이브 또는 USB 등 외부 저장매체를 스냅 사진처럼 사본을 정확히 만들어 냅니다. 이러한 이미징된 사본에는, 대상 저장매체 내에서 삭제된 파일까지 포함한 모든 데이터의 완전한 섹터(sector)의 복사본이라고 할 수 있습니다.

문: 복원 절차와 관련하여 우선 기본적으로 컴퓨터가 어떻게 작동하는지, 컴퓨터 하드 디스크에 대하여 설명해주시지요.

답: 기본적으로 컴퓨터 하드디스크는 저장 기억매체로 동심원(concentric circles)으로 이루어져 있고, 트랙(track)으로 나누어져 있습니다. 이것은 예전에 축음기로 듣던 78rmp 레코드와 비슷하다고 보면 될 것 같습니다. 트랙은 섹터(sector)로 나누어져 있습니다. 각각의 섹터는 그 디스크 부분에서 특유한 숫자로 자신의 주소(address)가 있습니다. 오퍼레이팅 시스템(OS)은 특정한 섹터에 저장된 컴퓨터 파일을 구성하는 모든 정보는 사용자가 요구할 시에 회수할 수 있도록 주소를 지정하고 저장합니다.

문: 하드 디스크에는 정보가 어떻게 기록 되나요?

답: 디스크는 자석물질로 얇게 코팅 되어 있습니다. 디스크에 정보를 기록할 때 에는 디스크 코팅의 특정한 부분을 자기화(magnetizing)하면서 기록합니다. 그 정보는 겹쳐 쓰기 전까지는 그곳에 있습니다.

문: 삭제되거나 자동으로 제거된 디지털 정보들을 컴퓨터 기술자가 어떻게 복구 하는지 그 절차에 대해서 설명해주세요.

답: 컴퓨터 사용자가 디지털 정보를 삭제할 때에는 종종 그 정보는 영원히 제거 된 것으로 알고 있습니다. 하지만 꼭 그렇지는 않습니다. 그 정보는 계속 컴퓨터에 존재하지만 컴퓨터가 덮어쓰기(overwrite)를 허용하는 것입니다. 이것은 도서관 카드식 목록 시스템과 유사하여 책들이 파일을 상징하고 카드식 목록은 파일이 디스크 어디에 있는지를 나타내는 정보를 가지고 있는 파일 디렉터리를 상징합니다. 파일이 삭제되었을 경우, 그 파일이 있는 장소에 대한 정보는 카드식 목록에서 제거되지만 책들은 다른 책이 대체할 때까지 책장에 남아있습니다.

문: 삭제된 정보는 어느 정도까지 복구할 수 있습니까?

답: 만일 그 정보에 다른 정보를 아직 덮어쓰기(overwrite)를 하지 않았으면 그 정보는 아직 존재하며 특수한 소프트웨어를 사용하여 복구 할 수 있습니다.

4. 동일성 입증

문: 다음으로, 입증절차에 대하여 언급하셨는데, 수집된 디지털 정보를 어떻게 인증하고 검증할 수 있는지 간단히 설명해 주시지요.

답: 디지털 포렌식 조사관들은 압수된 컴퓨터 저장매체에 포함된 정확한 정보의 내용을 수리적 값으로 만드는 소프트웨어에 의존하고 있습니다. 이 값은 MD5 해쉬값 이라고 알려져 있으며 이것은 종종 특별한 종류의 디지털 서명(digital signature)으로 언급되곤 합니다. 만약 이 해쉬값이 같다면, 이 값이 발생한 시기로부터 계속 변하지 않았음을 입증하게 됩니다. 그리고 복사본의 한 부분의 데이터에 하나의 기호나 문자가 더해지거나 바뀌었다면, 이 값도 역시 바뀌게 되므로 만일 압수된 기억매체 정보의 해쉬값이 변하지 않으면 디지털 정보가 어떠한 방법으로도 바뀌지 않았음을 입증하는 것입니다.

문: 다른 내용을 가진 두개의 포렌식 이미지 파일이 같은 해쉬값을 가질 수 있는 확률은 어떻게 되나요?

답: 포렌식적 이미지 파일을 포함한 다른 내용의 두개의 컴퓨터 파일이 같은 해 쉬값을 가질 수 있는 확률은 대략 10의 38승입니다. 만일 이 숫자를 적으려면 1 에 0을 38개 붙여야 합니다. 대조적으로 1조는 1에 0이 12 개밖에 붙지 않습니다.

5. 사용한 프로그램의 신빙성 입증

문: 증인이 사용한 프로그램에 대해 간단히 설명해 주시지요.
답: EnCase 프로그램을 사용하였으며 동 프로그램은 일반적으로 널리 사용하는 프로그램으로 알고 있습니다.
문: 증인이 사용한 프로그램은 디지털 포렌식 분야에서 사용자들로부터 대체적으로 인정을 받고 있다는 것인가요?
답: 예, 디지털 포렌식 분야에서는 인정을 받아 널리 사용되고 있습니다.
그리고 제 경험으로는 대부분의 정부기관이나 수사기관에 관련된 디지털 포렌식 조사관들이 선택하는 도구입니다. 제가 근무하는 ○○에서도 가장 중요한 컴퓨터 포렌식 도구로 사용되고 있습니다.
문: 컴퓨터 포렌식 소프트웨어는 어떻게 테스트 합니까?
답: 컴퓨터 포렌식 소프트웨어는 세 가지 주요한 단계들로 테스트 합니다.
 1) 첫 번째 단계는 대상 컴퓨터 드라이브 이미지의 해쉬값을 생성한 다음 다른 표준 도구를 이용하여 같은 드라이브에서 동일한 방법으로 해쉬 값을 생성합니다. 두 가지 도구에서 생성된 해쉬값은 같은 드라이브를 사용하였으므로 완전히 같아야 합니다.
 2) 두 번째 단계는 증거를 구성하는 포렌식 이미지로 복구된 증거들이 표준 디스크 유틸리티(disk utility)로 독립적으로 확증되었음을 검증하는 것입니다. EnCase로 예를 들면, 이 프로그램은 조사원이 복구한 원래의 드라이브에 있는 모든 데이터조각들의 정확한 주소를 감정할 수 있습니다. 그 정보로 조사원은 노턴 디스크에디트(Norton DiskEdit)와 같은 디스크 유틸리티를 사용해 그 데이터가 존재한다는 것을 확증하고 데이터의 정확한 주소를 알아낼 수 있습니다.
 3) 세 번째 단계는 조사과정 도중 포렌식 이미지의 내용들이 바뀌거나 변하지 않았다고 확인 하는 절차이며, 이는 데이터를 획득한 순간부터 해쉬값이 바뀌지 않았다는 것을 반복적으로 분석하여 확인합니다. 이런 시험들은 다른 컴퓨터 매체로 여러 번 실행해야합니다.
문: 증인은 프로그램을 검증하였는가요?
답: 소프트웨어를 대규모로 구입하기 전 조사관들이 위에 설명하였던 세가지 절차들을 이용하여 광범위한 소프트웨어 평가를 실행하였습니다. 제가 알기로는 ○○기관에서도 비슷한 검증절차를 거친 것으로 알고 있습니다. 그리고 저희 기관도 이 소프트웨어를 채택한 이후 수십 명의 컴퓨터 조사관

들이 이 프로그램을 매일 사용하고 있습니다.

문: 그럼 검증결과는 어떻게 나왔습니까?

답: 위에 설명한 세 가지 단계를 모두 통과하였습니다.

문: 그렇다면 독립되고 객관적인 제3의 기관으로부터도 검증되었는가요?

답: 네. 미국 정부에서도 컴퓨터 포렌식 도구들을 광범위하게 검증하고 있으며 매번 그 결과를 홈페이지에 공시하고 있습니다. 검증테스트는 컴퓨터 포렌식 도구 테스트(CFTT) 프로젝트의 한 부분으로 수행됐으며, 이는 National Ins tit ute of Justice(NIJ), National Institute of Standards and echnology(NIST), 국방부, Technical Support Working Group, 그리고, 다른 관련된 기관들이 협력하여 테스트를 진행하고 있습니다. EnCase를 검증한 NIST의 CFTT의 검증 절차는 대단히 포괄적으로 진행되며, 50개 별도의 IDE 와 SCSI 하드 드라이브 시험 시나리오를 포함하고 'FastBloc' 하드웨어 쓰기방지장치도 사용하고 있습니다. 실행된 NIST 검증테스트는 모두 보고서로 작성되어 NIJ의 홈페이지에 공지되고 있습니다.

문: NIST의 CFTT 프로젝트 검증결과는 무엇이었나요?

답: 결과는 모두 기준 이상이었습니다. 우선, EnCase는 모든 부분들을 흠잡을데 없이 이미지화 하였고 직접적인 디스크 엑세스 방법(direct disk access mode)을 사용하는 시험들의 결과들도 예상과 일치하였습니다. 또한, EnCase는 한 부분만 제외하고 모든 부분들을 흠잡을 데 없이 이미지화 하였고 BIOS 디스크 액세스를 사용하는 시험들의 결과도 예상과 일치하였습니다. Legacy BIOS를 사용하는 오래된 컴퓨터로 IDE 드라이브를 액세스하면 한 가지 변칙적인 문제가 보고되었습니다. 이 변칙적 문제는 legacy BIOS의 결점을 반영하는 것 입니다. CFTT 보고서에 적혀있듯이 Guidance 소프트웨어 회사는 이전에 쉽게 ATAPI 인터페이스를 통하여 직접적 디스크 접근(direct disk access)을 가능케 하여 legacy BIOS에 대한 한계를 대응하였습니다. 두 번째로, EnCase는 모든 시험 시나리오에 있는 이미지지화된 매체를 제대로 확인하였습니다. 세 번째로 EnCase는 모든 시험 시나리오에 있는 이미지 절차에 생기는 I/O 오류를 정확히 보고하고 기록하였습니다. 네 번째로, 이미지 파일들이 디스크 에디터로부터 고의적으로 변경되었을 때에 EnCase는 오류를 제대로 탐지하고 보고하였습니다.

문: 위 프로그램에 대해 관련 업계에서 발행한 출판물이 있나요?

답: 네, 「information security」에 출판된 여러 종류의 기사들을 읽어봤으며 첨단 과학 범죄 조사업계(high-tech crime investigation industries)

에서는 이 제품을 호의적으로 논평하고 있습니다. SC 잡지에 2001년 4월에 발행된 기사에는 지금까지 가장 상세하게 기록된 시험결과를 연재하였습니다. 그 잡지는 EnCase에게 가장 높은 평가를 하였고 그 잡지에서 EnCase가 시험한 "다른 모든 도구들을 능가하였다"고 평하였습니다.

제8편
법정증언 매뉴얼

제8편 법정증언 매뉴얼

제1장 증거법에 대한 사전 지식

증거법(evidence)은 재판에서 증거가 어떻게 쓰이고 어떤 증거가 허용되는지를 규율한 법이다. 미국에는 연방증거규칙이 있다. 재판에서 피고나 원고가 주장을 뒷받침하기 위해서 증거[567]를 사용하는데 법관은 이를 바탕으로 발견한 증거의 종합한 결과 합리적 의심 없는 증명의 정도에 이르는가를 판단하게 된다. 증거가 사건과 관련된 사실의 존부에 영향을 미치는지 증거들이 신빙성을 가지고 있는지 증거로부터 경험칙, 과학법칙에 따른 합리적 추론을 통해 요증명제(구성요건요소인 사실)에 도달했는가가 증거법의 기반이 된다.[568][569]

---

567) 증거(證據)란 형사재판이 공정하게 진행되려면 먼저 범죄에 대한 사실관계가 확정되어야 하는데, 사실관계를 확실하게 하기 위하여 사용되는 자료를 말한다. 형사소송법에서는 사실의 인정은 증거에 의한다고 규정하고 있는데 이를 증거재판주의라 한다(형사소송법 제307조). 증거에는 증거방법과 증거자료의 두 가지 의미가 포함된다. 증거방법이란 사실인정의 자료가 되는 유형물 자체를 말하는 것으로 증인·증거서류 또는 증거물이 이에 속한다. 이에 대하여 증거자료란 증거방법을 조사하면서 알게 된 내용을 말하는 것으로, 예컨대 증인신문에 의하여 얻게 된 증언·증거물의 조사에 의하여 알게 된 증언·증거물의 조사에 의하여 알게 된 증거물의 성질이 그것이다.

568) https://ko.wikipedia.org/wiki/%EC%A6%9D%EA%B1%B0%EB%B2%95

569) 한국 형사소송법 제2편 제3장 제2절(제307조~제318조의3) 형사소송법 제308조에 따르면 법관의 자유판단에 따라 증거의 증명력이 결정된다. 단, 제308조의2부터 제310조의2까지의 법령에 따라 증거능력을 제한할 수 있고, 제314조에 따라 예외상황이 발생할 경우 진술을 요하는 자의 진술에 준하는 자료를 증거로 인정할 수 있다.

경찰관의 증언도 증거자료 중 하나이므로 법정에 나가기 전 형사재판에서 증언570)이 증거능력을 갖기 위한 증거법적 요건은 무엇인지 알고 있어야 한다. 증거능력 요건이 불비된 경우 신빙성·신용성 여부와 상관없이 증거로 사용될 수 없다. 변호인도 증명력을 탄핵하는 것보다 증거능력이 없음을 증명하는 것이 변론전략상 용이하므로 재판정에서 신용성의 정황적 보장 등 증거능력 요건이 불비되었음을 적극적으로 주장할 개연성이 높다.

1. 증거법 관련 공직선거법위반·정치자금법위반 판결문

대법원 2009. 10. 22. 선고 2009도7436 전원합의체 판결[공직선거법위반·정치자금법위반][공2009하,1921]571)

【판시사항】

[1] 공소장일본주의의 위배 여부를 판단하는 기준 및 그 법적 효과

[2] 정당의 후보자 추천 관련 금품수수 범행의 공소사실에 범죄사실 이전 단계의 정황과 경위, 범행을 전후하여 관계자들이 주고받은 대화 내용 등을 장황하게 기재한 사안에서, 공소제기의 절차가 법률의 규정을 위반하여 무효인 때에 해당하지 않는다고 한 원심판결을 수긍한 사례

[3] 정당이 후보자 추천과 관련하여 무상 또는 현저히 낮은 이율로

---

570) 증언(證言, testimony) 증인의 진술을 말한다. 감정의견, 문서의 기재내용, 검증결과, 참고인진술 등과 같이 증거자료 중의 하나이다. 증언은 법원 또는 법관에 대하여 제3자가 실험한 사실의 보고이다. 따라서 제3자가 자기의 견문 그 밖의 지각에 의하여 경험한 구체적인 사실이면, 그 자가 우연히 특별한 지식을 가지고 또한 전문적 경험을 쌓았기 때문에 알 수 있었던 것도 증언이 된다. 즉 감정증인은 과거의 사실을 진술하는 자이므로 증인에 해당한다(형사소송법 제179조). 이에 반하여 자기의 경험사실을 기초로 하여 의견이나 상상을 말하는 것은 본래의 증언은 아니고, 그것이 특별한 학식경험을 요하면 감정의견으로 된다. 증언은 법원 또는 법관에 대하여 진술하는 것이므로 제3자(참고인)가 수사기관에 대하여 자기가 과거에 실제로 경험한 사실을 진술하더라도 그것은 증언이 아니다.

571) 대법원 2009. 10. 22. 선고 2009도7436 전원합의체 판결 [공직선거법위반 · 정치자금법위반] 종합법률정보 판례.

금전을 대여 받은 경우, 위법한 정치자금을 제공받는 행위에 해당하는지 여부(적극) 및 이때 몰수 또는 추징의 대상이 되는 재산상 이익

【판결요지】

[1] [다수의견] 형사소송 법령의 내용과 그 개정 경위, 공소장일본주의의 기본취지, 우리나라 형사소송법이 당사자주의와 공판중심주의 원칙 및 직접심리주의와 증거재판주의 원칙 등을 채택하고 있다는 점 등을 아울러 살펴보면, 공소장일본주의는 위와 같은 형사소송절차의 원칙을 공소제기의 단계에서부터 실현할 것을 목적으로 하는 제도적 장치로서 우리나라 형사소송구조의 한 축을 이루고 있다고 보아야 한다. 그러나 공소장일본주의는 공소사실 특정의 필요성이라는 또 다른 요청에 의하여 필연적으로 제약을 받을 수밖에 없는 것이므로, 양자의 취지와 정신이 조화를 이룰 수 있는 선에서 공소사실 기재 또는 표현의 허용 범위와 한계가 설정되어야 한다는 점, 공판준비절차는 공판중심주의와 집중심리의 원칙을 실현하려는데 그 주된 목적이 있으므로 공소장일본주의 위배를 포함한 공소제기 절차상의 하자는 이 단계에서 점검함으로써 위법한 공소제기에 기초한 소송절차가 계속 진행되지 않도록 하는 것이 바람직하다는 점, 형사소송법상 인정되는 공소장변경제도는 실체적 진실발견이라는 형사소송이념을 실현하기 위한 직권주의적 요소로서 형사소송법이 절차법으로서 가지는 소송절차의 발전적·동적 성격과 소송경제의 이념 등을 반영하고 있는 것이므로, 이러한 점에서도 공소장일본주의의 적용은 공소제기 이후 공판절차가 진행된 단계에서는 필연적으로 일정한 한계를 가질 수밖에 없다는 점 등을 종합하여 보면, 공소장일본주의의 위배 여부는 공소사실로 기재된

범죄의 유형과 내용 등에 비추어 볼 때에 공소장에 첨부 또는 인용된 서류 기타 물건의 내용, 그리고 법령이 요구하는 사항 이외에 공소장에 기재된 사실이 법관 또는 배심원에게 예단을 생기게 하여 법관 또는 배심원이 범죄사실의 실체를 파악하는 데 장애가 될 수 있는지 여부를 기준으로 당해 사건에서 구체적으로 판단하여야 한다. 이러한 기준에 비추어 공소장일본주의에 위배된 공소제기라고 인정되는 때에는 그 절차가 법률의 규정을 위반하여 무효인 때에 해당하는 것으로 보아 공소기각의 판결을 선고하는 것이 원칙이다. 그러나 공소장 기재의 방식에 관하여 피고인측으로부터 아무런 이의가 제기되지 아니하였고 법원 역시 범죄사실의 실체를 파악하는 데 지장이 없다고 판단하여 그대로 공판절차를 진행한 결과 증거조사절차가 마무리되어 법관의 심증형성이 이루어진 단계에서는 소송절차의 동적 안정성 및 소송경제의 이념 등에 비추어 볼 때 이제는 더 이상 공소장일본주의 위배를 주장하여 이미 진행된 소송절차의 효력을 다툴 수는 없다고 보아야 한다.

[대법관 이홍훈의 별개의견] 다수의견을 따르면 공소장일본주의 위배의 정도가 중대하여 법관이나 배심원의 공정하고 중립적인 심증형성에 심각한 장애를 초래하는 정도에 이른 경우라도, 피고인이나 변호인이 초기에 적절하게 대응하지 못한 상태에서 제1심 증거조사절차를 마치게 되면 그 구제방법을 박탈함으로써 공소장일본주의의 취지를 상당부분 무력화시킬 수 있다. 한편, 뒤에 나오는 반대의견을 따르면 공소장일본주의라는 원칙만을 지나치게 강조한 나머지 우리 형사소송절차가 추구하는 다른 원칙이나 가치들과 조화를 이루지 못하고 부적절한 결과를 초래할 수 있다. 따라서 무죄추정의 권리를 향유하는 피고인에 대하여 법관이 가질 수 있는 유죄의 예단을 최대한 효율적으로 차단하면서도 실체적 진실발견과 적절한 형벌권의 행사를 함께 도모하

기 위하여는, 공소장일본주의 위배의 효과를 모든 사안에 있어서 일률적으로 확정할 수는 없고, 그 위배의 정도가 중대하여 법관이나 배심원의 공정하고 중립적인 심증형성에 심각한 장애를 초래하는 정도에 해당하는 경우에는 형사소송절차의 진행 정도에 관계없이 공소기각의 판결을 선고하는 것이 합당하다. 다만, 이러한 경우에 해당하는지 여부는 공소장일본주의 위배의 내용과 태양 및 정도, 위배 경위와 회피가능성, 공소제기의 주체인 검사의 인식과 의도, 피고인과 변호인의 방어권 행사에 미친 영향, 사건의 경중과 특성, 공판절차가 국민참여재판으로 이루어졌는지 여부 등 여러 사정을 종합적으로 고려하여 판단할 수 있다.

[대법관 김영란, 대법관 박시환, 대법관 김지형, 대법관 전수안의 반대의견] 공소장일본주의는 재판제도의 생명이라 할 수 있는 재판의 공정성을 보장하기 위한 필수적인 원칙으로서 그 원칙에 위배된 재판은 이미 생명을 잃어버린 것이나 다름없다. 한편, 우리 형사소송법이 당사자주의의 기본구조에 직권주의적 요소를 가미한 것도 실체적 진실발견에 도움이 되고자 하는 것이므로 직권주의적 요소가 가미되어 있다는 점이 공소장일본주의가 추구하고자 하는 재판의 공정과 상충되는 요인이 될 수 없고, 그것이 공소장일본주의에 일정한 한계를 두어야 하는 근거로 될 수 없다. 즉, 공소장일본주의가 추구하는 재판의 공정이라는 가치가 실체적 진실발견보다는 더 우선하는 의미를 가지는 것이므로 재판의 공정과 관련된 공소장일본주의의 기능 발휘를 위해서는 실체적 진실발견의 요청은 일부 양보할 수밖에 없다고 보아야 한다. 또한 재판의 공정은 재판을 시작하는 첫 단계에서부터 마지막까지 시종일관 보장되어야 하는 중요한 원칙이므로, 재판의 공정성과 직결되는 공소장일본주의는 공판절차가 어느 단계에 가 있든 항상 문제가 될 수 있으며, 공소장일본주의가 추구하는 재

판의 공정 이념은 우선적 가치를 가진 근본이념으로서, 재판의 신속·경제를 위해 재판의 공정을 희생시킬 수는 없다. 이러한 공소장일본주의의 의미와 기능을 생각해 볼 때에, 법관이 예단을 가진 채로 불공정한 공판절차를 진행하게 된다는 심각하고도 치유될 수 없는 흠을 초래하게 되는 공소장일본주의 위반은 그 자체로 이미 중대한 위법상태에 해당하는 것으로서, 그 위반의 정도나 경중을 가릴 것 없이 모두 위법한 공소제기라고 보는 것이 타당하다. 결론적으로 공소장일본주의의 취지와 의미를 고려한다면 그 위반의 효과에 대하여는 엄격한 기준이 적용되어야 한다. 공소장일본주의를 위반하는 것은 소송절차의 생명이라 할 수 있는 공정한 재판의 원칙에 치명적인 손상을 가하는 것이고, 이를 위반한 공소제기는 법률의 규정에 위배된 것으로 치유될 수 없는 것이므로 시기 및 위반의 정도와 무관하게 항상 공소기각의 판결을 하는 것이 타당하다.

[2] 정당의 후보자 추천 관련 금품수수 범행의 공소사실에 범죄사실 이전 단계의 정황과 경위, 범행을 전후하여 관계자들이 주고받은 대화와 이메일 내용, 수첩의 메모 내용, 세세한 주변사실 등을 장황하게 기재한 사안에서, 위 범죄의 성격상 검사로서는 그 범의나 공모관계, 범행의 동기나 경위 등을 명확히 하기 위하여 구체적인 사정을 적시할 필요도 있는 점, 이와 관련하여 제1심 공판절차에서 피고인측이 아무런 이의를 제기하지 않은 상태에서 공판절차가 진행되어 위 공소사실에 인용된 증거들을 포함하여 검사가 제출한 증거들에 대한 증거조사가 모두 마쳐진 점 등을 종합하여, 공소제기의 절차가 법률의 규정을 위반하여 무효인 때에 해당하지 않는다고 한 원심판결을 수긍한 사례.

[3] 정치자금법의 입법 취지와 정치자금법 제1조, 제2조 제1항, 제3조 제2호, 제32조 제1호, 제45조 제2항 제5호, 제45조 제3항의 규정들을 종합해 보면, 정치자금의 제공이 후보자 추천의 대

가 또는 사례에 해당하거나 그렇지 않다 하더라도 그 후보자 추천에 있어서 어떠한 형태로든 영향을 미칠 수 있는 경우, 이는 정치자금법이 금지하는 기부제한 대상에 해당한다고 보아야 한다. 그러므로 정당이 후보자 추천과 관련하여 금전을 무상으로 대여받는 행위는 정치자금법이 금지하는 정치자금을 제공받는 행위에 해당하는 것이지만, 이러한 경우 그 차용금 자체를 기부받은 것으로 볼 것은 아니고 통상적으로 유상대여가 이루어졌을 경우와 비교하여 그 이자 상당의 재산상 이익을 기부받은 것으로 봄이 상당하다. 이러한 법리는 정당이 후보자 추천과 관련하여 금전을 통상적인 경우에 비하여 현저히 낮은 이율로 대여받은 경우에도 마찬가지이므로 이때에는 금융기관의 대출금리 또는 법정이율 등과 실제 이율과의 차이 상당의 재산상 이익을 기부받은 것으로 보아야 하고 몰수·추징의 대상도 이에 한정하여야 한다.

【참조조문】

[1] 형사소송법 제254조 제1항, 형사소송규칙 제118조 제2항 [2] 형사소송법 제254조 제1항, 형사소송규칙 제118조 제2항, 공직선거법 제47조의2 제1항, 제230조 제6항 [3] 정치자금법 제1조, 제2조 제1항, 제3조 제2호, 제32조 제1호, 제45조 제2항 제5호, 제45조 제3항

【참조판례】

[1] 대법원 1994. 3. 11. 선고 93도3145 판결(공1994상, 1233)
대법원 1999. 5. 14. 선고 99도202 판결(공1999상, 1215)
대법원 2007. 5. 11. 선고 2007도748 판결

대법원 2009. 2. 26. 선고 2008도11813 판결(공2009상, 428)

[3] 대법원 2007. 3. 30. 선고 2006도7241 판결(공2007상, 652)

【전 문】

【피 고 인】 문○○

【상 고 인】 피고인 및 검사

【변 호 인】 법무법인(유) 태평양외 3인

【원심판결】 서울고법 2009. 7. 23. 선고 2008노3355 판결

【주 문】

상고를 모두 기각한다.

【이 유】

상고이유를 판단한다.

1. 공소장일본주의 위배의 점에 대하여

가. 공소장일본주의는 검사가 공소를 제기할 때에는 원칙적으로 공소장 하나만을 제출하여야 하고 그밖에 사건에 관하여 법원에 예단을 생기게 할 수 있는 서류 기타 물건을 첨부하거나 그 내용을 인용하여서는 아니 된다는 원칙이다(형사소송규칙 제118조 제2항). 공소장에 법령이 요구하는 사항 이외의 사실로서 법원에 예단이 생기게 할 수 있는 사유를 나열하는 것이 허용되지 않는다는 것도 이른바 '기타 사실의 기재 금지'로서 공소장일본주의의 내용에 포함된다(대법원 1994. 3. 11. 선고 93도3145 판결 참조). 종래 우리나라의 형사재판 실무는 검사가 제1회 공판기일 이전에 수사기록 일체를 법원에 제출하는 것이 관행이었다. 그리하여 법원에 따라서는

제1회 공판기일에 들어가기 이전에 검사로부터 제출받은 수사기록을 살펴보고 사안을 미리 파악하기도 하는 등 실무상 혼란이 없지 않았고, 이에 대해서는 예단배제를 위한 공소장일본주의의 취지에 반한 것이라는 비판이 있었다. 이러한 실무관행은 2006. 4. 1. 개정된 대법원 재판예규에 의하여 전국적으로 증거분리제출제도가 시행됨으로써 획기적인 변화가 이루어지게 되었다. 이 제도의 시행으로 검사는 피고인이 자백하든 부인하든 제1회 공판기일 이후 증거조사에 들어가서야 비로소 증거서류를 법정에서 제출하게 된 것이다. 또한, 2007. 6. 1. 법률 제8495호 국민의 형사재판 참여에 관한 법률의 제정으로 국민참여재판제도가 도입되어 직업법관이 아닌 배심원이 국민참여재판을 하는 사건에 관하여 사실의 인정, 법령의 적용 및 형의 양정에 관한 의견을 제시할 권한을 가지게 됨으로써 공판절차에서 법관이나 배심원이 공평한 제3자의 입장에서 심리에 관여할 수 있도록 제도적 장치를 보완할 필요가 생겼다. 이러한 사정을 반영하여 2007. 6. 1. 법률 제8496호로 개정된 형사소송법은 공판절차에 관한 규정을 개정하여, 재판장은 증거조사를 하기에 앞서 검사 및 변호인으로 하여금 공소사실 등의 증명과 관련된 주장 및 입증계획 등을 진술하게 할 수 있으나, 다만 증거로 할 수 없거나 증거로 신청할 의사가 없는 자료에 기초하여 법원에 사건에 대한 예단 또는 편견을 발생하게 할 염려가 있는 사항은 진술할 수 없도록 하였고(법 제287조 제2항), 공판절차의 순서를 바꾸어 증거조사를 피고인신문에 앞서서 실시하도록 규정하는(법 제290조, 제296조의2) 등 당사자주의 소송구조를 강화하였다.

위와 같은 형사소송 법령의 내용과 그 개정 경위에 더하여, 형사피고인은 유죄의 판결이 확정될 때까지는 무죄로 추정된다는 헌법 제27조 제4항의 규정상 형사피고인에 대하여 법관이 가질 수 있는 유죄의 예단을 차단할 필요가 있다는 공소장일본주의의 기본취지, 우리나라 형사소송법은 피고사건에 대한 실체심리가 공개된 법정에서 검사와 피고인 양 당사자의 공격·방어활동에 의하여 행해질 것을 요구하는 당사자주의와 공판중심주의 원칙 및 공소사실의 인정은 법관의 면전에서 직접 조사한 증거만을 기초로 이루어져야 한다는 직접심리주의와 증거재판주의 원칙 등을 채택하고 있다는 점 등을 아울러 살펴보면, 공소장일본주의는 위와 같은 형사소송절차의 원칙을 공소제기의 단계에서부터 실현할 것을 목적으로 하는 제도적 장치로서 우리나라 형사소송구조의 한 축을 이루고 있다고 보아야 한다. 공소장일본주의에 관한 형사소송규칙 제118조 제2항은 바로 이러한 법리를 명문화한 것인 이상, 법원은 물론 소추기관인 검사 역시 형사재판의 운용에 있어서 그 취지가 충분하게 기능을 발휘할 수 있도록 최대한 노력을 기울일 의무가 있다고 할 것이다.

나. 우리나라의 형사소송구조상 공소장일본주의가 인정된다고 하더라도, 형사소송법은 과연 어떤 경우에 검사의 공소제기가 공소장일본주의에 위배되었다고 볼 것인지 그리고 그 법적 효과가 무엇인지, 특히 어떤 경우에 공소장일본주의의 위배가 형사소송법 제327조 제2호에 정한 "공소제기의 절차가 법률의 규정에 위반하여 무효인 때"에 해당한다고 볼 것인지 등에 관하여 아무런 규정을 두고 있지 않다. 형사소송법은 국가형벌권의 구체적 실현을 위하여 필요한 법적 절차를 규율하는 법률로서 법공동체가 추구하는 이상과 좌절의 역사적 체험을 담은 그 시대 사회적·문화적 상황의 산물이므로 여기에는 필연적으로 상충되는 법원칙이 혼재하여 있게 마련이다. 공소장일본주의 역시 우리나라 형사절차에 있어서 당사자주의적 요소를 반영하는 원칙의 하나인데, 형사소송법에는 그와 상호충돌 관계에 있는 직권주의적 요소에 관한 여러 규정들이 있으므로 이러한 규정들과 조화를 이루도록 해석할 필요가 있고 나아가 공소장일본주의가 형사재판의 운용 전반에 미치는 영향 등도 고려하여야 할 것이므로 이러한 제반 사정을 감안하여 공소범죄사건에서 실체적 진실발견과 적법절차보장이라는 형사소송이념을 실현할

수 있도록 그 구체적인 기준을 설정하지 않으면 안 된다.

(1) 먼저, 형사소송법 제254조 제4항은 "공소사실의 기재는 범죄의 시일, 장소와 방법을 명시하여 사실을 특정할 수 있도록 하여야 한다"고 규정하여 공소사실을 구체적으로 특정할 것을 요구하고 있다. 이는 법원에 대하여 심판의 대상을 한정함으로써 심판의 능률과 신속을 꾀함과 동시에 방어의 범위를 특정하여 피고인의 방어권 행사를 쉽게 해주려는데 그 취지가 있다. 그러므로 공소사실은 가능한 한 명확하게 이를 특정할 수 있도록 기재하는 것이 바람직하고 이러한 필요성은 공소장일본주의 원칙과 비교하더라도 가볍게 다룰 것이 아니다. 한편, 공소사실의 기재는 본질적으로 역사적으로 이미 발생한 사실을 그에 관한 자료를 기초로 범죄사실로 재구성하여 표현하는 것이어서 그 정도의 차이가 있을 뿐 필연적으로 장차 증거로 제출될 서류 기타 물건에 담긴 정보를 기술하는 형식에 의하게 되고, 특히 명예훼손·모욕·협박 등과 같이 특정한 표현의 구체적인 내용에 따라 범죄의 성부가 판가름되는 경우나 특허권·상표권 침해사범처럼 사안의 성질상 도면 등에 의한 특정이 필요한 경우 등에는 서류 기타 물건의 내용을 직접 인용하거나 요약 또는 사본하여 첨부할 수밖에 없다. 결국, 공소장일본주의는 공소사실 특정의 필요성이라는 또 다른 요청에 의하여 필연적으로 제약을 받을 수밖에 없는 것이므로, 양자의 취지와 정신이 조화를 이룰 수 있는 선에서 공소사실 기재 또는 표현의 허용범위와 한계가 설정되어야 한다. 또한, 형사소송법은 형사피고사건의 효율적이고 집중적인 심리를 위하여 재판장은 사건을 공판준비절차에 부칠 수 있고(법 제266조의5 제1항), 법원은 공판준비절차에서 공소사실 등을 명확하게 하는 행위, 공소사실의 추가·철회 또는 변경을 허가하는 행위, 공소사실과 관련하여 주장할 내용을 명확히 하여 사건의 쟁점을 정리하는 행위, 계산이 어렵거나 그밖에 복잡한 내용에 관하여 설명하도록 하는 행위 등을 할 수 있다고 규정하고 있다(법 제266

조의9 제1항). 공판준비절차는 공판중심주의와 집중심리의 원칙(법 제267조의2)을 실현하려는 데 그 주된 목적이 있으므로, 공소장일본주의 위배를 포함한 공소제기 절차상의 하자는 이 단계에서 점검함으로써 위법한 공소제기에 기초한 소송절차가 계속 진행되지 않도록 하는 것이 바람직하다. 뿐만 아니라, 형사소송법은 공소장변경제도를 인정하여, 검사는 법원의 허가를 얻어 공소사실의 동일성을 해하지 아니하는 한도에서 공소장에 기재한 공소사실 또는 적용법조의 추가·철회 또는 변경을 할 수 있고, 법원 역시 심리의 경과에 비추어 상당하다고 인정할 때에는 공소사실 또는 적용법조의 추가 또는 변경을 요구하여야 한다고 규정하고 있다(법 제298조 제1항, 제2항). 이러한 공소장변경제도는 실체적 진실발견이라는 형사소송이념을 실현하기 위한 직권주의적 요소로서 형사소송법이 절차법으로서 가지는 소송절차의 발전적·동적 성격과 소송경제의 이념 등을 반영하고 있는 것이므로, 이러한 점에서도 공소장일본주의의 적용은 공소제기 이후 공판절차가 진행된 단계에서는 필연적으로 일정한 한계를 가질 수밖에 없다.

(2) 대법원은 종래, ① 공소장의 공소사실 첫머리에 소년부송치처분 등 범죄전력을 기재하였다 하더라도 이는 피고인의 특정에 관한 사항으로서 그와 같은 내용의 기재가 있다 하여 공소제기의 절차가 법률의 규정에 위반된 것이라고 할 수 없고(대법원 1990. 10. 16. 선고 90도1813 판결 참조), ② 공소장에는 법령이 요구하는 사항만 기재할 것이고 공소사실의 첫머리에 공소사실과 관계없이 법원의 예단만 생기게 할 사유를 불필요하게 나열하는 것은 옳다고 할 수 없으며, 공소사실과 관련이 있는 것도 원칙적으로 범죄의 구성요건에 적어야 할 것이고, 이를 첫머리 사실로서 불필요하게 길고 장황하게 나열하는 것을 적절하다고 할 수 없으나, 공소장에 기재된 첫머리 사실이 공소사실의 범의나 공모관계, 공소범행에 이르게 된 동기나 경위 등을 명확히 나타내기 위하여 적시한 것으로

보이는 때에는 공소제기의 방식이 공소장일본주의에 위배되어 위법하다고 할 수 없으며(대법원 1992. 9. 22. 선고 92도1751 판결, 대법원 1994. 3. 11. 선고 93도3145 판결, 대법원 1999. 5. 14. 선고 99도202 판결 등 참조), ③ 설사 범죄의 직접적인 동기가 아닌 경우에도 동기의 기재는 공소장의 효력에 영향을 미치지 아니한다고(대법원 2007. 5. 11. 선고 2007도748 판결 참조) 판시하여 왔는바, 이러한 판결들은 모두 공소장일본주의의 위배 여부는 형사소송법상 공소장일본주의에 관한 규정과 형사재판의 적정한 운용에 관한 그 밖의 다른 규정들이 합리적으로 조화를 이루도록 판단하여야 한다는 취지라고 볼 수 있다.

(3) 위에서 살펴본 여러 사정들을 종합하여 보면, 공소장일본주의의 위배 여부는 공소사실로 기재된 범죄의 유형과 내용 등에 비추어 볼 때에 공소장에 첨부 또는 인용된 서류 기타 물건의 내용, 그리고 법령이 요구하는 사항 이외에 공소장에 기재된 사실이 법관 또는 배심원에게 예단을 생기게 하여 법관 또는 배심원이 범죄사실의 실체를 파악하는 데 장애가 될 수 있는지 여부를 기준으로 당해 사건에서 구체적으로 판단하여야 한다. 이러한 기준에 비추어 공소장일본주의에 위배된 공소제기라고 인정되는 때에는 그 절차가 법률의 규정에 위반하여 무효인 때에 해당하는 것으로 보아 공소기각의 판결을 선고하는 것이 원칙이다(법 제327조 제2호). 그러나 공소장 기재의 방식에 관하여 피고인 측으로부터 아무런 이의가 제기되지 아니하였고 법원 역시 범죄사실의 실체를 파악하는 데 지장이 없다고 판단하여 그대로 공판절차를 진행한 결과 증거조사절차가 마무리되어 법관의 심증형성이 이루어진 단계에서는 소송절차의 동적 안정성 및 소송경제의 이념 등에 비추어 볼 때 이제는 더 이상 공소장일본주의 위배를 주장하여 이미 진행된 소송절차의 효력을 다툴 수는 없다고 보아야 한다.

다. 이러한 법리에 비추어 원심판결을 살펴보면, 원심이 판시한 바와 같은 사정, 특히 당초 이 사건 공소가 제기되었던 주위적 공소사실은 정당이 후보자 추천과 관련하여 당대표 등이 금품 등을 수수하여 공직을 매수하는 범행에 관한 것으로서, 이러한 범죄는 당 내부적으로도 일부 핵심 인사만 알 수 있도록 은밀하고도 계획적으로 행하여지는 성격을 가지기 때문에 검사로서는 그 범의나 공모관계, 범행의 동기나 경위 등을 명확히 하기 위하여 구체적인 사정을 적시할 필요도 어느 정도 있다는 점, 이와 관련하여 제1심 공판절차에서 피고인 측이 이 점에 관하여 아무런 이의를 제기하지 않은 상태에서 공판절차가 진행되어 위와 같이 공소사실에 인용된 증거들을 포함하여 검사가 제출한 증거들에 대한 증거조사가 모두 마쳐진 점 등을 종합하여, 이 사건 공소제기의 절차가 법률의 규정에 위반하여 무효인 경우에 해당하므로 공소기각 하여야 한다는 피고인의 주장을 받아들이지 않은 것은 정당한 것으로 수긍할 수 있고, 여기에 공소장일본주의에 관한 법리오해의 위법은 없다. 이 점에 관한 피고인의 상고이유 주장은 이유 없다.

2. 정치자금법상 "기부"의 해석의 점에 대하여

정치자금법 제1조는 이 법은 정치자금의 적정한 제공을 보장하고, 그 수입과 지출내역을 공개하여 투명성을 확보하며 정치자금과 관련한 부정을 방지함으로써 민주정치의 건전한 발전에 기여함을 목적으로 한다"라고 규정하고, 제2조 제1항은 "누구든지 이 법에 의하지 아니하고는 정치자금을 기부하거나 받을 수 없다"라고 규정하면서 제32조 제1호, 제45조 제2항 제5호에서"공직선거에 있어서 특정인을 후보자로 추천하는 일"과 관련하여 정치자금을 기부하거나 받은 자를 벌칙의 적용대상의 하나로 규정하고, 제45조 제3항에서는 위와 같이 제공된 금품 그밖에 재산상의 이익은 필요적으로 몰수하되 이를 몰수할 수 없을 때에는 그 가액을 추징하도록 정하고 있다. 또한, 제3조 제2호에서는 "기부"라 함은 정치활동을 위하여 개인 또는 후원회 그 밖의 자가 정치자금을 제공하는 일체의 행위를 말하고, 이 경우 제3자가 정치활동을 하는 자의 정치활동에 소요되는 비용을 부담하거나 지출하는 경우와 금품이나 시설의 무상대여, 채무의 면제·경감 그 밖의 이익을 제공하는 행위 등은 이를 기부로 본다고 규정하고 있다. 정치자금법이 후보자 추천과 관련하여 정치자금을 기부하거나 받는 행위를 처벌하는 것은 선출직 공직자 선거에 있어서 후보자 추천 단계에서부터 금권의 영향력을 원천적으로 봉쇄함으로써 궁극적으로 공명정대한 선거를 담보하고자 하는 데에 그 입법 취지가 있음을 염두에 두고, 위 각 규정들을 종합해 보면, 정치자금의 제공이 후보자 추천의 대가 또는 사례에 해당하거나, 그렇지 않다 하더라도 그 후보자 추천에 있어서 어떠한 형태로든 영향을 미칠 수 있는 경우 이는 정치자금법이 금지하는 기부제한 대상에 해당한다고 보아야 할 것이다(대법원 2007. 9. 6. 선고 2006도6307 판결 참조). 그러므로 정당이 후보자 추천과 관련하여 금전을 무상으로 대여 받는 행위는 정치자금법이 금지하는 정치자금을 제공받는 행위에 해당하는 것이지만, 이러한 경우 그 차용금 자체를 기부 받은 것으로 볼 것은 아니고 통상적으로 유상대여가 이루어졌을 경우와 비교하여 그 이자 상당의 재산상 이익을 기부 받은 것으로 봄이 상당하고(대법원 2007. 3. 29. 선고 2006도9392 판결 참조), 이러한 법리는 정당이 후보자 추천과 관련하여 금전을 통상적인 경우에 비하여 현저히 낮은 이율로 대여 받은 경우에도 마찬가지이므로 이때에는 금융기관의 대출금리 또는 법정이율 등과 실제 이율과의 차이 상당의 재산상 이익을 기부 받은 것으로 보아야 하고 몰수·추징의 대상도 이에 한정하여야 할 것이다(대법원 2007. 3. 30. 선고 2006도7241 판결 참조). 위 법리에 비추어 보면, 원심이 판시한 바와 같은 사정을 들어 공소외 1이 창조한국당에 6억 원의 당채 매입 대금을 제공한 행위는 창조한국당이 후보자의 추천과 관련한 유상대여를 통하여 금융기관의 시중 대출이율과 당채이율 연 1% 사이의 차액만큼 이자를 지급하지 않아도 되는 재산상의 이익을 제공한 행위로서 이는 정치자금법 제3조 제2호의 규정에 의하여 기부로 간주되는 정치자금의 제공행위에 해당된다고 판단한 것은 수긍할 수 있고, 거기에 정치자금법상 "기부"의 해석에 관한 법리오해 등의 위법이 없다. 이 점을 지적하는 피고인의 상고이유 주장은 이유 없다.

3. 불고불리원칙 위반의 점에 대하여

법원은 공소사실의 동일성이 인정되는 범위 내에서 공소가 제기된 범죄사실에 포함된 것보다 가벼운 범죄사실이 인정되는 경우에 심리의 경과에 비추어 피고인의 방어권 행사에 실질적 불이익을 초래할 염려가 없다고 인정되는 때에는 공소장이 변경되지 않았더라도 직권으로 공소장에 기재된 공소사실과 다른 공소사실을 인정할 수 있는 것이다(대법원 2007. 4. 12. 선고 2007도828 판결 등 참조). 이러한 법리에 비추어 기록을 살펴보면, 원심이 피고인을 유죄라고 인정한 후보자 추천과 관련하여 '6억 원에 대한 금융기관의 시중 대출이율과 연 1%의 당채이율 사이의 차액에 상당하는 액수 미상의 재산상 이익을 제공받는 행위를 통하여 정치자금을 기부 받았다'는 범죄사실은 이 사건 예비적 공소사실 중 '6억 원의 자금 융통 및 시중 사채금리와 차액 상당의 재산상 이익을 정치자금으로 기부받았다'는 범죄사실과 공소사실의 동일성이 인정되는 범위 내에서 전자는 후자에 포함되는 보다 가벼운 범죄사실이 인정된 경우에 해당하고, 제1심에서 원심에 이르기까지 심리경과에 비추어 보면 피고인의 방어권 행사에 실질적인 불이익을 초래할 염려가 있다고 볼 수는 없다. 거기에 피고인의 상고이유 주장과 같은 공소장변경에 관한 법리오해의 위법이 있다고 할 수 없다.

4. 공직선거법상 매수 및 이해유도죄 주체의 해석의 점에 대하여

공직선거법 제47조의2 제1항에 의하여 정당이 특정인을 후보자로 추천하는 일과 관련하여 금품이나 그 밖의 재산상의 이익을 제공받은 당사자가 정당인 경우에는 자연인인 기관이 그 업무를 수행하는 것이므로, 같은 법 제230조 제6항에서 같은 법 제47조의2 제1항의 규정에 위반한 자라 함은 정당인 경우 업무를 수행하는 정당의 기관인 자연인을 의미한다고 할 것이다(대법원 2009. 5. 14. 선고 2008도11040 판결 등 참조). 이와 같은 법리에 비추어 기록을 살펴보면, 창조한국당이 공소외 1을 비례대표 국회의원 후보로 추천하는 행위와 관련하여 공소외 1로부터 당채 매입 대금으로 6억 원을 제공받은 행위와 관련하여 창조한국당의 대표인 피고인에게 공직선거법의 매수 및 이해유도죄를 인정한 원심의 판단은 정당하고, 거기에 공직선거법의 매수 및 이해유도죄에 관한 법리오해 등의 위법은 없다. 이 점을 지적하는 피고인의 상고이유 주장은 받아들일 수 없다.

5. 법률의 착오의 점에 대하여

형법 제16조는 "자기의 행위가 법령에 의하여 죄가 되지 아니하는 것으로 오인한 행위는 그 오인에 정당한 이유가 있는 때에 한하여 벌하지 아니한다."고 한다. 이 경우 행위자가 오인한 데에 정당한 이유가 있는지 여부는 행위자가 자기 행위의 위법의 가능성에 대해 심사숙고하거나 또는 권한 있는 관청에 문의하는 등 진지한 노력을 다하였다면 스스로의 행위에 대하여 위법성을 인식할 수 있는 가능성이 있었음에도 이를 다하지 못한 결과 자기 행위의 위법성을 인식하지 못한 것인지 여부에 따라 판단하여야 할 것이고, 이러한 위법성의 인식에 필요한 노력의 정도는 구체적인 행위정황과 행위자 개인의 인식능력 및 그의 사회적 지위 등에 따라 달리 평가되어야 한다(대법원 2009. 6. 25. 선고 2009도1936 판결 등 참조). 원심은, 창조한국당이 제18대 국회의원선거를 준비하는 과정에서 중앙선거관리위원회로부터 정당에서 공천헌금을 받고 비례대표 후보 공천을 하는 것은 불법으로 금지되어 있다는 취지의 답변을 들은 바 있고, 나아가 이 사건 범행 무렵에 당사랑채권에 대하여 중앙선거관리위원회에 질의를 하여 회신을 받았으나, 그 내용은 단순히 당채를 발행할 수 있느냐에 관한 것이었으며, 비례대표 후보 추천과 관련하여 당채를 판매하는 행위가 위법한지 여부에 관하여는 이를 선거관리위원회에 확인한 사실이 없다는 등의 사정을 들어 피고인이 비례대표 국회의원 후보자 추천과 관련하여 재산상 이익을 수수한 행위를 법령에 의하여 허용되는 행위로 오인하였다고 하더라도 그러한 오인에 정당한 이유가 있는 것으로 볼 수 없다고 판단하였는바, 앞서 본 법리에 비추어 이 사건 기록을 살펴보면 원심의 위와 같은 판단은 정당하고, 거기에 피고인의 상고이유 주장과 같은 법률의 착오에 관한 법리를 오해한 위법이 없다.

6. 나머지 상고이유에 대하여

피고인의 나머지 상고이유 및 검사의 상고이유 주장은 모두 사실심인 원심의 전권에 속하는 증거의 취사선택과 사실의 인정을 탓하는 것에 불과하여 적법한 상고이유가 되지 못한다.

7. 결론

그렇다면 상고를 모두 기각하기로 하여 주문과 같이 판결한다. 이 판결에는 공소장일본주의 위배에 관하여 대법관 이홍훈의 별개의견과 대법관 김영란, 대법관 박시환, 대법관 김지형, 대법관 전수안의 반대의견이 있는 외에 관여 법관의 의견이 일치되었고, 다수의견에 대한, 대법관 양승태의 보충의견, 대법관 김능환의 보충의견 및 대법관 안대희의 보충의견과 반대의견에 대한 대법관 김영란, 대법관 김지형의 보충의견이 있다.

8. 대법관 이홍훈의 별개의견

가. 이 사건 공소제기의 절차가 법률의 규정에 위반하여 무효인 경우에 해당하지 않는다는 원심 및 다수의견의 결론에는 동의한다. 그러나 공소장일본주의 위배가 인정되는 경우에 아무런 이의제기 없이 일단 공판절차가 계속 진행되어 증거조사가 마쳐지고 법관의 심증형성이 이루어졌다고 하여 어떤 경우에도 더 이상 공소장일본주의 위배를 이유로 공소제기의 위법을 다툴 수 없는 것은 아니라는 점을 지적하고자 한다. 먼저, 다수의견은 공소장일본주의의 주된 취지가 법관의 예단 배제에 있다고 설시한 다음, 법관의 심증형성은 증거조사를 마친 경우에야 비로소 이루어진다고 전제하는 것으로 보인다. 그러나 법관의 심증은 증거조사 이전에 공소장일본주의를 위반한 공소장을 통하여 형성될 수도 있는 것이고, 이와 같은 공소장을 통하여 생긴 선입관과 그 후의 증거조사가 결합하여 형성될 수도 있는 것이다. 공소장일본주의가 바로 이와 같이 적법한 증거에 의하지 아니한 심증형성이 이미 이루어진 경우에 공소기각 판결을 통하여 새로운 법관으로부터 재판을 받도록 함으로써 당사자를 구제하려는 것임에도 불구하고, 이미 심증형성이 이루어진 단계에서는 더 이상 공소장일본주의 위배를 다툴 수 없다는 다수의견의 논거는 공소장일본주의를 형해화시킬 우려가 있어서 선뜻 동의하기 어렵다. 다음으로, 다수의견은 증거조사에 앞서 공판준비절차나 공소장변경절차를 통하여 공소장일본주의 위배를 시정할 기회를 충분히 제공하였으므로, 증거조사 후에는 이를 다툴 수 없도록 해도 무방하다고 전제하는 것으로 보인다. 그러나 공판준비절차에 부칠 것인지 여부는 재판장의 재량으로 결정하는 것이고(법 제266조의5 제1항), 검사가 스스로 공소장일본주의 위배를 인정하고 시정하는 경우는 극히 드물 것이므로 공소장변경 역시 법원의 요구가 있어야

비로소 검사가 검토하게 될 것으로 보인다(법 제298조 제2항). 그런데 국민참여재판의 경우는 별론으로 하고, 일반적인 형사재판에 있어서 예단에 영향을 받지 않도록 훈련되어 있다고 자부하는 직업법관이 스스로 공소장일본주의 위배를 문제 삼는 경우는 드물 것이고, 법률문외한인 피고인이 공소장일본주의의 개념을 파악하고 초기부터 적절하게 대응하기를 기대하기도 어렵다. 그렇다면 법률전문가인 변호인이 공소장일본주의 위배를 주장하고 시정을 요구하는 것이 일반적일 것인데, 다수의견에 따르면 제1심 증거조사를 마친 후 비로소 변호인이 선임된 경우라든가, 항소심에서 비로소 변호인이 선임된 경우에는, 이미 공소장일본주의 위배로 인하여 예단이 형성되어 판결에 영향을 미치고 있다고 하더라도 이를 다툴 방법을 봉쇄하는 결과를 초래할 것으로 보인다. 이 점에서도 다수의견의 논거에 동의하기 어렵다. 결국, 다수의견에 따르면 공소장일본주의 위반의 정도가 중대하여 법관이나 배심원의 공정하고 중립적인 심증형성에 심각한 장애를 초래하는 정도에 이른 경우라도 피고인이나 변호인이 초기에 적절하게 대응하지 못한 상태에서 제1심 증거조사절차를 마치게 되면 그 구제방법을 박탈함으로써 공소장일본주의의 취지를 상당 부분 무력화시킬 수 있다는 점을 지적하여 둔다.

나. 한편, 뒤에서 보는 바와 같이 공소장일본주의에 위반한 때에는 그 위반의 정도나 경중을 가릴 것 없이 모두 위법한 공소제기라고 보아 항상 공소기각의 판결을 선고하여야 한다는 반대의견의 견해에도 찬성할 수 없다. 아무리 사소한 공소장일본주의 위반이라 할지라도 모두 공소기각의 판결을 받을 수 있게 된다면, 형사재판에서 피고인 측은 대부분의 사건에서 공소장일본주의 위반의 주장을 제기할 가능성이 있고, 검사가 공소사실을 기재하거나 법원이 공소장을 심사하면서 사소한 문장에도 주의를 기울여야 하는 등 시간과 노력이 허비되고 소송절차가 지연될 우려가 있으며, 실체적 진실발견이나 적절한 형벌권의 행사와 같은 형사소송의 가치가 손

상될 수 있다. 또한, 사소한 문제로 인하여 공소기각 판결을 받고 다시 공소가 제기되어 재판을 받아 동일한 결과를 얻게 되는 경우라면 그다지 피고인에게 유리하다고 볼 수도 없다. 결국, 반대의견에 따르면 공소장일본주의라는 원칙만을 지나치게 강조한 나머지 우리 형사소송절차가 추구하는 다른 원칙이나 가치들과 조화를 이루지 못하고 부적절한 결과를 초래할 수 있음을 지적하여 둔다. 다. 따라서 무죄추정의 권리를 향유하는 피고인에 대하여 법관이 가질 수 있는 유죄의 예단을 최대한 효율적으로 차단하면서도 실체적 진실발견과 적절한 형벌권의 행사를 함께 도모하기 위하여는, 공소장일본주의 위반의 효과를 모든 사안에 있어서 일률적으로 확정할 수는 없고, 그 위반의 정도가 중대하여 법관이나 배심원의 공정하고 중립적인 심증형성에 심각한 장애를 초래하는 정도에 해당하는 경우에는 형사소송절차의 진행 정도에 관계없이 공소기각의 판결을 선고하는 것이 합당하다는 기준을 제시하고자 한다. 그리고 이러한 경우에 해당하는지 여부는 공소장일본주의 위배의 내용과 태양 및 정도, 위배 경위와 회피가능성, 공소제기의 주체인 검사의 인식과 의도, 피고인과 변호인의 방어권 행사에 미친 영향, 사건의 경중과 특성, 공판절차가 국민참여재판으로 이루어졌는지 여부 등 여러 사정을 종합적으로 고려하여 판단할 수 있을 것이다. 이와 같은 법리에 비추어 원심판결을 살펴보면, 이 사건 공소사실의 일부 기재 내용은 반대의견에서 적절하게 지적하고 있는 바와 같이 공소장일본주의를 위반하였음은 명백하다. 그러나 피고인은 제1심 초기 단계부터 다수 변호인의 조력을 받고 있었음에도 적법한 증거조사를 마친 후 제1심의 마지막 변론기일에 이르기까지 공소장일본주의 위배에 대하여 전혀 이의를 제기하지 아니하는 등 피고인이나 변호인의 입장에서 이 사건 공소장일본주의 침해의 정도가 심각하다고 인식하지 아니한 것으로 보이는 점, 이 사건 공직선거법위반의 점은 선거일부터 6월이라는 단기의 공소시효가 적용되므로 이에 대하여 공소기각의 판결이 선고되면 사실상 다시 공소를 제기할 수 있는 시간적 여유가 없는 경우가 있어 적절한 형벌권의 행사가 곤란하게 되는 점 등 여러 사정을 종합적으로 고려하면, 이 사건 공소제기의 절차가 법률의 규정에 위반하여 무효인 경우에 해당하지 않는다는 원심의 결론은 수긍할 수 있다. 이상의 이유로 별개의견을 밝혀둔다.

9. 대법관 김영란, 대법관 박시환, 대법관 김지형, 대법관 전수안의 반대의견

상고이유 중 공소장일본주의 위반의 점에 관한 대법관 김영란, 대법관 박시환, 대법관 김지형, 대법관 전수안의 반대의견은 다음과 같다.

가. 공소장일본주의는 다수의견이 잘 설명하고 있듯이, 당사자주의 구조를 기본으로 하는 우리 형사소송절차에서 공판중심주의, 증거재판주의, 직접심리주의 및 무죄추정의 원칙을 실현하기 위한 중요한 원칙이다. 특히 공소장일본주의는 재판제도의 생명이라 할 수 있는 재판의 공정성을 보장하기 위한 필수적인 원칙으로서 그 원칙에 위배된 재판은 이미 생명을 잃어버린 것이나 다름없다. 우리 형사소송절차에서 공소제기는 공소장을 법원에 제출하는 방식으로 하도록 되어 있고, 공소장에는 공소사실을 기재하되 범죄의 시일(시일), 장소와 방법을 명시하여 사실을 특정할 수 있도록 하여야 한다고 규정되어 있다(형사소송법 제254조). 공소장에 기재되는 공소사실 그 자체는, 당사자주의 소송구조에서 적극적 당사자의 지위에 있는 검사가 반대 당사자인 피고인의 처벌을 요구하면서 처벌의 구성요건으로 제시하여 주장하는 사실의 기재에 불과하다. 그리고 그 주장사실들이 공판과정에서 증명의 대상을 특정하고 구획 짓는 기능을 하는 것이다. 따라서 그 주장사실의 기재는 범죄 구성요건에 직접 해당하는 사실들로만 간결하고 명확하게 기재되어야 하며 그것으로 족하다. 때에 따라 구성요건 사실 자체를 직접 증명하고 확

인하는 것이 어려운 경우에 이를 추단할 수 있는 간접사실을 기재하거나 공소사실을 특정하기 위하여 필요한 주변사실들을 덧붙여 기재할 수는 있을 것이나, 그 경우에도 필요한 최소한도에 그쳐야 하며, 필요한 범위를 넘어서서 너무 장황하거나 자세하게 동기나 경위 등을 기재하는 것은 부적절하므로 허용될 수 없다. 그리고 공소사실의 기재는 어디까지나 검사의 주장에 그쳐야지, 사실에 대한 주장의 정도를 넘어 법관의 판단과 심증형성에 영향을 미칠 요소가 개재되는 것은 허용되어서는 아니 된다. 검사가 공소장에서 주장한 공소사실은 그 자체가 증명의 대상이 되어, 공개된 공판정의 공판절차에서 쌍방의 입증에 따라 그 존부가 판단되어야 하는 것이고, 그 이전에는 누구도 미리 그 존부에 대한 예단이나 선입견을 가질 수 없음은 증거재판주의와 공판중심주의 원칙상 명백하다. 그런 필요성에 따라 우리 형사소송법과 형사소송규칙은, 공소장에는 법에서 허용된 사항들을 기재하는 외에 미리 범죄사실에 대한 예단을 줄 우려가 있는 일체의 물건이나 서류를 첨부하거나 내용을 인용하지 못하도록 규정하여 공소장일본주의를 천명하고 있는 것이다.

나. 공소장일본주의의 구체적인 내용은 크게 두 가지로 나눌 수 있는데, 그 하나는 전과사실, 피고인의 악성, 경력, 소행, 여죄, 범죄성립과 직접불가분의 관계에 있지 아니한 동기 등 이른바 '기타 사실의 기재'를 하거나 관련된 물건·서류를 첨부·인용함으로써 예단을 갖게 하는 것이고, 다른 하나는 범죄구성요건을 이루는 요증사실에 대한 증거를 첨부하거나 증거의 내용을 인용하는 것이다. 먼저, 예단을 줄 수 있는 '기타 사실의 기재'나 첨부·인용을 금지하는 것은, 그 '기타 사실' 자체는 범죄 구성요건 사실에는 포함되지 않으므로 그 하나하나가 직접적인 증명의 대상이 되지 않아 공판과정에서 그 존부가 일일이 확인되지 않으면서도 피고인에게 불리한 예단을 형성시키는 작용을 할 뿐 아니라, 설령 그 존재가 증거에 의하여 인정된다고 하더라도 그'기타 사실'의 존재와 범죄사실의 존

재 사이에 직접 관련이 없어 유죄 인정의 자료가 될 수 없는 것임에도, 실제로는 법관과 배심원에게 막연한 의구심을 불러일으켜 은연중에 유죄의 심증 형성에 가세하게 되는 것을 막고자 하는 것이다. 심지어 증거조사 결과 '기타 사실'에 관하여는 아무런 증거가 없어 그 존재가 인정되지 않는 경우에도, 이미 그 기재 자체로서 공소장을 보는 순간 법관과 배심원에게 예단이 형성될 수 있고, 그렇게 형성되어 버린 예단이나 불리한 심증은 유무죄를 결정짓는 범죄사실 자체에 관한 증거판단 과정에서 피고인에게 불리하게 작용하게 되는 것을 피할 수 없다. 그 단계에 가서 '기타 사실'에 대한 증거가 없다는 점이 밝혀진다 한들 이미 법관과 배심원에게 형성된 예단이 범죄사실 판단에 있어 피고인에게 불리하게 영향을 미쳐 버린 상황은 되돌릴 길이 없다. 그렇게 되면 증거로 뒷받침 되지도 않는 '기타 사실'의 일방적 기재 자체만으로도 유죄의 결론 쪽으로 상당한 영향을 미치게 되어 피고인으로서는 불공평한 재판을 받게 되고, '기타 사실' 자체에 대한 증거가 없다고 하여 법원이 할 수 있는 일은 유죄판결의 범죄사실에서 그 기재를 빼는 것 외에는 아무것도 없다. 다음으로, 요증사실에 대한 증거의 첨부나 인용을 금지하는 이유는, 앞에서 본 바와 같이 형사소송절차에서 범죄사실의 존부에 대한 판단은 공개된 공판정에서의 쌍방 입증과정을 통한 증거조사절차에 의하여 비로소 이루어져야 한다는 공판중심주의, 당사자주의, 증거재판주의 원칙상 당연한 것으로서, 그러한 증거조사절차 이전에 검사의 일방적인 공소장 제출에 의하여 미리 증거물과 증거서류를 보게 하거나 그 인용된 내용을 인지하게 하는 것은 위 원칙들을 심각하게 훼손하는 것이 되기 때문이다. 더구나 우리 형사소송법상 위법수집 증거에 대한 증거능력 배제나 전문증거의 증거능력 제한 등 여러 증거법 원칙상 증거능력이 확인되지 아니한 증거는 법관에게 제시되거나 그 내용을 보게 하는 것이 엄격히 금지되어야 하는 것인데(형사소송규칙 제134조 제4항, 같은 이유로 국민의 형사재판 참여에 관한 법률 제44조는 배심원 또는 예비배심원은 법원의 증거능력에 관한 재판에 관여하지 못하도록 규정되어 있다), 장차 증거조사 단계에서 증거능력이 인정되어 증거조사에 들어가게 될지 여부조차도 확실하지 아니한 증거를 미리 공소장에 첨부하거나 내용을 인용하여 법관이나 배심원들로 하여금 보거나 듣게 하는 것은 증거조사절차를 통하지 아니한 심증형성을 허용하는 것으로서, 형사소송절차의 근간을 이루는 위 원칙들을 형해화하는 것이며 증거법 원칙과 증거재판주의 및 공판중심주의로 지탱되는 형사소송의 기본구조를 붕괴시키는 결과가 된다. 공소장에 첨부되거나 내용이 인용된 증거가 실제 증거조사과정에서는 아예 증거로 신청되지도 않거나 증거능력을 인정받지 못하여 증거조사가 이루어지지 않는 경우도 있을 수 있는데, 그런 경우에도 그것이 공소장에 첨부 또는 인용 기재되어 법관과 배심원들이 보게 되는 순간 피고인에게 불리한 예단은 이미 형성될 수 있으므로 그것들이 나중에 증거로 조사되지 않았다는 사정은 그 흠의 해소에 아무런 도움이 되지 못한다. 그 경우 법원이 할 수 있는 일은 심증 형성에는 그 증거들이 예단으로 작용하였음에도 불구하고 유죄의 증거를 나열할 때에 이를 제외하는 것밖에는 아무 것도 없다. 반면에 그 증거가 나중에 실제로 증거능력을 취득하여 증거조사를 마치게 됨으로써 유죄 인정의 증거로 사용될 수 있게 되었다 하더라도 증거조사 단계에 이르기 전의 공소제기 단계에서 이를 먼저 보게 됨으로써 생기는 예단 및 그로 인한 재판의 불공정 문제는 여전히 남는다는 점은 뒤에서 다시 언급한다. 한마디로 공소장일본주의에 위배되는 '기타 사실의 기재'와 요증사실에 대한 증거의 첨부 또는 내용의 인용은 이를 첨부·기재하는 검찰에게는 아무런 부담을 주지 않으면서 유죄 예단의 형성이라는 효과를 안겨주는 반면에, 피고인은 재판의 첫 단계부터 시종 공정하지 못한 입장에서 재판을 받게 되고, 법원은 형사소송법상의 중요한 여러 원칙을 어기는 불공정한 재판을 할 수밖에 없는 불합리한 결과가 된다.

다. 공소장일본주의의 한계와 관련하여, 다수의견은 우리 형사소송법에는 여러 사정상 상충되는 법원칙이 혼재하여 있게 마련이고, 당사자주의와 상호충돌 관계에 있는 직권주의적 요소가 가미되어 있어 그 사이에 조화로운 해석의 필요가 있으며, 실체적 진실발견과 적법절차 보장이라는 또 다른 이념을 실현할 수 있도록 공소장일본주의를 실제 적용함에는 구체적 기준의 설정이 필요하므로 그것이 절대적인 원칙이 될 수는 없다는 취지로 주장한다. 그러나 공소장일본주의는 공소사실에 유죄의 예단을 줄 수 있는'기타 사실의 기재'나 물건·서류 등의 첨부·인용을 금지한다는 것으로서, 재판을 담당한 법관 또는 배심원들이 아무런 선입견 없는 백지 상태에서 재판에 임하게 함으로써 재판의 공정을 기하고자 하는 것이다. 공정한 재판이라는 것 그 자체가 실체적 진실발견을 위한 중요한 수단이고 적법절차의 중요한 내용을 이루는 것이며, 공소장일본주의는 바로 이러한 공정한 재판을 실현하기 위한 중요한 원칙이다. 그리고 우리 형사소송법이 당사자주의의 기본구조에 직권주의적 요소를 가미한 것도 실체적 진실발견에 도움이 되고자 하는 것이므로 직권주의적 요소가 가미되어 있다는 점이 공소장일본주의가 추구하고자 하는 재판의 공정과 상충되는 요인이 될 수 없고, 그것이 공소장일본주의에 일정한 한계를 두어야 하는 근거로 될 수 없다. 설사 실체적 진실발견에 공소장일본주의가 다소 장애가 되는 경우를 상정할 수 있다 하더라도, 우리 형사소송법 제308조의2가 위법하게 수집된 증거는 증거로 쓸 수 없도록 증거능력을 제한함으로써 그 증거를 사용하여 얻을 수 있는 실체적 진실발견을 희생시켜 가면서도 피고인의 인권과 적법절차의 준수에 더 의미를 두고 있는 것에서 알 수 있듯이, 형사소송절차에는 실체적 진실발견보다 더 우선하는 가치를 가지는 원칙들이 있다. 공소장일본주의가 추구하는 재판의 공정이라는 가치 역시 실체적 진실발견보다는 더 우선하는 의미를 가지는 것이므로 재판의 공정과 관련된 공소장일본주의의 기능 발휘를 위해서는 실체적 진실발견의 요청은 일부 양보할 수밖에 없다고 보아야 한다. 다수의견은 또, 공소사실 특정의 필요성과 소송절차의 발전적·동적 성격, 소송경제의 이념 등을 고려하면 공판절차가 진행된 단계에서는 공소장일본주의는 일정한 한계를 가질 수밖에 없다고 주장한다. 그러나 재판의 공정은 재판을 시작하는 첫 단계에서부터 마지막까지 시종일관 보장되어야 하는 중요한 원칙이다. 일단 재판의 시작단계에서 공정성에 흠이 있는 상태로 재판이 출발하게 되면 그 이후의 모든 재판과정에 첫 단계의 불공정성이 영향을 미쳐 전체 재판과정에 심각한 흠이 내재하게 됨을 부정할 수 없다. 따라서 재판의 공정성과 직결되는 공소장일본주의는 공판절차가 어느 단계에 가 있든 항상 문제가 될 수 있는 것으로서, 그 원칙을 적용함에 있어 공판절차 진행에 따른 한계를 적용해야 한다는 다수의견은 공소장일본주의의 기본취지에 반하는 것으로 타당하지 않다. 그리고 공소장일본주의가 추구하는 재판의 공정 이념은 우선적 가치를 가진 근본이념으로서, 재판의 신속·경제 등 기능적인 면에서 추구되는 이념들과 같은 평면에 놓고 서로 타협·양보할 수 있는 그런 가치는 아니다. 재판의 신속·경제를 위해 재판의 공정을 희생시킬 수는 없다. 그리고 다수의견이 설명하고 있는 바와 같이 명예훼손, 모욕, 협박 등과 같이 구체적인 표현 내용 자체를 인용하여야만 범죄의 성립여부를 판별할 수 있는 경우나 도면 등을 인용하여야만 특정이 가능한 공소사실의 경우에는 공소장일본주의의 예외로서 서류의 첨부나 인용 등이 허용된다고 할 것이나, 그 예외가 인정되는 범위는 그 인용이나 첨부가 아니면 공소사실의 특정이나 기재 자체가 어려운 부득이한 경우에 한정되는 것이고, 그렇지 않은 경우에도 공소사실의 특정 등을 핑계 삼아 법관에게 예단을 줄 수 있는 서류나 물건의 첨부·인용을 함부로 허용할 수는 없는 것이다. 뒤에서 보는 다수의견에 대한 대법관 안대희의 보충의견은, 우리 형사소송법과 규칙이 공소장에 구속관련 서류를 첨부하도록 규정하고 있는 점, 구속영장 실질심사, 체포·구속의 적부심사, 보석 심리에 관여한 법관이 공판절차에서 배제될 것을 요구하지 않는 점, 약식명령에 대한 정식재판절차, 공판절차 갱신 후의 절차, 파기환송·이송 후의 절차 등에서는 공판심리 전에 소송기록과 증거물이 법원에 제출되는 점 등을 고려하면, 공소장일본주의는 형사소송절차의 다른 이념들과 적절히 조화를 이룰 수 있도록 제한적으로 적용되어야 한다는 취지로 주장한다. 그러나 우리 형사소송법령과 형사재판 실무의 변천과정을 되돌아보면, 위 보충의견이 들고 있는 위와 같은 규정들이나 실무 관행 중 일부 공소장일본주의와 맞지 않는 부분들은 공소장일본주의가 갖고 있는 의미와 가치가 충분히 인식되지 못한 상태에서 소송절차상 다른 필요를 염두에 두고 규정되거나 형성된 것들로서, 공소장일본주의를 적용함에 일정한 제한을 둘 것인지를 충분히 고려한 끝에 그러한 의도하에 만들어진 것이라고 보기는 어렵다. 따라서 위 보충의견이 들고 있는 사정들은 공소장일본주의의 적용을 제한할 근거가 된다기보다는 오히려 국민의 재판참여제도가 시행되고 공판중심주의와 당사자주의가 더욱 강화된 지금에 와서는 공소장일본주의의 진정한 의미 실현에 장애가 되는 것들이어서, 장차 법령의 개정과 실무의 개선을 통하여 공소장일본주의를 더욱 관철시키는 방향으로 다듬어나가야 할 과제라고 생각된다. 결국, 다수의견이 내세우는 여러 사정들을 고려하여 공소장일본주의에 일정한 한계를 두어야 한다는 주장은 타당하지 못하다.

라. 다수의견은 공소장일본주의에 위배된 때에는 공소제기가 법률의 규정에 위반하여 무효인 것으로 보아 원칙적으로 공소기각의 판결을 선고하여야 한다는 입장을 취하고 있는바, 이에 대하여는 전적으로 의견을 같이 한다. 그러나 다수의견이 피고인 측으로부터 이의제기가 없고 법원이 범죄사실의 실체를 파악하는 데 지장이 없

다고 판단하여 그대로 공판절차를 진행한 결과 증거조사절차가 마무리되어 법관의 심증형성이 이루어진 단계에서는 더 이상 공소장일본주의 위배를 주장하여 이미 진행된 소송절차의 효력을 다툴 수 없다고 보는 데에는 찬성할 수 없다. 다수의견은 이와 같이 공소장일본주의 위반을 다툴 수 있는 시기를 제한하는 입장을 취하는 근거로, 우리 형사소송법이 공판준비절차를 규정하여 공소제기 절차상의 하자 등을 점검하고 시정할 기회를 갖도록 하였으며, 공소장변경제도를 두어서 공소사실을 추가·철회·변경할 수 있도록 하고 있다는 점, 실체적 진실발견을 위하여 직권주의가 가미된 공판절차가 진행된 단계에서는 소송절차의 발전적·동적 성격과 소송경제의 이념 등을 고려하여야 한다는 점을 들고 있다. 그러나 다수의견의 위와 같은 견해는 공소장일본주의의 의미와 취지에 부합하지 않는다고 생각된다. 앞에서 살펴본 바와 같이 공소장일본주의는, 공개된 공판정에서 이루어지는 증거조사절차에서 엄격한 증거법칙에 따라 증거능력을 갖춘 증거들만에 의하여 법관의 심증형성을 하여야 하고 그 이외에는 일체 법관의 심증형성에 미리 영향을 주어서는 안 되며, 공소장에 그와 같은 예단을 줄 우려가 있는 일체의'기타사실의 기재'나 물건·서류의 첨부 및 내용의 인용은 허용하지 않는다는 것이다. 이를 위반하여 공소장에 그러한 기재나 첨부가 되었을 때에는 적법한 증거조사절차를 거치기 전에 법관에게 예단을 주어 미리 심증형성에 영향을 주게 되고, 이미 그와 같이 예단으로 공정성이 훼손된 상태에서 법관이 진행하는 이후의 모든 소송절차는 그 자체로서 공정성에 심각한 문제가 내재되어, 나중에 증거조사절차에서 적법하게 증거조사가 이루어진다 하더라도, 이미 공정성이 훼손된 상태에서 진행된 그 사이의 모든 절차 및 그 절차에 따라 형성된 법관의 심증에 배어든 흠이 없어질 수는 없다. 한마디로 말하자면 일단 예단의 위험성에 노출된 법관이나 배심원들이 그 예단에서 벗어나서 그 이전의 백지상태로 돌아가 재판을 진행하는 것은 불가능한 일이고, 그와 같은 경우 이를 시정하는 길은 부득이 그 법관이나 배심원들을 그 사건에서 물러나게 한 다음 다른 법관이나 배심원들로 하여금 다시 재판하게 하는 방법밖에 없다. 그렇게 하기 위해서는 공소기각의 판결을 하여 일단 사건을 종결시킨 후 다시 제대로 된 공소장에 의하여 공판절차를 새로이 진행하는 수밖에 없다. 다수의견에 대한 대법관 김능환의 보충의견 주장과 같이, 공소기각 판결을 한다 하더라도 다시 정정된 공소장에 의하여 재판을 받게 될 것인데 이는 무용의 절차를 반복하는 것으로서 피고인의 이익에도 반하게 된다는 반론이 제기될 수 있다. 그러나 예단의 우려가 있는 상태에서 진행된 재판과 그렇지 않은 백지 상태에서 진행된 재판은 공정성과 재판의 신뢰 면에서 질적으로 차이가 있는 것으로서, 설령 재판의 결과가 동일한 것으로 나타난다 하더라도 이를 무용의 절차 반복이라 할 수는 없고, 공정한 재판을 간절히 기대하고 있는 피고인의 입장을 고려해 보더라도 피고인의 이익에 반하는 것이라고 할 수 없다. 공정한 재판을 보장하기 위하여 엄수되어야 할 적법절차의 원칙을 위반하여 공소가 제기되었음에도 재판의 결과에 영향이 없고 적법절차의 원칙을 준수한 재기소가 무용의 절차를 반복한다는 이유만으로 그 잘못된 공소제기의 효력을 인정하게 된다면, 형사소추기관의 적법절차 원칙 위반을 억제하고 재발을 방지하는 길은 멀어질 수밖에 없다. 강요된 자백이나 위법하게 수집한 증거의 증거능력을 배제하고, 체포 당시 피의사실의 요지나 변호인을 선임할 권리 등을 고지 받지 않으면 불법체포로 인정하며, 진술거부권의 고지를 받지 않은 채 작성된 피의자신문조서의 증거능력을 부정하는 등 모든 적법절차의 원칙에서 이미 일반적인 법리로 확인한 바 있듯이, 적법절차의 원칙을 보장하기 위한 가장 효과적이고 확실한 대응책은 그 위반의 효력을 전면 부정하는 것임은 새삼 강조할 필요도 없을 것이다. 또한, 피고인이 범죄를 모두 인정하는 경우나 법원이 무죄의 심증을 굳힌 경우에도 예외 없이 공소기각의 판결을 하여 재차 재판절차에 응하도록 강제하는 것은 심히 불합리하다는 지적이 있으나, 피고인이 범행을 자백하였다가 다시 번복하여 무죄를 적극 다투는 경우가 적지 않으며, 무죄판결을 선고 받은 후에도 상소심에서 무죄판결이 번복될 가능성이 있다는 점을 고려하면, 그와 같은 경우에도 공소장일본주의가 추구하는 재판의 공정을 위하여 예단의 배제 필요성은 여전히 남는다고 할 것이다. 나아가 다수의견에 따르면 공소장에 첨부되거나 인용된 증거 중 전부 또는 일부에 대하여 증거조사가 이루어지지 아니한 채 증거조사를 마치거나 판결이 내려진 때에도 더 이상 문제제기를 할 수 없다는 결론에 이르게 되는데, 그 첨부된 증거가 증거능력을 갖춘 것인지, 인용된 증거가 존재하는지, 존재한다면 증거능력이 있는지도 확인되지 않은 상태에서 그에 대한 증거조사를 거치지도 않은 채 공소장에 첨부 또는 기재된 내용을 다른 증거와 종합하여 심증을 형성하게 된다면, 이는 증거조사 자체를 거치지 않은 증거를 함께 고려하여 사실인정을 하는 셈이 되어 증거재판주의가 완전히 무시되는 용납할 수 없는 결과가 된다.

공소장일본주의에 위배된 공소사실 기재가 공판준비절차나 공소장변경절차를 통하여 수정·삭제될 수 있다 하더라도, 여러 차례 언급한 바와 같이 이미 공소제기 단계에서 형성되어 버린 예단은 그 후 그 기재를 삭제하거나 첨부된 것을 제거한다고 하여 법관이나 배심원의 머릿속에서까지 지워질 수는 없는 것이다. 한번 예단에 의해 형성된 절차의 불공정성은 치유될 방법이 없다. 적법한 증거조사를 거치면서 그 흠이 치유될 수 있다는 다수의견의 주장은 예단에 감염된 법관과 배심원들이 그 상태에서 진행하는 증거조사 자체가 그 예단을 시정하기보다는 예단 자체를 강화할 위험이 크다는 점을 간과한 것이다. 또한, 소송절차의 발전적·동적 성격과 소송경제의 이념 또한 공소장일본주의가 추구하는 재판의 공정이라는 이념과 대등할 만한 의미를 가지지 못한다는 점 역시 이미 말한 바와 같으므로 그러한 사유들을 근거로 공소장일본주의 위반의 효과를 완화시킬 수는 없는 것이다. 요컨대 다수의견은 공소장일본주의를 위반한 공소제기의 경우에도 공판절차의 진행에 따라 일정한 조건 하에 그 흠이 치유될 수 있고 그 단계에 가서는 더 이상 이를 문제 삼지 못한다는 것인데, 공소장일본주의를 위반하였는지 여부는 공소가 제기된 단계에서 우선적으로 판단되어 위반으로 인정될 경우 즉시 적절한 조치가 취해져야 하고 더 이상의 불공정한 공판절차의 진행 자체가 허용되어서는 안 되는 것이므로, 그 이후 증거조사 절차가 적절히 이루어지는지를 기다려서 그 위반 여부를 결정할 문제는 아닌 것이며, 그 성격상 당사자의 책문권 포기·상실의 대상이 된다고 보기도 어려우므로 피고인 측이 이의를 하지 않았다고 나중에 문제제기를 하지 못한다고 볼 것은 아니다. 한편, 별개의견은 다수의견의 입장과는 다소 다르게, 공소장일본주의 위반의 효과는 일률적으로 확정할 수는 없고, 증거조사 절차가 모두 마무리된 뒤라 할지라도 그 위반의 정도가 중대하여 법관이나 배심원의 공정하고 중립적인 심증 형성에 심각한 장애를 초래하는 정도에 해당하는 경우에는 소송절차의 진행정도에 관계없이 공소기각의 판결을 하여야 한다는 입장을 취하고 있다. 그러나 공소장일본주의의 의미와 기능을 생각해 볼 때에, 법관이 예단을 가진 채로 불공정한 공판절차를 진행하게 된다는 심각하고도 치유될 수 없는 흠을 초래하게 되는 공소장일본주의 위반은 그 자체로 이미 중대한 위법상태에 해당하는 것으로서, 그 위반의 정도나 경중을 가릴 것 없이 모두 위법한 공소제기라고 보는 것이 타당하다. 우리 형사소송법이 제척사유가 있는 법관에 대하여는 그 사유 해당의 정도나 그로 인한 불공정한 재판의 위험성의 정도를 묻지 않고 모두 일률적으로 사건에서 배제되도록 규정하고 있는 것이나, 기피신청의 경우 민사소송과는 달리 공판과정에의 참여 여부나 공판 진행단계를 묻지 아니하고 판결 선고 때까지 제한없이 기피신청을 할 수 있도록 함으로써 이를 책문권 포기·상실의 대상으로 규정하지 않은 것은 재판의 공정성과 관련된 문제에 대해서는 그 정도의 경중과 재판 진행의 단계를 가리지 않고 문제로 삼을 수 있다는 것을 보여주는 것으로서, 공소장일본주의의 효과를 논함에 있어서도 참고하여야 할 것이다. 또한, 별개의견과 같은 입장을 취하게 되면 구체적인 사건에서 공소기각 판결의 대상이 되는 경우와 그렇지 않은 경우 사이의 구별 기준이 불분명하여 공판절차의 안정과 예측가능성에 큰 장애가 초래되며, 피고인의 지위를 불안정하게 한다는 단점도 있음을 덧붙여 둔다. 별개의견은 나아가 이 사건과 같이 단기의 공소시효가 적용되는 등 다시 공소를 제기할 시간적 여유가 없는 경우 공소기각의 판결을 선고하게 되면 이를 처벌할 수 없어 적절한 형벌권의 행사가 곤란하게 된다는 점을 고려하여야 한다고 하나, 다수의견에 대한 대법관 김능환의 보충의견에서 언급하듯이 공소제기시부터 공소기각 판결 확정시까지는 공소시효가 정지되는 것이므로, 공소기각 판결 선고 즉시 서둘러 문제된 부분을 삭제·정리하여 재차 기소를 한다면 공소시효 완성 전에 충분히 공소제기가 가능하여 별개의견이 우려하는 경우는 생기지 않을 것이다. 또 그와 같은 우려 때문에 공정성에 의심이 있는 재판을 그냥 감수하라고 요구할 수는 없는 것이다. 결론적으로 공소장일본주의의 취지와 의미를 고려한다면 그 위반의 효과에 대하여는 엄격한 기준이 적용되어야 한다. 공소장일본주의를 위반하는 것은 소송절차의 생명이라 할 수 있는 공정한 재판의 원칙에 치명적인 손상을 가하는 것이고, 이를 위반한 공소제기는 법률의 규정에 위배된 것으로 치유될 수 없는 것이므로 시기 및 위반의 정도와 무관하게 항상 공소기각의 판결을 하는 것이 타당하다. 이상과 같은 결론을 따른다면, 다수의견이 인용하고 있는 대법원 판결 중 상당부분은 이 반대의견과 배치되는 범위 내에서는 변경될 필요가 있고, 특히 대법원 1994. 3. 11. 선고 93도3145 판결과 대법원 2007. 5. 11. 선고 2007도748 판결 중 공소장일본주의와 관련된 부분은 변경되어야 마땅하다.

　마. 이 사건에 돌아와 공소장일본주의 위반 여부를 살펴본다. 이 사건 공소사실을 범죄 구성요건 사실의 특정 등에 필요한 정도로 적절히 기재해 보면, 주위적 공소사실은 "창조한국당 대표인 피고인이 같은 당 재정국장 겸 총선승리본부 관리지원단 부단장인 공소외 2와 공모하여, 2008. 4. 9. 실시된 제18대 국회의원 선거에 공소외 1을 같은 당의 비례대표 후보자로 중앙선거관리위원회에 등록해 주고, 공소외 1로부터 2008. 3. 26. 6,000만 원, 그달 28일 5억 5,500만 원, 합계 6억 1,500만 원의 공천헌금을 예금계좌로 입금 또는 송금 받아, 위 정당이 위 공소외 1을 국회의원 비례대표 후보자로 추천하는 일과 관련하여 6억 원(선거관리위원회 기탁금 1,500만 원 제외)을 제공받음과 동시에 같은 금액의 정치자금을 기부 받았다"는 것이고, 예비적 공소사실은 "위 주위적 공소사실과 같이 공소외 1을 비례대표 후보자로 등록해 주고, 공소외 1로 하여금 이율 연 1%의 당채를 매입하게 하여 당채매입대금 6억 원을 제공받음으로써, 6억 원의 자금 융통 및 6억 원에 대한 시중 사채금리와 당채이율 사이의 차액 상당 재산상 이익을 수수하여 국회의원 후보자 추천과 관련하여 재산상 이익을 제공받음과 동시에 정치자금을 기부 받았다"는 것이 된다. 검찰은 통상의 사건에서는 공소사실을 위와 같은 방식에 따라 구성요건을 이루는 사실만을 나열하여 간략하고 명료하게 기재하고 있으며, 이 사건 공소사실을 그와 같이 기재하는 경우 그 분량은 불과 1쪽을 넘기기 어려울 것으로 보인다. 그런데 이 사건에서 검사는 위 범죄사실 이전단계의 정황과 경위, 범행을 전후한 과정에서 관계자들이 주고받은 대화내용과 이메일 내용, 수첩의 메모내용, 세세한 주변사실, 이 사건 공소사실에 포함되지 않은 것으로 보이는 공소외 1 이외의 다른 비례대표 후보 지망자들로부터 이 사건과 유사한 방법으로 금품을 제공받은 내용 등을 장황하게 기재하여 그 분량이 무려 14쪽에 이르고 있다. 그리고 그 기재의 상당부분은 대화

내용, 이메일 내용과 수첩의 기재내용을 인용부호까지 사용하면서 그대로 인용하는 형식으로 기재되어 있다. 다수의견에 대한 대법관 양승태의 보충의견은 이 사건 공소사실의 기재가 불필요하게 장황하고 산만하다는 점 및 공소사실을 뒷받침하는 증거서류 내용이 인용되어 있는 점을 인정하면서도, 공소사실을 특정하기 위하여 그 배경과 과정을 자세하게 기재할 필요가 있을 뿐 아니라, 증거와 동일한 내용의 표현을 기재하였다는 것만으로는 공소장일본주의에 위배된다고는 할 수 없다고 한다. 그러나 위 견해에는 동의할 수 없다. 무엇보다 위와 같은 결론은 다수의견이 스스로 공소장일본주의 원칙을 우리 형사소송구조의 한 축으로 보아 그 중요성을 강조하고 있는 태도에 비추어 보아도 선뜻 이해하기 어렵다. 앞에서 말한 바와 같이 범죄의 유형과 내용에 따라서는 구성요건 사실 자체만을 간략히 기재하는 것만으로는 공소사실을 특정하기 어렵거나 그 내용을 제대로 전달하는 것이 곤란하여 범행에 이르게 된 경위나 주변사실 또는 간접사실 등을 상세히 기재할 필요가 있는 경우도 있을 것이다. 그러나 피고인과 공소외 2의 공모관계를 설시할 필요가 있다는 점을 감안하더라도 위와 같이 불과 1쪽 정도로 간략하게 정리될 수 있는 이 사건 공소사실을 10여 쪽에 걸쳐 방대한 분량으로 기재하지 않으면 안 될 어떤 구체적 사정이 있는지, 어떤 면에서 공모관계, 범행의 동기 등이 명확해 지지 않는지, 이 사건에서 범죄 구성요건 사실을 기재하는 외에 굳이 공모관계와 범행 동기, 배경, 과정 등을 상세히 기재하지 않으면 안 될 구체적인 사정은 무엇인지, 위에서 예시해 본 정도로 구성요건 사실만을 간략하게 기재한다고 하여 공소사실의 특정이나 내용 전달에 어떤 부족함이 있는지 이해할 수가 없다.

아래에서 이 사건 공소사실 중 공소장일본주의에 위배된 것으로 보이는 기재를 구체적으로 열거한 내용을 보면 쉽게 알 수 있듯이, 이 사건 공소사실 기재 중 '기타 사실의 기재'에 해당하는 부분을 생략한다고 하여도 이 사건의 경위를 파악하거나 공모관계를 설명하는 데에 하등 지장이 없다. 그리고 증거서류의 내용을 인용한 부분 역시 공소사실을 특정하거나 그 내용을 명확히 하는 것과는 아무런 관련이 없는 기재들이다. 공소장일본주의 위반 여부는 공소사실의 구체적인 기재 내용에 따라 판명되는 성질의 것이므로, 여기서 이 사건 공소사실 기재 중 공소장일본주의에 위배되는 것으로 보이는 대표적인 기재들을 열거하여 살펴본다. 우선 예단을 줄 수 있는 '기타 사실의 기재'에 해당하는 부분은 아래와 같다.

① 공소장 6면 1 - 14행(검찰주사보 작성의 수사보고에 첨부된 메일문건 내용의 인용)공소외 3은 ……. 공소외 2, 공소외 4에게 "2. 공소외 5 위원장 자금 관련"이라는 제목으로 아래와 같은 내용의 이메일을 발송하였다.
 - 월말에 필요한 자금은 구했는데, 채권을 인수할 의사는 없다고 하고
 - 당에서 비례에 대한 순번이라도 책임있게 약속을 해 줘야 할 것 아니냐고 주장
 - 단순 차입금 형식은 본인이 수용하지 않을 태세임. 순번도 안주고 돈만 빌려달라고 하냐고…..
 - 암튼 자금은 구했다는데…..지금 비례대표 선정위 회의도 없이 확정순위를 줄 수도 없고…빌려줄 의사도 없고….
 - 빌려달라고 설득하거나…아니면…순위 네고를 해서 확정을(??) 주고
 - 서로 합의한 금액을 정식으로 당비로 납부하게 하거나 하지 않는 한 그 돈 우리가 가용할 수 없는게 아닌가 싶군요
 - 달리 다른 창구로 자금을 마련해야 할 듯합니다.
② 공소장 7면 1 - 12행
위와 같은 경위를 거쳐 창조한국당은 당 계좌로, 공소외 6(비례대

표 □번)으로부터 2008. 3. 26.경 기탁금 1,500만 원을 송금 받았고 그 외에도 같은 해 4. 18.경 3천만 원(채권 미발행)을 송금 받았으며, ······ 공소외 5(비례대표 □번)로부터 같은 해 3. 4.경 5천만 원, 같은 해 3. 6.경 5천만 원, 3. 25.경 1억 원(이상 합계 2억 원에 대하여 추후 채권 발행), 같은 해 3. 26.경 기탁금 1,500만 원, 같은 해 4. 2.경 공소외 7(공소외 5의 동생) 명의로 1억5천만 원(채권 미발행)을 송금 받았으며, 공소외 8(비례대표 □번)로부터 같은 해 3. 19. 1억 원(채권 미발행, 기탁금 1,500만 원 포함)을 송금 받았고, 공소외 9(비례대표 □번)로부터 같은 해 3. 14.경 5천만 원, 같은 해 3. 26.경 5천만 원(각 채권 미발행, 기탁금 1,500만 원 포함)을 송금 받았다.

③ 공소장 7면 13 - 22행(공소외 10에 대한 피의자신문조서 내용의 인용)

공소외 10(창조한국당 대표 비서실 차장)은 2008. 3. 20.경 공소외 11(회사 명칭 1 생략)에게 "창조한국당에서 비례대표 □번 내지 □번 여성후보 영입을 하고 있다, 공소외 11이 적임자라고 생각한다", "비례대표로 나와 달라, ······"고 말하면서 "비례대표로 공천될 경우 7~10억 원의 특별당비를 내야 할 것"이라고 말하기도 하였다. 위와 같은 기재들은 이 사건에서 문제된 공소외 1 이외의 다른 비례대표 후보 지망자인 공소외 5, 공소외 6, 공소외 8, 공소외 9 등으로부터 공천과 관련하여 돈을 송금 받거나, 공소외 11에게 비례대표 자리를 제의하면서 특별당비를 내라고 요구하였다는 내용으로, 그 내용 자체가 이 사건 기소된 범죄사실에는 포함되지 않았음에도 유사한 사례를 열거함으로써 피고인의 이 사건 공소사실이 진실한 것으로 예단을 갖게 할 우려가 농후한 기재로서 공소장일본주의에 위배되는 '기타 사실의 기재'에 해당한다. 또 그 중 일부는 증거로 사용될 가능성이 짙은 메일문건과 피의자신문조서의 내용을 그대로 인용한 것으로서 증거로 될 서류의 내용인용에 해당하므로 공소장일본주의 위반에 해당하기도 한다. 다음, 예단의 우려가 있는 증거의 인용에 해당하는 부분은 아래와 같다. ① 공소장 4면 7행 - 5면 5행(검사의 공소외 2에 대한 제3회 피의자신문조서의 첨부문서인 이메일 내용의 인용) 2008. 1. ~2.경 공소외 3은 공소외 2에게 "2. 비례대표 특별당비 사례"라는 제목으로 아래와 같은 내용의 이메일을 발송함으로써 과거 다른 정당의 비례대표 공천헌금 관련 연구결과를 전달하였다.

1) 16대 자민련 강모 의원 20억 공천헌금 후 1번 받고 당선
2) 17대의 경우 당선 안정권은 20억이 정설임, 다만 당선안정권이 몇 번째 순위이냐에 대한 판단이 다를 수 있음
3) 17대 이전에는 확실한 당선권은 30억도 다수였다고 함
4) 참고 : 작년 경기도의회 비례대표 당비 1억 5천 요구하였다가 문제됨

공소외 2는 공소외 3으로부터 위 이메일을 받고 이를 출력한 다음, 위 내용 옆에 자필로 아래와 같이 기재함으로써 창조한국당 비례대표 □번 공천헌금 30억 원부터 10번 공천헌금 5억 원까지 비례대표 후보들로부터 공천헌금으로 받을 돈을 구상하였다.

② 공소장 5면 6 - 9행(검사의 공소외 2에 대한 제3회 피의자신문조서의 첨부문서인 수첩의 내용 인용)

그 즈음 공소외 2는 공소외 4로부터 공천헌금 등에 대한 말을 듣고 자신의 수첩에 "공천심사건 장악, 당 발전기금"등의 내용을 기재해 놓았다.

③ 공소장 9면 14 - 18행(검사의 공소외 2에 대한 진술조서 내용의 인용)

공소외 1이 자기의 이력을 자랑한 다음 "어떻게 하면 당에 기여하고, 공천을 받을 수 있느냐"고 묻자 공소외 4는 "당 재정사정이 어려우므로 당비를 내는 방법, 특별당비를 내는 방법, 당사랑 채권을 발행하는 방법이 있다. 채권을 발행하는데 채권이 많이 판매될 수

있도록 도와주면 그것이 고려가 된다"라고 답변하였다.

④ 공소장 9면 18-22행(검사의 공소외 1에 대한 제6, 7회 피의자신문조서 내용의 인용) 공소외 2는 공소외 1에게 " □번 확정을 축하한다. 대선 빚으로 7억 원 가량이 남아있다, 당의 재정이 어려우니 도와 달라. 비례대표 □번인 공소외 5가 5억 원을 냈으니 □번은 그보다는 더 내야하지 않느냐, 최소한 5억5천만 원은 내 달라"고 하였다. ⑤ 공소장 11면 6-7행(검사의 공소외 12에 대한 진술조서 내용의 인용) {피고인은 공소외 12에게} "당이 어렵다, 다른 분들은 몇 억씩 특별당비를 내기 때문에 내가 당 대표라도 마음대로 공천순위를 결정하지 못한다"고 말함으로써 ⑥ 공소장 11면 13 - 18행(검사의 공소외 13에 대한 제3회 진술조서 내용의 인용)

(공소외 1은), 2008. 3. 20.경 공소외 13(회사 명칭 2 생략 대표)에게 "창조한국당 비례대표 □번이나 □번으로 공천을 받기로 피고인 대표로부터 승낙을 받았다, 창조한국당에 특별당비나 발전기금으로 5억 원을 내야 한다"라고 하면서 "위 돈을 마련하기 위하여 공소외 14로부터 받은 어음을 할인해야 하는데, 회사 명칭 2 생략 명의로 대출을 받아 달라"고 부탁하였다. ⑦ 공소장 11면 22행 - 12면 1행(검사의 공소외 1에 대한 제6, 7회 피의자신문조서 내용의 인용) (공소외 2는) 공소외 1에게 전화를 하여 "당 채권을 사 달라, □번이 5억 원을 냈으니 □번은 6억 원은 내야 할 것 아니냐, 왜 약속한 돈을 입금하지 않느냐, 돈을 내지 않으면 비례대표 □번을 취소하겠다"라고 말하여 ⑧ 공소장 13면 17 - 23행(검사의 공소외 1에 대한 제9회 피의자신문조서 내용의 인용) 피고인은 2008. 3. 25.~27.경 공소외 1과 수회 전화통화를 하면서"공소외 2 재정국장의 말을 들었을 텐데, 지금 당 재정사정이 아주 어려워 여러 준비를 하지 못하고 있다. 대선 빚 등으로 당이 재정적으로 너무 어려우니 공소외 1께서 도와 달라"고 말하여 입금을 독촉하였다. 또한 피고인은 입금한 다음 날인 2008. 3. 29. 18:42경 공소외 1로부터

전화를 받고 공소외 1에게 입금했다는 것을 공소외 2로부터 들었다, 정말 고맙다"라고 감사의 인사를 하였다. 위와 같이 증거서류의 내용을 인용한 부분은, 이 사건 공범인 공소외 2가 당 총무국장과 사이에 비례대표 공천헌금 관련 검토결과를 주고받은 내용, 공소외 2가 자신의 수첩에 공천헌금 관련 내용이나 피고인이 공소외 1을 비례대표 □번으로 확정지우는 과정 등을 메모한 내용, 당 대표비서실 차장이 다른 비례대표 후보 지망자에게 특별당비를 내라고 직접 요구하는 내용, 피고인 또는 공소외 2가 공소외 1에게 비례대표 □번을 제의하면서 금전으로 당에 기여해 달라는 요구를 하고, 공천헌금의 지급을 독촉하는 내용이 기재된 증거서류의 내용을 직접 인용한 것이다. 이와 같은 내용은 피고인의 이 사건 공소사실을 인정하는 데에 결정적인 역할을 하는 내용들로서 그와 같은 내용의 증거가 존재하고 증거능력이 있는 것으로 인정되기만 하면 그 증거의 신빙성에 특별한 문제가 없는 한 바로 피고인의 유죄를 인정할 수 있는 핵심 증거들이다(검사는 피고인에 대한 유죄심증 형성에 도움이 되도록 공소사실을 인정하는 데에 강한 영향력을 미칠 만한 증거들을 선별하여 그 핵심 내용을 상세히 인용한 것으로 보인다). 따라서 이와 같은 증거서류의 내용을 인용하여 공소사실에 기재한 것은 법관에게 예단을 주기에 충분한 기재라 하지 않을 수 없고, 이는 공소장일본주의를 정면으로 중대하게 위반한 것이라고 보아야 한다. 그리고 위 내용들이 기재된 서류들은 그 자체로서 모두 전문증거에 해당하고, 그 중 일부는 피고인이나 공범 등의 전문진술을 기재한 부분도 있어, 그 자체로는 원칙적으로 증거능력이 없는 서류들이다. 피고인 또는 변호인이 이를 증거로 함에 동의하거나 형사소송법 제311조 내지 제318조에 따라 증거능력을 취득하기 전에는 전혀 증거로 쓸 수 없으며, 증거능력을 취득하지 못한 증거서류는 법원이 그 내용을 보아서는 안 되는 것은 물론 법원이 이를 제출받아서도 안 된다는 점은 이미 언급하였다. 따라서 위 서류들은 원칙적으로는 공판절차가 진행되어 증거조사 단계에 이르렀을 때 검사가 이를 증거로 신청하고 법원이 증거능력이 있는 것으로 인정하였을 때에 비로소 법관에게 제출되어 법관이 그 내용을 볼 수 있는 것이고, 그 이전에는 법관이 그 내용을 미리 알 수도 없고 알아서도 안 되는 것이다. 그럼에도 불구하고, 이 사건 공소사실에는 그 증거의 내용들이 그대로 인용·기재되어 법관이 공소제기와 동시에 이를 볼 수 있는 상태로 되어 있으므로 사실상 공소제기의 단계에서 이미 중요한 증거조사는 마친 것이나 다름없는 효과를 본 것이라고 해도 과언이 아닐 정도이다. 이는 우리 형사소송법의 기본원칙인 공판중심주의, 증거재판주의, 당사자주의 등 중요한 원칙들을 심하게 침해한 것으로 공소장일본주의를 정면으로 위반한 것이고 공소제기가 법률의 규정에 위반된 것이라고 아니할 수 없다. 바. 결론적으로 이 사건 공소사실의 기재에는 기소된 범죄로 포함되지도 않은 유사한 공천헌금의 사례들을 여러 개 열거하여 피고인에 대하여 강한 유죄의 심증을 형성하게 하는 기재가 있는가 하면, 기소된 범죄 구성요건 사실 중 중요 부분과 직접 관련된 결정적인 증거들을 수차례 반복 인용함으로써 중요한 증거의 내용을 공소제기 단계에서 이미 다 읽어볼 수 있도록 되어 있으므로, 이는 공소장일본주의를 심하게 위반한 것으로 그 공소제기 자체가 법률의 규정에 위반하여 무효인 때로 보아 공소기각의 판결을 선고해야 마땅할 것이다. 이와 달리 실체판단에 들어가 피고인에게 유죄를 선고한 원심의 판단은 공소장일본주의에 관한 법리를 오해함으로써 판결에 영향을 미친 잘못을 범한 것이다. 마지막으로 공소장일본주의 위반의 점과는 별도로 한 가지 덧붙이고자 한다. 공소사실의 기재가 필요 없이 길고 장황한 경우 어디까지가 공소사실로 기소된 것인지 어느 부분이 엄격한 증명을 요하는 대상인지 구분 짓기 어려워 피고인의 방어권 행사에 지장을 초래하고 법원의 심리에 지연 및 혼란을 야기할 위험이 생길 수 있다. 이 사건 공소사실의 기재

역시 공소장일본주의 위반의 문제와는 별도로 공소사실 기재의 잡다함과 장황함 그 자체로 위와 같은 문제점이 있다는 평가를 받을 가능성을 배제할 수 없다. 그러한 경우 법원은 검사에게 석명권을 행사하여 공소사실을 간단·명료하게 정리하게 한 뒤 심리를 진행하여야 한다는 점을 지적해 둔다.

10. 다수의견에 대한 대법관 양승태의 보충의견

공소장에는 공소사실을 기재하여야 하고 공소사실의 기재는 범죄의 시일, 장소와 방법을 명시하여 사실을 특정할 수 있도록 하여야 한다(형사소송법 제254조 제3항, 제4항). 그런데 범죄의 동기나 경위, 범의와 공모 관계, 범행의 배경이 되는 정황 등은 정도의 차이만 있을 뿐 모두 구체적인 범죄 행위를 특정하고 그에 대한 형사 책임의 유무와 범위를 심리 판단하는 데에 필요한 요소이므로 범죄사실을 특정하기 위해서는 이러한 사실도 기재를 요하는 경우가 많다. 더구나 사안이 복잡하거나 범행 수법이 교묘한 경우 또는 상황적 요소에 의해 범죄의 성립 여부가 좌우되는 미묘한 사안에서는 범행에 이르는 과정이나 그 배경 등 전후의 정황에 관한 설명 없이 단순한 범죄구성요건에 직접 해당하는 행위만을 기재하여서는 공소사실을 완성도 높게 특정할 수도 없다. 이러한 경우 범행의 동기, 배경, 과정 기타 정황적 사정은 공소사실의 내용을 이루는 요증사실에 해당하므로 검사가 공소장에 공소사실을 특정함에 필요한 범위에서 그와 같은 사실을 기재하고, 그 후 공판과정에서 증거를 제출함으로써 이를 입증하고자 하는 것은 형사공판 절차의 자연스럽고 당연한 진행과정이다. 공소장에 기재된 공소사실에 의해 심판의 대상이 특정됨과 동시에 입증의 대상과 심리의 방향도 정해진다는 것을 생각하면 이러한 기재는 오히려 피고인의 방어권 행사를 용이하게 해 주는 것이라 할 수 있다. 한편, 공소장에 범죄의 성립과는 관계없는 이른바'기타 사실'을 기재하여 법관 또는 배심원으로 하여금 예단을 가지게 하거나 증거자료를 미리 제시함으로써 증거조사절차를 거치기도 전에 피고인에게 불리한 심증을 형성하게 하여서는 아니 된다는 것은 무죄추정의 원칙이나 증거재판주의 등 형사소송절차의 기본원칙에서 파생되는 공소장일본주의의 요청으로서, 형사소송규칙 제118조 제2항은 공소장에는 법원에 예단이 생기게 할 수 있는 서류 기타 물건을 첨부하거나 그 내용을 인용하여서는 아니 된다고 규정하여 이를 천명하고 있다. 여기서 기타 사실의 기재를 금지한다 함은 입증하고자 하는 공소사실과는 무관하고 입증대상도 되지 아니하는 사실을 기재함으로써 법원으로 하여금 피고인에게 불리한 선입감이나 편견을 가지게 하는 것을 금지한다는 뜻이다. 따라서 검사가 공소사실을 특정하기 위해 기재한 내용으로서 장차 공판과정에서 입증하고자 하는 요증사실은 기타 사실에 해당하는 것이 아니라 증거에 의해 판단할 대상에 해당되는 것이므로 그 기재가 금지된다고 할 수 없고, 다만 공소사실과 다소간 관련이 있다 하여도 입증의 대상이 아니고 검사가 입증할 의사도 없는 사실을 공소장에 기재하는 것은 법관 등에게 예단을 주는 것으로서 공소장일본주의에 반한다 할 것이다. 이는 형사소송법 제287조 제2항이 증거조사를 하기에 앞서 검사 및 변호인으로 하여금 공소사실 등의 증명과 관련된 주장 및 입증계획 등을 진술하게 할 수 있게 하면서 다만 증거로 할 수 없거나 증거로 신청할 의사가 없는 자료에 기초하여 법원에 사건에 대한 예단 또는 편견을 발생하게 할 염려가 있는 사항은 증거조사 전에 진술하지 못하도록 하는 것과 같은 것이다. 또한, 검사가 공소사실을 뒷받침하는 증거를 확보하고 있는 경우 그 증거에는 당해 범죄의 경위나 수단 기타 공소사실에 관련된 사항이 모두 기재되어 있을 것이다. 이러한 경우 공소장에 장차 증거로 제시할 자료를 첨부하거나 이를 적시하여 그 내용을 인용하는 것은 공소장일본주의에 반하는 것임이 명백하다. 그러나 단지 공소사실에 기재된 내용이 그 후 증거조사절차에서 채택된 증거에 있는 내용과 동일하다 하여 바로 이를 공소장 일본주의에 위배되는 것이라고 볼 수는 없다. 공소장의 기재 내용은 필연적으로 증거로 확보되어 있는 내용의 축약판이 될 수밖에 없을 것인바, 만일 공소사실의 기재 내용이 그 후 제출할 증거자료에 있는 그것과 동일하다는 이유만으로 그 증거를 인용한 것으로 본다면 공소사실의 특정은 불가능하게 될 것이고, 예컨대 사기죄에 있어 기망수단으로 행한 피고인의 언동이 피의자신문조서에 모두 기재되어 있는 경우 그 언동을 기망수단으로 공소장에 기재할 수 없게 되는 불합리한 결과가 될 것이며, 이는 증거에 의한 입증을 증거의 인용과 혼동하는 것에 다름 아니다. 따라서 공소장일본주의에 위배되는지 여부는 공소된 범죄의 유형, 공소장 기재 사실과 범죄와의 관계, 구성요건과의 대비, 입증의 대상 등을 종합적으로 검토하여 당해 사건에서 공소장의 기재사실이 법원에게 예단을 생기게 하는 사항인지를 구체적으로 판단하여야 할 것이지 일률적, 기계적인 기준으로 판단하여서는 아니 된다. 나아가 이 사건에 관하여 보건대, 이 사건 공소사실은 결론적으로 피고인이 공소외 1을 비례대표 후보자로 추천하는 대가로 공소외 1로 하여금 6억 원 상당의 창조한국당 당채를 매입하게 함으로써 그 금액 상당의 공천헌금을 받음과 동시에 정치자금을 기부 받았다는 내용으로 파악된다. 그런데 일반적으로 정당은 당채를 발행할 수 있으므로 이를 매입하는 것이 별다른 문제가 될 수 없을 터인데도 검사가 이를 범죄로 기소한 것은 당시 창조한국당의 재정사정이 극도로 열악한 상황에 있어 그 당채의 재산적 가치가 거의 없었으므로 이를 매입하는 것은 사실상 공천헌금 및 정치자금을 제공하는 것으로 보아야 한다는 논리에 근거한 것으로 보이고, 향후 입증 역시 그러한 방향으로 이루어 질 것임을 예고하고 있는바, 이 사건 공소장의 내용은, 다소 장황하고 때로는 부적절한 표현이 있기는 하나, 기본적으로 위와 같은 논리에 기해 범죄사실을 특정하기 위하여 그 배경과 과정을 자세하고 길게 기재한 것으로 이해된다. 그렇다면 공소장에 기재된 위와 같은 정황은 이 사건 공소사실이 범죄가 되는지 여부를 판단함에 중요한 요소로서 검사가 입증하여야 할 대상이 되는 것이므로 이를 공소장에 기재하였다 하여 공소사실과 무관한 기타 사실의 기재라고 할 수 없고, 또 그 후 증거조사를 거친 증거에 그와 동일한 내용의 표현이 있다 하여 위 공소장의 기재가 공소장일본주의에 위배되는 것이라고 할 수는 없다. 공소장일본주의를 소수의견과 같이 지나치게 형식적이고 경직되게 이해한다면 오히려 형사사법절차를 비효율적, 비현실적으로 만들어 정의의 실현에 장애가 초래될 것이다. 다만 이 사건 공소장과 같은 기재방식은 불필요하게 장황하고 산만하여 공소사실을 간결하고 명확하게 기재하여야 한다는 요청에 부응하지 못하고 있고, 공소장일본주의 위배 여부에 관한 시비도 바로 이런 점에 기인하는 것으로 보여 향후 개선이 필요하리라 본다.

11. 다수의견에 대한 대법관 김능환의 보충의견

예단배제 원칙의 제도적 표현인 공소장일본주의는 사건의 실체에 대한 법관의 심증 형성은 공개된 법정 내에서 이루어지는 주장과 입증에 기초하여야 한다는 공판중심주의, 직접심리주의, 증거재판주의의 토대가 되는 것이므로, 검사가 이를 위배하여 사건에 관하여 법원에 예단이 생기게 할 수 있는 서류 기타 물건을 첨부하거나 그 내용을 인용한 공소장을 제출하였다면 법원으로서는 공소제기의 절차가 법률의 규정에 위반하여 무효라는 이유로 공소를 기각함으로써 당해 소송절차를 마무리해야 하는 것이 원칙이다. 다만 형사소송법이 공판심리를 효율적이면서도 충실하게 하기 위하여 제1회 공판기일 시작 전에 공판준비절차를 마련하고 그 절차에서 미리 공소사실 및 입증방법 등과 관련된 쟁점을 미리 정리하고 준비하도록 함으로써 소송경제를 도모하고 공판중심주의를 실현하고자

한 취지를 고려하면, 법원은 검사의 공소장 제출이 공소장일본주의에 위배되는 것으로 의심되는 경우 공판준비절차 또는 늦어도 제1회 공판기일에서 아직 본안에 대한 심리가 개시되기 전에 범죄의 구성요건 적시와 관련이 없는 부분 그밖에 법원에 예단이 생기게 할 수 있다고 우려되는 부분 등을 삭제 또는 정정하도록 검사에게 명하는 등으로 적극적으로 소송지휘권을 행사하여 조기에 예단의 소지가 있는 부분을 제거하고 위법한 공소제기에 기초한 소송절차가 계속 진행되지 않도록 하는 것이 옳다. 그런데 위와 같은 지적이 이루어지지 않은 상태에서 공판절차가 계속 진행되어 공소장에 첨부 또는 그 내용이 인용된 당해 증거에 대하여 적법한 증거신청, 채택을 거쳐 그 조사 절차까지 모두 마무리되었다면 공소장일본주의의 가장 핵심적이고 본질적인 근거라 할 예단배제원칙의 요청은 상대적으로 후퇴하는 반면 형사소송절차의 또 다른 이념인 절차의 동적 안정성 및 소송경제의 요청이 앞으로 나서게 되는 단계에 접어들게 되므로 이제는 더 이상 공소장일본주의 위배를 주장하여 이미 적법하게 진행된 소송절차의 효력을 다툴 수는 없다고 보아야 한다. 만약 그 이후에도 여전히 공소장일본주의 위배를 이유로 공소를 기각할 수 있다고 본다면, 아무런 이의제기 없이 진행된 공판절차에서 적법한 절차에 따라 증거조사 등 충실한 심리를 거쳐 사건의 실체에 대한 규명이 이루어졌음에도 불구하고, 오직 검사가 공소제기 단계에서 공소장일본주의를 위배하였다는 사유 하나만으로 공판절차, 제1심 및 항소심 판결까지 모두 그 효력이 부정되는 결과를 초래할 수 있다. 이는 공소장일본주의를 통하여 궁극적으로 추구하고자 하는 공판중심주의, 직접심리주의, 증거재판주의에 배치될 뿐만 아니라, 검사와 피고인 측의 주장과 입증을 제1심 공판절차에 집중하여 사건의 실체를 신속하고 효율적으로 파악하도록 한 형사소송법의 정신에도 반한다. 나아가 대부분의 경우 피고인은 당해 소송절차에서 공소기각의 판결을 받더라도 다시 정정된 공소장에 의한 새로운 공소제기에 따라 재판을 받아야 할 것이 예상된다는 점(이전 공소제기시부터 공소기각 판결 확정시까지 공소시효는 정지된다)을 감안하면, 오히려 무용의 절차를 반복함으로써 피고인의 이익에도 반하고 소송경제나 신속한 재판을 받을 권리 등 형사소송절차의 또 다른 이념을 지나치게 희생하는 결과를 초래하게 된다. 공소장일본주의는 적정한 형사소송절차를 구성하는 중요한 요소이기는 하나, 다른 모든 형사소송절차상의 제도나 이념들과 마찬가지로 상충하는 다른 원리나 정신들과 조화를 이룰 수 있는 합리적이고 타당한 한계를 모색해야 한다. 공소장일본주의 위배가 인정되는 경우에도 예단배제의 원칙이 무의미하게 된 시점 이후에는 더 이상 이를 문제 삼아 공소기각 판결을 할 수 없다고 보아야 하는 이유를 위와 같이 밝혀둔다.

12. 다수의견에 대한 대법관 안대희의 보충의견

다수의견과 반대의견의 주된 차이점은 공소장일본주의 위배의 법적 효과에 대한 것으로, 반대의견은 다수의견과 달리 공소장일본주의를 위반한 공소제기는 법률의 규정에 위반된 것이므로 법원은 이러한 경우 형사소송 절차의 진행 정도에 관계없이 무조건 공소기각의 판결을 하여야 한다는 취지이다. 그러나 이는 형사소송법의 태도와 형사소송절차의 성격에 비추어 받아들일 수 없는 것이기에 아래에서 그 이유를 밝혀두고자 한다. 가. 형사소송법은 공정한 재판을 보장하여 재판에 대한 신뢰를 확보하기 위한 제도로서 법관의 제척과 법관의 기피, 회피를 나누어 설정하고 있다. 즉, 재판의 공정성이 의심받을 수 있는 전형적인 경우로서 미리 법률에 명시한 유형의 경우에는 피고인 또는 검사의 주장이나 소송 진행 정도와 무관하게 법관의 재판 관여를 절대적으로 배제하도록 한 반면, 객관적으로 불공평한 재판을 할 염려가 있는 때에 해당하더라도 위 유형에 해당하지 아니하는 경우라면 피고인이나 검사의 신청 또는 법관이 스스로 이를 문제 삼는 경우에만 재판을 통하여 이후의 재판 관여에서 배제하되 그 경우에도 이미 이루어진 소송절차는 유효한 것으로 취급하고 일단 당해 재판이 마무리된 이후에는 더 이상 이를 문제 삼을 수 없도록 하고 있는 것이다. 형사소송법이 이와 같이 서로 다른 두 제도를 운영하는 것은 공정한 재판의 보장이라는 이념과 소송의 발전적·동적 성격 및 소송경제의 요구 사이의 합리적인 조화를 도모하고자 한 것이다. 이에 비추어 볼 때, 형사소송규칙 제118조 제2항이 정한 공소장일본주의에 위배된 즉, 예단이 '생기게 할 수 있는' 공소장이 법원에 접수되었다는 사정만으로 장차 그 사건을 다룰 법관이 누구이든지 그에게 제척 사유가 발생한 것과 같은 법률 효과를 부여해야 한다는 것은 명백히 형사소송법의 태도에 반한다. 나아가 그러한 공소장을 기초로 하여 공판에 임하는 모든 법관은 항상 객관적으로 불공평한 재판을 할 염려가 있는 때에 해당한다고 볼 수 있는지도 의문일 뿐 아니라, 만약 그렇게 본다고 하더라도 이를 이유로 이미 적법하게 이루어진 모든 소송절차의 효력을 부인하거나 당해 재판이 마무리된 이후에도 계속 이를 문제 삼을 수는 없는 것이다. 이러한 사정을 고려할 때, 예단이 '생기게 할 수 있는' 공소장이 법원에 접수된 다음 이를 기초로 소송 절차가 상당 부분 진행된 경우 그 소송 절차의 효력을 어떻게 다룰 것인가라는 의문에 대한 해답은 공정한 재판의 보장이라는 이념과 소송의 발전적·동적 성격 및 소송경제의 요구를 조화시킬 수 있는 합리적인 선에서 모색되어야 한다는 것은 너무나 당연한 것이다.

원래 공소제기 당시 비록 공소기각의 사유가 있었다고 하더라도 그 후 사정이 변경되어 더 이상 그러한 사유가 존재하지 않게 된 경우에는 애초의 사유를 내세워 공소기각을 할 수 없다는 법리는, 형사소송의 발전적·동적 성격에서 파생되는 것으로서 결코 낯선 것이 아니고 오히려 자연스러운 것이다. 예컨대, 공소사실의 특정은 공소제기의 유효요건이므로 공소사실이 특정되지 아니하면 공소기각의 사유가 되는 것이지만(형사소송법 제327조 제2호), 대법원은 공소사실의 기재가 불명확한 경우 법원은 검사에게 석명을 구한 다음 검사가 이를 명확하게 하지 않은 때에야 공소사실의 불특정을 이유로 공소를 기각할 수 있고, 검사에게 공소사실 특정에 관하여 석명을 구하지 아니한 채 곧바로 공소사실의 불특정을 이유로 공소기각의 판결을 하는 것은 위법하다고 판시하였으며(대법원 1983. 6. 14. 선고 82도293 판결, 대법원 2006. 5. 11. 선고 2004도5972 판결), 이는 다수 학설의 지지를 받고 있는 것으로 보인다. 그 외 사정변경으로 공소기각의 사유가 소멸하는 예로 학설상 이중으로 공소제기 되었으나 선행 사건의 소송계속이 해소된 때, 공소취소에 따른 공소기각의 결정 확정 후 다시 공소제기가 이루어진 뒤 비로소 범죄사실에 대한 다른 중요한 증거가 발견된 경우 등이 거론되고 있다. 나. 반대의견은 공소장일본주의가 형사소송법상 다른 이념들과의 조화를 이루는 한도 내에서 보장될 수 있다는 점을 전혀 고려하지 아니한 것이어서 타당하지 아니하다. 우선 우리나라 형사소송법은 공소장일본주의에 관한 명문의 규정을 두고 있지 않다. 또한 형사소송규칙은 스스로 공소장일본주의 원칙의 적용범위를 일정한 경우로 한정하고 있다. 즉, 형사소송규칙 제118조 제1항은 "공소제기 당시 피고인이 구속되어 있거나, 체포 또는 구속된 후 석방된 경우 체포영장, 긴급체포서, 구속영장 기타 구속에 관한 서류를 각 첨부하여야 한다."고 하고(통상 위와 같은 구속에 관한 서류에는 사건에 관하여 법원에 예단이 생기게 할 수 있는 여러 사실들이 기재되어 있다), 제170조는 "검사는 약식명령의 청구와 동시에 약식명령을 하는 데 필요한 증거서류 및 증거물을 법원에 제출하여야 한다."고 하고 있다. 나아가 형사소송법과 형사소송규칙은 구속영장의 심사(형사소송법 제201조 제2항), 체포·구속적부심(형사소송법 제214조의2 제4항, 형사소송규칙 제104조)과 관련하여 법관이 제1심 공판기일 이전에 이미 사건에 관한 자료를 접할 수 있도록 하면서도 위와 같은 절차에 관여한 법관이 당해 사건의 공판절차에서 배제될 것을 요구하고 있지 않다. 이는 피고인이 제1회 공판기일 전에 보석을 신청하여 법원이 이에 관하여 심사하는 경우(형사소송규칙 제54조 제1항)에도 마찬가지이다. 그 외 형사소송법이나 형사소송규칙은 약식명령의 청구가 있었던 사건을 형사소송법 제450조나 제453조에 따라 공판절차에 의하여 심판하여야 할 경우에 당해 법원에 이미 제출된 증거서류 및 증거물의 취급에 대하여 통상의 증거조사절차와 비교하여 특별히 달리 정한 바가 없고, 이는 공판절차 갱신의 절차, 파기환송 또는 파기이송 후의 절차에 있어 공판심리 전에 소송기록과 증거물이 당해 법원에 제출되는 경우에도 마찬가지이다.

위에서 살펴본 각 규정들은 형사소송규칙이 선언한 공소장일본주의 원칙이나 그 근거가 되는 예단배제의 원칙이 피고인의 인권보장이나 신속한 재판을 받을 권리, 소송경제, 사법자원의 효율적 배분 등 현행 형사소송 절차의 또 다른 필요성과 이념들과도 적절히 조화를 이루는 자리매김이 요구되는 원칙임을 알게 한다. 한편, 형사소송규칙 제139조 제4항에 의하면, 증거능력 없는 증거에 대하여 증거조사가 마쳐짐에 따라 법관의 심증이 이미 형성된 상황에서도 그 절차에 흠이 있음을 이유로 당해 소송절차 전부를 무효로 돌리지 않고 당해 증거조사의 결과만을 법관의 심증에서 관념적으로 배제하여 나머지 소송절차와 결과는 여전히 유효하게 존속하도록 함으로써 형사소송절차의 동적 안정을 도모하고 있다. 증거능력 없는 증거에 대한 증거조사가 마쳐진 경우의 취급에 대한 위 조항과 비교해 볼 때, 단순히 장차 증거로 제출될 서류 기타 물건이 첨부되거나 그 내용이 인용되었을 뿐인 공소장일본주의 원칙 위반을 이유로 삼아 공소제기의 절차가 법률의 규정에 위반하여 무효라고 평가하여 소송절차 전부를 송두리째 뒤집어 버리는 것이 부당함은 명백하다. 더욱이 다수의견이 적절하게 지적하고 있는 바와 같이 형사소송법상 형사피고사건의 효율적이고 집중적인 심리를 위하여 공판준비절차를 마련하고 있고(형사소송법 제266조의13은 공판준비기일에서 신청하지 못한 증거는 원칙적으로 공판기일에 신청할 수 없도록 함으로써, 공판준비기일이 공판준비를 위한 사전절차로서 확고히 자리잡도록 특별히 배려하고 있다), 실체적 진실발견이라는 형사소송이념을 실현하기 위한 직권주의적 요소로서 공소장변경제도(법 제298조 제1항, 제2항)를 두고 있는 점 등에 비추어 보면, 공소장일본주의의 적용은 공소제기 이후 공판절차가 진행된 단계에서는 필연적으로 일정한 한계를 가질 수밖에 없다. 위와 같은 여러 절차 조항들의 취지 및 정신들과 형사사법제도는 실체적 진실발견과 적법절차의 실현을 목표로 하되 그 토대를 이루는 우리나라 사회·경제·문화적 상황을 반영하여 보다 나은 제도를 갖추고 그에 걸맞게 운용방식을 개선 발전시켜 나아가야 할 것이라는 점을 종합적으로 고려해 볼 때, 공소장일본주의는 그 자체가 독자적으로 형사소송절차상 달성하여야 할 목표 내지 이념이라기보다 공소제기 단계에서 법원의 예단을 배제함으로써 공소제기 이후 공판절차와 관련한 형사소송구조 내지 형사소송절차상 이념인 당사자주의 소송구조와 증거재판주의 및 공판중심주의를 실질적으로 보장하려는 제도적 장치이고, 이는 형사소송법상 다른 이념 내지 원칙과 조화를 이루어야 한다는 한계를 가지고 있다. 반대의견은 공소장일본주의가 형사소송절차상 절대적으로 지켜져야 할 이념이라는 전제에 선 것으로, 공소장일본주의에 관한 우리나라의 현행 형사소송법 및 형사소송규칙의 관련 규정의 문언과 취지에 부합하지 아니할 뿐 아니라 형사소송절차상 인정되는 다른 중요한 이념 내지 원칙과 조화를 이루지 못하고 있다. 다. 공소장일본주의를 엄격하게 시행하고 있는 일본의 경우, 제2차 세계대전 직후 미군정이라는 특수한 상황 하에서 공소장일본주의를 도입한 것으로, 우리나라와는 달리 공소장일본주의가 일본 형사소송법에 명문으로 규정되어 있다. 게다가 일본 형사소송법 및 형사소송규칙의 제 규정에 의하면 공소장에 체포 또는 구류의 취지를 기재할 뿐 구속영장 등 구속에 관한 서류를 첨부하지 못하도록 하고, 사건에 관여하여야 할 법관은 공소의 제기가 있은 후 제1회 공판기일까지는 구류에 관한 처분을 할 수 없도록 하며, 공소기각의 판결이 내려진 경우에는 당해 피고인에 대한 구속영장이 실효하지 아니하는 등 우리와는 입법적 상황이 다르다. 반면, 독일 등의 경우 검사가 공소장의 제출과 함께 수사의 중요한 성과들을 언급하거나 증거방법을 법원에 제출하고, 이를 통하여 법원은 미리 사건의 내용을 충분히 파악한 후 심리에 들어가도록 함으로써 공소장일본주의 자체를 채택하지 아니하였다. 이렇게 다양한 외국의 입법례를 고려하더라도, 공소장일본주의는 우리 형사소송법상 제한이 허용되지 아니하는 절대적 원칙이라고 할 수 없다.

라. 공소장일본주의에 위반한 공소제기의 경우 무조건 공소기각의 판결을 하여야 한다는 반대의견을 실제의 구체적인 사안에서 그대로 적용한다면 아래에서 보는 바와 같은 부당한 결과가 예상된다는 점에서도 반대의견에 찬성할 수 없다. 형사소송규칙 문언상 공소장일본주의 위배 여부는 공소장 접수 당시를 기준으로 판가름될 수밖에 없다. 따라서 공소장일본주의에 위배되는 공소장이 일단 접수된 이상 법관이 그 공소장의 내용 또는 첨부서류를 전혀 읽어보지 않고 제1회 공판기일에 임하였다고 하더라도 공소기각을 면할 수 없게 된다. 이는 검사가 공소장 접수 직후 아직 법관이 공소장을 접하기 전에 공소장일본주의에 위배되는 사항을 모두 삭제, 철회하는 취지의 새로운 내용의 공소장변경 허가신청서를 제출함으로써 법관이 최초 공소장을 전혀 접하지 아니한 경우, 제1심 재판 진행 도중 법관이 경질되어 새로운 법관이 재판을 마무리한 경우에도 역시 마찬가지이다. 이러한 결론이 합리적이지 않음은 명백하다. 피고인에게도 도저히 납득하기 어려운 상황을 초래할 수 있다. 피고인이 자신의 죄책을 모두 인정하고 오로지 양형상 선처만을 바라고 있는

사안에서도 법원은 반드시 공소기각 판결을 선고하여야 할 뿐 아니라, 심지어 피고인과 검사 사이의 치열한 법정 공방 끝에 법원이 본안에 대하여 무죄 심증을 굳힌 경우에까지도 예외 없이 모두 공소기각 판결을 하여야만 한다. 이러한 경우 검사의 재기소는 필연적일 수밖에 없는데, 피고인에게 재차 재판절차에 응하도록 강제하는 것이 과연 헌법과 형사소송법의 정신에 부합하는 것인지 의문이다. 또한 반대의견은 별개의견에 대하여 공판절차의 안정과 예측가능성에 큰 장애가 초래되고, 피고인의 지위를 너무 불안정하게 한다고 비판한다. 그러나 공소장일본주의 위배 여부의 판단기준에 관하여 다수의견은 일응 공소장에 첨부 또는 인용된 서류 기타 물건의 내용, 그리고 법령이 요구하는 사항 이외에 공소장에 기재된 사실이 법관 또는 배심원에게 예단을 생기게 하여 법관 또는 배심원이 범죄사실의 실체를 파악하는 데 장애가 될 수 있는지 여부를 기준으로 제시하면서 당해 사건에서 구체적으로 판단하여야 한다고 설시하였고, 반대의견 역시 위 판단기준에 관하여 독자적인 견해를 밝히는 등으로 보다 구체적인 판단기준을 제시하고 있지 못하다. 그렇다면 구체적인 개개의 사안에서 과연 공소장일본주의 위배가 있었는지 여부를 판단하는 것이 쉽지 아니하고, 제1심 법원과 상소심 법원의 결론이 다른 경우가 발생할 여지도 충분히 있다. 이러한 전제 하에서는 공소장일본주의 위배가 인정되는 경우에는 소송절차상 어느 단계에 있는지 여부를 불문하고 무조건 공소기각의 판결을 선고하여 이미 적법하게 진행된 소송절차 전부를 무위로 돌릴 수 있다고 보는 반대의견이 오히려 더 공판절차의 안정과 예측 가능성에 큰 장애를 초래하고, 당해 소송절차에서 재판을 받는 피고인의 지위를 너무 불안정하게 하는 것이다. 끝으로 반대의견에 의하면 공소사실의 특정이 부실화되는 부작용을 초래하게 될 것이다. 검사로서는 공소사실을 구체적으로 특정하는 경우에는 공소장일본주의 위배라는 이유로 공소기각의 판결을 받게 되고, 공소사실을 구체적으로 특정하지 않는 경우에는 공소사실 불특정을 이유로 공소기각의 판결을 받게 되는 납득하기 어려운 상황에 처하게 되는데, 앞서 본 바와 같이 공소사실의 불특정은 공소제기 후 이를 수정, 보완할 수 있는데 반하여 공소장일본주의 위배는 이를 다시 바로 잡을 기회가 부여되지 않는다는 것이니 검사로서는 공소사실의 특정을 포기하는 쪽으로 방향을 잡을 수밖에 없다. 공소장일본주의의 위배 기준을 지나치게 완화하여 함부로 그 위반을 인정하거나 그 위반의 효과를 지나치게 엄격하게 적용하는 것은 결국 공소사실을 구체적으로 특정하도록 한 형사소송법의 취지에 반하고(예컨대, 대법원 2007. 4. 27. 선고 2007도236 판결은 공모공동정범에 있어서 공모 또는 모의는 범죄될 사실의 주요부분에 해당하는 이상 가능한 한 이를 구체적이고 상세하게 특정하여야 할 뿐 아니라 엄격한 증명의 대상에 해당한다고 판시하고 있다), 오히려 피고인의 방어권 행사를 어렵게 하는 결과를 낳게 된다. 마. 공소장일본주의는 법관의 예단을 방지하기 위하여 형사소송규칙으로 규정되어 있다. 국민참여재판의 시행과 더불어 이를 본격적으로 실시하여야 한다는 반대의견의 견해도 그 나름대로 일리는 있을 수 있다. 그러나 형사소송법 제285조는 검사의 모두진술에 관하여 규정하고 있고, 사건에 따라서는 검사가 모두진술에서 공소장을 단순하게 낭독하는 것 이외에 공소제기의 배경, 사안의 중요성과 법률적 쟁점 등을 알기 쉽게 설명할 수도 있다. 이것은 공소장이 어디까지나 소추기관의 의사표시에 불과하고 그 증명은 별개의 것으로서 취급되어야 한다는 것을 의미한다. 오늘날 공소장에 기재된 공소사실이 그러한 소추기관의 의사표시에 불과하다는 사실을 모르는 법관이나 배심원은 없을 것이다. 법관이 공소사실의 기재에 의하여 예단을 갖는다는 우려는 앞서 본 것처럼 증거능력이 없는 증거를 조사하면서 법관이 예단을 갖게 된다는 우려와 같을 수 있다. 이는 법관의 인식구조를 믿지 못한다는 의미와 함께 과거의 수많은 재판이 예단에 사로잡혀 공정성을 해할 우려가 있었다는 이상한 결론이 될 수 있을 것이다. 공소의 제기가 공소장일본주의에 위배된다고 하더라도 그 법률적 효력은 공소기각의 판결을 할 수 있는데 그치고 새로이 이루어지는 공소제기에는 아무런 제한이 없다는데 대하여 이견을 찾아볼 수 없는바, 그렇다면 공소장일본주의의 취지가 당해 피고인에 대한 형사소추 자체를 절대적으로 부정하는 것이 아님은 명백하고, 오히려 다른 형사소송의 이념을 도외시한 채 이를 강조한다면 대법관 김능환의 보충의견에서 설시한 것처럼 신속한 재판을 받고 싶어 하는 피고인의 불이익으로 귀착될 수 있다. 무엇보다도 중요한 것은 형사사법은 그 나라의 오랜 제도적 정착과정을 거쳐 발전을 거듭하고 있는 것으로 그것이 국민의 기본권에 관한 원리의 문제가 아닌 한 제도의 전체적 통합의 틀 안에서 당부가 고려되어야 한다는 것이다. 입법정책적으로 법관의 예단방지가 중요하여 공소장일본주의가 본격적으로 실시되어야 한다면 앞서 지적한 바와 같은 법관의 예단을 심각하게 야기할 수 있는 여러 규정들을 검토하여 다함께 개정을 검토하여야 할 것이다. 즉, 공소장에 구속영장을 첨부하는 규정, 구속과 구속적부심, 그리고 보석에 관여하는 법관의 재판 관여, 사전증거조사 및 공판준비절차와 약식명령의 정식재판청구시 증거자료 첨부 등 이미 제도적으로 정착되어 있는 여러 형사소송법 규정의 정비 없이 오로지 공소장의 기재만 예단을 방지하여야 한다는 반대의견의 주장은 전체를 보지 못한 부분적인 성찰로 밖에 볼 수 없고, 엄정하고 객관적인 형사사법의 실현을 책임져야 하는 법원의 궁극적 임무를 도외시하는 것이라고 할 수밖에 없다.

13. 반대의견에 대한 대법관 김영란, 대법관 김지형의 보충의견

　가. 공소장일본주의 원칙은 사건에 대한 왜곡된 심증형성을 근원적으로 차단하기 위한 필요불가결한 요청이다. 공소장일본주의는 헌법상 무죄추정을 받는 형사피고인에 대하여 법관이 가질 수 있는

유죄의 예단을 배제하여 공정한 재판을 실현하고자 하는 원칙으로서 공소제기에 관한 적법절차원칙이라 할 수 있다. 즉, 공소장일본주의는 형사소송절차의 체계상 공소제기 단계에서 '사건에 관하여 법원에 예단이 생길 염려'를 배제하겠다는 입법적 결단을 한 것으로, 검사의 공소장 제출에 의한 공소제기로 인하여 법원에 사건에 관한 예단이 발생할 가능성이 발생하면 위배되는 것이지 구체적인 예단 발생의 결과까지 요구하는 것은 아니다. 이 점은 형사소송규칙이 공소장일본주의를 규정하면서 사건에 관하여 법원에 "예단이 생기게 할 수 있는"서류 기타 물건의 첨부 또는 인용을 금지하고 있는 점을 보면 명백하다. 실제로 공소장의 기재 또는 첨부된 서류 등의 내용으로 인하여 사건에 관하여 예단이 생기거나 그로 인하여 실체 판단에 영향이 미치는 경우는 많지 않을지도 모른다. 그러나 공소장일본주의에 위배된 공소제기로 인하여 실제로 예단이 생기거나 그로 인하여 재판의 공정을 해할 수 있는 가능성 자체를 부정할 수 없다면, 공정한 재판, 특히 재판에 대한 신뢰성 확보를 위하여 이러한 가능성마저 배제하는 것이 타당하다. 형사소송법이 추구하는 가장 중요한 이념 중 하나인 공정한 재판의 원칙을 실현하기 위해서는 법관 또는 배심원이 스스로 공정하게 재판에 임하는 것이 중요함은 물론이나, 재판에 대한 신뢰를 확보한다는 것 역시 중요하다는 점을 간과해서는 안 된다. 이는 공정한 재판을 보장한다는 동일한 목적을 달성하기 위하여 형사소송법이 법관의 제척, 기피, 회피 제도를 두고 있고, 위 제도가 적용되는 영역에서도 개개의 경우 법관이 불공평한 재판을 하여서가 아니라 단지 그러한 염려가 있다고 하여 그 법관을 재판에서 배제하는 것을 보더라도 명백하다. 다수의견은 공소장일본주의의 위배 여부가 공소장에 첨부 또는 인용된 서류 기타 물건의 내용, 그리고 법령이 요구하는 사항 이외에 공소장에 기재된 사실이 법관 또는 배심원에게 예단을 생기게 하여 법관 또는 배심원이 범죄사실의 실체를 파악하는 데 장애가 될 수 있는지 여부를 기준으로 판단된다고 하고, 공소장 기재의 방식에 관하여 피고인 측으로부터 아무런 이의제기가 없었고 법원 역시 범죄사실의 실체를 파악하는 데 지장이 없다고 판단하여 그대로 공판절차를 진행한 결과 증거조사절차가 마무리되어 법관의 심증형성이 이루어진 단계에서는 공소장일본주의의 위배를 주장하여 다툴 수 없다고 한다. 그러나 공소장일본주의는 '예단의 가능성'을 사전에 차단하는 적법절차원칙의 요청이고 예단으로 인하여 범죄사실의 실체를 파악하는 데 실제로 장애가 되는지 여부에 따라 그 위반 여부를 따질 것은 아니므로 다수의견이 설정한 기준은 공소장일본주의의 본래의 성격과 도저히 양립할 수 없는 것임이 명백하다.

나. 이미 발생해버린 유죄의 예단 위험은 사후에 제거되거나 치유될 수 없다.

공소장일본주의에 위배한 공소제기가 이루어졌다면, 법원이 공판절차를 진행함에 있어 차단되어야만 하는'사건에 관하여 법원에 예단이 생기게 할 염려'는 이미 발생한 것이다. 공소제기는 형사소송절차의 첫 단계로서 검사가 형사재판을 청구하는 중요한 소송행위인바, 이때 발생한 공소장일본주의 위배의 잘못으로 이미 예단이 생기게 할 염려가 발생하였다면 그 이후 공판절차가 진행되었다는 등의 사정이 있다 하여 그 염려가 제거된다고 할 수 없으므로 치유는 불가능하다. 오히려 공소제기 절차상의 위와 같은 잘못으로 인하여 법원에 대하여 일단 예단이 생기게 할 염려가 발생하였다면 이는 그 이후 증거조사절차 등 법원이 사건의 실체에 대한 심증을 형성하는 과정에 영향을 미칠 수 있는 가능성으로 연결될 수밖에 없고, 이러한 가능성을 차단하여 당사자주의와 공정한 재판의 원칙 및 증거재판주의, 직접심리주의를 실현하고자 하는 것이 바로 공소장일본주의의 취지이다. 따라서 공소장일본주의 및 그 근거가 되는 예단배제의 필요성은 적법한 절차에 의하여 실체적 진실을 발견하여야 하는 형사소송절차의 전체 과정에서 유지되어야 한다. 다수의견은 이와 달리 소송절차의 동적 안정성 및 소송경제의 이념 등을 내세워 피고인이 이의를 제기함이 없이 공판절차를 진행한 결과 증거조사절차가 마무리되고 법관의 심증형성이 이루어진 단계에서는 더 이상 공소장일본주의 위배를 다툴 수 없다고 한다. 또 그 보충의견에서는 예단배제의 원칙이 무의미하게 된 위 시점 이후에도 공소장일본주의를 관철한다면 공판중심주의, 직접심리주의, 증거재판주의 등에 배치될 뿐 이라고 한다. 그러나 공소장일본주의에 위배한 공소의 제기로 인하여 공정한 재판의 원칙이 침해되었음에도 불구하고 계속하여 진행된 공판절차가 적법한 절차에 의하여 실체적 진실을 발견하기 위한 것이라고 평가하기는 어렵다. 소송절차의 동적 안정성이나 소송경제의 이념 등이 형사소송절차상 적법절차원칙이나 실체적 진실의 발견이라는 형사소송법상 이념과는 결코 동등한 가치로 평가될 수도 없다. 그와 같은 필요성만으로 공소제기시 '사건에 관하여 법원에 예단이 생기게 할 염려'를 야기한 공소장일본주의 위배의 잘못이 치유되는 결과가 된다고 할 수도 없을 뿐 아니라, 더구나 그것이 공판중심주의 등의 요청에 더 충실한 것이라는 주장은 도저히 납득할 수 없다.

다. 다수의견은 공소장일본주의 원칙의 규범력을 사실상 부정하고 단순한 훈시규정 정도로 취급하는 것에 다름 아니다. 다수의견은 공소장일본주의의 기본취지로 유죄의 판결이 확정될 때까지 형사피고인은 무죄로 추정된다는 헌법 제27조 제4항의 규정상 형사피고인에 대하여 법관이 가질 수 있는 유죄의 예단을 차단할 필요가 있다는 점을 들면서, 공소장일본주의가 형사소송절차의 여러 원칙을 공소제기의 단계에서부터 실현할 것을 목적으로 하는 제도적 장치로서 우리나라 형사소송구조의 한 축을 이루고 있으며, 형사소송규칙에서 이러한 법리를 명문화한 이상 법원과 검사는 형사재판의 운용에 있어 그 취지가 충분하게 기능을 발휘할 수 있도록 최대한 노력을 기울일 의무가 있다고 한다. 이는 형사소송규칙에서 규정하는 공소장일본주의 원칙의 규범성을 존중하고, 위 원칙이 형사소송절차상 존중되고 지켜져야 할 중요한 원칙임을 선언하는 것으로서, 이점에 대해서는 전적으로 동감한다.

그러나 다수의견은 공소장일본주의의 위배 여부는 형사재판의 적정한 운용에 관한 그 밖의 다른 규정들과 합리적으로 조화를 이루도록 판단하여야 한다면서, 현실적인 적용의 효과와 관련하여 공소장일본주의 원칙을 주장할 수 있는 시기를 인용 또는 첨부된 증거에 대한 증거조사가 마쳐진 때까지로 제한하고 있는바, 이러한 제한이 위 원칙적인 입장과 조화를 이룰 수 있는지에 대하여 의문을 제기하지 않을 수 없다. 나아가 다수의견에 대한 보충의견은 공소장일본주의는 공소제기단계에서 예단을 배제하려는 데 불과하고 공소제기 이후 공판절차가 진행된 단계에서는 필연적으로 일정한 한계를 가질 수밖에 없다고 하면서, 공소장일본주의는 피고인의 인권보장이나 신속한 재판을 받을 권리, 소송경제, 사법자원의 효율적배분 등 현행 형사소송 절차의 또 다른 필요성과 이념들과 적절히 조화를 이루는 한도 내에서만 보장될 수 있는 원칙이라고 한다. 이러한 해석 하에서는 다수의견이 내세운 바와 같은 공소제기 단계에서부터 공판절차 전체 과정을 통하여 예단을 배제함으로써 공정한 재판을 확보하고 이를 통하여 적법한 절차에 의한 실체적 진실을 발견하려는 공소장일본주의가 형사소송절차상 과연 어떠한 실제적 의미 내지 규범력을 가질 수 있는지 의심스럽고, 결국 이는 공소장일본주의에 관한 규정을 훈시규정화하는 결과를 초래하게 될 것이다. 이상과 같이 반대의견에 대한 보충의견을 밝히는 바이다.

대법원장   용훈(재판장)
대법관   김영란 양승태 박시환 김지형 이홍훈 김능환 전수안
                  안대희 차한성 양창수 신영철(주심) 민일영

2. 증거법 위반 관련 판결문

대법원 1962. 5. 10. 선고 4294민상1510 판결 [손해배상등][집 10(2)민,305][572]

【판시사항】

주장사실에 대한 유일한 증거를 조사하지 아니하였다고 인정된 실례

【판결요지】

채무를 변제하였다는 증거로 제출한 서증이 유일한 것이고 그 서증의 진정성립을 위하여 신청한 증인이 단한번 출석하지 아니하였다고 하여 취소한다음 항변을 받아드리지 아니한 것은 증거법 위반이다.

【참조조문】

민사소송법 제263조

【전 문】

【원고, 피상고인】 김○○
【피고, 상고인】 김○○
【원심판결】 제1심 대구지방, 제2심 대구고등 1961. 8. 30. 선고 61민공299 판결

【주 문】

원판결을 파기 한다.
사건을 대구고등법원에 환송한다.

---

572) 대법원 1962. 5. 10. 선고 4294민상1510 판결 [손해배상등] > 종합법률정보 판례.

【이 유】

별지 상고이유서에 기재된 피고의 상고 이유 제2점에 대하여 살피
건대 기록에 의하면 피고는 원고의 본건 청구 금액중 89,000환을
변제 하였다고 항쟁하고 입증으로 을 제2호증의 1 내지 5를 제출
한 후 그 서증의 진정 성립을 증명키 위하여 증인 ○○○의 환문
을 신청하고 있는 바 원심은 이에 대하여 그 증인이 증인 소환장
을 받고도 공판 기일에 출석하지 아니 하자 그에 대한 증인신문을
취소하고 곧 심리를 종결한 후 판결에서는 피고의 위 항변을 채용
하고 있지 아니 한바 이는 요증사실에 대한 유일 증거를 너무 허
술히 조사하지 아니한 위법이 있다고 할 것이므로 논지는 이유있다
할 것이다. 이에 그 밖의 상고이유에 대한 설명을 생략 하고 민사
소송법 제406조 제1항에 의하여 관여법관 전원의 일치한 의견으로
주문과 같이 판결한다.

대법원판사   민복기(재판장) 사광욱 홍순엽 양회경 최윤모 나항윤
이영섭

제2장 수사절차상 진술의 증거능력

수사절차에서 행해진 진술을 증거로 한다고 할 경우 그 증거의 의미는 공소사실 등 검사나 피고인이 주장하는 사실의 존재여부의 근거로 사용한다는 것이 핵심이다. 따라서 '진술'그 자체가 주장사실의 존부 판단의 근거가 되는 것이다. 예컨대 수사절차에서 교통사고의 목격자인 증인 갑이 "사고 당시 피고인이 교차로에 신호를 위반하고 진입하는 것을 보았다."고 진술하였고 그 진술을 조서에 기재하였다고 하자. 그리고 갑이 공판정에서 '사고 당시 피고인이 신호위반을 하지 않았다.'고 진술을 번복하는 경우에 피고인의신호위반 사실을 인정하고자 갑의 수사절차상 진술을 증거로 하는 경우 증거로 되는 것은 "피고인이 교차로에 신호위반하고 진입하였다."고 한 갑의 진술인 것이다.[573]

영미법계에서의 경우 참고인의 수사절차상 진술은 전문증거로서 그 증거능력을 제한한다. 그러나 전문증거를 원칙적으로 증거로 하지 않는다는 것은 원칙론적인 선언에 불과할 뿐이고 신용성(reliability)과 필요성(necessity) 이라는 일반적 예외이론에 따라 수많은 예외를 유형화하고 나아가 예외사유에 해당하지 않더라도 법원이 일반적 기준으로 신용성과 필요성을 구체적 사건에서의 판단하여 이를 증거로 할 수 있는 길을 열어놓고 있다.

---

573) 이완규, "수사경찰관 증언의 증거능력", 형사재판의 제문제 제5권, 2005, 3면.

특히, 증인이 공판정에 출석한 경우에는 수사절차상 진술에 대하여도 진술 당시는 아니지만 공판정에서는 반대신문이 가능하므로[574][575]신빙성 심사와 반대 신문권 보장 요건 충족에 문제가 없다는 이유로 수사절차상 진술을 증거로 사용하는 범위가 확대되고 있는 추세이다. 따라서 전문법칙 때문에 수사절차상 진술은 공판정에서 번복되면 무조건 또는 가능한 한 증거능력을 배제하여야 한다는 견해는 타당하지 않다.[576]

---

574) W. Jeremy Counseller, Shannon Rickett, "The Confrotation Clause After Crawford v.Washington: Smaller Mounth, Bigger Teeth", 57 Bayler L. Rev(2005), p.1~22: 미국연방대법원에서는 Crawford v. Washington 사건에 대한 판결에서 피고인의 부인이 경찰관에게 한 진술의 증거사용에 대하여 반대신문권이 행사되지 않았다는 이유로 부적법하다고 하면서 수정 헌법상의 반대신문권 보장조항은 전문법칙에서의 신빙성을 보장하기 위한 것과 차원을 달리하는 절차법적 권리로서 신빙성 여부에 상관없이 보장되어져야 한다고 판시하였다.: 조상준 역, "Crawford: 과거의 회고와 미래에 대한 전망", 형사법의 신동향(2006), 155면.
575) 그러나 이 판례는 원진술자가 법정에 나오지 않은 상태에서 검사가 경찰관 앞에서의 피고인의 아내의 진술을 녹음한 테이프를 증거로 제출하였던 사안으로 결국 피고인의 아내에 대하여는 진술 당시에도 반대신문이 이루어지지 않았을 뿐 아니라 피고인의 아내가 법정에 출석하지도 않았으므로 법정에서도 반대신문을 행할 수 없었던 사안이므로 최근에 미국뿐만 아니라 영국을 포함한 영미법계 국가들에서 증인이 법정에 출석하여 법정에서 반대신문권을 행사할 수 있는 한 그 증인이 한 수사절차상의 모순진술을 증거로 사용하는 범위를 넓히는 경향과 배치되는 것이 아니다.: 이완규, 논문, 6면.
576) 박기철, "사법경찰관의 법정증언제도에 대한 연구", 연세대학교 석사학위논문, 2008, 72면.

제3장 법정증언 전 검사와의 면담

경찰관이 법정증언을 하기 전에 검사와 전화통화를 포함해 사전면담을 한 경우는 전체의 14.6%에 달했다. 면담의 방법은 전화통화가 76.7%로 대부분의 면담은 전화로 이루어지고 있음을 알 수 있다. 미국의 경우 경찰관이 법정증언 전에 통상적으로 사전 면담을 한다. 이 경우 면담의 내용은 주로 적법수사 여부, 증언할 내용과 보고서 기재내용의 차이점, 경찰관에게 사건 내용이나 조사당시 상황의 기억을 환기시키는 등 증언의 증명력을 높이기 위한 내용이 주를 이루고, 여기에는 경찰관 개인의 기본적 경력이나 과거 독직폭행 전력 등에 대해서도 확인을 한다.[577] 중장기적인 시각에서 볼 때 검사와의 사전면담과 관련해서는 면담의 생략의 포함해 전화나 화상면담 혹은 서류상 사전점검사항 검토 등과 함께 경찰인력 증원문제도 검토되어야 할 것이다. 아울러 미국과 다른 상황으로 고려해야할 것은 미국이 검사와 경찰관의 협력관계를 전제로 면담을 실시하지만, 한국은 검사의 수사지휘권을 전제로 하기 때문에 일선 경찰관들이 검사와의 면담에 극도의 거부감을 갖고 있고, 면담이 실시될 경우 법정에서도 수사지휘권을 가진 검사에 의한 경찰과의 면담을 일종의 지휘로 받아들여 증언내용의 신빙성을 탄핵할 가능성도 배제할 수 없다. 때문에 이 부분에 대한 심도 있는 검토가 이루어져야 할 것으로 보인다. 요컨대 검사와의 면담은 경찰관의 업무부담, 증언의 신빙성 탄핵, 공소유지의 효율성 등 이율배반적 내용들을 모두 고려해야 할 사안이다.[578]

---

577) 류장만, "조사자 증언제도 연구 -미국 실태를 중심으로", 「법조」2008, 5(vol.620), 322~333면.
578) 이기수, "경찰관 법정증언의 실태와 개선방안", 치안정책연구소 책임연구보고서, 2012, 19~20면 부분게재.

제4장 변호인의 변론전략 대응력

공판중심주의의 강화는 변호인의 변론전략에도 변화를 가져올 것으로 보인다. 검사가 가진 자원보다 열세에 있는 변호인은 유죄입증의 가장 중요한 증거가 될 확률이 높은 조사경찰관의 증언이 유죄에 미칠 영향력을 감소시키거나 증언의 신빙성과 신용성에 대한 탄핵을 주요 변론전략으로 사용할 것으로 전망된다.579) 변호인은 피고인에게 불리한 경찰관의 증언을 흐리게 반대신문(cross-examination)에서 그 증인(경찰관)을 비난하는 방법으로 증언을 약화시키려는 시도를 하는 것이 일반적이다.580) 미국에서 변호인이 경찰관 증언을 탄핵하는데 가장 흔히 사용하는 방법은 일관성 결여(inconsistency)를 문제 삼는 것이라고 한다. 주로 paper work에 나타나는 사소한 오류(minor mistake)나 경찰관의 부주의(carelessness)를 이용하여 서류에 기재된 내용과 실제 증언한 내용에 차이가 있다는 것을 부각시키는 것이다. 예컨대 현장 출동시간이 14:00로 기록되어 있는데 실제 출동한 시각이 14:30인 경우가 해당된다. 이럴 경우 미리 경찰관이 이를 인지하지 못했거나 답변준비 없이 증언할 경우 당황하게 되고 증언의 신빙성에 문제가 있다는 인식을 줄 가능성이 커지는 것이다.

---

579) 경찰청,『경찰관 법정증언 매뉴얼』, 기본(전문)매뉴얼 제71호, 2006, 10면.
580) 류장만, "조사자 증언제도 연구-미국 실태를 중심으로", 『법조』2008, 5(vol.620), 306면.

제5장 사법경찰관의 전문진술

피고인, 참고인 등의 진술을 내용으로 하는 경찰관 증언은 전문법칙이 적용되는 전문 진술로서 원칙적으로 증거능력이 없으나(형사소송법 제310조의2), 예외적으로 증거능력[581]을 인정받기 위해서는 형사소송법 제316조 제1, 2항에서 요구하는 요건의 구비가 필요하다. 경찰관이 증언하게 되는 시점은 피고인 등을 조사한 때로부터 상당한 시간이 경과된 후 이므로 사건 당시를 정확히 기억하는 것은 사실상 매우 어려지만 기록검토 없이 막연한 추측에 의해 증언하는 경우 진술의 일관성이 결여되어 그 진술의 신빙성이 탄핵 받을 수 있다. 초동조치 사항에 대해 증언할 것에 대비하여 경찰관은 근무수첩 등에 현장상황 등을 구체적으로 자세히 기록해야 하며, 법정증언 중 경찰관은 재판장의 양해를 얻어 근무수첩을 보고 답변할 수 있다.

---

581) 증거능력(證據能力)은 형사소송법상 증거가 엄격한 증명의 자료로 이용될 수 있는 법률상의 자격이다. 즉, 공소 범죄사실 등 주요사실의 증명에 사용할 수 있는 법률상 자격을 의미한다. 반면 민사소송법에서는 유형물이 증거방법으로서 증거조사의 대상이 될 수 있는 자격을 말하는 것으로, 민사소송에서는 모든 증거방법은 원칙적으로 증거능력이 있다. 증거의 증거능력 유무는 법률에 따라서 판단된다. 증거능력이 없는 증거는 사실인정의 자료로서 인정받지 못하고, 공판정에서 증거로서의 제출도 불허된다. 이는 증거능력이 없는 증거에 대한 증거조사를 허용하면 법관의 심증형성에 부당한 영향을 줄 가능성이 있기 때문이다. 증거능력은 증거로서의 자격 유무, 즉 증거의 허용성에 관한 문제이므로, 증거의 실질적 가치를 의미하는 증명력과 구별된다. 따라서 임의성이 없는 자백, 반대신문권을 행사할 수 없는 전문증거, 당해 사건의 공소장 등은 증거능력이 없다고 인정된다.

제6장 법정에서의 증언

공판정에서 피고인, 공판검사 이외의 제3자가 자기의 견문이나 기타 지각(知覺)에 의 하여 경험한 구체적인 사실을 진술하는 것으로 감정의견(鑑定意見), 문서의 기재내용 검증결과 등과 같이 증거자료의 하나이며, 증인은 객관적 진실에 부합하는 진술을 하는 것이 아니라 자신의 기억에 부합하는 진술을 하여야 한다. 초동조치 수행자의 경우 교통사고나 폭력사건 신고를 받은 시기, 범죄현장 장소 및 중요 증인이나 증거물의 위치·상태, 초동조치를 수행한 경우에는 초동조치 내용으로 교통사고 현장 출동 당시, 현장에는 00명이 있었고, 甲차량은 앞 범퍼가 부서진 상태로 가드레일에 걸쳐져 있었으며, 乙차량은 아무런 사고 흔적 없이 1차선 쪽에 위치해 있었다' 등 교통사고 현장에 대한 진술이다.[582)

사례

00경찰서 지구대 경찰관(초동조치 수행 경찰관의 경우)

폭력행위등처벌에관한법률(야간상해) 피의사건에서 피고인과 피해자의 진술이 불일치하자 검사가 당시 현장에 출동하여 초동조치를 수행한 경찰관을 증인신청 하였다. 담당 경찰관은 사건 발생 후 약 1개월 밖에 지나지 않아 사건에 대해 정확하게 기억하고 있었고, 또한 상세하게 근무수첩에 기록하여 증언에는 어려움이 없었으며, 검사는 사실관계 확인차원에서 공소사실에 대해 간단한 질문 위주로 신문했다. 경찰관인지, 언제부터 당해 경찰서에 근무했는지, 현장에 출동한 사실이 있는지, 일시·장소는 어떻게 되는지, 당시 상황 및 초동조치 사항은 어떻게 되는지, 출동당시 피고인과 피해자는

---

582) 류장만, "조사자 증언제도 연구 -미국 실태를 중심으로", 『법조』2008, 5(vol.620), 309면.

어떻게 하고 있었는지, 현장 목격자는 있었는지, 당시 작성된 수사
서류가 적정하게 완성되었는지 등에 대해 신문한다. 경찰관은 당시
상황에 대해 기억과 근무수첩의 내용에 근거하여 답변하면 된다.
변호인은 사건 발생 시간이 23:00이고 현장이 가로등이 없는 어두
운 곳임에도 불구하고 어떻게 그렇게 정확하게 볼 수 있었는지에
대해 추궁 할 경우 경찰관은 사건 현장에 출동할 당시 피고인이
피해자를 폭행하고 있었고, 사건 현장이 어두웠던 것은 사실이나
현장 진입 시 112순찰차 전조등 불빛에 의해 정확하게 볼 수 있었
다고 진술한다. 변호인은 증인 신문 시 경찰관을 피의자신문 하듯
이 강압적이고 위압적인 자세로 신문하여 상당히 불쾌하였으나 인
내하고 정확하고 겸손한 자세로 답변하자 변호인은 당황하여 더 이
상 신문하지 못한다.583)

조사 경찰관의 경우

피의자·참고인이 조사당시 진술한 경위와 내용에 대한 사항 사례를
살펴보면, 피의자는 한참을 생각하더니 고개를 숙이며 잘못 했다고
말하면서 담배를 한대 달라고 하며, "자신이 피해자를 목 졸라 살
해했다."고 말했다.

경찰관이 피해자인 경우

경찰관이 적법하게 공무집행을 했는지, 피고인이 공무집행을 방해
한 이유와 구체적으로 어떤 행동을 했는지에 대한 사항에 대하여
진술한다.

---

583) 경찰청 수사국 수사연구관실, "경찰관 법정증언 매뉴얼", 2015, 33면.

제7장 사법경찰관의 조사자 법정증언이 실체적 진실에 미치는 영향

수사 경찰관의 과중한 업무와 많은 사건을 조사하는 현실적인 상황으로 인해 기억의 한계에 부딪치게 될 가능성이 높고 법정에서 위증을 할 경우 형법 제152조에 의해 위증죄로 처벌을 받는 부담을 가지고 증언을 하는 만큼 그 증언을 함에 기억을 하지 못하거나 기억의 회복을 조력할 만한 자료가 있음에도 이를 사용하지 못한다면 수사 경찰관의 법정 증언에 대하여 기피의 우려가 발생할 수 있고 이는 결국 실체적 진실의 발견을 해하게 될 것이다. 따라서 사건의 진상을 정확하게 파악함으로써, 정의를 실현하여 판결의 실질적 정당성을 확보하려는 형사소송법의 정신과 목적에 부정적 영향을 줄 수 있다는 점을 비추어 볼 때 사법경찰관에 대한 서면 등에 의거한 증언에 대한 증거능력의 부여는 타당할 것이고, 피고인이나 피고인 아닌 자가 진술함에 있어 명백하지 않은 사항의 경우에는 기억 환기를 위한 영상녹화물의 재생도 가능할 것이다. 비록 개정 형사소송법에서 사법경찰관의 피의자신문조서의 증거능력이 인정되지 않아 영상녹화물의 경우도 독자적인 증거능력이 부정되나, 수사경찰관의 증언이라는 방식으로 피의자 신문조서의 내용인 피고인의 진술을 증거로 사용될 수 있기 위한 특신 상태를 입증하기 위해 필요하다고 할 것이다. 이처럼 조사자 법정증언제도의 활성화를 위해서는 그 증언의 신빙성을 높이기 위한 법정증언 기술 및 태도 등에 대한 교육의 정례화와 법정에서 증언한 사법경찰관에 대한 인센티브 제도, 메모이론, 영상녹화물 등과 같은 법적·제도적 연구와 그 개선이 필요할 것이며 이는 국민참여재판제도와 공판중심주의적 법정심리절차가 한국사회에 빠르게 정착되고 활성화됨에 있어서 크게 기여할 것이다.[584]

---

584) 박기철, "사법경찰관의 법정증언제도에 대한 연구", 연세대학교 석사학위논문, 2008, 90면.

제8장 사법경찰관의 법정증언 문제와 해결책

"사법경찰관의 법정증언 문제점을 해결하기 위한 개선방안으로 첫째, 법정증언과 관련한 전문교육을 실시할 것을 강조하였다. 교육은 법정증언에 필요한 준비사항이나 예상 질문 등 기본적인 사항을 비롯해 증언에 요구되는 증언기법과 기억환기 방법, 위증죄 등 관련 법률지식 등에 대해 폭넓고 체계적인 교육이 실시되어야 함을 기술하였다. 교육의 방법은 일회성 교육에 그칠 것이 아니고 인사이동, 신임경찰관 선발, 법규의 변경 등을 고려해 상시적이고 정기적인 교육이 실시될 필요가 있음을 논하였다. 둘째, 경찰관의 법정증언을 체계적으로 관리할 필요가 있음을 논하였는데 전담부서의 지정과 전문상담관제 운영을 통한 법률서비스 제공 등이 필요함을 기술하였다. 셋째, 경찰관의 법정증언과 직접적인 관련을 갖는 법원, 검찰과의 사전 업무협의를 통해 경찰관의 업무 부담을 줄이고 원활한 증언을 위해 필요한 사항들을 조정할 것을 제안하였다. 공판중심주의와 국민참여재판이라는 큰 틀에서 볼 때 경찰의 수사는 이제 온전한 책임성을 갖는 보다 높은 단계로 나아가야 한다. 이제 사건을 검찰에 송치했다고 해서 경찰수사가 종결되는 것이 아니다. 오히려 국민이 배심원으로 참여하고 있는 법정에서 경찰수사의 적법성과 정당성, 완결성 등에 대해 검증을 받아야 하고, 수사경찰관은 자신이 수사한 사건에 대해 핵심적인 증인으로 증언을 하는 책임을 갖게 된 것이다. 이때 경찰관의 증언은 과거와는 달리 증거능력을 갖는 것으로 피고인의 범죄혐의를 결정짓는 가장 중요한 증거로 자리매김하게 될 것이다. 그런 차원에서 경찰관의 법정증언은 매우 중요하게 인식되어야 하며, 경찰관의 법정증언이 확대되어 일상화되기 전에 충분한 준비를 통해 모든 경찰관이 원활하게 법정에서 증언을 하도록 함으로써 사법개혁의 한 축으로서 경찰의 역할을 다해야 할 것이다."[585]

제9장 법정증언 전 증언자가 유의해야 할 사항

"먼저 경찰관이 증언을 하게 되는 유형은 현장에서의 초동수사의 증언, 조사경찰관의 피의자진술에 대한 증언, 조사경찰관의 피의자진술에 대한 증언, 공무집행방해죄의 피해자로서의 증언으로 나눌 수 있다. 증언 전 증언자가 유의해야 할 사항은 증거법에 대한 사전숙지, 해당 사건에 대한 지식, 예상 질문 및 답변에 대한 준비 등이다. 변호사의 반대신문은 수사내용과 증언의 신빙성을 깨기 위한 식으로 진행되므로 이에 대한 대비는 실제의 사례들을 중심으로 어떠한 답변이 문제가 되는지를 살펴보고 사안별로 준비해야 한다. 실제 법정에서는 용모와 옷차림을 단정히 하고, 증언의 태도는 진지하여야 하며, 배심원들이 듣고 이해하기 쉽도록 표현하여야 한다.[586]"재판이 시작되기 약 20분 전에 공판정에 도착하여 사건번호와 피고인을 확인 할 필요성 있다. 너무 늦게 도착하거나 다급하게 도착하여 공판정에서 숨을 몰아쉬는 것은 불성실 한 경찰관이라는 인상을 주어 신뢰를 주지 못할 수도 있다. 증언은 공판정에서 뿐만 아니라, 배심원과 마주칠 수 있는 법원 근처 에서부터 시작 된다는 점을 유념하여 법원 문 앞, 엘리베이터 안에서의 부주의한 행동으로 인해 근처에 있던 배심원에 게 불신을 줄 수도 있음을 명심하고, 법원 근처에 가는 순간부터 증언이 시작되었다고 생각하면서 행동을 각별히 신중해야 한다.

---

585) 이기수, "경찰관 법정증언의 실태와 개선방안", 치안정책연구소 책임연구보고서, 2012, 42~43면.
586) 한인섭, "국민참여재판과 경찰관 법정증언제도", 치안정책연구소 용역연구과제 연구특집 논문요약 제7호, 2008.11.3.1자 참조.

1. 공판정 입실

공판정에 입실하면 가장 먼저 피고인을 확인하여야 한다. 피고인은 체포 당시와 다른 모습을 하고 있을 가능성이 많으므로 우선 피고인을 찾아 그의 현재 모습에 익숙해져야 한다. 피고인의 수사 당시와 확연히 달라진 모 습으로 인해 기억에 혼동이 생기고, 증언에 대한 스스로의 확신이 떨어질 가능성도 있어 공판정에서는 가급적 앞자리에 앉아 재판참여에 대한 적극성과 당당함을 표현 할 필요성이 있다.

2. 지역경찰관의 법정증언

검사가 폭력행위등처벌에관한법률(야간폭행) 피의사건에서 담당 경찰관으로부터 현장출동 당시의 상황, 피의자 의 행동, 초동조치 사항에 대해 확인하기 위해 증인신청 한 것인데, 담당 경찰관은 보관된 기록물을 보고 사건처리 내용에 대해 기억해 내려 하였으나 8개월전 사건이라 피고인의 얼굴이 정확히 기억이 나지 않았다 할지라도 당황하지 않고 기억을 더듬어 증언하여 피고인이 유죄 판결을 받은 사례가 종종 있다. 증인석 위치 국민참여재판은 재판장과 검사·피고인 및 변호인 사이 오른쪽에 배심원과 예비 배심원을 마주보고 위치함(국민의형사재판참여에관한법률 제39조 제4항) 그 외 통상절차는 법대의 정면에 위치(형사소송법 제275조 제1항) 한다. 다른 증인의 증언시 주의사항은 직접 증언을 하기 전에 당해사건의 다른 증인의 증언은 청취하지 않는 것이 좋다. 다른 증인의 증언에 영향을 받아 자신도 모르게 증언을 가공하게 될 가능성 있기 때문에 일반적으로 재판장은 당해사건에 대해 다른 증인이 증언하고 있으면 퇴정을 명할 것이다. 증인들이 서로의 증언을 들을 경우, 증언간의 불일치는 줄일 수 있겠지만, 최초증언자 또는 가장 많은 내용을 증언하는 자의 증언 내용에 영향을 받아 증인들의 전체적인 증언이 최초증언자의 증언내용에 맞춰지게 될 가능성이 많다. 증언은 상호보완적·의존적이 되어서는 안 된다. 증인은 자신이 기억하는대로 증언하고, 증언간의 모순이나 불일치에 대해서는 배심원이 판단하도록 해야 한다.

3. 경찰관의 증언 시점

제1회 변론기일에서 증인신문을 하는 경우 재판순서 ① 재판장이 사건번호와 피고인을 호명 ② 진술거부권의 고지 ③ 피고인에 대한 인정신문 ④ 검사의 기소요지 진술 ⑤ 피고인의 모두진술 ⑥ 재판장의 쟁점정리 및 검사·변호인의 증거관계 등에 대한 진술 ⑦ 증거조사(재판장이 증인의 출석을 확인 후 선서, 증언실시) ⑧ 피고인신문

제1회 변론기일 이후에 증인신문을 하는 경우 재판순서 ① 재판장이 사건번호와 피고인을 호명 ② 재판장이 증인의 출석을 확인 후 선서 ③ 증언실시

4. 재판장의 출석확인과 선서

재판장이 증인의 출석여부를 확인하기 위해 경찰관의 이름을 부르면 신속히 일어서 예의바른 태도로 똑바로 증인석으로 걸어갈 것, 증인석에서 선서를 할 때는 선서서를 성의 있는 목소리로 또박또박 낭독하고, 서명 날인한다. 증인선서 절차부터 판사 및 배심원들의 평가가 시작된다는 점을 염두 해 두고, 비록 재판장이 선서과정을 대수롭지 않게 진행하더라도 여기에 영향을 받으면 안 되며, 선서는 기립하여 엄숙하게 하여야 한다(형사소송법 제157조). 몸을 흔들거나 구부정한 자세는 피하고 바른 자세로 선서를 해야 한다.

5. 법정증언의 태도와 복장

선서가 끝나면 자리에 착석한다. 이때 등받이에 등을 곧바로 댄 채 바른 자세로 앉아 증언해야 하며, 엉덩이를 좀 빼고 앉아 있는 경우 거만한 느낌을 주거나 질문에 성실 하게 대답할 것 같지 않은 인상을 주어 증언의 신빙성을 인정받기 힘들 것이다. 두 다리는 모두 바닥에 대며 손은 무릎위에 올려놓거나 의자 팔걸이에 가볍게 두고, 증인대 위에 놓인 마이크와 적절히 간격을 두어 너무 가까이 대면 목소리가 크고 불분명하게 들릴 수 있고, 너무 멀리하면 너무 작게 들려 증언 내용이 정확하게 전달되지 못하기에 증언 시 마이크를 너무 신경을 써 의식적으로 몸을 마이크 쪽으로 움직이는 행위는 삼가야 한다. 혹여나 이런 행동 자세가 계속 흐트러져 전반적으로 산만한 느낌을 주게 된다. 법정증언을 위해 출석할 때 복장은 증언의 신뢰도에 영향을 줄 수 있는 요인이다. 법정증언도 공무수행의 일부이고 국가기관을 대표해 출석하는 것이므로 가급적 사복정장을 입는 것을 원칙으로 하고 신뢰도 제고 등을 위해 필요한 경우 경찰제복을 입는 것을 고려할 수 있을 것이다.[587] 그러나 실제에서는 평상복을 입고 출석한 경우가 58.2%로 가장 많았다. 국민참여재판에 참석하여 공무원의 증언을 지켜보았지만 정복이나 사복정장을 입고 출석한 공무원을 보기가 쉽지 않았다. 오히려 일반 전문가의 경우는 사복정장을 입고 출석한 경우가 많았다. 심지어 청바지에 후드티를 입고 출석한 공무원의 진술은 보기에 공무원으로 인식하기도 힘들 정도였고, 진술의 신빙성을 떨어뜨리는 악영향을 주는 것이 분명했다. 특정인이 증언한다고 할 때, 진술 자체는 저 너머 어딘가에 있을 뿐이다. 오히려 증언의 태도와 인상이 그 증언 자체의 신뢰성 판단에 영향을 미친다. 그것은 국민참여재판 뿐 아니라 재판에서도 마찬가지다.[588] 따라서 향후 법정증언 기법

---

587) 경찰청,『경찰관 법정증언 매뉴얼』, 2006, 27-28면.

이나 매너 등을 교육할 때 에 증언 태도, 인상 등 복장에 대한 내용이 포함되어야 할 것이다.[589]

6. 변호인의 반대신문 대응

너무 성급하게 답변 할 필요성이 없다. 답변하기 전에 검사가 질문에 이의를 제기할 수 있도록 3~5초가량 여유를 갖고, 검사가 이의를 제기하면 재판장의 결정을 기다리면서 즉각적인 답변은 실수를 야기할 수 있으므로 질문에 대해 다시 한 번 생각하고 답변 하는 것이 좋다. 제대로 듣지 못하였거나, 질문취지를 이해하지 못한 경우에는 반문하여 확인하여야 하며, 판사, 검사, 변호인은 의도적이든 아니든 신문 시 목소리를 작게 하는 경우가 있을 수 있는데, 이 때 질문을 제대로 듣지 못했더라도 당황하지 말고, 다시 한 번 질문해 줄 것을 요청하면 된다. 질문취지를 이해하지 못했을 경우에는, "질문을 이해하지 못했습니다. 다시 질문해 주십시오"라고 다시 질문해 줄 것을 요청해야 한다. 또한 증인은 큰 소리로 분명하게 답변해야 하며, 판사, 배심원들이 듣고 이해할 수 있도록 큰 소리로 또박 또박 분명하게 답변하되, 주저하는 모습을 보일 필요성이 없다. 답변 내용 중에 특히 강조할 부분이 있는 경우에는 답변 전에 잠시 침묵은 주의를 집중시켜 극적인 효과를 거둘 수 있다. 아울러 피고인에게 유리한 증언이라도 주저하지 말아야 한다. 주저하는 모습을 보이면 경찰관이 피고인에게 적대적인 감정을 갖고 있다는 인상을 주어 결국 증언의 신뢰성을 해할 수 있다. 피고인에게 유리한 증언을 솔직하고 진실하게 하는 것은 경찰관의 의무이기도 한다. 질문자, 판사 및 배심원을 보면서 답변하는 것이 긍정적인 영향을 미칠 수 있으며, 변호인의 신문에 답변을 할 때 검사만을

---

588) 한인섭, 앞의 논문(국민참여재판 하에서 경찰 역할의 변화), 533면.
589) 이기수, "경찰관 법정증언의 실태와 개선방안", 치안정책연구소 책임연구보고서, 2012, 23면.

바라보는 답변을 하며 잠시 판사나 배심원과 눈을 마주치는 것은 판사나 배심원에게 직접 답변을 하는 것처럼 느끼게 할 수 있다. 수사기록이나 메모를 그대로 읽거나 매번 머리를 숙이고 기록을 쳐다보는 식으로 증언하는 경우 증언의 신뢰성을 확보하기 어려우며, 무엇보다 사실관계만 답변해야 한다. 자신의 사적인 의견, 전문증거, 피고인의 인격이나 평판에 대한 공격, 피고인의 범죄경력에 대한 증언은 피해야 한다. 주관적인 진술들은 경찰관이 객관적이지 못하다는 인상을 줄 수 있어 알고 있는 것만 답변하고, 자신의 상상을 섞어서 답변하는 것은 위험하다. 신문에 대한 답변을 알지 못하는 경우 솔직히 알지 못한다고 답변하면 되고, 질문을 받은 이상 무엇인가 답변을 해야 한다는 생각은 버리고 경찰관으로 법정에 나와서 무엇인가를 답변하지 않으면 체면이 서지 않고, 검사에게도 감사를 받고자 하는 마음에서 상상을 섞어서 답변하는 경우가 있는데 이는 판사나 배심원에게 신뢰감을 주지 못한다. 법정에 서는 이유는 구체적인 사실만을 말하기 위한 것임을 명심해야 한다. 또한 잘못된 증언은 곧바로 시정해야 한다. 실수를 했다는 것을 인식하는 순간부터 자신의 실수에 대해 신경 쓰고, 실수가 덮어 지길 바라기 때문에 증언에 집중하지 못하게 된다. 실수를 했다면 재판장에게 "방금 전 ○○한 내용의 증언에 착오가 있었습니다. 이를 정정하고 싶습니다."라는 말을 하고, 실수로부터 자유로워야 한다. 검사나 변호인이 잘못을 바로잡는 것 보다 증인 자신이 시인하고 정정하는 것이 증언에 대한 신뢰성을 높여준다. 증인석에서 내려와서야 잘못 진술했다는 것을 알게 되었다면 이를 즉시검사에게 알려, 검사가 자신을 다시 증인으로 불러 스스로 증언을 정정할 수 있게 해야 한다.

7. 변호인의 신문에 공격적 대응 삼가

변호인이 같은 질문을 반복하는 등 짜증나게 하더라도 언제나 변호인에게 친절하게 대답해야 한다. 공판정에서 증언하는 이유는 변호사와 다투기 위한 것이 아니라 진실을 말하기 위한 것임을 순간순간 명심해야 한다. 변호인이 잘못된 질문을 하더라도 그것이 사소한 것이면 그대로 답변하되 중요한 것이면 정중하게 이의를 제기하고 경찰관은 무의식적으로 변호인에게 적대감정을 갖게 되어 변호인이 질문을 잘못하는 경우 세세한 부분까지 꼬치꼬치 짚어내려는 경향이 있는데, 이러한 행동은 변호인에 대해 공격적인 모습으로 비칠 수 있고 변호인의 질문 자체에 대해 방어적인 태도로 보일 수 있다. 법률 전문가인 변호인이 공판정에서 경찰관이 예상치 못한 답변을 하는 경우 당황하는 모습을 보일 수 있고, 이런 경우 무의식적으로 웃거나 비웃는 태도를 보이기 쉬운데, 이러한 태도는 판사나 배심원에게 경찰관이 거만하게 보일 수 있다. 피고인에게도 적대감을 나타내지 말고, 수사과정에서 피고인에 대해 유죄의 심증을 갖게 되지만, 배심원이나 판사는 그렇지 않기 때문에 피고인에 대한 적대감을 이해하지 못 할 수 있다. 경찰관의 공평무사함을 표현하기 위해 피고인 에 대해 유리한 사항도 자유롭게 증언하고, 자신의 증언이 변호인에 의해 공격을 받더라도 화를 내서는 안 된다.

8. 경찰관 옹호 증언은 신뢰도 영향

경찰관을 옹호하는 증언은 그 자체로 증언하는 경찰관이 편향된 시각을 갖고 있다는 인상을 주게 된다. 마치 자신의 행동을 정당화하기 위해 "모든 경찰관이 그렇게 행동한다"고 말하지 말아야 한다. 이는 자신의 행위가 법규에 위반된다는 것을 인정하나 실무상 널리 행하여진다는 이유로 정당화하는 것처럼 보여 질 뿐만 아니라, 다른 경찰관들의 신뢰도 함께 떨어뜨리게 된다는 점을 숙지해야 한다.

9. 법정증언의 예의

법정증언에서의 무성의 하게 "예. 아니오"라고 답하지 말고, "예, 그렇습니다", "아니오, 그렇지 않습니다"라고 확실히 답하는 것이 좋다. 품격과 격식을 갖춘 증언과 답변은 신빙성을 높여준다. 경찰관이 자신의 업무수행에 대해 거만한 자세를 보이는 경우 피고인의 행위에 대해 지나친 참견이나 간섭으로 보일 수 있으며, 겸손한 자세로 말함으로써 일반 시민들의 사생활에 대한 간섭을 최소화 하면서 경찰관으로서의 임무를 다한다는 인상을 심어주어야 한다. 몸동작은 가급적 사용하지 않은 것이 좋다. 과도한 몸동작은 증언에 감정이 섞인 것으로 여겨지게 만들 수 있다. 또한 법률전문용어, 감식전문용어 또는 실무자 사이에서만 사용되는 은어의 사용은 판사나 배심원에게 경찰관이 불필요한 허식을 따른다는 인상을 주어 거부감을 갖게 할 수 있다. 불가피하게 전문용어가 필요한 경우에는 비전문가도 쉽게 이해할 수 있게 예를 들어가며 설명하는 것이 바람직하다. 판사나 배심원이 이해할 수 없는 용어의 사용으로 증언 자체가 무의미 해질 수 있다.

10. 법정증언은 결론부터

질문에 대한 답변 시 "예, 그렇습니다.", "아니오, 그렇지 않습니다."라고 먼저 결론을 말하고, 다음에 답변에 대한 부연 설명을 해야 한다. 부연 설명을 먼저하고 결론을 나중에 말하면 듣는 사람이 지루해지기 쉽고, 변명처럼 들릴 수도 있다. 상투적인 용어는 사용하지 말고, 피고인의 자백에 대해 증언하면서 "고개를 떨구며 OOO 라고 자백했다"거나 음주운전 사건에서"피고인의 눈은 생기가 없고, 혀는 꼬부라졌고, 술 냄새가 났고, 불안정하게 걸었다"식의 상투적인 어구는 사용하지 않는 것이 좋다. 이러한 용어의 사용은 경찰관이 증언의 신빙성을 높이기 위해 진술 상황을 각색한다는 느낌을 주게 될 우려가 있으며, 이러한 경우 당시 상황에 대해 구체적으로 진술하는 것이 바람직하다.

11. 묻지 않은 것에 대해 자진해서 증언 삼가

변호인이 묻지도 않은 내용에 대해 답변하는 경우, 변호인은 답변 속에서 논리적 모순과 신빙성을 탄핵할 수 있는 단서를 찾아낼 것이기 때문이다. 차분하고 담담하게 말하고, 흥분하지 말고 온화하고 합리적이며 친절한 태도를 견지하는 것은 경찰관 증언의 신빙성과 신용성을 제고하는 첩경이라는 사실을 깨달아야 한다. 특히 공무집행방해죄 등과 같이 경찰관이 피해자인 경우에는 더욱 그러하며, 도표 등 시청각 자료가 필요하면 사전에 준비하여 재판정에서 비로써 도표 등을 작성하는 경우 시간을 지연시켜 판사나 배심원이 지루하게 느끼게 하고 공판정이 산만해 질 수 있어 도표를 그리면서 증언하는 것은 스스로 혼란에 빠질 위험성이 있고, 이로 인하여 증언의 신빙성이 현저히 감소할 수도 있다. 경찰관의 증언은 대개 2~3개월 전에 경험한 사실에 대한 것으로 사건으로 발생 당시에는 경찰관이 정확히 이를 기억하고 있다고 하더라도 시간이 흐르면 세세한 부분에 대해서는 망각하기 마련인데 자신의 증언의 신빙성을 제고하기 위해 정확히 기억하지도 못하는 세세한 부분까지 진술하는 것은 오히려 재판장이나 배심원들에게 진술의 신빙성에 대한 의구심을 갖게 한다. 중요하지 않는 세부적인 사항에 집착하여 정작 중요한 사항에 대한 부분도 혼란이 올 수 있어 증언이 전체적으로 산만해지고 핵심적인 사항이 간과될 수도 있다.

12. 준비한 메모 참조시 재판장에게 승인 요청

피의자가 다수인 사건이나, 범죄행위가 다수인 사건의 경우 기억의 한계로 인해 사전에 객관적으로 정리된 도표 내지는 수사기록의 일부 등을 가져와서 재판장에게 보고하지 않고 부스럭 거리면서 꺼내서 보는 것은 증언의 신빙성 차원에서 매우 위험한 행동이다. 이런 경우 미리 재판장에게 자료의 내용에 대해 설명하고 '관련자료를 참고한 다음 답해도 되겠습니까'라고 양해를 구한 뒤에 자료를 보고 답변하는 것이 바람직하다.

13. 재판정 휴정시간

재판정에서 증인의 자격인 경찰관은 휴정시간에 변호인 등과 사적인 대화 금지해야 한다. 변호인이 휴정시간에 사적인 친밀감을 표시하며 접근하여 사적인 얘기를 하는 경우가 있으나 이는 바람직하지 않다. 미국에서는 사적인 대화과정에서 나온 얘기가 변호인 재판에서 발표되거나, 이용되는 경우가 있어 증언의 신빙성이 탄핵되기도 한다. 공판정 주변에서 증언과 관련하여 말하지 휴정시간에 공판정 주변에서 당해 사건이나 다른 사건에 대해서 잡담을 하는 것은 배심원들로 하여금 경찰관이 사건에 대해 신중한 처신을 하지 않는 것으로 오해 할 위험이 있다.

14. 법정 증언자의 퇴정

법정 증인·증언자의 퇴정 시기는 재판장이 증인신문이 끝났음을 알려준다. 증인신문이 끝난 것 같은데도 재판장이 별 말이 없으면 재판장에게 확인해야 하며, 신문이 끝나기 전에 증언대에서 내려가는 것은 재판장이나 배심원들로 하여금 경찰관이 경솔하다는 인상을 줄 수 있다. 보통 재판장에게 "이제 제가 내려가도 되겠습니까?"라고 물으면 재판장은 검사와 피고인 측 변호사 모두에게 "내려가도 되겠습니까?"라고 물을 것이고 모두에게 질문이 끝났음을 확인하고 내려와야 한다. 이때 재판장에게 감사하다고 한 후 내려오는 것이 법정 예의 일 것이다. 보통 증언 전에 신분증을 제출하여 신분을 확인하므로 증언이 끝날 때 법원 공무원에게 신분증을 돌려받아야 한다. 퇴정 시 똑바로 걸어 나오고, 다른 증언자들에게 어떤 행동도 하지 말아야 한다. 다른 증언자들에게 몸동작을 취하면 증인들끼리 사전에 답변에 대해 공모한 듯 인상을 주어 진술의 신빙성을 인정받기 어렵다. 따라서 법정에 남아 있지 않아야 한다. 재판 과정이나 다른 증인의 증언내용을 알고 싶어서 재판정에 남고 싶다는 유혹을 느낄 수도 있지만 경찰관이 당해 사건에 대해 공정한 증언자로서의 인상을 주기 위해서는 재판장에서 나오는 것이 좋다. 미국의 재판정에서는 남아 있으면 변호인이 최후 변론 시 경찰관을 지목하고 이렇게 말할 수 있다. "그를 보십시오, 재판장 및 배심원 여러분. 이 경찰관은 자신의 피에 대한 갈망을 만족시킬 당신의 평결을 기다리고 있습니다. 그가 과연 정의에 대한 관심만을 보이는 공정한 전문가 경찰관일까요? 아닙니다. 그는 죄 없는 먹잇감에 몰래 다가간 자비심 없는 사냥꾼처럼 단지 '죽이기' 위해 여기에서 기다리고 있는 것입니다"라고 말하며 경찰관을 변론의 수단으로 사용할 우려가 있다. 재판정에 다시 돌아오면 판사나 배심원들이 재판에 대해 미련이 남아 있다는 인상을 주게 되고 경찰관이 사건에 대해 객관적인 자세를 갖고 있지 않다는 인상을 심어줄 수 있다.

제10장 변호사의 신문전략에 따른 대응

- C. A. PANTALEONI, Handbook of Courtroom Demeanor and Testimony

1. 변호인의 신문전략

피고인 측 변호인이 주신문이나 반대 신문 시 찾는 경찰관 증언의 취약점은 주저, 과장, 논리모순(어리석음), 일관성 없음 등임 신문 例 피고인 갑돌이가 명예훼손 사실에 대해 들었다는 경찰관의 증언을 반박하는 변호인 신문

Q : 당신은 약간 귀가 어둡지요?

A : 예, 약간 어둡습니다.

Q : 그런데 어떻게 갑돌이가 하는 얘기를 들었나요.

A : 나는 그 근처에 있었고, 거의 놓치지 않고 이야기를 들었습니다.

Q : 그러나 약간은 놓쳤지요?

A : 나는 중요한 것은 전혀 놓치지 않았습니다.

Q : 당신이 이야기의 약간을 놓쳤다면 어떻게 어떤 부분이 중요하고, 어떤 부분은 중요하지 않은지를 알 수 있는가요?

A : 무슨 말씀인지...

Q : 더 이상 질문하지 않겠습니다.

2. 변호인의 세부전략에 대한 대응방안

가. 화나게 만들기

① 목적 및 방법

증인을 화나게 만들어 증인이 스스로 객관성을 잃게 만들 목적으로 ○A 증인의 약점을 찾아서 공격하기 ○B 증인의 증언이 가치 없는 것인 양 말하기 등의 방법을 사용한다.

② 대응방안

- 변호인이 증인의 약점에 대해 언급한다면, 왜 그와 같은 질문을 하는 것인지에 대해 변호인에게 되묻는 것이 좋다.
- 이름이나 계급을 잘못 부르는 등의 행동에는 어떠한 행동도 취하지 말 것, 이와 같은 전술에 어떤 의미가 있는지 생각하고 답변하는 것이 좋다.

나. 우호적인 모습 보이기

① 목적 및 방법

- 증인을 안심시키고, 적이 아니라는 관념을 심어 주어 방심하게 만들 목적으로 칭찬을 하거나 아첨하는 방법을 사용한다.

② 대응방안

- 긴장감을 잃지 말고, 변호인의 질문을 주의 깊게 듣고, 자신이 어떤 답변을 해야 할 것인지 끊임없이 의식한다.

다. 재판 지연시키기

① 목적 및 방법

- 증언자가 증언의 세부적인 면을 잊어버릴 때까지 시간 끌 목적으로 비정상적으로 변론을 연기하는 등의 방법을 사용한다.

② 대응방안

- 재판이 지연되더라도 재판을 준비하는 것을 그만두지 말고, 기억하고 있는 것을 최대한 자세히 명확하게 기록해 놓는 것이 바람직하다.

라. 혼동시키는 질문하기

① 목적 및 방법

증언자를 혼란스럽게 하여 왜곡된 대답을 듣기 위해 ○A 다른 증언자의 증언이증인의 증언과 름을 이야기하면서 질문하거나 ○B 한 문장 안 두 가지 내용의 질문을 넣는 방법을 사용한다.

② 대응방안

- "배심원들이 ...이렇게 이해하기를 바라고 하는 질문인가요?" 또는 "확실한 말로 질문을 다시 해주십시오"라고 질문의 핵심이 무엇인지 변호인에게 되묻는 것이 좋다.
- 질문 내용이 두 가지라도 한꺼번에 답하려고 하지 말고, 질문의 내용의 수만큼 떼어내어 각각 답하는 것이 바람직하다.
- 다른 증인의 증언에 대해서는 언급을 하지 말고, 스스로 기억하고 있는 내용에 대해서만 이야기하는 것이 좋다.

마. 빨리 질문하기

① 목적 및 방법

증언자를 혼란스럽게 하여 일관되지 않은 답을 하게 위해 하나의 질문에 대한 답이 끝나기 무섭게 다른 질문을 하는 방법을 사용한다.

② 대응방안

질문에 대해 생각할 시간을 가지고, 침착하게 질문을 한 번 더 해줄 것을 요청하며, 심사숙고하여 답하는 것이 좋다.

바. 변호인 스스로 자신을 낮추기

① 목적 및 방법

경찰관의 자만심을 유발하여 필요 이상의 답변을 하게 함으로써 신뢰할 만한 증인이 아니라는 인상을 심어주기 위해 호의적으로 다가가서, 잘못된 대답에 대해 아주 동정적으로 질문하는 방법을 사용한다.

② 대응방안
대답을 확실히 결정하고, 적절치 못한 용어가 있을 경우 질문을 다시 해달라고 요청하는 것이 바람직하다.

사. 친절하게 조언하기

① 목적 및 방법
경찰관이 피고인 측에게 유리한 증언을 하는 것이 현명한 방법이라는 인식을 심어주기 위해 매 우 정중하고 예절바르게 행동하는 방법을 사용 한다.

② 대응방안
피고인 측 변호인의 목적은 증언의 신뢰성을 떨어뜨리려 하는 것임을 언제나 기억 한다.

아. 경찰관의 이름 잘못 말하기

① 목적 및 방법
증인의 관심을 질문보다 그의 이름이 잘못 발음된 것에 쏠리게 하여, 증인으로 하여금 증언하는데 부주의한 실수를 하게 유도하기 위해 경찰관의 이름이 '정의'라면 '정리'라고 부르는 방법을 사용한다.

② 대응방안
발음을 잘못한 것은 무시하고, 변호사가 물어보는 질문에 집중해야한다.

자. 설명이 필요한 질문에 "예, 아니요"로 답하라고 하기

① 목적 및 방법

판사나 배심원이 고려할 수 있는 가능성과 상세한 부분에 대해 생각지 못하도록 할 목적으로 "당신은 주먹으로 피고인을 때렸나요. 예, 아니요로 답하세요."라고 질문하는 방법을 사용한다.

② 대응방안

질문에 대해 충분한 상황설명을 하며 답변을 하고, 만약 피고측 변호인이 "네, 아니요"라고 답하라며 중단시킨다면 재판장이 설명할 기회를 줄 때까지 잠시 기다리는 것이 바람직하다.

차. 증인의 말을 거꾸로 말하기

① 목적 및 방법

증인을 헷갈리게 하고, 증인의 자신감 부족 을 보여주기 위해 증인이 "교차로에서부터 27미터 지점에서 사고가 발생하였습니다."라고 답한 경우, 변호인은 "교차로에서부터 72미터 지점에서 사고가 발생했다고 말하는 것 인가요"라고 바꾸어 말하는 방법을 사용 한다.

카. 질문 반복하기

① 목적 및 방법

증인의 답변이 일관되지 못하고, 모순점이 있음을 찾아내기 위해 말을 약간씩 바꿔가며 같은 질문을 계속한다.

② 대응방안

질문을 주의 깊게 듣고, "그 질문에 대해서 이미 답했습니다."라고 말하는 것이 바람직하다.

타. 대답에 반박하기

① 목적 및 방법

수사기관 내 진술의 불일치를 보여주기 위해'그러나 김철수 경찰관님, 홍수철경찰관은 ...이렇게 말했습니다.'라고 질문한다.

② 대응방안

- 침착을 유지해라. 반박질문은 경찰관을 긴장되게 만드는 경향이 있다.
- 대답에 대한 확신을 가질 것, 특히 측량결과·시간 등에 대한 자신의 지식에 확신을 가지고 답변한다.
- 정확한 지식을 가지고 있지 않다면 "대략"이라는 말을 쓰고, 기록을 참고한다.

파. 응시하기

① 목적 및 방법

긴 침묵은 경관으로 하여금 더 대답해야 한다는 강박관념을 갖게 하여 더 많은 대답을 하게 만들기 위해 증인이 대답을 마쳤고 변호사가 더 물어볼 것이 있음에도 불구하고 빤히 쳐다보기만 한다.

② 대응방안

다음 질문을 기다린다.

제11장 연예인 · 일반인의 법정증언

1. 형사재판 받으러 갈 때 뭘 입고 갈까?[590]

누군가를 평가할 때 가장 먼저 보는 것이 뭘까?, 첫 인상을 좌우하는 것이 뭘까? 첫 눈에 들어오는 것은 외모이겠고, 외모 중에서도 옷차림이 아닐까 싶다. 외모나 옷차림으로 사람을 평가해선 안 되겠지만, 그래도 첫눈에 들어오는 것은 사실이다. 피고인으로 형사재판을 받으러 가야 하는 상황인데 뭘 입고 갈지 고민하는 게 정상이고 맞다. 재판을 받는다는 것은 판사와 첫 대면 하는 것인데, 첫인상을 잘 보이는 것이 중요하다. 판사가 옷차림으로 피고인을 평가해선 안되겠지만, 판사도 사람 아니겠는가?

적당한 법정 옷차림?

남녀 공히, 단정한 '정장'이 좋다. 잠바나 등산복, 캐쥬얼, 반바지, 슬리퍼…. 이런 건 정말 금물이다. 그런데 변호사 없이 혼자 출석하는 피고인들을 보면 대부분 이런 복장이다. 형사재판은 피고인으로서 유무죄에 따라 형사처벌을 받고 전과가 남게 되는 절차다. 정상인이라면 심각한 상황인데, 놀러가는 복장이라면 곤란하지 않겠는가? 신중하고 진지한 모습을 보일 수 있는 '정장'이 바람직하다.

---

590) 남원경(법무법인 천명 변호사), "형사재판 받으러 갈 때 뭘 입고 갈까?", 2018.6.28.자, 이 책의 공저자 지영환은 남원경 변호사와 전화 통화하여 그가 운영하는 블로그의 자료 인용을 흔쾌히 승인을 받았습니다. 일반인을 위한 법원관련 지식과 법원 예절을 배울 수 있어 감사함을 전합니다.
https://blog.naver.com/cm_law/220624965226

2. 연예인들의 법원 출석 패션

가장 옷 잘 입는다는 연예인들의 법정 복장(패션)을 보자. 평소에는 화려한 옷을 입더라도 재판을 받으러 갈 때에는 하나 같이 단정한 정장이다. 또 하나 특징은 어두운 검정색 톤 정장이다. '보통 재판에 출석할 때 연예인들의 옷차림은 단정하고 행동은 조심스럽다. 하지만 법원 앞에서 자신을 기다리는 사진 기자 앞에서 대놓고 앨범 홍보를 하는 블랙넛의 행동은 황당하다는 반응이다. 누리꾼들은 "뭘 믿고 저러는 거냐", "악동인척?", "공판이 장난?", "진짜 뭐냐 쟨", "이 와중에 앨범 홍보 대단하다" 등의 댓글을 남겼다.'[591]

"배우 ○○○ 그의 옷차림이 화제다. 전 세○그룹 회장의 측근으로 업무상 횡령·배임 혐의로 기소된 탤런트 ○○○가 인천지방법원에서 열린 첫 공판에서 검찰 측 공소사실을 모두 인정했다. 이날 ○○○는 검은색 옷에 화장기 하나 없는 얼굴로 법정에 섰다. 전과는 완벽히 다른 차림이었다. 이는 지난 5월 검찰에 출석하면서 화려한 옷에 짙은 선글라스를 쓰고 나타나 비판을 받았던 점을 의식한 것으로 보인다."[592]

---

591) http://news.donga.com/3/all/20180517/90127412/2
592) http://tvdaily.asiae.co.kr/read.php3?aid=1410774563763423002

3. 법원과 옷

변호사에게 적절한 복장이란?[593]

"어느 월요일 우리 회사의 젊은 변호사가 눈에 띄는 파마머리를 하고 출근을 하였다. 본인도 어색했는지 여직원들에게 "괜찮아? 어울려?" 등의 질문을 연발하며 사태(?)를 진정시키려고 했다. 머리를 빡빡 밀거나 인종차별 발언을 한 2012년 스위스의 축구선수처럼 닭벼슬머리를 한 것도 아닌데, 웨이브가 좀 심하더라도 파마머리 정도야 얼마든지 용인할 수 있는 것 아닌가 하는 것이 혼자 생각이었지만, 젊은 변호사의 처지에서는 파마머리를 하는 데에도 용기가 필요했었던 모양이다. 하기는 내가 초임 판사였던 시절 색이 있거나 줄무늬가 있는 와이셔츠를 입거나 황금색의 양복을 입고 출근하면 "영감! 연예인이야?"라고 하면서 꾸중을 하셨던 부장판사님들이 간간이 계셨다.

그런데 몇 년 전 연수원에서 사법연수생 수료식 또는 신임법관이나 재판연구원 연수 때 참석자들이 입은 옷은 남녀 구분 없이 대부분 남색, 검은색 정장 일색이었다. 마치 '법조인의 유니폼'처럼! 세월은 20년이 흘렀지만, 예나 지금이나 젊은 법조인에게 머리 모양새나 출근복장은 그렇게 많이 자유롭지 않은 영역으로 남아 있는 것 같다. 돌이켜보면, 법조인의 복장은-주로 법복과 관련한 것이기는 하지만- 제법 많은 논란거리의 하나였다. 3년 전 서울지방변호사회에서 변호사의 법복을 제작한 일도 있었지만, 1~2년 뒤에는 그 반대로 변호사들이 여름철에 법정에서 넥타이 착용을 하지 않도록 법원의 양해를 구한 일도 있었다. 여름이 무척 더웠고, 에너지 절약이 강조되던 해였다. 전자는 변호사의 품위를 높여 의뢰인에게 신뢰를 주고 법조인의 자긍심을 고취하기 위한 노력이었고, 후자는

---

593) 이용구, "변호사에게 적절한 복장이란?", 대한변협신문, 2014.09.22.자 게재.
http://news.koreanbar.or.kr/news/articleView.html?idxno=11505

너무 덥다는 현실적인 이유에서였다. 변호사의 법정 복장과 관련한 서로 다른 두 방향의 개선에서 당연히(?) 후자가 완승을 거두었다. 지금 법복을 착용하겠다는 변호사는 없지만, 올여름 지역의 법정에서 변호사들은 넥타이를 착용하지 않았다. 법원에서도 현재 입고 있는 법복으로 개정할 때 '모자'를 쓸 것인지가 논란이 되었다. 물론 당시 판사들의 의견은 압도적으로 '착용 불가'였다. 모자를 쓰는 복식에 익숙하지 않은 탓이 컸지만, 만약 법정에서 깜빡 졸게 되면 모자를 떨어뜨릴 우려가 있다는 우스갯소리도 있었다. 호주의 법정변호사는 법정에 가기 위해 사무실에서부터 법복과 가발을 쓰고 법원을 향했다. 비가 오는데도 우산도 안 쓰고 꿋꿋이 그런 모습으로 거리를 활보했다. 현지 한국인 사무변호사에게 물어보니 좋게 말하면 법정변호사의 자긍심에서 나오는 행동이고, 나쁘게 말하면 잘난 척하는 것이라고 했다. 호주의 가정법원 판사(한국의 대법관급에 해당한다)는 백발의 할머니였는데 법정 가발을 쓴 후에는 도대체 연령대를 짐작할 수 없는 사람이 되었다. "이 가발은 개인적인 모든 것을 감추어 준다"는 것이 할머니 판사의 말이었다. 한편 독일의 변호사는 청바지에 남방 상의를 입고 재판부가 이미 앉아 있는 법정에 들어오더니 서류가방에서 꼬깃꼬깃한 법복을 꺼내 걸친 후 변론을 하였다.

법조인의 복장은 확실히 품위를 유지하고, 더 큰 신뢰를 얻기 위한 도구이다. 나라나 사람마다 법조인의 복장에 대한 생각이 다른 것은 문화와 생각의 차이에서 비롯되겠지만, 복장이 사람의 정직성을 판단하는 데 영향을 미친다는 심리학의 실험결과는 믿을 만한 것 같다. 미국의 변호사는 법정에서 붉은색 넥타이를 착용하는 것이 설득에 유리하다고 권장을 받고 있다. 그러면 품위와 설득의 측면이 강조되는 영역이 아니라 창의성과 다양성이 강조되는 영역은 어떨까? 몇몇 대기업은 이미 여러해 전부터 사원들의 복장을 자율화하기 시작하였고, 한 통계에 의하면 한국 2013년 남성 출근복의

58.6%가 비즈니스 캐주얼이라고 한다. 비즈니스 예절에 위배되거나 품위, 회사 이미지를 해치지 않는 범위에서라면, 간편한 복장이 개인의 창의와 다양성 강화에 도움이 된다는 것은 이제 다툼의 여지가 없는 듯하다. 법정이 아닌 변호사의 근무 영역에서는 어떤 복장이 적합할까? 일률적으로 말할 수 있는 것은 아닐 것이다. 양복 정장에 단정하게 넥타이를 맨 모습이 사무실을 방문한 의뢰인에게 신뢰를 줄 수도 있을 것이고, 캐주얼 콤비에 노타이 차림이 젊음과 참신함을 느끼게 할 수도 있을 것이다. 그러나 의뢰인과 미팅을 하는 일이 별로 없는 젊은 변호사에게는 창의성과 다양성이 더 강조될 필요는 없을까? 노련함과 신뢰감 있는 파트너변호사의 복장과, 열정과 젊음이 느껴지는 변호사의 복장이 어우러지는 회의 모습이 제법 그럴듯한 그림이 될 것 같다.

4. 복장과 신뢰[594]

남자 변호사나 여자 변호사나 법원에 갈 때나 의뢰인을 만날 때 정장을 입는다. 그런데 여자들의 정장은 남자들의 정장만큼 단순하지가 않기에 어디까지가 정장인지, 그리고 법원에 어디까지 입고 가도 되는지 고민하는 경우가 많은 것 같다. 구체적으로 여름에도 스타킹을 신어야 되는 것인지, 샌들 또는 부츠를 신어도 되는지, 꽃무늬 스커트를 입어도 되는지 등등 말이다. 나 또한 이런 색깔을 입어도 될까 등등 사소한 부분까지 고민하곤 한다. 남들이 보면 이런 고민이 우습게 보일지 모르겠지만, 나는 변호사에게 있어 어느 정도 겉모습도 중요하기에 여자 변호사들은 복장을 반드시 점검해 보아야 한다고 생각한다. 의뢰인들은 자신의 생명과 재산, 인생을 걸고 사건을 변호사에게 맡기는 것이다. 그런데 복장부터 신뢰를 주지 못한다면 어떤 의뢰인이 사건을 맡기고 싶겠는가. 충분히 나이가 있고, 어느 정도 인생의 경력과 경륜이 쌓이면 그러한 점이 자연스레 겉모습에 나타나기 마련이기에 그 정도가 되면 어떤 옷을 입어도 상관없을지 모르겠다. 하지만 그 정도가 아니라면 어느 정도 겉모습에서 신뢰를 주는 외관을 만들어야 한다. 특히 나이가 어린 여자 변호사라면 복장뿐만 아니라 말투나 행동도 신경 쓸 필요가 있다고 생각한다. 차분하고 단호한 말투를 사용하고, 지나치게 여성스럽거나 또는 학생스러운 행동과 말투들은 지양해야 할 필요가 있다. 실제로 나에게 "의뢰인이 내가 나이 어리고 여자라서 무시하는 것 같아 속상하다"라며 고민을 토로하는 동료 또는 후배 여자 변호사들을 보면 너무 꾸미지 않아 학생처럼 보이거나, 또는 초미니 스커트나 샤랄라 원피스를 입고 다니며 여성성을 지나치게 강조하는 경우가 많이 있다. 이런 변호사들은 여자인 내가 보아도

---

594) 이지연(변호사), "복장과 신뢰", 법률신문, 2013.11.21.자 게재
https://www.lawtimes.co.kr/Legal-Opinion/Legal-Opinion-View?serial=80168

그다지 신뢰가 가지 않는다. 여자 변호사가 복장을 갖추는데 정석이라는 것은 없겠지만 적어도 남자 변호사들이 입고 다니는 정장에 준하는 복장을 갖추어야 하지 않을까. 외관이 전부는 아니지만 분명 중요한 부분이며, 변호사의 품위에 어울리는 외관을 갖추는 것이 예의가 아닐까 생각한다.

제2부
범죄 수사 심리와
재판의 이해

제1편
SNS 명예훼손의
형사책임

제1편 SNS 명예훼손의 형사책임
(Criminal Liability for Defamation on the SNS)

1. 서론

인터넷 명예훼손은 일반적인 명예훼손이 인터넷 공간에서 이루어지는 행위이다. 인터넷 명예훼손은 인터넷 특성인 동시성, 의사소통의 쌍방향성, 접근의 용이성, 익명성으로 인하여 피해가 늘어나고 있다.[1] 이같은 인터넷 명예훼손행위는 전자게시판에 타인을 비난하는 글이나 사진과 동영상 등을 올리는 것이 일반적이며 안티사이트(anti-website)를 이용한 명예훼손, 유즈넷(Neural Network)을 이용 한 명예훼손, 채팅을 통한 명예훼손 등 다양한 유형으로 나타나고 있다.[1]

IT(Information Technology) 산업의 지속적인 발전은 스마트폰(smart phone)의 대중화를 통하여 인터넷 이용을 편리하게 하였지만 동전의 양면처럼 명예훼손 등으로 타인에게 피해를 주는 경우도 발생하였다.[2] 특히 근자(近者)의 SNS(Social Network Service)를 통하여 발생되는 'SNS 명예훼손'은 인터넷 상용화 이후 발생 되는'인터넷 명예훼손'과 동일한 법리로 규율해야 되는지에 판단이 필요한 시점 이다.[3] 2012년 스마트폰 사용자는 3천만명 이상이며 많은 사람들이 손쉽게 SNS에 접속하여 게시된 글을 접하거나 작성할 수 있게 되었다.[4] SNS는 특정된 사이트 내에서 회원들끼리 친구를 소개하거나 공통 관심사를 가진 사람과 친구가 되는 것으로 새로운 인간관계를 넓혀 가는 것을 목적으로 하는 사이트이다. 인터넷 사업은 SNS를 통하여 크게 발전하고 있으며

---

1) 곽영길, "사이버상 권리침해 실태 및 대응방안", 「한국자치행정학보」 제23권 제1호(2009), 482면.
2) Rashmi A.Zilpelwar/Rajneeshkaur K.Bedi/Vijay M.Wadhai, An Overview of Privacy and Security in SNS, Vol 2 International Journal of P2P Network Trends and Technology 23(2012).
3) Michael Henderson, Legal Risks and Social Networking Site (2011), at 1-3.
4) 한국콘텐츠진흥원, 「2012 스마트콘텐츠 시장조사」, 2013.3, 3면.

소셜 커머스(Social commerce), 교육 등으로 서비스 영역을 확장해 나가고 있다.[5][6] SNS는 사이버 인맥을 형성하여 온라인상 인적 관계를 형성하고 다른 사용자와 특정 이슈에 대한 의견을 교환 및 공유하는 정치·사회적 커뮤니케이션 도구로 활용할 수 있지만 인터넷 불법행위에 더욱 취약하다.[7] SNS도 인터넷의 범주에 포함되기 때문에 명예훼손의 성립요건을 충족한다면 각각의 책임법과 특별법이 적용된다.[8] 그런데 인터넷을 통하여 이루어지는 표현행위들은 일반적으로 행위자나 내용에 있어서 자신의 본명을 적시하는 경우도 있지만 대부분의 타인을 모욕하는 행위에서는 익명, 가명, 닉네임을 사용하며 이는 SNS에서의 표현 행위와 같다.[9] 문제는 SNS 특성은 인터넷 특성과 다르게 진일보하여 공유(sharing), 상호작용(interactive), 실시간성(real time), 집단지성(collective intelligence)를 갖고 있다. 그리하여 SNS에서 타인의 명예를 훼손하는 행위가 발생했을 때 기존의 인터넷 명예 훼손과 같은 법리로 규율해야 하는지 심도 있는 검토가 필요하다. 그리하여 본고에서는 SNS의 개념을 파악한 후 SNS 명예훼손의 형태를 분석하여 명예훼손 행위에 대한 규제의 타당성을 도출하고자 한다. 그리고 규제의 당위성을 판단 후 SNS 명예훼손행위에 대한 규율방안을 판단하고자 한다. 그리고 마지막으로 SNS 명예훼손행위에 대한 예방방안을 제시하고자 한다.

---

5) 최창우, "특집 : SNS와 산업공학 SNS의 발전 과정과 주요 사례"「ie매거진」제18권 제1호(2011), 20면.

6) Boyd, D. M/Eillson, N. B, Social Network Sites: Definition, History, and Scholarship" Journal of Computer-Mediated Communication, 13(1), article 11. <http://jcmc.indiana.edu/vol13/issue1/boyd.ellison.html>.

7) 최승재, "NS 서비스 제공자 책임의 기술적 보호조치"「콘텐츠재산연구」제1권(2010), 35면.

8) 노동일, "법관과 소셜네트워크서비스(SNS)"「경희법학」제47권 제2호(2012), 10면.

9) 和田真一, "インターネット上の名誉毀損における当事者の匿名性をめぐる問題"「立命館法学」292号(2003), 484面.

2. SNS상 명예훼손

가. SNS 일반론

1) 개념

SNS는 인터넷에서 인맥을 형성하여 사이트 내에서 공통 관심사를 가진 사람과 친구가 되는 것을 목적으로 개설된 웹 2.0 플랫폼 기반의 커뮤니티형 인터넷 웹 사이트다.[10] SNS는 2005년 이후 300개 이상의 SNS 사이트가 있으며 FOAF(Friend Of A Friend) 기준을 통하여 계속 발전하고 있다.[11][12] 특히 2005년 뉴스 코퍼레이션(News Corporation)이 마이 스페이스(My Space)를 5억 8천만 달러에 인수하면서 세계적으로 주목받기 시작했다. 이후 스마트폰의 영향으로 SNS 이용은 더욱 늘어나고 다양해졌다. 가장 대중적인 SNS인 트위터(Twitter)는 2012년 기준 국내 회원가입자 수는 550만명을 넘어섰다.[13]

2) 특성

SNS의 첫째 특성은 인터넷상 인간관계의 상호작용이다. SNS는 사람을 중심으로 한 관계 형성에 기반하고 있고 사용자간의 상호작용이 핵심이다.[14][15] SNS는 블로그와 유사하지만 개인의 일방적인 정보 공개보다는 다른 사람과 관계 형성에 초점을 두고 있다.

둘째는 참여, 공개, 대화, 커뮤니티, 연결의 복합체라고 할 수 있

---

10) 최승재, 전게논문, 35면.
11) 허진성, "SNS의 개인정보 침해문제와 그 대응방안에 관한 연구", 「언론과 법」 제9권 제2 호 (2010), 78면.
12) John Breslin/Stefan Decker, The Future of Social Networks on the Internet: The Need for Semantics (2007), at 88.
13) 한국정보화진흥원, 「국가정보화백서」, 한국정보화진흥원, 2012, 649면.
14) 강정화, "스마트러닝 활성화를 위한 SNS활용 방안 연구", 「디지털정책연구」 제9권 제5호 (2011), 270면.
15) 이석용/정이상, "웹 2.0 시대의 SNS(Social Network Service)에 관한 고찰", 「경영정보연구」 제29권 제4호(2010), 148면.

다.[16) 이는 관심 있는 모든 사람들의 참여와 피드백을 촉진하여 미디어와 이용자 개념의 경계가 없어졌다고 할 수 있다. 따라서 SNS는 의견교환과 정보 공유 등을 촉진함으로써 콘텐츠 접근과 사용을 활성화 시킨다. 셋째는 커뮤니티를 통하여 상호작용하고 정보를 생산, 공유, 확산한다는 것이다.[17) SNS가 다양한 미디어의 조합이나 링크를 통한 연결을 도모함으로서 정보 및 이슈를 확대 및 재생산하고 있다. 넷째는 SNS 특징은 속보성과 연결성, 개방성이다.[18) SNS를 통해 연결되어 있는 다수의 사용자들이 잘못된 정보에 대한 지적을 통한 정정을 할 수 있다. 개방성은 서비스 제작에 대한 코드를 공개하여 많은 응용 서비스로 확산하는 방식이다.

3) 규제 당위성

SNS 명예훼손은 인터넷 특성을 반영한 명예 관련 기본권과 표현 관련 기본권의 보호에 대하여 어떻게 상충 시킬지가 쟁점이다. 「헌법」 제21조에 의거한 표현의 자유는 의사표현을 한 모든 경우를 보호하기 때문에 SNS에서 표현된 의사표시도 보호되는 것은 분명하다. 일반적인 표현의 자유는 언론·출판의 자유와 관련하여 논의된다. 표현의 자유는 사상이나 의견을 외부에 표현하는 것으로서 개개인의 표현의 자유인 언론· 출판의 자유와 집단 표현의 자유인 집회·결사의 자유를 총칭하는 개념이라고 할 수 있다.[19)20) 그래서 표현의 자유는 언론·출판의 자유보다 넓은 개념이라는 견해가 있다.[21) 이러한 견해에 따를 경우 언론·출판의 자유는 의사표현의 자

---

16) 정신교, "사이버명예훼손의 표현의 한계와 입법론적 개선방안", 「법학연구」 제46권(2012), 294면.
17) 이진형, "SNS 확산과 동향", 「Journal of Communications & Radio Spectrum」 제44권(2011), 56면.
18) 한국언론인협회, 「SNS 시대의 새로운 여론형성과 저널리즘 방향」, 세미나 자료, 2012, 7면.
19) 문광삼, "표현의 자유 소고", 「법학연구」 제25권 제1호(1982), 2면.
20) 박진애, "헌법재판소 결정에 나타난 인터넷에서의 표현의 자유", 「경희법학」 제43권 제3 호(2008), 201면.
21) 최경옥, "사이버모욕죄 발의와 표현의 자유", 「토지공법연구」 제43권 제3호(2009), 599면.

유를 뜻하며 의사표현의 매개체를 의사표현을 위한 수단이라고 판단할 때 「헌법」 제21조 제1항이 보장하는 언론·출판의 자유의 보호대상이다.[22] 마찬가지로 SNS 표현행위가 기본권으로서 보호되어야 한다는 점에서는 이견이 없으며 이는 표현의 자유로서 보호된다.[23] 특히 헌법재판소의 판례를 보자면 인터넷상의 표현행위를 표현의 자유로써 보호해야 하는 것을 인정하고 있다. 헌법 재판소의 논거는 인터넷의 경우 진입 장벽이 낮고 의사표현의 양방향성이 보장되며 대중적인 이용성이 있기 때문에 질서 위주의 판단은 표현의 자유를 침해할 수 있다고 설시하고 있다.[24] 명예훼손의 규율은 명예보호를 위한 방안이며 표현의 자유의 제한이다. 특히 인터넷 명예보호는 현행법과 같은 제한이 타당한지에 관하여 논의가 되고 있다. 먼저 명예훼손에 관한 논의 중 법적 규제를 통하여 표현의 자유를 보장하자는 견해가 있다.[25] 본 견해는 신문·방송과 같은 일방성을 갖고 있는 매스미디어를 통하여 명예훼손이 발생하는 경우 형사처벌과 함께 금전적 배상을 통한 구제방안이 있지만 인터넷의 양방향성으로 명예훼손 행위에 대한 반대 의견의 제시가 매스미디어에 비해서 용이하다고 할 수 있다. 그래서 명예 회복의 방안이 기존의 법적 수단에 의해 실현될 필요성이 적어지며 형사처벌과 민사적 구제수단을 통한 명예회복은 표현의 자유에 대한 위축이라는 결과를 발생시키기 때문에 기존의 명예훼손의 법리를 적용하지 말고 완화하여 적용하자는 견해도 있다.[26] 그리고 언론·출판의 자유가 「헌법」상 갖는 지위에 비추어 추상적 위험범으로 설명되는 형사상의

---

22) 이명웅, "헌법 제21조 제3항의 '신문의 기능'의 의미 - 헌재 2006.6.29. 2005헌마165등 신 문법 사건에 관련하여-", 「언론과 법」 제6권 제1호(2007), 230면.
23) 권헌영, "인터넷상 표현의 자유보장에 관한 헌법구조적 한계와 과제", 「언론과 법」 제10권 제2호(2011), 95면.
24) 헌법재판소 2002. 6.27. 99헌마480 결정.
25) 황성기, "전자미디어와 명예훼손법-사이버공간에서의 적용문제를 중심으로-", 「언론중재」 봄호 (2000), 29면.
26) 상게논문, 30면.

명예훼손죄 규정에 의한 제재 수단은 명예침해의 발생원인으로 추상적 위험만 있으면 명예훼손죄에 해당하게 된다. 따라서 명예훼손을 발생시키는 표현 및 진술에 대한 반론을 할 수 있는 사회적 기회를 마련하고 민사상의 손해배상책임을 인정하는 것에 대한 반대 견해도 있다.[27] 본 견해의 논거는 형사상의 명예훼손에 관한 제반 처벌규정 특히 「형법」 제307조 제1항의 규정 은 언론·출판의 자유의 제한 범위를 초과하여 제한하는 것은 위헌이라는 점과 명예권과 프라이버시권은 인격권의 주요 내용을 구성하고 유사한 점이 많지만 타인의 프라이버시권을 침해하는 것에 대한 형사 규정은 없지만 명예에 관한 죄라고 하여 별도의 장을 두어 처벌하는 것은 옳지 않다는 것이다. 그리고 프라이버시권 침해를 규율하는 형사범죄 조항이 존재하지 않는바 명예권 침해도 형사범의 영역에서 벗어나게 하는 것이 옳다는 점과 미국에서 조차 연방차원에서의 명예훼손처벌은 형사규정이 없어졌고 일부 주법에서 잔존하고 있으나 실효성이 없다는 점을 들고 있다.[28] 하지만 명예훼손에 대한 「형법」 제307조의 1항의 규정의 적용이 필요하며 형사처벌이 존속되어야 할 것이다.[29] 이와 같은 이유는 SNS 명예훼손은 명예훼손 피해자에 대한 피해가 신속히 확산되며 빠르고 광범위하기 때문에 일반 예방 관점에서도 이를 형사적으로 규제할 필요성이 있다. 그래서 SNS 명예훼손행위에 대하여 형사적 규제가 필요하며 이러한 규제는 「헌법」에서 인정되는 표현의 자유와 조화를 위해 입법적으로 규율하는 방법과 해석에 있어서 조정하는 방법이 검토될 수 있다.

---

27) 신평, "새로운 명예훼손법 체계의 구축에 관한 시도", 「공법연구」 제31집 제3호(2003), 213면.
28) 황성기, 전게논문, 214면.
29) 김학태, "인터넷상의 음란물에 대한 형사책임에 관한 연구", 「외법논집」 제23권(2006), 226면.

3. SNS의 명예훼손 형태

1) 악의적 내용 게시

SNS에서 명예훼손 행위가 발생하였다면 재(再)게시 여부에 따라 명예훼손죄의 구성요건인 공연성의 성립이 판단될 수 있고 책임의 정도와 피해 범위 결정에 대한 차이가 있다.[30] 예컨대 트위터에 명예훼손적인 글이 게시된 경우 대부분의 트위터 이용자들은 스스로 반박 글을 게시하거나 댓글을 다는 형식으로 명예의 회복을 추구하는 경우가 대부분이다.[31] 이러한 경우 양자 간의 논쟁이나 비난 속에서 상호간에 법적으로 문제될 수 있는 명예훼손의 정도까지 수위가 올라가 는 경우가 있을 수 있다.

2) 채팅과 패러디 표현

채팅(chatting)은 인터넷상에서 메신저를 통하여 말을 주고받듯이 키보드로 입력 하는 방법으로 이루어지는 실시간 커뮤니케이션이다.[32] 이러한 채팅은 일반인들에 의해 매우 널리 이용되고 있는 사이버 커뮤니케이션이라고 할 수 있다. SNS 일종(一種)인 페이스북에서 이루어진 1:1 채팅일 경우 불특정인에게 계속적, 반복적으로 특정인에 대한 명예훼손행위를 하는 경우를 생각해 볼 수 있다. 또한 페이스북 내에서 채팅방을 개설하여 SNS에 접속 중인 지인을 초대하여 대화 참가시킨 후 특정인에 대한 명예훼손행위를 하는 경우를 생각해 볼 수 있다. 그래서 SNS채팅으로 발생한 명예훼손행위는 채팅이 폐쇄적 혹은 개방적인 성격을 갖는지 여부와 채팅방이

---

30) 김종길, "'안티사이트'의 사회운동적 성격 및 새로운 저항 잠재력의 탐색", 「한국사회학」 제37권 제6호(2003), 150면.
31) 주재원, "트위터, 영국 명예훼손 소송의 새로운 변수로 떠오르다", 「언론중재」 겨울호(2010), 146면.
32) Gerald R., Cyberlaw : Text and Cases (2001), at 254.

어떤 성격을 갖고 행위가 이루어졌는지, 그리고 어떤 사람으로 구성되었는지에 따라 공연성이 인정될 수 있을지 판단해야 한다.33) 그리고 각종 패러디(parody) 창작을 통한 명예훼손 행위를 논할 수 있다. 패러디의 대표적인 유형은 합성이며 이러한 합성은 영화 포스터에 등장하는 배우나 각종 그림, 도안, 사진 등에 정치인의 얼굴을 삽입하여 만드는 형식으로 발생한다.34) 이러한 행위는 SNS 전파성으로 인하여 단시간에 다른 이용자들이 볼 수 있다. 패러디 게시물을 통하여 게시 하였을 때 정치 현실을 풍자 및 비평을 할 수 있지만 노골적인 명예훼손행위가 담긴 패러디는 명예훼손 행위로 판단할 수 있다.35)

3) 재게시 행위

SNS특징은 다른 사람이 최초로 작성한 게시물 자신 사용하고 있는 SNS에 재게시할 수 있는 기능을 제공하고 있다. 이러한 기능은 SNS에서 작성된 게시물이 빠른 시간 내에 널리 전파된다. 그런데 SNS를 통하여 작성된 어떠한 게시물에 대하여 인터넷상 명예훼손 죄의 성립이 긍정되는 경우 형사책임의 인정에 대한 판단이 필요하다. SNS를 통하여 어떠한 게시물을 작성하는 행위와 원게시물을 재게시하는 행위를 통하여 사실 또는 허위 사실의 적시는 일반적인 인터넷 명예훼손행위의 외형에 있어 차이점을 갖는다고 보기 어렵다. 따라서 명예훼손적 게시물의 재게시 행위를 한 사람에게 형사 책임을 물을 수 있을지의 문제는 재게시 행위자의 인터넷 상 명예 훼손죄의 성립을 인정할 수 있는지의 문제이다. SNS 재게시 행위를 사실의 적시행위인지에 대한 판단은 인터넷 명예훼손죄의 성립

---

33) 박성수, "인터넷을 통한 청소년비행에 관한 연구", 「한국공안행정학회보」 제12권(2001), 100면.
34) Gerald R., Cyberlaw : Your Rights in Cyberspace (2001), at 149.
35) 방석호, "사이버공간에서의 정치 패러디 허용 한계에 대한 법적 고찰", 「선진상사법률연구」 제35권(2006), 35면.

을 위한 게시물을 직접 작성을 했는지 여부이다. 만약 재게시 행위자가 명예훼손적 게시물인 원게시물의 내용 중 명예훼손적 사실이 적시된 부분에 대하여 새로운 형태의 게시물로 만들어 재게시하는 경우라면 이는 새로운 게시물의 작성행위로서 사실 또는 허위사실을 적시하는 행위로 볼 수 있다. 그리고 명예훼손 행위에 대한 재게시 행위자의 고의를 인정할 수 있는지 여부는 비방의 목적이 공익에 부합하지 않으면 인정되며 공익적 요소가 존재한다면 비방 목적이 인정되지 않는다.[36]

재게시 행위자의 범죄 참가형태는 행위자가 원게시물 작성자의 인터넷 명예훼 손죄 성립과 별개로 재게시 행위에 대한 인터넷 명예훼손죄의 성립 여부이다. 인터넷 명예훼손죄의 실행 행위는 공공연하게 타인의 명예를 훼손하는 사실 또는 허위사실을 적시하는 행위이므로 재게시 행위자가 사실 또는 허위사실의 적시행위를 하였다면 인터넷 명예훼손죄가 성립된다.[37] 이는 재게시 행위자의 행위를 사실 또는 허위사실의 적시행위로 볼 수 있고 인터넷 명예훼손죄의 다른 성립요건을 모두 갖춘 경우는 재게시 행위자에게 인터넷 명예훼손죄의 정범 성립을 긍정할 수 있을 것이다.[38][39]

---

36) 정정원, "SNS 게시물의 작성, 재게시행위와 인터넷상 명예훼손", 「법과 정책연구」 제12권 제3호(2012), 7면.
37) 상게논문, 17면.
38) 박경신, "인터넷의 안티테제, 공모공동정범 이론", 「한국언론정보학회 토론회」 제3호(2009), 13면.
39) 정정원, 전게논문, 20면.

4. SNS 명예훼손의 형사책임

가. SNS 명예훼손의 성립

1) 사용 행위

인터넷 명예훼손죄는 정보통신망을 통하여 사실을 적시하는 행위를 처벌하고 있다(「정보통신망 이용촉진 및 정보보호 등에 관한 법률(2011.4.5, 일부개정)」제 70조, 이하 정통망법이라고 칭함). 정보통신망이란 「전기통신기본법」제2조 제2호의 규정에 의한 유선·무선·광선 또는 그 밖의 전자적 방식으로 부호·문언·음향 또는 영상을 송신하거나 수신하기 위한 기계·기구·선로 또는 그 밖에 전기 통신에 필요한 설비인 전기통신설비를 이용하거나 이러한 전기통신설비와 컴퓨터 및 컴퓨터의 이용기술을 활용하여 정보를 수집·가공·저장·검색·송신 또는 수신 하는 정보통신체제이다. 따라서 인터넷 명예훼손으로 파악할 수 있는 SNS 명예훼손죄도 사람을 비방할 목적으로 SNS을 이용하여 공공연하게 진실한 사실 또는 허위의 사실을 적시하는 행위이다.[40][41] SNS 명예훼손행위는 비방할 목적을 필요로 하는 점과 전파성이 높은 인터넷을 이용하여 사실을 적시한다는 점에서 「형법」상의 단순 명예훼손죄에 비하여 불법이 가중된 범죄라고 할 수 있다.

---

40) 이현희, 「SNS 불법·유해정보 실태 및 대응방안 연구」, 방송통신심의원회, 2011, 21면 강윤정, "소셜 미디어 사회화에서의 인터넷 관련범죄와 인터넷 윤리", 「법학연구」 제28권 제2호 (2012), 263면.
41) 임웅, 「형법각론」 제4정판, 2012, 법문사, 202면 이재상, 「형법각론」 제7판,

2) 비방 목적

SNS 명예훼손죄는 행위자의 주관적 구성요건으로 고의와 비방의 목적이 필요하다. 비방의 목적은 사람의 명예를 훼손시키기 위하여 인격적 평가를 저하시키려는 목적을 말한다.[42] 「형법」 제309조의 출판물 등에 의한 명예훼손죄도 고의 이외에 비방할 목적을 필요로 하고 있는데 SNS 명예훼손죄의 성립요건인 비방할 목적을 해석함에 있어 양자를 달리 해석할 필요는 없을 것이다. 판례는 비방할 목적의 유무를 판단함에 있어 "타인을 비방할 목적은 가해의 의사 내지 목적을 요하는 것으로서 공공의 이익을 위한 것과는 행위자의 주관적 의도의 방향에 있어 서로 상반되는 관계에 있고, 사람을 비방할 목적이 있는지 여부는 당해 적시 사실의 내용과 성질, 당해 사실의 공표가 이루어진 상대방의 범위, 그 표현의 방법 등 그 표현 자체에 관한 제반 사정을 참작함과 동시에 그 표현에 의하여 훼손되거나 훼손될 수 있는 명예의 침해 정도 등을 비교, 고려하여 결정하여야 한다"고 판시하였다.[43] 따라서 SNS 명예훼손죄의 성립은 온라인으로 연결된 친구 수(數)와 사회적 지위를 고려해야 할 것이다. 아울러 비방 목적은 행위자의 주관적 의도 내지 방향성과 행위자가 올린 게시물 등의 내용, 표현의 방법 및 주변 정황을 종합적으로 판단해야 할 것이다.[44]

그러나 행위자에게 공공의 이익을 위한다는 인식과 비방할 목적이 동시에 있는 경우에는 어떻게 처리할 것인지 문제된다. 본 경우에는 행위자의 행위를 전체적으로 보아 양자 중 어느 것에 중점을 두고 있는가에 의하여 결정되어야 하므로 행위자가 비방의 목적에 중점을 둔 경우는 부수적으로 공공의 이익을 위한다는 인식이 있다

---

42) 곽영길, "사이버상 권리침해 실태 및 대응방안", 「한국자치행정학보」 제23권 제1호(2009), 482면.
43) 대법원 2006.9.28. 선고 2004도 6371 판결.
44) 정완, "사이버범죄의 주요동향과 형사정책적 과제" 「형사정책연구」제18권 제3호(2007), 12면

하더라도 비방의 목적을 인정해야 할 것이다. 반대로 행위자가 공공의 이익을 위한다는 인식에 중점이 있는 경우에는 비록 부가적으로 비방의 목적이 있더라도 비방의 목적을 부인하여야 할 것이다.[45][46]

3) 공연성

SNS 명예훼손죄는 사실의 적시 행위가 공공연할 것을 요구하여 범죄의 성립을 위하여 공연성이 요구되고 있다. 다만 법조항의 표현에서 「형법」 제307조의 명예훼손죄가 '공연히'라는 불분명한 표현을 사용하고 있지만 정통망법 제70조에서는 '공공연하게'라는 명확한 표현을 사용하고 있다. SNS 명예훼손죄의 성립에 있어 요구되는 공연성은 인터넷 특성상 '항상 불특정 또는 다수인이 인지할 수 있는 상태'임을 간과한 불필요한 개념인 주의적 규정이라는 견해[47]와 반대로 일반적인 인터넷의 전파성으로 인터넷 명예훼손죄 성립요건으로 공연성을 요구하는 것은 명예훼손적 사실을 직접적으로 사회에 유포시켜 사회적으로 유해한 행위만 처벌하고 공연성이 없는 개인적인 정보전달을 제외함으로써 표현의 자유에 대한 지나친 제한을 억제하는 것에 목적이 있다는 견해가 있다.[48] 이를 SNS 명예훼손죄에 대하여 판단하자면 명예훼손죄의 성립의 공연성을 요구하는 것은 만약 공공연하게 이루어지지 않은 명예훼손죄에 대하여 인터넷 명예훼손죄로 처벌하지 않겠다는 입법자의 의사로 파악

---

45) 이종근, "표현의 자유와 민사책임 – 미연방대법원의 판례를 중심으로 살펴본 이론적 동향 –" 「헌법논총」제21집(2010), 448면.
46) 대법원 2008.11.13. 선고 2008다53805 판결 대법원 2001.1.19. 선고 2000다10208 판결 대법원 2006.5.12. 선고 2004다35199 판결 등 참조.
47) 정대관, "사이버 공간에서의 명예훼손죄", 「성균관법학회 제1회 학술발표대회 논문집」, 2005, 44면.
48) 윤종행, "사이버명예훼손죄에 있어서 비방의 목적과 공익 관련성", 「형사정책」 제18권 제1호 (2006), 303면.

해야 할 것이다. 그리하여 공연성이 없다고 판단되는 명예훼손죄는 표현의 자유를 보장하기 위하여 죄의 성립을 부정하여야 할 것이다.[49]

4) 사실의 적시

인터넷 명예훼손죄는 '사실을 드러내어' 명예를 훼손하는 행위를 처벌하고 있다. 그렇기 때문에 SNS에서 이루어진 사실의 적시도 이와 관련하여 적용될 수 있다. 먼저 '사실의 드러내어'의 뜻은 명예훼손죄의 요건과 동일하다. 따라서 사실을 드러낸다는 것은 사회적 평가를 격하시킬 만한 구체적 사실을 지적 또는 표시하는 것이다. 사실 적시의 대상은 과거나 현재의 사실과 이에 기초하여 미래의 일을 적시하는 경우다.[50] 판례는 이미 상대방이 알고 있는 사실이나 사회의 일부에 알려져 있는 사실에 의해서도 명예훼손죄가 성립할 수 있고 그 적시된 사실이 허위사실인 경우는 형이 가중된다고 판시하고 있다.[51] 또한 판례는 인터넷 명예훼손죄가 성립하기 위한 사실 적시의 정도는 '적시된 사실은 이로써 특정인의 사회적 가치 내지 평가가 침해될 가능성이 있을 정도로 구체성을 갖고 있어야 하며, 정보통신망을 통하여 게시된 어떠한 표현행위가 문제되는 경우 그 표현이 사실을 적시하는 것인가, 아니면 단순히 의견 또는 논평을 표명하는 것이라면 그와 동시에 묵시적으로라도 그 전제가 되는 사실을 적시하고 있는 것인가 그렇지 아니한가의 구별은, 해당 게시물의 객관적인 내용과 아울러 일반 독자가 보통의 주의로 게시물을 접하는 방법을 전제로 게시물에 사용된 어휘의 통상적인 의미, 게시물의 전체적인 흐름, 문구의 연결 방법 등을 기준

---

49) 박진우, "사이버공간에서의 표현의 자유와 명예훼손의 문제", 「경원법학」 제2권 제3호 (2009), 69면.
50) 대법원 2003.5.13. 선고 2002도 7420 판결.
51) 대법원 1993.3.23. 선고 92도 455 판결.

으로 판단하여야 하고, 여기에다가 당해 게시물이 게재된 보다 넓은 문맥이나 배경이 되는 사회적 흐름 등도 함께 고려하여야 한다'고 판시하고 있다.[52] SNS를 통하여 사실을 적시하는 방법은 매우 다양한 형태로 이루어질 수 있다. 예를 들어 SNS의 뉴스피드나 타임라인에 게시글을 작성하거나 작성한 게시글에 댓글을 다는 행위, SNS의 특성을 고려할 때 사진을 게시하거나 동영상을 업로드 하는 행위도 사실을 적시하는 행위로 볼 수 있다.[53] 그리고 사실을 적시하는 행위와 관련하여 SNS 명예훼손죄의 기수시기를 언제로 보아야 하는가가 문제된다. SNS 표현행위의 기술적 특성은 어떠한 표현행위의 결과물이 현실적으로 인식되기 불가능한 전자적 부호의 형태로서 하드 디스크 등에 저장되는 것이 적시 행위라고 보기는 어렵다.[54] 그래서 정보를 하드디스크 등에 기억시키는 단계가 아닌 정보가 화면에 표시되어 현실로 인식되는 단계에서 적시에 해당된다고 보는 것이 타당하다.[55]

나. SNS 형사책임

1) 「정보통신망 이용촉진 및 정보보호 등에 관한 법률」의 적용

정통망법 제70조 제1항에 따르자면 사람을 비방할 목적으로 공공연하게 인터넷상에서 진실인 사실을 적시하여 다른 사람의 명예를 훼손한 경우에는 사실적시 인터넷상 명예훼손죄가 성립하고 3년 이하의 징역이나 금고 또는 2천만원이하의 벌금에 처해진다. 이는 사실의 적시 인터넷상 명예훼손죄는 피해자가 구체적으로 밝힌 의사에 반하여 공소를 제기할 수 없는 반의사불벌죄이다. 그리고 정

---

52) 대법원 2003.6.24. 선고 2003도1868 판결.
53) 손승우, "페이스북(Facebook)의 개인정보 보호에 관한 법적 쟁점" 「가천법학」제5권 제1호 (2012), 312면.
54) 岡田好史, "インターネット上における名誉毀損について" 「専修法学論集」第100号(2007), 146면.
55) 신 평, 「명예훼손법」, 청림출판, 2004, 46면.

통망법 제70조 제2항에서는 사람을 비방할 목적으로 공공연하게 인터넷상에서 거짓인 사실을 적시하여 다른 사람의 명예를 훼손한 경우에는 허위사실적시 인터넷상 명예훼손죄가 성립하고 7년 이하의 징역, 10년 이하의 자격정지 또는 5천만원 이하의 벌금에 처해진다. 허위의 사실적시 인터넷상 명예훼손죄 역시 사실적시 인터넷상 명예훼손죄와 마찬가지로 피해자가 구체적으로 밝힌 의사에 반하여 공소를 제기할 수 없는 반의사불벌죄이다. 따라서 SNS에서 연예인에 대한 악성댓글이나 허위의 내용을 적시하게 되면 정통망법 제70조 제1항과제2항이 적용된다.[56] 대법원 판례는 소비자가 자신이 겪은 사실을 바탕으로 인터넷 게시판에 사업자에게 불리한 내용의 글을 게시하는 행위에 정통망법 제70조 제1항의 '사람을 비방할 목적'이 있는지에 대하여 피고인이 인터넷 카페나 자신의 블로그 등에 자신이 직접 겪은 불편사항 등을 후기 형태로 게시하여 원고의 명예를 훼손하였다고 하여 정통망법 위반으로 기소한 사건에서 원고를 비방할 목적이 있었다고 보기 어려움에도 이와 달리 보아 유죄를 인정한 원심판결은 '사람을 비방할 목적'에 관한 법리오해의 위법이 있다고 판시 하였다.[57]

---

56) 연예인에 대한 명예훼손행위는 허위에 기반 하는 경우로 주로 임신설, 출산설, 낙태설, 사망설 등이며 연예인이 자살하거나 사망한 사실에서도 악성 댓글을 다는 경우가 많다. 윤성옥, 「연예인의 악성 댓글 사례와 개선방안」, 한국방송영상산업진흥원, 2008, 12, 38면.
57) 대법원 2012.11.29. 선고 2012도10392 판결.

다. 형법의 적용

1) 인터넷 명예훼손죄와 일반 명예훼손죄

정통망법에 규정되어 있는 인터넷 명예훼손죄의 성격을 어떻게 파악할 것인가 에 대하여는 정통망법에 따른 인터넷 명예훼손죄를 인터넷 공간에서의 명예훼손 행위를 처벌하는 일반법적 구성요건으로 이해하는 견해와 「형법」상 단순명예훼 손죄의 가중적 구성요건으로 이해하는 견해가 있다.[58] 정통망법에 따른 인터넷 명예훼손죄를 「형법」상 단순명예훼손죄의 가중적 구성요건으로 이해하는 견해에 따르면 인터넷상 명예훼손죄는 인터넷 명예훼손행위가 가지는 높은 전파성으로 인하여 피해가 오프라인 출판물 등에 의한 명예훼손죄에 대등하거나 더욱 심각 할 수 있음에도 불구하고 「형법」 제309조에 따른 출판물 등에 의한 명예훼손죄로 처벌할 수 없다는 점이 적용되어 신설된 규정이다[59] 그래서 SNS 명예훼손죄를 인터넷 공간에서의 명예훼손행위를 처벌하는 일반법적 구성요건으로 이해하기는 어려울 것으로 생각된다.[60] 「형법」 제309조는 단순명예훼손죄에 비하여 상당한 수준으로 형벌을 가중하고 있는 점과 출판물 등에 의한 명예훼손죄에 비교하였을 때 가중된 벌금형이 규정되어 있는 것을 고려할 때 정통망법에 따른 인터넷상 명예훼손죄는 전파성이 매우 높은 인터넷을 통하여 사실을 적시하는 행위가 갖는 위험성이 크기 때문에 불법이 가중된 범죄유형으로 파악하는 것이 타당하다.[61] SNS 사용자의 명예훼손 행위는 비록 사용자와 연결된 사람에게만 보이지만 정치인, 연예인, 대중의 인지도가 있는 사람

---

58) 권창국, "사이버공간에 있어서 표현의 자유와 한계-사이버공간에서의 명예훼손에 대한 형사법적 규제와 인터넷실명제 도입 문제를 중심으로-", 「형사정책연구」 제19권 제4호(2008), 238면.
59) 강동범, "사이버범죄 처벌규정의 문제점과 대책", 「형사정책」 제19권 제2호(2007), 52면.
60) 윤해성, "사이버폭력에 대한 형사법적 고찰", 「경원법학」 제2호 제2호(2009.8), 54면.
61) 박경신, "명예의 보호와 형사처벌제도의 폐지론과 유지론 - PD수첩 광우병보도 수사에 즈음하여 -", 「서강법학」 제11권 제1호(2009), 358면.

의 SNS 인맥은 많게는 수만명 적게는 수천명이 연결되어 있는바 「형법」제309조로 규율하는 것이 타당하다.

2) 형법상 명예훼손죄 규제

형법 제309조의 적용

「형법」제309조는 출판물 등에 의한 명예훼손죄에 대하여 규정하며 '신문, 잡지 또는 라디오 기타 출판물'을 수단으로 다른 사람의 명예를 훼손하는 행위를 단순명예훼손죄보다 가중하여 처벌하고 있다.[62] 그런데 출판물 등에 의한 명예훼손죄는 구성요건 체계가 인터넷 명예훼손죄와 수단을 제외하고 동일하다. 다만 인터넷 명예훼손죄는 공연성을 요건으로 규정하고 있지만 출판물 등에 의한 명예훼손죄를 행위수단인 출판물이 높은 전파가능성과 장기간의 보존가능성을 가지고 있기 때문에 이를 매개로 하여 사실을 적시하는 경우 공연성이 인정된다. 따라서 출판물 등에 의한 명예훼손죄의 공연성이 요건으로 규정되어 있지 아니한 것으로 이해하게 된다면 실질적으로 양죄는 행위수단을 제외하고는 동일한 구조를 취하고 있는 것으로 볼 수 있다. 그런데 출판물 등에 의한 명예훼손죄의 행위수단인 '기타 출판물'의 개념에 인터넷이 포함되는지 여부에 대하여 견해가 갈리고 있다. 기타 출판물에 인터넷이 포함된다는 견해는 오늘날 인터넷의 광범위한 영향력을 고려할 때 출판물 등에 의한 명예훼손죄의 출판물을 예시규정으로 보아 인터넷을 포함시키는 것이 목적론적 해석에 부합하고[63] 출판물 등에 의한 명예훼손죄가 매체 자체의 높은 전파성을 이유로 가중처벌하고 있는 점과 출판물에 해당하지 아니하는 라디오를 포함하고 있어 기타 출판물의 의미도 라디오라는 매체와 조화될 수 있는 범위의 설정이 필요

---

62) 양동철, "사이버폭력에 대한 입법방향 연구", 「법조」제55권 제9호(2006), 144면.
63) 권오걸, 「형법총론」, 형설출판사, 2005, 257면.

하다는 점을 근거로 하고 있다.[64] 이와 반대로 기타 출판물에 인터넷이 포함되지 않는다는 견해에 따르면 인터넷을 기타 출판물에 포함시킬 수 있다고 해석하는 것은 아무리 입법취지에 부합하고 인터넷의 전파가능성이 크다 하더라도 이는 피고인에게 불리한 유추해석으로서 허용될 수 없는 것이라고 한다.[65] 출판물 등에 의한 명예훼손죄의 기타 출판물에 인터넷이 포함 되는 것으로 해석하는 것은 문언의 가능한 의미를 넘어선 해석으로 보아야 하고[66] 이와 같은 해석은 피고인에게 불리한 유추해석으로 허용 될 수 없다는 것이다. 그리고 만약 기타 출판물의 개념에 인터넷이 포함되는 것으로 해석한다면 이는 동일한 행위를 법정형만을 달리하여 「형법」과 정통망법에 각각 규정한 것이 되어 체계상으로도 타당하지 아니하고 정통망법에 따른 인터넷 명예훼손죄의 규정을 무의미한 규정으로 만드는 결과를 가져오게 될 것이다.[67] 만약 SNS를 통하여 발행되는 출판물의 경우 행위수단으로서 인터넷에 중점을 둘 것인지 아니면 출판물에 중점을 둘 것인지에 따라 적용법규에 대한 해석이 달라진다. 그런데 출판물 등에 의한 명예훼손죄의 법정형에 비하여 인터넷 명예 훼손죄의 법정형이 벌금형에 있어서 상당한 수준으로 가중되어 규정되어 있는 점을 고려한다면 양자의 행위수단이 가진 위험성의 판단은 인터넷을 수단으로 한 경우가 출판물을 수단으로 한 경우에 비하여 크다고 할 수 있다. 따라서 SNS 출판물을 통한 명예훼손 행위도 행위수단으로서 인터넷에 중점을 두어 인터넷상 명예훼손죄가 적용된다고 보는 것이 타당하다. 그러므로 인터넷 명예훼손죄가 특유의 성립요건을 결하는 경우 출판물 등에 의한 명예훼손죄의 성립가능성 여부를 검토할 수는 없을 것이고 유형에 따라

---

64) 백광훈, "사이버범죄에 대한 ISP의 형사책임에 관한 연구", 「연구총서」 2003년 1호(2003), 56면.
65) 오영근, 「형법각론」 제2판, 박영사, 2009, 225면.
66) 강동범, 전게논문, 54면.
67) 윤해성, 전게논문, 57면.

「형법」상 단순명예훼손죄 또는 사자명예훼손죄의 성립가능성에 대한 검토가 필요하다.

「형법」 제307조의 적용

앞에서 살펴 본 바와 같이 SNS 명예훼손죄는 「형법」상 단순명예훼손죄의 가중적 구성요건으로 파악하여야 할 것이므로 가중적 구성요건을 충족하지 아니하는 경우에는 「형법」에 따른 일반 구성요건의 충족 여부를 검토하여야할 것이다.[68] 인터넷 명예훼손죄의 구성요건 체계는 비방할 목적을 요구하는 점과 행위수단으로서 정보통신망을 이용하는 점을 제외하면 「형법」 제307조가 규정하는 단순명예훼손죄와 동일하다. 따라서 인터넷상에서 공공연하게 사실을 적시하였으나 비방할 목적이 인정되지 아니하는 경우는 인터넷 명예훼손죄는 성립하지 않으나 「형법」상 단순명예훼손죄는 성립할 수 있을 것이다. 즉 사실적시를 통한 인터넷 명예훼손죄는 비방할 목적이 인정되지 않는 경우에는 「형법」 제307조 제1항의 사실적시 명예훼손죄의 성립 여부를 허위사실의 적시에 대한 인터넷 명예훼손죄는 비방할 목적이 인정되지 아니하기 때문에 「형법」 제307조 제2항의 허위사실적시 명예훼손죄의 성립 여부를 검토하여야 한다.[69] 그런데 「형법」은 제310조에서 명예훼손죄의 독자적인 위법성 조각사유를 규정하고 있다. 「형법」 제310조는 진실한 사실을 적시하여 명예를 훼손하는 행위를 한 경우에도 진실한 사실의 적시가 공익을 위한 경우는 위법성이 조각된다. 판례는 비방할 목적의 성격에 대하여 '사람을 비방할 목적이란 가해의 의사 내지 목적을 요하는 것으로서 공공의 이익을 위한 것과는 행위자의 주관적 의도의 방향에 있어 서로 상반되는 관계에 있다'고 판시 하고 있다.[70] 이

---

68) 최우찬, "인터넷상 개인정보침해에 관한 형법적 고찰 – 특히 명예훼손죄를 중심으로–", 「서강법학연구」 제6권(2004), 100면.
69) 황창근, 「인터넷상 명예훼손 등 분쟁에 있어서 합리적인 해결방안 연구」, 한국방송통신위 원회, 2011, 37면.

같은 판례의 설시 내용은 '비방할 목적'과 '공공의 이익을 위한다는 목적'을 동시에 인정할 수는 없게 된다. 그리하여 인터넷상 명예훼손죄의 성립요건으로서의 비방할 목적과 「형법」 제310조에 따른 위법성조각사유로서의 공익은 서로 무관하게 양립하는 개념이 아니라 주관적 의사의 방향에 대한 상호 배타적인 관계이다.[71] 따라서 정통망법 제70조 제1항의 사실적시 인터넷상 명예훼손이 공공의 이익을 위한다는 목적을 갖고 행하여진 경우 비방할 목적을 인정할 수 없게 되어 「형법」상 단순명예훼손죄의 성립 가능성을 검토하여야 할 것인데 이 같은 경우는 「형법」 제307조 제1항의 사실적시 명예훼손죄의 구성요건 해당성을 충족하더라도 「형법」 제310조에 의하여 위법성이 조각된다.[72] 그리하여 인터넷 명예훼손죄 의 사실의 적시행위에 해당하지만 비방할 목적이 인정되지 아니하여 「형법」 제307조에 따른 단순명예훼손죄의 성립 여부에 대하여 검토하게 하면 인터넷 공간에서 허위의 사실을 적시하는 경우로서 비방할 목적이 인정되지 아니하는 경우에 한하는 것으로 볼 수 있을 것이다.

「형법」 제308조의 경우

인터넷상 명예훼손죄는 다른 사람의 명예를 훼손하는 행위를 처벌하고 있는데, 다른 사람이란 생존한 사람을 의미하는 것이므로 사자는 이에 포함되지 아니한다. 따라서 공공연하게 인터넷 공간에서 허위의 사실을 적시하여 사자의 명예를 훼손한 경우에는 「형법」 제308조에 따른 사자의 명예훼손죄의 성립 여부에 대하여 검토하여야 할 것이다.

---

70) 대법원 2006.9.28. 선고 2004도6371 판결 대법원 2003.12.26. 선고 2003도6036 판결 대법원 2003.11.13. 선고 2003도3606 판결 대법원 2002.6.28. 선고 2000도3045 판결.
71) 박광민, "인터넷상의 명예훼손에 관한 형사법적 규제", 「형사법연구」 제24호(2005), 106면.
72) 도중진, "명예에 관한 죄의 정비방안", 「형사법연구」 제22호(2004), 737면.

5. SNS 명예훼손행위의 정책적 예방과 입법적 검토

가. 입법적 검토

1) 입법의 당위성

「헌법」상 인정된 표현의 자유는 「형법」상 명예훼손죄로 제한될 수 있다. 이는 표현을 통한 비판의 자유를 핵심으로 하는 자유민주주의에 반한다. 그래서 명예 훼손죄를 공익을 위한 사실을 적시한 때는 위법성 조각의 필요성을 논할 필요가 있다. 「형법」 제310조는 공공의 이익과 이해관계가 있을 때 죄를 묻지 않으며 출판물과 관계된 명예훼손죄에도 적용되지 않는다. 그런데 정통망법 제44조에 의한 인터넷 명예훼손죄는 「형법」 제309조의 출판물 등에 의한 명예훼손죄와 기본 법리는 다르지 않다. 즉 출판물에 의한 명예훼손죄의 위법성 조각은 인터넷 명예훼손죄에도 적용되지만 정통망법상 인터넷 명예훼손죄는 「형법」 제310조와 같은 진실성과 공익성을 요건으로 하는 위법성을 조각하는 특별한 규정이 없다.[73] 따라서 출판물에 의한 명예훼손죄가 「형법」 제310조에 의한 위법성 조각이 배제되기 때문에 인터넷 명예훼손죄도 「형법」 제310조에 의거하여 위법성 조각이 적용되는지를 분석해야 한다. 원칙적으로 인터넷상에서도 기존의 명예훼손의 법리를 적용하여 개인의 명예보호를 할 수 있지만 「헌법」상 인정되는 표현의 자유를 제한하기 때문에 재론(再論)의 여지가 있다. 만약 「형법」 제310조의 위법성 조각사유로서 공익성을 출판물 및 인터넷 명예훼손죄에 적용하면 표현의 자유를 보호할 수 있다. 이는 온라인과 오프라인의 문서에서 표시된 객관적 사실이 공익과 이해관계가 있다면 비방목적이 부인되기 때문이다. 그래서 「형법」 제307조 제1항의 단순명예훼손죄가 성립

---

73) 이민영, "인터넷 명예훼손 관련 법제의 현황과 과제", 「언론중재」 가을호(2009), 59면.

된다면 진실성과 공익성을 요건으로 위법성 조각이 가능하다.[74] 표현행위의 위법성에 대한 형사책임은 표현행위가 법질서 전체에 대하여 위법해야 한다. 명예훼손 표현행위에 대한 형사책임의 적용은 법률상 범죄 구성요건에 해당되어야 하고 위법성과 유책성이 필요하다. 죄형법정주의상 인터넷 표현행위에 대한 형사책임을 묻기 위해선 「형법」 제307조에서 제309조까지의 요건을 갖추어야 된다. 인터넷 명예훼손의 구성요건인 위법성은 인터넷 표현물 성격과 매체 특질의 조합이 가해자와 피해가 갖게 되는 법익의 실질적인 형량을 결정하며 이를 감안하여 표현 행위로 인하여 발생되는 법익 침해의 이익 형량이 우선될 때 위법성이 인정된다. 표현행위의 책임성에 기초한 입법 취지는 구체적 사실의 적시는 추상적이고 일반적인 표현행위보다 개개인의 명예를 실추 시킬 수 있는 가능성이 크기 때문에 위법성 판단의 당위성이 도출된다. 인터넷 명예훼손의 위법성 조각사유는 공익을 위한 정당한 표현 행위이거나 피해자의 승낙 등이다. 그러나 일반적인 피해자의 승낙은 문서로 구체적인 승낙 내용을 입증하지 못하는 한 승낙을 인정하지 않는 피해자가 제기한 법적 소송에서 유효하지 않다. 그래서 「형법」에 준하는 명예훼손 조각 사유는 법령을 위반하지 않는 공익에 대한 정당행위에 법적 기초를 두고 있다. 인터넷 명예훼손은 「형법」 제310조가 명시하는 '진실한 사실'의 적용은 피고가 어떻게 표현행위를 접했는지가 문제이다.[75] 인터넷상 타인의 명예를 훼손하였다고 여겨지는 자가 내용을 알게 되고 사실이라는 추측을 하게 되었다면 진실이라고 믿을 수 있는 사유가 존재한다고 추정할 수 있다. 「형법」의 명예훼손 위법성 조각 사유는 기본적으로 공익에 기초하는바 진실한 사실로서 공공의 이익에 관 한 때에는 면책할 수 있다.

---

74) 이수현, "출판물에 의한 명예훼손죄에 있어 정보제공자 · 편집책임자 · 언론사(법인)의 형 사책임", 「서울법학」 제20권 제1호(2012), 239면.
75) 상게논문, 239면.

그래서 공익의 개념범주는 추상적이고 다원화 되어있기 때문에 논의에 따라 다의적 해석이 가능하다. 대법원 판례는 공공의 이익에 관한 것인지 여부는 당해 적시사실의 구체적 내용, 당해 사실의 공표가 이루어진 상대방의 범위의 광협, 표현의 방법 등 표현 자체에 관한 제반사정을 감안함과 동시에 표현에 의하여 훼손되거나 훼손될 수 있는 타인의 명예의 침해의 정도도 비교하여 결정하여야 한다고 판시하고 있다.[76] 결국 인터넷 명예훼손의 위법성 조각 사유는 표현행위가 진실에 기초하여야 하며 관련된 사람이나 직업이 공적 관심영역에 있어야 하고 인터넷에서 발생되는 실익과 서비스 분야별로 발생되는 법익의 침해 정도에 따라 이익 형량을 추정해야 한다.

2) 인터넷 모욕죄 규정 신설

인터넷 명예에 관한 죄는 「형법」상 명예훼손죄와 모욕죄로 귀결될 수 있다. 그러나 정통망법의 규정은 「형법」상 모욕죄의 형식으로도 이루어 질 수 있음에도 본 행위에 대한 제한 규정이 없다. 모욕죄는 공연히 사람을 모욕함으로써 발생되는 범죄를 뜻하는 것으로 인터넷 모욕죄는 인터넷에서 공연히 사람을 모욕함으로써 성립되는 범죄이다.[77] 이러한 인터넷에서 발생하는 모욕은 인터넷에서 구체적인 사실의 적시 없이 욕설이나 부적절한 표현 등으로 타인의 인격적 가치를 저하시키는 판단이나 일반적인 의사표시를 말한다. 그리고 인터넷 전자 게시판과 댓글, 채팅에서 발생되는 모욕죄는 언어폭력적 성격을 갖기 때문에 정신적 충격을 발생시킨다.[78] 그리하

---

76) 대법원 2000 선고 99도5734 판결.
77) 고시면, "'사이버 모욕죄'의 신설과 그 한계에 관한 연구: 원칙적으로 가중처벌되는 '친고 죄' 형 사이버 모욕죄와 예외적으로 악플과 관련된 자살사건시' '반의사불벌죄' 형 사이버 모욕죄 등의 검토를 중심으로", 「사법행정」 제50권 제6호(2009), 3면.
78) 주승희, "현행 사이버 명예훼손죄 법리의 문제점 및 개선방안 관련 최근 논의 검토", 「형사정책연구」 제20권 제1호(2009), 608면.

여 타인의 명예의 실추를 목적으로 하는 행위보다 단순한 언어폭력이 발생하는바 명예훼손죄에 대하여 인터넷 특성을 십분 고려하여 정통망법의 특별법으로 이를 가중적 처벌케 한 본법의 목적을 고려하여 모욕죄 규정이 신설되어야 할 것이다.

나. 정책적 예방

1) 인식의 강화

최근 SNS 이용자의 급증으로 말미암아 경우에 따라 SNS 명예훼손행위의 피해자가 입는 피해가 발생하고 있다. 이러한 SNS 명예훼손행위의 빈번한 발생원인을 SNS 공간을 통제할 수 있는 법제도적 기능의 미비, SNS 공간 내의 윤리적인 자정 능력의 상실 등에서 찾을 수 있다.[79] 따라서 SNS 명예훼손행위에 따른 피해의 방지를 위해서는 그러한 행위에 대한 법률적인 통제장치의 마련도 중요하지만 무엇보다도 사회 구성원 모두의 성숙된 인식의 함양이 필요하다. 이를 위하여 SNS 명예훼손죄나 모욕죄가 성립할 수 있음과 SNS 명예훼손의 피해가 발생한 경우 그에 대한 적절한 대처방법 및 SNS 명예훼손행위의 피해 사례 등에 관한 내용을 널리 홍보하여 SNS 명예훼손행위 의 심각성을 상기시킬 필요성이 있다.[80]

2) 규범교육의 확대

현실적으로 인터넷이 우리 사회에 미치는 영향력을 고려할 때 SNS 공간에서도 현실 세계와 마찬가지로 그에 적합한 행동규범이 정립되어 있을 것이 요구되고, SNS 이용자들의 부적절한 행위에 대하여는 법률적 책임과 동시에 윤리적·도의적인 책임이 부과될 필

---

79) 곽영길, 전게논문, 492면.
80) 상게논문, 492면.

요성이 있다. 그래서 현재 SNS에서 요청되는 적합한 행동규범들이 아직 정립되지 아니하였음을 반영하는 것으로 볼 수 있으므로 SNS 공간에 적합한 행동규범의 확립이 필요하고, 이를 위해서는 SNS에서 필요한 윤리 의식에 대한 교육이 이루어져야 할 필요성이 있다.[81] 그리고 SNS 명예훼손 행위의 경우 현실에서 발생하는 일반적인 범죄행위와는 달리 상대적으로 범죄의식이 결여된 경우가 많은점 등을 고려하여 현실에서의 범죄 행위는 SNS에서도 범죄행위를 구성한다는 인식을 SNS 윤리교육을 통하여 제고시킬 필요성이 있다. 그래서 이러한 인식의 제고를 위하여 학생과 일반시민을 대상으로 하여 SNS 윤리교육을 각각 실시할 것을 제안할 수 있다. 특히 SNS 윤리교육을 통한 SNS 공간에서의 범죄 예방 효과를 높이기 위하여 학생에 대하여는 교육과정을 편성하여 SNS 윤리교육을 실시하는 것이 필요하다. 이러한 SNS 윤리교육이 전문적으로 실시될 수 있도록 담당 전문 교육자의 체계적 양성이 필요하다고 한다. 그리고 일반 시민에 대하여는 SNS 캠페인을 적극적으로 활용하여 SNS 공간에서의 윤리 의식을 높여, SNS 명예훼손행위가 범죄행위라는 것을 인식시켜주는 방법을 통하여 명예훼손행위 등을 효율적으로 예방할 수 있을 것이다.[82]

그러나 SNS 이용자들의 명예훼손적 표현행위 등에 대하여 법률적 책임과 동시에 윤리적·도의적인 책임을 부과하는 것은 어려울 것으로 여겨진다. 어떠한 SNS 표현행위가 법률적 책임은 SNS 명예훼손죄 또는 모욕죄를 구성하지 아니하는 경우라면 당해 표현행위가 헌법상 표현의 자유로서 보장받는 범위 내의 표현 행위라고 보아야 할 것인데 이 같은 적법한 표현행위에 대하여 법률적 책임은 아니라 하여도 윤리적 또는 도의적인 책임을 묻는다는 것은 경우에 따

---

81) 상계논문, 493면.
82) 곽병선, "사이버명예훼손에 관한 규제상의 문제점 및 대응방안", 「법학연구」 제23집(2006), 383면.

라서는 표현의 자유를 위축시키는 결과를 가져올 수도 있을 것이기 때문이다. 그래서 윤리 적 또는 도의적 책임을 묻는다는 것은 SNS의 어떠한 표현행위에 대하여 다른 사람이 비난하는 형태로 이루어지게 될 것이며 이는 표현의 자유에 따라 보장받는 표현행위를 사전에 검열하는 것으로 볼 수도 있을 것이다.[83] SNS 이용자의 직업이나 연령 등이 다양한 점을 고려할 때 교육 대상에 제한을 두지 않고 SNS 이용과 관련한 규범교육을 실시하고, 교육이 전문적으로 실시될 수 있도록 해당 교육에 대한 전문가를 체계적으로 양성할 필요성도 있다. 학교에서의 SNS 이용과 관련한 규범교육을 해당 교육의 전문가가 아닌 일반 교사가 수행하기에는 여러 가지 면에서 어려움이 따른다고 할 것이고, 그 효율성의 측면에서도 관련 분야 전문가의 교육이 보다 효과적이라 할 수 있을 것인데, 이러한 점은 성인을 대상으로 한 규범 교육의 경우에도 동일하다.[84] SNS 이용과 관련한 규범교육은 형식적인 교육으로 끝나서는 안되고 지속적으로 이루어져야 할 것 이다. 효과적인 SNS 이용과 관련한 규범 교육이 지속적으로 이루어진다면 SNS 이용자들이 올바른 SNS 사용 방법에 대하여 체득하게 될 것이며, 궁극적으로는 SNS 공간에서의 명예훼손적 표현행위를 감소시키는데 큰 역할을 할 수 있을 것이다.

3) 명예훼손행위의 형사정책적 과제

SNS 표현행위가 우발적이고 충동적으로 이루어지고 이를 모두 형벌로 규제하기에는 한계가 있다. 그래서 SNS 명예훼손행위에 대하여 대폭적인 비범죄화 조치가 필요하다. 만약 SNS 명예훼손행위에 발생한 경우에는 신속한 처리절차를 도입하여야 할 것이다. SNS 명예훼손행위를 유형별·등급별로 세분화하여 일정한 기준을 설정하

---

83) 정 완, 전게논문, 21면.
84) Jürgen Straub, Cyber-Bullying: Aggressives Verhalten in der computervermittelten Kommunikation, Bundesagentur fuer Arbeit, 2011, S. 40.

고, 가장 중한 행위에 대하여 엄중하게 처벌해야 할 것이다. 그리고 경미한 경우는 해당 SNS 명예훼손행위는 절차상의 특례조치를 두어 예컨대 「도로교통법」상 통고처분이나 「경범죄처벌법」에 해당하는 정도의 행정법규 위반 행위와 유사하게 과태료나 범칙금을 부과하는 정도의 간이한 절차에 의하여 사건을 종결해야 할 것이다. 그리고 경미한 SNS 명예훼손행위에 대하여는 해당 표현물을 즉시 삭제하거나 행위자에 대하여 게시판 등에의 접근을 금지하는 조치를 취하거나, 경찰에 의한 경고나 훈방 등으로 종결하는 방안을 검토하여야 할 것이다.[85)86)] SNS 명예훼손행위는 SNS에 접속하여야만 저지를 수 있기 때문에 SNS 명예훼손행위를 저지른 범죄자에 대해서는 형벌보다는 SNS의 이용을 금지하거나 제한하는 것과 같은 제재가 효과적일 것이다. 그래서 SNS 명예훼손행위에 대한 형사 제재를 규정함에 있어서는 형벌 이외에 새로운 제재수단을 적극적으로 활용할 필요가 있음을 강조할 수 있다.[88)] 행위자에 대해서 일정 기간 동안 SNS 접속 자체를 금지하거나 게시판 등에의 글쓰기를 금지하는 것이 SNS 명예훼손행위에 대한 제재수단으로서 고려될 수 있고 현행법상 이러한 종류의 제재가 독자적으로 규정되어 있지는 않지만 보호 관찰과 결합되어 부과될 수 있을 것이다. 즉 SNS 명예훼손행위로 선고유예 또는 집행유예를 받은 자나 가석방된 자에 대하여 보호관찰 등에 관한 법률에 따라 SNS의 접속이나 게시판의 글쓰기 등을 금지할 수 있을 것이라고 하며 SNS 명예훼손행위의 폐해 등에 관하여 수강을 명할 수도 있을 것이라고 한다.[87)]

---

85) 김태진, "사이버표현행위에 대한 경찰규제", 「한국공안행정학회보」 제30호(2008), 36면.
86) 상게논문, 35면.
87) 강동범, 전게논문, 50면.

5. 결론

인터넷의 특징과 명예 침해와 접목될 때에는 피해확산의 고속화 및 광범위성, 분쟁의 다발성, 범죄의식의 약화 내지는 결여의 결과를 발생시킨다. 인터넷 명예 훼손의 한 분야로서 SNS 명예훼손의 경우 모바일의 특징과 더불어 확산될 수 있다. SNS 명예훼손의 개인의 명예보호는 「헌법」에서 도출되는 인격권 또는 명예권이라는 기본권의 영역이다. 인터넷상의 표현 역시 「헌법」에서 도출되는 표현의 자유라는 기본권의 영역이므로 양자 모두 「헌법」에서 도출되는 기본권이기 때문에 규범조화적 방법을 우선으로 고려하는 절충적인 방법에 의한 해결이 필요하다. 특히 개인의 명예보호를 위해선 현행법의 규율방안에 알아보는 것이 필요하다. 「형법」제310조의 위법성 조각사유의 규정 및 정통망법상의 구성요건의 비방의 목적 요구는 규율방안과 관련한 입법론이 반영된 규정이다. 그래서 명예훼손죄에 해당하는지는 법문 해석과 관련한 구성요건 내지는 위법성에 대해 인터넷상의 명예훼손의 특수성을 고려해야 한다.

SNS 명예훼손은 「형법」과 정통망법이 적용되게 된다. 비방의 목적이 없는 경우에는 「형법」이 우선하여 적용되며 사자 명예훼손 및 모욕 등에 있어서도 「형법」이 적용되게 된다. 비방의 목적이 없는 경우는 「형법」이 적용되지만 정통망법의 적용은 현행 인터넷 명예훼손의 규제에 있어서 핵심적인 사안이기 때문에 인터넷 사용이 명예훼손행위자에 대한 명예훼손의 경우 누구인지 알 수 있는 경우를 제외하고는 주체성을 부인하는 것이 옳다고 생각된다. 또 구성요건과 관련하여 최근에 쟁점이 되고 있는 패러디물의 경우 이를 명예훼손인가 모욕인가를 일률적으로 규율할 수는 없으며 상황에 따라서 사실의 적시에 해당할 수도 있고 경멸의 표현에도 해당될 수 있기에 구체적 경우에 따라 판단을 해야 할 것이다.

그리고 SNS의 발전을 저해하지 않은 범위 내에서 예방방안을 언급할 수 있다. 이는 사회 구성원에게 인터넷 사용에 따른 성숙된 인식 함양을 할 필요가 있는 것이다. 이를 위해 SNS 명예훼손 행위를 범할 시에 명예훼손죄와 모욕죄가 성립하는 것과 피해가 발생한 경우 적절한 대처방법 및 SNS 명예훼손행위의 피해 사례 등의 내용을 홍보하여 SNS 명예훼손행위의 심각성을 상기할 필요가 있다. SNS 이용자의 직업이나 연령 등이 다양한 점을 고려할 때 교육 대상에 제한을 두지 않고 SNS 이용과 관련한 규범교육을 실시하고 교육이 전문적으로 실시될 수 있도록 해당 교육에 대한 전문가를 체계적으로 양성할 필요성도 있다. 그리고 명예훼손 행위자에 대해서 일정 기간 동안 SNS 접속 자체를 금하거나 게시판 등에의 글쓰기를 금지하는 것이 SNS 명예훼손행위에 대한 제재수단으로서 고려 될 수 있고 현행법상 이러한 종류의 제재가 독자적으로 규정되어 있지는 않지만 보호 관찰과 결합되어 부과될 수 있을 것이다. 즉 SNS 명예훼손행위로 선고유예 또는 집행유예를 받은 자나 가석방된 자에 대하여 보호관찰 등에 관한 법률에 따라 SNS의 접속이나 게시판의 글쓰기 등을 금지할 수 있을 것이라고 하며 SNS 명예훼손행위의 폐해 등에 관하여 수강을 명할 수도 있을 것이다.

제2편
범죄

제2편 범죄

제1장 범죄와 관련된 일반용어

1. 구성요건해당성(構成要件該當性)[88]

위법성(違法性)·책임성(責任性)과 함께 범죄성립요건중의 하나로 구체적이 사실이 구성요건에 해당되는 것을 말한다. 따라서 만약 어떠한 사실이 구성요건에 해당하면 위법성조각사유(違法性阻却事由)·책임조각사유(責任阻却事由)가 없는 한 범죄는 성립하다. 범죄의 성립을 위해서는 구성요건해당성(構成要件該當性)이 필요하다는 것이 현재의 통설이다. 그러나 이것이 명확하게 주장된 것은 비교적 새로운 일인데, 금세기에와 독일의 벨링(E. Beling)과 마이어(M. E. Mayer)에 의해 제창·발전됐으며 일본의 오노(小野)에 의해 전개되어 오늘에 이르게 되었다. 벨링과 마이어는 범죄(犯罪)는 먼저 형법각칙의 이른바 특별구성요건에 해당해야 된다고 했다. 구체적인 생활사실은 구성요건해당성을 지님으로써 비로소 형법상의 문제가 된다. 이것은 정책적으로는 죄형법정주의(罪刑法定主義)의 요청을 충족시키게 되고, 이론적으로는 형법의 각론(各論)과 총론(總論)을 결부시키게 된다.

구성요건해당성은 구성요건 그것과 범죄구성사실과는 다르다. 구성요건이라 함은 구성요건해당성 판단의 기본이 되는 법적 요건으로 학자에 따라서 이를 순수한 기술적 성질의 것이라 하고(E. Beling),

---

88) 이병태, "법률용어사전 : 새학설 새법률에 의한 6,000여 법률 용어를 수록한", 법문북스, 2016.

위법성의 인식근거라 하며(M. E. Mayer), 위법성의 존재근거이며 그것은 위법유형이라고도 하고(Mezger)또는 그것은 위법유형임과 동시에 책임유형이라고도 하나(오노(小野)), 결국 형법 각본조(刑法各本條)에 규정된 관념형상이다. 또 범죄구성요건이라 함은 구성요건에 해당된 사실이다. 이에 대해 구성요건해당성은 사실이 법률상의 구성요건에 해당한다는 성질을 말하는 하나의 판단을 의미한다. 즉 구성요건에 해당된다는 것은 사실이 구성요건에 적용된다는 것으로 완전하게 구성요건을 실현한 경우(기수(旣遂))뿐만 아니라 부분적으로만 구성요건을 실현한 경우도 포함된다. 또한 구성요건은 1인의 행위에 의해서 실현되기도 하지만(단독범), 다수인의 행위에 의해서도 실현된다(공범).

2. 위법성(違法性, Rechtswidrigkeit)[89]

(1) 개요

어떤 행위가 범죄가 되려면 우선 법률에 규정된 구성요건(構成要件)에 해당하고, 위법하게 공동사회의 질서를 침범하였다고 인정되며, 그 행위자를 비난할 수 있어야 한다. 곧 구성요건 해당성·위법성·책임(責任)이 범죄성립의 3요건(要件)인데, 위법성은 그 제2의 요건이다. 형법은 구성요건을 통하여 일정한 행위를 금지하거나 요구한다. 예컨대 살인죄에 관한 규정은 살인을 금하는 규범의 창설이며, 반면에 일정한 경우에는 이러한 금지를 풀어 도리어 그것을 할 수 있도록 허용하는 규정도 많다. 예를 들면 법무부장관의 집행명령이 있으면 교도관은 사형수의 사형을 집행하여야 하는데, 이것은 형법 제20조가 '법령에 의한 행위'인 경우에는 그것을 할 수 있도록 허용하였기 때문이다. 이와 같은 경우에는 비록 형법상의 금지규범에 위반하였을지라도, 법질서 전체의 입장에서는 위법하지 않은 것이 된다. 이와 같이 법률에 의하여 허용된 사유를 위법성조각사유(違法性阻却事由) 또는 정당화사유(正當化事由)라 하는데, 그러한 사유가 없으면 위법한 것이 된다.

---

89) 두산백과, http://www.doopedia.co.kr/doopedia/master/master.do?_method=view&MAS_IDX=101013000791661, 2018. 5. 25.자.

(2) 판단기준과 대상

위법성은 법질서 전체의 입장에서 내리는 판단이므로 위법성 판단의 기준은 법질서 전체이고, 판단의 대상은 행위이다. 형법 제1조 1항은 '범죄의 성립과 처벌은 행위시의 법률에 의한다' 하였으므로, 위법성 판단의 기준은 우선 법률이라 할 수 있다. 그러나 엄격히 법률에만 국한하면 부당한 때가 많이 생긴다. 법률뿐만이 아니라 명령·관습법에 의하여 허용된 행위이므로 위법성을 조각하여야 할 경우가 많다. 그러므로 형법은 사회상규(社會常規)(20조) 또는 상당한 이유(21~23조)라는 용어를 사용하였고, 학자들은 선량한 풍속 기타 사회질서, 조리(條理)라는 표현으로 위법성 판단의 기준을 찾는다. 위법성 판단의 대상은 오직 행위만이다. 본래 모든 행위는 행위자의 성격 등 주관적 상태가 나타나 있는 것이지만, 형법은 이에 관한 판단을 단번에 하려는 것은 아니고, 우선 행위만을 대상으로 하여 위법하다고 판단되면 그것을 행위자와 관련시켜서 다시 한번 심사하여 본다. 이것이 즉 책임판단(責任判斷)이다. 따라서 같은 성질의 위법행위라도 행위자의 주관적 상태를 고려에 넣으면 판단은 행위자에 따라 달라질 수 있다. 반대로 행위자의 주관적 사정을 고려함이 없을 때에는 일률적(一律的)인 판단이 되지 않을 수 없다. 책임을 주관적 판단이라 하고, 위법성을 객관적 판단이라고 하는 것은 이런 뜻에서이다. 그러나 위법판단의 대상은 반드시 행위의 외부적 과정에만 국한되는 것이 아니라, 그 내부적·주관적 요소도 포함되어야 한다. 종래에는 외부적인 면만을 대상으로 하고 내부적 면은 책임판단의 대상이 될 뿐이라 하였지만, 위법성 판단이 객관적 판단이라고 대상까지를 외부적인 면에 국한시키려는 것은 잘못이다. 행위의 외부적 면은 가령 칼로 찔러 사람을 살해하는 것과 같은 법익침해의 면이고, 내부적 면은 무슨 생각으로 그리하였는가 하는 행위의사의 측면이다.

(3) 위법성과 고의과실

행위의사의 내용을 형법상 문제삼을 때에는 고의(故意)행위와 고의가 없는 행위로 나누고, 고의 없는 행위는 다시 과실(過失)행위와 과실도 없는 행위로 나누는데, 과실도 없는 행위는 범죄가 되지 않는다. 그러므로 위법성 판단의 대상이 되는 행위는 당연히 그것이 고의행위·과실행위인가, 과실도 없는 행위인가가 문제되지 않을 수 없다. 위법성 판단의 대상인 행위를 법익침해의 면에만 국한시켜야 한다는 종래의 입장에서는 고의·과실을 행위의 요소가 아니라 행위자에 관한 요소 즉 책임요소로 보았다. 그러나 행위의사까지도 위법성 판단의 대상으로 삼아야 한다는 새로운 입장에서는 고의·과실은 책임요소가 아니라 행위요소로 본다. 일반적으로 위법한 행위를 불법이라 한다. 고의는 바로 그것 때문에 행위가 불법이 되는 것이므로, 가장 대표적인 주관적 불법요소가 된다. 이 밖에 때로는 목적이 불법요소가 되는 경우도 있는데, 가령 문서위조죄의 '행사의 목적'이 그것이다. 위에서 말한 것을 종합하면 법질서 전체를 기준으로 하고, 내부적·외부적인 면을 모두 포함한 행위 그 자체를 대상으로 하여 용납될 수 없다는 판단이 곧 위법성 판단이다.

(4) 종류와 학설

위법성은 일반적으로 형식적 위법과 실질적 위법으로 구별한다. 행위가 구성요건에 해당하는 것을 형식적 위법이라 하지만, 이는 구성요건 해당성과 위법성을 혼동한 잘못된 것이다. 또 위법성을 주관적 위법과 객관적 위법으로 구별하는 학자도 있다. 법은 명령이므로 수명자(受命者)가 있어야 하며, 수명자는 그 명령의 내용을 이해하고 이에 따라 행동할 수 있어야 하므로, 위법성 판단은 책임능력자의 고의·과실에 의한 행위만을 대상으로 하여야 한다는 주장을 주관적 위법성론(主觀的違法性論)이라 한다. 그러나 한국에 이 주장을 하는 학자는 없고, 일반적으로 객관적 위법성론이라 할 수 있는 입장을 따르고 있다. 그 내용은 위에서 말한 것과 대체로 같다. 즉, 위법성 판단의 대상은 오로지 행위이며 행위자에 관한 국면까지 포함시켜서는 안 된다는 뜻에서 그 판단을 객관적 판단이라 하며, 그런 뜻으로 객관적 위법이라는 용어를 사용하여도 무방한 것이다. 그런데 이러한 위법성 판단은 일정한 요건이 구비되었을 때 내릴 수 있는 적극적 판단이 아니라, 위법성 조각사유가 없으면 내릴 수 있는 소극적 판단일 뿐이다.

(5) 조각사유

일정한 사유가 있으면 위법하지 않게 되고, 그것이 없으면 위법한 것이 되는 사유이다. 위법성 조각사유로서 형법은 ① 정당행위, ② 정당방위, ③ 긴급피난, ④ 자구행위, ⑤ 피해자의 승낙, ⑥ 진실을 발표할 권리 등을 규정하였다(20~24·310조).
그러나 그것들을 일관하는 통일적 원리가 무엇인가에 관하여서는 학설이 대립되어 있다.

① 법익형량설(法益衡量說)은 법익침해를 그 실질로 보고, 큰 가치의 법익을 위하여 작은 가치의 법익은 희생되어도 무방하다는 주장이다. 모체(母體)의 건강을 위한 임신중절(姙娠中絶)은 이 학설로써도 설명이 잘 되지만, 경중(輕重)을 말할 수 없는 생명과 생명이 대립되는 경우를 이 학설로써는 설명할 수 없다.

② 목적설(目的說)은 행위가 국가적으로 승인된 목적에 맞는 경우에는 그 위법성이 조각된다고 주장한다. 가령 불길에 싸인 어린이를 소방대원이 2층 창구에서 던지는 행위는 다른 구출수단이 없는 한, 그 때문에 어린이가 죽었더라도 그 행위의 위법성을

인정할 수 없다는 것이다. 그러나 목적설로써는 피해자의 승낙이 있을 때 위법성이 조각되는 이유를 설명하지 못한다.

③ 그러므로 사회상당성(社會相當性)이라는 원리가 주장되었다. 위법성 조각사유는 형법에 의해서만 논할 것이 아니라 법질서 전체의 입장에서 상당(相當)하다고 인정되는 행위는 위법성이 조각된다는 생각이다.

물론 법익의 가치를 비교할 수 있는 경우에, 작은 법익을 희생하는 것(법익형량설)이 사회적으로 상당하다고 인정될 수 있다. 또 목적·수단이 정당하다고 인정될 때에도(목적설) 그것을 사회적으로 상당한 행위라 할 수 있다. 그러므로 사회상당성은 ①과 ②의 설을 모두 포함한 고차원적인 원리라 할 수 있다. 한국 형법의 사회상규(社會常規) 또는 상당한 이유라는 표현은 사회상당성을 위법성 조각사유의 통일적 원리로 삼은 것이라 말할 수 있다.

3. 책임조각사유(責任阻却事由)[90]

요약 형법상 범죄의 성립요건의 하나인 책임의 성립을 조각하는 사유. 면책사유라고도 한다. 법률, 특히 형법에 있어서 책임이란 합법적으로 행동할 수 있었음에도 불구하고 위법하게 행위한 것에 대한 비난 가능성을 뜻한다. 근대 이후의 형법은 '책임 없으면 형벌 없다'는 원칙을 대전제로 한다. 즉 행위가 아무리 중대한 결과를 가져왔더라도 행위자에게 비난 가능성이 없으면 처벌하지 않는 것이다. 책임조각사유란 비난 가능성의 여지는 있지만 특별한 기대불가능성(期待不可能性)을 이유로 그 책임비난을 조각하는 경우이다. 기대불가능성이란 행위 당시의 상황이 비정상적이기 때문에 행위자가 적법행위를 할 것을 기대할 수 없는 경우를 말한다. 현행 형법에서는 저항할 수 없는 폭력 등으로 인해 강요된 행위(12조), 과잉방위(21조 2~3항), 과잉피난(22조 3항), 과잉자구행위(23조), 친족간의 증거인멸·은닉·위조 또는 변조(155조 4항) 등이 책임조각사유에 해당된다. 이 가운데 강요된 행위는 전면적 책임조각사유이고, 과잉방위, 과잉피난 및 과잉자구행위는 부분적 책임조각사유이다. 한편, 책임조각사유는 책임의 성립 자체를 배제하는 책임배제사유와 구별되기도 하고, 이 2가지를 합쳐 넓은 의미의 책임조각사유로 보기도 한다. 책임배제사유에는 책임무능력과 금지착오가 있다. 책임무능력은 일정한 연령에 미달하거나 심신장애로 인하여 통제능력과 조종능력을 상실하여 형사책임을 질 능력이 없는 상태를 말한다. 금지착오란 착오로 인하여 자신의 행동의 위법성을 인식하지 못한 경우를 말한다.

---

90) 두산백과, http://www.doopedia.co.kr/doopedia/master/master.do?_method= view&MAS_IDX=101013000879410, 2018. 5. 25.자.

4. 심신미약(心神微弱)[91]

심신장애로 인하여 사물을 변별할 능력이나 의사를 결정할 능력이 미약한 상태를 말한다. 심신미약도 심신장애의 일종이며, 다만 심신상실과는 그 장애의 정도에 차이가 있을 뿐이다. 형법은 심신상실과 마찬가지로 심신미약에 대해서도 혼합적 방법(생물학적 및 심리적)을 사용하고 있다. 심신미약의 '생물학적 요소'는 심신상실의 정도에 이르지 아니한 심신장애가 있어야 한다. 중병 아닌 정신박약·신경쇠약·히스테리·노쇠·알콜중독·경증의 정신병질 및 경한 운동장애 등이 보통이겠으나, 경우에 따라서는 경한 뇌성마비·조현증 또는 간질에 대해서도 한정책임능력을 인정할 수 있다. 심신미약의 '심리적 요소'는 사물변별능력과 의사결정능력이 미약해야 한다. 심신미약의 판단에는 전문가의 감정이 중요한 역할을 할 수 있지만, 궁극적으로는 법적·규범적인 관점에서 법관이 판단할 법률문제이다. 형법상 심신미약자는 한정책임능력자로서 그 형이 감경된다(형법 제10조 2항).

> 형법 제10조에 규정된 심신장애의 유무 및 정도의 판단은 법률적 판단으로서 반드시 전문감정인의 의견에 기속되어야 하는 것은 아니고, 정신질환의 종류와 정도, 범행의 동기, 경위, 수단과 태양, 범행 전후의 피고인의 행동, 반성의 정도 등 여러 사정을 종합하여 법원이 독자적으로 판단할 수 있다(대법원 1999. 8. 24. 선고 99도1194 판결).

---

91) 이병태, "법률용어사전 : 2016,새학설 새법률에 의한 6,000여 법률 용어를 수록한", 법문북스, 2016.

5. 심신상실(心神喪失)[92]

심신장애로 인하여 사물을 변별할 능력이 없거나 의사를 결정할 능력이 없는 상태를 말한다. 심신상실로 인한 책임무능력자가 되기 위해서는 심신장애라는 생물학적 요소와, 심신장애로 인하여 사물의 변별능력과 의사결정능력이 없다는 심리적 요소가 있어야 한다. 심신상실의 요인으로는 정신병·정신박약, 심한 의식장애 또는 기타 중한 심신장애적 이상을 들 수 있다. 형법상 심신상실자는 책임무능력자로서 처벌되지 않는다(형법 제10조 1항).

> 피고인이 범행 당시 그 심신장애의 정도가 단순히 사물을 변별할 능력이나 의사를 결정할 능력이 미약한 상태에 그쳤는지 아니면 그러한 능력이 상실된 상태이었는지 여부가 불분명하므로, 원심으로서는 먼저 피고인의 정신상태에 관하여 충실한 정보획득 및 관계 상황의 포괄적인 조사·분석을 위하여 피고인의 정신장애의 내용 및 그 정도 등에 관하여 정신의로 하여금 감정을 하게 한 다음, 그 감정결과를 중요한 참고자료로 삼아 범행의 경위, 수단, 범행 전후의 행동 등 제반 사정을 종합하여 범행 당시의 심신상실 여부를 경험칙에 비추어 규범적으로 판단하여 그 당시 심신상실의 상태에 있었던 것으로 인정되는 경우에는 무죄를 선고하여야 한다(대법원 1998. 4. 10. 선고 98도549 판결).

---

92) 이병태, "법률용어사전 : 2016,새학설 새법률에 의한 6,000여 법률 용어를 수록한", 법문북스, 2016.

제2장 범죄의 종류

1. 살인죄(殺人罪, homicide)[93]

고의로 타인을 살해하여 생명을 빼앗는 것을 말한다(형법 제250조). 사람을 살해하여 사망이라는 결과를 야기함에 있어서 그 수단이나 방법은 불문한다. 즉 타살(打殺)·사살(射殺)·교살(絞殺)·독살(毒殺)·참살(斬殺)·자살(刺殺)·익살(溺殺)·추락사(墜落死) 등의 유형적 방법으로 살해하든 정신적인 고통이나 충격을 주는 무형적 방법으로 살해하든 상관없다. 단 폭발물을 사용하는 경우에는 별죄(別罪)를 구성한다(형법 제119조 참조). 또한 직접적인 방법이나 간접적인 방법으로 살해하든, 작위에 의하든 부작위에 의하든지 상관없다. 여기에서 고의라 함은 행위의 객체에 대해 단지 사람이라는 인식만 있으면 족하고, 또한 행위에 대해서는 사망이라는 결과의 인용이 있으면 족하다. 따라서 객체(客體)의 착오, 인과관계의 착오, 방법의 착오는 고의의 성립에 영향이 없고 또한 미필적고의(未必的故意)로도 충분하다. 이 경우 만약 고의가 없다면 단지 상해치사죄(傷害致死罪)(형법 제259조 1항), 폭행치사죄(暴行致死罪)(제262조) 또는 과실치사죄(過失致死罪)(제267조)가 될 뿐이다. 본죄(本罪)의 객체는 생명이 있는 타인이다. 따라서 생명이 있는 한 기형아·생존능력이 없는 빈사상태의 환자·분만 중인 태아·실종선고를 받은 자 또는 사형의 확정판결을 받은 자 등도 모두 살인죄의 객체가 된다. 본죄는 상대방을 사망시킴으로써 기수(既遂)가 되고, 살해하기 위한 행위는 있었으나 사망의 결과에 이르지 못한 경우에는 살인미수

---

93) 이병태, "법률용어사전 : 2016,새학설 새법률에 의한 6,000여 법률 용어를 수록한", 법문북스, 2016

(殺人未遂)죄(제254조)가 된다. 또한 살인의 목적으로 흉기나 독약을 준비하면 살인예비로서, 2인 이상의 살인을 모의하게 되면 살인음모로서 10년 이하의 징역에 처하게 된다(제255조). 본죄를 범한 자는 사형·무기 또는 5년 이상의 징역에 처한다(제250조). 단 형의 감경이나 집행유예도 가능하며, 일반적으로 양형(量刑)의 폭이 매우 넓다.

2. 폭행죄(暴行罪, assault)[94]

사람의 신체에 대하여 폭행을 가하는 죄이다(형법 제260조 1항). 여기에서 말하는 폭행이란 신체에 대한 일체의 불법적인 유형력의 행사를 포함하며, 그 행위로 반드시 상해의 결과를 초래할 필요는 없다. 이에 따라 불법하게 모발·수염을 잘라버리는 것, 높지 않은 곳에서 손으로 사람을 밀어 떨어지게 하는 것, 사람의 손을 세차게 잡아당기는 것 등도 폭행이 된다. 또 구타(毆打) 등과 같이 직접 행위에 의한 경우뿐만 아니라 널리 병자의 머리맡에서 소란을 피우거나 마취약을 맡게 하거나 또는 최면술에 걸리게 하는 등 사람의 신체에 대한 일체의 유형력의 행사, 즉 물리적인 힘의 행사에 한하지 않고 예를 들면 담배의 연기를 상대방에게 뿜어 버리거나 강제로 키스하는 것도 폭행이 된다. 형법에는 폭행죄에 있어서의 폭행 이외에 세 가지 종류의 폭행이 있다. 즉 소요죄(騷擾罪)·내란죄(內亂罪) 등에 있어서의 폭행과 같이 사람에 대한 것이든 물건에 대한 것이든 모든 종류의 유형력의 행사 즉 최광의(最廣義)의 폭행과, 공무집행방해죄에 있어서의 폭행과 같이 사람에 대한 직접적·간접적인 유형력의 행사, 즉 광의의 폭행 및 강도죄(强盜罪)·강간죄(强姦罪) 및 강제추행죄(强制追行罪) 등에 있어서의 폭행과 같이 피해자의 저항을 억압할 정도의 유형력의 행사 즉 최협의(最狹義)의 폭행이 있다. 또 폭행은 고의가 있어야 하고 위법한 것이어야 하므로, 씨름·권투시합·프로레슬링에서의 행위는 폭행이 아니며 상대방의 승낙을 받아 시행한 최면술도 폭행이 아니다. 신문기사에 흔히 나오는 「부녀폭행」은 강간을 의미하는 것으로서, 이는 까다로운 표현을 피하기 위하여 사용되는 말에 불과하고 본래의 의미의 폭행과 다르다.

---

94) 이병태, "법률용어사전 : 새학설 새법률에 의한 6,000여 법률 용어를 수록한", 법문북스, 2016.

폭행죄는 2년 이하의 징역 또는 500만원 이하의 벌금·구류·또는 과료에 처한다. 또 폭행죄는 이른바 반의사불벌죄(反意思不罰罪)로서 피해자의 명시한 의사에 반하여서는 공소를 제기 할 수 없다.

3. 상해죄(傷害罪)[95]

(1) 개요

사람의 신체를 상해하는 죄를 말한다. 상해의 의미에 대해서는 사람의 신체에 손상을 주는 것, 즉 신체의 완전성(完全性)을 해하는 것을 의미한다는 신체의 완전성침해설(完全性侵害說)과 사람의 신체의 건강상태를 불량하게 변경하는 것을 말한다는 생리적기능장애설(生理的機能障碍說) 및 생리적 기능의 훼손과 신체외모에 대한 중대한 변화라고 해석하는 절충설(折衷說) 등이 있는데 통설은 생리적기능장애설을 취하고 있고, 판례는 신체의 완전성침해설을 취하는 경우도 있고, 생리적기능장애설을 취하는 경우도 있으며, 양자를 포괄하는 입장을 취하는 경우도 있다. 통설의 견해에 따를 때 예를 들면 남자의 수염이나 여자의 소량의 모발을 깎아 버리는 것은 상해가 아니라 폭행죄(暴行罪)에 해당된다. 그러나 피부의 표피를 박리(剝離)하는 것, 중독증상을 일으켜 현기구토(眩氣嘔吐)를 하게 하는 것, 치아의 탈락, 피로·권태를 일으키게 하는 것, 처녀막열상(處女膜裂傷), 성병에 감염시키는 것 등은 모두 상해로 된다. 그러나 상해에 대한 고의는 없이 다만 뺨을 한번 때렸던 바, 의외에도 상처를 입히게 된 경우에는 폭행치상죄(暴行致傷罪)(형법 제262조)가 된다. 이에 관하여 구형법에서는 상해죄(傷害罪)가 성립된다고 하였으나, 현행 형법은 폭행치상죄의 구성요건을 신설하고 있으므로 상해죄는 고의범(故意犯)에 한하여 성립된다. 형은 7년 이하의 징역·10년 이하의 자격정지 또는 1천만원 이하의 벌금이다. 폭행의 고의도 없이 오로지 과실에 의하여 타인에게 상해를 가한 경우에는 과실치상죄(過失致傷罪)(제266조 1항)로서 5백만원 이하의 벌금·구류 또는

---

95) 이병태, "법률용어사전 : 새학설 새법률에 의한 6,000여 법률 용어를 수록한", 법문북스, 2016.

과료에 처하고, 상해를 가하였던 바 상대방이 사망에 이르게 한 경우에는 상해치사죄(傷害致死罪)(형법 제259조 1항)로서 3년 이상의 유기징역에 처한다. 또 2인 이상이 각각 동시에 특정한 사람에게 상해를 가한 경우에 그 상해가 누구의 행위에 의한 것인지 판명되지 아니할 때에는 그 모두를 공동정범(共同正犯)으로 처벌한다(제263조). 이는 동시범(同時犯)의 특례를 인정한 것이다. 본죄의 보호객체는 자기 이외의 타인의 신체이다. 즉 피해자는 독립성을 가진 개인임을 요하고 따라서 태아, 사체 및 유골은 포함되지 않는다. 그러나 자기의 신체의 상해라도 특별법(特別法)에 의해 처벌되는 경우가 있다(병역법 제86조 ; 1년 이상 3년 이하의 징역, 군형법 제41조 1항 ; 적전(敵前)인 경우 사형, 무기, 5년 이상의 징역 기타의 경우 3년 이하의 징역). 그리고 비록 타인의 신체에 상해를 가했다하더라도 그것이 사회상규에 위배되지 않는 피해자의 승낙이거나 치료행위 및 징계행위일 경우에는 위법성이 조각(阻却)된다.

(2) 상해의 개념에 관한 학설

학설	내용
신체의 완전성침해설	상해란 신체의 완전성에 대한 침해를 의미한다는 견해
생리적 기능훼손설 (다수설)	상해란 생리적 기능의 훼손, 즉 건강침해로서 육체적, 정신적 병적 상태의 야기와 증가를 의미한다는 견해
절충설	상해란 생리적 기능의 훼손 이외에 신체외관에 중대한 변경을 가하는 경우를 포함한다는 견해

4. 절도죄(竊盜罪, larceny)[96]

(1) 개요

타인의 재물을 절취하는 것을 내용으로 하는 범죄로서(형법 제329조) 재산죄 중에서 재물만을 객체로 하는 순수한 재물죄(財物罪)이다. 본죄의 보호법익은 소유권인데 재물에 대한 실질적·경제적인 가치를 보호하는 것이 아니라, 그 재물에 대한 형식적 소유권을 보호법익으로 하고 있다. 여기에서 말하는 「타인의 재물」이란 타인이 소유하는 재물을 말하는 것으로 하늘을 나르는 새와 같이 누구의 소유에도 속하지 않는 무주물은 절도죄의 객체로 될 수 없다. 그러나 타인이 양식하고 있는 양어를 절취한다면 당연히 절도죄가 성립한다. 그리고 타인의 소유물이라 하더라도 그것을 타인이 점유하고 있지 않을 때에는 횡령죄(橫領罪) 등의 객체로 될 수 있음은 별문제로 하고 절도죄는 성립하지 않는다. 따라서 자기가 보관하고 있는 타인의 시계를 임의로 질입(質入)하였을 경우에는 횡령죄(제355조 1항)가 성립한다. 토지나 건물 등의 부동산을 그 상태대로 두고 절취할 수 있느냐에 대해서 다수설은 이를 긍정하지만 판례와 소수설은 부정한다. 부동산에 대한 절도죄를 인정하지 않는 입장에서는 경계선을 넘어서 타인의 인지(隣地)의 일부를 차지하는 것에 대해서는 경계침범죄(境界侵犯罪)(제370조)가 성립한다고 한다. 또 자기 재산이라도 타인이 점유하고 있는 물건을 그 점유자의 의사에 반하여 자기의 사실상의 지배하에 옮기는 경우는 권리행사방해죄(權利行使妨害罪)(제323조)가 성립하고, 공무소의 명령에 의해서 타인이 간수하고 있는 물건도 타인의 물건으로 간주되고 있으나, 이에 관하여는 공무상 보관물무효죄(保管物無效罪)(제142조)가 적용된다.

---

96) 이병태, "법률용어사전 : 2016,새학설 새법률에 의한 6,000여 법률 용어를 수록한", 법문북스, 2016

그러므로 예를 들면 타인에게 임대하고 있는 자기의 물건을 절취하면 권리행사방해죄(權利行使妨害罪)가 성립한다. 전기와 같은 동력은 재물로 간주한다(제346조). 절취는 탈취(奪取)의 일종으로서 재물에 대한 타인의 소지 즉 사실상의 지배를 그 의사에 반하여 자기 또는 제3자의 지배하에 옮기는 것을 말한다. 따라서 형법상의 점유는 민법상의 점유와 달리 현실적으로 사실상의 지배를 의미하며 보통「소지」라고 한다. 그러나 그「소지」가 현실적으로 현재 점유하고 있지 않을지라도 사실상 지배하고 있다고 인정되면 형법상 점유는 있는 것이다. 그러므로 소지자 또는 소유자가 일시 재물을 잃어버렸을 때에도 그 재물이 건물안에 존재하는 한 또 화재를 당하여 피난자가 가재도구를 공용도로에 내어놓고 일시 그 곳을 떠났을 지라도, 그리고 주인에게 돌아오는 습성(習性)을 가진 새가 일시 그 주인의 사실상의 지배를 떠나 외유 중일지라도 귀환하는 습성을 잃지 않는 한 절도죄의 객체(客體)로 되는 것이다. 또 타인이 소유하고 있는 재물을 자기의 것이라고 속여 정(情)을 모르는 제3자로 하여금 가져가게 한 때에도 절도죄는 성립한다. 그러나 절도범인(竊盜犯人)으로부터 현장에서 장물을 탈환하는 것은 자구행위로서 죄로 되지 않는다. 절도죄가 기수(旣遂)로 되려면 단순히 타인의 재물에 손을 대는 정도로는 부족하나(접촉설(接觸說) 재물의 장소를 이전하는 것까지는 필요치 않고(이전설(移轉說) 재물의 취득이 있음으로써 족하다(취득설(取得說). 그러므로 장롱 속에서 의류(衣類)를 자기 손에 넣지 않았을 때에는 절도미수죄(竊盜未遂罪)가 성립한다(형법 제342조). 또 자식이나 동거친족이 부(父) 또는 가족의 재물을 절취하면 절도죄는 성립하지만 그 형은 면제한다(제344, 328조 준용). 절도죄의 형은 6년 이하의 징역 또는 1천만원 이하의 벌금이다.

(2) 절도죄의 유형

죄명	행위	처벌
단순절도죄 (형법 제329조)	절취	① 6년 이하의 징역 ② 1천만원 이하의 벌금 ③ 유기징역에 처할 경우에는 10년 이하의 자격정지병과(資格停止倂科) 가능 ④ 미수 처벌(未遂 處罰) (제342조)
야간주거침입절도죄 (형법 제330조)	① 야간 ② 주거침입 ③ 절취	① 10년 이하의 징역 ② 제329조 3, 4항과 동일
특수절도죄 (형법 제331조)	① 야간 ② 문호(門戶) 또는 장벽 기타 건조물의 일부를 손괴 ③ 침입 ④ 절취	① 1년 이상 10년 이하의 징역 ② 제329조 3, 4항과 동일
상습절도죄 (형법 제332조)	상습으로 제329, 330, 331조, 331조의 2를 범함	① 형의 1/2까지 가중 ② 제329조 3, 4항과 동일

(3) 절도죄에 있어서의 점유의 요소

요소	내용	사례
물리적 요소	(1)「사실상의 물적 지배」인 사실적 개념이므로 법률적 개념인 민법상의 점유와 구별된다.	(1) 민법이 인정하는 간접점유·상속에 의한 점유의 승계를 형법에서는 인정치 않고, (2) 민법이 부인하는 점유보조자의 점유를 형법은 인정한다. (3) 민법이 인정하는 법인의 점유를 부인하고 형법은 자연인을 통해서만 점유를 인정
사회규범적인 요소	(1) 형법상의 점유는 반드시 악지(握持)할 필요가 없고 일반관습에 의하여 물건에 대한 사실상의 지배관계가 있으면 족하다. (2) 사회규범적인 요소를 점유요소로 보지 않고 점유의 범위문제로 취급하는 견해가 있다.	(1) 일시 외출한 공가 및 가옥내에 방치한 물건, 밭에 퇴적한 곡물, 들판에서 놀고 있는 가축 등은 주인의 점유하에 있다. (2) 여객(旅客)이 유실한 물건은 여관주인의 점유하에 있다. (3) 화재시에 가재(家財)를 가두에 반출하고 일시 그 장소를 떠나도 소유자의 점유에 있다.
정신적 요소	(1) 물(物)에 대한 점유의사가 필요하다. 그러나 이 점유의사는 개별적인 의사가 아니라 일반적·포괄적인 의사이다.	(1) 편지통에 들어 있는 우편물 (2) 바다에 쳐놓은 그물 속에 들어 있는 물고기들은 행위자의 점유가 인정된다.
	(2) 점유의사는 법적 개념이 아니라 사실적 개념이다.	(3) 정신병자나 유아도 이러한 의사를 가진다.

(4) 절도죄의 공동점유

경우	구분	내용	
상하 주종 관계	학설	㉮ 부정설-상하주종관계의 공동점유를 부정하여, 주된 소지자만이 점유자이고 종(從)된 소지자는 단순한 수족(手足)으로 보조자에 불과하다고 하여, 점원이 상점 내의 상품을 영득한 경우 절도라고 한다. ㉯ 긍정설-주된 소지자 외에 종된 소지자도 점유자라 한다. 다만 긍정설도 점원의 점유자임을 인정한 후 상품영득행위는 주된 소지자인 주인의 점유를 침해할 것이므로 부정설과 같이 절도라고 한다. ㉰ 횡령죄설(橫領罪說)-사실적 지배에다 신분자로서의 점유(보관의 의미)의 성질을 대유(帶有)하는가를 고려하여 절도인가 횡령인가를 정할 것인바(진계호(陣癸鎬) 「형법각론(刑法各論)」 289면), 위의 예는 단순한 외부로부터의 점유침해와는 달리 점유의 내부관계에서의 침해란 점에서 주점유자에 대한 배임적 성격을 가지므로 횡령이라고 한다.	
	판례	㉮ 점원이 상품영득의 경우(1914. 3. 6. 일대판(日大判)) ㉯ 창고 경비원이 그 재고품을 영득한 경우(1923. 11. 9. 일대판(日大判)) ㉰ 차장(車掌)이 화물을 영득한 경우(1967. 7. 8. 67도798 대판(大判))(1925. 7. 4. 일대판(日大判))	상하주종관계의 공동점유를 긍정하면서 절도죄로 봄
		㉱ 농업회의 창고계 서기가 창고에서 정부미를 지출한 경우(1946. 11. 26. 일대판(日大判)) ㉲ 우편국의 사무원이 우편물 중 봉금(封金) 1개를 영득한 경우(1940. 11. 27. 일대판(日大判)) ㉳ 동사무소 사환이 입금하라는 현금을 갖고 도주한 경우는 타인의 재물을 보관하는 자에 해당한다하여 횡령이라 함(1968. 10. 29. 68도1222 대판(大判))	상하주종관계의 공동점유를 부정하면서 절도죄로 봄
대등 관계		㉮ 수인(數人)이 공동하여 타인의 재물을 보관(점유)하는 경우 1인이 그의 단독점유로 옮긴 때는 공동점유자의 점유를 침해한 것으로 절도(竊盜)이다(통설(通說)). ㉯ 수인이 공동하여 자기들의 재물을 점유하는 경우 1인이 불법하게 영득하면 역시 절도이다(1965. 1. 1964도581 대판(大判)). ㉰ 공동소유물이라도 공동점유하에 있지 않고 어느 1인의 단독점유하에 있는 경우 그 점유자가 영득하면 횡령이 된다.		

5. 강도죄(強盜罪, robbery)[97]

폭행 또는 협박으로 타인의 재물을 강취(强取)하거나 기타 재산상의 이익을 취득하거나 제3자로 하여금 이를 취득하게 하는 죄를 말한다(형법 제333조). 따라서 사람의 신체를 포박하거나, 사람에게 흉기(兇器)로 위협하면서 현금 등을 탈취하는 경우 및 노무를 제공케 하는 행위 등은 모두 강도죄이다. 그리고 본죄에 있어서의 「강취(强取)」는 반드시 탈취일 필요는 없고 피해자가 교부하는 외관을 보이더라도 그것이 피해자의 의사를 억압한 경우에는 강취가 된다. 폭행은 사람에 대하여 유형력을 행사하는 것이고, 협박은 해악의 고지에 의하여 사람에게 공포심을 일으키게 하는 것인데, 강도죄에서는 이러한 행위가 반드시 재물강취(財物强取)의 수단이어야 하므로 이에 의하여 상대방의 반항을 억압하는 데 족할 정도에 달했는가 아닌가는 피해자의 성별, 연령, 범행장소, 시간 등을 고려하여 사회일반인의 통념에 따라서 판단할 수밖에 없다. 만약 이 정도에 미달하는 협박에 의해서 재물을 교부케 되었다면 그것은 형법상의 공갈죄(恐喝罪)(제350조)가 성립할 뿐이다. 또한 폭행이나 협박은 강취의 수담에 불과한 것이므로 집사람을 협박하여 주인(主人)의 물건을 탈취(奪取)해도 강도죄가 된다. 형은 3년 이상의 유기징역이며, 미수죄(未遂罪)와 예비음모죄(豫備陰謀罪)(7년 이하의 징역)도 처한다(제342, 343조). 또 절도가 재물의 탈환을 항거하거나 체포를 일탈하거나 죄적(罪跡)을 인멸할 목적으로 폭행 또는 협박을 가한 때에는 준강도라 하고, 강도죄와 동일한 형으로 처벌한다(제335조). 강도범인이 사람을 상해하거나 상해에 이르게 하였을 때(강도상해치상)에는 무기 또는 7년 이상의 징역에 처하고, 사람을

---

97) 이병태, "법률용어사전 : 2016,새학설 새법률에 의한 6,000여 법률 용어를 수록한", 법문북스, 2016

살해한 때(강도살인죄)에는 사형 또는 무기징역에 처하고, 사망에 이르게 한 때(강도치사죄)에는 무기 또는 10년 이상의 징역에 처하는데(형법 제338조), 이러한 죄를 총칭해서 강도치사상죄(強盜致死傷罪)라고 한다. 여기에서 말하는 강도범인이란 강도에 착수한 자를 말하며 사후 강도도 이에 포함된다. 강도범인에게 살해의 고의가 있었을 경우(강도살인죄)도 강도살인·치사죄에 의하여 처벌된다. 강도의 실행에 착수한 범인이 부녀를 강간했을 때(강도강간죄)에는 무기 또는 10년 이상의 징역에 처하며, 이로 인하여 고의 없이 부녀를 사망케 했을 때에는 강도강간죄와 강간치사죄(強姦致死罪)의 상상적 경합이 되고, 고의로서 강간한 후 살해하면 강도강간죄와 강도살인죄(強盜殺人罪)의 상상적 경합이다. 강도살인과 강도강간의 미수죄(未遂罪)도 처벌한다(제342조). 사람을 체포·감금·약취 또는 유인하여 이를 인질로 삼아 재물 또는 재산상의 이익을 취득하거나 제3자로 하여금 이를 취득하게 한 경우, 즉 인질강도죄(人質強盜罪)(제336조)의 경우에는 3년 이상의 유기징역에 처한다. 본죄는 약취죄와 공갈죄의 결합범으로서 그 약취의 객체는 반드시 미성년자에 한하지 않는다. 본죄는 인질로 삼아 재물 또는 재산상의 이익을 취득함으로써 기수(既遂)에 이르고 그 객체는 재물 또는 재산상의 이익에 한하며, 약취유인죄(略取誘引罪)(제287, 288조)와 법조경합(法條競合)의 관계에 서게 된다. 그리고 야간에 사람의주거, 관리하는 건조물이나 선박이나 항공기 또는 점유하는 방실(房室)에 침입하여 제333조의 죄를 범할 경우에는 특수강도죄(特殊強盜罪)로서 무기 또는 5년 이상의 징역에 처하게 되는데(제334조), 이것은 행위의 방법 때문에 불법이 가중된 가중적 구성요건이다. 또한 다중의 위력으로 해상에서 선박을 강취하거나 선박 내에 침입하여 타인의 재물을 강취한 경우에는 해상강도죄(海上強盜罪)(제340조 1항)로서 무기 또는 7년 이상의 징역에 처하며 그 미수범도 역시 처벌한다(제342조).

6. 강간죄(強姦罪, rape)[98]

폭행 또는 협박을 수단으로 하여 사람을 항거불능의 상태로 만든 뒤 간음을 함으로써 성립한다(형법 제297조). 다만13세 미만의 사람에 대한 경우에는 폭력을 수단으로 하지 않았어도, 또 상대방의 동의가 있었다 하더라도 본죄가 성립한다(제305조). 본죄는 사람의 정조의 자유를 침해함으로써 건전한 성적윤리질서(性的倫理秩序)를 혼란시 키는 행위를 처벌하는 데 그 목적이 있다. 따라서 스스로 수절(守節) 할 수 없는 심신상실자(心神喪失者)나 항거불능력자(抗拒不能力者)에 대한 간음행위(姦淫行爲)는 준강간죄(準强姦罪)(제299조). 강간죄를 피해자의 연령에 따라서 구별하는 것은 합의에 대한 이해능력을 고 려한 것이다. 강간죄는 폭행이나 협박의 개시로 착수된다. 본래 강 간죄의 객체는 부녀였으나, 변화된 시대상황을 반영하여 개정 (2012.12.18. 법률 제11574호)되어 범죄의 객체가 '부녀'에서 '사 람'으로 확대되었고, 강간죄 등 성범죄에 관하여 고소가 있어야 공 소를 제기할 수 있도록 한 규정도 삭제되었다.

> [1] 강간죄의 객체는 부녀로서 여자를 가리키는 것이므로, 강간죄의 성립을 인정하기 위하여는 피해자를 법률상 여자로 인정할 수 있어야 한다. 종래에는 사람의 성을 성염색체와 이에 따른 생식기·성기 등 생물학적인 요소에 따라 결정하여 왔으나, 근래에 와서는 생물학적인 요소뿐 아니라 개인이 스스로 인 식하는남성 또는 여성으로의 귀속감 및 개인이 남성 또는 여성으로서 적합하 다고 사회적으로 승인된 행동·태도·성격적 특징 등의 성역할을 수행하는 측 면, 즉 정신적·사회적 요소들 역시 사람의 성을 결정하는 요소 중의 하나로 인정받게 되었으므로, 성의 결정에 있어 생물학적 요소와 정신적·사회적 요소 를 종합적으로 고려하여야 한다.

---

98) 이병태, "법률용어사전 : 2016,새학설 새법률에 의한 6,000여 법률 용어를 수록한", 법문북 스, 2016

[2] 성전환자를 여성으로 인식하여 강간한 사안에서, 피해자가 성장기부터 남성에 대한 불일치감과 여성으로의 성귀속감을 나타냈고, 성전환 수술로 인하여 여성으로서의 신체와 외관을 갖추었으며, 수술 이후 30여 년간 개인적·사회적으로 여성으로서의 생활을 영위해 가고 있는 점 등을 고려할 때, 사회통념상 여성으로 평가되는 성전환자로서 강간죄의 객체인 '부녀'에 해당한다(대법원 2009. 9. 10. 선고 2009도3580).

7. 위증죄(僞證罪)[99]

법률에 의하여 선서한 증인이 허위의 진술을 하는 죄. 법원으로부터 소환받은 민사·형사사건의 증인은 증언하기 전에 선서를 한다. 이 죄는 법률에 의하여 선서한 증인에 한하여 성립하는 일종의 신분범이므로, 수사단계에서 선서하지 않은 증인이나 참고인은 이에 해당하지 않는다. 허위의 진술은 자기의 기억에 반하는 사실을 진술하는 것을 말하며, 객관적 진실에 부합되더라도 자기의 기억에 반한 진술은 허위의 진술이 된다. 형법상 위증죄는 단순위증죄, 모해위증죄, 허위감정·통역·번역죄 등(152·154조)이다. 모해위증죄란 선서한 증인이 형사사건 또는 징계사건에 관하여 피고인·피의자 또는 징계혐의자를 모해할 목적으로 허위진술하는 것을 말한다. 위증죄는 5년 이하의 징역 또는 1000만원 이하의 벌금에 처하고, 모해위증죄만은 10년 이하의 징역에 처한다. 그리고 위증한 자가 그 진술한 사건의 재판 또는 징계처분이 확정되기 전에 자백 또는 자수한 때에는 그 형을 감경 또는 면제한다(153조).

---

99) 두산백과, http://www.doopedia.co.kr/doopedia/master/master.do?_method= view&MAS_IDX=101013000703449, 2018. 5. 12.자.

제3편
이상심리

제3편 이상심리

1. 외상 후 스트레스 장애(post traumatic stress disorder)[100]

(1) 요약

사람이 충격적인 사건을 경험한 후 발생할 수 있는 정신 신체 증상들로 이루어진 증후군

(2) 정의

외상 후 스트레스 장애는 사람이 전쟁, 고문, 자연재해, 사고 등의 심각한 사건을 경험한 후 그 사건에 공포감을 느끼고 사건 후에도 계속적인 재경험을 통해 고통을 느끼며 거기서 벗어나기 위해 에너지를 소비하게 되는 질환으로, 정상적인 사회생활에 부정적인 영향을 끼치게 된다.

(3) 원인

외상 후 스트레스 장애는 충격적인 사건 자체가 일차적인 원인이지만 충격적인 사건을 경험한 모두가 이 질환을 경험하는 것은 아니다. 일반인 중 60%의 남자와 50%의 여자가 상당히 의미 있는 사건을 경험하지만 실제 이 질환의 평생 유병율은 6.7% 정도이다. 사건 경험 전의 심리적, 생물학적 사전 요인이 질환 발생에 관여하는 것으로 생각된다.

---

100) 서울대학교병원 의학정보, http://www.snuh.org/, 2018. 5. 25.자.

질환 발생과 연관된 위험인자는 다음과 같다.

1) 어렸을 때 경험한 심리적 상처의 존재
2) 성격 장애나 문제
3) 부적절한 가족, 동료의 정서적 지원
4) 여성
5) 정신과 질환에 취약한 유전적 특성
6) 최근에 스트레스 많은 삶으로 변화
7) 과도한 음주

이 밖에 심리학적 원인은 어렸을 때 심리적인 충격과 관련하여 해결되지 않은 심리적인 갈등들이 현재의 사건과 맞물려 다시 일깨워지는 것으로 보는 정신분석적 모델과, 조건화된 자극이 지속적으로 공포 반응을 일으켜서 그 자극을 피하려는 행동이 문제를 일으키는 것으로 보는 인지행동적 모델로 설명하고 있다. 생물학적 요인으로는 신경전달 물질인 도파민, 노르에피네프린, 벤조다이아제핀 수용체 그리고 시상하부-뇌하수체-부신 축의 기능 등이 연관이 있는 것으로 보고되고 있다. 외상 후 스트레스 장애 환자 군에서 노르에피네프린 시스템과 시상하부-뇌하수체-부신 축의 기능이 증가되어 있다는 연구보고가 있고, 자율신경계의 반응이 과도하게 증가되어 있다는 연구결과도 있는데, 그 증거로 혈압 및 심장 박동수가 증가되어 있고 비정상적인 수면 구조를 보이는 것을 들 수 있다. 일부 연구는 이 질환이 우울장애 및 공황장애와 원인적 측면에서 유사성을 가진다는 주장을 하기도 한다.

(4) 증상

외상 후 스트레스 장애의 주된 증상은 충격적인 사건의 재경험과 이와 관련된 상황 및 자극에서 회피하는 행동을 보이는 것이다. 질환은 사건 발생 1달 후 심지어는 1년 이상 경과된 후에 시작될 수도 있다. 환자는 해리 현상이나 공황발작을 경험할 수도 있고 환청 등의 지각 이상을 경험할 수도 있다. 연관 증상으로는 공격적 성향, 충동조절 장애, 우울증, 약물 남용 등이 나타날 수 있다. 집중력 및 기억력 저하 등의 인지기능 문제가 나타날 수도 있다.

(5) 진단

미국 정신의학회(American Psychiatric Association)의 정신장애 진단 통계편람(DSM-5)의 진단 기준에 따르면 다음의 기준을 모두 만족해야 한다.

> **A.** 다음과 같은 방식 가운데 한 가지 이상으로 실제적이거나 위협적인 죽음, 심각한 부상, 또는 성폭력에의 노출을 경험
>
> 1. 외상성 사건(들)에 대한 직접적인 경험
> 2. 그 사건(들)이 다른 사람들에게 일어난 것을 생생하게 목격함
> 3. 외상성 사건(들)이 가족, 가까운 친척 또는 친한 친구에게 일어난 것을 알게 됨
>   ▶ 주의점: 가족, 친척 또는 친구에게 생긴 실제적이거나 위협적인 죽음은 그 사건(들)이 폭력적이거나 돌발적으로 발생한 것이어야만 한다.
> 4. 외상성 사건(들)의 혐오스러운 세부 사항에 대한 반복적이거나 지나친 노출의 경험(예. 변사체 처리의 최초 대처자, 아동 학대의 세부 사항에 반복적으로 노출된 경찰관)
>   ▶ 주의점: 노출이 일과 관계된 것이 아닌 한 전자미디어, 텔레비전, 영화 또는 사진을 통해 노출된 경우는 적용되지 않는다.

B. 외상성 사건(들)이 일어난 후에 시작된, 외상성 사건(들)과 관련이 있는 침습 증상이 다음 중 한 가지 이상으로 나타난다.

1. 외상성 사건(들)과 관련된 고통스러운 기억이 비자발적, 침습적으로 반복됨.

   ▸ 주의점: 7세 이상의 아동에서는 외상적 사건(들)의 주제 또는 특징이 표현되는 반복적 놀이를 한다.

2. 꿈의 내용과 정동이 외상적 사건(들)과 관련되어 있는 괴로운 꿈이 반복됨.

   ▸ 주의점: 아동에서는 내용을 알 수 없는 무서운 꿈으로 나타나기도 한다.

3. 마치 외상적 사건(들)이 재발하고 있는 것처럼 행동하거나 느끼는 해리성 반응 (예. 플래시백) (이러한 반응은 연속선상에서 나타나며, 가장 극심하게 표현될 경우 현재 주변 상황에 대해 완전히 인식하지 못할 수 있음)

   ▸ 주의점: 아동의 경우 놀이를 통해 외상과 관련된 재현이 일어날 수 있다.

4. 외상성 사건(들)을 상징하거나 닮은 내부 또는 외부의 단서에 노출되었을 때 극심하거나 지속적인 심리적 고통을 경험함.

5. 외상성 사건(들)을 상징하거나 닮은 내부 또는 외부의 단서에 노출되었을 때 뚜렷한 생리적 반응을 나타냄.

C. 외상성 사건(들)이 일어난 후에 시작된, 외상성 사건(들)과 관련된 자극에 대한 지속적인 회피가 다음 중 한 가지 이상으로 나타난다.

1. 외상적 사건(들)에 대한 또는 밀접하게 연관된 고통스러운 기억, 생각, 또는 감정을 회피하거나 또는 회피하려는 노력을 함.

2. 외상적 사건(들)에 대한 또는 밀접하게 연관된 고통스러운 기억, 생각, 또는 감정을 상기시키는 사람, 장소, 대화, 행동, 사물, 상황 등을 회피하거나 또는 회피하려는 노력을 함.

D. 외상적 사건(들)이 일어난 후에 시작되거나 악화된, 외상적 사건(들)과 관련된 인지와 기분의 부정적 변화가 다음 중 두 가지 이상으로 나타난다.

1. 외상적 사건(들)의 중요한 부분을 기억하지 못함 (두부 외상, 알코올, 약물 등 다른 원인들 때문이 아니며 전형적으로는 해리성 기억상실에 의함)

2. 자신, 타인 또는 세상에 대해 지속적이고 과장된 부정적 신념 또는 기대

(예. "나는 나빠", "아무도 믿을 수 없어", "세상은 전적으로 위험해", "나의 신경계 전체가 영구적으로 망가졌어")

3. 외상적 사건(들)의 원인 또는 결과에 대해 지속적으로 왜곡된 인지를 함으로써 자신 또는 타인을 비난함.

4. 지속적으로 부정적인 감정 상태를 경험 (예. 공포, 분노, 죄책감, 수치심)

5. 주요 활동들에 현저하게 저하된 관심 또는 참여를 보임.

6. 다른 사람들로부터 거리감 또는 소원해진다고 느낌.

7. 긍정적인 감정을 경험하는 것이 지속적으로 어려움 (예. 행복감, 만족, 또는 사랑하는 감정을 느낄 수 없음)

E. 외상적 사건(들)이 일어난 후에 시작되거나 악화된 외상적 사건(들)과 관련된 각성과 반응성의 뚜렷한 변화가 다음 중 두 가지 이상으로 나타난다.

1. (유발 자극이 거의 없거나 전혀 없음에도) 전형적으로 사람 또는 사물에 대해 언어적 또는 신체적 공격성으로 표현되는 이자극성과 분노 폭발

2. 무모하거나 자기파괴적인 행동

3. 과각성

4. 과장된 놀람 반응

5. 집중의 어려움

6. 수면 어려움 (잠들기 어려움 또는 잠을 이어서 자기 어려움 또는 불안정한 수면)

F. 장애 (진단기준 B, C, D, E) 의 지속기간이 1개월 이상이어야 한다.

G. 장애가 임상적으로 뚜렷한 고통이나 사회적, 직업적, 또는 다른 중요한 기능 영역에서의 장해를 초래한다.

장애가 물질 (예. 치료약물, 알코올) 의 생리적 효과나 다른 의학적 상태에 의한 것이 아니어야 한다.

(6) 검사

외상 후 스트레스 장애 진단에 있어 우선적인 고려 사항은 사고 당시 뇌 손상에 의한 증상 발생의 가능성을 배제하는 것이다. 뇌 자기공명영상 촬영 등 뇌 손상 정도 평가에 관한 검사가 필요할 수 있다. 또한 알코올 등의 물질 남용, 간질 등의 기질적 질환에 대한 감별이 이루어져야 하고 이에 필요한 뇌파 검사 등의 검사가 필요할 수 있다. 타 정신과 질환으로 오진되는 경우가 있으므로 불안장애, 우울장애, 통증장애, 그리고 물질남용 등의 질환을 가진 환자는 외상 후 스트레스 장애 존재 유무를 의심해봐야 한다.

(7) 치료

충격적인 사건을 당한 사람에게 우선적으로 제공해야 할 것은 정서적인 지지와 그 사건에 대해 함께 이야기를 나눌 수 있는 용기를 북돋는 것이다. 또한 이 상황을 잘 이겨낼 수 있도록 이완요법 등의 적응 방법을 교육하는 것도 좋은 치료방법이다. 또한 외상 후 스트레스 장애라는 질환과 치료에 대한 교육이 필요하다. 치료는 다른 질환과 마찬가지로 약물 치료와 정신 치료 요법이 사용되는데, 약물 치료로는 SSRI(selective serotonin reuptake inhibitor)가 우선적으로 고려되는 약물로써, 이 약물은 우울증 및 다른 불안장애의 증상과 유사한 증상뿐만 아니라 외상 후 스트레스 장애 고유의 증상도 호전시킨다. 정신 치료 요법으로는 정신역동적 정신치료가 도움이 될 수 있다. 이 밖에 행동치료, 인지치료, 최면 요법 등이 심리요법으로 활용되고 있다.

(8) 경과/합병증

사건(trauma) 후 외상 후 스트레스 장애 증상의 발생은 짧게는 일주일부터 길게는 30년 이후에도 가능하다. 증상의 정도는 시간에 따라 변화하고 스트레스시기에 강하게 나타난다. 치료하지 않는 경우에 30%는 저절로 정상으로 돌아오고, 40% 정도는 가벼운 증상을 지속적으로 경험한다. 20% 정도는 중등도의 증상을 지속적으로 경험하며 10%는 증상의 호전이 없고 심지어는 증상이 악화된다. 일반적으로 나이가 매우 어리거나 반대로 고령에서 발생한 경우 중장년층에 비해 더 어려움을 경험한다. 다른 질환이 있는 경우 예후가 좋지 못하며 좋은 사회적 관계가 존재하는 경우 예후가 좋은 것으로 알려져 있다.

2. 해리성 정체감 장애(dissociative identity disorder)[101]

(1) 요약

정체성 결여 문제로 자신이 누구인가에 대해 혼돈스러워하고 때로는 자신을 다수의 인격으로 경험하는 장애.

(2) 정의

해리성 장애(Dissociative Disorder)의 하나로 한 사람 안에 둘 또는 그 이상의 각기 구별되는 정체감이나 인격 상태가 존재한다. 이외에 해리성 장애 안에 속한 질환으로는 해리성 기억상실, 해리성 둔주가 있다.

(3) 원인

해리성 장애는 보통 성장 시기에 충격적인 사건을 경험한 과거력을 가지는 것으로 되어있으나 아직 정확한 원인은 알지 못한다. 일반적으로 4가지 요소가 질환 발생에 관여하는 것으로 되어 있는데 충격적인 사건, 질환 발생에 대한 개인적인 취약성, 환경적인 요소, 그리고 외부 지원 기능의 부재이다. 어렸을 때 충격적인 사건은 신체적, 성적 학대와 연관된 경우가 많다.

(4) 증상

일반적으로 해리성 정체감 장애 환자들이 가지는 다중 인격의 수는 평균 5~10가지 정도이다.

---

101) 서울대학교병원 의학정보, http://www.snuh.org/, 2018. 5. 25.자.

성격간의 이동은 때로는 매우 급작스럽고 드라마틱하게 이루어진다. 환자들은 각각의 성격에서 경험한 것들을 일반적으로 기억하지 못한다. 그러나 경우에 따라서는 다른 성격의 존재를 완벽하게 인지하기도 하고 때로는 본인이 아닌 친구 같은 남으로 경험하기도 한다. 성격은 성을 달리 할 수도 있고 원래 가족의 기원과 다른 인종과 나이를 가지기도 한다.

(5) 진단

다음과 같은 증상이 나타나면 해리성 정체감 장애로 진단할 수 있다.

1) 둘 또는 그 이상의 각기 구별되는 정체감이나 인격 상태가 존재한다. 각 정체감은 환경 및 자신을 지각하고 관계하고 생각하는, 상대적으로 지속적인 독특한 방식을 지니고 있다.

2) 적어도 둘 이상의 정체감이나 인격 상태가 반복적으로 개인의 행동을 통제한다.

3) 일상적인 망각으로 설명하기에는 너무 광범위한, 중요한 개인적 정보를 회상하지 못한다.

4) 이 장애는 물질(예: 알코올 중독 상태에서의 일시적인 의식 상실 또는 무질서한 행동)이나 일반적인 의학적 상태(예: 복합성 부분 간질)의 직접적인 생리적 효과로 인한 것이 아니다.

▶ 주의: 소아기의 이러한 증상은 상상 속의 놀이친구 또는 기타 환상적인 놀이에서 연유되는 것이 아니다.

(6) 검사

감별진단이 매우 중요한데 기분장애, 성격장애 등 다른 정신적 문제와의 감별 또는 공존 가능성 유무에 집중해야 한다. 또한 섬망, 간질 등 유사한 증상을 유발할 수 있는 다양한 내과적 질환에 대한 감별이 중요하며 증상 소견에 따라 검사가 시행되어야 한다.

(7) 치료

정신치료적 접근이 효과적인 것으로 되어 있고 항 우울제나 항 불안제 등의 약물 요법이 보조적으로 사용된다. 여러 성격에 대해 파악하고 상대적으로 적절한 성격과 치료적 동맹을 형성한 후 보다 부정적이고 문제 있는 성격에 대한 심리치료를 시행하기도 한다. 필요한 경우 입원 치료가 필요할 수 있다. 동시에 가지고 있는 인격들 간의 의사소통이 치료에 긍정적인 결과를 가져오기도 한다.

(8) 경과/합병증

발병 시기가 빠를수록 경과가 좋지 않다. 여러 성격 중 어떤 성격은 상대적으로 좋은 기능을 보일 수 있다. 해리성 장애 중 해리성 정체감 장애가 가장 만성적이고 심각하며 회복이 불완전한 경우가 많다. 각 성격들은 고유의 다른 정신과 질환을 가질 수 있는데 기분 장애, 성격장애 등이 대표적이다.

3. 조울증(bipolar disorder)[102]

(1) 요약

질환의 경과 중 한 번 이상의 조증과 더불어 우울증 증상이 동반되기도 하는 기분 장애

(2) 정의

조울증은 기분 장애의 대표적인 질환 중 하나이다. 기분이 들뜨는 조증이 나타나기도 하고, 기분이 가라앉는 우울증이 나타나기도 한다는 의미에서 '양극성장애'라고도 한다. 기분이 비정상적으로 고양되면서 생기는 다양한 증상의 조증 삽화(Manic Episode)를 보이는 양극성장애 I형(Bipolar I disorder)과, 조증 삽화보다 증상이 경하고 상대적으로 지속기간이 짧은 경조증 삽화(hypomanic episode)를 보이는 양극성장애 II형(Bipolar II disorder)이 있다. 일반적으로 병의 경과상 주요 우울증 삽화(Depressive Episode)가 독립적으로 또는 혼합되어 나타날 수 있다. 우울증 삽화에서 단극성 우울장애보다 양극성장애를 더 시사하는 소견으로는 다음과 같다. 젊은 나이에 발병, 급성 발병, 수면 과다, 항우울제 치료에 효과가 없는 경우, 정신병적 증상을 동반하는 우울삽화, 산후 우울증의 과거력 등이 있을 경우에는 우울장애가 아닌 양극성장애는 아닌지 고려해 보아야 한다.

---

102) 서울대학교병원 의학정보, http://www.snuh.org/, 2018. 5. 25.자.

(3) 원인

아직 명확한 원인은 밝혀지지 않았다. 현재 유전적 요소, 신경생물학, 정신약물학, 내분비 기능, 두뇌 영상학 등의 영역에 대한 연구가 진행되고 있다.

(4) 증상

조증은 고양되고, 과대하거나 과민한 기분이 특징적인 조증 삽화에 나타나는 기분 상태이다. 고양된 기분은 행복감에 도취되어 주변 사람들에게도 영향을 주기 때문에 경험이 부족한 의사들은 진단을 놓치는 경우도 있다. 환자를 모르는 사람은 환자의 평소와 다른 기분 상태를 인지하지 못할 수도 있지만 가족인 주변 사람들과 같이 환자를 잘 아는 사람은 환자의 기분 상태가 비정상적이라는 것을 알 수 있다. 조증 삽화기의 환자는 과대한 계획을 세우고 자신만만하고 야심 찬 계획이 좌절될 경우 쉽게 과민하게 변하기도 한다. 대체로 기분이 고양되어 있으나 사소한 일에 분노를 일으키고 과격한 행동을 일으킬 수도 있다. 대부분의 환자들은 초기에 행복감에 도취되었다가 경과가 진행될수록 과민한 기분으로 변화한다. 병적인 도박을 하기도 하고 공공장소에서 부적절하게 밝은 옷이나 장신구를 하는 일탈된 행동을 하기도 한다. 충동 조절에 문제가 있어 본인이나 타인에게 해를 끼치기도 하며 종교적, 정치적, 경제적, 성적 및 피해 사고에 과도하게 집착하기도 하고 이는 복잡한 망상으로 발전할 수 있다. 조증 삽화기의 증상은 거짓말을 하는 등 환자 자신의 신뢰성을 떨어뜨리는 행동을 하거나 적절한 판단 능력이 떨어져 경제적 문제 등 다양한 직업적 사회적 문제를 일으키기도 한다. 말할 때 목소리가 크고 상대방의 이야기에 정상적인 소통이 어려울 정도로 끼어든다. 비정상적인 사고의 흐름으로 심한 경우 말하는 내용을 이해하기 어렵다. 환각이 나타나기도 한다. 대개 흥분되어 있고 이야기가 많으며 과잉 행동을 보이고, 심한 경우 행동문제가 심해지면, 자신의 질환에 대한 병식이 거의 없으므로 강제적인 입원이 필요한 경우도 있다. 우울 삽화기에 접어들면 우울한 기분, 불안 초조함, 무기력감, 절망감 등을 호소한다. 미래를 비관적으로 느끼며 잔걱정이 많아진다. 매사에 자신감이 없고, 이전에 해왔던 일들이 힘들게 느껴지면서 아무 일도 할 수 없는 것처럼 느낀다. 자신이 쓸모 없는 사람이라고 생각이 하며 자살을 생각하기도 한다. 주변 사람들이 자신을 비웃거나 놀린다는 피해사고가 발생하기도 하여 이것이 심해지면 피해망상이 될 수 있다. 사고의 속도로 느려지고, 이해력과 판단력이 감소한다. 글을 읽을 때 집중하지 못하여 앞에서 읽은 것을 기억하지 못해 다시 읽기를 반복하여 다 읽어도 이해가 안되기도 하고, 대화에 집중하지 못하게 된다. 외부에 대한 관심이 줄어들고 아무 일에도 흥미를 느끼지 못한다. 내가 아닌 것 같다는 이인증(depersonalization)과 주변 환경이 이전과 다르게 느껴지는 비현실감(derealization)도 흔하게 나타난다. 몸에 기운이 없으며 항상 피곤하고, 몸이 천근만근 무겁다고 느낀다. 환자들 중 상당수는 우울한 기분을 느끼거나 호소하지 않고, 자율신경계 증상이나 두통, 소화불량, 근육통 등의 신체증상만을 호소하는 경우도 있다. 수면과 식욕이 감소하거나 증가할 수 있다. 청소년기에 나타나는 조증은 품행장애나 조현병(정신분열병)으로 잘못 진단되는 경우가 종종 있다. 증상으로는 정신병, 알코올이나 다른 물질의 남용, 자살시도, 학업 문제, 철학적 주제에 대한 집착, 강박 증상, 다양한 신체적 증상, 현저한 과민함으로 인해 싸움을 많이 하기도 하고, 다른 반사회적 행동 등이 포함된다. 정상적인 청소년에서도 이러한 증상의 많은 부분이 나타날 수 있지만 증상이 심하거나 지속된다면 감별 진단에서 양극성 장애를 고려해야 한다.

(5) 진단

미국 정신의학회(American Psychiatric Association)의 정신장애 진단 통계편람(DSM-IV-TR)에 따르면 조증 삽화(Manic episode) 진단 기준은 다음과 같다.

A. 비정상적으로 의기양양하거나, 과대하거나 과민한 기분이 적어도 1주간 (만약 입원이 필요하다면 기간과 상관 없이) 지속되는 분명한 기간이 있다.

B. 기분 장애의 기간 도중 다음 증상 가운데 3가지 이상이 지속되며 (기분이 과민한 상태라면 4가지), 심각한 정도로 나타난다.

1) 팽창된 자존심 또는 심하게 과장된 자신감
2) 수면에 대한 욕구 감소 (예: 단 3시간의 수면으로도 충분하다고 느낌)
3) 평소보다 말이 많아지거나 계속 말을 하게 됨
4) 사고의 비약 또는 사고가 연달아 일어나는 주관적인 경험
5) 주의 산만 (예: 중요하지 않거나 관계없는 외적 자극에 너무 쉽게 주의가 이끌림)
6) 목표 지향적 활동의 증가(직장이나 학교에서의 사회적 또는 성적인 활동) 또는 정신 운동성 초조
7) 고통스런 결과를 초래할 쾌락적인 활동에 지나치게 몰두 (예: 흥청망청 물건 사기, 무분별한 성행위, 어리석은 사업투자)

C. 증상이 혼재성 삽화의 진단 기준을 충족시키지 않는다.

D. 기분 장애로 인한 직업적 기능이나 일상적 사회 활동, 대인관계에서의 뚜렷한 손상을 막고 자신이나 타인에게 해를 입히는 것을 방지하기 위해 입원이 필요할 정도로 기분 장애가 심각하거나 정신증적 양상이 동반된다.

E. 증상이 물질(예: 약물 남용, 투약, 또는 기타 치료)이나 일반적인 의학적 상태(예: 갑상선 기능 항진증)의 직접적인 생리적 효과로 인한 것이 아니다.

(6) 검사

정신과적 상담과 검사를 통해 조현병(정신분열증), 성격장애 등의 타 질환과의 감별이 필요하고 다양한 내과적 신경과적 질환에 의한 발현 가능성도 고려해야 한다.

(7) 치료

약물 치료를 중심으로 정신치료적 접근을 통합한 포괄적인 치료 계획을 세우는 것이 중요하다. 전통적인 치료 약물인 리튬(lithium) 이후 다양한 약물이 개발되어 진료 현장에서 활용되고 있고 전반적인 치료 성과를 거두고 있다. 기분조절제 뿐만 아니라 항정신병약물 등이 사용되며, 개인의 특성에 따라 항우울제 등의 병합요법이 필요할 수 있다. 증상이 본인이나 타인에게 해를 줄 수 있는 경우, 신속한 약물조절을 요하는 경우, 약물 부작용 등 내과적 문제가 심각한 경우, 그리고 정확한 감별 진단을 원하는 경우 등에는 입원치료가 필요할 수 있다.

(8) 경과/합병증

양극성장애는 70% 정도에서 우울증으로 시작된다. 대부분 우울증과 조증 삽화를 모두 경험하나 10~20% 는 조증 삽화만을 경험한다. 평균 조증삽화는 5-10주 지속되며, 우울삽화는 19주, 혼재성 삽화는 36주 정도 지속되나, 개인차가 클 수 있다. 우울장애에 비해 양극성 장애의 예후가 좋지 못한 것으로 알려져 있다. 그러나 최근 치료 영역의 발전으로 정확한 진단과 치료를 통해 상당한 호전을 기대할 수 있다. 반복해서 재발할 경우 지속적인 약물치료를 통해 재발을 방지하는 것이 중요하다.

4. 충동조절장애(impulse control disorders)[103]

(1) 요약

충동으로 인해 긴장감이 증가하고, 이를 해소하기 위해 해가 되는 행동을 하는 것이 특징인 정신질환

(2) 정의

충동조절장애는 간헐성 폭발장애, 병적 도벽(절도광), 병적 방화(방화광), 병적 도박, 발모광, 기타 충동조절 장애(충동적-강박적 성행위, 섹스 중독, 충동적-강박적 자해, 충동적-강박적 인터넷 사용, 컴퓨터 중독 또는 인터넷 중독, 충동적-강박적 쇼핑, 쇼핑중독, 상처내기, 손톱 물어뜯기)외에도, 소아기 품행장애, 폭식장애, 신경성 폭식증, 성도착증, 양극성 장애(조울병), 주의력결핍-과잉행동장애, 물질 사용 장애(알코올이나 약물 등에 대한 의존이나 남용), B형 인격장애(자기애성 인격장애, 히스테리 인격장애, 경계성 인격장애, 반사회적 인격장애), 충동적 행동을 동반하는 신경과적 질환(예. 파킨슨 병)등을 포괄하는 넓은 개념이지만, 대개는 좁은 의미로 간헐성 폭발장애에서 기타 충동조절장애까지를 가리키며, 이들을 따로 '달리 분류되지 않는 충동조절장애(Impulse-control disorders, not elsewhere classified)'라고 부른다. 이들 장애는 한편으로는 강박증과, 또 다른 한편으로는 중독과 유사한 양상을 보이는 것으로 이해되고 있다. 이들 장애가 있는 경우, 자기 자신이나 타인에게 해가 되는 행동을 반복하며 이러한 충동과 욕구를 스스로 억제하거나 조절하지 못하고, 충동적 행동을 하기 전 긴장이나 각성이 고조되고, 행동으로 옮긴 후에는 일시적인 쾌감이나 다행감, 또는

---

103) 서울대학교병원 의학정보, http://www.snuh.org/, 2018. 5. 25.자.

긴장의 해소를 경험한다. 다른 정신질환에서와 달리 이들 충동적인 행동은 자아동질적(egosyntonic), 즉 자아의 목표나 필요, 또는 자아상에 잘 부합하는 것으로 느끼게 되는데, 이는 달리 말하자면, 자신의 행동에 대해서 스스로 이상하다고 느끼지 않는 것을 말하며, 대개 행위 후 자책, 후회, 죄책감이 없는 편이다.

(3) 원인

충동조절장애는 단일 질환이 아니며, 각 질환별로 원인을 조금씩 다르게 보고 있다. 그러나 공통적으로는 유전적, 환경적, 사회심리적인 요인이 복합적으로 작용하는 것으로 이해되고 있다.

(4) 증상

해당 질환에 따라 다양하게 증상을 보인다. 간헐성 폭발장애에서는 간헐적으로 공격적 충동이 억제되지 않아 심각한 폭력이나 파괴적인 행동이 발생하고 법적인 문제가 발생하는 경우가 많다. 병적 도벽(절도광)은 필요한 물건이 아님에도 불구하고 단지 훔치고자 하는 충동을 억제하지 못해 물건을 훔치는 행위가 반복되며, 훔치는 행위를 통하여 만족을 얻는다. 병적 방화(방화광)에서는 뚜렷한 동기 없이 불을 지르고 싶은 충동을 억제하지 못해 반복적으로 불을 지르는 경우로, 불타는 것을 보고 긴장이 완화되고 희열을 느낀다. 병적 도박에서는 도박 충동을 억제하지 못하여 지속적으로 도박에 빠지며, 결국에는 실직, 파산, 이혼에 이르고 자살률도 매우 높고, 일부 경우에는 도박자금을 마련하기 위해 범죄를 저지르기도 한다. 발모광에서는 자신의 털을 뽑으려는 충동을 억제하지 못한다. 이외에도 성행위, 자해, 인터넷 사용, 쇼핑 등에 대한 충동을 억제하지 못하거나, 손톱을 자주 물어뜯거나, 반복적으로 피부에 상처를 내는 등 다양한 증상이 있을 수 있다.

(5) 진단

진단은 환자와 보호자가 보고하는 병력과 정신과 의사의 면담에 의하여 내려진다.

(6) 검사

이 질환을 진단하는 특이한 검사법은 없으나, 혈액검사, 뇌파검사, 뇌영상학적 검사(MRI), 심리평가, 고위인지기능검사 등이 진단에 도움이 된다.

(7) 치료

질환별로 치료 방법에 차이가 있으나, 일반적으로 약물치료와 정신치료(인지행동치료, 분석적 정신치료, 지지치료, 상담 등)를 병행하는 방법이 가장 흔히 이용되며, 병적도박 같은 경우에는 치료 초기부터 단도박 모임(Gamblers Anonymous) 같은 자조 그룹에 참여하는 것이 중요하다.

(8) 경과/합병증

질환에 따라 경과가 다르지만 치료를 받지 않을 경우, 잘 낫지 않고 만성적인 경과를 밟는 경우가 많다. 증상이 일시적으로 좋아질 수 있지만, 종종 다시 악화된다. 다른 정신질환이 동반되는 경우가 흔하며, 질환에 따라 다양한 합병증이 있을 수 있다.

5. 공황장애(panic disorder)[104]

(1) 정의

특별한 이유 없이 예상치 못하게 나타나는 극단적인 불안 증상이 주요한 특징인 질환이다. 공황장애는 특별한 이유 없이 예상치 못하게 나타나는 극단적인 불안 증상, 즉 공황발작(panic attack)이 주요한 특징인 질환이다. 공황발작은 극도의 공포심이 느껴지면서 심장이 터지도록 빨리 뛰거나 가슴이 답답하고 숨이 차며 땀이 나는 등 신체증상이 동반된 죽음에 이를 것 같은 극도의 불안 증상을 말한다.

(2) 원인

정신분석 이론이나 인지행동 이론 같은 심리사회적 요인과 더불어 최근의 연구는 생물학적 요인이 공황장애의 주요한 원인임을 밝히고 있다. 뇌 기능과 구조의 문제들이 보고 되고 있는데, 대표적인 것으로는 노르에피네프린(norepinephrine), 세로토닌(serotonin), 가바(GABA, γ-aminobutyric acid) 등 신경 전달물질 시스템의 이상, 측두엽, 전전두엽 등의 뇌 구조의 이상 등이다. 공황장애 환자의 경우 많은 수가 증상 발생 전 스트레스 상황을 경험하는 것으로 알려져 있다.

---

104) 서울대학교병원 의학정보, http://www.snuh.org/, 2018.4.16.자.

(3) 증상

첫번째 공황발작은 흥분, 신체적인 활동, 성행위, 감정적 상처 등에 뒤따라서 생길 수 있으나 이유 없이 자발적으로 생기는 경우가 흔하다. 증상이 발생하면 보통 10분 안에 증상의 정도가 최고조에 이른다. 공황발작이 나타나기 전에 반복해서 있었던 사건이 있다면 (예: 커피, 술, 담배를 복용했거나 수면변화, 식사변화, 과도한 조명 등이 있은 후에 발작), 이런 조건에 대해 자세히 조사해 봐야 한다. 주요한 정신 증상은 극도의 공포와 죽음에 이를 것 같은 절박한 느낌이다. 보통 환자들은 이런 공포의 원인을 알지 못하고 혼돈스러워하고 집중력이 떨어진다. 빈맥(빠른 맥박), 심계항진, 호흡곤란, 발한과 같은 신체 증상(자율신경계 증상)이 나타나는데 대개 발작은 20~30분 지속되고 1시간을 넘기는 경우는 거의 없다. 예기불안이 또 다른 주요 증상인데 한 번 발작을 경험하게 되면 다음 발작이 있지 않을까 하는 두려움에 불안해하는 것을 말한다. 심장과 호흡문제와 관련된 신체증상이 공황발작 시 환자가 가장 걱정하는 문제이며, 자신이 곧 죽을 것이라는 생각에 응급실을 방문하는 경우가 많다. 다섯에 한 명 정도는 공황발작 시 실신에 이르기도 한다. 공황발작이나 그에 따른 결과에 대한 걱정은 생명을 위협하는 질병(예: 심장질환, 발작장애)의 존재에 대한 걱정일 수 있고 공황증상을 보였을 때 다른 사람에게 부정적으로 평가받거나 당황하는 것에 대한 걱정일 수 있고 공황 증상을 보였을 때 다른 사람들에게 부정적으로 평가 받거나 당황하는 거세 대한 사회적인 걱정일 수도 있고, "미치거나" 통제를 잃을 것 같다는 정신적 기능에 대한 걱정일 수도 있다. 부정적인 행동변화는 공황발작이나 그 결과를 회피하거나 최소화하기 위한 것이다. 그 예로는 신체적 운동을 피하거나, 공황발작이 일어났을 때 도움이 가능하도록 일상생활을 재구성하거나, 평소 일상 활동을 제한하거나, 집을 떠나거나 대중교통을 이용하거나 쇼핑을 가는 것처럼 광장공포가 일어날 것 같은 상황을 피하는 것일 수 있다. 광장 공포증이 있다면 광장공포증 진단을 별개로 내려야 한다. 이런 행동은 부부 문제를 만들어 부부 문제가 주요한 문제로 오진하게도 한다. 정확한 진단이 내려지기 전에 환자는 스스로가 이상해지고 있다고 두려워할 수 있다.

(4) 진단

미국정신의학회(American Psychiatric Association)의 정신장애 진단통계 편람(DSM-V)에 따른 진단 기준

A. 반복적으로 예상하지 못한 공황발작이 있다. 공황발작은 극심한 공포와 고통이 갑작스럽게 발생하여 수분 이내에 최고조에 이르러야 하며, 그 시간 동안 다음 중 4가지 이상의 증상이 나타난다.

▸주의점 : 갑작스러운 증상의 발생은 차분한 상태나 불안한 상태에서 모두 나타날 수 있다.

① 심계항진. 가슴 두근거림 또는 심장 박동 수의 증가
② 발한
③ 몸이 떨리거나 후들거림
④ 숨이 가쁘거나 답답한 느낌
⑤ 질식할 것 같은 느낌
⑥ 흉통 또는 가슴 불편감
⑦ 메스꺼움 또는 복부 불편감
⑧ 어지럽거나 불안정하거나 멍한 느낌이 들거나 쓰러질 것 같음
⑨ 춥거나 화끈거리는 느낌
⑩ 감각 이상 (감각이 둔해지거나 따끔거리는 느낌)
⑪ 비현실감 (현실이 아닌 것 같은 느낌) 혹은 이인증 (나에게서 분리된 느낌)
⑫ 스스로 통제할 수 없거나 미칠 것 같은 두려움
⑬ 죽을 것 같은 공포

B. 적어도 1회 이상의 발작 이후에 1개월 이상 다음 중 한 가지 이상의 조건을 만족해야 한다.

① 추가적인 공황발작이나 그에 대한 결과 (예. 통제를 잃음, 심장발작을 일으킴, 미치는 것) 에 대한 지속적인 걱정
② 발작과 관련된 행동으로 현저하게 부적응적인 변화가 일어난다 (예. 공황발작을 회피하기 위한 행동으로 운동이나 익숙하지 않은 환경을 피하는 것 등).

C. 장애는 물질 남용 (예. 남용 약물이나 치료 약물)의 생리적 효과나 다른 의학적 상태 (예. 갑상선 기능 항진증, 심폐 질환)로 인한 것이 아니다.

D. 장애가 다른 정신 질환으로 더 잘 설명되지 않는다 (예. 사회불안장애에서처럼 공포스러운 사회적 상황에서만 발작이 일어나서는 안 된다. 특정 공포증에서처럼 공포 대상이나 상황에서만 나타나서는 안 된다. 강박장애에서처럼 강박사고에 의해 나타나서는 안 된다. 외상 후 스트레스 장애에서처럼 외상성 사건에 대한 기억에만 관련되어서는 안 된다. 분리불안장애에서처럼 애착 대상과의 분리에 의한 것이어서는 안 된다.)

(5) 치료

약물 치료와 인지행동 치료가 대표적인 치료방법이며, 치료 시 대부분의 환자가 극적인 증상의 호전을 경험한다. 가족 치료와 집단 치료도 환자와 환자 가족에게 도움이 될 수 있다.

1) 약물 치료

대표적인 약물로는 SSRI(specific-serotonin reuptake inhibitor)와 같은 항우울제 약물과 벤조다이아제핀 계열의 항불안제 약물이 있고, 필요에 따라 다른 계열의 약물을 사용하기도 한다. 약물 치료로 인한 증상 호전이 나타나려면 일반적으로 8~12개월 약물 치

료를 유지해야 한다.

2) 인지행동 치료

인지행동 치료와 함께 약물 치료를 병행하는 것이 각각의 단독치료에 비해 효과적인 것으로 알려져 있다. 인지 치료의 핵심적인 요소는 환자가 사소한 신체감각을 파멸이나 죽음과 같은 파국적 상황으로 잘못 인식하는 것을 교정하는 것과 공황발작이 일어나도 시간이 지나 없어지면 실질적으로 생명이 위협받는 상황이 아님을 인지시키는 것이다. 이완요법, 호흡훈련, 실제상황에의 노출(In vivo exposure) 등이 활용된다.

(6) 예후

공황장애는 대체로 청소년기 후기나 초기 성인기에 시작된다. 병의 경과가 다양하기는 하나 만성적인 경향을 가지는 경우가 흔하다. 대체로 30~40%는 증상이 없어지고, 약 절반은 증상이 있으나 가벼워 생활에 별로 영향을 미치지 않게 되고, 10~20%는 증상이 계속 심하다. 공황발작의 정도나 빈도는 다양한데 하루에 수차례 발생할 수도 있고 한 달에 1회 이하로 발생할 수도 있다. 우울장애 같은 타 정신 질환이 동반되는 경우가 흔한데, 이러한 경우 타 질환이 전반적인 경과에 영향을 미칠 수 있다.

6. 사회불안장애(social phobia)[105]

(1) 요약

다른 사람들 앞에서 당황하거나 바보스러워 보일 것 같은 사회 불안을 경험한 후 다양한 사회적 상황을 회피하게 되고 이로 인해 사회적 기능이 저하되는 정신과적 질환

(2) 정의

사회 공포증은 다른 사람들 앞에서 당황하거나 바보스러워 보일 것 같은 사회 불안을 경험한 후 다양한 사회적 상황을 회피하게 되고 이로 인해 사회적 기능이 저하되는 정신과적 질환이다. 사회 공포증을 가진 사람들은 다양한 사회적 상황에서 창피를 당하거나 난처해지는 것에 대한 과도한 두려움을 가지는데, 예를 들면 많은 사람 앞에서 이야기할 때, 대중 화장실에서 소변을 볼 때, 그리고 이성에게 만남을 신청할 때 심한 불안감을 경험하게 된다.

(3) 원인

사회 공포증은 다른 정신건강 문제처럼 환경적 요인과 유전적 요인 간의 복잡한 상호작용을 통해 발생하는 것으로 생각되고 있다. 현재 연구되고 있는 원인 인자를 보면, 다음과 같다.

1) 유전적 요소: 현재 연구자들은 불안과 공포에 핵심적인 역할을 하는 유전자를 찾고 있는 중이다. 사회 공포증이 같은 가족 내

---

105) 서울대학교병원 의학정보, http://www.snuh.org/, 2018.5.18.자.

에서 잘 발생되는 경향이 있기는 하나, 이것이 유전적인 요소에 의한 것인지 다른 가족 구성원으로부터 불안 행동을 학습해서 일어난 것인지에 대해서는 아직까지 명확하지 않다.

2) 생화학적 요소: 세로토닌과 같은 신경 전달물질의 불균형이 원인으로 연구되고 있다. 세로토닌은 감정과 기분을 조절하는 역할을 담당하는 것으로, 사회 공포증을 가진 환자들은 신경전달 시스템이 비정상적으로 예민한 것으로 추측되고 있다.

3) 공포 반응: 일부 연구는 편도체(amygdala)라 불리는 뇌 영역이 공포 반응에 관여함을 보고 하였는데, 과민한 반응을 보이는 편도체를 가진 사람이 사회적 불안감을 일으키는 과장된 공포 반응을 가질 수 있음을 추론하였다.

(4) 증상

사회 공포증 환자들은 두려워하는 상황에 노출되거나 노출될 것이 예상될 때 심각한 불안감이 발생한다. 일부 환자에게서는 공황발작(panic attack) 형태로 불안 증상이 나타날 수 있다. 환자들은 불안감을 일으키는 상황을 피하고자 끊임없는 노력을 하게 되고 이것이 사회적 기능에 저하를 일으킨다. 우울증이 흔하게 나타나는데 사회 공포증 환자의 1/3 정도가 우울증을 가지는 것으로 추측된다. 알코올 남용 같은 물질 남용 문제도 흔하게 나타난다.

(5) 진단

미국 정신의학회(American Psychiatric Association)의 정신장애 진단 통계편람(DSM-V) 의 진단 기준에 따르면 다음의 기준을 모두 만족시켜야 한다.

A. 타인에게 면밀하게 관찰될 수 있는 하나 이상의 사회적 상황에 노출되는 것을 극도로 두려워하거나 불안해 한다. 그러한 상황의 예로는 사회적 관계 (예, 대화를 하거나 낯선 사람을 만나는 것), 관찰되는 것 (예, 음식을 먹거나 마시는 자리), 다른 사람들 앞에서 수행을 하는 것 (예, 연설)을 들 수 있다.
주의점: 아이들에서는 성인과의 관계가 아니라 아이들 집단 내에서 불안해할 때만 진단해야 한다.

B. 다른 사람들에게 부정적으로 평가되는 방향 (수치스럽거나 당황한 것으로 보임, 다른 사람을 거부하거나 공격하는 것으로 보임)으로 행동하거나 불안 증상을 보일까 봐 두려워한다.

C. 이러한 사회적 상황이 거의 항상 공포나 불안을 일으킨다.
주의점: 아동의 경우 공포와 불안은 울음, 분노발작, 얼어붙음, 매달리기, 움츠러듦 혹은 사회적 상황에서 말을 하지 못하는 것으로 표현될 수 있다.

D. 이러한 사회적 상황을 회피하거나 극심한 공포와 불안 속에 견딘다.

E. 이러한 불안과 공포는 실제 사회 상황이나 사회문화적 맥락에서 볼 때 실제 위험에 비해 비정상적으로 극심하다.

F. 공포, 불안, 회피는 전형적으로 6개월 이상 지속되어야 한다.

G. 공포, 불안, 회피는 사회적, 직업적, 또는 다른 중요한 기능 영역에서 임상적으로 현저한 고통이나 손상을 초래한다.

H. 공포, 불안, 회피는 물질 (예, 남용약물, 치료약물)의 생리적 효과나 다른 의학적 상태로 인한 것이 아니다.

I. 공포, 불안, 회피는 공황장애, 신체이형장애, 자폐스펙트럼장애와 같은 다른

정신질환으로 더 잘 설명되지 않는다.

J. 만약 다른 의학적 상태(예, 파킨슨병, 비만, 화상이나 손상에 의한 신체 훼손)가 있다면, 공포, 불안, 회피는 이와 무관하거나 혹은 지나칠 정도다.

(6) 검사

정신과적 상담을 통해 우울장애와 감별해야 한다. 우울장애의 경우 사회적 회피 외에 다양한 우울 증상이 동시에 존재한다. 성격 장애와의 감별도 필요한데 일부 성격 문제는 사회화에 대한 두려움이 아닌 사회화에 대한 요구가 결핍된 경우가 있다.

(7) 치료

정신 치료와 약물 치료를 병행하는 것이 일반적이다. 일반적인 사회공포증의 치료 약물은 SSRI나 SNRI가 주로 사용된다. 예를들면 파록세틴(Paroxetine)을 하루에 20mg을 경구복용하기 시작하여 6주 후에 반응을 확인하여 최대 하루 60mg까지 증량할 수 있다. 벤라팍신(Venlafaxine)은 하루에 37.5mg을 복용하기 시작하여 75~225mg/일까지 증량할 수 있다. 이들 약물은 복용 6주 후부터 효과가 나타나기 시작하여 12~16주가 되면 최대 효과에 도달하게 된다. 그리고, 최소 6~12주개월간 치료가 지속되어야 한다. 특정한 상황이나 행위와 연관된 사회공포증에는 벤조다이제핀계 약물이나 베타차단제가 사용될 수 있다. 즉, 클로나제팜(clonazepam) 0.25~1.0mg이나 로라제팜(lorazepam) 0.5~2mg을 증상을 일으키는 행위를 하기 30~60분 전에 복용한다. 프로프라놀(Propranol) 20~60mg을 불안이 유발되는 상황 30~60분 전에 복용하는 방법도 있다. 정신치료는 인지행동요법이 근간이 된다. 심리 교육, 인지 재구성 훈련, 상황 노출 연습 등으로 구성되어 있으며 약 12주 세션의 개인이나 그룹으로 치료가 이루어 진다. 특히 인지 재구성 훈련은 부정적이고 부적응된 믿음과 자동화된 사고를 인지하고, 불안한 감정과 자동화된 사고의 연관성을 관찰하며, 논리의 오류를 검사하여 보고, 이런 믿음과 사고의 이성적인 대안을 구성해 보는 것들로 이루어져 있다.

(8) 경과/합병증

사회 공포증은 대개의 경우 청소년기에 시작된다. 만성 질환으로 발전되는 경향이 있으며 상당 기간 개인의 삶에 부정적인 영향을 미칠 수 있다. 특히 학업이나 직장 생활 같은 사회적 기능에 부정적인 영향을 미친다.

7. 조현병[106)

(1) 요약

망상, 환청, 와해된 언어, 정서적 둔감 등의 증상과 더불어 사회적 기능에 장애를 일으킬 수도 있는 정신과 질환

(2) 정의

조현병(정신분열증)은 망상, 환청, 와해된 언어, 정서적 둔감 등의 증상과 더불어 사회적 기능에 장애를 일으킬 수도 있는 질환으로, 예후가 좋지 않고 만성적인 경과를 보여 환자나 가족들에게 상당한 고통을 주지만, 최근 약물 요법을 포함한 치료적 접근에 뚜렷한 진보가 있어 조기 진단과 치료에 적극적인 관심이 필요한 질환이다. 다소 생소할 수 있는 '조현병(調絃病)'이란 용어는 2011년에 정신분열병(정신분열증)이란 병명이 바뀐 것 이다. 정신분열병(정신분열증)이란 병명이 사회적인 이질감과 거부감을 불러일으킨다는 이유로, 편견을 없애기 위하여 개명된 것이다. 조현(調絃)이란 사전적인 의미로 현악기의 줄을 고르다는 뜻으로, 조현병 환자의 모습이 마치 현악기가 정상적으로 조율되지 못했을 때의 모습처럼 혼란스러운 상태를 보이는 것과 같다는 데서 비롯되었다. 아직까지 의료 현장에서 정신분열증이란 용어가 더 많이 사용되고 있긴 하나, 조현병 환자에 대한 인식의 변화와 함께 이 용어가 점차 정착되리라 기대한다.

---

106) 서울대학교병원 의학정보, http://www.snuh.org/, 2018. 5. 18.자.

(3) 원인

조현병은 단일 질환으로 설명되지만 실제로는, 유사한 증상들을 보이나 다양한 원인을 가진 질환군으로 보는 것이 타당하다고 여겨진다. 조현병 환자들은 다양한 임상 양상, 치료 반응, 그리고 병의 경과를 보인다. 현재 명확한 원인이 밝혀지지는 않았으나 원인을 밝히기 위해 연구되고 있는 분야는 도파민 등 신경전달 물질 시스템의 이상, 변연계 및 기저핵 이상 등의 신경병리적 영역, MRI, MRS, PET 등을 이용한 뇌 영상학 연구 영역, 그리고 신경생리학적 영역 등이다.

(4) 증상

조현병에만 나타나는 특이 증상은 없다. 따라서 정신상태 검사만으로 조현병으로 확진하면 안되며 다양한 내과적 질환과 타 정신과 질환에 대한 감별이 이루어져야 한다. 조현병의 대표적인 증상은 망상과 환각이다. 망상의 내용은 피해 망상, 과대 망상부터 신체적 망상에 이르기까지 다양하다. 환각의 가장 흔한 것은 환청인데 2명 이상의 사람이 환자의 삶이나 행동에 대해 이야기하는 식의 내용을 가진다. 와해된 언어와 행동을 보이고 움직임과 의사 소통이 심하게 둔화되는 긴장증적 행동을 보이는 경우도 있다. 충동 조절에 문제가 있을 수 있고 치료하지 않은 환자는 흔히 공격적인 행동을 보인다. 또한 자살 시도가 상당히 많기 때문에 주의를 기울여야 한다.

(5) 진단

미국정신의학회(American Psychiatric Association)가 2013년에 개정한 정신질환 진단 및 통계편람 제5판(DSM-5)에 따른 진단 기준은 다음과 같다.

A. 특징적 증상

다음의 증상 중 2가지 이상 존재하며, 이들 중 최소한 1개의 증상은 (1) 망상, (2) 환각 혹은 (3) 와해된 언어에 해당되어야 한다. 상기 증상은 1개월 중 상당 기간 동안 존재해야 한다. (단, 성공적으로 치료된 경우는 기간이 짧을 수 있다).

1) 망상
2) 환각
3) 와해된 언어 (예: 빈번한 탈선 또는 지리멸렬)
4) 심하게 와해된 행동이나 긴장증적 행동
5) 음성증상, 즉 정서적 둔마, 무논리증 또는 무의욕증

B. 증상으로 인한 사회적 · 직업적 또는 다른 중요한 영역에서의 기능 저하

발병 이후 상당 기간 동안 직업이나 대인관계 또는 자기관리와 같은 주요 영역의 한 가지 이상에서 기능 수준이 발병 이전과 비교하여 현저히 저하된다 (아동기나 청소년기에 발병하는 경우에는 대인관계, 학업, 또는 직업 분야에서 적절한 성취를 이루지 못함)

C. 기간

장애의 징후가 적어도 6개월 이상 지속 되어야 한다. 이러한 6개월의 기간은 진단기준 A를 충족시키는 증상(활성기 증상)이 존재하는 최소 1개월의 기간을 포함하고 있어야 하며(성공적으로 치료되면 더 짧을 수 있음), 전구기와 잔류기를 포함할 수 있다. 전구기나 잔류기에는 단지 음성증상만 나타나거나 진단 기준 A에 열거된 증상 가운데 2개 이상의 증상이 약화된 형태로 나타날 수 있다. (예: 괴상한 믿음, 흔치 않은 지각적 경험)

D. 조현정동장애와 기분장애의 배제

조현정동장애와 정신병적 증상을 동반한 기분장애는 다음과 같은 이유로 배제된다.
  1) 주요 우울증 혹은 조증 삽화가 활성기 증상과 동시에 나타나지 않는다.
  2) 혹은, 활성기 증상이 있는 기간 동안 기분삽화가 발생한다고 해도, 병의 활성기와 잔류기 전체 지속 기간의 일부에만 존재한다.

E. 물질의 생리적 효과 및 일반적인 의학적 상태의 배제
장애가 남용 약물이나 치료 약물과 같은 물질의 생리적 효과이거나 일반적인 의학적 상태로 인한 것이 아니어야 한다.

F. 자폐스펙트럼 장애 등 발달 장애와의 관계
만약 자폐스펙트럼 장애나 아동기 발병 의사소통장애의 병력이 있는 경우, 뚜렷한 망상이나 환각이 적어도 1달 이상 지속될 경우에만(성공적으로 치료되면 더 짧을 수 있음) 추가로 조현병을 진단할 수 있다.

(6) 검사

우선 조현병에서 보이는 증상을 일으킬 수 있는 내과적 질환이 존재하는지 확인해야 한다. 또한 기분장애, 성격장애 등 타 질환과의 감별이 이루어져야 한다.

(7) 치료

항 정신병 약물을 중심으로 한 약물 치료가 치료의 중심이지만, 정신 치료를 포함한 정신사회적 치료 접근이 통합될 때 더 나은 치료 성과를 가져온다고 보고되고 있다. 입원치료는 진단적 목적, 약물 관련 이슈, 타인이나 본인에게 위험한 행동을 보일 가능성이 존재할 때, 실제적인 생활이 어려울 때 등에 고려한다. 가족을 포함한 환자를 돌보는 사람들에 대한 교육이 매우 중요하다. 낮 병원(부분입원의 대표적인 프로그램으로, 낮에만 병원에서 치료 프로그램에 참가하고 밤에는 가족들과 함께 생활하는 입원치료와 외래치료의 중간 치료 형태) 등은 입원과 외래 사이에 빈

공간을 채워주는 시설로 유용하다. 과거 항 정신병 약물은 부작용이 심하고 음성적 증상에 효과가 제한적이었으나, 최근 효과와 부작용이 개선된 새로운 약물들이 임상 현장에 사용되어 치료 성과를 높이고 있다.

(8) 경과/합병증

조현병으로 첫 입원 치료 후 5년에서 10년 추적 관찰한 연구들의 결과를 보면 10~20% 정도의 환자들이 좋은 결과를 가지는 것으로 되어있다. 절반 정도의 환자는 결과가 좋지 않아 반복적인 입원, 증상의 악화, 우울 삽화의 경험 등을 하는 것으로 알려져 있다. 그러나 모든 조현병 환자가 좋지 않은 경과를 가지는 것은 아니다. 20~30%의 환자들은 어느 정도 정상적인 삶을 살 수 있는 것으로 추정된다. 기분장애 환자들에 비해서 예후가 나쁘다.

8. 지적장애(intellectual disability)[107]

(1) 개요

지적 기능과 개념적, 사회적, 실제적, 적응기술로 표현되는 적응행동에 심각한 제한이 있는 상태

(2) 정의

지적장애는 지적 기능과 적응행동(일상적인 사회적 기능과 수행기술 등을 포함) 모두에 심각한 제약을 보이는 장애를 말한다. 지적 기능은 학습, 추론, 문제해결 등의 전반적인 지적 능력을 말하며, 적응행동은 일상생활에서 배우고 행하는 개념적(돈, 시간, 수개념), 사회적(대인관계 기술, 사회적 역할 수행, 자존감, 규칙을 따르고 법을 지키기, 이용당하지 않기), 실행 기술(일상적인 자기관리, 작업기술, 건강관리, 계획 세우기, 전화사용) 등을 말한다.

(3) 원인

1. 생물학적 원인

(1) 중추신경계 형성의 이상

가. 단일 유전자 이상
- 결절성 경화증
- 페나-쇼키어 증후군 (Pena-Shokeir syndrome) 등

나. 염색체 이상
- 다운 증후군 (Down syndrome)
- 윌리엄스 증후군 (Williams syndrome)

---

107) 서울대학교병원 의학정보. http://www.snuh.org/, 2018.5.15.자.

- 파타우 증후군 (Patau syndrome)
　　　- 에드워드 증후군 (Edward syndrome)
　　　- 취약 X 염색체 증후군(Fragile X syndrome)
　　　- 프래더-윌리 증후군 (Prader-Willi syndrome) 등

　다. 신경계 형성의 이상
　　　- 신경관 결손
　　　- 중추신경계 기형에 따른 관절만곡증
　　　- 뇌공동증

(2) 내부 생물학적 환경의 변이

　가. 선천성 대사장애
　　　- 페닐케톤뇨증 (Phenylketonuria)
　　　- 테이-삭스 병(Tay-Sachs disease)
　　　- 고셔 병(Gaucher disease)
　　　- 크라베 병(Krabbe disease)
　　　- 니만-피크 병(Niemann-Pick disease)
　　　- 갈락토오즈혈증(Galactosemia)
　　　- 윌슨병(Wilson disease)
　　　- 호모시스테인뇨증(Homocysteinuria)
　　　- 당원병(Glycogen-storage disease) 등

(3) 중추신경계에 영향을 미치는 이상 외부 요인

　가. 저산소증
　　　- 익수
　　　- 신생아 질식, 기도 폐색

　나. 외상
　　　- 두부 외상
　　　- 골절

　다. 중독
　　　- 납

2. 임신, 주산기 문제 및 환경적 원인

(1) 임신 및 주산기 장애
 - 산전 및 산후 뇌 감염
 - 태아의 영양 실조
 - 조산 및 저체중아
 - 출산시의 저산소증 및 뇌 손상
 - 핵 황달
 - 태아 알코올 증후군(Fetal alcohol syndrome) 등

(2) 소아기의 질병
 - 갑상선 기능 저하증
 - 종양 및 손상
 - 약물 및 중금속 중독 등

3. 사회경제적 원인

 - 양육자의 교육 정도가 낮아 아이에게 적절한 자극을 주지 못하는 경우
 - 절대 빈곤층 또는 사회경제적으로 낮고 불우한 계층에서 경험 부족
 - 아동학대 및 방임의 장기간 경험

(4) 증상

지적 장애를 가진 경우 언어 지연, 인지, 학습 기능의 발달 문제를 보인다. 이러한 발달 문제로 인하여 사회적 판단이나 위험의 인식, 행동이나 감정의 조절, 대인관계, 학교나 직장에서의 동기 유발에 어려움을 겪을 수 있다. 경도 지적장애의 경우, 학령전기에는 명확한 차이가 없을 수도 있으나, 학령기, 성인기에는 읽기, 쓰기, 계산, 시간, 돈과 관련된 학습기술을 배우는 데 어려움이 있으며, 추상적 사고, 인지적 유연성 및 계획 하기, 단기 기억 등의 어려움을 보인다. 중등도 지적장애의 경우, 학령전기에는 언어와 학습준비 기술이 느리게 발달하고, 학령기에는 학습기술 발달이 또래에 비해 느리고 제한적으로 발달한다. 성인기에 이르러도 학습기술 발달은 초등학교 수준이며, 일이나 개인적인 생활에서 지속적인 도움이 필요

하다. 고도 지적장애의 경우, 대체로 글자를 이해하지 못하거나, 수, 양, 시간, 돈에 대한 개념을 이해하지 못하며, 평생 동안 문제를 해결하는데 돌봐주는 사람의 많은 도움이 필요하다. 식사, 옷 입기, 목욕하기, 배설하기 등 모든 일상활동에 있어 타인의 도움과 감독이 필요하다. 최고도 지적장애의 경우, 언어나 동작의 상징적 의사소통의 의미를 이해하기 어려우며, 간단한 지시나 동작은 이해할 수도 있다.일부에서는 자해를 포함한 부적응 행동을 보이기도 한다.

(5) 진단

미국 정신의학회(American Psychiatric Association)의 정신장애 진단통계 편람(DSM-V)에 따른 진단 기준

1) 지적 기능 (추론, 문제해결, 계획, 추상적 사고, 판단, 학습, 경험학습 등)의 장애가 임상적 평가와 개별화, 표준화된 지능검사에서 확인되어야 한다.

2) 적응 기능의 장애로 인해 개인의 자립과 사회적 책무에 대한 발달학적, 사회문화적 기준을 충족하지 못한다. 지속적인 도움 없이는 적응 기능의 결함으로 다양한 환경 (집, 학교, 일터, 공동체 등)에서 하나 이상의 일상활동 (의사소통, 사회참여, 독립적인 생활)에 지장을 받는다.

3) 지적 결함과 적응능력의 결함은 발달 시기 동안에 시작되어야 한다.

지적장애의 심각도에 따라 아래와 같이 세부적으로 분류할 수 있다.

- 경도 지적장애 (IQ 50~69, 성인일 경우 정신연령 8~12세)
- 중등도 지적장애 (IQ 35~49, 성인일 경우 정신연령 6~9세)
- 고도 지적장애 (IQ 20~34, 성인일 경우 정신연령 3~6세)
- 최고도 지적장애 (IQ 20 미만, 성인일 경우 정신연령 3세 미만)

(6) 검사

가족력, 유전적 질환, 출생력 등을 파악하고 신체 이학적 검사를 실시한다. 이학적 검사를 통해 지적장애를 일으킬 수 있는 요인과 관련된 신체 기형(예: 눈과 눈 사이가 멀거나, 코가 낮거나, 혀가 튀어나오거나 입술이 두툼한지 등)이 있는지를 조사한다. 시청각 장애, 언어장애, 간질 동반 여부 등을 포함한 신경학적 검사를 실시하고, 필요에 따라 두부뇌 자기공명영상(MRI), 뇌단층촬영(CT), 뇌파 검사(EEG) 등을 실시할 수 있다.

(7) 치료

가. 예방적 치료

지적장애를 예방하기 위한 ·방법으로는 산전 진단검사, 신생아 대사 검사 등을 실시하고 임신기간 동안 엽산을 복용하여 신경관 결손 발생을 줄이는 것 등이 있다.

나. 통합적 치료

1) 정신치료적 접근

응용행동분석 (Applied Behavior Analysis) 등 행동치료를 통하여 공격, 자해, 과제회피 행동 등의 문제행동을 감소시킬 수 있다. 부족한 기능을 가르치는 것과 환경을 조절하는 것을 목표로 삼아 행동치료적 접근을 진행할 때 효과적이다.

2) 약물치료

지적장애의 증상에 따라 항정신병 약물, 항경련제, 항우울제, 정신자극제, 교감신경자극제, 오피오이드길항제 등을 선택적으로 사용할 수 있다.

3) 교육과 지역사회의 지원

학령전기 아동의 경우, 의사소통, 자조, 사회성, 인지발달 등을 목표로 가정이나 치료센터에서 발달촉진 프로그램을 시행할 수 있다. 학령기 이후에는 학교나 지역사회에서 지적장애 아동에 맞춘 개별화 교육 계획을 세우는 것이 도움이 되며, 학문적인 것 외에 자립에 필요한 기술, 사회기술 향상 및 직업훈련 등을 시행할 수 있다.

(8) 경과/합병증

가. 경과

대부분의 지적장애에서 지적인 기능 자체는 호전되기 어렵다. 하지만 지지적이고 좋은 환경을 제공할 경우 적응 수준은 향상될 수 있다. 동반된 질환이 있는 경우 일반적으로 예후가 불량하다. 경도 지적장애의 경우, 학교에서 학습에 어려움을 겪기 쉬우며, 다수가 성인기에는 일을 하고 좋은 사회관계를 유지하고 사회에 기여할 수 있다. 중등도 지적장애의 경우, 아동기에 현저한 발달지체를 보이나 대부분이 어느정도 독립적인 자기관리를 할 수 있게 되며, 적절한 의사소통과 학습 기술을 획득한다. 성인기에는 사회에서 살아가고 일을 하는 데에 다양한 정도의 도움이 필요하다. 고도 지적장애의 경우, 중요 단어와 숫자를 익힐 수 있으나, 직업 훈련은 어렵다. 평생 동안 높은 수준의 지속적인 도움이 필요하다. 최고도 지적장애의 경우, 자기관리, 배변조절, 의사소통, 운동성 등에 심각한 제한이 있으며, 대개 매일 물리적 보살핌, 건강, 안전 등 모든 측면에서 타인에게 의지해야 한다.

나. 합병증

지능 저하에 따른 적응 장애뿐 아니라 여러 정서 및 행동 장애와 신경학적 장애도 함께 나타날 수 있다. 지적장애 환자에서 정신장애 유병률은 일반인에 비해 3-4배 높은 것으로 보고되고 있다. 주의력결핍 과잉행동장애, 자폐스펙트럼장애 , 상동 행동 장애, 충동조절장애, 주요 신경인지장애 등이 흔히 동반될 수 있으며, 우울장애, 불안장애, 공격적 행동, 분노 발작, 자해 행동 등도 동반될 수 있다. 중증의 지적장애일수록 시력, 청력, 간질, 뇌성 마비 등의 신경학적 장애를 동반하는 경우가 많다. 적절하지 못한 성교육이나 성충동 조절 능력에 의해 성적 탈선이나 성범죄를 저지르는 비율도 높다. 조현병(정신분열), 정동장애 등 일반 지능을 가진 경우에 관찰되는 모든 정신질환이 나타날 수 있다.

(9) 예방방법

유전적 질환에 대한 조사, 산전 진단, 풍진예방과 예방 접종, 출생 초기의 선천성 질환에 대한 검사, 조기발견 및 치료 등이 중요하다. 유전적 위험성이 의심될 경우 산전에 유전상담을 실시하도록 한다.

(10) 생활 가이드

환자의 가족은 환자에 대한 현실적인 기대를 유지시키면서 환자의 능력과 자존심을 향상시키도록 해야 한다. 어느 정도로 환자의 독립을 촉진시키면서 동시에 보호해야 할 것인가 하는 문제는 매우 어려우면서도 중요한 문제이다. 지적 기능과 적응 능력에 따라 경도 지적장애의 경우 특수교육과 직업훈련을 통해 지역 사회 내에서 자립할 수 있도록 도와주는 것이 필요하지만, 고도 지적장애의 경우 수용주거시설이 필요할 수도 있다.

9. 경계성 성격장애(borderline personality disorder)[108]

(1) 요약

애착 능력 결함과 중요한 대상과의 분리(separation)시의 부적응적인 행동패턴, 감정의 불안정성이 중심이 되는 인격장애

(2) 정의

경계성 성격장애는 자아상, 대인관계, 정서가 불안정하고 충동적인 특징을 갖는 성격장애이다. 스스로나 타인에 대한 평가가 일관되지 않고 변화무쌍한 모습을 보인다. 환자의 정서가 정상에서부터 우울, 분노를 자주 오가며 충동적이기 때문에 자해 자살행위도 잦다. 평생 유병률은 1~1.5%로 알려져 있다. 의존성 성격장애와 함께 임상에서 가장 빈도가 높은 인격장애이다. 임상에서는 여자 환자가 더 많다고 알려졌으나, 최근의 역학조사에서는 성별 차이는 나타나지 않는 것으로 보아, 여자 환자가 더 많이 치료기관을 찾는 것으로 보인다.

(3) 원인

경계성 성격장애는 취약한 유전적인 요인과 병리를 유발시키는 일련의 관계 경험이 상호작용한다. 우선 유전적으로는 정서(특히 분노) 조절 능력과 충동성이 관련된 요인이며, 많은 수의 경계성 성격장애 환자에서 어린 시절 버림받거나, 신체적, 성적 학대를 받았다는 결과 등이 나타난다. 이를 기초로 유기, 분리, 착취적인 학대 경험이 경계성 성격장애를 형성하도록 영향을 주는 초기 관계 경험인 것으로 알려져 있다.

---

108) 서울대학교병원 의학정보. http://www.snuh.org/, 2018.6. 2.자.

(4) 증상

경계성 성격장애 환자가 누군가에게 지지를 얻고 있거나 돌봄을 받고 있다고 느낄 때는 우울 증상(특히 외로움과 공허감)이 주로 나타난다. 그러나 이렇게 지속되던 관계를 잃어버릴 수 있는 위협이 발생하게 되면, 이제까지 따뜻하고 자비롭다고 여기던 이상화된 그 사람의 이미지가 잔인한 박해자의 이미지로 격하된다. 중요한 사람과의 분리(separation)가 가까워지면 버림받는다는 극심한 공포(abandon fear)가 발생하는데, 이를 줄이기 위하여 그 사람의 잘못과 잔인함에 대하여 격노에 찬 비난을 하거나 자기 파괴적인 행동을 보일 수 있다. 이 같은 행동들이 상대방으로 하여금 죄책감을 일으키거나 반대로 무서움에 찬 방어 반응을 불러일으키곤 한다. 또한 정서적 불안정이 심하여 충동적이고 자기 파괴적인 행동을 보이게 된다. 주변의 스트레스에 반응하여 나타나는 경우가 많고 분노와 우울상태의 극단을 오갈 수 있다. 이러한 시기 동안 해리 증상, 관계 사고와 약물 남용 혹은 성적 문란 등의 충동적 행동들이 흔히 일어날 수 있다.

(5) 진단

미국 정신의학회(American Psychiatric Association)의 정신장애 진단통계 편람(DSM-V)에 따른 진단 기준

> 대인관계, 자아상 및 정동의 불안정성과 현저한 충동성의 광범위한 형태로 성인기 초기에 시작되며 여러 상황에서 나타나고, 다음 중 다섯 가지(또는 그 이상) 항목을 충족시킨다.
>
> 1) 실제적 혹은 상상 속에서 버림받지 않기 위해 미친 듯이 노력함. (주의점: 5번 기준에 있는 자살이나 자해행위는 포함하지 않음.)

2) 과대이상화와 과소평가의 극단 사이를 반복하는 것을 특징으로 하는 불안 정하고 격렬한 대인관계의 양상.

3) 주체성 장애: 자기 이미지 또는 자신에 대한 느낌의 현저하고 지속적인 불안정성.

4) 자신을 손상할 가능성이 있는 최소한 두 가지 이상의 경우에서의 충동성 (예: 소비, 물질남용, 좀도둑질, 부주의한 운전, 과식 등). (주의점: 5번 기준에 있는 자살이나 자해행위는 포함하지 않음.)

5) 반복적 자살행동, 제스처, 위협 혹은 자해행동.

6) 현저한 기분의 반응성으로 인한 정동의 불안정(예: 일반적으로 수 시간 동안 지속되며 단지 드물게 수일간 지속되기도 하는 격렬한 삽화적 불쾌감, 과민성 불안)

7) 만성적인 공허감.

8) 부적절하게 심하게 화를 내거나 화를 조절하지 못함(예: 자주 울화통을 터뜨리거나 늘 화를 내거나, 자주 신체적 싸움을 함).

9) 일시적이고 스트레스와 연관된 피해적 사고 혹은 심한 해리 증상

(6) 검사

경계성 성격장애를 확진할 수 있는 검사법은 없으나, 심리평가 등을 참고할 수는 있다.

(7) 치료

경계성 성격장애의 치료에는 정신치료와 인지행동치료, 약물치료가

모두 포함된다. 경계성 성격장애 환자가 정신 치료를 통하여 치료
자와 안정적이고 믿을 수 있는 인간관계를 발전시킴으로서,(비록
자신의 성격의 문제점에 대한 깨달음을 얻지 않더라도) 호전될 수
있다. 변증법적 행동치료(dialectical behavior therapy)와 도식-
중심 치료(schema-focused therapy)의 인지행동치료의 효과가
밝혀져 있다. 약물치료로는 분노, 충동성, 정서 불안정 등을 조절하
기 위하여 항우울제나 항정신병 약물 또는 기분 조절제 등이 증상
에 따라 이용된다.

(8) 경과/합병증

경계성 성격장애는 우울증, 양극성 장애, 물질관련 장애, 식사 장
애, 외상 후 스트레스 장애와 같이 발생하기 쉽다. 최근의 연구들
에 따르면 약 절반의 환자에서 2년 내 의미 있는 증상회복을 보인
다. 사회적 기능저하 및 소아기 트라우마의 정도, 물질 남용의 지
속이 나쁜 예후와 연관된다. 즉 이전에 생각되던 것보다는 장기적
예후가 보다 양호하다고 할 수 있다. 그러나 약 10%의 자살률을
보인다는 보고도 있다.

10. 반사회적 인격장애(antisocial personality disorder)[109]

(1) 요약

타인의 권리를 대수롭지 않게 여기고 침해하며, 반복적인 범법행위나 거짓말, 사기성, 공격성, 무책임함을 보이는 인격장애

(2) 정의

미국정신의학회(American Psychiatric Association)가 2013년 개정한 정신질환 진단 및 통계편람 제5판(DSM-5)에 따른 진단 기준은 다음과 같다.

A. 15세 이후에 시작되고 다른 사람의 권리를 무시하고 침해하는 행동 양상을 보이며 다음 중 3 가지 이상의 항목에 해당되어야 한다.

1. 반복적인 범법행위로 체포되는 등 법률적·사회적 규범을 따르지 않는다.
2. 거짓말을 반복하거나 가명을 사용하거나 자신의 이익이나 쾌락을 위해 다른 사람을 속이는 사기성이 있다.
3. 충동적이거나, 미리 계획을 세우지 않고 행동한다.
4. 쉽게 흥분하고 공격적이어서 신체적인 싸움이나 타인을 공격하는 일이 반복된다.
5. 자신이나 타인의 안전을 무모하게 무시한다.
6. 시종일관 무책임하다. 예컨대 일정한 직업을 꾸준히 유지하지 못하거나 당연히 해야 할 재정적 책임을 다하지 못한다.
7. 다른 사람에게 해를 입히거나 학대하거나 또는 다른 사람의 물건을 훔치는 것에 대해 아무렇지도 않게 느끼거나 합리화하는 등 양심의 가책을 느끼지 않는다.

B. 진단 당시 최소한 만 18세 이상이어야 한다.

---

109) 서울대학교병원 의학정보, http://www.snuh.org/, 2018.4.16.자.

C. 만 15세 이전에 미국정신의학회의 진단기준에 따른 품행장애가 시작된 증거가 있다.

D. 반사회적 행동이 조현병이나 양극성장애의 경과 중에만 발생한 것은 아니어야 한다.

(3) 원인

유전적인 요소가 많은 것으로 알려져 있다. 다만, 반사회적 인격 자체가 유전되는 것인지, 혹은 충동성, 공격성 등의 기질이 유전되는 것인지에 대해서는 명확하지 않다. 반사회적 인격장애 환자들은 선천적으로 충동성과 감각추구 성향이 높은 것으로 보인다. 뇌의 세로토닌 전달 기능에 문제가 있을 것으로 추정하고 있다. 뇌에서 감정 반응과 관련된 변연계-전전두엽 회로 기능이 떨어져 있다는 연구 결과도 있다. 인지기능 중 공간지각 및 기억능력에 이상이 있어 충동적으로 위험한 자극을 추구한다는 설명도 있다. 환경적으로는 어린 시절부터 부모의 비일관적인 양육이나 학대, 착취, 폭력, 유기를 지속적으로 경험한 경우가 많다.

(4) 증상

다른 사람의 권리를 무시하는 무책임한 행동 양식을 반복적, 지속적으로 보인다. 많은 이들이 반복적인 범법행위에 참여하거나 연루되곤 한다. 다른 사람의 감정에 대한 관심이나 걱정이 전혀 없으며, 사기를 일삼고, 다른 사람에게 피해를 입히고도 양심의 가책을 느끼지 못한다. 사회적, 가정적으로 맡은 역할을 수행하지 못하기 때문에 성실, 정직, 신뢰와는 거리가 멀다. 반사회적인 사람들 중 일부는 달변의 매력을 갖추어 다른 사람을 매혹시키고 착취하기도 한다. 대개의 경우 다른 사람이 느끼는 감정에 관심이 없지만, 타인의 고통에서 즐거움을 얻는 가학적인 사람들도 있다. 반사회적 인격장애는 마약 등 물질 남용과 연관성이 높다.

(5) 진단

진단기준에 부합하는 지에 대해 자세히 조사해야 한다. 환자 본인뿐 아니라 관련된 여러 사람의 이야기를 듣고 환자의 행동 유형과 특성을 정확히 파악해야만 진단이 가능하다. 자기애성 인격장애와 감별진단하기가 어렵거나, 두 진단기준을 동시에 만족할 수 있다. 이 두 인격장애는 모두 타인에 대한 공감 결여와 착취, 사기성 등을 보일 수 있다. 그 중 자기애성 인격장애자는 주로 타인에 대한 우월감과 자신의 존귀함, 혹은 지위 상승과 성공에 대한 욕구로 이런 행동 양식을 보인다. 반사회적 인격장애자들은 주로 물질적 이익에 대한 욕구를 충족시키기 위해 이런 행태를 보이며, 충동성, 무모함, 무책임함을 보이는 경향이 크다. 두 인격장애는 본질적으로 거의 같은 정신병리이면서 서로 다른 발현양식이라 해석되기도 한다. 최근 대중화된 사이코패스(psychopath: 정신병질자), 소시오패스(sociopath: 사회병질자)라는 용어는 공식적인 진단명은 아니지만, 반사회적 인격장애자와 거의 비슷한 뜻이라고 생각하면 되겠다. 한 때

인터넷에서 유행하던 사이코패스 진단 검사는 정신의학적 진단도구로 쓰이지 않는다.

(6) 검사

반사회적 인격장애를 확진할 수 있는 검사법은 없으나, 심리평가 등을 참고할 수는 있다.

(7) 치료

다른 정신질환으로 치료를 할 때 반사회적 인격장애 여부를 확인해야 한다. 피상적으로는 후회, 반성, 치료자에 대한 찬사를 늘어놓아 치료자를 현혹하여 치료 과정을 망가뜨릴 수도 있기 때문이다. 군대나 교도소 등의 제한된 환경에서는 내면의 우울감이나 자기성찰이 드러나는 경우도 있으며, 동료들과 어울리며 자신의 문제를 직면하면서 변화된 행동을 보이는 경우도 있다. 반사회적 인격장애자 중 일부는 치료자와 성공적인 치료적 동맹 관계를 맺고 호전되어, 경쟁적인 직종에서 성공을 거두는 경우도 있다. 이들을 치료할 때에는 양심, 죄책감, 후회를 불러일으키기 보다는, 친사회적인 행동을 통해 얻을 수 있는 장기적인 이익과 물질적 가치에 초점을 두는 것이 효과적이다. 동반된 정신과 증상에 따라 정신과 약물은 대증적으로 시도해 볼 수 있다.

(8) 경과/합병증

아동기에 행실장애를 보인다. 특히 10대 이전에 복합적인 비행을 보이기 시작하면 반사회적 인격장애로 이어질 가능성이 크다. 나이가 들면서 파괴적인 행동이 줄어들기도 하지만, 건강염려증이나 우울증을 호소하는 경우도 있다. 많은 이들이 치료시설보다는 교도소 등 범죄인 교화시설에 수감되어 있다. 간혹 특유의 공격성과 냉혹함으로 사회적인 성공을 이루는 경우도 있으나, 충동성과 무모함으로 인해 지속적인 사회적 성공은 어렵다. 마약과 같은 물질 관련 장애, 충동조절장애가 합병될 가능성이 높다. 치료가 되지 않는다는 속설과 달리, 통계적으로는 연령이 증가함에 따라 감소하는 것으로 알려져 있다. 아마도 이들 중 상당수는 나이가 듦에 따라 자신의 반사회적 행동이 오히려 사회생활과 대인관계에 악영향을 미친다는 것을 깨닫고 행동을 교정하는 것으로 보인다.

(9) 예방방법

양육 과정에서 폭력이나 착취, 학대를 경험하지 않도록 해야 한다. 그 외에 특별한 예방법은 없다.

11. 사이코패스(psychopath)[110]

(1) 개요

반사회적 행동, 공감 능력과 죄책감 결여, 낮은 행동 통제력, 극단적인 자기 중심성, 기만 등과 같은 사이코패시(psychopathy) 성향이 높은 사람이다. 사이코패스는 반사회적 행동, 공감 능력과 죄책감 결여, 낮은 행동 통제력, 극단적인 자기 중심성, 기만 등과 같은 특성을 포함하는데, 이런 성향을 높게 나타내는 사람을 사이코패스 또는 정신병질자라고 부른다. 클렉클리가 최초로 정신병질 증상에 대한 구체적인 기준을 제시했고, 이런 기준을 토대로 로버트 헤어가 사이코패스를 진단하기 위한 체크리스트 'PCL-R'을 개발했다.

(2) 사이코패스(psychopath)의 개념

일종의 심리 특질인 사이코패시(psychopathy)는 폭력적이며 광기적인 인격 장애 측면에서의 정신병질을 의미하는데 이러한 성향을 지닌 사람을 사이코패스(psychopath) 또는 정신병질자라고 부른다(박지선, 2012; 이수정, 2006). 사이코패스의 개념은 습관적으로 반사회적 행동을 저지르고 일반인과는 다른 정서적, 심리적 특성을 만성적으로 나타내는 유형의 사람들을 구별하기 위해 오래 전부터 논의되어 왔다(Bartol & Bartol, 2008). 그러나 전문가들 사이에서 1세기가 넘도록 개념 자체가 통합되지 못했는데, 피넬(Pinel)은 잔혹함, 무책임, 도덕심의 결여와 같은 특징들이 현저하지만 정신착란 증세가 없는 조증 상태(mania without delirium)라고 했고, 프리처드(Prichard)는 도덕적 정신이상(moral insanity)이라고 했으

---

110) 한국심리학회, "심리학용어사전", http://www.koreanpsychology.or.kr, 2014.

며, 프로이트(Freud)는 미개발된 초자아(undeveloped superego)라고 명명했다(Andrews & Bonta, 2010). 또한 최근까지는 소시오패스(sociopath, 사회병질자)와 반사회적 성격 장애(antisocial personality disorder)와 개념이 혼동되기도 했다(신동준, 2011). 파티지(Partidge, 1928)는 유전적 성향보다는 잘못된 사회화 과정의 결과로 범죄성이 발달된 사람들을 소시오패스라고 불렀다(박지선, 2012에서 재인용). 1952년 미국의 정신의학회는 사이코패스라는 명칭 대신에 소시오패스이라는 명칭을 사용하여 반복적으로 범죄행동을 하는 사람들을 통칭한 적이 있다(이수정, 2006). 하지만 사이코패스는 잠재적(심리학적, 생물학적, 유전적) 소양으로 받아들이는 것이 적합하다는 입장이 제기되면서 1968년 미국 정신의학회는 DSM-III에서 이런 행동 특성을 반사회적 성격 장애라고 지칭했다(이수정, 2006). 그러나 반사회적 성격 장애를 진단하는 기준이 주로 반사회적 행동과 범죄로 구성되기 때문에 사이코패스로 분류되는 범죄자들은 이런 기준에 쉽게 부합하지만, 반사회적 성격 장애자들이 모두 사이코패스로 분류되는 것은 아니다(Shipley & Arrigo, 2001). 따라서 정신질병과 반사회적 성격 장애는 다른 개념으로 구별되어야 한다(Hare, 2005). 헤어(Hare)가 지적한 가장 큰 차이점은 반사회적 성격 장애 진단은 객관적 지표로서의 피검사자의 사회 일탈적인 행동에 주목하는 반면, 사이코패스 진단은 다양한 기준을 바탕으로 인성, 감정, 행동 등에 걸쳐 피검사자를 평가하는 다측면적인 평가로, 피검사자의 공감 능력, 피상적 매력, 과대망상 등 평가가 다소 유동적일 수 있는 항목에도 주목한다는 것이다(박지선, 2009). 클렉클리(Cleckley)가 1976년 저서 『정상인의 가면(The Mask of Sanity)』에서 사이코패스가 나타내는 다양한 특성을 구체적으로 제시한 것이 최근에 알려진 사이코패스 개념의 기원이라고 볼 수 있다(블레어, 미첼, 블레어, 2012). 클렉클리가 제시한 사이코패스의 16가지 특성을 아래 표에 제시했다. 그에 따르면 사이코패스는 외관상으로는 상당히 정상적으로 보이고 지능도 보통 수준 이상이지만, 극단적으로 이기적이며 타인을 목적 달성의 도구로 이용하고, 무책임하면서 냉담하고 쉽게 거짓말을 하는 특성이 있다(이수정, 2006). 클렉클리가 제시한 16가지 특성은 사이코패스의 개념에 대해 세 가지 중요한 시사점을 제시한다(Andrews & Bonta, 2010). 첫째, 사이코패스는 환각이나 망상에 빠져 있는 사람이 아니고 정상인의 외모를 가지고 있다는 것이다. 둘째, 사이코패스는 사회적 통제에도 반응이 없다는 점이다. 셋째, 범죄행동이 반드시 사이코패스로 진단을 내리기 위한 필요 조건이 아니라는 점이다. 즉, 모든 범죄자가 사이코패스 특성을 보이지는 않으며, 범죄행위를 했다고 하여 사이코패스라고 볼 수 없다(마찬가지로, 사이코패스라고 하여 꼭 범죄를 저지른다고 볼 수 없다). 이런 점은 사이코패스와 다른 범죄자들을 다루고 치료하는 방법이 질적으로 상당히 달라야 한다는 것을 시사한다.

■ 클렉클리의 정신병질 체크리스트 (Andrews & Bonta, 2010)

주요특성	기타특성
■ 기만 ■ 외관상 멀쩡함 ■ 평균 이상의 지능을 가짐 ■ 정신병적 증상(망상, 환각)이 없음 ■ 근심 걱정 부재 ■ 죄책감 결여 ■ 경험으로부터의 학습 실패 ■ 병리적인 자기 중심성 ■ 감정적으로 미성숙	■ 문란한 성생활 ■ 신뢰할 수 없음 ■ 계획을 세우고 실천하는 데 어려움 ■ 부정직함 ■ 진심으로 자살 시도를 하는 일은 드묾 ■ 충동적 ■ 반사회적 행동

(3) 사이코패스 진단

클렉클리가 제안한 사이코패스 진단 기준을 토대로, 로버트 헤어 (Robert Hare)는 사이코패스 성격을 실증적이고 객관적으로 측정할 목적으로 사이코패시 체크리스트(Psychopathy Checklist)를 개발했다(Andrews & Bonta, 2010). 사이코패스의 특성이라 여겨지는 100개 이상의 심리적, 행동적 특성 목록을 처음에는 22개의 문항으로, 그리고 후에는 20개의 문항으로 줄인 사이코패시 체크 리스트-수정본(Psychopathy Checklist-Revised, PCL-R)(Hare, 1991)을 통해 사이코패스의 정도를 평가한다. PCL-R 각 문항은 0점에서 2점 사이로 평정되며 총점은 40점이다. 북미권에서는 각 문항의 총점이 33-40점일 때 사이코패스 성향이 매우 높은 5등급으로 분류하고, 25-32점은 다소 높은 4등급, 17-24점은 보통인 3등급, 그리고 0-8점은 매우 낮은 1등급으로 분류한다(Hare, 1991). PCL-R의 20개 진단 문항을 표2에 제시했다. 즉, 반사회적 행동, 공감 능력과 죄책감 결여, 낮은 행동 통제력, 극단적인 자기 중심성, 기만 등과 같은 특성이 높게 나타나면 사이코패스, 즉 정신병질자로 평가된다(박지선, 2012; 이수정, 2006; 이수정, 김혜진, 2009; Hair, 1991).

☐ **PCL-R의 진단문항(박지선, 2012)**

1	입심 좋음 혹은 피상적 매력(glibness/superficial charm)
2	과도한 자존감(grandiose sense of self-worth)
3	자극 추구/쉽게 지루해 함(need for stimulation/proneness to boredom)
4	병적인 거짓말(pathological lying)
5	남을 잘 속임 혹은 조작적인 경향(conning/manipulative)
6	후회나 죄책감 결여(lack of remorse or guilt)
7	얕은 감정(shallow affect)
8	냉담함 혹은 공감 능력의 결여(callous/lack of empathy)
9	기생적인 생활양식(parasitic lifestyle)

10	낮은 행동 통제력(poor behavioral controls)
11	문란한 성생활(promiscuous sexual behavior)
12	아동기 문제 행동(early behavioral problems)
13	현실적, 장기적인 목표 부재(lack of realistic, long-term goals)
14	충동성(impulsivity)
15	무책임성(irresponsibility)
16	자신의 행동에 대한 책임을 느끼지 못함(failure to accept responsibility for own actions)
17	여러 번 단기 혼인 관계(many short-term marital relationships)
18	청소년기 비행(juvenile delinquency)
19	조건부 가석방의 취소(revocation of conditional release)
20	다양한 범죄력(criminal versatility)

(4) 사이코패스의 발생원인

학자들은 사이코패스의 발생 원인에 대해 생물학적, 사회학적 요인 등 다차원적인 설명을 제시한다. 생물학적 설명은 뇌 기능의 이상이나 신경학적 설명에 근거를 둔다. 로버트 K. 레슬러(2004)는 행동을 통제하고 충동을 조절하는 부분인 전두엽 부분의 활성화가 사이코패스 성향을 가진 사람들이 일반인에 비해 훨씬 떨어진다는 것을 발견함으로써 사이코패스의 충동적 행동과 높은 각성 수준을 설명했다(김성, 2009). 또한 세로토닌과 MAOA 유전자의 이상은 사이코패스와 밀접한 관련이 있는데, 구체적으로 선행 연구들은 공격성을 억제하는 세로토닌이 전두엽에 분비되지 않을 때 공격성이 증가한다는 것과, 인간의 몸 속에 효소를 조절하는 MAOA 유전자가 염색체의 이상으로 그 숫자가 적을 경우에 세로토닌이 줄어들고, 따라서 전두엽의 기능도 줄어 공격성, 즉 사이코패스와 유사한 증상을 증가시킬 수 있다는 것을 발견했다(김성, 2009). 어린 시절 뇌, 전뇌에 손상을 입었거나 기능 장애를 일으킨 결과 장기적인 계획 부족, 욕구 지연 능력 부족, 피상적 감정, 과민성, 공격성, 부적절한 사회 행동, 충동성 등 사이코패스의 특성들을 나타낸다는 주장도 있다. 사회학적 설명은 부정적인 사회화 과정과 그 결과에 뿌리를 두고 있다. 예를 들어, 사이코패스가 나타내는 많은 반사회적 행동은 본래 도구적인 것인데, 사회경제적 지위가 낮은 경우 이용 가능한 행동 선택에 제약을 받기 때문에 목표 성취를 위해 반사회적 행동 수단으로서 사용한다는 이론이 있고, 부모와의 애착이 취약하여 윤리 발달이 저해되어 반사회적 행동, 품행 장애 혹은 공격성이 야기될 수 있다는 주장도 있다(Blair et al., 2012). 또한 부모의 반사회적 태도, 비일관적 훈육, 체벌, 빈약한 학업 성과, 와해된 가정, 아동기 분리 경험도 사이코패스와 관련 있다(Marshall & Cooke, 1999). 생물학적 요인과 사회적 요인이 결합해 사이코패스 발생에 영향을 미칠 수도 있다. 특히 헤어는 사이코패스가 생물학적 요인과 사회적 요인이 복합적으로 작용해서 나타난다고 주장한다(이수정, 2006). 즉, 유전적 요인이나 기질 요인이 선행적으로 뇌 기능의 생물학적 토대와 기본 인격 형성에 영향을 주고, 여기에 환경과 경험이 더해져 사이코패스 성향이 발생할 수도 있고 그렇지 않을 수도 있다는 것이다.

(5) 사이코패스에 대한 인지적 접근

사이코패스가 정상인과 구분되는 정보처리 과정을 겪는다는 것을 설명하는 일련의 인지 모델이 있다. 인지 모델은 사이코패스의 기능 장애에 대하여 완벽한 설명을 제시하지는 못하지만, 사이코패스를 설명하기 위해 이용되는 새로운 이론의 개발이나 이전 이론들의 보완, 그리고 예측적인 측면에서 유용하게 사용되어 왔다(Blair et al., 2012). 사이코패스가 보이는 충동성이나 감정적인 결함은 의도적인 주의 집중을 통해 주변이나 정서적인 정보의 의미를 잘 처리하지 못한다는 반응집합조절 가설(response set modulation hypothesis)

이 있다. 그리고 사이코패스들에게 공통으로 나타나는 정서 장애는 공포 행동을 조절하는 신경 생리 체계가 손상되었기 때문이라고 설명하는 공포기능장애 가설(fear dysfunction model)이 있다. 또한 일반적인 아동은 사회화 과정을 통해 타인의 고통이 혐오스럽다는 것을 발견하고 그런 고통을 야기한 행위가 혐오스럽다는 것도 이해하게 되지만, 사이코패스는 타인의 고통을 이해하고 공감하는 능력이 부족하여 혐오스런 자극에 대하여 전반적으로 둔감함을 보인다는 폭력 억제 메커니즘 모델(violence inhibition mechanism, VIM)이 있다.

(6) 사이코패스에 대한 신경학적 접근

신경학적 구조를 참고하여 사이코패스에게서 보이는 기능적인 손상을 설명하려고 하는 일련의 신경 모델들이 있다(Blair et al., 2012). 좌반구 활성화 가설(left hemisphere activation, LHA)은 사이코패스는 정상인보다 좌반구의 결함으로 언어적, 인지적 처리 과정에 결함을 보인다고 말한다. 그러나 이 가설은 왜 이러한 비정상적인 현상이 사이코패스 성향을 발전시키는지 분명히 설명하지 못하는 단점이 있다. 뇌의 전두엽은 사회적 통제와 특정 행동 결과를 인식하는 능력과 같은 집행 기능(판단력과 기획력에 해당하는 기능)을 관장하는데(이수정, 김혜진, 2009), 전두엽의 집행 기능은 반사회적 행동과 관련 있기 때문에 사이코패스가 보이는 독특한 심리 특성과 행동이 전두엽 장애에 의한 것이라고 설명하는 전두엽 기능 장애 가설(The frontal lobe dysfunction hypothesis)이 있다. 그러나 전두엽 손상이 직접적으로 사이코패스의 발생 가능성을 증가시키는지를 설명하기 위해서는 상당한 연구가 더 필요하다. 인간이 의사 결정을 할 때는 육감 혹은 직감이 중요하게 관여하는데 어떤 사건이나 사물, 장소 등이 나쁜 감정 혹은 좋은 감정을 유발한 경험에 의해, 훗날 같은 경험을 할 때 불쾌한 감정을 유발하는 대안은 바로 배제하고 압축된 소수의 대안들 중에 합리적 사고에 따라 최종적으로 하나를 선택한다(도모노 노리오, 2007). 신체 표식(somatic marker) 가설에 의하면, 뇌의 전전두엽 중 복내측전두피질(안와전두피질 및 내측전두피질)은 이런 직감의 저장고인데 이곳에 손상이 있는 경우 일반인들에게는 매우 혐오스러울 수 있는 사회적 재난, 신체 절단, 누드 장면과 같은 자극을 보아도 자율신경반응이 나타나지 않으며, 또한 불리한 상황이 다가와도 신체 표식이 활성화되지 않는다는 연구 결과들이 있다(Damasio, 1994). 그러나 이것은 전두엽의 손상이 사이코패스의 가능성을 증가시키는지에 대해서는 설명해도 직접적으로 사이코패스의 공격 성향과 반사회적 행동을 이해하는 데는 아직 부족함이 있다.

(7) 사이코패스의 치료 가능성

사이코패스는 죄책감과 후회를 느끼지 않는다고 알려져 이들에 대한 치료를 회의적으로 보는 시각이 많지만 치료 방법이 전혀 없다고 말하기에는 아직 이르다. 다체계 치료법(multisystemic therapy, MST)을 통해 사회 학습 이론들을 적용한 행동 프로그램(behavioral program)과 사이코패스 범죄자를 둘러싸고 있는 역기능적 체계를 모두 긍정적인 방향으로 구축하는 중재 방법이 있다(Harris & Rice, 2006). 아직 사이코패스에게 적용하지 않았던 특정 조건들을 충족시킨다면, 일반적인 범죄자에게 사용했던 치료법들도 효과적일 수 있다는 증거들이 있다. 즉, 고위험 범죄자들은 집중적으로 관리 하고, 범죄를 야기하는 원인에 치료의 초점을 맞추어 인지 행동 중재 방법을 사용하는 것이다(Andrews & Bonta, 2010). 따라서 앞으로도 사이코패스 치료법에 관하여 더 많은 숙고들이 이루어져야 할 것이다.

(8) 결언

사이코패스 성향을 이해하려는 많은 노력 속에서 소시오패스, 반사회적 성격 장애 같은 용어가 나타났다. 클렉클리는 최초로 정신병질 증상에 대한 구체적인 기준을 제시했고, 이런 기준을 토대로 로버트 헤어가 'PCL-R'이라고 불리는 사이코패스를 진단하기 위한 체크리스트를 개발했다. 사이코패스는 반사회적 행동, 공감 능력과 죄책감 결여, 낮은 행동 통제력, 극단적인 자기 중심성, 기만 등과 같은 특성을 포함한다. 사이코패스의 원인을 설명하려는 다양한 이론과 가설이 있는데 사이코패스의 원인은 복합적이라는 의견이 지배적이다. 또한 사이코패스를 치료하는 것이 불가능한 것처럼 알려져 있지만 특정한 치료 방법이 효과적이라는 의견도 있다.

12. 소시오패스[111]

(1) 개요

영화 '케빈에 대하여'에서 아들 케빈은 다른 사람들 앞에서는 순한 양같이 행동하지만, 엄마 앞에서는 충동적이고 이중적인 모습을 보이는 소시오패스 캐릭터이다. 소시오패스에 대해 생각해보자. 소시오패스란, 자신의 성공을 위해서는 수단과 방법을 가리지 않고 나쁜 짓을 저지르며, 이에 대해 전혀 '양심의 가책'을 느끼지 않는 사람을 뜻한다. 소시오패스의 예로 최근에 종영한 드라마 '추적자'에서 배우 김상중이 연기했던 인물 '강동윤'을 들 수 있다. 강동윤은 평소에는 너그럽고 관대한 모습을 보이다가 자신의 성공을 위해서는 비도덕적인 행동, 심지어 살인도 스스럼없이 저지른다. 그리고 자신의 행동을 합리화시키고 후회나 죄책감을 느끼지 않는다. 또 다른 예로는 영화 '케빈에 대하여'('We need to talk about Kevin') 에 나오는 아들 케빈이다. 케빈은 다른 사람들 앞에서는 순한 양같이 행동하지만, 엄마 앞에서는 충동적이고 공격적으로 변하는 이중적인 모습을 보인다. 현실에서는 히틀러나 후세인같은 독재자나, 일부 부패한 종교의 교주들이 소시오패스의 예라고 볼 수 있다. 소시오패스는 우리 가족 중에, 학교에, 혹은 직장에 '평범'해 보이는 사람들 중에 존재할 수 있다. 실제로 소시오패스가 사이코패스에 비해 훨씬 많다고 알려져 있는데, 전 인구의 4%정도가 소시오패스라고 한다(즉 25명 중 1명). 심리학자 마샤 스타우트의 말을 빌자면, "그들은 우리의 일상 속에 늘 함께 있다. 이 사실을 인정하고 그들을 알아야 한다."

---

111) 김은하, "생활 속의 심리학",
https://terms.naver.com/entry.nhn?docId=3575325&cid=59039&categoryId=59044, 2012.

■ 소시오패스의 특징은 다음과 같다.

> · 자신의 성공을 위해 타인을 이용하고 거짓말을 일삼지만, 양심의 가책을 느끼지 않는다.
> · 자신을 잘 위장하며 감정조절이 뛰어나다.
> · 인생을 이겨야 하는 게임이나 도박으로 여기며 다른 사람들을 이용할 타겟으로 생각한다.
> · 매우 계산적이다.
> · 겉으로는 매력적이고 사교적으로 보일 수 있다.
> · 어릴 때 비정상적으로 잔인하거나 공격적인 행동들 재미삼아 한다. (예. 동물학대, 불내기)
> · 쉽게 지루함을 느끼며, 자극욕구가 강해서 새롭고 위험한 과제를 흥미로워한다. 자신의 잘못이 발각되면, 거짓으로 후회, 반성을 하거나 (예.'이번 잘못을 통해 많은 것을 배웠다.''다시는 이런 일을 하지 않겠다.''나도 피해자다') 동정심에 호소하면서 자신의 순진함을 강조한다.

(2) 사이코패스와 소시오패스는 어떻게 다른가?

우선, 사이코패스는 충동적이고 즉흥적이며 두려움을 느끼지 못하는 기질을 가지고 태어난다. 이와 다르게 소시오패스는 남들과 다르지 않은 정상적인 기질을 가지고 태어나지만, 유년기 시절의 사회/환경적 결핍요인에 의해 성격장애를 가지게 된다.

두 번째, 사이코패스는 자기 감정에 미숙하고 감정을 억제하지 못해 순간적으로 극도의 감정반응을 보이는 경우가 많다. 그러나 소시오패스는 자신의 감정조절에 뛰어나고 타인의 감정을 잘 이용한다. 이들은 자신의 이득을 위해서, 필요하다면 순한 양처럼 행동하며 선한 미소를 짓고 타인에게 친절을 베푼다.

세번째, 사이코패스는 끔직한 범죄를 충동적으로 저지르며 자신의 무서운 기질을 드러내지만, 소시오패스는 '평범'한 보통사람의 모습으로 우리들 곁에 존재하면서 계산적이고 치밀한 반사회적행동을 저지른다. 사이코패스는 충동적이고 두려움을 느끼지 못하는 기질을 타고나는 경우가 많지만 소시오패스는 정상적인 기질을 가지고도 유년기 시절의 환경적 요인으로 다른 사람의 고통을 즐기게 될 수 있다.

네번째, 사이코패스는 윤리나 법적개념이 없어서 옳고 그름에 대해 구별할 수 없지만, 소시오패스는 잘못된 행동인 것을 알면서도 반사회적행동을 저지른다. 일부학자들은 사이코패스와 소시오패스의 차이를 원인에 대한 학문의 견해차이로 이 두 성격장애를 구분한다. 사이코패스는 주로 상담/임상심리학자들이 사용하는 용어로, 생물학적, 유전적, 환경적 요인에 의해 나타나는 성격장애, 반면 소시오패스는 유년시절의 환경결핍요인(심각한 트라우마, 학대등)을 중요시하는 사회심리나 사회복지계 학자들이 주로 사용하는 용어이다. 즉 사이코패스는 선천적인 이유로, 소시오패스는 자라온 가정이나 사회적 환경에 의해 발생한다는 것이다.

(3) 하지만 사이코패스와 소시오패스는 같은 인격장애에 속한다

미국정신의학에서 발표한 진단기준 DSM-IV에서는 사이코패스와 소시오패스라는 진단명 혹은 병명을 사용하지 않으며, 이 둘을 반사회적 성격장애로 통합하여 진단하고 있다. 지난번에 소개한 바와 같이, 반사회적 성격장애란 타인의 권리를 침해하고, 법으로 정해져 있는 규율을 따르지 않으며 충동적이고 공격적인 행동을 보이는 성격장애를 칭한다(적어도 18세 이상이 되어야 하며 15세 이전에 품행장애를 보인다). 또 미국외의 다른 나라에서 많이 사용하는 진단기준인 ICD-10에서도 소시오패스를 반사회적성격장애로 규명하고 있다. 과거에는 반사회적 성격장애를 진단하기 위해서 미네소타 다면성성격검사(Minnesota Multiphasic Personality Inventory)가 사용되었으나, 이에 대한 신뢰도와 타당도 문제가 제기되면서,

최근에는 임상인터뷰, 행동검사, 과거의 히스토리, 가족과 지인들로부터의 정보를 모두 종합하여 반사회적 성격장애를 진단한다.

(4) 소시오패스는 '환경'에 의해 만들어진다.

모든 것에서 최고가 되어야 한다는 부담감은 자신의 성공을 위해 사람을 이용하고 다른 사람의 고통을 느끼지 못하게 되는 소시오패스를 만들 수 있다. 일부학자들의 주장이 맞다면, 사이코패스는 생물학적, 유전적 원인에 의해 선천적으로 타고나는 것이며, 소시오패스는 '환경'에 의해 만들어진다. 즉 소시오패스는 유년기시절에 학대나 방임등을 겪으면서 자신에 대한 비뚤어진 생각과 타인으로부터 버림받을 것이라는 생각을 가지게 된다. 이로 인해, 우울, 분노, 불안등의 감정이 생기고, 이러한 감정들과 자신의 약점을 숨기기 위해 더 비도덕적인 행동을 하게 된다. 그리고, '성공지향'을 우선시하는 사회분위기와 모든 것에서 최고가 되어야 한다는 부담감이 더 해지면 소시오패스가 만들어질 확률이 높아진다. 그러므로 소시오패스의 예방은 가능하다. 예를 들어, 자기의 정체성과 세상을 바라보는 가치관이 성립되는 유년기에 부모와 사회로부터 애정과 관심을 받고 도덕심에 대한 교육을 받는다면, 소시오패스의 발현을 막을 수 있다. 또한 양심, 배려, 봉사가 칭찬받는 사회적 분위기가 조성되야 할 것이다. 남을 이용하고 거짓을 일삼아 성공을 성취한 사람들이 존경받고, 반대로 양심껏 착하게 살아가는 사람들이 손해 보는 경쟁현대 사회에서는 소시오패스가 점점 늘어날 수밖에 없지 않을까 우려된다.

(5) 소시오패스 치료

유아나 아동기에 제대로 된 교육을 통해 소시오패스적 성향이 심화되는 것을 어느 정도 막을 수 있다. 싸이코패스와 비슷하게 소시오패스의 심리치료예후도 좋지 않다. 또한 개인마다 원인과 증상이 다르기 때문에 어떤 치료방법이 가장 효과적이라고 말하기는 힘들다. 하지만, 소시오패스의 기질이나 성격보다는 행동을 초점으로 한 행동치료가 그나마 효과가 있는 것으로 보인다. 행동치료의 목표는 비양심적이고 비도덕적인 행동이 일시적으로는 이득이 되지만, 궁극적으로는 더 큰 성공을 이루는데 방해가 될 수 있다는 점을 깨닫게 하는 것이다. 예를 들어, 돈에 욕심이 많은 사기꾼 소시오패스에게 계속 사기를 치면 당분간은 재산을 늘릴 수 있지만, 장기적으로는 모든 재산을 압수당할 수 있다는 사실을 계속적으로 주입시키면, 적어도 사기를 치는 행동은 줄일 수 있다는 것이다.

또한, 소시오패스 증상이 원인이 되어 이차적으로 생겨난 심리질병을 치료함으로서(예: 성공에 대한 지나친 집착과 불안), 소시오패스적 행동을 줄이고자 하는 심리치료적 접근도 이용되고 있다. 하지만 이미 소시오패스 성향이 굳어져 버린 어른의 경우 그 예후는 매우 부정적이다. 앞에서 언급한 바와 같이 유아나 아동기에 제대로 된 교육으로 예방 또는 치료하는 것이 중요하다.

제4편
수사

제4편 수사

제1장 수사와 관련된 일반용어

1. 피의자(被疑者, suspect)[112]

경찰이나 검사 등의 수사기관으로부터 범죄의 의심을 받게 되어 수사를 받고 있는 자를 피의자(被疑者)라 한다. 피의자는 수사개시 이후의 개념이므로 피내사자(被內査者)와 구별되며 공소제기(公訴提起) 이전의 개념이므로 피고인과 구별된다. 현행형사소송법상(現行刑事訴訟法上) 피의자는 기본적으로 수사의 대상이 된다. 또한 준당사자적지위(準當事者的地位)를 가지고 있어서 진술거부권(陳述拒否權), 변호인 선임권, 자료제출권, 변호인과의 접견교통권(接見交通權) 등의 권리를 가진다.

2. 영장주의(令狀主義)[113]

법원 또는 수사기관의 형사절차에서 강제처분을 함에는 법원 또는 법관이 발부한 영장에 의하여야 한다는 주의를 영장주의(令狀主義)라 한다. 수사 등의 절차를 행하는 강제처분은 사람의 신체 및 의사의 자유에, 또는 사람의 물건에 대한 지배에 제한을 가하는 것이

---

112) 이병태, "법률용어사전 : 2016,새학설 새법률에 의한 6,000여 법률 용어를 수록한", 법문북스, 2016

113) 이병태, "법률용어사전 : 2016,새학설 새법률에 의한 6,000여 법률 용어를 수록한", 법문북스, 2016.

므로 강제처분권을 남용하여 기본적인권(基本的人權)이 침해되는 경우가 있을 수 있다. 그래서 기본적 인권보장을 위해서는 강제처분을 하여야 할 것인가의 여부를 수사기관의 판단에 맡기지 않고 먼저 법원이 판단하여(이 판단도 재판의 일종이다) 그 결과를 영장에 기재하고 이 영장이 없으면 강제처분을 할 수 없도록 하는 원칙이 바로 영장주의이다. 이러한 영장주의는 수사기관의 강제처분에 대하여 더더욱 강조되고 있다. 헌법은 체포·구금·압수·수색에는 영장을 필요로 한다고 규정하고 있다(헌법 제12조 2항). 영장 중에서도 법원 스스로가 강제처분을 할 때의 영장은 이것을 실제로 집행하는 기관에 대한 명령장의 성질을 갖는 것이다(소환장(召喚狀)·구속영장(拘束令狀)·체포영장(逮捕令狀)·감정유치장(鑑定留置狀)·법원이 행하는 경우의 압수(押收)·수사영장(搜査令狀)). 그런데 탄핵적 수사권에 기초를 두고 체포·구속영장을 명령장이라고 이해하는 유력한 학설이 있다. 그러나 이 강제처분은 법원의 의사에 의한 것이 명백한 경우(에를 들면 공판정(公判廷)에서의 압수·수색) 및 수사기관의 행위가 아님이 명백한 경우(예를 들면 현행범체포)혹은 이미 일정한 범위에서 법원이 판단을 하고 있는 사안에 관한 경우, 예를 들면 영장을 기초로 한 체포·구속·압수·수색·검증에는 실질적으로 영장주의와 모순되지 않는 영장주의의 예외가 된다. 그리고 영장주의의 원칙이 행정상의 강제처분 특히 행정상의 즉시강제에도 적용되느냐에 관해 견해가 대립되고 있는데 행정목적의 달성을 위하여 불가피한 경우에는 영장주의가 적용되지 아니한다는 견해가 유력하다.

3. 압수수색영장(押收搜索令狀)[114]

형사소송법상의 강제처분인 압수와 수색을 기재한 재판서이다. 검사의 청구에 의하여 발부하는 허가장인 경우(형사소송법 제215조)와 신청 없이 법관이 발부하는 집행기관에 대한 명령장인 경우(제113·115조)가 있다. 압수와 수색은 밀접한 관계가 있으므로, 그 영장은 '압수수색영장'이라는 공통된 영장에 의하게 된다. 구속영장을 집행할 때, 긴급구속을 할 때, 현행범을 체포할 때 및 임의제출물이나 유류물(遺留物)을 압수할 때 등 특별규정이 있는 경우 외에는 공판정 밖에서 압수·수색을 하려면 반드시 압수수색영장이 있어야 한다(헌법 제12조 3항, 형사소송법 제113·216〜218조). 압수수색 영장에는 피처분자의 성명·죄명·압수물건, 수색의 장소·신체·물건, 발부연월일·유효기간 기타 대법원규칙이 정한 사항을 기재하고, 재판장 또는 수명법관(受命法官)이 서명날인하여야 한다(제114·219조). 그 영장의 집행은 검사의 지휘하에 사법경찰관리가 하는 것이 원칙이나, 재판장은 법원서기관이나 서기에게 집행시킬 수도 있다(115조 1항). 집행시에는 반드시 영장을 피집행자에게 제시하여야 한다(118·219조). 또 타인의 비밀을 보지(保持)하고 피처분자의 명예를 해하지 아니하도록 주의하여야 한다(116조).

---

[114] 두산백과, http://www.doopedia.co.kr/doopedia/master/master.do?_method=view&MAS_IDX=101013000759380, 2018. 5. 10.자.

4. 구속영장(拘束令狀)[115]

구속영장은 검사가 직접 청구하거나, 사법경찰관이 검사에게 신청해 검사가 청구하여, 관할 지방법원의 판사가 발부한다. 구속영장에는 피고인 또는 피의자의 성명·주거·죄명, 범죄사실의 요지, 인치구금할 장소, 발부연월일, 그 유효기간과 그 기간을 경과하면 집행에 착수하지 못하며 영장을 반환하여야 한다는 뜻을 기재하여 재판장 또는 수명법관(受命法官)이 서명날인한 재판서(裁判書)이다(형사소송법 75조 1항·209조). 피고인 또는 피의자의 성명이 불분명한 경우에는 인상(人相)·체격, 기타 피고인 또는 피의자를 특정할 수 있는 사항으로써 이를 표시할 수 있고, 주거가 불명한 때에는 그 기재를 생략할 수 있다(75조 2·3항). 구속기간은 사법경찰관의 경우는 10일 이내이고, 검사의 경우는 사법경찰관으로부터 인치(引致)를 받은 때로부터 10일이다. 다만 수사를 계속함에 상당한 이유가 있다고 인정될 때에는 다시 10일간 이내의 구속기간을 연장할 수 있다(202~205조 참조).

---

115) 두산백과, http://www.doopedia.co.kr/doopedia/master/master.do?_method=view&MAS_IDX=101013000757011, 2018. 5. 10.자.

5. 체포영장(逮捕令狀)[116]

체포영장은 피의자가 수사기관의 출석요구에 불응하거나 불응할 우려가 있을 때 판사가 발부하는 것이다. 피의자가 죄를 범하였다고 의심할 만한 상당한 이유가 있고, 정당한 이유없이 수사기관의 출석요구에 응하지 않거나 응하지 아니할 우려가 있는 때에는 피의자를 체포할 수 있다. 체포를 하기 위하여는 원칙적으로 판사가 발부한 체포영장이 있어야 하며, 사법경찰관이 피의자를 체포하기 위하여는 먼저 검사에게 체포영장을 신청하면 검사는 판사에게 청구하여 체포영장을 발부받게 되는데, 명백히 체포의 필요가 인정되지 아니하는 경우에는 검사나 판사는 체포영장을 기각할 수 있다. 체포한 피의자를 구속하고자 할 때에는 체포한 때부터 48시간 이내에 판사에게 구속영장을 청구하여야 한다.

---

116) pmg 지식엔진연구소, "시사상식사전", 박문각, http://www.pmg.co.kr, 2018. 5. 10.자.

6. 영장실질심사(令狀實質審査)[117]

검사로부터 구속영장을 청구받은 판사가 피의자를 직접 심문해 구속 여부를 결정하는 제도이다. 영장실질심사제라고도 한다. 체포영장제·피의자석방제도 등과 함께 임의동행과 보호유치 등 탈법적인 수사 관행을 막기 위해 도입한 제도이다. 즉 검사로부터 구속영장을 청구받은 판사가 구속영장을 발부하기 전에 피의자를 불러 직접 심문한 뒤, 영장의 발부 여부를 결정하는 제도를 말한다. 피의자가 체포영장에 의해 체포되거나 긴급체포 혹은 현행범으로 체포된 경우, 구속영장을 청구받은 판사는 지체 없이 피의자를 심문하여야 한다. 이 경우 특별한 사정이 없는 한 구속영장이 청구된 날의 다음날까지 심문하여야 한다. 그 외의 피의자에 대하여 구속영장을 청구받은 경우에 판사는 피의자가 죄를 범하였다고 의심할 만한 이유가 있는 경우에는 구인을 위한 구속영장을 발부하여 피의자를 구인한 후에 심문하여야 한다. 다만, 피의자가 도망하는 등의 사유로 심문할 수 없는 경우에는 그러하지 아니하다. 판사는 영장실질심사에 있어서 피의자 및 변호인에게 심문기일과 장소를 통지하여야 하고, 검사는 기일에 피의자를 출석시켜야 하며 검사와 변호인은 심문기일에 출석하여 의견을 진술할 수 있다. 심문할 피의자에게 변호인이 없는 때에는 지방법원판사가 변호인을 선정하여야만 한다(형사소송법 201조의 2).

---

117) 두산백과, http://www.doopedia.co.kr/doopedia/master/master.do?_method=view&MAS_IDX=101013000876484, 2018. 5. 10.자

7. 구속적부심사제도(拘束適否審査制度, review of legality for confinement)118)

구속된 피의자에 대하여 법원이 구속의 적법성과 필요성을 심사하여 그 타당성이 없으면 피의자를 석방하는 제도이다. 영미법계(英美法系) 국가에서의 인신보호영장제도(人身保護令狀制度)에서 출발한 것이다. 구속적부심사제도는 형사피의자의 석방을 위한 제도라는 점에서 형사피고인까지를 대상으로 하는 보석(保釋)과 구별되며 또한 법원이 심사한다는 점에서 검사(檢事)가 구속된 피의자를 석방하는 구속취소와 구별된다. 인신구속에 있어서 사전영장주의(事前令狀主義)를 채택하고 있으면서도 구속적부심사청구권을 인정하는 것은 영장발부에 대한 재심사의 기회를 마련함으로써 인신의 보호에 만전을 기하기 위한 것이다. 구속적부심사의 청구권자는 구속영장에 의해 구속된 피의자와 그 변호인(辯護人), 법정대리인(法定代理人), 배우자(配偶者), 직계친족(直系親族), 형제자매(兄弟姉妹), 가족(家族), 동거인(同居人), 고용주(雇傭主)이다. 구속적부심사청구의 사유는 구속영장의 사유가 법률에 위반되었다고 판단되는 때 또는 구속 후 중대한 사정변경이 있어서 구속을 계속할 필요가 없다고 판단되는 때이다. 구속적부심사청구에 대한 심사는 법원에서 한다. 그 심사를 위한 법원의 구성에는 판사가 1명인 지방법원지원의 경우를 제외하고는 구속영장을 발부한 법관은 포함되지 못한다. 구속된 피의자에게 변호인이 없고 국선변호인(國選辯護人)의 선정사유에 해당되는 때에는 국선변호인이 선임된다. 구속적부심사는 영장발부의 요식과 절차에 관한 형식적 사항뿐만 아니라 구속사유의 타당성과 적법성(適法性)에 관한 실질적 사항까지도 대상으로 한

---

118) 두산백과, http://www.doopedia.co.kr/doopedia/master/master.do?_method=view&MAS_IDX=101013000806122, 2018. 5. 10.자.

다. 법원은 심문이 종료된 때로부터 24시간 이내에 구속에 대한 적부의 결정을 내려야 한다. 그 결정에는 항고(抗告)가 허용되지 않는다. 구속적부심사의 석방결정에 의하여 석방된 피의자는 도망하거나 죄증을 인멸하는 경우를 제외하고는 동일한 범죄사실에 관하여 재차 구속하지 못한다(형사소송법 214조의 3).

8. 긴급체포(緊急逮捕, arrest without warrant)[119]

중대한 범죄혐의가 있고, 법관의 체포영장을 발부받을 여유가 없는 경우에 먼저 체포를 한 후 사후에 영장을 발부받는 제도이다. 형사소송법 제200조의 3에는 "검사 또는 사법경찰관은 피의자가 사형·무기 또는 장기 3년 이상의 징역이나 금고에 해당하는 죄를 범하였다고 의심할 만한 상당한 이유가 있고, 증거를 인멸할 염려가 있거나 도망 또는 도망할 염려가 있는 경우에, 긴급을 요하여 지방법원판사의 체포영장을 받을 수 없는 때에는 그 사유를 알리고 영장없이 피의자를 체포할 수 있다. 이 경우 긴급을 요한다 함은 피의자를 우연히 발견한 경우 등과 같이 체포영장을 받을 시간적 여유가 없는 때를 말한다. 검사 또는 사법경찰관이 피의자를 긴급체포한 경우에는 즉시 긴급체포서를 작성하여야 한다."고 규정되어 있다. 검사 또는 사법경찰관이 피의자를 긴급체포한 경우, 피의자를 구속하고자 할 때에는 체포한 때부터 48시간 이내에 검사는 관할지방법원판사에게 구속영장을 청구하여야 하고, 사법경찰관은 검사에게 신청하여 검사의 청구로 관할지방법원판사에게 구속영장을 청구하여야 한다. 검사가 구속영장을 청구하거나, 사법경찰관이 구속영장을 신청할 때에는 긴급체포서를 첨부하여야 한다. 그러나 구속영장을 청구하지 아니하거나 발부받지 못한 때에는 피의자를 즉시 석방하여야 한다. 이 규정에 의하여 석방된 자는 영장없이는 동일한 범죄사실에 관하여 다시 체포되지 않는다. 구속영장이 발부되면 사전(事前)에 구속영장이 발부된 경우와 동일한 절차에 의하게 된다.

---

119) 두산백과, http://www.doopedia.co.kr/doopedia/master/master.do?_method=view&MAS_IDX=101013000762926, 2018. 5. 10.자.

9. 현행범인(現行犯人)[120]

범인의 일종이 아니라 일정한 시간적 단계에 있는 범인을 말하므로, 그 시간적 단계가 지나면 현행범인이 아니게 된다. 그러나 범인으로 호창(呼唱)되어 추적되고 있거나 흉기 등을 소지하고 있는 자, 또는 신체나 의복 등에 현저한 증적(證跡)이 있는 자나 누구임을 물음에 대하여 도망하려는 자 등은 현행범인으로 본다(준현행범:211조 2항). 현행범인은 누구든지 법관의 영장 없이 체포할 수 있으며(헌법 12조, 형사소송법 212조), 국회의원도 원외(院外)의 현행범인은 국회의 동의 없이 체포할 수 있다(헌법 44조). 수사기관 이외의 자가 현행범인을 체포하였을 때에는 즉시 검사나 사법경찰관리에게 인도하여야 하고, 수사기관은 긴급구속의 경우와 같이 사후영장(事後令狀)을 발부받아야 한다(형사소송법 213·207조). 현행범인은 로마법의 현행도(現行盜)에서 유래된 것이며, 당시에는 비현행범보다 엄하게 처벌한다는 실체법적인 의미가 있었다. 그것이 뒤에 절차법적인 의미를 가지게 되어 누구든지 체포할 수 있다는, 강제처분의 예외규정으로 인정되었다.

---

120) 두산백과, http://www.doopedia.co.kr/doopedia/master/master.do?_method=view&MAS_IDX=101013000762654, 2018. 5. 10.자.

10. 준현행범인(準現行犯人)[121]

현행범인은 아니지만 현행범인으로 간주되는 자를 말한다. 형사소송법은 (1) 범인으로 호창되어 추적되고 있는 때, (2) 장물이나 범죄에 사용되었다고 인정함에 충분한 흉기 기타의 물건을 소지하고 있는 때, (3) 신체 또는 의복류에 현저한 증적이 있을 때, (4) 누구임을 물음에 대하여 도망하려 하는 때를 현행범인으로 간주하고 있다(형사소송법 제211조 2항). 현행범인과 같이 준현행범인도 누구나 영장없이 체포할 수 있다(형사소송법 제212조).

11. 불심검문(不審檢問)[122]

경찰관직무집행법 제3조에 명시되어 있다. 경찰관은 수상한 거동 기타 주위의 사정을 합리적으로 판단하여 어떠한 죄를 범하였거나 범하려 하고 있다고 의심할 만한 상당한 이유가 있는 자 또는 이미 행하여진 범죄나 행하여지려고 하는 범죄행위에 관하여 그 사실을 안다고 인정되는 자를 정지시켜 질문하는 행위를 말한다. 경찰관은 질문하거나 동행을 요구할 경우 당해인에게 자신의 신분을 표시하는 증표를 제시하면서 소속과 성명을 밝히고 그 목적과 이유를 설명하여야 하며, 동행의 경우에는 동행장소를 밝혀야 한다. 동행을 한 경우 경찰관은 당해인의 가족 또는 친지 등에게 동행한 경찰관의 신분, 동행장소, 동행목적과 이유를 고지하거나 본인으로 하여금 즉시 연락할 수 있는 기회를 부여하여야 하며, 변호인의 조력을 받을 권리가 있음을 고지하여야 한다. 특히, 동행을 한 경우 경찰관은 당

---

121) 이병태, "법률용어사전 : 2016,새학설 새법률에 의한 6,000여 법률 용어를 수록한", 법문북스, 2016.
122) 신현기, "경찰학사전", 법문사, 2012.

해인을 6시간을 초과하여 경찰관서에 머물게 할 수 없다.

12. 지명수배(指名手配)[123]

수사기관이 피의자 검거의 합리화·효율화를 위하여 관내 또는 관련
지역이나 전국 수사기관에 범인을 추적·체포·인도할 것을 요구한다.
이미 구속영장이 발부되어 있는 피의자를 기동적이며 능률적으로
검거하기 위하여 마련한 제도이다. 급속을 요하여 구속영장의 발부
를 받을 시간적 여유가 없을 때에는 우선 지명수배를 한 후, 지체
없이 구속영장을 발부받아 그 유효기간을 통보하여야 한다. 지명수
배의 주요한 요건은 ① 피의자의 성명이나 이명(異名)·별명 등이 판명
되어야 하고, ② 소재불명으로 단시일 내에 검거할 수 없을 것으로
예상되는 피의자라야 하며, ③ 수사상 특히 비밀을 요하지 않는다고
인정되는 피의자라야 하고, ④ 범죄사실이 확실하여야 하며, ⑤ 구속
영장이 발부되어야 한다. 일단 수배되면 검거될 때까지, 또는 구속영
장이 재발부되지 않는 한 3년 동안 유효하고, 그 후라도 필요하면 다
시 지명수배를 한다. 지명수배는 용의자뿐만 아니라 용의물건에 대하
여도 인정된다. 지명수배된 자가 검거되었을 때에는 검거한 경찰서에
서 호송하거나 의뢰한 경찰서에서 출장인수하거나 한다.

---

123) 두산백과, http://www.doopedia.co.kr/doopedia/master/master.do?_method=
view&MAS_IDX=101013000860021, 2018. 5. 12.자.

13. 지명통보(指名通報)[124]

특정한 피의자를 발견한 경우 그 피의자에 대한 출석요구를 의뢰하는 제도로서, '법정형이 장기 3년 미만의 징역 또는 금고, 벌금에 해당하는 죄를 범하였다고 의심할 만한 상당한 이유가 있고 수사기관의 출석요구에 응하지 아니하고 소재수사결과 소재불명인 자' '법정형이 장기 3년 이상의 징역이나 금고에 해당하는 죄를 범하였다고 의심되더라도 사안이 경미하거나 기록상 혐의를 인정키 어려운 자로서 출석요구에 불응하고 소재가 불명인 자'에 대하여 내려지는 처분이다. 한편, 지명수배는 특정한 피의자에 대하여 그의 체포를 의뢰하는 제도로서, '법정형이 사형·무기 또는 3년 이상의 징역이나 금고에 해당하는 죄를 범하였다고 의심할 만한 상당한 이유가 있어 체포영장 또는 구속영장이 발부된 자' 및 '지명통보 대상자 중 지명수배의 필요가 있어 체포영장 또는 구속영장이 발부된 자'에 대하여 내려지는 처분이다. 다만, 긴급체포를 하지 아니하면 수사에 현저한 지장을 초래하는 경우에는 영장을 발부받지 아니하고 지명수배 할 수 있다.

---

124) 신현기, "경찰학사전", 법문사, 2012.

14. 수배(手配)[125]

피의자 및 수사자료를 발견·확보하기 위하여 다른 경찰관서에 대해서 수사상 필요한 조치를 의뢰하여 경찰의 조직력을 활용하는 활동을 말하고, 근거법규로는 범죄수사규칙과 지명수배규칙이 있다. 수배의 기본원칙은 신의성실의 원칙과 수배의 적정화가 있다. 지명수배·통보 주무부서는 경찰청은 과학수사센터로 하고, 지방경찰청 및 경찰서는 형사과로 한다. 단, 형사과가 없는 경우 수사과로 한다. 수배의 종류로는 (긴급)사건수배, 지명수배·통보, 장물수배가 있다.

15. 사건수배(事件手配)[126]

사건의 용의자와 수사자료 그 밖의 참고사항에 관하여 통보를 요구하는 것을 말한다. 사건수배의 목적은 수사중인 사건에 관하여 수사자료를 광범위하게 수집하기 위하여 다른 경찰관서에 대해 협력을 요구하는 당해 사건의 수사상 참고가 될 사항의 통보를 얻는 것이다.

---

125) 신현기, "경찰학사전", 법문사, 2012.
126) 신현기, "경찰학사전", 법문사, 2012.

16. 참고인중지(參考人中止)[127]

검사가 참고인·고소인·고발인 또는 같은 사건 피의자의 소재불명으로 수사를 종결할 수 없는 경우에 그 사유가 해소될 때까지 행하는 처분을 말한다. 참고인은 수사기관에 대하여 진술하는 사람을 가리키는 말로, 법원 또는 법관에 대하여 자기가 체험한 사실을 진술하는 제3자를 가리키는 증인과 구별된다. 검사는 법무부령인 '검찰사건사무규칙'에 따라 참고인·고소인·고발인 또는 같은 사건 피의자의 소재불명으로 수사를 종결할 수 없는 경우에 그 사유가 해소될 때까지 참고인중지의 결정을 할 수 있다(75조). 이전에는 이같은 경우에 기소중지 결정을 하였으나 검찰사건사무규칙을 개정하여 1996년 5월 1일부터 시행하였다. 검찰사건사무규칙에 따르면, 검사는 참고인중지 결정을 하는 경우에는 참고인중지 사건기록에 공소시효 만료일을 명백히 기재하되, 여러 명 가운데 일부에 대하여 참고인중지 결정을 하는 경우에는 공소제기되는 피의자의 기소일자를 기재하여야 한다. 또 참고인중지 결정을 한 뒤에도 수시로 그 중지 사유의 해소 여부를 검토하여 수사를 완결하도록 유의하여야 한다. 그러나 실무에서는 검사가 업무가 과다한 경우에 일시적으로 시간을 벌기 위하여 참고인중지 결정을 하는 경우도 있다.

---

127) 두산백과, http://www.doopedia.co.kr/doopedia/master/master.do?_method=view&MAS_IDX=101013001000221, 2018. 5. 12.자.

17. 송치(送致)[128]

　형사사건화 된 모든 사건은 사건의 크고 작음에 구별이 없이 검사
만이 수사를 종결할 수 있다. 그러므로 사법경찰관은 그가 수사한
모든 형사사건에 대해 기록과 증거물을, 그리고 구속한 경우에는
피의자를 검찰청으로 보내야 하는데 이를 송치한다고 한다. 일반인
중에는 간혹 경찰서에서 조사를 받고 다 끝났는데 검찰청에서 또
부르는 것은 무슨 까닭인가라고 묻는 경우가 있는데, 그것은 검사
만이 수사를 종결할 수 있는 권한이 있다는 것을 이해하지 못하였
기 때문이다. 그리고 사법경찰관은 송치할 때 그동안 수사한 결과
를 종합하여 사법 경찰관으로서의 의견(가령 기소, 불기소 또는 기
소중지, 무혐의 등)을 붙여서 송치하는데 이를 송치의견이라고 한
다. 이 의견은 검사가 수사를 종결하는데 참고가 되지만 그 의견에
기속되는 것은 아니다. 검사는 그 책임하에 사건에 대해 종국결정
을 하여야 한다.

---

128) 이철수, "사회복지학사전", Blue Fish, 2009.

18. 입건(立件)[129]

수사기관이 스스로 사건을 인지한 후 수사를 개시하는 것을 말한다. 통상적으로 입건은 내사를 통한 범죄의 인지를 비롯하여 고소·고발의 접수, 자수, 자복, 변사체 검시, 검사의 수사지휘 등을 통해 시작된다. 특히 입건의 기준시점은 수사기관에 비치된 사건접수부에 기재하고 사건번호를 부여받는 단계를 의미한다.

19. 불기소처분(不起訴處分)[130]

일정한 경우에 검사가 공소를 제기하지 아니하는 처분을 하는 것. 협의의 불기소처분권에는 혐의 없음, 죄가 안 됨, 공소권 없음이 해당된다. 수사종결처분권을 가진 검사가 사건 수사 후 재판에 회부하지 않는 것이 상당하다고 판단되면 기소하지 않고 사건을 종결하는 것을 말한다. 형사소송법에 '검사는 범죄의 객관적 혐의가 충분하고 소송조건을 구비하여 유죄판결을 받을 수 있다고 인정한 때에는 공소를 제기한다(제246조). 그러나 법에서 정한 일정한 요건에 해당되거나, 소의 실익이 없다고 판단한 경우 공소를 제기하지 아니할 수 있다. 위의 처분을 한 경우 검사는 피의자에게 즉시 그 취지를 통지하여야 한다(제258조 제2항).'로 명시되어 있다. 불기소처분에는 기소유예, 혐의 없음, 죄가 안 됨, 공소권 없음, 기소중지, 공소보류 등이 있다. 이 중에서 혐의 없음, 죄가 안 됨, 공소권 없음을 협의의 불기소처분이라고 한다.

---

129) 신현기, "경찰학사전", 법문사, 2012.
130) pmg 지식엔진연구소, "시사상식사전", 박문각, http://www.pmg.co.kr, 2018. 5. 12.자.

(1) 기소유예 : 죄는 인정되지만 피의자의 연령이나 성행, 환경, 피해자에 대한 관계, 범행의 동기나 수단, 범행 후의 정황 등을 참작하여 기소를 하여 전과자를 만드는 것보다는 성실한 삶의 기회를 주기 위하여 검사가 기소를 하지 않고 용서해 주는 것이다.

(2) 혐의 없음(무혐의) : 피의사실이 인정되지 아니하거나 피의사실을 인정할 만한 충분한 증거가 없는 경우 또는 피의사실이 범죄를 구성하지 아니하는 경우에 하는 처분한다.

(3) 죄가 안 됨(범죄불성립) : 피의사실이 범죄구성요건에 해당하나, 법률상 범죄의 성립을 조각하는 사유가 있어 범죄를 구성하지 아니하는 경우, 피의자가 형사미성년자나 심신상실자인 경우, 정당행위, 정당방위, 긴급피난에 해당하는 경우이다.

(4) 공소권 없음(공소권 무) : 확정판결이 있는 경우, 사면이 있는 경우, 공소시효가 완성된 경우, 범죄 후 법령의 개폐로 형이 폐지된 경우, 법률의 규정에 의하여 형이 면제된 경우, 피의자에 대하여 재판권이 없는 경우, 동일사건에 관하여 이미 공소가 제기된 경우, 친고죄 및 공무원의 고발이 있어야 논하는 죄의 경우에 고소 또는 고발이 무효 또는 취소된 때, 반의사불벌죄의 경우 처벌을 희망하지 아니하는 의사표시가 있거나 처벌을 희망하는 의사표시가 철회된 경우, 피의자가 사망하거나 피의자인 범인이 존속하지 않게 된 경우이다.

(5) 기소 중지 : 피의사건에 대하여 공소조건이 구비되고 범죄의 객관적 혐의가 인정되는 경우에도 피의자의 소재가 판명되지 아니한 경우에 검사가 그 사유가 해소될 때까지 수사를 중지하는 처분, 기소 중지 처분은 공범의 미검거, 중요 참고인의 소재불명

등으로 인하여 피의사건의 진상을 파악하기 곤란한 경우에도 허용된다.

(6) 공소 보류 : 국가보안법 위반 피의자에 대해 범죄의 객관적 혐의가 충분하더라도 범행동기와 결과, 범행 뒤의 정황 등을 종합적으로 고려해 검사가 공소 제기를 미루는 조처(국가보안법 제20조), 일반 형사사건 피의자에게 적용되는 '기소유예'는 해당 범죄의 공소시효가 지나야 같은 범죄로 기소되지 않지만, 공소 보류는 시효와 관계없이 2년만 지나면 기소되지 않음. 다만, 공소 보류를 받았다 하더라도 2년 안에 법무부장관이 정한 감시 등에 관한 규칙을 어겨 공소를 제기해야 할 상황이 생기면 다시 구속된다.

(7) 각하 : 고소 또는 고발이 있는 사건에 한하여 행해지는 불기소처분의 일종으로 고소인 또는 고발인의 진술이나 고소장 또는 고발장에 의하여 혐의 없음 또는 공소권 없음이 명백한 경우, 형사소송법상의 고소·고발의 제한이나 고소불가분규정에 위반한 경우, 새로운 증거 없는 불기소처분 사건인 경우, 고소권자가 아닌 자가 고소한 경우, 고소·고발 후 고소·고발인이 출석 불응하거나 소재불명으로 진술청취가 불가능한 경우이다.

(8) 참고인 중지 : 참고인, 고소인, 고발인 또는 같은 사건 피의자의 소재불명으로 수사를 종결할 수 없는 경우에 그 사유가 해소될 때까지 참고인 중지결정을 할 수 있는 것이다.

20. 재정신청(裁定申請)[131]

고소나 고발이 있는 특정범죄사건을 검사가 불기소처분하였을 때, 고등법원이 고소인 또는 고발인의 재정신청(裁定申請)에 의하여 그 사건을 관할지방법원의 심판에 부하는 결정을 하면 그 사건에 대하여 공소가 제기된 것으로 보는 절차(형사소송법 260~264조의2) 준기소절차(準起訴節次)라고도 한다. 기소독점주의(起訴獨占主義)와 기소편의주의(起訴便宜主義)에 의한 폐단을 방지하고 소추권(訴追權) 행사의 공정(公正)을 확보하기 위한 제도이다. 종래에는 고소·고발의 경우 모두 형법 제123~126조의 죄(타인의 권리행사방해죄, 불법체포감금죄·폭행가혹행위죄)에 대하여서만 인정하였으나, 개정된 형사소송법(법률 제8496호)에서는 고발의 경우엔 종전과 같지만 고소의 경우에는 모든 종류에 죄에 대해서 재정신청이 가능하다. 다만, 형법 제126조의 죄에 대하여는 피공표자의 명시한 의사에 반하여 재정을 신청할 수 없다. 불기소처분의 통지를 받은 고소·고발인은 검찰항고를 거쳐 항고가 기각이 된 경우에, 10일 이내에 서면으로 그 검사소속의 지방검찰청 검사장 또는 지청장에게 재정신청서를 제출할 수 있다. 예외적으로 항고 이후 재수사가 이루어진 다음에 다시 불기소처분의 통지를 받은 경우, 항고 신청 후 항고에 대한 처분 없이 3개월이 경과한 경우, 검사가 공소시효 만료일 30일 전까지 공소를 제기하지 아니하는 경우에 한하여 항고를 거치지 않고 재정신청이 가능하다(260조). 재정신청을 수리한 지방검찰청검사장 또는 지청장은 7일 이내에 관련 서류 및 증거물을 관할 고등검찰청을 경유하여 관할 고등법원에 송부하여야 한다. 만약 항고 기각을 거치지 아니하고 신청된 재정신청의 경우엔 신청

---

131) 두산백과, http://www.doopedia.co.kr/doopedia/master/master.do?_method=view&MAS_IDX=101013000859654, 2018. 5. 12.자.

이 이유 있는 것으로 인정하는 때에는 즉시 공소를 제기하고 그 취지를 관할 고등법원과 재정신청인에게 통지하여야 하며, 신청이 이유 없는 것으로 인정하는 때에는 30일 이내에 관할 고등법원에 송부하여야 한다(261조). 고등법원은 3개월 내에 비공개로 심사를 하여 신청이 이유 없을 때에는 기각을 하고, 이유 있을 때에는 공소제기 결정을 하여야 한다. 법원은 공소제기 결정을 한 때에는 즉시 그 정본을 재정신청인·피의자와 관할 지방검찰청검사장 또는 지청장에게 송부하여야 하며, 재정결정서를 송부받은 관할 지방검찰청 검사장 또는 지청장은 지체 없이 담당검사를 지정하고 지정받은 검사는 공소를 제기하여야 한다. 피고소인의 사생활 침해를 방지하기 위해 재정심리과정과 관련 서류는 특별한 사정이 없는 한 공개하지 않고, 재정신청기각결정에 대해서는 재항고가 가능하다. 소의 남용을 막기 위하여, 재정신청이 기각되거나 취소한 경우에는 재정신청으로 인한 비용 및 피고소인이 부담하여야 하는 비용의 전부 또는 일부를 고소인이 부담하게 할 수 있다(262조의 3). 재정신청이 받아들여져 공소가 제기된 경우에는 이를 취소할 수 없다(264조의2).

제2장 수사기법에 관한 용어

1. 뇌지문(腦指紋)[132]

포렌식 수사에서 피조사자의 뇌에 특정한 정보가 저장되어 있는지를 탐지하는 기술을 말한다. 뇌지문은 미국의 로렌스 파웰 박사가 개발했다. 1991년 P300이라는 특정 뇌파를 측정해 거짓말이나 범행 관련 여부를 파악할 수 있다고 발표했다. 범행과 관계없는 칼에는 반응이 없다가 범행에 사용된 칼을 보는 순간 뇌에서 무심코 P300 뇌파가 뜬다. 2001년 미국 아이오와 주 뇌지문 연구소가 개발한 뇌지문 탐지기는 거짓말 탐지기의 일종인데, 그해 뉴욕타임스 선정 미국내 5대 발명품에 올랐다. 피조사자의 두피에 10여개의 미세전극이 내장된 덮개를 씌우고, 뇌에 기억돼 있는 것과 관련된 범죄장면 사진이나 단어 등을 보여주면 특정 뇌파(P300)가 발생한다. 2004년 서울지방경찰청, 대검찰청 심리분석실에서 뇌지문 탐지기를 도입했다.

2. 인지면담(認知面談)[133]

면담 대상자로부터 더 많은 정보를 끌어내기 위한 조사기법으로, 수사 기관에서 피해자나 목격자 면담 시 많이 활용된다. 면담 대상자가 경험한 일을 전체적으로 이야기하게 한 다음, 이를 다시 쟁점

---

132) 위키백과, https://ko.wikipedia.org/wiki/%EB%87%8C%EC%A7%80%EB%AC%B8_%ED%83%90%EC%A7%80%EA%B8%B0, 2018. 5. 12.자.
133) pmg 지식엔진연구소, "시사상식사전", 박문각, http://www.pmg.co.kr, 2018. 5. 12.자.

별로 바꿔서 물으면 더 많은 정보를 끌어낼 수 있다는 조사기법이다. 수사 기관에서 피해자나 목격자를 면담할 때 많이 활용되고 있다. 실제로 전문가의 인지면담 조사를 통해 작성한 조서와 진술분석 결과가 2008년 아동 성범죄 재판에서 최초로 증거로 채택돼, 가해자에게 징역 4년이 최종 확정되기도 했다.

3. 거짓말탐지기[134]

질문에 답변하는 사람의 호흡, 혈압, 맥박, 피부 전기반사 등의 생리적 변화현상을 기록하는 기계이다. 거짓말을 할 때 나타날 수 있는 생리적 변화 가운데 호흡과 심장박동 수, 혈압의 변화를 측정해 거짓말 여부를 가리는 장치다. '폴리그래프(polygraph)'의 한 종류로, 범죄수사에 이용되는 것을 흔히 거짓말탐지기라 한다. 폴리그래프는 뇌파·근활동·안구운동·안진(眼振)·심장박동·호흡 등 여러 가지 생리적 현상을 동시에 기록하는 장치로, 범죄수사에서의 폴리그래프는 주로 호흡·맥박파·피부전기반사·혈압을 동시에 기록한다. 거짓말탐지기의 원리는 사람들이 거짓말을 하면 어떤 정서(불안)를 경험할 것이고, 이런 정서변화를 생리적 지표를 통해서 측정할 수 있다는 것이다. 따라서 거짓말탐지기를 사용할 때는 먼저 몇 가지 중립적인 질문을 통해서 자율신경계의 각성에 관한 지표의 기저선을 측정한다. 그리고 나서 몇 가지 핵심적인 질문(예컨대, "강도 사건이 나던 날 밤 어디에 있었습니까?")을 하고, 이런 질문에 대한 자율신경계의 변화를 관찰한다. 거짓말을 탐지할 수 있는 주된 생리적 지표는 피부 전기반사인데, 2개의 작은 전극을 손바닥 면에 두어 그

---

134) pmg 지식엔진연구소, "시사상식사전", 박문각, http://www.pmg.co.kr, 2018. 5. 25. 자.

사이의 피부저항의 변화를 측정하는 통전법을 사용한다. 그밖에 두 전극 사이의 전위변화를 파악하는 전위법이 있다. 역사적으로 거짓말탐지기는 1885년 이탈리아 생리학자 롬브르노가 맥박 변화를 읽는 방법으로 범인 검거에 성공한 것이 시초이며, 1920년 캘리포니아 경찰이 처음으로 범죄수사에 활용하면서 본격적으로 시작되었다. 2차 세계대전 당시에는 첩보의 진위를 가리는 방법으로 사용되었고, 현재는 과학수사의 수단으로 사용되고 있다. 우리나라에는 1960년 도입되었다. 형사소송법에서는 피검사자의 동의를 얻은 거짓말탐지기 검사는 임의수사의 방법으로 허용되고 있다. 한편, 거짓말탐지기의 검사 결과는 아직 공소사실에 대한 직접증거로는 인정받지 못하지만, 진술의 진위를 판단하는 근거로 중요하게 사용되고 있다. 하지만 거짓말탐지기 조사는 정서반응에 의존하기 때문에 반사회적 인격장애인은 물론 예민하거나 이성적이고 냉철한 사람, 정신이상자에게는 반응이 나타나지 않거나 실제와 상반되게 나올 수 있어 신뢰성에 의문이 제기되기도 한다. 최근에는 이러한 거짓말탐지기의 단점을 보완하기 위해 뇌파의 반응을 감지하는 뇌지문 탐지기법 등도 속속 개발되고 있다.

4. 수사기관의 면담 방식 변화방향[135]

가. 서론

미국드라마 'CSI'는 많은 사람들에게 과학수사에 대한 관심과 흥미를 유발하였다. 그러나 전체 수사과정에서 사실에 대한 간접적 증명을 하는 과학적 증거보다 더 큰 비중을 차지하는 것은 사람에 의한 진술증거이다. 최근에는 진술증거의 획득방법 역시 과학의 영역에서 다루어지고 있어 각종 심리학적 연구결과들이 수사면담(investigative interview) 방식의 변화에 영향을 미치고 있다. 'Criminal Mind'나 'lie to me'와 같은 심리학 연구를 활용한 수사과정을 다룬 미국드라마의 인기가 이를 반영한다. 한국의 수사기관들도 공판중심주의 강화, 국민참여재판 도입 등 형사사법 제도의 변화와 함께 기존과 다른 수사면담 방식을 도입하려는 노력을 하고 있다. 이하에서는 변화하고 있는 수사면담 방식의 현재 추세와 향후 나아가야 할 바람직한 방향에 대해 살펴보고자 한다.

나. 자백보다는 정보 수집을 중심으로

한국의 수사기관들이 용의자나 피의자 신문과정에서 중점을 둔 부분은 자백의 획득이었다. 범인의 자백은 범죄사실의 재구성을 통해 실체적 진실을 발견할 수 있는 가장 정확하고 손쉬운 방법이기에 '증거의 여왕'이라고도 불린다. 그러나 자백에 앞서 전제되어야 하는 것은 피조사자가 범인임을 확신할 수 있는 증거와 합리적 의심이 없는 정도의 개연성의 존재이다. 우리는 당연히 수사기관들이 확실한 증거와 개연성을 가지고 대상자를 조사할 것으로 믿고 있으나 수사기관들은 현실적으로 시간의 부족, 사건해결에 대한 압박, 증거수집 능력의 한계 때문에 증거와 개연성이 부족한 경우라도 혐의점이 있으면 일단 출석요구나 체포를 통해 수사기관에 인치한다. 그리고 신문에 의해 자백을 얻으려 한다. 이 과정에 수사관들의 확증편향 오류(confirmation

135) 이 윤(전 한국형사정책연구원 파견공무원, 現 송파경찰서 경정)

bias)로 인하여 용의자나 피의자가 결백하다 하더라도 심리적 강제를 동원하여 허위자백을 하게 할 가능성이 있다. 그 과정에 물리적 강제나 심리적 억압이 없어도 수사기관이 자백을 받기 위해 노력하는 한 허위자백의 위험성은 상존한다. 미국에서 가장 널리 알려진 신문기법 중 하나인 리드테크닉(Reid Technique)은 신문(interrogation) 과정에 자백을 위하여 억압적 방법이 아닌 합리화, 최소화에 의한 설득방법을 제안하고 있다. 그러나 리드테크닉은 대부분의 심리학자들로부터 또 다른 심리적 강제일 뿐이며 허위자백이 유도될 소지가 충분하다는 비난을 받고 있다. 이와 같은 위험성을 줄이기 위해 영국에서는 경찰 수사관들에게 '수사면담을 위한 지침'(A Practical Guide to investigative interviewing 2000)에서 PEACE 모델을 제시하고 있다. PEACE는 계획과 준비(Planning and Preparation), 도입과 설명(Engage and Explain), 진술.명확화.조사(Account.Clarification.Challenge), 종료(Closure), 평가(Evaluation)의 면담구조를 나타낸다. 이 지침에서는 일종의 억압적 전술인 신문(interrogation)이라는 용어를 사용하지 않고 수사면담(investigative interview)이라는 용어를 사용한다. 수사면담의 역할은 '수사 중인 사건에 관해 진실을 발견하기 위하여 용의자, 목격자, 피해자들로부터 정확하고 믿을만한 정보를 얻는 것'이다. 물론 용의자로부터의 정보에 자백이 포함될 수 있으나 PEACE 모델에서는 자백을 받기 위한 어떤 노력도 제안하지 않고 있다. 다만 조사(Challenge) 단계에서 증거들과 모순되는 진술에 대한 설명을 요구하고, 그 설명을 못하거나 거부할 때의 효과를 경고할 수 있을 뿐이다. 이 지침서에 자백을 받기 위한 방법이나 요령은 제시되지 않고 있다. 1996년 이후 영국 수사관들에게 권고되고 있는 PEACE 모델은 향후 세계 각국의 수사기관들이 지향할 이상적인 방향이 될 것이다. 한국 경찰도 2006년부터 수사관들에게 PEACE 모델을 소개하고 있으나 현실적인 문제로 인하여 아직은 그 철학과 방법에 대한 완벽한 이해와 적용이 되지는 않고 있다. 지속적인 교육과 각 수사관들의 노력이 필요한 부분이다.

다. 조서중심 면담으로부터의 탈피

한국의 수사기관들은 수사면담을 할 경우 피의자가 대상이면 그 진술을 반드시 조서에 기재하여야 한다. 피해자나 목격자가 대상일 경우 구두 고소·고발인 경우에는 조서를 작성하여야 하고 그 외에는 조서작성을 반드시 해야 하는 것은 아니지만 보통은 문답형식의 진술조서를 작성한다. 조서는 녹취서와 달리 면담내용이 가감 없이 그대로 기재되는 것이 아니라 작성자에 의해 이해된 대로 정리되어 기재되기 때문에 내용에 대한 정확성과 신빙성이 부족하다는 단점이 있다. 그러나 수사기관에 의해 작성된 조서는 주체별, 대상별로 형사소송법에 규정된 요건들이 충족되면 법정에서 증거능력이 인정되기 때문에 거의 모든 수사면담은 조서작성과 동시에 이루어진다. 수사면담이 주가 되고 조서작성은 그 내용을 기록하기 위한 부수적 활동이어야 함에도 오히려 조서작성을 위한 수사면담이 이루어지고 있는 이유는 바로 조서에 대한 증거능력 인정 때문이다. 특히 검사작성 피의자신문조서는 피고인이나 변호인이 그 내용을 부인하더라도 영상녹화 등에 의해 성립의 진정이 인정되면 증거능력이 인정되므로 수사에 있어 조서가 차지하는 비중은 클 수밖에 없다. 그런 이유로 수사관들은 영상녹화를 하더라도 질문하고 청취하는 면담보다는 녹화조사실 내에서 조서를 타이핑하는 일을 주로 하고 있다. 전술한 조서의 단점과 조사관 자의대로 작성할 수 있다는 위험성 때문에 공판중심주의가 강화되고 있는 현 형사사법체제 하에서 조서의 증거능력은 원칙적으로 부정되거나 극히 제한되어야 마땅하다. 그리고 수사면담 과정을 영상녹화하면 그 안에 모든 진술뿐만 아니라 면담상황까지도 구체적으로 기록할 수 있으며, 수사기관의 가혹행위나 억압을 방지할 수 있는 장치가 되므로 그 사용이 권장되어야 한다. 특히 사법경찰관리가 작성한 조서는 검사작성 조서에 비하여 증거능력이 제한되어 있음에도 영상녹화를 하거나 하지 않거나 관계없이 굳이 피의자의 진술을 조서에 기재하도록 하고 있는 형사소송법 조항 때문에 영상녹화를 하더라도 별도의 조서를 작성해야 하는 번거로움은 경찰 수사관들이 영상녹화를 꺼려하는 이유가 되고 있다. 따라서 많은 예산을 들여 설치한 영상녹화시설이 제대로 사용되고 있지 않으며, 영상녹화를 하더라도 많은 문제점을 노출하고 있다. 신용석 부장판사는 수사기관이 촬영한 영상녹화물의 문제점으로서 수사관이 '수사'를 하는 것이 아니라 '서기(書記)'를 하고 있으며, 조사시간은 길어야 10~20분에 불과한데, 타이핑하는 모습을 촬영한 시간이 더 많아 전체적으로 재생시간이 1~2시간이나 된다는 점을 지적하였다. 앞으로 국민참여재판의 본격적 시행과 공판중심주의의 강화로 인하여 소위 '조서재판'에 대한 불만도 커질 것이 예상되며, 이에 따라 조서는 수사면담에서 중심자리를 내주게 될 것이다.

라. 거짓말 탐지기법의 발달 수사에 있어 진술인으로부터 거짓말을 탐지하고자 하는 노력의 역사는 매우 오래 되었다. 그 결과 최근에는 폴리그래프, 행동분석, 표정분석, 진술분석, 뇌파분석 등 과학적 방법들이 많이 도입되고 있으며, 경찰수사연수원, 법무연수원 등 수사교육기관에서도 이런 기법들을 검사 및 수사관들에게 교육시키고 있다. 이 방법들이 법정에서 유죄의 증거로 사용되기는 어려우나 강압적 방법을 사용하지 않는 면담만으로도 수사단서의 확보, 증거의 발견, 정확한 수사방향의 설정에 도움을 줄 수 있으므로 향후 면담방법은 단순히 범죄 구성요건 사실을 확인하는데 그치지 않고 진실하고 정확한 정보를 확보하는 기법을 발달시키는 쪽으로 변화할 것이다.

1. 거짓말탐지기(Polygraph)

거짓말 탐지는 수사면담에서 중요한 자리를 차지한다. 피해자, 목격자, 피의자 등 모든 수사면담의 대상은 언제든 거짓말을 할 가능성이 있기 때문이다. 그래서 중세시대 뿐 아니라 영·미에서 근대경찰제도가 확립된

19세기 중반 이후에도 오랫동안 수사기관에 의해 고문을 포함한 억압적 신문이 이루어졌다. 미국 경찰에서는 강압적 신문을 의미하는 'third degree'라는 용어가 공공연히 사용될 정도였다. 그러다가 고문에 의존하는 신문방식이 언론과 대중에 의해 비판을 받게 되자 미국 경찰은 과학적이고 전문적인 수사활동을 한다는 이상을 전면에 내걸며 거짓말탐지기의 사용을 확대하였으며, 현재 연방정부, 주정부, 지방정부, 민간분야에서 활발히 사용되고 있다. 한국에서는 1957년 국방부 과학수사연구소가 처음 도입한 이래 경찰, 검찰, 국가정보원, 각 군 수사기관 등에서 사용하고 있다. 그러나 심리학자들은 거짓말탐지기 사용의 주된 목적은 심리적 공포감에 노출된 용의자로 하여금 자백을 하도록 유도하는 또 다른 심리적 억압방법이라고 비판하고 있다. 그래서 한국에서도 폴리그래프 검사결과가 수사단계에서 증거발견이나 단서추적을 위해서는 사용되고 있지만 법원에 의해 증거능력이 인정되고 있지는 않다. 최근 기존 폴리그래프와 달리 직접 뇌의 반응을 관찰하는 기능적 자기공명이미지(FMRI: Functional Magnetic Resonance Imaging)를 활용하여 거짓말을 탐지할 수 있는 방법이 개발되었으나, 그 결과가 법정에서 증거로 사용될 수 있는지는 아직 미지수다.

2. 행동분석·표정분석

폴리그래프가 거짓말할 때의 신체변화를 기계로 측정하여 분석하는 것이라면, 행동분석은 행동의 변화를, 표정분석은 미세한 표정의 변화를 육안으로 관찰하여 분석하는 방법이다. 가장 대표적인 것이 미국의 리드테크닉이 제시하는 행동분석의 징후들(언어적, 준언어적, 비언어적)이다. 그러나 이 역시 심리학자들로부터 계속된 비판을 받고 있는데 그 이유는 리드테크닉의 행동분석이 과학적으로 검증되지 않았고, 수사관이 용의자를 상대로 직관에 의한 유·무죄의 결론을 내려놓은 후 그 이유에 대한 설명의 도구로 행동분석을 활용할 뿐이지 실제로 진술자의 진실·거짓여부의 판명을 위해 사용하기는 어렵다는 것이다. 인간의 행동에 영향을 주는 요인이 너무 다양해서 그것이 거짓말에 의한 것인지, 다른 정서변화를 유발하는 원인에 의한 것인지 정확히 알 수 없음을 감안하면 심리학자들의 이런 입장은 타당하며, 따라서 재판에서 증거로 사용되기는 어렵다. 다만 수사기관이 수사의 방향이나 중점적으로 신문해야 할 사항을 파악하는 수단으로 사용할 수는 있다. 표정분석도 마찬가지다. 표정으로 정서 상태를 파악할 수 있다는 것은 과학적 근거에 기반을 두고 있지만 그 정서변화의 정확한 원인이 거짓말인지 여부까지는 알 수 없다. 최근 행동분석과 표정분석에 의한 거짓여부 판별에 대한 연구가 국내외 학자들에 의해 꾸준히 이루어지고 있으므로 더욱 정확하고 신뢰성있는 기법으로 발전할 것을 기대하며 이를 활용한 구조화된 면담기법이 개발되고 활용되어야 한다.

3. 진술분석

사람들의 말은 생각을 반영한다. 따라서 평소의 행동패턴과 거짓말을 할 때의 행동패턴이 다른 것처럼 평소에 사용하는 말의 형태와 거짓말을 할 때 사용하는 말의 형태는 차이가 있다는 전제에서 출발한 것이 진술분석이다. 국내에서 교육되고 실무에서도 사용되는 기법들은 외국에서 개발된 SCA(Scientific contents analysis), CBCA(Criterion Based Contents Analysis), RM(Reality Monitoring) 등이 있으나 향후 한국어와 한국문화의 특성을 반영한 발전된 도구들이 개발되어야 할 것이다.

4. 뇌파분석

'뇌지문탐지'라고도 불리는 뇌파분석은 인간이 이미 알고 있는 정보를 다시 인지할 때 P300이라는 특정 뇌파에 변화가 발생한다는 점을 이용하여 범인을 색출하거나 중요한 정보를 알아내는 방법이다. 한국의 경찰과 검찰도 이를 활용하고 있으며, 부산 여중생 성폭행 살인사건의 범인으로부터 범행장소를 알아내는데 사용된 사례가 있다. 아직은 그다지 널리 사용되고 있지 않으나 향후 폴리그래프 등 다른 거짓말탐지방법과 함께 사용된다면 사건해결에 많은 도움을 주게 될 것이다.

마. 과학적 근거에 기반한 면담방식 추구

1. 인지면담

인지면담은 인지심리학자들에 의해 고안된 것으로 주로 피해자나 목격자의 기억을 더욱 풍부하고 정확하게 하기 위한 것이다. 주된 내용은 진술인에게 자유회상에 의해 기억나는 모든 것을 진술하게 하기, 맥락에 의해 진술하게 하기, 다른 순서로 회상하여 진술하게 하기, 다른 관점에서 기억하여 진술하게 하기의 네 가지이다. 이 방법 역시 수사교육기관에서 교육되고 있으나 소개 정도에 그치고 전문적인 훈련이 부족한 실정이며 실무에서 적용하기에는 시간과 노력이 많이 요구되어 아직은 보편화되지 않고 있다. 그러나 정확하고 구체적인 정보의 획득을 목적으로 하는 수사면담을 위하여 지속적으로 추구해야할 방법이다.

2. 범인식별절차

범죄현장에서 범인을 목격한 사람에게 용의자를 포함한 여러 사람의 사진을 보여주거나 대면하게 하여 범인을 식별하게 하는 것이 범인식별절차인 바, 한국에서는 판례가 제시한 정확한 식별을 위한 절차상의 권고들과 경찰 및 검찰의 "범인식별절차에 관한 세부지침"이 있으나 실무상으로는 이런 지침에 의한 식별절차가 잘 지켜지는지 의문이다. 게다가 정확한 식별절차를 위해 고려해야 할 여러 심리학적 문제들에 대한 인식도 부족하다. 향후 공판중심주의가 더욱 강화될 것에 대비하여 식별절차를 위한 면담방법의 개발과 교육이 이루어져야 한다.

3. 면담에서의 전략적 증거 사용(SUE: Strategic Use of Evidence)

SUE는 수사기관이 확보한 증거자료들을 가급적 면담의 말미에 제시하고, 증거자료와 모순된 거짓말을 하더라도 지적하거나 추궁하지 않고 계속 면담을 진행함으로써 용의자가 거짓말을 하기 어렵게 함과 동시에 거짓말을 할 경우 용이하게 탐지할 수 있도록 고안된 면담방법이다. 스웨덴에서 개발되어 스웨덴 경찰에 의해 활용되고 있으며, 수사관들에게 질문방법을 교육할 때 언급되고 있다. 수사관이 확보한 증거자료와 모순된 진술을 하는 용의자에게 윽박지르고 사실대로 이야기 할 것을 강요해왔던 기존의 신문행태를 고집하지 않더라도 진실한 정보를 얻을 수 있음을 시사해준다.

바. 결론

수사면담은 사람을 상대하여 진실하고 정확한 정보를 획득하기 위한 절차이므로 상호작용의 역동성과 세밀한 관찰력 및 집중력, 상황변화에 따른 전략적 대응을 필요로 한다. 따라서 법률의 영역이라기보다는 과학과 기술의 영역이라 할 수 있다. 그러나 지금까지는 수사면담의 과학적 측면이 과소평가되어 왔으며, 그 이유의 중심에는 수사면담과 조서작성을 동일시하는 인식이 존재한다. 조서는 면담내용 중에서 재판을 위한 법률적 판단에 필요한 범죄 구성요건적 사실 및 그와 관련된 사실을 정리한 단순한 보고서에 지나지 않는다. 그럼에도 불구하고 법이 증거능력을 인정하기 때문에 주가 되어야 할 면담보다 더욱 큰 비중을 가지고 있다. 진실하고 정확한 정보획득을 위한 면담을 제대로 이행하기 위해서는 조서작성이라는 굴레로부터 자유로워져야 한다. 그것이 과학적이고 인권친화적인 면담을 통해 실체적 진실발견이라는 목적에 더욱 가까이 다가갈 수 있는 조건이며, 최근 조금씩 그런 방향으로 변화하는 추이에서 희망을 본다.

5. 신문기법 콘서트[136)

가. 들어가며

살인, 강도, 강간, 방화 등 강력사건이 발생 했을 때, 다양한 수사
활동을 통해서 용의자를 특정하게 된다. 용의자를 특정 하는 것도
힘든 일이지만, 용의자를 검거하여 범행 일체를 자백 받고, 현장에
서 수집하지 못한 중요한 증거를 용의자로 부터 제출받거나 또 다
른 여죄를 밝혀내는 일도 중요하다. 필자의 경험상, 사회에 이목을
집중시킨 사건이나 강력사건 경찰의 기준에서 중요가 있는 사건의
용의자들은 쉽게 자백을 하지 않았다. 어떻게 용의자들에 대해 우
위의 전략으로 쉽게 자백을 받아 낼 수 있을까? 이 문제는 직접
수사를 담당했거나 수사를 하고 있는 현장 수사 경찰관이라면 누구
나 한번쯤 고민해 보았을 문제다. 특히, 피의자가 범행 사실을 부
인하면서, 관련 뚜렷한 증거물을 확보 하지 못했을 때 유효적절한
신문기법은 그 위력을 충분히 발휘 할 수 있다. 어떤 피의자는 처
음부터 범행 사실을 완강히 부인하다가 대화 중 의도치 않은 농담
하나로 사건의 실마리를 풀어 자백을 받아 낼 수도 있다. 비록 짧
은 소견이지만, 현장에서 체험하고 느꼈던 나름의 작은 신문기법
노하우를 공개하면서, 아울러 필자가 잘못 알고 있거나 또는 더 효
과적인 다양한 방법들에 대해 공유하고 다른 직원들의 의견을 들을
수 있는 계기가 되었으면 하는 바람이다.

---

136) 문남용, "인문의 숲에서 신문기법을 만나다"등 다수, 거창경찰서 수사지원팀장 2018.

나. 인권의 중요성에 대한 국민적 관심 증가

수사기관에서 피의자 또는 피내사자 등의 신분을 가진 사회저명인사나 공무원 등이 실체적 진실 여부를 떠나 먼저 자살을 하거나 또는 시도한 사례들이 빈번하였다. 수사기관에서 조사를 받은 피의자가 수사관들로부터 폭행을 당하여 허위의 자백을 하였다고 국가인권위원회에 진정을 하거나 수사기관에 고소장을 제출함으로 사실관계 여부를 떠나 수사기관의 신뢰도가 추락 될 수 있다.

경찰 조사에서는 범행 사실에 대해 인정을 하였다가 그 후 공판과정에서 진술을 번복하여 무죄를 선고 받은 사례 등이다.

※ 필자는 약 11년간 수사 부서에서 근무하면서 경찰서에서 조사대기 중이던 한 여성이 농약을 음독하여 병원으로 후송하였으나 끝내 사망한 사건을 직접 목격하였고, 강력사건의 용의자가 조사 후 잠적을 하자 그의 아들이 자살을 하였고, 용의자 역시 아들의 장례식 날에 맞추어 자살하는 등 한 사건에 피해자를 포함하여 3명이 목숨을 잃는 안타까운 사건 역시 지켜보았다.

- 용의자 또는 피의자의 신분으로 조사를 받으면서 수사 결과에 대한 처벌의 두려움이나 사회적 비난을 고민하다가 스스로 극단적인 선택을 하는 것은, 그 사람의 성격 등과 밀접한 관계가 있겠지만, 결과적으로 무엇과도 대신 할 수 없는 생명을 포기한 것은 그 자체만으로도 다시는 발생해서는 안 될 일이다.

※ 이제는 디테일에도 관심을 가져야 할 시기다.

다. 신문기법의 필요성

신문기법이란 피의자 또는 피해자, 참고인에 이르기 까지 조사하는 기술을 말함이다. 조사 전 인터뷰 역시 포함되는 개념으로서, 특히, 범죄현장에서 직접적인 증거를 남기지 않고 범행 사실을 일관적으로 부인하는 강력사건의 피의자 조사때 신문 기법의 위력은 유감없이 발휘되어야 한다. 과거 김길태 사건에 있어서 모르쇠로 일관하다가 김길태의 관심사인 권투에 대해 말을 하면서 대화가 이루어져 범행 일체를 자백하였다는 부분은 많은 것을 생각하게 한다. 필자 역시 변태 성욕자와 강도 살인 등 많은 사건의 피의자를 조사함에 있어서 범죄사실 그 자체로서만 승부를 가릴 수 없다는 딜레마에 따져 고민을 한 적도 있고, 아마도 이것은 수사에 직접 참여하는 수사관들이라면 한번쯤 틀림없는 범인을 앞에 놓고도 자백을 받아내지 못해 안절부절 했던 경험이 있을 것이다. 과거에 비해 요즈음 언론에서도 소위 묻지마 범행, 사이코패스 범행 등에 많은 관심을 보여 주고 있는데, 이는 우리 사회에 미치는 영향이 크기 때문이고, 그 파장은 온 국민들을 분노하게 만들기도 한다. 사회가 더욱 더 스마트해지고, 쇼셜화 되고, 경제적 빈곤차이가 더욱더 커지고 있는 시점에서 한 사회의 구성원으로서 자리를 잡지.못하고 방황하는 사람들이 많아지고 있다. 여기다 정신병질적인 요인으로 고통을 받아 오는 이들이 사회에 대한 분노의 표시로 묻지마 식으로 방화를 하거나, 살인을 저지르거나, 부녀자들을 성폭행 하는 일들이 갈수록 늘어나고 있는 추세다. 한국 경찰에서는 이러한 범죄에 대한 효율적인 대처 방안으로서, 소위 프로파일링, 행동분석, 진술분석, 거짓말탐지기검사, 범죄 분석가등 전문가 양성과 피의자신문기법 개발이 필요하다고 생각한다. 필자는 피의자신문기법 이란 범죄사실과 피의자의 성격, 전과, 가정환경, 경제적 능력 관심사, 교육정도, 정신상태, 범죄유형 및 동기 등을 종합적으로 판단하여 피의자를 조사하는 방법의 결정이라고 생각한다. 따라서 사전 피의자신문 기술을 연마하는 것이야 말로 강력사건내지 무동기 범죄에 효과적으로 대응 할 수 있는 하나의 방법이 될 수 있고, 따라서 적극적으로 연구되어야 한다고 판단되며, 과거와는 다른 수사 환경 속에서 선택이 아닌 필요조건으로 생각한다.

라. 피의자 조사 전 준비사항

가. 법령의 숙지(적용법조등)

강도, 절도, 살인, 사기 등 어떤 죄명에 해당하는 범죄 사실인지를 확인해야 한다(사건개요)

나. 피해자 및 참고인 진술 유무 및 그 신빙성, 직접 증거 유무

다. 피의자에 대한 정보 부분

- 성격, 나이, 가정환경, 동일 전과 유무, 경제사정, 건강상태, 취미, 기호, 관심사, 교육정도, 누구와 잘 어울리는지(강력 사건에 있어서 아주 중요한 정보)등

라. 조사관의 마음가짐

- 지나치게 자백을 받아내려는 인상(집착)을 보여 주어서는 안된다.
- 우선 피의자의 말을 경청하고 있다는 인상을 심어준다.
- 용모 복장을 단정히 한다.
- 조사 장소의 깨끗한 환경 조성
- 범죄 사실 입증에 자신이 있다는 태도를 보여 줄 것

마. 면담의 시작

면담이란 자백을 얻기 위한 것이 아니라 피의자에 대한 일종의 심리상태를 추론하고 관련 사건의 정보를 입수하는 하나의 과정이다.

- 라포의 형성

라포의 형성이란 한마디로 피의자와 조사관의 신뢰관계를 쌓는 일종의 대화의 기술적인 부분이다.(핑퐁 : 탁구처럼 일방적인 말을 듣거나 하는 일이 아닌 서로 주고받는 대화를 통해 신뢰감을 확보하는 일)

- 라포 형성의 기술적인 부분

라포 형성을 위해서는 피의자의 말을 경청하면서 어떤 부분에 관심이 있는지를 빨리 캐치하는 것이 도움이 된다. 관심 분야에 대한 대화를 통해 다양한 의견 교환을 이룰 수 있고, 그 대화 과정에서 피의자의 마음을 얻을 수 있다). 라포의 형성 유무가 수사의 승패를 좌우하기도 한다.

※ 초기 면담은 사건에 대한 용의자의 생각이 들어 있고, 행동과 음성적으로 스트레스 반응이 들어나는 경우가 많고, 어떤 부분에서 진술의 생략이 있는지, 무엇을 회피하고 있는지를 알 수 있으며, 차후 본격적인 조사에 있어서 조사 방향을 결정해 주는 중요한 수사 활동 중의 하나다. 따라서 면담을 통해, 용의자의 답변의 반응 길이, 음성의 변화, 손과 발, 그리고 신체에 나타나는 특이한 요소들을 주의 깊게 관찰 할 필요가 있다. 훌륭한 면담은 경청의 기술과 관찰력이 필요하다. 그리고 면담 이전에 필요한 정보를 소지하는 것도 중요하다. 예를 들면, 범죄경력, 가족관계, 친구 관계, 경제문제, 학력 관계등 필요한 많은 정보를 많이 가지고 있을수록 면담에서도 우위 전략을 펼칠 수 있을 것이다. 본 수사관의 경험상 면담 과정에서 진술서를 받는 것도

하나의 좋은 방법이라고 생각한다. 이는 자연스럽게 대화를 하면서 범죄에 대해 관련성이 없다고 할 때, 당일 날의 행적 등을 기록하게 하는 것이다. 여기서 거짓 용의자는 스트레스를 많이 받을 것이다. 하지만 최대한 자연스러운 분위기를 연출하여 스스로 생각하도록 충분한 시간을 주는 것이 중요하다. 말은 글과 달라서 한번 작성되면 지울 수가 없고, 거짓 용의자는 진술서에 생각이나 회피 등의 글이 표현될 가능성이 농후함으로 훌륭한 추궁 자료로서 무기가 되어 줄 수도 있을 것이다.

면담도 설득과 회유도 필요하다고 본다. 신문이란 면담 내용과 증거자료, 피해자, 목격자, 다른 수사 과정물 등을 종합적으로 사용하여 용의자에게 날카롭게 따져 묻는 조사임으로 사전에 훌륭한 면담이 이루어 졌다면 신문에 있어서도 비록 용의자가 거짓말로 부인하더라도 훌륭한 무기가 되어 줄 것이다.

바. 피의자 조사시 주의 사항

- 최초 조사전 약 5-10분간에 걸쳐 인터뷰를 진행한다.
  이때 피의자가 자백을 하는 지, 불안한 심리를 보이는지 등 여부를 확인하자
- 특별한 경우가 아니면 메모를 하지 말고 집중하고 있다는 인상을 심어주자(경청이란 그 자체만으로 신뢰감을 줄 수 있다.)
- 대략적인 눈높이를 맞추어 보자(거짓말을 하고 있는지 유무 추론: 행동 분석 병행)
- 피의자의 말을 경청하면서 어떤 부분에 허점이 있는지 기억을 해 두었다가 이를 활용하자
- 피의자의 몸 가짐 상태의 변화를 주시하자
  미세한 손떨림이 있는지, 상·하체의 이동이 있는지 유무(다리의 방향이 조사관을 향해 있는지 출입문을 향하고 있는지 확인하

자 : 다리의 방향이 출입문을 향하고 있다면 빨리 현장을 떠나
고 싶다는 신호다.) 가끔씩 눈을 바라보며, 다 알고 있는 듯한
표정을 지어 보이자

사. 피의자 신문기법 방법

1) 마중 나가기와 배웅의 기술

- 피의자에 대해 경찰관서에 출석을 요구하였다면, 도착시간 전 미
리 현관등으로 나가 피의자를 마중하는 방법으로서, '000씨 기
다리고 있었습니다. 식사는 하셨나요'라며 인사말을 건네고 함께
사무실로 들어오는 것으로서, 조사를 마친 다음에는 반대로 현
관 등으로 따라 나가 배웅을 하는 것이다.
- 이러한 마중나가기와 배웅의 기술은 피의자로 하여금 존중 받고
있다는 생각을 들게 하고, 수사관들에 대한 경계심을 약화 시킬
수 있는 효과가 있으며 또한 친절하다는 인상을 심어 줄 수 있다.

2) 음식물 제공의 방법

사람은 호의를 베풀면 그 호의를 베푼 사람에 대해 호감을 가진다.
이는 심리학적으로도 검증된 이론이다(상호의 법칙). 설득의 심리학
의 저자 로버트 치알디니는 호의는 호의를 부른다고 했다.

사례) 피의자는 특가법(절도)위반 교도소에서 오랜 시간을 보낸 사
람이다. 한 시골 마을 빈집에 들어가 현금 23,000원을 절취하던
중 발각되어 도주하였다가 수색 중이던 경찰관에게 긴급 체포되었
다. 체포 현장에서 피의자는 호주머니 속에 들어 있던 증거물(현금
23,000원)을 순순히 제출하였다. 하지만 그 외 추가 범행에 대해서
는 극구 부인으로 일관하였다. 일단은 인정하는 부분에 대해서만

조사를 마치고 구속영장을 신청하여 영장이 발부되었다. 피의자에 대해 여죄 부분에 대해 조사를 하기전 가정환경, 피의자가 하는 일 등에 대한 전체적인 관심사로 대화를 하면서, 담배를 제공하고 다소 가격이 비싼 식사를 제공하고 함께 식사를 하였다. 다시 여죄 부분에 대해 천천히 질문을 해 들어가자 피의자는 '맛있는 밥을 얻어먹었고, 결국 나는 징역을 오래 살아야 하는데 모든 것을 말하겠다'고 하면서 총 10회의 여죄를 자백하고는 오히려 고맙다고 했다. 비록 이것은 하나의 사례로서 모든 피의자에게 해당되는 것은 아닐 것이지만 분명 호의는 호의를 불러일으키고, 그 것은 단순히 식사를 제공한다는 의미를 넘어 특별하다는 인상을 심어줄 수 있어야 가능한 일일 것이다.

3) 칭찬과 설득의 신문기법

사람의 행동을 변화시키는 방법은 2가지가 있다고 한다. 하나는 칭찬이고, 하나는 꾸짖음이다. 우선, 꾸짖음이라고 하는 것은 단순히 표현하자면 피의자의 위법한 행동에 대해 비난 하는 것이다. 칭찬이라고 하는 것은 피의자에 대해 비록 잘못한 행동이었지만 그것이 더 이상 나쁜 결과로 이어지지 않아 다행이고, 그만한 것이 다행이라고 말해 주는 것을 뜻한다(칭찬의 심리기법). 사례를 들어보면, 심야 시간에 피의자가 남의 집에 들어가 물건을 절취하다가 발각되어 도망하다가 검거 되었을 때, 남의 집에 들어가 물건을 훔친 행동 자체는 잘못으로서, 비난받아 마땅하지만 다행히 강도 행동으로 이어지지 않아 피의자의 판단이 잘한 것이고, 피해 품을 순순히 돌려 준 것도 칭찬할만한 행동이라며 피의자의 비난 가능성을 다소 희석 시켜주어 심리적 안정을 취하게 하고 수사관들에 대한 경계심을 풀도록 하는 것이다.

4) 일명 떠보기 신문기법

이것은 하나의 속임수다. 우선 사례를 보면, 관내 다방에 3명의 종업원이 있었는데 그 중 한 종업원의 지갑을 누군가가 절취한 사건이었다. 물론 그 다방 안에는 3명의 종업원 외 아무도 없었다. 결론은 범인은 피해자를 제외하고는 2명 중 한명으로 압축이 되었다. 여종업원들을 조사하자 부인으로 일관하였고, 약 10일이 경과한 후에 피해여성에게 전화를 하여 '합의가 됐다면서요'라며 엉뚱한 질문을 하자 그 피해자는 '어떻게 알았어요, 아무도 모르는데 그 애가 말을 하던 가요'라며 오히려 반문을 하였다. 다소 현실감 떨어지는 기법인지는 모르지만, 경찰 조사를 받았던 피의자가 처음에는 자존심 때문에 자백을 하지 못하였다가 차후 처벌받을 것을 염려하여 조용히 피해금액을 돌려주고는 각서까지 받아 두었던 사례다. 이런 방법은 유흥업소 종사자, 조폭 등에게 다소 사용 될 수 있는 방법이다.

5) 서류 등 쌓아놓기 방법

절도전과자들의 경우 범행의 수법과 특성상 처벌을 받은 전력이 있더라도 또다시 재범으로 이어지는 경우가 상당수 있고, 일선에서 어렵지 않게 경험 할 수 있는 사실들이다. 이 방법은 특히 범행을 부인하면서, 다소의 여죄가 있을 것으로 추정 되는 피의자에게 효과적인 방법이다. 우선 하나의 예를 살펴보면, 관내에 고서적 전문 절도범이 고서적을 비치해 놓고 그것을 연구하는 사무실에 침입해 시가 약 2억원 상당의 고서적을 절취하여 도주한 사건이 발생(연합뉴스 등 보도) 하였다. 당시 수사팀에서는 여러 가지 단서 등을 종합해 동일 수법 전과자가 사건 당일 관내에 차량을 이용해 들어왔다가 속도위반한 사실을 발견하고는 피의자가 거주하고 있는 대구시 소재로 출장 잠복하여 긴급체포를 하였다. 최초 피의자는 동일

수법으로 여러 차례 오랜 기간 동안 교도소에서 복역을 한 탓인지 쉽게 자백을 하지 않고, 범행사실을 완강히 부인하였다. 그 당시 사전 피의자의 휴대폰 추적을 통해 전국 각지로 돌아다닌 사실을 확인하고는 각종 문화재 도난 사건 자료를 수집해 놓은 척 하면서 미제사건 기록철을 책상위에 쌓아놓고는 피의자에게 '경북 영천, 전북 남원, 경남 의령 등등 왔다갔네요, 그 지역들도 문화재 도난 사건이 있어서 공조를 하고 있는데 여기 있는 서류들이 관련 자료들인데'라고 압박을 가하고, 한편으로는 한 형사에게 다른 사무실로 가서 그 경찰서에 전화를 해서 피의자가 붙잡혔다고 조사를 하러 오라고 해라고 말을 하고 곧장 자신 있는 말투로 '알았습니다.'라고 대답을 하고는 곧장 나가게 한 것이다. 처음에는 피의자가 반신반의를 하다가 시간이 흐르면서 초조해 지는 기미가 보일 때 화장실로 데려가 담배를 주면서 설득 잡업을 병행하자 피의자는 시간을 달라고 요구하다가 결국은 자신의 아들에게 전화를 하여 절취한 고서적을 순순히 내놓게 된 사례다.

6) 거울을 이용한 신문기법(필자 스스로 체득한 경험임)

평소 정상적인 직장 생활을 하는 사람들이라면 아침 출근전 화장실 등에서 얼굴 세수를 하고 몸을 씻고 난 다음 거울을 보게 된다. 이것은 자신의 얼굴에 비누거품 등이 깨끗하게 제거가 되었는지, 다른 사람들에게 얼굴을 보여 주더라도 별 이상이 없는지 여부 등을 확인하는 절차 일 것이다. 이는 어린시절부터 대부분 하나의 습관으로 자리를 잡게 된 것이다. 남성에 비해 여성들은 거울을 보는 횟수가 더 높다. 그것은 화장을 통해 자신의 나쁜점을 가리고, 좋은 면을 보여주기 위한 하나의 노력이기도 하다.

이렇듯 거울은 화장을 한 상태이던지, 하지 않은 상태이던지 그 사람의 현재 있는 그 모습 그대로를 반영하는 것이다. 불안한 심리

상태에 놓여져 있는 피의자가 거울을 의도적으로 바라보게 하는 것은 피의자로 하여금 스트레스와 불안감을 심어주고, 스스로의 잘못이 거울에 투영되고 있다는 의식을 심어주는 도구로서 효과적이다.(이때 수사관이 '얼굴에 다 쓰여져 있네요.' 라고 말을 건넬 필요가 있음. 또는 '왜 그렇게 불안해 보이세요'라는 말도 효과적)

거울을 이용한 피의자 신문 기법 사례를 하나 들어 보겠다. 피의자 역시 노동일을 하면서 수회에 걸쳐 절도죄로 교도소 수감 생활을 하는 등 많은 처벌을 받은 사실이 있는 사람이다. 2010. 12월 초순 13:00경 한 시골 빈집에 침입하여 장롱 속에 들어 있던 귀금속 등 시가 180만원 상당을 절취 하는 등 총 9회에 걸쳐 시가 820만원 상당의 금품을 절취한 사건이었다. 수사는 관내 금은방 점검 중 4개소에서 피의자가 귀금속을 매매한 정황을 포착함으로써 시작되었다. 이전부터 동일 수법으로 처벌받은 전력이 있는 만큼 피의자가 다량의 귀금속을 매매할만한 정당한 사유가 없었을 것으로 추정하고, 탐문 수사를 통해 한 피시방에서 게임을 하고 있는 피의자를 어렵지 않게 찾을 수 있었다. 수사관들이 찾아가 피의자의 이름을 부르자, 순순히 각오를 한 듯 따라나와 한건의 절취 사실에 대해 자백을 하고는 그것 외 다른 나쁜 짓은 하지 않았다고 말했다. 사무실에서 피의자에게 잘못한 일이 무엇이냐고 묻자 대답을 잘 하지 못하고 얼버무리는 피의자를 보고는 곧장 담배를 한개피 주면서 거울을 보게 했다. '이 거울에 보이는 사람이 000가 맞느냐, 내가 알고 있는 000는 정직하고 나쁜 사람이 아닌데… 왜 자신을 속이느냐' 라며 다소 조금은 책망하듯이 말을 하자 거울을 한 번 더 쳐다보고는 다시는 거울을 똑바로 쳐다보지 못했다. 다시 사무실에서 취미, 가정환경 등에 대해 대화를 나누다가 다시 거울을 보라고 하자 피의자는 거울을 똑바로 쳐다보지 못했다. 계속 대화를 진행하며, 무의식적으로 수사관이 얼굴을 보라면서 거울이 보이도록 유도를 했다. 피의자가 '난 원래 그러고 싶지 않았는데, 그 놈의 돈 때문에...'라며 자백을 하였다. 또 하나의 예는 이것은 강도살인 피의자를 상대로 신문을 할때 사용한 한 가지 방법으로서, 그 당시 피의자에게 '조기 거울 속에 보이는 사람이 당신 OOO가 맞습니까'로 묻고 약 3초간 뜸을 들인 뒤 억울하게 죽은 사람의 얼굴이 거울 속에 떠 있지 않느냐, 죽을때 까지 그 사람들의 얼굴들이 당신의 머릿속에서 거울처럼 따라 다닐 것이다. 라며 압박을 가하였다. 그 때 피의자는 다소 얼굴에 미세한 표정 변화를 보였다. 얼굴을 찡그리는 것이었다. 그 때 피의자가 범인임에 확신을 가질수 있는 계기가 된 것이기도 하다. 필자의 수사 경험상 피의자 조사시 의도적으로 거울 보이게 하는 방법도 또 하나의 신문기법으로서 사용할만한 가치가 있는 것이라고 생각을 한다.

7) 신문기법 및 범죄심리학 서적을 잘 보이게 배열 하는 방법

이 방법을 시도한 것은 우연찮게 신문기법 관련 서적이나, 범죄심리학 관련 책등을 평소에 읽다가 책꽂이에 놓아둔 것이 계기가 되었다. 책 5-6권 정도가 놓여져 있었는데 조서를 받으러 온 피해자가 '전문가이신가 봐요.'라며 관심을 나타냈고, 피의자들 역시 힐끔 쳐다보고는 자신의 감추고 있는 마음들이 들통이 나지 않을까 하는 경계심을 품는 것처럼 보였고, 특기 할 만한 것은 피의자의 상체나 몸이 그 책들이 있는 곳과는 다소 멀어지려고 하는 경향을 눈짐작으로 보게 된 것이었다. 이러한 까닭에 신문기법에 있어서 하나의 도구로서 충분한 가치가 있다고 판단이 섰고, 이를 활용 한 것이다. 피해자에게는 수사관이 범죄 심리학적인 측면이나, 행동 분석 등에 있어서 충분한 교육을 받고 이미 전문서적을 이미 통달하고 있어 상당한 신뢰할만한 범죄 수사 전문가라는 심리적 안정을 심어 주고 또한 수사에 있어서 신뢰감을 줄 수 있는 효과가 있고, 피의자에게는 담당 수사관이 전문가로서 느껴져 조서를 받는 태도나 진술 하나 하나에 신경을 쓰이게 하여 조심스럽게 진술을 한다는 것이 오히려 너무 많은 것을 피해가려 하다가 오히려 본인 스스로의 실수를 유발 시킬 수 있는 장점과 수사에 있어서 전문가 앞에서 모든 것이 들통이 날 것을 염려하는 등 스트레스와 불안감을 줄 수 있는 효과적인 하나의 무기가 되고 있는 것이다. 하나의 예를 들어보면, 친구지간에 발생한 절도 사건으로서, 피의자가 친구 집에 방문을 하였다가 잠시 슈퍼에 물건을 사러간 사이 집 안에 있던 옷과 현금을 훔쳐간 내용이다. 피해자는 친구지간으로서, 피의자를 의심하였지만 직접 증거가 없고 또한 친구지간으로서, 경찰에 신고를 하지 않았다가 약 1년 후 그 친구와 술집에서 만나 같이 술을 먹었고, 잠시 가방을 맡겨두고 화장실에 간 사이 피의자가 그 가방 안에 있던 돈을 들고 도망을 간 것이다. 그 때 피해자가 경찰에 신고를 하였고, 그 이후 소재수사 등을 통하여 전화로 설득을 하여 출석 할 것을 종용하였다. 그때 피의자는 술집에서 돈을 가져간 것은 맞으나 집에서 돈을 가져간 사실은 없다고 부인하였다. 피의자가 출석하여 조사를 받기 전 커피를 제공하고 인터뷰를 하면서 책상 위에 있던 책 등을 유심히 보는 것을 순간 포착하고는 함께 커피를 마신 다음 사건 개용에 대해 대략적인 인터뷰를 마치고 책 2권을 골라 약 5분 정도 유심히 살펴보는 시늉을 하자 피의자는 심리적으로 위축되고 있음을 느낄 수 있었다. 그리고는 곧장 질문을 하였고, 피의자는 가방 속에 있던 돈을 가져 갔으나 집에서 가져 간 것은 없다고 하였으며, 그 말을 들으면서 조서를 작성하지 않고, 그 말을 유심히 들어주면서 행동을 관찰하였고, 몸이 책 쪽과 의도적으로 멀어지려 하고, 다리가 출입문 쪽을 향할려고 하는 순간을 포착하여 피의자에게 '당신의 입은 진술이라고 말을 하지만 당신의 입을 소유하고 있는 몸 전체가 거짓말을 하고 있다고 나타내고 있네요'라며 말을 하자 몇 번은 아니라고 우기다가 결국은 스스로 자백을 하였다.

(지금까지 필자가 제시한 신문 기법은 필자 나름의 신문 방법이다)

※ 거짓 용의자들의 특징

- 사람마다 차이가 있지만, 얼굴과 목 주변이 하얗게 변하는 경우가 있다.(이는 표피에 있는 모세혈관에 피의 공급이 감소되는 것이 원인이다)

- 피노키오 현상(스트레스로 인해 코를 자주 만지는 행동이다. 이는 혈압이 상승할 때 충혈 되어 발기되는 조직이 있기 때문이라고 한다)

- 하품을 자주 하는 것은 거짓말의 가능성이 농후하다. 단 특별히 피로를 느낄만한 이유가 없을 때이다. 그리고 물을 자주 마시는 경우도 있는데 스트레스로 목이 타는 현상이 주 원인이다.

- 입술을 깨무는 사람도 있다. 거짓 용의자들은 진술 도중에 입술을 깨물거나 손톱을 물어뜯는 사람도 목격된다. 그리고 말을 할 때에 입을 손으로 가리기도 한다. 무의식적인 스트레스 반응의 하나다.

- 손의 위치

  거짓 용의자는 손을 보통 책상 밑이나 또는 앉은 다리 허벅지 밑에 숨기는 경우도 목격된다.

- 다리

  편안하지 않는 용의자는 발을 꼬우더라도 타이트 하다.

- 발은 의자 밑으로 숨기는 경우도 있고, 양발이 수사관 정면으로 향하지 않고, 출입문 쪽으로 향하는 경우가 많다. 폼의 방향도 마찬가지다. 이는 불편해서 현장을 떠나고 싶은 마음의 표시이다.

- 사건과 관련된 질문을 하면 비실비실 웃으면서 '내가 왜 그래요, 그럴 이유가 없습니다.' 라며 거짓 웃음을 지는 용의자도 있다(헛웃음이다).

※ 손으로 머리나 코를 자주 만지고, 몸의 방향이 출입문을 향하며, 자주 물을 마시거나 화장실에 자주 들락거리는 사람은 거짓 용의자일 가능성이 높다.

아. 독서와 신문기법의 관계

사람은 책을 만들고, 책은 사람을 만든다는 말이 있듯이 책은 여러 가지 지나온 역사, 새로운 경향, 시대적 요구사항, 과거의 성공과 실패 등의 교훈을 얻을 수 있는 중요 한 도구이다. 심리학, 역사, 철학, 문학 등 많은 인문 서적들은 사람을 깨어있게 하고, 다양한 교양거리와 지적인 호기심을 충족시켜 줄 수 있는 도구이면서 하나의 무기임에 틀림없다. 예를 들면 조서를 받기 전 피의자의 심리상태나 교양 수준 및 관심사 등을 빨리 읽어 낼 수 있는 효과가 있고, 피의자의 레퍼런스도 어렴풋이나마 알 수 있게 해준다. 이것은 조서를 작성하기 전 대단히 중요한 일이다. 전쟁을 수행하는데 있어서 전투에서는 실패하더라도 전쟁에서는 이길 수 있는 효과적인 비서가 되어 줄 것임에 틀림없다. 아는 만큼 보이고, 보는 것 이상으로 피의자의 심리를 읽어 낼 수 있는 가장 훌륭한 방법은 수사관 스스로의 경험 외에는 바로 독서일 것이 라고 자부한다. 필자의 경험상 심리, 역사, 교양, 철학, 역사 서적 등을 두루 읽어 레퍼런스를 두껍게 하다 보면 어느 순간 피의자와의 인터뷰 등에서 하나의 방법으로 쓰임새 있는 도구로 활용할 가치가 있다는 것을 분명히 느꼈다. 이것은 하나의 교양 만의 문제가 아니라 피의자와 승부에서 필살기가 되어 줄 것임에 틀림없다고 자부한다.

자. 결론

수사관마다 똑같은 사건을 취급하더라도 용의자를 대하는 태도나 조사 방식은 다 다르며, 수사결과도 같지 않을 수 있다는 사실을 우리는 잘 알고 있다. 따라서 성공한 신문사례나 실패한 신문 사례들을 같이 공유하면서 신문기법을 발전시켜 나가야 할 것이다. 발전은 성공과 실패의 거듭됨 속에서 또 하나의 방법을 찾아가는 일일 것이다. 공유의 힘이 경찰 수사의 품격을 높일 것이다.

제5편
재판

제5편 재판

제1장 재판과 관련된 일반용어

1. 수명법관(受命法官, beauftragter Richter)[137]

일정한 사항을 처리하는 합의부의 구성원인 법관. 수명법관의 선임은 재판장이 정한다(민사소송법 139조 1항). 임무는 예컨대 민사소송법상의 화해의 권고(145조)·증거조사(313조), 형사소송법상의 증인심문(167조)·공판준비(273조 2항), 피고인의 소환·구속(74·75조), 압수·수색(114·136조), 증거조사(167·175조), 관할구역 외에서의 집무(3조) 등이다. 수명법관이 명을 받은 행위를 할 때에는 본래 법원 또는 재판장이 행하는 모든 권한을 행하나 합의부의 감독을 받는다. 수명법관이 재판 중 원래 항고할 수 있는 성질의 것에 대하여 수소법원(受訴法院)에 이의의 신청(민사소송법 441조) 또는 취소·변경의 청구(형사소송법 416조)를 할 수 있는 것은 이에 기인한다.

---

[137] 두산백과, http://www.doopedia.co.kr/doopedia/master/master.do?_method=view&MAS_IDX=101013000848556, 2018. 5. 10.자.

2. 감정인(鑑定人, expert witness)[138]

감정인이라 함은 전문적 학식경험에 속하는 법칙(法則), 또는 이를 구체적 사실에 적용하여 얻은 판단을 법원에 보고하는 자를 말한다 (형사소송법 제169조). 예컨대 사체(死體)를 해부하여 사인(死因)을 감정한다던가, 필적을 조사하여 그 이동(異同)을 감정하는 자와 같은 경우이다. 증인에 관한 규정은 구인을 제외하고는(감정인은 전문적 지식만 있으면 누구라도 상관없기 때문에) 감정인에 준용된다 (제177조). 증인은 사실을 그대로 보고하는 자임에 대하여 감정인은 사실에 대한 판단을 보고하는 자이다. 또 자기가 경험한 사실을 진술하는 자는 그 사실이 특별한 지식·경험에 의하여 하게 된 것이라도 그 진술은 증언이고 따라서 진술자는 증인이다. 그러나 이것을 특별하게 감정증인(제179조)이라고 부른다. 예컨대 살인죄(殺人罪)의 피해자의 임종(臨終)에 입회한 의사가 전문적 관점에서 관찰한 당시의 상태를 보고하는 경우가 이에 해당된다.

---

138) 이병태, "법률용어사전 : 2016,새학설 새법률에 의한 6,000여 법률 용어를 수록한", 법문북스, 2016

3. 증인(證人, witness)[139]

증인이라 함은 법원 또는 법관에 대하여 자기가 과거에 견문(見聞)한 사실을 진술하는 제3자를 말한다. 이 진술을 증언이라 한다. 법원 또는 법관에 대하여 진술한다는 점에서 수사기관에 대하여 진술하는 자인 참고인과는 다르다. 그리고 증인은 자기가 견문한 사실을 진술하는 자인 점에서 특별한 지식·경험에 속하는 법칙이나 이를 구체적 사실에 적용하여 얻은 판단을 보고하는 감정인과 구별된다. 증인은 제3자라야 하며 그 사건에 관계하는 법관, 검사, 피고인, 변호사는 증인이 될 수 없다. 기타의 제3자는 누구라도 증인으로서 신문할 수 있는 것이 원칙이지만(형사소송법 제146조), 재판권이 미치지 않는 자(예컨대 타국의 외교관)는 증인으로서 강제적으로 소환할 수 없다. 또 공무원 또는 공무원이었던 자가 그 직무에 관하여 알게 된 사실에 관하여 비밀에 속한 사항일 때에는 그 소속 공무소 또는 감독관공서의 승낙 없이는 증인으로 신문하지 못한다(제147조). 증인이 소환장을 송달받고 정당한 이유 없이 출석하지 아니한 때에는 불출석으로 인한 소송비용을 부담하고 500만원 이하의 과태료를 부과할 수 있다(제151조 1항). 또 소환된 경우는 정당한 사유가 없는 한 출두하여 선서(宣誓)하고 증언할 의무가 있다. 이를 거부하면 제재를 받으며(제161조). 소환에 불응하면 구인(拘引)되기도 한다(제152조). 또 허위의 증언을 하면 위증죄(僞證罪)(제158조)로서 처벌한다.

---

139) 이병태, "법률용어사전 : 2016,새학설 새법률에 의한 6,000여 법률 용어를 수록한", 법문북스, 2016

4. 기각(棄却, Abweisung)[140]

소송에 있어서 원고의 소에 의한 청구나 상소인의 상소에 의한 불복신청을 이유가 없다고 하여 배척하는 판결 또는 결정이다.

① 민사소송에 있어서는 대금(貸金)의 반환을 청구하는 것과 같은 소송에서 피고가 처음부터 원고로부터 돈을 빌린 일이 없다고 하거나 빌리기는 했으나 그 후에 갚았다는 등 원고가 판결을 청구하고 있는 대금반환청구의 법적 근거가 인정되지 않을 경우에 그 청구를 배척하는 판결을 청구기각판결이라고 한다. 또 제1심 판결에 대하여 항소에 의하여 불복을 신청한 경우에 원판결이 정당하다고 하는 판결을 항소기각판결이라고 한다. 기각의 판결이 본안판결(本案判決)인데 비하여 각하(却下)의 판결은 소송판결(訴訟判決)이다. 그러나 예외로 각하로 보아야 할 경우가 법전상 기각이라는 용어로 쓰이는 일이 있다(민사소송법 399조).

② 형사소송에는 공소기각, 정식재판 청구의 기각, 상소기각이 있다. 소송이 유효하게 존속되기 위한 요건에 흠결(欠缺)이 있음을 이유로 공소를 무효로 하는 결정이나 판결에 의하여 소송을 중단하는 재판을 공소기각이라고 한다. 약식명령에 대한 불복신청에 의하여 정식재판의 청구가 이루어지지만, 그것이 법령에 위반된다거나 청구권이 소멸된 후에 이루어진 것일 경우는 기각된다. 항소기각·상고기각·항고기각·재심청구기각에는 절차의 무효에 의하는 것과 청구이유가 없다고 선언하는 것이 있다.

---

140) 두산백과, http://www.doopedia.co.kr/doopedia/master/master.do?_method= view&MAS_IDX=101013000830395, 2018. 5. 12.자.

③ 행정심판·이의신청 등 행정쟁송의 재결(裁決)·결정에 관해서도 이론상 민사소송의 재판에서와 같은 기각·각하의 구별이 인정된다. 법령상의 용어로는 양자를 모두 각하라고 말하는 경우가 있으나 행정심판법에서는 '재결의 구분'에서 기각과 각하를 구별하여 사용하고 있다(32조).

5. 각하(却下)[141]

행정법상으로는 행정기관이 신청서·원서·신고서·심판청구서 등의 수리(受理)를 거절하는 행정처분이다. 소송법상으로는 당사자의 소송(절차)상의 신청에 대하여 법원에서 부적법(不適法)을 이유로 배척하는 재판을 가리킨다. 본안재판이 아닌 형식재판 또는 소송재판으로서, 소송요건의 흠결이나 부적법 등을 이유로 본안심리를 거절하는 재판이며, 본안심리 후 그 청구에 이유가 없다 하여 청구를 배척하는 기각(棄却)과 구별된다. 각하에 대하여는 부적법의 원인이 된 흠결(欠缺)을 보정(補正)하여 다시 신청할 수 있으나, 기각에 대하여는 보정이 있을 수 없고 상소(上訴)로써만 다툴 수 있다.

① 행정법상, 각하가 위법한 처분인 때에는 행정쟁송으로 다툴 수 있다. 형식·요건·절차 등의 불비(不備)로 각하된 때에 그 보정이 가능한 때에는 보정하여 다시 제출하면 수리되는 경우가 있다.
② 민사소송법상 또는 행정소송법상으로는 원고의 소장(訴狀)이나 상소인의 상소장(上訴狀) 및 기타 당사자나 관계인의 소송(절차)상의 신청을 부적법하다 하여 배척하는 재판을 말하며, 본안

---

141) 두산백과, http://www.doopedia.co.kr/doopedia/master/master.do?_method=view&MAS_IDX=101013000824905, 2018. 5. 12.자.

청구 또는 상소(上訴)를 이유 없다고 하여 배척하는 기각과 구별해서 사용하고 있다. 예컨대, 각하의 경우 제척(除斥) 또는 기피신청(忌避申請)의 각하(민사소송법 45조), 실기(失機)한 공격·방어방법의 각하(149조 1항), 변론 없이 하는 소 또는 항소의 각하(219·413조), 소장 및 항소장의 각하(254·399조) 등이 사용되고 있으며, 기각의 경우 이송신청의 기각(39조), 항소기각(414조), 청구의 기각(행정소송법 28조) 등이 사용된다.

③ 형사소송법상으로는 각하와 기각을 구별하지 않고, 기각으로 통일 사용하고 있다. 예컨대, 기피신청의 기각(형사소송법 20조), 공판기일변경신청의 기각(270조), 공판기일 전의 증거조사신청 기각(273조 3항), 공소기각의 판결 또는 결정(327·328조), 항소기각의 결정(360조) 등과 같다.

6. 항소기각(抗訴棄却)[142]

법원이 부당한 항소를 물리치는 재판이다.

(1) 민사소송법상: 항소법원이 제1심법원의 판결이 정당하다고 인정하는 때에 소송절차를 종결시키는 의사표시(414조). 제1심판결의 이유가 부당한 경우에도, 항소심의 변론종결 당시의 자료에 의한 사실상·법률상 이유로 결론적으로 제1심판결이 정당하다고 인정한 때에는 항소를 기각해야 한다(414조 2항). 또 가사소송의 경우, 항소가 이유 있는 경우라도 제1심판결을 취소하거나 변경하는 것이 사회정의와 형평의 이념에 배치되거나 가정의

---

142) 두산백과, http://www.doopedia.co.kr/doopedia/master/master.do?_method=view&MAS_IDX=101013000725756, 2018. 5. 12.자.

평화와 미풍양속 유지에 부적합하다고 인정할 때에는 항소를 기각할 수 있다(가사소송법 19조 2항).

(2) 형사소송법상 : 항소이유가 없다고 제1심법원의 판결을 유지하는 재판과 항소제기가 부적법하다고 항소를 물리치는 재판. 판결에 의하는 경우와 결정으로 하는 경우가 있다.

① 항소법원이 항소이유가 없다고 인정한 때에는 판결로써 항소를 기각하여야 하고, 항소이유가 없음이 명백한 때에는 항소장·항소이유서 기타의 소송기록에 의하여 변론 없이 판결로써 항소를 기각할 수 있다(364조 4·5항).

② 항소제기가 법률상의 방식에 위반하거나 항소권 소멸 후인 것이 명백한 때에는 원심(原審) 법원이 결정으로 항소를 기각하여야 한다(360조 1항). 원심법원이 기각하지 않은 때에는 항소법원이 결정으로 기각하여야 한다(362조 1항). 항소인이나 변호인이 항소이유서를 기간 내에 제출하지 아니한 때에는 결정으로써 항소를 기각하여야 함이 원칙이다(361조 4의 1항). 항소기각의 결정에 대하여는 즉시항고를 할 수 있다(360조 2항·361조 4의 2항·362조 2항).

(3) 군사법원법상 : 의의는 형사소송법과 같고, 역시 판결로써 하는 경우(430조)와 결정으로써 하는 경우(417·422조)가 있다. 결정으로 하는 경우에 원심군사법원이 하는 경우와 고등군사법원이 하는 경우가 있는 점 및 즉시항고할 수 있는 점 등도 같다.

7. 항소(抗訴, Appeal/Berufung)[143]

하급법원에서 받은 제일심의 판결에 불복할 때 그 파기 또는 변경을 직접 상급법원인 고등법원 또는 지방법원 합의부에 신청하는 일이다.

(1) 민사소송법상 : 제1심의 종국판결(終局判決)에 대한 상소(上訴:390~421조). ① 항소의 대상이 되는 것은 지방법원 단독판사 또는 지방법원 합의부가 제1심으로서 한 종국판결이다. 고등법원이 제1심(예:행정소송)으로서 한 종국판결에 대하여는 항소하지 못한다. 중간판결이나 결정·명령에 대하여서는 독립하여 항소할 수 없으나, 종국판결과 함께 항소하면 항소심의 심판대상이 될 수 있다. ② 항소가 제기되면 항소법원은 불복신청의 한도 안에서 새로운 변론에 의하여, 제1심의 속심(續審)으로서 제1심판결의 당부(當否)를 심사한다. 그러므로 항소법원에 소송이 옮겨지고(移審의 효력), 제1심판결의 확정이 차단된다(停止의 효력).

(2) 가사소송법상 : 가정법원의 판결에 대해 불복이 있으면 항소할 수 있다. 항소법원의 소송절차는 제1심의 소송절차에 관한 규정을 준용한다. 항소법원은 항소가 이유 있는 때에도 사회정의와 형평(衡平)의 이념에 배치되거나, 가정평화와 미풍양속(美風良俗)의 유지에 적합하지 아니하다고 인정할 때에는 항소를 기각할 수 있다(19조). 이는 가정법원의 심판을 되도록 존중하기 위해서이다.

---

143) 두산백과, http://www.doopedia.co.kr/doopedia/master/master.do?_method=view&MAS_IDX=101013000867589, 2018. 5. 12.자.

(3) 형사소송법상 : 제1심판결에 대한 제2심 법원에의 상소. 지방법원 단독판사가 선고한 제 1심판결에 불복이 있으면 지방법원 합의부에, 지방법원 합의부가 선고한 제1심판결에 불복이 있으면 고등법원에 항소할 수 있다(357조). 항소심은 사실과 법률의 점에 관하여 심판하지만, 구법에서와 같이 복심(覆審)으로서 사건의 심리를 다시 하는 것이 아니라, 사후심(事後審)으로서 제1심판결의 당부를 심사한다. 그러므로 항소를 제기할 때에는 항소장(抗訴狀) 외에 항소이유서를 항소법원에 제출하여, 원판결의 오류를 지적하여야 한다.

(4) 군사법원법상 : 보통군사법원의 판결에 대한 고등군사법원에의 상소. 군사법원법 제414조 1~12호 중의 어느 하나에 해당하는 사유가 있으면, 이를 이유로 항소할 수 있다. 항소심의 성격과 심판범위 등은 일반 형사소송법의 경우와 같다.

8. 항고(抗告, Beschwerde)[144]

판결 이외의 재판인 결정·명령에 대한 독립의 상소(上訴)이다.

(1) 민사소송법상 : 종국판결(終局判決) 전의 모든 재판을, 반드시 종국적 재판과 함께 상소법원의 판단을 받게 하면, 절차가 복잡하게 되거나 상급심에서 종국판결이 취소될 가능성이 많아진다. 그러므로 사건의 실체와 관계가 적고 그것과 분리시켜도 해결될 수 있는 사항으로서, 신속히 확정할 필요가 있는 것에는 독립된

---

144) 두산백과, http://www.doopedia.co.kr/doopedia/master/master.do?_method=
view&MAS_IDX=101013000867565, 2018. 5. 12.자.

상소를 인정한다. 그러나 불복신청이 금지된 재판(28조 2항·380조·465조 2항 등), 항고 이외의 불복수단이 인정되는 재판(469조 2항·민사집행법 283조 1항·301조 등), 대법원의 재판에 대하여는 항고할 수 없다. 항고는 그 성질에 따라 보통항고·즉시항고·재심항고·특별항고로, 심급에 따라 최초항고·재항고로 구별할 수 있다. 항고는 원심법원에 항고장을 제출함으로써 한다(민사소송법 445조). 항고법원은 보통 심급제도와 같다(법원조직법 14조 2호). 항고는 항소·상고와는 달리 원심법원의 재판경정(裁判更正)이 인정된다(민사소송법 446조). 항고법원의 소송절차에는 일반적으로 항소절차에 관한 규정이, 재항고와 이에 관한 소송절차에는 상고절차에 관한 규정이 준용된다(443조).

(2) 형사소송법상 : 결정·명령에 대한 상소·항고는 성질에 따라 보통항고·즉시항고로, 심급에 따라 최초항고·재항고로 나눌 수 있다. 즉시항고는 명문의 규정이 있을 때에만 제기할 수 있고 3일의 제기기간 제한이 있으며, 항고제기로 재판집행이 정지되는 효력이 있다(409조). 항고는 특히 필요하다고 인정되는 경우에만 허용되며, 그 절차도 간이하고, 원심법원 또는 법관 스스로 원결정을 경정할 수 있게 하였다(408조). 준항고(準抗告)는 법원의 결정에 대한 상소인 항고의 개념 중에 포함되지 아니한다. 그러나 실질적인 항고에 상당하는 것이므로 형사소송법은 이를 항고의 장(章)에 규정하고, 그 절차도 항고에 관한 규정을 많이 준용하고 있다(416∼419조).

9. 재항고(再抗告, weitere Beschwerde)[145]

항고법원·고등법원 또는 항소법원의 결정 및 명령에 대하여 재판에 영향을 미치게 한 헌법·법령·규칙의 위반을 이유로 하는 항고(형사소송법 415조)이다.

⑴ 민사소송법상 : 판결절차에 있어서의 상고(上告)에 해당한다. 이는 항고법원·고등법원 또는 항소법원의 결정 및 명령에 대하여 무제한으로 다시 항고를 허용한다면 그 관할은 당연히 대법원이 될 수밖에 없기 때문에 대법원의 부담 감경의 취지에서 일정한 범위 내에서만 인정하고 있다. 부적법한 항소로서 흠을 보정할 수 없으면 변론 없이 판결로 항소를 각하할 수 있다(413조). 재항고를 할 수 있는 자는 항고법원의 항고를 기각한 재판일 때에는 당사자에 한하고 이해관계인은 포함되지 않으나, 항고를 허용한 재판일 때에는 상대자 또는 항고심결정으로 새로 이익을 침해당한 자들이다.

⑵ 형사소송법상 : 항고법원 또는 고등법원의 결정에 대하여 재판에 영향을 미친 헌법·법률·명령 또는 규칙의 위반이 있음을 이유로 하는 때에만 대법원에 즉시항고를 할 수 있다(415조).

---

145) 두산백과, http://www.doopedia.co.kr/doopedia/master/master.do?_method=view&MAS_IDX=101013000857864, 2018. 5. 12.자.

10. 상소(上訴, Rechtsmittel)[146]

재판이 확정되기 전에 상급법원에 취소·변경을 구하는 불복신청이다.

법관의 판단은 항상 정당하다고만 생각할 수 없으므로, 당사자에게 상급법원의 재판을 받을 기회를 준 것이다. 상소는 미확정의 재판에 대하여 하는 것이므로, 미확정재판에 대한 것이 아닌 재심(再審)의 소(訴)나 형사소송에서의 비상상고는 상소가 아니다. 또 상급법원에 대한 것이므로 같은 심급(審級) 내에서의 이의(異議)는 상소가 아니다. 상소는 재판의 확정을 방지하는 효력(차단적 효력)과 사건 자체가 상급법원으로 옮겨지는 이심(移審)의 효력을 지닌다. 현행법상 종국판결에 대한 상소로는 항소·상고가 있고, 판결 이외의 재판(결정 및 명령)에 대하여서는 항고·재항고·특별항고가 인정되고 있다.

---

146) 두산백과, http://www.doopedia.co.kr/doopedia/master/master.do?_method=view&MAS_IDX=101013000846789, 2018. 5. 12.자.

제2장 재판 원칙에 관한 용어

1. 직접심리주의(直接審理主義, Unmittelbarkeit)?[147]

판결하는 법관이 스스로 변론을 청취하고 증거를 조사하는 주의이다. 간접심리주의와 대비되는 개념이다. 법원 소송자료를 직결(直結)시킴으로써 사건의 진상을 확실히 파악시키고, 구술주의(口述主義)와 결합되면 구술을 직접 청취하게 되어 판단의 정확을 기할 수 있다는 장점이 있다. 그러나 이 주의만을 철저화시키면 시간·경비·노력 등이 많이 들므로, 이 주의를 완전하게 채용하기는 불가능하거나 곤란한 경우도 있다.

(1) 민사소송법상 : 판결절차에서는 신청·진술 등 당사자의 변론을 수소법원(受訴法院)의 면전(面前)에서 하여야 한다. 또 판결은 변론에 관여한 법관만이 할 수 있고(204조 1항), 증거조사도 변론기일에 법원 스스로 행함이 원칙이므로(297조 1항), 직접심리주의를 채택하였다고 할 수 있다. 그러나 ① 법관이 경질된 경우(204조 2항), ② 변론준비절차가 있었던 경우(287조), ③ 항소심에서 변론하는 경우(407조) 등에는, 종전의 변론 또는 준비절차의 결과를 진술시키면 족하다. 또한 증거조사도 부득이한 경우에는 간접심리주의를 채택하였다(296·297조 2항·313·333조).

(2) 형사소송법상 : 광의로는 법원이 공판정에서 직접 조사한 증거만을 재판의 기초로 하는 주의(주관적 직접주의)와, 사실의 증명에 대하여는 될 수 있는 한 범죄사실에 직접적인 증거에 의

---

147) 두산백과, http://www.doopedia.co.kr/doopedia/master/master.do?_method=view&MAS_IDX=101013000860219, 2018. 5. 10.자.

하는 주의(객관적 직접주의). 공판의 원칙으로서는 보통 주관적 직접주의의 의미로 사용된다. 객관적 직접주의는 공판의 원칙이라기보다는 오히려 증거법상의 원칙이라고 보는 것이 보통이다. 민사소송에서보다도 직접심리주의가 철저하다. 직접심리주의는 법원측에서 요구하는 것이라고 생각하는 것이 종래의 대륙법적 이해방법이었으나, 당사자주의가 강조되는 현행법하에서는 당사자(특히 피고인)의 보호라는 견지에서 생각하여야 한다. 즉, 증거에 대하여 피고인에게 직접으로 변론의 기회를 주기 위하여 직접심리주의가 요청된다고 할 수 있다. 한국 형사소송법이 전문증거(傳聞證據)를 원칙적으로 배격하고 있음(310조의 2)은 객관적 직접심리주의의 문제임과 동시에 주관적 직접심리주의의 내용이기도 하다. 예컨대, 법관이 교체된 경우에 행하여지는 공판절차의 경신(301조)은 직접심리주의의 한 표현으로서, 공판절차의 간략화와 형해화(形骸化)가 허용되어서는 안 된다. 그리고 전문증거 배제의 원칙은 당사자에 의한 반대심문이 가능한지의 여부라는 관점에서 직접심리주의를 조망(眺望)하는 것으로서, 직접심리주의와 표리일체를 이루고 있다. 또한 증거물 또는 증거서류를 당사자에게 제시하고 그 요지를 고지하는 제도 등도 직접심리주의의 요청에 의한 제도라고 볼 수 있다.

2. 간접심리주의(間接審理主義)[148]

변론의 청취와 증거조사를 수소법원(受訴法院)이 스스로 하지 않고, 수명법관(受命法官)·수탁판사(受託判事)와 같은 다른 재판기관이 청취한 변론 또는 행한 증거조사의 결과를 소송자료로 하는 주의이다.

직접심리주의에 대응하는 말인데, 현행법상 직접심리주의를 관철할 수 없는 경우에 예외적(例外的)으로 인정하는 데 그친다(민사소송법 296·297·313조 등, 형사소송법 136조·167조 등).

3. 공개심리주의(公開審理主義)[149]

법원에서는 심판결정 등 행정심판과는 달리 공개심리주의와 구술변론주의를 채택하고 있는데, 공개심리주의란 재판의 심리와 판결의 선고를 일반인이 방청할 수 있는 상태에서 하는 것으로 국민에게 재판을 공개함으로써 그 공정성과 국민의 신뢰를 유지하는 한편, 허위진술, 허위증언을 방지하는데 그 목적이 있다.

---

148) 두산백과, http://www.doopedia.co.kr/doopedia/master/master.do?_method=view&MAS_IDX=101013000730078, 2018. 5. 10.자.
149) 미래와경영연구소, "NEW 경제용어사전", 미래와경영, 2006.

4. 공판중심주의(公判中心主義)[150]

재판에서 모든 증거자료를 공판에 집중시켜 공판정에서 형성된 심증만을 토대로 사안의 실체를 심판하는 원칙이다. 구(舊) 형사소송법은 예심제도를 인정하여 검사는 복잡하고 중요한 사건에 대해 직접 공판을 청구하지 않고 예심을 청구함으로써 예심판사가 증거를 수집하였다. 그 결과 예심판사는 용의주도하게 심리하여 공판법원에 회부하지만, 공판을 맡은 법관은 그때서야 기록을 조사하여 심리함으로써 공판심리는 자연히 형식적인 것에 지나지 않게 되었다. 현행 형사소송법에서는 예심제도를 폐지하고 사건의 실체에 대한 모든 심증을 공판절차 과정을 통해 형성해야 한다는 공판중심주의를 확립하였다. 이 원칙은 배심제하에서는 불가결한 원칙이지만, 배심제를 채택하지 않는 경우에도 법원의 공정한 심판을 위해 필요하다. 공판중심주의의 공판절차상 기본원칙은 일반 국민에게 재판 방청이 허용되어야 한다는 공개주의가 선행되어야 한다. 또 판결은 법률에 별다른 규정이 없으면 구두변론에 의거해야 한다(형사소송법 37조 1항)는 구두변론주의도 공판중심주의를 나타내는 것이다. 공판 외에서 작성된 조서가 법관의 심증을 형성하는 데 실질적인 기초가 된다면 참다운 공판중심주의가 실현될 수 없다. 따라서 공판중심주의는 공판정에서 직접 조사한 증거만을 재판의 기초로 삼을 수 있다는 직접주의와 결합해야 한다. 공판기일을 계속하여 심리가 지연되는 것을 막기 위한 계속심리주의, 검사가 공소를 제기할 때 공소장 하나만을 제출하고 그 밖의 서류나 증거물은 첨부하지 못하게 함으로써 그 사건에 관한 법원의 예단을 방지하는 공소장일본주의도 공판중심주의를 실현하려는 원칙이다. 현형법에서 항

---

150) 두산백과, http://www.doopedia.co.kr/doopedia/master/master.do?_method=view&MAS_IDX=101013000797904, 2018. 5. 10.자.

소심과 상고심은 제1심 판결이 적절했는지 여부를 심사하는 사후심(事後審)의 절차이므로 공판중심주의는 특히 제1심에서 중요시된다.

5. 자유심증주의(自由心證主義)[151]

자유심증주의란 증거에 의하여 사실을 인정함에 있어서 증거의 증명력을 법관의 자유로운 판단에 맡기는 주의를 말한다(형사소송법 제308조). 즉 어느 증거를 신뢰하고, 어느 증거를 신뢰할 수 없는 것으로 하며, 또 어떤 증거에 의하여 범죄사실을 인정할 것인가에 대한 판단을 모두 법관에게 일임하고 있는 주의이다. 이것은 일정한 증거가 없으면 어떠한 사실을 인정할 수 없다는 법정증거주의에 대응하는 개념이다. 형사소송법은 실체적 진실발견을 목적으로 하고 있으므로 형식적인 법정증거주의보다도 이 자유심증주의 쪽이 더 우월한 제도임은 부정할 수 없다. 그러나 자유심증주의는 증거의 증명력만을 법관의 자유로운 판단에 맡기는 것이지, 증거가 될 수 있는 능력(증거능력)까지 법관의 판단에 일임하는 것은 아니다. 증거능력은 형사소송법에 의하여 제한되어 있다. 또 자유로운 판단이라 하더라도 법관의 마음대로 판단을 허용하는 것은 아니고, 그 판단은 경험 법칙·논리법칙에 합치되어야 한다. 따라서 판결이유에 표시된 증거로부터 범죄사실을 인정하는 것이 경험법칙·논리법칙에 반하여 불합리한 때에는 「자유의 모순」 또는 「사실오인」으로 항소이유가 된다(제361조의5 11·14호). 또 자유심증주의에는 자백에 관하여 중요한 예외가 있다. 즉 법관이 피고인의 자백에 의하여 유죄의 심증을 얻었더라도 그것이 유일한 증거로서 달리 이것을 뒷받침할 증거(이른바 보강증거(補

---

151) 이병태, "법률용어사전 : 2016,새학설 새법률에 의한 6,000여 법률 용어를 수록한", 법문북스, 2016

强證據))가 없는 때에는 범죄사실을 인정할 수 없다(제310조)는 규정이 그것이다.

6. 계속심리주의(繼續審理主義)[152]

소송사건의 처리에서 심리에 2일 이상을 소요하는 사건의 경우 연일 계속하여 심리해야 한다는 원칙이다. 집중심리주의(集中審理主義)라고도 한다. 헌법상 보장된 신속한 재판을 받을 권리(27조)를 실현하기 위한 것일 뿐만 아니라 소송이 지연되면 그만큼 사실확정이 어렵게 되므로 이러한 어려움을 극복할 수 있는 방법이 된다. 구술주의(口述主義), 변론주의(辯論主義) 및 공판중심주의(公判中心主義)와 연관되며, 법관의 심리부담의 경감, 재판의 비능률·비경제적인 노력소모의 방지와 정확·신속한 결론에 도달하기 위해 필요하다. 민사소송법에서는 법원은 소송절차가 공정 신속하고 경제적으로 진행되도록 노력하여야 한다고 규정하고(1조), 변론은 집중되어야 한다고 규정하고 있으며(272조), 민사소송규칙도 준비절차를 거친 사건의 경우 그 심리에 2일 이상이 소요되는 때에는 가능한 한 종결에 이르기까지 매일 변론을 진행하여야 하며 특별한 사정이 있어 변론기일을 따로 정하는 경우에도 가능한 최단기간 내의 날짜로 지정하도록 하였으며, 이 각 변론기일은 사실 및 증거조사가 충분하지 아니함을 이유로 변경할 수 없도록 규정하고 있다(민사소송규칙 제72조). 형사소송법에서는 재판장은 부득이한 사정으로 매일 계속 개정하지 못하는 경우에도 특별한 사정이 없는 한 전회의 공판기일부터 14일 이내로 다음 공판기일을 지정하여야 한다고 하고

---

152) 두산백과, http://www.doopedia.co.kr/doopedia/master/master.do?_method=view&MAS_IDX=101013000762676, 2018. 5. 10.자.

있다(제267조의 2 제3항). 특정강력범죄의 처벌에 관한 특례법은 살인, 약취와 유인, 강간, 강도, 범죄단체조직 등의 특정강력범죄사건의 심리에 2일 이상이 소요되는 때에는 가능한 한 매일 계속 개정하여 집중심리를 하여야 하며, 재판장은 특별한 사정이 없는 한 전의 공판기일로부터 7일 이내로 다음 공판기일을 지정하여야 한다고 규정하고 있다(10조).

제3장 형사재판에 관한 용어

1. 형사소송절차 개괄[153]

형사소송절차는 검사의 공소제기를 기준으로 기소전 단계와 기소후 단계로 나닙니다. 기소전 단계란 검사의 구속영장 청구부터 공소제기까지의 단계로서 검사의 구속영장 청구, 청구된 구속영장에 대한 실질심사, 체포 또는 구속의 적법 여부에 대한 체포·구속적부심사청구가 있다. 검사의 구속영장 청구 및 구속영장 실질심사에서 구속영장이 발부되거나 구속적부심사청구가 기각되면 피의자의 구속 상태는 유지되지만 구속영장이 발부되지 않거나 구속영장 실질심사에서 구속영장의 기각 및 구속적부심사청구가 인용되면 피의자는 석방된다. 기소후 단계는 검사의 청구에 따라 구공판과 구약식으로 나뉘어지고, 임의절차로서 공판준비절차(참여재판 필수)가 마련되어 있으며 이상의 절차를 마친 후 변론종결과 판결 선고까지를 포함하고 있습니다. 또한 변론종결시까지 배상명령청구와 보석청구가 각 가능하다. 검사가 약식명령을 청구하면 판사는 약식명령을 발령하거나 통상의 공판절차에 회부하여 재판할 수도 있다. 약식명령에 불복이 있는 사람은 약식명령의 고지를 받은 날로부터 7일 이내에 약식명령을 한 법원에 서면으로 정식재판청구를 할 수 있으며 이 경우 통상의 공판절차에 의하여 다시 심판하게 됩니다. 공판준비절차는 공판준비명령, 검사의 공판준비서면 제출, 피고인, 변호인의 반박, 검사의 재반박, 공판준비기일진행(증거조사, 쟁점정리), 공판준비절차 종결의 단계를 거치며 공판준비절차가 종결되면 공판절차가 개시되게 된다. 공판절차는 재판장의 진술거부권 고지 및 인정

---

153) 대법원, http://help.scourt.go.kr/nm/min_9/min_9_1/index.html, 2018. 5. 15.자.

신문, 모두진술, 쟁점 및 증거관계 등 정리, 피고인이 공소사실을 부인할 경우에는 증거조사 실시, 공소사실을 인정할 경우에는 간이공판절차회부, 피고인신문, 최종변론(검사, 변호인, 피고인), 변론종결, 선고의 단계를 거치게 된다. 기소전과 기소후의 절차를 마치고 선고된 판결에 대하여 불복이 있는 사람은 판결의 선고일부터 7일(판결 선고일은 기산하지 아니한다) 이내에 상소를 제기할 수 있습니다.

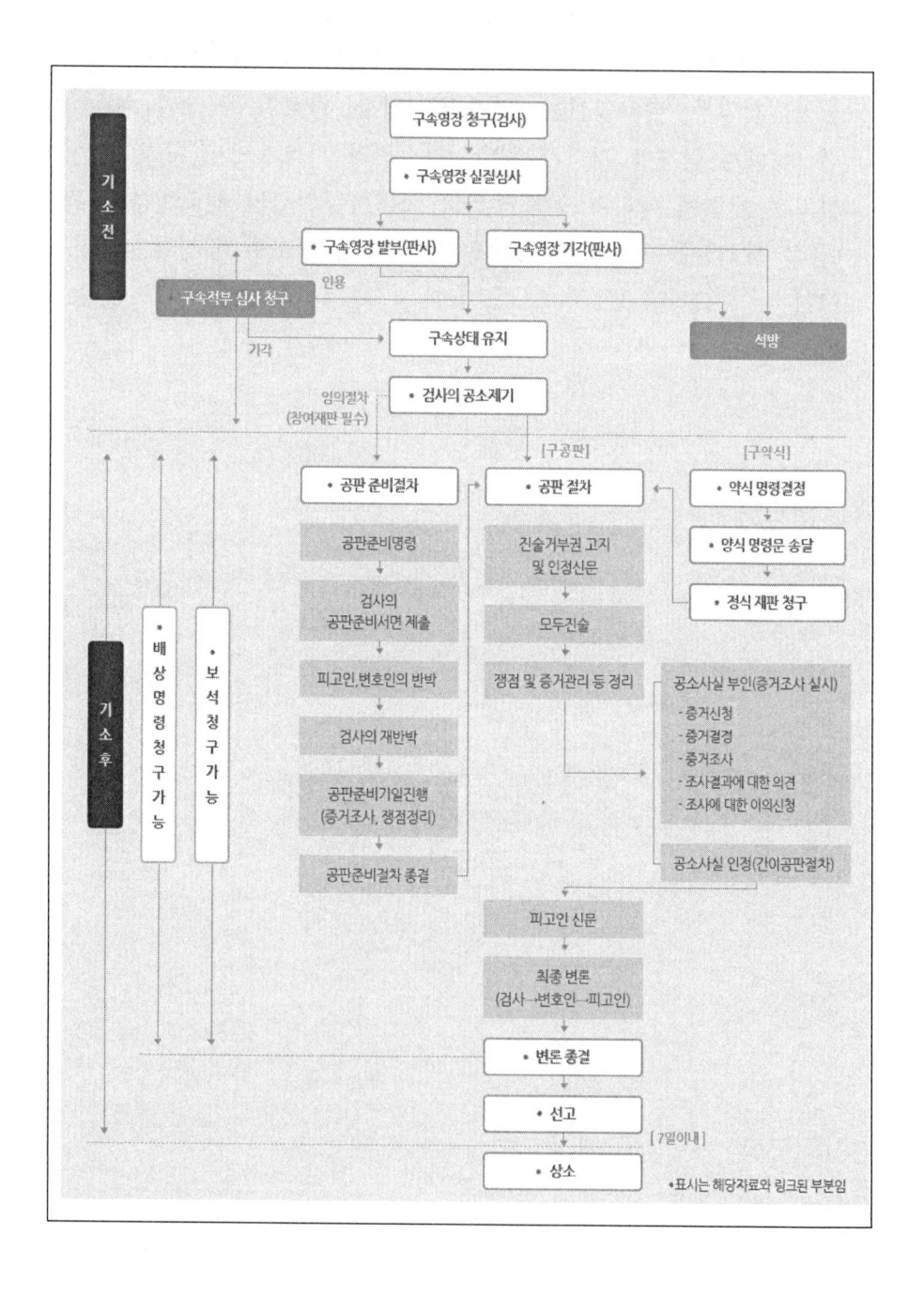

2. 기소(起訴, Indictment)[154]

검사가 법원에 대하여 특정한 형사사건의 심판을 청구하는 소송행위이다. 우리나라는 국가기관만이 형사소송을 제기할 수 있는 국가소추주의가 시행되고 있고, 그 국가기관은 검사이면서, 그에게 공소제기권을 독점시키는 검사기소주의와 기소독점주의를 취하고 있다. 우리나라에서 국가소추주의의 예외는 인정되지 않지만, 검사기소주의와 기소독점주의에는 예외가 인정된다. 즉 즉결심판의 청구는 검사가 아닌 경찰서장이 행한다. 그리고 우리나라는 검사가 피의자에게 범죄혐의가 인정되고 소송조건이 갖추어진 경우에도 기소유예처분이라는 불기소처분을 할 수 있는 재량권을 가지는 기소편의주의를 취하고 있다.

3. 국가소추주의?[155]

「형사소송법」 제246조는 '공소는 검사가 제기하여 수행한다'고 규정하여 국가소추주의 내지 검사소추주의를 취하고 있다. 우리나라에는 국가소추주의의 예외는 없으나, 비교적 경미한 사건에 대한 즉결심판청구와 같은 검사소추주의의 예외는 있다. 그런데 다른 나라에서는 공중이 형사소송을 제기할 수 있는 공중소추주의와 주거침입이나 비밀침해 등의 경미한 범죄에 대하여 사인소추(피해자소추)피해자가 형사소송을 제기할 수 있는 사인소추주의가 예외적으로 시행되기도 한다. 그리고 우리나라 「형사소송법」 제247조는 '검

---

154) 한국학중앙연구원, "한국민족문화대백과", http://encykorea.aks.ac.kr/, 2018. 5. 10. 자.
155) 한국학중앙연구원, "한국민족문화대백과", http://encykorea.aks.ac.kr, 2018. 5. 10.자.

사는 「형법」 제51조의 사항을 참작하여 공소를 제기하지 아니할 수 있다'고 규정하여 기소편의주의(Opportunitätsprinzip)를 취하고 있다. 기소편의주의란 수사결과 범죄의 객관적 혐의가 충분하고 소송조건을 갖춘 경우에도 검사의 재량에 의한 불기소처분(기소유예)을 허용하는 원칙을 말한다. 이에 반하여 이 경우 검사는 반드시 기소하여야 하는 원칙을 기소법정주의(Legalitätsprinzip)라고 하는데, 독일 「형사소송법」이 취하는 태도이다. 그리고 검사의 불기소처분에 대해 피해자인 고소인이 고등법원에 재정신청을 하여 그 신청이 인용되면 고등법원은 검사에게 기소를 강제할 수 있다. 즉, 법원의 재판에 의해서도 검사의 기소가 강제되는 경우도 있다. 기소에는 구술변론주의가 지배하는 정식기소가 있고, 서면심리주의가 지배하는 약식절차가 있다. 즉, 지방법원은 그 관할에 속한 사건에 대하여 검사의 청구가 있는 때에는 공판절차 없이 약식명령으로 피고인을 벌금, 과료 또는 몰수에 처할 수 있다(제448조). 공소를 제기함에는 공소장을 관할법원에 제출하여야 하는 서면주의가 지배한다(「형사소송법」 제254조). 공소장에는 피고인 수에 상응하는 부본을 첨부하여야하며, 법원은 이를 늦어도 제1회 공판기일 5일 전까지 피고인 또는 변호인에게 송달한다. 공소장에는 피고인의 성명 기타 피고인을 특정할 수 있는 사항, 죄명, 공소사실, 적용법조를 반드시 기재하여야 한다. 공소사실은 범죄의 시일, 장소 및 방법을 명시하여 사실을 특정할 수 있도록 하여야 한다.

4. 공소장일본주의(公訴狀一本主義)[156]

검사가 공소를 제기할 때에 공소장 하나만을 법원에 제출하고 기타의 서류나 증거물은 일체 첨부·제출해서는 안 된다는 원칙. 공소제기 방식의 하나로서 기소장일본주의라고도 한다. 이는 당사자주의의 철저를 기하기 위하여 법원(법관)에 어떤 선입관이나 편견을 미리 가지지 않게 하고 모든 당사자의 주장과 입증은 공판정을 통해서만 하게 하여 법관으로 하여금 백지(白紙)의 상태로 공판에 임하게 함으로써 재판의 공정을 기하려는 데 그 취지가 있다. 이 주의는 피고인에게 이익이 되는 점도 있으나 실질적으로 불이익이 되는 경우도 적지 않다. 피고인이 모든 증거서류를 미리 열람하여 사건내용을 파악한 후 공판에 임하면 방어방법을 충분히 강구할 수 있으나, 이 주의를 취하면 공판정에서 비로소 증거서류를 조사하게 되므로 소송지연을 막기 위하여 피고인이 간단히 동의하면(형사소송법 318조 1항) 바로 증거로 채택하게 되어 증거조사가 소홀히 될 염려가 있다. 영미와 같이 당사자주의가 철저한 형사소송구조하에서 채택되고 있는데, 한국 형사소송법에는 이에 관한 명문이 없으나 실무상으로는 이 원칙을 취하고 있으며, 특히 군사법원법에서는 공소장일본주의를 명문화하고 있다(군사법원법 296조 6항).

---

156) 두산백과, http://www.doopedia.co.kr/doopedia/master/master.do?_method=view&MAS_IDX=101013000724215, 2018. 5. 10.자.

5. 공소불가분의 원칙(公訴不可分─原則, Prinzip der Unteilbarkeit des Prozess gegenstandes)[157]

공소제기의 효력은 공소장에서 지정한 피고인과 공소사실에 대하여 사건의 단일성과 동일성이 있는 한 그 전부에 불가분적으로 미친다고 하는 원칙이다. 공소는 검사가 피고인으로 지정한 이외의 다른 사람에게는 그 효력이 미치지 아니하며(형사소송법 248조), 이를 주관적 가분(主觀的可分) 또는 인적 가분(人的可分)이라 한다. 특히, 공범자 중 1인에 대한 공소는 다른 공범자에게 그 효력을 미치지 않는다. 또, 공소의 효력은 단일사건 전체에 미치고 사건의 동일성이 인정되는 한 그 효력은 유지된다(형사소송법 247조 2항). 공소제기의 효과는 기소된 사건에 한해서만 발생하고 그 이외의 사건에는 미치지 아니하므로, 법원은 공소제기의 효력이 미치지 아니하는 사건에 대하여는 심판할 수 없다. 이를 불고불리(不告不理)의 원칙이라고 한다.

6. 피고인(被告人, accused)[158]

피고인이라 함은 검사에 의하여 형사책임을 져야 할 자로 공소가 제기된 자 또는 공소가 제기된 자로 취급되어 있는 자를 말한다. 피고인은 공소제기 이후의 개념이므로 수사기관에 의하여 수사의 대상으로 되어 있는 피의자와 구별되며 또한 판결확정 이전의 개념

---

157) 이병태, "법률용어사전 : 2016,새학설 새법률에 의한 6,000여 법률 용어를 수록한", 법문북스, 2016.
158) 이병태, "법률용어사전 : 2016,새학설 새법률에 의한 6,000여 법률 용어를 수록한", 법문북스, 2016

이므로 확정판결에 의하여 형의 집행을 받고 있는 수형인(受刑人)과 구별된다. 누구를 피고인으로 보아야 할 것인가는 공소장에 기재된 자인가의 여부에 따라서 판정된다는 견해(공시설(公示說))와 이에 대하여 피고인으로서 실제로 행위를 한 자를 피고인이라고 보는 설(행위설(行爲說)), 그리고 검사의 의사를 기준으로 하여 피고인을 결정하여야 한다는 설(의사설(意思說)) 등이 대립하고 있는데 형사소송에서는 전(前) 2설을 포괄하여 결정함이 타당하다는 것이 통설이다. 이러한 피고인은 판결이 확정되어 유죄로 확정될 때까지는 무죄로 추정되며 그러므로 검사가 충분하게 입증하지 못한 때에는 비록 혐의가 있더라도 범인이 아니었던 것으로 해서 무죄가 선고된다. 또, 피고인은 단순히 법원에서 취조(取調)를 받는 입장에서가 아니고, 무죄를 주장하여 적극적으로 다툴 입장이 인정되어 있다. 이것을 소송의 당사자로서의 지위라 한다. 이러한 피고인의 당사자로서의 지위에 의하여 피고인은 검사와 대등한 입장에 있는 것이다. 이것을 당사자(當事者) 대등(對等)의 원칙(原則)이라 하는데, 실제로 피고인과 검사가 힘이 균등하지 않으면 대등의 입장이라 할 수가 없다. 피고인의 법률지식을 보충하는 변호인 제도는 그래서 중요한 것이다. 그리고 피고인은 항상 재판시에 법정에 출석할 권리를 갖는다. 따라서 원칙적으로 피고인의 출석 없이는 개정(開廷)할 수 없다. 피고인이 정당한 이유 없이 출석하지 않으면 구인(拘引)해서라도 출석시켜야 한다. 이와 같이 피고인의 지위는 소송의 당사자로서 재판에 있어서 부당하게 처벌받지 않도록 자신을 수호할 지위에 있으나, 또 한편으로 현행법은 피고인이 법정에서 임의로 진술한 것을 증거로 할 수 있도록 하였다. 그러나 이것도 피고인이 반드시 공술(供述)해야 하는 것은 아니고 진술을 거부할 수 있다. 이를 피고인의 묵비권(진술거부권(陳述拒否權))이라 한다.

7. 공판(公判, trial)[159]

공소제기(公訴提起)로써 사건이 법원에 계속된 이후 소송이 종결된 때까지의 절차이다. 넓은 의미에서는 공소제기로부터 소송종결까지의 모든 절차를 의미하지만 좁은 의미로는 공판기일(公判期日)의 절차만을 의미한다. 일반적으로는 좁은 의미로 쓰인다. 공판의 주체(主體)는 공판절차를 담당하는 재판기관으로서의 법원이다. 검사와 피고인은 서로 대립하는 당사자(當事者)로서의 지위를 가지지만 검사는 국가기관이므로 그 능력이 문제되지 않으나, 피고인은 그 당사자능력(當事者能力)과 소송능력(訴訟能力)이 문제된다. 공판은 인정신문(人定訊問), 검사의 모두진술(冒頭陳述), 피고인의 모두진술(冒頭陳述), 증거조사(證據調査), 피고인신문(被告人訊問), 검사의 논고(論告), 피고인의 최후진술과 변호인의 최후변론, 판결의 순서로 진행된다. 공판은 공개주의(公開主義), 구두주의(口頭主義), 직접주의(直接主義), 집중심리주의(集中審理主義)에 의해 진행한다. 공개주의는 일반인에게 공판의 방청을 허용하는 주의이다. 그러나 국가의 안전보장, 안녕질서, 선량한 풍속을 해할 염려가 있을 때에는 법원의 결정으로 심리(審理)를 공개하지 않을 수 있다(헌법 제27·109조, 법원조직법 제57조). 다만 판결은 반드시 공개되어야 한다. 심리를 공개하는 경우에도 방청인의 수를 제한하거나 법정질서를 해하는 자에 대하여 퇴정명령(退廷命令)을 내릴 수 있으며(법정에서의 방청 및 촬영에 관한 규칙 제2·3조), 법정에서의 녹화·촬영·중계방송은 재판장의 허가를 받아야 한다(법원조직법 제59조). 구두주의는 구두로 제공된 자료에 의해 심리·재판하는 원칙이다. 직접주의는 직접 심리에 관여한 법관만이 재판할 수 있다는 원칙이

---

159) 두산백과, http://www.doopedia.co.kr/doopedia/master/master.do?_method=view&MAS_IDX=101013000783500, 2018. 5. 18.자.

다. 이에 따라 공판개정 후 법관의 경질이 있으면 공판절차를 경신한다(형사소송법 제301조). 집중심리주의는 계속심리주의라고도 하며 심리에 2일 이상을 요하는 사건의 경우 계속하여 심리해야 한다는 원칙이다. 특정강력범죄의 심리에 대하여 채택되고 있다(특정강력범죄의 처벌에 관한 특례법 제10조).

8. 증거능력(證據能力)[160]

증거능력이란 증거가 엄격한 증명의 자료로써 사용되기 위하여 필요한 법률상의 자격을 말한다. 특히 형사소송에서 자백, 전문증거, 위법수집증거 등의 증거능력은 엄격하게 제한된다. 재판과정에 있어 '증거'란 사실관계를 확정하기 위하여 사용되는 자료를 말한다. 우리 법원은 형사소송에 있어 '사실의 인정은 증거에 의하여야 한다'라고 하여 '증거재판주의'를 채택하고 있다. 즉, 법원은 피고인에게 유죄를 인정할 때는 적법한 증거조사에 따라 확보된 증거능력이 있는 증거에 의한다는 엄격한 증명주의를 말한다. 여기서 '증거능력'이란 증거가 엄격한 증명의 자료로써 사용되기 위하여 필요한 법률상의 자격을 말한다. 증거능력이 없는 증거는 사실인정의 자료로써 채용될 수 없을 뿐만 아니라 공판정에서 증거로 제출하는 것도 허용되지 않는다. 증거의 증거능력의 유무는 법률상 일정하게 규정되어 있으며, 원칙적으로 법관의 자유로운 판단을 허용하지 않는다. 형사소송에 있어 증거능력은 증명력과는 구별된다. 증거의 증명력은 어떤 사실을 입증할 수 있는 증거의 실질적 가치로서 법관의 자유로운 판단(자유심증주의)에 맡기고 있다. 그러나 아무리 증명력이 있는 증거라도, 예를 들면 강제에 의하여 얻어진 임의성

---

160) 지식엔진연구소, "시사상식사전", 박문각, http://www.pmg.co.kr, 2018. 5. 25.자.

이 없는 자백은 진실과 합치된다 하더라도 법률에 의하여 증거능력이 없는 것은 사실인정의 자료로 할 수 없다. 증거능력이 없는 증거, 임의성이 없는 자백은 증거능력이 없다. 반대신문권을 행사할 수 없는 전문증거(傳聞證據, 피해자의 법정 진술이 아닌 진술조서나 다른 사람의 증언)도 원칙적으로 증거능력이 없다. 또 당해사건에 관하여 작성된 의사표시문서, 예를 들면 공소장 등도 증거능력이 없다. 즉, 우리나라의 현행 형사소송법은 영미법의 전통을 받아들여 증명력의 평가를 잘못하기 쉽고(전문증거), 또 진실발견을 다소 희생시키더라도 타의 목적, 예를 들면 소송절차의 공정이나 인권의 보장 등을 앞세울 필요가 있는 경우에는 그 증명력의 여하를 불문하고 증거능력을 박탈하고 있다. 민사소송에 있어서는 형사소송과 달리 증거능력에 제한이 없음이 원칙이다.

9. 전문증거(傳聞證據, hearsay evidence)[161]

전문증거라 함은 사실인정의 기초가 되는 경험적 사실을 경험자 자신이 직접 법원에 진술하지 않고 다른 형태에 의하여 간접적으로 보고하는 것을 말한다. 이러한 증거는 그 내용이 진실한가 아닌가를 반대신문에 의하여 음미(吟味)할 수 없으므로, 그 평가를 그르칠 위험성이 있다. 그래서 법원 그 증거능력을 원칙적으로 부정하고 있다(형사소송법 제310조의 2). 전문증거(傳聞證據)에는 첫째, 경험사실을 들은 타인이 전문한 사실을 법원에서 진술하는 경우(전문진술 또는 전문증거), 둘째, 경험자 자신의 경험사실을 서면에 기재하는 경우(진술서), 셋째, 경험사실을 들은 타인이 서면에 기재하

---

161) 이병태, "법률용어사전 : 2016,새학설 새법률에 의한 6,000여 법률 용어를 수록한", 법문북스, 2016

는 경우(진술녹취서)가 포함될 수 있다. 즉 전문증거는 전문진술과 진술서 및 진술녹취서를 기본형태로 하며 진술서와 진술녹취서를 합하여 진술을 기재한 서류를 전문서류 또는 진술대용서면이라 한다. 이러한 전문법칙(傳聞法則)(전문증거를 배척하는 법칙)을 모든 경우에 엄격하게 적용하는 것은 사실상 불가능하다. 그 때문에 영미법에서도 여러 가지 예외를 인정하고 있다. 전문법칙의 예외가 인정될 수 있는 것은 첫째로 「신용성의 정황적 보장」이 있는 경우, 즉 반대신문에 의한 진실성의 음미를 필요로 하지 않을 정도로 고도의 진실성이 모든 정황에 의하여 보장되어 있는 경우이다. 예로서 임종시의 진술을 들 수 있다. 둘째로 「필요성」이 있는 경우이다. 「필요성」이란 원진술자의 사망·병환·행방불명·국외체재 등의 특수한 사정으로 인하여 원진술자를 공판정에 출석케 하여 다시 진술을 하게 하는 것이 불가능 또는 현저하게 곤란하거나, 또는 원진술의 성질상 다른 동가치(同價值)의 증거를 얻는 것이 곤란하기 때문에 전문증거라도 이를 사용할 필요가 없는 경우를 말한다. 우리 형사소송법에서도 대체로 이와 같은 영미법의 사고방식을 받아서 전문법칙의 예외를 설정하고 있다. 즉, 형사소송법 제316조(전문의 진술)에서는 전문진술의 예외를 규정하고, 제312내지 제315조에서는 진술기재서와 같은 서면에 의한 전문증거의 증거능력에 관하여 엄격한 조건하에 전문법칙의 예외를 규정하고 있다. 또 당사자의 동의가 있으면 전문법칙의 적용이 배제된다(형사소송법 제318조). 재판의 실제에서 가장 문제가 되는 것은 수사기관이 작성한 조서의 취급이다.

(1) 검사 작성의 피의자신문조서 : 검사가 피고인이 된 피의자의 진술을 기재한 조서는 적법한 절차와 방식에 따라 작성된 것으로서 피고인이 진술한 내용과 동일하게 기재되어 있음이 공판준비 또는 공판기일에서의 피고인의 진술에 의하여 인정되고, 그 조서

에 기재된 진술이 특히 신빙할 수 있는 상태하에서 행하여졌음이 증명된 때에 한하여 증거로 할 수 있다(제312조 1항).

피고인이 그 조서의 성립의 진정을 부인하는 경우에는 그 조서에 기재된 진술이 피고인이 진술한 내용과 동일하게 기재되어 있음이 영상녹화물 기타 객관적인 방법에 의하여 증명되고, 그 조서에 기재된 진술이 특히 신빙할 수 있는 상태 하에서 행하여졌음이 증명된 때에 한하여 증거로 할 수 있다(제312조 2항).

(2) 검사 이외의 수사기관이 작성한 피의자신문조서 : 이 경우는 적법한 절차와 방식에 따라 작성된 것으로서 공판준비 또는 공판기일에 그 피의자였던 피고인 또는 변호인이 그 내용을 인정할 때에 한하여 증거로 할 수 있다(제312조 3항).

(3) 검사 또는 사법경찰관이 피고인이 아닌 자의 진술을 기재한 조서 : 이 경우는 적법한 절차와 방식에 따라 작성된 것으로서 그 조서가 검사 또는 사법경찰관 앞에서 진술한 내용과 동일하게 기재되어 있음에 원진술자의 공판준비 또는 공판기일에서의 진술이나 영상녹화물 기타 객관적인 방법에 의하여 증명되고, 피고인 또는 변호인이 공판준비 또는 공판기일에 그 기재내용에 관하여 원진술자를 신문할 수 있었던 때에는 증거로 할 수 있다. 다만 그 진술이 특히 신빙할 수 있는 상태 하에서 행하여졌음이 증명된 때에 한한다(제312조 4항).

10. 배심제도[162]

일반 국민이 재판에 참여하여 피의 사건을 평결하도록 한 제도이다. 무작위로 차출한 일반 국민으로 구성된 배심원단이 피의사건에 대한 재판 또는 기소에 참여하여 평결하도록 제도를 말한다. 배심제는 '대배심'과 '소배심'으로 나뉘는데, 일반적으로 소배심이 배심원단 인원이 12명인 데 비해 대배심은 23명인 데서 각각 이름 붙여졌다. 대배심(grand jury)은 피의자의 구속 및 기소 여부를 결정하는 검사 역할을 하는 것으로 '기소배심', '수사배심'이라고도 부른다. 소배심(petit jury)은 배심원단이 사건에 대해 유·무죄 결정, 원고 및 피고의 승소·패소에 대한 평결 등을 하는 판사 역할을 하는 것으로 '심리배심', '공판배심'이라고도 한다. 배심제는 일반 국민이 특정 사건에 대해 평결을 내리도록 함으로써 정치적 오해를 살 수 있는 사건처리를 근본적으로 배제하고, 검찰에 대한 국민신뢰를 얻을 수 있는 방안이 되기도 한다. 하지만 중죄에 대한 기소배심제를 채택한 미국, 영국 등 일부 국가에서만 채택하고 있다. 우리나라의 경우 「배심제」와 일반 국민이 법관과 동등한 권한을 가진 재판부의 일원으로 참여하여 법률문제를 판단하는 「참심제」를 혼용한 국민참여재판제도를 2008년부터 시행하고 있다. 국민참여재판제도는 살인, 강도, 강간 등 중범죄 사건을 대상으로 하며, 무작위로 선정된 배심원단의 만장일치를 원칙으로 하여 평결하지만, 권고적 효력만을 가진다.

---

162) pmg 지식엔진연구소, "시사상식사전", 박문각, http://www.pmg.co.kr, 2018. 5. 10.자.

11. 배심제(陪審制, Schwurgericht)[163]

법률전문가가 아닌 사회인사(배심원)들이 재판 또는 기소에 참여하여 사실문제에 관한 평결(評決)을 하는 제도. 사실문제를 인정하고 심판을 하는 것을 소배심(심리배심·공판배심)이라 하고, 기소를 행하는 것을 대배심(기소배심)이라 한다.배심의 기원에 관하여는 여러 설이 있으나 영국에서 12, 13세기경부터 발달하였다고 보는 것이 일반적이다. 검시관(檢屍官)의 사인(死因) 조사에 입회하여 자연사·고살(故殺)·모살(謀殺) 등의 평결을 하는 검시배심(檢屍陪審)의 제도도 있으나, 보통 소배심과 대배심을 배심제라 하고, 협의로는 소배심만을 의미하기도 한다. 대배심, 즉 기소배심은 중죄(重罪)의 기소에 있어서 12~23인의 배심원 중 12인 이상의 찬성이 있어야 정식기소를 할 수 있는 제도이고, 소배심은 배심원 명부에서 선임된 12인의 배심원이 선서한 후에 민사 또는 형사 사건에 있어서 공판에 제출된 증거에 의거하여 사실문제(쟁점 또는 유죄·무죄)에 관하여 심리한 후, 원칙적으로 전원일치로 평결하는 제도이나 세부적으로는 예외가 있다. 법원은 이러한 배심원의 평결에 따라 법률을 적용하여 판결을 선고한다. 이러한 배심제도는 프랑스 혁명 후 프랑스에서 일시 채용했다가 폐지되었고, 독일에도 계수되었으나 그후 폐지되고 참심제(參審制)를 취하고 있다. 참심제는 참심원이 법관과 함께 합의체(合議體)를 구성하여 평결하는 점에서 배심원이 법관과 독립하여 평결을 하는 배심제와는 구별되나, 배심제의 변형형태이다. 기소배심제는 1933년에 영국에서도 폐지되었으나, 미국에서는 헌법상 중죄에 관한 기소배심제를 규정하고 있다.

---

163) 두산백과, http://www.doopedia.co.kr/doopedia/master/master.do?_method=view&MAS_IDX=101013000843518, 2018. 5. 10.자.

일본도 1923년에 심리배심제를 도입하였다가 1943년에 폐지하였다. 한국은 국민참여재판이라고 하여 2007년 6월 1일 공포된 '국민의 형사재판 참여에 관한 법률'을 근거로 2008월 1월 1일부터 시행되어 같은 해 2월 12일 대구지방법원에서 배심원이 참여한 재판이 처음 열렸다.

12. 국민참여재판제도[164)

(1) 국민참여재판

A. 개요

국민참여재판제도는 「국민의 형사재판 참여에 관한 법률」(법률 제8495호)에 따라 2008. 1. 1.부터 국민 여러분이 배심원으로 형사재판에 참여하는 새로운 선진적인 형사재판제도이다. 배심원이 된 국민은 법정 공방을 지켜본 후 피고인의 유·무죄에 관한 평결을 내리고 적정한 형을 토의하면 재판부가 이를 참고하여 판결을 선고하게 된다.

B. 국민참여재판 흐름도

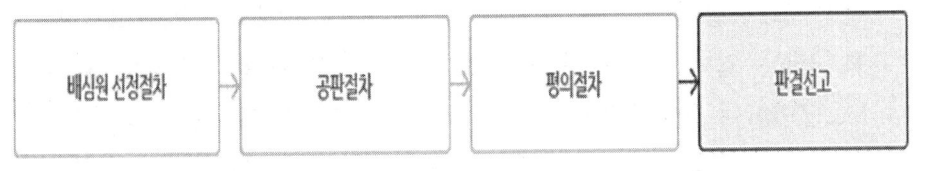

배심원 선정절차 → 공판절차 → 평의절차 → 판결선고

---

164) 대법원, http://help.scourt.go.kr/nm/min_9/min_9_8/index.html, 2018. 5. 15.자.

C. 국민참여재판의 도입

한국 사법제도의 큰 특징 중 하나는 헌법상 신분과 독립이 보장되는 직업법관에 의하여 소송이 심리, 종결되는 것이다. 그러나 배심제 또는 참심제 등 형태는 다양하더라도 국민이 재판절차에 참여하는 것이 세계적 추세이고, 국민의 사법참여에 관한 열망이 높아짐에 따라 대법원에서는 국민의 사법참여에 관한 연구를 계속하였다. 그 결과 대법원 산하 사법개혁위원회에서는 2004. 12. 30. '2012년부터 국민의 사법참여가 실질적으로 보장되는 완성된 제도를 시행하는 것을 목표로, 우선 1단계 국민사법참여제도를 고안 실시하여 그 시행성과를 실증적으로 분석한 후, 한국에 적합한 완성된 국민사법참여제도를 설계하여 2012년에 시행하고, 제1단계 국민사법참여제도의 시행에 있어서는 배심이나 참심과 같은 단일한 형태의 기본모델을 결정하지는 않고, 배심·참심 요소를 혼용한 제도를 모델로 한다'라고 건의하였다. 그 후 사법제도개혁추진위원회에서 2005. 12. 6. 「국민의 형사재판 참여에 관한 법률안」을 국회에 제출하였고, 국회 심의를 거쳐 법률이 제정되었다.

D. 국민참여재판의 특징

배심제는 일반 국민으로 구성된 배심원이 재판에 참여하여 직업법관으로부터 독립하여 유·무죄의 판단에 해당하는 평결을 내리고 법관은 그 평결에 따르는 제도로, 미국, 영국 등에서 시행되고 있다. 참심제는 일반 국민인 참심원이 직업법관과 함께 재판부의 일원으로 참여하여 직업법관과 동등한 권한을 가지고 사실문제 및 법률문제를 판단하는 제도로, 독일, 프랑스 등에서 시행되고 있다. 국민참여재판제도는 배심제와 참심제 중 어느 한 제도를 그대로 도입하지 않고 양 제도를 적절하게 혼합, 수정한 독특한 제도이다. 그 특징은 ① 배심원은 원칙적으로 법관의 관여 없이 평의를 진행한 후 만장일치로 평결에 이르러야 하는데, 만약 만장일치 평결에 이르지 못한 경우 법관의 의견을 들은 후 다수결로 평결할 수 있고, ② 배심원은 심리에 관여한 판사와 함께 양형에 관하여 토의하면서도 표결을 통하여 양형 결정에 참여하는 것이 아니라 양형에 관한 의견을 밝힐 수 있으며, ③ 배심원의 평결은 법원을 기속하지 않고 권고적 효력을 가지는 것이다.

(2) 국민참여재판으로 진행되는 사건

국민참여재판은 합의부 관할사건을 대상사건으로 한다.

법원은 대상사건에 대해 공소가 제기되면 피고인 또는 변호인에게 공소장 부본과 함께 국민참여재판 안내서, 국민참여재판 의사확인서를 송달한다. 국민참여재판을 원하는 피고인은 공소장 부본을 송달받은 날부터 7일 이내에 국민참여재판을 원하는 의사를 기재한 서면을 법원에 제출하여야 한다. 다만, 위 기간이 지난 후에도 국민참여재판을 희망할 경우 제1회 공판기일 전에는 이 서면을 제출할 수 있다. 법원은 국민참여재판 의사확인서가 제출되면 국민참여재판을 진행하되, 배심원의 안전에 대한 우려가 있는 등 국민참여재판으로 진행하기에 적당 하지 않은 사건에 관하여 공판준비기일이 종결된 다음날까지 검사·피고인 또는 변호인의 의견을 들어 국민참여재판을 하지 않기로 하는 배제결정을 할 수 있다. 국민참여재판은 지방법원 본원 합의부에서 진행되므로, 지방법원 지원에 대상사건으로 공소가 제기되어 피고인이 국민참여재판을 희망하는 경우 에는 국민참여재판 회부결정을 하여 지방법원 본원 합의부로 이송하여 진행된다.

(3) 배심원 선정절차

A. 개요

배심원 선정절차는 각급 법원별로 작성된 배심원후보예정자명부로부터 일정 수의 배심원후보자를 무작위로 추출하여 선정기일을 통지한 후 법원에 출석한 배심원후보자에게 질문하여 그 자격을 확인하고 공정하게 판단할 수 있는지를 판단하여 배심원과 예비배심원을 선정하는 절차이다.

B. 배심원후보자에 대한 질문

판사, 검사, 변호인은 배심원후보자에게 사건을 공정하게 평결할 자격을 갖추고 있는지 확인하기 위해 질문한다. 질문은 배심원 선정에 필요한 사항에 대해 간략하게 이루어진다.

C. 진실한 답변

배심원후보자는 선정기일의 질문에 대하여 진실하고 숨김 없이 답변하여야 한다.

D. 배심원후보자에 대한 기피

배심원이 될 자격을 갖추지 못하였거나 사건에 대해 편견이나 선입견을 가져 공정한 평결을 하기 어렵다고 판단되는 배심원후보자는 배심원으로 선정되지 않을 수 있다. 검사와 변호인은 일정한 수의 배심원후보자에 대해 이유를 밝히지 않는 기피신청을 할 수 있다.

E. 배심원·예비배심원 선정

필요한 수의 배심원과 예비배심원이 선정되면 배심원 선정절차가 종료된다. 변론에 집중하기 위해서 누가 배심원과 예비배심원인지는 변론 종결 후 알리게 된다. 예비배심원은 평의절차에 참여할 수 없는 외에는 배심원과 같은 권리와 의무를 가진다.

(4) 공판절차

A. 개요

배심원은 공판절차에 참여하여 검사와 변호인의 주장을 듣고 증거조사 과정을 지켜본다. 배심원은 공판절차에 집중하여 재판장이 설명하는 법률과 법정에서 조사된 증거를 이해하고 기억하여야 한다.

B. 배심원 선서

재판이 시작되면 배심원은 법률에 따라 공정한 직무 수행을 다짐하는 선서를 한다.

C. 증거조사

배심원은 피해자, 목격자 등 증인신문을 지켜 보는 것과 같이 증거조사절차에 참여한다.

D. 필기

배심원은 재판장 허가를 얻어 사건의 쟁점과 증거조사결과를 필기할 수 있다. 필기한 내용은 다른 배심원이 알지 못하도록 주의하여야 하고, 평의시 참고할 수 있다.

E. 신문 요청

증인이나 피고인을 신문할 때 궁금한 점을 질문할 수 있다. 증인이나 피고인에 대한 질문은 신문 종료 직후 종이에 적어 재판장에게 제출한다.

F. 검사/변호인의 최종 변론

증거조사를 마치면 검사와 변호인은 사건의 쟁점과 증거관계에 관한 변론을 통하여 배심원을 설득한다.

G. 재판장의 최종 설명

변론이 종결되면 재판장은 배심원에게 사건의 쟁점과 증거, 적용할 법률, 판단 원칙에 관하여 설명한다. 배심원은 이 설명을 주의 깊게 듣고 사건의 쟁점을 정리하여 평의를 진행해야 한다.

(5) 평의절차

평의는 법정 공방을 지켜 본 배심원들이 평의실에서 피고인의 유·무죄에 관한 논의를 진행하는 절차이고, 평결은 배심원이 평의를 통하여 유·무죄에 관한 최종 판단에 이르는 것을 말한다. 배심원은 평의에 참여하여 자신의 주장을 충분히 진술하고 상대방 의견을 경청하여 법정에서 보고 들은 증거에 따라 감정에 치우치지 않고 공정하게 판단한다.

A. 배심원대표 선출

먼저 배심원대표를 선출한다. 배심원대표는 평의를 주재하고 재판부 의견 진술 요청, 평결결과 집계, 평결서 작성 및 전달의 역할을 한다.

B. 평의 진행

법정에서 보고 들은 증거와 재판장 설명에 기초하여 유·무죄를 논의한다. 유·무죄 의견이 나뉘면 토론·설득을 통하여 만장일치에 이르도록 노력한다. 배심원 과반수가 요청하면 재판부 의견을 청취할 수 있다.

C. 만장일치 평결 확인

배심원대표는 배심원의 유·무죄 의견을 분명하게 확인하여 평결 결과를 집계한다. 만장일치 평결이 내려지면 평결서를 작성하여 재판부에 전달한다.

D. 재판부 의견 청취

유·무죄 의견이 일치되지 않으면 반드시 재판부 의견을 듣는다. 재판부 의견을 들은 후에는 충분히 평의를 진행합니다. 평결이 내려지면 배심원대표가 평결서를 작성한 후 재판부에 알린다.

E. 양형토의

유죄 평결이 내려지면 재판부와 함께 피고인에게 부과할 적정한 형에 대하여 토의한다.

(6) 배심원이 알아야 할 유용한 정보

A. 선정기일 통지

법원은 국민참여재판에 필요한 배심원을 선정하기 위하여 배심원후보자를 무작위로 뽑아 선정기일 3~4주 전에 선정기일 통지서를 보낸다.

B. 질문표 제출

배심원후보자는 선정기일 통지서와 함께 송달된 질문표에 사실대로 답하여 법원에 제출한다. 질문표는 공정한 배심원을 선정하기 위해 필요한 질문으로 이루어져 있다.

C. 선정기일 출석

배심원후보자는 부득이한 사정이 없는 한 신분증을 지참하고 배심원 선정기일 시작 20~30분 전에 법원에 출석해야 한다.

D. 자격

만 20세 이상 대한민국 국민이면 누구나 배심원이 될 수 있고, 특별한 자격은 필요하지 않다. 다만, 배심원은 공무를 수행하여야 하므로 일정한 범죄 전력이 있으면 배심원이 될 수 없고, 건강이 좋지 않거나 간호, 육아, 출장 등 재판에 참여할 수 없는 부득이한 사정이 있는 때에는 법원에 배심원 직무 면제를 신청할 수 있다.

E. 일당

배심원에게는 재판 하루당 12만원의 일당이 지급된다. 선정기일에 출석한 배심원후보자는 배심원으로 선정되지 않아도 6만원의 일당을 지급받는다.

F. 재판기간

국민참여재판은 원칙적으로 매일 재판을 진행하여 1~3일 안에 재판을 마치도록 운영한다.

G. 신변 보호

법원은 전담관리자를 지정하여 배심원 개인 정보를 철저하게 보호한다. 배심원후보자가 제출한 질문표에 기재된 개인정보는 공개되지 않는다. 법정에서는 배심원 성명을 부르지 않고 법원이 부여한 번호로만 부른다. 누가 배심원으로 참여하였는지도 본인의 동의 없이는 공개되지 않는다.

H. 배심원 직무 수행 보장

「국민의 형사재판 참여에 관한 법률」 제50조에서는 '누구든지 배심원·예비배심원 또는 배심원후보자인 사실을 이유로 해고하거나 그 밖의 불이익한 처우를 하여서는 아니 된다'고 규정하고 있다. 피용자로서 근로를 제공하고 생계를 유지하고 있는 많은 국민들에게는 이러한 법적·제도적 장치뿐 아니라 피용자의 배심원 직무 수행을 국민의 의무이행으로 당연한 것으로 기꺼이 받아들이고 법원 출석을 보장하는 고용주의 이해와 협조가 무엇보다 중요하다.

(7) 배심원 유의사항

배심원은 형사재판에 참여하여 피고인의 유·무죄를 평결하고 양형 의견을 밝히는 중요한 임무를 수행합니다. 배심원이 성실하고 공정하게 자신의 직무를 수행함에 있어서 다음과 같은 유의사항을 준수하여야 한다.

- 배심원 상호간 또는 다른 누구와도 사건에 대해 이야기할 수 없다.
- 평의에 들어가기 전까지 사건에 관한 자신의 견해를 밝히거나 의논할 수 없다.
- 재판절차 외에서 사건정보를 수집하거나 조사할 수 없다.
- 누구라도 배심원 직무에 부당한 영향을 미치려고 하는 시도를 알게 되면 즉시 법원에 알려야 한다.
- 재판장 허락 없이 법정, 평의실을 떠날 수 없다.
- 평의·평결 및 토의 과정에서 알게 된 판사 및 배심원 각자의 의견과 그 분포 등을 누설하여서는 안 된다.

(8) 배심원 선정 사칭 보이스 피싱 주의

법원에서는 배심원 선정과 관련하여 전화, ARS 등으로 개인 정보를 묻거나 과태료를 부과하고 계좌로 납부하라는 안내를 하지 않는다. 국민은 배심원 선정을 사칭한 범죄피해를 입지 않도록 주의하고, 이러한 범죄 시도를 접하는 때에는 즉시 수사기관에 신고하여야 한다.

13. 약식기소(略式起訴)[165]

약소기소는 약식절차에 의한 검사의 재판청구이다. 재산형 재판에 해당하는 사건의 경우, 검사가 약식절차에 의해 재판을 청구하는 것이다. 기소는 검사가 피의자를 재판에 회부하는 것이며, 검사에 의해 기소된 사람을 피고인이라고 한다. 검사가 피의자에 대하여 징역형이나 금고형보다 벌금형이 마땅하다고 생각되는 경우에 기소와 동시에 벌금형에 처해 달라는 뜻의 약식명령을 청구하는 것이다. 검사는 약식기소로 할 지, 정식기소로 할 지 사안의 중대성을 판단하여 결정한다. 벌금·과료 또는 몰수형을 내릴 수 있는 사건에 해당되며(형사소송법 448조), 피고인은 법정에 출석하지 않아도 되고, 구속된 피의자에 대하여 검사가 약식기소를 할 경우에는 피의자를 석방해야 한다. 즉 판사는 공판절차를 거치지 않고 피고인을 법정에 출석시키지 않은 채 수사기록서류만으로 재판을 하게 된다. 그러나 판사가 약식절차에 의하는 것이 불가능하거나 부적절하다고 판단할 경우에는 정식재판에 회부하여 공판을 열어 재판할 수도 있으며, 피고인이나 검사는 판사의 약식명령에 불복이 있으면 7일 이내에 정식재판을 청구해야 한다(형사소송법 450·453조). 약식기소에 의해 재판에서 재산형을 받은 뒤 정식재판 청구기간이 지나거나 청구의 취하, 청구기각결정의 확정 때에는 확정판결과 동일한 효력을 갖는다(형사소송법 457조).

---

165) 두산백과, http://www.doopedia.co.kr/doopedia/master/master.do?_method=view&MAS_IDX=101013000774558, 2018. 5. 10.자.

14. 약식명령(略式命令)[166]

공판절차를 거치지 않고 서면심리(書面審理)만으로 지방법원에서 벌금·과료 또는 몰수형을 과하는 명령이다.

약식명령의 청구는 검사가 지방법원에 대하여 공소제기와 동시에 서면(書面)으로 하여야 하며, 약식명령을 할 수 있는 사건은 지방법원의 관할에 속한 벌금·과료 또는 몰수에 처할 수 있는 사건이다. 이 경우에 추징(追徵) 기타 부수(附隨)의 처분을 할 수 있다(형사소송법 448조). 약식명령의 청구가 있으면 원칙적으로 서면심사를 하게 되지만, 법원은 필요한 때에 사실조사를 할 수 있다(37조 3항). 약식명령은 정식재판의 청구기간의 경과, 그 청구의 취하 또는 청구를 기각하는 결정이 확정된 때에는 확정판결과 동일한 효력이 있다(457조). 검사 또는 피고인은 약식명령의 고지(告知)를 받은 날로부터 7일 이내에 정식재판의 청구를 할 수 있으며, 피고인은 정식재판의 청구권을 포기할 수 없다(453조). 약식명령에는 범죄사실·적용법령·주형(主刑)·부수처분과 7일 이내에 정식재판을 청구할 수 있음을 명시하여야 하고, 검사·피고인에 대한 재판서의 송달로써 고지하여야 한다(451·452조).

---

166) 두산백과, http://www.doopedia.co.kr/doopedia/master/master.do?_method=view&MAS_IDX=101013000722606, 2018. 5. 10.자.

15. 즉결심판(卽決審判)[167]

경미(輕微)한 범죄사건(20만 원 이하의 벌금·구류 또는 과료에 해당하는 사건)에 대하여 정식 형사소송 절차를 거치지 않고 '즉결심판에 관한 절차법'에 따라 경찰서장의 청구로 순회판사(巡廻判事)가 행하는 약식재판이다. 즉결심판의 청구는 관할 경찰서장이 서면(書面)으로 하는데, 검사의 기소독점(起訴獨占)에 대한 예외이다. 즉결심판은 기일(期日)을 지정하여 심판하되 심리는 공개된 장소에서 행하여야 하며, 경찰서 이외의 장소임을 요한다(즉결심판에 관한 절차법 7조 1항). 피고인이 출석하지 않으면 개정할 수 없는 것이 원칙이나, 예외적으로 벌금 또는 과료를 선고하는 경우에는 피고인의 진술을 듣지 않고 형의 선고를 할 수 있다(8·8조의 2). 즉결심판에 있어서는 피고인의 자백만으로써 유죄의 인정을 할 수 있고, 또 사법경찰관이 작성한 피의자 신문조서나 피고인의 진술서 등도 유죄의 증거로 할 수 있는 등, 증거조사의 특례가 인정된다(10조). 즉결심판에 대하여는 7일 이내에 정식재판을 청구할 수 있고(14조), 정식재판의 판결이 있을 때에는 그 효력을 잃는다(15조). 그러나 정식재판의 청구기간의 경과, 정식재판청구권의 포기, 청구의 취하 또는 기각에 의하여 확정판결과 동일한 효력이 있다(16조). 즉결심판의 형의 집행은 경찰서장이 한다. 현재 한국에서 실시하고 있는 즉결심판은 도로교통법 위반과 경범죄처벌법 위반이 대부분이다. 도로교통법에서는 즉결심판에 회부하기 전의 단계로서 경찰서장이 범칙자로 인정되는 사람에게 서면으로 범칙금을 국고에 납입하도록 통고한다. 통고를 받은 사람이 통고처분을 이행하지 않을 경우에는 경찰서장은 즉결심판에 회부하여야 한다. 경찰서장의 통고처분으로 처리될 수 있는 범칙행위는 벌금이나 과료 등 범칙금액에 해당되는 경우에 한한다.

---

167) 두산백과, http://www.doopedia.co.kr/doopedia/master/master.do?_method=view&MAS_IDX=101013000859891, 2018. 5. 12.자.

제4장 선고 및 집행에 관련된 용어

1. 법정구속(法廷拘束)[168]

실형선고와 함께 재판부가 직권으로 법정에서 구속·수감하는 제도이다. 불구속 상태에서 재판을 받던 피고인을 실형선고와 함께 재판부가 직권으로 법정에서 구속·수감하는 제도로 피고인구속에 포함된다. 피고인구속은 재판을 위해 범죄혐의의 수사를 받고 기소된 사람을 구속하는 것이다. 검찰에서 증거인멸 및 도주우려가 없다는 등의 이유로 불구속기소되었던 피고인이 선고와 함께 법정구속되는 것은 수사과정에서 확인된 혐의사실조차 재판과정에서 철저히 부인하거나, 새로운 범죄사실이 밝혀지고, 법정태도가 지극히 불량한 경우에 해당한다.

2. 징역(懲役, penal servitude)[169]

일정기간 교도소 내에 구치(拘置)하여 정역(定役)에 종사하게 하는 형벌(형법 67조)이다. 형법에 규정된 형벌의 하나이다. 자유형 중 가장 대표적인 형벌이고, 형법상의 형벌 중 사형 다음으로 중한 형벌이다. 무기와 유기로 구별되며, 무기징역은 원칙적으로 종신형(終身刑)이며, 무기징역을 감경할 때에는 10년 이상 50년 이하의 유기징역으로 할 수 있다(55조 1항 2호). 유기징역은 1개월 이상 30년

---

168) 두산백과, http://www.doopedia.co.kr/doopedia/master/master.do?_method=view&MAS_IDX=101013000774557, 2018. 5. 10.자.
169) 두산백과, http://www.doopedia.co.kr/doopedia/master/master.do?_method=view&MAS_IDX=101013000727947, 2018. 5. 10.자.

이하이지만, 형을 가중하는 때에는 50년까지로 한다(42조). 반대로 감경할 때에는 그 형기의 2분의 1까지 내릴 수 있다(55조 1항 3호). 징역형은 정역(작업)을 강제로 과하는 점에서 본인의 의사에 반하여 과할 수 없는 금고형과 구별된다. 징역형은 보통 파렴치범(예:강도·강간·절도·사기죄 등)에 과하여지나, 금고형은 비파렴치범(예:정치범·사상범 등)이나 과실범에 주로 과하여진다. 징역형은 종전에는 응보적 징벌성(懲罰性)을 본질로 생각하고 작업도 고역적(苦役的) 의미를 가졌으나, 오늘날에는 목적형(교육형)적 이념하에 개선과 직능교육을 목적으로 시행되고 있다.

3. 집행유예(執行猶豫)[170]

범죄자에게 단기(短期)의 자유형(自由刑)을 선고할 때에 그 정상을 참작하여 일정 기간 그 형의 집행을 유예하는 제도이다. 단기자유형의 폐해를 방지하고 범죄자의 개과천선(改過遷善)을 도모하려는 형사정책 목적으로 19세기 말에 유럽(벨기에·프랑스·독일)에서 영미의 선고유예제도(19세기 중엽 발생)의 영향을 받아 비롯된 제도이다. 조건부유죄판결주의와 조건부특사주의의 두 가지 유형이 있다. 전자는 벨기에·프랑스에서 비롯된 제도로서, 유예기간 중 일정한 형벌 이상의 죄를 범하지 않으면, 선고된 유죄판결의 효력까지 상실시키는 제도이며, 한국은 이 제도를 채택하고 있다. 후자는 독일에서 비롯된 제도로서 판결선고에는 영향을 미치지 아니하고, 다만 그 형의 집행만을 면제하는 제도이다. 어느 것이나 형을 선고하는 점에서 선고유예제도와 구별된다. 이 제도를 효과적으로 실시하기 위해서는 유예 후의 보호관찰제도를 두고 있는데, 한국도 보호관찰

---

170) 두산백과, http://www.doopedia.co.kr/doopedia/master/master.do?_method=view&MAS_IDX=101013000860488, 2018. 5. 10.자.

제도를 시행하고 있다.

한국 형법의 집행유예 요건은, ① 3년 이하의 징역이나 금고 또는 500만원 이하의 벌금형을 선고할 경우이어야 하고, ② 그 정상에 참작할 만한 사유가 있어야 한다. 다만, 금고 이상의 형을 선고한 판결이 확정된 때부터 그 집행을 종료하거나 면제된 후 3년까지의 기간에 범한 죄에 대하여 형을 선고하는 경우에는 그러하지 아니하다(제62조 제1항).

집행유예의 기간은 1년 이상 5년 이하의 범위 내에서 법원이 재량으로 정하며, 형을 병과할 때에는 그 형의 일부에 대하여 그 집행을 유예할 수 있다(제62조 제1항). 집행유예의 선고를 받은 자가 유예기간 중 고의로 범한 죄로 금고 이상의 실형을 선고받아 그 판결이 확정된 때에는 집행유예의 선고는 효력을 잃으며(제63조), 집행유예의 선고를 받은 후, 금고 이상의 형의 선고를 받아 집행을 종료한 후 또는 집행이 면제된 후 3년을 경과하지 아니한 자임이 발각된 때에는 집행유예의 선고는 취소된다(제64조). 집행유예의 선고를 받은 후 그 선고의 실효 또는 취소됨이 없이 유예기간을 경과한 때에는 형의 선고는 효력을 잃는다(제65조). 이는 형의 선고의 법률적 효과가 없어진다는 의미이고, 형의 선고가 있었다는 기왕의 사실 자체까지 없어진다는 뜻은 아니다.

4. 선고유예(宣告猶豫, system of the conditional release)[171]

범정(犯情)이 경미한 범인에 대하여 일정한 기간 형(刑)의 선고를 유예하고, 그 유예기간을 사고 없이 지내면 형의 선고를 면하게 하는 제도이다.

형의 집행유예와 함께 단기자유형(短期自由刑)의 폐해를 피하고, 형을 집행하지 아니하고서도 형벌의 목적을 달성하려는 취지에서 안출된 제도이다. 이 제도는 1842년 영국에서 행하던 조건부 석방에서 유래하였고, 영미법계 각국에서 채택하고 있는데 한국 형법도 이 제도를 인정하였다.

(1) 요건: 형의 선고유예를 하려면 다음과 같은 요건이 구비되어야 한다(형법 59조 1항). ① 1년 이하의 징역이나 금고, 자격정지 또는 벌금의 형을 선고할 경우임을 요한다. ② 형법 제51조의 사항(양형의 조건)을 참작하여 개전(改悛)의 정이 현저한 때임을 요한다. ③ 자격정지 이상의 형을 받은 전과(前科)가 없어야 한다. 형의 선고유예는 형을 병과(倂科)할 경우에도 형의 전부 또는 일부에 대하여 할 수 있다(59조 2항).

(2) 효과: 선고유예를 받은 날로부터 2년을 경과한 때에는 면소(免訴)된 것으로 본다. 곧 유죄판결의 선고가 없었던 것과 똑같은 효력이 있다.

(3) 실효(失效): 선고유예를 받은 자가 유예기간 중 자격정지 이상의 형에 처한 판결이 확정되거나, 자격정지 이상의 형에 처한 전과가 발견된 때에는 유예한 형을 선고한다(61조).

---

171) 두산백과, http://www.doopedia.co.kr/doopedia/master/master.do?_method=view&MAS_IDX=101013000758951, 2018. 5. 12.자.

5. 가석방(假釋放, parole)[172]

징역 또는 금고형을 받고 수형 중에 있는 사람이 그 행장(行狀)이 양호하고 개전의 정이 뚜렷하여 나머지 형벌의 집행이 불필요하다고 인정되는 경우 일정한 조건 하에 임시로 석방하는 제도이다.

그 내용은 다음과 같다. 무기에 있어서는 20년, 유기에 있어서는 형기의 3분의 1을 경과한 후에 행정처분에 의하여 미리 석방하는 제도(형법 72조 1항)이다. 소년에 있어서는 무기형에는 5년, 15년의 유기형에는 3년, 부정기형(不定期刑)에는 단기의 3분의 1이다(소년법 58조). 가석방의 처분을 받은 후 처분의 실효 또는 취소됨이 없이 잔형기(殘刑期)를 경과한 때에는(무기형에 있어서는 10년) 형의 집행을 종료한 것으로 본다(형법 76조 1항). 소년에 있어서는 가석방 전에 집행을 받은 기간과 같은 기간을 경과하면 된다(소년법 59조). 가석방의 처분은 가석방 중에 금고 이상의 형의 선고를 받아 그 판결이 확정된 때에는 그 효력을 잃게 되며(다만 과실범의 경우는 예외)(형법 74조), 감시에 관한 규칙에 위배한 때에는 취소될 수 있다(75조), 이와 같이 실효 또는 취소된 경우에는 가석방 중의 일수(日數)는 형기(刑期)에 산입하지 않는다(76조 2항).

---

172) 두산백과, http://www.doopedia.co.kr/doopedia/master/master.do?_method=view&MAS_IDX=101013000824544, 2018.5. 10.자.

6. 금고(禁錮)[173]

강제노동을 과하지 않고 수형자(受刑者)를 교도소에 구금하는 일을 말한다. 징역과 같이 형법이 규정하는 자유형의 일종이다. 정역(定役)에 의무적으로 복무하지 않는 점에서 징역과 구별된다. 그러나 본인이 희망하면 작업을 과할 수 있다(행형법 67·68조). 금고형은 정치범·비파렴치범·과실범 등에 주로 규정되어 있는 형벌이다. 금고는 무기와 유기로 구별되며, 유기는 1월 이상 30년 이하이다. 다만, 유기금고에 대하여 형을 가중할 때에는 50년까지로 한다(형법 42조). 무기금고를 감형할 때에는 7년 이상, 유기금고를 감형할 때에는 그 형기의 2분의 1까지로 할 수 있다(55조 1항 2·3호).

7. 구류(拘留)[174]

1일 이상 30일 미만의 기간 동안 교도소 또는 경찰서 유치장에 구치하는 형벌(형법 41조7호·46·68조)이다. 30일 미만이므로 최대한 29일까지 과할 수 있고, 형벌의 하나이므로 형사소송법상의 강제처분인 구금(69조 이하)과는 구별된다. 흔히 구금을 미결구류라고 하는 경우가 있으나, 형벌의 하나인 구류와는 다르다. 구금이 비교적 장기에 걸치는 강제처분인 데 반해 구류는 가벼운 범죄에 대하여 형법상 다른 형과 함께 선택형으로 규정하고 있으며, 특히 경범죄처벌법에서 주로 적용하고 있고, 기타 단속법규에 많이 규정하고 있는 형벌이다. 형법상의 범죄를 범하고 검사로부터 기소된 경우에는 정식 형사소송

---

173) 두산백과, http://www.doopedia.co.kr/doopedia/master/master.do?_method=view&MAS_IDX=101013000695232, 2018. 5. 10.자.

174) 두산백과, http://www.doopedia.co.kr/doopedia/master/master.do?_method=view&MAS_IDX=101013000828679, 2018. 5. 10.자.

절차에 의하여 재판을 받고 선고를 받으나, 경범죄처벌법상의 경범죄를 범한 경우에는 관할 경찰서장의 즉결심판청구에 의하여 즉결심판 절차에 따라 시·군판사의 즉결재판으로 선고된다. 구류는 형벌이므로 교도소에서 집행하는 것이 원칙이나(형법 68조), 예외로 경찰서의 유치장에서 집행할 수도 있다(행형법 시행령 175조).

8. 벌금(fine 罰金)[175]

일정금액을 국가에 납부하게 하는 형벌이다. 과료(科料)·몰수(沒收)와 더불어 재산형의 일종으로 그 금액이 많다는 점에서 과료와 다르고, 재산권을 일방적으로 국가에 이전시키는 물권적 효과를 수반한 부과형의 성질을 가진 몰수와 구별된다. 형법상 벌금은 5만 원 이상으로 한다(45조). 벌금은 판결 확정일로부터 30일 이내에 납입하여야 하며, 벌금을 선고할 때에는 동시에 그 금액을 완납할 때까지 노역장에 유치할 것을 명할 수 있다(형법 69조 1항). 벌금을 납입하지 않은 사람에게는 3년 이하의 기간, 노역장에 유치하여 작업에 복무하게 한다(69조 2항). 따라서 벌금을 선고할 때에는 납입하지 아니하는 경우의 유치기간을 정하여 동시에 선고하여야 한다(70조). 벌금 등 임시조치법(4조)은 형법 중의 벌금은 환을 원으로 본 액의 40배에 상당한 액으로, 1962.6.10~66.12.31까지 제정된 법령의 벌금은 규정액의 4배에 상당한 액을, 67.1.1~73.12.31까지 제정된 법령의 벌금은 규정액의 2배에 상당한 액으로 한다고 규정하고 있다. 벌금의 재판은 민사소송법의 집행에 관한 규정을 준용하여 집행된다(형사소송법 477조).

---

175) 두산백과, http://www.doopedia.co.kr/doopedia/master/master.do?_method=view&MAS_IDX=101013000798790, 2018. 5. 10.자.

9. 과료(科料)[176]

일정한 재산을 납부하게 하는 형벌을 의미한다. 벌금과 더불어 재산형을 구성한다. 「형법」(제47조)상 과료는 2,000원 이상 5만원 미만으로 되어 있다. 1996년 11월에 「벌금 등 임시조치법」을 개정하여 벌금의 다액이 10만원 미만일 때에는 그 다액을 10만원으로 한다고 조정하였다. 과료는 그 금액이 적고 또 비교적 경미한 범죄, 예컨대 「경범죄처벌법」상의 범죄와 같은 것에 대하여 과하여진다는 점에서 벌금과 차이가 있다. 또, 과료는 금전적 제재의 일종이기는 하지만 형벌이 아닌 과태료와도 구별된다. 과료의 재판은 검사의 명령에 의하여 「민사소송법」의 집행에 관한 규정을 준용하여 집행한다. 그리고 과료는 판결확정일로부터 30일 안에 납입하여야 하며, 이를 납입하지 않은 자는 1일 이상 30일 미만의 기간동안 노역장에 유치하여 작업에 복무하게 한다. 과료를 선고할 때는 납입하지 않는 경우의 유치기간을 정하여 동시에 선고하여야 한다. 과료의 선고를 받은 자가 그 일부를 납입한 때는 과료액과 유치기간의 일수에 비례하여 납입금액에 상당한 일수를 뺀다. 과료 등 재산형을 선고할 경우 판결의 확정 후 집행할 수 없거나 집행하기 곤란할 염려가 있다고 인정되면 법원은 직권 또는 검사의 청구에 의하여 형의 선고와 동시에 판결로써 그에 상당한 금액의 가납(假納)을 명할 수 있으며, 이 판결은 확정을 기다리지 않고 즉시 집행할 수 있다. 한편, 즉결심판에 의한 과료의 집행은 경찰서장이 하며, 집행이 종료되면 곧 관할검사에게 인계하도록 되어 있다.

---

176) 한국학중앙연구원, "한국민족문화대백과", http://encykorea.aks.ac.kr/, 018. 5. 10.자.

10. 추징(追徵)[177]

(1) 형법상 : 몰수에 갈음하여 몰수할 물건의 가액의 납부를 강제하는 처분. 범인 이외의 자의 소유에 속하지 아니하거나 범죄 후 범인 이외의 자가 정을 알면서 취득한 다음의 물건, 곧 ① 범죄에 제공하였거나 제공하려고 한 물건, ② 범죄행위로 인하여 발생하였거나 이로 인하여 취득한 물건, ③ 이들의 대가(對價)로 취득한 물건의 전부 또는 일부를 몰수하는 경우에, 몰수하기 불능한 때에는 그 가액을 추징한다(48조 2항). 이것은 범죄와 관련된 부정한 이익을 범인의 손에 남겨 두지 않으려는 취지이다.

(2) 행정법상 : 조세를 비롯한 기타 공과금(公課金)을 납부하지 않는 경우에, 그 부족금액을 징수하는 처분. 예컨대 밀수품, 관세포탈 범인이 소유·점유하는 몰수할 물품의 전부 또는 일부를 몰수할 수 없는 때에는, 그 몰수할 수 없는 물품의 범칙 당시의 국내 도매가격에 상당한 금액을 추징하는 것과 같다(관세법 198조). 또 외자도입법상 지방자치단체의 장은 일정한 경우에 감면된 취득세·재산세를 추징할 수 있다(17조).

추징은 범죄행위에 관련된 물건을 몰수할 수 없을 경우 그 물건에 상당하는 돈을 대신 빼앗는 것이다. 이때 빼앗는 돈인 추징금은 범죄에 대한 벌이 아니라 불법하게 범죄인이 소유한 물건을 돈으로서 되받아내는 것이다. 따라서 추징금을 내지 않을 경우 강제로 노역장에 유치하는 것이 불가능하고 그 집행 시효가 만료되면 추징금 부가의 효력이 소멸한다. 따라서 비리 범죄자들이 돈을 내지 않는

---

177) 두산백과, http://www.doopedia.co.kr/doopedia/master/master.do?_method=view&MAS_IDX=101013000861388, 2018. 5. 10.자.

경우가 비일비재하며, 검찰은 은닉 재산을 추적해 민사 소송을 통해 받아낼 수밖에 없다. 추징의 시효는 3년이며, 중간에 1원이라도 받아내면 시효는 중지되고 다시 3년씩 연장된다.

11. 몰수(沒收, forfeiture)[178]

주형(主刑)에 부가하여 과하는 부가형(附加刑)으로서, 주형의 범죄행위와 일정한 관계가 있는 물건을 박탈하는 형벌이다.

몰수의 본질에 관하여 통설은 재산형의 일종으로 보고 있지만, 이를 보안처분의 하나로 보는 유력한 소수설이 있다. 몰수는 범인으로 하여금 범죄로 인하여 부당한 이득을 취득하지 못하도록 하는 데에 그 취지가 있는 한편, 그 물건(범죄행위에 제공하였거나 제공하려 한 칼·총·독약 등)으로부터 생겨날 사회적 위험을 방지하는 보안적·예방적 취지도 아울러 가진다.

① 범죄행위에 제공하였거나 제공하려고 한 물건

② 범죄행위로 인하여 생겼거나 이로 인하여 취득한 물건,

③ 위의 ①,②의 대가로 취득한 물건으로서, 범인 이외의 자의 소유에 속하지 아니하거나, 범죄 후 범인 이외의 자가 정(情)을 알면서 취득한 물건은 그 전부 또는 일부를 몰수할 수 있다(형법 48조 1항). 그러한 물건을 몰수하기가 불가능할 때(예컨대,

---

178) 두산백과, http://www.doopedia.co.kr/doopedia/master/master.do?_method=view&MAS_IDX=101013000762150, 2018. 5. 10.자.

이미 소비해버렸거나 없애버린 때 등)에는 그 가액(價額)을 추징(追徵)하며, 문서·도화(圖畵) 또는 유가증권의 일부가 몰수에 해당하는 때에는 그 부분을 폐기한다(48조 2·3항). 몰수는 원칙적으로 다른 형벌에 부가하여 과하는 부가형이지만, 예외적으로 행위자에게 유죄의 재판을 하지 아니할 때에도 몰수의 요건이 있는 때에는 몰수만을 선고할 수 있다(49조).

12. 치료감호(治療監護)[179]

치료감호란 심신장애자와 중독자(中毒者)를 치료감호시설에 수용하여 치료를 위한 조치를 행하는 보안처분을 의미한다. 2005. 8. 4. 사회보호법이 폐지됨으로써 보호감호제도 및 그에 따른 보호관찰은 폐지되었지만 치료감호제도 및 그에 따른 보호관찰은 치료감호법을 새로 제정함으로써 존속하게 되었다. 치료감호는 피치료감호자(被治療監護者)의 치료와 안전의 목적을 동시에 달성하기 위한 보안처분이지만 치료의 목적이 보다 중요시된다. 이때 치료감호의 기간은 심신장애자에 해당하는 자는 15년, 중독자에 해당하는 자는 2년의 기간을 초과할 수 없다(치료감호법 제16조 2항). 치료감호와 형이 병과된 경우에는 치료감호를 먼저 집행한다. 이 경우 치료감호의 집행기간은 형 집행기간에 포함한다(치료감호법 제18조). 치료감호는 치료감호심의위원회의 종료결정에 의해서만 종료된다(치료감호법 제22조). 그러나 검사에 의한 집행정지도 가능하다(치료감호법 제24조).

---

179) 이병태, "법률용어사전 : 2016,새학설 새법률에 의한 6,000여 법률 용어를 수록한", 법문북스, 2016.

13. 보호감호(保護監護)[180]

수감된 피고인에게 재범 가능성이 있다고 판단되면 수감 생활을 마친 뒤 별도로 일정 기간 감호소에 머물도록 하는 조치하는 것을 의미한다. 사회보호법에 의거한 보호처분제도 중 하나이며 재범 가능성이 있는 피고인에 대하여 교화 및 사회복귀를 위한 직업훈련을 목적으로 보호감호시설 수용 처분을 내리는 것이다. 상습범, 집단범을 대상으로 하며 보호감호 선고를 받으면 보호감호시설인 청송감호소에 수용되고 사회복귀에 필요한 직업훈련을 받게 된다. 형 집행 후에도 범죄자를 일정 기간 격리 수용함으로써 재범을 막고 사회 적응을 돕겠다는 취지로 1980년에 도입되었다. 하지만 보호감호 근거조항인 사회보호법에 대한 이중처벌, 인권침해 논란이 계속되자, 결국 2005년 7월 사회보호법이 폐지됨에 따라 보호감호제도도 폐지되었다. 2012년에는 검찰이 보호감호와 유사한 형태의 보호수용제 도입 방침을 밝혀 보호감호의 부활에 대한 논의가 진행되고 있다. 한편 한국은 범죄자의 재범 방지를 위한 법률에 따른 보호관찰제도를 운영하고 있다. 보호관찰제도는 형 집행 후 법원의 판결이나 결정을 통해 선정된 대상자의 건전한 사회 복귀를 도와 효율적인 범죄 예방과 재범을 방지하기 위한 목적으로 지도하고 지원하는 제도를 말한다.

---

180) pmg 지식엔진연구소, "시사상식사전", 박문각, http://www.pmg.co.kr, 2018. 5. 25.자.

14. 인신보호제도[181]

(1) 개요

위법한 행정처분이나 개인에 의해 부당하게 수용시설에 갇혀 있는 개인(이하 '피수용자'라 한다) 또는 그 법정대리인·후견인·배우자·직계혈족·형제자매·동거인·고용주, 수용시설 종사자(이하 '구제청구자'라 한다) 등은 피수용자를 수용하고 있는 시설의 장 또는 운영자(이하 '수용자'라 한다)를 상대로 법원에 구제청구를 할 수 있다. 예를 들어 국공립병원, 기도원 등의 시설에 강제로 갇혀 있는 자 또는 그 법정대리인 등은 구제청구를 할 수 있다. 법원은 심문기일을 지정하여 구제청구자, 수용자, 피수용자에게 심문 날짜를 알려주고 법원에 출석하도록 통지할 것이다. 법원은 심리한 결과 피수용자에 대한 수용이 위법하거나 더 이상 수용할 필요성이 없다고 판단하면 피수용자를 즉시 풀어줄 것을 명령한다.

(2) 구제청구의 관할법원·방식

구제청구는 피수용자 또는 수용시설의 주소, 거소 또는 현재지를 관할하는 지방법원 또는 지원에 할 수 있다. 구제청구는 ①구제청구자의 주소 및 성명 ②수용자의 성명, 주소, 그 밖에 수용자를 특정할 수 있는 사항 ③피수용자의 성명 ④청구의 요지 ⑤수용이 위법한 사유 ⑥수용장소를 기재한 서면으로 하여야 한다.

(3) 국선변호인 선정 청구

구제청구자나 피수용자가 경제적 형편이 어렵거나 그 밖의 사유로

---

181) 대법원, http://help.scourt.go.kr/nm/min_9/min_9_7/index.html, 2018. 5. 15.자.

개인적으로 변호인을 선임할 수 없을 때에는 형사소송법 제33조 제2항에 따라 법원에 국선변호인의 선정을 청구할 수 있다.

(4) 수용자의 의무

A. 답변서 제출 의무

- 수용자는 구제청구서부본을 받게 되면 심문기일 전까지 ①피수용자의 성명, 주소, 그 밖에 피수용자를 특정할 수 있는 사항 ②피수용자를 수용한 일시 및 장소 ③수용의 사유 ④수용을 계속할 필요성, 예상되는 수용의 종료시기 ⑤그 밖에 수용과 관련된 사항이 기재된 답변서를 제출하여야 한다.

- 수용자가 답변서를 거짓으로 작성하거나 제출을 거부한 때에는 1년 이하의 징역, 3년 이하의 자격정지 또는 1천만 원 이하의 벌금에 처할 수 있다.

B. 심문기일 출석 의무

- 수용자는 법원으로부터 심문기일통지서를 받으면 지정된 일시와 장소에 출석하여야 한다.

- 수용자가 정당한 사유 없이 심문기일에 출석하지 아니한 때에 법원은 결정으로 500만 원 이하의 과태료를 부과할 수 있고, 과태료 재판을 받고도 정당한 사유 없이 다시 출석하지 아니한 때에는 결정으로 수용자를 7일 이내의 감치에 처할 수 있다.

C. 피수용자를 심문기일에 출석시킬 의무

- 법원이 피수용자를 심문기일에 소환한 경우에는 수용자는 피수용자를 법원으로 호송하여 당일의 심문이 종료될 때까지 법원 청사 내에서 피수용자를 감호하여야 한다.

- 피수용자에 대한 법원의 출석 요구가 있었음에도 수용자가 피수용자를 법정에 출두시키지 않은 경우 수용자는 피수용자의 불출석에 정당한 사유가 있음을 법원에 밝혀야 한다.

(5) 임시해제와 신병보호결정

A. 임시해제

- 구제청구자는 법원의 최종 결정이 나기 전이라도 피수용자를 계속 수용하는 경우 발생할 것으로 예상되는 신체의 위해 등을 예방하기 위한 긴급한 필요가 있는 때에는 피수용자의 수용을 임시로 해제할 것을 법원에 신청할 수 있다.

- 임시 해제된 후 피수용자가 심문기일에 출석하지 아니하거나 임시해제결정 시 부과된 조건을 준수하지 아니한 때에는 법원은 임시해제결정을 취소하고 피수용자를 구인할 수 있다.

B. 신병보호

- 법원은 최종결정을 내리기 전이라도 피수용자의 신병을 보호하기 위하여 피수용자를 현재의 수용시설에서 동종 또는 유사한 다른 수용시설로 이송할 것을 수용자에게 명할 수 있다.

- 구제청구자나 피수용자는 위와 같은 법원의 신병보호조치에 대하여 그 변경 또는 취소를 신청할 수 있다.

15. 범죄피해자보호법(犯罪被害者保護法)[182]

범죄로 인한 생명·신체의 피해자를 구조하기 위해 제정한 법률(2005. 12. 23, 법률 제7731호)로, 2010년 전부개정되어 범죄피해자구조법(1987. 11. 28, 법률 제3969호)을 대체하였다. 사람의 생명 또는 신체를 해하는 범죄행위로 인하여 사망한 자의 유족이나 중장해를 당한 자를 구조함을 목적으로 한다. 범죄피해는 대한민국의 영역 안 또는 대한민국의 영역 밖에 있는 대한민국 선박 또는 항공기 안에서 행하여진 사람의 생명 또는 신체를 해하는 죄에 해당하는 행위로 인한 사망 또는 중장해를 말하나 정당행위, 정당방위와 과실에 의한 행위를 제외한다. 구조금은 유족구조금, 장해구조금, 중상해구조금으로 구분하며, 일시금으로 지급한다. 유족구조금은 피해자가 사망한 경우에 제1순위의 유족에게 지급하며, 장해구조금과 중상해구조금은 당해 피해자에게 지급한다. 유족은 피해자의 사망 당시 피해자의 수입에 의하여 생계를 유지하고 있던 배우자·자, 부모, 손, 조부모, 형제자매의 순서로 하며, 태아는 이미 출생한 것으로 본다. 피해자와 가해자간에 친족관계가 있는 경우, 범죄피해의 발생에 관하여 피해자에게 귀책사유가 있는 경우, 사회통념상 구조금을 지급하지 않는 것이 상당하다고 인정되는 경우에는 구조금의 전부 또는 일부를 지급하지 않을 수 있다. 피해자 또는 유족이 당해 범죄피해를 원인으로 하여 국가배상법 기타 법령에

---

182) 두산백과, http://www.doopedia.co.kr/doopedia/master/master.do?_method=view&MAS_IDX=101013000755301, 2018. 5. 25.자.

의한 급여 등을 지급받을 수 있는 경우와 피해자 또는 유족이 손
해배상을 받은 금액의 한도 내에서는 구조금을 지급하지 않는다.
국가는 구조금을 지급한 한도 내에서 당해 구조금의 지급을 받은
자가 가지는 손해배상청구권을 대위한다. 구조금의 금액은 피해자
또는 유족의 생계유지상황과 장해의 정도를 참작하여 정한다. 외국
인에 대하여는 상호의 보증이 있는 경우에 한하여 적용한다. 구조
금의 지급에 관한 사항을 심의·결정하기 위해 각 지방검찰청에 범
죄피해구조심의회를 두고, 법무부에 범죄피해구조본부심의회를 둔
다. 심의회는 법무부장관의 지휘·감독을 받는다. 구조금을 지급받고
자 하는 자는 주소지·거주지 또는 범죄발생지를 관할하는 심의회에
신청하여야 한다. 신청은 당해 범죄피해의 발생을 안 날부터 3년이
지나거나, 범죄피해가 발생한 날부터 10년이 지나면 할 수 없다.
신청이 있는 때에는 심의회는 신속하게 구조금의 지급여부의 결정
을 하여야 한다. 피해자의 장해의 정도가 명확하지 아니하거나 기
타 사유로 인하여 신속하게 결정을 할 수 없는 사정이 있는 때에
는 당해 신청을 한 자에 대하여 일정금액의 범위 내에서 가구조금
을 지급하는 결정을 할 수 있다. 구조금을 지급받을 권리는 구조결
정이 송달된 날부터 2년간 행사하지 않으면 소멸된다. 구조금의 지
급을 받을 권리는 양도 또는 담보로 제공하거나 압류할 수 없다.

제5장 헌법소원 등 재판에 관련된 용어

1. 헌법소원(憲法訴願)[183]

헌법정신에 위배된 법률에 의하여 기본권의 침해를 받은 사람이 직접 헌법재판소에 구제를 청구하는 일을 말한다.

정식으로는 헌법소원심판청구라고 한다. 대한민국 국민이면 누구나 청구할 수 있다. 공권력의 행사 또는 불행사로 인하여 헌법상 보장된 기본권을 침해받은 자가 제기하는 권리구제형 헌법소원과 법원에 위헌법률심판제청신청을 하였으나 기각된 경우에 제청신청을 한 당사자가 헌법재판소에 제기하는 규범통제형 헌법소원으로 나뉜다. 헌법재판소법 제5절 헌법소원심판에 청구사유, 청구기간, 청구서의 기재사항, 사전심사, 각하 또는 결정 등에 관하여 상세히 규정하고 있다. 헌법소원은 다른 법률에 구제절차가 있는 경우에는 그 절차를 모두 거친 후 변호사를 선임하여 하도록 되어 있다. 그러나 6급 이하의 공무원이나 청구자가 무자력자라는 것을 증명할 수 있으면 국선변호사를 대리선임할 수 있다. 헌법소원의 청구기간은 그 사건이 발생한 날로부터 1년 이내, 그리고 기본권침해사유를 안 날로부터 90일 이내이다. 기재요건이 적법하게 구비된 심판청구서가 접수되면, 재판부가 지정되고 헌법소원의 적법요건을 심사하게 된다. 심사결과 적법하지 않으면 각하, 적법하면 심판에 회부하고 청구인에게 그 사실을 통지한다. 헌법소원심판의 심리는 전원재판부에 의해 이루어지며 서면심리가 원칙이지만, 재판부가 필요하다고 인정하면 변론을 열 수도 있다. 또, 헌법소원심판에 이해관계가 있는

183) 두산백과, http://www.doopedia.co.kr/doopedia/master/master.do?_method=view&MAS_IDX=101013000771514, 2018. 5. 12.자.

국가기관·공공단체·법무부장관은 그 심판에 관한 의견서를 제출할 수 있다. 재판부는 사건심리를 위하여 필요하다고 인정하는 경우에는 당사자의 신청 또는 직권에 의하여 증거조사를 할 수 있다. 심리가 종료되면 종국결정을 하게 되는데, 종국결정에는 ① 심판청구가 부적법한 경우에 하는 각하결정, ② 심판청구가 이유 없을 경우에 하는 기각(합헌)결정, ③ 심판청구가 이유 있을 경우에 하는 인용결정, ④ 심판절차종료선언 등 4가지가 있다.

2. 성년후견제도(成年後見制度)[184]

질병, 노령 등으로 정신적 제약을 가진 사람들이 자신의 삶을 영위할 수 있도록 후견인을 선임하는 제도이다. 정신적 제약이 있어 사무처리 능력이 부족한 성년자에게 법률 지원을 돕는 제도로, 기존의 금치산·한정치산자 제도를 폐지하고 2013년 7월 1일부터 시행되었다. 본인 혹은 친족, 검사 등의 청구에 따라 법원은 의사의 감정을 통해 성년후견 당사자의 정신상태를 확인하고 당사자에게 진술을 받는 절차를 거쳐 후견인을 선임한다. 선정된 후견인은 피후견인의 재산을 관리하거나 법률행위의 대리권·동의권 등을 행사할 수 있게 된다. 또한 피후견인 스스로 결정이 어려운 경우 의료, 재활, 교육 등의 신상에 관련된 부분에서도 법원으로부터 부여받은 권한으로 결정을 할 수 있다. 성년후견제도에는 법정후견과 임의후견이 있으며 법정후견은 성년후견, 한정후견, 특정후견으로 나뉜다. 성년후견은 사무처리 능력이 지속적으로 결여되는 경우로 대부분의 조력을, 한정후견은 사무처리 능력이 부족한 경우로 일부분에 대해 조력을 받을 수 있다. 특정후견은 일시적 후원이나 특정사무에 대

---

184) pmg 지식엔진연구소, "시사상식사전", 박문각, http://www.pmg.co.kr, 2018. 5. 18.자.

한 후원이 필요한 경우를 말한다. 그리고 임의후견은 장래 정신기능 약화에 대비해 스스로 후견인을 정하는 것을 말한다.

3. 피성년후견인(被成年後見人)[185]

질병, 장애, 노령, 그 밖의 사유로 인한 정신적 제약으로 사무를 처리할 능력이 지속적으로 결여된 사람으로서 가정법원으로부터 성년후견개시의 심판을 받은 사람(민법 9조). 가정법원은 질병, 장애, 노령, 그 밖의 사유로 인한 정신적 제약으로 사무를 처리할 능력이 지속적으로 결여된 사람에 대하여 본인, 배우자, 4촌 이내의 친족, 미성년후견인, 미성년후견감독인, 한정후견인, 한정후견감독인, 특정후견인, 특정후견감독인, 검사 또는 지방자치단체의 장의 청구에 의하여 성년후견개시의 심판을 한다. 가정법원은 성년후견개시의 심판을 할 때 본인의 의사를 고려하여야 한다. 청구권자는 본인, 배우자, 4촌 이내의 친족, 미성년후견인, 미성년후견감독인, 한정후견인, 한정후견감독인, 특정후견인, 특정후견감독인, 검사 또는 지방자치단체의 장이다. 피성년후견인에게는 성년후견인이 있게 되며, 성년후견인은 피성년후견인의 재산관리와 신상보호를 할 때 여러 사정을 고려하여 그의 복리에 부합하는 방법으로 사무를 처리하여야 한다. 이 경우 성년후견인은 피성년후견인의 복리에 반하지 않는 한도에서 피성년후견인의 의사를 존중하여야 한다. 피성년후견인의 행위능력의 제한은 무능력자 중에서도 가장 강하다. 피성년후견인의 법률행위는 취소할 수 있지만, 가정법원에서 취소할 수

---

185) 두산백과, http://www.doopedia.co.kr/doopedia/master/master.do?_method=view&MAS_IDX=101013000695293, 2018. 5. 18.자

없는 법률행위의 범위를 정할 수 있다. 또한 가정법원은 본인, 배우자, 4촌 이내의 친족, 성년후견인, 성년후견감독인, 검사 또는 지방자치단체의 장의 청구에 의하여 그 범위를 변경할 수도 있다. 그러나 일용품 구입 등의 일상생활에 필요하고 대가가 과도하지 않은 법률 행위는 취소할 수 없다.(민법 10조) 피성년후견인에게는 선거권이 없는 등, 민법 이외의 법률에 의한 제한도 있다. 피성년후견인이 능력을 회복하게 되면 본인, 배우자, 4촌 이내의 친족, 한정후견인, 한정후견감독인, 검사 또는 지방자치단체의 장의 청구에 의하여 법원은 성년후견종료의 심판을 한다.(민법 11조)

4. 피한정후견인(被限定後見人)[186]

가정법원으로부터 한정후견개시의 심판을 받은 사람으로서 종전의 한정치산자(限定治産者)에 해당한다. 2013년 7월부터 시행된 개정 민법에서 도입한 성년후견제도의 한 가지이다. 피한정후견인은 가정법원으로부터 한정후견개시의 심판을 받은 사람으로서 종전 민법의 한정치산자에 해당한다. 하지만 종전의 한정치산자가 무능력자로 규정되었던 데 비하여 개정 민법에서는 피한정후견인과 미성년자·피성년후견인(종전의 금치산자)·피특정후견인을 제한능력자로 규정하여 당사자의 잔존능력을 최대한 존중하고, 경제적 영역뿐 아니라 의료행위나 거주지 결정 등 비경제적 영역의 지원도 가능하며, 후견인에 대한 실질적 감독이 이루어질 수 있도록 하였다. 민법에서는 질병, 장애, 노령, 그 밖의 사유로 인한 정신적 제약으로 사

---

186) 두산백과, http://www.doopedia.co.kr/doopedia/master/master.do?_method=view&MAS_IDX=101013000762644, 2018. 5. 18.자.

무를 처리할 능력이 부족한 사람에 대하여 본인, 배우자, 4촌 이내의 친족, 미성년후견인, 미성년후견감독인, 성년후견인, 성년후견감독인, 특정후견인, 특정후견감독인, 검사 또는 지방자치단체장의 청구에 의하여 가정법원이 한정후견개시의 심판을 하도록 규정하고 있다(12조1항). 한정후견개시의 심판은 피한정후견인이 될 사람의 주소지 가정법원 및 가정법원 지원에서 관할한다(가사소송법 44조 제1호의2). 가정법원은 한정후견개시의 심판을 할 때 본인의 의사를 고려하여야 하고(민법 9조2항, 12조2항), 피한정후견인이 될 사람의 진술을 들어야 하며(가사소송법 45조의3 1항1호), 피한정후견인이 될 사람의 정신상태를 판단할 만한 다른 충분한 자료가 있는 경우를 제외하고는 해당인의 정신상태에 관해 의사에게 감정을 시켜야 한다(가사소송법 45조의2 1항). 한정후견개시의 심판이 있는 경우에는 그 심판을 받은 사람의 한정후견인을 두어야 하며, 한정후견인은 가정법원이 직권으로 선임한다(민법 959조의2, 959조의3 1항). 피한정후견인의 재산을 관리하고 그 재산에 관한 법률행위를 대리하는 등의 사무를 수행하는 한정후견인은 여러 명을 둘 수 있되, 회생절차개시결정 또는 파산선고를 받은 자 등 민법(937조)에서 규정한 결격사유에 해당하는 자는 될 수 없다. 가정법원은 한정후견인의 권한 남용을 방지하기 위하여 필요한 경우에 후견 사무를 감독하는 한정후견감독인을 선임할 수 있다(민법 959조의5 1항). 민법(13조)에서는 피한정후견인의 행위와 동의에 대하여 규정하고 있는데, 이에 따라 가정법원은 피한정후견인이 한정후견인의 동의를 받아야 하는 행위의 범위를 정할 수 있으며, 본인이나 배우자, 4촌 이내의 친족, 한정후견인, 한정후견감독인, 검사 또는 지방자치단체장의 청구에 의하여 한정후견인의 동의를 받아야만 할 수 있는 행위의 범위를 변경할 수 있다. 또 한정후견인의 동의를 필요로 하는 행위에 대하여 한정후견인이 피한정후견인의 이익이 침해될 염려가 있음에도 동의하지 않은 경우에는 가정법원이 피한정후견인의 청구에 의하여 한정후견인의 동의를 갈음하는 허가를 할 수 있으며, 한정후견인의 동의가 필요한 법률행위를 피한정후견인이 동의 없이 하였을 때에는 그 법률행위를 취소할 수 있되 일용품의 구입 등 일상생활에 필요하고 그 대가가 과도하지 않은 법률행위는 예외로 한다. 피한정후견인이 사망하거나 한정후견개시의 원인이 소멸된 경우에는 가정법원은 본인, 배우자, 4촌 이내의 친족, 한정후견인, 한정후견감독인, 검사 또는 지방자치단체의 장의 청구에 의하여 한정후견종료의 심판을 한다. 또 피성년후견인 또는 피특정후견인의 후견 형태를 한정후견으로 바꿀 필요가 있어 가정법원이 이들에 대해 한정후견개시의 심판을 할 경우에는 종전의 성년후견 또는 특정후견의 종료 심판을 한다.(민법 14조의3). 한편, 개정 민법이 시행되기 전에 이미 금치산 또는 한정치산의 선고를 받은 사람에 대하여는 종전의 규정을 적용하되, 개정 민법에 따라 성년후견·한정후견·특정후견이 개시되거나 임의후견감독인이 선임된 경우 또는 개정 민법 시행일인 2013년 7월 1일로부터 5년이 경과한 때에는 금치산 또는 한정치산의 선고 효력이 상실된다. 또한 다른 법령에서 금치산 또는 한정치산을 인용한 경우에는 5년의 기간에 한정하여 성년후견 또는 한정후견을 인용한 것으로 간주한다.

제6편
분노 충동범죄 판별

제6편 분노 충동범죄 판별[187)

제1장 분노 · 충동성 관련개념

1. 분노

분노는 일상생활에서 쉽게 경험할 수 있는 정서 중 하나이지만(이근배, 조현춘, 2011), 많은 연구들에서 하나의 합의된 정의가 이루어지지 못한 채 분노감, 적대감, 공격행동 등을 혼용해서 사용하고 있으며, 연구결과가 혼란되고 일관성이 없는 경우가 있었다(김교헌, 2000). 분노는 학자들마다 생리적, 행동적, 정서적, 인지적 측면으로 구분하여 서로 다르게 정의되고 설명된다는 관점이 있는데, 이에 따라 분노의 각 측면에 대한 선행연구들을 살펴보자면 다음과 같다. 먼저 분노의 생리적이고 심리적인 측면에서, Spielberger(1985)는 분노를 미미한 짜증에서부터 강한 격분이나 격노에까지 이르는 정서로 정의하였다. 분노란 교감신 경계의 활성화와 강한 불쾌감의 촉발이며(안근석, 1991). 개인의 욕구가 방해를 받을 때 일어나는 불쾌감을 제거하고자 하는 반응에 수반되는 정서라고 정의하는 관점도 있다. 한편 분노에 대한 행동적 측면에서는, 분노가 일반적이고 정상적인 반응이지만 강도와 빈도가 높을 경우 파괴적인 정서 반응이 될 수 있다(Averill, 1983)는 주장과 함께, 분노란 위험이나 좌절 상황에서 일어나는 반응으로 그것을 감소시키기 위해 공격성이 일어난다는 주장이 있었다(Averill, 1982). 또한 Thornburg(1982)에 따르면 분노는 타인이나 물건에 신체적이고 언어적인 공격성을 표출하여 자신이 화가 났다는 사실을 표현하는 내적인 감정이기도 하다. 인지적 측면

---

187) 이장한, "분노·충동범죄 판별연구", 치안정책연구소 治安論叢 제32집, 2016, 285~294면 전면 게재.

에서는 Kassinove & Sukodolsky(1995)가 분노란 다른 사람의 의도를 잘못 인지하여 정서적 각성을 느끼는 부정적인 정서 상태와도 관련이 있다고 보았다. Dodge(1993)는 분노란 정서를 지각하는 능력의 결핍으로 어떤 모호한 상황에 대 해 부정적 귀인을 하게 될 때 나타나는 감정이라 하여, 인지적 오류와의 관련성을 설명하기도 하였다. 또한 분노는 상대적 박탈감(Messner, 1988) 및 자기조절의 실패 와도 관련이 있어, 한 개인이 삶에서의 "좌절감"을 자주 느낀다면 이러한 정서적 경험이 분노로 이어지고 결국에는 행동적 측면인 공격성으로까지 이어질 수 있다고 보았다(Dollard et al., 1939). 이처럼 분노는 잘 표현된다면 인간의 적응을 위해 필요 하지만 적절하게 표현되지 못한다면 역기능적으로 작용하는 감정이기도 하다(전현숙, 손정락, 2011). 역기능적인 분노는 기능적인 분노에 비해 지속적으로 분노를 강하게 경험하는 특성분노 수준이 높고 신체적, 언어적 수단으로 표출하거나 억누르는 것으로 나타난다고 알려져 있다. (Deffenbacher & Mckay, 2000; DiGiuseppe, 1995; Digiuseppe & Tafrate, 2007; Furlong & Smith 1998; Spielberger et al., 1985; Tafrate et al., 2002). Tamara와 Daniel(2004)은 이러한 역기능적인 분노를 가족, 직장, 건강, 법적인 문제들과 관련이 있다고 보았다. 지금까지 살펴본 바와 같이 분노라는 한 개인의 내적 감정 상태가 부적절하고 역기능적으로 발현되는 경우에는 본인뿐만 아니라 타인에게도 심각한 신체적, 정신적 피해를 줄 수 있다는 점에서, 분노·충동범죄를 설명하는데 중요한 측면이라고 할 수 있다.

2. 충동성

충동성에 대한 정의는 매우 다양하며, 아직까지 모든 분야의 학자들이 납득할 만한 하나의 일치된 조작적 정의가 이루어지지 못한 개념이다. 대개 사전 숙고나 의식적인 판단 없이 행동을 전환하는 것(Hinslie & Shatzky, 1940) 또는 동등한 지식과 능력을 가진 대부분의 개인들에 비해 사전 숙고를 덜 하고 행동하는 것(Smith, 1952) 등으로 '행동을 취하기 전에 숙고하지 않는' 경향성을 나타내는 것으로 정의되어 왔으나, 점차 그 하위 특질이 세분화되어 다양한 요인들을 포함하고 있는 다차원적인 개념인 것으로 간주되었다. Eysenck와 Eysenck(1977)는 충동성이 위험 추구, 계획성 부족, 빠른 의사결정과 관련이 있다고 보았으며, Patton 등(1995)은 충동성을 세 가지 요소로 세분하여 1) 순간의 동기에 따라 행동하는 것(운동적 활성화), 2) 현재의 과제에 집중하지 않는 것(주의), 3) 계획을 세우거나 주의 깊게 생각하지 않음(계획성 부족)으로 주장하였다(Moeller et al., 2001). 이와 더불어 오늘날 충동성을 측정하는 도구로 가장 흔히 사용되는 BIS-11의 원 저자인 Barratt(1994)은 충동성을 생각한 이후 행동하는 관념운동(ideomotor) 부족, 세부사항에 주의를 기울이지 않는 주의와 계획성 부족, 미래의 결과를 예상하고 행동하는 대처 안정성(coping stability) 의 부족으로 정의하기도 하였다. 이렇듯 다양한 충동성의 개념은 심리학의 각 연구 영역의 관점마다 약간의 차이를 나타낸다. 성격심리학의 영역에서 충동성은 단지 하나의 성격적 특성으로 간주되기도 하지만, 이상심리학이나 정신병리학의 영역에서는 여러 행동장애 및 정신질환의 증후와 연관되어 있는 것으로 여기기도 한다. 성격특질로서의 충동성은 경솔하고, 주의력이 부족하고, 지나치게 감상적으로 행동하는 것(Harriman, 1947)으로 정의되기도 하며, 주저하는 것 없이 일을 빨리 해치우고 기분이 내키는 대로 즉흥적으로 결심하는 것, 자기의 감정을 스스로 억제하지 못하고 행동하는 것, 무분별하게 행동하는 경향이 있는 것, 자신의 행동 결과를 전혀 고려하지 않고 경솔하게 행동하는 경향이 있는 것(Buss & Plomin, 1975) 등으로 정의되기도 한다. Eysenck와 Eysenck(1977)는 충동적인 사람은 앞뒤 상황을 고려하지 않고 함부로 말을 하거나 위험을 무릅쓰고 대담하게 행동하는 경향이 있다고 하였다. 한편 정신병리학의 영역에서 충동성은 어떤 개인에게서든 모두 나타날 수 있는 특징이지만, 특정 정신장애를 지닌 이들에게서 더 나타날 확률이 높은 것으로 여긴다(Moeller et al., 2001). 이러한 장애들은 행동의 억제 문제와 관련이 있고(Gray, 1995; Rachlin, 2000), 앞서 언급했던 더 큰 운동적 활성화와 주의 부족, 계획성 부족의 특징을 지닌 것들을 포함한다. 반사회적 성격장애, 경계선 성격장애 등의 여러 성격장애와 물질 사용 장애, 양극성 장애, ADHD, 품행장애 등이 이와 밀접한 관계가 있는 것으로 알려져 있다. 최근 인지심리학 분야 중 충동성을 인지 및 운동 기능의 측면으로 접근하여 밝히고자 한 학자들은 충동적인 사람의 특징을 운동 능력을 자제할 수 없고(Maccoby etal., 1965), 인지적 장애를 가지고 있으며(Kagan et al., 1964), 미로학습에서도 장애를 보인다고 (Porteus, 1959) 기술하고 있다. 특히 높은 수준의 충동성을 보이는 사람들의 인지적 특징을 밝힌 Barratt과 Patton(1983)의 연구에 의하면, 충동성 수준이 높은 피험자는 인지 속도가 빠르고 복잡한 정보를 처리하기가 어려우며, 지각-운동과제에서도 결함을 보이는 것으로 밝혀졌다. 또한 충동성이 높은 사람은 처벌에 대한 둔감성과 현재 상황에 집착하기 때문에 수행 중인 행동을 억제하지 못하는 특징을 가지고 있음이 드러났다.

3. 공격성

공격성은 가해자가 타인에게 직접적인 해를 끼칠 의도를 갖고 있으며, 피해자는 가해자의 행동을 피하고자 하는 동기를 갖는 것이다(Bushman & Anderson 2001,Baron & Richardson 1994, Berkowitz 1993, Geen 2001). Anderson과 Bushman(2002)에 의하면 공격성은 억압과 분노 그리고 상대에 대한 적대감을 표출하는 것으로써 상대에게 해를 끼치기 위한 모든 행동으로 볼 수 있다. 공격성은 크게 세 가지 유형으로 정의된다. 첫 번째 유형은 어떤 행위자의 의도 여부와 관계없이 행위의 결과가 타인에게 손해를 입힐 때 이 행위를 공격 행동으로 보는 입장이다(Buss, 1961; Dollard et al., 1939; Eron, 1980). 이러한 정의에 따르면, 공격성을 객관적으로 측정할 수 있지만 아무런 의도 없이 발생한 우발적 사고도 공격성으로 분류될 수 있다는 위험이 있다. 두 번째 유형은 공격성을 정의할 때 행위자의 의도를 강조하는 입장이다(곽금주, 1992; 김명숙, 1989; 이경희, 1998; 최인숙, 1989; Aronson, 1980; Berkowitz, 1974). 이 정의는 매우 타당해 보이지만, 의도를 측정하는데 있어서 정확성의 문제가 제기될 수 있다. 공격성을 정의하는 세 번째 유형은 절충적인 입장으로, 공격 행위의 결과와 행위자의 상해 의도를 모두 고려하는 것이다(Bandura &Walters, 1963). 공격적인 행동 경향성에 대한 다양한 원인이 제시되고 있으나, 공격적 행동과 공격하는 사람의 인지적 과정에 대한 특징을 기반으로 두 가지의 하위유형이 최근 가장 많이 제시되고 있다(Weinshenker & Siegel, 2002). 첫 번째 하위 유형으로는 통제력 상실로 인해 야기되는 반응적이고, 정서적이며, 적대적, 충동적인 공격성이 해당한다. 두 번째 하위 유형으로는 계획된 폭력적 반응으로써 도구적 공격성이 있다. 이를 세부적으로 살펴보자면 다음과 같다.

가. 반응적 공격성

반응적 공격성(reactive aggression)은 충동적 공격성(impulsive aggression)이라고도 하며, 좌절-공격성 모델(frustration-aggression model; Berkowitz, 1989)에 그 이론적 근간을 두고 있다. 이는 지각된 위협이나 좌절, 혹은 도발에 대한 반응으로써의 방어적인 분노 반응을 의미하며(Ford et al., 2010), 정서적 자극이 주어졌을 때, 행동 통제 및 조절 능력 상실로부터 야기되는 공격적 반응을 의미하기도 한다(Barratt, 1991; Stanford et al., 2003). 흔히 반응적 공격성은 격한 분노, 위협적인 적대적 공격 행위, 사소한 위협에 대한 방어적 자세 혹은 강한 자율신경계 활성화 반응 등으로 불리고(Lake, Stanford, & Patton, 2014), 세로토닌 수준에 의해 야기되는 것으로도 밝혀져 있다(Melzer & Arora, 1988). 또한 개인의 빈약한 정서조절 능력과도 관련이 있으며, 분노 표현, 짜증, 보복적인 적대감과도 상관이 있는 것으로 밝혀졌다. 반응적 공격성을 보이는 사람은 발달 초기에 부모로부터의 학대나 방임이 있었거나 스트레스가 많은 혼란된 가정환경에 노출된 경우가 많고, 또래로부터의 거부 경험이 있는 경우가 많은 것으로 알려지고 있다(King, 1999). 또한 부모의 양육방식이 통제적이고 처벌적인 경우가 많아 양육자의 온정적이지 못한 훈육이 특징인 것으로 밝혀졌다(Bowen & Vitaro, 1998). 반응적 공격성 수준이 높은 사람의 경우, 주어진 자극에 대한 반응 억제의 적절성과 주의력, 만족 지연 능력이 부족하며, 사회정보처리에 있어서도 특히 초기 단계인 부호화(encoding)와 해석 단계, 반응 생성 단계에서 왜곡 및 편향을 보이는 것으로 알려져 있다(Dodge & Coie, 1998; Dodge et al., 1990).

나. 도구적 공격성

도구적 공격성은 사회학습 이론(social learning theory; Bandura, 1977)에서 말하는 외적인 강화물에 의해 통제되며, 자신이 원하는 어떤 목표를 획득하기 위한 수단으로써 사용되는 의도적이고 강압적 행동을 의미한다(Ford et al., 2010). 반응적 공격성과는 달리 매우 조직화되어 있고, 냉혹하며(cold-blooded), 제한된 자율신경계 활성화 반응 등으로 불리고, 덜 정서적인 반면 좀 더 보상 기대에 의해 동기화되는 것으로 알려져 있다. 이는 지배적, 강압적 행동 등과도 관련된 것으로 여겨진다(Dodge et al., 1997). 도구적 공격성을 가진 범죄군의 경우에는 재발의 위험이 반응적 공격성을 가지고 있는 범죄자들에 비해 높고 (Antonius et al., 2013; Cornell et al., 1996), 치료적 접근에도 상대적으로 덜 반응하는 것으로 나타났다. 예를 들어, 항정신성 약물 치료에서도 반응적 공격성에 비해 낮은 효과를 보였고(Swanson et al., 2008), 분노 조절 훈련 프로그램에서도 낮은 효과성이 검증되었다 (Walters et al., 2007). 그러나 인지적 재구조화 작업에서는 반응적 공격성을 가진 집단에 비해 더 긍정적인 변화를 보이는 것으로 밝혀져 반응적 공격성을 위한 접근과는 달리 인지적 해결 과정이 중요함을 확인했다(Walters et al., 2007).

4. 적대감

적대감은 타인이 나쁜 의도를 가지고 자신을 부당하게 대한다고 여기면서 타인과 세상을 부정적, 냉소적으로 바라보는 태도로 정의된다(Spielberger et al., 1983). 이러한 태도는 타인과의 부정적인 관계형성을 유도하고, 개인이 가지고 있는 내적 분노감을 적절하게 분출하거나 처리하지 못하는 데 영향을 미치기 때문에 지속되는 경우에는 공격적인 행동을 유발시킬 수 있다고 밝혀졌다(Buss & Perry, 1992). 특히 Spielberger 등(1983)은 적대감이 보통 분노감정을 포함하기도 하지만 대상이나 사람을 향한 공격적 행동을 동기화하는 태도를 내포한다고 주장하였다. 적대감은 분노가 누그러지고 난 뒤 남아있는 부정적 감정들인 분개, 원한, 복수심 등으로 구성 되며, 그 유발원인이 되풀이되지 않음에도 계속적이고 지속적으로 유발되는 경향이 있는 것으로 밝혀졌다. 이처럼 적대감은 분노 및 공격성과 밀접한 관련이 있는 것으로 여겨지지만, Spielberger 등(1985)이나 Smith(1992)는 분노와 적대감 및 공격성을 각기 정서와 인지(혹은 태도) 및 행동 성분으로 구분하여 접근하였다. 세 성분이 서로 밀접하게 연관되기는 하지만 분노는 현상적으로 경험되는 부정적인 정서 상태로 그강도와 지속성 및 빈도의 측면에서 서로 다를 수 있는 반면, 적대감은 외부 자극에 대한 평가와 해석에 영향을 미치는 비교적 지속적이고 안정된 태도 성분으로 간주된다. Spielberger 등(1985)은 분노와 적대감 및 공격의 밀접한 관련성을 표현하기 위해 AHA 증후군(anger-hostility-aggression syndrome)이란 용어를 사용하기도 하였다. Barefoot(1992)과 Williams와 Williams(1993) 등은 적대감을보다 포괄적으로 정의하여 분노와 공격성을 적대감의 하위 요인으로개념화하기도 하였는데, 이들은 분노는 적대감의 정서적 성분으로, 냉소주의(cynicism)를 적대감의 인지적 성분으로, 그리고 공격을 적대감의 행동적 성분으로 간주하였다. 일반적으로는 분노와 적대감 및 공격성의 개념적 구분에서 Spielberger 등(1985)의 입장을 많이 따르는 것으로 알려져 있다. 한편 적대감의 개인차에 대해 살펴보면, 적대감은 아동기 때 부모의 양육방식으로부터 영향을 받는다는 연구 결과가 있었으며(한상훈, 강석기, 2002), 적대감이 높을 경우 더 큰 특성 분노를 보이고, 부정적인 관계 형성을 많이 하는 것으로 나타났다. Gambone과 Contrada(2002)는 높은 수준의 적대감이 있는 경우, 낮은 수준의 적대감이 있는 사람들보다 가까운 타인에게조차 높은 분노 점수를 준다는 것을 밝혔다. 또한, 적대감은 개인의 건강에도 부정적인 영향을 미쳐 여러 가지 심장 질환 및 질병과 높은 관련성이 있고, 사망률과도 상관이 있는 것으로 밝혀졌다(Barefoot etal., 1983). 특히 이러한 적대감의 발달은 아동기에 형성된 인지도식(cognitive schema)과 관련이 있다는 주장도 제기된다(Calvete & Orue, 2010). Dodge(1986)는 사회정보처리 이론(social information processing theory)을 통해 공격적인 행동을 보이는 아동이나 청소년의 경우 모호한 사회적 상황에서 정보를 처리함에 있어 적대적으로 귀인하는 편향을 가지고 있다고 설명하였다. 이와 더불어 최근에는 적대적 귀인이 부정적 정서 중 하나인 분노감이나 공격성 반응인 반응적 공격성(reactive aggression)등 정서적 처리과정에 미치는 영향에 대해서도 연구가 이루어지고 있다(Lemerise & Arsenio, 2000). 특히 Calvete과 Orue(2010)는 아동기에 형성된 인지도식의 유형이 향후 공격적인 행동 표출 가능성을 설명하는 요인이 될 수 있다는 선행연구(Huesman, 1988; Huesmann & Huerra, 1997)를 바탕으로 사회정보처리이론이 인지와 공격성간 관계를 설명할 수 있다고 보았다. 즉, 이러한 주장에 따르면 사회정보처리이론은 그 자체로 분노/충동범죄의 인지적 측면인 적대적 귀인을 설명할 수 있을 뿐만 아니라, 정서적 측면인 분노감과 행동적 측면인 반응적 공격성까지 아울러 설명할 수 있는 이론이라고 할 수 있다.

제2장 분노·충동 범죄 관련 임상 유형

1. 파괴적, 충동조절 및 품행장애

파괴적, 충동조절 및 품행장애(disruptive, impulse-control and conduct disorder)는 정서 및 행동에 대한 자기 조절 문제를 포함한 장애군들을 일컫는 미국 정신질환진단 및 통계 편람 제5판(DSM-5) 상의 분류이다(American Psychiatric Association, 2013). 이 범주에 포함되는 장애들은 공통적으로 타인의 권리를 침해하거나, 사회적 기준을 위반하거나 권위자와의 현저한 갈등을 유발하는 행동을 보인다는 특징을 지닌다. 아래는 이에 포함되는 구체적인 장애들의 목록이다.

가. 간헐적 폭발장애(Intermittent Explosive Disorder; IED)

공격적인 충동을 통제하지 못하여 반복적인 행동폭발을 보이는 장애로, 언어적 공격성(분노발작이나 장황한 비난) 또는 재산, 타인에게 가하는 신체적 공격성이 3개월 동안 평균 일주일에 2회 이상 발생하거나, 재산 피해나 파괴 또는 신체적 폭행을 포함하는 폭발적 행동을 12개월 이내 3회 이상 보이는 경우 진단할 수 있다. 이들이 보이는 반복적이고 공격적인 행동폭발은 사전에 계획된 것이 아닌 충동이나 분노로 유발된 행동이며, 특정 대상에만 한정적인 것이 아니다. 미국 기준 으로 간헐적 폭발장애의 1년 유병률은 약 2.7%로, 30-40세 이하의 연령층과 고등학교 교육 이하의 교육수준을 가진 사람들에게서 흔히 발생한다. 간헐적 폭발장애는 흔히 사회적(예, 친구 및 친척의 상실), 직업적(예, 좌천이나 실직), 재정적(예, 기물파손), 법적 문제(예, 타인이나 소유물에 대한 공격적 행동

결과로 인한 민사소송, 폭행으로 인한 형사고발) 등의 문제를 유발할 수 있다.

나. 적대적 반항장애(Oppositional Defiant Disorder; ODD)

분노·과민한 기분, 논쟁적·반항적 행동 또는 보복적 특성이 빈번하고 지속적으로 나타나는 것으로, 전형적으로 행동 문제와 더불어 분노·과민한 기분 증상을 보이는 것이 특징이다. 유병률은 1~11%이며, 성별이나 연령에 따라 다양하게 나타난다. 적대적 반항장애가 발달 단계에 걸쳐 지속되는 경우 부모, 교사, 또래 및 이성친구와 의 관계에서 빈번한 갈등을 경험하게 된다. 이러한 문제들은 결국 개인의 정서적, 사회적, 학업적, 직업적 적응에 현저한 손상을 초래한다.

다. 품행장애(Conduct Disorder; CD)

타인의 기본적인 권리를 침해하고, 연령에 적절한 사회적 규범 및 규칙을 위반하는 지속적이고 반복적인 행동을 나타내는 것이 특징이다. 이러한 행동은 크게 타인 에게 신체적 위해를 주는 공격행동, 재산 손실이나 파괴를 야기하는 비공격적 행동, 사기 또는 절도, 심각한 규칙 위반을 포함한 네 개의 영역으로 구분된다. 이 중 3가 지 이상의 행동이 지난 12개월 동안 존재해야 하며, 적어도 한 개 이상의 행동이 지난 6개월 동안 존재하는 경우 진단을 내릴 수 있다. 유병률은 연간 2~10% 범위로 추정되며, 아동기에서 청소년기로 갈수록 증가하고 남성에게서 더 높게 나타난다. 품행장애는 정학이나 퇴학, 직장 적응 문제, 법적인 문제, 사고나 싸움으로 인한 상해 등을 야기할 수 있으며, 불법 행동에 연루되어 형사처벌을 받게 되는 경우가 흔하다.

라. 반사회성 성격장애(Antisocial Personality Disorder; APD)

반사회성 성격장애는 앞선 파괴적, 충동조절 및 품행장애에도 포함되나, 성격장애라는 측면에서는 다소 구분되는 차이점을 지닌다. 성격장애를 지닌 개인은 그가 속한 문화에서 기대되는 것과는 달리 현저하게 편향된 행동 특성을 지속적으로 나타낸다. 또한 청소년기나 성인기 초기에 발병하여 시간이 지나도 변함없이 유지된다는 특징을 지닌다. 반사회성 성격장애를 가진 개인들은 이렇듯 타인의 권리를 무시하거나 침해하는 지속적인 행동 양상을 아동기나 성인기 초기에 시작하여 성인기까지 지속적으로 나타낸다. 거짓말과 속임수가 특징으로, 최소 18세 이상이어야 하며 15세 이전에 품행장애가 시작된 증거가 있어야 한다. 유병률은 0.2~3.3%로 주로 남성에게서 흔하다. 이들은 충동적으로 미리 계획을 세우지 못하는 것이 특징이고 형사처벌과 관련된 행위를 자주 반복한다.

2. 기타 분노 충동 관련 장애

가. 외상 후 격분장애(Post-traumatic Embitterment Disorder; PTED)

외상 후 격분장애는 2003년 독일 정신의학자 Michael Linden에 의해 적응장애의 하위분류로 제안된 것으로, 정신질환 진단 및 통계 편람(DSM) 상에서 정식으로 분류된 장애는 아니나 일반적이기는 하지만 매일 일어나는 것은 아닌 예외적인 중요한 사건(예, 직장에서 갈등, 실직, 이혼)에 대한 정신적인 반응으로 나타난다. 핵심적인 원인 메커니즘은 불안이 아니라 기본 신념에 대한 위반으로, 깊게 뿌리박힌 신념에 대한 위협이 강력한 심리적 충격을 유발하고, 장기적으로 격분과 부당한 느낌을 받게 한다. 아직까지 유병률 및 성차와 연령에 관해서는 공식적으로 밝혀지지 않았다. 외상 후 격분장애의 특징적 증상은 침습적인 기억의 반복이기 때문에, 정신적 안녕에 지속적으로 부정적인 변화를 가져오며 결과적으로 일상생활에서 수행과 역할의 손상을 야기한다.

나. 조현병(Schizophrenia)

조현병은 망상이나 환각, 혹은 와해된 언어 중 최소 한 가지 이상이 분명히 존재해야 하며, 극도로 와해된 행동이나 긴장성 행동, 음성증상을 포함한 최소 두 개의 증상들이 1개월 혹은 그 이상의 기간 동안 상당 부분 존재해야 한다. 유병률은 대략 0.3~0.7% 정도이며, 망상이나 환각 등으로 인해 충동적이고 공격적인 행동을 보일 가능성이 있다.

다. 파괴적 기분조절부전장애(Disruptive Mood Dysregulation Disorder)

만성적이고 고도로 지속되는 과민성이 주된 특징으로, 두 가지 두드러진 임상적 징후를 보인다. 첫 번째는 빈번한 분노발작이며, 전형적으로 좌절에 대한 반응으로 언어적 또는 행동적인 형태로 나타난다. 두 번째 징후는 분노발작 사이의 만성적이고 지속적으로 과민한, 또는 화가 난 기분상태가 존재하는 것이다. 본 장애의 유병률은 명확하지 않으며, 소아에게서 흔히 발생하고 남성과 학령기 아동에게서 높게 나타나는 것으로 보인다. 이처럼 지나치게 과민한 상태가 지속되는 특징은 아동의 가족 및 또래와의 관계와 학교에서의 수행 능력 저하와 연관되어 있으며, 위험한 행동, 자살 사고 또는 자살 시도, 고도의 공격성이 흔하게 나타난다.

제7편
ICCS
무엇인가?

제7편 ICCS란 무엇인가?

제1장 ICCS(국제범죄분류)란 무엇인가?[188]

1. 개요

가. 국제범죄분류의 성격 및 목적

ICCS는 <International Classification of Crime for Statistical Purpose>의 머리글자이다. 직역을 하자면 <통계 목적의 국제 범죄분류> 정도로 번역할 수도 있다. <국제표준 범죄통계 분류체계>라 일컫기도 하겠다.[189][190]

국제범죄분류(International Classification of Crime for Statistical

188) 통계청 : 지영환은 2018년 통계청 한국범죄분류자문위원회 위원으로 위촉되어 활동하고 있다. https://kssc.kostat.go.kr:8443/ksscNew_web/kssc/common/ClassificationContent.do?gubun=1&strCategoryNameCode=058&categoryMenu=007&addGubun=no

189) 황지태·김지영·박희정, "국제표준범죄분류체계(ICCS)의 국내적용방안 기초연구", 한국형사정책연구원, 2018, 1면;국제적으로 표준화된 기준을 가진 범죄분류체계의 필요성은 1950년대 초반부터 제기된 바 있기는 하지만, 본고에서 일컫는 ICCS는 최근의 산물이며, 그 용어도 최근에 만들어진 것이다. 최소한의 국제적 합의의 형식을 갖춘 최신의 결과물(version 1.0)은 2015년에야 완성된 것이며, 그 준비과정까지 거슬러 올라가더라도 2009년으로 소급되는 정도이다. 이를 뒤집어서 이야기해보면, 극히 최근까지 국제적으로 통일된 기준으로 국가 간에 서로 비교될 수 있는 표준화된 범죄분류는 존재한 적이 없었다는 뜻이 된다. 동시에, 이는 제대로 된 비교 가능한 범죄분류체계가 없는 와중에도 이미 국가별 범죄통계들 사이의 상호 비교 작업들은 수행되어 오고 있었다는 것을 전제하는 것이기도 하다. 즉 ICCS 이전에도 각국의 범죄는 서로 비교되고 있었고, 동시에 불완전하고 엄밀하지 못한 방식으로 비교되고 있었다는 말이 된다. ICCS 혹은 <국제표준 범죄통계 분류체계>는 불완전하게 비교되어 오던 각 나라들의 범죄통계를 좀 더 정확히 비교해 보기 위한 시도라고 할 수 있다. 각 나라마다 법률체계가 상이하다는 점을 감안하여 법률체계에 따른 분류보다는 구체적인 범죄행위의 유형을 기준으로 표준화시킨 것이ICCS이다. 어떤 범위행위는 이러저러한 범죄로 분류하고, 또 어떤 범죄 행위는 요러조러한 범죄로 분류한 체계적인 도표라고 보면 된다.

190) 황지태·김지영·박희정, "국제표준범죄분류체계(ICCS)의 국내적용방안 기초연구", 한국형사정책연구원, 2018, 1면. http://www.ndsl.kr/ndsl/search/detail/report/reportSearchResultDetail.do?cn=TRKO201600012503 http://www.ndsl.kr/ndsl/commons/util/ndslOriginalView.do?dbt=TRKO&cn=TRKO201600012503&rn=&url=&pageCode=PG18

Purposes, ICCS)는 범죄 통계의 일관성과 국제 비교성을 높이고, 국내 및 국제적 차원의 분류 해석능력을 향상시키기 위해 국제적으로 합의된 개념, 정의 및 원칙에 근거한 범죄 분류체계이다[191]. ICCS는 체계적인 통계자료 생산과 형사사법기관 및 관할지역 간 비교에 필요한 틀을 제공한다. 따라서 범죄피해조사를 통해 작성된 통계를 비롯해 경찰, 검찰, 판결, 형집행 등 모든 형사사법 과정에서 수집되는 모든 형태의 범죄 통계들이 ICCS의 적용대상이다. 국제적인 차원에서, ICCS는 국가 간 범죄통계의 비교성을 개선시킨다. 표준화 된 개념 및 정의는 체계적인 자료 수집, 분석 및 제공을 도모하고, 초국가 범죄에 대한 심층연구 및 분석 요구에 대한 대응도 가능케 한다. 각 국가들은 통상적으로 분석형 범주보다는 법률 기반으로 작성되고 있는 통계자료를 구조화하고 정리할 수 있는 모형으로 ICCS를 활용할 수 있다. 또한 국가별 존재하는 여러 형사사법기관(경찰, 검찰, 법원, 교도소) 및 다양한 자료원(행정자료, 통계조사)을 통해 작성되는 자료를 표준화하는 작업에서도 ICCS를 활용할 수 있다[192]. 그 외에도, ICCS는 통계 시스템이나 법적 체계가 각기 다른 지방정부들에서 생산된 자료의 표준화에도 유용한 도구를 제공한다.

---

191) 이 문서에서 "crime" 과 "criminal offence" 두 용어는 같은 의미(범죄)로 혼용되고 있음.
192) UN경제사회위원회 · 통계위원회. 멕시코 통계청(INEGI)와 유엔마약범죄사무소의 국가 및 국제 수준의 범죄통계 품질 및 가용성 개선 로드맵 보고서 (2012.12.19.) E/CN.3/2013/11.

나. 국제범죄분류의 필요성

범죄 수준의 변화 측정, 범죄에 대한 국가 대응 모니터링, 정책 평가 및 각기 다른 상황에 따른 범죄의 다양한 측면 이해 등을 위해 신뢰성을 갖춘 범죄통계 자료는 매우 중요하다. 형사사법절차 단계별 원자료가 존재하는 경우도 있지만, 의사결정에 유용한 정보를 작성하기 위해서는 의도적 자료수집 및 통계적 형태로의 변환이 필요하다. 표준화된 개념의 부족, 비교를 가능하게 하는 국제적으로 합의된 통계적 프레임웍의 부재로 인하여 특히 범죄 통계의 시계열 비교, 국가간 비교 및 다른 통계자료의 비교작업이 어려운 실정이다[193]. 흔히 동일한 사법관할 내에서도, 다양한 자료원을 통해 범죄 자료를 구성하는 데 있어 통계적 원칙보다는 법적 원칙에 기반을 두어 각기 다른 정의와 개념을 사용하고 있다[194]. 이렇게 법률과 통계 간의 밀접한 관계로 인해 분석적 관점의 문제를 야기한다. 즉, 분석적 견지에서는 관련성이 없을 수도 있는 법률이나 형법 조항과 같은 법적 규정에 따라 통계자료가 구성되고 분류되는 경우가 흔히 발생한다. 나아가 법의 개정으로 인해 시간별 혹은 사법권별 비교 가능성이 저하될 수 있다. 예를 들어, 어떠한 동일한 행위가 국가별로 아주 상이한 법적 규정에 의해 각기 전혀 다른 범죄로 간주될 수도 있고, 심지어 어떤 국가에서는 범죄인 행위가 다른 국가에서는 범죄가 아닌 경우도 있을 수 있다. ICCS는 이러한 사안들을 다루기 위해 자료의 품질과 비교성을 개선할 수 있는 방법론적·통계적 기준을 제시하고 통일된 정의 체계를 제공한다. 범죄를

---

193) 범죄통계의 비교성에 영향을 미치는 또 다른 요인들은 정부기관들에 의해 범죄 사건의 일부분만이 보고·기록되어 범죄통계에 계상된다는데 기인한다. 상세내용은 부록1(및 유엔경제사회위원회/통계위원회. 범죄통계에 대한 멕시코 통계청(INEGI) 보고서 (E/CN.3/2012/3.) 참조
194)UN 유럽경제위원회. 유럽통계청장회의. 범죄 분류에 대한 UNODC/UNECE TF 보고서, 2011.
<https://www.unodc.org/documents/data-and-analysis/statistics/crime/Report_crime_Classification_2012.pdf> UN경제사회위원회, 사회위원회, 범죄통계: 사무총장 권고(1951. 1. 8.). E/CN.5/233.

의미 있고 체계적으로 분류하여 정확한 범죄통계를 생산, 제공 및 분석할 수 있는 역량을 개선시킨다. 이를 통해, 범죄예방, 법의 지배 및 형사 제도 개혁 등의 분야에 대한 정보를 대중에게 제공하고 관련 정책 및 사업의 조정을 도모한다. 국가별로 정의된 사건에 대한 국제범죄분류 개발의 어려움은 현재 각국의 범죄통계는 자국의 형법 체계에서 정의하는 범죄를 대상으로 한다. 국가간 법률적인 조화가 없이는, 범죄의 정의의 차이가 불가피하며, 국가간 통계 비교는 이러한 차이점을 반드시 고려해야 한다. 예를 들어, 한 국가에서는 범죄가 폭행으로 간주되기 위해서는 반드시 신체적 접촉이 있어야 할 수 있으나 다른 국가에서는 그렇지 않을 수도 있다. 이러한 문제점들을 극복하기 위해 ICCS가 채택한 접근방식은 국내법 및 국제법 상의 '범죄'를 ICCS의 하나로 분류할 수 있는 '행위영역'으로 간주하는 것이다. 다만, 그런 행위의 구체적 분류, 즉, 분석형 범주로 할당하는 것은 형법에 따른 절대적인 법률적 정의보다는 행위 내용에 기반을 둔다. 형법에서 정의하는 범죄는 폭행이나 절도와 같이 보편적으로 위배/침해라고 여겨지는 행위나 행태적 및 맥락적 속성과 연관된다. 이러한 사건(행위) 기반 접근방식은 법의 복잡성으로 인해 기인되는 문제점을 피함으로써 단순하고 모든 국가들이 공통적으로 이용할 수 있는 분류체계를 가능케 한다. ICCS에서는 특히, 형법에서 광범위하게 언급 및 정의하는 '강간', '폭력', '절도'등 특정 용어를 사용하며, 통계목적으로 활용될 이들 용어에 대한 구체적인 정의를 제공한다. 각 국가들이 ICCS를 도입하기 위해서는 국내법에 명시된 각 범죄별로 해당되는 모든 행위 및 사건을 자세히 기술하고 주석을 첨부하여 신중하게 번역한 뒤 이들을 ICCS 분류에 적용해야 한다.

다. 국제범죄분류 구축 과정

표준범죄분류 개발의 필요성은 1951년 UN 사회위원회(The Social Commission of the United Nations)에서 처음으로 논의되었다[195]. 그러나 이후 국제범죄분류 개발은 국가별로 상이한 범죄의 정의, 법률, 자료수집체계 등의 차이로 많은 어려움을 겪었다. 이러한 한계를 극복하기 위한 본격적인 노력으로 2009년 UN마약범죄사무소(UNODC)와 UN유럽경제위원회(UNECE)가 주도하여 유럽통계청장회의(Conference of European Statisticians)에서 법적 코드가 아닌 행위내용(behavioral descriptions)에 기반을 둔 범죄분류체계 개발을 전담할 TF가 설치되었다[196]. TF에 의해 처음으로 개발된 국제범죄분류체계는 2012년 6월 제 60차 유럽통계청장회의의 본회의에서 승인되었다[197]. 상세한 국제범죄분류를 개발하고자 하는 제안은 제43차 UN통계위원회(UNSC)및 제21차 UN범죄예방형사사법위원회(CCPCJ)에서 논의되었다. 이듬해 열린 양 회의에서 UNSC[198]와 CCPCJ[199])는 각 국의 통계청의 통계학자 및 전문가, 기타 국가정부기관 및 지역/국제기구 등의 자문을 거쳐 통계목적의 국제범죄분류 개발 계획을 승인하였다[200]. 2012년에서 2014년 사이에 세 차례의 자문회의가 개최되었고, 같은 기간 동안 두 차례

---

195) UN경제사회위원회, 사회위원회, 범죄통계: 사무총장 권고(1951. 1. 8.). E/CN.5/233.
196) UN유럽경제위원회. 범죄분류에 대한 UNECE/UNODC TF TOR (2009. 10. 16.). ECE/CES/BUR/209/OCT/2012.
197) UN유럽경제위원회. 유럽통계청장회의. 유럽통계청장회의 제출을 위한 UNODC/UNECE 범죄분류 TF의 보고서. 2011.
<https://www.unodc.org/documents/data-and-analysis/statistics/crime/Report_crime_Classification_2012.pdf>.
UN유럽경제위원회. 유럽통계청장회의. 제60차 유럽통계청장회의 본회의 보고서(2012년 6월 6-8일). ECE/CES/83
198) UN경제사회위원회. 통계위원회. 제43회 세션 보고서(2012년 2월 28일 -3월 2일). E/2012/24, E/CN.3/2012/34.
199) UN 경제사회위원회. 범죄예방형사사법위원회. 제21차 세션 보고서 (2011년 12월 13일 및 2012년 4월 23-27일). E/2012/30, E/CN.15/2012/24.
200) UN경제사회위원회. 범죄예방형사사법 위원회. 제22차 세션 보고서(2011년 12월 7일 및 2013년 4월 22-26일). E/2013/30, E/CN.15/2013/27. UN경제사회위원회. 통계위원회. 제44차 세션 보고서(2013년 2월 26일 -3월 1일). E/2013/24, E/CN.3/2013/33.

의 ICCS 버전별 대규모 시범테스트를 개발 순서대로 실시하였다[201]). 두 번의 시범테스트 모두 국가별로 작성된 통계에 점진적으로 적용한다는 전제하에 ICCS의 개발 및 이행의 타당성이 확인되었다. UNODC와 UNSD는 2014년 8월 ICCS 최종안을 각 회원국 및 관련 기구에 송부했다[202].

---

201) 첫 자문회의는 2012년 10월 멕시코에서 개최되었고 미주, 아시아, 유럽 13개국 및 국제기구 대표가 참가했다. 여러 이슈에 대한 논의 가운데, 16개 지원국을 대상으로 실시한 분류체계 초안의 1차 시범테스트 결과를 분석했다. 2차 자문회의는 2013년 2월 비엔나에서 개최되었으며 아프리카, 미주, 아시아, 유럽 18개국 및 국제기구와 연구소 대표가 참석했다. 3차 및 최종 자문회의는 전문가그룹 회의의 형태로 아프리카, 미주, 아시아, 유럽 31개국 및 국제기구와 연구소 대표가 참석한 가운데 2014년 5월 비엔나 에서 개최되었다. 이 회의에서는 2014년 41개 지원국(아프리카 6, 아시아 7, 미주 7, 유럽 19, 대양주 2)을 대상으로 실시된 2차 종합 시범테스트 결과를 토대로 수정한 ICCS의 최신버전을 검토했다. ICCS 개발 과정에 대한 종합적인 문건은 아래 링크에 수록 되어 있다.
http://www.unodc.org/unodc/en/dataand−analysis/statistics/iccs.html.
202) 국제범죄분류 초안의 최종 검토 시 44개 회원국(아프리카 2, 미주 9, 아시아 13, 유럽 1, 대양주 1) 및 6개 국제기구에서 제출한 검토의견을 고려하였음

제2장 UN-CTS와 CTS에서 정의하는 살인범죄의 개념

도표에 기재되어 있는 CTS란 용어는 'Crime Trend Survey'의 머리글자이고, 그 앞 에 붙은 CJ는 'Criminal Justice'의 머리글자라고 할 수 있다. CTS의 정식 명칭은 "United Nations Survey of Trends and Operations of Criminal Justice Systems"이며, UN-CTS라 고도 한다[203]. UN-CTS의 주된 목적은 여러 나라의 범죄사건 통계자료와 형사사법제도 운영과 관련된 자료들을 수집하는 것이다. 그렇게 수집된 자료들을 국내적 혹은 국제적인 수준에서 다양한 정책결정에 활용하는 것이 CTS의 최종 지향점일 것이다. 그러한 목적에 암묵적으로 전제되어 있는 한 가지 목적 하나를 더 덧붙이자면, 가급적 동일한 기준을 적용하여 비교 가능한 자료를 수집하는 것이다. 이는, 뒤에서 상세히 언급하게 될, ICCS(국제표준 범죄통계 분류체계)의 목적과 동일한 것이다. CTS는 각국의 범죄통계자료를 수집하는 절차이고, ICCS는 어떤 기준으로 자료를 수집하는지의 문제 혹은 범죄에 대한 정의(definition)의 문제 관련되는 것이다. 정의의 문제가 ICCS에서 분류체계의 형태로 구성되는 이유는 보다 분명한 정의를 하기 위함이라고 보면 된다. ICCS가 생겨나기 이전에도 CTS는 존재하였으므로, 기존의 CTS 내에도 범죄에 대한 정의가 포함되어 있었을 것임에 분명하다. 왜냐하면, 범죄에 대한 정의 없이 범죄통계를 수집한다는 것은 불가능하기 때문이다. 기존 CTS에도 각 범죄에 대한 정의가 포함되어 있음에도 불구하고, 새로 ICCS라는 기준을 만들어 내었다는 것은 기존 CTS에서의 범죄정의 방식에 뭔가 아쉽거나 부족한 점들이 있었기 때문이라는 정도로 일단은 이해해 두면 될 것이다. 즉 기존 CTS에서의

---

203) 2016년 다음의 인터넷 주소 참조.
http://www.unodc.org/unodc/en/data-and-analysis/United-Nations-Surveys-on-Crime-Trends-and-the-Operations-of-Cr iminal-Justice-Systems.html

범죄 정의 방식을 ICCS라는 정교한 분류체계적인 정의 방식으로 정비하여 적용해 보겠다는 것이다.204)

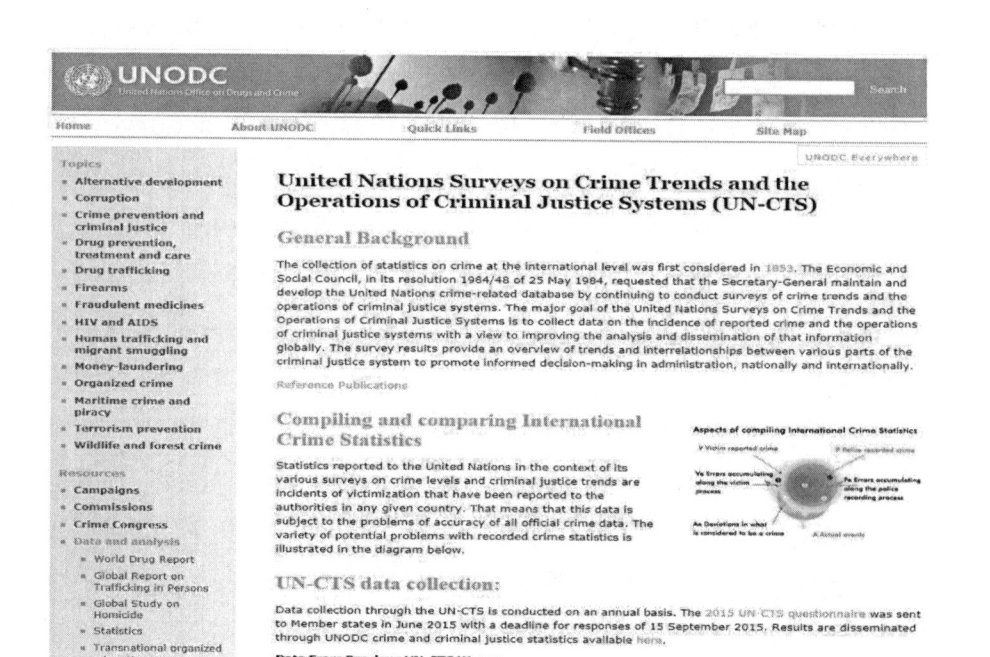

0UNODC 홈페이지내UN-CTS에관한페이지

http://www.unodc.org/unodc/en/data-and-analysis/United-Nations-
Surveys-on-Crime-Trends-and-the-Operations-of-Crimi205)

204) 황지태·김지영·박희정, "국제표준범죄분류체계(ICCS)의 국내적용방안 기초연구", 한국형사정
    책연구원, 2018, 11~12면.
    http://www.ndsl.kr/ndsl/search/detail/report/reportSearchResultDetail.do?cn=
    TRKO201600012503
    http://www.ndsl.kr/ndsl/commons/util/ndslOriginalView.do?dbt=TRKO&cn=TR
    KO201600012503&rn=&url=&pageCode=PG18
205) nal-Justice-Systems.html(2016년3월현재)

제3장 국제범죄분류 살인 및 성적 성격의 유해행위

01. 사망에 이르게 하는 행위 또는 사망을 야기할 의도로 하는 행위

0101.고의에 의한 살인

〈포함〉
모살, 명예 살해, 중한 상해 또는 살인의 가능성을 인식하고 행한 폭행에 의한 사망 야기 중한 폭행, 테러 활동으로 인한 사망 지참금 관련 살해, 여성 살해, 영아 살해, 자발적 고살, 사법과잉 살해: 법집행인/국가 공무원의 과도한 유형력 행사에 의한 살해

〈제외〉
법적 개입에 의한 사망, 정당방위에 의한 살인, 고의에 의한 살인 미수 (0102), 고의 요소 없는 살인, 즉 고의에 의하지 않은 살인 (0103), 과실에 의하지 않은 살인 또는 자의에 의하지 않은 살인 (01031); 자살 방조 또는 자살 교사 (0104), 불법 낙태 (0106), 안락사 (0105)

0102.고의에 의한 살인 미수

〈포함〉
모살 미수, 테러 활동에 의한 살해 미수, 영아 살해 미수, 여성 살해 미수

〈제외〉
불법 낙태 촉탁 또는 실행 음모(0106)

0103.고의에 의하지 않은 살인

〈포함〉
비자발적 고살, 위험운전치사, 01031-01032에 포함된 사항 전부 포함

〈제외〉
중한 폭행에 의한 사망 유발 (0101), 자발적 고살 (0101)

01031.살인 고의 및 중한 상해 고의 이외의 고의에 의한 살인

〈포함〉
비자발적 고살, 중한 상해의 고의 없이 신체 상해로 사람을 사망에 이르게 하는 행위

〈제외〉
0103의 제외 사항 모두 제외

01032.과실에 의한 살인

〈포함〉
형사상 과실에 의한 살인, 기업 살인, 차량에 의한 살인. 010321-010322의 포함 사항 모두 포함

〈제외〉
사망에 이르지 않은 과실 행위 (0206). 0103의 제외 사항 모두 제외

010321.운송수단에 의한 살인

〈포함〉
사망에 이른 위험 운전, 사망에 이른 교통 안전 법규 위반, 사망에 이른 약물 또는 알코올 영향 하에서의 운전, 운송수단에 의한 살인

〈제외〉
사망에 이르지 않은 교통 관련 과실 (02063), 사망에 이르지 않은 정신활성 물질 영향 하에서의 운송수단 운전 (02072). 01032의 제외 사항 모두 제외

010322.운송수단에 의하지 않은 살인

〈포함〉
중과실에 의한 살인, 사망에 이른 업무상 과실

〈제외〉
01032의 제외 사항 모두 제외

0104.자살 방조 또는 교사

<포함>
안락사에 해당하지 않는 의사의 방조에 의한 자살, 방조에 의한 자살

<제외>
고통 없이 사망에 이르게 하려는 의도 또는 치료가 어려운 고통으로부터 벗어나게 해주려는 의도로 다른 사람을 사망에 이르게 하는 행위 (0105), 도움을 주지 않아 사망에 이르게 하는 행위 (0109)

0105.안락사

<포함>
자발적 의사가 없는 안락사, 명백한 의사에 반하는 안락사

<제외>
자살을 원하는 사람의 사망에 대한 조력

0106.불법 낙태

<포함>
불법 낙태, 국내법에서 정의하는 낙태 범죄, 시체의 은밀한 처리에 의한 출생 사실 은닉, 고의에 의한 유산 및 사산, 불법 낙태 촉탁, 낙태 규정에 위반한 낙태, 강제 낙태

<제외>
합법적 낙태, 의학 기술 없는 자에 의한 낙태 시술(02071)

0107.무력분쟁 관련 불법 살해

〈포함〉
전투원에 의한 살해로서, 국내법상으로 범죄로 인정되지만 (그리고 범죄로서 소추되지만), 전쟁 범죄에는 해당하지 않는 행위

〈제외〉
고의에 의한 살인에 해당하는 무력 분쟁 중 살해 (0101), 전쟁 범죄에 해당하는 무력 분쟁 관련 살해(11013)

0109.기타 사망에 이르게 하거나 사망을 야기할 의도로 하는 행위

〈포함〉
도움을 주지 않음으로써 다른 사람을 사망에 이르게 하는 행위

03.성적 성격의 유해행위

〈포함〉
03011-03012의 포함 사항 모두 포함

〈제외〉
성매매 또는 성적 행위로부터 금전적, 사회적, 또는 정치적 이익을 얻기 위해 취약한 지위를 이용하거나, 권력 또는 신뢰를 남용하거나, 유형력을 사용하거나 또는사용하겠다고 협박하는 행위 (0302), 강요 (0205), 성매매 범죄, 포르노그라피 범죄, 및 기타 근친상간과 같은 공공의 성적 기준에 반하는 행위로서, 강간 및 노출 행위에 해당하지 않는 행위 (0802), 폭행 및 협박 (0201), 노예행위 및 착취로서 성적 성격의 유해행위에 해당하지 않는 행위 (0203), 성적 착취 목적 인신매매 (02041), 괴롭힘 및 스토킹 (0208)

0302.성적 착취

03021.성인에 대한 성적 착취

03022.아동에 대한 성적 착취

030221.아동 포르노그라피

<포함>
아동 포르노그라피 소지, 아동 포르노그라피 공유, 아동 포르노그라피 제작, 아동 포르노그라피 다운로드, 아동으로부터 성적 영상 또는 기타 아동 학대 자료를 조달하는 행위

<제외>
포르노그라피 범죄 (08022), 03022의 제외 사항 모두 제외

030222.아동 성매매

<포함>
아동의 성적 서비스에 대한 대가 지급, 성매매 목적으로 아동을 모집, 유인 또는 조달하는 행위, 포주 행위, 아동 성매매 업소 유지, 운영, 또는 아동 성매매 업소임을 인지하고 자금을 제공하는 행위, 아동 성매매를 목적으로 건물 기타 장소를 임대하는 행위

<제외>
03022의 제외 사항 모두 제외

030229.기타 아동에 대한 성적 착취

<포함>
아동과의 중대하게 부적절한 행위, 아동에 대한 유혹, 아동으로 하여금 성적 행위 또는 포르노그라피를 보도록 강제하는 행위, 아동대상 성관광

<제외>
03022의 제외 사항 모두 제외

030223.성적 목적 아동 유인

〈포함〉
사이버 유인, 인터넷을 통하여 아동과 접촉한 후 아동을 성적으로 노골적인 자료에 노출시키는 행위, 아동을 성적으로 노골적인 자료에 점차적으로 노출시키기 위해 아동과 직접 접촉하는 행위

〈제외〉
0302의 제외 사항 모두 제외

030229.기타 아동에 대한 성적 착취

〈포함〉
아동과의 중대하게 부적절한 행위, 아동에 대한 유혹, 아동으로 하여금 성적 행위 또는 포르노그라피를 보도록 강제하는 행위, 아동대상 성관광

〈제외〉
03022의 제외 사항 모두 제외

0309.기타 성적 성격의 유해행위

〈제외〉
성폭력 (0301), 성적 착취 (0302), 강요 (0203), 성매매 범죄, 포르노그라피 범죄, 기타 근친상간 및 노출 등 공공의 성적 기준에 반하는 행위 (0802), 직위의 남용 (07033) 폭행 및 협박 (0201), 노예 행위 및 착취로서 성적 성격의 유해행위에 해당하지 않는 행위 (0203), 성적 착취 목적 인신매매 (02041), 괴롭힘 및 스토킹 (0207)

제3부
박근혜 청와대
對 박영순 구리시장

제3부 대부분은 박영순 공저자가 손수 집필하였음을 밝힙니다.

제1편
최순실·우병우·양승태
:GWDC(구리월드디자인시티)

제1편 최순실 · 우병우 · 양승태 : GWDC(구리월드디자인시티)

제1장 한강의 꽃배

<'구리월드디자인시티'의 한(恨) 맺힌 역사>

① 24년 전 시작된 구리시와의 첫 인연

1994년 1월, 나는 외무부, 내무부, 청와대 등 중앙부처에서 20년간 공직생활을 하던 중 정부의 인사발령을 받고 구리시의 제7대 관선 시장으로 부임했다. 그 당시에는 지방자치제도 시행 전이라 시장을 시민들의 투표로 뽑는 민선(民選) 방식이 아니라, 내무부의 간부 공무원 중에서 임명하는 관선(官選) 방식이었다. 그때 광화문 정부종합청사를 출발하여 망우리 고개를 넘어 구리시로 넘어오던 순간이 아직도 뚜렷하게 기억난다. 그 당시, 구리시는 인구 10만 명이 조금 넘는 소도시였다. 이 작은 도시의 도시행정은 엉망이었고, 길가에는 쓰레기가 뒹굴고 있는 등 쇠퇴해 가는 소비도시의 전형적인 모습이라 해도 과언이 아니었다. 그러한 초라한 도시의 시장으로 1년 남짓 근무하면서, 내 마음을 강렬하게 사로잡은 것이 있었다면 바로 '아차산'과 '한강'이었다. 워커힐 호텔 커피숍에서 바라보면, 아차산을 휘감아 도는 한강의 아름다운 곡선미는 가히 일품이었고, 마치 부산 해운대 동백섬 조선비치 호텔에서 달맞이 고개 방향으로 활처럼 휘어 있는 해운대 백사장을 바라보는 것 같은 착각마저 불러 일으켰다. 팔당 댐부터 행주대교까지 이어지는 한강 본류에서 가장 아름다운 한강변에 백만 평의 옥토가 그린벨트로 묶여 잠자고 있는데 구리시장으로서 어찌 이 땅을 주목하지 않을 수 있었겠는가. 나는 이 아름다운 한강변에 세계적인 테마파크를 유치하고 싶은 욕심과 욕망이 생기기 시작했다. 나는 외무부, 내무부, 청와대에 근무하면서 전 세계의 주요도시를 꽤 많이 다녀봤던 까닭에 구리 토평벌 한강변에 '한국을 대표하는 테마파크'를 조성하면 대성공을 거둘 것 같다는 생각이 들었다. 구리시는 전국에서 가장 면적이 좁은 도시(33.3㎢)인데다가 전체 면적의 80% 이상이 그린벨트로 묶여 있어서 이 도시를 지속적으로 발전시키기 위해서는 반드시 무언가 대한민국을 대표할 수 있는 사업을 유치해야만 한다는 판단이었다. 그래서 이듬해인 1995년, 1년여의 임기를 마치고 다시 내무부로 복귀하라고 전출명령까지 났지만, 나는 과감히 명예퇴직신청서를 제출하고 초대 민선 구리시장에 도전했다. 이때부터 나와 구리시의 '고난의 역사'는 시작된 것이다. 만약 그때 다시 내무부로 복귀를 했더라면, 3년 후 시작된 김대중 정부와 노무현 정부에서 장·차관을 지낼 수 있는 출세의 길도 충분히 열려 있었을 것이다. 그런데도 나는 기어이 '고난의 길'을 선택하고야 만 것이다. 나는 1995년 민선1기 선거에 출마하여 아깝게 낙선했다. 비록 약 2천표 차이로 떨어졌지만, 그때 텃세의 높은 벽을 실감했다. 굴러들어온 외지인에게 시장을 맡길 수 없다는 것이 시민들의 뜻이었다. 그때 모두 나를 선거에서 떨어지면 떠날 사람이라고 했다. 그 다음 해인 1996년, 나는 제15대 국회의원선거에 다시 도전했지만, 또 텃세의 뭇매를 맞고 떨어졌다. 역시 이전 시장선거 때와 같은 이유에서였던 것 같다. 그렇게 나는 두 번의 고배를 마신 끝에 1998년 민선 2기 구리시장선거에 출마해 힘겹게 당선됐다. 그 후 민선2기 4년 임기 동안은 정말 열정적으로 일했다. 거의 밤 12시 전에 시장실에 불이 꺼지지 않을 정도로 혼신의 힘을 다해 일했다. 그때 모두가 기피하는 '혐오시설'로만 인식되던 쓰레기 소각장을 만들면서, 소각장 연돌(굴뚝)을 구리시의 '랜드마크'인 '구리타워'로 개발하고, 버려지는 폐열을 이용해 사우나, 수영장, 축구장 등 다양한 주민편의시설로 만들어 전국 최초로 '자원회수시설'로 명명했다. 요즘 타 지자체에서 쓰레기 소각시설에 '자원회수시설'이란 명칭을 사용하는데 우리 구리시를 벤치마킹한 것이다. 그리고 버려진 한강변 황무지를 개발하여 꽃 단지를 만들었고, 악취가 풍기던 장자못을 아름다운 호수공원으로 개발했다. 이 시절은 정말 원 없이 일했다. 그때 나는 '테마파크(코리아 디즈니랜드)'를 구리시 토평동 한강변에 유치하고자 외자유치 MOU까지 체결했었다. 그런데 2002년도 민선3기 선거에서 또 떨어졌다. 매일 사무실에 처박혀 일만 했으니 그럴 만도 했다. 내 자신이 선거를 치러야 하는 정치인이란 생각도 망각할 만큼 일하는 재미에 빠져 있었던 것이다. 그 후 4년 동안 야인이 되어 구리시 곳곳을 정처 없이 두발로 헤맸다. 그때 실로 많은 시민들을 만났으며, 시민에게 필요한 것이 무엇인지 가장 가까이서 살피고 물으면서 수첩에 적었다. 그렇게 4년이 또 흘러, 어느새 2006년도 민선4기 선거가 다가왔다. 그런데 집권 여당이었지만 내가 속한 열린우리당의 인기가 바닥을 치고 있었다. 그래도 어쩔 수 없었다. 지난 4년 동안 구리시를 누비며 시민들 곁에서 보고 느끼고 물은 바에 대한 내 나름대로의 해답을 공약으로 내놓고 혼신의 힘을 다해 선거를 치렀다. 그 결과, 수도권 69개 단체장 중 열린우리당 소속으로는 오직 나 혼자만 당선됐다. 수도권만이 아니었다. 강원도에서도 전멸했다. 당시 열린우리당은 전국 240여개 단체장 중 단 17명만 주로 남쪽 지방에서 당선됐다. 정말로 민심이 얼마나 무서운지를 뼈아프게 깨닫게 해준 선거였다. 지금도 생생히 기억이 난다. 그때 열린우리당 당의장인 정동영 의원이 나에게 전화를 걸어와 "구리시장님이 아니었으면 집권당의 간판을 내릴 뻔 했습니다."라며 축하를 해주었다. 하마터면 건국 이래 전국단위 선거에서 집권 여당이 수도권에서 단 1석도 건지지 못한 역대 최악의 수모로 기록될 뻔 했다. 하긴 나도 고작 659표 차이로 겨우 이겼다. 그렇게 기적적으로 당선되어 시장실로 다시 돌아왔다. 그러나 민선2기에 추진하던 '코리아 디즈니랜드' 사업은 민선3기 이명박 서울시장이 유치하겠다고 나섰다가 여건이 맞지 않는다며 이미 홍콩으로 이전해간

상태였다. 그런데 한편 그것이 오히려 잘 된 일이라는 생각이 들었다. 왜냐하면, 용인 에버랜드라든지 잠실 롯데월드 등 놀이동산 위주의 테마파크는 이미 수도권에는 포화상태였고, 또 많은 사람들이 찾긴 하지만, 차를 타고 몰려와서 그 안에서만 놀다가 곧장 집으로 돌아가기 때문에 정작 그 지역경제에는 별로 큰 도움이 안 된다는 사실을 알게 되었다. 테마파크 안에서 모든 것이 다 해결되기 때문에 외부에서는 음료수 한잔도 사먹을 일이 없더라는 것이다. 나는 '코리아 디즈니랜드'를 대체할 다른 사업을 물색해야 했다. 핵심은 많은 사람들이 찾아와 오래 머물면서 소비할 수 있는 사업을 찾아야 일자리도 생겨나고 구리시 지역경제가 살아난다는 점이었다. 아파트나 가득 지어 재벌기업만 배불리고 그 좋은 땅을 부동산 투기세력에게 무기력하게 내주기도 싫었지만, 그보다 구리시민들과 지역경제에 뭔가 도움이 되는 사업을 해야만 한다는 책임의식이 더욱 앞섰다. 그렇지만, 딱히 적당한 사업을 찾기는 힘들었다. 그러던 중 2007년 9월경 재미교포인 고창국 회장을 만났다. 그는 '구리월드디자인센터'사업을 제안해 왔는데, 그의 설명대로라면 그보다 더 좋을 수는 없겠지만 우리에게는 너무나도 생소한 사업이라 그의 말만 믿고 판단을 할 수가 없었다. 일단 시간을 갖고 그 사업을 차분히 검토하기 시작했다. 사실 2007년 말까지만 하더라도 구리시 공무원들조차 토평지구의 개발제한구역 해제는 불가능하다고 여겼었다. 사업이란 '타이밍의 미학'이란 말이 있다. 그만큼 사업이란 미래를 내다보고 적기에 해야 하는 것이고, 또 시장 전체의 상황을 사전에 정확하게 예측해야만 하는 것이기 때문이다. 나는 판단에 앞서 '디자인센터'라는 생소하기 그지없는 사업개념이 미국에서는 성황리에 운영되고 있다는 고 회장의 말을 확인하기 위하여 미국 현지로 날아가 확인해 볼 수밖에 없었다. 2008년 1월 미국을 방문했는데, 그때 세계적으로 건축 및 도시계획 분야에서 명성을 떨치고 있는 '존 포트만'(John Portman & Associates)사 관계자들과 세계적으로

1,000여개의 회원사를 거느린'국제하스피털리티 구매자협회'(ISHP: The International Society of Hospitality Purchasers) 회장인 '래리 카버'를 만났다. 그들은 "앞으로 건축설계 수요의 70~80%가 아시아권에서 발생할 것으로 예측되므로 반드시 아시아권에 전문 디자인센터가 시급히 필요할 것"이며, 만약 구리시가 이 사업을 추진할 의사가 있다면 자신들도 최대한의 지원을 아끼지 않겠다는 의사를 밝혔다. 내가 직접 현지에 가서 두 눈으로 보고 충분히 연구한 결과, 일단 이 사업을 추진해도 될 것 같다는 판단이었다. 이에 따라 구리시는 일단 '구리월드디자인센터'사업을 추진해 보는 것으로 결정하고 2009년 6월, 고창국 회장과 '구리시 토평지구의 도시개발에 관한 약정서'를 체결하여 본격적으로 절차를 추진해 보기로 했다. 앞에서도 이야기했지만, 이때까지만 해도 토평지구의 그린벨트 해제는 불가능하다는 회의론이 구리시 공직사회를 지배하고 있었다. 그렇지만 나는 이론적으로 가능한 것이라면, 노력 여하에 따라 충분히 해낼 수 있다며 밀어 붙였다. 그러면서 '구리월드디자인센터' 사업은 국가와 구리시의 미래를 먹여 살릴 성장 동력산업이기 때문에 토평지구 개발제한구역 해제가 반드시 선행되어야 하는 점을 경기도와 국토부에 강력히 건의했다. 그런데 때마침, 2008년 9월 정부는 국민주거안정을 목적으로 「개발제한구역의 조정 및 관리계획」정책결정 및 후속조치로 각 시.군에 '그린벨트 해제 총량'을 배정하기로 했는데, 이때 구리시는 '구리월드디자인센터' 사업 등 지역현안사업 용도로 신청하여 2009년 4월 경기도로부터 52만 평의 해제물량을 성공적으로 배정받았고, 이는 곧 '2020 수도권 광역도시계획 변경안'에 반영됐다. 이 '해제 총량'이라고 하는 것은 정부가 그린벨트 해제 정책을 펼치면서 각 지자체가 요구하는 대로 무조건 다 풀어줄 수는 없으니, 사전에 준비된 지역현안사업 위주로 배정된 '면적' 이내에서만 하라는 '한계치'를 부여한 것이다. 만약 그때 구리시가 '구리월드디자인센터' 사업을 진즉부터 준비 해놓

고 있지 않았더라면, 아마도 '해제 물량'을 배정받지 못했을지도 모른다. 이로써 그린벨트 해제는 영영 불가능할 것이라는 회의론은 잠잠해졌다. 이제부터 열심히 노력하면 그린벨트 해제는 충분히 가능할 수도 있다는 자신감이 구리시 공직사회에 생겨나게 된 것이다. 행정절차를 추진하기 위해서는 우선 이 사업에 대한 타당성 조사를 실시해야 했다. 구리시는 이 사업 행정절차 추진에 필요한 타당성 조사를 실시하고, 고 회장 측은 기본구상(컨셉 마스터플랜)과 사업부문 타당성 조사를 각각 실시하기로 합의했다. 그러나 당시 2:5로 나에게 불리하게 되어있던 구리시의회는 구리시가 수행해야 할 타당성 조사 용역비 예산을 승인해주지 않고 있었다. 그러던 차에 LH공사가 토평동 한강변에 보금자리 주택을 건설하자고 제안해 왔는데, 나는 "토평동 한강변 부지는 '구리월드디자인센터'사업부지로 검토 중이라 절대로 보금자리 주택 사업지로 내줄 수 없다"며 버티고 있었다. 그러자 LH공사는 '구리월드디자인센터'사업에 대한 타당성 조사 용역비용의 절반을 댈 테니 공동으로 수행하자는 제안을 해왔다. 아마도 사업성이 없다는 타당성 조사 결과가 나오면 구리시도 어쩔 수 없이 보금자리 주택 건설에 동의할 것이라는 심산이었을 것이다. 그러한 LH공사의 제안에 따라 구리시의회도 어쩔 수 없이 용역비 예산을 승인했다. 이 타당성 조사 용역은 서울대학교 건설환경공학부 안건혁 교수가 이끄는 서울대학교 산학협력단 팀이 수행했다. 대한민국 최고 지성인 서울대학교 연구팀에서 타당성이 충분하다는 결론을 낸다면, 구리시가 이 사업을 추진할 가치가 충분히 있다는 반증이 아니겠는가? 그렇게 또 4년의 임기가 지나고, 2010년 6월 또 다시 민선5기 선거를 치렀다. 민선4기 임기 동안 추진했던 구리뉴타운과 월드디자인센터 사업의 영향인지 몰라도 득표율 60%에 가까운 압승을 거둬 민선5기 시장으로 취임했다. 2011년 1월 27일, 드디어 서울대학교 산학협력단의 타당성 용역결과가 나왔다. 그 결과는 놀라웠다.

- 결론적으로, 직·간접효과에 의해 약 11만 명의 일자리 창출효과가 발생할 것으로 예상되며, 건축/인테리어 관련 산업은 물론 MICE산업 및 경기도 관련 산업(가구/섬유/도자기 산업 등) 활성화에 기여할 것으로 예상됨. (서울대학교 산학협력단신성장 녹색도시 조성 및 월드디자인센터 타당성 분석용역」 최종보고서 제469쪽)

또한 고 회장 측은 세계 최대의 시장조사 기관으로 알려진 미국의 미디어 그룹 닐슨(Nielsen)에 타당성 조사를 의뢰했는데, 그 결과 연간 최소 180만 명의 방문객이 구리월드디자인센터를 방문하는 것으로 나타났다. 이 사업이 구리시에 유치되기만 하면, 그 동안 내가 꿈꿔온 '자족도시'를 완성할 수 있다는 이야기다. 그런데도 구리시 지역정가 일각에서는 여전히 이 사업이 '사기'라며 그린벨트 해제는 절대로 불가능하다는 정치적 논리를 펼쳤다. 대한민국 최고의 석학들이 모인 서울대학교와 세계 최대의 시장조사 기관인 닐슨(Nielsen) 그룹도 '구리월드디자인시티' 사업의 타당성이 충분하다고 결론 냈고 이름을 대면 알만한 굵직한 70여개 글로벌 기업들이 이 사업을 적극 지원하겠다는데도 여전히 못 믿겠다는 것이었다. 국가와 구리시를 잘 살게 만든다는데 여당과 야당이 어디에 있겠나? 여.야가 서로 힘을 합쳐도 모자란 판국인데 말이다. '구리월드디자인시티' 사업과 같이 한 도시의 체질을 획기적으로 바꿀 정도의 사업을 하여 시민들이 체감하게 하려면, 시장이 세 번 연속으로 당선되어 시정의 연속성이 담보되지 않고는 불가능하다. 시장이 4년 임기 동안 제 아무리 열심히 한다고 하더라도 행정절차의 절반도 이행하지 못하는 게 현실이기 때문이다. 나는 2014년 6월에 치러진 민선6기 선거에서 당선되어 구리시 최초로 세 번 연속 구리시장이 되었지만, '자족도시'를 향한 원대한 꿈을 미처 다 이루지 못하고 2015년 12월 10일 공직선거법 위반이라는 대법원 판결로 구리시장에서 물러나게 됐다. 만약 구리시가 토평동 한강변에 다른 대체사업을 한다면, 지금까지 숨 가쁘게 흘러온 시간 이상의 더 많은 시간이 필요할 수도 있기 때문에, 후임시장(2016. 4 ~ 2018. 6)이 누가되든 이 사업만큼은 정치적 논리에서 벗어나 잘 이어받아 마무리 해주길 내심 바랐건만, 후임시장이 이를 '좌초'시켜 놓고 말았으니 정녕 '구리월드디자인시티' 사업은 나와 함께 역사의 뒤안길로 서서히 사라져 버려야 하는 운명이었던가?

② 서울권 한강본류에 마지막 남은 보석 같은 땅

구리시는 인구 20만.면적 33.3㎢으로, 서울의 광진구, 중랑구, 노원구, 강동구와 경기도 남양주시 사이에 끼어있는 전국 70여개 도시 중에 가장 작은 도시다. 우스갯소리 같지만, 서울 중랑구와 서측 경계를 이루고 있는 망우리 고개에서 자전거를 타고 페달을 한 번만 밟아도 동측 남양주시 경계인 왕숙천까지 그대로 굴러갈 정도로 좁은 면적에 20만 명이 밀집하여 옹기종기 모여 살아가는 도시이다. 사실, 24년 전, 내가 처음 관선시장으로 부임 받아 구리시로 올 때만 해도, 구리시는 뭐 하나 제대로 내세울 것이 없어 보이는 초라한 도시였다고 해도 과언이 아닐 것이다. 면적이 작은 것도 모자라, 80% 이상이 그린벨트로 묶여 있고, 상수원보호구역, 군사시설보호구역, 비행안전구역, 수도권정비법상 각종 제약사항 등으로 도시의 발전이 원천적으로 가로막혀 있었으니, 자족도시로서의 기반이 전혀 갖춰지지 않은 그야말로 서울 동쪽 변두리의 전형적인 소비, 향략 중심의 베드타운 위성도시였다. 그러나 관점을 바꾸어 생각해 보면, 구리시만이 갖고 있는 뛰어난 장점들이 적지 않았는데도, 지역의 유지들이나 시민들은 구리시의 발전 가능성에 대한 긍정적 인식을 갖고 있지 않았으며, 구리시는 어쩔 수 없이 그렇게 살아야한다는 패배주의적 정서에 젖어 있었다. 중앙정부에서 20여 년 동안 외무부에서 외교관으로, 지방행정을 총괄하는 내무부 관료로, 국정을 총괄하는 최고 사령탑인 청와대 정무수석 비서실에서 근무하며, 국제적 안목과 국정 전반에 관한 실무경험을 쌓은 뒤 구리시 관선시장으로 부임한 행정전문가의 눈에는 그 동안 숨겨졌던 '보물'들이 하나 둘씩 보이기 시작했다. 그때 구리시에서 찾은 '보물'들을 열거해 보면, 첫째, 사통팔달 교통의 요충지. 둘째, 서울의 핵심 중심업무지구(CBD, Central Business District)와 불과 수십 분 내로 연결되는 최고의 접근성을 자랑하는데, 권력의 중심인 세종로.청와대까지 45분, 정치.금융의 중심지인 여의도까지 40분, 경제중심인 서울 강남까지 25분 정도 밖에 소요되지 않는 뛰어난 지정학적 이점, 셋째, 아차산과 한강 등 빼어난 자연경관. 넷째, 동구릉 조선왕조와 아차산 고구려 역사의 숨결이 살아있는 역사적 유산을 들 수 있다. 나는 1년여의 관선시장 임기 동안 그런 구리시만의 매력에 흠뻑 빠져들었다. 중앙부처에서 근무하면서 피부로 체감할 수 없는 국가차원의 발전전략과 정책을 탁상 위에서만 세우는 일을 해오던 나로서는, 이처럼 많은 장점을 뒤로하고 발전하지 못하고 있던 구리시를 보면서 오히려 흥분이 됐다. 그때 나는 이 도시만의 뛰어난 장점을 잘 활용해서 발전시킨다면, 향후 이 도시는 '명품도시'가 될 것이라 확신했고, 거창하게 국가 차원의 무엇을 하기 보다는 현장에서 한 도시를 만들어 나아가는 역할을 하는 게 훨씬 더 가치 있고 보람찬 일이라 생각했다. 나는 15개월여의 관선시장 임기가 끝나고 다시 내무부로 복귀하라는 인사발령까지 난 상태에서 과감히 사표를 내버리고 1995년 초대 민선시장에 도전했다. 이제와 생각하면 어디서 그런 용기가 나왔는지 모르겠다. 그저 일하는 재미에 흠뻑 빠진 마흔 일곱 살의 젊은 관선시장의 '패기'였다. 만일 그때 내무부로 돌아갔으면, 조금 더 출세를 했을지도 모르겠다. 물론 지금도 그렇겠지만, 국가공무원으로 장장 8년간이나 청와대로 파견돼 근무했다는 것은 공무원 사회에서는 한마디로 출세가 보장된 '엘리트 코스'로 통한다. 그때쯤이면 다른 동료들처럼 슬슬 골프에 재미를 들이기 시작했을 시기이지만, 나는 일하는 재미에 빠져 살다보니 아직까지도 골프를 못 배웠다. 아니 아직까지도 한가하게 풀밭에서 몇 시간씩 공놀이나 하는 시간이 아깝다고 느껴진다. 그게 내가 타고난 천성이고 체질인데 어쩌랴. 나는 그렇게 '고난의 길'을 선택하게 되었지만, 후회는 전혀 없다. '정치적 입지'나 '출세'를 위해 관직이 필요했던 것이 아니라, 나라를 위해 일 할 수 있는 '관직'이 필요했기 때문에 그러한 길을 택한 것이고, 내가 좋아하는 일 하나는 실컷 해봤기 때문이다.

③ 한반도의 단전이자 수도권의 중심, 구리시

구리시민들은 여전히 구리시가 어떤 곳인지 잘 모르는 것 같다. 나는 구리시에 살고 있다는 것은 충분히 자랑스러운 일이라고 생각한다. 재미로 해보는 말이지만, 김승우, 김남주, 김희선, 배용준, 심은하 등 수많은 톱스타들이 구리시에서 결혼식을 치렀다는 사실은 잘 모를 것이다. 그들은 서울시 광진구 워커힐에서 결혼했다고 알려져 있지만, 엄밀히 따져보면 그들의 결혼식이 있던 워커힐 '애스톤하우스'의 주소는 '경기도 구리시 아차산로 1번지'이므로 구리시 관내가 분명하다. 물론 그들이 결혼식 비용을 지불한 곳은 서울시 광장동에 있는 워커힐 호텔 본관이었겠지만… 구리시는 전국에서 가장 작은 도시이지만, 관내에 대학병원, 아트홀, 백화점, 쇼핑몰, 멀티플렉스 극장 등도 모두 있어서 좁은 생활권 안에서 빼어난 자연경관과 더불어 편리하게 생활할 수 있는 도시다. 서울 도심이나 강남까지 가는 것도 웬만한 서울 내 지역에서 접근하는 것보다 가까워서'서울보다 더 가까운 구리시'라는 이야기도 있다. 2000년도 초의 일로 기억되는데, 경기북부 시장·군수들이 모여서 회의를 한 뒤 저녁식사를 하는 자리에서, 당시 양주군수가 과거 조선시대 이래 경기북부 지역 대부분이 양주군에 속해 있었다면서, 의정부, 동두천, 남양주,

구리시 등은 모두 양주군에서 분리되어 시로 승격된 것이므로 결국 '양주'가 종가집이자 한반도의 '배꼽'이라면서 아주 호기롭게 목청을 돋웠다. 말없이 듣고 있던 나는 스스로에게 이런 질문을 던졌다. "양주가 한반도의 '배꼽'이라면, 과연 구리시는 무엇일까?"그때 번개처럼 스쳐가는 단어 하나가 있었으니, 바로 "단전(丹田)"이었다. 이 단전은 일명 관원(關元)이 라고도 하는데 배꼽 아래에서 3치 되는 곳에 있는데 오장육부의 기(氣)가 모이는 곳으로 알려져 있다. 그만큼 구리시도 좋은 위치에 자리 잡고 있는 중요한 도시라고 생각한다. 경기북부 시장.군수 모임에서 돌아와 나는 지도를 찾아봤다. 구리시장을 몇 번씩이나 지낸 사람이 설마 구리시의 위치가 어디인지 몰라서 지도를 찾아봤겠는가마는, 나는 구리시의 지정학적 중요성을 다시 한번 확인해보고 싶었다. 역시 구리시는 한반도의 '단전'이 맞았다. 구리시가 대한민국의 모든 기운이 모두 모인 '수도권'의 정 중앙에 위치했으니, 구리시가 '단전'이 아니라면 또 무엇이랴? 또 역사적으로 살펴봐도, 한민족의 젖줄이라 일컫는 한강 본류가 굽이쳐 흐르는 가운데, 남측으로는 암사선사유적지가 있고, 아차산에는 고구려와 백제의 고대역사, 선사시대부터 대단히 중요한 요충이었음이 분명하다. 또한 풍수지리에서 최고의 명당으로 치는 배산임수(背山臨水)의 지형을 가졌는데 어찌 그저 볼품없는 작은 도시라고만 치부하겠는가? 그래서 나는 "고구려의 기상 대한민국 구리시"와 "고구려의 기상 세계 속의 구리시"라는 시정구호를 내걸고, 21세기 미래성장 동력 신산업인 '하스피털리티 디자인'산업과 MICE 산업을 융합한 새로운 국제도시를 만드는 사업을 구리시 한강변에 유치하는 원대한 꿈을 꾸게 된 것이다. 나는 역사는 그저 흘러간 것이 아니라, 역사는 불가능해 보이는 것에 대한 소수 용자의 과감한 도전에서 시작되었다고 생각한다.

④ 한강, 구리시의 미래를 지켜라!

2008년 2월 출범한 이명박 정부는 서민주택난 완화를 명분으로 「보금자리 주택 공급에 관한 특별법」을 제정했다. 그 후 당시 대한주택공사를 중심으로 수도권 일대에 보금자리 주택단지에 대한 용역이 진행되면서, 언론을 통해 후보지들이 흘러나오기 시작했다. 나중에 알았지만, 대한주택공사는 이미 구리시 토평동 한강변과 갈매동에 그린벨트를 해제하여 여기에 대규모 보금자리 주택 단지를 조성하는 용역을 진행하고 있었다. 그린벨트를 해제하여 개발하겠다는 새 정부의 방침은 일단 환영할만한 일이었다. 왜냐하면, 그린벨트로 인해 수십 년간 재산권 행사를 못한 토지주들의 고통과 손실이 너무나도 힘겨워 보였고, 또 도시면적의 60% 이상이 그린벨트로 묶여 있어 발전을 위해 움츠리고 뛸 공간마저도 없이 포화상태에 이른 도시의 입장에서 봐도 어쨌든 그린벨트를 해제한다는 것은 지난 수십 년간 간절히 염원해오던 바였기 때문이다. 이와 같은 정부의 주택난 해소를 위한 정책의 결과로 하남 미사, 남양주 별내, 중랑구 신내동 등 구리시 인근 지역의 수많은 그린벨트가 해제되면서 속속들이 보금자리 주택이 들어서게 된 것이다. 그때 나는 어쩔 수 없이 갈매동은 정부 시책에 발맞춰 보금자리 주택 건설에 협조할 수밖에 없다고 생각했다. 나는 오래 전부터 갈매동 주민들과 민원수렴을 위한 폭 넓은 대화를 해왔었는데, 그때마다 주민들은 그린벨트 해제를 요구해 왔었고, 정부가 특별법을 만들어 추진하는 국책사업인 만큼 구리시도 일정부분 협조를 하는 게 옳다고 생각했다. 그러나 토평동 한강변 부지의 경우는 '전혀 다른 판단이 요구되는 땅'이었다. 잘 알려져 있다시피, 구리시는 각종 규제로 인하여 그동안 제대로 개발을 할 수가 없었고 변변한 산업기반이 전혀 마련돼 있지 않아 재정자립도는 날로 감소하고 지역경제는 활기를 잃어가고 있었기 때문에 최소한 이 한강변 부지만큼은 구리시의

미래를 책임질 산업기반을 유치하는데 쓰는 것이 옳다고 생각했다. 만약 이 토평동 한강변 부지마저 대규모 아파트촌으로 개발된다면, 구리시는 영영 베드타운으로 남을 수밖에 없어 '자족도시'의 꿈은 더 이상 불가능하게 되는 것이다. 그래서 나는 당시 대한주택공사의 책임자를 만났다. 토평동 한강변 부지는 이미 '디자인산업도시' 유치를 위하여 미국 측과 용역이 진행되고 있음을 알리는 동시에 구리시에는 갈매동만 보금자리 주택 사업지구로 지정해 추진하고 토평동 부지는 구리시가 자족도시로 발전할 수 있는 최후의 발판으로 남겨달라고 강력히 요구했다. 하지만, 당시 대한주택공사 측은 토평동 보금자리 주택 건설에 대한 미련을 완전히 버렸던 것이 아니었을 수도 있다는 생각이 든다. 그 후 한국토지공사와 대한주택공사가 합병하여 출범한 LH공사는 '구리월드디자인시티' 사업을 함께 해보자며, 타당성 조사 용역비용의 절반을 부담하겠다고 했지만, 속으로는 내심 부정적인 결과가 나오기를 기다렸을 수도 있다. 그러면 구리시도 어쩔 수 없이 보금자리 주택 건설을 할 수밖에 없을 것이라고 생각했는지도 모른다. 그러나 다행스럽게도 타당성 조사 결과는 충분히 타당성이 있다는 쪽으로 결론이 났다. 또 2011년에는 한국수자원공사가 토평동 한강변에 독자적으로 '친수구역'을 조성하려 했다. 사실 나는 당시 활용 가능한 모든 정보라인을 최대로 가동하고 있었기 때문에 그러한 수상한 움직임이 있다는 것은 진즉에 눈치챘고 수공이 국토연구원에 용역을 발주했다는 사실까지 알고 있었다. 나는 김건호 당시 수자원공사 사장을 만났다. 수자원공사가 구리시와 함께 친수구역 사업을 추진하는 것은 적극 찬성하지만, 그 사업내용은 반드시 '구리월드디자인시티' 사업이 되어야 하고 수공이 끝까지 완주해줄 것을 강력히 주문했다. 그러나 불행히도 김건호 수자원공사 사장은 재정여건상 '구리월드디자인시티'사업과 같이 즉발적인 수익환수가 되지 않는 사업에는 참여하기 힘들다며 각자 갈 길을 가자고 했다. 수공 측이 즉발적인 수익환수를 강조하는 것으로 보아 아마도 대규모 아파트촌을 지어 분양하기를 바랐던 것 같다. 이제와 생각해 보면, 참 위험했다는 생각이 든다. 앞으로도 이 금쪽같은 땅을 잘 지켜내 반드시 구리시와 국가의 발전과 우리 후손들의 미래를 위해 요긴하게 쓰이도록 해야 할 것이다.

⑤ 지성이면 감천 - LH공사 덕분에 기적이 일어났다

내가 무려 다섯 번이나 구리시장을 지냈다고 하면, 뭇사람들은 내가 마치 엄청난 권한과 권력을 휘두른 것으로 생각한다. 그런데 한 도시의 시장이 행사할 수 있는 권한은 생각보다 훨씬 적다. 무조건 '갑질'을 한다면 그 권한이 조금은 늘어나겠지만, 대한민국 민주주의는 권력분립을 기본으로 하여 실행되도록 만들어졌다. 소위 '재량'이라고 하는 것도 행정절차상 독단적으로 결정할 수 없는 것이 대부분이다. 그러한 까닭에 시장의 독단적인 시정운영을 감독.견제하기 위해 주민의 대의기관인 지방의회를 두는 것이다. 그러나 이러한 순기능을 뒤로하고 정치적 흑백논리가 지방의회를 지배하여 시장이 하고자 하는 일마다 반대를 한다면, 그 무엇 하나도 소신껏 할 수 없는 소위 '식물시장'이 되고 마는 경우를 전국 도처에서 심심치 않게 찾아볼 수 있다. 구리시의회의 경우, 인구가 작은 탓에 의원 정족수가 고작 7명에 불과하다. 시장과 같은당 소속의 시의원들이 다수를 차지하지 못하고 그 반대로 소위 '여소야대'의 구도 하에서는 시장이 일을 추진하기가 대단히 힘들어 지는 것은 당연한 이치이다. 구리시의회는 1기(1993년)부터 5기(2006년)까지 줄곧 보수당(민주자유당, 한나라당, 새누리당)이 5:2로 의석수에서 압도적 우위를 차지하여, 시장에 대한 막강한 견제력을 행사해 왔다. 그래서 나는 구리시장으로 재임하는 동안 특히 더 힘들었다. 내가 재임했던 민선2기(1998~2002)와 민선4기(2006~2010) 시절에는 구리시의회는 5:2의 '여소야대'로 시정운영에 의회의 협조를 얻기가 '하늘의 별 따기'였다. 특히 상대당 시의원들 중에 다음 임기에 시장 출마를 꿈꾸는 사람이 있다면, 시정운영에 협조는커녕 시장이 추진하는 사업이라면 무조건 사사건건 반대하고 훼방을 놓아 4년 임기동안 아무런 공적도 쌓지 못한 무능한 시장으로 비춰지도록 온갖 노력을 다했을 것임은 능히 짐작할 수 있을 것이다. 구리시의회는 참으로 유별났다. 경기도 일대 아니 전국적으로 소문이 날 정도로'강성 의회'였다. 그러던 중, 시의회가 '업무상 배임'혐의로 시장을 검찰에 정식으로 고발한 사태까지 벌어졌다. 불명예스럽게도 지방자치제도 시행 이후 전국 최초로 벌어진 일이었다. 물론, 수사결과는 '무혐의'였다. 이뿐만이 아니었다. 내가 추진하고자 하는 일이라면 '3대 의혹'이니 뭐니 하는 그럴싸한 음모론을 만들어 여론을 솔깃하게 몰아가는 동시에 감사·수사의뢰를 하는 초강수의 연속이었다. 이제와 생각해도, 어찌 그런 무자비한 융단폭격을 맞으면서 그 수모와 고통을 다 견뎌냈는지 신기할 따름이다. 나는 이와 같은 치열한 시의회와의 갈등.대립 국면 속에서도 늘 정면 돌파로 하나하나 힘겹게 풀어나가야 했지만 결과적으로 민선2기 시절에 참으로 수없이 밤을 지새우며 많은 일을 해냈다. 나는 이 시절에 이루 헤아릴 수 없이 많은 일들을 해내면서 한 가지 중요한 교훈을 얻었는데, 아무리 정파가 다르다고 해도 '지성이면 감천'이란 정신으로 진심과 정성으로 일관했더니 일부 시의원들은 끝내는 태도를 바꾸어 은근슬쩍 협조를 해주더라는 것이었다. 역시 정치는 중앙이든 지방이든 진실한 태도로 끈질기게 대화와 협상을 해오는 사람 앞에 장사가 없더라는 점을 확실히 깨달았다. '구리월드디자인시티' 사업을 공식적으로 착수하게 된 시점은 민선4기가 중반을 넘어선 2009년 6월 23일 K&C와 MOA를 체결하면서 부터다. 이때도 구리시의회는 5:2로 한나라당이 다수의석을 차지하고 있었는데 전.현직 시의회 의장만 3명이 활동할 정도로 막강한 파워를 자랑했다. 그런 열세

속에서 시장이 이 엄청난 사업을 하겠다고 나섰으니 시의회의 노골적인 반대는 충분히 예상된 것이었다. 사실 다음 선거가 불과 1년여 밖에 남아있지 않았던 시점이었기 때문에 혹시 내가 다음 선거에 활용하기 위해 급조한 프로젝트가 아니냐는 오해가 불거져 더이상 이 사업에 관한 이야기를 꺼내기조차 힘든 상황이었다. 그런데 지성이면 감천이라 했던가. 때마침 LH공사가 '구리월드디자인시티' 사업에 대한 타당성 용역비 절반을 대겠다는 공문을 보내오는 바람에 시의회도 어쩔 수 없이 예산을 승인해 줬고 '구리월드디자인시티' 사업은 첫 항해를 시작하게 된 것이었다. 하늘은 스스로 돕는자를 돕는다고 했던가! 2010년 6월 민선5기(6대의회) 부터는 구리시의회 구성이 4:3으로 시장에게 유리하도록 역전되었다. 제 6대 의회 의장을 맡았던 박석윤 의원은 시 의장으로서 '구리월드디자인시티' 사업이 2번이나 큰 난관에 부딪쳤을 때 이를 슬기롭게 해결함으로서 오늘날 이 사업이 "그린벨트 조건부 해제 의결"까지 이룰 수 있게 한 정치인으로 역사적 평가를 받을 수 있을 것으로 믿는다.

⑥ '생존'을 위한 몸부림

나는 '구리월드디자인시티' 사업을 추진하는 동안 내내 마음이 급했다. 단 하루라도 더 빨리 사업을 진행하고자 했다. 그러나 그린벨트 해제 안건이 국토교통부 중앙도시계획위원회 심의에 상정되어 심사를 받고 있던 중 뜻밖의 복병이 나타났다. 서울시를 중심으로 한강 하류 지자체들이 '구리월드디자인시티' 사업을 반대하는 입장을 내세운 것이다. 그 대외적 명분은 '구리월드디자인시티' 사업지가 상수원 보호구역과 인접해 있기 때문에 여기서 배출되는 하.폐수가 식수원을 위협한다는 것이었다. 그런데 사실 구리시 하수처리장에서는 다행스럽게도 전국 최초로 'I3(아이트리플) 시스템'이라는 최첨단 하수처리

공법을 도입하여 운영하고 있었기에 '구리월드디자인시티'에서 발생하는 하수 전량을 사람이 수영을 해도 될 수준, 즉, 한강 수질보다 오히려 더 깨끗한 상태의 물을 방류하도록 계획되었기 때문에 이 사업으로 인해 한강 상수원 수질이 영향을 받을 수 있다는 하류 지자체의 걱정은 기우에 불과했다. 물론 상수원 수질은 하류 지자체들의 '생존'과 직결된 것이기 때문에 그들의 걱정과 우려를 전혀 이해할 수 없었던 것은 아니었기에 그들의 요구대로 3차원 수질모델링 용역도 수행하여 제시했다. 그 결과, 구리월드디자인시티에서 발생하는 하수를 전량 'I3(아이트리플) 시스템'으로 처리하여 방류할 경우 상수원 수질에 악영향을 끼치지 않고 오히려 한강 하류의 수질이 더욱 향상된다는 결과가 나왔다. 게다가 구리시는 서울시와의 갈등에 종지부를 찍기 위하여 발생 하수 전량을 'I3(아이트리플) 시스템'으로 처리하여 잠실상수원 하류까지 7.3Km관로를 연결해 방류하는 종합대책까지 세워 제시했다. 그런데도 서울시는 계속 완강히 반대하는 입장을 고수했다. 나는 박원순 서울시장을 직접 만나 설명하겠다고 회담을 요청했지만, 서울시 측은 묵묵부답으로 일관했다. 우여곡절 끝에, 박원순 서울시장을 만날 수 있었고, 박원순 서울시장은 대승적 차원에서 구리시의 입장을 수용함으로써 2015. 3. 19 국토부의 그린벨트 조건부 해제 의결을 이끌어 낼 수 있었다. 이제와 생각하면, 이모든 것이 '기적'이었다. 물론 기적을 바라고 일을 해서는 안 되겠지만, 진심을 담아 열과 성을 다해 일을 했더니 가끔은 전혀 기대하지 못한 기적이 찾아오기도 하더라. 최소한 '구리월드디자인시티'와 같이 한 도시의 운명을 바꿀 정도의 사업을 성공시키려면, 시장의 강한 의지와 열정만으로는 부족하고 반드시 여러 번의 기적도 함께 필요하다는 것이다. 먼저 사업의 규모가 크고 절차가 복잡하고 까다로운 만큼 시장이 두세 번 연속으로 당선되는 기적이 반드시 필요하고, 시의회의 원활한 협조를 얻을 수 있는 정치적 환경도 이뤄져야 하며, 중앙정부 및 국가기관의 정책결정도 중요하고, 정치권의 지원사격도 없어서는 아니 될 것이고, 무엇보다 시민들의 전폭적인 협조와 지지를 받는 '기적'이 반드시 필요하다. 그렇듯 한 도시의 운명을 바꿀 정도의 대형 시책사업은 시장의 의지와 노력만으로 되는 것이 아니다. 지난 세월, 수많은 분들께서 이 못난 시장을 믿고 기꺼이 흘려주신 피와 땀을 생각할 때 너무나도 가슴이 쓰리고 저려온다. 긴긴 지난 세월동안, 나는 내심 '구리월드디자인시티'가 다시 살아나 구리시가 '자족도시'로 도약하는 또 한 번의 기적이 허락되기를 간절히 하나님께 기도했다. 하나님께서 이 기도에 응답하셔서, 2018년 6.13지방선거에서 "구리월드디자인시티(GWDC) 사업 즉시 재개"를 1번 공약으로 제시한 안승남 더불어민주당 후보가 당선되었다. 물론 앞으로 어려운 고비가 여러번 찾아오겠지만, 반드시 해낼 수 있다고 굳게 믿는다. 2018. 6. 13 지방선거에서 안승남 구리시장 당선 후 6월말경 나는 구리시장 당선자의 특사 자격으로 미국을 방문하여 이미 떠나버린 미국 측 투자그룹과 NIAB(국제유치자문단) 전 의장단을 만나서 GWDC사업을 살려 다시 시작할 것을 요청하는 친서를 전달하였다. 그 후 사업부지에 대한 마스터플랜 용역이 착수되었고, 2018.11.9. 안승남 시장이 뉴욕에서 NIAB 전 의장단을 만나, 이 사업재개를 위해 새로운 국제자문단(IDAB)을 발족하기로 공식선언함으로써, 이 사업은 재탄생을 국내외에 공식화 하게 되었고, 2019년 2월 현재, 후속조치가 활발히 진행중에 있다. 구리시 같은 작은 지자체가 감당하기 힘든 일을 시작한 탓에 그동안 공무원들 사이에서는 별로 인기가 없었고 정치적 견제도 많이 받았지만, 나는 참으로 행복한 시장이었다. 늦은 밤 녹초가 되어 귀가해도 내일 할 일들을 생각하면 가슴이 설레어 소풍 가는 아이처럼 아침을 기다렸다. 만약 오래 전에 관선시장을 마치고 다시 내무부로 돌아갔다면, 혹시 장.차관은 한번 해볼 수도 있지 않았겠나 하는 생각을 해본다. 외무고시 동기 중에 외교부 장관도 나왔으니 어쩌면 나도 가능했을지도 모른다. 그러나 나는 구리시장을 하면서 장.차관이 부럽다는 생각을 단 한 번도 해본 적이 없다. 열심히 일하면서 하나 둘씩 찬찬히 바뀌어가는 구리시의 모습을 현장에서 직접 눈으로 보고 피부로 느낄 때 잘 성장하는 자식을 바라보는 부모의 심정과 같이 가슴 벅차게 행복했기 때문이다. 그게 내 체질이다. 시민들은 살기 좋은 도시가 되었다며 만족을 표시했다. 그렇다. 이제 남은 일은 '자족도시'를 만드는 일이다. 지난 10년 동안 나는 오직 '구리월드디자인시티(GWDC)' 유치를 통해 구리시를 '자족도시'로 만드는 일을 위하여 앞만 보고 열심히 달려왔다. 절대로 납득할 수 없는 '요상한 재판'으로 임기 도중 중도하차를 할 수밖에 없었던 억울하고 기막힌 사연과, 중앙정부에서 행정절차가 진행되는 등 지극히 정상적으로 추진되던 '구리월드디자인시티(GWDC)' 사업이 후임시장에 의해 좌초위기에 몰린 억울하고 안타까운 사정을 세상에 알리는 한편, 서울 동쪽 아주 작은 도시 구리시가 세계적인 디자인도시를 꿈꾸며 얼마나 처절한 몸부림을 쳐왔는지를 후세에 기록으로 남기고자 용기를 내 펜을 들었다.

제2장 국토교통부 그린벨트 해제 충족 완료! : 국토부 2015.3.19. 조건부 의결

본론으로 들어가기 앞서 다음 사례를 살펴보자.

<사례 1> "류현진, 승리 요건 충족…시즌 2승·통산 30승 눈앞"

미국 메이저리그에서 활동하고 있는 류현진 선수는 미국 로스앤젤레스 다저스 스타디움에서 열린 마이애미 말린스와의 홈 경기에 선발로 등판해 5⅓이닝 동안 홈런 두 방을 포함한 7안타를 내주고 팀이 5:2로 리드한 가운데 6회초 후속투수로 교체됐다. 이때 경기를 중계 방송하는 아나운서는 이렇게 말한다."류현진 선수, 승리투수 요건을 충족시키고 마운드에서 내려옵니다. 메이저리그 진출 이후 통산 30승이 눈앞에 있습니다." 야구에서 '승리투수 요건'이란 선발로 등판하여 최소 5이닝 이상 던지면서 점수를 리드하고 있는 상황에 마운드를 내려오는 것을 의미한다. 선발투수가 승리투수가 되고 안 되고는 마운드를 넘겨받은 다음 투수가 역전을 당하지 않고 끝까지 리드를 지속해야 하는 것이다. 만약 다음 투수가 점수를 내줘 역전을 허용하면 선발투수는 '승리투수'로 기록되지 못한다. 어쨌든 경기의 최종결과와 상관없이 5회까지 점수를 리드한 상태에서 교체될 경우, "승리투수 요건을 충족했다"고 말한다. 설사 공을 이어 받은 다음 투수가 상대팀에게 역전을 허용하여 경기에서 졌다고 하더라도 선발투수가 승리투수 요건을 충족시켰다는 점은 틀림없는 진실이 아닌가?

<사례 2> "○○그룹 ○○○ 회장, 가석방 요건 충족"

"○○그룹 ○○○ 회장은 대법원 최종 판결로 징역 5년을 선고받고 지금까지 3년 가까이 수감 중이어서 가석방 요건을 충족했다.

가석방은 형기의 3분의 1을 복역한 모범수를 대상으로, 법무부 장관이 재정하도록 돼있다.”「형법」제72조 제1항이 규정하는 가석방의 요건이란 “징역 또는 금고의 집행 중에 있는 자가 그 행상이 양호하여 개전의 정이 현저한 때에는 무기에 있어서는 20년, 유기에 있어서는 형기의 3분의 1을 경과한 후 행정처분으로 가석방을 할 수 있다.”고 규정하고 있다. 그러나 「형법」상의 가석방 요건을 채웠다고 해서 무조건 가석방이 되는 것은 아니다. 가석방이 되려면 우선 수감 교도소장으로부터 모범수 추천을 받아야 하며,「가석방심사위원회」가 심사를 하여 법무부 장관이 최종 결정하는 것이다. 즉,「가석방심사위원회」의 심사를 받기 위해서는 「형법」제72조에 명시된 ‘가석방 요건’을 반드시 충족해야하며, 이를 충족하지 못한다면 「가석방심사위원회」의 심사에 상정조차 되지 못한다. 그런데 위 대기업 회장은 가석방 요건을 충족했지만,「가석방심사위원회」의 심사에서 탈락하여 결국 가석방이 좌절됐다. 그 후 이 대기업 회장은 정부의 특별사면으로 석방되긴 했다. 어찌됐든, 언론이 이 대기업 회장을 가리켜 “가석방 요건을 충족했다”고 보도한 것이 ‘허위사실’이라고 볼 수 있겠는가?

1. ‘요건 충족’의 의미가 무엇인가?

위 사례들에서 볼 수 있듯이, 야구에서 선발투수가 승리투수로 기록되기 위해서는 반드시 5회 이상 투구를 하면서 리드하고 있어야만 ‘요건 충족’이 된 것이다. 또 가석방이 되기 위해서는 반드시 「형법」제72조가 규정한 요건을 충족해야만 「가석방심사위원회」의 심사에 상정될 수 있는 것이다. 따라서 어떤 일에 대한 최종 결정(결론.결과)이 내려지기 전에 당해 관련 법령, 규정.규칙상 요구되고 있는 요건(조건)이 충족되었을 때, ‘요건충족’이란 표현은 사용해도 된다는 이야기다. 재삼 확인하지만, 절차상 요구되는 요건(조건)들이 성취되었을 때 '요건 충족'이라 할 수 있지만, 그렇다고 그 것이 반드시 그 결과와 귀결되지 않을 수도 있다.

2. 기속행위와 재량행위

행정법을 보면, "~해야 한다."라고 기재된 부분과 "~할 수 있다." 라고 기재된 부분이 있다. 전자를 가리켜 '기속행위'라고 하고 후자 를 가리켜 '재량행위'라고 한다. '기속행위'는 어떤 요건이 충족되 면 법에 명시된 결과가 반드시 뒤따라야 하는 것이다. 예를 들어 건축허가의 경우, 건축법에 정한 요건에 해당하면 원칙적으로 반드 시 건축허가를 내주어야 한다. 반면 '재량행위'는 재량행사의 일반 적 기준.요건 및 절차를 제시한 '재량준칙'을 따르기는 하지만, 설 사 '재량준칙'에 명시된 요건이 모두 충족되었다고 하더라도 재량 권자가 결정 하지 않으면 그만이다. 그 대표적 사례가 바로 그린벨 트 해제이다.

3. 박영순 공저자의 법정 증언 −초등학생도 납득 못할 '요상한 재판' <무엇이 문제가 되었나?>

2014년 6월 4일 치러진 제6회 지방선거 운동기간 중이었던 5월 27 일, 나의 선거사무소 건물 외벽에 현수막 하나가 걸렸다. 현수막 한 장으로 나는 2년 6개월가량 남아 있는 임기를 다 채우지 못한 채 구리시장에서 물러나게 된 것이다. 의정부지방검찰청에서는 이 현수 막을 「공직선거법」상 '허위사실 공표'라며 기소하였고, 의정부지방법 원의 1심 판결에서는 선거결과에 미친 영향이 적었다며 벌금 80만 원을 선고하여 시장직을 유지할 수 있도록 하였지만, 서울고등법원 에서 진행된 항소심(2심)에서는 아무런 추가혐의가 입증되지 않았는 데도 불구하고, 형량만 3.75배가 뛰어 벌금 300만원으로 가중되었 다. 현수막의 크기가 커서 선거결과에 미치는 영향이 컸다는 것이 그 이유이다. 이러한 2심 선고를 대법원이 확정하여 나는 2015년 12월 10일 구리시청을 떠날 수밖에 없었다. 「공직선거법」위반으로 벌금 100만 원 이상을 선고받고 이를 대법원이 확정하면 당선이 무효가 되기 때문이다. 수첩도 만년필도 모두 시장실에 그대로 놔두고 퇴근했는데, 대법원의 선고와 동시에 나는 더 이상 구리시장이 아니었고 시장실로 들어갈 수도 없었다. 구리시에서 무려 다섯번에 걸쳐 15년 가까이 시장을 지냈는데 더 이상 관직에 무슨 미련이 있겠는가. 나는 다만 '구리월드디자인시티' 사업의 미래가 심히 걱정될 뿐이었다.

<누가 나를 고발했나? 바로 B 후보자의 회계책임자였던 K모씨>

나를 구리시선거관리위원회를 경유하여 의정부지방검찰청에 고발한 사람은 지난 2014년 제6회 지방선거 당시 B 시장후보자의 회계책임자였던 K모씨였다. 「공직선거법」상 선거사무장이나 회계책임자는 후보와 거의 동일한 법적책임을 지는 지위에 있기 때문에, 이 사건은 사실상 B 후보자가 나를 직접 고발한 것이나 마찬가지라고 생각한다.

<과연 현수막 문구 내용이 '허위사실'인가?>

"국토부 그린벨트 해제 요건 충족 완료!" 고발인은 "그린벨트 해제 요건이 충족되지 않은 상태인데 '충족 완료'되었다고 현수막을 내건 것은 허위사실 공표라는 것"이라고 주장했다. 검찰도 이 부분이 허위사실 공표에 해당한다고 판단하여 나를 기소하였고, 의정부지방법원(1심)도 이를 유죄로 인정하여 벌금 80만원을 선고하였다. 나는 당연히 고등법원에 항소하였다. 항소심에서 나는 이 현수막 내용은 '허위사실'이 아니라, 그린벨트 해제를 위한 일련의 행정절차 상 당시의 진도를 매우 정확히 표현한 것이라는 주장을 펼쳤다. 나의 주장은 이랬다.

① 그린벨트 해제의 '요건'은 무엇인가?

그린벨트(개발제한구역) 해제를 하기 위해서는 도시관리계획 변경을 해야 하는데, 이는 시장이 '입안'하고 국토교통부장관이 '결정'한다. 그린벨트를 해제하여 무엇을 할 것인가를 정하는'선택재량'은 시장에게 있고, 그 계획안을 검토.결정하는 '결정재량'은 국토교통부장관에게 있는 것이다. 따라서 그린벨트 해제는 지방자치단체와 국토교통부가 공동행정청의 지위를 갖는다. 그런데 그린벨트 해제는 시장이 국토교통부장관에게 무조건 그린벨트를 풀어달라고 조르는 것이 아니라, 국토교통부장관이 사전에 구체적으로 '기준.요건 및 절차'를 고시한 '재량준칙'에 따라 입안해야 한다. 그 '재량준칙'이 바로 국토교통부령 제2014-379호「개발제한구역의 조정을 위한 도시관리계획 변경안 수립 지침」이다. 여기에 그린벨트 해제에 필요한 '기준.요건 및 절차'가 비교적 구체적으로 명시돼 있다. 그렇다고 이 재량준칙에 나와 있는 요건을 모두 만족시켰다고 해서 그린벨트가 반드시 해제되는 것은 아니다. 다만, 여기에 나와 있는 사항들을 우선 만족시켜야만 국토교통부장관에게 그린벨트 해제 결정을 구할 수 있는 '최소한의 자격'이 주어진다는 것이다. 따라서 이 재량준칙에 명시된 '기준.요건 및 절차'중 단 하나라도 충족시키지 못한다면 중앙도시계획위원회 심의를 통해 국토교통부장관의 결정을 구하는 '결정단계'로 결코 넘어갈 수 없다. 만약 그 무엇 하나라도 부족하다면, 국토교통부 주무부서 차원에서 신청을 반려시켜 버린다. 실제로 그린벨트 해제를 위해 도시관리계획 변경안을 입안하는 과정은 지방자치단체와 국토교통부가 지속적으로 협의하고 논의를 거치면서 진행되기 때문에 국토교통부 주무부서인 녹색도시과가 '재량준칙'에 명시된 요건을 모두 충족했다고 판단해야만 최종 결정단계인 중앙도시계획위원회 심의에 상정될 수 있는 것이다. 지방자치단체가 아무리 졸라도 요건이 충족되지 않으면 절대로 심의에 상정시키지 않는다. 이렇게 중앙도시계획위원회의 심의에 상정되면, 위원회는 과연 지방자치단체의 요구대로 그린벨트를 풀어주는 것이 공익에 도움이 될지 아니면 기존대로 계속 그린벨트로 보존하는 것이 더 도움이 될지를 불확정 개념의 재량으로 판단한다. 경우에 따라서는 그린벨트 해제를 전제로 한 '조건'을 제시하기도 하고, 수정안을 제시하기도 하며 불허하기도 한다. 왜냐하면, 그린벨트 해제는 법이 정한 요건이 충족되면 반드시 어떠한 결과가 종속되어야만 하는 '기속행위'가 아니라 '재량행위'이기 때문이다. 따라서 중앙도시계획위원회의 불확정적 결정재량까지 '요건'으로 볼 수는 없는 것이다.

② 그린벨트 해제의 '절차'는?

그린벨트(개발제한구역) 해제를 위한 절차는 다음과 같다.

입안단계	(1단계)	국토교통부령 제2014-379호 「개발제한구역의 조정을 위한 도시관리계획 변경안 수립 지침」에 따라 해당 지방자치단체가 국토교통부 녹색도시과와 지속 협의하면서 「도시관리계획 변경안」 입안
	(2단계)	해당 지방자치단체에 의해 입안제출된 「도시관리계획 변경안」이 「개발제한구역의 조정을 위한 도시관리계획 변경안 수립 지침」에서 규정하고 있는 모든 요건을 충족시켰다고 국토교통부 녹색도시과가 판단했을 경우 최종 결정단계인 '중앙도시계획위원회' 심의에 상정
결정	(3단계)	중앙도시계획위원회 심의·의결
	(4단계)	중앙도시계획위원회 심의결과에 따라 국토교통부장관이 결정
고시	(5단계)	개발제한구역 해제 관보 고시(효력발생)

입안	⇐ ① 입 안 단 계 ⇒ (시장,군수)		⇐ 결 정 단 계 ⇒ (국토부장관)	⑤ 고 시
	(관계법령 요건 충족)	(관계부처 협의)	③ 중앙도시계획위원회 심의	
	② 해제요건 충족단계 → (중도위 심의 상정) (국토부 주무부서 판단)		④ 장관 결정단계 (자유재량행위)	

2014년 6월 4일 치러진 지방선거 당시, '구리월드디자인시티' 사업 부지에 대한 그린벨트 해제 절차는 통상적으로 '입안단계'라 불리는 (1단계)와 (2단계) 절차를 마치고, '결정단계'인 (3단계)에서 중앙도시계획위원회 심의에 상정되어 2차 심의까지 진행되고 있었다. 그러니까, 구리시 도시관리계획변경안이 국토교통부령인 「개발제한구역의 조정을 위한 도시관리계획 변경안 수립 지침」에 규정되어 있는 요건들을 모두 충족시켰기 때문에, 중앙도시계획위원회 심의에 상정되어 심의가 진행되고 있었던 것이다. 다시 말해, 만약 구리시가 입안한 도시관리계획 변경안이 이 국토교통부 재량준칙에서 정한 요건 중 단 하나라도 충족시키지 못했다면 중앙도시계획위원회 심의에 상정조차 되지 못했다는 이야기다. 정확하게 다시 한 번 더 정리해 보면, 구리시가 입안한 그린벨트 해제를 위한 도시관리계획 변경안은 2014. 5. 17. 당시 국토교통부 「개발제한구역의 조정을 위한 도시관리계획 변경안 수립 지침」에 명시된 요건을 모두 충족시켜 중앙도시계획위원회에 이미 상정되어 2차 심사까지 진행되었던 상태였으므로, 나는 "국토부 그린벨트 해제 요건 충족 완료!"라는 현수막 문구가 그린벨트 해제 절차상의 당시의 진척상태를 가장 정확하게 표현한 것이며 결코 '허위사실'이 아니라고 생각한다. 만약 그린벨트 해제가 어떠한 요건을 충족시키면 그린벨트가

자동적으로 해제되는 '기속행위'였다면 이야기가 달랐겠지만, 그린벨트 해제절차는 어디까지나 분야별 전문가들로 구성된 중앙도시계획위원회가 '요건이 충족'된 안건들 중에서 선별하여 심의.의결하는 것이므로'요건 충족'이란 말은 결코 '과장'된 것이 아니다.

③ '그린벨트 해제 요건 충족'과 '그린벨트 해제'는 전혀 다른 이야기다

검찰이나 법원은 "그린벨트 해제 요건 충족 완료!"라는 현수막 문구를 유권자들이 바라볼 때 마치 그린벨트가 해제된 것으로 오인하여 나의 당선에 유리하게 작용하였다며 당선무효형을 선고했다. 앞에서도 이야기했지만, 그린벨트 해제가 법적 요건을 충족시키면 법적효과가 자동적으로 따라오는 '기속행위'였다면 그럴 수도 있다. 그러나 그린벨트 해제는 어디까지나 요건이 충족된 안건 중에서 선별하여 결정하는 국토교통부장관의 '재량행위'로 요건이 충족되었더라도 그린벨트 해제가 자동적으로 되는 것은 아니다. 다만, 해제 요건을 일단 충족시키면 실제로 그린벨트가 해제될 가능성이 대단히 높아진다는 것은 부인할 수 없는 사실이다.

④ 재판부는"요건 충족 완료"에 있어 '완료'를 문제 삼았다

재판부는 '완료'라는 단정적인 어구를 사용한 것을 문제 삼았다. 그러니까 '해제 요건 충족'까지만 썼으면 모르는데, '충족완료'라고 썼기 때문에 이 현수막을 바라보는 유권자들이 마치 그린벨트가 해제된 것이라 오인하고 나에게 표를 던져 당선되었다는 것이다. 과연 구리시민들이 재판부가 생각하는 만큼 바보인가? 결코 아니라고 믿는다. 나는 재판 중에 과연 이 문구가 "그린벨트가 해제된 것으로 오인할 수 있다"는 검찰의 주장에 맞서 서울대학교 국어국문학과 교수에게 해석을 의뢰하여 제출하였는데 그 내용은 "그린벨트 해제가 가까워 왔다는 정도로 해석되는 것일 뿐, 그린벨트가 이미 해제된 것이라고 해석되지 않는다."는 것이었다. 어느 누가 이 문구를 그린벨트가 해제되었다는 내용으로 오인할 수 있겠는가? 나는 한마디로 말장난이었다고 생각한다. 우리는"역전 앞"이라는 말을 사용한다. 여기서 '역전'이란 '역(驛)'의 '앞(前)'을 이미 의미하는데 굳이'앞'이란 말을 또 반복하여 사용한다. 그렇지만 우리는 이를 전혀 이상하기 여기지 않는다. '충족'이든 '충족완료'든 그 본질에 무슨 차이가 있는가? 과연 구리시민들이 "그린벨트 해제 요건 충족 완료"라는 문구를 '그린벨트가 해제되었다'라고 오인하여 나에게 1만 표 이상의 압승을 허락한 것일까 되묻고 싶다. 지나가던 소도 웃을 일이다.

⑤ 허위사실 공표가 아니라 B 후보자의 허위비방에 대한 대응이었을 뿐이다

인간의 의사표현 수단으로 '말', '글', '몸짓' 등을 들 수 있을 것이다. 그 중에서 '말'은 '아'다르고 '어'다르다고 한다. 그 중에서 '글'은 말보다 더 정확한 표현수단일 것이다. 그런데 '글'도 띄어쓰기에 따라 전혀 의미가 달라지는 경우도 있다. 가장 쉬운 예로, "아버지가 방에 들어가신다."와 "아버지 가방에 들어가신다."는 띄어쓰기 하나만 잘 못되었을 뿐인데 그 뜻은 서로 전혀 다르다. 내가 "국토부 그린벨트 해제 요건 충족 완료! 구리월드디자인시티 유치 눈앞에"라는 내용의 현수막을 게시하게 된 이유는 당시 새누리당 B 후보자가 "사업 추진을 시작한지 7년이 지났지만 '가시적 성과'가 없다"면서 구리월드디자인시티 사업을 '허황된 공약'이라고 허위 비방했기 때문이다. 나는 기가 막혔다. 내가 시장으로 재임하면서 행정주사였던 사람을 계장→과장→국장으로 발탁해 승진시켰던 바로 그 사람이, 내가 시장으로서 '구리월드디자인시티' 사업을 성공시키기 위해 얼마만큼 피땀 흘려 노력해 왔는지를 가장 가까이에서 보아온 박영순의 최측근 참모가 어떻게 구리월드디자인시티 사업을 '가시적 성과'가

없는 '허황된 공약'이라 말할 수 있는지… 얼마나 많은 고비를 넘기며 복잡하고 까다롭기 그지없는 행정절차를 모두 이행해 그린벨트 해제의 최종단계까지 온 건데… 나는 화가 끝까지 치밀어 올랐다. 나는 즉시 선거참모들에게 B 후보의 네거티브 공격을 방어할 현수막을 당장 게시하라는 지시를 했다. 그런데 현수막이란 선거에서 꼭 필요한 홍보수단이지만, 단 몇 글자 밖에 들어갈 수 없어서 그 문구를 정하기가 여간 어려운 것이 아니다. 내가 원래 담고자 했던 내용은 이랬다. "무슨 소리냐? 구리월드디자인시티 사업이 지난 7년간 얼마나 '괄목할 만한 성과'를 냈는데 '가시적 성과'가 없다니? 이 사업은 현재 국토교통부의 「개발제한구역의 조정을 위한 도시관리계획 변경안 수립 지침」에 명시된 해제 요건을 모두 충족시키는 등 절차가 완료되어 최종 결정단계인 중앙도시계획위원회 심의에 상정돼 2차 심의까지 마친 상태로 앞으로 심의를 통과하면 조만간 구리월드디자인시티 사업이 유치될 것이다."그런데 이 길고 긴 내용을 공간이 제약된 현수막에 축약하여 넣다보니 어쩔 수 없이 "국토부 그린벨트 해제 요건 충족 완료! 구리월드디자인시티 유치 눈앞에!"라는 문구로 함축됐던 것이다. 그런데 이 현수막 문구를 문제 삼아 B 시장후보는 자신의 회계책임자를 시켜 선거관리위원회를 통해 검찰에 고발하였고, 그 결과로 나는 시장직을 잃고 말았다. 나는 여전히 이 표현이 그 당시 사실과 100% 부합된 표현이라고 생각한다. 앞에서도 여러 번 언급했지만, 요건이 충족되지 않으면 국토교통부 녹색도시과는 절대 중앙도시계획위원회 심의에 상정하지 않고 보완을 요구하거나 그대로 반려시켜 버린다.

<영 미심쩍은 검찰과 법원>

① 비슷한 사건, 180도 다른 검찰

'구리월드디자인시티' 사업 때문에 곤욕을 치룬 것은 나만이 아니었다. 구리시에 지역구를 둔 더불어민주당 소속 Y 국회의원도 이 때문에 「공직선거법」에 휘말렸다. Y의원은 2015년 3월 19일에 국토교통부 중앙도시계획위원회가 '구리월드디자인시티' 사업부지의 그린벨트 해제를 위한 도시관리계획변경안을 조건부로 가결하자, 구리시내 10여 곳에 "구리월드디자인시티 그린벨트 해제! 시민여러분의 승리입니다"라는 문구의 현수막을 게시했는데, 2016년 4월 13일 치러진 국회의원 선거에 출마했던 새누리당 모 후보 측에서 아직 그린벨트가 해제되지 않았는데, '그린벨트 해제'라는 내용의 현수막을 게시한 것은 허위사실 공표에 해당된다며 Y의원을 고발한 것이다. 검찰은 이 혐의로 Y의원을 기소하여 1심에서 벌금 150만원을 구형하였는데 법원은 당선유지형인 벌금 80만원을 선고하였다. 그런데 검찰은 '기계적 항소'라는 관행을 깨고 고등법원에 항소조차 하지 않았다. 왜 그랬을까? 이때는 2017년 4월 5일! 최순실 국정농단 사건으로 박근혜 전 대통령이 파면되고 우병우 전 민정수석이 이미 무너진 이후였기 때문이라고 생각한다. 반면, 나는 "그린벨트 해제 요건 충족 완료"라고만 했을 뿐 '그린벨트가 해제되었다'고 한 적이 없는데도 검찰은 징역 10개월을 구형했고 1심 재판부가 당선유지형인 벌금 80만원을 선고하자 이에 불복하여 고등법원에 항소까지 했는데 의정부지방검찰청의 기소검사가 서초동 서울고등법원까지 매번 쫓아와 엄벌을 주장하였다. 참고로, 이때는 2015년 초로 박근혜 정부, 특히 우병우 민정수석이 건재하던 시기였다. 나는 검찰의 잣대가 결코 공정하지 않았다고 생각한다. Y의원은 10여개 곳에 '그린벨트가 해제'되었다는 내용의 현수막을 걸었는데도 검찰이 벌금 150만원을 구형했고 1심에서 당선유지형인 벌금 80만원이 선고됐는데도 항소를 포기했다. 그러나 나는 단 1개의 현수막을 걸었고 그 내용도 '그린벨트가 해제되었다'는 내용이 아니라 '해제 요건 충족'이었지만 검찰은 징역 10개월의 실형을 구형했고 끝까지 쫓아와 고등법원에 항소를 하고 대법원에 상고까지 했다. 따지고 보면, Y의원의 현수막이 혐의가 더 크면 컸지 더 가볍다고 할 수는 없을 것이다. 그런데도 검찰은 위반혐의가 비교적 약한 나에게는 징역형을 구형하고, 혐의가 더 구체적인 Y의원에게는 150만원의 벌금형을 구형한 것이다. 과연 이러한 검찰의 잣대가 공정했다고 말할 수 있을까? 참고로 검찰에서 공안부 검사로 오랫동안 근무했던 한 지인이 일러준 사실인데, 기초단체장의 공직선거법 사건에 대한 구형량은 지방검찰청 검사가 아닌 대검찰청 공안부장이 결정한다고 한다고 한다. 가령 검찰이 벌금 1~200만원을 구형했다면 당선을 유지시킬지 아니면 당선을 무효 시킬 지를 법원의 법률적 판단에 맡기겠다는 의미인 반면, 징역형을 구형한다는 것은 기필코 당선무효를 시키겠다는 강한 시그널을 법원에 보낸 것이라고 볼 수 있다고 한다. 이와 같이, 대검 공안에서 지휘한다는 것을 사건을 직접 수사한 검사의 법률적 판단보다는 권력 상층부의 정치적 판단이 충분히 개입할 여지가 있다는 말이 되는 것이다. 다시 말하면, 박근혜 정부의 권력이 살아 있을 때와 몰락한 이후의 검찰의 태도는 완전히 딴판이었다. 나는 검찰 스스로 객관성을 잃고 정치적인 잣대를 들이댄 것이라고 고백한 것이나 다름없다고 생각한다.

② 서초동 서울고법 재판에 매번 나타난 의정부지검 검사

그런데 여전히 풀리지 않는 미스테리가 하나 더 있다. 나를 수사하여 기소한 의정부지방검찰청 소속 H모 검사가 1심 공판은 물론 서울고등법원의 항소심 공판에도 직접 나왔다는 점이다. 통상적으로

사건을 수사한 검사는 기소까지만 하고, 재판에는 다른 공판전담 검사가 나와서 진행한다. 그런데 의정부지방검찰청 소속 기소검사가 1심 재판은 물론 서초동 서울고등법원 항소심 법정에까지 따라와서 재판부에 엄벌을 주장했다. 나는 이때 H모 검사가 마치 나에게 개인적인 원한이라도 있는 사람 같다고 느껴졌다. 매우 복잡하고 중대한 사건이 아닌 이상, 고등법원에서 열리는 항소심에 기소검사가 계속 나오는 것은 대단히 이례적인 일이다. 과연 인구 20만도 안 되는 전국에서 가장 작은 도시의 시장의 「공직선거법」 위반 사건이 그렇게 중대한 사건에 해당되는 것일까? 물론 아닐 것이다. 그저 검찰 고위층 또는 청와대 등 권력의 상층부의 지시가 있었다고 의심할 수밖에 없다.

③ 시장직 유지(벌금 80만원)에서 당선무효형(벌금 300만원)으로 널뛰기한
　지나가던 소도 '납득 못할' 항소심 판결

대개의 경우, 고등법원의 항소심(2심)에서는 새로운 혐의가 밝혀지
지 않는 한 지방법원(1심)이 선고한 양형을 그대로 유지하거나 감
경되는 게 일반적이다. 그런데 나는 1심에서 벌금 80만원을 선고
받아 당선을 유지하도록 했지만, 서울고등법원에서 진행된 항소심
(2심)에서는 아무런 혐의추가도 없이 형량만 3.75배 가중시켜 당선
무효형인 벌금 300만원을 선고했다. 이 판결에 대해 TV조선은 "선
거사범 재판에서 범죄 혐의가 추가되지도 않은 채 형이 크게 가중
된 건 매우 이례적인 일입니다."이라고 보도했다. 또 경기일보는
사설을 통해 "현수막 내용대로 GB(그린벨트) 해제됐는데 왜 가중처
벌? 구리 시장 항소심 판결, 상식적으로 이해 안된다"라면서 결과
적으로 허위사실이 아니라 진실이 입증된 셈인데 오히려 가중처벌
을 하여 시장직을 박탈하는 것이 과연 합당한 것인지에 대해 의문
을 던졌다. 항소심 재판장이 선고일에 낭독한 판결문을 들으면서
이것은 완전히 감정적으로 판결하는구나 하는 생각이 무겁게 들었
다. 재판장은 "피고는 1심에서 너무 봐주었다"는 요지의 말도 서슴
지 않았다. 이 재판장을 서초동 법원가에 수소문해보니 평소 극보
수 성향의 판사들 모임에 나갈 정도로 보수성향의 판사라는 얘기를
전해 들었다. 이 재판장은 얼마 전까지 원세훈 전 국가정보원장의
공직선거법 위반 파기환송심 사건을 맡아 원세훈 전 원장에게 노골
적으로 유리한 쪽으로 재판을 진행한다는 편파성 시비에 휘말렸던
인물이다. 그렇다면, 나의 사건 역시 피고가 야당 소속이고 고향이
남쪽이라 하여 재판결과가 바뀐 것이 아닌가 하는 강한 의구심이
드는 게 사실이다. 그리고 서울고등법원 항소심 재판에서 정말 이
해가 안 되는 대목이 또 하나 있는데, 같은 서울고등법원 형사합의
부 중 바로 옆 재판부는 1심에서 벌금 200만원을 선고받은 A시장,

벌금 90만원을 선고받은 B시장, 80만원을 선고받은 C시장에게 모두 무죄를 선고했다는 점이다. 그런데 왜 내 사건을 맡은 재판부는 새로운 혐의가 추가된 것도 아닌데 어떻게 1심 형량보다 무려 3.75배나 가중한 당선무효형을 선고했는지 정말 납득할 수 없다. '구리월드디자인시티' 사업은 약 8년여에 걸쳐 구리시민들과 함께 눈물겹게 추진해온 사업으로 서울고등법원이 선고한 문제의 판결로부터 2개월 전인 2015년 3월 19일 국토교통부 중앙도시계획위원회는 그린벨트 해제를 조건부로 가결하였다. 나는 이러한 점이 항소심 재판에서 유리하게 작용할 것이라고 생각했다. 왜냐하면, 2014년 선거 전에 제출했던 서류에서 특별히 더 보완된 사항이 없이 그대로 심사한 결과였기 때문이다. 나는 "선거 전에 국토교통부로 제출한 서류 그대로 조건부 심의가결을 얻어냈다는 점은 '그린벨트 해제 요건 충족 완료'라는 문구가 절대 허위가 아니라는 점을 증명하는 것"이라고 재판부에 강력하게 주장했다. 그러나 그러한 나의 주장을 들은 재판부는 더욱 더 이상한 논리를 펴기 시작했다. 재판부는 구리시가 당초 그린벨트 해제 대상면적을 1,738,814㎡ (52만평)으로 신청했는데 중앙도시계획위원회가 환경등급 재평가를 이유로 해제 대상 면적을 785,765㎡(24만4천평)으로 대폭 축소하여 당초 신청면적의 약 45%만 조건부로 의결이 되었기 때문에 나머지 55%에 대해서는 국토교통부가 개발제한구역을 해제하는 데 필요한 요건 충족을 완료하지 못했다는 주장이었다. 한마디로 기가 차올랐다. 내가 언제 52만평을 해제하겠다고 현수막에 써놨는가? 해제면적은 구리시장이 정하는 게 아니라 전적으로 중앙도시계획위원회 위원들의 권한이다. 나는 2015년 3월 19일 중앙도시계획위원회 심의에 직접 참석하여 마지막 순간까지 52만평 해제의 타당성을 위원들에게 설득했다. 그러나 위원들의 입장은 처음부터 너무 크게 하려고 하지 말고 일단 24만 4천 평만 조건부로 해제하고 필요시 나머지 면적은 추후 2단계로 해제신청을 하면 되지 않겠냐는 것이었다. 나는 서울고등법원의 판결은 이미 결과를 정해놓고 판단 논리를 억지로 끼워 맞춘 것이라 믿고 있다. 이 재판장이 원세훈 전 국정원장 파기환송심을 담당했었는데 오죽 편파적으로 재판을 진행했으면 재판에 참석했던 부장검사가 화를 내고 법정 밖으로 뛰쳐나갔겠는가? 혹시 시간이 나시면 인터넷에 '원세훈 파기환송심'과 관련한 기사를 꼭 한번 찾아보시라. 심지어 "판사야? 변호사야? 이상한 재판 일세"라는 기사도 있다. 만일 내가 바로 옆 재판부에서 재판을 받았다면 나와 같이 공직선거법 시비에 휘말렸던 다른 시장들과 같이 '무죄'를 선고받았을 가능성이 대단히 높았을 것이라고 생각한다.

④ 명백한 법리오해를 간과한 의문의 대법원 상고심

대법원의 상고심은 법률심이다. 즉, 대법원은 사실관계를 따지지 않고 2심 재판이 법리를 오해하여 위법한 판결이 내려지지 않았는지에 대해서만 판단한다는 이야기다. 그래서 상고심에서는 무엇보다 상고이유서를 잘 써야 한다. 서울고등법원의 항소심에서 벌금 300만원을 선고받고 더 이상 물러설 데가 없어진 나는 법조계 인맥 등 모든 것을 동원하여 국내 최대의 법무법인으로 알려진 K 법률사무소와 자타가 공인하는 공직선거법 전문 변호사인 H모 변호사를 동시에 선임했다. K 법률사무소의 대표변호사와 막역한 관계인 어느 지인께서 나와 동행했던 탓인지 몰라도 그들이 요구했던 수임료는 세상에 돌아다니는 소문만큼 천문학적인 금액은 아니었다. 소위 전관예우를 받는 변호사가 통상적으로 요구하는 수임료와 엇비슷하거나 약간 많은 수준이었는데 국내 최고 수준의 율사들의 조력을 받는다고 생각하니 충분히 합리적인 금액이라는 생각까지 들었다. 만일 소문처럼 거액의 수임료를 요구했다면 내 경제사정으로는 도저히 감당할 수 없었을 것이다. 그렇게 비교적 합리적인 금액에서 수임계약을 맺게 되었고, 국내 최고의 율사들이 팀을 이뤄 만들어낸 상고이유서를 대법원에 제출하게 되었는데, 그 내용이 대단히 논리적으로 일목요연하게 정리되어 있어 '역시 K 법무법인이 뭔가 다르긴 다르구나!'는 감탄이 절로 나왔다. 나는 대법관님께서 이 상고이유서를 읽어보시기만 하면 틀림없이 다시 재판하라고 서울고등법원으로 파기환송 할 것이라 확신했다. 그러나 그런 나의 믿음과 기대와는 다르게 대법원은 '검사와 피고의 상고를 모두 기각한다'는 선고를 내렸다. 즉, 서울고등법원의 항소심(2심)이 벌금 300만원의 당선무효형을 선고한 판결을 확정한 것이다. 나는 그 즉시 시장직을 잃었다. 그런데 여기에서도 나는 한 가지 의혹이 남는다. 대법원은 대법관 4인으로 구성된 3개의 소부(1부, 2부, 3부)를 두고 있는데, 주심 대법관은 각 소부에서 사건별로 돌아가면서 배정된다고 한다. 주심대법관이 사건을 배당받으면 휘하 재판연구관들의 법률검토를 받아 소부에 속한 나머지 세분의 대법관들의 합의를 구해야만 선고할 수 있다. 그런데 대법관들의 소부 합의는 일주일에 단 하루만 있기 때문에 통상적으로 빨라야 1~2주가 소요된다고 한다. 내 사건의 경우, 2015년 11월 27일 금요일에 대법원 인터넷 사이트에 "쟁점사항 재판부 협의 중"이라고 떴는데, 이날로부터 네 분의 대법관 모두의 합의를 거치는데 최소한 일주일은 걸릴 것이고, 합의가 완료되어야만 선고기일이 정해지는 것이다. 그런데 내 사건은 2015년 11월 27일 금요일에 "쟁점사항 재판부 협의 중"이라고 게시된 후, 28일(토), 29일(일)이 지난 후 바로 다음 날 월요일인 11월 30일에 선고기일이 갑작스레 12월 10일로 정해졌다고 바로 게시된 것이다. 과연 이것이 무엇을 의미할까? 대법원에서 돌아가는 일은 극비라서 자세한 사정을 알 수는 없지만, 11월 27일 금요일에 쟁점사항을 대법관 네 분이서 협의하고 있었는데 주말이 지난 11월 30일 월요일에 선고기일이 잡힌다는 것은 어떻게 이해해야 할지 여전히 큰 의문으로 남는다. 혹시라도 권력의 핵심에서 오더를 받고 다음 해인 2016년 4월에 재선거를 치르도록 하기 위해서 사건을 제대로 들여다보지도 않고 2015년 12월 안에 서둘러 소부합의를 끝낸 것이 아닌가 하는 생각을 여전히 지울 수 없다.

⑤ 휴지조각이 되어버린 4만 5천 구리시민들의 탄원서

2015년 5월 8일 어버이날 행사가 구리시청 대강당에서 진행되고 있던 중에 "박영순 시장 당선무효형 벌금 300만원 선고"라는 항소심 재판결과 소식을 접한 구리시민들의 충격은 매우 컸다. 현수막 문구 하나 때문에! 그것도 상대후보를 비방하는 악성 허위사실 공표도 아닌데 당선무효형이라니! 7년 동안이나 정상적으로 추진해온 '구리월드디자인시티' 사업이 아무런 성과도 내지 못한 신기루에 불과하다는 상대후보의 악성 허위비방에 맞서 그린벨트 해제 절차의 진척을 이야기하기 위해 "국토부 그린벨트 해제 요건 충족 완료!"라는 현수막을 게시한 것뿐인데! 이렇게 박영순 시장이 중도하차를 하게 되면 구리월드디자인시티 사업 등 여러 공약사업들이 중도에 멈춰 서는 것은 아닐까… 이러한 여론이 확산되면서 불과 3주 만에 구리시민 45,106분 등 총 65,000분께서 대법원에 나의 선처를 부탁하는 탄원서를 제출해 주셨지만 모두 의미를 잃은 휴지조각이 되고 말았다. 2014년 6.4 지방선거에서 내가 얻었던 4만여 표보다 오히려 훨씬 더 많은 시민께서 너무도 감사히도 뜻을 모아주셨건만, 대법원은 본 척도 들은 척도 하지 않았다. 모름지기 헌법에서 권력은 국민으로부터 나온다고 하는데 최소한 지난 정부 하에서는 반드시 그렇지만은 않았던 것 같다. 물론 그런 탓에 박근혜 전 대통령이 분노한 국민들의 촛불 민심에 밀려 탄핵된 것이겠지만… 모쪼록 나는 2010년 제5회 지방선거에서 내가 받았던 46,991표(득표율 59.65%)에 필적할 만한 구리시민들의 지지를 다시 한

번 받았다는 점을 큰 위안으로 삼는다. 내 살아 숨 쉬는 동안 그 값진 은혜는 반드시 갚기 위해 모든 노력을 다할 것이다.

다음은 구리시민들이 대법원으로 보내주신 탄원호소문과 '구리월드디자인시티(GWDC)' 사업을 구리시와 함께 추진해 온 미국 측 파트너인 NIAB 국제자문위원회가 대법원에 보내온 탄원서의 영문 원본과 번역본이다.

[호소문]

구리시 살리기 탄원 호소문

선거현수막 달랑 한 개 때문에 우리 구리시가 죽을수는 없습니다. 아무 문제없는 선거현수막 달랑 한 개 때문에 당선 무효? 황당합니다! 박영순 구리시장이 작년 2014년 선거 당시 선거사무실 외벽에 게시한 현수막 한 개 때문에 서울고등법원(2심)에서 당선 무효형에 해당하는 300만원의 벌금을 받았습니다. (※ 선거법 위반의 경우 100만원 이상을 선고 받으면 당선무효입니다. 그러나 아직 대법원의 확정판결이 남아 있습니다.)

'국토부 그린벨트 해제요건 충족완료'라는 문구가 허위사실이라는 겁니다. 이미 지난 3월 19일 국토부 중앙도시계획위원회에서는 그린벨트를 조건부로 승인한 바 있습니다. 1심에서는 80만원의 벌금형(시장직 유지)이 선고 되었습니다. 금품을 수수한 사건도 아니고 상대방을 음해한 사건도 아닙니다. 더군다나 2심 재판과정에서 추가 증거가 제출된 바도 없습니다. 1심과 아무런 변동사항이 없는데도 갑자기 2심에서 당선무효형인 300만원(1심보다 4배많음)이 선고되어 많은 사람들이 의아해 하고 있습니다. 우리시민의 노력으로 추진해온 구리월드디자인시티 무산되면, 구리시 희망이 꺼지게 됩니다. 구리월드디자인시티에 외국인 투자자들이 투자하는 이유를

본인들이 밝혔는데 첫 번째, 뛰어난 입지조건 두 번째, 박영순 시장은 외교관 출신으로서의 국제 감각과 행정능력과 그리고 강력한 의지 때문이라고 했습니다. 만약 대법원에서 박영순 시장이 잘못되면 이 사업은 무산될 수 있고, 시민들의 노력 끝에 얻어진 그린벨트 해제도 원점으로 돌아갈 수 있습니다. 일자리가 생기고 세수가 증대되어 구리시가 국내 최고의 도시가 된다는 희망에 부풀어 있었던 우리는 갑자기 앞이 깜깜해집니다. 진심이 이깁니다! 우리의 의지를 보여 줍시다! 구리시가 발전하고 구리월드디자인시티가 성공하기 위해서는 잘못된 2심 재판 결과를 바로잡아야 합니다. 진실이 이깁니다. 우리의 삶의 터전을 우리 힘으로 지켜야 합니다. 대법원에 제출 할 탄원운동에 적극 동참하여 주시기를 호소 드립니다. 살리자! 구리미래! 구리시 살리기 범 시민비상대책위원회 지키자! 우리생존!

⑥ 미국에서 날아온 구리월드디자인시티 국제자문위원회(NIAB)의 탄원서 마저도…

NCD INTERNATIONAL ADVISORY BOARD

July 10, 2015

Dear Judges of the Korea Supreme Court:

We represent the NCD International Advisory Board (NIAB), an association comprised of investors, experts, and professionals in the field of hospitality design industry in the US and throughout the world, actively participating in the Guri World Design City ("GWDC") project, since NIAB was created in October 2012.

As key decision-making members of NIAB, we are dismayed to have learned that Mayor Young Soon Park, the most fundamental and indispensable figure in the GWDC project for the past 8 years, has been accused of violating election laws and that he now faces a trial before the Korea Supreme Court.

We have received reports regarding the allegations that have been made against him, and while we have some reservations about their validity of the arguments made, we understand that it is not our place to offer a comment on matters concerning Korean law. However, while we have no doubt that the Supreme Court of Korea will render a fair and just decision, we wish to raise our concerns in respect to circumstances surrounding the GWDC project and Mayor Park.

The GWDC project represents a perfect marriage of the hospitality design and the MICE (Meetings, Incentives, Conferencing, and Exhibitions) industries, a source of job creation. These business areas are often seen offering the highest level of value to the economies of advanced countries. We have been making plans for the enticement of more than 2,000 companies to enter the Korean market in the implementation of the GWDC project – unprecedented in its scale in Asia and one of the largest domestic commercial construction projects that Korea has ever witnessed.

When GWDC project is completed as planned in 2020, it has been estimated that more than 50 hospitality design expos and conventions will be held in Guri each year with at least 1.8 million design professionals all over the world visiting the country annually. We further envision that over 110,000 jobs will be created as a result of the project with economic gains to Korea worth around KRW 7 trillion.

Despite some 70% of global hospitality design contracts volume taking place in Asia, there are no design centers available yet to meet these needs. We at NIAB firmly believe that Guri, Korea offers the best locational advantages in being able to service not only all of Asia but also other regions and that the people of Korea have the expertise and professionalism to make Korea the epicenter of hospitality design businesses in the entire Asian-Pacific region.

The GWDC has faced a number of difficulties over the past 8 years but Mayor Park's endorsement and exemplary leadership proved instrumental in creating and further solidifying the relationships of trust with NIAB and everyone else involved in the GWDC project. Our collective vision and effort have only now begun to bear fruit and we are deeply concerned that the investor group will face an immense setback in pursuing the GWDC project if we could no longer rely on Mayor Park's support.

We believe Mayor Park is an honest and honorable man and a true testament to the tenacity and the can-do spirit that has made Korea such a huge success which we have all come to admire. We therefore respectfully request the Court to review the Mayor Park's case favorably in consideration of the project's stability and success that could only be ensured with his official leadership.

Very truly yours,

Michelle Finn
NIAB Chairwoman

Larry Carver
NIAB Vice Chairman

친애하는 대한민국 대법원 대법관님,

저희는 미국과 전 세계를 망라하는 하스피털리티 디자인 분야의 투자자, 전문가, 직업인들로 구성돼 2012년 10월 설립 이래로 구리월드디자인시티(GWDC) 사업에 활발하게 참여하고 있는 구리월드디자인시티 국제자문위원회(NIAB)를 대표하고 있습니다. NIAB 국제자문위원회의 주요 의사결정자로서, 저희는 지난 8년간 GWDC 사업에서 가장 중요하고 빼놓을 수 없는 인물인 박영순 시장이 공직선거법 위반 혐의로 기소되어 대법원의 재판에 직면하였다는 사실을 알게 되어 놀라움을 감출 수 없었습니다. 저희는 박 시장의 혐의에 대한 보고서를 받았으나 혐의사실 주장의 유효성에 대해 유보적입장이며 저희가 한국법과 관련한 일에 조언을 드리는 것은 적절치 않다고 이해하고 있습니다. 그러나 저희는 대법원이 공평하고 공정한 결정을 내릴 것이란 점에 아무런 의심을 갖지 않고 있으며, GWDC 사업과 박 시장을 둘러싼 상황에 대해 저희의 우려를 말씀드리고자 합니다.

GWDC 사업은 하스피털리티 디자인과 MICE(Meeting, Incentive Travels, Conventions, Exhibitions) 산업의 완벽한 결합을 의미하며, 일자리 창출원입니다. 이 사업분야는 선진국에서 경제에 가장 높은 가치를 부여하는 것으로 알려져 있습니다. 저희는 GWDC 사업시행에 따라 한국 시장 진출을 희망하는 2,000개 이상의 기업을 입주시키는 계획을 갖고 있으며, GWDC는 아시아에서 전례 없는 규모가 될 것이며 한국에서 가장 큰 상업건축 프로젝트 중 하나가 될 것입니다. 계획대로 2020년에 GWDC사업이 완공되면, 연간 50회 이상의 디자인 엑스포와 전시행사가 구리시에서 열릴 것이며, 연간 최소 180만 명 이상의 디자인업계 종사자들이 전 세계로부터 한국을 찾게 될 것입니다. 또한 저희는 이 사업의 결과로 11만 명의 일자리가 창출될 것이며, 약 7조원에 달하는 경제적 파급효과가 발생될 것으로 보고 있습니다. 전 세계 하스피털리티 디자인 계약 물량의 70%가 아시아에서 일어나고 있음에도 불구하고, 아시아에는 그러한 필요성을 충족시킬 수 있는 디자인센터가 아직 없는 실정입니다. 저희 NIAB는 구리시가 비단 아시아뿐만 아니라 기타 지역을 서비스할 수 있는 최적의 위치적 이점을 가지고 있으며, 대한민국 국민은 대한민국을 아시아-태평양 지역 전체의 하스피털리티 디자인 기업체의 진원지로 만들기 위한 전문기술 및 전문성을 가지고 있다고 굳게 믿고 있습니다. GWDC는 지난 8년간 수많은 고비와 맞이했으나, 박 시장의 지지와 훌륭한 리더십은 NIAB 회원 및 GWDC 사업과 관계된 모든 이들을 신뢰관계로 결속시켰고 더욱 강하게 만드는 역할을 하였습니다. 저희공동의 비전과 노력은 그 결실을 맺기 위해 이제 막 시작하였고, 만약 박 시장의 지원을 더 이상 받을 수 없을 경우 투자자 그룹이 GWDC 사업을 추진하는데 있어 거대한 암초로 작용하지 않을까 심히 우려됩니다. 저희는 박 시장이 정직하고 영예로운 분이라 믿으며, 저희 모두가 가히 존경할 수 있는 대한민국을 거대한 성공으로 이끌 강인한 견지와 '할 수 있다'는 정신을 가진 분이라 믿고 있습니다. 저희는 앞서 말씀드린 바와 같이 GWDC 사업의 안정성과 성공은 박 시장의 직위가 유지되어야만 가능하다는 점을 참고해 주셔서 박 시장의 사건을 선처하여 검토해 주실 것을 귀 법원에 요청 드리는 바입니다.

미쉘 핀   래리 카버

NIAB 의장   NIAB 부의장

⑦ 10조원 규모의 구리월드디자인시티를 살려달라고 그렇게 애원했건만…

'구리월드디자인시티' 사업은 약 8년여에 걸쳐 구리시민들과 함께 눈물겹게 추진해온 사업으로 서울고등법원이 선고한 문제의 판결로부터 약 2개월 전인 2015년 3월 19일 국토교통부 중앙도시계획위원회는 그린벨트 해제를 조건부로 가결하였고, 행정자치부의 중앙투자사업심사가 정상적으로 진행 중에 있었다. 국토교통부 중앙도시계획위원회가 해제고시를 전제로 '행정자치부 중앙투자사업심사를 통과할 것'이라는 꼬리표를 달아놨기 때문에 이 심사를 통과해 그린벨트 해제가 관보에 고시되어 효력이 발생하면, 토지보상, 건축인허가, 착공, 준공, 입주, 운영 등 향후 절차는 일사천리로 진행될 수 있는 것들이었다. 이 사업은 대법원 판결 직전 30억 달러(약 3조 4천억 원) 외자유치를 위한 투자협정도 체결되어 KBS, MBC 등 뉴스에도 보도된 바 있고, 이제 행정자치부의 중앙투자사업심사만 통과하면 성공궤도에 오를 수 있는 것이었다. 그런데 갑자기 이 사업을 8년여나 추진해 오던 시장이 갑자기 사라져버리면, 이 사업은 더 이상 추진되지 못하고 여기서 주저앉고 말 것이라는 점은 누구나 충분히 짐작할 수 있는 일이었다. 11만 명의 양질 일자리 창출과, 디자인과 MICE 사업이 융합된 새로운 산업을 구리시 한강변에 유치하여 대한민국이 아시아를 대표하는 국제 디자인 도시로 탈바꿈하도록 미래의 국가경제 발전에 크게 이바지 할 수 있는 절호의 기회를 대한민국 검찰과 재판부가 무참히 내팽개쳐 버린 것이다. 최순실의 국정농단 사건 이후 곰곰이 생각해 보니 나의 당선무효는 오롯이 '정치적 이유' 때문이었다고 판단할 수밖에 없다.

제3장 한강의 철선

1. 정상적으로 진행되던 구리월드디자인시티 사업, 누가 왜 죽여 놓았나?

내가 2015년 12월 10일 시장직에서 억울하게 퇴임하기 직전까지만 해도 구리월드디자인시티 사업은 2015년 3월 19일 국토교통부에서 그린벨트 해제 안건에 대한 조건부 의결을 받아낸데 이어, 행정자치부에서도 지방재정 중앙투자사업심사를 6차까지 진행하는 등 대단히 정상적으로 진행되고 있었다. 그런데 나를 퇴임시키고 재선거를 통해 취임한 후임시장에 의해, 현재 이 사업은 사실상 "뇌사" 상태로 전락했다. 좀 더 자세히 이야기하자면, 이 사업은 구리시와 미국측 당사자(NIAB)가 서로 역할을 분담하여 추진하는 민관합동형(PPP: Public-Private Partnership) 프로젝트인데, NIAB가 2016년 11월 8일자로 이 사업에서 철수하겠다고 공식통보해왔기 때문에 사실상 끝난 것으로 봐야한다.

NIAB hereby presents this letter as official notice to Guri City and GUC that NIAB is withdrawing its support from the Guri City site.

NIAB는 구리시 사업에서 지원을 철회한다는 공식통보로서 구리시와 구리도시공사에 이 서신을 보냅니다.

사실 투자자는 새로 구해도 된다. 돈이 되는 사업이라면, 새로운 투자자가 나설 것이다. 하지만, 구리시에 디자인 도시를 건설하여 연간 50회 이상의 디자인 엑스포 및 전시행사를 열고 시설을 운영하겠다는 사업주체를 새로 구하기는 아마도 불가능할 것이다. 결혼

에 비유하자면, 처녀.총각이 만나서 교제 끝에 결혼을 약속하고 결혼식 날짜까지 정했는데, 어느 한쪽이 파혼을 선언하면 그걸로 이 두 사람의 관계는 끝난 것이다. 그와 마찬가지로, GWDC의 미국측 상대방이 이 사업에서 손을 떼겠다고 공식통보를 했으면 이 사업은 끝난 것이다. 구리시는 2016년 11월 8일 이 통보를 받고 쉬쉬하다가 어느 지역 언론에 이 사실이 드러나자 구리시의회가 이에 관한 자료를 요구했는데 구리시는 2017년 1월 6일자로 NIAB 철회 통보서 사본을 구리시의회로 보내면서 "대외비"도장을 떡하니 찍어서 시민이나 언론에 공개하지 못하도록 했다고 한다. 지난 10년간 뜨거운 구리시민들의 열망과 지지 속에 수십억 원의 혈세를 들여 추진해온 이 사업이 '뇌사' 판정을 받았는데도 구리시는 이 사실을 비밀에 부쳤다. 2017년 5월 18일 모 언론사가 이 사실을 보도하자마자 B 시장은 이 언론사 대표에게 직접 전화를 걸어 다짜고짜 "보도가 잘못 됐으니 수정하라"고 요구했다고 한다. 그 언론사 대표의 말을 빌리면, B시장은"구리시는 NIAB Inc.와 2014년 5월 9일 개발협약(DA: Development Agreement)을 맺었을 뿐, NIAB 국제자문위원회는 일종의 친목단체로 이들의 철회는 아무런 의미 없다"는 것이라고 주장했다고 한다. 과연 그럴까? '구리월드디자인시티' 사업은 지난 2007년 가을 K&C 어쏘시에이츠라는 회사의 고창국 회장이 '아시아권 최초의 디자인센터'를 유치하겠다는 사업제안을 해옴에 따라 그 제안을 구리시가 채택하여 시작된 것이다. 당시는 NIAB가 정식으로 발족되기 이전이었지만, 당시 국제호스피털리티구매자협회(ISHP) 회장이었던 '래리 카버(Larry Carver)'가 이 사업을 적극 지지하였고, 닐슨그룹(Nielsen Group)에서 '하스피털리티 디자인' 사업을 총괄하던 '미쉘 핀(Michelle Finn)'이 합류하여, 2010년 미국 뉴욕에서 NIAB 국제자문위원회가 정식으로 발족하게 된 것이다. 여기에 아시아권 최초의 디자인센터의 필요성을 공감한 글로벌 디자인 및 건축기업의 대표자 및 최고위급 임원들이 합세한 것이다. 이들의 궁극적인 목표는 '구리월드디자인시티'를 직접 운영하는 것이다. 연간 50회 이상의 디자인 엑스포와 전시행사를 개최하고 상설전시장을 운영하여 연간 최소 180만 명의 방문객을 유치한다는 전략이다. 이들은 사업이 본격화되면서, 사업주체로서의 법인격이 필요하게 됨에 따라 NIAB 국제자문위원회 의장과 부의장을 포함한 3인이 등기이사로 미국 캘리포니아 주에 사무소를 둔 NIAB, Inc.라는 일종의 특수목적법인을 설립하게 된 것이다. 따라서 NIAB, Inc.의 본질적 핵심 주체는 바로 이 NIAB 국제자문위원회인 것이다. 왜냐하면, 그들이 시설을 개발하고 2,000개 외국기업을 입주시켜 운영할 사업주체이기 때문이다. 여기서 중요한 점은 구리시가 '하스피털리티 디자인' 산업을 중심으로 하는 디자인시티를 유치하고자 한다면, NIAB 밖에는 전혀 다른 대안이 없다는 점이다. 단언컨대, NIAB 이외의 사업주체를 찾기는 불가능하다. 그때 B 시장이 무슨 생각을 하고 있는지 몰라도, 일각에서 '노비문서'라고 주장하는 개발협약서(DA)를 개정한다고 한들 디자인센터 시설을 운영할 사업주체가 없어졌다는 점은 변함이 없다. 혹시 시장이 당장 미국으로 날아가 NIAB 앞에 무릎을 꿇고 눈물로 백배사죄를 한다면 혹시 모를까…(아마도 그럴 일은 없을 것이다.)

2. 미국 측은 왜 사업철회를 통보했나? 누구의 책임인가?

NIAB는 GWDC 사업에 대한 지원을 철회한 이유로 다음 세 가지를 들고 있다. 첫째, 구리시가 30억 달러 외자를 유치하기 위하여 체결한 투자협정서(IA) 상의 구리시 책무사항인 마스터플랜, 사업분석 및 재무수지예측 자료 수립용역을 수행하지 않아, IA(투자협정서)의 효력이 종료되었기 때문이다. 둘째, 구리시는 B 시장 취임후 그동안 활동해 온 국내유치자문위원회(NKAB)와 국제유치자문위원회(NIAB)의 정례회의 마저 취소함으로써 구리시가 이 사업 추진

의지가 없다는 점을 입증했기 때문이다. 셋째, 개발협약서(DA)에 의하면, 구리시는 이 사업을 위해 마스터플랜자문그룹(MPAG)을 구성.운영할 책임이 있는데 2015년 5월 8일 구리시는 MPAG를 구리시청에서 출범시키기는 했으나 그 후로 MPAG를 운영하지 않았기 때문이다. 결론적으로, NIAB는 구리시와 구리도시공사가 이 사업을 계속 추진하고자 하는 아무런 의지가 없다는 것으로 인지하였기 때문에 사업지원 철회를 통보한 것이다. 그렇다면, 이 사업이 이렇게 허무하게 끝나버린 것에 대한 책임은 누구에게 있는가?

3. 30억 달러(3조 4천억 원) 외자유치를 위한 투자협정(IA)도 끝나버렸다

'구리월드디자인시티' 사업의 성공을 위해서는 무엇보다 성공적인 외자유치가 1차적 핵심과제이다. 그러나 외자유치의 주체는 구리시가 아니다. 구리시가 세운 행정목표는 지역경제를 이끌어갈 든든한 산업기반을 유치하여 일자리를 창출하고 지역경제를 활성화는 것일 뿐, '구리월드디자인시티'를 소유하거나 운영하는 것이 아니다. 구리시가 할 일은 그린벨트를 해제하여 친수구역을 지정받은 후 토지를 수용하여 기반시설을 설치한 후 외자가 중심이 되어 설립되는 특수목적법인(SPC)에 일괄 매각하면 되는 것이다. 따라서 구리시가 사업시행자인 특수목적법인이 누구로부터 외자를 유치하던지 전혀 상관할 바가 아니었다. 그런데 2015년 3월 19일 국토교통부 중앙도시계획위원회는 몇 가지 조건을 달아 그린벨트 해제를 조건부로 가결했는데 그중 가장 핵심적인 내용은 다음과 같다. "외국인 투자와 관련하여 구리시가 외국투자기관의 권한이 있는 책임자와 법적 구속력을 지니는 투자계약을 직접 체결하여 투자의 신뢰성과 안정성을 확보할 것"나는 혼란스러웠다. 구리시가 외국투자기관과 법적 구속력을 갖는 투자계약을 직접 체결하라니… 이 한마디가 기존의 사업구도를 완전히 뒤바꿔 놓은 것이다. 사실 엄밀히 이야기하자면, 구리시가 해당 사업부지의 그린벨트가 해제되기도 전에 외국투자기관과 법적 구속력 있는 투자계약을 직접 체결하는 것은 거의 불가능한 일이다. 구리시가 갖고 있는 권한은 행정지원과 관련된 것 밖에 없다. 토평동 한강변 사업부지는 그린벨트인데다가 구리시의 소유가 아닌 80% 이상이 민간소유의 사유재산인데 도대체 구리시가 무슨 자격으로 이 토지의 매각을 전제로 외국투자기관과 투자계약을 직접 맺으라는 것인가? 이게 과연 국제 비즈니스 관행에서 양해가 될 수 있는 부분인지, 혹시 나중에 법적분쟁에 휘말리게 되는 것은 아닌지 무척이나 혼란스러웠다. 게다가 2015년 7월 22일 실시된 행정자치부의 제4차 중앙투자사업심사에서도 국토교통부 중앙도시계획위원회와 똑같이 '구리시가 외국인투자기관과 법적구속력 있는 투자계약을 직접 체결' 하여 다시 심사를 받으라는 보완요구를 해왔다. 따라서 외자유치에 관한 투자협정서(IA: Investment Agreement)를 체결하지 않고서는 행정자치부의 투자심사를 받을 수 없고, 이에 따라 그린벨트 해제 고시도 나올 수 없는 것이었기에 악순환의 고리에 빠지지 않게 하기 위해서는 법적구속력 있는 투자협정을 반드시 체결해야만 했다. 나는 절박했다. 그래서 용기를 끌어내 "그래 일단 부딪쳐 보자"며 모든 사정을 개발협약서(DA)의 '을'측 상대방인 K&C의 고창국 회장에게 있는 그대로 차근차근 설명했다. 그린벨트 해제에 대한 결정권한을 갖은 중앙정부가 그러한 요구를 해온 것이니, 어쩔 수 없는 일이 아니냐며 고 회장의 적극적 협조를 부탁했다. 현대그룹의 故 정주영 회장은 미포만의 항공사진 한 장 들고 "당신이 배를 사준다고만 하면 내가 영국에서 돈을 빌려 이 백사장에 조선소를 짓고 당신 배를 만들어주겠다."며 조선소를 지었다고 하는데, 나도 비슷한 처지가 아닌가 하는 생각마저 들었다. 그런데 진심이 통한 것일까? 고 회장은 자기 비용을 들여가면서까지 외국인투자자 측과 긴 협상을 벌여 30억 달러(우리 돈 약 3조 4천억 원)를 투자하는 투자협정을 구리시와 체결할 수 있도록 성사시켰다. 물론, 구리시장으로 오랜 기간 그들에게 보여줬던 나의 진심과 성의를 믿어보겠다는 점도 어느 정도 작용하였겠지만, 다시 생각해봐도 정말 '기적'같은 일이 아닐 수 없다. 왜 외국인투자자들과 30억 달러의 투자협약을 체결한 것이 '기적'적인 일인지에 대해 설명을 하자면 이렇다. 무엇보다 국토교통부 중앙도시계획위원회 심의를 받는 중에 그린벨트 해제 대상면적이 당초 신청했던 1,738,814㎡(52만평)에서 785,765㎡(24만4천평)으로 대폭 축소되었기 때문에 마스터플랜(사업기본계획), 사업분석, 재무수지예측 자료 등도 새롭게 작성해야만 했다. 상식적으로 생각해도 그러한 용역을 하지 않는 이상 총사업비가 얼마가 소요될 것이며(마스터플랜), 투자수익은 언제쯤 발생할 것이고(사업분석), 연도별로 투입되는 사업비가 얼마가 필요할 것인지(재무수지예측)를 알 수 없는데 어떻게 법적구속력 있는 투자계약을 체결할 수 있겠는가? 구리월드디자인시티 사업과 같은 대형 프로젝트는 시장에서 붕어빵 사 먹는 것과는 다르다. 일시불로 3조 4천억 원을 한꺼번에 예치하는 것이 아니라, 자금투입 스케줄에 따라 단계별로 자금을 분할로 투입하고, 중간에 수익이 발생하면 재투자하거나 투자금을 회수하도록 한다. 그러한 까닭에 외국인투자자들은 구리시와 법적구속력 있는 30억 달러의 투자협정서를 우선 체결하면서, 구리시가 ① 조정된 면적이 반영된 수정 마스터플랜, ② 사업분석, ③ 재무수지예측 수립 용역을 자신들이 신뢰할 만한 해당분야에 풍부한 경험을 가진 전문용역사로 발주하여 그 결과물을 자신들에게 제공해 주면, 이를 바탕으로 이사회의 투자적격 심사를 받은 뒤에 투자를 집행하겠다는 입장이었다. 외국인투자자들이 이미 많이 양보하여 앞 뒤 순서를 바꿔 투자협정을 체결해 줬기 때문에 구리시가 최대한 신속히 자료를 제공하는게 지극히 당연하고 합리적인 것이 아닌가? 그런데 내가 2015년 12월 10일 시장직에서 물러나고 난 후, 구리시와 구리도시공사는 이 용역을 제대로 수행하지 못하였고, 외국인투자자들과 체결했던 30억 달러(3조 4천억 원) 규모의 투자협정은 2016. 10. 12.자로 효력이 만료되어 끝내 휴지조각이 되어 버렸다. 이제 새로운 투자협정서(IA) 없이는 행정자치부의 투자심사도, 국토교통부의 그린벨트 해제 고시도 불가능하게 되었다.

4. 왜 구리시는 NIAB가 사업철회 통보의 이유로 들고 있는 "용역"을 하지 않았나?

어느 사업이나 마찬가지겠지만, 특히 대형사업의 경우 사업에 대한 마스터플랜(master plan), 재무수지분석(financial projection) 및 타당성 분석(feasibility study)이 반드시 선행되어야 한다. 이들 자료는 중앙정부 또는 지방정부의 인.허가를 받기 위해서라도 필수불가결한 자료이며, 특히 투자자 입장에서는 투자 가부를 결정하는 중추적 핵심자료이다. '구리월드디자인시티' 사업은 크게 두 단계로 나뉜다. 첫 번째 단계는 사업대상 부지가 그린벨트로 지정되어 있는 만큼 우선 그린벨트를 해제하고 친수구역을 지정하는 행정절차와 관계된 것이며, 두 번째 단계는 실제로 막대한 자금이 투입되어 토지를 수용하여 확보하고, 각종 시설물 및 건축물을 착공.준공하는 것이다. 첫 번째 단계에서 '그린벨트 해제'는 구리시가 입안하고 경기도를 경유하여 국토교통부가 최종 결정하는 것으로서, 이를 위해 구리시 도시관리계획 변경 절차를 밟아야 하는데, 이 도시관리계획 변경을 위한 신청서에 반드시 첨부되어야 하는 것이 바로 '컨셉 마스터플랜(기본사업구상)'이다. 이러한 '컨셉 마스터플랜'은 초기 단계의 기본적인 사업계획으로서 기본구상, 개발계획(토지이용계획, 인구 및 주택 계획, 교통계획, 공원 및 녹지 계획, 공공시설계획, 기반시설계획 등) 등이 포함돼 있다. 구리월드디자인시티 사업에 대한 위와 같은 '컨셉 마스터플랜'은 지난 2009년 6월 23일 체결된 구리시와 K&C 어쏘시에이츠 간에 체결된 합의각서(MOA)

에 의해, 구리시의 예산투입 없이, K&C의 비용부담 하에 미국의 세계적 도시계획 및 건축설계 기업인 존 프트만 & 어쏘시에이츠(JPA: John Portman & Associates)와 RTKL에 의해 수립되었고, 더 나아가 K&C는 세계 최대의 시장조사 기업이자 건축 및 디자인 관련 엑스포 개최분야에서 선두를 달리고 있는 닐슨그룹(Nielsen Group)에 타당성 조사(Feasibility Study) 용역을 의뢰하여 그 결과물이 국토교통부에 제출될 수 있었던 것이다. 이와 같은, K&C의 비용부담 하에 이루어진 '컨셉 마스터플랜'과 '타당성조사' 용역이 있었기 때문에 구리시는 이를 활용하여 구리시 도시관리계획 변경안을 수립하여 2015년 3월 19일 국토교통부 중앙도시계획위원회로부터 그린벨트 해제 조건부 의결을 얻어낼 수 있었던 것이다. 여기서 한 가지 지적하고 싶은 것은, 대부분 '컨셉 마스터플랜'과 '마스터플랜'은 그 범위에서 큰 차이가 있어 서로 혼용할 수 없는 개념인데도 불구하고 동일하거나 유사한 것으로 종종 혼동하고 있다는 점이다. '컨셉 마스터플랜'은 '마스터플랜'수립 전 단계에서 당초 계획하고 있는 바가 어떠한 것인지에 대한 개략적인 개념을 보여주기 위한 것으로서, 보통 2차원 평면 형태로 작성되는 반면, '마스터플랜'은 그 보다 훨씬 더 상세하고 구체적인 내용을 담고 있는 것으로서, 예컨대 국내 법 규정 및 현지의 사정을 정확히 반영하여 건폐율, 용적률 등까지 정확히 적용한 3차원적 계획이라고 할 수 있다. 따라서 '마스터플랜'이 나와야만 총체적인 연 건축면적을 산출할 수 있어 총 사업비용을 추산할 수 있게 되는 것이다. 어쨌든, 국토교통부 중앙도시계획위원회가 그린벨트 해제를 위한 조건부 의결이 있기 까지 기본적 용역 중 미국에서 수행하지 않으면 안 되는 것들은 K&C가 전적으로 비용을 부담하여 비교적 성공적으로 진행해 왔다는 사실은 부인할 수 없다. 그러나, 이제 그 다음 단계, 즉 국내외 투자자금 유치를 위해서는 건축계획까지 포함한 마스터플랜, 그리고 재무수지분석을 위한 재무·경제성 분석 용역이 반드시 필요하다. 그렇다면 누가 마스터플랜 비용을 부담해야 하는 것일까? 내 생각으로는 투자유치를 받는 쪽에서 제공하는 것이 옳다. 만일 당초에 계획했던 사업구도대로 특수목적법인(SPC)이 외국인투자자 측으로부터 투자를 받아 사업을 진행하는 구도였다면, 개발협약서(DA)상 투자유치를 전담하는 NIAB, Inc.와 K&C 측에서 부담하는 것이 맞을 것이다. 그런데 2015년 3월 19일 국토교통부 중앙도시계획위원회가 구리시가 외국투자기관과 법적구속력 있는 투자계약을 직접 체결하라는 바람에 졸지에 구리시가 투자를 받는 '계약 당사자'가 되어 버린 것이다. 그렇다면, 30억 달러 투자협정서의 계약당사자의 지위에 있는 구리시가 응당 용역비용을 부담해야 하는 것은 충분히 합리적이라 생각한다. 게다가 행정자치부도 2015년 10월 28일 열린 중앙투자사업심사에서 "당초 사업계획에서 사업규모 조정에 따른 경제성 및 재무성 분석을 포함하여 마스터플랜 수립 필요"라는 보완의견을 제시해 옴에 따라 어차피 구리시가 마스터플랜 및 재무.경제성 분석을 할 수 밖에 없는 상황이었다. 사실 외국인투자자 측(NIAB, Inc.)에서 마스터플랜 등 관련 용역 자료가 필요하다고 요청해 온 것은 그보다 훨씬 더 이전부터였다. 2015년 3월 19일 국토교통부 중앙도시계획위원회에서 그린벨트 해제를 위한 구리시 도시관리계획 변경안이 조건부 가결되고 얼마 지나지 않은 2015년 4월초, NIAB 국제자문위원회의 제10차 정례회의가 미국 캘리포니아 샌디에이고에서 열렸는데, 이 회의에 참석한 50여개 글로벌 기업들의 대표들이 열광적으로 환영해 주었으며, 나는 장차 이 사업은 순풍에 돛을 단 듯 순조롭게 추진될 것이라는 희망과 기대에 한껏 부풀었었다. 그런데 이 정례회의를 마친 후, 투자문제와 관련한 별도의 회의를 가졌는데 투자자 측(NIAB, Inc.)은 구리월드디자인시티 사업에 투자를 하기 위해서는 반드시 마스터플랜과 재무수지분석(financial projection)에 관한 용역 결과물이 먼저 검토되어야 한다는 점을 여러 차례 강조하였다. 한편,

외자유치 문제와 관련한 이견이 있어 K&C를 중심으로 한 외국투자그룹 대표들이 샌디에이고 회의 바로 다음 달인 2015년 5월 6일 방한해 서울 프레스센타에서 'GWDC 투자유치 설명회'를 열었는데, 이때도 마스터플랜 등 관련용역이 반드시 선행되어야 한다는 점을 재차 강조하였다. 당시 구리시의 입장은 국토교통부가 해제고시의 전제 조건 중 하나로 요구하고 있는 "외국투자기관의 권한이 있는 책임자와 법적구속력이 있는 투자계약을 직접 체결할 것"이라는 조건사항을 이행하는 것이 그 무엇보다 시급히 해결해야 할 과제라고 판단하고 있었기 때문에, 이를 위해서라도 투자자측이 요구하고 있는 마스터플랜 등 관련용역을 조속히 수행해야 한다는 점에 대해서는 모두가 한마음이었다. 나는 서둘렀다. 우선 시의회에 관련용역(마스터플랜, 마스터플랜 매니지먼트, 재무분석, 타당성 분석) 수행비용에 대한 총 23억 원의 예산승인을 요청했다. 물론 예상했던 바이지만 구리월드디자인시티 사업을 반대하는 일부 시의원들의 난리가 있었다. 그러나 다행히도 예산은 2015년 7월 21일 무사히 승인돼 구리도시공사로 보내졌다. 결론적으로 종합해 보면, 마스터플랜 등 관련 용역은 구리시와 외국인투자자들이 체결한 30억 달러 '투자협정(IA)'상 구리시의 책무이기도 하지만, 한편으로는 행정자치부의 2015년 10월 28일 실시한 제5차 중앙투자심사 후 보완이 요구된 사항이기도 하다. 행정자치부의 투자심사를 받기 위해서는 반드시 타당성조사 결과를 첨부해야 하는데, 이 타당성조사를 위하여 지방행정연구원 지방투자사업관리센터(LIMAC)가 제시한 「지방재정투자사업 타당성조사 수행을 위한 일반지침」(2016. 12.) 제42쪽에는 "사업내용에는 개략적인 공간(시설물)입지, 사업수행주체, 사업기간, 공사내역 및 총사업비 규모, 국고 비율 및 재원 조달 계획 등을 포함한 정보들이 기재되어야 하며 시설의 구체적인 위치까지 고려한 공간적 입지 선정이나 개략적인 공사 내역, 총사업비 등을 위한 사전 조사가 이루어져야 함"이라고 명시하고 있다.

따라서 "구체적인 위치까지 고려한 공간적 입지", "개략적인 공사 내역", "총사업비"는 '마스터플랜' 용역 결과의 도출 없이는 현실적으로 불가능한 것이다. 또 이 지침 제62쪽에는 "총사업비"를 추정하기 위해서는 "구체적인 시설물의 배치 등이 확정되지 않는 경우에는 정확한 공사물량을 산출할 수 없으므로 참조할 수 있는 공식적인 최근 실적자료를 인용하여 사업비 추정 방법, 항목, 평균단가 등을 최대한 현실적인 수치를 반영하여 비용을 추정"하도록 하며, "이때 반드시 연차별 비용 투입 일정이 포함"되어야 한다고 명시하고 있다. 그러나 애석하게도 구리월드디자인시티(GWDC) 사업은 국내에 유사사례가 '전무'한 사업으로 "참조할 수 있는 공식적인 최근 실적자료"가 존재치 않아 마스터플랜 용역이 선행되지 않는 한 정확한 공사물량을 포함한 '총사업비' 및 '연차별 비용 투입 일정'을 추정할 수 없다. 따라서 이 사업에 대한 그린벨트 해제 고시를 위해 행정자치부 및 국토교통부 등 중앙부처의 심사를 통과하고 또 필요한 외자가 본격적으로 유치되기 위해서는 반드시 구리시가 마스터플랜, 재무·경제성 분석 용역을 서둘러 수행했어야만 했다. 나는 그 어떤 사정이나 변명으로도 이 용역을 착수도 못한 사태는 정당화될 수 없다고 본다.

5. 정말 용역비가 부족하여 마스터플랜 등 용역을 착수하지 못했나?

구리시가 시의회로부터 승인받은 용역비 예산은 총 23억 원이다. 그 구성은 마스터플랜 매니지먼트 및 마스터플랜 수립 비용으로 15억 원, 재무.경제성 및 사업타당성 분석 용역으로 8억 원이 책정되었다. 그런데 관련 법 규정에 따라 구리시는 이 용역 예산을 집행하기 전에 경기도의 '계약심사'를 통해 23억 중 11억 원만 승인을 받았다. 물론 구리시와 구리도시공사 직원들의 설득도 부족한 점이 있었겠지만, 경기도청 공무원들도 이와 같은 대규모 외자를 유치하여 국제도시 건설을 하는 사업에 경험이 없던 탓인지 고작 11억 원 밖에 승인을 해주지않아 구리시와 구리도시공사가 많은 어려움을 겪게 된 것도 부인할 수 없는 사실이긴 하다. 이 용역비를 집행하면서 가장 문제가 됐던 부분은 '마스터플랜' 수립 용역비였다. 마스터플랜 수립용역비로 경기도가 승인한 예산이 7억 원이었는데, NIAB와 외국인투자자 그룹이 추천한 미국의 TVS란 용역사가 최종적으로 제시한 금액은 약 9억 원(85만 달러) 정도였다. TVS는 당초 이 사업면적을 1,738,814㎡(52만평)으로 잡고 약 16억 원 정도의 용역비를 요구했으나, 국토교통부 중앙도시계획위원회 심의를 거치면서 면적이 785,765㎡(24만4천평)로 축소되었기 때문에 구리시(도시공사)는 축소된 면적에 해당하는 용역비를 제시해 줄 것을 다시 요구하여 최종 85만 달러(우리 돈 약 9억 원)을 제시해 온 것이다. 그렇다면, 마스터플랜 수립을 위해 구리시가 집행할 수 있는 용역비는 최대 7억 원인반면, 미국 측 TVS사가 요구한 용역비가 9억 원이라면 얼핏 봐도 2억 원이 모자라는 셈이다. 그런데 용역관련 국내 법규를 살펴보면, 외국 회사가 단독으로 입찰에 응찰할 수 없도록 되어 있고 국내 회사와 컨소시엄을 구성하여 참여하거나, 국내 용역사가 단독으로 수주한 후에 외국 업체에게 도급계약을 주는 방법 밖에 없다. 그러한 우여곡절 끝에 구리도시공사는 입찰공고를 냈고 국내 업체인 '간삼건축'이라는 국내회사가 낙찰을 받아 수주하였다. 그렇다면, 간삼건축의 입장에서 보면 용역비 7억 원 중 일반경비 및 세금을 제외하면 5~6억 원밖에 남지 않기 때문에 TVS가 요구하는 9억 원을 도저히 맞춰줄 수 없는 곤란한 상황에 처하게 되었다. 뒤늦은 후회이지만, 만약 구리도시공사가 계약심사 단계에서 조금만 더 신경을 써서 경기도를 최대한 설득하는 등 현명하게 대처를 했다면 구리시의회로부터 어렵게 승인받은 총 23억 원의 예산의 절반에도 못 미치는(47.8%) 11억 원만이 '계약금액'으로 승인돼 비용문제로 외국인투자자 측과 소모적인 마찰을 빚을 일이 없었을 것이라 생각한다. 물론 표면상으로는 이 마스터플랜 용역비가 부족한 문제를 해결하지 못하고 끝내 평행선을 달린 것처럼 보이겠지만, 사실 구리도시공사는 용역비 절충에 대한 TVS사와의 협상을 2016년 5월말 경부터 진행하고 있지 않다가, 그해 10월말 이 용역을 공식적으로 중지해 버린 뒤 지급 됐던 착수금까지 회수해 버려 더 이상 이 용역을 수행할 의지가 없음을 보여줬다.

6. 용역비 차이를 극복하기 위한 방법은 정녕 없었나?

나는 용역비 부족을 극복할 두 가지 방안이 있었다고 생각한다. 아마도 내가 계속 시장으로 있었다면, 충분히 해결할 수 있었을 것이라 생각한다. 첫째, 설계변경 심사를 통해 과업내용을 조금 조정을 했다면 3~4억 원의 추가용역비는 충분히 승인받을 수 있었을 것이라 본다. 용역 설계변경은 예측하지 못했던 사태의 발생이나 계획의 변경 등으로 설계를 변경하는 것이다. 따라서 이 마스터플랜 용역의 과업범위를 일부 수정했다면 3~4억 원 정도의 증액은 충분히 가능했을 것으로 본다. 둘째, 경기도에 계약심사를 재신청하는 방법이 있을 것이다. 당초 구리시가 시의회로부터 승인받은 예산은 총23억 원이다. 그런데 경기도는 이 예산의 단 47.8%인 11억 원만 승인해 준 것이다. 예산이 없다면 모를까, 12억 원의 예산이 넉넉히 남아 있었다. 따라서 미국 측과의 협상과정에서 마스터플랜 수립 용역비에 대한 증액의 필요성이 대두되어 구리시가 경기도에 계약심사 재신청 또는 추가 신청을 하고 전후 상황을 충분히 설명하여 이해시킨다면 어느 정도의 증액은 충분히 가능했으리라 생각한다. 더욱이 남경필 경기도지사는 일찌감치 '구리월드디자인시티' 사업을 경기도 연정사업으로 하겠다고 선언하지 않았던가? 그런데도 구리시와 구리도시공사는 설계변경이나 재심사 등을 포함해 용역비

차이로 불거진 문제를 해결하기 위해 어떠한 노력도 하지 않은 채, 미국 측 TVS사와의 협상마저 서둘러 중단시켜 버렸다. 정말 화가 나고 한심하며 답답하다. 이미 날라 가버린 시장 직위는 그다지 아�섭지 않은데, 이렇게 일하는 척만 하는 모습들을 보면 가슴이 답답하다. 한강의 흐름이 막힌듯하다.

7. 외국인투자자 측은 구리시가 마스터플랜 등 신뢰성 높은 용역결과를 신속히 제공해주지 않으면 다른 도시로 옮겨갈 수밖에 없다고 최후통첩을 한바 있다.

한국 회사도 마찬가지이겠지만, 외국투자회사에서도 투자 여부를 결정하기 위해서는 엄격한 절차와 규정을 따른다. 무조건 오너가 지시하면 된다고 생각하는 것은 지나치게 순진한 생각이다. 다소 비약이 심할 수도 있겠으나 대단히 단편적인 예를 하나 들자면, 아들이 아버지에게 와서 "장사를 해볼까 하는데 돈 좀 주세요."라고 한다면, 아버지는 최소한 "무슨 장사를 할 것이냐?", "그 장사를 하면 얼마를 벌 수 있느냐?", "그 장사에 대해 충분히 알아 본 게냐?", "주변상권은 어떠하냐?", "장사 밑천으로 얼마가 필요하냐?" 정도는 반드시 물어본다는 게 상식이다. 만일 아들이 그 질문에 대해 아무 대답도 못한다면 선뜻 돈을 내줄 아버지는 아마 없을 것이다. 투자를 유치하는 것도 이와 전혀 다를 것이 없다. 따라서 국내외 투자기관이 투자를 결정하기 위해서는 마스터플랜(master plan), 재무수지예측(financial projection), 사업분석(business analysis) 등의 자료의 검토.분석은 필수적이다. 투자에 앞서 이러한 자료를 요구하여 심도 깊게 검토하는 것은 지극히 당연하고 상식적인 것이며, 국제적인 투자관행에서도 보편화된 절차이다. 만일 투자결정에 앞서 이러한 기초자료도 요구하지 않고 다짜고짜 거액을 선뜻 투자하겠다는 투자자가 있다면, 이는 보나마나 땅을 차지하고 있다가 시세 차익만 누리고 튀려는 속칭 '먹튀'세력일 가능성이 높다고 본다. 지난 2015년 10월, 구리시와 30억 달러 투자협정을 체결한 외국인투자자들은 큰 결단을 내렸다. 이들은 투자결정을 내리기 전에 마스터플랜, 재무수지예측, 사업분석 자료가 반드시 필요하다고 여러 차례에 걸쳐 요구했지만, 행정자치부가 구리시와 직접 법적구속력 있는 투자계약을 체결하라는 요구를 해오는 바람에 일단 1년 시효의 계약을 우선 체결해 주면서, 그 기간 안에 구리시가 마스터플랜, 재무수지예측, 사업분석 자료를 만들어서 자신들에게 제공해주면 이를 검토하여 더 구체적인 확약성 계약으로 발전시키겠다고 했던 것이다. 이러한 용역을 수행하는데 필요한 예산(23억 원)은 2015년 7월 21일 구리시의회가 승인하여 이미 준비돼 있었지만, 당시 도시공사 사장 임기가 거의 만료된 시점이었기 때문에 후임 사장 부임 후에 용역발주를 해야 하는 상황이었다. 이에 따라, 경기도의 계약심사 및 입찰공고 준비를 거쳐 2015년 11월 하순 경에 최초 입찰공고가 나갔으나, 1개 업체만 응찰함에 따라 유찰되어, 12월 초 2차 입찰공고가 나갔다. 그런 상황 속에서 나는 며칠 후 12월 10일 대법원으로부터 '당선무효'를 선고 받았다. 내게 딱 석 달의 시간만 더 허락됐더라도 오늘날 이렇게 비참한 결과를 낳지는 않았을 텐데 하는 생각마저 든다. 나의 당선무효 소식을 들은 외국인투자자들은 크게 놀라 흔들렸으며, 트레져베이 그룹의 커크 리(Kirk Li) 회장과 베인브릿지 인베스먼트사의 닉 치니(Nick Chini) 대표가 2016년 2월 11일 구리시청을 찾아와 구리시가 이 사업에 대한 추진의지가 있는지의 여부를 확인하고 특히 마스터플랜 등 관련 용역을 국제적으로 인정받을 수 있는 외국 전문용역사가 수행하여 최대한 신속히 그 결과를 제공해 줄 것을 요청하고 돌아갔다. 심지어 이들은 마스터플랜 용역이 원만하게 이루어지지 않으면 이 사업에서 철수하겠다는 강경한 입장까지 서슴없이 내비쳤을 정도로 분위기가 심상치 않았다고 전해졌다. 구리시장재선거가

치러진 2016년 4월 13일로부터 일주일이 지난 뒤인 4월 21일, 이들 외국투자사 대표 2명은 또 다시 방한하여 구리시청을 찾아 B 신임시장, 신동○ 시의회의장, 이행○ 구리도시공사 사장 등과 회담을 가졌다. 이 자리에서 이들 외국인투자자들은 사실상 최후통첩을 하였다.

"And instead of going through all the details, I just want to say that NIAB announced they have requested deadline for certain improvements being made by the end of April. And we will wait patiently for that decision, with all due respect, either way we will respect what happens and either we will proceed or we will withdraw." (그리고 상세한 내용을 모두 말씀드리는 대신에, 제가 말씀드리고 싶은 점은 NIAB가 4월말을 최종기한으로 하여 반드시 개선책을 마련해줄 것을 통보..요구했다는 점입니다. 그리고 외람된 말씀입니다만, 저희는 그 결과를 존중할 것이며 저희가 계속하여 투자를 진행할지 아니면 철수할지 인내심을 갖고 그들의 결정을 기다릴 것입니다.)

"We support the concept of a design center, if we have to do it in the different city, we will have to spend a lot of time, and effort. We don't want to do that, but we have to do that if a certain requirements are not made, specially if a master plan cannot be produced by somebody we have confidence in."(저희는 디자인센터의 개념을 지지합니다만, 만약 저희가 이 사업을 다른 도시에서 해야만 한다면, 저희는 아주 많은 시간과 노력을 허비해야 할 것입니다. 저희는 그렇게 하는 것을 원치 않습니다만, 만약 특히 저희가 신뢰할 수 있는 자에 의해서 마스터플랜이 작성되는 않는 등 특정 요구조건이 충족되지 않는다면 그렇게(다른 도시로 이전) 할 수밖에 없습니다.) 이 외국인투자자

측의 발언이 무엇을 의미하는가 하면, 4월말까지 마스터플랜 용역이 자신들이 신뢰할 수 있는 용역사라고 지명한 TVS와 계약이 체결되지 않으면, 이 사업에서 철수할 수도 있다는 최후통첩을 한 것이며, 심지어 다른 도시로 옮겨갈 수도 있다고 분명하게 통보한 것이다. 구리시가 이 최후통첩을 무시한 결과, NIAB는 이 사업에서 철수를 통보하고 해체하여 버렸으며, 실제로 이 사업을 수도권 다른 도시로 이전해 가고 있는 것으로 알려지고 있다. 이 어찌 통탄할 일이 아닌가?

8. 구리월드디자인시티를 살리기 위해서 아내를 구리시장재선거에 내보낼 수밖에 없었다.

사실 아내를 2016. 4. 13 구리시장재선거에 출마시켰다고 지나친 욕심이 아니냐고 볼멘소리도 많이 들었다. 나도 잘 알고 있다. 남편이 당선무효를 당했다고 해서 아내가 그 자리를 대신해 출마하여 수렴청정 하겠다는 구도 자체가 그다지 썩 보기 좋은 모습은 아니다. 하지만 나는 너무도 다급했다. 민선5기 시장임기 내내 정말 사력을 다해 열심히 일했고, 아주 조금만 더 가면 '구리월드디자인시티' 사업부지의 그린벨트는 해제 고시가 되고 머지않아 착공도 가능할 터인데 그 바로 앞에서 내가 무너졌기 때문이다. 무엇보다 한국의 소도시 시장인 나를 믿고 구리시 예산의 8~9년 치에 이르는 30억 달러 거액을 선뜻 투자하겠다고 해준 트레져베이그룹의 커크 리(Kirk Li) 회장과 베인브릿지 인베스먼트사의 닉 치니(Nick Chini) 대표에게 도무지 낯을 들 수 없었다. 이들 외국인투자사 대표들은 2016년 2월 11일 구리시청을 찾아와 투자를 확실 시 하기 위해서는 반드시 자신들이 신뢰할 수 있는 전문 업체가 마스터플랜 등 용역을 수행해야만 한다는 구체적 입장을 젊잖게 밝혔지만, 사실 이들은 내가 시장실을 비운 이후로 수개월째 용역계약 하나도 체결하지 못하는 구리시를 내심 불안해하고 있었다. 나는 그 다음 날 이들이 묵고 있는 잠실 호텔 롯데월드로 달려갔다. 이들의 바짓가랑이라도 붙잡고 '내 뒤에서 무슨 일이라도 할 터이니 제발 이 사업이 성공할 수 있도록 변치 말고 도와 달라'고 애원하고 싶어서였다. 그들은 내가 시장에서 물러난 이후 일처리 속도가 너무나도 지지부진하게 달라져 동력을 잃은 것 같다며, "박 시장 없이 이 사업을 계속 추진할 수 있을지가 의문"이라는 이야기를 했다. 구리시가 행정자치부의 투자심사가 급하다고 하여 마스터플랜, 재무.경제성 분석 자료도 받아보지 않고 순서를 뒤바꿔 투자협정까지 맺어줬는데, 시장이 없다고 하여 마스터플랜 용역을 수개월 넘게 착수조차 못하고 있다니 이런 어처구니없는 도시를 믿고 어떻게 천문학적인 거액을 투자할 수 있겠냐는 것이었다. 결국 그들의 기본적인 입장은 나 아닌 다른 사람은 믿지 못하겠다는 것이었다. 그렇다면, 방법은 나를 대신 할 수 있는 사람을 시장으로 내세워야 한다는 것이 아닌가? 나는 참으로 난감했지만, 그 싸늘한 분위기를 쇄신해보려 이렇게 한숨 섞인 농담을 던졌다. "당시 미국에서는 대선 경선이 벌어지고 있었는데 부창부수라고 힐러리 클린턴이 민주당 코커스(당원대회)에서 돌풍을 일으켜 남편의 뒤를 이어 차기 미국 대통령 후보로 유망하게 떠오르고 있다던데 제 입장에서는 참으로 부럽네요."그런데 뜻밖으로 그들은 환히 웃으며 나의 말에 반색을 하였다. "아! 그런 방법이 있었군요. 왜 안 됩니까?" 그들은 박 前 시장 부인이 출마하여 당선이 되면 내가 시장으로 있을 때와 변함없는 믿음을 줄 수 있다는 것이었다. 나는 아내에게 전화를 걸어 당장 서울로 오라고 했다. 나는 두려움이 엄습했다. 물론 몇몇 지인들이 모인 자리에서 아내의 출마 이야기가 나와 농담 반 진담 반으로 웃어넘긴 적이 있기는 했지만, 막상 아내가 외국투자자들 앞에서 당당히 출마의사를 피력해 줄 수 있을지 걱정이 앞섰다. 서울로 달려온 아내는 이들과의 면담에서 GWDC 사업을 위해서라면 자신이 나를 대신해 기꺼이 출마해서 반드시 당선되겠노라고 당차게 말하였고, 이들 투자자들은 그런 아내의 뜻을 환영하며 뜨거운 격려를 보내주었다. 그 후 그녀는 당내 경선에서 1위를 차지하여 더불어민주당 구리시장후보자로 공천되었다. 만약 이때 출마했던 다른 한 후보가 정치적인 약속을 지켰더라면, 새누리당 후보에게 어부지리로 시장 직위를 내주지는 않았을 텐데 하는 한이 남는다. 그러나 어찌하랴, 이것도 하나님의 뜻인 것을… 지금도 많은 구리 시민들이 내가 아내를 선거에 출마시켰다는 점을 상당히 불만스럽게 여기고 계시다는 것을 잘 알고 있다. 하지만 그때 구리월드디자인시티 사업을 살리기 위해 내가 할 수 있는 최선은 아내의 등을 떠미는 일 밖에 없었다. 나는 그만큼 절실하게 이 사업을 살리고 싶었다. 부디 너그러운 양해를 구한다.

9. 나를 끌어내리고 시장실을 차지한 그가 GWDC 사업을 'Back' 시켰다.

내가 구리시장으로 재임하는 동안 지역 언론인들로부터 '리틀 박'이라고 불리던 부하 공무원 한 사람이 있었다. 아는 사람들은 알겠지만, B 시장을 일컫는 별명이었다. 그는 내가 시장으로 재직하는 동안 6급 주사(계장)에서 지방공무원의 꽃이라 불리는 5급 사무관(과장)으로 승진 발탁하였고, 일반직 지방공무원으로서 기초단체에서 가장 높이 오를 수 있는 4급 서기관(국장)으로 40대의 젊은 나이에 초고속 승진 발탁했던 사람으로 자타가 공인하는 박영순 시장의 최측근 참모를 지냈던 사람이다. 민선4기(2006~2010)와 민선5기(2010~2014) 전 임기 동안 나는 그에게 요직을 맡겼고, 그가 비록 구리월드디자인시티 사업을 주관하지는 않았지만, 이 사업에 대한 지원업무를 총괄하는 실무 국장으로 있었기 때문에 이 사업을 전혀 모른다고 할 수는 없다. 그가 2014년 초, 나를 떠나 시장선거에서 정치적 적수로

맞붙기 전까지, 나는 구리월드디자인시티 사업에 대해서도 거의 모든 문제를 그와 상의했다. 왜냐하면, 그를 그만큼 믿었기 때문이다. 오죽 서로 가까이 붙어 지냈으면, 당시 일부 지역 언론인들이 그를 가리켜 '리틀 박'이라고 불렀을 정도다. 그러던 그가 2014년 6월 4일 실시된 시장선거를 앞두고 그해 3월 3일자로 퇴직하고 시장선거에 출마하면서 가장 가까운 참모가 적수로 뒤바뀌는 슬픈 일이 일어나고 말았다. 참으로 서글픈 인연이다. 2014년 1월 2일 구리시청 신년 인사회를 마치고 국장들과 시장실에서 '티타임'을 갖던 중에 그는 이렇게 말했다. "시장님, 측근이 돌아서면 치명타가 됩니다."바로 그 측근이 B 국장 자신이었고, 결국 그는 은인인 나에게 치명타를 날렸다. 여담이지만, 'B'씨 성을 가진 그가 이 사업을 'Back'시키고 말았다. 어쨌든 나의 최측근 참모 공무원이 2014년 6.4 지방선거에 출마해 GWDC 사업을 반대하는 입장으로 돌변했다. 선거 때에는 흔히 '전선'이라는 용어를 사용한다. 쉽게 이야기하면, 어떤 특정 이슈를 놓고 찬성 측 후보와 반대 측 후보가 서로 공방을 벌이면서 유권자의 표심을 얻는다는 뜻이다. 민선5기 임기 동안 나를 지켜본 사람이라면 누구나 쉽게 예상할 수 있었겠지만, 2014년 제6회 지방선거에서 나의 전선은 당연히 '구리월드디자인시티' 사업에 있었다. 2014년 6.4. 지방선거를 앞두고 그를 새누리당 시장후보로 전략공천을 해준 사람은 당시 비례대표 국회의원으로 구리시 당원협의회 위원장으로 내려온 P 의원이었다. 이 두 사람은 선거를 앞두고 지역 언론과의 인터뷰를 통해 '구리월드디자인시티' 사업에 대해 '가시적 성과가 없는 신기루'라는 등 '실현 가능성이 없는 허황된 공약'이라는 등으로 평가절하고 폄훼하는데 열을 올렸다. 이들은 선거운동이 시작되면서 자신들이 당선되면 구리월드디자인시티 사업을 폐기하고 그 대신 '복합리조트(Integrated Resort)'사업을 추진하겠다고 공약하였으며, 당시 '구리월드디자인시티' 사업은 그린벨트 해제의 마지막 관문인 국토교통부 중앙도시계획위원회에서 2차 심의까지 마치고 몇 가지 보완요구 사항에 대해 자료 및 조치계획을 제출한 시기였는데도, 이들은 선거운동 기간 내내 이 사업이 아무런 성과도 내지 못하고 있는 것처럼 네거티브 공세에 열을 올리고 있었다. 다행스럽게도 나의 선거캠프 참모들은 이미 선거 1년 전부터 새누리당 구리시 당원협의회 위원장이자 비례대표 국회의원인 P 의원의 행보를 유심히 지켜보고 있었다. 국회 교육문화체육관광위원회 소속이었던 P 前 의원은 유달리 카지노 양성화와 복합리조트에 집중하고 있었는데 그의 그러한 움직임에 비춰보아 앞으로 시장선거에서 새누리당 시장후보가 반드시 '복합리조트'공약을 가지고 나올 것이라는 것으로 확신하고 이미 수백 페이지에 달하는 자료를 준비해 철저히 분석해 놓고 있었다. 결국 시장선거 이슈는 '구리월드디자인시티'와 '복합리조트'와의 선택으로 갈라졌다. 그렇다면, '복합리조트'란 무엇인가? 한 마디로 이야기하면, '복합리조트'란'카지노(casino)'를 다른 이름으로 순화하여 표현한 것이라 알려져 있다. 싱가포르는 1965년 건국 이후 도박을 철저히 금지해왔었는데, 지난 2005년경 싱가포르 정부가 2개의 카지노를 세운다는 계획을 발표하자, 당시 싱가포르 국민들은 카지노에 대한 부정적 인식을 갖고 심하게 반발했다. 그러한 국민 반발에 대응하기 위해 '카지노'라는 명칭대신 '복합리조트'라는 명칭을 사용한 것이라고 알려져 있다. '복합리조트'에서 카지노가 차지하는 면적의 비중은 불과 2~5% 정도에 불과하고 대부분은 면적은 대형공연장, 호텔, 최고급 레스토랑, 쇼핑시설 등이 차지한다고 하지만, 실제로 매출의 80% 정도가 카지노에서 발생한다고 한다. 그렇다면, '복합리조트'의 실체는 두말할 나위 없이 '카지노'라는 소리다. 그래서 나는 선거운동 기간 중, "이번 선거는 '구리월드디자인시티'와 '카지노 도박도시'간의 선택입니다"라고 전선을 그었다. 그러자 그는 복합리조트는 '카지노'가 아니라'휴양시설'이라고 반박하면서, 나를 「공직선거법」상 낙선목적 허위사실 공표 혐의로 검찰에 고발하였다. 이 문제에 대해서만은 의정부지방검찰청이 나를 불기소 처분했다. 누가 보더라도 복합리조트의 실체가 카지노라는 점은 너무나도 명확했기 때문이다. 그러나 그는 끝까지 쫓아와 고등법원에 재정신청까지 했지만 당연히 기각됐다. 2016년 4. 13 재선거에서도 새누리당의 두 B후보는 GWDC 사업에 대해 여전히 '부정적'이었다. 나의 당선무효로 2016년 4월 13일 제20대 국회의원선거와 함께 치러진 구리시장재선거에서 B 후보는 선거운동 기간이 시작되기도 전부터 마치 이미 시장에 당선이라도 된 마냥 거침없이 구리월드디자인시티 사업에 대한 공격을 퍼부었다. 그는 2016년 3월 18일 J모 언론사와의 인터뷰에서 이렇게 밝혔다.

> "(구리월드디자인시티 사업은) 8년을 넘게 행정절차를 진행해 왔다. 절차와 방법상의 하자로 투융자 심사가 계속 반려되고 있다. 사업을 더 이상 진행하기 어렵지 않나 판단된다. 개발제한구역을 우선 해제하는 것이 급선무다. 그 후 한강변에 새로운 문화도시를 만들 수 있는 '문화창조융합밸리' 사업을 병행할 것이다."

이 인터뷰 내용을 분석해 보면, 그가 '구리월드디자인시티' 사업에 대해 기본적으로 어떠한 인식을 가지고 있었는지 단적으로 보여주고 있다. 첫째, "8년 넘게 절차와 방법상의 하자로 투융자 심사가 계속 반려되고 있다"는 그의 주장은 완전히 틀린 것이다. 먼저 '투.융자 심사'라는 용어는 예전에 쓰던 것이고, 2014년도부터는 "투자사업심사"라는 용어를 사용한다. 하지만 그가 공직에서 퇴직 한 이후에 변경된 것이니 몰랐을 수도 있다고 하자. 그리고 심사가 계속 '반려'되고 있다는 주장은 특히 틀린 말이다. 행정에서 '반려'란 제출한 내용이 조악하여 거들떠 볼 가치도 없어 '문전박대 퇴짜'를 맞았다는 이야기다. 그런데 구리월드디자인시티 사업은 2014년 7월 10일 행정자치부 지방재정 투자사업심사에 최초 상정된 이래로 2015년 10월까지 단 한 번도 '반려'를 당한 적이 없다. 구리월드디자인시티 사업의 규모가 워낙 크다보니, 신중한 심사를 위해 더 상세한 자료를 요구하는 차원에서 몇 번의 '재검토'를 받은 것뿐이다. 그런데 정작 행정자치부 투자심사에 '반려'를 맞은 것은 그가 시장으로 취임한 후 2016년 11월에 처음 있었다. 심사위원회가 이전 심사에서 보완하라고 요구한 내용은 하나도 채우지 못하고 그대로 심사의뢰를 했으니 '퇴짜'를 맞은 것은 당연한 결과다. 자기 스스로 '반려'가 무엇인지 몸소 보여준 셈이라 생각한다. 둘째, "한강변에 새로운 문화도시를 만들 수 있는 문화창조융합밸리(벨트) 사업을 병행할 것이다"라는 주장 역시 허무맹랑한 이야기라고 생각한다. 그린벨트 해제는 대단히 까다롭고 복잡한 절차를 요한다. 국토교통부는 지방자치단체가 땅이 필요하다며 조른다고 해서 무턱대고 그린벨트를 풀어주는 것이 아니라, 반드시 일정부분 공익성을 띄는 구체적 용도가 분명해야 하며, 그 계획부지의 대부분이 환경등급 3등급지에 위치해야만 한다. 그러나 앞에서도 여러 번에 걸쳐 이야기 했듯이, '구리월드디자인시티' 사업은 당초 1,738,814㎡(52만평) 해제를 국토교통부에 신청했다. 그러나 중앙도시계획위원회 심의 중에 환경등급 평가 기준이 바뀌면서 한강변 사업부지의 대부분이 개발이 원칙적으로 불가능한 환경등급 2등급지로 바뀐 탓에 불가피하게 구리월드디자인시티 사업면적이 785,765㎡(24만4천평)으로 줄어든 것이다. 나는 중앙도시계획위원회 심사 시 단 한 평의 땅이라도 더 해제하기 위해 몸부림쳐 봤지만, 아무 소용없었다. 그런데 구리월드디자인시티 사업만 해도 부족하게 절반 이상 줄어든 땅에 '문화창조융합밸리(벨트)'사업을 병행하겠다니? 이게 말이 되는가? 이러한 사실에 비춰볼 때, 그의 속내는 '구리월드디자인시티' 사업을 폐기하고 그 대신에 '문화창조융합밸리(벨트)' 사업을 추진하겠다는 것이라고 볼 수밖에 없다. 지난 최순실의 국정농단 사태 이후 새롭게 드러난 사실이지만, '문화창조융합벨트'사업은 문화계 황태자로 떠오른 차은택이 문화체육관광부의 문화창조융합본부장으로 자리 잡고 이 사업을 진두지휘했던 사실에 비춰 볼 때, 그가 구리시에서 하고자 했던 '문화창조융합벨트'사업이 바로 차은택이 주도하던 바로 그것의 연장선에 있지는 않았나 하는 강한 의구심이 든다. 게다가 그는 2016년 3월 21일 K모 언론사와의 인터뷰에서 입장을 밝혔다.

> "구리시의 가장 큰 현안은 토평동 66만㎡(20만평)의 GB해제입니다. 저는 토평동을 포함한 수변구역 330만㎡(100만평)을 개발해 264만㎡은 수변공원으로 개발하고 66만㎡은 GB를 해제해 근린생활시설로 개발할 계획입니다. 이 계획은 이미 P 국회의원을 비롯해 관계자들과의 협의가 끝난 상태이며 법률적 행정적 검토도 끝난 상태입니다. 여기에는 K-POP공연장 컨벤션 센터 등이 들어설 예정이며 한류의 메카로 발전시킬 계획입니다."

이 말이 과연 무엇을 의미하는가? 앞에서도 여러 번 이야기 했지만, '구리월드디자인시티' 사업부지에 대한 그린벨트 해제 안건은 78만 6천㎡(24만 4천 평)만 조건부로 승인됐다. 그런데 그는 뜬금없이 66만㎡(20만 평)의 그린벨트를 해제하여 '한류의 메카'를 만들겠다고 했다. 그렇다면 '구리월드디자인시티' 사업을 위해 12만 6천㎡(4만 4천 평)만 남겨놓고 나머지는 자기 마음대로 하겠다는 이야기가 아닌가. 정말 가당치 않은 소리다. 급기야 그의 4.13 구리시장재선거 선거공보에도 '문화창조융합벨트'란 용어가 어김없이 등장했다. 심지어 "당-정 투 톱(Two-Top)"의 힘으로 밀어 붙이겠다는 이야기다. 임기가 2년 남짓에 불과한 보궐시장이 도대체 무슨 재주로 짧기만 한 임기 내에 '구리시 관광객 1천만 명 시대'를 열겠다는 것인가? 정말 황당하기 그지없는 공약을 내세웠는데도 그는 거뜬하게 당선됐다. 당선 직후, 그는 구리시청 홈페이지'시장 인사말'에 자신의 가장 큰 목표가 '문화창조융합벨트'를 구축하는 것이라고 소개했다. 결론적으로, 그는 선거운동 기간 막바지에 접어들어 지역여론과 민심에 밀려 돌연 전임시장이 역점으로 추진해 오던 '구리월드디자인시티'사업을 감히 백지화하겠다고 하지는 못하고 보완하여 추진하겠다고 둘러댔지만, 그 속내에는 '구리월드디자인시티'사업은 없었고 그 자리를 뺏어 국정농단 세력들과 힘을 합쳐 '문화창조융합벨트'를 구축하려 했던 것이 아닐까 생각한다. 물론 집권여당의 적극적인 도움이 뒷받침 된다면 가능할 수도 있겠지만, 10조원 규모의 초대형 프로젝트가 그렇게 생각처럼 쉽게 폐기되고 불과 2년 안에 새로운 대체사업을 착수하기는 불가능에 가깝거나 대단히 어렵다. 그런데 입만 열면 "강력한 집권여당"이라고 자랑했던 정당이 그가 시장으로 취임한지 불과 1년여 만에 국정농단의 중심세력으로 국민의 촛불 심판을 받고, 이제 야당으로 전락했으니, 사람이 왜 교만하고 거만해서는 안 되는 것인지 그 교훈을 뼈저리게 새겨야 할 것이다.

제2편
공소와 재판

제2편 공소와 재판

제1장 검사의 공소장

의 정 부 지 방 검 찰 청

2014. 11. 14

사건번호   2014년 형제25469호, 26902호, 34656호, 54280호
수신자   의정부지방법원
발신자
검 사   허지훈

제 목   공소장
아래와 같이 공소를 제기합니다.

I. 피고인 관련사항

피 고 인   박영순(480126-), 66세
                직 업   공무원 010-○○○○-○○○○
                주 거   경기도 구리시 장자대로37번길 55-0
                             (교문동 덕현아파트)
           등록기준지 전라남도 해남군 문내면 석교리 ○○○○

罪 名   공직선거법위반
적용법조   공직선거법 250조 제1항, 형법 제37조, 제38조
구속여부   불구속
변호인   법무법인 정언(담당변호사 심찬섭, 김갑수, 김강노, 권성환, 김치련),
              법무법인 인(담당변호사 권창범, 구은석, 강준구, 차민정)

Ⅱ. 공소사실

범죄전력

피고인은 1996.4. 4.서울고등법원에서 공직선거및선거부정방지법위반으로
벌금 500,000월을, 2010. 8. 27. 의정부지방법원에서 공직선거법위반으로 벌금
700,000원을 각각 선고받은 사실이 있다.

범죄사실

1. 피고인의 신분

피고인은 2014, 6. 4. 실시된 제6회 전국동시 지방선거에서 새정치민주연합 구리시장 후보로 출마하여 당선된 사람이다.

2. 전제사실

구리시는 2007년도 하반기부터 개발제한구역인 구리시 토평동 일원 약 1,721,000㎡에서 구리시장인 피고인의 대표적이고 핵심 공약인'구리월드디자인시티'를 조성하기 위한 사업계획을 추진하여 왔고, 구리시는 개발제한구역 해제를 위해 경기도의 심의를 거친 후 2013, 2. 21, 국토교통부에 도시·군관리계획 변경 결정을 신청하였다. 개발제한구역 해제 여부에 대한 결정권자인 국토교통부 장관이 개발제한구역 해제를 위한 도시·군관리계획 변경을 결정하기 위해서는 중앙도시 계획위원회의 심의를 거쳐야 하고, 중앙도시계획위원회는 2013. 12. 5. 과 2013. 12. 19. 제1, 2차 심의를 실시하였으며 국토교통부에서는 2013. 12. 24. 구리시장인 피고인에게 중앙도시계획위원회 심의결과를 통보하였는데 그 심의결과는 구리월드디자인시티 조성 사업 계획과 관련하여,'사업의 실현성 및 안전성을 높이기 위해 계획안을 조정하여 제시할 것, 해제될 개발제한구역경계 및 토지이용계획을 포함한 보다

구체적인 단계적 개발계획(안)을 제시할 것, 재원조달계획을 상세히 제시할 것, 외국인 투자를 확실하게 담보할 수 있는 양해각서 이상의 구체적인 자료를 제시할 것, 대규모 개발제한구역 해제를 통해 지자체 개발사업을 추진하는 타당성 등 4가지 항목에 대한 구체적인 답변서를 중앙도시계획위원회에 제출할 것이라는 내용이었고, 이러한 내용을 보완하여 통 관련 자료를 국토교통부에 제출할 것을 요구하는 것이었다. 그러나, 구리시는 2014. 6. 4. 실시된 제6회 전국동시지방선거일까지도 위 국토교통부의 보완 요구 사항을 위해 관련 자료를 준비하고 있었을 뿐이고, 국토교통부에 보완 요구 사항을 접수하지 아니 하였으므로 국토교통부나 중앙도시계획위원회에서는 구리시의 개발제한구역 해제를 위한 도시·군관리계획 변경 신청이 개발제한구역을 해제할 수 있을 정도로 요건을 충족하였다고 심의하거나 결정한 바 없었고, 개발제한구역 해제에 대하여 승인하는 등 구리시의 개발제한구역 해제를 위한 도시·군관리 계획 변경 신청에 대하여 최종적인 결정을 한 사실이 없었다.

3. 범죄사실

누구든지 당선되거나 당선되게 할 목적으로 연설·방송·신문·통신·잡지·벽보 ·선전문서 기타의 방법으로 후보자에게 유리하도록 후보자의 경력·행위 등에 관하여 허위의 사실을 공표하여서는 아니된다. 그럼에도 불구하고,

가. 피고인은 2014. 5. 22. 경부터 2014. 6. 4.경까지 사이에 피고인의 선거사무소가 있던 구리시 경춘로 229 쌍용플레티넘선스타워 건물 외벽에 피고인의 이름, 기호와 함께"구리월드디자인시티 유치 눈앞에! 국토부 그린벨트 해제 요건충족 완료!"라고 기재된 현수막 1장을 게시하고, 같은 건물 외벽 출입구에 위와같은 내용의 문구가 자동반복되는 전광판을 설치하였다. 그러나 사실은 당시에 구리시의 개발제한구역 해제를 위한 도시·군관리계획 변경 신청에 대하여 국토교통부의 중앙

도시계획위원회에서 위 제2항에서 기재한 내용에 대하여 보완할 것을 요구하는 등 심의 중이었을 뿐이었고, 더군다나 구리시는 국토교통부와 중앙도시계획위원회에게 보완 요구 사항을 제출한 사실도 없는 등 개발제한구역을 해제할 수 있을 정도로 요건을 충족시킨 사실이 없었다. 이로써 피고인은 당선될 목적으로 현수막을 게시하고, 전광판을 설치하는 방법으로 피고인에게 유리하도록 피고인의 경력·행위 등에 관하여 허위의 사실을 공표하였다.

나. 피고인은 2014. 5. 27경부터 2014. 6. 4.경까지 사이에 구리시 수택동 일원에서, 피고인의 이름, 기호와 함께 "2012. 12. 국토부 승인으로 GB해제 진행중"라고 기재된 현수막 3장을 게시하였다. 그러나 사실은 당시에 구리시의 개발제한구역 해제를 위한 도시·군관리계획 변경 신청에 대하여 국토교통부와 중앙도시계획위원회에서 제2항에서 기재한 내용에 대하여 보완할 것을 요구하는 등 심의 중이었을 뿐이었고, 국토부에서 개발제한구역 해제를 승인한 사실이 없었다. 이로써 피고인은 당선될 목적으로 현수막을 게시하는 방법으로 피고인에게 유리하도록 피고인의 경력·행위 등에 관하여 허위의 사실을 공표하였다.

4. 첨부
1. 변호인선임서 2부

제2장 의정부지방법원

1. 의정부지방법원 판결문

의 정 부 지 방 법 원

제 1 1 형 사 부

판 결

사 건	2014고합411공직선거법위반
피 고 인	A
검 사	허지훈(기소, 공판)
변 호 인	법무법인 B 담당변호사 C, D, E, F, G
	변호사 H
판 결 선 고	2014. 12. 23.

주 문

피고인을 벌금 800,000원에 처한다.

피고인이 위 벌금을 납입하지 아니 하는 경우 100,000원을 1일로 환산한 기간 피고인을 노역장에 유치한다.

피고인에게 위 벌금에 상당한 금액의 가납을 명한다.

이 사건 공소사실 중 2014. 6. 2경부터 2014. 6. 4경까지 게시한 현수막 3장에 대한 공직선거법위반의 점은 무죄.

이 유

범죄사실

1. 피고인의 신분

피고인은 2014. 6. 4. 실시된 제6회 선국동시 지방선거에서 I 후보로 출마하여 당선된 사람이다.

2. 전제사실

J는 2007년 하반기부터 개발제한구역인 K 일원 약 1,721,000 ㎡에서 1인 피고인의 대표적이고 핵심 공약인 'L'를 조성하기 위한 사업계획을 추진하여 왔고, 개발제한구역해제를 위해 경기도의 심의를 거친 후 2013. 2. 21, 국토교통부에 도시·군관리계획 변경 결정을 신청하였다. 개발제한구역 해제 여부에 대한 결정권자인 국토교통부 장관이 개발제한구역 해제를 위한 도시·군관리계획 변경을 결정하기 위해서는 중앙도시계획위원회의 심의를 거쳐야 하고, 중앙도시계획위원회는 2013. 12. 5.에 제1차 심의를, 2013. 12. 19. 제2차 심의를 각 실시하였으며, 국토교통부에서는 2013. 12. 24. I인 피고인에게 중앙도시계획위원회 심의결과를 통보하였는데, 그 심의결과는 L 조성사업 계획과 관련하여, '① 사업의 실현성 및 안전성을 높이기 위해 계획안을 조정하여 제시할 것, ② 해제될 개발제한구역 경계 및 토지이용계획을 포함한 보다 구체적인 단계적 개발계획(안)을 제시할 것, ③ 재원조달계획을 상세히 제시할 것, ④ 외국인 투자를 확실하게 담보할 수 있는 양해각서 이상의 구체적인 자료를 제시할 것, ⑤ 대규모 개발제한구역 해제를 통해 지자체 개발사업을 추진하는 타당성 등 4가지 항목에 대한 구체적인 답변서를 중앙도시 계획위원회에 제출할 것이라는 내용이었고, 이러한 내용을 보완하여 관련 자료를 국토교통부에 제출할 것을 요구하는 것이었다. 그러나 J는 2014. 6. 4. 실시된 제6회 전국동시지방선거일까지 위 국토교통부의 보완요구 사항을 위해 관련 자료를 준비하고 있었을 뿐이고, 국토교통부에 보완요구 사항을 접수하지 아니 하였으므로 국토교통부나 중앙도시계획위원회에서는 J의 개발제한구역 해제를 위한 도시·군관리계획 변경 신청이 개발제한구역을 해제할 수 있을 정도로 요건을 충족하였다고 심의하거나 결정한 사실이 없었다.

3. 범죄사실

 구든지 당선되거나 당선되게 할 목적으로 연설·방송·신문·통신·잡지·벽보선전문서 기타의 방법으로 후보자에게 유리하도록 후보자의 경력, 행위 등에 관하여 허위의 사실을 공표하여서는 아니된다. 그림에도 피고인은 2014. 5. 27경부터 2014. 6· 4·경까지 피고인의 선거사무소가 있던 M 건물 외벽에 피고인의 이름, 기호와 함께"L 유치 눈앞에! 국토부 그린벨트 해제요건 충족 완료!"라고 기재된 현수막 1장을 게시하고, 같은 건물 외벽 출입구에 위와 같은 내용의 문구가 자동반복되는 전광판을 설치하였다. 그러나 사실은 당시에 J의 개발제한구역 해제를 위한 도시·군관리 계획 변경 신청에 대하여 국토교통부와 중앙도시계획위원회에서 위 제2항에서 기재한 내용에 대하여 보완할 것을 요구하는 등 심의 중이었을 뿐이었고, 더구나 J는 국토교통부와 중앙도시계획위원회에게 보완요구 사항을 제출한 사실도 없는 등 개발제한구역을 해제할 수 있을 정도로 요건을 충족시킨 사실이 없었다. 이로써 피고인은 당선될 목적으로 현수막을 게시하고, 전광판을 설치하는 방법으로 피고인에게 유리하도록 피고인의 경력·행위 등에 관하여 허위의 사실을 공표하였다.

증거의 요지
1. 피고의 일부 법정진술
1. N, O에 대한 각 검찰 진술조서
1. 현수막 사진, 전광판 사진
1. 수사보고(L 조성계획 안내 자료 첨부, A 선거공보자료 첨부 등, A 방송연설문 녹취서 작성 등, 중앙도시심의위원회 보완요구사항 확인, 국토부 도시관리계획 변경 지침 첨부)

법령의 적용
1. 범죄사실에 대한 해당법조 및 형의 선택
   공직선거법 제250조 제1항(벌금형 선택)
1. 노역장유치
   형법 제70조 제1항, 제69조 제2항

1. 가납명령

　형사소송법 제334조 제1항

피고인 및 변호인의 주장에 대한 판단

1. 주장의 요지

　J는 2014. 5. g. L 조성사업 개발협약서(DA) 체결을 끝으로 국토교통부에서 요구한5가지 보완요구사항에 대한 자료의 제출준비를 완료한 상태였는바, 공소사실 기재와 같은 현수막과 전광판의 내용은 허위의 사실이 아니다.

2. 판단

　살피건대, 이 법원이 적법하게 채택하여 조사한 증거들에 의하여 인정되는 다음과 같은 사정, 즉 ①'국토부 그린벨트 해제 요건 충족 완료'라는 문구는 문언상'국토교통부가 그린벨트를 해제하는 데 필요한 요건이 완료되었다'는 의미로 해석되고, 선거구민들 역시 위와 같은 의미로 이해하였을 것으로 보이는 점, ② 중앙도시계획위원회의 5가지 보완요구사항은 사업의 실현성 및 안전성을 높이기 위한 계획안 구체적인 단계적 개발계획, 재원조달계획, 개발제한구역 관리 방안, 외국인 투기 방지 대책 등 대부분이 J의 계획이나 방안, 대책 등을 제시하라는 것으로, 가 보완요구 사항에 대한 자료를 준비하여 제출하는 것으로 곧바로 요건이 완료되는 것이 아니라, 반드시 그 계획이나 방안이 적절한 것인지에 대한 중앙도시계획위원회의 재심의가 필요할 것으로 보이는 점, ③ 따라서 J에서 자체적으로 위 보안요구 사항에 대한 준비를 끝마쳤다고 하여, 그것 이 곧바로 국토교통부의 그린벨트 해제 요건 충족을 의미한다고 볼 수는 없는 점, ④ 실제로 J가 2014. 6. 4. 전국동시 지방선거 이후 자체적으로 2014. 5경 준비를 마쳤던 보완자료를 그대로 국토교통부에 제출하였으나, 이에 따라 이루어진 중앙도시계획위원회의 2014. 6. 30. 제3차 심의, 2014. 7. 3, 제4차 심의에서 중앙도시계획위원회는 J가 입안한 개발제한구역 해제를 위한 요건이 충족되지 못하였다고 판단하였고 이에 따라 국토교통부는 2014. 7. 11. 및 2014. 9. 30. J에 재차 보완자료 제출을 요구하였으며, 현재까지 J가 보완자료를 준비 중인 점 등을 종합하여 보면, 피고인이 당선될 목적으로 공소사실 기재와 같은 현수막을 게시하는 등으로 허위의 사실을 공표한 사실을 충분히 인정할 수 있으므로, 피고인 및 변호인의 위 주장은 이유 없다.

양형의 이유

1. 처단형의 범위 : 벌금 50,000원 ~ 30,000,000원
2. 양형기준에 따른 권고형의 범위
   [유형의 결정] 선거, 허위사실 공표, 후보자비방, 2유형(당선목적허위사실공표)
   [특별양형인자] 감경요소 : 허위사실공표나 후보자비방의 정도가 악한 경우
   [권고영역 및 권고형의 범위] 벌금 700,000원 ~ 3,000,000원
3. 선고형의 결정 : 벌금 800,000원

이 사건 범행은 피고인이 1으로 재임 중 장기간에 걸쳐 추진하였던 'L' 사업을 선거운동 과정에서 자신의 업적으로 홍보하던 중 선거구민들이 오인하기 쉬운 단정적인 •단어를 사용하여 허위사실을 유포한 것으로, 이로 인하여 유권자의 판단을 방해하였다는 점에서 그 죄책이 가볍지 아니하다. 다만 위 사업은 2014. 6. 4. 실시된 전국동시지방선거와 관련하여 후보자들 사이에 상당한 쟁점이 되었던 사안으로, 피고인이 선거관리위원회에 제출하여 선거구민들에게 발송된 책자형 선거공보의 머리말에 "이 사업은 현재 그린벨트 해제를 바로 눈앞에 두고 있습니다. 이번 선거 직후, 6월 중에 중앙도시계획위원회 3차 심의에 상정되어 그린벨트가 해제될 수 있도록 만반의 준비를 다하고 있습니다."라고 기재되어 있고, 피고인이 2014. 6. 2. 방송연설에서 "L 사업의 첫 단추인 그린벨트 해제가 바로 눈앞에 다가왔습니다. 이미 중앙도시계획위원회에 상정 되어 2차 심의까지 마치고 이제 3차 심의가 곧 진행되어서 6월 선거가 끝나면 곧 그린벨트가 해제될 것입니다."라고 말하였으며, 피고인의 선거사무실에서 2014· 5·경 선거구민들에게 발송한 문자메시지에도 "L는 마지막 관문인 국토부 보완 요구 충족 완료! 다음달 6월 중 심의가 통과되면 그린벨트해제!"라고 기재되어

있는 등 피고인 스스로도 위 사업이 현재 중앙도시계획위원회에서 심의 중이고, 6월에 3차 심의가 예정되어 있음을 여러 차례 밝혔으며, 1 후보자였던 O도 "위 사업은 현재 심의 중인 사항이고 중앙도시계획위원회가 보완자료를 J에 요구한 상태이고 J가 보완자료를 제출하면 중앙도시계획위원회가 재심의 여부 및 시기를 결정한다.'는 내용의 문자메시지를 선거구민들에게 발송하여 이 사건 현수막 및 전광판 설치로 인한 선거구민들의 오인은 크지 않았을 것으로 보이는 점, J는 2014. 5. 경 중앙도시계획위원회의 5가지 보완요구 사항에 대한 보완자료를 모두 준비하였고, 이를 2014.6.초순경 국토교통부에 제출하였는바, 피고인은 위와 같은 준비완료 상태를 다소 과장되게 압축하여 표현하는 과정에서 이 사건 범행을 범한 것으로 보이는 점, 피고인이 차순위 후보자와 상당한 표 자이로 당선된 점, 그 밖에 피고인의 연령, 성행, 범행의 경위, 수단과 결과, 범행 후의 정황 등 이 사건 기록과 변론에 나타난 양형의 조건이 되는 제반 사정을 종합적으로 고려하여 주문과 같이 형을 정한다.

무죄 부분

1. 이 부분 공소사실의 요지

피고인은 2014. 6. 2경부터 2014. 6. 4·경까지 P 일원에서, 피고인의 이름, 기호와 함께 "Q"이라고 기재된 현수막 3장을 게시하였다.

그러나 사실은 당시에 J의 개발제한구역 해제를 위한 도시·군관리계획 변경 신청에 대하여 국토교통부와 중앙도시계획위원회에서 보완을 요구하는 등 심의 중이었을 뿐이었고, 국토교통부에서 개발제한구역 해제 결정을 한 사실이 없었다.

이로써 피고인은 당선될 목적으로 현수막을 게시하는 방법으로 피고인에게 유리하도록 피고인의 경력·행위 등에 관하여 허위의 사실을 공표하였다.

2 판단

가. 살피건대, "Q"이라는 문구는 문언상 "2012. 12.에 이루어진 국토교통부의 승인으로 개발제한구역 해제가 진행 중"이라고 해석할 수 있

고, 위와 같은 문언의 해석에 이법원이 적법하게 채택하여 조사한 증거들에 의하여 인정되는 아래에 열거한 사정을 종합하여 보면, 위와 같은 문구는 J의 선거구민들에게"J의 개발제한구역 해제 신청이 2012. 12.국토교통부에서 정한 요건을 충족하여 주민공람 등을 거쳐 중앙도시계획위원회의 심의가 시작되었고, 이로 인한 개발제한구역 해제 절차가 현재 진행 중이다."라는 내용으로 인식될 것으로 보이는바, 검사가 제출한 증거만으로는 피고인의 위와 같은 문구가 기재된 현수막 3장을 제시하여 국토교통부에서 개발제한구역 해제를 결정하였다는 내용의 허위사실을 공표하였음을 인정하기에 부족하고, 달리 이를 인정할 증거가 없다.

(1) 개발제한구역의 관리는 해당 시장 또는 군수가 입안(立案)하고 국토교통부장관의 도시·군관리계획의 결정으로 지정 및 해제되며, 국토교통부장관이 도시·군관리계획을 결정하려는 때에는 중앙도시계획위원회의 심의를 거쳐야 한다. 따라서 국토교통부장관은 사전에 시장 또는 군수가 제출한 개발제한구역 해제 신청서 등을 검토하여 적절하다고 인정되는 경우에만 주민공람 등 절차를 진행시키며 주민공람 등 절차 이후에 중앙도시계획위원회에 심의를 요청하고 있다.

(2) 이에 따라 J는 2012년경 국토교통부와 개발제한구역 해제를 위한 협의를 거쳐'친수구역 활용에 관한 특별법'에 따른 친수구역 지정과 '개발제한구역의 지정 및 관리에 관한 특별조치법'에 따른 도시·군관리계획의 결정을 동시에 진행하기로 하였고,2012. 10. 19. 국토교통부에 'L' 친수구역 지정 제안서를 제출하였으며, 2012. 11. 13.국토교동부로부터 '제안관련 검토결과 동보'라는 제목으로 보완을 요구받아 2012. 11.23. 국토교통부에 보완사항에 대한 조치계획을 제출하였다.

(3) 국토교통부는 2012. 12. 4. J에'친수구역 지정을 위한 주민공람 및 전문가 의견청취 요청'이라는 제목으로"귀 시에서 제출한 친수구역 지정 제안서를 검토한바,'친수구역 활용에 관한 특별법'제4조의 규정에 의하여 친수구역 지정을 추진함이 타당하여 동법 제7조 및 동법 시행령 제7조의 규정과'환경영향평가법'제13조 및 동법 시행령 제10조에 의한 법정 절차를 이행하시기 바랍니다."라는 내용의 문서를 발송하여

주민공람·공고 등을 실시할 것을 요청하였고, J와 별도로 2012. 12. 7. 보도자료를 통해 L 친수구역 지정을 위한 행정절차에 착수하였으며, 2012. 12. 7.부터 주민공람 및 관계기관 협의를 실시한다고 언론에 보도하였다.

(4) J는 2012. 12. 7.부터 2012. 12. 31.까지'L 친수구역 지정을 위한 주민 열람 공고'와'도시관리계획(개발제한구역)결정(변경)안 주민 열람 공고'절차를 진행하였고, 이후 국토교통부는 J의 도시·군관리계획 변경에 대하여 중앙도시계획위원회에 심의를 요청하였으며, 중앙도시계획위원회는 2013. 12. 19. 제2차 심의를 거친 후 에 5가지 보완사항을 요구하였다.

(5) 피고인은 위 5가지 보완사항 중 4가지에 대한 준비를 완료하였으나 개발협약이 체결되지 않아 국토교통부에 보완사항을 제출하지 못하고 있다고 생각하여, 2014. 4. 29.경 J시민들을 상대로"5개 보완요구 사항 중 4개 항목에 대해서는 모두 준비가 끝났고, 이제 마지막 보완사항인 개발협약이 마련되어야만 3차 중앙도시계획위원회에 상성할 수 있다. 시의회에서 개발협약 동의안을 승인하지 않으면 중앙도시계획위원회에 L 사업을 상정조차 할 수 없다."라는 내용의 긴급호소문을 발표하였고, 2014. 4. 30.서울 강남구 R에 있는 S호텔에서'창조디자인 포럼'을 개최하였으며, 2014. 5. 7. 재차 위 호소문과 같은 내용의 호소문을 발표하였고, 위와 같은 내용이 다수의 언론을 통해 보도되었다.

(6) J시의회는 2014. 5. 8. 의원들 사이에 고성이 오가고 의장의 의사봉을 뺏는 등몸싸움 끝에 부의장이 회의를 진행하여'L 협약 체결안'을 의결하였고, 같은 날 연합뉴스 등의 언론을 통해 위와 같은 내용이 보도되었다.

(7) 피고인은 선거구민들에게 발송된 책자형 선거공보와 방송연설, 선거운동용 문자메시지에서 L의 개발제한구역 해제 절차가 진행 증이며 2014. 6.경 중앙도시계획위원회의 제3차 심의가 있을 예정이라고 여러 차례 설명하였다.

(8) "Q"이라는 문구는 피고인이 선거운동 과정에서 L사업의 개발제한구역 해제 절자를 함축적으로 표현한 것으로, 위 문구만으로는 J 중 어느 지역의 개발제한구역 해제 절차가 진행되는지, 무슨 이유로 개발

제한구역 해제 절차가 진행되는지 전혀 알 수 없는바, 위 현수막이 게시된 2014. 6. 2.부터 2014. 6. 4.까지 당시에 L 사업에 대한 기초적인 정보가 있는 선거구민들만이 위 문구가 내포하는 의미를 이해할 수 있을 것으로 보이고, 그러한 선거구민들이"2012. 12. 국토부승인"이라는 문구를 "2012. 12.국토해양부가 개발제한구역 해제를 결정하였다."는 내용으로 해석하기는 어려울 것으로 보인다.

　나. 따라서 이 부분 공소사실은 범죄의 증명이 없는 경우에 해당하므로 형사소송법제325조 후단에 의하여 무죄를 선고한다.

　　　　재판장　　　판사　　　　김현석＿＿＿＿＿＿＿＿＿＿＿＿
　　　　　　　　　판사　　　　배은칭＿＿＿＿＿＿＿＿＿＿＿＿
　　　　　　　　　판사　　　　한혜윤＿＿＿＿＿＿＿＿＿＿＿＿

제3장 서울고등법원

1. 서울고등법원 판결문

서 울 고 등 법 원

제 7 형 사 부

판 결

사 건	2015노97 공직선거법위반
피 고 인	A
항 소 인	쌍방
검 사	허지훈(기소, 공판)
변 호 인	변호사 H
원 심 판 결	의정부지방법원 2014. 12.23. 2014고합411 판결
판 결 선 고	2015. 5. 8.

주 문

원심 판결 중 유죄 부분을 파기한다.

피고인을 벌금 3,000,000원에 처한다.

피고인이 위 벌금을 납입하지 아니하는 경우 100,000원을 1일로 환산한 기간 피고인을 노역장에 유치한다.

위 벌금에 상당한 금액의 가납을 명한다.

원심 판결 중 무죄부분에 대한 검사의 항소를 기각한다.

이 유

1. 항소 이유의 요지

가. 피고인

1) 사실오인(원심 유죄부분)

피고인은 민선 5기 1으로 재직하던 약 8년 전부터 L 조성사업(이하 '이 사건 사업'이라 한다)을 추진하기로 마음먹고, 5년 여 간의 기초조사 등 준비작업을 거친 후 2012년부터 이에 매진하여 이 사건 당시 행정절차 중 마지막 단계인 중앙도시계획위원회의 심의절차만 남겨두게 되었다. J는 중앙도시계획위원회의 제1, 2차 심의 후 2013. 12. 24. 통보된 보완요구사항에 관하여 2014. 5·경 개발협약서 체결을 끝으로 보완을 완료하고 이에 관한 자료를 국토부[1] 담당공무원에게 이메일로 발송한 다음 직접 만나 설명하는 등 사전협의를 마쳤다. 그러므로 '국토부 그린벨트 해제 요건 충족 안료'라는 문구는 허위라고 단정할 수 없을 뿐만 아니라, 피고인이 이를 진실한 내용으로 믿고 있었던 이상 피고인에게 허위사실 공표의 고의가 있었다고 할 수도 없다.

2) 양형부당

원심이 피고인에게 선고한 형(벌금 80만 원)은 너무 무거워 부당하다.

나. 검사

1) 사실오인(원심 무죄 부분)

---

[1] 정부조직상 국토해양부가 2013. 3. 23, 법률 제11690호로 정부조직법이 전부 개정되면서 국토교통부와 해양수산부로 편제되었다. 이 사건에서 문제된 개발제한구역 해제나 친수구역 지정은 모두 국토해양부의 명칭 변경 후 국토교통부에서 주관하였는바, 국토해양부의 국토교통부의 명칭 변경 전후를 불문하고 '국토부'로 약칭한다.

① 원심은'Q'이라는 문구가J 선거구민들에게"J의 개발제한구역 해제 신청이 2012. 12.경 국토교통부에서 정한 요건을 충족하여 주민공람 등을 거쳐 중앙도시계획위원회 의 심의가 시작되었고, 이로 인한 개발 제한구역 해제 절차가 현재 진행 중이다."라는 내용으로 인식될 것으로 보인다고 하였으나, 위 문구가 이 사건 사업 관련 개발제한구역 해제에 특별한 관심을 갖고 있지 않은 J의 일반 선거구민들에게 그와 같이 해석될 것으로 기대하는 것은 불가능한 일이다. ② 원심은 이 사건 사업 관련 내용들이 언론보도와 피고인의 선거공보 등을 통하여 J시민들에게 여러 차례 발표되었으므로 위 문구의 의미를 오인할 여지가 없었다는 취지로 판단하였으나, 이들 발표는 연관성도 없이 단편적으로 이루어졌으므로, 위와 같은 언론보도 등이 있었다고 하여 위 문구에 오인의 여지가 없었다고 할 수 없다. ③ 위 문구는 이 사건 사업과 관련하여 국토부의 개발제한구역 해제에 관한 승인이 이루어진 바 없음에도 J의 일반 선거구민들로 하여금 2012, 12경 국토부의 승인으로 이 사건 사업 관련 개발제한구역 해제가 진행 중이라는 오인을 불러일으키기에 충분하다 ④ 국토부의 승인은 친수구역 지정을 위하여 주민공람 및 전문가 의견 청취 등 행정절차의 이행을 요청하는 것으로서 개발제한구역해제를 결정한 것이 아님에도, 피고인은 'Y'과'Z'이라는 두 문구를 결합하여'국토부가그린벨트 해제를 승인하여 그린벨트 해제가 진행 중'이라는 의미로 변질시켰다.

2) 양형부당
원심이 피고인에게 선고한 위 형은 너무 가벼워 부당하다.

2. 판단
가. 피고인의 사실오인 주장에 대하여
피고인이 원심에서'국토부 그린벨트 해제 요건 충족 완료'라는 문구가 허위가 아니라는 취지의 주장을 하여, 원심은 판결문에서'피고인 및 변호인의 주장에 대한 판단'이라는 제목 아래 자세한 사정을 설시하여 위 주장을 배척하였다. 원심이 인정한 사정들에다가 원심과 당심에서 적법하게 채택하여 조사한 증거들에 의하여 인정되는 다음과 같은 사정을 더하여 보면, 피고인은 이 사건 사업의 개발제한구역 해제에 관한 중앙도시계획위원회의 보완요구사항의 이행이나, 향후 중앙도시계획위원회의 재심의 통과 등을 객관적으로 용이 하게 예측하기 어려워 도저히'개발제한구역 해제 요건 충족이 완료되었다.'고 할 수 없는 상황임에도 불구하고, 2014. 6. 4. 실시된 제6회 전국동시지방 선거(이하'이 사건 선거'라 한다)에서 1 후보로 출마한 피고인이 이 사건 선거에 임박하여 선거의 주된 쟁점사안이 된 이 사건 사업의 타당성과 실효성 등에 관한 논쟁이 격화되는 선거 막바지 시점에 전격적으로 위 요건이 충족 완료되었다는 단정 적인 내용을 대규모의 현수막 등을 통하여 J 선거구민들에게 공표하였음을 인정할 수 있다. 그러므로 이는 피고인이 이 사건 선거에서 당선을 목적으로 자신의 경력·행위 등에 관하여 허위의 사실을 공표한 행위에 해당한다. 따라서 같은 취지의 원심의 위 판단은 정당한 것으로 수긍할 수 있고 거기에 피고인이 주장하는 바와 같은 사실오인의 위법이 있다고 할 수 없으며, 나아가 허위사실 공표에 관한 피고인의 고의도 충분히 인정할 수 있으므로, 피고인의 이 부분 주장은 이유 없다.

① 피고인은 2007년경부터 이 사건 사업을 의 중요 사업으로 추진하고, 이후 치러진 1 선거들에서 주요 공약사항으로 홍보하여 왔으므로, 이 사건 사업의 향배는 이 사건 선거에 이르기까지 상당한 기간 동안 J민들의 관심 사안이 되어 있었다(수사기록436면 등 참조).

② 이 사건 사업의 실현을 위하여 해결하여야 할 문제 중 하나는 사업구역에 관한개발제한구역 해제인데, 개발제한구역 해제를 위한 도시관리계획 결정의 필수절차인 중앙도시계획위원회의 심의절차에서 중앙도시계획위원회는 이 사건 선거 전까지 2차례에 걸쳐 다음과 같은 여러 사항들의 보완을 요구하면서 이 사건 사업의 심의를 통과시키지 않고 있었다.

(ㄱ) 2013. 12. 5. 제1차 심의: 사업의 타당성 분석 보고서 내용이 토지이용계획(안)에 반영되어 있는지 여부를 제시할 것, 토지이용계획(안)상 주거용지 비율의 적정성을 검토할 것, 학교시설 수요를 재검토할 것, 광역교통대책 수립 여부를 제시할 것, 사업지구 내에서 한강으로의 보행자 동선 연결방안을 제시할 것, 사업지구 내 홍수대책을 제시할 것, 사업지구 내 물순환 체계를 제시할 것, 현지조사를 실시할 것

(ㄴ) 2013. 12. 19. 제2차 심의: 사업의 실현성 및 안전성을 높이기 위해 계획안을 조정하여 제시할 것, 해제될 개발제한구역 경계 및 토지이용계획을 포함한 보다 구체적인 단계적 개발계획(안)을 제시할 것, 재원조달계획을 상세히 제시할 것, 외국인 투자를 확실하게 담보할 수 있는 양해각서 이상의 구체적인 자료를 제시할 것, 대규모 개발제한구역 해제를 통해 지자체 개발사업을 추진하는 타당성, 지금까지 J의 개발제한구역 단속 및 관리 실태와 향후 개발제한구역 관리 방안, 본 개발사업이 현행 법제도(외국인투자촉진법 등) 하에서도 추진 가능하다는 근거, 명확한 외국인 투기방지대책에 대한 구체적인 답변서를 제출할 것

③ 이 사건 사업에 관하여 위와 같이 중앙도시계획위원회의 심의 통과가 이루어지지 않고 있던 중, 서울특별시에서 상수원보호를 위해 2014. 1.경 이 사건 사업에 관한 개발제한구역 해제 반대 공문을 국토부에 제출하고, 인천광역시, 성남시 등에서도 이 사건 사업에 대한 반대 의견을 표명하였으며, 그 무렵 환경단체들도 이 사건 사업에 관한 친수구역 지정 추진 백지화를 주장하였다(수사기록 383, 368, 370, 373면 등 참조).

④ 그러던 중, 피고인은 중앙도시계획위원회의 제2차 심의 보완사항 중 하나인 '외국인 투자를 담보할 수 있는 양해각서 이상의 구체적인 자료'로서 미국의 NIAB사[NIAB Incorporated.로서, L 국제 투자자문단(NIAB) 측이 설립한 특수목적법인이다)] 사이의 개발협약 양해각서에 관한 동의안을 의회에서 통과시키기 위하여 2014. 4. 29.경 긴급호소문을 발표하였고(수사기록 346면 등 참조), J의회는 2014. 5. 8. 의원들 사이에 고성이 오가고 의원들이 의장의 의사봉을 빼앗는 등의 몸싸움 끝에 부의장이 회의를 진행하여'L 협약 체결안'을 의결하였다(수사기록 351, 396면 등 참조). 그리고 J의회의 위 의결 후 J 등과 NIAB사 사이에 2014. 5. 9. 이 사건 사업에 관한 개발협약이 체결되었으나, 위 개발협약에 대해서는 여전히 그 실효성과 공정성 등에 관한 논란이 계속 되었다(수사기록 401면 등 참조).

⑤ 그리하여 2014. 5. 22.경부터 시작된 이 사건 선거의 선거운동 과정에서 새누리당! 후보 0은, 이 사건 사업에 대한 국토부 승인이 이

루어지지 않았고, 외국인 투자의 실효성 등을 담보할 수도 없는 상태라는 등 이 사건 사업의 타당성과 실현가능성 등을 다투면서 이 사건 사업 대신 복합리조트 개발을 주장하였다. 이에 대하여 피고인은 0후보가 이 사건 사업을 폐지하고 그 자리에 카지노를 유치하려 한다고 반박하는 등, 이 사건 사업에 관한 논란은 이 사건 선거의 주된 쟁점으로 부각되었고, 이러한 논란은 선거 막바지까지 점점 더 격화되었다.

⑥ 한편, J의회의 위 의결 후 J는 보완조치 자료에 관한 중앙도시계획위원회의 심의를 위하여 담당공무원이 2014. 5. 22. 국토부의 담당공무원에게 보완조치 자료를 첨부한 이메일을 발송하고 2014. 5. 27. 국토부의 담당공무원을 만나 위 보완조치 자료에 관한 설명을 하기도 하였다(수사기록 957면, 피고인 제출 증 제5~8호증 등 참조). 이러한 상황에서 피고인은 2014. 5. 27. 피고인의 이름, 기호와 함께'L 유치 눈앞에! 국토부 그린벨트 해제 요건 충족 완료!'라고 기재한 현수막[제출된 사진(수사기록 15면 참조)으로 보아, 그 길이는 건물 6개층 정도에 해당하고, 폭은 건물의 1개층 정도를 덮을 수 있는 규모이다. 이하 '이 사건 현수막'이라 한다]을 피고인의 선거사무소가 있던 M 건물 외벽에 게시하고, 같은 건물 외벽 출입구에 같은 내용의 문구가 자동반복되는 '전광판'을 설치하였다. 하지만, J는 2014. 6. 4. 이 사건 선거가 끝난 후 2014. 6. 13.에야 위 개발협약에 대한 법무법인 넥서스의 2014. 6· 9·자 검토보고서(수사기록 1048면 이하 등 참조)를 보충하여 보완조치 자료를 국토부에 제출할 수 있었다.

⑦ 이후 2014. 6. 26.부터 12. 18.까지 이 사건 사업에 관한 중앙도시계획위원회의제3, 4, 5, 6차 심의가 열렸다. 그러나 이들 심의절차에서도 제1, 2차 심의와 마찬가지로 다음과 같이 환경평가, 상수원보호구역의 수질보호 방안, 재원조달계획 구체화, 다른 지방자치단체와의 갈등 해소 방안 등 이전 보완요구사항을 포함한 광범위 한 문제들에 대한 보완요구가 계속되었을 뿐 심의 통과가 이루어지지 아니 하였다. 한편 이와 같이 계속되는 논란으로 인하여, 제5차 심의에 앞서 2014. 11.경 이루어진 국토부의 환경평가 재실시 등에 따라, 이 사건 사업을 위한 개발제한구역 해제 대상면적이 당초 1,738,814㎡에서

785,765㎡로 변경됨으로써 당초면적의 45% 정도의 규모로 대폭 축소되었다.

(ㄱ) 2014. 6. 26. 제3차 심의: 환경평가등급 재조정에 대한 신뢰성 있는 근거자료를 제시할 것, 개발단계의 세분화 및 각 단계별 개발규모, 기간 등을 재검토할 것, 대상지 거주 외국인 및 종사자 수, 주거지 규모 산정 근거 등을 명확히 제시할 것, J 도심 및 대상지에서 한강으로 접근 가능한 통로나 녹지대 확보방안을 제시할 것, 위원들의 개별질의에 대한 조치 계획을 차기 심의에 준비하여 제시할 것

(ㄴ) 2014. 7. 3. 제4차 심의: 사업의 실현성 및 안전성을 높이기 위해 계획안을 조정하여 제시할 것, 해제될 개발제한구역 경계 및 토지 이용계획을 포함한 보다 구체적인 단계적 개발계획(안)을 제시할 것, 재원조달계획을 상세히 제시할 것(이전 제2차 심의에서 보완이 요구되었던 내용에 관한 재보완 요구임)

(ㄷ) 2014. 11. 27. 제5차 심의: 당해 사업이 개발제한구역 해제대상지에서 반드시 제척되어야 하는 사항(도시간 연담화 방지를 위해 보전해야 할 지역, 당해 개발로 다른 시·군과의 심각한 갈등을 초래할 수 있는 지역에 포함되지 않는 사유를 제시할 것, L개발에 따른 한강 인접 상수원보호구역의 수질보호방안을 제시할 것, 환경평가등급 재조정결과(건폐지율 등)에 대한 신뢰성 있는 자료를 제시할 것, 사업 부지가 축소됨에 따른 외국인 주택 등 시설의 규모와 토지 이용계획, 경관계획 등을 수정·제시할 것, 사업부지 내 2등급지는 최소화하고, 개발이 불가피 한 2등급지 대체지는 4, 5등급지를 찾아 2등급지 수준으로 녹화복원할 것, 사업규모 축소에 따른 외국인 투자 유치 가능성을 재검토할 것

(ㄹ) 2014 12. 18. 제6차 심의: 2등급지 대체녹지에 대한 현지조사를 시행할 것, 행정자치부 중앙투융자 심사 이후 본 위원회에 심의 상정할 것, 당해 사업의 원활한 추진을 위해 필요한 안정적인 외국인투자 및 외자유입 방안을 제시할 것, 서울시와의 갈등해소 방안을 제시할 것

⑧ 2015. 3. 19. 중앙도시계획위원회의 제7차 심의에서 이 사건 사업의 개발제한구역일부 해제를 위한 도시 관리계획 변경안이'수정 제

시안 조건부 의결'형태로 통과되었다. 여기에 부가된 조건은'사업은 최종 조정된 면적(총면적 806,649㎡, GB 해제면적 785,765㎡)으로 추진할 것, 환경 문제는 전략환경영향평가 결과에 따라 이행하고, 환경부·서울시·J 3자간에 지속 협의할 것, 외국인이 투자하기로 계획한 사업 대상지는 외국인투자촉진법 에 따른 외국인투자지역으로 지정받을 것, 토지를 분양받은 외국기업에 대해서는 일정 기간 동안(최소 3년 이상) 개발권 이양(토지 전매)이 불가능하도록 대책을 수립할 것, 외국인투자와 관련하여 J가 외국투자기관의 권한이 있는 책임자와 법적구속력을 지니는 투자계약을 직접 체결하여 투자의 신뢰성과 안정성을 확보할 것, 행정자치부의 지방재정 중앙 투자사업 심사를 통과시킬 것, 상기 조건사항 이행상황을 매 6개월마다 중앙도시계획위원회에 보고하고, 그 결과에 따라 개발제한구역 해제를 고시할 것' 등으로서, 향후 그 이행 여부와 관련하여 논란의 소지가 있는 광범위한 요구사항들이 포함되어 있다.

⑨ 피고인은 2015. 3. 19. 중앙도시계획위원회 제7차 심의에서 이 사건 사업의 개발제한구역 일부해제를 위한 도시 관리 계획 변경안이 '수정제시안 조건부 의결'의 형태로 통과되었다는 점을 강조하고 있지만, 이 사건 현수막 등의 내용이 허위인지 여부는 피고인이 이 사건 현수막을 게시한 '2014. 5. 27경부터 6. 4.경까지'를 기준으로 판단해야 하는 것이다. 그런데 원심 판결에서 적절하게 지적한 바와 같이 2013. 12. 24.경 J에 통보된 중앙도시계획위원회의 5가지 보완요구 사항은 대부분 의 향후 계획 등을 제시하라는 것으로, J가 보완요구 사항에 대한 자료를 준비하여 제출하는 것으로 곧바로 요건이 완료되는 것이 아니라, 반드시 그 계획이나 방안이 적절한 것인지 에 대한 중앙도시 계획위원회의 재심의가 필요한 것이다. 따라서 설령 J에서 자체적으로 위 보완요구 사항에 대한 준비를 끝마쳤다고 하더라도, 그것이 곧바로 국토부의 개발제한구역 해제 요건 충족을 의미한다고 볼 수는 없기 때문에, 2014. 6. 4.을 기준으로 할 때 피고인은 이 사건 현수막 등의 내용은 허위임을 인식하고 이를 공표한 것으로 보아야 한다(즉, 2014. 6. 4. 이후의 사정은 원칙적으로 이 사건 범죄의 성립 여부를 좌우하는 요소가 될 수 없다).

⑩ 한편, 피고인이 2014. 5. 27경부터 6. 4.경까지 피고인의 선거사무소 건물 외벽에 게시한 이 사건 현수막 등에 기재된'국토부 그린벨트 해제 요건 충족 완료'는 그 당시에서 추진하고 있던 개발제한구역 해제 대상 면적 1,738814㎡에 관하여 '국토부가 그린벨트를 해제하는 데 필요한 요건이 완료되었다.'라는 의미로 해석되고, 선거구민들 역시 위와 같은 의미로 이해하였을 것으로 보인다.

그런데 위에서 본 바와 같이 이 사건 선거 이후인 2014. 11.경 이루어진 국토부의환경평가 재실시에 따라서 이 사건 사업을 위한 개발제한구역 해제대상 면적은 당초면적의 45% 정도에 불과한 785.765㎡로 대폭 축소되었고, 2015. 3. 19. '수정제시안 조건부 의결'의 형태로 통과된 도시관리계획 변경안도 785,765㎡의 그린벨트를 해제하는 것을 전제로 하고 있으므로, 피고인이 이 사건 현수막 등을 게시할 당시에 기준이 된 1,738,814m, 중 최소한 나머지 55%에 대해서는 현재까지'조건부 의결'의 형태로도 국토부가 개발제한구역을 해제하는 데에 필요한 요건이 완료되었다고 볼 수 없다.

나 검사의 사실오인 주장에 대하여

1) 원심판결의 무죄부분 공소사실의 요지는, 피고인이 2014. 6. 2.경까지 P 일원에서, 피고인의 이름, 기호와 함께 "Q"이라고 기재된 현수막 3장을 게시함으로써 피고인의 경력·행위 등에 관하여 허위의 사실을 공표하였다는 것이다.

2) 위 공소사실에 대하여 원심은 그 판시와 같은 사정들을 들어, 위 문구는 J의 선거구민들에게"J의 개발제한구역 해제 신청이 2012.12.경 국토부에서 정한 요건을 충족하여 주민공람 등을 거쳐 중앙도시계획위원회의 심의가 시작되었고, 이로 인한 개발제한구역 해제 절차가 현재 진행 중이다."라는 내용으로 인식될 것으로 보이므로, 검사가 제출한 증거만으로는 피고인이 위 현수막 3장을 게시하여 국토부에서 개발제한구역 해제를 결정하였다는 허위사실을 공표하였다고 인정하기에 부족하다고 판단하여 무죄를 선고하였다.

3) 원심이 든 사정들에다가 원심과 당심에서 적법하게 채택하여 조

사한 증거들에 의하여 인정되는 다음과 같은 사정을 종합하면, 원심의 위와 같은 판단은 정당한 것으로 수긍할 수 있고, 거기에 검사가 주장하는 바와 같은 사실오인의 위법이 있다고 할 수 없으므로, 검사의 이 부분 주장은 이유 없다.

① 원심에서 설시한 바와 같이 는 이 사건 사업과 관련하여 '친수구역 활용에 관한특별법'에 따른 친수구역 지정과'개발제한구역의 지정 및 관리에 관한 특별조치법'에 따른 도시 관리계획의 결정을 동시에 진행하기로 하였다. 그런데 친수구역 지정의 주무부서는 국토부 친수공간과이고(공판기록 59, 61면 등 참조), 개발제한구역 해제를 위한 도시관리계획 결정의 주무부서는 국토부 녹색도시과로서(공판기록 106, 108면 등 참조) 모두 국토부 소속이다.

② 국토부는 2012. 12. 4. J에'친수구역 지정을 위한 주민공람 및 전문가 의견 청취요청'이라는 제목으로 친수구역 지정을 추진함이 타당하다고 하면서 주민공람·공고 등의 후속절차를 이행할 것을 요청하였으므로, J로서는'친수구역 지정 추진'을 위한 국토부의 1차 승인을 얻었다고 할 수 있다.

③ 이처럼 이 사건 사업에 관하여 동시에 진행되는 행정절차인 친수구역 지정과 도시관리계획 결정이 모두 국토부 소관이었으므로, 국토부 내 각 담당부서들 사이의 긴밀한 협조를 통해 위 친수구역 지정 추진에 관한 승인 등의 절차가 진행되었던 것으로 보이고, 실제로 J의 담당공무원은 2014. 5. 22.의 위 이메일 발송과 2014. 5. 27.의 보완조치 자료에 대한 설명을 국토부 친수공간과의 담당공무원 및 녹색도시과의 담당공무원 모두에 대하여 진행하였다(피고인 제출 증 제5~8호증 등 참조).

④ 그러므로, 비록 엄밀하게는 2012. 12. 국토부의 승인이 진수구역 지정 추진에 관한 것으로서 개발제한구역 해제를 직접 대상으로 한 것은 아니 지만, 이 사건 사업에 있어서는 '친수구역 지정과 개발제한구역 해제를 위한 도시관리계획의 결정이 함께 밀접한 관련을 가지고 진행되며, 그 소관 부처도 국토부로 동일하다.'는 등의 특수한 사정에 기인하여, 개발제한구역 해제 절차가 친수구역 지정에 관한 국토부의 승인으로부터 진행된다고 합리적으로 해석할 수 있다. 따라서 위 "Q"이

라는 문구는 이 사건 사업의 개발제한구역 해제 절차를 함축적으로 표현하였다고 볼 수 있고, 한편 위와 같은 사정 하에서는 위 문구에 국토부 승인이 친수구역 지정에 관한 것임을 명시하지 않았다고 하여 이를 허위라고 할 수는 없으며, 나아가 위 문구가 일반 선거구민들에게 '개발제한구역 해제를 국토부가 승인하였다'는 단정 적인 내용으로까지 오인을 야기한다고 보기도 어렵다.

다. 쌍방의 양형 부당 주장에 대하여
1) 양형의 조건
피고인이 선거관리위원회에 제출하여 J 선거구민들에게 발송된 책자형 선거공보에는 "이 사업은 ··· 이번 선거 직후 6월 중에 중앙도시계획위원회 3차 심의에 상정되어 그린벨트가 해제될 수 있도록 만반의 준비를 다하고 있습니다."라고 하여 대체로 사실관계에 부합하는 내용으로 기재되어 있다. 그리고 피고인은 장기간 심혈을 기울여 추진하여 온 이 사건 사업에 필요한 개발제한구역 해제 문제가 막바지 단계에 이르렀다고 성급하게 판단한 결과, 오랜 기간 동안 이루어진 피고인의 노력을 선거구민들에게 각인시키고자 하는 의욕이 지나쳐 이 사건 범행에 이른 것으로 보인다. 또한 피고인은 여러 해 동안 I 으로 재직하면서 J의 발전에 나름대로 헌신하여 왔고, 이 사건 선거에서 2위 후보와 10,280표(약 12.89%)의 상당한 차이로 당선되었다(수사기록 436면 등 참조), 그리고 이 사건 사업의 성공과 피고인을 지지하는 여러 J시민들 등이 피고인의 선처를 탄원하고 있다. 이러한 점은 피고인에게 유리한 정상이다.
한편, 이 사건 사업은 현직 1인 피고인이 내세우는 핵심 공약 사업으로서 이 사건 선거에서 후보들 사이에 최대의 쟁점이 되었던 사안이었다. 그런데 피고인은 선거 막바지에 상대 후보로부터 그 타당성과 실현가능성에 관한 비판이 거세게 제기되자, 이 사건 선거에 임박한 시점에 국토부 그린벨트 해제 요건 충족이 완료되었다는 단정적인 내용의 문구를 사용하여 선거사무소가 위치한 건물의 외벽에 내형 현수막을 게시하는 등의 이 사건 범행을 저지른 것이다. 그리고 이 사건 현수막이 게시된 시점이 책자형 선거공보가 제작된 이후라는 점 등을 감안하면, 선거구민들의 입장에서는 그 기간 중에 상당한 사정변경이 있었다고 오해할 여지도 있다. 그렇다면 피고인의 이 사건 범죄행위가 선거에 끼친 영향을 무시할 수 없다. 공직선거법은 선거가 국민의 자유로운 의사와 민주적인 절차에 의하여 공정하게 행해지도록 하고 선거와 관련한 부정을 방지함으로써 민주정치의 발전에 기여하고자 마련된 것으로서 그 위반행위에 대해서 는 이에 상응하는 처벌을 할 필요가 있다. 더구나 피고인은 1996년 공직선거 및 선거부정 방지법위반으로 기소유예의 처분을 받고, 1996년에 다시 기부행위 약속으로 인한 공직선거 및 선거부정방지법 위반죄 등으로 벌금 50만 원의 처벌을 받은 후, 2010년에 사전 선거운동 등으로 인한 공직선거법위반죄로 벌금 70만 원의 처벌을 받은 전력이 있음에도 불구하고 다시 이 사건 범행에 이르렀다. 또한 이 사건에서 피고인에 대해서는 J시민 등 여러 사람들이 엄벌을 탄원하고 있기 도 하다. 이러한 점은 피고인에게 불리한 정상이다.

2) 양형 기준의 적용

이 사건 범행은 대법원 양형위원회의 선거범죄 양형 기준'허위사실공표·후보자비방'의 2유형(당선목적 허위사실공표)에 해당한다. 원심은 피고인에게'허위사실공표나 후보자비방'의 정도가 약한 경우'라는 특별양형인자(감경 요소)를 참작하여, 감경영역의 권고형인 '벌금 70만 원~300만 원'을 적용하였다. 그러나 설령 피고인에게 위와 같은 감경요소가 적용될 수 있다고 하더라도,[2] 이 사건 현수막 등은 이 사건 선거 막바지 인 2014. 5. 27. 경부터 선거 당일인 2014. 6. 4경까지 이 사건 사업에 관한 논란이 선거의 최대 쟁점으로 부각된 상황에서 피고인의 선거사무소가 위치한 J내 대형건물에 위와 같이 큰 규모로 게시

---

[2] 양형기준상 '허위사실공표 · 후보자비방' 유형의 범죄에서 감경요소로서 고려할 수 있는 '허위사실공표나 후보자비방의 정도가 약한 경우로는, ㉮ '공표된 사실의 일부가 허위이기는 하나, 부수적이거나 사소한 사항에 관한 것으로서 중요성을 갖지 아니하는 경우', ㉯ 적시된 사실이 대부분 진실에 부합하는 경우, 토론회 등에서 상대방으로부터 상당 정도의 해명이 이루어진 경우, ㉰ 단문 형식의 단순한 댓글이나 단순히 언론기사나 타인이 쓴 글을 인용하는 데 그친 경우' 등이 예시되고 있다. 그런데, 이 사건 현수막 등의 게시 당시 이 사건 사업의 실현가능성과 타당성 등이 선거의 최대 쟁점으로 부가되어있는 상황이었던 점이나 이 사건 현수막 등의 게시 규모 등에 비추어 볼 때, 이 사건 현수막에 기재된 단정적인 내용의 허위성이나 그 공표의 정도 등이 과연 약한 수준이었는지에 관하여도 의문이 제기될 여지가 있다.

되었으므로, 양형기준상'선거일에 임박한 경우'및'상대방이 상당히 다수이거나 전파성이 매우 높은 경우'등의 특별양형 인자가 행위 측면의 가중요소로서 적용될 수 있다. 또한, 피고인에게는 앞서 본 바와 같은 1차례의 동종 기소유예 전력과 2차례의 동종 벌금형 전과가 있으므로 행위자 측면의 가중요소로서'동종 전과(벌금형 포함)'역시 특별양형 인자로 적용되어 야 한다. 그러므로, 이 사건 범행에 대하여 는 감경 영역이 아니라 적어도 기본영역의 권고형인'~ 징역 10월 벌금 200만 원 ~ 800만원'이 적용되어야 하고, 나아가 가중영역의 권고형인'징역 8월 ~ 2년, 벌금 500만원~1,000만 원'도 적용될 수 있다.

3) 소결론

결국 위와 같은 정상들과 함께 피고인의 나이, 가족관계, 성행, 환경, 범행의 동기와 경위, 범행의 수단과 방법, 범행 후의 정황 등 이 사건 기록과 변론에 나타난 모든 양형조건을 종합하여 보면, 원심이 피고인에게 선고한 형은 너무 가벼워 부당하다고 할 것이므로, 검사의 이 부분 주장은 이유 있고 피고인의 이 부분 주장은 이유 없다.

3. 결론

따라서, 원심 판결 중 유죄 부분에 대한 검사의 항소는 이유 있고 피고인의 항소는 이유 없으므로, 형사소송법 제364조 제6항에 의하여 원심판결 중 유죄 부분을 파기하고 변론을 거쳐 다시 다음과 같이 판결하며, 원심 판결 중 무죄 부분에 대한 검사의 항소는 이유 없어 형사소송법 제364조 제4항에 의하여 기각한다.

범죄사실 및 증거의 요지

이 법원이 인정하는 범죄사실 및 그에 대한 증거의 요지는 원심 판결의 각 해당란에 기재되어 있는 바와 같으므로 형사소송법 제369조에 의하여 이를 그대로 인용한다.

법령의 적용

1. 범죄사실에 대한 해당법조 및 형의 선택
   공직선거법 제250조 제1항(벌금형 선택)

1. 노역장유치

　형법 제70조 제1항, 제69조 제2항

1. 가납 명령

　형사소송법 제334조 제1항

　　　재판장　　　판사　　　　김시철 ＿＿＿＿＿＿＿＿＿＿＿＿

　　　　　　　　　판사　　　　견종철 ＿＿＿＿＿＿＿＿＿＿＿＿

　　　　　　　　　판사　　　　최현종 ＿＿＿＿＿＿＿＿＿＿＿＿

2. 서울고등법원 재심청구서

재심청구서

재심청구인   박 영 순
          주민등록번호 : 480126
          주거 : 경기도 구리시 장자대로37번길 55,
            (교문동, 덕현아파트)
          등록기준지 : 전라남도 해남군 문내면 석교리

재심청구취지

서울고등법원 2015. 5. 8. 선고 2015노97 판결에 대한 재심을 개시한다.
라는 결정을 구합니다.

재심청구이유

1. 재심대상판결의 확정 및 집행 등
 가. 재심대상판결 중 범죄사실의 요지
    청구인에 대한 범죄 사실은 공소장 기재와 같습니다.

 나. 재심대상판결의 확정 및 집행
    청구인은 구리시장 후보로서 제6회 전국동시지방선거 중 2014. 5. 27.경부터 2014. 6. 4.경까지 게시한 현수막 4건에 대해 「공직선거법」 제250조 제1항 위반 혐의로 기소되어 2014. 12. 23. 의정부지방법원에서 그 중 3건은 무죄를 나머지 1건에 대하여 벌금 80만원을 선고받았고(2014고합411 판결), 1건에 대해서도 청구인은 무죄를 주장하며 항소하였으나 2015. 5. 8. 서울고등법원은 추가적인 혐의의 입증

없이 양형을 가중하여 벌금 300만원을 선고(2015노97 판결)하였고, 다시 청구인이 상고하였으나 2015. 12. 10. 대법원에서 상고가 기각 (2015도7342 판결)되어 동 판결이 확정되었습니다.

다. 판결 확정 이후 이 사건 재심청구까지의 경과

청구인 박영순은 2015. 12. 10. 대법원이 벌금 300만원의 원판결을 확정함에 따라 「공직선거법」 제264조 규정에 의해 당선이 무효 되어 즉시 퇴임하였습니다.

그 후 청구인은 상고심에 제출되었던 상고이유서 및 참고자료들을 바탕으로 검토한 결과, 제출된 참고자료 중 일부가 청구인에게 고의성이 없었다는 사실을 명백히 입증할 수 있는 충분한 증거능력이 있으나, 상고심에서는 사실심리를 다루지 않는다는 상고심의 성격상 판결에 반영되지 못하였다는 결론에 도달하였습니다. 이에 따라 청구인은 본 재심청구에 이르게 된 것입니다.

2. 재심청구이유의 요지

재심대상판결에는 ① 재심청구인의 무죄를 인정할 명백한 증거가 새로이 발견되어 「형사소송법」 제420조 제5호의 재심사유가 있습니다.

3. 구체적인 재심사유

가. 「형사소송법」 제420조 제5호의 재심사유의 존재

(1) 관련규정

형사소송법 제420조 제5호는 "유죄의 선고를 받은 자에 대하여 무죄 또는 면소를, 형의 선고를 받은 자에 대하여 형의 면제 또는 원판결이 인정한 죄보다 경한 죄를 인정할 명백한 증거가 새로 발견된 때"를 재심사유의 하나로 규정하고 있습니다.

(2) 본건에 대하여

(가) 원판결의 유죄인정 요지

원판결이 인정한 피고인의 범죄사실 요지는 피고인은 이 사건 사업의 개발제한구역 해제에 관한 중앙도시계획위원회의 보완요구사항의 이행이나, 향후 중앙도시계획위원회의 재심의 통과 등을 객

관적으로 용이하게 예측하기 어려워 도저히'개발제한구역 해제 요건 충족이 완료되었다.'고 할 수 없는 상황임에도 불구하고 … 선거 막바지 시점에 전격적으로 위 요건이 충족 완료되었다는 단정적인 내용을 대규모의 현수막 등을 통하여 구리시 선거구민들에게 공표하였으므로 이는 선거에서 당선을 목적으로 자신의 경력.행위 등에 관하여 허위의 사실을 공표한 행위에 해당한다고 판시하였습니다. 더 나아가 원판결은 청구인이 선거관리위원회에 제출하여 구리시 선거구민들에게 발송된 책자형 선거공보에는"이 사업은 … 이번 선거 직후 6월 중에 중앙도시계획위원회 3차 심의에 상정되어 그린벨트가 해제될 수 있도록 만반의 준비를 다하고 있습니다."라고 하여 대체로 사실관계에 부합하는 내용으로 기재되어 있으나, 이 사건 현수막이 게시된 시점이 책자형 선거공보가 제작된 이후라는 점 등을 감안하면, 선거구민들의 입장에서는 그 기간(선거공보 제작 시점부터 현수막 게시시점) 중에 상당한 사정변경이 있었다고 오해할 여지도 있다.'라고 판시하며 청구인의 '고의'를 인정했습니다.

(나) 청구인의 주장
1) 경력.행위 등을 허위로 공표하고자 하는 고의에 관하여
청구인은 경찰조사 시점부터 대법원 상고이유서에 이르기까지 이 사건 현수막은 자신의 경력.행위 등을 허위로 공표함으로써 자신의 당선에 유리하도록 할 목적이 아니었고, 다만 상대후보의 허위비방에 대해 사실을 설명하고자 하는 취지였다는 일관된 주장을 펼치고 있습니다. 즉, 피고인은 자신의 경력.행위 내지는 치적을 허위로 공표하여 자신의 당선에 유리하도록 하고자 하는 '고의'가 없었다는 것입니다. 원판결은 청구인의 고의성이'합리적 의심을 가질 여지가 없을 정도'로 입증이 되지 않았음에도 불구하고 이에 대한 추가적 증거조사 및 사실심리조차 없이 청구인에게 가장 불리한 유죄판결을 선고했습니다.
2) 원판결의 경험 . 논리칙 위반에 관하여
원판결은 청구인이 선거관리위원회에 제출하여 구리시 선거구민들에게 발송된 책자형 선거공보에는 "이 사업은 … 이번 선거 직후 6월 중에 중앙도시계획위원회 3차 심의에 상정되어 그린벨트가 해제될

수 있도록 만반의 준비를 다하고 있습니다."라고 하여 대체로 사실관계에 부합하는 내용으로 기재되어 있으나,"구리월드디자인시티 유치 눈앞에! 그린벨트 해제 요건 충족 완료!"라는 내용의 현수막이 게시된 시점이 책자형 선거공보가 제작된 이후라는 점 등을 감안하면, 선거구민들의 입장에서는 그 기간(선거공보 제작 시점부터 현수막 게시시점) 중에 상당한 사정변경이 있었다고 오해할 여지도 있다.'라고 판시하였습니다.

그러나 청구인은 현수막이 게시된 시점 이후에도 모든 홍보수단에서 예외없이 '그린벨트는 아직 해제되지 않았으나 조만간 해제될 것'이라는 일관된 취지의 발언과 홍보활동을 하였습니다.

특히, 대법원 「선거범죄 양형기준」(대법원공고 제2012-4호, 2012. 8. 29. 제정)이 열거하고 있는 "전파성이 매우 높은" 수단에 해당하는 1) 방송연설(2014. 5. 28. 녹화, 2014. 6. 2. 방송)에서 청구인은 "구리월드디자인시티 사업의 첫 단추인 그린벨트 해제가 바로 눈앞에 다가왔습니다. 이미 중앙도시계획위원회에 상정되어 2차 심의까지 마시고 이제 3차 심의가 곧 진행되어서 6월 선거가 끝나면 곧 그린벨트 해제가 될 것입니다."라고 발언하였고, 2) 청구인이 지난 선거기간 동안 홍보에 활용한 '인터넷' 블로그(http://vote4park.blog.me)에도 ① 예비후보자 홍보물(2014. 5. 29. 20:04 게시), ② 책자형 선거공보(2014. 5. 29. 20:08 게시), ③ 선거공약서(2014. 5. 29. 20:09 게시) 원문이 그대로 게시되어 있으며(입증자료 1의 1), 3) 청구인이 지난 선거 당시 홍보에 활용한 SNS인 페이스북(Facebook) 계정(http://www.facebook.com/yspark0604)에도 ① 예비후보자 홍보물(2014. 5. 28. 오후 3:02 게시), ② 책자형 선거공보(2014. 5. 28. 오후 3:08 게시), ③ 선거공약서(2014. 5. 29. 오후 7:56 게시) 원문이 그대로 게시되어 있으며(입증고자료 1의 2), 4) 모바일 웹진(http://mv.smartzine.co.kr/album/8943)에도 현수막 게시시점 이후인 201 4. 5. 27 오후 3시 24분에 선거공약서 원문을 담은 페이지가 제작업체의 서버에 탑재되어 납품됨으로써 선거구민들에게 배포된 사실을 확인할 수 있습니다(입증자료 1의 3).

더 나아가 청구인은 이 사건 현수막 게시시점 이후인 2014. 5. 29.부터 2014. 6. 3. 사이에 선거구민에게 총 7건의 동보문자메시지를 각각 발송하면서 "세부 공약 내용은 아래 박영순의 웹진으로 링크 하시면 자세히 보실 수 있습니다."라는 문구와 함께 블로그, 페이스북, 모바일 웹진으로 바로 연결될 수 있는 '하이퍼링크'를 포함하여 발송하였습니다(입증자료 1의 4 ①~⑦). 만일 피고인이 이 사건 현수막을 게시함으로써, 선거구민들로 하여금 책자형 선거공보 제작.배포 시점 이후에 마치 그린벨트가 해제된 것처럼 오인하도록 하여 자신의 당선에 유리하도록 작용하려는 고의가 있었다면, 무엇보다도 "전파성이 매우 높은" 방송연설, 인터넷 블로그, SNS, 모바일 웹진 등의 수단을 통해 가장 적극적으로 허위의 사실을 공표했어야 할 것입니다. 그러나 청구인은 현수막 게시시점(2014. 5. 27.) 이후에 오히려 동보문자메시지를 통해 자신의 선거공보 원문 등이 담긴 블로그, 페이스북, 모바일 웹진을 상세히 살펴봐 달라고 적극적으로 독려한 사실에 비추어 볼 때 "현수막이 게시된 시점이 책자형 선거공보가 제작된 이후라는 점"이라는 이유를 들어 "선거구민들의 입장에서는 그 기간 중에 상당한 사정변경이 있었다고 오해할 여지도 있다."고 단정한 원판결은 경험칙 및 논리칙에 모순되는 것입니다. 원심은 이러한 모든 정황을 종합적으로 고려하여 이 사건 현수막 문구의 게시취지와 선거결과에 미친 영향력을 판단했어야 함에도 불구하고 이 현수막 문구의 내용만 단편적이고 주관적인 입장에서 해석함으로써 청구인의 주장을 일방적으로 배척하는 등 사실판단에 있어 중대한 모순이 발생하였습니다. 입증자료 1의 각 1, 2, 3, 4호는 상고심에 참고자료로 제출되었으나, 상고심은 사실판단을 하지 않는다는 절차적 한계로 인해 증거로써의 효력을 전혀 발휘하지 못한 '새로운 증거'라고 할 것이므로 본 재심을 청구하기에 이른 것입니다.

3) 청구인의 이 사건 현수막 문구 내용의 이해수준에 관하여
이 사건 "구리월드디자인시티 유치 눈앞에! 그린벨트 해제 요건 충족 완료!"라는 내용의 현수막 문구는 그 해석주체에 따라 판단의 여지가 다를 수 있습니다. 현행 공법상 개발제한구역 해제는 행정계획의 일환으로 '도시관리계획 변경' 절차를 통해 이행되며 지방자치단체와 국토교통부가 공동 행정청의 지위와 재량을 갖습니다. 그러나 재량의 무한적 확대를 방지하기 위하여 「개발제한구역의 지정 및 관리에 관한 특별조치법」은 '도시관리계획 변경'에 대한 '입안' 권한은 지방자치단체의 장에

게 있으며, 이에 대한'결정'은 국토교통부장관의'자유재량'에 속하도록 권한을 분산하고 있습니다. 그러나「개발제한구역의 지정 및 관리에 관한 특별조치법」은 개발제한구역 해제에 대한 입안과 결정 권한만 규정하고 있을 뿐'요건'부분을 사실상 공백규정으로 두고 때문에 개발제한구역의 해제를 위한 도시관리계획변경안은 국토교통부장관의 '재량준칙'(국토교통부 훈령 2014-379호「개발제한구역의 조정을 위한 도시관리계획변경안수립지침」)이 규정하는'기준.요건 및 절차'에 의해 입안되어지며, 국토교통부 녹색도시과와의 긴밀한 협의를 거치면서 기준.요건 및 절차 등이 원만히 충족되었다고 판단될 때 비로소 결정권자(국토교통부장관)의 재량을 구하는'결정단계'로 이관될 수 있다는 것이 일선 공무원들이 인식하는 실무적 행정절차입니다. 따라서 개발제한구역 해제를 위한 구리시 도시관리계획 변경안의 입안을 담당했던 구리시의 실무 공무원의 입장에서는 결정권자(국토교통부장관)의 '재량준칙'에 규정되어 있는 요건에 원만히 부합되어 중앙행정기관 협의 및 중앙도시계획위원회 심의에 상정된 것이라 이해하는 것이 당연했고, 중앙도시계획위원회 심의에 상정된 이상 대단히 예외적인 경우를 제외하고 개발제한구역 해제는 기정사실이라는 것이 구리시 실무공무원들이 가지고 있는 일반적인 통념이었습니다. 실제로 청구인은 이 사건 현수막을 제작.게시하기 하루 전인 2014. 5. 26.경, 소외 정○문[3] 등 선거참모들과 현수막 문구에 대해 논의를 하던 중, 그 자리에서 "그린벨트 해제 요건 충족 완료!"라는 문구에 대해 당시 도시관리계획 변경절차의 실무를 총괄하던 소외 박충○ 구리시 도시개발사업단장(국장)에게 전화를 걸어 "현재 시점에서'그린벨트 해제 요건 충족 완료!'라는 현수막 문구를 써도 무방하겠냐?"며 의견을 묻자, 소외 박충○는"중앙도시계획위원회 심의에 상정된 이상 요건은 충족된 것이므로 쓰셔도 됩니다."라는 답변을 하였습니다. 이에 따라 청구인은 아무런 의심의 여지없이 이 사건 현수막을 게시하기에 이른 것입니다. 그러나 소외 박충○는 선거 당시 현직 공무원 신분이었기 때문에 이러한 사실을 진

---

[3] 소외 정○문은 지난 제6회 전국동시지방선거 당시 청구인의 선거홍보업무를 전담하던 핵심참모이자 구리월드디자인시티 조성사업의 추진경과 및 제반사정을 소상히 파악하고 있는 구리시 정책자문위원으로 2015. 7. 31. 청구인에게 허위사실을 공표하고자 하는 고의가 전혀 없었다는 내용이 담긴 탄원서를 대법원에 제출한 바 있습니다.

술하는 것이 부적절하다고 판단하였고, 청구인 또한 부하직원의 난처한 입장을 고려해 진술을 요구할 수도 없었다는 특별한 사정이 있어 원판결에 증거로 제출될 수 없었습니다. 그러나 소외 박충○는 2015. 6. 30. 정년퇴임을 하여 더 이상 진술을 숨길 이유가 없음을 전해왔고 이러한 사실에 대한 진술서를 자발적으로 작성했습니다(입증자료 2의 1, 2). 따라서 원판결에 증거로 제출될 수 없었던 새로운 증거가 발견된 만큼, 청구인의 범죄사실에 대한 고의성은 마땅히 다시 심리되어져야 할 것입니다.

4. 재심의 필요성

가. 이상 살펴본 바와 같이 원판결이 인정한 죄보다 경한 죄를 인정할 명백한 증거가 새로 발견되었으므로 원판결은 「형사소송법」제420조 제5호가 규정하고 있는 재심의 요건을 충실히 구비하고 있습니다.

나. 뿐만 아니라, 원판결은 청구인의 고의성 입증에 대한 사실 판단에 있어서도 중대한 모순이 있으므로 이점만으로도 재심이 이루어져야 마땅합니다.

5. 결론

이상 살펴본 바와 같이, 원판결은 「형사소송법」이 규정하고 있는 재심의 이유가 충분하여 그 요건을 구비하고 있으며, 재심의 필요성도 절실하므로 재심 개시 결정 및 재심을 구하는 바입니다.

입 증 자 료

1의 1. 청구인의 선거홍보용 인터넷 블로그 화면
   2. 청구인의 선거홍보용 페이스북 화면
   3. 청구인의 선거홍보용 모바일 웹진 화면
   4. 청구인이 발송한 동보문자메시지
         (① 2014. 5. 29. 발송, ② 2014. 5.. 30. 발송,
         ③ 2014. 5. 31. 발송, ④ 2014. 6. 1. 발송,
         ⑤ 2014. 6. 2. 1차 발송, ⑥ 2014. 6. 2. 2차 발송,

⑦ 2014. 6. 3. 발송)

2의 1 　소외 박충○의 진술서

　　2 　소외 정성○의 진술서

첨 부 자 료

1. 원심 판결등본 사본 3부
1. 상고심 확정판결문 등본 1부

2016. 1. 8.

위 청구인 　박 영 순 (인)

서 울 고 등 법 원 장 　 귀 중

제4장 대법원

1. 대법원 판결문

대 법 원

제 2 부

판 결

사 건	2015도7342 공직선거법위반
피 고 인	A
상 고 인	피고인 및 검사
변 호 인	법무법인 AL
	담당변호사 AM
	변호사 AN, AO, AP, AQ

원 심 판 결	서울고등법원 2015·5. 8. 선고 2015노97 판결
판 결 선 고	2015. 12. 10

주 문

상고를 모두 기각한다.

이 유

상고이유(상고이유서 제출기간이 지난 후에 제출된 각 상고이유보충서 및 참고서면
의 기재는 상고이유를 보충하는 범위 내에서)를 판단한다.

1. 피고인의 상고이유에 관하여

공직선거법 제250조 제1항에서 정하는'허위의 사실'이라 함은 진실에 부합하지 않은 사항으로서 선거인으로 하여금 후보자에 대한 정확한 판단을 그르치게 할 수 있을 정도로 구체성을 가신 것이면 충분하고, 어떠한 표현이 허위사실을 표명한 것인지 여부는 일반 선거인이 그 표현을 접하는 통상의 방법을 전제로 그 표현의 전제적인 취지와의 연관 하에서 표현의 객관적 내용, 사용된 어휘의 통상적인 의미, 문구의 연결방법등을 종합적으로 고려하여 그 표현이 선거인에게 주는 전체적인 인상을 기준으로 판단하여야 한다(대법원 2011, 6, 9. 선고 2011도3642 판결 등 참조). 한편 위 조항 소정의 허위사실공표죄에서는 공표된 사실이 허위라는 깃이 구성요건의 내용을 이루는 깃이기 때문에 행위자의 고의의 내용으로서 그 사항이 허위라는 것의 인식이 필요하다 할 것이고, 이러한 주관적 인식의 유무는 그 성질상 외부에서 이를 알거나 입증하기 어려운 이상 공표 사실의 내용과 구체성, 소명자료의 존재 및 내용, 피고인이 밝히는 사실의 출처 및 인지 경위 등을 토대로 피고인의 학력, 경력, 사회적 지위, 공표 경위, 시점 및 그로 말미암아 객관적으로 예상되는 파급효과 등 제반 사정을 모두 종합하여 규범적으로 이를 판단할 수밖에 없다(대법원 2009. 3. 12, 선고 2009도26 판결 등 참조). 원심은, 그 판시와 같은 사실을 인정한 다음, 그 인정사실에 의하면, 피고인은 L 조성사업의 개발제한구역 해제에 관한 중앙도시계획위원회의 보완요구사항의 이행이나 향후 중앙도시계획위원회의 재심의 통과 등을 객관적으로 용이 하게 예측하기 어려워 도저히 '개발제한구역 해제 요건 충족이 완료되었다'고 할 수 없는 상황임에도 불구하고, 이 사건 선거의 막바지 시점인 2014. 5. 27부터 2014. 6·4.까지 자신의 선거사무소가 있는 건물 외벽에"L 유치 눈앞에! 국토부 그린벨트 해제 요건 충족 완료!"라고 위 요건이 충족 완료되었다는 단정 적인 내용이 기재된 현수막을 게시하고 같은 내용의문구가 자동 반복되는 전광판을 설치함으로써, 당선을 목적으로 피고인의 경력·행위에 관하여 히위의 사실을 공표하는 행위를 하였고, 나아가 피고인은 현수막 등에 게시된 위 내용이 허위라는 것을 인식하고 있었으므로 고의도 인정된다고 판단하였다. 앞서 본 법리와 원심이 적법하게 채택한 증거들에 비추어 살펴보면, 원심의 위와 같은 판단은 모두 정당하고 거기에 상고이유의 주장과 같이 논리와 경험의 법칙을 위반하여 자유심증주의의 한계를 벗어나 사실을 잘못 인정하거나, 공직선거법 제250조 제1항에 있어서의 '허위의 사실', '당선될 목적', '고의', '경력·행위' 및 공소사실의 특정 에 판한 법리를 오해하는 등의 위법이 있다.

2. 검사의 상고이유에 관하여

원심은 그 판시와 같은 이유로, 이 사건 공소사실 중 2014. 6. 2부터 2014. 6. 4까지 P 일원에 "Q"이라고 기재된 현수막 3장을 게시한 것으로 인한 공직선거법위반의 점에 대하여, 위와 같은 문구의 내용만으로는 국토교통부가 개발제한구역 해제를 결정 하였다는 '허위의 사실을 공표한 것으로 볼 수 없고 달리 그 범죄의 증명이 없다는 이유로 이를 무죄로 판단한 제1심판결을 그대로 유지하였다. 앞서 본 법리와 기록에 비추어 살펴보면, 원심의 위와 같은 판단은 정당하고, 거기에 상고이유의 주장과 같이 논리와 경험의 법칙을 위반하여 자유심증주의의 한계를 벗어나 사실을 잘못 인정하는 등의 위법이 없다.

3. 결론

그러므로 상고를 모두 기각하기로 하여, 관여 대법관의 일치된 의견으로 주문과 같이 판결한다.

<table>
<tr><td>재판장</td><td>대법관</td><td>김창석_____</td></tr>
<tr><td>재판장</td><td>대법관</td><td>이상훈_____</td></tr>
<tr><td>재판장</td><td>대법관</td><td>조희대_____</td></tr>
<tr><td>주 심</td><td>대법관</td><td>박상옥_____</td></tr>
</table>

제4부
대통령의 사법에
관한 권한

제1편
사면·감형·복권이란
무엇인가?

제1편 사면·감형·복권이란 무엇인가?

제1장 사면 · 감형 · 복권의 의미

대통령이 사법에 관하여 가지는 권한에는 대법원의 구성에 관한 권한과 사면권, 감형권, 복권권이 있다. 원래 사면권[1], 감형권, 복권권은 군주국가시대에 군주주권에 기초한 군주의 恩赦權[2]에서 출발한 것이다. 군주주권하에서 국가의 어떠한 기관보다도 우월한 지위에 있는 군주가 사법부의 사법권 행사 결과도 무시 할 수 있는 권한이었던 것이다. 그런데 군주주권에 기초한 은사로서의 사면 등은 국민주권과 법치주의가 지배하는 현대 국가에서는 엄격한 조건하에서 행사되도록 통제하는 것이 필요하다. 한국에서 사면·감형·복권에

---

1) 특별사면(Begnadigung , 特別赦免)? 특정의 범죄인에 대하여 형의 집행을 면제하거나 유죄선고의 효력을 상실시키는 대통령의 조치이다. 특별사면은 줄여서 특사라고도 하는데, 법무부장관이 상신하여 국무회의의 심의를 거쳐 대통령이 행한다. 형의 집행이 면제되지만 특별한 사정이 있을 때에는 이후 형의 언도의 효력을 상실하게 할 수 있다(사면법 5조). 특별사면의 신청이 이유없다고 인정하는 때 법무부장관은 그 뜻을 검찰총장에게 통지하고, 검찰총장은 그 사유를 관계검찰청의 검찰관, 형무소장 또는 사건본인에게 통지하여야 한다(사면법 20조). 대통령으로부터 특별사면의 명이 있을 때에는 법무부장관은 검찰총장에게 사면장을 송부하고, 검찰총장이 사면장을 접수한 때에는 관계검찰청의 검찰관을 경유하여 지체없이 사건본인에게 부여한다. 사건본인이 재감중인 때에는 형무소장을 경유한다(사면법 21 · 22조). 검찰관이 집행정지 중 또는 가출소 중에 있는 자에 대한 사면장을 접수한 때에는 그 뜻을 사건본인이 재감하던 형무소장과 감독경찰관서에 통지하여야 한다. 집행유예 중에 있는 자에 대한 특별사면의 경우에는 감독경찰관서에 통지하여야 한다(사면법 23조). 사건본인이 형의 집행을 지휘한 검찰청의 관할구역 외에 거주하는 때에는 사면장의 부여를 그 거주지를 관할하는 검찰청의 검찰관에게 촉탁할 수 있다. 사면이 있을 때에는 형의 집행을 지휘한 검찰청의 검찰관은 판결원본에 그 사유를 적어서 밝혀야 한다(사면법 24조).검찰관이 사면장을 사건본인에게 부여한 때에는 지체 없이 법무부장관에게 보고하여야 한다. 군사법정에서 형의 언도를 받은 자에 대하여는 법무부장관의 직무는 국방부장관이 행하고 검찰총장과 검찰관의 직무는 형을 언도한 군사법정에서 검찰관의 직무를 행한 법무관이 행한다(사면법 26 · 27조);
https://terms.naver.com/entry.nhn?docId=1201395&cid=40942&categoryId=31721, 2019.2.3.
2) 은사권(Royal prerogative of mercy)은 영국왕의 사면권을 말한다. 국왕의 대권행위(Royal prerogative)의 하나이다. 영국왕의 은사권은 원래 사형 선고를 철회할 것을 영국왕이 허가하는 것을 말했다. 그러나 현재는 어떤 형벌 종류의 형벌도 철회하는 것을 말한다.

관한 제도는 1948년 헌법이 제정된 이래 현재까지 그 내용에서는 변화된 것이 없고, 그에 관한 권한도 대통령이 줄곧 보유하여 왔다.[3] 단지 1960년 6월 헌법과 1960년 11월 헌법에서는 사전에 국무회의의 의결을 거쳐 대통령이 그 권한을 행사하도록 정하고 있었다. 이에 관한 법률로는 1948년 제정된 赦免法이 있다. 사면권은 사면권·감형권[4]·복권권[5]에 대해서만 정하고 있는 것이 아니라, 집행유예를 선고받은 자에 대하여 그 유예기간을 단축하는 권한도 대통령에게 부여하고 있다. 헌법은 사면에 대하여 一般赦免을 정하고 있고, 사면법에서 일반사면 외에 특별사면을 정하고 있다. 권력분립제도의 목적이 최초에는 군주의 대권을 약화시켜 개인의 자유를 될 수 있는 대로 보장해 보려고 하는 데 있었다 하겠으나 국민주권 시대의 오늘날에 와서는 입법기관, 사법기관 행정기관 등 주권자인 국민으로부터 통치권을 위임받은 권력기관 등이 서로 억제(CHECK)와 균형(BALANCE)의 원칙에 따라 다른 분립된 권력 기관의 헌법상의 권한을 존중하고 이를 침범하지 아니하여서 국민의 자유와 권리를 최대한으로 보장하려고 하는데 그 목적이 있음은 두 말할 것도 없다. 따라서 권력분립 제도를 채택하는 이상 국회를 국권의「최고기관」이라고 국회우위의 원칙을 헌법명문으로 선포한 나라에서도 내각이나 대통령만이 가지고 있는 헌법상의 권한은 국회라 할지라도 이를 침범하여 임의로 대신 행사할 수 없는 것이며, 국회라 할지라도 법원만이 가지고 있는 헌법상의 권한을 침범하여

---

3) 정종섭,「헌법학원론」, 박영사, 2010, 1211면.
4) 감형권(減刑權)은 형의 선고를 받은 자에 대하여 선고받은 형을 경감하거나 형의 집행을 감경시켜 주는 국가원수의 특권을 말한다. 감형에는 두 종류가 있는데, 죄 또는 형의 종류를 정하여 일반적으로 행하는 일반감형과 특정인에 대하여 행하는 특별감형이 있다. 일반 감형은 국무 회의의 심의를 거쳐 대통령령으로 행하고 특별감형은 법무부 장관의 계고로 국무회의의 심의를 거쳐 대통령이 이를 행한다.
5) 복권권은 헌법 제79조 대통령은 법률이 정하는 바에 의하여 復權을 명할 수 있다고 정하였다. 대통령에게 복권권을 인정하고 있다. 복권은 형의 선고를 받아 법령에서 정하는 바에 의한 자격이 상실되거나 정지된 자에 대하여 그 자격을 회복시키는 것을 말한다. 복권은 형의 집행을 종료하지 않은자 또는 집행의 면제를 받지 않은 자에 대하여는 행하지 않는다.

임의로 이를 대신 행사할 수 없는 것으로 보고 있는 것이다.[6] 살펴건대, 헌법 제54조에 의하면, 대통령은 사면법이 정하는 바에 따라 사면, 감형, 복권을 명할 수 있다고 규정되어 있고, 사면법 제8조에 의하면 복권에는 대통령령으로 일정한 요건을 정하여 이에 해당하는 모든 사람에게 일반으로 행하는 일반복권과 특정인에 대하여 개별적으로 행하는 특별복권이 있으며, 헌법 제54조, 제64조 및 사면법 제10조, 제15조, 제27조의 각 규정을 종합하면 특정인에 대한 개별적인 특별복권은 법무부장관이 직권 또는 검찰총장의 상신 신청이 이유 있다고 인정될 때(단, 군사법정에서 형의 선고를 받은 자에 대하여는 국방부장관이 직권 또는 군검찰관의 상신 신청이 이유 있다고 인정될 때) 대통령에게 복권의 상신을 하고 대통령은 국무회의의 심의를 거쳐 복권을 명할 수 있도록 되어 있다. 한편 사면법 제16조에 의하면 복권의 상신을 신청하는 서장에는 복권의 심사대상이 될 판결서의 등본 또는 초본을 반드시 첨부하여야 한다고 규정되어 있다.[7]

제2장 사면 · 감형 · 복권의 한계

대통령의 사면·감형·복권에 관한 권한은 법원의 재판 결과가 위법하거나 부당하고 이를 교정 할 다른 방법이 존재하지 않을 경우에 이를 행사 할 수 있다. 따라서 대통령의 이러한 권한은 그 제도 목적에 적합하게 행사되어야 하고, 법원의 권한을 침해하지 않는 범위 내에서 행사되어야 한다. 법원의 재판권을 부정하는 사면·감형·복권은 인정할 수 없다. 대통령의 개인적인 판단하에 은혜를 베풀거나 특정인에게 혜택을 주기 위하여 이런 권한을 행사하는 것은

---

6) 대법원 1965. 3. 25. 선고 63수3 전원합의체 판결 [대통령당선무효] > 종합법률정보 판례
7) 대법원 1986. 7. 3. 선고 85수2 전원합의체 판결 [국회의원선거무효] > 종합법률정보 판례

허용되지 않는다. 대통령의 자기 행위에 대한 사면·감형·복권, 탄핵 심판을 받는 자에 대한 사면·복권, 재판의 확정 직후의 사면·감형·복권, 대통령의 취임·생일이나 국가경축일을 축하하기 위한 사면·감형·복권은 인정되지 않는다고 할 것이다. 선거에서 특정행위를 사면·감형·복권해 주겠다는 공약을 내건 경우도 이를 인정하지 않는 것이 타당하다.[8]

(사면)

항 목	대상자	효 력	국회의 동의	형 식
일반사면	죄를 범한 자	형선고 효력 상실, 공소권 상실	필요	대통령령
특별사면	형선고받은 자, 집행유예자	형집행 면제, 형선고 효력상실(집행유예자 포함)	불필요	사면심사위원회 심사+법무부장관 상신+대통령의 명

(출처 : 정종섭 헌법학원론)

사면(赦免, Pardon)은 사전적 의미는 죄를 용서하여 기소나 형벌을 면제한다는 뜻이다. 형사적 절차에 의하지 않고 형선고의 효과, 공소권의 소멸 또는 형집행의 면제 권능을 가지는 국가원수의 특권(대권)이다. 광의의 사면은 앞의 개념에 감형과 복권도 포함한다.[9] 대한민국에서 사면은 형벌 면제를 의미하는 헌법 제79조(①대통령은 법률이 정하는 바에 의하여 사면·감형 또는 복권을 명할 수 있다. ②일반사면을 명하려면 국회의 동의를 얻어야 한다. ③사면·감형 및 복권에 관한 사항은 법률로 정한다.)에 의하는 대통령의 사면, 감형과 복권 뿐만 아니라 검사가 범인의 연령, 성행, 지능과

---

8) 정종섭,『헌법학원론』, 박영사, 2010, 1214~1215면.
9) 전.노씨 사면 서명운동 논쟁 뜨겁다《불교신문》1997년 6월 3일 김종만 기자, 광주 · 대구"전 · 노 사면 반대" Archived 2013년 12월 29일 - 웨이백 머신《인권운동사랑방》1997년 9월 2일, 전 · 노 사면 서명운동으로 여론몰이《한겨레21》1997년 8월 14일 신승근 기자

환경, 피해자에 대한 관계, 범행의 동기, 수단과 결과, 범행 후의 정황의 사항을 참작하여 공소를 제기하지 아니할 수 있는 형사소송법 제247조(기소편의주의)에 의한 불기소처분(사건에 대한 각하, 기소유예)에 의한 기소면제를 말한다고 이중적으로 정의하고 있는 바와 같이, 전 세계적으로도 "사면"(pardon)이란 형벌면제만을 의미하는 것이 아니라 기소면제인 놀리 프로시콰이(Nolle prosequi)도 포함하는 의미이다. 영국왕의 은사권 또는 미국 대통령의 사면권도 당연히 기소면제를 포함한다.[10] 특별사면은 대사(大赦)라고도 한다. 법률에 기하여 대통령이 죄의 종류를 정하여 대통령 포고를 작성하여 행하는 국가적 형벌의 면제 또는 경감을 말한다. 특별사면이 취해진 죄에 대해서는 첫째 유죄의 판결이 선고된 경우에는 그 판결이 실효되고, 공소중의 사건은 그 공소가 소멸된다. 일반적으로 국가적인 경사가 있을 경우에 행하여진다. 여당이 선거법 위반자의 구제 등을 위해서 정치적으로 이용하는 경우가 있다. 법률상으로는 일반사면이라고 한다.

(감형)

항 목	대상자	효 력	국회의 동의	형 식
일반감형	선고를 받은 자	형의 변경	불필요	대통령령
특별감형	형선고받은 자, 집행유예자	형집행 감경, 형의변경 (집행유예자 포함)	불필요	사면심사위원회 심사+법무부장관 상신+대통령의 명

(출처 : 정종섭 헌법학원론)

---

10) https://ko.wikipedia.org/wiki/%EC%82%AC%EB%A9%B4#복권

(복권)

항 목	대상자	효 력	국회의 동의	형 식
일반복권	일반적	자격의 회복	불필요	대통령령
특별복권	특정한 자	자격의 회복	불필요	사면심사위원회 심사+법무부장관 상신+대통령의 명

※ 유예기간단축의 대상자가 집행유예자의 경우 그 효력으로 유예기간을 단축 할 수 있으며, 국회동의는 불필요하다.

(출처 : 정종섭 헌법학원론)

복권(復權)은 형의 언도로 인해 법령이 정한 바에 의한 자격이 상실 또는 정지된 자를 대통령의 명령에 의해 그 자격을 다시 회복시키는 것이다. 그러나 사면에 의한 복권은 자격을 회복할 뿐이지 형선고의 효력이 없어지는 것이 아니다. 단 특별한 경우 형선고의 효력을 없앨 수 있다. 복권이 되어도 기성의 효과는 사라지지 않는다. 복권은 형의 집행을 종료하지 않은 자나 집행의 면제를 받지 않은 자에 대해서는 행해지지 않는다(헌법 제79조, 사면법 제6조). 일반복권은 대통령령에 의하고 특별복권은 대통령의 명으로 한다. 모두 국무회의 심의를 거쳐야만 한다.[11]

---

11) https://ko.wikipedia.org/wiki/%EC%82%AC%EB%A9%B4#복권

제3장 정부수립 이후 사면·감형·복권 등 내역[12]

1999년 10월 18일 자민련 함석재 의원이 법무부 국정감사에서 공개한 정부수립 이후 특별사면 현황에 따르면 이승만 13년간의 재임중 15차례에 20058명, 윤보선은 2년 남짓한 재임기간에 9차례 48197명, 박정희는 18년간 18회에 걸쳐 22732명, 전두환 7년동안 18차례, 노태우 5년에 7차례 9643명, 김영삼 5년 재임중 19차례에 걸쳐 43805명의 특별사면, 감형, 복권을 단행했다. 김대중은 1998년 2월 취임한 뒤 2002년 9월 27일까지 도로교통법 위반관련 특별감면 조치 2차례를 포함해 모두 6차례에 걸쳐 1037만8597명이 사면 감형 복권 감면 등의 조치를 받았다. 김영삼은 도로교통법 위반 행위자 441만여명에 대한 1차례 특별감면을 포함해 모두 9차례에 걸쳐 704만여명, 전두환은 도로교통법 위반 행위자에 대한 특별감면이 없었으며 전두환과 노태우는 각각 1만2364명과 9643명에게 사면 등의 조치를 하였다.

가. 이승만 대통령

1948년 9월 27일 정부수립 기념: 일반사면 실시 일반감형 실시 일반복권 실시

1950년 12월 28일 무제: 일반사면 실시

1951년 1월 1일 환도신년 기념: 특별사면 1901명 특별감형 1259명

1951년 10월 17일 무제: 특별감형 1명

1952년 3월 1일 무제: 특별사면 3616명 특별감형 2218명

---

12) https://ko.wikipedia.org/wiki/%EC%82%AC%EB%A9%B4#복권

1952년 8월 15일 광복절 기념: 일반감형 실시 특별감형 3227명

1953년 12월 31일 신년 기념: 특별사면 1467명 특별감형 763명

1954년 12월 17일 무제: 특별감형 2명

1954년 8월 15일 광복절 기념: 특별감형 2명

1955년 1월 1일 신년 기념: 특별사면 31명(14) 특별감형 49명(40)

1955년 3월 25일 대통령 제80회 탄신 기념: 특별사면 20명

1956년 1월 1일 신년 기념: 특별사면 1155명 특별감형 1062명

1956년 8월 15일 광복절 기념: 특별사면 1140명 특별감형 649명

1960년 1월 1일 신년 기념: 특별사면 14명

1960년 6월 25일 무제: 특별사면 6명

나. 윤보선 대통령

1960년 10월 1일 신정부수립 경축 기념: 특별사면 3215명 특별감형 11214명

1960년 8월 6일 516혁명 기념: 일반사면 실시

1960년 7월 17일 제헌절 기념: 특별사면 77명(42)

1960년 8월 15일 광복절 기념: 특별사면 4051명 특별감형 7088명

다. 박정희 대통령

1962년 3월 15일 무제: 특별복권 14명(8)

1962년 4월 19일 419기념 학생사범: 특별사면 65명(11) 특별감형 7명(1)

1962년 5월 16일 516혁명 기념: 일반사면 실시 특별사면 13158명 (2284) 특별감형 8752명(1178) 일반복권 실시

절도죄 사면 3074명 감형 1919명, 상해 및 폭행죄 사면 1919명 감형 862명 강도살인 5명, 국가보안법위반 사면 10명 감형 95명 특별조치령 위반 사면 32명 감형 418명

1962년 8월 15일 제17대 광복절 기념: 특별사면 399명(130) 특별감형 151명(58)

1963년 5월 16일 516혁명 제2주년 기념: 특별사면 72명(5) 특별감형 41명(12)

1963년 8월 15일 제18회 광복절 기념: 일반사면 실시 특별사면 17명 일반복권 실시

1963년 12월 16일 민정이양 기념: 일반사면 실시 특별사면 94명 (11) 특별복권 16명(3)

1964년 5월 16일 516혁명 제3주년 기념: 특별사면 11명(1) 특별감형 80명(24)

1965년 12월 25일 성탄절 기념: 특별사면 37(8)명 특별감형 19명

1967년 7월 1일 제6회 대통령 취임 기념: 특별감형 1476명

1969년 8월 15일 제24주년 광복절 기념: 특별사면 795명(53) 특별감형 1748명(808)

1970년 8월 15일 제25주년 광복절 기념: 특별사면 308명(20) 특별감형 3267명(434)

1970년 12월 25일 무제: 특별사면 73명(10)

1971년 7월1일 제7대 대통령 취임 기념: 특별사면 324명 특별감형 3987명

1971년 10월 1일 무제: 특별사면 4명(4) 특별감형 26명(26)

1972년 10월 1일 무제: 특별사면 7명(7) 특별감형 20명(22)

1972년 12년 27일 제9대 대통령취임 유신헌법 공포시행: 특별사면 1203명(17) 특별감형 5017명(444)

1973년 2월 9일 무제: 특별복권 1명

1973년 8월 15일 무제: 특별사면 9명(9) 특별감형 2명(2)

1977년3월 1일 삼일절 기념: 특별복권 2명

1978년 12월 27일 제9대 대통령 취임 기념: 특별사면 988명(82) 특별감형 3087명(1202) 일반복권 실시

1979년 8월 15일 광복절 기념: 특별복권 1명

최규하 대통령 권한대행1979년 12월 23일 제10대 대통령 취임 기념: 특별사면 561명(28) 특별감형 31명(31)

1980년 2월 29일 무제: 특별복권 116명 일반복권 575명

라. 전두환 대통령

1980년 9월 1일 제11대 대통령 취임 기념: 특별사면 516명

1980년 11월 20일 무제: 특별사면 2명

1981년 1월 23일 무제: 특별감형 12명

1981년 1월 31일 [1980년 12월 29일] 이전 징계 공무원 징계사면
(일반사면): 131000명

1981년 3월3일 제12대 대통령(전두환) 취임 기념: 특별사면 2417
명 특별감형 646명 특별복권 167명

1981년 4월 3일 무제: 특별사면 58명 특별감형 23명 특별복권 2명

1981년 5월 11일 석가탄신일 기념: 특별사면 60명 특별복권 5명

1981년8월 15일 제36주년 광복절 기념: 특별사면 62명 특별감형 4명

1982년 1월 1일 무제: 특별사면 11명

1982년 3월 3일 대통령 취임 1주년 기념: 특별사면 1419명 특별
감형 545명 특별복권 238명

1983년 3월 15일 무제: 특별감형 2명

1983년 8월 12일 제38주년 광복절 기념: 특별사면 77명 특별감형
10명 특별복권 551명

1983년 12월 23일 성탄절 기념: 특별사면 36명 특별복권 142명

1984년 8월 14일 제39주년 광복절 기념: 특별사면 43명 특별감형
2명 특별복권 671명

1984년 10월 2일 개천절 기념: 특별감형 177명

1985년 3월 3일 대통령 취임 제4주년 기념: 특별사면 1615명 특별감형 512명

1985년 8월 15일 제40주년 광복절 기념: 특별감형 4명

1987년 7월 10일 7.1 대통령 담화 관련: 특별사면 1934명 특별복권 401명

마. 노태우 대통령

1988년 2월 27일 대통령 취임기념: 특별사면 4,548명 특별감형 835명 특별복권 992명

1988년 12월 21일 11.26 대통령 특별담화 관련: 특별사면 1268명 특별감형 96명 특별복권 365명

1990년 4월 12일 무제: 특별사면 1명

1991년 2월 25일 대통령 취임 3주년: 특별사면 914명 특별감형 565명

1991년 5월 25일 무제: 특별감형 30명

1991년 12월 24일 무제: 특별사면 4명 특별복권 1명

민중당 이재오(46) 사무총장, 수원갑 지구당 이판돌(42) 위원장, 정선지구당 정운환(28) 위원장과 밀입북 사건과 관련하여 서경원 전 의원의 보좌관 김용래(39), 민주당 이길재(5) 대외협력위원장 등 국가보안법 위반자 5명에 대해 특별사면 및 특별복권을 했다.[8]

1992년 12월 24일 무제: 특별사면 11명 특별감형 1명 특별복권 12명

전 교통부장관 차규헌씨(63)와 전새마을운동 중앙본부 회장 전경환씨(50), 전 건설부장관 김종호(66)·전 청와대 비서관 이학봉(54)·전 서울시 지하철공사 사장 김재명(61)·이창석(43. 전두환 전 대통령의 처남)·유준석(45.전전 대통령의 동서), 전 서울시장 염보현(60)·전서울시교육감최렬곤(62)·전기환(63·전전통령의 형)·황흥식(41.전경환씨 동서)·홍순두(51)·전우환(59·전전대통렴의 사촌동생)·이규승(73. 〃의 처삼촌)·김영도(56.〃의 조카)·김정노(64·전치안본부 통신부장)·정장희(51.전새마을본부 경리부장)·류시정(63)·황인모(48), 이원배전원(60)과 전청와대 비서관 장병조(54)·이태섭 전의원(53)·박재규 전의원(46), 징역 5년이 확정돼 복역중인 임수경(24) 문규현신부(43) 감형

바. 김영삼 대통령

1993년 3월 6일 대통령 취임: 특별사면 36,850명 특별감형 1,076명 특별복권 2,987명: 문익환 목사를 특별 가석방하고 70세 이상의 장기복역 간첩 등 공안사범 5천800여명을 대거 사면·복권

1993년 5월 28일 무제: 특별사면 81명

1993년 12월 24일: 특별사면 163명 특별복권 24명

1995년 제50주년 광복절 기념: 특별사면 1,587명 특별감형 426명 특별복권 528명 일반 형사범 2314명, 공안사범 855명 등 3169명 특별사면 사면 1269명(잔형면제 1242명 형선고실효 27명), 감형 426명 복권 528명, 사면복권 318명, 형집행정지 3명, 가석방 625명

1995년 12월 2일 대통령령 제14818호: 일반사면 2585000명 징계사면 10000명

1996년 2월 25일 대통령 취임 3주년 기념: 특별사면 23명 특별감

형 1명

1996년 8월 15일 제51주년 광복절 기념: 특별사면 6명 특별복권 5명

1997년 10월 3일 개천절 기념: 특별사면 15명 특별복권 8명

1997년 12월 22일 무제: 특별사면 25명: 전두환·노태우 전 대통령을 임기 말 전격 특별사면·복권

사. 김대중 대통령

1998년 사상 최대인 552만7천여명에 대해 외환위기에 처한 경제적 상황에서 국민을 '나라 살리기'에 적극 동참시켜야 한다는 취지의 특별사면1998년 3월 13일 제15대 대통령 취임 기념: 특별사면 32739명 특별감형 1258명 특별복권 806명 징계사면 166,334명

1998년 8월 15일 건국 50주년 경축 기념: 특별사면 3424명 특별감형 13명 특별복권 1,402명

1999년 2월 25일 대통령 취임 1주년 기념: 특별사면 6208명 특별감형 12명 특별복권 1,088명

1958년 간첩혐의로 체포돼 41년째 복역중인 우용각(71)등 29년 이상 복역한 미전향 장기수 17 명이 준법서약서 제출여부와 관계없이 잔형집행 면제로 석방, 집행유예중 마약투약 혐의로 벌금형과 치료감호를 선고받고 공주 교도소에서 치료감호중인 고 박정희 대통령의 외아들 박지만은 1997년 2월 선고된 징역 2년과 집행유예 3년에 대한 형선고 실효, 국가보안법 위반 사범인 임수경, 임종석, 서경원, 황석영, 작고한 문익환 목사 등은 복권하고 벌금을 못내 노역장에 유치된 생계형 범죄 자 중 500만원 이하의 벌금 미납자

2000여명을 석방하고 이들과의 형평성을 고려해 벌금중 일부를 내고 이미 석방된 7000여명에게 벌금잔액 면제

1999년 8월 15일 제54주년 광복절 기념: 특별사면 828명 특별감형 7명 특별복권 256명 징계사면 31명

1999년 12월 31일 대통령 신년 은전 조치: 형집행정지, 금융제재 해지 등 495697명

2000년 8월 15일 제55주년 광복절 기념: 특별사면 27029명 특별감형 810명 특별복권 525명[10]

2002년 7월 10일 월드컵 경추(운전면허 벌점 등 감면 약 481만명)

2002년 12월 31일: 특별사면 93명 특별감형 4명 특별복권 25명

아. 노무현 대통령

2003년 4월 30일 제16대 대통령 취임 기념: 특별사면 992명 특별복권 432명

2003년 8월 15일제58주년 광복절 기념: 특별사면 23780명 특별감형 675명 특별복권 170명 징계사면 125164명

2004년 5월 26일 부처님 오신 날: 특별사면 63명 특별감형 6명 징계사면 283명

'정치적 화합' 기조 속에 대북송금 사건에 연루된 임동원 전 국정원장, 이근영 전 산업은행 총재, 이기호 전 청와대 경제수석 등을 특별사면

2005년 5월 15일 부처님 오신 날: 특별사면 25명 특별복권 6명 -

이학수 전 삼성그룹 구조조정본부장, 강유식 전 LG그룹 부회장, 김동진 전 현대자동차 부회장, 성완종 경남기업 회장 등 경제인 30명 특별사면

2005년 8월 15일제60주년 광복절 기념: 특별사면 12043명 특별감형 567명 특별복권 1483명

2006년 8월 15일 제61주년 광복절 기념: 특별사면 96명 특별감형 19명 특별복권 27명

측근 비리 사건에 연루된 여택수 전 청와대 행정관을 사면한 데 이어 2007년 최도술 전 청와대 총무비서관을 추가로 사면

2007년 2월 12일 경제 살리기와 국민통합: 특별사면 146명 특별감형 12명 특별복권 276명

2008년 1월 1일 무제: 특별사면 43명 특별감형 14명 특별복권 18명

김우중 전 대우그룹 회장, 정몽원 전 한라그룹 회장, 신건·임동원 전 국가정보원장, 신승남 전 검찰총장, 한화갑 전 의원, 성완종 경남기업 회장 등에 대해 특별사면한 것이 2015년 정치권에서 논란

자. 이명박 대통령

2008년 6월 4일 새정부 출범 100일 기념: 특별사면 119명 특별감형 31명

2008년 8월 15일 제63주년 광복절 건국 60주년 경축: 특별사면 10198명 특별감형 178명 특별복권 1951명 징계사면 328335명

2009년 8월 15일 제64주년 광복절 건국 61주년 경축: 특별사면

1947명 특별감형 375명 특별복권 7,145명 살인죄 267명과 존속살해 강도살인 등을 포함하여 살인범 320명 등 일반형사범 9470명에 대해 심사, 의결하여 9467명을 광복절 특별사면했다.

2009년 12월 31일: 특별사면 1명

서울고등법원 김창석 판사에 의하여 징역3년 집행유예5년 선고받은 이건희 삼성그룹 회장

2010년 8월 15일 제65주년 광복절 기념: 특별사면 72명 특별감형 15명 특별복권 2406명 징계사면 5685명

2012년 1월 12일: 특별사면 595명 특별감형 185명 특별복권 165명

2013년 1월 31일: 특별사면 34명 특별감형 3명 특별복권 18명

임기 말 최시중 전 방송통신위원장과 천신일 세중나모여행 회장 등 측근에 대한 설 특사를 형 확정 후 얼마 지나지 않아 단행, 2013년 용산참사와 관련해 복역 중인 6명 중 철거민 5명 전원에게 잔형 집행을 면제

차. 박근혜 대통령

2014년 1월 29일: 특별사면 5812명 특별감형 113

2015년 8월 15일 제70주년 광복절 기념: 특별사면 6280명 특별감형 246명 특별복권 1명

2006년 8월 15일 제71주년 광복절 기념: 특별사면 4612명 특별감형 261명 특별복권 3명

카. 문재인 대통령

2017년 12월 29일 일반 형사범 특별사면·감형 6,396명, 불우 수형
자 특별사면·감형 18명, 용산 철거현장 화재사망 사건 가담자 25명
(재판 진행중 1명 제외), 운전면허 행정제재 특별감면 165만975명,
생계형 어업인 행정제재 특별감면 1,716명, 정치인 공직선거법 위
반(정봉주 등 사건 1명

제4장 구 공직선거법상 선거운동 범위와 판단 기준

선거운동의 자유와 공정 및 기회균등을 꾀하고, 정치인의 통상적인 정치활동을 보장할 필요성, 죄형법정주의 원칙에서 파생되는 형벌법규의 엄격해석의 원칙, 구 공직선거법(2014. 1. 17. 법률 제12267호로 개정되기 전의 것, 이하 '공직선거법'이라고 한다)의 전체적인 체계에서 선거운동이 차지하는 위치 및 다른 개별적 금지규정의 내용 등에 비추어 볼 때, 공직선거법상 선거운동의 의미와 금지되는 선거운동의 범위는 다음과 같은 구체적인 기준에 따라 판단하는 것이 타당하다. '선거운동'은 특정 선거에서 특정 후보자의 당선 또는 낙선을 도모한다는 목적의사가 객관적으로 인정될 수 있는 행위를 말하는데, 이에 해당하는지는 행위를 하는 주체 내부의 의사가 아니라 외부에 표시된 행위를 대상으로 객관적으로 판단하여야 한다. 따라서 행위가 당시의 상황에서 객관적으로 보아 그와 같은 목적의사를 실현하려는 행위로 인정되지 않음에도 행위자가 주관적으로 선거를 염두에 두고 있었다거나, 결과적으로 행위가 단순히 선거에 영향을 미친다거나 또는 당선이나 낙선을 도모하는 데 필요하거나 유리하다고 하여 선거운동에 해당한다고 할 수 없다. 또 선거 관련 국가기관이나 법률전문가의 관점에서 사후적·회고적인 방법이 아니라 일반인, 특히 선거인의 관점에서 행위 당시의 구체적인 상황에 기초하여 판단하여야 하므로, 개별적 행위들의 유기적 관계를 치밀하게 분석하거나 법률적 의미와 효과에 치중하기보다는 문제 된 행위를 경험한 선거인이 행위 당시의 상황에서 그러한 목적의사가 있음을 알 수 있는지를 살펴보아야 한다. 위와 같은 목적의사는 특정한 선거에 출마할 의사를 밝히면서 그에 대한 지지를 부탁하는 등의 명시적인 방법뿐만 아니라 당시의 객관적 사정에 비추어 선거인의 관점에서 특정 선거에서 당선이나 낙선을 도모하려는 목적의사를 쉽게 추단할 수 있을 정도에 이른 경우에도 인정할 수 있다. 위와 같은 목적의사가 있었다고 추단하려면, 단순히 선거와의 관련성을 추측할 수 있다거나 선거에 관한 사항을 동기로 하였다는 사정만으로는 부족하고 특정 선거에서의 당락을 도모하는 행위임을 선거인이 명백히 인식할 만한 객관적인 사정에 근거하여야 한다. 그러한 목적의사를 가지고 하는 행위인지는 단순히 행위의 명목뿐만 아니라 행위의 태양, 즉 행위가 행하여지는 시기·장소·방법 등을 종합적으로 관찰하여 판단하여야 한다. 특히, 공직선거법이 선거일과의 시간적 간격에 따라 특정한 행위에 대한 규율을 달리하고 있는 점과 문제가 된 행위가 이루어진 시기에 따라 동일한 행위라도 선거인의 관점에서는 선거와의 관련성이 달리 인식될 수 있는 점 등에 비추어, 행위를 한 시기가 선거일에 가까우면 가까울수록 명시적인 표현 없이도 다른 객관적 사정을 통하여 당해 선거에서의 당선 또는 낙선을 도모하는 의사가 있다고 인정할 수 있으나, 선거가 실시되기 오래전에 행해져서 시간적으로 멀리 떨어진 행위라면 단순히 선거와의 관련성을 추측할 수 있다는 것만으로 당해 선거에서의 당락을 도모하는 의사가 표시된 것으로 인정될 수는 없다. 선거운동은 대상인 선거가 특정되는 것이 중요한 개념표지이므로 문제 된 행위가 특정 선거를 위한 것임이 인정되어야만 선거운동에 해당하는데, 행위 당시의 상황에서 특정 선거의 실시에 대한 예측이나 확정 여부, 행위의 시기와 특정 선거일 간의 시간적 간격, 행위의 내용과 당시의 상황, 행위자와 후보자의 관계 등 여러 객관적 사정을 종합하여 선거인의 관점에서 문제 된 행위가 특정 선거를 대상으로 하였는지를 합리적으로 판단하여야 한다. 한편 정치인은 누구나 기회가 오면 장래의 적절한 선거에 출마하여 당선될 것을 목표로 삼고 있는 사람이고, 선거운동은 특정한 선거에서 당락을 목표로 하는 행위이므로, 문제 된 행위가 특정 선거를 위한 것이라고 인정하려면, 단순히 어떤 사람이 향후 언젠가 어떤 선거에 나설 것이라는 예측을 할 수 있는 정도로는 부족하고, 특정 선거를 전제로 선거에서 당락을 도모하는 행위임을 선거인이 명백히 인식할 수 있는 객관적 사정이 있어야 한다. 정치인이 일상적인 사회활동과 통상적인 정치활동의 일환으로 선거인과 접촉하여 자신의 인격에 대한 공감과 정치적 식견에 대한 찬성과 동의를 구하는 한편, 그들의 의견을 청취·수용하여 지지를 받을 수 있는 정책을 구상·수립하는 과정을 통하여 이른바 인지도와 긍정적 이미지를 제고하여 정치적 기반을 다지는 행위에도 위와 같은 판단 기준이 그대로 적용되어야 한다. 따라서 그와 같은 일상적인 사회활동과 통상적인 정치활동에 인지도와 긍정적 이미지를 높이려는 목적이 있다 하여도 행위가 특정한 선거를 목표로 하여 선거에서 특정인의 당선 또는 낙선을 도모하는 목적의사가 표시된 것으로 인정되지 않는 한 선거운동이라고 볼 것은 아니다. 문제 된 행위가 단체 등을 통한 활동의 모습으로 나타나는 경우에는 단체 등의 설립 목적과 경위, 인적 구성, 활동의 시기, 방법, 내용과 규모 등을 추가적으로 고려하여 활동이 특정 선거에서 특정인의 당선 또는 낙선을 도모하는 목적의사에 따라 행해진 것이라는 점이 당해 선거인의 관점에서 객관적으로 인정되는지를 살펴보아야 한다. 단체 등의 목적 범위 내에서 통상적으로 행해지는 한도에서는 특별한 사정이 없는 한 그러한 활동이 특정인의 당선 또는 낙선을 목적으로 한 선거운동이라고 보아서는 아니 되고, 단체의 목적이나 활동 내용이 정치 이외의 다른 전형적인 사회활동을 하는 단체가 갖는 특성에 딱 들어맞지 않는다는 이유만으로 단체의 활동을 선거운동에 해당한다고 단정하여서도 아니 된다. [대법관 김용덕, 대법관 박상옥, 대법관 이기택의 반대의견] 공직선거법은 선거운동을 '당선되거나 되게 하거나 되지 못하게 하기 위한' 행위(제58조 제1항 본문), 즉 자신이 당선되거나 다른 사람이 당선되게 하거나 당선되지 못하게 하기 위한 행위로 규정함으로써, 개념 자체로 자신 또는 타인의 당선 또는 낙선을 목적으로 하는 행위일 것을 요구하고 있다. 따라서 공직선거법에 의하여 처벌되는 사전선거운동행위나 유사기관설치행위가 성립하려면 행위자가 특정한 선거에 관하여 특정 후보자 또는 후보자가 되려는 자를 위한 것임을 인식하고 해당 행위를 하였다는 것만으로는 부족하고, 행위자에게 '당선되거나 되게 하거나 되지 못하게 할 목적'이 인정되지 아니하면 구성요건은 충족되지 아니한다. 그러므로 사전선거운동행위나 유사기관설치행위는 고의 외에 초과주관적 위법요소로서 당선 또는 낙선의 목적을 범죄성립요건으로 하는 목적범에 해당하거나, 적어도 여기에서의 목적은 목적범에서의 목적에 준하는 주관적 구성요건요소라고 이해하는 것이 타당하다. '당선 또는 낙선의 목적' 역시 주관적 구성요건요소인 이상 그 실현에 대한 인식과 의욕 여부는 구성요건적 고의나 목적범에서의 목적과 마찬가지로 당연히 행위자인 피고인을 기준으로 판단하여야 하고, 피고인에게 그와 같은 목적에 대한 인식이 있었음이 증명되는지에 따라 구성요건의 충족 여부를 가려야 한다. 선거운동이란 목적의사가 '객관적'으로 인정될 수 있는 행위를 말한다고 해석하여 온 취지는 주관적 요소인 행위자의 목적의사를 인정하기 위해서는 행위의 능동성이나 계획성을 통하여 객관적으로 확인하고 파악하여야 함을 가리키는 것으로 이해하여야 하지, 목적의사가 '객관적'으로 인정되어야 한다고 하여 다수의견과 같이 반드시 선거인이 목적의사를 명백히 인식할 수 있어야 한다는 의미로 새길 수는 없다. 선거일부터 멀리 떨어진 시기에 이루어진 '정치인'으로서의 통상적인 정치활동을 곧바로 선거운동에 해당한다고 볼 수 없음은 당연하고, 그와 같은 행위가 단순히 '정치인'으로서의 인지도를 높이려는 목적에서 비롯되었더라도 이를 선거운동으로 단정할 수는 없다. 다만 행위가 이루어진 시기가 선거일부터 상당한 시간적 간격을 두고 행하여졌더라도 행위자가 '후보자가 되고자 하는 자', 즉 선거에 입후보할 의사를 가진 것을 객관적으로 인식할 수 있을 정도에 이른 사람에 해당하고 문제 되는 행위가'후보자가 되고자 하는 자'로서 선거에서의 당선 또는 낙선을 목적으로 자신의 인지도를 높이기 위하여 다수의 선거인들을 접촉한 것이라면, 이러한 행위는 이미 통상적인 정치활동의 범주를 벗어난 것으로서 당선 또는 낙선을 도모하는 목적의사가 객관적으로 확인될 수 있고, 행위의 태양에 따라 당선 또는 낙선을 도모하는 목적의지를 수반하는 행위로서 선거운동에 해당할 수 있다. 선거의 공정과 선거운동의 자유 사이의 균형점은 그 나라의 역사와 정치문화, 선거풍토와 선거문화의 수준 등 제반 사정에 따라 달라질 수밖에 없다. 국민의식의 성장에도 불구하고, 선거범죄 및 선거사범의 숫자는 줄어들고 있지 않고, 오히려 더욱 지능화·음성화되고 있다는 우려가 적지 아니하다. 이러한 상황에서 선거운동 자유의 측면만을 강조하여 선거운동의 의미를 법률의 취지와 달리 지나치게 좁게 해석한다면, 정치활동과 선거운동 자유의 확대를 명분으로 공정성 확보를 위한 중요한 장치를 무력화시킴으로써 자칫 그 균형을 무너뜨리는 결과가 될 수 있다.[13]

---

13) 대법원 2016. 8. 26. 선고 2015도11812 전원합의체 판결 [공직선거법위반·정치자금법위반] > 종합법률정보 판례, 【참조조문】헌법 제1조, 제12조 제1항, 제24조, 제25조, 제37조 제2항, 제40조, 제41조, 제66조, 제67조, 제116조 제1항, 제117조, 제118조, 형법 제1조 제1항, 구 공직선거법(2014. 1. 17. 법률 제12267호로 개정되기 전의 것) 제1조, 제2조, 제33조 제1항 제2호, 제3항 제2호, 제58조, 제59조, 제60조의2, 제60조의3, 제61조, 제86조 제2항, 제5항, 제6항, 제89조, 제90조 제1항, 제93조 제1항, 제2항, 제103조 제5항, 제108조 제2항, 제111조 제1항, 제114조, 제254조 제2항, 제255조 제1항 제13호; 대법원 2005. 9. 9. 선고 2005도2014 판결(공2005하, 1646), 대법원 2006. 6. 27. 선고 2005도303 판결(공 2006하, 1447)(변경), 대법원 2007. 8. 23. 선고 2007도3940 판결(변경), 대법원 2007. 10. 11. 선고 2007도3468 판결, 대법원 2010. 12. 9. 선고 2010도10451 판결, 대법원 2012. 11. 29. 선고 2010도9007 판결, 대법원 2013. 7. 25. 선고 2013도1793 판결(공 2013하, 1641)

대통령 당선무효

대법원 1965. 3. 25. 선고 63수3 전원합의체 판결[14) [대통령당선무효][집13(1)선,013]

【판시사항】

가. 국가재건최고회의가 제정한 1962년 법률 제1156호의 합헌성
나. 구국가재건비상조치법 제11조에 의하여 대통령 궐위시에 권한을 대행한 국가재건최고회의 의장과 구헌법 제53조 제3항의 대통령

【판결요지】

가. 헌법이 대통령에게 사면에 관한 특권을 부여하였고 사면의 효력에 형의 선고의 효력을 상실시키는 효과가 있다하여 반대로 확정판결의 효력을 상실시키는 것은 사면에 의하여서만 하여야 하고 법률로써는 제정할 수 없다는 논지는 성립할 수 없다고 할 것이며 확정판결의 효력을 상실시키는 입법을 하였다 하여 개개의 구체적인 법률적 쟁점에 대한 재판권을 내용으로 하는 사법권을 침해한 것이라고는 볼 수 없으므로 집행정지중의 군법회의판결의효력상실에관한(폐)이 확정판결의 효력을 상실시키는 내용이라 하여 위헌이라 할 수 없다.
나. 입후보할 자인 대통령권한대행자가 대통령선거에 즈음하여 그 직무상 선거계몽을 위하여 발표한 담화문을 큰 지면에 기재하고 거기에 자기의 사진을 넣어 이를 붙였다 하여 선거운동이라고 볼 수 없다.

---

14) 대법원 1965. 3. 25. 선고 63수3 전원합의체 판결 [대통령당선무효] > 종합법률정보 판례

다. 법이 확정판결의 효력을 상실시키는 내용의 것이라 하여 위헌
이라고 할 수 없다.

【참조조문】

구국가재건비상조치법 제2조 제9조 제12조 사면법 제5조 1호 제8
조 제21조 제27조, 신헌법부칙 제5조, 구헌법 제53조 3항, 대통령
선거법 제22조

【전 문】

【원 고】 민정당
【피 고】 박정희 외1인

【주 문】

원고의 청구를 기각한다.
소송비용은 원고의 부담으로 한다.

【청구취지】

원고소송대리인은 1963. 10. 15.에 시행된 대통령 선거에 있어서
중앙선거관리위원회가 피고 박정희를 대통령 당선인으로 결정한 것
은 무효로 한다. 소송비용은 피고들의 부담으로 한다라는 판결을
구하였다.

【이 유】

1963. 10. 15 시행된 대통령선거에 있어서 원고 추천의 윤보선 민
주공화당 추천의 피고 박정희 신흥당 추천의 소외 장이석 추풍회

추천의 소외 오재영 정민회 추천의 소외 변영태가 각 입후 보하였던 바 1963. 10. 29 중앙선거관리위원회에서 피고 박정희 4.7나.640표 윤보선 4.546.614표라는 득표수 발표가 있어 피고 박정희가 당선자로 결정되고 윤보선은 156.026표가 적어 차점자가 된 사실은 당사자 사이에 다툼이 없는바

1. 원고 소송대리인들은 피고 박정희는 1949. 2. 23 군법회의에서 국방경비법 제18조 제33조 위반으로 무기징역선고를 받고 이것이 집행정지 되었으나 집행을 받지 아니하기로 확정된바 없으므로 대통령선거법 제12조1호 제11조2호에 의하여 피선거권이 없다고 주장하고 피고 박정희 소송대리인은 위 무기징역선고 사실을 부인하고 피고 중앙선거관리위원회 위원장 소송대리인은 동 사실을 부지라고 말하고 피고들 소송대리인이 설사 원고주장과 같은 무기징역선고 사실이 있다 하더라도 1962.9.24 공포시행 된 법률 제1156호에 의하여 확정판결의 효력이 상실되었다고 항변하는데 대하여 본건에 주장하는 피고 박정희에 대한 군법회의는 당시의 헌법 제100조에 의하여 헌법상 사법기관인바 새로운 입법으로써 판결의 효력을 상실시켜 버린다면 사법권독립은 유명무실하게 되므로 사면 또는 재심이 아닌 새로운 입법으로써는 확정판결의 효력을 상실 시킬 수 없는 것이므로 위 법률은 위헌이여서 절대무효라고 주장하므로 살피건대 군법회의가 특별법원으로서 헌법상 사법기관임은 원고 주장과 같으나 헌법이 대통령에게 사면에 관한특권을 부여하였고 사면의 효력에 형의 선고의 효력을 상실시키는 효과가 있다하여 반대로 확정판결의 효력을 상실시키는 것은 사면에 의하여서만 하여야하고 법률로서는 제정할 수 없다는 논리는 성립할 수 없다 할 것이며 확정판결의 효력을 상실시키는 내용의 입법을 하였다 하여 개개의 구체적인 법률적 쟁송에 대한 재판권을 내용으로 하는 사법권을 침해한 것이라고는 볼 수 없다할 것이므로 위 법률이 위헌

무효라 할 수 없고 따라서 원고주장과 같이 피고 박정희가 무기징역의 판결을 받아 그 형의 집행정지 중에 있었다 하더라도 위 법률에 의하여 그 판결의 효력은 상실되었다 할 것이므로 피고 박정희가 피선거권이 없다는 원고주장은 이유 없고

2. 원고소송대리인들은 피고 박정희는 대통령권한 대행자로서는 당시의 헌법 제53조 제3항 국가재건최고회의 의장으로서는 당시의 국회법 제19조에 의하여 정당에 가입할 수 없음에도 불구하고 1963. 8. 30 민주공화당에 당원번호706611호로 입당하여 즉일 대통령후보로 공천되자 재야정당의 위법이라는 비난을 받고 그 뒤 관계법을 개정하였으나 입당과 공천 두 행위가 당초에 무효이므로 사후 법률개정으로 유효화 하지 못하는 것이다. 피고 박정희는 지구당 당원명부에 입당기재가 1963. 9. 4 이라고 답변하나 그렇다면 비당원이 공천을 받았으니 공천이 무효이다. 그러므로 동 피고는 대통령선거법 제22조의 후보자가 될 수 없다고 주장하고 피고들 소송대리인은 대통령권한 대행은 피고 박정희가 최고회의 의장직에 있으므로 국가 재건비상조치법제11조의 규정에 의하여 대통령이 궐위된 까닭으로 대통령의 권한을 대행한 것에 지나지 못하는 것이고 대통령이 아님이 분명하므로 구 헌법 제53조 제3항의 대통령으로 볼 수없고 또 국가재건비상조치법 제4조제5항(1963. 9. 3 개정)에는 예비역 국군장교인 최고위원(의장을포함한다)은 정당 또는 사회단체에 가입하거나 그 임원에 취임할수 있도록 규정되어 있는바 피고 박정희가 민주공화당에 입당한 것은 정당법 제19조 제3항에 의하여 1963. 9. 4 동당 성동구 지구당의 당원명부에 기재된 것이 분명하므로 피고 박정희가 1963. 8. 30에 민주공화당에 입당하였다는 원고주장은 이유없고 또 국회법 제19조는 국가재건비상조치법 제4조 제5항에 저촉되어 폐기된것이 분명하고 대통령후 보자 지명은 정당내의 정치행위에 불과하며법령에 규정한 바 없으므로

후보자 지명당시의 적격여부는 법률요건이 되지않는 것이므로 원고주장은 이유없다고 답변하므로 살피건대 대통령이 궐위된 때에 국가재건최고회의 의장이 국가재건 비상조치법 제11조의 규정에 의하여 대통령의 권한을 대행한다 하여 구 헌법제53조 제3항의 대통령으로 볼수없다할 것이고 다음 정당법 제19조 제3항에 의하면 지구당의 당원명부에 기재된때에 입당의 효력이 발생한다 할 것인바 증인 이석모의 증언에 의하여 진정성립이 인정되는 을 제2호증의 1.2기재에 동인의 증언을 종합하면 피고 박정희는1963. 9. 4 민주공화당 성동구 지구당당원명부에 기재됨으로써 입당의 효력을 발생한 사실을 인정할 수 있고 갑 제2호증의 1.2만으로서는 위 인정을 번복하기에 부족하고 달리 위 인정을 좌우할 증거가 없는바 이보다 먼저 동월 3일 국가재건비상조치법이 개정되어 동법 제4조 제5항에 의하여 예비역 국군장교인 최고위원은 정당 또는 사회단체에 가입 할 수있도록 되었으므로 이로 인하여 국회법 제19조느 폐기되었다고 볼 것이고 정당의 대통령후보 추천행위는 대통령후보자 등록을 함으로써 그 효력을 발생한다 할 것이므로 정당이 아직 그 정당에 입당하지 아니한자를 대통령후보자로 지명하였다 하더라도 위 대통령후보자 등록당시에 정당에 소속한 이상 그 추천이 무효라고 할 수없는것이므로 피고 박정희가 대통령선거법 제22조의 후보자가 될 수없다는 원고주장은 이유없고

3, 원고소송대리인들은 피고 박정희는 다음과 같은 불법 운동을 하여 당낙차이 이상수의 부정득표를 하였다 즉 (1) 선거공고와 동시에「선거공고에 즈음한 담화문」유달리 큰지면에 화려한 자기사진을 넣어 전국방방곡곡에 부쳤고 (2) 총재로서 통솔하는 민주공화당으로 하여금

(가) 피고 박정희의 기호3을 인쇄하고 그 외 선거에 관한 기사를

게재한 민주공화보 수백만부를 발간하여 집집마다 또 다수인이 집합한 장소에 배부하였고

(나) 선거사무원도 아닌 다수인을 동원하여 각호를 방문시켜 피고 박정희에게 투표하기를 권유 내지 강요하였고

(다) 각 지역당부는 앞으로 있을 국회의원선거의 공천예상자와 합세하여 경로회 낚시회 기타 유명 무명의 회합을 열어 향음하고 금품을 제공하였고

(3) 집권자로서 통솔하는

(가) 각 시.읍.면으로 하여금 늦어도 1963년 10월초에 배급하여야할 맥분 등 양곡을 일부러 선거일 전일인 동월 14일에 배급하면서 마치 정부 내지 민주공화당이 시혜라도 하는 것처럼 선전하게 하고

(나) 행정공무원 특히 경찰관으로 하여금 일반선거인은 물론 각자의 인연 족척을 샅샅이 찾아가서 피고 박정희가 당선되면 직장이 유지되지만 낙선되면 실직한다고 말하게 하여 듣는 이로 하여금 동정과 위압을 느끼게하였고

(다) 국영방송국으로 하여금 피고 박정희 집권 군정2년반 동안의 업적을 과장선전하게 하여 청취자로 하여금 오신케 하였는바 이상 사실은 공지의 사실이라고 주장하고 피고들 대리인은 이를 부인하므로 살피건대

(1) 대통령권한대행자가 대통령선거에 즈음하여 그 직무상 선거계몽을 위하여 발표한 담화문을 큰지면에 기재하고 자기사진을 넣어부쳤다 하여 선거운동이라고는 볼수 없다 할것이고

(2) 피고들이 신문이라는 점을 인정하는 갑 제3호증에 의하면 1963. 10. 13자 민주공화보에 피고 박정희의 기호3을 인쇄하고 그

외 선거에 관한 기사를 게재한 사실을 인정할 수 있으나 원고주장에 일부 부합하는 듯 한 증인 오응규의 증언은 믿기 어렵고 달리 이를 인정할 자료가 없다 따라서 위 민주공화보의 배부행위가 본건 선거의 결과에 영향을 미쳤다고 인정하기 어려우므로 원고의 주장은 결국 이유없음에 돌아간다 할것이고

다음 원고주장의 위 (2)의(나)(다) 및 (3)의(가)(나)(다)기재에 일부 부합하는 증인 오승○ 동 나승원 동 윤선홍의 각 증언은 믿기 어렵고 갑 제4호 증은 공문서라고는 인정하기 어렵고 본원이 믿지 않는 위 증인 나승○의 증언 외에는 그 진정성립을 인정할 자료가 없으므로 증거 자료로 할 수 없다 할 것이고 달리 원고주장사실을 뒷받침할 자료가 없고

4. 원고소송대리인들은 위에서 주장한 것이 이유 없다면 중앙선거관리위원회는 개표에 있어서 윤보선의 득표를 피고 박정희 또는 제3후보자의 표에 혼입하거나 무효로 인정한 것이 320,000표 제3후보자들의 득표 또는 무효표를 피고 박정희표로 계산한 것 90,000표 개표결과 공표를 제대로 하지 않고 윤보선의 표를 적게하고 이것을 피고 박정희의 표수에 가산한 것 이 40,000표나 있다고 주장하고 피고들 소송대리인은 이를 부인하는바 원고가 이에 대하여 아무런 입증도 하지 아니하였으므로 원고 주장을 인정 할 수 없다. 그러므로 원고의 본소청구는 이유없다하여 기각하고 소송비용은 패소자의 부담으로 하여 관여법관 전원의 일치한 의견으로 주문과 같이 판결한다. 대법원판사 한성수의 의견은 다음과 같다. 권력분립제도의 목적이 역사적으로 물론 최초에는 군주의 대권을 약화시켜 개인의 자유를 될 수 있는 대로 보장해 보려고 하는 데 있었다 하겠으나 국민주권 시대의 오늘날에 와서는 입법기관, 사법기관 행정기관 등 주권자인 국민으로부터 통치권을 위임받은 권력기관 등이 서

로억제(CHECK)와 균형(BALANCE)의 원칙에 따라 다른 분립된 권력 기관의 헌법상의 권한을 존중하고 이를 침범하지 아니하여서 국민의 자유와 권리를 최대한으로 보장하려고 하는데 그 목적이 있음은 두말할것도 없다 따라서 권력분립 제도를 채택하는 이상 국회를 국권의「최고기관」이라고 국회우위의 원칙을 헌법명문으로 선포한 나라에 있어서도 내각이나 대통령만이 가지고 있는 헌법상의 권한은 국회라 할지라도 이를 침범하여 임의로 대신 행사할 수 없는 것이며 법원만이 가지고 있는 헌법상의 권한 또는 국회라 할지라도 이를 침범하여 임의로 이를 대신 행사할 수 없는 것으로 보고 있는 것이다 사면 권한에 관한 우리나라 헌법을 살펴보건대 본 건 당시의 구헌법 제63조에 의하면「대통령은 국무회의 의결에 의하여 사면 감형과 복권을 명한다. 일반사면을 명함에는 국회의 동의를 얻어야 한다. 사면 감형과 복권에 관하여 필요한 사항은 법률로써 정한다」함으로서 형벌선고에 관하여 독립적 지위를 가지는 사법기관의 권한행사 결과에 대하여 다른 권력기관이 관여하는 유일한 예외로서 대통령에게만 사면권을 주고 있는 것이며 국회에는 대통령의 사면권 행사에 대한 동의 권한만을 부여하고 있는 것이고 이에 보조를 마추어 본건 시행당시의 국가재건비상조치법 (이하 비상조치법 이라고 약칭한다)제2조에서는 국가재건최고회의 (이하 최고회의라고 약칭한다)는 5.16군사혁명 과업완수 후에 시행될 총선거에 의하여 국회가 구성되고 정부가 수립될 때까지 대한민국의 최고 통치기관으로서의 지위를 가진다 하였고 같은법 제9조에서는 헌법에 규정된 국회의 권한은 최고회의가 이를 행한다 하였고 같은법 제11조에 제1항에서는 대통령이 궐위되거나 사고로 인하여 직무를 수행할 수 없을 때에는 최고회의 의장 부의장 내각수반의 순위로 그 권한을 대행한다 하였고 같은 조문의 제2항에서는 대통령이 궐위된 때에는 제2조의 규정에 의한 정부가 수립될 때까지 전항의 규정에 의한 권한대행을 한다하였고 같은법 제12조에서는 사면 감형 복권에 관한 사항은 최고회의의 의결을 거쳐야 한다 하였으므로 본건 당시의 사면권한은 제1차적으로 최고회의 의장만이 가지는 것이며 다만 이 권한을 행사함에는 최고회의의 의결을 거쳐야 한다는 것이다. 따라서 대통령권한대행을 하는 최고회의 의장만이 제1차적으로 가지고 있는 헌법상 권한은 국회의 권한을 행사하는 최고회의가 임의로 대신 행사할 수 없는것이라 할것이고 최고회의가 법률제정의 형식을 통하여 구체적인 사면처분을 한다면 이러한 처분과 입법은 위헌 무효인 것이라 아니 할수 없는 것이다 만일 그렇지 않고 국회가 헌법상 허용되어 있는 바에 따른 사면법제정에 의하여 사면의 절차와 효과 등 필요한 사항을 일반적 추상적인 법 정립 형식으로 규정하는 한계를 넘어서서 개인 또는 특정된 다수의 구체적 대상자에 대하여 개별적인 사면처분을 헌법상 할 수 있는 것이라 단정한다면 헌법상 법원만이 가지는 전속권한이라 할수 있는 개개사건에 대한 개개재판을 국회가 법률제정의 형식을 통하여 판결하는 것도 역시 합헌 유효한 것이라고 단정할 수 있게 되는 것이 아닐까 한다. 이 점에 관하여 다수의견이 헌법상 대통령에게 사면에 관한 특권을 부여하였다하여 판결의 효력을 변경 상실시키는 법률을 제정할 수 없다고 할 수 없다는 데에는 전적으로 찬의를 표하기 어려운바 있는 것이다. 도리켜 본건대 있어서 문제가 되어 있는 1962년 법률 제1156호를 보건대 1962. 5. 31 이전에 군법회의의 판결이 확정된자 중 형의 집행정지처분을 받았거나 복무중 잔형의 집행정지처분을 받은자(병으로 집행정지 중에 있는 자를 제외한다)에 대한 당해판결의 효력은 본법 시행일에 상실된다 단 기성의 효과는 변경되지 아니한다」라고 되어있다.이는 1948. 8. 30부터 시행되고 있는 사면법 제5조 제1호 제8조 제21조 및 제27조에 비추어 위에서 설시 한바와 같이 대통령권한대행만이 가지고 있는 사면권 중 일반사면권 행사에 해당하는 내용을 가진 입법이라 아니 할 수 없는 것이다 그렇다면 이와 같은 입법은 위헌적 입법이며 무효의 법률이라고 할 수

밖에 없는 것이다. 그러나 대통령권한대행이 이를 공포 시행하므로서 결국 이와 같은 내용의 일반사면 처분을 직접 자신이 한 것으로 볼 수 있으니 결론에 있어서는 다수의견과 동일한데 도달 하는 것이다. 왜냐하면 대통령권한대행이 자신의 자주적인 판단에 의하여 일반사면권을 행사한 것이 되고 최고회의의 위 입법때의 의결은 위에서 설시한 비상조치법 제12조에 따른 최고회의의 사면사항에 관한 의결로 볼 수 있는 것이다 위 최고회의 의장의 사면처분은 현행 새헌법부칙 제5조에 규정된 「비상조치법 또는 이에 의거한 법령에 의하여 행하여 진 재판예산 또는 처분은 그 효력을 지속하며 이 헌법을 이유로 제소할수 없다」라는 명문규정에 의하여 확정적으로 합헌 유효한 것으로 되었기 때문이다.

대법원 판사 주운화(재판장) 방준경 손동욱 김치걸 한성수 홍순엽
양회경 방순원 최윤모 이영섭

제2편

특별사면
특별감형
특별복권

제2편 특별사면 특별감형 특별복권

제1장 문재인 대통령 '3·1절 특사' 추진

정부가 3·1운동 100주년을 맞아 대규모 특별사면을 추진 중이다. 대상에는 사드(THAAD·고고도 미사일방어체계) 반대 집회, 한·일 위안부 합의 반대 집회, 밀양 송전탑 반대 집회, 세월호 관련 집회 등에 참가했다가 처벌받은 시국사범이 대거 포함될 것으로 보인다. 김의겸 청와대 대변인은 10일 기자단에 문자메시지를 발송하고 "3.1절 특사 준비를 위해 법무부가 기초자료를 조사 중"이라고 밝혔다. 법조계에 따르면, 주무 부처인 법무부는 최근 일선 검찰청에 공문을 보내 사면 대상자를 파악하고 선별하는 작업에 돌입한 것으로 알려졌다. 이번 사면의 주요 관심 사안은 이석기 전 통합진보당 의원과 한상균 전 민주노총 위원장 등의 포함 여부다. 이 전 의원은 2015년 내란음모 혐의로 징역 9년을 확정받고 수감 중이다. 한 전 위원장은 폭력시위를 주도한 혐의로 같은 해 구속돼 징역 3년을 선고받고 복역했으며 지난해 5월 가석방으로 출소했다. 다만 문재인 대통령이 지난 대선 당시 뇌물·알선수재·수뢰·배임·횡령은 사면 대상에서 제외하겠다고 공약한 만큼, 공직자 비리 및 부패범죄를 저지른 경제인 등은 배제될 가능성이 크다. 한편 문재인정부의 첫 번째 특별사면은 2017년 12월 일반 형사범 등 6444명을 대상으로 이뤄졌다. 특히 용산참사 관련 철거민 25명, 정봉주 전 의원이 당시 사면 대상에 포함된 바 있다.[15]

3·1절이 다가오면서 특별사면(특사) 얘기가 화두로 떠오르고 있다.

---

15) 이슬기, "정부, 3.1운동 100주년 대규모 특사…이석기 포함될까", 조선일보, 2019.1.10.자.
   출처 : http://news.chosun.com/site/data/html_dir/2019/01/10/2019011003023.html

특히 올해는 '3·1운동 100주년'이라는 상징성이 커 대규모 특사 가능성을 기대하기도 한다. 정치·경제·사회 등 각종 분야에서 종사하고 있는 각각의 단체에서는 저마다 나름의 다양한 이유를 거론하며 자신들과 이해관계가 얽힌 인물들의 사면을 요구하는 상황이 이어지고 있다. 법무부는 이미 1월 한 달 간 전국 일선 검찰청에 3·1절 특사 관련 협조 공문을 내려 보내 기초자료를 확보했다. 이를 토대로 박상기 법무부 장관은 사면 대상자 선별에 돌입한 상태다. 박 장관은 해당 자료를 2월 말까지 검토해 사면권을 갖고 있는 문재인 대통령에게 최종 사면 대상자들을 보고할 예정이다. 박 장관이 문 대통령에게 전달할 '사면 보고서'에는 과연 어떤 인물들이 포함될까. 2일 청와대 관계자에 따르면 사면 고려 대상에는 먼저 '시국사범'들이 포함될 것으로 보인다. 이 관계자는 "2008년 광우병 집회부터 2016년 한일 위안부 합의 반대 집회 등 각종 집회에 참가했다가 처벌받은 이들이 사면 대상자로 검토되고 있는 것으로 안다"고 전했다. 2008~2016년, 이 시기는 이명박·박근혜 전 대통령이 집권했던 보수 정부 때다. 보수 정권 9년 동안 각종 사회적 문제들이 크게 이슈화 됐고, 전국 곳곳에서 관련 집회가 벌어진 바 있다. 한일 위안부 합의 반대, 사드(THAAD·고고도미사일방어체계) 배치 반대, 밀양 송전탑 반대, 세월호 참사 제주 해군기지 건설 반대, 광우병 사태 등이 대표적이다. 다만 이 시위 관련자들은 주로 문재인정부의 지지층에 가까운 만큼, 문 대통령의 사면 단행시 야권으로부터 사면의 목적이 의심된다는 지적을 받을 공산이 있어 보인다. 시민사회단체에서는 양심수 사면을 촉구하고 있다. 이들이 요구하는 양심수 특사 대상에는 한상균 전 민주노총 위원장과 이석기 전 통합진보당 의원 등이 포함돼 있다. 특히 내란음모 혐의로 징역 9년형을 받고 7년째 수감 중인 이석기 전 의원이 눈길을 끈다. 지난 23일 서울 종로구 청와대 앞 분수대 광장에서 열린 양심수석방추진위원회 기자회견에서 만난 이 전 의원의 누나 이경진씨는 "3.1운동 기념의 현재적 의미는 양심수 석방"이라면서 "100년 전 '일체의 정치범을 특별히 석방함'이라는 임시정부의 정신에 따라 이석기 전 의원을 비롯한 양심수 전원의 석방을 결단해 달라"고 호소했다. 올해는 3·1절뿐만 아니라 대한민국 임시정부 수립 100주년이기도 하다. 한상균 전 위원장은 노동계에서 지속적으로 사면을 요구하고 있다. 한 전 위원장은 도심 폭력시위를 주도한 혐의로 지난 2017년 5월 대법원에서 징역 3년이 확정됐다가, 법무부 가석방으로 2018년 5월 출소한 바 있다. 최근 민주노총과 한국노총은 정부의 경제정책에 대한 불신을 이유로 경제사회노동위원회(경사노위) 불참을 선언하는 등 사회적 대타협을 강조하고 있는 문 대통령을 곤란케 하고 있어, 문 대통령이 한 전 위원장의 사면을 전격 허용하며 노동계와 전면적인 대화합을 시도할 가능성도 조심스레 제기된다. 그러나 이 전 의원과 한 전 위원장은 진영 논리에 따라 정치적 논란을 일으킬 수 있는 인물들이라는 점에서 정부로서도 사면 대상에 포함시키기 조심스러울 것이라는 관측이 나오고 있다. 이미 김병준 자유한국당 비상대책위원장은 이들의 사면을 겨냥해 "특정 이념에 치우쳐서 사면한다면 국가라고 할 수 있겠느냐"고 비판하고 나섰다. 정치권에서는 한명숙 전 국무총리와 이광재 전 강원도지사 등이 사면 대상으로 언급되고 있다. 하지만 이들은 여권의 거물급 인사들이라는 점에서 '특혜'주장 등 야당의 강력한 반발이 예상된다. 따라서 문 대통령이 '통합'이라는 명분 아래 여야 형평성을 고려하는 차원에서 야권의 유력 인사들을 사면에 포함시킬 가능성도 제기된다. 실제 역대 대통령들은 사면권을 행사할 때마다 야권 인사들을 함께 사면하는 것을 관례로 삼아오기도 했다. 이에 따라 여전히 '보수의 성역'으로 자리매김하고 있는 이명박·박근혜 전 대통령의 사면 요구 목소리가 강성 보수 세력을 중심으로 높아지고 있다. 지난달 26일 서울 중구 덕수궁 대한문 앞에서는 '태극기 시민혁명 국민운동본부'(국본)의 집회가 있었다. 국본은 진보 진영의 '촛불 집회'반대급부로 태동한 이른바 '태극기 집회'를 이끌고 있는 주요 단체 중 하나다. 이곳에서 만난 박희○(67·여)씨는 "박근혜 전 대통령은 '불법 감금'중"이라는 주장을 폈다.'박 전 대통령의 재판이 어떻게 될 것 같으냐'는 질문에 박씨는 "죄가 있어야 재판하는 것 아니냐"며 성을 냈다. 매일 아침마다 서울구치소에 수감돼 있는 박 전 대통령의 방향을 향해 '문안 인사'를 한다는 그는 "박 전 대통령이 석방될 때까지 끝까지 투쟁하겠다"고 울먹이기도 했다. 박근혜 전 대통령이 현재까지 받은 형량은 국정농단 사건(2심)으로 25년, 공천개입 사건(2심)으로 2년, 국정원 특활비 관련 국고손실 사건(1심)으로 6년 등 총 33년에 달한다. 대법원은 박 전 대통령의 국정농단 사건 상고심을 심리 중이다. 이명박 전 대통령은 다스 자금 횡령과 삼성 뇌물 수수 등의 혐의로 기소돼 1심에서 징역 15년을 선고받고 항소심을 진행 중이다. 정부는 수감 중인 전직 대통령의 사면에 대해선 아직 재판이 끝나지 않아 검토할 수 없다는 입장이다. 박상기 장관은 지난 25일 법무부 출입기자들에게 "사면 검토는 재판이 끝난 사람을 대상으로 한다"며 박근혜·이명박 전 대통령의 사면은 검토 대상이 아니라는 뜻을 분명히 했다. 이는 헌법에도 명문화돼 있다. 형의 선고를 받은 자만이 특사가 가능하다는 헌법 제79조에 따른 것이다. 사면권을 가진 문 대통령이 박근혜·이명박 전 대통령의 사면을 원한다고 하더라도 이들의 사면은 법적으로 원천봉쇄 돼 있는, 즉 불가능한 상황이라는 얘기다. 공직자 비리 및 부패범죄를 저지른 경제사범은 이번 사면에서 배제될 공산이 크다. 문 대통령의 대선 공약이기 때문이다. 그는 지난 대선 당시 뇌물·알선수재·수뢰·배임·횡령 등을 저지른 사람에게는 사면권을 제한하겠다고 약속한 바 있다. 문재인정부는 민생을 적극 챙기겠다는 기조를 유지하겠다는 방침이다. 이에 따라 일정 기준을 충족하는 선에서 단순 민생경제사범과 교통법규 위반자 등에 대해서는 대규모 사면이 이뤄질 가능성이 높은 것으로 관측된다. 박성택 중소기업중앙회장은 지난 16일 홍남기 경제부총리 겸 기획재정부 장관을 만나 "경제가 어렵다. 사기 진작 차원에서 소상공인의 생계형 범죄 등에 대한 사면을 검토해 달라"고 적극 요청하기도 했다. 문 대통령이 취임 이후 사면권을 행사한 경우는 지난 2017년 12월 단 한 차례다. 2009년 용산참사 당시 처벌 받은 철거민 25명 등 총 6444명이 사면·감형 됐다. 아울러 운전면허 취소·정지·벌점과 생계형 어업인의 어업 면허 취소·정지 등 행정제재 대상자 총 165만2691명에 대한 특별감면 조치도 시행됐다. 문 대통령이 취임 뒤 두 번째로 단행할 이번 특사는 3·1절과 대한민국 임시정부 수립 100주년이라는 상징성을 감안해 더욱 큰 규모의 '화합 사면'이 될 수 있다고 청와대 관계자는 전했다.[16]

'3.1절 특사' 대상자 살펴보니

정부가 3.1운동 100주년을 맞아 대규모 특별사면(이하 특사)을 단행하기로 결정했다. '사드 배치 반대 집회', '밀양 송전탑 반대 집회'등 과거 정부 시절 6가지 시위로 처벌 받은 사람을 파악해 보고하라는 법무부의 공문이 최근 전국 검찰청에 전달된 것으로 알려졌다. 현재 이석기 전 통합진보당(이하 통진당) 의원과 한상균 전 전국민주노동조합총연맹(이하 민주노총) 위원장의 이름도 오르내리고 있는 상황이다. "상당히 이념지향적인 사면…대통령 사면권, 이렇게 행사해선 안 돼", "시국사범, 공권력 집행 방해·헌법 질서 무너뜨려…끝은 이석기 사면 아닌가…"관심을 모으는 것은 사면 대상이다. 사드(THAAD·고고도 미사일방어체계) 배치 반대 집회, 밀양 송전탑 반대 집회, 한·일 위안부 합의 반대 집회, 세월호 관련 집회

---

16) 안병용, "문재인 대통령 '3·1절 특사' 추진…박근혜 사면 가능성은?", 데일리한국 2019.2.2.자 전면 게재;
http://daily.hankooki.com/lpage/politics/201902/dh20190202083507137430.htm

등에 참가했다가 처벌 받은 시국사범이 대거 포함될 것으로 관측되고 있다. 과거 정부 시절 시위로 처벌 받은 사람을 파악해 보고하라는 법무부의 공문이 최근 전국 검찰청에 전달됐다. 대상자 선별에 돌입한 것이다. 김의겸 청와대 대변인은 지난 10일 기자단에 문자메시지를 발송해 "3.1절 특사 준비를 위해 법무부가 기초자료를 조사 중"이라고 밝혔다. 청와대 관계자는 "2008년 광우병 집회부터 촛불 집회까지 '시국사범'들이 고려 대상"이라고 밝혔다. 이번 특사는 지난 2017년 단행한 첫 사면보다 대상과 범위가 넓을 것으로 알려졌다. 이번 사면 대상에서 또 한 가지 이목이 집중되는 사안이 있다. 바로 이석기 통진당 의원과 한상균 전 민주노총 위원장 등의 포함 여부다. 일각에서 이들의 이름이 거론되고 있다. 이 전 의원은 지난 2015년 내란음모 혐의로 징역 9년을 확정 받고 수감 중에 있다. 한 전 위원장은 폭력시위를 주도한 혐의로 같은 해 구속돼 징역 3년을 선고받고 복역했으며 지난해 5월 가석방으로 출소한 상태다. 문재인 대통령은 지난 대선 당시 뇌물·알선수재·수뢰·배임·횡령은 사면 대상에서 제외하겠다고 공약한 바 있어 공직자 비리 및 부패범죄를 저지른 경제사범은 배제될 공산이 크다. 김병준 자유한국당(이하 한국당) 비상대책위원장은 3.1절 특사에 대해 "강정마을에 관련된 분들, 세월호 집회에 관련된 분들, 광우병 관련된 분들, 이런 분들에 대해서 전부 사면을 한다는 얘기가 있다. 그 사면을 금방 느끼시겠지만 대체로 누가 봐도 그렇다. 상당히 이념지향적인 사면"이라며 "이것이 좌파, 우파를 떠나서 국가권력을 이렇게 사용해도 되는지 모르겠다. 대통령의 사면권이라는 것은 이렇게 행사해선 안 된다고 본다"고 지적했다. 이어 "문제가 있어 구속되고 처벌받은 분들을 어떤 특정이념에 치우쳐서 (특사)한다면 이게 어떻게 정말 국가라고 이야기할 수 있겠는가. 대통령이 대한민국의 대통령이지, 특정이념을 대표하는 그런 대통령이 돼선 안 된다"고 밝혔다. 김 위원장은 경제사범으로 처벌받은 기업인들에 대한 사면이 필요하다는 취지의 입장도 내비쳤다. 그는 "이런 행위 자체가 무엇을 불러일으키는가 하면 기업하는 사람들로부터 하여금 정말 투자하고 싶은 마음을 다 없애는 것이다. 경제가 대통령이 기업인들 만나고, 비서실장이 기업인들을 만나서 되는 게 아니라 이런 부분부터 확실히 국가가 제대로, 말하자면 국가의 기강을 제대로 바로 잡아간다는 모습을 보일 때 기업이 투자하고 외자도 들어오고 하는 것"이라며 "무엇을 먼저 해야 될지를 한 번 더 생각해 주시길 바란다."고 전했다. 나경원 한국당 원내대표도 지난 11일 국회에서 열린 '원내대책위-사법장악 저지 및 사법부 독립수호 특별위원회' 연석회의에서 "3.1절을 맞아 밀양 송전탑 반대, 세월호 집회 등에 참가했던 시국사범이 사면 대상에 대거 포함된다는 얘기가 있다"면서 "이게 사실이면 정치사면, 이념사면"이라고 지적했다. 그는 "그들이 한 행위는 공권력 집행을 방해하고 헌법 질서를 무너뜨린 것"이라며 "이 끝은 내란 음모를 벌였던 이석기 사면이 아닌가 하는 걱정이 든다."고 말했다. 첫 특사 땐 '6444명' 경제인 없이 문 대통령은 지난 2017년 12월 문재인 대통령이 첫 특사를 단행할 때도 경제인은 포함하지 않았다. 이때 2009년 용산참사 당시 처벌 받았던 철거민 25명, 정봉주 전 의원 등 총 6444명이 특사·감형 대상으로 선정됐다. 당시 정치권에서는 한명숙 전 총리나 이광재 전 지사 등이 특사 대상으로 거론됐으나 정봉주 전 의원만이 유일하게 사면 대상에 포함됐다. 역시 경제인은 없었다. 문 대통령이 대선 당시 재벌개혁 차원에서 뇌물·알선수재·수뢰·배임·횡령 등을 저지른 사람에게는 사면권을 제한하겠다고 공약한 바 있기 때문이다. 한편 중소기업중앙회 박성택 회장은 지난 16일 홍남기 경제부총리 겸 기획재정부 장관을 만나 3.1절 특사가 추진될 경우 경제계 화합과 중소기업 및 소상공인 사기진작을 위해 '생계형 경제사범'에 대한 사면 검토를 요청했다.[17)]

제2장 고등법원 현수막 GB 해제됐는데 왜 가중처벌?[18)]

서울고등법원이 박영순 구리 시장에게 벌금 300만원을 선고했다. 대법원에서 이대로 확정되면 시장직을 잃는다. 지난 8일 내려진 판결인데도 지역 내 여진이 만만치 않다. 한 시민단체는 "1심과 아무런 변동사항이 없는데도 당선 무효형으로 바뀌었다"며 탄원운동을 벌이고 있다. 경기도의회에서는 안승남 의원이 "많은 의원들이 (현수막에 의한 당선 무효형 선고는) 정당하지 못한 결과라는 데 공감하고 있다"며 탄원서 서명받기 운동의 배경을 설명했다. 주목할 건 지지자들의 탄원이라는 정서적 접근이 아니다. 항소심 판결 자체에 대한 계속되는 이견이다. 박 시장에게 1심이 내린 형량은 벌금 80만원이었다. 항소심은 이 형량을 벌금 300만원으로 높였다. 시장직 유지에서 시장직 박탈로 신분이 바뀌는 중대한 변경이다. 1심과 2심 사이에 이뤄진 눈에 띄는 사정 변경은 없다. 항소심 재판부는 2차례 벌금형 등 선거법 전과를 형량 가중의 근거로 들었으나 1심에서도 존재했던 전력이다. 설득력이 부족하다. 더 논란이 되는 부분은 공소사실에 대해 180도 달라진 판단이다. 항소심은 "피고인은 선거가 임박한 시점에 '그린벨트 해제요건 충족 완료'라는 문구를 건물 6개층 크기에 현수막으로 게시해 허위사실을 공표했다"며 "선거결과에 영향을 미치지 않았다고 보기 어렵다"고 판시했다. 1심은 이 행위를 허위의 정도가 약한 감경 요소로 봤다. 항소심이 이를 '전파성이 높은 형량 가중 요소'로 해석한 것이다. 똑같은 문구와 행위를 1심과 항소심이 정반대로 해석하고 있다. 구리월드디

---

17) http://www.ilyoseoul.co.kr/news/articleView.html?idxno=282008
조택영,"'3.1절 특사' 대상자 살펴보니", 일요서울(http://www.ilyoseoul.co.kr) 2019.2.4.자.
18) 경기일보, " [사설] 현수막 내용대로 GB 해제됐는데 왜 가중처벌? 구리 시장 항소심 판결, 상식론 이해 안 된다", 2015.05.21.자
http://www.kyeonggi.com/news/articleView.html?idxno=966995

자인시티(GWDC)는 박 시장이 2008년부터 추진한 사업이다. 그 핵심 분수령이 그린벨트 해제였다. 그는 조만간 해결될 단계라고 판단했고 그 내용을 현수막에 게시했다. 실제로 그린벨트는 3월 19일 전격적으로 해제됐다. 9개월여 뒤에 현수막 내용이 사실로 입증된 셈이다. 항소심 선고는 그 뒤에 내려졌다. 결과적으로 진실에 부합한 내용이 된 것이다. 가중처벌해야 할 중대한 허위 사실보다는 감경돼야 할 결과적 진실로 봄이 더 상식적이다. 물론 박 시장 측은 한발 더 나아가 주무부처인 국토부의 상황을 정확히 표시한 것이라며 1심과 항소심이 전제하는 '허위사실'자체를 부인하고 있다. 재판부의 판결은 무조건 존중돼야 한다. 이때의 판결은 대법원 또는 재판 종료에 의해 맺어진 결론을 뜻한다. 이번 사건은 진행중이다. 1심 판사는 '죄질이 중하지 않아 시장직은 유지되어야 한다'고 결론 냈고, 항소심 판사는 죄질이 중해 시장직이 박탈되어야 한다'고 결론 낸 상태다. 대법원 확정 판결 때까지는 두 결론 모두 존중되어야 할 판결이다. 우리가 '항소심 결론이 실체적 진실과 상식에 부합하지 않는다'는 의견을 밝히는 것도 이런 이유다. 논란을 마무리 짓게 될 대법원 최종 판결을 주목한다.

대법원 박영순 시장 당선 무효 확정[19]

박영순 경기 구리시장의 당선 무효 소식이 알려지자 시민과 지역 공직사회가 충격에 빠졌다. 박 시장이 16년이나 시장으로 일하면서 지역 발전에 힘을 쏟았고, 시민은 자족도시를 만들고자 박 시장이 야심차게 추진한 초대형 프로젝트 구리월드디자인시티(GWDC) 조성 사업에 큰 기대를 걸었기 때문에 안타까움은 더욱 큰 모습이다. 대법원 2부(주심 박상옥 대법관)는 10일 공직선거법 위반 혐의로 기소된 박 시장에게 벌금 300만원을 선고한 원심을 확정했다. 이로써 경기북부지역 시장·군수 10명 가운데 지난 8월 현삼식 전 양주시장에 이어 선거법을 위반해 당선이 무효된 두번째 시장으로 기록됐다. 박 시장은 지난해 5월 27일부터 6·4 지방선거 직전까지 선거사무소 건물에'GWDC 유치 눈앞에! 국토부 그린벨트 해제 요건 충족 완료!'라고 적힌 현수막을 내걸고 전광판 광고를 했다가 허위사실을 공표한 혐의로 기소됐다. 1심 재판부는 박 시장에게 벌금 80만원을 선고했으나 2심 재판부는 벌금 300만원으로 형량을 대폭 늘려 당선 무효 위기를 맞았다. 박 시장은 제 4~6회 지방선거에 연속 당선했지만 시장 경력은 이뿐만이 아니다. 1994~1995년 관선으로 구리시장을 지내고 2회 지방선거에서 당선된 이력도 있다. 이번 대법원의 확정 판결로 중도 하차하게 됐지만 한 도시에서 관선 1번, 민선 4번 등 총 16년이나 시장직을 수행한 기록을 세웠다. 박 시장은 작은 도시 구리를 100년 자족도시로 만들고자 GWDC를 그렸고 시민은 이런 기대로 그에게 시장직을 다시 맡겼다. GWDC는 그린벨트인 토평·교문·수택동 한강변 172만1000㎡에

---

19) 최인진 기자, "박영순 시장 당선 무효 확정", 경향신문, 2015.12.10. 11:48:12
http://news.khan.co.kr/kh_news/khan_art_view.html?artid=2015121011
48121&code=620109#csidxddf46e177d3213fa9c77359c3a7f862

외국자본 등 10조원을 투입해 2020년 완공을 목표로 추진한 사업이다. 호텔이나 고급 건축물에 사용되는 실내장식, 가구, 조명, 마감재 등을 주문 생산·유통하는 대규모 디자인 무역센터가 핵심 시설이다. 박 시장은 2008년부터 GWDC 사업을 추진했다. 3번 연속 당선되면서 7년째 이 사업에 공을 들였다. 외부의 의심과 실패 우려도 컸다. 겨우 인구 20만인 기초단체가 천문학적인 자금이 투입되는 초대형 프로젝트를 추진하는데 따른 것이었다. 시민·사회단체와 인근 지자체가 환경오염을 우려해 이 사업에 반대하고 중앙부처가 수차례 사업 승인 신청을 반려했지만 박 시장은 꿋꿋이 추진해 그린벨트 해제를 조건부로 허가받아 착공에 한발 짝 다가섰다. 사업 확정이 아직 불투명한데도 외국의 기관 투자자들은 이런 박 시장의 추진력을 믿고 총 30억 달러(한화 3조4천억원 상당)의 투자를 약속하기도 했다. 그러나 박 시장의 당선 무효로 GWDC 조성 사업은 동력을 크게 잃을 것으로 보인다. 무엇보다 박시장만큼 이 사업에 열정을 지닌 사람은 없었다고 해도 과언이 아니기 때문이다.

대법원 판결에 대한 입장(전문)

대법원이 오늘 박영순 구리시장의 공직선거법 위반에 대해 벌금 300만원을 선고한 원심을 확정 판결하였다. 이번 판결은 지난 7월 구리시의 행정 공백과 구리월드디자인시티 사업의 무산을 우려하여 대법원에 탄원서를 제출한 6만 5천 구리시민의 소망을 저버린 유감스러운 판결이다. 우리는 이번 판결이 지난 3월 18일 국토교통부 중앙도시계획심의위원회의 그린벨트 조건부 해제 결정에도 불구하고 내려진 것이라는 점에서 더욱 납득하기 어렵다. 주지하다시피 박영순 시장은 관선 1회, 민선 4회로 무려 네 번의 구리시민의 선택을 받아 총 다섯 번의 구리시장 임기를 거치는 동안 이루다 말할 수 없을 정도로 수많은 업적을 남기고 구리시의 발전을 이룩하는데 기여했다. 그 업적을 증명하듯, 민선 2기부터 4,5,6기에 이르기까지 시민들의 높은 지지로 구리시장에 당선된 박영순 시장이 시장직을 상실함으로써 구리시와 구리시민은 단순히 한명의 기초자치단체장이 사라지는 것 이상의 커다란 손실을 입게 되었다. 그런 의미에서 박영순 구리시장을 공직선거법 위반으로 고발한 측에서 구리시민의 염원인 구리월드디자인시티 사업을 선거법 재판을 통해 좌초시키려 획책해온 반시민적이고 음모적 행동을 규탄하지 않을 수 없다. 오늘 판결은 이들의 간교한 의도를 대법원이 승인해 준 것이나 다름없다는 점에서 더욱 유감스럽다. 그러나 이번 판결에도 불구하고 '모두가 꿈꾸는 자족도시 건설'이라는 기치를 높이 들었던 박영순 시장의 헌신적인 노력이 물거품이 되어서는 안된다. 구리월드디자인시티를 비롯한 구리시의 산적한 현안과 정책사업들은 변함없이 추진되어야 할 것이다. 새정치민주연합 구리시지역위원회는 박영순 시장의 선거법 재판으로 빚어진 갈등과 분열을 화합의 용광로에 녹여 구리시를 위기에서 구하는데 시민여러분과 합심하여 적극 앞장설 것임을 천명한다.

2015년 12월 10일
새정치민주연합 구리시지역위원회

부록

참고문헌
관련법령
전문가의 자문
추 천 문

〈참고문헌〉

1. 국내 문헌

정영일, 『형법각론』 제3판, 2011.
한인섭, 『가인 김병로』, 박영사, 2017.
서일교, 『형법각론』, 1978.

대법원 사법정책연구원(김주석·김정환), 『증인신문 절차 및 기법에 관한 연구』, 2015
한국형사정책연구원(김대근·공일규), 『검사의 효과적 공판수행 기법연구 연구총서 15-AA-01』, 2015.

권기훈, "형사소송에 있어서의 올바른 증인신문 방법", 재판자료 제110집 (2006).
김구년, "증인신문에 관한 소고", 민사사법제도 개선을 위한 법관세미나 자료(I) (2010).
김상준, "법과 심리 과학의 역사적 발전과정", 2014년도 법적 판단과 의사결정론 법관연수자료 (2014. 10.).
김형두, "민사재판의 이해[자료1]", 2015년도 상반기 신임법관 연수 자료 (2015. 3. 20.).
이상민, 「공판중심주의 의미와 피의자신문조서 및 진술영상녹화물의 증거능력」, 2008
김희균, "개정 형사소송법상 증인신문방식의 비교법적 검토" 성신법학 제8호 (2009. 2.).
남동현, "증인신문: 증인진술서 제도를 중심으로", 민사소송: 한국민사소송법학회지 제9권 제2호 (2005. 11.).
민일영·김능환, 주석 민사소송법 V(제7판), 한국사법행정학회 (2012).
허진성, "SNS의 개인정보 침해문제와 그 대응방안에 관한 연구", 「언론과 법」 제9권 제2 호(2010), 78면.

한인섭, 『가인 김병로』, 박영사, 2017.

한국정보화진흥원, 「국가정보화백서」, 한국정보화진흥원, 2012, 649면.

이진형, "SNS 확산과 동향", 「Journal of Communications & Radio Spectrum」 제44권(2011), 56면.

문광삼, "표현의 자유 소고", 「법학연구」 제25권 제1호(1982), 2면.

박기철, "사법경찰관의 법정증언제도에 대한 연구", 연세대학교 석사학위논문, 2008,

이완규, "수사경찰관 증언의 증거능력", 형사재판의 제문제 제5권, 2005, 489면.

정웅석, "수사경찰관의 법정진술의 증거능력", 형사법의 신동향 통권4호, 2006, 71면.

최규호, "독일 법원의 증인신문 참관기", 법률신문 제4165호 (2013. 10. 14), 12면

권기훈, "형사소송에 있어서의 올바른 증인신문 방법", 재판자료 제110집 (2006),

이기수, "경찰관 법정증언의 실태와 개선방안", 치안정책연구소 책임연구보고서, 2012, 3면.

한인섭, 앞의 논문(국민참여재판 하에서 경찰 역할의 변화), 545면.

이기수, "경찰관 법정증언의 실태와 개선방안", 치안정책연구소 책임연구보고서, 2012, 7~9면 부분게재.

경찰청 수사국 수사연구관실, "경찰관 법정증언 매뉴얼", 2015, 7면.

유신모 기자, "1994년 'OJ심슨 사건' 발생", 경향신문, 2009.6.12.자.

박진애, "헌법재판소 결정에 나타난 인터넷에서의 표현의 자유", 「경희법학」 제43권 제3 호(2008), 201면.

최경옥, "사이버모욕죄 발의와 표현의 자유", 「토지공법연구」
1202   부 록

제43권 제3호(2009), 599면.

이명웅, "헌법 제21조 제3항의 '신문의 기능'의 의미 - 헌재 2006.6.29. 2005헌마165등 신 문법 사건에 관련하여-", 「언론과 법」제6권 제1호(2007), 230면.

권헌영, "인터넷상 표현의 자유보장에 관한 헌법구조적 한계와 과제", 「언론과 법」제10권 제2호(2011), 95면.

이상민, 「공판중심주의 의미와 피의자신문조서 및 진술영상녹화물의 증거능력」, 2008, 51면.

홍민우, "포렌식전문가 법정증언에 대한 연구". 2015, p52

하재홍, 앞의 논문, 61면 재인용.

윤장석, 국민참여재판에서의 검사의 역할, 형사법의 신동향 제22호, 대검찰청, 2009, 103면.

윤장석, 앞의 논문, 105면.

허인석, 「영상녹화제도의 합리적 운용과 발전방향」, 법조 제9호 통권624호, 2008, p107

이완규, 「개정형사소송법의 쟁점」, 2007, 탐구사, p131

대검찰청, 「영상녹화조사업무 실무매뉴얼」, 2007, p36.

이영한, 「새로운 형사소송법에서의 조서와 영상녹화」, 법조통권 제617호, 법조협회, 2008, p124-125.

김종률, 「영상녹화제도와 검찰수사실무 변화에 관한 연구」, 형사사법의 신동향 통권 제8호, 대검찰청, p84

신평, "새로운 명예훼손법 체계의 구축에 관한 시도", 「공법연구」제31집 제3호(2003), 213면.

황성기, 전게논문, 214면.

김학태, "인터넷상의 음란물에 대한 형사책임에 관한 연구", 「외법논집」제23권(2006), 226면.

김종길, "'안티사이트'의 사회운동적 성격 및 새로운 저항 잠재력의 탐색", 「한국사회학」제37권 제6호(2003), 150면.

주재원, "트위터, 영국 명예훼손 소송의 새로운 변수로 떠오르다", 「언론중재」겨울호(2010), 146면.

정웅석, 「영상녹음 · 녹화에 관한 법적 고찰」, 형사법의 신동향,
　　　　대검찰청, 2007, p150

이동희, 「사개추위안의 피의자신문 녹음 · 녹화 제도 도입방안에
　　　　대한 검토」, 비교형사법연구 제8권 제1호 특집호,
　　　　한국비교형사법학회, 2006, p522

박노섭, 「수사절차상의 , 신문과 비디오 녹화제도」, 형사정책
　　　　제16권 제1호, 2004, p114

백승민, 「영상녹화물의 증거능력 및 증명력에 관한 연구」,
　　　　대검찰청, 2007, p16

황은영, 「피의자진술의 객관적 확보방법 」, 수사연구, 2004,
　　　　p16

이상민, 「공판중심주의 의미와 피의자신문조서 및
　　　　진술영상녹화물의 증거능력」, 2008, p2

서보학, 「피의자진술의 비디오 녹화 도입에 따른 법 정책적
　　　　검토 및 재산상 증거능력」, 수사연구, 2004, p28

참여연대, 「공판중심주의 법정심리절차 확립을 위한 형사소송법
　　　　개정안에 대한 의견서」, 참여연대사법감시센터, 2005.
　　　　p20

차동언, 「공판중심주의 확립을 위한 전문법칙의 재정립」,
　　　　동국대학교, 2007, p254.

차동언, 「공판중심주의 확립을 위한 전문법칙의 재정립」,
　　　　동국대학교, 2007, p259

탁희성, 「피의자 신문의 녹음· · 녹화시스템에 관한 비교법적
　　　　고찰」, 형사정책연구소식 제84호, 형사정책연구원 2004,
　　　　p12-13.

대검찰청, 「수사과정의 녹음 · 녹화제 운영실태보고 II 」, 2004,
　　　　p.95

이상민, 「공판중심주의 의미와 피의자신문조서 및
　　　　진술영상녹화물의 증거능력」, 2008, p51

박현식, 「수사과정 영상녹화물의 증거능력에 관한 연구」,
조선대, 2008, p50~51

이상민, 「공판중심주의 의미와 피의자신문조서 및
진술영상녹화물의 증거능력」, 2008, p60

이완규, 「개정 형사소송법상 영상녹화물의 증거능력」, p181.

이상민, 「공판중심주의 의미와 피의자신문조서 및
진술영상녹화물의 증거능력」, 2008, p51

박경신, "인터넷의 안티테제, 공모공동정범 이론",
「한국언론정보학회 토론회」 제3호(2009), 13면.

이현희, 「SNS 불법·유해정보 실태 및 대응방안 연구」,
방송통신심의원회, 2011, 21면 강윤정, "소셜 미디어
사회화에서의 인터넷 관련범죄와 인터넷 윤리",
「법학연구」 제28권 제2호(2012), 263면.

임웅, 「형법각론」 제4정판, 2012, 법문사, 202면 이재상,
「형법각론」 제7판,

곽영길, "사이버상 권리침해 실태 및 대응방안",
「한국자치행정학보」 제23권 제1호(2009), 482면.

강동범, "사이버범죄 처벌규정의 문제점과 대책", 「형사정책」
제19권 제2호(2007), 52면.

윤해성, "사이버폭력에 대한 형사법적 고찰", 「경원법학」 제2호
제2호(2009.8), 54면.

박경신, "명예의 보호와 형사처벌제도의 폐지론과 유지론 -
PD수첩 광우병보도 수사에 즈음하여 -", 「서강법학」
제11권 제1호(2009), 358면.

양동철, "사이버폭력에 대한 입법방향 연구", 「법조」 제55권
제9호(2006), 144면.

권오걸, 「형법총론」, 형설출판사, 2005, 257면.

백광훈, "사이버범죄에 대한 ISP의 형사책임에 관한 연구",
「연구총서」 2003년 1호(2003), 56면.

오영근, 「형법각론」 제2판, 박영사, 2009, 225면.

참고 문헌   1205

최우찬, "인터넷상 개인정보침해에 관한 형법적 고찰 – 특히
　　　　　명예훼손죄를 중심으로–", 「서 강법학연구」 제6권(2004),
　　　　　100면.
이병태, "법률용어사전 : 2018, 새학설 새법률에 의한 6,000여
　　　　　법률 용어를 수록한", 법문북스, 2018

법무연수원, 2012 공판실무 Ⅱ, 2012. 7. 81면.
사법연수원, 검찰실무 Ⅱ: 법률실무과목, 2013. 44면.
법무연수원, 2012 공판실무 Ⅱ, 2012. 7, 83면.
법원행정처, 새로운 형사재판의 이해, p120
법원행정처, 「새로운 형사재판의 이해」, 2008, p13-14

2. 영미문헌

Aldert Vrij et al., "Let Me Inform You How to Tell a Convincing Story: CBCA and Reality Monitoring Scores as a Function of Age, Coaching and Deception", 2 ff. available at <http://eprints.port.ac. uk/22/1 /PORTERH.pdf> (last visited:2016. 3. 30.).

Aldert Vrij, "Psychological Factors in Eyewitness Testimony", Psyc hology and Law: Truthfulness, Accuracy and Credibility 105 (1999).

Amina Memon et al., "Inoculation or Antidote? The Effect of Cogni tive Interview Timing on False Memory for Forcibly Fabricated Eve nts", 34 L. & Hum. Behav. 105 (2010. 4.).

Amina Memon et al., "The Cognitive Interview: A Meta-Analytic Review and Study Space Analysis of the Past 25 Years", 16 Psychol. Pub. Pol' y & L. 340 (2010. 11.).

Amina Memon, "Expert Testimony", Psychology and Law: Truth fulness, Accuracy and Credibility 210, (1999).

Anne Bowen Poulin, "Credibility: A Fair Subject for Expert Testimony?", 59 Fla. L. Rev. 991 (2007. 12.).

"Assessing the Credibility of Witnesses: A Practical Guide", Conference of Canadian Administrative Tribunals (2000. 6.).

〈관련법령〉

1. 사면법

[시행 2017. 7. 7] [법률 제13722호, 2016. 1. 6, 타법개정]

제1조(목적) 이 법은 사면(赦免), 감형(減刑) 및 복권(復權)에 관한 사항을 규정한다.
[전문개정 2012. 2. 10.]

제2조(사면의 종류) 사면은 일반사면과 특별사면으로 구분한다.
[전문개정 2012. 2. 10.]

제3조(사면 등의 대상) 사면, 감형 및 복권의 대상은 다음 각 호와 같다.
  1. 일반사면: 죄를 범한 자
  2. 특별사면 및 감형: 형을 선고받은 자
  3. 복권: 형의 선고로 인하여 법령에 따른 자격이 상실되거나 정지된 자
[전문개정 2012. 2. 10.]

제4조(사면규정의 준용) 행정법규 위반에 대한 범칙(犯則) 또는 과벌(科罰)의 면제와 징계법규에 따른 징계 또는 징벌의 면제에 관하여는 이 법의 사면에 관한 규정을 준용한다.
[전문개정 2012. 2. 10.]

제5조(사면 등의 효과) ① 사면, 감형 및 복권의 효과는 다음 각 호와 같다.
  1. 일반사면: 형 선고의 효력이 상실되며, 형을 선고받지 아니한 자에 대하여는 공소권(公訴權)이 상실된다. 다만, 특별한 규정이 있을 때에는 예외로 한다.
  2. 특별사면: 형의 집행이 면제된다. 다만, 특별한 사정이 있을 때에는 이후 형 선고의 효력을 상실하게 할 수 있다.
  3. 일반(一般)에 대한 감형: 특별한 규정이 없는 경우에는 형을

변경한다.

4. 특정한 자에 대한 감형: 형의 집행을 경감한다. 다만, 특별한 사정이 있을 때에는 형을 변경할 수 있다.

5. 복권: 형 선고의 효력으로 인하여 상실되거나 정지된 자격을 회복한다.

② 형의 선고에 따른 기성(旣成)의 효과는 사면, 감형 및 복권으로 인하여 변경되지 아니한다.

[전문개정 2012. 2. 10.]

제6조(복권의 제한) 복권은 형의 집행이 끝나지 아니한 자 또는 집행이 면제되지 아니한 자에 대하여는 하지 아니한다.

[전문개정 2012. 2. 10.]

제7조(집행유예를 선고받은 자에 대한 사면 등) 형의 집행유예를 선고받은 자에 대하여는 형 선고의 효력을 상실하게 하는 특별사면 또는 형을 변경하는 감형을 하거나 그 유예기간을 단축할 수 있다.

[전문개정 2012. 2. 10.]

제8조(일반사면 등의 실시) 일반사면, 죄 또는 형의 종류를 정하여 하는 감형 및 일반에 대한 복권은 대통령령으로 한다. 이 경우 일반사면은 죄의 종류를 정하여 한다.

[전문개정 2012. 2. 10.]

제9조(특별사면 등의 실시) 특별사면, 특정한 자에 대한 감형 및 복권은 대통령이 한다.

[전문개정 2012. 2. 10.]

제10조(특별사면 등의 상신) ① 법무부장관은 대통령에게 특별사면, 특정한 자에 대한 감형 및 복권을 상신(上申)한다.

② 법무부장관은 제1항에 따라 특별사면, 특정한 자에 대한 감형 및 복권을 상신할 때에는 제10조의2에 따른 사면심사위원회의 심사를 거쳐야 한다.

[전문개정 2007. 12. 21.]

제10조의2(사면심사위원회) ① 제10조제1항에 따른 특별사면, 특

정한 자에 대한 감형 및 복권 상신의 적정성을 심사하기 위하여 법무부장관 소속으로 사면심사위원회를 둔다. <개정 2012. 2. 10.>

② 사면심사위원회는 위원장 1명을 포함한 9명의 위원으로 구성한다. <개정 2012. 2. 10.>

③ 위원장은 법무부장관이 되고, 위원은 법무부장관이 임명하거나 위촉하되, 공무원이 아닌 위원을 4명 이상 위촉하여야 한다. <개정 2012. 2. 10.>

④ 공무원이 아닌 위원의 임기는 2년으로 하며, 한 차례만 연임할 수 있다. <개정 2012. 2. 10.>

⑤ 사면심사위원회의 심사과정 및 심사내용의 공개범위와 공개시기는 다음 각 호와 같다. 다만, 제2호 및 제3호의 내용 중 개인의 신상을 특정할 수 있는 부분은 삭제하고 공개하되, 국민의 알권리를 충족할 필요가 있는 등의 사유가 있는 경우에는 사면심사위원회가 달리 의결할 수 있다. <개정 2011. 7. 18.>

1. 위원의 명단과 경력사항은 임명 또는 위촉한 즉시
2. 심의서는 해당 특별사면 등을 행한 후부터 즉시
3. 회의록은 해당 특별사면 등을 행한 후 5년이 경과한 때부터

⑥ 위원은 사면심사위원회의 업무를 처리하면서 알게 된 비밀을 누설하여서는 아니 된다. <개정 2012. 2. 10.>

⑦ 위원은 「형법」이나 그 밖의 법률에 따른 벌칙을 적용할 때에는 공무원으로 본다. <개정 2012. 2. 10.>

⑧ 제1항부터 제7항까지에서 규정한 사항 외에 사면심사위원회에 관하여 필요한 사항은 법무부령으로 정한다. <개정 2012. 2. 10.>

[본조신설 2007. 12. 21.]

제11조(특별사면 등 상신의 신청) 검찰총장은 직권으로 또는 형의 집행을 지휘한 검찰청 검사의 보고 또는 수형자가 수감되어 있는 교정시설의 장의 보고에 의하여 법무부장관에게 특별사면 또는 특정한 자에 대한 감형을 상신할 것을 신청할 수 있다.

[전문개정 2012. 2. 10.]

제12조(특별사면 등의 제청) ① 형의 집행을 지휘한 검찰청의 검

사와 수형자가 수감되어 있는 교정시설의 장이 특별사면 또는 특정한 자에 대한 감형을 제청하려는 경우에는 제14조에 따른 서류를 첨부하고 제청 사유를 기재한 보고서를 검찰총장에게 제출하여야 한다.

② 교정시설의 장이 제1항의 보고서를 제출하는 경우에는 형의 집행을 지휘한 검찰청의 검사를 거쳐야 한다.

[전문개정 2012. 2. 10.]

제13조(검사의 의견 첨부) 검사가 제12조제2항의 서류를 접수하였을 때에는 제14조제3호에 따른 사항을 조사하여 그에 대한 의견을 첨부하여 검찰총장에게 송부하여야 한다.

[전문개정 2012. 2. 10.]

제14조(특별사면 등 상신 신청의 첨부서류) 특별사면 또는 특정한 자에 대한 감형의 상신을 신청하는 신청서에는 다음 각 호의 서류를 첨부하여야 한다.

1. 판결서의 등본 또는 초본
2. 형기(刑期) 계산서
3. 범죄의 정상(情狀), 사건 본인의 성행(性行), 수형 중의 태도, 장래의 생계, 그 밖에 참고가 될 사항에 관한 조사서류

[전문개정 2012. 2. 10.]

제15조(복권 상신의 신청) ① 검찰총장은 직권으로 또는 형의 집행을 지휘한 검찰청 검사의 보고 또는 사건 본인의 출원(出願)에 의하여 법무부장관에게 특정한 자에 대한 복권을 상신할 것을 신청할 수 있다.

② 제1항에 따른 상신의 신청은 형의 집행이 끝난 날 또는 집행이 면제된 날부터 3년이 지나지 아니하면 하지 못한다.

[전문개정 2012. 2. 10.]

제16조(복권 상신 신청의 첨부서류) 복권의 상신을 신청하는 신청서에는 다음 각 호의 서류를 첨부하여야 한다.

1. 판결서의 등본 또는 초본
2. 형의 집행이 끝나거나 집행이 면제된 것을 증명하는 서류
3. 형의 집행이 끝난 후 또는 집행이 면제된 후의 사건 본인의

태도, 현재와 장래의 생계, 그 밖에 참고가 될 사항에 관한 조
사서류

4. 사건 본인이 출원한 경우에는 그 출원서

[전문개정 2012. 2. 10.]

제17조(특정한 자격에 대한 복권의 출원) 특정한 자격에 대한 복
권을 출원하는 경우에는 회복하려는 자격의 종류를 분명히 밝혀
야 한다.

[전문개정 2012. 2. 10.]

제18조(본인에 의한 복권의 출원) 복권을 사건 본인이 출원하는
경우에는 형의 집행을 지휘한 검찰청의 검사를 거쳐야 한다.

[전문개정 2012. 2. 10.]

제19조(검사의 의견 첨부) 검사가 제18조의 서류를 접수하였을 때
에는 제16조제3호에 따른 사항을 조사하여 그에 대한 의견을 첨
부하여 검찰총장에게 송부하여야 한다.

[전문개정 2012. 2. 10.]

제20조(상신 신청의 기각) ① 법무부장관은 특별사면, 특정한 자에
대한 감형 또는 복권 상신의 신청이 이유 없다고 인정할 때에는
그 사유를 검찰총장에게 통지한다.

② 검찰총장은 제1항에 따라 통지받은 사유를 관계 검찰청의 검
사, 교정시설의 장 또는 사건 본인에게 통지하여야 한다.

[전문개정 2012. 2. 10.]

제21조(사면장 등의 송부) 법무부장관은 대통령으로부터 특별사면,
특정한 자에 대한 감형 또는 복권의 명이 있을 때에는 검찰총장
에게 사면장(赦免狀), 감형장 또는 복권장을 송부한다.

[전문개정 2012. 2. 10.]

제22조(사면장 등의 부여) 검찰총장은 사면장, 감형장 또는 복권장
을 접수하였을 때에는 관계 검찰청의 검사를 거쳐 지체 없이 이
를 사건 본인에게 내준다. 이 경우 사건 본인이 수감되어 있을
때에는 교정시설의 장을 거친다.

[전문개정 2012. 2. 10.]

제23조(교정시설의 장 등에의 통지) ① 검사는 집행정지 중 또는 가출소(假出所) 중에 있는 자에 대한 사면장, 감형장 또는 복권장을 접수하였을 때에는 그 사실을 사건 본인이 수감되어 있던 교정시설의 장과 감독 경찰관서에 통지하여야 한다.

② 검사는 집행유예 중에 있는 자가 특별사면 또는 감형되거나 복권된 경우에는 그 사실을 감독 경찰관서에 통지하여야 한다.

[전문개정 2012. 2. 10.]

제24조(사면장 등 부여의 촉탁) ① 사건 본인이 형의 집행을 지휘한 검찰청의 관할구역이 아닌 곳에 거주하는 경우에는 사면장, 감형장 또는 복권장의 부여를 그의 거주지를 관할하는 검찰청의 검사에게 촉탁(囑託)할 수 있다.

② 제1항의 경우에 제23조에 따른 통지는 촉탁받은 검찰청의 검사가 한다.

[전문개정 2012. 2. 10.]

제25조(판결원본에의 부기 등) ① 사면, 감형 또는 복권이 있을 때에는 형의 집행을 지휘한 검찰청의 검사는 판결원본에 그 사유를 덧붙여 적어야 한다.

② 특별사면, 특정한 자에 대한 감형 및 복권에 관한 서류는 소송기록에 철한다.

[전문개정 2012. 2. 10.]

제26조(사면장 등 부여의 보고) 검사가 사면장, 감형장 또는 복권장을 사건 본인에게 내주었을 때에는 지체 없이 법무부장관에게 보고하여야 한다.

[전문개정 2012. 2. 10.]

제27조(군사법원에서 형을 선고받은 자의 사면 등) 군사법원에서 형을 선고받은 자에 대하여는 이 법에 따른 법무부장관의 직무는 국방부장관이 수행하고, 검찰총장과 검사의 직무는 형을 선고한 군사법원에서 군검사의 직무를 수행한 군법무관이 수행한다. <개정 2016. 1. 6.>

[전문개정 2012. 2. 10.]

<제13722호, 2016. 1. 6.> (군사법원법)

제1조(시행일) 이 법은 공포 후 1년 6개월이 경과한 날부터 시행한다. <단서 생략>

제2조부터 제8조까지 생략

제9조(다른 법률의 개정) ①부터 ⑧까지 생략

　⑨ 사면법 일부를 다음과 같이 개정한다.

　제27조 중 "검찰관"을 "군검사"로 한다.

　⑩부터 ⑯까지 생략

제10조 생략

2. 경기도 외국인투자 촉진 등에 관한 조례

[시행 2017. 4. 12.]

[경기도조례 제5530호, 2017. 4. 12., 일부개정]

제1장 총칙

제1조(목적) 이 조례는「외국인투자촉진법」및 같은 법 시행령에서 위임된 사항과 외국인투자기업의 지원에 필요한 사항을 규정하여 외국인투자유치를 촉진하고 지역경제의 활성화에 이바지함을 목적으로 한다.

제2조(정의) 이 조례에서 사용하는 용어의 뜻은 다음 각 호와 같다.

1. "외국인투자"라 함은「외국인투자촉진법」(이하 "법" 이라 한다)제 2조제1항제4호의 규정에 해당하는 것을 말한다.

2. "외국인투자기업이나 출연을 한 비영리법인"이라 함은 법 제2조 제1항제6호의 규정에 따른 외국투자가가 출자한 기업이나 출연을 한 비영리법인을 말한다. <개정 2015.12.31.>

3. "외국인투자지역"이라 함은 법 제18조의 규정에 따른 지역을 말한다. <개정 2015.12.31.>

4. 전략산업이란 「경기도 전략산업 육성에 관한 조례」 제2조에서 정하는 산업을 말한다. <개정 2011.5.3.>

5. "중소기업"이라 함은「중소기업기본법」제2조의 규정에 따른 기업을 말한다. <개정 2015.12.31.>

6. "외국인투자 환경개선 시설운영자"라 함은 외국인을 위한 학교・의료기관 등 외국인투자환경의 개선을 위한 시설로서「외국인투자 촉진법」(이하 "법" 이라 한다) 제2조제1항제7호에서 정하는 시설을 운영하는 사람을 말한다. <개정 2011.5.3.>

7. "토지 등"이라 함은 토지・공장 그 밖의 재산(이하 "토지 등" 이라 한다) 을 말한다.

제2장 외국인투자유치 활동에 대한 지원

제3조(경기도외국인투자유치협의회) <개정 2011.5.3.> ① 「외국인투자촉진법 시행령」(이하 "영"이라 한다) 제23조제1항에 따라 경기도외국인투자유치협의회(이하 "협의회"라 한다)를 둔다. 협의회 위원 중 위촉직 위원의 경우에는 특정 성별이 위촉직 위원 수의 10분의 6을 초과하지 아니하도록 하여야 한다. [후단신설 2015.12.31.]

② 도지사는 영 제23조제1항제4호에 따라 다음 각 호의 사항을 경기도외국인투자유치협의회(이하"협의회 "라 한다)의 심의 안건으로 할 수 있다. <개정 2011.5.3.>

1. 삭제 <2015.12.31.>
2. 외국인투자 환경개선 시설운영자의 고충 처리에 관한 사항
3. 투자유치자문단의 자문관(이하 "자문관"이라 한다), 국내외의 외국인투자 전문가 및 전문기관에 대한 경비지원에 관한 사항
4. 외국인투자기업 전용임대단지 지정 및 운영에 관한 사항
5. 외국인투자유치 유공자에 대한 포상금 지급에 관한 사항
6. 그 밖에 외국인투자유치와 관련하여 협의회의 심의 또는 자문이 필요하다고 인정하는 사항

제4조(협의회의 구성) <개정 2011.5.3.> ① 협의회의 구성과 위원의 자격은 「영」제23조제2항에 따르되, 공무원이 아닌 위원을 재적의원 과반수이상으로 한다.

② 위촉위원의 임기는 2년으로 하되, 한 차례만 연임할 수 있다. 다만, 보궐위원의 임기는 전임위원의 남은 기간으로 한다. [단서개정 2012.5.11.]

③ 제1항에 따른 협의회의 구성 및 운영에 관한 사항은 규칙으로 정한다. [신설 2011.5.3.]

제5조(위원장) ① 위원장은 도 관련업무 담당 실·국장 또는 본부장이 되며, 부위원장은 위원 중에서 서로 뽑는다.

② 위원장은 협의회를 대표하고 협의회의 업무를 총괄하며, 위원장

이 부득이한 사정으로 직무를 수행할 수 없는 경우에는 부위원장이 그 직무를 대행한다. <개정 2013.12.2.>

제6조(회의) ① 협의회의 회의는 위원장이 필요하다고 인정하는 경우에 이를 소집할 수 있다.

② 위원장이 회의를 소집할 때에는 회의 일시·장소 및 부의안건을 회의개최 7일 전까지 각 위원에게 서면으로 통지하여야 한다. 다만, 긴급한 경우에는 그러하지 아니하다.

③ 위원장은 긴급을 요하거나 부득이한 경우에는 회의소집을 대신하여 서면으로 의안을 심사하게 할 수 있다.

④ 협의회의 회의는 재적 위원 과반수의 출석으로 개의하고, 출석위원 과반수의 찬성으로 의결한다.

⑤ 협의회의 효율적인 운영을 위하여 분야별로 분과협의회를 둘 수 있으며, 관계 공무원 또는 전문가를 협의회에 출석하게 하여 그 의견을 청취하거나 자료의 제출 등 협조를 요청할 수 있다.

제7조(수당 등) 협의회 또는 분야별 분과협의회에 출석한 위촉위원 및 전문가에 대하여 예산의 범위 안에서「경기도 위원회실비변상조례」로 정하는 바에 따라 수당·여비 등의 실비를 지급할 수 있다.

제8조(간사) ① 협의회의 사무를 처리하기 위하여 간사 1명을 두되, 간사는 투자유치지원 업무를 담당하는 과장이 된다. <개정 2012.5.11.>

② 간사는 다음 각 호의 사무를 처리한다.

1. 협의회 운영에 관한 사무
2. 심의안건 및 회의록 작성·보존
3. 협의회 심의결과의 정리 및 보고
4. 그 밖의 협의회 운영에 필요한 사항

제9조(민간조직의 활용) 대규모 투자사업 사회기반시설의 기술도입 등 전문성이 필요한 분야에 대하여 관계 전문가 또는 법인 단체 등과 협약을 체결하여 사업을 수행할 수 있으며, 협약체결 기간은 1년 단위로 하고 필요한 경우에는 연장할 수 있다. <개정

2012.5.11.>

제10조(투자유치자문단 설치 및 기능) 도지사는 다음 각 호의 사항에 대한 자문을 받기 위하여 외국인투자에 관한 전문적인 지식과 경험이 있는 내·외국 사람으로 투자유치자문단(이하 "자문단"이라 한다)을 구성하여 운영할 수 있다. <개정 2011.5.3.>

1. 외국인 투자정책의 수립 및 투자제도 개선에 관한 사항
2. 대규모 투자사업 사회간접자본시설 기술도입 등 전문성을 필요로 하는 사항 <개정 2012.5.11.>
3. 외국인투자유치와 관련된 전문분야에 대하여 자문에 관한 사항
4. 외국인투자기업의 발굴에 관한 사항
5. 투자유치에 필요한 홍보활동에 관한 사항
6. 투자유치에 필요한 관련정보의 수집 및 제공업무 수행
7. 법인단체 등과 협약을 체결하여 수행하는 사업

제11조(자문단 구성 등) ① 자문단은 다음 각 호의 사람 중에서 도지사가 위촉하는 사람으로 한다. <개정 2011.5.3.>

1. 해외공관에서 통상업무를 담당하였던 전직외교관 및 대한무역투자진흥공사의 해외무역관장
2. 국내외 투자전문기관(공·사법인을 포함한다. 이하 같다)의 전문가
3. 투자 통상관련 학계의 교수 및 전문가
4. 투자유치관련 유관기관의 임원
5. 그 밖의 외국인투자유치와 관련하여 많은 경험이나 전문성이 있다고 인정되는 사람 <개정 2012.5.11.>

② 단장 및 위원의 임기는 2년으로 하되, 연임할 수 있다. 다만, 보궐위원의 임기는 전임위원의 남은 기간으로 한다. <개정 2011.5.3.> [단서개정 2012.5.11.]

제12조(회의소집) 도지사는 필요한 경우에 자문단의 전체회의 또는 분야별 관련 자문관회의를 소집할 수 있다.

제13조(위촉 해제) <개정 2013.12.2.> 도지사는 자문관이 다음 각 호의 어느 하나에 해당하는 때에는 임기 만료 전이라도 해당

자문위원을 위촉 해제할 수 있다. <개정 2013.12.2.>

1. 본인 스스로 위촉의 해제를 원하는 때
2. 자문단의 품위를 손상시킨 때
3. 질병·출장 등으로 6개월 이상 위원회의 직무를 수행할 수 없는 사유가 발생한 때
4. 정당한 사유 없이 자문단의 회의에 계속하여 5회 이상 불참한 때
5. 그 밖에 자문단 운영상 도지사가 필요하다고 인정한 때[전문개정 2011.5.3.]

제14조(외자유치 협약체결에 따른 경비 등 지원) 도지사는 컨설팅사 등 투자유치에 관한 전문회사 또는 투자전문가와 협약을 체결한 경우에는 컨설팅수수료 및 외자유치의 실적에 따른 성과급 등의 필요한 경비를 지급할 수 있다. <개정 2011.5.3.>

제15조(투자유치계획의 수립) 도지사는 매년 12월 말까지 협의회 및 투자유치자문단과의 협의를 거쳐 다음 연도의 투자유치활동 계획을 수립하여야 한다.

제16조(외국인투자유치활동의 지원) 도지사는 도내 시·군의 외국인 투자 유치활동을 적극 지원하여야 한다.

제3장 투자유치진흥기금

제17조(투자유치진흥기금의 설치) ① 투자유치지원을 위한 재원을 확보하기 위하여 「지방자치법」제142조의 규정에 따라 경기도투자유치진흥기금(이하 "기금"이라 한다)을 설치 운영할 수 있다.

② 기금은 다음 각 호의 재원으로 조성할 수 있다.

1. 도 및 시·군의 출연금
2. 기금운용수익금
3. 국비의 예수금 및 출연금
4. 그 밖의 수입금

③ 도지사 및 시장·군수는 제2항제1호의 출연금을 매 회계 연도마다 세출예산에 계상하여 출연할 수 있다.

④ 기금 설치시 투자유치진흥기금 운용심의 위원회(이하 "위원회"라 한다)를 별도로 구성하여 기금의 운용 및 관리에 관한 사항을 담당하도록 한다. [신설 2015.12.31.]

⑤ 위원회 위원 중 3분의 1이상은 기금운용 또는 기금관련 분야에 관한 전문지식을 갖춘 민간전문가로 한다. [신설 2015.12.31.]

제18조(기금의 용도) 기금은 다음 각 호의 어느 하나에 해당하는 사업을 위한 용도에 사용할 수 있다.

1. 투자유치에 필요한 보조금의 지급
2. 분양 및 임대용 토지의 매입
3. 컨설팅수수료 등 외자유치와 관련된 경비의 지원
4. 시·군의 외자유치활동과 관련된 경비의 지원
5. 그 밖에 도지사가 투자유치를 위하여 필요하다고 인정하는 사업

제19조(기금의 관리 운용) ① 기금은 도지사가 관리 운용한다.

② 도지사는 필요하다고 인정할 때에는 기금의 관리 운용과 관련한 업무의 전부 또는 일부를 금융기관 등에 위탁하여 관리할 수 있다.

제20조(기금운용계획 및 결산) ① 도지사는 회계 연도마다 기금운용 계획을 수립하여야 하며, 출납폐쇄 후 3개월 이내에 기금의 결산보고서를 작성하여야 한다. <개정 2011.5.3.>

② 제1항의 규정에 의한 기금운용계획서와 기금결산보고서를 매 회계 연도마다 도의회에 제출하여야 한다.

제21조(기금관리공무원) 기금의 효율적인 관리 운용을 위하여 기금 운용관 및 기금출납원을 두며, 기금운용관은 관련 업무를 담당하는 실·국·본부장이 되고, 기금출납원은 외자유치지원 관련 업무를 담당하는 사무관이 된다.

제4장 외국인투자에 대한 지원

제22조(외국인투자와 관련된 민원처리의 특례) 외국인투자유치에 관한 민원은 다른 민원에 우선하여 일괄처리 방식으로 처리하여야 한다.

제23조(지방세의 감면) 법 제9조에 따른 외국인투자에 대한 취득세의 감면에 관한 사항은 「경기도 도세감면 조례」로 정하는 바에 따른다. <개정 2011.5.3., 2012.5.11.>

제24조(입지지원 등) ① 국가산업단지·지방산업단지·농공단지 및 제26조의 규정에 따라 지정된 외국인투자지역 안에 있는 공유재산을 외국인투자기업 또는 외국인 투자환경개선 시설운영자(이하 "외국인투자기업 등"이라 한다)에게 조성원가로 매각할 수 있다. <개정 2011.5.3.>

② 「산업입지 및 개발에 관한 법률」제16조제1항의 규정에 따라 산업단지개발사업의 시행자가 소유하고 있거나 법 제18조제1항에 규정에 따라 지정된 외국인투자지역내의 토지 등을 외국인투자기업 등에게 임대료를 감면하여 임대하거나 조성원가 이하로 분양할 수 있도록 그 감면에 상응하는 금액 또는 분양가와 조성원가의 차액에 대하여 지원할 수 있다. <개정 2012.5.11.>

③ 토지 등을 일부 또는 전부 매입하거나 임차하여 외국인 투자기업 등에게 임대할 수 있으며, 토지 등의 소유자가 외국인 투자기업에게 토지 등을 임대하는 경우 그 임대료에 대한 일정 비율을 지원할 수 있다.

④ 제1항부터 제3항까지의 규정은 「외국인투자 촉진법 시행령」제19조제1항에 따른 최저 외국인투자비율이 100분의 30 이상인 경우에 한해 적용한다. [신설 2016.12.16.]

제25조(임대단지의 지정) 「산업입지 및 개발에 관한 법률」제6조·제7조·제7조의2·제8조의 규정에 따라 국가산업단지, 일반지방산업단지, 도시첨단산업단지 및 농공단지안의 토지의 일부 또는 전부를 매입하여 외국인투자기업 전용임대단지(이하 "임대 단지"라 한다)로 지정하고, 그 구역 내의 토지를 외국인투자기업 등에게 임대할 수 있다.

제26조(외국인투자지역의 지정) 도지사는 법 제18조제1항"의 규정에 따라 산업통상자원부의 외국인투자위원회 심의를 거쳐 지정된 외국인 투자지역안의 토지를 외국인 투자기업 등에게 임대할

수 있다. <개정 2011.5.3., 2013.8.5.>

제27조(외국인투자지역에 대한 지원) ① 법 제18조제1항 및 같은 법 시행령 제25조제1항의 규정에 따라 지정된 외국인투자지역에 대한 조성개발비 및 기반시설의 일부를 지원할 수 있다.
② 도지사는 외국인투자지역의 의료, 교육, 주택 등 생활환경시설비의 일부를 예산의 범위 안에서 지원할 수 있다.

제28조(공유재산의 임대 및 매각에 관한 특례) 외국인투자기업 등에게 경기도 소유 공유재산의 임대 및 매각에 관하여 이 조례에서 규정한 사항을 제외하고는「경기도 공유재산관리 조례」로 정하는 바에 따른다.[전문개정 2016.12.16.]

제28조의2(대기업에 대한 지원 제한) 「독점규제 및 공정거래에 관한 법률」제14조에 따라 공정거래위원회가 지정하는 상호출자제한기업집단이 포함된 외국인투자기업이 최저 외국인투자비율 100분의 30 이상을 충족하지 않을 경우에는 제28조의4에 따른 공유재산의 임대료 감면을 적용하지 아니한다.[본조신설 2016.12.16.]

제28조의3(매각우선 원칙) ① 도지사는 외국인투자기업에 대한 경기도 소유 공유재산의 임대 또는 사용·수익 허가 등(이하 "임대 등" 이라 한다)이 다음 각 호에 모두 해당하는 경우에는 특별한 사유가 없는 한 매각우선 원칙을 적용한다. 단, 도의회의 승인을 받은 경우 예외로 한다.
1. 공유재산의 임대 등 기간이 20년을 초과하는 경우
2.「외국인투자 촉진법」에 따른 외국인 투자금액 보다 임대료 또는 사용료 감면 총액이 5배를 상회하는 경우
② 제1항에도 불구하고 외국인투자지역 및 외국인 투자기업에 전용으로 임대하는 산업단지는 매각우선 원칙을 적용하지 아니한다.[본조신설 2016.12.16.]

제28조의4(임대료의 요율) ① 「외국인투자 촉진법」 제13조제1항·제5항 및 영 제19조제4항·제12항에 따라 외국인투자기업

에 경기도 소유 공유재산을 임대하는 경우 임대료의 요율은 「경
기도 공유재산관리 조례」 제27조에도 불구하고 다음 각 호와 같
다. 다만, 영 제19조제4항에 따라 단지형 외국인투자지역 및 외
국인 투자기업에 전용으로 임대하는 산업단지의 경우에는 산업통
상자원부장관이 도지사와 협의하여 정하는 요율을 따른다.

1. 최저 외국인투자비율이 100분의 30 이상인 경우와 「외국인투자
   촉진법」 시행령 제19조제11항제1호의 단서에 해당하는 경우 임
   대료의 요율은 공유재산의 평정가격의 1천분의 10 이상으로 한
   다.

2. 최저 외국인투자비율이 100분의 30 미만인 경우 임대료의 요율
   은 공유재산의 평정가격의 1천분의 50 이상으로 한다. 다만, 「
   외국인투자 촉진법」 제13조제2항 단서에 해당하는 경우 임대료
   의 요율은 공유재산의 평정가격의 1천분의 10 이상으로 한다.

② 제1항에 따라 외국인투자기업에 공유재산을 임대하는 경우에는
   매년 1회 이상 해당 외국인투자기업의 외국인투자비율 등을 확
   인하여   임대료의   요율을   적용하여야   한다.[본조신설
   2017.4.12.]

제28조의5(임대료의 감면) 「외국인투자 촉진법」제13조제9항 및
   영 제19조제12항에 따라 외국인투자기업 등에 경기도 소유 공유
   재산을 임대하는 경우 임대료 감면대상 사업 및 임대료의 감면율
   은 다음 각호와 같다.

1. 다음 각 목의 어느 하나에 해당하는 경우에는 대부료 등을 전액
   감면할 수 있다.

가.「조세특례 제한법」제121조의2제1항제1호나목에 따라 조세감면
   의 기준에 명시하고 있는 기획재정부장관이 고시한 고도의 기술
   을 수반하는 사업부문으로서 외국인투자금액이 미화 100만달러
   이상인 사업

나. 외국인투자금액이 미화 2천만달러 이상인 사업

다. 1일평균 고용인원이 300명 이상인 사업

라. 전체생산량의 100분의 50 이상을 수출하는 사업으로서 국내부
   품 및 원·부자재 조달비율이 100퍼센트인 외국인 투자 사업

마. 외국인투자기업으로서 전체생산량을 모두 수출하는 사업

바. 가목부터 마목까지에 해당하는 기존 투자법인으로서 다른 지역에서 도내로 이전하는 사업

사. 가목부터 마목까지에 해당하는 기존 투자법인으로서 「산업집적활성화 및 공장설립에 관한 법률」에 따라 공장을 증설하는 사업

2. 다음 각 목의 어느 하나에 해당하는 경우에는 대부료 등의 100분의 75를 감면할 수 있다.

가. 외국인투자금액이 미화 1천만달러 이상 2천만달러 미만인 사업

나. 1일평균 고용인원이 200명 이상 300명 미만인 사업

다. 전체생산량의 100분의 50 이상을 수출하는 사업으로서 국내부품 및 원·부자재 조달비율이 75퍼센트 이상 100퍼센트 미만인 사업

라. 외국인투자기업으로서 전체 생산량의 75퍼센트 이상 100퍼센트 미만을 수출하는 사업

마. 가목부터 라목까지에 해당하는 기존 투자법인으로서 다른 지역에서 도내로 이전하는 사업

바. 가목부터 라목까지에 해당하는 기존 투자법인이 「산업집적활성화 및 공장설립에 관한 법률」에 따라 공장을 증설하는 사업

3. 다음 각 목의 어느 하나에 해당하는 경우에는 대부료 등의 100분의 50을 감면할 수 있다.

가. 외국인투자금액이 미화 5백만 달러 이상 1천만 달러 미만인 사업

나. 1일평균 고용인원이 100명 이상 200명 미만인 사업

다. 전체 생산량의 100분의 50 이상을 수출하는 사업으로서 국내부품 및 원·부자재 조달비율이 100분의 50 이상 100분의 75 미만인 외국인 투자사업

라. 외국인투자기업으로서 전체생산량의 100분의 50 이상 100분의 75 미만을 수출하는 사업

마. 가목부터 라목까지에 해당하는 기존 투자법인으로서 다른 지역에서 도내로 이전하는 사업

바. 가목부터 라목까지 해당하는 기존 투자법인이 「산업집적활성화

및 공장설립에 관한 법률」에 따라 공장을 증설하는 사업

사. 「경기도 공유재산관리 조례」제26조의제1호부터 제3호까지에 해당하는 경우[본조신설 2016.12.16.]

제28조의6 (신용정보 확인) ① 도지사는 공유재산을 임차하려는 외국인 투자기업(국내외의 주요 출자기업을 포함한다)에 대하여 대부계약 이전에 기업신용정보를 전문기관 등에 의뢰하여 확인할 수 있다. 다만, 해외 출자기업이 신설법인 등으로 기업신용정보 조회가 어려울 경우에는 모기업 또는 주요 출자자의 신용정보를 확인할 수 있다.

② 제1항에 따라 기업신용정보를 확인할 경우에는 다음 각 호의 사항을 포함한다.

1. 등록 주소지

2. 자본금 및 매출액

3. 지분구조 및 출자현황

③ 기업신용정보 조회를 전문기관 등에 의뢰 시 필요한 경비는 예산으로 지원할 수 있다.[본조신설 2017.4.12.]

제29조(고용보조금의 지원) 법 제14조제4항 및 같은 법 시행령 제20조제4항의 규정에 따라 외국인투자기업의 신규고용창출 규모에 따라 예산의 범위 안에서 고용보조금을 지급할 수 있다.

제30조(교육훈련보조금의 지원) 도지사는 외국인투자기업이 도지사가 정한 수 이상의 내국인을 고용하기 위하여 사외교육훈련을 실시하는 경우에는 예산의 범위 안에서 교육훈련보조금을 지급할 수 있다.

제31조(시설보조금의 지원) 경기도가 투자유치한 첨단업종 및「조세특례제한법」제121조의2제1항제1호의 규정에 따라 조세감면 대상사업, 그 밖에 도지사가 인정하는 사업을 하기 위한 공장이나 연구개발시설 등을 새로이 설치하거나 증설하기 위하여 외국인이 투자를 하는 경우에는 필요한 비용의 일정 비율을 예산의 범위 안에서 지원할 수 있다. <개정 2012.5.11.>

제32조(금융지원) 외국인투자기업은「경기도 중소기업육성 기금설치 및 운용 조례」가 정하는 바에 따라 국내기업과 동등한 금융지원을 받을 수 있다.

제33조(지원한도) 외국인투자기업에 대한 지원금액의 총액은 해당 외국인투자기업이 투자한 금액을 초과하지 못한다. 다만, 연구개발 활동을 수행하기 위하여 연구시설을 새로이 설치하거나 증설하는 경우에는 그러하지 아니하다. 이 경우 제3조의 규정에 의한 협의회의 심의를 거쳐야 한다.

제5장 외국인투자 기업에 대한 지원

제34조(경영업무 지원) 도지사는 외국인투자기업이 국내 기업환경에 적응하기 위하여 기업경영 등에 관하여 도움을 요청하는 경우에는 해당 외국인투자기업에게 필요한 도움을 줄 수 있다.

제35조(생활·문화교류 지원) 도지사는 외국인투자기업에 종사하는 외국인의 안정적인 국내 생활과 내·외국인 간의 상호 문화이해, 의사소통의 증진 등을 위하여 필요한 프로그램 및 시책을 지속적으로 발굴 시행하여야 한다.

제36조(노·사관계 지원) ① 도지사는 경기도에 진출한 외국인투자기업의 건전한 노·사 관계 정착 및 노·사 간의 갈등을 해소하기 위하여 관련 사업장에 갈등 예방 및 해소를 위한 프로그램과 「노동조합 및 노동관계조정법」 제52조에 따른 사적조정 등의 중재수단을 제공할 수 있다.

② 도지사는 사적조정 등을 효율적으로 시행하기 위하여 관련 분야의 자격을 갖춘 단체에게 제1항에 따른 지원사업의 운영을 위탁할 수 있다.

제37조(외국인투자기업지원센터의 설치·운영) ① 도지사는 외국인투자기업 및 외국인투자기업 종사자들의 고충 및 건의사항을 수렴·처리하고 투자환경 개선사업을 효율적으로 시행하기 위하여 필요하다고 인정하는 경우에는 외국인투자기업지원센터(이하 "센터"라 한다)를 설치할 수 있다. <개정 2011.5.3.>

② 센터의 운영은 경기도 안에 주사무소를 두고 있는 단체로서 외국인투자기업 유치 및 사후지원에 관하여 전문성이 있는 단체 또는 외국인투자기업 협의체에 위탁하여 운영할 수 있으며, 이 경우 운영에 필요한 경비의 전부 또는 일부를 지원하여야 한다.

③ 제2항에서 정한 "외국인투자기업 협의체"는 경기도에 진출한 외국인투자기업을 구성원으로 하고 「민법」중 사단법인에 관한 규정에 따라 설립된 법인이어야 한다.

제37조의2(외국인투자지역의 생활편익 지원) ① 도지사는 도내 외국인투자기업 임직원과 그 기업에 종사하는 내국인 직원들에 대한 생활편익 시설인 은행, 병원, 학교와 주택 등 시설을 갖추도록 노력 하여야 한다.

② 도지사는 외국인투자지역 주변의 지역사회와 함께 발전하고 공동체 의식을 함양시키기 위한 시책을 수립하여 추진하고, 필요한 경우 해당지역 시장·군수와 협력하여 행·재정적 지원을 할 수 있다.

제38조(전략산업에 대한 지원) 도의 전략산업에 투자하는 외국인투자기업에 대하여 제25조부터 제33조까지의 규정에 따라 지원하되, 특별히 우대 지원할 수 있다.

제39조(중소기업의 투자유치활동에 대한 지원) 도내 중소기업의 외국인투자유치에 관련된 필요한 경비의 일부를 예산의 범위 안에서 지원할 수 있다.

제40조(사회기반시설에 대한 외국인투자 촉진) <개정 2011.5.3.>
「사회기반시설에 대한 민간투자법」에 따라 도의 사회기반시설에 외국인 투자가 이루어질 경우에 관계 법령의 범위 안에서 수익성 보장을 위한 행정적 또는 재정적 지원이나 조치를 할 수 있다. <개정 2011.5.3.>

제6장 보칙

제41조(자금지원 등에 대한 사후관리) ① 외국인투자기업이 도지사로 부터 지원받은 자금은 지원을 요청한 당시에 제출한 사업계

획에 명시된 사업에만 사용하여야 한다.

② 자금을 지원할 때에 외국인투자기업으로부터 투자실행에 대한 이행각서를 받아야 한다.

③ 삭제 <2015.12.31.>

④ 외국인투자기업 등은 도지사로부터 지원받아 매입한 용지를 분양 계약한 후 5년 이내에는 처분할 수 없으며, 분양계약한 후 10년 이내에 처분하는 경우에 도지사는 매각대금 중 지원 비율에 해당하는 금액은 이를 환수할 수 있다.

⑤ 고용보조금 및 교육훈련보조금을 지원받은 외국인투자기업은 보조금지급대상 근로자를 3년 이상 고용하여야 하며, 3년 이내에 해고하는 때에는 도지사는 고용기간에 비례하여 보조금을 회수할 수 있다.

⑥ 각종자금을 지원받은 외국인투자기업이 다른 시·도로 이전한 경우에 도지사는 보조금을 회수할 수 있다.

⑦ 이 조례에 의한 보조금 등의 지원 사항에 대한 확인을 위하여 필요한 때에는 외국인투자기업 등에 대하여 관련 자료의 제출을 요구하거나 도·시·군 관계 공무원이 방문하여 조사하도록 할 수 있다. 이 때 조사에 임하는 관계공무원은 그 권한을 표시하는 증표를 관계인에게 제시하여야 한다.

제42조(계약의 해지) 외국인투자기업이 부여된 의무를 이행 하지 아니한 경우에 일정기간을 정하여 이행요구 또는 시정을 명할 수 있으며, 외국인투자기업 등이 이에 응하지 아니하거나 허위 또는 부당한 방법으로 자금지원을 신청한 것으로 확인된 때에는 자금지원계약 등 이미 체결한 계약을 해지하고, 지원금을 회수할 수 있다.

제43조(외국인투자유치 포상금) ① 외국인투자유치에 기여한 공이 크다고 인정되는 사람에 대하여 예산의 범위 안에서 포상금을 지급할 수 있다.

② 제1항의 규정에 의한 포상금은 제3조의 규정에 의한 협의회의 심의를 거쳐야 한다.

제44조(시행규칙) 이 조례의 시행에 관하여 필요한 사항은 규칙으로 정한다.

부칙
⟨2017.4.12.⟩

제1조(시행일) 이 조례는 공포한 날부터 시행한다.

제2조(공유재산 임대료 적용례) 제28조의4의 개정규정은 이 조례 시행 이후 대부계약을 체결하거나 갱신계약을 체결하는 경우부터 적용 한다.

3. 경기도 일자리재단 설립 및 운영 조례

[시행 2016. 3. 22.] [경기도조례 제5179호, 2016. 3. 22.,
제정]

제1조(목적) 이 조례는 경기도민에게 양질의 직업소개 및 직업지
도·직업에 대한 정보의 제공을 통하여 직업능력을 개발하고, 다
양한 직업교육훈련 및 창업의 기회를 체계적으로 제공하여 경기
도민의 고용증진·복리증진 및 지역경제의 발전을 도모하기 위하
여 경기도 일자리재단의 설립 및 운영에 필요한 사항을 규정함을
목적으로 한다.

제2조(법인격) 경기도 일자리재단(이하 "재단"이라 한다)은「민법」
에 따라 설립된 재단법인으로 한다.

제3조(사업) 재단의 설립으로 인하여 「경기도 행정기구 및 정원 조
례」에 따라 폐지되거나 기능이 조정되는 경기일자리센터, 경기도
기술학교, 경기도북부여성비전센터, 경기도여성능력개발센터 등
(이하 "통합대상기관"이라 한다)에서 수행하던 다음 각 호의 사
업을 수행한다.
1. 경기도 공공 일자리 지원정책 개발 및 연구
2. 취업 및 창업 지원을 위한 상담·알선·교육·정보·훈련
   제공
3. 일자리 관련 기관·단체 등과의 협력 네트워크 구축
4. 여성·노인·장애인 등 취약계층과 일반 구직자 등 대상별 취업
   지원
5. 근로자 직업능력 개발사업
6. 여성 취업·창업 지원 및 역량개발을 위한 교육, 정보제공
7. 일자리 창출과 노동시장 개선에 관한 연구
8. 국가 전략 직종 기술훈련 교육 및 취업 지원에 관한 사업
9. 그 밖에 정관으로 정하는 사업

제4조(도지사의 책무) 도지사는 통합대상기관에서 운영하던 국가기간·전략산업직종 교육훈련과정과 취업·창업교육의 공공기능을 재단이 계속 유지하게 하고 발전시킬 수 있도록 노력하여야 한다. 다만, 경기도기술학교는 그 명칭과 기능을 유지한다.

제5조(운영 등) 재단의 운영 및 해산에 관한 기본적인 사항은 「지방자치단체 출자·출연 기관의 운영에 관한 법률」(이하 "법"이라 한다) 및 「민법」이 정하는 바에 따라 도지사와 협의하여 정관으로 정한다.

제6조(재단의 운영재원 등) ① 경기도는 법 제4조 제1항에 따라 재단의 설립에 필요한 재산의 전액을 출연하여 재단을 설립한다.
② 재단의 유지 및 운영에 필요한 소요경비는 다음 각 호의 재원으로 충당한다.
1. 경기도 및 시·군 출연금 또는 보조금
2. 기업 등 민간의 자발적인 출연금
3. 기본재산 운용에 따른 수익금
4. 각종 수익사업 또는 그 밖의 수입
③ 경기도지사(이하 "도지사"라 한다)는 재단의 운영 등에 필요한 소요 비용을 예산의 범위에서 지원할 수 있다.

제7조(조직과 직원) ① 재단의 조직은 폐지되는 통합대상기관의 조직과 기능을 고려하여 정관 및 직제규정에 따라 설치되어야 한다.
② 재단의 직원 정원은 통합대상기관이 폐지되는 당시에 소속되었던 직원 수를 고려하여 정관으로 정한다.
③ 재단의 직원은 제2항의 정원범위에서 정관과 인사규정에 따라 임면한다.

제8조(물적 시설) ① 도지사는 통합대상기관이 사용하던 공유재산을 재단에 출연하거나 「공유재산 및 물품 관리법」에 따라 대부, 관리위탁, 사용·수익 허가할 수 있으며, 물품을 무상대부 할 수 있다.

② 재단은 제1항에 따른 재산을 원래의 용도 외로 사용할 수 없다.

제9조(사업양수 등) 재단은 목적사업을 효율적으로 운영하기 위하여 경기도의 일자리에 관한 사업을 위탁받은 기관의 사업과 그 조직을 정관이 정하는 바에 따라 양수할 수 있다.

제10조(사무위탁 및 사업대행) ① 도지사는 제1조의 목적을 달성하기 위하여 필요한 사업·시책 등에 관한 사무를 재단에 위탁하거나 대행하게 할 수 있다.

② 제1항에 따라 사무를 위탁하거나 대행하게 하는 때에는 「경기도 사무위탁 조례」 및 「경기도 출자·출연 기관의 운영에 관한 기본조례」(이하 "출자출연조례" 라 한다)의 관련 규정에 따른다.

제11조(지도·감독 등) ① 도지사는 재단의 업무, 회계 및 재산 등에 관한 사항을 지도·감독할 수 있으며, 필요한 경우에는 재단의 운영상황 등 필요한 사항을 보고하게 할 수 있다.

② 도지사는 제1항에 따른 검사 결과, 위법 또는 부당한 사항이 발견된 때에는 시정을 명하거나 그 밖의 필요한 조치를 할 수 있다.

제12조(공무원의 파견근무) 도지사는「지방공무원법」제30조의4에 따라 재단이 수행하는 사업의 지원을 위하여 필요하면 소속 공무원을 파견하여 근무하게 할 수 있다.

제13조(준용) 재단의 설립 및 운영에 관하여 이 조례에서 정하지 아니한 사항은 법 및 출자출연조례를 준용한다.

부칙

<2016.03.22.>

제1조(시행일)
이 조례는 공포한 날부터 시행한다.

제2조(채용특례)
① 이 조례 시행 당시 재단의 설립으로 인하여 폐지된 통합대상

기관에 재직하던 직원(전문경력관, 무기계약직 근로자, 임기제공무원, 시간선택제임기제공무원, 기간제근로자 등)은 제7조제3항에 따라 채용된 것으로 본다. 이 경우 근로조건 및 처우에 관하여는 재단의 정관과 인사규정에 따른다.

② 제1항 전단에 따른 고용연장(또는 채용)을 희망하지 않는 사람은 관계 법령에 따라 통합대상기관과의 근로관계를 종료할 수 있다.

제3조(법인설립위원회의 설치 등)

① 재단의 설립에 관한 사무 등을 처리하기 위하여 법인설립위원회(이하 "위원회"라 한다)를 둔다.

② 위원회는 16인 이내의 위원으로 구성하되, 위원장은 행정(2)부지사가 되고, 위원은 도지사가 위촉하며, 고용·여성일자리 등 분야의 학식과 경험이 풍부한 사람을 참여시켜야 한다.

③ 위원회는 법인의 정관을 작성하여 법 제8조제2항에 따라 도지사와 협의 한 후 법인의 설립등기를 하여야 한다.

⑤ 위원회는 재단의 설립등기 후 경기도 일자리재단 대표이사에게 지체 없이 업무를 인계하여야 한다.

⑥ 제1항에 따른 업무인계가 끝난 때에는 법인설립위원은 위촉 해제된 것으로 본다.

4. 경기도 건축기본조례

[시행 2016. 5. 17.]
[경기도조례 제5224호, 2016. 5. 17., 일부개정]

제1장 총칙

제1조(목적) 이 조례는 「건축기본법」 및 「건축기본법 시행령」에서 조례로 정하도록 위임된 사항과 그 시행에 관하여 필요한 사항을 규정함을 목적으로 한다.

제2조(기본방향) 이 조례는 「건축기본법」(이하 "법"이라 한다) 제2조의 기본이념에 따라 건축정책수립과 건축문화 진흥으로 도민의 삶의 질 향상과 복리증진에 이바지함을 기본방향으로 한다.

제3조(다른 조례와의 관계) 건축에 관한 다른 조례를 제정 또는 개정하는 경우에는 이 조례의 목적과 기본방향에 맞도록 하여야 한다.

제2장 건축정책의 수립

제4조(도 건축기본계획의 수립 등) ① 경기도지사(이하 "도지사"라 한다)는 법 제12조 제1항에 따라 경기도(이하 "도"라 한다) 건축정책에 관한 기본계획(이하 "도 건축기본계획"이라 한다)을 5년마다 수립·시행하여야 한다.

② 제1항에 따라 도 건축기본계획을 수립하거나 변경하는 경우에는 공청회 등을 거쳐 의견을 수렴하고 경기도의회의 의견을 청취한 후 제8조에 따른 위원회의 심의를 거쳐 이를 확정한다.

③ 도지사는 도 건축기본계획이 확정된 때에는 주요내용을 경기도보(이하 "도보"라 한다)에 고시하여야 한다.

제5조(도 건축기본계획의 내용) 「건축기본법 시행령」(이하 "영"이라 한다) 제4조제1항에 따라 도 건축기본계획에는 다음 각 호의 사항이 포함되어야 한다. <개정 2016.05.17.>

1. 건축의 현황 및 여건변화, 전망에 관한 사항
2. 건축정책의 기본목표 및 추진방향
3. 도시경관 향상을 위한 통합된 건축디자인에 관한 사항
4. 도의 건축에 관한 발전 및 지원대책
5. 건축디자인 등 건축의 국제경쟁력 향상에 관한 사항
6. 건축문화 기반구축에 관한 사항
7. 건축문화 진흥을 위한 도민 교육과 홍보에 관한 사항
8. 우수한 건축물 또는 공간환경의 보존에 관한 사항
9. 한옥의 보전 및 진흥에 관한 사항
10. 건축문화진흥 관련 주민자치기구의 설립과 운영 지원 등 주민 참여 방안에 관한 사항
11. 건축디자인 시범사업 지정에 관한 사항
12. 그 밖에 건축문화 진흥과 건축물 및 공간환경의 개선을 위하여 도지사가 필요하다고 인정하는 사항

제6조(도 건축기본계획의 경미한 사항의 변경) 영 제4조제2항에 따라 도 건축기본계획 중 해당계획의 기본방향에 중대한 영향을 미치지 아니하는 다음 각 호의 경미한 사항을 변경하는 경우에는 제4조제2항에 따른 절차를 생략할 수 있다. <개정 2016.05.17.>
1. 제5조제1호, 제5호부터 제8호까지, 제10호, 제12호에 해당하는 사항
2. 그 밖에 도지사가 도 건축기본계획의 기본방향에 중대한 영향을 미치지 아니하다고 인정하는 경우

제7조(도 건축기본계획의 반영) 법 제12조제1항에 따라 시장·군수가 건축정책에 관한 기본계획을 수립하거나 변경하고자 하는 때에는 도 건축기본계획을 반영하여야 한다.

제3장 건축정책위원회

제8조(위원회의 설치 등) ① 법 제18조에 따라 도 건축분야에 대한 다음 각 호의 사항을 심의·시행·자문하기 위하여 도지사 소속으로 경기도건축정책위원회(이하 "위원회"라 한다)를 둔다.

1. 법 제19조에 따른 각 호의 사항에 관한 사무
2. 법 제22조에 따른 건축디자인 시범사업의 지정 등에 관한 사항
3. 제12조에 따른 재정지원에 관한 사항
4. 제13조에 따른 건축디자인 기준의 설정에 관한 사항
5. 제14조에 따른 건축디자인 조정위원회에 관한 사항
6. 이 조례 및 다른 법령에서 위원회의 조정 및 심의를 받도록 한 사항
7. 그 밖에 건축물 및 공간환경의 개선과 건축문화 진흥을 위하여 도지사가 요청하는 사항

② 제1항의 위원회의 기능은 「경기도 건축조례」제6조에 따라 설치된 경기도 건축위원회에서 대신 운용한다. <개정 2016.05.17.>

제9조(관계기관 등에의 협조요청) ① 위원회는 업무를 수행하기 위하여 필요한 경우 관계공무원 또는 관계자를 위원회에 참석하게 하여 의견을 듣거나 자료 및 의견의 제출 등 필요한 협조를 요청할 수 있다.

② 위원회는 업무를 수행하기 위하여 필요한 경우 관계전문가 또는 관계기관·단체 등에 조사 또는 연구를 의뢰할 수 있다.

제10조(수당 등) ① 위원회에 출석한 위원 중 공무원이 아닌 사람에 대하여는 예산의 범위에서 「경기도 위원회실비변상 조례」로 정하는 바에 따라 수당·여비 등 실비를 지급할 수 있다.

② 제1항 및 제9조에 따라 관계전문가 등에 조사 또는 연구를 의뢰하거나 자료 등을 요청한 경우와 위원회의 요청에 따라 참석한 사람에 대하여는 예산의 범위에서 필요한 경비를 지급할 수 있다. 다만, 공무원인 사람이 소관업무와 직접 관련하여 위원회에 협조하는 경우에는 그러하지 아니하다.

제11조(비밀준수 의무) 위원회의 위원과 위원회에 출석하거나 업무에 관여한 사람은 그 업무상 알게 된 비밀을 누설하여서는 아니 된다.

제4장 건축문화의 진흥

제12조(재정지원 및 감독) ① 도지사는 건축물 및 공간환경의 개선과 건축문화의 진흥을 위하여 다음 각 호에 해당하는 사업에 대하여 「경기도 지방보조금 관리 조례」에 따라 사업비의 전부 또는 일부를 보조할 수 있다.

1. 건축문화 관련 시설의 설립 및 운영
2. 출판·전시·축제 등 건축문화 관련 사업
3. 도민의 건축이해 증진을 위한 교육
4. 건축 관련 해외 진출 및 국제교류
5. 법 제21조에 따른 건축디자인 기준의 설정
6. 법 제22조에 따른 건축디자인 시범사업
7. 그 밖에 도지사가 필요하다고 인정하는 사업

② 제1항에 따라 지원하는 보조금의 교부·정산·감독 등에 대한 사항은 「경기도 지방보조금 관리 조례」의 규정에 따른다.[전문개정 2016.05.17.]

제13조(건축디자인 기준의 설정) ① 도지사는 법 제21조제3항에 따라 건축디자인 기준을 따로 정할 수 있다. <개정 2013.8.5., 2016.05.17.>

② 도지사는 제1항에 따른 건축디자인의 기준을 정하거나 변경할 때에는 공청회와 위원회의 심의를 거쳐 확정하여야 한다. 다만, 관계법령의 제·개정 및 국가기본계획의 변경 등 명백한 사유가 발생한 경우에는 공청회를 개최하지 아니하고 위원회의 심의를 거쳐 변경할 수 있다.

③ 도지사는 건축디자인의 기준을 정하거나 변경한 때에는 주요내용을 도보에 공고하여야 한다.

제14조(건축디자인 조정위원회) ① 영 제20조제3항에 따라 위원회가 특별히 중요하다고 인정한 시범사업의 사업자는 시범사업의 건축디자인에 관한 조정 및 심의를 담당할 건축디자인 조정위원회를 위원장 1명을 포함한 15명 이내의 관련 전문가로 구성·운영하여야 한다.

② 제1항에 따른 건축디자인 조정위원회는 다음 각 호의 어느 하

나에 해당하는 사람 중에서 구성한다.

1. 건축계획·도시계획·건축조경·교통·생태환경·건축경관·건축문화·건축디자인분야 등 건축에 관한 풍부한 경험과 학식을 갖춘 사람

2. 그 밖에 시범사업의 시행자가 해당 시범사업을 위하여 특히 필요하다고 인정하는 사람

③ 제1항에 따른 건축디자인 조정위원회의 구성 및 운영 등에 필요한 사항은 위원회에서 정할 수 있다.

④ 제1항과 제2항에 따라 구성하는 위원 중 해당 시범사업에 용역·자문·연구와 그 밖의 방법으로 직접 관여하였거나 관여하고 있는 사람 또는 이해관계가 있다고 인정되는 사람은 제외하여야 한다.

⑤ 건축디자인 조정위원회에서 결정한 디자인에 관한 사항은 위원회의 심의를 받은 것으로 본다.

제15조(시행규칙) 이 조례의 시행에 관하여 필요한 사항은 규칙으로 정한다.

부칙

<2010.5.14.>

제1조(시행일)
이 조례는 공포한 날부터 시행한다.

제2조(다른 조례의 개정)
「경기도 건축조례」 일부를 다음과 같이 개정한다.
제6조의2를 다음과 같이 신설한다.제6조의2(경기도 건축기본조례에서 대행하게 한 사항의 처리에 관한 특례) ① 건축위원회가 「경기도 건축기본조례」 제8조제2항에 따라 대신 운용하도록 한 사항을 심의·시행·자문하는 위원회는 위원장을 포함한 25명 이내의 위원으로 구성하고 위원장은 건축위원회 위원장이 되며, 부위원장은 위원들이 위원 중에서 선출한다. ② 제1항의 위원은 건축위원회 위원 중에서 도지사가 임명 또는 위촉한다. ③ 제1

항의 위원회는 재적위원 과반수의 출석으로 개의하고, 출석위원
과반수의 찬성으로 의결한다.

부칙(경기도 조례 중 중앙행정기관 명칭 등 일괄정비 조례)

이 조례는 공포한 날부터 시행한다.

부칙(경기도 조례 중 용어 일괄정비 조례)

이 조례는 공포한 날부터 시행한다.

부칙(경기도 지방보조금 관리 조례)

제1조(시행일)

이 조례는 2015년 1월 1일부터 시행한다.

제2조(다른 조례의 폐지)

생략

제3조(경과조치)

생략

제4조(다른 조례의 개정)

①항 부터 ③항 생략

④ 경기도 건축기본조례 일부를 다음과 같이 개정한다. 제12조제
2항 중 "경기도 보조금의 예산 및 관리에 관한 조례"를 경기
도 지방보조금 관리 조례"로 한다.

⑤항 부터 (53)항 생략

부칙 <2016.5.17.>

이 조례는 공포한 날부터 시행한다.

5. 구리시 도시개발 조례

[시행 2017. 6. 19.]
[경기도구리시조례 제1520호, 2017. 6. 19., 일부개정]

제1장 총칙

제1조(목적) 이 조례는 「도시개발법」(이하"법"이라 한다) 및 같은 법 시행령(이하"영"이라 한다)에서 조례로 정하도록 위임한 사항과 그 시행에 관하여 필요한 사항을 규정함을 목적으로 한다. <개정 2017.6.19.>

제2장 도시개발사업 시행 <제목변경 2017.6.19.>

제2조(공청회 및 주민의견청취의 대상범위) ① 시장은 법 제7조 및 영 제11조에 따라 주민의 의견을 청취하려는 경우에는 다음 각 호의 사항을 전국 또는 해당 지방을 주된 보급지역으로 하는 둘 이상의 일간신문과 구리시 홈페이지(이하 "시 홈페이지"라 한다)에 공고하고 14일 이상 일반인에게 공람시켜야 한다. 다만, 도시개발구역의 면적이 10만 제곱미터 미만이 경우에는 일간신문에 공고하지 아니하고 시보 또는 시 홈페이지에 공고할 수 있다.

1. 입안할 도시개발구역의 지정 및 개발계획의 개요
2. 시행자 및 도시개발사업의 시행방식에 관한사항
3. 공람기간
4. 그 밖에 시장이 정하는 사항

② 제1항에 따라 공고된 내용에 의견이 있는 사람은 공람기간에 도시개발구역의 지정에 관한 공고를 한 자에게 의견서를 제출할 수 있다.

③ 시장은 제2항에 따라 제출된 의견을 공고한 내용에 반영할 것인지를 검토하여 그 결과를 공람기간이 끝난 날부터 30일 이내에 그 의견을 제출한 사람에게 통보하여야 한다.[전문개정

2017.6.19.]

제3조(공청회 개최 등) ① 시장은 도시개발사업을 시행하려는 구역의 면적이 100만 제곱미터 이상인 경우에는 공람기간이 끝난 후에 법 제7조에 따른 공청회를 개최하여야 한다.

② 시장은 영 제13조에 따라 공청회를 개최하려면 다음 각 호의 사항을 전국 또는 해당지방을 주된 보급지역으로 하는 일간신문과 시 홈페이지에 공청회 개최 예정일 14일 전까지 1회 이상 공고하여야 한다. 다만 영 제11조제2항에 따른 공고 시 다음 각 호의 사항을 이미 공고한 경우에는 그러하지 아니하다.

1. 공청회의 개최목적
2. 공청회의 개최예정일시 및 장소
3. 입안하고자 하는 도시개발구역지정 및 개발계획의 개요
4. 의견발표의 신청에 관한 사항
5. 그 밖에 시장이 정하는 사항

③ 공청회가 시장이 책임질 수 없는 사유로 2회에 걸쳐 개최되지 못하거나 개최는 되었으나 정상적으로 진행되지 못한 경우에는 공청회를 생략할 수 있다. 이 경우 공청회를 생략하게 된 사유와 달리 의견을 제출할 수 있는 의견 제출의 시기 및 방법 등에 관한 사항을 제2항에 따른 방법으로 공고함으로써 주민의 의견을 듣도록 하여야 한다.

④ 공청회는 공청회 개최자가 지명하는 사람이 주재한다.

⑤ 시장은 공청회를 주재하는 자에게 공청회에서 청취된 의견을 검토한 후 검토의견을 제출하게 할 수 있다.

⑥ 시장은 제5항의 규정에 의하여 제출된 의견 또는 공청회에서 청취된 의견이 타당하다고 인정되는 때에는 이를 반영하여야 하며, 제출된 의견의 반영여부를 의견제출자에게 서면, 전자우편 또는 기타 적절한 방법으로 알려야 한다.[제목변경 및 전문개정 2017.6.19.]

제4조(공청회 등에 대한 비용부담) 시장은 법 제7조 및 영 제13조에 따라 공청회를 개최하고자 하는 경우에는 그 소요비용의 전부

또는 일부를 제안자에게 부담시킬 수 있으며, 공청회에 참여한 주재자 및 발표자 등 관계자에게 예산의 범위 안에서 수당과 여비를 지급할 수 있다.[제목변경 및 전문개정 2017.6.19.]

제5조(도시개발사업의 시행규정) ① 법 제11조제1항의 규정과 영 제22조제3항의 규정에 의하여 시장이 환지방식에 의한 도시개발 사업을 시행하고자 하는 경우에는 구역 특성에 맞게 사업구역별로 사업시행 조례를 따로 정한다. <개정 2017.6.19.>
② 법 제13조 및 영 제29조에 따라 각 조합은 각 사업구역별로 구역 특성에 맞게 조합정관을 작성한다. <개정 2017.6.19.>

제6조(과소토지의 기준) 영 제62조의 과소 토지 기준면적은 「건축법 시행령」제80조에서 정하는 면적을 말한다.[전문개정 2017.6.19.]

제3장 특별회계의 설치 및 운용 <제목변경 2017.6.19.>

제7조(특별회계 설치) ① 시장은 법 제60조제1항 및 제61조제3항의 규정에 의하여 구리시 도시개발 특별회계(이하"특별회계"라 한다)를 설치할 수 있다. <개정 2017.6.19.>
② 특별회계는 사업시행단위에 따라 계정을 분리하여 설치할 수 있다.

제8조(특별회계의 재원) 특별회계의 재원은 법 제60조제2항에서 규정한 재원으로 조성한다. 이 경우 법 제60조제2항제7호에 따른 재원은 시에 귀속되는 개발부담금의 전액으로 한다.[전문개정 2017.6.19.]

제9조(특별회계의 운용 · 관리) 특별회계는 다음과 같이 운용 · 관리한다.
① 특별회계의 용도는 법 제61조제1항에서 규정한 용도로 사용한다.
② 특별회계 재산의 토지 등을 「신탁법」에 따른 부동산 신탁회사에 신탁하여 관리하고자 할 때에는 신탁기간은 20년 이하로 한다.
③ 특별회계에서 보조 및 융자할 수 있는 범위는 영 제81조에 따

른다.

④ 특별회계의 기금운영을 위하여 「지방공기업법」제7조에 따라 관리자인 특별회계 징수관 1인을 두며, 징수관은 특별회계 업무 담당국장으로 한다.

⑤ 특별회계 관리자는 매 회계연도 종료 후 60일 이내에 결산서를 작성하여 시장에게 보고 및 제출하여야 한다.

⑥ 시장은 특별회계 운용계획을 해당연도 회기개시 전에 수립하여야 하며, 운영계획에는 다음 각 호의 사항이 포함되어야 한다.

1. 기금의 운영규모

2. 해당 회계연도 융자계획

3. 기금의 수입 · 지출에 관한 사항

4. 그밖에 기금 관리에 필요한 사항[제목변경 및 전문개정 2017.6.19.]

제10조(융자신청) ① 특별회계에서 융자를 받고자 하는 자는 융자금의 1.3배에 상응하는 담보를 제공하거나 그에 상당하는 재산을 소유하고 있는 2인이상의 연대보증인을 세워 시장에게 신청하여야 한다

② 시장은 제1항의 규정에 의하여 신청을 받은 때에는 구리시 도시개발 특별회계 관리위원회(이하 '위원회'라 한다) 심의를 거쳐 융자여부를 결정하고, 그 결과를 신청인에게 통보하여야 한다. <개정 2017.6.19.>

제11조(융자조건) ① 융자금의 이자 및 연체이자는 시중은행의 최저 대출 금리와 최저 연체액을 초과하지 않는 범위에서 위원회에서 결정한다.

② 융자기간은 위원회에서 결정하되, 융자금을 목적외로 사용하는 경우에는 그 상환기일전이라도 융자금의 일부 또는 전부를 회수할 수 있다.

③ 시장은 융자를 받은 자가 융자기간이 경과하였음에도 융자금을 상환하지 아니하는 경우에는 그 이행을 촉구하고 채권확보를 위한 필요한 조치를 하여야 한다.

④ 융자는 시와 융자기관의 장이 체결한 융자약정에 의한다.

⑤ 삭제<2017.6.19.>

⑥ 융자금 운영에 관하여 이 조례에 규정되지 않은 사항은 「구리시 재무회계 규칙」을 준용한다. <개정 2006. 6. 23>

제12조(도시개발채권의 상환) 법 제62조에 따른 의한 도시개발채권의 상환은 5년부터 10년까지 범위안에서 위원회에서 결정한다. <개정 2017.6.19.>

제13조(준용) 특별회계의 운영에 관하여 이 조례에 규정한 것을 제외하고는 일반회계의 예를 준용한다.

제4장 위원회의 구성 및 운영 <제목개정 2017.6.19.>

제14조(기능) 위원회의 기능은 다음 각호와 같다.

1. 법 제61조 및 영 제77조제1항의 규정에 의한 보조 및 융자범위 심의·결정 <개정 2017.6.19.>
2. 사업순위 결정 및 융자배분 <개정 2017.6.19.>
3. 융자조건 및 융자기간 심의·결정
4. 도시개발채권의 상환기일 결정
5. 기타 시장이 정하는 사항

제15조(구성) ① 위원회는 위원장을 포함하여 7인이상 12인이하의 위원으로 구성한다.

② 위원장은 시장으로 하고, 부위원장은 부시장으로 한다.

③ 위원회의 당연직 위원은 위원장, 부위원장, 도시·건축관련 국장, 예산 및 회계부서의 장으로 한다. <개정 2017.6.19.>

④ 위촉직 위원은 도시계획 및 도시개발에 관한 학식과 경험이 있는 자와 예산·회계심의 관련 학식과 경험이 있는 자 중에서 시장이 위촉한다. 다만, 위촉 위원 중 어느 한 성(남성 혹은 여성)이 100분의 60을 초과하지 않도록 한다.<전문개정 2017.6.19.>

⑤ 위촉직 위원의 임기는 2년으로 하되 연임할 수 있으며, 보궐위원의 임기는 전임자의 잔임기간으로 한다.

제16조(위원회의 회의등) ① 위원장은 위원회의 회의를 소집하며, 그 의장이 된다.

② 위원장이 사고가 있는 때에는 그 직무를 부위원장이 대행한다.

③ 위원회의 회의는 재적위원 과반수의 출석으로 개의하고, 출석위원 과반수의 찬성으로 의결한다. 다만, 가부동수인 경우에는 의장이 결정권을 갖는다.

④ 간사는 도시개발업무부서의 장으로 하고, 서기는 도시개발업무 주사로 한다. <개정 2017.6.19.>

제17조(수당 및 여비) 위원회에 참석하는 위촉위원 및 관계전문가에게는 예산의 범위에서 「구리시 각종 위원회 설치 및 운영 조례」에 따라 수당과 여비를 지급할 수 있다.[제목변경 및 전문개정 2017.6.19.]

제18조(시행규칙) 이 조례의 시행에 관하여 필요한 사항은 규칙으로 정할 수 있다.

부칙

①(시행일) 이 조례는 공포한 날부터 시행한다.

②(폐지조례) 구리시토지구획정리사업시행조례 및 구리시토지구획정리사
업특별회계설치조례는 이 조례 시행과 동시에 이를 폐지한다.

부칙

<2006. 6. 23 조례 제938호, 구리시 지방채상환기금 설치 및 운용 조례>

제1조(시행일) 이 조례는 공포한 날부터 시행한다.

제2조(다른 조례의 개정) ①내지⑬생략

⑭구리시도시개발조례 일부를 다음과 같이 개정한다.

제11조제6항중 "구리시재무회계규칙" 을 "「구리시 재무회계 규칙」"

으로 한다.

⑮생략

부칙

<조례 제1520호, 2017.6.19.일부개정>

이 조례는 공포한 날부터 시행한다.

6. 구리시 청년 일자리 창출 촉진에 관한 조례

[시행 2016. 8. 1.] [경기도구리시조례 제1453호, 2016. 8. 1., 제정]

제1조(목적) 이 조례는 「청년고용촉진 특별법」에 따라 구리시 청년들에게 사회참여의 기회와 근로소득의 기회를 제공함으로써 안정적인 사회생활을 영위하게 하고 지역경제를 활성화하는데 필요한 사항을 규정함을 목적으로 한다.

제2조(정의) 이 조례에서 사용하는 용어의 뜻은 다음과 같다.

1. "청년"이란 「청년고용촉진 특별법」 제2조와 같은 법 시행령 제2조에서 규정하는 사람으로서 구리시에 주소를 두고 거주하는 사람을 말한다.

2. "청년 일자리 창출"이란 청년의 능력과 적성에 맞는 다양한 일자리를 개발·보급하는 것을 말한다.

제3조(시장의 책무) 구리시장(이하 "시장"이라 한다)은 청년 일자리 창출을 위하여 체계적인 대책을 수립·시행하고, 청년 고용이 촉진될 수 있는 사회적·경제적 환경을 마련하도록 노력하여야 한다.

제4조(기본계획의 수립·시행) ① 시장은 청년 일자리 창출과 고용촉진을 위하여 해마다 청년 일자리 창출 기본계획을 수립·시행하여야 한다.

② 기본계획에는 다음 각 호의 사항이 포함되어야 한다.

1. 지역의 산업동향과 청년 고용동향

2. 청년 일자리 창출의 기본방향 및 목표

3. 청년 일자리 창출을 위한 각종 시책 사업

4. 청년 일자리 창출을 위한 법인·단체와의 협력에 관한 사항

5. 청년 일자리를 창출하는 법인·단체에 대한 인센티브에 관한 사항

6. 청년 일자리 창출을 위한 교육 및 홍보에 관한 사항

7. 그 밖에 시장이 필요하다고 인정하는 사항

③ 시장은 매년 기본계획에 따른 실적을 평가하고 그 결과를 다음 연도 기본계획에 반영하여야 한다.

제5조(실태조사) ① 시장은 청년 미취업자에 대한 실태조사를 실시하여 정책수립의 기초자료로 활용할 수 있다.

② 시장은 제1항에 따른 실태조사를 청년 일자리 창출 관련 기관 또는 단체 등에 위탁할 수 있다.

제6조(교육기관의 활용) 시장은 「초·중등교육법」 및 「고등교육법」에 따른 각급학교와 연계하여 청년이 취업에 필요한 지식과 기술을 익히도록 지원할 수 있다.

제7조(관계기관·단체와의 협력) ① 시장은 청년 일자리 창출 촉진을 위하여 중앙행정기관(그 소속기관을 포함한다), 경기도, 공공기관, 기업체 등과 적극적으로 협력하여야 한다.

② 시장은 필요한 경우 제1항의 기관 등과 청년 일자리 창출을 위한 협약을 체결할 수 있다.

제8조(행정적·재정적 지원) ① 시장은 청년 일자리 창출 사업을 추진하는 기관이나 비영리법인·단체 등에 행정적 지원 또는 예산의 범위에서 사업에 따른 소요경비의 전부 또는 일부를 지원할 수 있다.

② 제1항에 따른 예산 지원의 방법·절차, 그 밖에 필요한 사항은 「구리시 지방보조금 관리 조례」에 따른다.

제9조(시행규칙) 이 조례의 시행에 필요한 사항은 규칙으로 정한다.

부칙

〈조례 제1453호, 2016.8.1.〉

이 조례는 공포한 날부터 시행한다.

〈전문가의 자문〉

편집기획위원회
- 위원장
  강안구(姜安求)·한양대학교 교수, 전 한국인터넷진흥원(KISA), 보안사고분석대응 NCS개발위원
- 부위원장
  박상호(朴商鎬) 중앙부처·서울대학교 행정대학원 석사
- 위원
  김반석(金磐石) 변호사
- 위원
  서봉수(徐鳳秀)·최정예 사이버보안전문가(K-Shield), 전 KISIA 보안기술 연구회 운영위원
- 위원
  정현진(鄭賢珍)·PSI 컨설팅 컨설턴트·성균관대 중국대학원 석사과정

인류역사국토지리위원회
- 위원장
  정해익(丁海益) 국토교통부 국토지리정보원 공간영상과장(지적기술사·성균관대 공학박사)
- 부위원장
  심철기(沈哲基) 연세대학교 근대한국학연구소 연구교수(문학박사)·독립기념관 한국독립운동사연구소 연구원

국가를 위한 기도 위원회
- 위원장

박진철(朴鎭哲) 주홍순복음교회 담임목사, 유월 한국대표, 미국 연방경찰 특수수사관, 청와대 기독신우회 목사, 성결대학교 교수
- 부위원장
정달영(鄭達泳) 삼덕회계법인 등기이사, 효성그룹 창설요원, 연세대학교 경영대학원 석사
- 위원
이강우(李康祐) 911수색구조단 대표이사, 국내외 재난구조 38년
- 위원
박춘욱(朴春郁) 연변과기대 교수

IT법률조정자문위원회
- 위원장
조규한(曺圭漢)·KT텔레캅 이사(무역학박사), 서울가정법원 조정위원·민주평화통일자문회의 상임위원
- 부위원장
옥 별(star) 한국인터넷진흥원 선임연구원·중앙대학교 대학원 법학석사

편집실무 및 매뉴얼자문위원회
- 위원장
이건수(李建洙) 백석대학교 경찰행정학부 교수(동국대 박사)·경찰청 실종지도팀장(경정)
- 부위원장
박보라(朴寶羅) 중앙경찰학교 교수요원
- 위원
전영민(田鈴珉)·경기도 민생특별사법경찰관·중앙대학교 행정대학원 행정학석사
- 위원

박민정(朴旼貞) 경찰청 생활안전국 여성대상범죄 근절 추진단(심리학석사·아동학박사 수료)

국가지방계약부동산등기법자문위원회
- 위원장
  정재영(鄭在榮) 매경부동산에듀센터 교수·홈잇 대표

국제해양법자문위원회
- 위원장
  이대행(李大行) 중부지방해양경찰청 정책홍보계장·중앙대학교 대학원 국제물류학석사

제4차산업혁명시대 미래역량자문위원회
- 위원장
  이윤수(李倫洙) 한국인터넷진흥원 동국대학교 교수·전 정보통신국제협력진흥원 글로벌사업단장
- 부위원장
  조기환(趙起煥) 한국아스텔라스제약(주) Business Alliance Team 과장·성균관대학교 경영학석사

〈추천문〉

재판은 사건의 실체적 진실을 밝혀내는 과정이고, 증언은 사실인정의 주요한 증거자료이다. '법정증언의 이해' 는 재판과정에서 매우 중요한 법정증언에 관하여 고대사회의 법전과 증언을 시작으로 사법의 역사, 법원의 재판절차, 증인신문의 기법까지 빌라도 법정의 예수, 삼봉 정도전 등 흥미있는 역사적 사례까지 들어가며 알기 쉽게 서술하고 있다. 이 책은 법정증언 과정에서 부딪히는 여러 난제들을 쉽게 풀어내는 유용한 길라잡이 역할을 할 것으로 믿는다.

- 박영립(朴永立) · 법무법인(유한) 화우 전 대표변호사 · 現 고문변호사 · 대검찰청 수사제도관행 개선위원회 위원 · 사법연수원 외래교수

재판에서 가장 중요한 증거는 증인의 진술이고, 실제로 증언내용이 재판의 결론을 좌우한다. 그러나 아직도 우리법정의 증언대에는 허위진술이 난무하고, 서툰 방식의 증인신문이 오가고 있다. 증언의 신빙성을 가린 재판 결과에도 불신이 많다. 이 책은 법정증언시대를 맞고 있는 오늘날 공판중심주의와 구술직접주의를 지향하는 우리법정에서, 모든 재판관계자나 당사자는 물론이고, 중요한 증언을 앞둔 분에게도 특별한 선물이 되리라 믿는다.

- 김용균(金龍均) · 법무법인(유한) 바른 변호사, 전 서울행정법원장 · 서울가정법원장 · 서울북부지방법원장 · 서울대학교 법학전문대학원 겸임교수

공판중심주의를 주축으로 하는 우리의 형사사법시스템 하에서 법정증언의 역할과 가치는 실로 지대한 것임에도, 학술적, 실무적 관점에서 이 문제에 대하여 본격적으로 접근한 문헌은 거의 찾기 어려운 실정이다. 본서는 법정증언의 연혁 및 비교법적 고찰에서 시작하여 증인신문제도 전반을 개관하면서 그 법리적 분석과 함께 절차적 진행요령과 기법을 포함한 증인용 매뉴얼에 이르기까지, 법정증언의 A부터 Z까지를 망라한 백과사전이라 칭할 만하다. 법조인과 유관직역 전문가는 물론 일반시민에게

도 일독을 권하는 바이다.

- 장성원(張誠元) · 법무법인(유한) 광장 변호사 · 서울고등법원 부장판사 · 부산고등
  법원 부장판사 · 사법연수원 교수 · 서울고등법원 판사 겸 법원행정처 사법정책연
  구심의관

유니크한 책이다. 재판에서의 증언을 중심에 놓고 동서고금을 넘나든다. 인
간의 기억에 의존하는 증언은 과거를 그대로 재현하는 데는 한계가 있다.
증언의 진위판단은 그만큼 어렵다. 증언 내용 자체보다 증인의 이력, 외모,
화술, 표정 등이 실체를 좌우하는 경우가 많다는 것은 우리의 경험으로 안
다. 그러나 막상 특정한 사건이 되고 나면 같은 진위 판단의 메커니즘이 작
동하게 된다. 여러 경력과 경험을 가진 공저자들이 나름대로의 증언에 대한
흥미로운 접근을 하고 있다. 생활교양서적으로 대하면 편한 책이다.

- 소순무(蘇淳茂) 법무법인(유한) 율촌 변호사 · 공익사단법인 온율 이사장 · 한국후
  견협회 회장 · 서울대학교 법학전문대학원 겸임교수(법학박사) · 대한변호사협회
  총회의장, 부협회장 · 대법원 조세연구관 팀장 · 서울중앙지방법원 부장판사

법정에서 실체적 진실을 밝히는 과정은 사건을 직접 경험한 바가 없는
법관이 그 사건의 실체관계를 언어를 통해 재구성하고 인지하는 과정입
니다. 언어를 통한 사실의 전달은 본래 불가능한 일이기 때문에 실체적
진실이란 말 그대로의 진실이 아니라 공명정대하게 재구성된 진실이라
고 이해하여야 할 것입니다. 그러한 측면에서 법정의 증언은 형사재판에
서 가장 중요한 부분입니다. 이 책은 법정 증언에 대한 철학적 이해와
실무적 이해를 돕는다는 점에서 이 시대가 요구하는 중요한 담론을 제
기하고 있습니다. 누구에게나 추천하고 싶은 한권의 책입니다.

- 김성천(KIM, SEONG CHEON) 중앙대학교 법학전문대학원 원장 · 법과대학 학장 ·
  교수 · 서울고등검찰청 항고심사위원

민사재판 뿐 아니라 형사재판을 할 때마다 느끼는 것은 증인의 법정증언
은 가장 중요한 결정적 증거가 된다는 것이다. 따라서 잘 진행된 증인신
문은 그 사건의 승패에 결정적인 영향을 주게 되나, 과연 어떻게 신빙성
있게 진행해야 하는지는 많은 경험 외에는 쉽게 정보를 얻기 어렵다. 문

거나 답하는 내용 외에 말의 억양, 태도나 표정에 따라 신빙성이 갈린다. '법정증언의 이해'는 이러한 증인신문을 진행하는 변호사들에게 많은 직·간접적인 도움을 줄 수 있을 것으로 생각한다. 더구나 수사와 형사재판, 헌법, 국제범죄분류 등 형사사건 진행 과정에서 궁금할 수 있는 내용을 망라적으로 담고 있어 옆에 두고 사전처럼 사용할 수 있겠다.

- 조성권(趙誠權) 김&장법률사무소 변호사·수원지방법원 부장판사·대법원 조세조
  재판연구관 및 총괄재판연구관·서울고등법원 판사·연세대학교 법학전문대학
  원 겸임교수·서울행정법원 판사·서울지방법원 판사

살다 보면 누구나 자의든, 타의든 또는 업무와 관련해서든, 개인적 친분관계에 의해서든 법정에서 증언해야 할 상황에 부딪히게 되기도 한다. 이런 경우 증언이 재판에 결정적 역할을 하는 경우도 있지만, 자칫 잘못 증언할 경우 위증죄의 처벌을 감수해야 할 수도 있고, 때로는 진실되게 한 증언이 재판부에 의해 신빙성이 없다고 배척되는 경우도 있을 수 있다. 증언을 하기 전 재판과 증언에 대한 사전 지식을 갖추고 있다면 위험과 불이익을 감수하지 않아도 될 것이다. 이러한 필요성 뿐만 아니더라도 이 책은 자칫 딱딱할 수 있는 재판과 증언이라는 주제에 관해 역사적 사실과 재판 실례들을 들어 흥미를 동반하면서도 전문지식까지 전달해 주는 유용한 서적으로 많은 분들께 추천하고 싶은 책이다.

- 최주영(崔珠榮) 법무법인 우면 변호사·서울가정법원 조정위원·부산지방법원 부
  장판사·서울고등법원 판사·서울중앙지방법원 판사·서울대학교 법과대학 사법
  학과 졸업

융합의 시대이다. 학문에도 고정된 시각은 진부하기 마련이다. 지영환 선생은 정치학, 법학, 행정학, 범죄학, 수사학을 공부하시고, 정의의 여신이 들고 있는 균형의 추(錐)를 깨우친다. 이론과 실무의 융합이다. 공간적으로 동양·서양을 아우르고, 시간적으로 과거와 현대를 통찰하였다. 예수의 증언을 분석하고, 조선시대의 재판의 교훈을 되새긴다. 꼬박 이틀 밤 손에서 책을 놓을 수 없었다.

- 송상엽(宋尙燁)·법무법인 서평 파트너 변호사·김&장법률사무소 변호사·헌법재

판소 정보화추진위원회 위원 · 대한변호사협회 헌법개정특별위원회 위원 · United Nations 국제형사재판소(ICTY) 국제검찰청 부장검사 · 영국변호사 · 미국 일리노이주 변호사

일반인을 위한 법정증언 가이드북이 출간되어 너무도 반가웠습니다. 법정증언을 한다는 사실만으로도 큰 부담을 갖는 것이 사실입니다. 어떻게 해야할지 모르는 상황에서 전문가들이 일반인의 시각에서 이해하기 쉽게 내용을 이어 간다는 점이 너무도 마음에 들었습니다. 이 책은 일반인뿐만 아니라, 전문가도 한번쯤은 꼭 읽어야 할 필독서라 생각합니다.
 - 홍순상(洪淳祥) (주)신세계 상무(CSR담당)

공판중심주의적 법정심리절차를 도입한 개정 형사소송법과 일반 국민을 배심원으로 참여시켜 그 판단을 재판 결과에 반영하도록 한 국민의 형사재판 참여에 관한 법률이 시행된 지 10년이 넘었다. 그동안 재판 참여자들의 법정증언의 중요성과 영향력은 더욱 커졌다고 할 수 있다. 이 책은 법정증언의 역사적 기원에서부터 증거법과 실제 매뉴얼에 이르기까지 법정증언 전반에 대해 흥미롭게 서술하고 있다. 법률가가 아닌 일반인들도 이 책을 통해 법정증언에 대해 생생히 파악할 수 있을 것이다.
 - 하민경(河旼經) · 대법원 사법정책연구원 연구위원, 법학박사(형사법), 미국 변호사(뉴욕주)

법원의 재판과정에서 사건의 실체적 진실 발견을 위한 법정증언의 중요성이 날이 갈수록 높아지고 있으나, 일반 국민들에게는 생소한 제도로 이해되고 있는 것도 현실입니다. 「법정증언의 이해」가 대중서로서 법정증언 제도의 확산에 기여 할 가이드북이 될 것이라 확신합니다.
 - 박재훈(朴在勳) · 고려대학교 연구교수

〈공저자〉

박병종(朴炳淙)·중앙대학교 행정대학원 객원교수, 고흥군 군수(4~6기),
사단법인 미래해양수산포럼 이사장, 민선6기 전남시장군수협의회 후반기
회장, 민선6기 전국시장군수구청장협의회 대변인, 마리안느와 마가렛노벨
평화상 범국민추천위원회 위원, 한국지방세연구원 부이사장

박영순(朴榮舜)·전 구리시장(민선6기, 민선5기, 민선4기, 민선2기, 관선1회)
제15대 국회의원선거 낙선, 한양대학교 지방자치대학원 겸임교수, 청와
대 정무수석비서관실, 내무부·외무부, 외무고등고시 합격, 부안하서중학
교 교사, 연세대학교 행정대학원 도시행정학 석사, 공주사범대학

김채상(金采相)·경찰청, 전 대통령 경호실 근무, 옥조근정훈장
국가자격증 경비지도사, 공인사격마스타,
방재관리사, 소방안전관리사

권남기(權男氣)·(주)신세계 CSR담당 정보보안팀 IT조사관(고려대 감사행
정 석사과정)
전 한국인터넷진흥원 개인정보침해대응팀 조사관
Digital Forensic, 개인정보관리사(CPPG), 국제공인정보시스템감사사(CISA)

차윤주(車倫朱)·경찰청, 한국보험범죄연구학회 회장
중앙대학교 심리서비스대학원 석사과정 강의

지영환(池榮鈗)·중앙대학교 심리서비스대학원 겸임교수(법학박사·정치학
박사·시인·철학·소설가)
제주대학교 법학전문대학원 겸임교수, 통계청 한국범죄분류자문위원회 위원
입법·사법·행정부 국가공무원인재개발원, 법무연수원 등 철학 특강

UNDERSTANDING TESTIMONY

법정증언의 이해　　　　　　정가 120,000원

2019年 2月 20日 인쇄 2019年 3月 1日 발행	
공　　　저 : 박　병　종 　　　　　　박　영　순 　　　　　　김　채　상 　　　　　　권　남　기 　　　　　　차　윤　주 　　　　　　지　영　환	저자와 협의 하에 인지 생략
발 행 인 : 김　현　호 발 행 처 : 법문 북스 공 급 처 : 법률미디어	

서울 구로구 경인로 54길4 (우편번호 : 08278)
TEL : 2636-2911-2, FAX : 2636-3012
등록 : 1979년 8월 27일 제5-22호
Home : www.lawb.co.kr

❙ ISBN　978-89-7535-710-7 (93360)
❙ 파본은 교환해 드립니다.
❙ 이 도서의 국립중앙도서관 출판예정도서목록(CIP)은 서지정보
　유통지원시스템 홈페이지(http://seoji.nl.go.kr)와 국가자료
　종합목록시스템(http://www.nl.go.kr/kolisnet)에서 이용하
　실 수 있습니다. (CIP제어번호 : CIP2019004731)
❙ 이 책의 내용을 무단으로 전재 또는 복제할 경우 저작권법
　제136조에 의해 5년 이하의 징역 또는 5,000만원 이하의
　벌금에 처하거나 이를 병과할 수 있습니다.